에듀윌과 함께 시작하면,
당신도 합격할 수 있습니다!

대학 진학 후 진로를 고민하다 1년 만에
서울시 행정직 9급, 7급에 모두 합격한 대학생

직장생활과 병행하며 7개월간 공부해
국가공무원 세무직에 당당히 합격한 51세 직장인까지

누구나 합격할 수 있습니다.
시작하겠다는 '다짐' 하나면 충분합니다.

마지막 페이지를 덮으면,

**에듀윌과 함께
공무원 합격이 시작됩니다.**

공무원 1위

70개월 베스트셀러 1위
에듀윌 공무원 교재

기초부터 확실하게 기본 이론

기본서 국어 독해 　 기본서 국어 문법 　 기본서 영어 독해(생활영어·어휘 포함) 　 기본서 영어 문법

기본서 한국사 　 기본서 행정법총론 　 기본서 행정학

다양한 출제 유형 대비 문제집

단원별 기출&예상 문제집 국어 　 단원별 기출&예상 문제집 한국사 　 단원별 기출&예상 문제집 행정학 　 단원별 기출&예상 문제집 행정법총론

* YES24 수험서 자격증 공무원 베스트셀러 1위 (2017년 3월, 2018년 4월~6월, 8월, 2019년 4월, 6월~12월, 2020년 1월~12월, 2021년 1월~12월, 2022년 1월~12월, 2023년 1월~12월, 2024년 1월~7월, 9월~10월 월별 베스트, 매월 1위 교재는 다름)
* YES24 국내도서 해당분야 월별, 주별 베스트 기준

에듀윌 공무원

출제경향 파악 기출문제집

9급공무원 기출문제집
영어

9급공무원 기출문제집
한국사

9급공무원 기출문제집
행정학

9급공무원 기출문제집
행정법총론

7급공무원 시험 대비 PSAT 교재

영어 집중 영단어 교재

실전 대비 모의고사

민간경력자
PSAT 기출문제집

7급공무원
PSAT 기출문제집

영어 빈출 VOCA

기출 품은 모의고사
국어

더 많은
공무원 교재

* 교재 이미지는 변경될 수 있습니다.

공무원 1위

1초 합격예측
모바일 성적분석표

1초 안에 '클릭' 한 번으로 성적을 확인하실 수 있습니다!

활용 GUIDE

실시간 성적분석 방법!

STEP 1 — QR 코드 스캔
STEP 2 — 모바일 OMR 입력
STEP 3 — 자동채점 & 성적분석표 확인

STEP 1
QR 코드 스캔

- 교재의 QR 코드를 모바일로 스캔 후 에듀윌 회원 로그인
- QR 코드 하단의 바로가기 주소로도 접속 가능

STEP 2
모바일 OMR 입력

- 회차 확인 후 '응시하기' 클릭
- 모바일 OMR에 답안 입력
- 문제풀이 시간까지 측정 가능

STEP 3
자동채점 & 성적분석표 확인

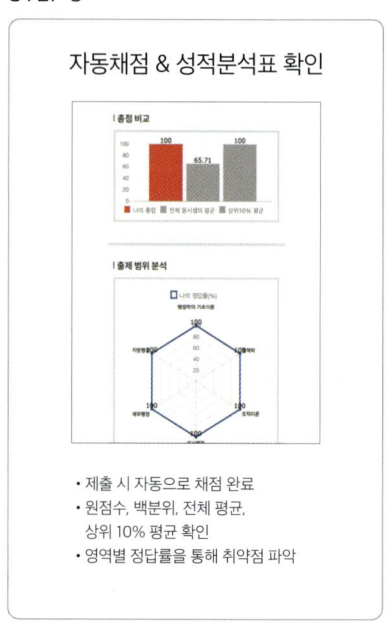

- 제출 시 자동으로 채점 완료
- 원점수, 백분위, 전체 평균, 상위 10% 평균 확인
- 영역별 정답률을 통해 취약점 파악

※ 본 서비스는 에듀윌 공무원 교재(연도별, 회차별 문항이 수록된 교재)를 구입하는 분에게 제공됨.

에듀윌 공무원

공무원,
에듀윌을 선택해야 하는 이유

합격자 수 수직 상승
2,100%

명품 강의 만족도
99%

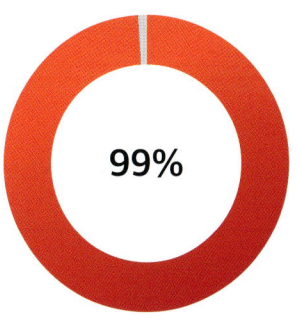

공무원

베스트셀러 1위
70개월(5년 10개월)

5년 연속 공무원 교육
1위

* 2017/2022 에듀윌 공무원 과정 최종 환급자 수 기준 * 9급공무원 대표 교수진 2023년 7월 ~ 2024년 4월 강의 만족도 평균(배영표, 헤더진, 한유진, 이광호, 김용철)
* YES24 수험서 자격증 공무원 베스트셀러 1위 (2017년 3월, 2018년 4월~6월, 8월, 2019년 4월, 6월~12월, 2020년 1월~12월, 2021년 1월~12월, 2022년 1월~12월, 2023년 1월~12월, 2024년 1월~7월, 9월~10월 월별 베스트, 매월 1위 교재는 다름)
* 2023, 2022, 2021 대한민국 브랜드만족도 7·9급공무원 교육 1위 (한경비즈니스) / 2020, 2019 한국브랜드만족지수 7·9급공무원 교육 1위 (주간동아, G밸리뉴스)

eduwill

공무원 1위

1위 에듀윌만의
체계적인 합격 커리큘럼

원하는 시간과 장소에서, 1:1 관리까지 한번에
온라인 강의

① 독한 교수진의 1:1 학습관리
② 과목별 테마특강, 기출문제 해설강의 무료 제공
③ 초보 수험생 필수 기초강의와 합격필독서 무료 제공

쉽고 빠른 합격의 첫걸음 **합격필독서 무료** 신청

최고의 학습 환경과 빈틈 없는 학습 관리
직영 학원

① 현장 강의와 온라인 강의를 한번에
② 확실한 합격관리 시스템, 아케르
③ 완벽 몰입이 가능한 프리미엄 학습 공간

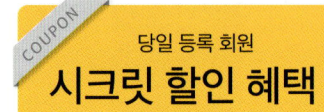

합격전략 설명회 신청 시 **당일 등록 수강 할인권** 제공

친구 추천 이벤트

" **친구 추천**하고 한 달 만에
920만원 받았어요 "

친구 1명 추천할 때마다 현금 10만원 제공
추천 참여 횟수 무제한 반복 가능

※ *a*o*h**** 회원의 2021년 2월 실제 리워드 금액 기준
※ 해당 이벤트는 예고 없이 변경되거나 종료될 수 있습니다.

친구 추천 이벤트
바로가기

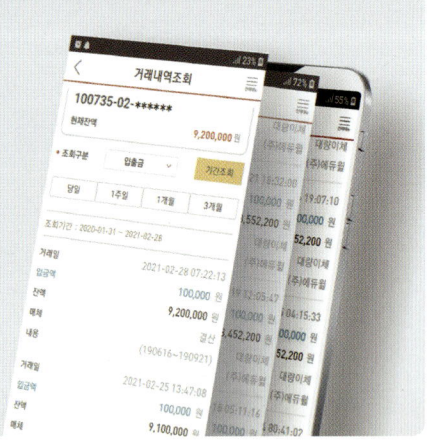

* 2023 대한민국 브랜드만족도 7·9급공무원 교육 1위 (한경비즈니스)

회독플래너

실패율 Zero! 따라만 해도 5회독 가능!

PART	CHAPTER	1회독	2회독	3회독	4회독	5회독
행정학 총론	행정의 의의	1	1	1	1	1
	현대행정의 이해	2~4	2~3	2		
	공공서비스 공급주체	5~6	4~5	3	2	
	행정학의 접근방법	7~9	6~7	4		
	행정학의 주요이론	10~11	8	5	3	
	행정이 추구하는 가치	12~13	9	6		
정책학	정책학의 의의	14	10	7	4	2
	정책과정의 주도자	15	11			
	정책의제론	16	12	8~9		
	정책결정론	17	13		5	
	정책분석론	18	14			
	정책결정모형	19~20	15	10		
	정책집행론	21~22	16~17	11	6	
	정책평가론	23~24	18	12		
조직이론	조직이론의 기초	25	19	13	7	3
	조직의 유형	26	20			
	조직구조론	27~28	21	14	8	
	관료제와 탈관료제	29	22	15	9	
	개인 수준의 조직행동	30	23			
	집단 수준의 조직행동	31~32	24~25	16	10	
	조직 수준의 조직행동	33	26	17	11	
	조직개혁론	34	27			
	정보체계론	35	28	18	12	
인사행정론	인사행정의 기초	36~37	29	19		4
	공직의 분류	38	30	20	13	
	임용	39	31			
	능력발전	40	32	21	14	
	사기	41	33	22		
	공무원의 행동규범	42	34	23	15	
재무행정론	재무행정의 기초	43~44	35~36	24	16	5
	예산결정이론	45	37			
	예산의 과정	46~48	38~39	25	17	
	예산개혁론	49~50	40~41	26		
행정환류론	행정책임	51~52	42~43	27	18	6
	행정통제					
	행정개혁					
지방행정론	지방행정의 기초	53~54	44~45	28	19	7
	정부 간 관계	55	46			
	지방자치의 의의	56		29		
	지방자치의 구조	57~58	47~48		20	
	지방재정	59~60	49~50	30		
		60일 완성	**50일 완성**	**30일 완성**	**20일 완성**	**7일 완성**

승자는 시간을 관리하며 살고, 패자는 시간에 쫓기며 산다.
— J. 하비스 —

직접 체크하는 회독플래너

본문의 회독체크표를 한눈에!

PART	CHAPTER	1회독	2회독	3회독	4회독	5회독
행정학 총론	행정의 의의					
	현대행정의 이해					
	공공서비스 공급주체					
	행정학의 접근방법					
	행정학의 주요이론					
	행정이 추구하는 가치					
정책학	정책학의 의의					
	정책과정의 주도자					
	정책의제론					
	정책결정론					
	정책분석론					
	정책결정모형					
	정책집행론					
	정책평가론					
조직이론	조직이론의 기초					
	조직의 유형					
	조직구조론					
	관료제와 탈관료제					
	개인 수준의 조직행동					
	집단 수준의 조직행동					
	조직 수준의 조직행동					
	조직개혁론					
	정보체계론					
인사행정론	인사행정의 기초					
	공직의 분류					
	임용					
	능력발전					
	사기					
	공무원의 행동규범					
재무행정론	재무행정의 기초					
	예산결정이론					
	예산의 과정					
	예산개혁론					
행정환류론	행정책임					
	행정통제					
	행정개혁					
지방행정론	지방행정의 기초					
	정부 간 관계					
	지방자치의 의의					
	지방자치의 구조					
	지방재정					

승자는 시간을 관리하며 살고, 패자는 시간에 쫓기며 산다.
– J. 하비스 –

___일 완성 | ___일 완성 | ___일 완성 | ___일 완성 | ___일 완성

에듀윌이
너를
지지할게

ENERGY

시작하는 방법은
말을 멈추고
즉시 행동하는 것이다.

– 월트 디즈니(Walt Disney)

설문조사에 참여하고 스타벅스 아메리카노를 받아가세요!

에듀윌 7·9급 공무원 기본서 행정학을 선택한 이유는 무엇인가요?
소중한 의견을 주신 여러분들에게 더욱더 완성도 있는 교재로 보답하겠습니다.

참여 방법	QR코드 스캔 ▶ 설문조사 참여(1분만 투자하세요!)
이벤트 기간	2025년 6월 26일~2026년 5월 31일
추첨 방법	매월 1명 추첨 후 당첨자 개별 연락
경품	스타벅스 아메리카노(tall size)

2026
에듀윌 7·9급공무원 기본서

행정학 필수편

저자의 말

흩어져 있던 무수한 개념의 별들을 '키워드'라는 실로 꿰어, 당신만의 합격 별자리를 완성합니다.

수험생 여러분의 지치고 고단한 어깨를 가볍게 해드리고 싶습니다.

안녕하세요. 공무원이 되고자 오늘도 묵묵히 책상 앞을 지키고 있는 수험생 여러분. 하루에도 몇 번씩 합격에 대한 희망과 미래에 대한 불안감 사이를 오가는 여러분의 마음을 잘 알고 있습니다. 그 길 위에서 든든한 동반자가 되어주고자 하는 진심을 담아 이 책을 펴냅니다.

이 책은 수험생 여러분의 학습 부담은 줄여주면서, 합격에 필요한 실력은 확실하게 쌓을 수 있도록 다음과 같은 특징에 집중했습니다.

하나, 가장 중요한 '기출 지문'을 중심으로 뼈대를 세웠습니다.
행정학의 방대한 이론 속에서 무엇을 먼저 공부해야 할지 막막했다면, 이제 이 책이 제시하는 길을 따라오시면 됩니다. 역대 기출문제에서 가장 빈번하게 등장한 핵심 지문들을 추출하고, 그와 관련된 이론을 명쾌하게 정리했습니다.

둘째, 시험 직전까지 불안하게 만드는 '개정 법령'을 완벽히 담았습니다.
'혹시나 내가 모르는 법이 시험에 나오면 어떡하지?'라는 불안감은 이제 내려놓으셔도 좋습니다. 시험에 영향을 미칠 수 있는 행정 관련 법령의 최신 개정 사항을 꼼꼼하게 확인하고 모두 반영했습니다.

셋째, 누구도 예측하기 어려운 '새로운 출제 경향'까지 폭넓게 준비했습니다.
최근 시험의 흐름은 우리가 익숙하게 보던 범위를 조금씩 벗어나고 있습니다. 본서는 이러한 변화에 발맞추어, 기존의 핵심적인 내용뿐만 아니라 수험생들이 놓치기 쉬운 새로운 주제와 심화 내용까지 폭넓게 아울렀습니다.

넷째, 머리를 아프게 했던 '학자들의 이론'을 쉽게 풀어냈습니다.
수많은 학자와 그들의 낯선 이론 때문에 행정학이 어렵게 느껴졌다면, 이제 걱정하지 마세요. 자주 출제되는 학자들의 핵심 이론부터 앞으로 주목해야 할 이론까지, 각 주장의 핵심을 파악하고 서로 비교할 수 있도록 세밀하게 정리했습니다. 복잡했던 이론의 지도가 머릿속에 선명하게 그려질 것입니다.

수험생 여러분,
합격까지 가는 길은 결코 쉽지 않지만, 올바른 방향으로 꾸준히 나아간다면 반드시 끝에 도달할 수 있습니다. 이 책이 여러분의 노력이 헛되지 않도록 이끌어주는 좋은 길잡이가 되기를 바랍니다. 지치고 힘들 때마다 이 책을 펼치며 다시 한번 마음을 다잡을 수 있기를, 그리고 마침내 합격의 기쁨을 누리시기를 진심으로 기원합니다.
여러분의 꿈을 힘껏 응원합니다.

2025년 6월

이준모

에듀윌 기본서의
전략적 구성

1 방대한 행정학을 전략적으로 학습할 수 있도록 구성하였습니다.

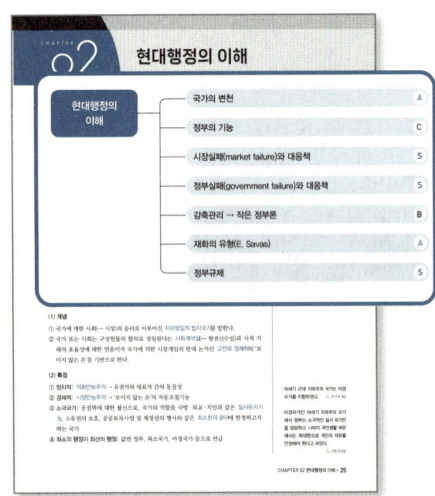

필수편/심화편 구분
방대한 행정학 이론을 중요도에 따라 필수편과 심화편으로 구분하였습니다.

빈출도 구분
빈출도 표시를 통해 자주 출제되는 영역과 지엽적인 영역을 구분하여 전략적으로 학습할 수 있습니다.

2 이미 출제된 문장이 또 출제된다! 기출 반복 학습에 최적화하였습니다.

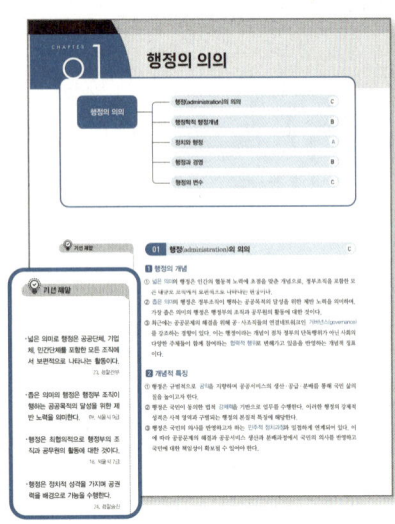

보조단 기선 제압
보조단에 기출되었던 옳은 내용 선택지를 수록하여 '기출 선지를 제압'할 수 있도록 구성하였습니다.

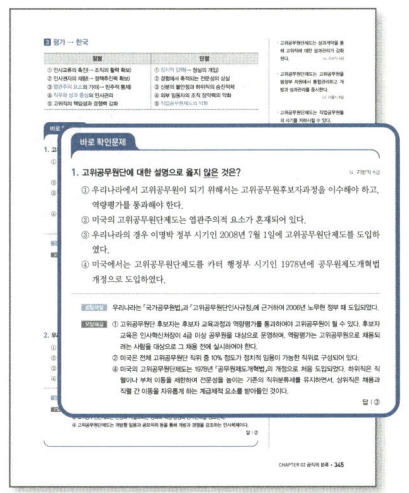

바로 확인문제

학습한 이론이 실제로는 어떻게 출제되는지 알 수 있도록 관련 이론 중간에 바로 확인문제를 추가하였습니다.

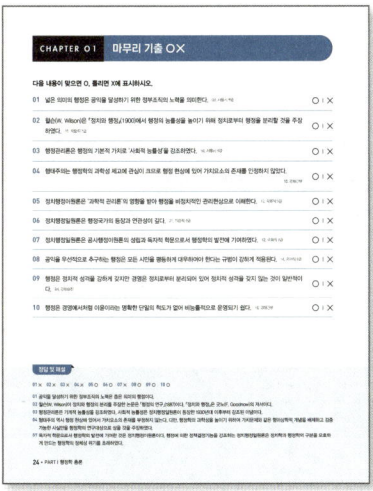

마무리 기출 OX

이론을 확실히 숙지하였는지 테스트할 수 있도록 챕터별로 마무리 기출 OX를 수록하였습니다.

에듀윌 기본서의
추가 혜택

1 최신기출 해설특강

2025 국가직 9급, 2025 지방직 9급 시험 해설특강으로 최신 경향을 파악하세요.

수강 경로 에듀윌 도서몰(book.eduwill.net) 접속 → 동영상강의실 → 공무원 → '[최신기출 해설특강] 9급공무원 행정학(국가직/지방직) 또는 좌측 QR코드를 통해 바로 접속

2 5회독 플래너

실패 없이 회독할 수 있는 플래너를 제공합니다.

※ 앞: 회독 플래너 / 뒤: 직접 체크하는 회독 플래너

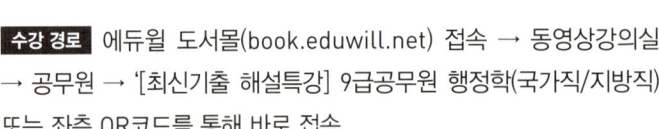

이 책의 차례

필수편

PART I 행정학 총론

CHAPTER 01 행정의 의의 — 14
CHAPTER 02 현대행정의 이해 — 25
CHAPTER 03 공공서비스 공급주체 — 46
CHAPTER 04 행정학의 접근방법 — 63
CHAPTER 05 행정학의 주요이론 — 85
CHAPTER 06 행정이 추구하는 가치 — 101

PART II 정책학

CHAPTER 01 정책학의 의의 — 120
CHAPTER 02 정책과정의 주도자 — 128
CHAPTER 03 정책의제론 — 141
CHAPTER 04 정책결정론 — 149
CHAPTER 05 정책분석론 — 158
CHAPTER 06 정책결정모형 — 165
CHAPTER 07 정책집행론 — 181
CHAPTER 08 정책평가론 — 199

PART III 조직이론

CHAPTER 01 조직이론의 기초 — 216
CHAPTER 02 조직의 유형 — 227
CHAPTER 03 조직구조론 — 233
CHAPTER 04 관료제와 탈관료제 — 250
CHAPTER 05 개인 수준의 조직행동 — 256
CHAPTER 06 집단 수준의 조직행동 — 270
CHAPTER 07 조직 수준의 조직행동 — 289
CHAPTER 08 조직개혁론 — 296
CHAPTER 09 정보체계론 — 309

PART IV 인사행정론

CHAPTER 01 인사행정의 기초 — 322
CHAPTER 02 공직의 분류 — 336
CHAPTER 03 임용 — 347
CHAPTER 04 능력발전 — 356
CHAPTER 05 사기 — 369
CHAPTER 06 공무원의 행동규범 — 382

이 책의 차례

PART V 재무행정론

- CHAPTER 01 재무행정의 기초 … 394
- CHAPTER 02 예산결정이론 … 410
- CHAPTER 03 예산의 과정 … 418
- CHAPTER 04 예산개혁론 … 440

PART VI 행정환류론

- CHAPTER 01 행정책임 … 460
- CHAPTER 02 행정통제 … 464
- CHAPTER 03 행정개혁 … 469

PART VII 지방행정론

- CHAPTER 01 지방행정의 기초 … 476
- CHAPTER 02 정부 간 관계 … 491
- CHAPTER 03 지방자치의 의의 … 497
- CHAPTER 04 지방자치의 구조 … 503
- CHAPTER 05 지방재정 … 518

- 찾아보기 … 533

심화편

PART I 행정학 총론

- CHAPTER 01 행정의 의의 … 010
- CHAPTER 02 현대행정의 이해 … 013
- CHAPTER 03 공공서비스 공급주체 … 018
- CHAPTER 04 행정학의 접근방법 … 038
- CHAPTER 05 행정학의 주요이론 … 049
- CHAPTER 06 행정이 추구하는 가치 … 062

PART II 정책학

- CHAPTER 01 정책과정의 주도자 … 072
- CHAPTER 02 정책의제론 … 079
- CHAPTER 03 정책결정론 … 085
- CHAPTER 04 정책결정모형 … 098
- CHAPTER 05 정책집행론 … 109
- CHAPTER 06 정책평가론 … 122

PART Ⅲ 조직이론

CHAPTER 01 조직이론의 기초 — 132
CHAPTER 02 조직구조론 — 139
CHAPTER 03 관료제와 탈관료제 — 153
CHAPTER 04 개인 수준의 조직행동 — 156
CHAPTER 05 집단 수준의 조직행동 — 161
CHAPTER 06 조직 수준의 조직행동 — 169
CHAPTER 07 조직개혁론 — 171
CHAPTER 08 정보체계론 — 175

PART Ⅳ 인사행정론

CHAPTER 01 인사행정의 기초 — 188
CHAPTER 02 공직의 분류 — 194
CHAPTER 03 임용 — 205
CHAPTER 04 능력발전 — 207
CHAPTER 05 사기 — 218
CHAPTER 06 공무원의 행동규범 — 233

PART Ⅴ 재무행정론

CHAPTER 01 재무행정의 기초 — 250
CHAPTER 02 예산결정이론 — 265
CHAPTER 03 예산의 과정 — 271
CHAPTER 04 예산개혁론 — 290

PART Ⅵ 행정환류론 — 302

PART Ⅶ 지방행정론

CHAPTER 01 지방행정의 기초 — 306
CHAPTER 02 정부 간 관계 — 320
CHAPTER 03 지방자치 — 324
CHAPTER 04 지방재정 — 351

PART I

행정학 총론

에듀윌 공무원 행정학

CHAPTER 01	행정의 의의
CHAPTER 02	현대행정의 이해
CHAPTER 03	공공서비스 공급주체
CHAPTER 04	행정학의 접근방법
CHAPTER 05	행정학의 주요이론
CHAPTER 06	행정이 추구하는 가치

CHAPTER 01 행정의 의의

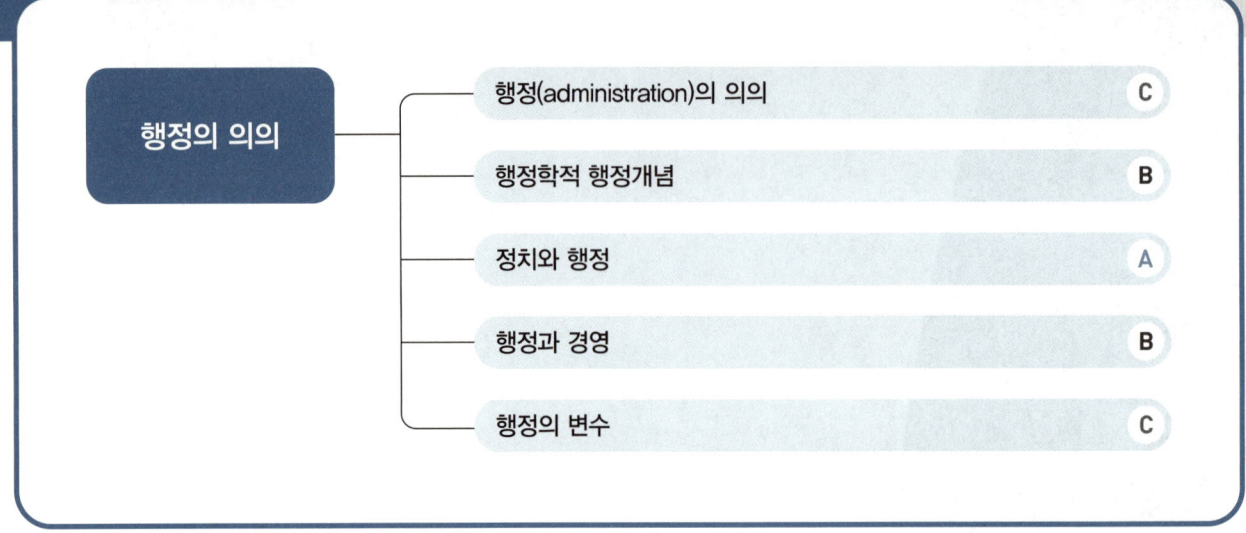

기선 제압

- 넓은 의미로 행정은 공공단체, 기업체, 민간단체를 포함한 모든 조직에서 보편적으로 나타나는 활동이다.
  23. 경찰간부

- 좁은 의미의 행정은 행정부 조직이 행하는 공공목적의 달성을 위한 제반 노력을 의미한다. 09. 서울시 9급

- 행정은 최협의적으로 행정부의 조직과 공무원의 활동에 대한 것이다. 18. 서울시 7급

- 행정은 정치적 성격을 가지며 공권력을 배경으로 기능을 수행한다.
  24. 경찰승진

01 행정(administration)의 의의　　C

1 행정의 개념

① 넓은 의미의 행정은 인간의 협동적 노력에 초점을 맞춘 개념으로, 정부조직을 포함한 모든 대규모 조직에서 보편적으로 나타나는 현상이다.
② 좁은 의미의 행정은 정부조직이 행하는 공공목적의 달성을 위한 제반 노력을 의미하며, 가장 좁은 의미의 행정은 행정부의 조직과 공무원의 활동에 대한 것이다.
③ 최근에는 공공문제의 해결을 위해 공·사조직들의 연결네트워크인 거버넌스(governance)를 강조하는 경향이 있다. 이는 행정이라는 개념이 점차 정부의 단독행위가 아닌 사회의 다양한 주체들이 함께 참여하는 협력적 행위로 변해가고 있음을 반영하는 개념적 징표이다.

2 개념적 특징

① 행정은 규범적으로 공익을 지향하며 공공서비스의 생산·공급·분배를 통해 국민 삶의 질을 높이고자 한다.
② 행정은 국민이 동의한 법적 강제력을 기반으로 업무를 수행한다. 이러한 행정의 강제적 성격은 사적 영역과 구별되는 행정의 본질적 특징에 해당한다.
③ 행정은 국민의 의사를 반영하고자 하는 민주적 정치과정과 밀접하게 연계되어 있다. 이에 따라 공공문제의 해결과 공공서비스 생산과 분배과정에서 국민의 의사를 반영하고 국민에 대한 책임성이 확보될 수 있어야 한다.

02 행정학적 행정개념

1 행정관리설

(1) 의의
① 1880년대부터 1930년대까지 주류를 이루었던 입장으로, 행정을 이미 수립된 법률이나 정책을 구체적으로 집행하기 위하여 인적 자원과 물적 자원을 체계적으로 관리하는 기술로 간주한다.
② 고전적 행정학 또는 기술적 행정학 등으로 불리며, 정치행정이원에 근거하여 결정과 집행을 분리한 후 집행의 영역에 과학적 관리기법(→ 경영기법)을 도입하고자 하였다.

(2) 대두배경
① 남북전쟁 이후 전개된 산업화의 진전에 따른 도시문제와 같은 공공문제의 폭발적 증가
② 엽관주의 폐해와 이를 극복하기 위한 진보주의 공직개혁운동(→ 실적주의 도입)의 전개
③ 베버(M. Weber)의 관료제 모형과 테일러(F. Taylor)의 과학적 관리법 등 능률성 중심의 관리기법 등장

(3) 특징
① 정치행정이원론: 행정과 정치를 분리한 후 행정을 정치 밖의 영역으로 인식하였다.
② 공사행정일원론: 행정과 경영의 유사성에 기초하여 경영기법의 도입을 강조하였다.
③ 능률성 강조: 과학적 관리와 유일 최선의 방법을 통한 기계적 능률성을 추구하였다.
④ 폐쇄체제: 조직 내부의 공식적 구조와 기능에 연구의 초점을 두었다.

(4) 주요 학자
① 윌슨(W. Wilson): 「행정의 연구」(1887), 정당정치(→ 엽관주의)로부터 행정의 분리
② 굿노(F. Goodnow): 『정치와 행정』(1900), 정책결정으로부터 행정의 분리
③ 화이트(L. White): 『행정학 입문』(1926), 최초의 행정학 교과서(→ 학문의 성립)
④ 귤릭(L. Gulick): 「행정과학 논총」(1937), POSDCoRB(→ 최고관리자의 7대 기능)

2 통치기능설

(1) 의의
① 1930년대부터 1940년대에 걸쳐 등장한 이론으로, 행정의 기능을 단순한 집행이 아닌 정책결정의 영역까지 확장한 입장이다.
② 신고전적 행정학 또는 기능적 행정학 등으로 불리며, 행정을 정치와 분리될 수 없는 통치행위로 보고, 행정의 적극적인 역할과 권력적 성격을 강조하는 이론이다.

(2) 대두배경
① 시장실패(→ 경제대공황)와 정부의 적극적 개입(→ 뉴딜정책)
② 행정국가의 심화에 따른 정치행정이원론의 비현실성

· 행정관리학파는 과학적 관리론, 고전적 관료제론 등과 함께 행정학의 출범 초기에 학문적 기초를 쌓는 데 크게 기여했다. 09. 지방직 9급

· 행정관리학파는 조직과 구성원 간의 관계를 합리적 존재로만 봄으로써 조직을 일종의 기계장치처럼 설계하려 하였다. 09. 지방직 9급

· 1945년 제2차 세계대전 이후 행정과 행정학의 범위는 확대되었다. 25. 경찰간부

(3) 특징
① 정치행정일원론: 정치와 행정의 연계성을 강조하였다.
② 공사행정이원론: 경영과 구별되는 공행정의 특수성을 강조하였다.

(4) 주요 학자
① 디목(M. Dimock): 『현대 정치와 행정』(1937), 사회적 능률성의 강조
② 애플비(P. Appleby): 『정책과 행정』(1949)
③ 가우스(J. Gaus): 행정이론과 정치이론의 유사성 강조

3 행정행태설

(1) 의의
① 1940년대 후반부터 1960년대 초반까지 주류를 이루었던 이론으로, 행정관리설과 통치기능설의 한계를 극복하고 행정학의 과학화를 추구하면서 등장하였다.
② 행정의 개념을 공동의 목적을 달성하기 위한 인간의 협동적 노력으로 파악하며, 특히 조직 내에서 이루어지는 의사결정에 연구의 초점을 두었다.
③ 그리고 이러한 의사결정을 다시 가치결정과 사실결정으로 구분한 후 행정학의 과학화를 위해 행정학의 연구범위를 사실결정에 한정하고자 하였다.
④ 행정행태설도 정치행정이원론으로 불리지만 행정에 의한 정책결정을 인정한다는 점에서 행정을 집행으로만 보는 행정관리설과는 구별된다.

• 사이먼(H. Simon) 등 행태주의 학자들은 정책결정 기능을 인정한다는 점에서 기존의 이원론과 구분된다.
13. 국회직 8급

(2) 대두배경
① 법적·제도적 접근방법의 정태성과 원리주의(고전적 행정학)의 비과학성(→ 검증되지 않은 속담)
② 행정학의 정체성 위기(→ 정치학과 행정학의 구별 모호성)를 초래한 통치기능설의 한계

(3) 특징
① 정치행정(새)이원론: 행정학의 연구대상을 검증 가능한 사실결정에 국한하고, 검증이 곤란한 가치결정은 정치학이나 정책학의 영역으로 간주하였다.
② 공사행정(새)일원론: 인간행태에 대한 경험적 검증을 통해 공적 영역과 사적 영역에 모두 적용될 수 있는 보편적 이론을 구축하고자 하였다.
③ 행정학의 과학성 제고: 논리실증주의에 입각한 자연과학적 연구방법을 행정학에 도입하여 행정학의 과학성을 높이고자 하였다.
④ 사이먼(H. Simon): 『행정행태론』(1947), 의사결정으로서 행정, 가치사실이원론(→ 내용적으로는 정치행정일원론, 연구방법론으로는 정치행정이원론)

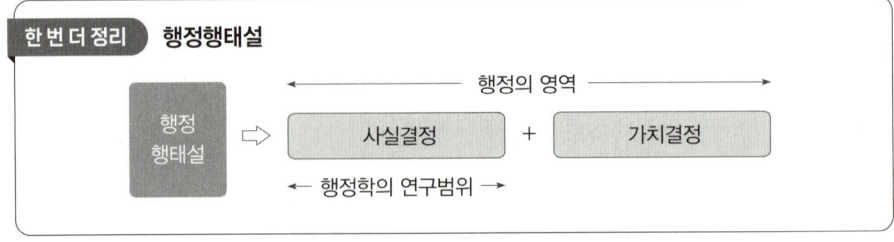

4 발전기능설

(1) 의의
① 1960년대에 등장한 행정학 이론으로, 행정의 역할을 단순히 관리나 집행에 국한하지 않고 국가 발전과 사회변동을 주도하는 적극적 기능까지 확장하는 개발도상국의 행정개념이다.
② 이는 행정이 국가발전이라는 목표를 달성하기 위해 정치를 비롯하여 경제·사회의 변동을 주도해 나가야 한다는 입장이다.

(2) 대두배경
① 신생국 또는 개발도상국의 국가발전의 필요성과 정치적·사회적 여건의 미비
② 비교행정론의 한계: 후진국의 발전에 관한 구체적 처방안의 부재와 환경결정론의 시각에 따른 후진국 발전에 대한 숙명론적 비관론

(3) 특징
① 행정우위 정치행정(새)일원론: 행정에 의한 정치 역할의 대체(→ 비민주적 행정)
② 공사행정(새)이원론: 경영과 구별되는 공적 가치의 추구
③ 행정이념: 목표의 달성도를 의미하는 효과성의 강조
④ 주요 학자: 에스먼(M. Esman), 와이드너(E. Weidner)

5 정책화기능설 → 신행정론

(1) 의의
① 1960년대 말 이후 등장한 신행정학의 주요 이론 중 하나로, 사회문제를 해결하기 위한 행정의 능동적 역할과 행정에 의한 정책과정의 중요성을 강조한 입장이다.
② 학문적으로는 행태주의를 비판하면서 행정학의 연구범위를 가치판단의 영역까지 확장하였다.

(2) 대두배경
① 인종갈등 및 세대갈등과 같은 미국 사회의 격동기
② 행태주의의 한계: 처방성과 적실성의 결여(→ 문제해결 능력의 결여)
③ 효율성 중심의 기존 가치배분 방식(→ 공리주의)의 한계(→ 형평성 간과)

(3) 특징
① 정치행정(새)일원론: 사회문제의 해결을 위한 적극적 가치판단을 강조하였다.
② 공사행정(새)이원론: 사적 가치와 구별되는 공적 가치를 추구하였고, 특히 새로운 가치배분 방식으로서 사회적 형평성을 강조하였다.

6 거버넌스적 행정개념

(1) 의의
① 행정을 공공문제를 해결하기 위한 공·사조직들 간의 네트워크로 인식하는 입장으로, 정부실패 이후 강조된 개념이다.
② 정부의 독점적 통치를 거부하고 다양한 주체에 의한 협력적 통치를 강조하는 국정운영이다.

(2) 신공공관리론
① 신공공관리론은 오일쇼크와 스태그플레이션, 재정적자와 복지국가의 폐단과 같은 정부실패에 대한 대책으로 등장한 시장적 거버넌스를 의미한다.
② 신자유주의에 입각한 감축관리를 주장하며, 시장기법이나 성과관리와 같은 민간기법의 정부도입을 강조하는 행정의 경영화 논리이다.

(3) 신국정관리론 → 뉴거버넌스
① 신국정관리론은 신자유주의와 신공공관리론의 한계로 등장한 참여적 거버넌스를 의미한다.
② 시민사회와 공동체주의 사조의 부활에 따라 시민의 참여를 통한 협력적 통치를 강조하는 행정의 재정치화 논리이다.

바로 확인문제

1. 행정과 행정학에 대한 설명 중 가장 옳지 않은 것은? 25. 경찰간부

① 행정학의 기원과 관련 있는 패러다임은 정치행정이원론이다.
② 관리과학 중심의 전통 행정학은 공정(fairness)과 평등(equality)을 중시하는 경영학과 유사하다.
③ 1945년 2차 세계대전 이후 행정과 행정학의 범위는 확대되었다.
④ 윌슨(W. Wilson)은 「행정의 연구(The Study of Administration)」에서 행정과 경영의 유사성을 강조했다.

정답해설 관리과학 중심의 전통 행정학은 절약과 능률을 강조하였다.

답 | ②

03 정치와 행정

1 의의

(1) 정치

① 민주주의 체제에서 정치란 국민들의 의사를 수렴하여 정책을 결정하는 가치개입적 행위로, 국민 또는 국민의 대표(→ 의회)에 의해서 국가의 목표를 설정하는 민주적 과정이다.
② 이에 따라 정치는 국민들의 의사를 반영하는 민주성의 확보에 초점을 맞추며, 국민들의 의사를 골고루 반영시킬 수 있는 방법을 강조한다.

(2) 행정

① 민주주의 체제에서 행정이란 수렴된 의사를 실행에 옮기는 가치중립적 행위로, 설정된 목표를 달성하기 위한 효율적 수단을 모색하는 과정이다.
② 이에 따라 행정은 결정된 정책을 집행하는 과정에서 능률성의 확보에 초점을 맞추며, 국민들이 원하는 것을 더 싸고 편하게 공급할 수 있는 방법을 추구한다.

> • 전통적으로 민주주의 정치체제에서 정치는 가치개입적인 행위이고 행정은 가치중립적인 행위이다.
> 13. 국회직 8급

2 전개과정

(1) 정치행정이원론

① 정치행정이원론은 행정의 전문성과 중립성을 강조했던 행정관리설의 입장이다.
② 과학적 관리법과 같은 경영기법의 영향을 받아 행정을 비정치적 관리현상으로 이해하였으며, 의회가 제정한 법률과 정책의 충실한 집행을 강조하였다.
③ 고전적 행정학, 전통적 행정학 등으로 언급되며, 공사행정일원론과 독자적 학문으로서 행정학의 성립에 기여하였다.
④ 다만, 경험적·실증적 이론이라기보다는 엽관주의의 폐해를 시정하기 위한 규범적·처방적 이론으로, 1880년대 공무원제도개혁(→ 실적주의 도입)의 이론적 근거로 작용하였다.

> • 정치행정이원론은 정당정치 및 엽관주의의 폐해를 극복하기 위한 이론적 기초를 제시하고자 했다.
> 23. 경찰승진

(2) 정치행정일원론

① 정치행정일원론은 행정의 공공성과 정치성을 강조하는 통치기능설의 입장으로, 행정의 개념을 정책집행뿐만 아니라 정책형성까지 확장하였다.
② 신고전적 행정학, 기능적 행정학 등으로 언급되며, 시장실패를 해결하기 위한 행정의 적극적인 역할과 행정입법(→ 위임입법)의 확대를 지지하는 이론적 근거이다.
③ 정치행정일원론은 입법활동의 기술적 복잡성과 사회·경제적 위기에 대한 신속하고 일관성 있는 대응의 필요성으로 인하여 등장하였으나, 행정에 의한 정책결정은 정치와 행정의 구분을 모호하게 만들어 행정학의 정체성 위기를 초래하였다.

(3) 정치행정(새)이원론

① 정치행정(새)이원론은 가치와 사실의 구분을 강조하는 행태주의 입장의 새로운 이원론이다.
② 행정에 의한 정책결정기능을 인정한다는 점에서 기존의 정치행정이원론과는 구별된다.
③ 다만, 과학성을 높이기 위하여 행정학의 연구범위를 사실의 영역에 한정하고자 하였으며, 그 근거로 논리실증주의를 제시하였다.

(4) 정치행정(새)일원론

① **발전행정론**: 발전행정론은 기존의 정치우위론과 대비되는 행정우위 (새)일원론으로, 행정에 의한 정책결정은 물론, 정치를 이끌고 심지어 대행하고자 했던 1960년대 개발도상국의 입장이다.

② **신행정론**: 신행정론은 미국 사회의 격동기라는 사회갈등을 해결하기 위하여 행정의 정책결정기능을 적극적으로 요청하면서도 행정의 관료주의화를 견제하기 위해 다양한 세력들의 참여를 강조하였고, 정책결정의 기준으로서 사회적 형평성을 주장한 1960년대 후반의 행정관이다.

(5) 최근의 경향

① **신공공관리론**(→ 행정의 경영화): 신공공관리론은 시장주의와 신관리주의를 결합하여 전통적인 관료제의 한계를 극복하고 작은 정부를 구현하기 위해 개발된 이론이다.

② **신국정관리론**(→ 행정의 재정치화): 신국정관리론 또는 뉴거버넌스는 공공문제의 해결을 위한 정부와 시민사회 및 여러 공사조직들의 협력적 통치를 강조하는 이론이다.

바로 확인문제

1. 정치행정이원론에 대한 설명으로 옳지 않은 것은?   24. 국가직 7급

① 엽관주의 극복을 위한 반엽관주의(anti-spoils system) 움직임에 따라 대두되었다.
② 부패한 정치로부터 행정의 분리를 주장했다.
③ 행정의 정책형성기능 강화로 인해 기능적 행정학을 추구했다.
④ 윌슨(W. Wilson)은 행정을 관리와 경영의 영역으로 규정했다.

정답해설 행정의 정책형성기능 강화로 인해 기능적 행정학을 추구한 것은 정치행정일원론의 특징이다.

답 | ③

2. 정치행정이원론에 대한 설명으로 옳지 않은 것은?   22. 국가직 7급

① 행정과 경영이 차이가 없음을 강조하는 공사행정일원론의 입장을 취한다.
② 의사결정 역할을 하는 정치와 결정된 의사를 집행하는 행정의 역할을 엄격하게 구분할 것을 주장하였다.
③ 윌슨(W. Wilson)은 행정을 전문적·기술적 영역으로 규정하고, 정부는 효율성과 전문성을 갖추어야 한다고 주장하였다.
④ 대공황 이후 각종 사회문제를 해결하기 위해서 행정의 정책결정·형성 및 준입법적 기능의 수행을 정당화하였다.

정답해설 대공황 이후 행정의 정책결정이나 준입법적 기능의 수행을 강조한 것은 정치행정일원론이다.

답 | ④

04 행정과 경영

1 의의
① 행정관리론(→ 통제와 투입): 행정이 정치와 분리된 행정학 태동기부터 행정과 경영은 밀접히 연관되어 있었다.
② 신공공관리론(→ 재량과 성과): 정부실패 이후 신자유주의에 입각한 정부개혁의 추진과정에서 행정의 경영화가 다시 강조되고 있다.
③ 다만, 행정관리론이 정치로부터 행정의 전문성을 확보하기 위해 관료제를 도입하려는 입장이라면, 신공공관리론은 관료제의 역기능을 완화하기 위해 탈관료제적 요소를 도입하자는 주장이다.

2 전개과정

(1) 공사행정일원론
① 공사행정일원론은 행정과 경영의 유사점을 강조했던 정치행정이원론의 견해이다.
② 행정을 능률성의 확보를 위한 기술적 과정(→ 행정관리론)으로 인식하거나, 행정학의 과학화를 추구하는 입장(→ 행정행태론)과 관련된다.

(2) 공사행정이원론
① 공사행정이원론은 행정과 경영의 차이점을 강조했던 정치행정일원론의 견해로, 행정에 의한 정책결정기능이나 가치판단의 역할을 중시하는 입장이다.
② 세이어의 법칙(Sayre's law): 행정은 모든 중요하지 않는 부분에 있어서 경영과 유사하다는 주장으로, 이는 결국 모든 중요한 점은 서로 다르다는 것을 강조하는 공사행정이원론 또는 정치행정일원론의 주장이다.

3 행정과 경영의 유사점 → 목표달성의 수단

(1) 관료제 성격
① 행정과 경영은 모두 분업, 계층구조, 법과 규칙 등과 같은 관료제 성격을 갖는 대규모 조직이다.
② 최근 강조되는 행정의 경영화란 정부 관료제의 역기능을 완화하려는 노력이다. 이는 경쟁에 노출된 경영보다는 독점적으로 운영되었던 정부조직에서 관료제의 역기능이 강하기 때문이다.

(2) 관리기술 측면
① 행정과 경영은 모두 목표달성을 위해 합리적으로 인적·물적 자원을 동원하고 활용하는 능률성 중심의 관리기법이며, 최선의 대안을 선택고자 하는 의사결정의 한 형태이다.
② 이에 따라 행정의 경영화란 민간에서 발전된 최신 관리기술을 정부부문에 도입한다는 의미이다.

(3) 협동행위 및 전문적 봉사
① 행정과 경영은 모두 목표를 달성하기 위한 집단적 노력의 한 형태이다.
② 그리고 행정과 경영 모두 국민 혹은 서비스 수요자에 대한 전문적 봉사를 강조한다.

• 행정과 경영이 유사하다는 입장은 '과학적 관리'와 '정부재창조'에 공통된 전제를 제공하였다. 20. 소방간부

• 행정과 경영은 모두 관료제의 순기능적 측면과 아울러 역기능적 측면도 내포하고 있다. 08. 국가직 7급

4 행정과 경영의 차이점

(1) 관할 범위 및 영향력
① 행정은 경영에 비해 관할과 영향력의 범위가 크다.
② 행정은 모든 국민(→ 불특정 다수)을 대상으로 하지만 경영은 고객관계가 특정 범위에 한정된다.

(2) 목적
① 행정은 공익이라는 다차원적 목적을 추구하지만 경영은 이윤의 극대화라는 단일의 목적을 추구한다. 이에 따라 행정의 경영화를 논할 때에는 반드시 목적의 차이를 제약조건으로 인식해야 한다.
② 다만, 이러한 목적의 차이는 본질적인 것이 아닌 양적이고 상대적인 차이로 보아야 한다. 이는 경영 역시 공공성이라는 제약조건 하에서 활동하기 때문이다.

> • 행정은 사익이 아닌 공익을 우선적으로 추구한다. 14. 국가직 9급

(3) 독점성
① 행정은 공공서비스의 제공에 있어 독점성이 강하다. 이에 따라 서비스 질의 저하 가능성이 높다.
② 그러나 최근에는 민영화나 공동공급 등 공공서비스 공급에 있어 민간의 참여를 강조하는 거버넌스 개념의 등장으로 공공서비스 공급의 독점성이 약화되고 있다.

(4) 정치·권력성
① 행정은 공권력을 배경으로 업무를 수행하므로 정당과 의회 및 국민 등에 의한 정치적 통제가 필요하다. 이에 따라 행정은 경영에 비해 결정의 속도가 상대적으로 느린 편이다.
② 그러나 경영은 일반적으로 정치로부터 분리되며, 강제력과 권력수단을 소유하지 못한다. 대신 정치적 통제로부터 상대적으로 자유롭다.

(5) 평등성
① 행정에는 모든 국민에 대해 법 앞에 평등하게 대하여야 한다는 규범이 강하게 적용된다.
② 그러나 경영은 이윤추구의 목적을 실현하는 과정에서 고객 간의 차별 대우가 용인된다.

(6) 법적 규제
① 행정은 경영보다 엄격한 법적 규제(→ 법률유보 원칙)를 받으므로 급격한 환경변화에 대한 적응력이 취약하다.
② 그러나 경영은 행정과 같은 직접적인 법적 규제를 받지 않는다.

> • 행정은 엄격한 법적 규제를 받으므로 환경의 변화에 따른 조직의 대응력이나 인력 충원과정의 탄력성이 떨어진다. 08. 국가직 7급
> • 행정조직 구성원은 원칙상 법령에 의해 신분이 보장된다. 14. 국가직 9급

바로 확인문제

1. 다음 중 행정과 경영의 유사성으로 가장 적절하지 않은 것은? 24. 군무원 9급

① 관리기술적 측면　　② 관료제적 성격
③ 법적 규제　　　　　④ 협동행위

정답해설 법적 규제는 행정과 경영의 차이점이다.

답 | ③

05 행정의 변수

1 변수(variable)의 의의
① 행정의 변수는 행정에 영향을 미치는 내적·외적 요인 혹은 행정현상을 야기하는 원인을 말한다.
② 이러한 변수는 목표의 달성 또는 문제의 해결에 있어 성패를 좌우하는 핵심요인으로 작용한다.

2 변수의 유형

(1) 구조
① 구조란 전체 구성요소들의 체계적 배열로, 직무와 권한 및 책임분담의 형태로 나타난다.
② 구조 중심의 행정이론은 주로 정부형태, 법령체계, 조직구조 등 공식적이고 외형적인 요인을 연구하며, 과학적 관리론, 관료제 이론, 행정관리론 등과 같은 고전적 행정학에서 강조되었다.

(2) 인간
① 사회적 심리와 객관적으로 검증이 가능한 외면적 행태는 인간관계론과 행태주의에서 각각 강조되었고, 사람의 내면적 의도는 현상학에서 강조하였다.
② 또한 사회문제의 해결을 강조하였던 신행정학과 발전행정론에서는 태도나 신념과 같은 공무원의 능동적 가치관이 강조되었다.

(3) 환경
① 환경이란 행정의 영역 밖에 있으면서 행정에 영향을 주는 모든 요소로, 1960년 이후 현대 행정이론이 등장하면서 강조되기 시작한 행정변수이다.
② 행정변수로서 환경이 강조되면서 어디에나 적용되는 유일 최선의 해결책을 찾는 이론보다는 상황적응적인 해결책을 찾는 이론들이 강조되었다.

(4) 기능
① 기능이란 공식적 제도 혹은 구조가 실제로 수행하는 활동 또는 역할을 뜻하며, 구조기능주의에 입각한 체제론의 등장으로 강조되기 시작한 행정변수이다.
② 구조가 어떤 전체로서의 사물의 내부에서 그 각각의 부분이 결합하는 관계라면, 기능은 체제의 구성요소들이 수행하는 개별적 활동이나 역할체계를 의미한다.

CHAPTER 01 마무리 기출 OX

다음 내용이 맞으면 O, 틀리면 X에 표시하시오.

01 넓은 의미의 행정은 공익을 달성하기 위한 정부조직의 노력을 의미한다. 09. 서울시 9급 ○ | ✕

02 윌슨(W. Wilson)은 『정치와 행정』(1900)에서 행정의 능률성을 높이기 위해 정치로부터 행정을 분리할 것을 주장하였다. 16. 지방직 7급 ○ | ✕

03 행정관리론은 행정의 기본적 가치로 '사회적 능률성'을 강조하였다. 16. 서울시 9급 ○ | ✕

04 행태주의는 행정학의 과학성 제고에 관심이 크므로 행정 현상에 있어 가치요소의 존재를 인정하지 않았다. 16. 경찰간부 ○ | ✕

05 정치행정이원론은 '과학적 관리론'의 영향을 받아 행정을 비정치적인 관리현상으로 이해한다. 12. 국회직 9급 ○ | ✕

06 정치행정일원론은 행정국가의 등장과 연관성이 깊다. 21. 지방직 9급 ○ | ✕

07 정치행정일원론은 공사행정이원론의 성립과 독자적 학문으로서 행정학의 발전에 기여하였다. 12. 국회직 9급 ○ | ✕

08 공익을 우선적으로 추구하는 행정은 모든 시민을 평등하게 대우하여야 한다는 규범이 강하게 적용된다. 14. 국가직 9급 ○ | ✕

09 행정은 정치적 성격을 강하게 갖지만 경영은 정치로부터 분리되어 있어 정치적 성격을 갖지 않는 것이 일반적이다. 24. 경찰승진 ○ | ✕

10 행정은 경영에서처럼 이윤이라는 명확한 단일의 척도가 없어 비능률적으로 운영되기 쉽다. 16. 경찰간부 ○ | ✕

정답 및 해설

01 ✕   02 ✕   03 ✕   04 ✕   05 ○   06 ○   07 ✕   08 ○   09 ○   10 ○

01 공익을 달성하기 위한 정부조직의 노력은 좁은 의미의 행정이다.
02 윌슨(W. Wilson)이 정치와 행정의 분리를 주장한 논문은 「행정의 연구」(1887)이다. 『정치와 행정』은 굿노(F. Goodnow)의 저서이다.
03 행정관리론은 기계적 능률성을 강조하였다. 사회적 능률성은 정치행정일원론이 등장한 1930년대 이후부터 강조된 이념이다.
04 행태주의 역시 행정 현상에 있어서 가치요소의 존재를 부정하지 않는다. 다만, 행정학의 과학성을 높이기 위하여 가치문제와 같은 형이상학적 개념을 배제하고 검증 가능한 사실만을 행정학의 연구대상으로 삼을 것을 주장하였다.
07 독자적 학문으로서 행정학의 발전에 기여한 것은 정치행정이원론이다. 행정에 의한 정책결정기능을 강조하는 정치행정일원론은 정치학과 행정학의 구분을 모호하게 만드는 행정학의 정체성 위기를 초래하였다.

CHAPTER 02 현대행정의 이해

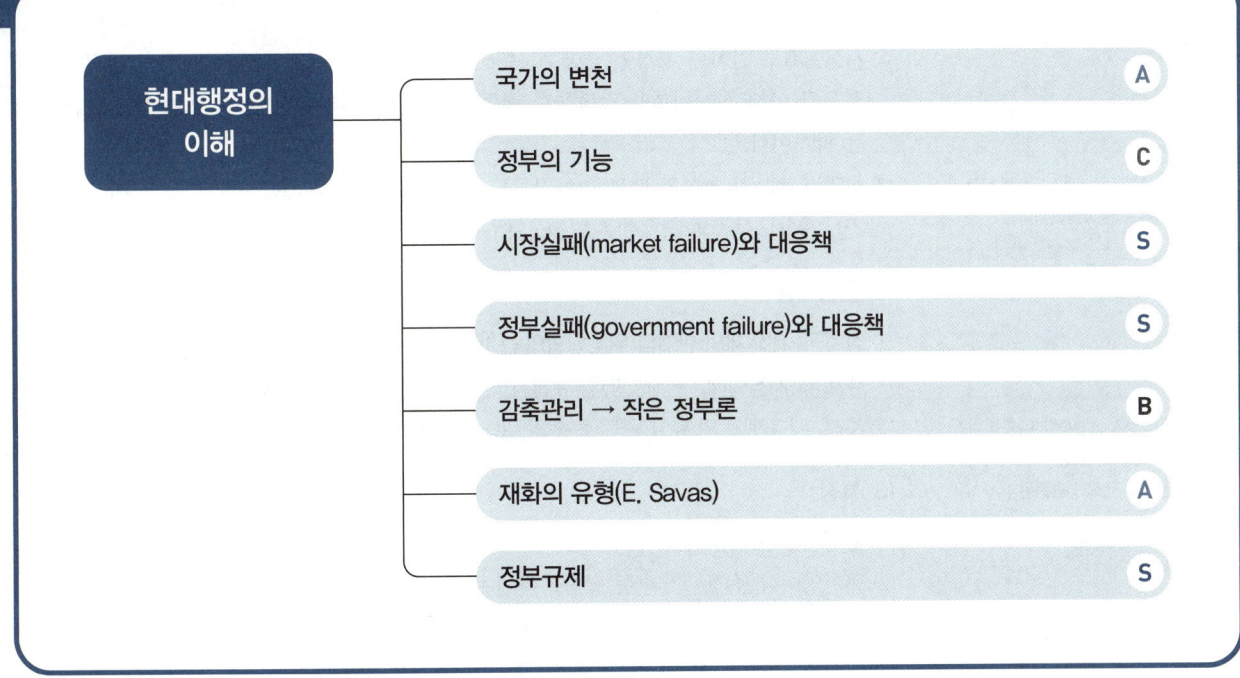

01 국가의 변천　Ⓐ

1 근대 입법국가 → 작고 약한 정부

(1) 개념
① 국가에 대한 사회(→ 시장)의 승리로 이루어진 자유방임적 법치국가를 말한다.
② 국가 또는 사회는 구성원들의 합의로 성립된다는 사회계약설(↔ 왕권신수설)과 사적 거래의 효율성에 대한 믿음이자 국가에 의한 시장개입의 반대 논거인 고전파 경제학의 '보이지 않는 손'을 기반으로 한다.

(2) 특징
① 정치적: 의회만능주의 → 유권자와 대표자 간의 동질성
② 경제적: 시장만능주의 → '보이지 않는 손'의 자동조절기능
③ 소극국가: 공권력에 대한 불신으로, 국가의 역할을 국방·외교·치안과 같은 질서유지기능, 소유권의 보호, 공공토목사업 및 재정권의 행사와 같은 최소한의 분야에 한정하고자 하는 국가
④ 최소의 행정이 최선의 행정: 값싼 정부, 최소국가, 야경국가 등으로 언급

> **기선 제압**
>
> • 19세기 근대 자유주의 국가는 야경국가를 지향하였다. 22. 국가직 9급
>
> • 야경국가인 19세기 자유주의 국가에서 정부는 소극적인 질서 유지만을 담당하고 나머지 국민생활 부문에서는 최대한으로 개인의 자유를 인정해야 한다고 보았다. 23. 국회직 9급

2 현대 행정국가 → 크고 강한 정부

(1) 개념
① 민주주의의 기본요소인 삼권분립을 전제로 하되, 입법이나 사법기능에 비하여 행정기능이 특별히 우월한 국가를 말한다.
② 시장실패로 인하여 행정이 공공부문뿐만 아니라 민간부문까지도 주도하며, 행정의 복잡성으로 인해 정책집행을 담당하던 행정기관이 정책결정까지 담당(→ 정치행정일원론)하는 국가이다.
③ 최대의 봉사가 최선의 행정으로 간주되며, 선진국의 경우에는 복지국가(→ 시장실패 보완), 개발도상국의 경우에는 발전국가(→ 국가주도의 경제발전)로 언급된다.

• 행정국가 시대에는 최대의 봉사가 최선의 정부로 받아들여졌다.
14. 서울시 9급

(2) 등장배경
① 정치적: 대의제의 한계와 위임입법의 증가(→ 행정의 복잡성과 전문성 심화)
② 경제적: 시장실패(→ 대공황)와 뉴딜정책, 고전파 경제학의 한계와 케인즈파 경제학의 등장
③ 사례: 루즈벨트의 뉴딜정책, 존슨의 위대한 사회(Great Society Program)건설 프로그램

• 루즈벨트(F. Roosevelt) 대통령의 New Deal 정책은 행정부의 사회적 가치배분권의 강조와 관련된다.
09. 국가직 7급

(3) 특징
① 행정업무와 정책의 확대, 행정기구의 확대, 공무원 수의 증가, 재정규모의 팽창
② 공기업이나 준정부기관 등 공공기관의 증가, 막료(↔ 계선)기관의 증가
③ 행정에 의한 적극적이고 능동적인 사회변동기능의 강조
④ 행정의 재량권 확대에 따른 자율적 책임과 내부통제의 강조

(4) 문제점
① 행정의 재량권 확대와 위임입법의 증가에 따른 의회 지위의 약화
② 관료들에 의한 정책결정과 이로 인한 관료들의 정치세력화(→ 행정의 공정성 저해)
③ 정부개입의 강화에 따른 민간부문의 창의성과 자율성 침해
④ 중앙정부의 권한 확대에 따른 지방자치의 발전 저해
⑤ 정부개입에 의한 자원배분의 효율성 약화(→ 정부실패 야기)

3 신행정국가 → 작지만 강한 국가

(1) 개념
① 정부실패 이후 행정환경의 변화에 대응하여 탄생한 탈행정국가를 말한다.
② 정부의 시장개입을 줄이는 작은 정부를 지향하지만 조정과 중재를 위한 강력한 리더십을 강조하며, 정책결정(→ 방향잡기)은 정부가 주도하지만, 정책집행(→ 노젓기)은 탈정부화 혹은 탈관료화를 추구한다.

(2) 등장배경
① 환경변화: 세계화·정보화·지방화 및 포스트모더니즘 등 다양성의 시대(→ 정부독점의 한계)
② 정부의 재정정책에 입각한 수요 중심의 케인즈파 경제학의 한계와 소득세 감면, 정부지출의 삭감, 정부규제의 완화, 공급 중심의 신고전파 경제학의 등장

③ 정부실패 이후 나타난 행정의 탈정치화(→ 신공공관리론) 현상과 행정의 재정치화(→ 뉴거버넌스) 현상의 교차

바로 확인문제

1. 다음에 제시된 역사적 사실들이 갖는 공통적 의미는? 09. 국가직 7급

- 존슨(L. Johnson) 대통령의 Great Society Program
- 루즈벨트(F. Roosevelt) 대통령의 New Deal 정책

① 시장기능의 강화
② 행정부에 의한 사회적 가치의 배분권 강조
③ 작지만 강한 행정부
④ 규제완화와 행정의 민주화

정답해설 New Deal 정책은 대공황을 해결하기 위한 정부의 적극적 시장개입 정책이고, 'Great Society Program'은 흑인의 복지를 위한 취업프로그램이다. 둘 다 정부에 의한 사회적 가치의 배분을 강조한 사업들이다.

오답해설 ①, ③, ④ 시장기능의 강화, 작지만 강한 행정부, 규제완화와 행정의 민주화 등은 모두 정부실패 이후 강조되는 내용들이다.

답 | ②

02 정부의 기능

1 의의

① 정부의 기능이란 행정에 의하여 해결되기를 바라는 사회의 요구 내지 기대를 충족하기 위한 정부의 활동을 말한다.
② 행정수요는 수많은 사회문제들 중 공공성이 인정되어 정부에 의해 해결되어야 한다고 인정될 때 창출되지만 자원의 제약이 존재하므로 모든 사회문제가 행정수요가 되는 것은 아니다.

2 분류

(1) 대상기준

① **주요기능(→ 직접적 기능)**: 주요기능이란 주권기능(→ 국방, 외교, 치안), 경제기능, 사회기능, 교육·문화기능 등과 같이 국민을 대상으로 하는 정부의 활동을 말한다.
② **부수기능(→ 간접적 기능)**: 부수기능이란 인사, 예산과 회계, 조달과 시설관리, 통제와 감사 등과 같이 공무원과 행정을 위해 존재하는 활동을 말한다.

- 정부기능상 정책결정 또는 정책집행 위주의 부처로 나눌 수 있다.
  12. 서울시 9급

- 기획기능은 정책과정에서 정책결정과 계획수립을 위한 기능을 말한다.
  12. 서울시 9급

(2) 목적기준

① 소극적 기능: 질서유지(→ 국방, 외교, 치안)나 사회의 안정과 관련된 정부의 활동으로, 근대 입법국가 시대부터 강조되었던 정부의 활동이다.
② 적극적 기능: 거시경제의 안정화나 소득재분배 등과 같은 사회의 변동을 추구하는 정부의 활동으로, 현대 행정국가의 도래로 강조되기 시작하였다.

(3) 성질기준

① 규제기능: 법령에 근거하여 국민의 권리를 제한하거나 의무를 부과하는 행위로, 가장 전통적인 활동이며 정부기능 중 가장 규모가 큰 영역이다.
② 지원·조장기능: 특정한 분야의 사업이나 활동을 직·간접적으로 장려하는 급부활동으로, 정부의 역할이 확대되고 시장의 결함이 부각되면서 강조되었다.
③ 조정·중재기능: 이해관계나 갈등의 중립적 조정과 합의를 도출하는 준사법적 행위로, 행정의 복잡성과 전문성이 증대되면서 강조된 정부의 활동이다.
④ 기업행정기능: 정부기업 등을 통해 직접적인 수익을 추구하는 정부의 활동이다.

- 중재기능은 이해관계자 간 분쟁이 발생할 때 정부가 조정하고 합의를 이끌어내는 기능이다. 12. 서울시 9급

3 보수주의와 진보주의

(1) 보수주의

① 자신의 이익을 추구하는 합리적 경제인관(→ 합리적 + 타산적)을 가정한다.
② 정부로부터의 자유(→ 소극적 자유)와 기회의 평등(↔ 결과의 평등)을 강조한다.
③ 배분적 정의(→ 사회전체 자원의 분배)보다는 교환적 정의(→ 개인 간 거래)를 강조한다.
④ 시장의 이점에 대한 굳은 신념을 지니고 있어 시장에 대한 정부개입을 반대한다.
⑤ 정부규제의 완화를 강조하며, 소외집단을 위한 재분배정책은 반대한다.
⑥ 미국적 특징으로 낙태금지를 위한 정부권력의 사용과 공립학교에서의 종교교육을 찬성한다.

- 보수주의 정부관은 합리적 경제인, 경제적 자유 강조, 최소한의 정부 등을 특징으로 한다. 23. 국회직 9급

(2) 진보주의

① 경제인관을 부정하고 욕구와 협동 및 오류 가능성이 있는 인간관을 가정한다.
② 적극적 자유와 진보적 평등(→ 결과의 평등)을 위한 정부개입을 허용한다.
③ 효율성과 번영에 대한 시장의 잠재력을 인정하지만 시장의 결함과 윤리적 결여도 강조하며, 이러한 시장실패를 치유하기 위한 정부의 적극적 역할을 강조한다.
④ 경제에 대한 더 많은 정부규제와 소외집단을 위한 재분배정책을 선호한다.
⑤ 낙태금지를 위한 정부권력의 사용과 공립학교에서의 종교교육은 반대한다.

- 진보주의 정부관은 공익 목적의 정부규제 강화와 조세를 통한 소득재분배를 강조한다. 11. 서울시 9급

- 진보주의 정부는 소수민족의 기회 확보 정책을 선호한다. 20. 군무원 9급

> **바로 확인문제**

1. 진보주의와 보수주의의 구분은 사회와 정책을 이해하는 한 방법이다. 진보주의 정부에서 선호하는 정책으로 가장 적절하지 <u>않은</u> 것은? 24. 군무원 9급

① 소수민족 기회 확대
② 소득재분배 강조
③ 조세감면 확대
④ 정부규제 강화

정답해설 조세감면 확대는 보수주의 정부관의 특징이다.

답 | ③

2. 보수주의 정부관의 특징으로 옳은 것만을 〈보기〉에서 모두 고르면? 23. 국회직 9급

| 보기 |
| ㄱ. 복지국가 ㄴ. 합리적 경제인 |
| ㄷ. 경제적 자유 강조 ㄹ. 조세제도를 통한 소득재분배 |
| ㅁ. 시장의 결함과 윤리적 결여 인지 ㅂ. 최소한의 정부 |

① ㄱ, ㄴ, ㄷ
② ㄱ, ㄹ, ㅁ
③ ㄴ, ㄷ, ㅁ
④ ㄴ, ㄷ, ㅂ
⑤ ㄷ, ㅁ, ㅂ

정답해설 ㄴ, ㄷ, ㅂ. 합리적 경제인, 경제적 자유의 강조, 최소한의 정부 등이 보수주의 정부관의 특징이다.

답 | ④

03 시장실패(market failure)와 대응책

1 의의

① 시장실패란 <u>시장기구(→ 가격)</u>를 통한 자원배분이 효율적이지 못하거나 공평하지 못한 상태를 말한다.
② 이러한 시장실패는 개인적 합리성과 사회적 합리성의 괴리, 부분 최적화가 전체 최적화를 보장하지 못하는 상황(→ 구성의 모순), 사익의 극대화가 공적 공멸을 가져오는 상황 등으로 표현된다.

2 원인

(1) 공공재(public goods)
① <u>비경합성</u>과 <u>비배제성</u>의 특성을 지니고 있어 시장에서 자발적으로 공급되지 못하므로 원칙적으로 그 공급을 정부에서 책임지는 재화
② 비경합성(non-rivalry): 공동소비, 평균생산비용 > 한계생산비용(→ 규모의 경제)
③ 비배제성(non-excludability): <u>무임승차</u>

- 시장실패란 시장기구를 통해 자원을 효율적으로 배분할 수 없는 상태를 말한다. 24. 국가직 9급

- 시장실패의 발생 가능성은 정부개입을 합리화하는 정당성을 제공한다. 12. 지방직 9급

- 비배제성과 비경합성을 가진 공공재의 존재는 시장실패의 주요 원인 중 하나이다. 16. 지방직 9급

- 공공재 성격을 가진 재화와 서비스는 시장에 맡겼을 때 바람직한 수준 이하로 공급될 가능성이 높다. 17. 국회직 9급

④ 비분할성(non-divisibility): 생산과 소비의 동시성(→ 비저장성)

(2) 외부효과(external effect)

① 한 경제주체의 행동이 대가 없이 다른 경제주체에게 이득을 주거나 손해를 주는 행위
② 외부경제: 재화의 생산 또는 소비로 인해 얻을 수 있는 개인적 편익보다 사회적 편익이 더 큰 상황(→ 비용의 집중과 편익의 분산으로 인해 바람직한 수준보다 과소생산 또는 과소소비)
③ 외부불경제: 재화의 생산 또는 소비로 인해 얻을 수 있는 사회적 편익보다 개인적 편익이 더 큰 상황(→ 편익의 집중과 비용의 분산으로 인해 바람직한 수준보다 과다생산 또는 과다소비)
④ 해결책: 보조금, 정부규제, 배출부담금(→ 피구세), 배출권거래제도, 코우즈 정리(→ 소유권 확립)
⑤ 피구세 또는 배출부담금: 환경오염의 한계비용만큼 조세 또는 부담금을 부과하는 방법
⑥ 배출권거래제도: 특정 오염물질에 대해 일정량의 배출권을 설정하고 정해진 방식에 따라 배출권을 초기 분배한 후 인위적으로 배출권 시장을 형성하여 배출권의 거래를 허용하는 제도
⑦ 코우즈 정리: 정보와 교섭 등의 거래비용을 발생시키지 않는다는 전제 하에 계량이 곤란해서 거래의 대상 밖이었던 외부효과도 소유권에 관한 명확한 법해석이 되어있는 경우에는 그 소유권의 귀속과는 상관없이 시장에서의 자발적 거래가 가능하다는 이론

(3) 불완전경쟁(imperfect competition)

① 완전경쟁시장의 조건: 수많은 생산자와 수요자(→ 가격수용자), 완전한 정보, 상품의 동질성, 진입과 탈퇴의 자유(→ 자원의 완전한 이동성), 외부효과의 부존재
② 불완전경쟁: 소수의 공급자 또는 수요자만이 존재하고 이들이 가격설정자로 행동(→ 불평등)하여 '보이지 않는 손'의 자동조절기능이 상실된 상황을 말한다.
③ 자연독점: 규모의 경제 즉, 생산량이 증가함에 따라 평균비용이 계속해서 하락하는 비용체감산업에 의한 기술적 독점을 말한다.
④ 규모의 경제: 생산의 규모가 확대됨에 따라 생산의 평균비용이 장기적으로 계속 감소하는 현상으로, 이는 초기 고정비용은 매우 크나 물건 한 단위의 생산에 소요되는 가변비용은 적은 재화에서 나타나는 현상이다.

(4) 정보비대칭(asymmetric information)
① 경제주체 간 정보의 불균등으로 인해 나타나는 시장의 비효율성을 말한다.
② 역선택(adverse selection): 주인 입장에서 보면 가장 바람직하지 못한 대안을 선택하게 되는 현상(→ 계약 전의 상황)을 말한다.
③ 도덕적 해이(moral hazard): 대리인의 행위에 대한 주인의 통제가 효과적이지 못할 경우 대리인이 과업수행에 필요한 주의와 노력을 소홀히 하게 되는 현상(→ 계약 후의 상황)을 말한다.

• 소비자와 공급자 사이에서 나타나는 정보의 비대칭성은 시장실패를 초래한다.   24. 경찰간부

(5) 분배의 불공평
① 시장에 의한 자원배분이 형평성(equity)을 담보하지 못하는 현상을 말한다.
② 효율성(efficiency)만을 추구하는 시장의 근본적 한계(→ 시장의 외재적 결함)로 거론된다.

(6) 경기불안정
① 고용의 불안정: 실업
② 물가의 불안정: 인플레이션, 디플레이션(→ 물가의 하락 + 실업의 증가) 등
③ 국제수지의 불균형

3 대응방식

구분	공적공급(→ 직접 공급)	공적유도(→ 보조금)	정부규제
공공재	O		
외부효과		O(→ 외부경제)	O(→ 외부불경제)
자연독점	O		O
불완전경쟁			O
정보비대칭		O	O

• 공공재의 공급이 부족한 경우 정부가 강제적으로 직접 공급한다.   23. 군무원 9급

• 자연독점에 대해서는 공적 공급 혹은 정부규제로 대응할 수 있다.   16. 서울시 9급

• 외부효과 발생 시 규제와 보조금 등을 사용하여 외부효과를 제거한다.   18. 국회직 9급

• 정보의 불완전성을 해결하기 위해 정보공개를 유도하거나 강제한다.   18. 국회직 9급

바로 확인문제

1. 시장실패에 대한 설명으로 옳지 않은 것은?   24. 국가직 9급
① 민영화를 강조하는 작은 정부론은 시장실패에 대한 대응으로 제기되었다.
② 시장기구를 통해 자원을 효율적으로 배분할 수 없는 상태를 말한다.
③ 정부는 시장개입 및 규제를 통해 시장실패를 교정한다.
④ 공공재의 존재는 시장실패를 야기하는 요인이다.

정답해설 작은 정부론은 정부실패에 대한 대응으로 제기되었다.
오답해설 ② 시장기구란 가격을 의미한다. 결국 시장실패란 가격을 통한 자원배분이 사회적으로 바람직한 수준에 이르지 못한 현상을 말한다.
③ 시장실패에 대한 정부의 대응책에는 공적공급, 공적유도, 정부규제 등이 있다.
④ 비배제성과 비경합성으로 인해 시장에서 공급되기 어려운 공공재의 존재는 시장실패를 야기하는 요인이다.

답 | ①

04 정부실패(government failure)와 대응책

1 의의
① 넓게는 정부의 각종 정책이나 활동이 의도했던 목표나 기대를 충족시키지 못한 현상을 말한다.
② 일반적으로는 시장실패를 교정하기 위한 정부의 개입이 효율적 자원배분을 더 저해하는 상황을 말한다.

2 원인
① **비용과 수익의 절연**: 비용부담자와 편익수혜자의 분리에 따른 재화의 과잉소비 현상
② **파생적 외부효과**: 근시안적 정부활동 또는 민간의 행동에 대한 예측의 어려움으로 인하여 야기된 잠재적이고 비의도적인 부작용
③ **X-비효율성**: 독점이나 성과기준의 모호성으로 인하여 최선의 노력을 다하지 않아서 발생하는 심리적·기술적 또는 관리적 비효율성(↔ 배분적 비효율성)
④ **내부성(internality)**: 관료의 사익 추구 성향으로 인한 내부목표와 사회목표의 괴리(→ 관료의 예산극대화, 최신기술에의 집착, 법규나 절차 등 수단의 강조, 할거주의 등)
⑤ **권력의 편재**: 권력적 특혜에 따른 소득분배의 불공평성

3 정부의 비효율성

(1) 수요 측면 → 초과수요
① 다수결 투표와 리바이던 가설(→ 재정권의 독점으로 인한 정부의 팽창)
② 비용과 수익의 절연(decoupling)
③ 정치적 보상체계의 왜곡: 문제해결의 당위성만 강조하는 인기 위주의 정책결정
④ 정치인의 높은 시간할인율: 정치인의 단기적 안목으로 인한 단기 이익과 손해에 대한 과대평가

(2) 공급 측면 → X-비효율성
① 성과측정의 모호성: 산출물의 정의 곤란성, 생산기술과 생산함수의 불명확성
② 독점적 생산: 경쟁의 부재로 인한 X-비효율성의 발생
③ 최저선과 종결메커니즘의 부재 및 관료들의 사익 추구 성향(→ 내부성)

4 대응방식

구분	민영화	보조금 삭감	규제완화
사적목표의 설정	○		
X-비효율성	○	○	○
파생적 외부효과		○	○
권력의 편재	○		○

> **바로 확인문제**

1. 정부실패의 요인에 대한 설명으로 옳지 않은 것은? 22. 국가직 7급

① X-비효율성은 정부가 가진 권력을 통해 불평등한 분배가 이루어지는 현상이다.
② 지대추구는 정부개입에 따라 발생하는 인위적 지대를 획득하기 위해 자원을 낭비하는 활동이다.
③ 파생적 외부효과는 시장실패를 해결하기 위해 정부가 개입하지만 의도하지 않은 부작용을 초래하는 것이다.
④ 내부성(internalities)은 공공조직이 공익적 목표보다는 관료 개인이나 소속기관의 이익을 우선적으로 고려하는 것이다.

정답해설 권력을 통해 불평등한 분배가 이루어지는 것을 권력적 특혜라 한다.

오답해설 ② 지대란 정부의 개입으로 인해 야기된 추가적 이득을 말하고 이를 추구하는 과정을 지대추구활동이라 한다.
③ 파생적 외부효과는 민간 활동에 대한 예측의 부재로 인해 나타나는 정부개입의 문제점을 말한다.
④ 내부성은 공적 이익보다는 부서의 이익이나 개인적 이익에 집착하는 정부실패 현상을 말한다.

답 | ①

2. 다음 상황을 설명하는 데 가장 적합한 용어는? 20. 지방직 7급

> 정부는 특정 지역의 주택가격이 과도하게 상승하자 이를 해결하기 위해 투기과열지구로 지정하였다. 그러나 투기과열지구로 지정된 이후 주택가격은 오히려 급등하였다. 이는 주택 수요자들이 정부의 의도와 달리 투기과열지구의 지정으로 인해 그 지역의 주택가격이 더 오를 것이라고 예상하였기 때문이었다.

① X-비효율성   ② 공공조직의 내부성
③ 비경합성   ④ 파생적 외부효과

정답해설 정부의 정책이 민간의 행동을 변화시켜 원래 의도하지 않은 부작용을 초래하는 현상을 파생적 외부효과라 한다.

오답해설 ① X-비효율성이란 독점이나 성과기준의 모호성으로 인하여 최선의 노력을 다하지 않아서 발생하는 심리적·기술적 비효율성을 의미한다.
② 내부성이란 관료의 사익 추구 등과 같은 내부목표와 사회목표의 괴리현상을 말한다.
③ 비경합성이란 특정인의 소비가 다른 사람의 소비량이나 소비의 효용을 감소시키지 않는 현상을 말한다.

답 | ④

05 감축관리 → 작은 정부론

1 의의

(1) 개념

① 감축관리란 조직이 소비하는 자원의 양이나 사업과 인력 등을 줄이는 관리로, 큰 국가와 대비되는 작은 국가로의 전환이자 행정국가에서 신행정국가로 넘어가는 계기이다.
② 작은 정부는 케인즈 경제학 또는 복지국가 이념과는 대조되는 정부로, 정부규모의 총량에 관심을 가지며 무절제한 정부팽창에 반대하고 행정의 전반적인 효율성을 높이고자 하는 활동이다.
③ 이는 단순히 절약이라는 소극적 논리가 아닌 효율성의 극대화라는 적극적 논리이며, 이를 위해 정책종결과 정책형성에 관한 통합적 관리를 추구한다.
④ 이러한 작은 정부는 절대적이라기보다 상대적인 표현으로, 일반적으로 행정부만을 의미하며, 정부개입의 범위, 정부와 국민 간 권력의 격차, 정부기구 및 공무원의 수와 예산 규모 등으로 판단된다.
⑤ 한편, 감축관리에 입각한 작은 정부는 또 다른 시장실패를 유발할 수 있다는 점에서 최근에는 네트워크 거버넌스의 필요성이 함께 제기되고 있다.

(2) 대두배경 → 정부실패

① 오일쇼크 등 자원난의 시대, 정부실패와 복지국가의 폐단
② 케인즈 경제학의 한계와 신자유주의 이념에 바탕을 둔 신고전파 경제학의 등장
③ 무결점주의: 정부가 해서는 안 되는 일, 불필요한 일, 잘하지 못하는 일에 대한 근본적인 고찰의 필요성

2 실천방안

① 정부기능의 재정립 및 민간이양, 정부규제의 완화
② 정책과 사업의 종결·축소·보류 → 높은 할인율의 적용을 통한 사업의 조기종결
③ 조직·인력·예산의 감축, 행정절차의 간소화, 일몰법과 영기준예산의 도입
④ 감축관리의 제외사항: 위원회 제도, 자본예산, 계획예산, 목표관리 등

3 저해요인

① 법적 제약 등으로 인한 조직과 사업의 경직성
② 기득권의 상실에 따른 이해당사자의 저항, 매몰비용(sunk cost)에 대한 집착
③ 동태적 보수주의: 목표의 승계(goal succession)

4 고려요인

① 무조건적인 감축이 아닌 행정의 효율성 제고에 초점을 두어야 한다.
② 행정의 변동유도능력의 확보를 감안하여야 하며, 구성원의 사기와 가외성 등을 고려하여야 한다.

바로 확인문제

1. 작은 정부를 적극적으로 옹호하는 것은? 20. 지방직 9급

① 행정권의 우월화를 인정하는 정치행정일원론
② 경제공황의 극복을 위한 뉴딜정책
③ 사회복지 프로그램의 확대
④ 신공공관리론

정답해설 신공공관리론은 정부실패 이후 시장주의와 신관리주의의 결합으로 등장한 행정개혁의 기법이다.

오답해설 ①, ②, ③ 행정권의 우월화, 뉴딜정책 그리고 사회복지 프로그램의 확대는 모두 큰 정부와 관련된다.

답 | ④

2. 정부관의 변천에 대한 설명으로 옳지 <u>않은</u> 것은? 22. 국가직 9급

① 19세기 근대 자유주의 국가는 야경국가를 지향하였다.
② 대공황 이후 케인즈주의, 루즈벨트 대통령의 뉴딜정책은 큰 정부관을 강조하였다.
③ 영국의 대처리즘, 미국의 레이거노믹스는 작은 정부를 지향하였다.
④ 하이에크(F. Hayek)는 「노예의 길」에서 시장실패를 비판하고 큰 정부를 강조하였다.

정답해설 하이에크(F. Hayek)는 「노예의 길」에서 정부실패를 비판하고 작은 정부를 강조하였다.

오답해설 ① 야경국가란 국가의 임무를 대외적인 국방과 대내적인 치안의 확보 및 최소한의 공공사업에 국한하고, 경제활동 등 나머지는 개인의 자유에 맡기는 것이 바람직하다는 근대의 자유주의적 국가관을 말한다.
② 케인즈주의 경제학과 이에 기반을 둔 뉴딜정책은 대표적인 큰 정부와 관련된 사업들이다.
③ 대처리즘이란 영국의 대처 수상의 취임 이후 실시되었던 정부재정지출 삭감, 공기업의 민영화, 규제완화와 경쟁의 촉진 등 공공부문 개혁을 말하며, 미국의 레이거노믹스와 함께 대표적인 신자유주의 정책으로 작은 정부를 지향하였다.

답 | ④

06 재화의 유형(E. Savas)

1 분류기준
① **경합성**: 특정인의 소비가 다른 사람의 소비량이나 소비의 효용을 감소시키는 상황으로, 재화의 유한성으로 인해 발생한다.
② **배제성**: 재화를 이용함에 있어 비용을 부담하지 않는 경우 그 이용을 금지할 수 있게 하는 상황으로, 재화의 소유권이 있거나 이용규칙이 있을 때 가능하다.

구분	배제성(유료)	비배제성(무료)
경합성 (유한)	민간재(private goods) 혼잡한 유료도로 시장에서 공급되는 사적재	공유재(common goods) 혼잡한 무료도로 국립공원, 자연자원, 목초지, 정부예산 등
비경합성 (무한)	요금재(toll goods) 한산한 유료도로 케이블TV, 전기, 수도, 고속도로 등	공공재(public goods) 한산한 무료도로 국방, 외교, 등대서비스 등

- 비배제성과 비경합성으로 인해 무임승차(free-riding)가 발생하기 쉽다. 12. 지방직 9급
- 일기예보, 국방, 무료 TV, 외교 등은 공공재에 속한다. 18. 지방직 7급
- 공유재는 소비의 경합성과 비배제성을 갖는 재화이다. 16. 국회직 9급
- 공유재는 양심적인 행위자에게 손실이 발생할 수 있다. 16. 국회직 9급
- 케이블 TV, 고속도로, 상하수도 등은 요금재에 속한다. 18. 지방직 7급
- 민간재는 시장에서 소비되는 재화로서 수요와 공급에 의해 가격이 자동적으로 조절된다. 22. 소방간부

2 유형
① **민간재**: 경합성과 배제성을 동시에 지니고 있는 재화로, 원칙적으로 시장에서 공급되지만 기본적인 수요조차 충족하기 어려운 저소득층의 배려와 소비자 보호 및 안전을 위한 정부개입이 나타난다.
② **요금재**: 비경합성과 배제성을 지닌 재화로, 규모의 경제에 따른 자연독점의 문제를 야기하므로 공기업 설립이나 규제가 수반된 민간의 참여를 통해 공급된다.
③ **공유재**: 경합성과 비배제성을 지닌 재화로, 과잉소비에 따른 재화의 고갈이라는 공유지의 비극이 나타나므로 이를 방지하기 위한 비용부담과 같은 이용규칙의 제정이 필요하다.
④ **공공재(→ 집합재)**: 비경합성과 비배제성을 동시에 지니는 재화로, 과소 공급 또는 과다 공급의 쟁점으로 야기하므로 원칙적으로 정부가 공급해야 할 재화이지만 예외적으로 민간위탁의 방식으로 공급할 수도 있다.

한번 더 정리 **재화의 유형**

```
                    외부불경제      자연독점
                       ↑              ↑
   ┌──────┐      ┌──────┐      ┌──────┐      ┌──────┐
   │ 공공재 │      │ 공유재 │      │ 요금재 │      │ 민간재 │
   └──────┘      └──────┘      └──────┘      └──────┘
  • 공적 공급                   공적 공급        • 시장자율
  • 예외적 민간위탁                              • 보완적 개입
                  ←─────── 경제적 규제 ───────→
   ←──────────────── 사회적 규제 ────────────────→
```

3 공유재

① 경합성은 있으나 배제가 불가능한 재화로, 천연자원이나 희귀 동식물, 연안어장, 목초지, 국립공원, 국립도서관, 올림픽 주경기장(→ 국립경기장), 하천 등 관개시설, 산림자원, 정부예산, 경찰안심귀가서비스 등 한정된 공유자원이 이에 속한다.
② 민간에서 공급이 가능하지만 과다 이용으로 인해 재화가 고갈되는 공유지의 비극이라는 시장실패를 초래할 수 있으므로 정부개입이 필요하다.
③ 한편, 공유지의 비극은 개인적으로는 합리적인 선택이 사회 전체적으로는 바람직하지 못한 결과를 가져오는 현상으로, 공멸로 인해 전체가 부담하는 비용보다 이용자 개인의 편익이 크다고 인식할 때 즉, 비용은 분산되고 편익이 집중될 때 발생하는 재화의 고갈 현상을 말한다.
④ 이러한 공유지의 비극은 결국 한 사람의 행위가 다른 사람들에게 부정적 외부효과를 초래하는 것인데, 이는 외부효과를 내부화(→ 대가의 지불)함으로써 해결할 수 있다.
⑤ 이를 해결하기 위해서 고전적 공유재 모형이 제시한 대안들은 공유재를 사유화하는 것이었다.
⑥ 그러나 최근에는 이용규칙의 제정 등을 통한 시장의 자율적인 해결가능성을 모색하고 있으며, 이에 따라 규칙의 형성을 연구하는 신제도론(→ 합리적 선택 제도주의)이 활용되고 있다.
⑦ 하딘(G. Hardin)은 공유지의 비극을 해소하기 위한 방안으로 소유권의 명확한 설정(→ 특히 강조)과 자원의 이용에 대한 정부규제 등의 방법을 제시하였다.
⑧ 반면, 오스트롬(E. Ostrom)은 공유지의 비극을 해결하기 위한 방안으로 시장의 자율성이나 국가의 개입보다는 공동체의 합의를 강조하였다.
⑨ 공유지 비극의 해결책: 시장(→ 소유권 확립), 국가(→ 정부규제), 시민사회(→ 공동체의식)

- 공유지의 비극은 사적 극대화가 공적 극대화를 파괴하여 구성원 모두가 공멸하게 된다. 10. 국가직 7급
- 공유지의 비극은 소유권이 불분명하게 규정되어 자원이 낭비되는 현상이다. 12. 지방직 9급
- 공유재의 비극을 해결하기 위해 고전적 공유재 모형이 제시한 전형적인 대안들은 공유재산을 사유화하는 방식이었다. 12. 국가직 7급
- 최근 현대 시민사회에서는 구성원 간 자발적인 합의를 통해 공유지의 비극을 해결하려는 노력이 강조되고 있다. 16. 경찰승진

바로 확인문제

1. 사바스(E. Savas)의 공공서비스 유형에 대한 설명으로 옳지 <u>않은</u> 것은? 24. 지방직 7급
① 요금재는 자연독점 등으로 인한 시장실패에 대응하기 위하여 정부가 직접 공급하거나 공기업이 공급하는 경우가 많다.
② 집합재는 비용부담에 따라 서비스 혜택을 차별화하거나 서비스에서 배제할 수 없어 무임승차 문제가 일어날 수 있다.
③ 시장재는 주로 시장에서 제공되어 공공부문의 개입이 최소화되는 서비스이다.
④ 공유재는 비경합성과 비배제성을 특징으로 하며 국방, 외교 등이 여기에 속한다.

정답해설 비경합성과 비배제성을 특징으로 하는 국방, 외교 등은 공공재이다.

답 | ④

07 정부규제

1 의의

(1) 개념

① 정부규제란 특정한 목적(→ 재화배분의 효율성과 사회적 안전)의 실현을 위해 국민의 권리를 제한하거나 의무를 부과하는 행위로, 국민의 권리를 침해하므로 반드시 법적 근거를 요한다.
② 한편, 국회, 법원, 헌법재판소, 선거관리위원회 및 감사원이 하는 사무 등은 정부규제의 개념에서 제외된다.

(2) 필요성 → 시장실패

① 경제적 규제: 기업의 운영에 직접 개입하여 자원배분의 효율성을 높이기 위해서 시행된다.
② 사회적 규제: 기본권 보호, 삶의 질 향상, 사회적 형평성 확보, 약자 보호 등 시장에서 추구하지 않는 사회적 가치를 보호하기 위해 시행된다.

2 주체별 분류

① 직접규제: 정부가 규제의 대상인 민간의 행위와 의사결정에 직접 개입하는 방식이다.
② 자율규제: 규제를 준수해야 할 민간(→ 규제대상 집단)이 스스로 규칙을 설계하고 운용하는 방식이다.
③ 공동규제: 정부로부터 위임을 받은 민간집단에 의해 규제가 이루어지는 방식으로, 직접규제와 자율규제의 중간적 성격을 지닌다.

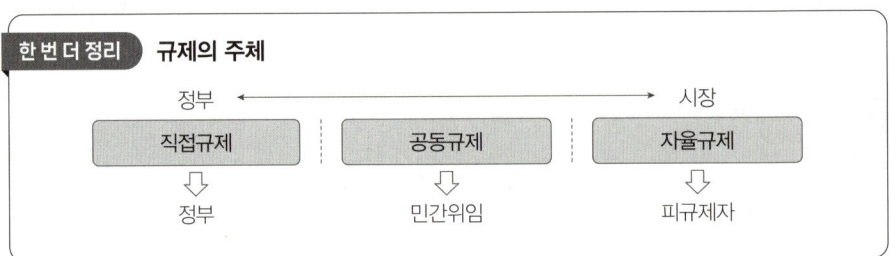

규제의 주체

3 대상별 분류

① 수단규제(→ 투입규제): 목표를 달성하기 위해 필요한 기술이나 행위와 같은 투입요소를 사전적으로 제한하는 규제(→ 특정 기술의 사용, 작업장 안정장비의 의무적 착용 등)이다.
② 성과규제(→ 산출규제): 정부가 문제해결에 대한 목표수준을 부여하고 규제의 대상자에게 이를 달성할 것을 요구하는 규제로, 규제대상자에게는 수단 선택의 자유가 주어진다.
③ 관리규제(→ 과정규제): 규제대상자가 스스로 세운 목표달성 계획의 타당성을 평가하는 것처럼 수단이나 성과가 아닌 과정을 규제하는 것으로, 수단규제보다는 자율성이 존재하며, 목표 수준을 스스로 정하므로 대상자의 특성을 고려한 유연한 규제를 가능하게 한다(→ HACCP).

4 수단별 분류

(1) 직접적 수단 → 명령지시적 규제

① 개인이나 기업이 준수해야 할 기준을 정하고 이를 위반하면 처벌하는 방법이다.
② 규제의 효과는 담보할 수 있으나 기업의 비용부담(→ 비효율성)이 가중될 수 있다.
③ 유형: 직접 명령, (최저 안전) 기준의 설정, 행정처분(→ 하명, 허가, 특허, 인가) 등

(2) 간접적 수단 → 시장유인적 규제

① 개인이나 기업에게 의무를 부과하되 준수 여부는 자율에 맡기는 방법이다.
② 유형: 정부지원 및 행정지도와 행정계획, 보조금, 금융지원, 세제지원 등 각종 유인책, 배출부담금, 폐기물처리비예치금, 배출권거래제도, 품질인증 등

구분	명령지시	시장유인
목적	소비자 안전 → 통제적·경직적	소비자 정보제공 → 유인적·신축적

구분	목표달성도(효과성)	경제적 효율성	정치적 수용성
명령지시	높음	낮음	높음
시장유인	낮음	높음	낮음

5 경제적 규제와 사회적 규제

(1) 경제적 규제 → 전통적 규제

① 의의
  ㉠ 기업의 본원적 활동 즉, 기업의 운영에 대한 직접적 개입과 관련된 규제이다.
  ㉡ 기업의 본원적 활동이란 기업의 설립과 개시, 가격과 생산량, 거래조건 등 기업의 운영과 관련된 활동을 말한다.

② 특징
  ㉠ 주로 한정된 공유자원의 고갈을 방지할 필요가 있거나, 자연독점의 성격이 강하게 나타나는 요금재의 공급과 관련된 규제이므로, 특정 산업에 한정된 재량적이고 차별적인 규제이다.
  ㉡ 경제적 규제는 동일 산업에 속한 기업 간의 자유로운 경쟁을 제약하는 속성을 지니고 있어 소수의 생산자에게 특권을 부여하는 생산자 보호의 성격이 강하다.
  ㉢ 이에 따라 규제로 인한 특권을 획득하기 위하여 민간의 지대추구행위와 규제기관의 포획현상(→ 규제기관이 규제대상자의 입장에 동조하는 현상)이 나타날 가능성이 높다.
  ㉣ 한편, 지대란 공적인 권력에 의해 공급량이 고정된 재화나 서비스의 독점적 공급으로 얻는 추가적 이익을 말하며, 이를 얻기 위한 낭비를 지대추구행위라 한다.

③ 목적
  ㉠ 자원고갈의 방지, 과당경쟁의 방지(→ 최저가격제 또는 진입규제)
  ㉡ 규모의 경제, 교차보조(→ 흑자노선의 진입규제 또는 적자노선의 퇴거규제)

• 경제규제는 주로 시장의 가격기능에 개입하고 특정 기업의 시장 진입을 배제하거나 억압하는 방식으로 작동된다.   18. 지방직 9급

• 경제적 규제에서는 피규제산업에 의한 규제기관의 포획현상이 나타날 수 있다.   14. 국가직 9급

• 경제규제의 예로는 진입규제, 가격규제, 품질규제, 물량규제 등이 있다. 23. 소방간부

④ 종류
  ㉠ **진입규제**: 인·허가, 직업면허, 특허, 수입규제 등
  ㉡ **가격규제**: 최고가격제(→ 소비자 보호), 최저가격제(→ 과당경쟁의 방지) 등
  ㉢ 이윤규제, 품질규제(→ 기술혁신), 퇴거규제 등

(2) 사회적 규제 → 현대적 규제

① 의의
  ㉠ 바람직한 사회질서를 유지하기 위하여 기업의 사회적 책임을 강요하는 규제이다.
  ㉡ 사회적 규제는 생산자의 행위가 사회에 중대한 영향을 끼칠 때 그에 따른 책임을 강제하기 위해 활용되는 규제로, 삶의 질이나 인간의 기본적 권리의 신장, 경제적 약자의 보호, 사회적 형평성의 확보 등을 위해 활용된다.

• 사회적 규제는 개인 및 기업의 사회적 행동에 대한 규제로서, 사회적 규제의 역사는 경제적 규제의 역사보다 짧다. 23. 경찰승진

② 특징
  ㉠ 사회의 안전이나 사람의 생명과 관련되므로, 모든 산업에 걸쳐 실시되는 비재량적이고 비차별적인 규제이기에 반드시 생산자만을 대상으로 하는 규제로는 볼 수 없다.
  ㉡ 이러한 사회적 규제는 시장경쟁과는 직접적인 관련이 없으며, 경제적 규제보다 역사가 짧아 미국에서는 1960년대부터 본격화되었고 한국의 경우에는 1980년대 이후부터 강화되었다.
  ㉢ 사회적 규제는 시장메커니즘에 의해 적정하게 다루어지지 않는 가치와 집단의 보호를 목적으로 하며, 규제대상이 광범위하기 때문에 경제적 파급효과가 큰 편이다.
  ㉣ 사회적 규제는 주로 의무가 부과(→ 비용의 집중)되기 때문에 규제대상자의 저항이 발생하여 경제적 규제에 비하여 채택되기 곤란하다.
  ㉤ 한편, 최근에 인간의 생명과 건강에 대한 사회적 위험이 증가하고 있기 때문에 사회적 규제의 중요성이 강조되고 있다.

• 사회적 규제는 사회구성원의 삶의 질을 향상시키기 위하여 개인 및 기업의 사회적 행동에 책임과 부담을 가하는 것을 말한다. 23. 소방간부

③ 종류
  ㉠ **소비자보호**: 소비자보호법, 식품안전규제, 제조물책임법
  ㉡ **작업장 안전과 보건**(→ 노동자보호): 산업재해보상, 산업안전보장
  ㉢ **환경보전을 위한 공해규제**(→ 대중보호): 환경정책기본법
  ㉣ **사회적 차별금지**: 남녀차별금지, 외국인차별금지

• 사회규제는 소비자, 환경, 노동자 등을 보호할 목적으로 안전, 위생, 오염, 고용 등에 관한 규제가 주를 이룬다. 23. 군무원 9급

(3) 독과점 규제

① 넓은 의미의 경제적 규제에 속하는 독과점 규제는 기업의 독점이나 불공정 거래를 방지하고 시장의 경쟁을 유지하는 규제로, 경쟁을 통해 기업의 행위를 제한한다는 면에서 경제적 규제와 상이하다.
② 독과점 규제는 모든 산업에 걸쳐 실시되는 비재량적이고 비차별적인 규제이며, 의무가 부과되므로 규제기관과 규제대상자 간의 갈등이 초래된다.

(4) 규제유형별 비교

구분	경제적 규제	독과점 규제	사회적 규제
목적	효율적 자원배분		사회적 가치의 보호
방법	기업의 운영에 대한 개입		기준의 설정과 그 준수
시장경쟁	시장경쟁의 제한	시장경쟁의 촉진	관련 없음
대상	특정 산업(→ 차별적)	모든 산업(→ 비차별적)	
재량성	재량적 규제	비재량적 규제	
특징	포획(→ 채택용이)	대립(→ 채택곤란)	

6 규제개혁

(1) 규제실패 → 정부실패
① 특혜에 따른 기회의 불평등과 시장의 자율성 저해
② 독점에 따른 기술개혁의 소홀과 비용부담의 증가
③ 포획과 지대추구

(2) 규제의 역설 → 불합리한 규제로 인하여 야기되는 새로운 부작용
① 무리하게 설정된 과도한 규제는 실제로 실현되지 않는 과소규제를 양산할 수 있다.
② 새로운 위험만 규제하다 보면 사회 전체적 위험 수준이 증가할 수 있다.
③ 최고의 기술을 요구하는 규제가 기술개발을 지연시킬 수 있다.
④ 소득재분배를 위한 규제가 오히려 사회적 약자의 불이익을 야기할 수 있다.
⑤ 기업체에 대한 정보공개의 의무화가 오히려 소비사가 얻을 수 있는 실질적 정보량을 감소시킬 수 있다.

• 규제의 역설이란 규제가 의도하지 않은 부작용을 초래하여 규제가 가진 본래 목적과 상반된 결과를 초래하는 현상을 말한다. 23. 경찰승진

(3) 규제의 악순환
① 끈끈이 인형효과(tar baby effect): 규제의 허점을 메우기 위해 계속 새로운 규제가 만들어지는 현상으로, 규제총량제도의 도입 필요성을 야기한 정부규제의 문제점이다.
② 규제피라미드: 소수의 규제 위반자로 인해 형성된 새로운 (강화된) 규제가 사회 전체의 추가적 손실을 야기하는 현상으로, 규제의 법규주의 또는 규제의 획일성으로 인한 문제점이다.

• 규제피라미드는 규제를 지키지 않는 행위를 막기 위해 또 다른 새로운 규제가 반복해서 생기는 현상을 말한다. 22. 소방간부

(4) 개혁의 방식
① 선별적 접근: 과다규제가 발생하는 경제적 규제는 완화, 과소규제가 나타날 수 있는 사회적 규제와 독과점 규제는 강화
② 규제개혁의 단계: 규제완화, 규제품질관리, 규제관리의 순

규제완화	규제품질관리	규제관리
① 절차와 구비서류의 간소화 ② 규제순응비용의 감소 ③ 규제총량의 감소	① 개별적 규제의 질적 관리 ② 대안적 규제수단의 설계 ③ 규제영향분석, 규제기획제도	① 거시적 관점 ② 전체적인 규제체계의 개선 ③ 규제등록제도, 규제 맵

- 네거티브 규제 방식에서는 명시적으로 금지하는 것 이외의 모든 것을 자유로이 할 수 있다. 21. 국회직 8급

- 포지티브 규제는 원칙 금지, 예외 허용의 형태로, 명시적으로 허용하는 것 외에는 모든 것을 금지하는 방식이다. 23. 경찰간부

- 네거티브 규제는 피규제자의 자율성을 더 보장해 주는 측면에서 포지티브 규제보다 바람직하다는 평가를 받고 있다. 23. 소방간부

③ 적극적 규제에서 소극적 규제로 전환 → 원칙적 금지에서 예외적 금지로 전환

적극적 규제 → 포지티브 규제	소극적 규제 → 네거티브 규제
① 원칙적 금지, 예외적 허용 ② ~ 경우에만 가능(→ 포지티브) ③ 허용 여부에 대한 민간의 입증	① 원칙적 허용, 예외적 금지 ② ~ 경우에는 불가능(→ 네거티브) ③ 금지 여부에 대한 정부의 입증

④ 규제강도의 순차적 강화: 탈규제, 자율규제, 간접규제, 직접규제 순

바로 확인문제

1. 규제유형에 대한 설명으로 옳지 않은 것은? 24. 국가직 7급

① 투입규제(수단규제)는 관리규제에 비해 피규제자에게 더욱 많은 자율성을 부여한다.
② 성과규제는 사회문제해결목표(규제목표)에 대한 달성 수준을 정하고 피규제자에게 이를 달성하도록 요구하는 것이다.
③ 직접규제는 정부가 규제주체인 반면 자율규제는 민간이 규제주체가 된다.
④ 네거티브 규제는 포지티브 규제보다 피규제자의 자율성을 더욱 보장해 준다.

정답해설 사전에 투입요소를 지정하는 투입규제보다는 수준의 설정과 이의 달성계획을 자율적으로 설정할 수 있는 관리규제가 피규제자의 자율성을 더 보장하는 방법이다.

답 | ①

2. 규제유형에 대한 설명으로 옳지 않은 것은? 24. 국가직 9급

① 오염배출부과금제도, 이산화탄소 배출거래권제도는 시장유인적 규제유형에 속한다.
② 포지티브 규제방식은 네거티브 규제방식에 비해 피규제자의 자유성을 더 보장한다.
③ 명령지시적 규제는 시장유인적 규제에 비해 일반 국민이 이해하기 쉽고 직관적 설득력이 높다는 장점이 있다.
④ 사회적 규제는 주로 사회적 영향을 야기하는 기업행동에 대한 규제를 말하며, 작업장 안전규제 · 소비자 보호규제 등이 있다.

정답해설 원칙적으로 금지되는 포지티브 규제방식보다 원칙적으로 허용되는 네거티브 규제방식이 피규제자의 자율성이 더 높다.

오답해설 ① 시장유인적 규제는 개인이나 기업에게 의무를 부과하되 준수 여부는 자율에 맡기는 방법으로 오염배출부과금제도, 이산화탄소 배출거래권제도 등이 이에 속한다.
③ 명령지시적 규제는 위반 시 처벌이 이루어지므로 국민의 이해 및 국민에 대한 호소력이 높다.
④ 사회적 규제는 바람직한 사회질서를 유지하기 위하여 기업의 사회적 책임을 강요하는 규제로, 삶의 질 확보, 인간의 기본적 권리의 신장, 경제적 약자의 보호, 사회적 형평성의 확보 등을 위해 활용된다.

답 | ②

7 윌슨(J. Wilson)의 규제정치모형

(1) 논의함의
① 윌슨(J. Wilson)의 규제정치모형은 규제에 관한 공익이론과 사익이론을 모두 비판하며, 규제로 인해 감지되는 편익과 비용의 분포에 따른 상이한 정치과정이 전개됨을 강조하는 이론이다.
② 윌슨(J. Wilson)에 의하면 규제로 인해 야기되는 비용과 편익이 분산되는 경우보다는 집중되는 경우에 정치활동이 활발해지며, 비용과 편익이 분산되어 있어도 관련 정책에 관한 공익단체가 있다면 정치활동이 활발해질 수 있다.

· 윌슨(J. Wilson)에 따르면 규제로부터 감지되는 비용과 편익의 분포에 따라 각기 다른 정치경제적 상황이 발생된다. 15. 국회직 8급

(2) 분류기준

구분		편익	
		좁게 집중(→ 사익을 위한 규제)	넓게 분산(→ 공익을 위한 규제)
비용	좁게 집중	이익집단정치	운동가정치 또는 기업가정치
	넓게 분산	고객정치	대중정치 또는 다수정치

(3) 유형
① **고객정치**(client politics) → 규제의 수요자
  ㉠ 규제의 비용은 불특정 다수에게 조금씩 분산되나 규제의 편익은 동질적 소수에게 집중적으로 귀속되는 상황이다.
  ㉡ 규제로 인해 편익을 얻는 소수 규제대상 집단의 지대추구행위가 나타나고, 규제기관은 규제대상 집단에게 포획(capture)되기 쉽다.
  ㉢ 이는 조직화된 소수가 집단행동의 딜레마에 빠진 다수를 이용하는 미시적 절연의 상황으로, 규제는 은밀하게 형성된 후 처음부터 강력하게 집행될 가능성이 높다.
  ㉣ 고객정치는 수입규제, 직업면허, 택시사업인가 등 대부분의 경제적 규제와 관련된다.
② **기업가(운동가)정치**(entrepreneurial politics) → 규제의 생산자
  ㉠ 규제의 비용은 동질적 소수에게 집중적으로 귀속되지만 규제의 편익은 불특정 다수에게 조금씩 분산되는 상황이다.
  ㉡ 규제의 비용을 소수가 부담하므로 반발이 심하여 가장 채택하기 곤란하다. 따라서 극적 사건이 발생하거나 공익단체의 활동에 의해서 규제가 채택된다.
  ㉢ 규제의 채택과정에서는 규제기관과 비용부담자인 소수의 규제대상 집단의 대립현상이 발생한다.
  ㉣ 그러나 시간이 경과되고 일반대중의 관심이 낮아지면 규제를 완화하기 위한 로비활동으로 인해 규제의 집행이 느슨하게 될 가능성(→ 집행단계에서 포획)이 높다.
  ㉤ 기업가정치는 환경오염규제, 원자력발전규제, 약자보호규제 등 주로 사회적 규제와 관련된다.
③ **이익집단정치**(interest-group politics)
  ㉠ 규제의 비용과 편익이 모두 동질적인 소수에게 집중적으로 귀속되는 상황이다.
  ㉡ 쌍방의 막강한 정치력과 첨예한 대립으로 인하여 한 쪽으로 규제기관이 장악될 가능성이 희박하며, 규제기관이 중립적 조정자로서 역할을 수행하기도 어렵다.

· 고객의 정치 상황에서는 조직화된 소수 수혜자 집단의 논리가 투입될 가능성이 높다. 18. 경찰간부

· 환경오염규제는 피규제집단에게는 비용이 좁게 집중되지만 일반시민들에게는 편익이 넓게 분포되는 상황이 발생한다. 09. 지방직 7급

ⓒ 다만 두 집단 모두 소수이므로 세력의 확장을 위해 국외자와의 연합 또는 정치적 상징의 활용이 많아서 규제채택의 가시성이 높다.
ⓔ 그러나 규제의 내용이 이익집단 쌍방의 타협에 의해서 형성되며, 이 과정에서 일반대중의 이익은 간과될 가능성이 높다.
ⓕ 노사규제, 의약분업, 의사와 한의사의 마찰, 대기업과 중소기업의 영역설정 등과 관련된다.

④ 대중정치(majoritan politics)
ⓐ 규제의 비용과 편익이 모두 불특정 다수에게 조금씩 귀속된 상황으로, 쌍방 모두 집단행동의 딜레마에 처해 있어 규제의 필요성이 공익단체에 의해 먼저 제기된다.
ⓑ 규제가 채택되기 위해서는 이념적 반대의 극복과 최고 책임자의 의중이 매우 중요하다.
ⓒ 음란물규제, 독과점규제, 낙태규제, 종교규제, 신문방송규제, 차량10부제 운영 등이 이에 속한다.

- 규제의 편익과 비용이 모두 이질적인 불특정 다수에게 분산되는 것은 대중적 정치 상황에 해당한다. 22. 경찰간부

- 교통체증 완화를 위한 차량 10부제 운행은 윌슨(J. Wilson)이 제시한 규제정치이론의 네 가지 유형 중 대중정치에 해당한다. 18. 국회직 8급

- 낙태에 대한 규제는 대중정치에 해당한다. 18. 지방직 9급

바로 확인문제

1. 윌슨(J. Wilson)의 규제정치이론에서 수입규제가 유발하는 정치경제적 상황은? 24. 국가직 7급

① 대중정치
② 기업가정치
③ 고객정치
④ 이익집단정치

정답해설 수입규제는 편익은 좁게 집중되고 비용은 넓게 분산되는 고객정치 상황에 해당한다.

답 | ③

2. 윌슨(J. Wilson)의 규제정치 유형과 예시를 연결한 것으로 옳지 않은 것은? 18. 지방직 9급

① 고객정치 - 농산물에 대한 최저가격 규제
② 이익집단정치 - 신문·방송·출판물의 윤리규제
③ 대중정치 - 낙태에 대한 규제
④ 기업가정치 - 식품에 대한 위생규제

정답해설 신문·방송·출판물의 윤리규제는 편익과 비용이 모두 분산되는 대중정치의 사례이다.

오답해설 ① 농산물에 대한 최저가격 규제는 상대적으로 소수의 농민에게 편익이 집중되고 일반대중에게 비용이 분산되는 고객정치의 사례에 해당한다. 반면, 분양가 상한제와 같은 최고가격 규제는 비용은 집중되고 편익은 분산되는 기업가정치로 분류될 수 있다.
③ 낙태에 대한 규제는 편익과 비용이 모두 분산되는 대중정치의 사례이다.
④ 식품에 대한 위생규제는 비용은 소수의 기업이 부담하고 그 편익을 일반대중이 누리는 기업가정치의 사례이다.

답 | ②

CHAPTER 02 마무리 기출 OX

다음 내용이 맞으면 O, 틀리면 X에 표시하시오.

01 19세기 근대 자유주의 국가는 야경국가를 지향하였다. 22. 국가직 9급   O | X

02 신자유주의자들은 정부의 시장에 대한 직접적 개입보다는 간접적 지원을 강조한다. 13. 국가직 9급   O | X

03 2차 세계대전 이후 정부의 복지정책은 시장의 기능을 대체하였다. 19. 서울시 7급   O | X

04 진보주의 정부관은 기회의 평등을 강조하고 보수주의 정부관은 결과의 평등을 강조한다. 24. 해경간부   O | X

05 이로운 외부효과가 존재하는 경우 효율적인 양보다 지나치게 많이 생산되므로 시장에 의한 자원배분은 비효율적일 수 있다. 22. 경찰간부   O | X

06 긍정적 외부효과를 지니는 재화는 보조금을 지급하여 그 생산을 유도하는 것이 바람직하다. 23. 군무원 9급   O | X

07 자연독점에 의해서 발생하는 시장실패는 공적유도 방식으로 해결하는 것이 바람직하다. 10. 국가직 7급   O | X

08 X-비효율성은 과열된 경쟁에서 나타나는 정부의 과다한 비용발생을 의미한다. 17. 국가직 9급   O | X

09 정부실패의 원인 중 X-비효율성에 대한 대응책에는 민영화, 보조금 삭감, 규제완화 등이 있다. 22. 경찰간부   O | X

10 규제피라미드는 규제가 소수의 위반자로 인해 또 다른 강화된 규제를 가져와 규제대상자의 비용부담이 점점 늘어나게 되는 상황을 말한다. 18. 국회직 8급   O | X

정답 및 해설

01 O   02 O   03 X   04 X   05 X   06 O   07 X   08 X   09 O   10 O

03 시장실패와 복지의 증대로 인해 정부의 역할이 확대된 것은 사실이지만 자본주의와 자유주의를 기반으로 하는 현대 국가에서 이는 어디까지나 시장의 기능을 보완한 것이지 이를 대체한 것은 아니다.
04 진보주의 정부가 결과의 평등을 강조하고, 보수주의 정부가 기회의 평등을 강조한다.
05 외부경제의 경우 비용은 집중되지만 편익은 사회적으로 분산되므로 사회적으로 바람직한 수준보다 적게 생산된다.
07 자연독점으로 인한 시장실패는 공적공급 또는 규제가 수반된 민간의 참여를 통해 해결하여야 한다.
08 X-비효율성은 독점이나 성과기준의 모호성으로 인해 최선의 노력을 다하지 않아 발생하는 심리적·기술적·관리적 비효율성을 말한다.

CHAPTER 03 공공서비스 공급주체

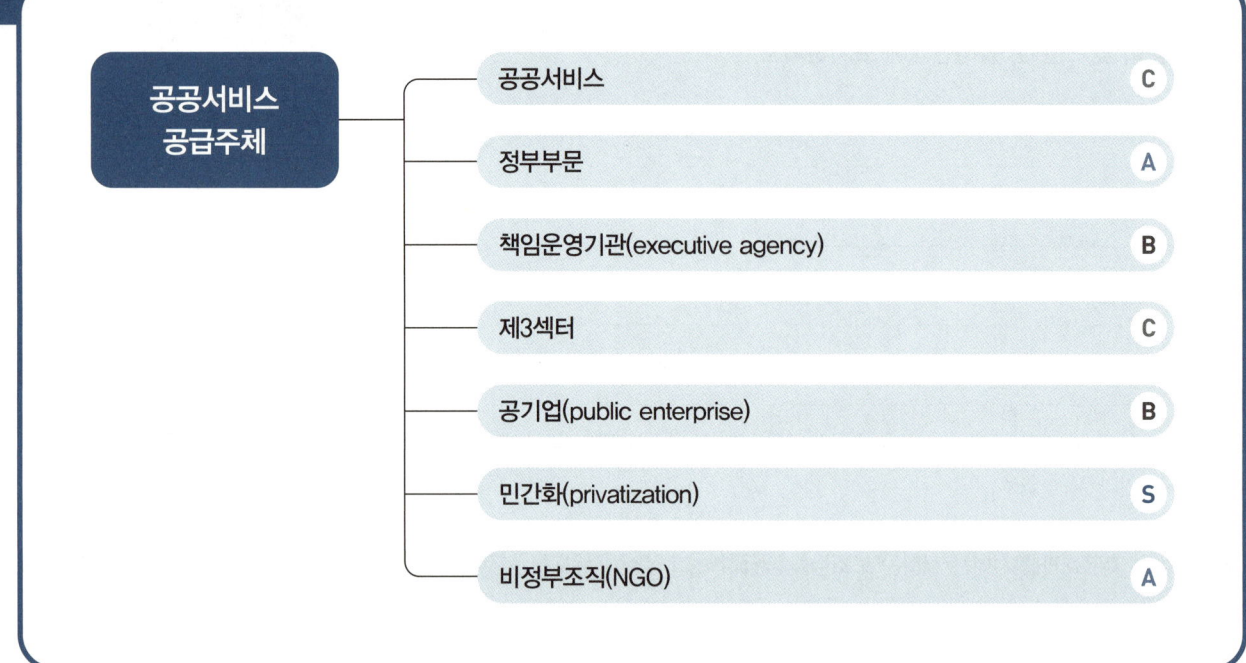

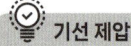
기선 제압

01 공공서비스　　　　　　　　　　　　　　　　　　　　　　　　　　C

1 공급주체의 다양성

(1) 이론적 구분

구분		주체	
		정부	민간
수단	권력	일반행정	민간위탁
	시장기법	책임경영	민영화

(2) 법률적 구분

공공부문						민간부문			
정부부문		준정부부문 → 공공기관				영리부문		비영리부문	
일반부처	정부기업	기타 공공 기관	준정부기관		공기업		민간 위탁	민자 유치	시민 단체	시민
			위탁 집행	기금 관리	준시 장	시장				
책임운영기관										

2 공공서비스의 유형

① 집합적 서비스: 도로나 상하수도와 같은 물리적 시설
② 사회복지서비스: 저소득층에 한정된 서비스, 정의와 소득재분배 논리, 전통적 복지국가 관점
③ 사회서비스 또는 생활서비스: 개인에게 혜택이 귀속되는 서비스, 공공재보다는 가치재 성격, 사회투자정책의 관점, 수요자 중심(→ 소비자 선택과 공급자 경쟁)의 사고

3 공공서비스 공급방식의 변화

전통적 복지국가 방식	새로운 방식 → 신공공관리론
① 공급자 중심, 형평성 기준 ② 조정, 관리, 통제 ③ 최저 수준의 표준화된 서비스	① 수요자 중심, 효율성 기준 ② 경쟁력 지원 ③ 개인별 차별화된 맞춤 서비스

• 복지국가는 민간부문을 조정·관리·통제하는 공공서비스 기능이 강조된다. 17. 서울시 9급

바로 확인문제

1. 복지국가의 공공서비스 공급 접근방식에 대한 설명으로 가장 옳은 것은? 17. 서울시 9급

① 민간부문을 조정·관리·통제하는 공공서비스 기능이 강조된다.
② 서비스의 배분 준거는 재정효율화이다.
③ 공공서비스의 형태는 선호에 따라 차별적으로 상품화된 서비스이다.
④ 성과관리는 수요자 중심의 맞춤형 관점에서 이루어진다.

<정답해설> 복지국가는 조정·관리·통제를 강조한다. 반면, 신공공관리론은 경쟁력의 지원을 강조한다.
<오답해설> ② 복지국가의 서비스의 배분 준거는 형평성이다.
③ 복지국가는 최저 수준의 표준화된 서비스를 강조한다. 차별적으로 상품화된 서비스는 신공공관리론이 강조하는 서비스 형태이다.
④ 복지국가는 공급자 중심의 서비스 제공을 강조한다. 수요자 중심의 맞춤 서비스는 신공공관리론에서 강조한다.

답 | ①

02 정부부문

1 중앙정부 → 19부, 3처, 20청

(1) 대통령 소속

① 대통령비서실, 대통령경호처(→ 차관급), 국가안보실(→ 장관급)
② 감사원(→「헌법」, 합의제기관), 국가정보원(→「정부조직법」), 방송통신위원회
③ 자문기관(「헌법」): 국가안전보장회의, 민주평화통일자문회의, 국민경제자문회의, 국가과학기술자문회의

(2) 국무총리 소속
① 국무조정실(→ 장관급), 국무총리비서실
② 인사혁신처(→ 인사, 윤리, 복무, 연금), 법제처, 식품의약품안전처
③ 공정거래위원회, 금융위원회, 국민권익위원회, 원자력안전위원회(→ 차관급), 개인정보보호위원회

(3) 중앙행정기관
① 기획재정부(→ 경제부총리): 국세청, 관세청, 조달청, 통계청
② 교육부(→ 사회부총리)
③ 과학기술정보통신부(→ 국가정보화): 우주항공청
④ 행정안전부(→ 조직과 정원, 정부혁신, 행정능률, 전자정부, 개인정보보호, 지방자치): 경찰청, 소방청
⑤ 문화체육관광부(→ 국정홍보): 국가유산청
⑥ 산업통상자원부: 특허청(→ 중앙책임운영기관)
⑦ 환경부(→ 물관리 총괄): 기상청
⑧ 국토교통부: 행정중심복합도시건설청, 새만금개발청
⑨ 복수차관: 기획재정부, 과학기술정보통신부, 외교부, 문화체육관광부, 보건복지부, 산업통상자원부, 국토교통부
⑩ 합의제 중앙행정기관: 방송통신위원회, 금융위원회, 공정거래위원회, 원자력안전위원회, 개인정보보호위원회, 국민권익위원회
⑪ 정부기업(→「정부기업예산법」): 양곡, 조달, 우체국예금(↔ 우체국보험), 우편, 책임운영기관특별회계

(4) 책임운영기관
① 주된 사무가 사업적·집행적 성질의 서비스를 제공하는 업무로서 성과를 측정할 수 있는 사무
② 운영에 필요한 재정수입의 전부 또는 일부를 자체적으로 확보(→ 50% 이상)할 수 있는 사무 → 책임운영기관특별회계로 운영

2 지방정부
① 광역(17): 특별시, 광역시, 도, 제주특별자치도, 세종특별자치시, 강원특별자치도, 전북특별자치도
② 기초: 시, 군, 자치구
③ 지방직영기업(→「지방공기업법」)

· 과학기술정보통신부·문화체육관광부에는 차관 2명을 둔다.
20. 국회직 8급

바로 확인문제

1. 다음 중 현재 그 설치와 직무범위를 법률로 정하고 있는 우리나라의 중앙행정기관은 어느 것인가?
23. 군무원 7급

① 중앙도시계획위원회
② 국가경찰위원회
③ 개인정보보호위원회
④ 정보공개위원회

정답해설 중앙행정기관으로서 위원회는 방송통신위원회, 금융위원회, 공정거래위원회, 원자력안전위원회, 개인정보보호위원회, 국민권익위원회가 있다.

답 | ③

2. 현재 행정각부와 그 소속 행정기관으로 옳은 것만을 〈보기〉에서 모두 고르면?
19. 국회직 8급

┤ 보기 ├
ㄱ. 산업통상자원부 – 관세청
ㄴ. 행정안전부 – 경찰청
ㄷ. 중소벤처기업부 – 특허청
ㄹ. 환경부 – 산림청
ㅁ. 기획재정부 – 조달청
ㅂ. 해양수산부 – 해양경찰청

① ㄱ, ㄴ, ㅁ
② ㄱ, ㄷ, ㄹ
③ ㄱ, ㄹ, ㅁ
④ ㄴ, ㄷ, ㅁ
⑤ ㄴ, ㅁ, ㅂ

정답해설 ㄴ. 행정안전부 소속으로 경찰청과 소방청이 있다.
ㅁ. 기획재정부 소속으로 국세청, 관세청, 조달청, 통계청이 있다.
ㅂ. 해양수산부 소속으로 해양경찰청이 있다.

오답해설 ㄱ. 관세청은 기획재정부 소속이다.
ㄷ. 특허청은 산업통상자원부 소속이다.
ㄹ. 산림청은 농촌진흥청과 함께 농림축산식품부 소속이다.

답 | ⑤

03 책임운영기관(executive agency) B

1 의의

① 책임운영기관이란 공공성을 유지하면서도 경쟁원리에 따라 운영하는 것이 바람직한 사무에 대해 책임운영기관의 장에게 행정(→ 조직과 인사) 및 재정(→ 재무)의 자율성을 부여하고 그 운영의 성과에 대해 책임을 지도록 하는 행정기관을 말한다.
② 책임운영기관은 영국의 Next Steps(1988)에서 국방, 보건, 교도소 등 140개 부서를 지정하면서 시작되었고, 우리나라는 김대중 정부(1999)에서 「책임운영기관의 설치·운영에 관한 법률」을 제정하면서 도입되었다.
③ 책임운영기관은 신공공관리론의 이념에 따라 등장한 새로운 형태의 정부조직으로, 정부가 직접 생산하되 수단은 민간의 시장요소를 도입한 제도이다.

• 책임운영기관은 정부가 직접 생산하되 수단은 민간의 시장요소를 도입한 것이다. 19. 경찰간부

• 책임운영기관의 성격은 정부기관이며 구성원은 공무원이다. 13. 서울시 9급

• 우리나라는 1999년에 책임운영기관제도를 도입하였다. 17. 국회직 9급

- 책임운영기관은 일반행정기관과 비교할 때 예산과 인사관리의 재량권이 있다.   19. 경찰간부

- 객관적이고 신뢰할 수 있는 성과평가시스템의 구축은 책임운영기관의 성공 여부를 결정짓는 요건 중의 하나이다.   20. 국가직 9급

2 특징

① 정책결정과 정책집행을 분리한 후 정책집행 및 서비스 기능을 자율적으로 수행한다.
② 다수의 업무가 아닌 특정 기능을 수행한다.
③ 성과협약이나 발생주의 복식부기 등을 활용한 성과 중심의 운영이 강조된다.
④ 기관장은 공직 내·외의 경쟁을 통해 개방형으로 임용하여 임기제 공무원으로 채용한다.
⑤ 조직과 인사 및 재무와 관련된 권한이 기관장에게 위임되며, 운영의 결과로서 평가받는다.
⑥ 정부조직이므로 소속 직원들은 공무원이고 다른 부처와의 인사교류도 가능하다.

3 대상

① 공공성이 강하여 민영화나 공기업의 추진이 곤란한 사무
② 기관의 주된 사무가 사업적·집행적 성질이 강한 사무
③ 성과의 측정이 용이하여 성과관리가 가능한 사무
④ 수익자 부담원칙(→ 가격)과 기관 간 경쟁 등 내부 시장화가 필요한 사무
⑤ 자체적으로 재원을 확보할 수 있어 운영의 합리화가 필요한 사무

4 한계

① 정책결정과 정책집행 분리의 현실적 어려움, 환류의 차단으로 인한 정책역량의 약화
② (최종) 책임소재의 모호성과 책임회피의 수단

바로 확인문제

1. 책임운영기관에 대한 설명으로 옳지 않은 것은?   20. 국가직 9급

① 기관장에게 기관운영의 자율성을 보장하고, 기관운영 성과에 대해 책임을 지도록 한다.
② 공공성이 크기 때문에 민영화하기 어려운 업무를 정부가 직접 수행하기 위해 고안된 것이다.
③ 객관적이고 신뢰할 수 있는 성과평가시스템 구축은 책임운영기관의 성공 여부를 결정짓는 요건 중의 하나이다.
④ 1970년대 영국에서 집행기관(executive agency)이라는 이름으로 처음 도입되었고, 우리나라는 1990년부터 운영하고 있다.

정답해설 책임운영기관은 영국의 Next Steps(1988)에서 국방, 보건, 교도소 등 140개 부서를 지정하면서 도입되었고, 우리나라는 김대중 정부(1999) 때 「책임운영기관의 설치·운영에 관한 법률」을 제정하면서 도입되었다.

오답해설 ① 책임운영기관은 공공성을 유지하면서도 경쟁원리에 따라 운영하는 것이 바람직한 사무에 대해 책임운영기관의 장에게 행정 및 재정의 자율성을 부여하고 그 운영의 성과에 대해 책임을 지도록 하는 행정기관이다.
② 책임운영기관은 공공성이 강하여 민영화나 공기업의 추진이 곤란한 사무에 적용된다.
③ 책임운영기관은 성과 중심의 조직이므로 그 성과를 평가할 수 있는 시스템의 확보가 중요하다.

답 | ④

2. 다음 중 책임운영기관에 대한 설명으로 가장 적절하지 <u>않은</u> 것은? 24. 군무원 9급

① 기관장은 임기제 공무원으로 임용되지만, 소속 직원은 공무원 신분을 유지하는 공법인이다.
② 성과를 중시하는 신공공관리론의 원리에 따라 등장한 제도이다.
③ 시장원리에 대한 강조로 인하여 공공서비스의 형평성과 안정성이 저하될 가능성이 있다.
④ 정책결정기능으로부터 집행기능을 분리한 집행 중심의 조직이다.

정답해설 책임운영기관은 정부조직이다. 즉, 독자적인 법인이 아니다.

답 | ①

04 제3섹터

1 의의

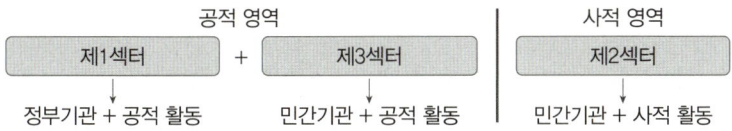

① 제3섹터란 시장실패와 정부실패를 치유하기 위해 등장한 정부와 시장의 중간 영역을 말한다.
② 에치오니(A. Etzioni)가 처음으로 사용하였으나, 구체적 의미는 국가와 학자마다 상이하다.

2 준정부부문

(1) 의의

① 법적으로는 민간이지만 공적 기능을 수행하는 조직으로, (준)자율성과 공공성을 특징으로 한다.
② 흔히 그림자 국가, 감추어진 공공 영역, 공유된 정부 등으로 언급되며, 법적으로 민간의 영역이지만 정부로부터 권한과 업무를 위탁받아 공적 기능을 수행하는 조직이다.
③ 이러한 준정부부문의 조직들은 정부의 대리인 역할을 수행하면서 면허나 인·허가, 검사 및 검정의 규제업무 혹은 집행업무를 수행한다.

(2) 특징

① 민간 영역과 공공 영역의 연속선상에 위치하는 제3섹터 조직이다.
② 정부로부터 독립하여 자율적으로 운영되는 독자적 법인으로, 인사와 재정의 독립성을 지닌다.
③ 그러나 공적 기능을 수행하므로 정부의 지원과 규제(→ 자율성의 제약)가 수반된다.

④ 정부조직이 아니므로 소속 직원 또한 공무원이 아닌 민간인이다. 다만, 기관장 등 임원의 임면에는 정부의 개입이 나타난다.

3 범위

(1) 국가 → 「공공기관의 운영에 관한 법률」

① 기획재정부장관이 매년 공공기관을 공기업과 준정부기관 및 기타공공기관으로 구분하여 지정한다.
② 공기업과 준정부기관은 정원이 300명 이상, 총수입이 200억원 이상, 자산규모가 30억원 이상인 경우 지정되며, 공기업과 준정부기관을 제외한 기관은 기타공공기관으로 지정된다.

(2) 지방 → 「지방공기업법」 및 「지방출자출연법」

① **지방공단**: 지방자치단체가 전액 출자한 법인으로, 주식으로 분할이 불가능하며, 주로 시설관리 등의 사업에 활용된다.
② **지방공사**: 지방자치단체가 전액 또는 50% 이상 출자한 법인으로, 주식으로 분할이 가능하며, 의료, 지하철, 도시개발 등의 사업에 활용된다.
③ **지방출자기관**: 지방자치단체가 자본금의 전액 또는 일부(10%)를 출자하여 설립한 주식회사 형태의 기업조직이다.
④ **지방출연기관**: 지방자치단체가 재산의 전액 또는 일부(10%)를 출연하여 설립한 재단법인 형태의 공공비영리기관으로, 지방출자기관이 수익적 목적으로 설립된다면, 지방출연기관은 문화, 예술, 장학, 자선 등 공익적 목적을 위해 설립된다.

4 평가

(1) 유용성

① 정부조직에 비하여 자율성과 신축성을 지니므로 관료제의 경직성을 극복하게 해줄 수 있다.
② 민간의 전문성을 활용하여 업무의 능률성을 확보할 수 있게 한다.
③ 권력적 행정에서 간접적 지원행정으로 전환되며, 국민에 대한 봉사기능을 제고할 수 있다.

(2) 한계

① 법적으로 민간이므로 공적 활동의 가시성이 낮아 행정책임의 귀속과 한계를 모호하게 한다.
② 법적으로 민간의 형태로 운영되므로 공공성이 경시될 우려가 있다.
③ 순수 민간조직에 비하여 정부의 통제가 강하므로 운영의 자율성이 제약될 수 있다.
④ 공직자의 퇴직 후 일자리 보장 등 은닉된 정부팽창의 수단으로 악용될 수 있다.

> **바로 확인문제**

1. 제3섹터에 관한 설명으로 가장 적절하지 <u>않은</u> 것은?   23. 경찰승진

① 제3섹터는 민간부문이 비영리활동을 수행하거나, 공공기관이 영리활동을 수행하는 영역을 포함한다.
② 비정부조직(NGO)은 정부실패와 시장실패를 배경으로 등장하였다.
③ 제3섹터는 정부와 시장과는 독립적으로 운영되는 비공식적이고 비제도적인 조직이다.
④ 비정부조직(NGO)은 시민의 자발적(voluntary) 참여를 통해 구성되기 때문에 자치적(self-governing) 특성을 지닌다.

정답해설 제3섹터는 법적으로 독립적 실체를 가진 공식적이고 제도적인 조직이다.

답 | ③

05 공기업(public enterprise)

1 의의

(1) 개념

① 공기업이란 국가나 지방자치단체가 수행하는 사업 중 기업적 성격을 지니는 사업을 말한다.
② 법률적으로는 자체수입이 총수입의 50% 이상인 공공기관 중에서 공기업이 지정된다.

(2) 속성

① 소유주체설: 정부가 자본금의 100%를 출자한 경우를 공기업으로 보는 것으로, 이 경우 공사혼합기업은 공기업에서 제외된다.
② 관리주체설: 설립에 있어 민간의 자본이 있더라도 정부가 운영에 대한 실질적 지배권을 가지고 최종 책임을 진다면 이를 공기업으로 보는 이론으로, 주류적 입장이다.

(3) 특징

① 공공성: 공공규제의 원칙 + 공공서비스의 원칙
② 기업성: 독립채산제 원칙(→ 자기조달, 자기처분, 수지균형) + 생산성의 원칙

2 조직

① 단독제와 합의제: 단독제는 최고의사결정기구를 일원적으로 운영하는 방식이고, 합의제는 이원적[→ 의결기관(이사회) + 집행기관(기관장)]으로 운영하는 방식이다.
② 이사회 구성: 임명제는 이사회를 정부가 구성하는 방식이고, 직능대표제는 이사회를 정부·소비자·종업원 등의 대표로 구성하는 방식이다.

- 공공수요가 있으나 민간부문의 자본이 부족한 경우 공기업의 설립이 정당화된다. 21. 국가직 9급

- 공기업의 설립은 전통적인 자본주의적 사기업 질서에 반하여 사회주의적 간섭을 하는 것으로 볼 수 있다. 21. 국가직 9급

3 설립동기

일반적 원인 → 시장실패	우리나라
① 자연독점 사업의 통제 ② 경제적 위기 ③ 사기업의 능력부족과 부실운영 ④ 국방(→ 군수물자) 및 전략상 고려 ⑤ 정치적 신조(→ 사회주의적 간섭)	① 민간자본의 부족, 경제개발의 촉진 ② 철도, 통신, 전력 등 공익사업의 통제 ③ 주택공사, 주택은행 등 공공수요의 충족 ④ 전매청 등 재정수요의 충족 ⑤ 역사적 유산(→ 귀속사업의 공기업화)

4 유형 → 이론상 공기업

구분	정부부처형	공사형	주식회사형 → 출자기업
이념	공공성 > 기업성	공공성과 기업성의 조화	공공성 < 기업성
근거	정부조직법	특별법	특별법 또는 민법·상법
출자	정부예산	전액 정부출자	민관 공동출자
독립성	법인격 없음	법인격 있음	
회계법	기업특별회계	기업회계	
예산	국회심의	이사회 의결로 성립	
직원	공무원	임원은 준공무원 + 직원은 민간인	
조직	독임형(→ 단독제)	합의제 의결기관과 독임제 집행기관의 분리	

5 법률상 공공기관

① 시장형 공기업(14): 가스공사, 석유공사, 전력공사, 지역난방공사, 수력원자력, 5대 발전소, 인천국제공항, 한국공항, 강원랜드, 도로공사
② 준시장형 공기업(17): 철도공사, 마사회, 수자원공사, 광해광업공업, 조폐공사, 토지주택공사 등
③ 기금관리형 준정부기관(12): 공무원연금, 국민연금, 예금보험, 무역보험, 주택금융, 자산관리, 신용보증, 기술보증, 국민체육진흥, 근로복지 등
④ 위탁집행형 준정부기관(45): 건강보험심사원, 국민건강보험, 농어촌공사, 한국소비자원, 한국연구재단, 관광공사, 교통안전공단, 가스안전공사, 전기안전공사 등
⑤ 기타공공기관(243): 부산항만, 인천항만, 사립학교교직원연금, 석탄공사 등

- 한국농어촌공사는 위탁집행형 준정부기관이다. 11. 지방직 9급

바로 확인문제

1. 공기업에 대한 설명으로 옳지 않은 것은? 　　21. 국가직 9급

① 공공수요가 있으나 민간부문의 자본이 부족한 경우 공기업의 설립이 정당화된다.
② 시장에서 독점성이 나타나는 경우 공기업의 설립이 정당화된다.
③ 전통적인 자본주의적 사기업 질서에 반하여 사회주의적 간섭을 하는 것으로 볼 수 있다.
④ 주식회사형 공기업은 특별법 혹은 상법에 의해 설립되지만 일반행정기관에 적용되는 조직·인사원칙이 적용된다.

> **정답해설** 주식회사형 공기업은 독립된 법인으로 운영되므로 일반행정기관에 적용되는 원칙이 적용되지 않는다.
>
> **오답해설** ① 공공수요의 충족, 민간자본의 부족, 사기업의 부실 등이 공기업의 설립배경으로 거론된다.
> ② 요금재와 같은 자연독점이 강한 사업은 공기업으로 운영할 수 있다.
> ③ 정부에 의한 기업의 운영은 전통적인 자본주의 사상을 수정한 것이다.
>
> 답 | ④

2. 다음 공공기관 가운데 그 유형이 다른 하나는? 　　21. 국회직 9급

① 예금보험공사　　　② 한국지역난방공사
③ 한국자산관리공사　　④ 한국주택금융공사
⑤ 한국무역보험공사

> **정답해설** 한국지역난방공사는 시장형 공기업이다. 나머지들은 기금관리형 준정부기관이다.
>
> 답 | ②

06 민간화(privatization) ⓢ

1 의의

① 협의로는 정부의 기능이나 재산을 민간으로 이양(→ 민영화)하는 것을 말하지만 광의로는 민간기법(→ 시장기법, 관리기법)의 내부도입(→ 행정의 경영화)까지 포함하여 이해된다.
② 이론적 근거: 재산권 이론, 공공선택론, 복대리인 이론 등

2 필요성 → 정부실패

① 정부재정의 건전화 및 감축관리의 일환으로, 작은 정부를 구현하기 위함이다.
② 민간시장의 건전성을 증대시켜 시장 영역의 활성화를 촉진시킬 수 있다.
③ 경쟁을 통해 소비자의 선택기회를 확대하고 행정서비스의 질을 높일 수 있다.
④ 민간의 전문성과 기술성을 활용하여 업무의 능률성과 효과성을 높일 수 있다.

- 공기업의 민영화는 공공영역을 일정 부분 축소하는 것으로 볼 수 있다.
　17. 지방직 9급

- 공기업 매각 방식의 민영화를 통해 공공재정의 확충이 가능하다.
　17. 지방직 9급

3 방법

(1) 외부민영화

① 주식과 자산의 매각, 민간이양과 규제완화
② 독점판매권(Franchise) 또는 경쟁허가(Licence)
③ 보조금 지급(↔ 직접 생산), 조세감면, 융자, 지급보증, 서비스 구매권(voucher)
④ 민관공동출자, 공동생산(→ 자원봉사를 활용한 주민들의 생산적 참여)

(2) 민간기법의 내부도입 → 행정의 경영화

① 민간위탁, 리스(→ 대여), 수익자 부담원칙의 도입
② 책임운영기관제도, 임기제 공무원 및 성과급제도, 발생주의와 복식부기

4 한계

① 책임성 저해: 공공문제의 해결에 있어 정부와 민간 간 책임소재가 불명확하다.
② 형평성 저해: 지불되는 가격에 따라 서비스 공급의 차별성이 발생한다.
③ 안정성 저해: 도산과 사업포기 및 파업 등 서비스 공급의 안정성이 약화된다.
④ 도덕적 해이: 정보비대칭성에 따른 역대리인 문제가 발생할 수 있다.
⑤ 크림스키밍: 수익성이 높은 사업만을 민영화하려는 현상이 나타난다.

5 민영화의 다양한 유형

(1) 사바스(E. Savas)의 공공서비스 공급방식(1982)

구분		결정자 → 주선자·배열자(arranger)	
		정부	민간
생산자 (producer)	정부	직접 공급 정부 간 협약(→ 사무위탁)	정부판매(→ 정부응찰)
	민간	민간위탁, 보조금 면허(→ 독점면허, 경쟁면허)	바우처(→ 구매권), 시장공급 자원봉사, 자조활동(→ 자기생산)

(2) 민영화별 특징

① 민간위탁(contracting-out)
  ㉠ 정부는 공공서비스에 대한 책임과 비용을 부담하면서 민간과의 계약을 통하여 공공서비스를 생산하는 방식이다.
  ㉡ 경쟁 입찰을 통해 생산주체를 결정하므로 비용을 절감할 수 있고, 민간의 전문기술의 활용과 규모 경제의 향상을 도모하기 용이하다.
  ㉢ 대상
    ⓐ 국민의 권리와 의무에 직접 관계되지 아니한 사무
    ⓑ 국민생활과 직결된 단순행정사무나 단순사실행위
    ⓒ 공익보다는 능률성이 요구되는 사무
    ⓓ 특수한 전문지식과 기술이 요구되는 사무
  ㉣ 제외사항: 사법심사, 특허심사, 주민등록사업, 세금의 부과 등 공정성이 요구되는 사무

· 공기업이 민영화되면 공기업에서 제공하던 공공서비스가 사적 서비스로 변환되기 때문에 서비스 배분의 형평성 문제가 제기될 수 있다.
15. 국가직 7급

· 공기업을 민영화하면 국민에 대한 보편적 서비스의 제공이 약화될 수 있다.
17. 지방직 9급

· 사바스(E. Savas)는 민영화의 필요성을 민간부문과 정부부문 간의 역할 분담이라는 관점에서 접근하였다.
11. 서울시 7급

② 면허
  ㉠ 일정 구역 내 서비스 공급권을 부여하는 방식으로, 공급은 정부가 결정하고 생산은 민간이 담당하며 그 비용은 소비자로부터 징수한다.
  ㉡ 다수 업체의 난립을 방지하여 규모의 경제를 실현할 수 있고, 민간의 전문성을 활용하면서도 서비스의 요금과 질을 정부가 통제할 수 있다는 장점이 있다.
  ㉢ 그러나 독점판매권의 경우 독점에 의한 가격의 인상과 서비스 질의 저하가 우려되며, 경쟁면허는 경쟁이 약할 경우 소비자의 비용부담이 가중될 수 있다.
  ㉣ 또한 면허를 부여하는 과정에서 지대추구와 포획현상이 나타날 수 있다.

③ 보조금(grants)
  ㉠ 공공서비스의 생산을 촉진하기 위해 현금(→ 재정)을 보전하거나 현물을 지급하는 방식이다.
  ㉡ 보조금은 서비스의 요건을 구체적으로 명시하기 곤란하거나 기술적으로 복잡하고, 수요의 예측이 곤란한 경우에 사용하기 적합하다.
  ㉢ 보조금 제도는 비용의 일부를 정부가 부담하므로 재화의 가격이 감소되어 소비자 부담이 경감될 수 있지만 정치적 목적으로 악용될 수 있고 정부와 보조금을 받는 민간업자의 결탁이 우려된다.

④ 구매권(voucher)
  ㉠ 교육, 의료, 주택, 문화행사 등 사회적 파급효과를 지닌 재화(→ 가치재)의 소비를 장려하기 위하여 금전적 가치가 있는 카드(→ 전자바우처)나 쿠폰형태의 서비스 구입수단을 소비자에게 제공하는 방식이다.
  ㉡ 구매권 제도는 다수의 공급자가 있는 경우에 유용하게 활용될 수 있으며, 소비자의 선택으로 공급 주체가 결정되므로 비리가 적고 공급 주체의 난립을 방지할 수 있다.
  ㉢ 그리고 구매권이 사회적 약자를 위해 지급될 경우 재분배정책의 효과를 지닐 수 있다.
  ㉣ 그러나 공급자 측에서 수요의 파악이 어렵고, 목적 외 사용 등 서비스의 누출이 발생하며, 생산자와 소비자의 결탁이 나타날 수 있다.
  ㉤ 유형
    ⓐ **명시바우처**: 쿠폰이나 카드를 수혜자에게 지급하는 방식(→ 수요자 바우처)
    ⓑ **묵시바우처**: 공급자에게 수요량에 따라 금액을 지급하는 방식(→ 공급자 바우처)
    ⓒ **환급바우처**: 수요자가 비용을 지불한 후 사후적으로 그 비용을 돌려받는 방식
    ⓓ **전자바우처**
      • 쿠폰 형태의 종이를 휴대폰이나 신용카드 형태의 전자적 수단으로 대체하는 방식이다.
      • 수급자와 정부라는 수직적 구조에서 수요자와 공급자라는 수평적 구조로 관계의 변화를 가져와 소비자의 권한이 강화될 수 있다.
      • 또한 전산망과 결합되어 있어 서비스의 사용내역, 사용량, 결제금액 및 공급기관에 관한 정보 등을 실시간으로 모니터링할 수 있어 서비스의 부정사용을 방지하는 데 도움이 될 수 있다.

⑤ 자원봉사(volunteer)
  ㉠ 자원봉사는 실비(→ 서비스 생산과 관련된 현금지출) 이외의 직·간접적 보수를 받지

않고 공공서비스를 자발적으로 제공하는 방식으로, 레크레이션, 안전모니터링, 복지사업 등에서 주로 활용된다.

ⓒ 공공서비스 공급에 있어 주민의 참여의식을 고취시킬 수 있으나 관변단체화의 우려가 있고 공공서비스 공급에 있어 정부의 책임성이 약화될 수 있다.

⑥ **자조활동(self-help)**

㉠ 서비스의 수혜자와 제공자가 같은 집단에 소속되어 있어 서로 돕는 형식으로 활동하는 공공서비스 공급방식이다.

ⓒ 자율방범활동, 보육사업, 고령자 대책, 문화예술사업 등에서 주로 활용된다.

• 자조활동(self-help) 방식은 공공서비스 수혜자와 제공자가 같은 집단에 소속되어 서로 돕는 형식이다.
15. 서울시 7급

바로 확인문제

1. 민간위탁(contracting out)에 대한 설명으로 옳지 <u>않은</u> 것은?
22. 지방직 7급

① 정부가 제공하는 서비스를 민간부문에 맡기고 비용을 지불하는 방식이다.
② 비영리단체는 민간위탁의 대상이 되지 않는다.
③ 정부의 직접 공급에 비해 고용과 인건비의 유연성 확보가 용이하다.
④ 대표적인 예로는 쓰레기수거업무나 도로건설업무가 있다.

정답해설 민간위탁은 정부가 비용을 전액 지불하므로 민간 기업뿐만 아니라 비영리단체도 그 대상이 될 수 있다.

오답해설 ① 민간위탁은 정부가 비용을 전액 지불하고 생산을 민간에 맡기는 형식의 공공서비스 생산방식이다.
③ 민간위탁은 민간의 인력을 활용하므로 신분이 보장되는 공무원을 활용하는 것보다 고용이나 인건비의 운영에 있어 유연성을 확보하기 쉽다.
④ 쓰레기수거업무나 도로건설업무와 같이 단순 사실행위이거나 민간의 전문기술이 활용될 필요가 있는 분야는 민간위탁의 대상이 될 수 있다.

답 | ②

2. 다음 중 민간부분에 의한 공공서비스 생산의 유형과 설명으로 가장 거리가 <u>먼</u> 것은?
23. 군무원 9급

① 민간위탁은 계약에 의해 민간의 생산자가 공공서비스를 생산하는 것이다.
② 자원봉사는 간접적인 보수는 허용되는 공공서비스의 생산유형이다.
③ 면허는 일정 구역 내에서 공공서비스를 제공하는 권리를 인정하는 유형이다.
④ 바우처의 지급은 시민들에게 공공서비스 이용권을 지급하는 형태이다.

정답해설 자원봉사는 직접적인 보수는 물론 간접적인 보수도 허용되지 않는 공공서비스의 생산유형이다.

답 | ②

07 비정부조직(NGO)

1 의의

(1) 개념

① 비정부조직이란 공익을 추구하기 위한 비정파적이고 비영리적이며 자발적인 민간조직으로, 회원가입의 비배타성, 자발적 참여, 자원봉사(→ 비영리성), 공익 추구 등을 요건으로 한다.
② 비영리조직(NPO): 비영리성에 초점을 두며, 주로 미국에서 사용하는 개념이다.
③ 비정부조직(NGO): 비정부성에 초점을 두며, UN 등에서 보편적으로 사용하는 개념이다.

- 비영리민간단체는 영리가 아닌 공익활동을 수행하는 것을 주된 목적으로 하는 민간단체이어야 한다. 24. 국가직 9급

- 비영리조직(NPO)이 지닌 특징으로는 자발성, 자율성, 이익의 비배분성 등이 있다. 23. 군무원 9급

(2) 관점

① 결사체 민주주의: 시민들이 자발적으로 결성한 다양한 결사체(associations)가 민주주의 사회에서 중요한 역할을 수행한다는 입장으로, 대의민주주의의 대안으로 참여민주주의를 제시한다.
② 공동체주의: 개인의 자유를 중시하는 전통적 자유주의와 개인의 책임을 강조하는 보수주의를 절충한 입장으로, 자원봉사 정신과 정서적 유대 및 공유된 도덕적 문화를 강조한다.
③ 다원주의: 사회적 다원성의 전제로서 비정부조직의 중요성을 강조하는 입장이다.
④ 사회자본론: 사회자본의 형성에 기여하는 비정부조직(시민사회)의 활동을 강조하는 입장이다.

- 공동체주의에서는 공동체를 위한 책임 있는 개인의 자원봉사 정신을 강조한다. 22. 군무원 9급

2 특징

① 비정부 조직: 민간조직이 공적 기능을 수행하는 제3섹터 형태의 조직이다.
② 비영리 조직: 편익을 회원에게 배분하지 않는 자원봉사주의를 기반으로 한다.
③ 자발적 조직: 시민의 자발적 참여로 형성되는 자율적 조직이다.
④ 공식적 조직: 공식적이고 제도적인 조직(→ 회칙의 존재)이다.
⑤ 지속적 조직: 일회성 활동이 아닌 지속적 활동을 하는 사회적 실체이다.

3 평가

구분	민주성 측면	능률성 측면
공헌	① 정부에 대한 견제와 감시 ② 시민참여의 활성화 ③ 행정의 대응성과 신뢰성의 증진	① 정책의 합리성 제고 ② 정책순응(→ 집행비용의 절감) ③ 공공재의 효율적 공급
한계	① NGO의 대표성 확보 곤란 ② NGO에 대한 책임성 확보 곤란	① 결정비용과 조정비용의 증가 ② 행정의 전문성 저해

- 비정부조직(NGO)은 이상주의에 치우쳐 결과에 무책임하다고 비판을 받기도 한다. 09. 지방직 9급

4 사회적 자본(social capital)

(1) 개념

① 사회적 자본이란 공동의 이해관계가 걸린 문제를 해결함에 있어 구성원들을 자발적이고 적극적으로 참여하게 만드는 사회적 조건을 말한다.
② 사회적 자본은 거시적으로는 신뢰와 협력에 기반을 둔 수평적 네트워크나 조정과 협동을 촉진하는 호혜적 규범을 뜻하고, 미시적으로는 연계망에 참여하여 발휘할 수 있는 개인의 능력이나 얻을 수 있는 이득을 뜻한다.
③ 그리고 결속적 자본(→ 강한 자본)은 집단 내부의 결속력 강화(→ 다른 집단과의 갈등 야기)와 관련되고, 교량적 자본(→ 약한 자본)은 다른 집단과의 연계성 강화(→ 학습의 촉진과 창의성의 증대)와 관련된다.
④ 주요 학자: 토크빌(1835), 브르디외(1986), 콜먼(1990), 푸트남(1995), 후쿠야마(1997) 등

(2) 특징

① 인적·물적 자본과는 구분되는 관계 자본으로, 구성원 간 지속적이고 장기적 상호작용 속에서 형성되므로, 경제적 자본에 비하여 그 형성과정이 불투명하고 불확실하다.
② 상향적이고 자발적으로 형성되며, 친사회적 규범으로 공동체주의 속성을 내포하고 있다.
③ 네트워크에 참여하는 당사자들이 공동으로 소유하는 자산(→ 공공재 속성)이므로, 한 행위자만이 배타적으로 소유권을 행사할 수 없다.
④ 또한 자기강화적인 특성을 지니고 있어 사용하면 더욱 증가하고 사용하지 않으면 더욱 감소하는 선순환·악순환의 논리가 나타난다.
⑤ 이러한 사회적 자본의 교환관계는 시간적 동시성을 전제로 하지 않으며, 경제적 재화와 같이 동등한 가치의 등가교환도 아니다.

(3) 기능

① 신뢰와 협력에 기반을 두므로 거래비용을 감소시키고 가외성의 필요성을 최소화시킨다.
② 구성원들의 자발적인 친사회적 행동을 촉진하므로 통제의 필요성을 감소시킨다.
③ 의사소통이 활성화되므로 창의성과 학습이 촉진될 수 있다.
④ 또한 신뢰의 형성으로 인해 나타난 거래비용의 감소는 경제의 활성화와 행동의 효율성 향상에 기여할 수 있다.
⑤ 그러나 집단결속력을 강조하므로 다른 집단과의 관계에 있어서 부정적 효과를 야기할 수 있고, 동조성을 강조하기 때문에 개인의 행동이나 사적 선택을 제약하는 요인으로 작용할 수 있다.

• 사회적 자본은 사회구성원들이 공동의 문제를 해결하는 데에 적극적으로 참여하는 사회의 조건 또는 특성을 말한다. 22. 경찰승진

• 사회적 자본은 참여자들이 협력하도록 함으로써 공유한 목적을 보다 효과적으로 성취하게 만드는 신뢰, 규범, 네트워크와 같은 사회조직의 특징으로 정의할 수 있다. 17. 국가직 9급(하)

• 사회적 자본은 네트워크에 참여하는 당사자들이 공동으로 소유하는 자산이다. 13. 서울시 9급

• 사회적 자본은 개념적으로 추상적이기에 객관적으로 계량화하기 쉽지 않다. 17. 서울시 7급

• 사회적 자본의 교환은 시간적으로 동시성을 전제로 하지 않는다. 14. 서울시 7급

> 바로 확인문제

1. 사회적 자본(social capital)이 형성되는 모습으로 보기 <u>어려운</u> 것은? 13. 국가직 9급

① 지역주민들의 소득이 지속적으로 증가하고 있다.
② 많은 사람들이 알고 지내는 관계를 유지하는 가운데 대화·토론하면서 서로에게 도움을 준다.
③ 이웃과 동료에 대한 기본적인 믿음이 존재하며 공동체 구성원들이 서로 신뢰한다.
④ 지역 구성원들이 삶과 세계에 대한 도덕적·윤리적 규범을 공유하고 있다.

정답해설 지역주민들의 소득이 지속적으로 증가되는 것은 사회적 자본이 형성된 이후 나타나는 결과물로 보아야 한다. 소득이 증가하였다고 해서 사회적 자본이 높아진 것은 아니다.

오답해설 ② 사회적 자본은 공동체 구성원의 지속적이고 장기적인 상호작용 속에서 형성되며, 호혜적 성격을 지니고 있어 구성원 모두에게 궁극적으로 도움이 될 수 있는 자본이다.
③ 사회적 자본은 신뢰를 핵심으로 한다. 즉, 이웃과 동료에 대한 기본적인 믿음이 사회적 자본의 핵심이다.
④ 사회적 자본은 공동체를 구성함에 있어 기본적인 규범을 제시하고 이를 구성원들이 공유하도록 하는 매개체이다.

답 | ①

2. 사회적 자본이론(social capital theory)에 대한 설명으로 옳지 <u>않은</u> 것은? 17. 국가직 9급(하)

① 사회적 자본은 참여자들이 협력하도록 함으로써 공유한 목적을 보다 효과적으로 성취하게 만드는 신뢰, 규범, 네트워크와 같은 사회조직의 특징으로 정의할 수 있다.
② 푸트남(R. Putnam) 등은 이탈리아에서 사회자본(시민공동체의식)이 지방정부의 제도적 성과 차이를 잘 설명한다고 주장했다.
③ 정밀한 사회적 연결망은 신뢰를 강화하고, 거래비용을 낮추며, 혁신을 가속화함으로써 경제발전을 촉진할 수 있다.
④ 신뢰와 네트워크를 통한 과도한 대외적 개방성에 대하여 많은 비판을 받고 있다.

정답해설 사회적 자본에서 강조하는 '결속적 자본'은 외부 다른 집단과의 관계에서 폐쇄성이라는 부정적 상황을 야기할 수 있다는 비판을 받는다.

오답해설 ① 사회자본이란 공동의 이해관계가 걸린 문제를 해결함에 있어 구성원들을 자발적이고 적극적으로 참여하게 만드는 사회적 조건을 말한다.
② 푸트남(R. Putnam)은 이탈리아 지방정부들의 사회프로그램들을 연구하여, 같은 정책이라 해도 지방정부에 따라 상이한 결과가 나타난다는 점을 지적하면서 그 원인으로 사회적 자본을 제시하였다.
③ 상호 신뢰를 기반으로 하는 사회적 자본은 거래비용을 낮추어 경제를 활성화하는 촉매제가 될 수 있다.

답 | ④

CHAPTER 03 마무리 기출 OX

다음 내용이 맞으면 O, 틀리면 X에 표시하시오.

01 청은 행정 각 부의 소속으로, 업무의 독자성이 높은 집행 위주의 사무를 수행한다. 15. 국회직 8급 　 O | X

02 국무총리 소속의 위원회로 공정거래위원회, 금융위원회, 국민권익위원회, 원자력안전위원회, 방송통신위원회 등이 있다. 21. 경찰간부 　 O | X

03 책임운영기관은 공공성이 크기 때문에 민영화하기 어려운 업무를 정부가 직접 수행하기 위해 고안된 것이다. 20. 국가직 9급 　 O | X

04 준정부부문의 권력은 민간이나 제3영역으로부터 비롯된 것이다. 12. 국회직 8급 　 O | X

05 공기업의 설립은 전통적인 자본주의적 사기업 질서에 반하여 사회주의적 간섭을 하는 것으로 볼 수 있다. 21. 국가직 9급 　 O | X

06 한국방송공사와 한국마사회는 준시장형 공기업이다. 17. 국가직 9급 　 O | X

07 수익자 부담원칙은 누진세에 비해 서비스 제공에 있어 사회적 형평성을 제고하는 효과가 크다. 13. 국가직 9급 　 O | X

08 공기업이 민영화되면 공기업에서 제공하던 공공서비스가 사적 서비스로 변환되기 때문에 서비스 배분의 형평성 문제가 제기될 수 있다. 15. 국가직 7급 　 O | X

09 비영리조직이 지닌 특징으로는 자발성, 자율성, 이익의 비배분성 등이 언급된다. 10. 국가직 9급 　 O | X

10 동등한 가치의 등가교환을 강조하는 사회적 자본의 교환관계는 지속적인 교환과정을 거쳐서 유지되고 재생산된다. 20. 경찰간부 　 O | X

정답 및 해설

01 O　**02** X　**03** O　**04** X　**05** O　**06** X　**07** X　**08** O　**09** O　**10** X

02 방송통신위원회는 방송과 통신에 관한 규제와 이용자 보호 등의 업무를 수행하기 위하여 대통령 소속으로 설치된 위원회로,「정부조직법」에 따른 중앙행정기관으로 본다.
04 준정부부문은 정부로부터 권한과 업무를 위탁받아 공적 기능을 수행하는 조직으로, 그 권력은 정부로부터 비롯된 것이다.
06 한국방송공사와 한국교육방송공사는「공공기관의 운영에 관한 법률」에서 규정하고 있는 공공기관의 대상에서 제외한다.
07 수익자 부담원칙은 서비스의 이익을 받는 수혜자가 관련 비용을 부담하는 것이다. 비용을 부담할 능력이 없는 저소득층의 경우 공공서비스의 이용이 곤란해지므로 누진세에 비하여 사회적 형평성이 저하된다.
10 사회적 자본은 공공재 성격이 강하다. 이는 시장에서처럼 수혜자와 비용부담자의 등가교환이 이루어지지 못함을 의미한다.

CHAPTER 04 행정학의 접근방법

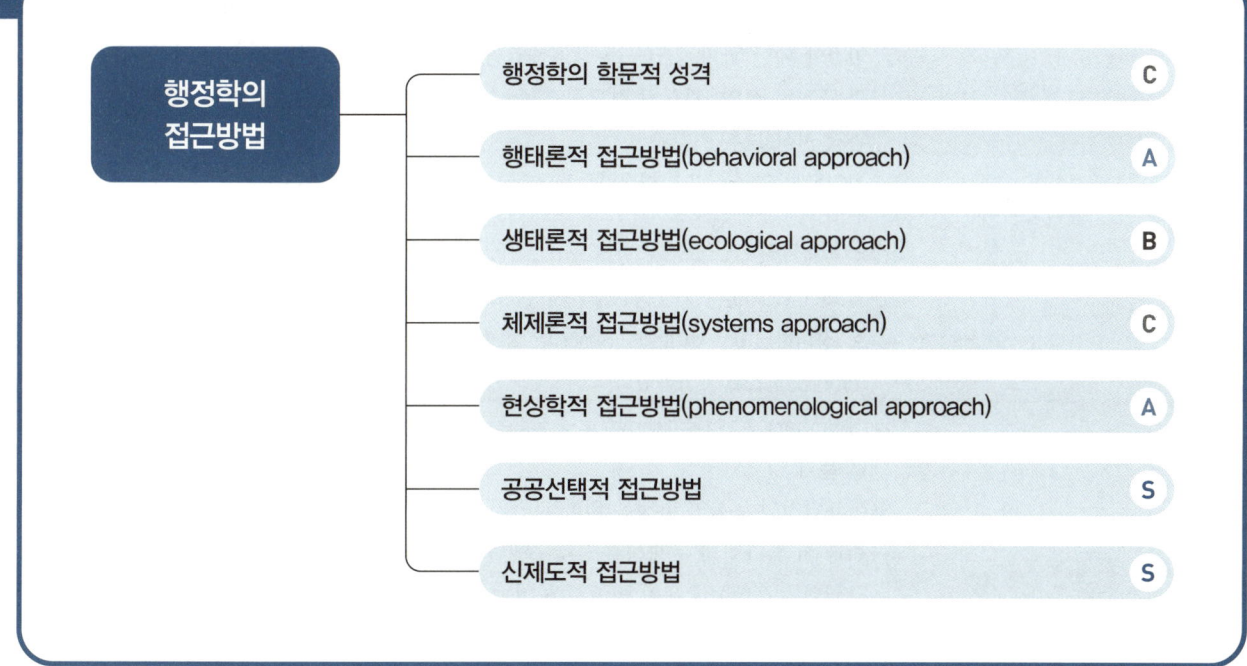

01 행정학의 학문적 성격 　　C

1 실증적 접근과 규범적 접근

(1) 실증적 접근
① 사실(→ 존재)과 관련된 경험적이고 객관적인 연구로, 현상에 대한 있는 그대로의 서술과 인과관계의 설명에 초점을 두며, 행정학의 과학성을 추구하는 접근방법이다.
② 연구자와 연구대상 간의 거리두기를 뜻하는 가치중립성을 강조하며, 경험과 관찰을 통한 보편적 이론의 규명에 초점을 둔다.
③ 행정행태론, 행정체제론, 행정생태론, 비교행정론 등이 이에 해당한다.

(2) 규범적 접근
① 가치(→ 당위)와 관련되며, 있어야 할 것을 제시하는 규범적이고 처방적인 연구이다.
② 사회문제의 해결을 위한 실천적 대안의 모색에 초점을 둔 기술성(art)을 강조한다.
③ 후기행태주의, 신행정론, 발전행정론, 비판행정이론 등이 이에 해당한다.

기선 제압

• 실증주의 접근방법은 행정연구의 과학화를 추구하는 접근방법이다.
12. 국회직 8급

2 과학성과 기술성

(1) 과학성(science)

① 과학성(science)이란 어떤 현상도 반드시 선행 원인이 있다는 결정론적 세계관을 기반으로, 원인과 결과에 관한 규칙성과 현상에 대한 인과적 설명에 초점을 둔 접근방법이다.
② 인간에 대한 과학적 연구를 강조하였던 행태주의에서 중시했으며, 논리적 치밀성, 개념의 조작적 정의, 가설의 경험적 검증, 자료의 수량적 처리 등을 통해 증명될 수 있는 객관적 지식을 추구한다.
③ 사이몬(H. Simon)과 란다우(M. Landau) 등이 대표적인 학자이다.

(2) 기술성(art)

① 왈도(D. Waldo)는 기술성(art)을 처방하고 치료하는 행위[→ 기술성(art 또는 professional)]로 정의하였고, 사이몬(H. Simon)은 정해진 목표를 효율적으로 성취하는 방법[→ 실용성(practice)]으로 정의하였다.
② 기술성(art)은 어떻게(how)를 중심으로 사회문제의 해결에 유용한 실질적인 지식에 초점을 둔다.
③ 목표달성의 능률적 달성을 위한 관리기술이나 원리의 발견에 초점을 두었던 고전적 행정학과 미국 사회의 문제해결을 추구했던 후기행태주의 그리고 개발도상국의 근대화를 추구했던 발전행정론 등이 이에 속하며, 마르크스(F. Marx)와 세이어(F. Thayer) 등이 대표적인 학자이다.

(3) 종합적 성격

① 행정학은 과학성과 기술성의 양면성을 지닌 학문으로 양자의 상호보완이 요구된다.
② 이에 따라 기술성을 강조했던 왈도(D. Waldo) 등도 행정학의 과학성을 부인하지 않았고, 과학성을 강조했던 사이몬(H. Simon)도 행정학의 기술성을 인정하였다.

• 행정학은 다른 학문으로부터 많은 이론과 지식을 받아들여 종합학문적인 성격을 지니고 있다. 19. 행정사

3 분석단위

(1) 미시적 접근

① 미시적 접근 또는 방법론적 개체주의(→ 환원주의)란 전체는 부분의 합으로 구성되므로 부분을 이해하여 전체를 이해할 수 있다는 입장이다.
② 미시적 접근은 개체만이 실재하고 사회는 명목에 불과하다는 사회명목론의 입장을 취한다.
③ 행정행태론, 공공선택론, 합리적 선택 제도주의, 현상학 등이 대표적인 미시적 접근이다.

(2) 거시적 접근

① 거시적 접근 또는 방법론적 전체주의(→ 신비주의)란 전체의 속성을 통해서만 개체의 특징을 판단할 수 있다는 입장이다.
② 거시적 접근은 사회를 구성하는 각 개인과 구별되는 실체로 간주하는 사회실재론의 입장을 취한다.
③ 행정생태론, 행정체제론, 비판행정이론, 사회학적 신제도주의, 역사적 신제도주의 등이 대표적인 거시적 접근이다.

4 적용범위

① **일반이론**: 어디에나 적용되는 보편적 법칙의 발견을 강조하는 거대이론으로, 행태주의, 공공선택론, 파슨즈(T. Parsons)의 체제론, 리그스(F. Riggs)의 비교행정론 등이 이에 속한다.
② **중범위이론**: 특정 집단이나 특정 지역 또는 특정 문화에 한정적으로 적용되는 법칙을 추구하는 이론으로, 거시적이고 추상적인 일반이론과 미시적이고 구체적인 경험적 연구의 중간 수준을 취한다. 행정생태론, 상황론, 문화론 등이 이에 속한다.
③ **소범위이론**: 특정 상황이나 맥락에서 발생하는 미시적 현상을 설명하는 데 초점을 두는 이론으로, 구체적인 사례나 경험적 자료에 기반을 두고 특정 현상의 세부적인 측면을 심층적으로 분석하는 연구방법이다.

5 행정학의 보편성과 특수성

① **보편성**: 각국의 역사적 상황이나 문화적 장벽을 뛰어넘어, 모든 상황에 맞는 보편적 법칙을 구축하려는 노력이다.
② **특수성**: 행정현상을 특정한 역사적 상황이나 문화적 맥락 속에서 파악하고자 하는 노력으로, 보편적 이론은 부정되며 상황적 해석이 요구된다.
③ 이론의 보편성 여부는 결국 이론의 적용범위와 관련된 문제이며, 미국 행정학의 보편성에 의문을 갖고 등장한 행정학의 토착화 문제와 관련하여 논의되었다.
④ 문제의 해결을 위해 외국의 제도를 도입할 수 있다는 것은 제도의 보편성 때문이며, 동시에 상황의 유사성을 확인해야 한다는 것은 제도의 특수성 때문이다.
⑤ 그리고 성공적인 벤치마킹을 위해서는 제도의 보편성과 특수성을 동시에 고려하여야 한다.

6 행정학 이론의 개관

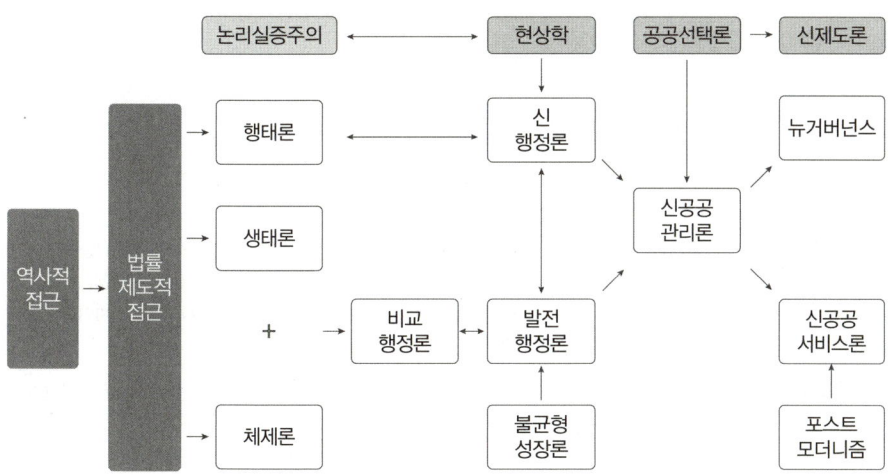

바로 확인문제

1. 행정학의 기술성과 과학성에 대한 설명으로 옳지 않은 것은? 20. 군무원 9급

① 왈도(D. Waldo)가 'practice'란 용어로 지칭한 기술성은 정해진 목표를 어떻게 효율적으로 달성하는가 하는 방법을 의미한다.
② 윌슨(W. Wilson) 등 초기 행정학자들은 관리기술이나 행정의 원리 등을 발견하려는 데 초점을 두고 행정학의 기술성을 강조하였다.
③ 행태주의 학자들은 행정학 연구에서 처방보다는 학문의 과학화에 역점을 두고 가설의 경험적 검증 등을 강조했다.
④ 현실 문제의 해결은 언제나 과학에만 의존할 수 없으므로 행정학은 기술성과 과학성을 동시에 고려하여야 한다.

정답해설 기술성을 'practice'란 용어로 표현한 학자는 사이먼(H. Simon)이다.

답 | ①

2. 다음에서 설명하고 있는 행정학의 성격은? 09. 지방직 7급

> 제2차 세계대전 후 미국은 저개발국가에 경제원조와 함께 미국의 행정이론에 바탕을 둔 제도나 기술을 지원했다. 그러나 저개발국가의 정치제도나 사회문화적 환경이 미국과 달라 새로 도입한 각종 행정제도가 소기의 성과를 거두지 못하는 경우가 많았다. 선진국의 행정이론이 모든 국가에 적용가능하다고 전제하는 것은 무리가 있기 때문에 외국의 행정이론을 도입하는 경우 사전에 충분한 검토가 필요하다.

① 행정학의 기술성과 과학성
② 행정학의 보편성과 특수성
③ 행정학의 가치판단과 가치중립성
④ 행정학의 전문성과 일반성

정답해설 이론의 적용범위와 관련된 것은 보편성과 특수성의 문제이다. 보편성은 각국의 역사적 상황이나 문화적 장벽을 뛰어넘어 모든 상황에 맞는 일반법칙을 구축하려는 노력이고 특수성은 행정현상은 특정한 역사적 상황이나 문화적 맥락 속에서 파악되어야 함을 말한다. 선진국과 후진국의 환경 차이로 인하여 선진국 행정이론의 적용이 제한된다는 것은 행정학의 특수성을 뜻한다.

오답해설 ① 기술성과 과학성의 논쟁은 행정을 사회문제의 해결을 목표로 하는 처방적 학문으로 볼 것인가 아니면 행정에 내재된 원칙을 발견하는 이론적 영역으로 볼 것인가와 관련된 논쟁이다.
③ 가치란 '옳고 그름'에 대한 판단이고 사실은 '~이다. ~아니다'에 대한 판단이다. 과학성과 기술성에 관한 논쟁의 일환으로 행정학의 연구범위를 어디까지 둘 것인가에 관한 논의이다.
④ 행정학의 전문성과 일반성은 행정 영역의 독자성 여부 혹은 담당 주체의 설정과 관련된다. 정치학과 구별되는 독자적 학문으로서 행정학이나 실적주의에 입각한 전문직업성은 행정학의 전문성을 강조하는 근거이다.

답 | ②

02 행태론적 접근방법(behavioral approach)

1 의의

(1) 개념

① 검증 가능한 인간 행태의 과학적이고 체계적인 연구를 통해 행정현상을 설명하려는 이론이다.
② 사회현상에 대한 과학적 연구방법의 적용(→ 논리실증주의 적용)에 그 뿌리를 두고 있으며, 이념이나 제도 또는 구조보다는 집단이나 개인의 행태를 통하여 현상을 설명하고자 한다.
③ 특히, 특정 질문에 따른 반응을 통해 파악(→ 검증)해 볼 수 있는 태도, 의견, 개성 등도 행태에 포함시킨다는 점에서 객관적으로 관찰되는 행동만을 연구대상으로 삼는 행동주의 심리학과 상이하다.

(2) 등장배경

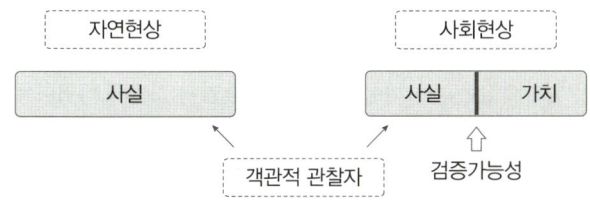

① 정태적 기술에 초점을 둔 법률·제도적 접근방법(→ 구제도론)의 한계
② 경험적 검증을 거치지 않은 속담에 불과했던 원리접근법(→ 행정원리론)의 한계
③ 행정학의 정체성 위기를 초래한 통치기능설의 한계
④ 사회심리학과 논리실증주의 등 행태주의 발전의 전제 조건의 형성

(3) 전개

① **행태주의 혁명**: 모든 사회과학에 영향
② **매리엄**(C. Merriam): 논리실증주의에 입각한 정치현상의 연구
③ **바나드**(C. Barnard): 『관리자의 기능』(1938)(→ 구성원의 협동적 집단행동에 관한 연구)
④ **사이몬**(H. Simon): 『행정행태론』(1947)에서 행태주의 접근방법을 행정학에 도입
⑤ **연구대상**: 집단, 의사결정, 갈등, 리더십, 권위, 동기부여 등

2 특징

(1) 학문적 성격

① **과학성 강조**: 사회현상도 자연현상과 같이 과학적 연구가 가능하다고 보았으며, 행태의 규칙성, 상관성, 인과성을 경험적으로 설명할 수 있는 보편적 이론의 모색을 강조하였다.
② **방법론적 개체주의**: 집단의 고유한 특성을 인정하지 않는 미시적 이론이다.
③ **일반법칙의 추구**: 인간행태의 규칙성에 입각한 확률적 설명을 강조하였다.
④ **사회심리학적 접근**: 제도나 법률보다는 인간의 행태를 통해 사회현상을 설명하고자 하였다.

- 행태론은 사회현상도 자연과학과 마찬가지로 엄밀한 과학적 연구가 가능하다고 본다. 18. 경찰간부
- 행태론은 행정의 실체는 제도나 법률이 아니라고 주장하며, 행정인의 행태에 초점을 맞춘다. 17. 서울시 7급
- 행태론은 집단의 고유한 특성을 인정하지 않는 방법론적 개체주의 입장을 취한다. 16. 소방간부
- 행태론은 인간의 주관을 배제하고 행태의 규칙성을 경험적으로 입증하려 한다. 12. 국회직 8급
- 행태론은 가치와 사실을 구분하고 가치문제를 행정학의 연구대상에서 제외시켰다. 06. 국가직 7급
- 행태론은 사회과학이 행태에 공통된 관심을 갖고 있기 때문에 통합된다고 보고 있다. 17. 서울시 7급

⑤ **종합학문적 성격**: 분과학문들이 행태에 공통된 관심을 보이므로 학문의 통합화가 가능하다고 보았으며, 이에 따라 인접 학문에서 발달한 행태과학의 지식을 행정학에 도입하였다.

(2) 행정학적 특징

① **정치행정(새)이원론**: 가치와 사실을 분리 후 사실만의 연구를 통해 행정학의 정체성 위기를 극복하고자 하였다.
② **공사행정(새)일원론**: 행정과 경영에 공통적으로 적용되는 보편적 이론을 추구하였다.
③ **행태의 연구**: 검증 가능성을 기준으로 연구의 범위를 설정하였다.
④ **폐쇄체계**: 환경에 대한 대응보다는 조직 내부의 합리적 의사결정을 강조하는 이론이다.
⑤ **종합적 행정관점**: 고전적 행정이론과 신고전적 행정이론의 종합적 성격을 지닌다.

3 평가

(1) 공헌

① 논리실증주의를 행정연구에 도입하여 행정학의 과학화에 기여하였다.
② 가치와 사실의 분리를 통해 행정학의 정체성 위기를 극복하게 하였다.
③ 행정학에 있어 의사결정론과 사회심리학적 접근방법의 개발에 기여하였다.

(2) 한계

① 논리실증주의의 한계
  ㉠ **연구대상과 범위의 제약**: 가치요소의 배제에 따른 본질적 문제를 간과하였다.
  ㉡ **가치판단 배제의 비현실성**: 이론적 분리 가능성과 현실적 분리 가능성을 혼동하고 있다.
  ㉢ **목적 없는 기술(→ 기법)과 통계**: 본질보다 검증가능성이라는 분석기법에 치중하고 있다.
  ㉣ **경험적 보수주의**: 보이는 사실만을 분석하므로 기존의 현상을 옹호하는 보수주의에 머문다.
② 기타
  ㉠ 가치중립성과 사실 중심의 연구로 인한 처방성과 적실성의 결여(→ 후기행태주의의 등장)
  ㉡ 외면적 행태의 분석에 치중함에 따른 진정한 내면적 의미를 파악하기 곤란(→ 현상학의 도입)
  ㉢ 외면적 행태와 내면적 의도의 괴리가 강한 신생국의 현상은 설명하기 곤란
  ㉣ 미시적 시각에 따른 사회의 구조적 제약요인의 간과(→ 모든 사회문제를 개인의 행태로 환원)
  ㉤ 공사행정일원론의 시각으로 인한 행정의 특수성 과소평가
  ㉥ 폐쇄체제 시각이므로 환경의 영향력 간과

- 행태론은 실증적 연구방법을 강조함에 따라 공공부문과 사기업 간의 공통점을 강조한다. 06. 국가직 7급

- 행태론은 인간이 환경의 변화를 유도하는 상황을 설명하기에는 적합하지 않다. 20. 국회직 9급

- 가치와 사실을 구분하고 가치문제를 행정학의 연구대상에서 제외시켰다. 06. 국가직 7급

> **바로 확인문제**

1. 행태론적 접근방법에 대한 설명으로 옳은 것은? 20. 국회직 9급

① 인간행태의 복잡성을 강조하며 규칙성을 전제하지 않는다.
② 행정과 경영을 분리하는 경향이 강하다.
③ 가치와 사실을 일치시킨다.
④ 개인이 아닌 집단의 사회적·심리적 측면을 연구대상으로 삼는다.
⑤ 인간이 환경의 변화를 유도하는 상황을 설명하기에는 적합하지 않다.

정답해설 행태론적 접근방법은 주로 주어진 환경 내에서의 인간의 의사결정 과정과 행동 패턴을 설명하는 데 초점을 맞추고 있으므로 환경이 인간의 행동에 어떻게 제약을 가하고 영향을 미치는가에 대한 설명력은 높지만, 인간이 의도적이고 계획적으로 환경 자체를 변화시키고 재구성하는 능동적인 측면을 설명하는 데는 상대적으로 적합성이 떨어질 수 있다.

오답해설 ① 행정행태론은 인간행태의 규칙성을 전제한다.
② 행정행태론은 정치행정(새)이원론으로 행정과 경영의 유사성을 강조한다.
③ 행정행태론은 논리실증주의에 기반을 두고 가치와 사실을 분리하고자 한다.
④ 행정행태론은 개인을 분석단위로 삼는다.

답 | ⑤

03 생태론적 접근방법(ecological approach) B

1 이론의 전개

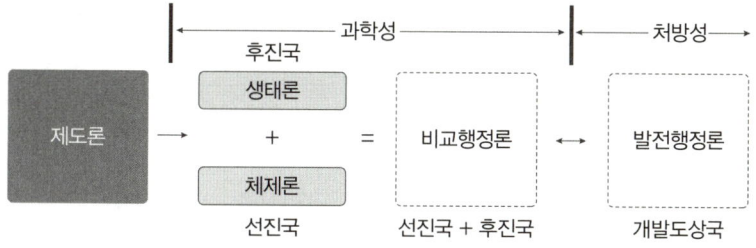

2 의의

(1) 개념

① 행정을 하나의 유기체(→ 전체)로 파악하고, 행정현상을 그를 둘러싸고 있는 환경적 또는 문화적 요소와의 관련 속에서 설명하고자 하는 연구방법이다.
② 생태(ecology)란 살아 있는 유기체와 그 주위 환경과의 상호작용을 의미한다.

(2) 대두배경

① 이념과 제도 중심의 정태적 연구방법의 한계
② 미국 행정학의 보편성에 대한 의문과 신생국의 현상에 대한 연구의 필요성

- 생태론은 행정현상을 자연·사회·문화적 환경과 관련시켜 이해하려고 한다. 10. 지방직 7급

- 생태론은 서구 행정제도가 후진국에서 잘 작동하지 않는 이유는 사회문화적 환경이 다르기 때문이라고 본다. 10. 지방직 7급

(3) 특징
① 과학성 추구: 신생국의 행정환경에 대한 객관적 기술에 치중하였다.
② 중범위이론: 신생국의 환경에 맞는 행정이론을 모색하였다.
③ 방법론적 전체주의: 행위자보다는 집합적 수준에서 현상을 설명하는 이론이다.
④ 개방체제: 다만, 환경결정론의 시각이므로 행정의 능동성 혹은 독자성은 간과하였다.

3 주요 모형

(1) 가우스(J. Gaus) 모형(1947)
① 미국의 정부와 행정현상의 연구에 있어 생태론적 접근방법을 최초로 적용한 학자
② 변수: 주민, 인물, 장소, 사상·이념, 재난, 물리적(과학적) 기술, 사회적 기술

(2) 리그스(F. Riggs) 모형 → 비교행정론
① 사회이원론

구분	농업사회	산업사회
정치	정치권력의 근거(→ 천명) 형식적 권력 < 실질적 권력	정치권력의 근거(→ 국민) 형식적 권력 > 실질적 권력
경제	자급자족 경제 질서유지와 징세에 국한(→ 소극적)	시장경제 중심(→ 상호의존적 경제) 적극적 행정이 최선의 행정
사회	혈연적 사회구조 외부에 배타적인 1차 집단이 지배	기능적 분화와 실적 중심 외부에 개방적인 2차 집단이 지배
이념	육감이나 직관에 의한 인식 지식의 단일성(→ 일반행정가 중시)	경험에 의한 인식 지식의 다양성(→ 전문행정가 중시)
의사전달 (대화)	의사전달의 제약 하의상달의 제약(→ 상의하달 중심)	의사전달의 원활 하의상달·수평적 의사전달이 활발

② 사회삼원론

구분	융합 사회	프리즘 사회	분화 사회
사회	농업(→ 전통) 사회	전이(→ 과도) 사회	산업(→ 근대) 사회
국가	후진국	개발도상국	선진국
관료제	안방(chamber) 모델	사랑방(sala) 모델	사무소(office) 모델
행정인	자유사상가	지식인	지성인

4 생태론의 평가

(1) 공헌
① 행정이론의 과학화에 기여하였고, 환경이라는 거시적 시각을 행정연구에 도입하였다.
② 행정문화론의 발달에 기여하는 등 중범위 이론의 정립에 공헌하였다.
③ 신생국 행정연구의 필요성을 인식하였고, 국가별 특수성을 파악할 수 있게 하였다.

- 생태론은 정치학 및 문화인류학 등에서 발전된 것으로, 이를 행정학에 도입한 학자는 가우스(J. Gaus)이다. 12. 국회직 8급

- 리그스(F. Riggs)의 프리즘 사회에서 지배적인 행정모형은 사랑방 모형이다. 22. 경찰간부

- 리그스(F. Riggs)의 프리즘 사회는 농업사회에서 산업사회로 넘어가는 과도기적 사회를 말한다. 22. 경찰간부

④ 행정을 문화적·환경적 맥락 속에서 고찰하고자 한 개방체제이론이다.
⑤ 구조기능주의에 입각한 비교행정의 필요성을 인식하게 하였다.

(2) 한계
① 행정의 기술성(art)을 간과하였기에 행정의 목표나 방향 등을 제시하지 못하였다.
② 환경과의 관계를 강조하는 거시적 이론이므로 행정내부의 관리적·기술적 측면은 소홀히 하였다.
③ 국가별 특수성을 강조한 중범위 이론이므로 행정이론의 일반화에는 실패하였다.
④ 환경결정론의 시각이므로 행정의 독립변수 성격을 경시하였다.
⑤ 현 상황만을 기술하는 정태적 균형이론으로, 후진국의 발전에 대해서는 비관적인 입장이다.

• 생태론은 외부환경이 행정체제에 영향을 미친다는 시각으로 환경에 대한 행정의 주체적인 역할을 경시했다는 비판을 받는다. 21. 지방직 7급

바로 확인문제

1. 가우스(J. Gaus)가 지적한 행정에 영향을 미치는 환경요인에 포함되지 <u>않는</u> 것은?

12. 국가직 9급

① 국민(people) ② 장소(place)
③ 대화(communication) ④ 재난(catastrophe)

> **정답해설** 의사전달 또는 대화(communication)는 리그스(F. Riggs)가 사용한 환경변수이다. 리그스(F. Riggs)는 행정의 환경변수로 경제적 기초, 사회구조, 이념적 요인, 의사전달체제(대화) 및 정치체제라는 다섯 가지 요인을 제시하였다.
>
> **오답해설** ①, ②, ④ 가우스(J. Gaus)는 주민(people), 인물(personality), 장소(place), 사상·이념(ideas), 재난(catastrophe), 물리적 기술(physical technology), 사회적 기술(social technology) 등을 환경변수로 제시하였다.
>
> 답 | ③

04 체제론적 접근방법(systems approach) ⓒ

1 체제

(1) 의의
① 체제란 목표를 위해 함께 작용하는 전체 구성요소들의 집합을 말한다.
② 전체는 여러 부분으로 분화되며 각 부분은 기능적으로 연결(통합)되어 있다. 이는 수직적으로는 계서제의 형태를 취하고 있고, 수평적으로는 기능적 균형을 추구한다는 의미이다.
③ 이러한 체제는 다시 환경과 구분되는 경계를 지니며, 환경과의 상호작용 속에서 균형(→ 수동적 적응 또는 동적 균형)을 유지(→ 생존)하고자 한다.

• 체제론은 행정현상을 포괄적인 전체를 구성하는 부분이라고 파악하여 통합적인 분석을 시도한다. 22. 소방간부

(2) 특징
① 순환과정: 투입(→ 요구나 지지), 전환, 산출(→ 법률이나 정책), 환류의 순환적 반복
② 부정적 엔트로피: 사멸을 방지하기 위한 외부에너지의 지속적 충원과정

- 항상성(homeostasis)은 개방체제가 외부환경 변화에 대응하여 내부의 안정된 균형 상태를 유지하려는 동적인 자기조절 능력이다. 10. 국회직 8급

- 개방체제는 목적 달성을 위한 유일 최선의 방법은 없으며, 다양한 방법이 존재한다. 24. 국가직 7급

- 개방체제는 환경의 변화에 맞도록 구조와 기능이 다양하게 분화될 것을 요구한다. 24. 국가직 7급

③ 동태적 항상성(homeostasis): 환경과의 끊임없는 교환 속에서도 형태의 고유한 규칙성과 개별성을 유지하려는 성향(→ 자동정상화장치)
④ 등종국성(equifinality): 상이한 출발점에서, 상이한 자원을, 상이한 방식으로 사용하고도 동일한 결과를 얻을 수 있음을 의미(→ 유일 최선의 방법론 부정)
⑤ 필수다양성: 환경의 다양성에 대응할 수 있는 내부구조와 기능의 다양성 강조
⑥ 체제의 진화: 환경의 변화에 맞춘 끊임없는 진화(→ 수동적 적응, 동태적 균형)
⑦ 부정적 환류: 표준이나 규범으로부터 이탈했을 때 그것을 바로잡는 행위
⑧ 한계: 환경결정론(→ 행정의 능동성 간과), 행태와 같은 미시적 요인의 간과, 균형이론(→ 보수적 성향 + 후진국이나 개발도상국의 능동적 변화를 설명하기 곤란)

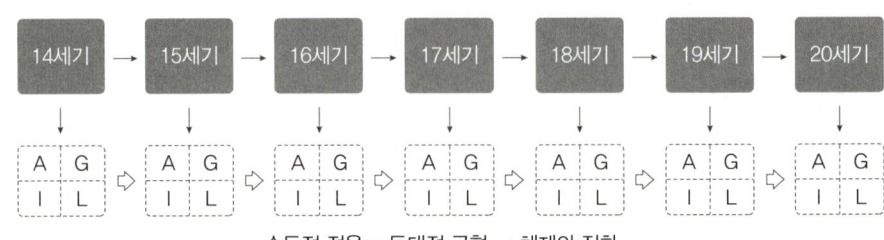

수동적 적응 = 동태적 균형 → 체제의 진화

2 체제론적 접근방법

(1) 의의

① 행정을 하나의 유기체로 간주하고, 행정을 둘러싼 사회 전체 구성요소들과의 관련 속에서 행정현상을 설명하는 접근방법이다.
② 구조와 실제의 관계를 규명하고자 했던 파슨스(T. Parsons)의 구조기능주의에 입각하여 사회현상을 설명하며, 행정학에는 모든 국가의 비교연구를 통해 생태론적 접근방법을 보완하고자 도입되었다.

(2) 연구분야

① 일반체제이론: 거시적이고 종합적인 사회현상의 분석 틀을 추구하는 이론
② 체제철학: 부분보다 전체를 중시하는 체제적 사고능력의 개발
③ 체제분석: 모든 대안을 전체적 시각에서 계량적으로 검토하여 최적대안을 선택하는 기법

(3) 특징

① 일반적 특징
  ㉠ 총체주의 관점: 전체 시각에서 구성요소를 이해하고자 하는 거시적 접근방법이다.
  ㉡ 목적론적 관점: 체제의 존재 이유로서 특정한 기능(→ 역할)의 존재를 강조한다.
  ㉢ 계서제적 관점: 상위체제와 하위체제 간 위계적 질서의 형성을 전제로 사회현상을 설명한다.
  ㉣ 시간중시 관점: 체제의 발전과 소멸 등을 시간 선상에서 동태적으로 분석하는 종단분석이다.
  ㉤ 관념적(↔ 경험적) 모형: 체제라는 관념적 틀을 통해 현상을 설명하는 이론이다.

② 행정학적 특징
　㉠ 과학성 추구: 구조기능주의 시각에 입각하여 현상을 설명하고자 하는 이론적 모형이다.
　㉡ 일반이론 추구: 사회현상을 설명하는 보편적 분석의 틀을 제시하고자 했던 이론이다.

(4) 평가

① 공헌
　㉠ 행정이론의 과학화에 기여하였고, 행정연구에 있어 거시적이고 종합적인 분석 틀을 제공하였다.
　㉡ 구조기능주의 시각을 제공하여 비교연구(→ 비교행정)의 준거 틀을 제시하였다.
　㉢ 개방체제에 입각한 행정현상의 분석시각을 제공하였다.

② 한계
　㉠ 거시적 분석에 치중하고 있어 행태·권력·갈등 등과 같은 미시적 요소의 분석은 소홀하였다.
　㉡ 외부환경과의 분석에 치중하고 있어 내부의 전환과정에 대한 분석은 간과되었다.
　㉢ 환경결정론의 시각이므로 독립변수로서 행정의 능동적 역할은 간과되었다.
　㉣ 기능 간 균형을 이루고 있어 안정적인 변화가 나타나는 선진국의 현상을 설명하기는 용이하지만 기능 간 균형이 깨져있고 급격한 변화가 나타나는 개발도상국에는 적용하기 곤란하다.
　㉤ 사회통합과 균형을 강조함으로써 기존 체제의 옹호에 치우친 보수적 경향이 나타난다.

· 체제론은 자율적으로 목표를 설정하고 그 방향으로 체제를 적극적으로 변화시켜 나가려는 측면보다 환경변화에 잘 적응하려는 측면을 강조한다. 　17. 국회직 8급

· 체제론은 행정현상에서 중요한 권력, 의사전달, 정책결정 등의 문제나 행정의 가치문제를 중요한 변수로 고려하지 못하였다. 　18. 경찰승진

· 체제론은 현상유지적 성향으로 인해 정치·사회적 변화를 설명하는 데 한계를 지닌다는 비판을 받는다. 　06. 서울시 9급

바로 확인문제

1. 체제이론에서 제시하는 개방체제의 특징으로 옳지 않은 것은? 　24. 국가직 7급
① 목적 달성을 위한 유일 최선의 방법은 없으며 다양한 방법이 존재한다.
② 환경의 변화에 맞도록 구조와 기능이 다양하게 분화될 것을 요구한다.
③ 체제의 에너지 소모로 인한 소멸 가능성을 강조한다.
④ 환경과 끊임없는 상호작용을 강조한다.

정답해설 개방체제는 부정적 엔트로피를 특징으로 한다. 이는 소멸을 막기 위해 외부로부터 지속적으로 에너지를 충원하는 현상을 말한다.

오답해설 ① 등종국성에 대한 설명이다.
② 필수다양성에 대한 설명이다.
④ 개방체제는 외부환경과의 지속적 상호작용을 통해 자신의 고유한 속성을 유지하고자 한다.

답 | ③

05 현상학적 접근방법(phenomenological approach)

1 의의

① 사회과학에서 연구하는 사유의 대상은 자연과학의 사유대상과는 본질적으로 상이함을 강조하면서, 인간행태의 내면적 의미(meaning) 이해를 중시하는 접근방법이다.
② 행태주의와 객관주의 및 논리실증주의에 대한 반대명제로, 인간주의, 상징적 상호작용주의, 신역사주의, 가치주의, 주의주의 등을 이론적 기반으로 한다.
③ 한편, 현상이란 인간의 의식작용을 통해서 어떠한 의미가 부여된 모든 것 또는 인간의 주관적 의식에 다가와 그 의미가 주어진 모든 것을 의미한다.

- 현상학은 인간의 의도된 행위와 표출된 행위를 구별하여야 하고, 관심분야는 의도된 행위에 두어야 한다. 12. 국가직 7급

2 특징

① 현상학은 논리실증주의에서 강조하였던 가치와 사실의 구분과 현상의 분해를 통한 분석 등을 거부하며, 현상 그 자체를 본질적인 전체로 이해하고자 한다.
② 사회현상 또는 사회적 실제는 자연현상처럼 사람과 동떨어진 객체로 존재하는 것이 아니라, 사람들의 상호주관적인 경험[→ 상호주관성 또는 간(間)주관성]으로 이루어지므로, 사회적 행위의 해석에 있어 의식의 의도성과 주관적 의미의 우선성을 강조한다.
③ 현상을 이해함에 있어 과학적 방법보다는 해석학적 방법을 선호하며, 조직 또한 어떤 목적을 위한 도구가 아닌 인간의 의도적 행위에 의해 구성되는 가치함축적인 집합으로 간주한다.

- 현상학은 행정현상의 본질, 인간 인식의 특성, 이론의 성격 등 사회과학 연구의 본질적 문제에 대해 실증주의와 행태주의 연구방법에 반대한다. 10. 지방직 7급

- 현상학은 행정연구에서 행정활동과 관련된 사람들 사이의 상호작용에 의해 구성된 상호주관적 경험을 중시한다. 17. 국가직 7급(하)

3 행태주의와 현상학

구분	행태주의	현상학
존재론	실재론(→ 결정론) 수동적·원자적 자아	유명론(→ 임의론) 능동적·사회적 자아
인식론	객관주의: 실증주의, 몰주관성	주관주의: 반실증주의, 상호주관성
분석단위	외면적 행태 미시적 접근	내면적 의도[→ 행위(action)] 미시적 접근
설명양식	일반법칙(→ 객관적 인과관계)	개별사례(→ 행위자의 동기)
조직관	관료제 모형(→ 획일적 패턴)	탈관료제 모형(→ 다양한 패턴)
강조이념	합리성, 능률성	대응성, 책임성

- 현상학은 행정현실을 이해하는 데 과학적 방법보다 해석학적 방법을 선호한다. 09. 국가직 9급

4 평가

① 현상학은 객관주의, 논리실증주의가 적절히 다루지 못하였던 인간의 주관적 개념, 의식 및 동기 등의 의미를 적절하게 이해할 수 있는 가능성을 제시하고 있다는 점에서 높은 평가를 받는다.
② 반면, 현상학은 개별적인 인간행위와 개인 간 상호작용의 해석에 역점을 둔 미시적 접근이기에 사회 차원의 구조적 결정의 중요성을 과소평가하고 있다.

③ 철학적이고 사변적인 성격으로 인해 경험적 증명이 곤란하고, 행위의 목적성과 의도성을 어떻게 찾아낼 것인가에 대한 방법과 기술에 대해서는 언급이 없다는 한계를 지닌다.
④ 또한 현상학은 인간을 능동적이라고 가정하지만 실제에 있어서는 수동적인 경우가 더 많으며, 인간행동의 상당수가 무의식, 집단규범 또는 외적 환경의 산물임을 간과하고 있다는 비판을 받는다.

- 현상학은 현상학은 행위의 목적성과 의도성을 어떻게 찾아낼 것인가에 대한 방법과 기술에 대해서는 언급이 없다. 07. 서울시 7급

- 현상학은 인간행위의 많은 부분이 무의식이나 집단규범 또는 외적 환경의 산물이라는 것을 간과하고 있다. 07. 서울시 7급

- 현상학은 인간은 능동적이라고 가정하고 있지만, 실제에 있어서는 수동적인 경우가 더 많다. 07. 서울시 7급

바로 확인문제

1. 현상학적 접근방법의 주요 내용으로 적절하지 않은 것은? 12. 국가직 7급

① 인간의 의도된 행위와 표출된 행위를 구별하고, 관심 분야는 의도된 행위에 두어야 한다.
② 조직 내외에 있는 인간들은 자신의 행위나 다른 사람들의 행위에 의미를 부여함으로써 조직을 설계한다.
③ 객관적 존재의 서술을 위해서는 현상을 분해하여 분석할 필요가 있다.
④ 조직의 중요성은 겉으로 나타난 구조성에 있는 것이 아니라 그 안에 있는 가치, 의미 및 행동에 있다.

정답해설 객관적 존재의 서술을 위해서 현상을 분해하여 분석하는 것은 논리실증주의의 특징이다. 특히, 현상을 분해하여 측정 가능한 개념으로 바꾸는 것을 조작적 정의라 한다.

오답해설 ① 현상학은 사회과학에서 형성하는 사유대상은 자연과학의 사유대상과는 본질적으로 상이함을 강조하면서, 인간행태의 내면적 세계의 의미(meaning) 이해를 중시하는 접근방법이다. 이에 따라 표출된 외면적 행태보다는 그 내면의 의도된 행위를 중시한다.
② 현상학은 결정론에 입각한 객관적 실체로서 조직이 아닌 구성원들에 의해 구성된 의미로서 조직을 강조한다.
④ 현상학은 겉으로 드러난 구조보다는 구성원들이 공유하는 내면의 가치와 의미 등에 초점을 둔다.

답 | ③

2. 현상학적 행정연구에 대한 설명으로 옳지 않은 것은? 17. 국가직 7급(하)

① 행정현상은 사람들의 의식, 생각, 언어, 개념 등을 통해 구성된 것이다.
② 행정연구에서는 행정활동과 관련된 사람들 사이의 상호작용에 의해 구성된 상호주관적 경험이 중요하다.
③ 행정연구에서 가치와 사실의 구별을 인정하며, 현상을 개체적으로 파악하고자 한다.
④ 기존의 관찰이나 믿음에 영향을 받지 않기 위해 '괄호 안에 묶어두기' 또는 '현상학적 판단정지'가 중요하다.

정답해설 현상학은 현상의 본질을 대상으로 하고 그 대상을 형성하는 의식작용을 기술하려는 선험적 관념론으로, 인간의 의식 또는 마음이 빠진 객관적 존재의 서술을 인정하지 않으며, 현상을 분해하여 분석하는 것도 반대한다. 또한 가치와 사실의 구별도 거부하고 현상을 본질적인 전체로 파악해야 한다고 주장한다. 가치와 사실의 구별을 인정하며, 현상을 개체적으로 파악하고자 한 것은 논리실증주의에 바탕을 둔 행태주의이다.

답 | ③

06 공공선택적 접근방법

1 의의

① 비시장적 의사결정의 경제학적 연구 혹은 정치학에 경제학을 응용하는 이론으로, 경제학적 분석도구를 이용하여 비시장적 영역인 국가이론, 투표행태, 정당정치, 관료행태, 이익집단 등을 연구하는 이론이다.
② 공공선택론은 철학적으로는 홉스와 스피노자, 정치학적으로는 매디슨이나 토크빌의 사상과 맥을 같이 하며, 선택권을 강조하는 민주적 정치이론이나 미시경제학 등에 기반을 두고 있다.
③ 1960년대 후반 뷰캐넌(J. Buchanan)과 털럭(G. Tullock)에 의해 개척되었고, 행정학에는 오스트롬(V. Ostrom)이 「미국 행정학의 지적위기」(1973)라는 저서를 통해 도입하였다.
④ 특히, 오스트롬(V. Ostrom)은 윌슨-베버리언의 집권적인 능률성 패러다임, 즉 관료제 모형의 대안으로 공공서비스 공급에 경쟁원리의 도입을 강조하는 민주행정 패러다임을 제시하였다.

> • 공공선택론은 공공재의 공급에서 경제학적인 분석도구를 적용한다.
> 16. 지방직 9급
>
> • 공공선택론은 미시경제학의 수학적 공식에 의한 연역적 추론과 접근을 강조한다.
> 17. 경찰승진

2 주요내용

(1) 기본가정

① **합리적 경제인**: 공공선택론은 인간을 철저하게 자신의 이익(→ 사익)을 추구하고, 모든 대안들에 대하여 등급을 매길 수 있는 합리적 존재로 가정한다.
② **방법론적 개체주의**: 공공선택론은 개인의 선택으로부터 시작하여 사회 전체로의 영향력을 파악하는 미시적 이론이다.
③ **연역적 연구와 보편적 이론의 추구**: 공공선택론은 이론적 가정을 통해 결론을 추론하는 연역적 연구방법이며, 이를 통해 보편적으로 적용되는 이론을 추구한다.

> • 공공선택론은 인간을 이기적이고 합리적인 경제인으로 본다.
> 24. 지방직 9급

(2) 특징

① 공공선택론은 정치적 행위 또한 시장적 행위와 마찬가지로 사익의 극대화를 추구하는 교환과정으로 묘사하며, 유권자는 투표를 통해 시장에서처럼 자신의 수요를 표출한다고 본다.
② 다만, 결정수단으로 합리모형의 성격을 인정하면서 동시에 집합적 거래에 의해 공급되는 공공서비스의 특질도 인정한다.
③ 공공선택론은 정부를 공공재의 생산자로 그리고 시민을 공공재의 소비자로 규정하는데, 전통적 관료제는 서비스를 독점 공급하므로 시민의 요구에 민감하게 반응하지 않을 수 있다고 본다.
④ 이에 따라 공공선택론은 고객의 요구에 대한 대응력을 높일 수 있는 제도적 장치를 설계하고자 하였으며, 이는 신제도주의 경제학으로 연결되었다.
⑤ 공공선택론은 공공서비스 제공에 있어 시민 개개인의 선호와 선택을 존중하였고, 시장기법을 통해 시민의 편익을 극대화할 수 있는 방안을 마련할 수 있다고 주장한다.
⑥ 공공선택론은 공공재의 공급문제와 그에 따른 무임승차 문제를 해결하고자 하였으며, 공공서비스의 효율적 공급을 위해서 분권화된 장치와 가격기법의 도입 필요성을 주장하였다.

> • 공공선택론은 시민들의 다양한 요구와 선호에 민감하게 부응할 수 있는 제도적 장치 마련을 강조한다.
> 22. 지방직 7급
>
> • 공공선택론은 공공재의 공급문제와 그에 따른 무임승차자의 문제를 해결하고자 한다.
> 05. 국가직 7급

3 오스트롬(V. Ostrom)의 민주행정 패러다임

① 오스트롬(V. Ostrom)의 민주행정 패러다임은 능률성 중심의 윌슨-베버리언 패러다임의 한계를 극복하기 위해 공공선택론의 시각에서 제시한 정부혁신 방안이다.
② 그는 가격과 경쟁이라는 시장기법을 활용하여 소비자의 선택기회와 수요자 중심의 사고를 확산시키고자 하였고, 공공서비스의 수요와 공급의 균형을 위해 적정한 공급 영역의 설정과 관할권의 중첩(↔ 분리) 등을 처방하였다.
③ 또한 조직설계의 획일성 탈피, 다양한 주체에 의한 자치적인 공공재의 생산과 공급, 전통적인 지역 중심의 지방자치에서 외부효과를 내부화할 수 있는 기능 중심의 지방자치로의 전환, 계층제적 조정보다는 비계서적인 조정 등도 강조하였다.

4 평가

(1) 공헌

① 경제학적 도구를 통하여 행정현상을 연구함으로써 행정학의 연구방법을 다양화하였고, 공공서비스의 제공에 있어 소비자보호운동을 강화하는 데 기여하였다.
② 특히, 오스트롬(V. Ostrom)은 능률성 중심의 윌슨-베버 패러다임의 한계를 지적하면서, 정부혁신의 새로운 패러다임으로 민주행정 패러다임을 제시하였다.
③ 또한 공공선택론은 시민들의 요구와 선호에 민감하게 대응하는 제도의 마련을 강조하므로 민주행정의 구현에도 의미가 있다.

(2) 한계

① 공공선택론은 합리적 경제인이라는 인간본성에 대한 편협한 가정을 취하고 있고, 방법론적 개체주의 시각이므로 인간행동에 대한 거시적·구조적 제약요인을 간과하고 있다.
② 공공선택론은 시장기법을 지나치게 신봉하여 사회적 불평등의 조정기제로서 정부의 역할을 간과하고 있으며, 분권화와 관할권의 중첩에 따른 행정내부의 관리와 조정을 어렵게 한다.
③ 또한 개인의 기득권을 계속 유지하려는 보수적 접근이라는 비판과, 자유시장의 논리를 공공부문에 도입함으로써 시장실패라는 부작용을 초래할 수 있다는 비판도 받고 있다.

- 공공선택론은 시민들의 요구와 선호에 민감하게 부흥하는 제도 마련으로 민주행정의 구현에도 의의가 있다. 18. 지방직 9급

- 공공선택론은 행정에서의 소비자보호운동을 강화하는 데 기여하였다. 07. 국가직 7급

- 공공선택론은 정부활동의 성과를 지나치게 시장적 가치로 환원하려는 경향이 있다는 비판을 받는다. 17. 지방직 7급

- 공공선택론은 인간이 경제적 이해관계로만 움직이지 않는다는 비판을 받는다. 17. 지방직 7급

- 공공선택론은 개인의 기득권을 계속 유지하려는 보수적인 접근이라는 비판이 있다. 15. 국회직 8급

바로 확인문제

1. 공공선택이론에 대한 설명으로 옳지 않은 것은? _{24. 지방직 9급}

① 인간을 이기적이고 합리적인 경제인으로 본다.
② 비시장적 의사결정을 경제학적 관점에서 연구한다.
③ 뷰캐넌(J. Buchanan), 털럭(G. Tullock), 오스트롬(V. Ostrom) 등이 대표적인 학자이다.
④ 경제주체의 집단적 선택행위를 중시하는 방법론적 집단주의 입장이다.

정답해설 공공선택론은 분석의 기본단위를 개인에게 두는 방법론적 개체주의를 취한다.

오답해설 ① 공공선택론은 인간을 철저하게 자신의 이익을 추구하고, 모든 대안들에 대하여 등급을 매길 수 있는 합리적 존재로 가정한다.
② 공공선택이론은 비시장적 의사결정의 경제학적 연구 혹은 정치학에 경제학을 응용하는 이론으로, 경제학적 분석도구를 이용하여 비시장적 영역인 국가이론, 투표행태, 정당정치, 관료행태, 이익집단 등을 연구하는 접근방법이다.
③ 공공선택론은 뷰캐넌(J. Buchanan)과 털럭(G. Tullock)에 의해 개척되었고, 행정학에는 오스트롬(V. Ostrom)이 「미국 행정학의 지적위기」(1973)라는 저서를 통해 도입하였다.

답 | ④

2. 행정학의 접근방법에 대한 설명으로 옳지 않은 것은? _{21. 지방직 7급}

① 생태론적 접근방법은 외부환경이 행정체제에 영향을 미친다는 시각으로 환경에 대한 행정의 주체적인 역할을 경시했다는 비판을 받는다.
② 후기행태주의는 적실성(relevance)과 실천(action)을 강조하고, 가치중립적인 과학적 연구보다는 가치평가적인 정책연구를 지향하였다.
③ 공공선택이론은 권한이 분산된 여러 작은 조직들에 의해 공공서비스가 공급되는 것보다 단일의 대규모 조직에 의해 독점적으로 공급되는 것을 선호한다.
④ 역사적 제도주의에서 제도는 경로의존성과 관성적인 성향으로 인해 새로운 환경의 변화에 적절히 대응하지 못할 수도 있다.

정답해설 공공선택론은 분권이나 관할의 중첩을 통한 경쟁적 공공서비스의 생산을 강조하는 이론이다.

오답해설 ① 생태론적 접근방법은 환경결정론적 시각을 지니고 있어 행정이 환경에 영향을 미칠 수 있다는 행정의 독립변수적 성격을 간과하고 있다.
② 후기행태주의는 사회문제를 해결하기 위한 규범적이고 가치평가적인 연구를 주장한 학문적 패러다임이다.
④ 역사적 신제도주의에 의하면 새롭게 채택된 정책이나 제도들이 기존의 경로나 관성으로부터 영향을 받기에 원래 의도했던 효과가 나오지 않을 수 있음을 강조한다.

답 | ③

07 신제도적 접근방법

1 개관

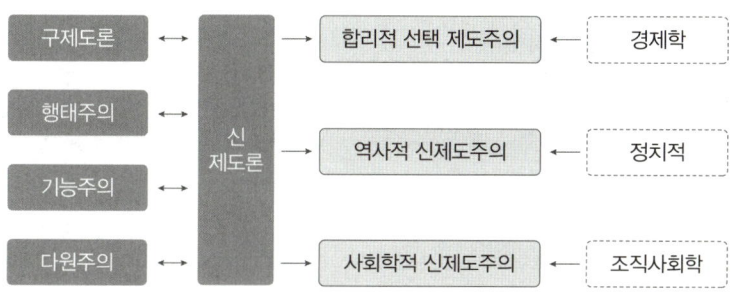

• 신제도주의는 행태주의에 대한 반발로서 등장하였다. 12. 지방직 7급

2 의의

(1) 신제도

① 신제도란 정치·경제·사회 등 인간의 모든 활동을 지배하는 일단의 공식적 또는 비공식적 규칙이나 규범을 말한다.
② 이러한 신제도는 상호작용의 안정적 상태를 유지하는 균형점이며, 공동체 구성원들이 마땅히 따르고 지켜야 할 당위적 규범이자, 여러 사람이 다 같이 따르기로 한 사회적 규칙을 포함한다.

(2) 구제도와의 비교

구분	구제도	신제도
개념	공식적 법령이나 정부조직	공유하고 있는 규범, 규칙, 균형점
형성	외생적으로 결정 합리적 도구로서 제도(인간 → 제도)	인간과 제도의 상호작용으로 형성 분석의 틀로서 제도(제도 ↔ 인간)
특징	공식적·구체적·정태적·보편적	비공식적·상징적·동태적·문화적
분석수준	도덕적·규범적 원칙의 서술	현상에 대한 경험적 분석
분석초점	제도의 정태적 기술(記述)	인간과 제도의 상호작용 분석

• 구제도주의는 유형화된 제도들만을 인정했으나 신제도주의는 무형화된 제도까지도 포함한다. 12. 국회직 8급

3 특징

① 신제도주의는 도덕적이고 규범적인 원칙을 논했던 구제도주의와는 달리 제도와 인간행동 또는 제도와 제도 간의 상호 관련성을 연구하는 실증적 이론이다.
② 즉, 신제도론은 제도를 하나의 분석 틀로 간주하고, 제도를 중심으로 정책현상이나 인간행태 등 다른 변수들과의 관계를 설명하고자 한다.
③ 이러한 신제도론은 제도의 발생원인과 변화과정 그리고 제도의 성과를 평가하는 접근법이므로, 제도의 중요성을 간과했던 행태주의나 제도의 합리적·도구적 성격만을 강조했던 합리주의 또는 다원주의 등에 대한 반발의 의미도 지닌다.

• 신제도론은 외생변수로 다루어져 오던 정책 혹은 행정환경을 내생변수와 같이 직접적인 분석대상에 포함시켰다. 21. 국회직 8급

• 신제도주의는 제도가 수행하는 기능, 제도와 개인행태 사이의 관계, 제도의 성립과 변화 등을 설명한다. 12. 지방직 7급

④ 또한 신제도론은 제도 그 자체가 아닌 제도의 효과를 설명한다는 점에서 행정학적 접근방법으로 간주된다.
⑤ 다만, 신제도론은 접근방법의 범위가 넓고 경계가 느슨한 경향이 있다. 즉, 제도를 통해 사회현상을 연구한다는 점은 동일하지만 경제학, 정치학, 조직사회학 등 다양한 학문분야에서 개별적으로 발달하였다.

4 신제도주의 유파 → 홀(P. Hall)

(1) 합리적 선택 제도주의

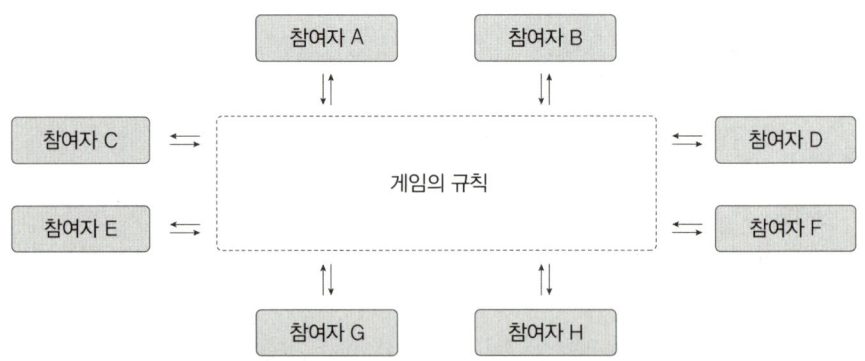

① 합리적 선택 제도주의는 공공선택이론, 거래비용경제학, 대리인이론, 공유재이론 등 경제학을 모학문으로 하며, 집단행동의 딜레마를 해결하기 위한 장치로서 제도를 강조한다.
② 합리적 선택 제도주의는 제도를 균형점 또는 규칙으로 인식하며, 이러한 제도를 불완전 경쟁과 정보의 비대칭성 등으로 인해 나타나는 거래비용을 최소화하기 위한 장치로 파악한다.
③ 합리적 선택 제도주의는 경제학적 가정에 기반을 두므로 선호의 외생성과 안정성 등 선험적으로 주어진 개인의 선호체계를 가정한다.
④ 또한 합리적 선택 제도주의는 제도를 행위자 간 전략적 행위에 영향을 주는 장치로 보는데, 이는 완전한 합리성을 가정했던 기존의 경제학적 가정을 완화하고, 제도에 의해 선호가 제약되는 제한된 합리성을 받아들인 것이다.
⑤ 특히 합리적 선택 제도주의는 개인의 전략적 선택에 의한 공식적 제도의 의도적 설계를 강조하며, 새로운 제도로의 변화는 제도 변화의 편익이 제도 변화의 비용보다 커야 가능하다.
⑥ 합리적 선택 제도주의는 공유지의 비극이나 죄수의 딜레마와 같은 사회적 문제의 해결에 유용한 시사점을 제시한다는 장점을 지닌다.
⑦ 반면, 인간 선호의 외생성을 가정하므로 선호의 형성에 있어 제도의 영향력을 간과하였고, 연역적 논리로 이론을 전개하므로 현실을 설명함에 있어 또는 실제의 적용에 있어 한계를 나타낸다.
⑧ 또한 행위자들에 의한 제도의 전략적 선택을 강조하므로 제도의 동태성과 비공식성 및 제도의 권력성과 문화성 등을 간과하였다는 비판도 받는다.

(2) 역사적 신제도주의

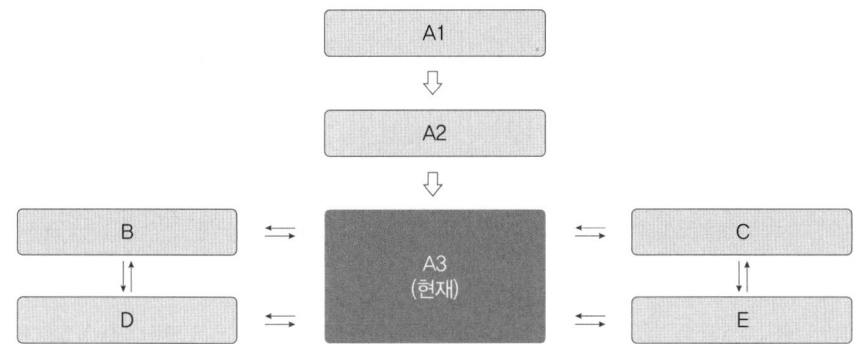

① 정치학을 모학문으로 하는 역사적 신제도주의는 개인의 행동을 형성하고 제약하는 제도의 지속성과 이러한 제도가 형성되어 온 역사적 과정을 중시하는 접근방법이다.
② 이는 역사적 관점과 거시구조적 관점을 결합한 것으로, 제도를 장기간에 걸쳐서 나타나는 인간행동의 정형화된 유형 또는 패턴이라고 본다.
③ 이에 따라 제도의 발전은 과거의 발전경로와 유사하며, 과거의 역사적 발전은 현재의 선택을 제약하는 요인으로 작용하므로 제도는 지속성과 경로의존성을 가지게 된다.
④ 개인의 선호 또한 역사적으로 형성된 제도와의 상호작용 속에서 형성되는 내생성을 지니며, 개인의 선택 역시 제도가 허락하는 범위에 머문다.
⑤ 역사적 신제도주의는 제도가 인간의 의지뿐만 아니라 기존 제도의 발달경로나 역사적 우연성 그리고 새로운 아이디어 등의 결합 등에 의해 생성될 수 있음을 주장한다. 그리고 이러한 과정에서 제도의 비효율성과 부적응성이 초래되어 새로 도입된 정책이 원래 의도와는 다른 결과를 발생시킬 수 있다.
⑥ 역사적 신제도주의는 역사적 상황에 따른 제도형성의 상이성과 국가 간 정책결과의 상이성 등을 강조하며, 제도발달의 다원적 경로를 주장한다.
⑦ 방법론적으로 중위 수준의 제도적 변수가 개별 행위자의 행동과 정치적 결과를 어떻게 연계되는지에 연구의 초점을 맞추며, 정책연구에 있어 역사적 맥락을 강조하기에 사례연구나 비교분석의 방법을 주로 활용한다.
⑧ 역사적 신제도주의는 초기 선택과 제도도입의 순서를 중시하기에 숙성기간을 고려한 시차적 접근방법의 도입을 주장하며, 역사적 위기가 발생하는 경우 기존 제도의 균형은 단절되고 새로운 제도로 전환된다는 단절적 균형과 제도의 역동성을 통해 제도의 변화를 설명한다.

- 역사적 신제도주의는 제도를 이해하는 데 있어 역사적·사회적 맥락의 중요성을 강조한다. 15. 지방직 9급

- 역사적 신제도주의는 장기간의 역사적 과정과 경로의존성을 중시한다. 17. 경찰간부

- 역사적 신제도주의는 제도의 지속성을 강조하고 제도에 의해 의도되지 않은 결과를 비효율적이라고 본다. 12. 국회직 8급

- 역사적 신제도주의는 제도의 변화를 설명함에 있어 역사적 전환점(historical juncture)에 주목한다. 19. 경찰승진

(3) 사회학적 신제도주의

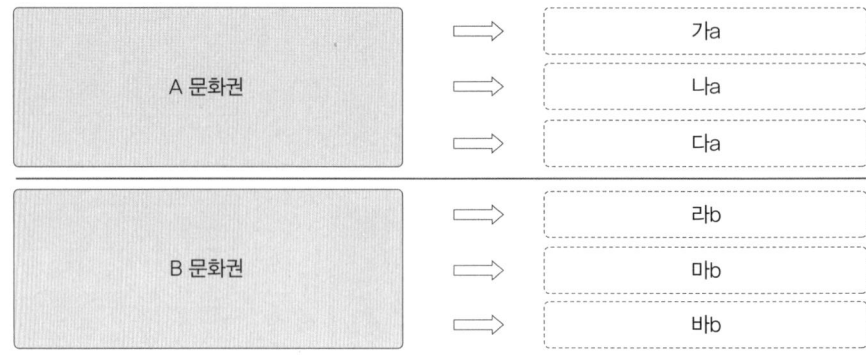

- 사회학적 신제도주의는 제도의 범위를 가장 넓게 보고 있다. 21. 군무원 7급

- 사회학적 신제도주의는 경제적 효율성이 아니라 사회적 정당성 때문에 새로운 제도적 관행이 채택된다고 주장한다. 15. 서울시 9급

- 사회학적 신제도주의는 제도의 변화에서 개인의 역할을 전혀 인정하지 않는다. 22. 군무원 7급

① 조직사회학을 모학문으로 하는 사회학적 신제도주의는 제도의 의미를 가장 넓게 인식하여 상징체계나 도덕적 틀과 같은 문화적 차원까지 제도의 범위를 확장하며, 공식적 측면보다는 비공식적 측면에서 제도의 효과를 분석하고자 한다.
② 사회학적 신제도주의는 목적을 달성하기 위한 수단으로서 제도를 채택한다는 도구주의 혹은 기능주의 관점을 비판하며, 더 나아가 제도의 형성에 있어 인간의 의도성을 부인한다.
③ 사회학적 신제도주의는 개인적 선호가 사회적으로 형성된다는 선호의 내생성을 받아들이며, 제도의 채택에 있어 규범적 측면보다는 인지적 측면을 중시한다.
④ 이는 효율성보다는 사회적 정당성을 획득하기 위해 제도를 문화적 인지에 의해 채택한다고 보는 것이다.
⑤ 제도의 변화 또한 결과성의 논리(→ 제도의 효과성)보다는 정당성의 논리를 통해 사회의 지배적 제도를 닮아가는 동형화 과정으로 본다.
⑥ 한편, 역사적 신제도주의가 종단면적 측면과 국가 간 제도의 차이를 강조하는 이론이라면, 사회학적 신제도주의는 횡단면적 측면과 국가 간 또는 조직 간 제도의 유사성(→ 유질동형)을 강조한다.

(4) 유파별 비교

구분	합리적 선택 제도주의	역사적 신제도주의	사회학적 신제도주의
모학문	경제학	정치학	조직사회학
제도	공식적 측면의 강조 제도의 범위가 좁음	공식적 측면의 강조 제도의 범위가 넓음	비공식적 측면의 강조 제도의 범위가 가장 넓음
개인선호	안정적·외생적	제한적·내생적	제한적·내생적
제도채택	합리적·전략적 선택 균형점으로 제도	경로의존성	제도의 인지적 측면
제도변화	전략적 선택의 결과 비용과 편익의 비교	외부적 충격 단절된 균형	유질동형화 과정 적절성의 논리
접근법	연역적(→ 일반이론) 방법론적 개체주의	귀납적(→ 비교 및 사례연구) 방법론적 전체주의	귀납적(→ 해석학적 방법) 방법론적 전체주의

> 바로 확인문제

1. 신제도주의에 대한 설명으로 가장 적절하지 않은 것은? 21. 군무원 7급

① 신제도주의는 그동안 내생변수로만 다루어 오던 정책 혹은 행정환경을 외생변수와 같이 직접적인 분석대상에 포함시켜 종합·분석적인 연구에 기여하고 있다.
② 역사적 신제도주의는 각국에서 채택된 정책의 상이성과 효과를 역사적으로 형성된 각국의 제도에서 찾고자 한다.
③ 합리적 선택 제도주의는 경제학에 이론적 배경을 두고 있다.
④ 사회학적 신제도주의에서는 제도의 범위를 가장 넓게 보고 있다.

정답해설 신제도론은 외생변수로 다루어져 오던 정책 혹은 행정환경을 내생변수와 같이 직접적인 분석대상에 포함시켰다.

답 | ①

2. 신제도주의에 대한 설명으로 옳지 않은 것은? 21. 지방직 9급

① 제도는 법률, 규범, 관습 등을 포함한다.
② 역사적 제도주의는 제도가 경로의존성을 따른다고 본다.
③ 사회학적 제도주의는 적절성의 논리보다 결과성의 논리를 중시한다.
④ 합리적 선택 제도주의는 제도가 합리적 행위자의 이기적 행태를 제약한다고 본다.

정답해설 사회학적 신제도주의는 제도변화 이유로서 결과성의 논리(기능주의 관점)보다는 적절성의 논리를 강조한다.

오답해설 ① 신제도주의는 제도의 범위에 법률과 같은 공식적 제도뿐만 아니라 규범이나 관습과 같은 비공식적 제도까지 포함하고 있다.
② 경로의존성이란 과거의 선택이 관성(inertia) 때문에 쉽게 변화되지 않는 현상을 말한다. 이러한 경로의존성과 권력의 불균형성을 중시한 이론은 역사적 신제도주의이다.
④ 합리적 선택 제도주의는 행위자 간 전략적 행위와 균형 상태의 유지에 있어 제도의 역할을 강조하며, 제도가 합리적 행위자의 전략이나 보상함수에 영향을 미쳐 다시 그들의 행위를 제약하는 현상을 설명한다.

답 | ③

CHAPTER 04 마무리 기출 OX

다음 내용이 맞으면 O, 틀리면 X에 표시하시오.

01 과학성(science)은 사회문제에 대한 해결과 처방을 중시하고, 기술성(art)은 객관적인 사실에 대한 설명과 규명을 중시한다. 20. 군무원 9급 ○ | ✕

02 1940년대 사이먼(H. Simon)이 주장한 행태주의는 '사실'과 '가치'에 대한 이분법을 시도한 이론이다. 18. 국가직 7급 ○ | ✕

03 행태적 접근방법은 인간의 주관성을 배제하고 규칙성을 경험적으로 입증하려고 한다. 12. 국회직 8급 ○ | ✕

04 개방체제는 동태적 항상성, 정(+)의 엔트로피(Entropy), 외부환경과의 상호작용 등을 특징으로 한다. 08. 서울시 7급 ○ | ✕

05 공공선택론은 재화나 용역의 공공성을 강조하는 시장적 의사결정에 관한 정치학적 연구이다. 21. 경찰승진 ○ | ✕

06 공공선택론은 개인을 만족시킴으로써 사회 전체를 만족시킬 수 있다고 생각한다. 21. 군무원 9급 ○ | ✕

07 공공선택론은 역사적으로 누적 및 형성된 개인의 기득권을 타파하기 위한 접근이다. 16. 지방직 9급 ○ | ✕

08 신제도론은 외생변수로 다루어져 오던 정책 혹은 행정환경을 내생변수와 같이 직접적인 분석 대상에 포함시켰다. 21. 국회직 8급 ○ | ✕

09 역사적 신제도주의에 의하면 제도는 경로의존성과 관성적 성향을 지니고 있어 새로운 환경의 변화에 적절히 대응하지 못할 수도 있다. 21. 지방직 7급 ○ | ✕

10 사회학적 신제도주의는 적절성의 논리보다 결과성의 논리를 중시한다. 21. 지방직 9급 ○ | ✕

정답 및 해설

01 ✕ 02 ○ 03 ○ 04 ✕ 05 ✕ 06 ○ 07 ✕ 08 ○ 09 ○ 10 ✕

01 기술성(art)이 사회문제에 대한 해결과 처방을 중시하고, 과학성(science)이 객관적 사실에 대한 설명을 중시한다.
04 개방체제는 소멸을 막고자 하는 부(−)의 엔트로피(Entropy)를 특징으로 한다.
05 공공선택론은 비시장적 의사결정에 관한 경제학적 연구이다. 재화나 용역의 공공성은 집합적 거래의 특징이다.
07 공공선택론은 사회현상의 균형을 강조하므로 보수적 이론으로 평가받는다.
10 사회학적 제도주의는 합리성이라는 결과성의 논리보다는 사회적 정당성의 획득이라는 적절성의 논리를 중시한다.

CHAPTER 05 행정학의 주요이론

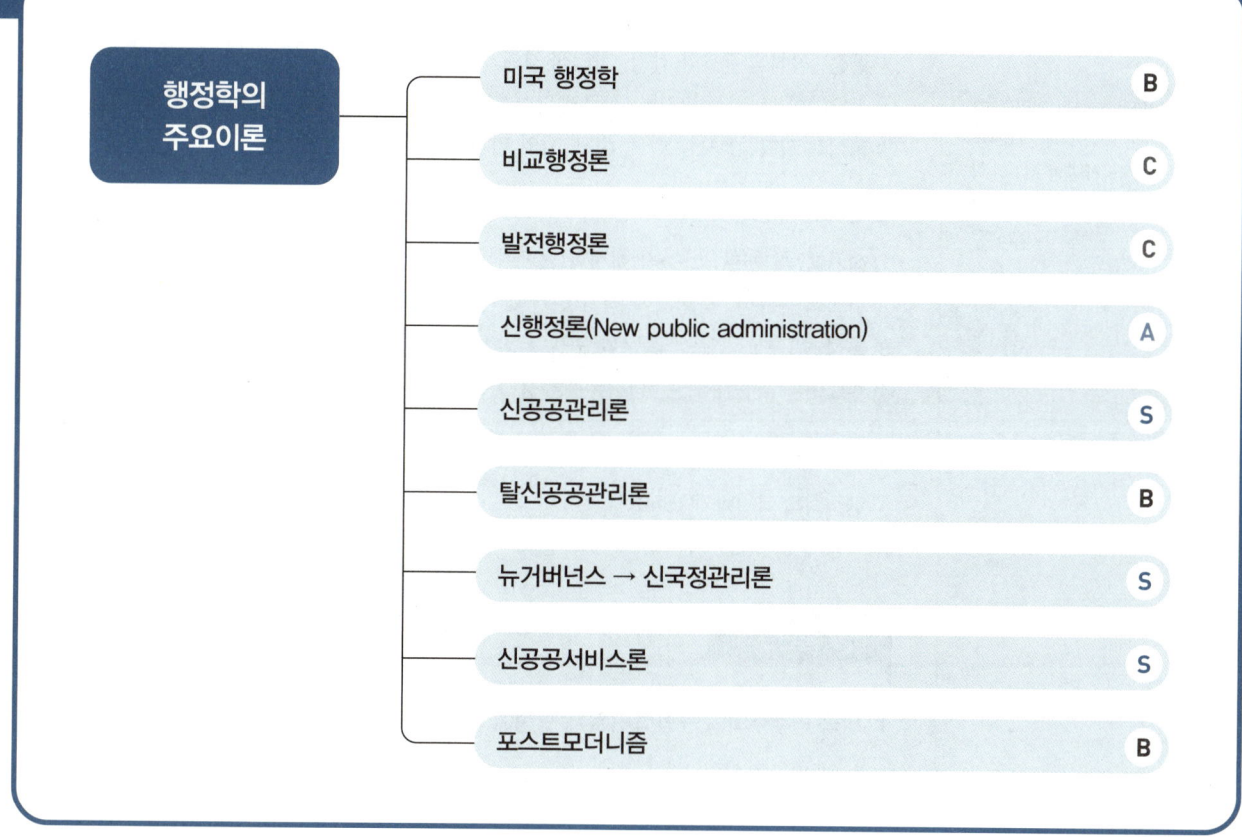

01 미국 행정학　　　　　　　　　　　　　　　　　　　B

1 사상적 기초

① **해밀턴주의**: 연방주의를 대표하는 해밀턴주의는 중앙집권과 능률적 행정 및 실천가로서 관료를 강조하였고, 이는 19C말 능률적 국가관과 1930년대 뉴딜정책에 영향을 주었다.
② **제퍼슨주의**: 분권주의와 자유주의를 대표하는 제퍼슨주의는 지방분권과 민주성 및 공복으로서 관료를 강조하였고, 이는 19C말 민중주의와 진보주의운동 그리고 1960년대 참여를 강조하는 신행정학에 영향을 주었다.
③ **매디슨주의**: 다원주의를 대표하는 매디슨주의는 다양한 이익집단의 중재자로서 정부와 삼권분립에 기초한 견제와 균형을 중시하고, 협상과 타협의 전문가로서 관료의 역할을 강조하였다. 이는 다알(R. Dahl)의 다원주의나 린드블롬(C. Lindblom)의 점증모형에 영향을 주었다.

> **기선 제압**
>
> • 제퍼슨주의(Jeffersonianism)는 개인의 자유를 극대화하기 위한 행정책임을 강조하고 소박하고 단순한 정부와 분권적 참여과정을 중시한다. 17. 국가직 7급
>
> • 매디슨(J. Madison)은 이익집단을 중요시하였으며 정치활동의 원천으로 인식하였다. 19. 서울시 9급

- 고전적 행정학은 정치와 행정은 서로 상대의 영역을 침해하지 말아야 한다고 보았다. 06. 서울시 7급

- 행정관리학파는 과학적 관리론, 고전적 관료제론 등과 함께 정치로부터 분리된 행정학의 출범 초기에 학문적 기초를 다지는 데 크게 기여하였다. 09. 지방직 9급

2 전개과정

(1) 고전적 행정학
① 정치행정이원론: 기술적 행정학(1880년대~1930년대)
② 기계적 능률성: 행정의 수단성과 정치적 중립성의 강조
③ 특징: 공식적 구조와 과정, 합리적 경제인, 환경과 단절된 폐쇄체계 등
④ 주요이론: 과학적 관리론, 관료제 모형, 행정관리론 등
⑤ 형식적 과학성: 사이몬(H. Simon)의 비판 → 검증되지 않은 속담

(2) 신고전적 행정학
① 정치행정일원론: 기능적 행정학(1930년대~1940년대)
② 사회적 능률성: 사회적 목적과 인간적 가치의 강조
③ 특징: 비공식적 요인, 집단적 요인, 사회인관, 환경과 단절된 폐쇄체계 또는 환경유관론 등
④ 주요이론: 인간관계론, 환경유관론 등

(3) 현대 행정학
① 행정학의 다원화기(1950년대~)
② 개방체제적 접근, 연구영역의 확장에 따른 접근방법의 분화와 통합을 위한 노력

바로 확인문제

1. 미국 민주주의의 규범적 관료제 모형에 대한 설명으로 옳은 것은? 17. 국가직 7급

① 제퍼슨주의(Jeffersonianism)는 개인의 자유를 극대화하기 위한 행정책임을 강조하고 소박하고 단순한 정부와 분권적 참여과정을 중시한다.
② 잭슨주의(Jacksonianism)는 행정의 탈정치화를 통해 정당정치의 개입으로부터 자유로운 행정을 강조한다.
③ 매디슨주의(Madisonianism)는 국가 이익의 증진을 위해 강한 행정부의 적극적 역할과 행정의 유효성을 지향한다.
④ 해밀턴주의(Hamiltonianism)는 다원적 과정을 통한 이익집단 요구의 조정과 이를 가능하게 하는 견제와 균형을 중시한다.

정답해설 제퍼슨주의는 자유주의 사상으로 지방분권과 민주성을 강조하며, 19C말 민중주의와 진보주의운동 그리고 1960년대 참여를 강조하는 신행정학에 영향을 주었다.

오답해설 ② 행정의 탈정치화를 통해 정당정치의 개입으로부터 자유로운 행정을 강조한 학자는 윌슨(W. Wilson)이다.
③ 국가 이익의 증진을 위해 강한 행정부의 적극적 역할과 행정의 유효성을 지향하는 것은 해밀턴주의이다.
④ 다원적 과정을 통한 이익집단 요구의 조정과 이를 가능하게 하는 견제와 균형을 중시하는 것은 매디슨주의이다.

답 | ①

02 비교행정론

1 개관

체제론	생태론			
	미국	일본	한국	인도
적응(A)	비교행정론			
목표달성(G)				
통합(I)				
형상유지(L)				

2 의의

① 선진국과 후진국의 행정체제를 비교하여 보편적 이론을 정립하려는 연구방법으로, 미국 행정학의 적용범위 한계를 극복하기 위해 등장하였다.
② 비교행정론은 체제론의 구조기능주의 시각을 받아들여 공식적 제도나 법규보다는 실제의 기능을 중심으로 선진국과 후진국의 행정을 비교하는 공간(↔ 시간) 중심적 연구방법이다.

- 비교행정론은 다양한 문화와 국가에 적용 가능한 보편적 행정이론을 도출하기 위한 노력이다. 18. 소방간부

3 리그스(F. Riggs)의 비교행정의 연구방법

① 규범적 접근에서 경험적·실증적 접근으로
② 개별사례적 접근에서 일반법칙적 접근으로
③ 비생태적 접근에서 생태적 접근으로

- 비교행정론은 생태론적 접근방법을 취한다. 23. 군무원 9급

4 평가

(1) 공헌

① 선진국과 후진국 행정의 문화 횡단적인 비교연구를 통한 행정이론의 과학화에 기여하였다.
② 구조기능주의에 입각해서 선진국과 후진국 행정의 실제적인 운영 상태를 분석하였다.

(2) 한계

① 구조기능주의에 입각한 균형이론이므로 개발도상국의 동태적 변화(→ 능동적 발전)를 설명하기 곤란하고, 환경결정론의 시각이므로 행정의 능동적(→ 독립변수로서 행정)인 성격을 경시하여 개발도상국의 발전에는 비관적 입장을 취하였다.
② 또한 거시적 시각에서 행정과 환경과의 관계를 강조하였을 뿐 행정내부의 관리적·기술적 측면은 소홀하게 다루었다.

- 비교행정론은 후진국의 국가발전에 대한 비관적 숙명론으로 귀결된다. 23. 군무원 9급

- 비교행정론은 행정을 지나치게 환경의 종속변수로 간주함으로써 행정의 독자성과 자율성을 과소평가하고, 행정의 주체적 역할을 간과했다는 비판을 받는다. 16. 지방직 7급

> **바로 확인문제**

1. 다음 중 비교행정론에 대한 설명으로 가장 거리가 먼 것은? 23. 군무원 9급

① 리그스(F. Riggs)가 대표적인 학자이다.
② 생태론적 접근방법을 취한다.
③ 후진국의 국가발전에 대한 비관적 숙명론으로 귀결된다.
④ 행정학의 과학성보다는 기술성을 강조한다.

정답해설 비교행정론은 기술성(art)보다는 과학성을 강조한다.

답 | ④

2. 비교행정의 한계에 대한 설명으로 옳지 않은 것은? 16. 지방직 7급

① 독자적인 연구대상을 획정하기가 어렵다.
② 환경과 행정의 교류적 관계를 경시한 정태적 접근이다.
③ 처방성과 문제해결성을 강조함에 따라 행정의 비과학화를 초래하였다.
④ 행정을 지나치게 과소평가함으로써 행정의 독자성을 무시하고 행정의 종속성을 강조하고 있다.

정답해설 비교행정론은 선진국과 후진국의 행정을 비교하여 모든 국가에 보편적으로 적용될 수 있는 이론을 발견하고자 했던 과학적 노력이다. 즉, 행정의 처방성과 문제해결보다는 과학성을 강조한 이론이다.

오답해설 ① 비교행정론은 무엇을 비교할 것인지 그리고 어디까지 비교의 대상에 포함시킬 것인지에 대한 구체적 합의점이 없다는 것에 한계가 있다.
② 비교행정론은 환경에 의한 일방적 영향만을 강조하므로 행정이 환경에 영향을 미칠 수 있음은 간과하고 있다. 즉, 환경과 행정의 교류적 관계(쌍방적 관계)를 경시한 정태적 접근이다.
④ 비교행정론의 생태론적 접근은 행정을 환경의 종속변수로 간주하여 행정이 환경에 미치는 능동적·독자적 역할을 과소평가한다는 비판을 받는다.

답 | ③

03 발전행정론

1 의의

① 개발도상국의 국가발전을 위한 전략과 국가발전의 추진체제로서 행정체제의 발전문제를 연구하는 행정학의 한 분야이다.
② 여기서 발전이란 국가발전의 수립과 추진 및 관리 그리고 이를 주도해 나갈 행정의 발전을 의미하는데, 전자는 국가발전의 추진에, 후자는 그 수단인 행정체제의 능력향상에 초점을 둔다.
③ 발전행정론은 1950년대 비교행정론의 분과로 출발하였고, 1960년대 크게 확산된 후, 1970년대 위축되었다.

2 특징

① **처방성 강조:** 국가의 엘리트를 중심으로 경제성장을 추구한 불균형 성장론이다.
② **개방체제:** 독립변수로서 행정과 쇄신적인 가치관을 지닌 능동적 공무원(→ 발전인)을 강조하였다.
③ **행정우위 정치행정(새)일원론:** 행정에 의한 정치 역할의 대체(→ 비민주적)까지 주장하였다.
④ **공사행정(새)이원론:** 공적 가치와 사적 가치의 상이성을 강조하였다.
⑤ **강조이념:** 목표의 달성도를 의미하는 효과성을 강조하였다.

· 발전행정론은 환경이 행정에 미치는 영향에 주목한다. 22. 지방직 7급

3 평가

① 발전행정론은 개발도상국의 국가발전전략을 제시하였다는 점에서 의의가 있다.
② 그러나 이론적 과학성이 미흡하고, 발전에 관한 서구적 편견이 개입되어 있으며, 국민에 의한 투입기능은 경시되고, 국가 중심의 산출기능만을 강조하였다는 비판을 받는다.
③ 또한 불균형 성장전략으로 인해 행정 이외의 정치·사회 등의 균형성장에는 장애가 되었고, 권력의 집중과 행정의 비대화를 초래하여 민간부문의 창의성과 자율성을 저해하였다는 평가를 받는다.

4 비교행정론과 발전행정론

비교행정론	발전행정론
① 과학성과 보편성 강조	① 처방성과 특수성 강조
② 정태적 균형이론, 행정의 종속변수	② 동태적 불균형이론, 행정의 독립변수
③ 전이적 변화, 기능주의	③ 계획적 변동, 실용주의

04 신행정론(New public administration) A

1 의의

(1) 개념

① 1960년대 말에 등장한 가치지향적 행정이론으로, 논리실증주의와 이에 입각한 행태주의를 비판하면서 사회문제의 해결을 위해 적실성(relevance)과 실천성(action)을 갖는 학문의 필요성을 강조한 학문적 경향을 말한다.
② 이는 존슨 행정부의 '위대한 사회의 건설'이라는 정책의 추진에 지적인 자원을 제대로 제공하지 못했던 기존 정치학과 행정학에 대한 비판이기도 하다.
③ 신행정론에는 후기행태주의, 현상학, 비판이론, 정책과학 등 다양한 이론들이 포함되어 있지만 대체로 규범이론, 철학, 사회적 타당성, 행동주의(action) 등으로 대변된다.

· 신행정학은 행태주의와 논리실증주의를 비판하면서 등장하였다. 21. 군무원 9급

· 신행정학은 왈도(D. Waldo)가 주도한 1968년 미노브룩 회의를 계기로 태동하였다. 19. 지방직 9급

(2) 대두배경

① 월남전과 반전운동, 워터게이트 사건(1972), 흑인폭동 및 세대갈등(→ 68세대) 등 미국 사회의 격동과 효율성 중심의 공리주의 배분방식의 한계
② 이론 중심의 행태주의 연구와 미국 내 사회문제에 소홀하였던 비교행정론 및 발전행정론의 한계

- 신행정학은 가치에 대한 새로운 인식을 기초로 규범적이고 처방적인 연구를 강조하였다. 19. 지방직 9급

- 신행정학에서는 탈관료제 모형으로서 수평적이고 임시적인 조직모형을 제안한다. 21. 군무원 9급

- 신행정학은 행정이 사회적 형평성의 증진을 위해 앞장설 것을 주장했다. 24. 경찰승진

- 신행정학은 조직발전에 있어 분권화를 지향하는 구조설계를 처방하고 조직구성원의 참여를 강조했다. 24. 경찰승진

2 특징

① 적실성(relevance)과 실천(action)을 강조하였고, 현상학과 비판이론 등 주관적이고 인본주의 성향을 지닌 이론이 도입되었다.
② 이에 따라 보편적 법칙의 추구보다는 개별사례적 연구가 활성화되었다.
③ 이밖에 정치행정(새)일원론(→ 가치와 처방에 관한 연구)과 공사행정(새)이원론의 입장이며, 새로운 가치배분의 기준으로 사회적 형평성을 강조하였다.
④ 또한 정치적 중립성과 전문성에 입각한 전문직업적 관료보다는 행정의 대응성과 고객의 참여 등 수요자 중심의 행정을 추구하였고, 다양성의 시대에 부합하는 탈관료제 처방, 참여와 분권, 자기실현인관에 입각하여 개인과 조직의 통합 등을 강조하였다.

3 평가

① 사회적 형평성과 정의(justice) 등 행정의 새로운 방향을 제시하였고, 현상학과 비판철학 등 새로운 접근방법을 도입하여 행정학의 연구방법을 다양화하였다.
② 행정철학이나 행정윤리와 같은 규범적 가치의 중요성을 인식하게 하였고, 환경의 불확실성에 쇄신적으로 대응할 수 있는 탈관료제 모형과 인본주의 조직관리를 도입하였다.

4 신행정론과 발전행정론의 비교

구분	신행정론	발전행정론
차이점	① 1970년대 미국 → 분배·복지·윤리 ② 고객 중심(→ 비전문가 중심) ③ 사회적 형평성 강조	① 1960년대 개발도상국 → 성장과 발전 ② 관료 중심(→ 전문가 중심) ③ 효과성 강조
유사점	① 규범성과 처방성(art)의 강조, 정치행정(새)일원론, 공사행정(새)이원론 ② 개방체제 시각, 행정에 의한 능동적인 사회변동(→ 독립변수로서 행정)	

바로 확인문제

1. 다음의 역사적 배경을 바탕으로 태동한 행정학 연구에 대한 설명으로 옳지 않은 것은?

22. 국가직 7급

> - 월남전 패배, 흑인 폭동, 소수민족 문제 등 미국사회의 혼란을 해결하지 못하는 학문의 무력함에 대한 반성으로 나타났다.
> - 1968년 미국 미노브룩회의에서 왈도(D. Waldo)의 주도 하에 새로운 행정학의 방향모색으로 태동하였다.

① 고객 중심의 행정, 시민의 참여, 가치문제 등을 중시했다.
② 행정학의 실천적 성격과 적실성을 회복하기 위한 정책 지향적 행정학을 요구하였다.
③ 행정의 능률성을 강조했으며, 논리실증주의 및 행태주의의 주장을 지지하였다.
④ 소외계층을 위한 복지서비스를 확대해 사회적 형평을 실현해야 한다는 행정의 적극적 역할을 강조했다.

정답해설 신행정론에 대한 설명이다. 신행정론은 능률성보다는 사회적 형평성을 강조하였고, 논리실증주의와 행태주의에 대한 반론적 성격이 강하다.

오답해설 ① 신행정론은 기존의 관료제론과 행태주의에 대한 반론으로 공급자보다는 고객이나 시민의 참여, 가치의 중립보다는 가치평가적인 행정연구를 강조하였다.
② 신행정론은 사회문제의 해결을 위한 실천적이고 적실성 있는 학문을 추구하였고, 사회문제의 해결이라는 정책학의 발전에 기여하였다.
④ 신행정학은 행정의 역할이 단순히 관리나 효율성 증대에만 있는 것이 아니라, 사회적 가치를 실현하고 특히 소외된 계층의 삶의 질을 향상시키는 데 있다는 점을 강조한 이론이다.

답 | ③

05 신공공관리론

1 개관

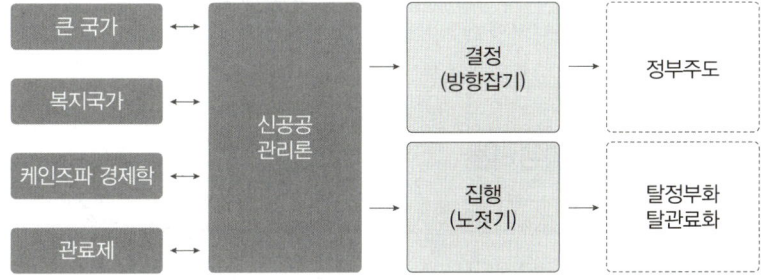

2 의의

(1) 개념

① 협의로는 인사나 예산 등에 있어 내부통제를 완화하여 일선관리자에게 재량권을 주되 그 결과를 토대로 책임을 묻고자 하는 신관리기법으로, 이는 성과요소의 공공부문 도입과 관련된다.
② 광의로는 신관리주의에 시장주의(→ 신제도주의 경제학)를 추가한 뜻으로 사용된다.

(2) 등장배경

① 자원난의 시대와 복지국가위기론 등 정부실패와 세계화(→ 국가 간 경쟁의 격화)의 대두
② 시장에 대한 신뢰에 근거한 규제완화와 민간화 등 시장기법의 도입을 강조하는 신자유주의 확산
③ 전통적 가치와 규율의 부활(→ 복권화)과 복지다원론 및 지방분권을 강조하는 신보수주의 부활
④ 공공선택론, 신제도주의 경제학, 공급중시 경제학 등 신고전파 경제학의 등장

3 특징

① 정부기능의 재조정 및 조직과 인력의 감축(→ 복지축소, 규제완화, 민영화 등)
② 정책결정과 정책집행의 분리

• 신공공관리론은 정치·경제·사상적으로는 신자유주의적 관점을 취한다. 09. 서울시 7급

• 하이에크(F. Hayek)의 '노예로의 길'은 신공공관리론의 철학적 기초가 되었다. 17. 경찰승진

• 신공공관리론은 정부실패를 지적하고 그 대응책을 제시한 공공선택이론, 주인대리인 이론, 거래비용경제학 등을 이론적 기반으로 한다. 17. 경찰승진

• 신공공관리론은 경영학의 성과관리와 경제학의 신제도주의가 혼합되어 영향을 주었다. 17. 국가직 7급(하)

③ 전략적 정책역량의 강화(→ 방향잡기 능력의 강조)
④ 집행부문에 대한 민간기법의 도입(→ 행정의 경영화)

4 주요 처방

① 공공선택론과 같이 정부의 역할을 대폭 시장에 맡겨야 한다는 입장은 아니며, 기존의 계층제적 통제를 경쟁원리에 기초한 시장체제로 대체함으로써 관료제의 효율성과 성과를 높이려는 것이다.
② 이에 따라 시장의 가격메커니즘과 경쟁원리를 적극적으로 정부에 도입하고자 노력하였다.
③ 특히, 정부의 역할을 민간이 직접 할 수 있게 권한을 부여하는 것에 두며, 법규나 규정에 의한 관리보다는 목표와 임무 중심의 관리를 중시한다.
④ 또한 비용가치의 증대를 위해 투입 중심의 행정체제에서 결과 중심의 행정체제로 전환할 것을 주장하였으며, 내부규제의 완화와 자율성의 증대를 통해 기업가 정신을 확보하고자 하였다.
⑤ 과정책임보다는 결과책임을 강조하여 이를 담보하기 위해 발생주의회계나 복식부기와 같은 각종 평가시스템을 마련하였고, 비화폐적 유인보다는 화폐적 유인을 선호하기에 성과급과 같은 각종 보상시스템을 강조한다.

5 관료제 모형과 신공공관리론

구분	관료제 모형	신공공관리론
공익	법률로 표현된 정치적 결정	사익의 총합
정부역할	노젓기	방향잡기
관료역할	행정가	기업가
서비스 공급	독점공급 행정메커니즘, 공급자 중심	경쟁도입, 민영화, 민간위탁 시장메커니즘, 수요자 중심
관리기제	법령 등 규칙 중심	임무 중심
관리방식	투입 중심, 지출 지향, 사후 대처 명령과 통제	성과 중심, 수익 창출, 예측과 예방 참여와 팀워크
책임성	계층적 책임성	(구성원의) 참여적 대응성

6 한계

① 정부의 정체성을 무시하고 정부와 기업을 동일시함으로써 기업의 경영원리와 기법을 그대로 정부에 이식하려 한다는 비판과 행정의 효율성을 향상시키기 위해 도입한 기업가적 재량이 오히려 공적 책임성을 약화시키는 문제를 야기할 수 있다는 비판을 받는다.
② 시장기법을 통한 생산성의 강조는 가외성이나 민주성과 같은 행정의 특수성을 약화시키며, 지나친 결과지향적인 사고는 참여와 같은 정치적 합리성이나 절차적 정당성을 무시할 수 있다.
③ 또한 결정과 집행의 분리는 환류기능의 차단을 가져와 정책역량을 약화시킬 수 있다.
④ 정부의 업무는 무형적이고 상호 복합적으로 연결되어 있어 성과측정이 곤란한 경우가 많으며, 성과평가에 대한 지나친 집착은 오히려 공무원의 창조적 사고를 억제할 수 있다.

⑤ 주인이어야 할 국민을 수동적 고객(→ 소비자)으로 간주하므로 공적 영역에 대한 시민(→ 주인)으로서 권리와 의무를 간과할 우려가 있고, 경제적 요인에 치중한 동기부여 전략은 인간을 편협하게 파악한다는 비판도 받는다.
⑥ 지나친 분권화와 권한의 이양은 행정내부의 조정과 통제를 어렵게 할 수 있고, 개방형 임용 등과 같은 민간기법의 도입에 따른 직업공무원제의 약화는 공무원의 사기를 저하시킬 수 있다.
⑦ 또한 신공공관리론은 서구의 신자유주의 사고에 기초하고 있으므로 집단주의 양식이 강한 사회에 보편적으로 적용하기 곤란하다는 주장도 있다.

바로 확인문제

1. 신공공관리론의 특징으로 옳지 <u>않은</u> 것은?   24. 국가직 7급

① 성과에 의한 관리를 중요시한다.
② 신관리주의와 시장주의가 결합된 개념이다.
③ 수익자 부담원칙을 강조한다.
④ 분절화의 축소와 조직구조의 통합, 조정을 강조한다.

정답해설   분절화의 축소와 조직구조의 통합, 조정을 강조하는 것은 탈신공공관리론이다. 신공공관리론은 결정과 집행의 분리를 강조한다.

답 | ④

2. 신공공관리론에 입각한 정부개혁의 내용으로 옳지 <u>않은</u> 것은?   24. 국가직 9급

① 효율성 대신 형평성에 초점을 맞춘 고객지향적 정부의 강조
② 수익자 부담원칙의 강화
③ 정부부문 내의 경쟁원리 도입
④ 결과 혹은 성과 중심주의 강조

정답해설   신공공관리론은 효율성을 강조하는 이론으로, 형평성을 간과한다는 평가를 받는다.
오답해설   ② 신공공관리론은 시장주의 원칙을 공공부문에 적용하여, 공공서비스 제공에 있어 수익자 부담원칙을 적용하거나 강화할 것을 주장한다. 이를 통해 재정 부담을 줄이고 서비스 배분의 효율성을 높이고자 한다.
③ 신공공관리론은 시장기법인 가격과 경쟁원리의 행정 내 도입을 강조한다.
④ 신공공관리론은 전통적인 투입 중심의 관리에서 결과 또는 성과 중심의 관리로 전환할 것을 강조한다.

답 | ①

06 탈신공공관리론

1 개관

관료제 모형 → 탈신공공관리론 ← 신공공관리론

2 의의

① 탈신공공관리론은 신공공관리론이 야기한 역기능을 교정하여 통치역량을 강화하고 정치·행정의 통제와 조정능력을 개선하기 위해 주장된 이론이다.
② 다만, 신공공관리론을 대체하자는 것은 아니며 이를 조정하고 보완하는 측면이 강하다.

3 주요 내용

① 정부의 정치적·행정적 역량의 강화 → 재규제 및 정치적 통제의 강조
② 민주성과 형평성 등 전통적 행정가치의 동시적 고려
③ 민간화와 민영화의 신중한 접근
④ 민간과 공공부문의 파트너십 강조
⑤ 관료제 모형과 탈관료제 모형의 조화
⑥ 재집권화(→ 분권과 집권의 조화)
⑦ 분절화의 축소(→ 총체적 정부의 강조)
⑧ 자율성과 책임성의 증대
⑨ 환경적·역사적·문화적 요소 등의 고려

구분	신공공관리	탈신공공관리
정부와 시장	시장지향(→ 규제완화)	정치적 통제의 강조, 재규제
행정가치	경제적 가치(→ 능률성)	전통적 가치의 동시적 고려
정부규모와 기능	정부규모와 기능의 축소	신중한 민영화
서비스 제공방식	시장메커니즘	민간과 공공의 파트너십
조직구조 모형	탈관료제 모형	관료제와 탈관료제의 조화
조직구조 특징	비항구적·유기적 구조	재집권화(→ 집권 + 분권)
조직구조 개편	소규모 (준)자율적 조직	분절화 축소(→ 총체적 정부)
관리철학	경쟁과 자율성	자율성과 책임성

- 탈신공공관리(Post NPM)은 정치·행정체제의 통제와 조정을 개선하기 위하여 재집권화와 재규제를 주창한다. 22. 경찰승진

- 탈신공공관리(Post NPM) 통(通) 정부(whole of government)적 접근을 취한다. 20. 지방직 7급

- 탈신공공관리(Post NPM)은 공공서비스의 제공방식에 있어 민간·공공부문의 파트너십을 강조한다. 22. 경찰승진

- 탈신공공관리(Post NPM)은 성과보다는 공공책임성을 중시하는 인사관리를 강조한다. 20. 지방직 7급

바로 확인문제

1. 탈신공공관리(post-NPM)에 대한 설명으로 가장 적절하지 않은 것은? 24. 군무원 9급

① 탈신공공관리의 기본목표는 신공공관리의 역기능적 측면을 교정하고 통치역량을 강화하며, 정치·행정의 통제와 조정을 개선하기 위해 재집권화와 재규제를 주창하는 것이다.
② 탈신공공관리는 신공공관리의 조정이 아니라 신공공관리의 주요 아이디어를 대체하는 것이다.
③ 탈신공공관리는 구조적 통합을 통해 분절화의 축소를 추구한다.
④ 중앙의 정치·행정적 역량 강화를 추구한다.

정답해설 탈신공공관리론은 신공공관리론의 대체가 아니라 조정과 보완의 측면이 강하다.

답 | ②

07 뉴거버넌스 → 신국정관리론

1 의의

① 뉴거버넌스란 일반적으로 공공문제의 해결을 위해 정부와 시민사회 등 여러 공·사조직들의 협력을 강조하는 네트워크 통치방식을 지칭한다.
② 특히, 행정의 정치적 특성을 강조하여 정부와 시장 그리고 공동체라는 다양한 세력 간의 유기적 결합과 그 작동원리로서 신뢰와 협력을 강조한다.
③ 여기서 관료는 네트워크를 형성하고 이를 촉진하는 조정자와 촉매자로서의 역할을 담당해야 하는데, 이는 관료를 단순히 소극적이고 중립적인 심판자가 아닌 적극적으로 조정하고 중재하는 능동적 개입자로 보는 것이다.
④ 시민 또한 공동체의 주인으로서 그 권리와 의무를 받아들이는 시민재창조가 요구된다.
⑤ 그러나 이러한 거버넌스에 기반을 둔 서비스 연계망은 정보의 부족으로 인한 조정의 어려움과 분절화로 인한 집행통제의 어려움 그리고 공동생산에 따라 책임소재의 모호성이 야기될 수 있다.

2 신공공관리론과 신국정관리론

(1) 유사점

① 두 이론 모두 정부실패를 이념적 토대로 하고, 공공부문과 사적부문을 양분하지 않으며, 서비스 전달이라는 노젓기보다는 정책결정이라는 방향잡기를 위한 도구와 기법의 개발을 중시한다.
② 두 이론 모두 대의제와 관료제를 비판한다. 다만, 그 대안으로 뉴거버넌스는 시민의 직접참여를 강조하지만 신공공관리론은 시장의 선호를 중시한다.

- 뉴거버넌스의 인식론적 기초는 공동체주의이다. 16. 서울시 7급
- 뉴거버넌스는 정부만이 공공서비스를 독점적으로 생산하고 공급한다고 보지 않는다. 14. 국가직 7급
- 뉴거버넌스는 파트너십과 유기적 결합관계를 중시한다. 23. 군무원 9급
- 뉴거버넌스는 정책과정에서 정부와 민간부문 및 비영리부문 간의 네트워크를 활용한다. 14. 국가직 7급
- 신공공관리와 뉴거버넌스 모두 정부실패를 이념적 토대로 설정하여 그 대응책을 마련하고자 한다. 18. 경찰간부
- 신공공관리와 뉴거버넌스 모두 투입보다는 산출에 대한 통제를 강조한다. 18. 경찰간부

- 뉴거버넌스는 결과보다는 과정을 중시한다. 08. 국회직 8급

- 뉴거버넌스는 경쟁적 작동원리보다는 협력적 작동원리를 중시한다. 11. 지방직 9급

- 신공공관리는 경쟁의 원리를 강조하지만, 뉴거버넌스는 신뢰를 기반으로 조정과 협조를 중시한다. 10. 국회직 8급

- 신공공관리는 결과에 초점을 두고 있는 데 비해 뉴거버넌스는 과정에 초점을 맞추고 있다. 08. 지방직 7급

- 신공공관리는 조직 내 관계를 다루는 반면, 뉴거버넌스는 조직 간 관계를 다룬다. 19. 경찰승진

(2) 차이점

구분	신공공관리론	뉴거버넌스
이념	신자유주의	공동체주의
관리기구	시장	연계망
지향점	결과	(합의)과정
정부역할	방향잡기(→ 정부 주도)	방향잡기(→ 시민사회 주도)
관료역할	공공기업가	조정자
작동원리	부문 간 경쟁(→ 시장메커니즘)	부문 간 협력(→ 사회적 자본)
서비스제공	민영화, 민간위탁 등	공동생산
관리방식	고객 지향	임무 중심
분석수준	조직 내	조직 간

바로 확인문제

1. 신공공관리론과 뉴거버넌스에 대한 설명으로 옳은 것은? 24. 지방직 7급

① 신공공관리론은 신뢰를 기반으로 조정의 원리를 강조하고, 뉴거버넌스는 시장지향적 경쟁원리를 강조한다.
② 신공공관리론은 국민을 덕성을 지닌 시민으로 보고, 뉴거버넌스는 국정의 대상인 고객으로 본다.
③ 신공공관리론은 정부의 역할로 방향잡기(steering)를 중시하고, 뉴거버넌스는 방향잡기보다 노젓기를 중시한다.
④ 신공공관리론은 행정의 효율성을 보다 중시하고, 뉴거버넌스는 행정의 민주성에 더 초점을 둔다.

정답해설 신공공관리론은 내적 효율성에 초점을 맞추는 이론이고 뉴거버넌스는 외부와의 협력을 강조하는 이론이다.

오답해설 ① 시장지향적 경쟁원리를 강조하는 것은 신공공관리론이고, 신뢰를 기반으로 조정의 원리를 강조하는 것이 뉴거버넌스이다.
② 국민을 덕성을 지닌 시민으로 보는 것은 뉴거버넌스이고, 고객으로 보는 것이 신공공관리론이다.
③ 신공공관리론과 뉴거버넌스 모두 정부의 역할로 방향잡기(steering)를 중시한다.

답 | ④

08 신공공서비스론

1 의의

(1) 개념

① 소유주로서 시민의 권리를 회복하고 공공문제의 해결에 있어 공동체 의식의 복원에 초점을 둔 국정운영방식으로, 시장원리보다는 공동체의 가치와 책임성의 강화를 중시하는 이론이다.
② 실증주의, 해석학, 비판이론, 포스트모더니즘 등 다양한 접근법을 포괄하며, 특히 시민행정학, 인간 중심 조직이론, 신행정학, 포스트모던 행정학 등에 기반을 두고 있다.

- 민주주의이론, 비판이론, 포스트모더니즘 등이 신공공서비스론의 인식론적 토대이다. 12. 지방직 9급

(2) 대두배경

① 평등성·공정성·대표성·참여 등의 약화를 가져온 신공공관리론에 대한 비판
② 지역공동체와 시민사회 모델에 입각한 시민사회 중심의 거버넌스 대두
③ 관료제의 타파와 자기실현인관에 입각한 인본주의 관리기법의 강조
④ 왜곡 없는 의사소통을 강조하는 담론이론의 등장

(3) 기본원칙

① 고객이 아닌 시민에게 봉사할 것
② 공익을 찾으려고 노력할 것(→ 사익의 단순한 합이 아닌 담론의 결과물로서 공익)
③ 기업주의 정신(→ 창의성)보다는 시민의식(→ 주인의식)의 가치를 받아들일 것
④ 전략적으로 생각하고 민주적으로 행동할 것
⑤ 책임성이란 것이 단순한 것이 아님을 인식할 것
⑥ 방향잡기보다는 봉사할 것
⑦ 생산성이 아닌 사람의 가치를 받아들일 것

- 신공공서비스론은 기업가 정신보다는 시민정신이 지니는 가치가 상위 개념임을 강조한다. 07. 국가직 7급
- 신공공서비스론은 단순한 생산성보다 공익의 발견을 중시한다. 19. 소방간부
- 신공공서비스론은 단순한 생산성보다 사람에 대한 가치 부여를 중요하게 여긴다. 09. 국회직 8급

2 특징

① 공익을 행정의 부산물이 아닌 목적물로 보며, 공공선택론처럼 공익을 개인들의 사익을 단순히 합해 놓은 것이 아니라 공유할 수 있는 가치에 대한 담론의 결과물로 본다.
② 관료의 역할을 방향잡기보다는 시민들로 하여금 공유된 가치를 표명하고 그것을 충족시킬 수 있도록 도와주는 봉사에 둔다.
③ 이에 따라 관료는 단순한 서비스의 전달자가 아닌 시민들의 관계를 조정하고 중재하는 자이며, 동기유발 수단 또한 보수와 편익 또는 기업가 정신이 아닌 사회봉사 욕구에 두고 있다.
④ 행정은 전략적 사고와 민주적 행동양식을 갖추어야 하며, 공동체에 시민들이 자발적으로 참여하고 책임을 다할 수 있도록 지원하고 조장하여야 한다.
⑤ 정부의 책임성은 단순한 생산성의 제고에서 「헌법」, 법률, 공동체 가치, 정치규범, 전문직업적 기준, 시민들의 이해 등을 도모하는 데까지 그 범위가 확대된다.
⑥ 시민 역시 단순한 고객이 아니며 시민의 의무를 다하는 봉사자로서의 역할을 하여야 한다.
⑦ 조직의 운영은 인간을 존경하는 가운데 협동과 공유된 리더십으로 운영할 때만이 성공할 수 있다고 본다.

- 신공공서비스론은 민주적 시민정신이나 공익과 같은 가치들을 구현하는 데 필요한 구체적 처방을 제시하지 못한다는 비판을 받는다. 20. 경찰간부
- 신공공서비스론은 공익의 개념을 공유가치에 대한 담론의 결과로 이해한다. 21. 국회직 8급
- 신공공서비스론은 전략적 합리성을 가정한다. 15. 서울시 9급
- 신공공서비스론은 법, 공동체, 정치규범, 전문성, 시민이익 존중 등 다면적 책임성을 강조한다. 12. 지방직 7급
- 신공공서비스론에 의하면 내외적으로 공유된 리더십을 갖는 협동적인 구조가 바람직하다. 12. 지방직 9급

⑧ 다만, 신공공서비스론은 규범적 가치에 관한 이론은 제시하였지만 이를 구현하는 데 필요한 구체적 처방은 제시하지 못하고 있으며, 행정의 규범적 특성과 가치를 지나치게 강조하고 있어 행정의 전문성과 효율성 등 수단적 가치가 위축될 수 있다는 비판을 받는다.

3 행정이론의 비교

구분	전통적 행정이론	신공공관리론	신공공서비스론
인식기준	초기 사회과학	신고전파 경제학 성과관리론	민주주의, 실증주의, 해석학 비판이론, 포스트모더니즘
합리성	개괄적 합리성	기술적·경제적 합리성	전략적 합리성
공익	정치적으로 정의 법률적으로 표현	사익의 총합	담론의 결과물
반응대상	고객과 유권자	고객	시민
정부역할	노젓기	방향잡기	봉사
수단	기존의 정부기구	민간기관 비영리기구 유인체계의 창출	공공기관, 비영리 민간기관의 연합
책임성 확보	위계적 정치지도자에게 책임	시장지향 사익의 총합	다면적 법, 공동체, 전문성 등
행정재량	제한적 재량	폭넓은 재량	재량 + 책임
조직구조	상명하복 관료제 조직	조직 내 통제권 유보 분권화된 조직	리더십의 공유 협동적 조직
동기유발	보수와 편익, 신분보장	기업가 정신	사회봉사 욕구

바로 확인문제

1. 신공공서비스론에 대한 설명으로 옳지 않은 것은? 24. 지방직 9급

① 신공공관리론을 극복하기 위해 등장하였으며, 비판이론과 포스트모더니즘을 활용한다.
② 공익은 시민의 공유된 가치에 대한 담론의 결과이다.
③ 정부는 노젓기보다 방향잡기에 집중하면서 시민에게 더 많은 권력을 부여해야 한다.
④ 정부 관료는 「헌법」과 법률, 정치 규범, 시민에 대한 대응성을 중요시해야 한다.

정답해설 정부는 노젓기보다 방향잡기에 집중하면서 시민에게 더 많은 권력을 부여해야 한다는 주장은 기업가적 정부에 관련된다. 신공공서비스론은 노젓기나 방향잡기보다는 봉사를 강조한다.

오답해설 ① 신공공서비스론은 실증주의, 해석학, 비판이론, 포스트모더니즘 등 다양한 접근법을 포괄하며, 특히 시민행정학, 인간 중심 조직이론, 신행정학, 포스트모던 행정학 등에 기반을 두고 있다.
② 신공공서비스론에 의하면 공익은 사익의 부산물이 아니라 담론과정을 통해 형성되는 목표이다.
④ 신공공서비스론에 의하면 책임성이란 단순하지 않기 때문에 관료들은 「헌법」, 법률, 정치적 규범, 공동체 가치 등 다양한 측면에 관심을 기울여야 한다.

답 | ③

09 포스트모더니즘　　B

1 모더니즘

① 메타이론(→진리)의 존재 가능성을 신뢰하고, 인간의 이성에 근거한 합리적 사고에 대한 믿음을 통해 인간이 진보하고 있음을 확신하는 사조이다.
② 합리주의·과학주의·기술주의·특수주의(→ 학문의 분화 및 언명의 보편성) 사고가 지배하는 시대로, 능률적이고 집권적인 전문가 중심의 관료제 구조를 지지하는 이론적 근거이다.

2 포스트모더니즘

① 포스트모더니즘은 이성에 기반을 둔 보편적 법칙과 이에 근거한 진보를 불신하는 반근대주의 사조로, 객관주의가 아닌 구성주의를 기반으로 상대적이고 다원적인 세계관을 지지한다.
② 진리의 맥락성과 상대성을 강조하고, 보편적 법칙보다는 개별적 가치나 신념 및 다양성을 선호하며, 메타설화의 성찰적 재검토를 통한 해체와 해방을 중시한다.
③ 또한 사물을 이해함에 있어 이성보다 감성을 선호하며, 결과보다는 만들어지는 과정을 중시한다.
④ 결국 포스트모더니즘은 정치적으로는 대의제를 비판하고 행정적으로 관료제를 비판하는 논거이다.

- 포스트모더니즘 이론에 의하면 진리의 기준은 맥락 의존적이다.
  16. 서울시 7급
- 포스트모더니즘 이론은 상대주의 관점에서 다양한 가치와 패러다임의 공존을 인정한다. 20. 소방간부
- 포스트모더니즘 이론은 타자에 대한 대상화를 거부한다. 18. 서울시 9급
- 포스트모더니즘 이론은 다양성을 선호하고 타인에 대한 개방적 태도를 갖는다. 21. 경찰승진

바로 확인문제

1. 포스트모더니티이론에서 규칙에 얽매이지 않는 행정의 운영이나 특수성을 인정하는 것에 해당하는 것은?
21. 군무원 7급

① 상상(imagination)　　② 해체(deconstruction)
③ 영역 해체(deterritorialization)　　④ 타자성(alterity)

정답해설 상상(imagination)이란 소극적으로는 규칙에 얽매이지 않는 것을 말하고 적극적으로는 문제의 특수성을 인정하는 것을 말한다.

답 | ①

CHAPTER 05 마무리 기출 OX

다음 내용이 맞으면 O, 틀리면 X에 표시하시오.

01 매디슨(J. Madison)은 이익집단을 정치활동의 원천으로 인식하였다. 19. 서울시 9급   O | X

02 신행정학은 경험적 검증을 중시하는 결정론적 세계관을 지녔다. 24. 경찰승진   O | X

03 수요 측면의 경제정책을 강조하는 신자유주의 정부이념은 공급 측면의 경제정책에 대해서는 반대 입장을 취한다. 13. 국가직 9급   O | X

04 신공공관리론은 행정의 효율성을 향상시키기 위해 기업가적 재량권을 선호하므로 공적 책임성의 문제를 야기할 수 있다. 15. 서울시 9급   O | X

05 탈신공공관리론은 구조적 통합을 통한 분절화의 축소와 조정의 증대를 중시하는 통(通) 정부(whole of government)적 접근을 강조한다. 20. 지방직 7급   O | X

06 신공공서비스론은 정부의 규모를 축소하려는 이데올로기적 욕구에 충실하게 반응하고자 한다. 07. 국가직 7급   O | X

07 신공공서비스론은 집합적이고 공유된 공익의 개념을 구축하려는 노력의 필요성을 강조한다. 20. 군무원 7급   O | X

08 신공공서비스론은 주요 통제권이 조직 내 유보된 분권화된 조직을 처방한다. 15. 서울시 9급   O | X

09 신공공서비스론에 의하면 정부는 시장의 힘을 활용하는 데 있어 방향잡기의 역할을 해야 한다. 20. 경찰간부   O | X

10 포스트모더니즘은 우리가 발견할 수 있는 객관적 사실이 있다고 보는 객관주의를 배척한다. 18. 서울시 9급   O | X

정답 및 해설

01 O   02 X   03 X   04 O   05 O   06 X   07 O   08 X   09 X   10 O

02 경험적 검증을 중시하는 결정론적 세계관은 행태주의의 특징이다.
03 케인즈파 경제학에 기반을 둔 수요 측면의 경제정책(→ 많은 세금, 많은 정부지출)은 진보주의 혹은 큰 국가(→ 행정국가)에서 강조했던 경제정책이다. 신자유주의는 신고전파 경제학에 기반을 둔 공급 측면의 경제정책을 추구한다.
06 정부의 규모를 축소하려는 것은 신자유주의이다. 신공공서비스론은 정부의 일방적 통치는 거부하지만 다양한 시민들의 담론과정을 보장하기 위해 능동적이고 적극적인 조정자로서의 정부역할을 강조한다.
08 주요 통제권이 조직 내 유보된 분권화된 조직은 신공공관리론에서 강조한다. 반면, 신공공서비스론은 조직 내외적으로 공유된 리더십을 갖는 협동적 구조를 추구한다.
09 정부는 시장의 힘을 활용하는 데 있어 방향잡기의 역할을 해야 한다는 주장은 신공공관리론이다.

CHAPTER 06

행정이 추구하는 가치

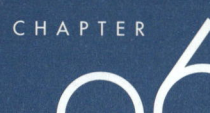

- 행정이 추구하는 가치
  - 행정이념의 개관 C
  - 행정철학 B
  - 공익 S
  - 정의(justice) S
  - 사회적 형평성 B
  - 능률성과 민주성 B
  - 효과성과 생산성 C
  - 신뢰성과 투명성 B
  - 합리성과 가외성 B

01 행정이념의 개관 C

1 의의

① 행정이념이란 행정 혹은 관료가 그 기능을 수행함에 있어 따라야 할 원칙을 뜻한다.

② 행정과 관료의 역할이 달라지듯이 중시되는 행정이념도 시대마다 유동적이다.

2 양대 이념

능률성 원칙	민주성 원칙
① 행정의 대내적 측면 ② 정치행정이원론에서 강조	① 행정의 대외적 측면 ② 정치행정일원론에서 강조

기선 제압

- 행정이념은 행정목표를 달성하기 위한 수단의 성격을 띤다. 23. 군무원 7급
- 행정이념은 행정의 수행에 필요한 지도원리나 지침의 역할을 수행한다. 23. 군무원 7급
- 행정이념은 행정업무의 종류와 시대에 따라 변한다. 23. 군무원 7급
- 행정이념은 절대적인 것이 아니라 시대적 상황과 정치체제에 따라 변할 수 있다. 21. 군무원 9급

3 행정이념의 변천

① 입법국가 시대: 합법성
② 기술적 행정학: (기계적) 능률성
③ 기능적 행정학과 인간관계론: 민주성 또는 사회적 능률성
④ 행정행태론: 합리성
⑤ 발전행정론: 효과성
⑥ 신행정론: 사회적 형평성
⑦ 정부실패 이후: 생산성, 신뢰성과 투명성

> **바로 확인문제**

1. 현행 「국가공무원법」 제1조, 「지방공무원법」 제1조, 그리고 「지방자치법」 제1조에서 공통적으로 규정하고 있는 우리나라의 기본적 행정가치로 옳은 것은? 　　19. 국회직 8급

① 합법성과 형평성
② 형평성과 공정성
③ 공정성과 민주성
④ 민주성과 능률성
⑤ 능률성과 합법성

정답해설 현대행정의 양대 이념은 민주성과 능률성이다. 이를 고려하여 「국가공무원법」, 「지방공무원법」, 「지방자치법」 등에서 공통적으로 법률의 목적으로 제시하고 있다.

답 | ④

2. 행정이론의 패러다임과 추구하는 가치를 바르게 연결한 것은? 　　18. 지방직 9급

① 행정관리론 - 절약과 능률성
② 신행정론 - 형평성과 탈규제
③ 신공공관리론 - 경쟁과 민주성
④ 뉴거버넌스론 - 대응성과 효율성

정답해설 행정관리론은 엽관주의 폐해를 극복하기 위해 제시된 고전적 행정관이다.

오답해설 ② 신행정론은 형평성과 책임성을 중시한다. 탈규제는 정부실패 이후 강조되었다.
③ 신공공관리론은 탈규제 및 경쟁과 효율성의 강화를 중시한다.
④ 뉴거버넌스론은 효율성보다는 참여와 대응성을 중시한다.

답 | ①

02 행정철학

1 의의
① 행정철학은 행정의 궁극적 목적과 행정과정의 전반을 지배하는 바람직한 가치를 연구하는 분야로, 보다 나은 업적을 달성하고자 하는 일련의 신념 또는 실천의 세계와 관련된다.
② 이러한 행정철학은 정치행정일원론의 대두에 따른 정책결정기능의 강화로 인해 강조되었는데, 특히 논리실증주의에 입각한 행태주의에 대한 반발적 의미를 지닌다.

2 본질적 가치와 수단적 가치
① 본질적 가치란 행정을 통해 이루고자 하는 궁극적 가치(→ 그 자체가 목적인 가치)로, 공익, 정의, 자유, 평등, 형평성, 복지 등이 이에 해당한다.
② 수단적 가치란 궁극적 목표인 본질적 가치를 실현하게 하는 도구적 가치(→ 구체적 지침)로, 합리성, 능률성, 효과성, 민주성, 책임성, 합법성, 투명성, 가외성 등이 이에 해당한다.

- 정의, 평등, 공익, 자유 등은 행정의 본질적 가치에 해당한다.
  22. 국회직 9급

- 행정의 능률성과 효과성은 행정의 본질적 가치라기보다는 수단적 가치이다.
  20. 소방간부

바로 확인문제

1. 다음 행정의 가치 중 성격이 다른 하나는? 22. 국회직 9급
① 정의
② 평등
③ 공익
④ 자유
⑤ 합법성

> **정답해설** 합법성은 수단적 가치에 해당하고 나머지들은 본질적 가치에 속한다.
>
> 답 | ⑤

2. 행정이념 중에서 수단적 가치로만 묶인 것은? 24. 국가직 7급
① 효과성, 형평성, 합법성, 공익성
② 합법성, 평등성, 효과성, 공익성
③ 형평성, 합법성, 가외성, 능률성
④ 가외성, 능률성, 효과성, 합법성

> **정답해설** 가외성, 능률성, 효과성, 합법성 등이 수단적 가치로 분류된다.
>
> **오답해설** ①, ②, ③ 공익, 정의, 자유, 평등, 형평 등은 본질적 가치로 분류된다.
>
> 답 | ④

03 공익

1 의의
① 공익이란 보통 불특정 다수의 이익 혹은 사회 일반의 공동이익을 의미한다.
② 공익은 포괄적(↔ 확정적), 상대적(↔ 절대적), 동태적(↔ 정태적)인 개념으로, 사회적·윤리적 성격(↔ 법적 성격)이 강한 행정이념이다.
③ 특히, 신행정론의 등장에 따른 행정가치의 중요성 부각, 변화담당자로서 행정인의 적극적 역할과 행정의 재량권 확대(→ 정치행정일원론) 그리고 이에 대한 통제수단으로 강조되기 시작하였다.

- 공익의 개념은 동태적인 불확정적 요소가 존재한다. 06. 서울시 7급

2 기능
① 공익은 잠재적 이익 혹은 비조직적 이익을 고려하게 하는 기준으로, 다원적 세력의 공존을 구축하는 수단이며, 행정활동 혹은 정책 및 정부규제의 정당화 근거이자 평가기준이다.
② 또한 관료들의 일탈을 방지하고 행정의 책임을 확보하기 위한 규범적·윤리적 기준이다.

3 공익의 본질

(1) **과정설**(→ 소극설·절차설)
① 과정설은 공익의 선험적 실체를 부정하며, 공익을 사익 간의 조정과 타협에 의해 형성되는 경험적 산물로 보는 입장이다.
② 즉, 공익을 현실의 실체로 존재하는 사익들의 총합으로 이해하며, 공익과 사익의 차이를 상대적이고 양적이라고 본다.
③ 이에 의하면 공익의 결정을 다수의 이해관계자들이 주도하기에 정부의 역할은 소극적이다.
④ 이는 다원주의, 공리주의, 현실주의 및 개인주의 관점으로, 정책결정에 관한 점증주의 모형과 관련된다.
⑤ 과정설은 제도적·절차적 측면을 강조하며, 투입기능이 활발한 선진국의 공익관으로 평가받는다.
⑥ 다만, 대립적인 이익들을 평가할 수 있는 기준을 제시하지 못하기에 토의나 비판과정이 발달하지 못한 신생국에는 적용하기 곤란하다는 한계를 지닌다.
⑦ 홉스, 흄, 벤담, 베르그송, 새뮤얼슨, 리틀, 애로우, 벤틀리, 헤링, 슈버트, 소라우프, 트루먼 등이 과정설과 관련된 학자이다.

- 과정설은 각 사회집단의 이익과 본질적으로 구별되는 공익은 존재하지 않는다는 입장이다. 20. 지방직 9급
- 과정설은 다원주의 국가에서 일어나는 정책결정 과정을 전제로 한다. 16. 국회직 9급
- 과정설에서는 사익의 총합이 곧 공익이 된다고 주장한다. 16. 국회직 9급
- 플라톤(Plato)과 루소(Rousseau) 모두 공익 실체설을 주장하였다. 22. 지방직 9급
- 실체설은 개개인의 이익은 공동체의 공동선에 종속된다. 22. 경찰승진

(2) **실체설**(→ 적극설·내용설)
① 실체설은 공익을 사익이나 특수 이익의 단순한 집합을 초월한 선험적 이익으로 보는 입장으로, 공익과 사익의 갈등 가능성을 부정한다.
② 실체설은 사회공동체나 국가의 모든 가치를 포괄하는 절대적인 선의 가치가 있다고 가정한다.
③ 실체설은 사회나 국가를 개인과 구별되는 스스로의 인격을 가진 것으로 보는 전체주의 성격을 강하게 지닌 국가 우월적 입장이 반영되어 있고, 관료의 독자적이고 적극적인 역할을 강조한다.

- 실체설은 공익을 사익을 초월한 실체적·규범적·도덕적 개념으로 파악한다. 22. 경찰승진
- 실체설은 공익이 사익을 초월하여 선험적·규범적인 것으로 존재한다고 본다. 11. 국회직 8급
- 실체설은 공익이라는 미명하에 개인의 이익이 침해될 수 있는 위험요소를 내포하고 있다. 17. 국가직 9급

④ 투입기능이 활발하지 못한 전체주의 혹은 개발도상국의 공익관으로, 정책결정에 있어 합리모형 또는 엘리트이론과 관련된다.
⑤ 실체설은 대립적인 이익들을 평가할 수 있는 기준을 제시하고 있어 민주화 과정에서 발생하는 지나친 집단적 이기주의에 대한 대응책이 될 수 있지만 선험적 가치가 존재하기에 이념적으로 경직성이 강하다고 평가받는다.
⑥ 그리고 공익의 결정과정이 상대적으로 비민주적이고, 공익이라는 미명 하에 개인의 이익이 침해될 수 있는 위험요소를 내포하고 있다는 비판을 받는다.
⑦ 플라톤, 아리스토텔레스, 루소, 헤겔, 마르크스, 플래스맨, 벤디트, 리프먼, 카시넬리, 오펜하이머 등이 실체설과 관련된 학자이다.

> **한 번 더 정리** 공익의 본질

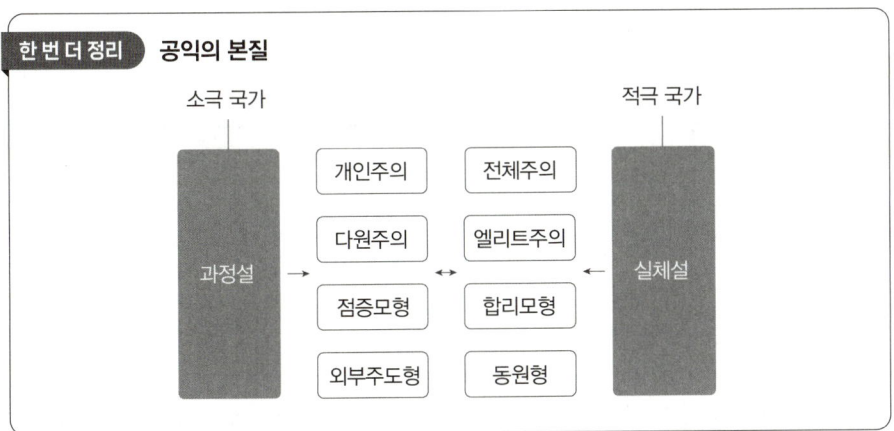

바로 확인문제

1. 공익에 대한 설명으로 옳은 것만을 모두 고르면?   22. 지방직 9급

> ㄱ. 실체설에 의하면 공익은 사익을 초월한 것이다.
> ㄴ. 과정설에 의하면 공익은 사익 간 갈등을 조정·타협하는 과정에서 산출되는 것이다.
> ㄷ. 실체설은 다원적 민주주의에 도움을 준다.
> ㄹ. 플라톤(Plato)과 루소(Rousseau) 모두 공익 실체설을 주장하였다.

① ㄱ, ㄴ   ② ㄴ, ㄷ
③ ㄱ, ㄴ, ㄹ   ④ ㄱ, ㄷ, ㄹ

정답해설 ㄱ. 공익 실체설은 공익을 선험적으로 존재하는 본원적 가치로 간주한다.
ㄴ. 공익 과정설에 의하면 공익은 사익 간의 갈등과 조정에 의해 얻어지는 경험적 산물이다.
ㄹ. 플라톤과 루소 그리고 칸트와 롤스 등이 대표적인 공익 실체설의 학자들이다.

오답해설 ㄷ. 다원적 민주주의에 도움을 주는 것은 공익 과정설이다.

답 | ③

2. 공익에 대한 설명으로 옳은 것은? 24. 지방직 7급

① 실체설은 사익들의 타협과 조정의 산물로서 실체를 드러내는 가치를 공익이라고 본다.
② 과정설은 정부 또는 행정관료가 공익결정 과정에서 주체로서 적극적인 역할을 수행한다고 본다.
③ 공익은 정책의 비용과 편익 등 자원 배분원칙의 가치기준을 제공한다.
④ 공익은 자유, 형평, 평등과 같이 수단적 행정가치에 해당한다.

정답해설 공익 역시 자원배분의 기준으로 작용한다.

오답해설 ① 사익들의 타협과 조정의 산물을 공익이라고 보는 것은 과정설이다.
② 정부 또는 행정관료가 공익결정 과정에서 주체로서 적극적인 역할을 수행한다고 보는 것은 실체설이다.
④ 공익은 자유, 형평, 평등과 같이 본질적 가치에 해당한다.

답 | ③

04 정의(justice) S

1 개념
① 아리스토텔레스(Aristoteles): 동등한 사람이 각자 응분의 몫을 누리는 상태
② 롤스(J. Rawls): 원초적 상황(→ 무지의 베일)에서 사람들이 합의하게 되는 기본원칙

2 배분적 정의 → 아리스토텔레스 공식(P/Q)

(1) 실적주의
① 자유주의 입장으로, 자기의 실적에 상응하는 몫을 받는 것을 배분적 정의로 본다.
② 이는 정의의 기준으로 기회균등의 원리와 같은 절차적 측면을 강조하는 입장이다.

(2) 평등주의
① 사회주의 입장으로, 가치가 구성원 모두에게 동일하게 배분되는 것을 정의로 본다.
② 경제적 권리보다는 주로 정치적·사회적 권리에 적용된다.

(3) 욕구주의 → 필요의 원리
① 사회주의와 자유주의의 혼합으로, 평등이론과 실적이론의 절충적 입장이다.
② 가치가 구성원들의 필요와 욕구에 따라 배분되는 것을 정의로 본다.

3 롤스(J. Rawls)의 정의론

(1) 의의
① 롤스(J. Rawls)는 정의를 공정성(fairness)으로서 보았고, 이념적이고 가설적인 상황으로 원초적 상황을 설정한 후, 이러한 원초적 상황에서 사람들이 합의하게 되는 기본원칙을 정의로 보았다.
② 이는 특수한 사실의 유·불리 여부에 대한 판단이 불확실한 원초적 상태에서 구성원들이 합의하는 규칙 또는 원칙은 공정하다는 것이다.

• 롤스(J. Rawls)는 정의를 공정성(fairness)으로서 보았다.
09. 서울시 7급

• 롤스(J. Rawls)는 사회계약론의 입장에서 정의의 원리를 도출한다.
17. 서울시 7급

• 롤스(J. Rawls)는 이념적·가설적인 상황으로서 원초적 상태를 설정하였다.
09. 서울시 7급

③ 또한 롤스(J. Rawls)에 의하면 현저한 불평등 위에서는 총체적 효용의 극대화를 추구하는 공리주의가 정당화될 수 없다.
④ 그리고 그는 원초적 상태에서 인간은 최소극대화(maximin) 원리에 입각하여 규칙을 선택하는 것으로 가정하는데 이는 사회에서 가장 취약한 집단에게 최대의 편익이 돌아가게 하는 정책이 바람직하다는 기준을 의미한다.
⑤ 이에 따라 롤스(J. Rawls)는 인간의 존엄성과 자유 등을 위해 평등한 배분을 강조하였고, 불평등은 사회적 약자에게 유리한 경우에만 정당하다고 보았다.

(2) 이론의 전개
① **인지상의 조건**: 계약 당사자들이 자신의 사회적 지위나 타인과의 모든 차이에 대해 전혀 모르는 무지의 베일에 가려 있는 상태(→ 원초적 상황)
② **사회계약론의 전통**: 사익 추구 + 구성원들의 합리적 선택
③ **결정기준**: 저축의 원리에 위배되지 않는 범위에서 가장 불우한 사람의 편익을 극대화하는 기준, 최악의 상황(min) 최선의 선택(Max)[→ 최소극대화(Maximin)]
④ **저축의 원리**란 사회협동의 모든 산물 중 어느 정도 비율을 분배나 재분배에 충당하지 않고 장래 세대의 복지를 위해서 남겨두는 것이 적절한 것인가를 규정하는 원리를 말한다.

(3) 정의 원칙과 우선순위
① **제1원칙**(→ 평등한 자유의 원칙): 타인의 자유와 상충되지 않는 범위에서 기본적 자유에 대한 동등한 권리를 최대한 보장하여야 한다는 원칙이다.
② **제2원칙**(→ 정당한 불평등의 조건): 어떤 불평등이 사회적으로 용인되기 위한 조건을 말한다.
　㉠ **기회균등의 원리**: 모든 불평등은 그 모체가 되는 직무와 지위에 대한 기회균등이 공정하게 주어졌다는 조건 하에 존재해야 한다는 원칙으로, 이는 타고난 차이 때문에 사회적 가치의 획득에 있어 불평등이 생겨나는 것은 사회적 정의에 어긋난다는 것과 관련된다.
　㉡ **차등의 원리**: 최소 수혜자에게 좀 더 많은 가치가 배분되어야 한다는 원칙을 말한다.
③ **우선순위**: 제1원칙이 제2원칙에 우선하고, 제2원칙에서는 기회균등의 원리가 차등의 원리에 우선한다.

(4) 평가
① **공헌**
　㉠ 칸트(I. Kant)의 의무론적 윤리이론을 도입하여, 최대 다수의 최대 행복이라는 공리주의 한계를 극복하게 하였고, 신행정론 이후 사회적 형평성에 영향을 주었다.
　㉡ 자유와 평등의 조화를 추구하는 중도적 입장을 취하고 있다.
② **비판**
　㉠ 개념의 도출이 인위적(→ 무지의 베일)이고, 최소극대화(Maximin) 원칙이 비현실적이다.
　㉡ 중도적 입장이므로 좌·우 진영의 비판을 동시에 받는다.
　㉢ 사회적 후생의 감소를 가져와 효율성이 저하될 수 있다.

- 롤스(J. Rawls)는 원초적 상태에서의 인간은 최소극대화 원리에 입각하여 규칙을 선택하는 것으로 가정한다. 10. 서울시 7급
- 롤스(J. Rawls)는 정의의 제1원리로서 기본적 자유의 평등원리를 들고 있다. 10. 서울시 7급
- 롤스(J. Rawls)가 제시한 정의론의 차등조정의 원리는 다시 차등의 원리와 기회균등의 원리로 나뉜다. 19. 지방직 7급
- 롤스(J. Rawls)에 의하면 타고난 차이 때문에 사회적 가치의 획득에서 불평등이 생겨나는 것은 사회적 정의에 어긋난다. 09. 지방직 9급
- 롤스(J. Rawls)는 사회정의의 제1원리와 제2원리가 충돌할 경우 제1원리가 우선한다고 주장한다. 20. 지방직 9급

바로 확인문제

1. 롤스(J. Rawls)가 주장한 사회 정의의 기본원리에 대한 설명으로 가장 적절하지 않은 것은?

23. 군무원 7급

① 기본적 자유의 평등원리란 다른 사람의 유사한 자유와 상충되지 않는 범위 내에서 최대한의 기본적 자유에의 평등한 권리가 인정되어야 한다는 것이다.
② 차등의 원리란 저축의 원리와 양립하는 범위 내에서 가장 불우한 사람들의 편익을 최대화해야 한다는 것이다.
③ 공정한 기회균등의 원리란 사회·경제적 불평등은 그 모체가 되는 모든 직무와 지위에 대한 기회균등이 공정하게 이루어진 조건 하에서 직무나 지위에 부수해 존재해야 한다는 것이다.
④ 공정한 기회균등의 원리와 차등의 원리가 충돌할 때에는 후자가 우선되어야 한다.

> **정답해설** 롤스(J. Rawls)에 의하면 공정한 기회균등의 원리와 차등의 원리가 충돌할 때에는 전자인 기회균등의 원리가 우선되어야 한다.
>
> 답 | ④

2. 롤스(J. Rawls)의 정의론에 대한 설명으로 옳지 않은 것은?

18. 국가직 9급

① 자유와 평등의 조화를 추구하는 중도적 입장보다는 자유방임주의에 의거한 전통적 자유주의 입장을 취하고 있다.
② 사회의 모든 가치는 평등하게 배분되어야 하며, 불평등한 배분은 그것이 사회의 최소 수혜자에게 유리한 경우에 정당하다고 본다.
③ 현저한 불평등 위에서는 사회의 총체적 효용 극대화를 추구하는 공리주의가 정당화될 수 없다고 본다.
④ 원초적 자연 상태(state of nature)에서 구성원들의 이성적 판단에 따른 사회형태는 극히 합리적일 것이라고 가정하는 사회계약론적 전통에 따른다.

> **정답해설** 롤스(J. Rawls)의 정의론은 자유와 평등의 조화를 추구하는 중도적 입장이다.
>
> **오답해설** ② 정당한 불평등과 관련된 개념이다. 롤스(J. Rawls)에 의하면 어떠한 불평등이 정당하기 위해서는 우선 기회가 공정하게 제공되어야 하며, 그 다음은 최소의 수혜자에게 유리해야 한다.
> ③ 롤스(J. Rawls)의 정의론은 사회의 총체적 효용만을 추구했던 공리주의에 대한 반론이다. 현저한 불평등 위에서는 효율성의 추구만으로는 사회문제를 해결할 수 없다는 의미이다.
> ④ 사회계약론이란 사회가 이성적인 구성원들의 합의에 의해 만들어진다는 학설이다. 롤스(J. Rawls) 역시 합리적 경제인관을 바탕으로 원초적 상태에서 합의한 이성적 규칙이 바람직할 것이라고 가정하여 이론을 전개하였다.
>
> 답 | ①

05 사회적 형평성　　B

1 의의
① 동일한 것은 동일하게, 동일하지 않은 것은 동일하지 않게 대우하는 것으로, 정당한 불평등의 개념을 포함하고 있는 행정이념이다.
② 1960년대 후반 신행정학에서 강조되기 시작했으나 오래 전부터 사용된 정의의 개념과 유사하며, 소외계층을 위한 보다 나은 서비스를 우선적으로 제공하고자 하는 이념으로 작용하였다.
③ 이러한 형평성의 개념은 「헌법」상의 평등에서부터 혜택을 받은 자가 비용을 부담해야 한다는 수익자 부담의 원칙에 이르기까지 다양한 의미를 갖고 있으며, 현재 차별을 하지 않을 뿐만 아니라 과거의 차별로 인한 결과의 시정(→ 적극적 조치)까지 요구한다.

> • 사회적 형평성 이념은 1960년대 후반 미국 사회의 혼란과 더불어 제기된 신행정학의 주요 이념의 하나이다.
> 　　　　　　　　　　18. 경찰승진

2 대두배경
① 풍요 속의 빈곤(→ 공리주의 가치배분의 한계) 등 미국 사회의 격동기
② 행태주의 접근방법의 한계를 비판하면서 등장한 신행정론의 대두
③ 철학적·이론적 근거로서 롤스(J. Rawls)의 정의론

3 유형
① **수평적 형평성**: 동일한 것은 동일하게 대우해야 한다는 것으로, 누구에게나 동일한 기회를 제공하는 형식적·절차적 평등이며, 1인 1표, 법 앞의 평등, 의무교육, 기회의 균등 등이 이에 해당한다.
② **수직적 형평성**: 다른 것은 다르게 대우해야 한다는 것으로, 약자에게 더 많은 기회를 제공하는 적극적·실질적 평등이며, 재분배정책, 대표관료제, 공채발행(→ 현세대와 미래세대) 등이 이에 해당한다.

> • 인간의 기본욕구 충족과 최소한의 평등 확보 측면에서 욕구이론은 수평적 형평성에 대한 유용한 기준을 제시한다.　18. 서울시 7급

> • 수익자 부담원칙은 수평적 형평성, 대표관료제는 수직적 형평성과 각각 관계가 깊다.　15. 국회직 8급

바로 확인문제

1. 사회적 형평성(social equity)에 대한 설명으로 옳지 않은 것은?　24. 지방직 9급

① 1968년 개최된 미노부룩회의(Minnowbrook Conference)에서 태동한 신행정론에서 강조하였다.
② 롤스(J. Rawls)의 『정의론』은 사회적 형평성 논의에 영향을 주었다.
③ 수직적 형평성(vertical equity)은 '동등한 여건에 있지 않은 사람을 동등하게 취급'함을 의미하며, 누진세가 그 예이다.
④ 수평적 형평성(horizontal equity)은 '동등한 여건에 있는 사람을 동등하게 취급'함을 의미하며, 동일노동 동일임금이 그 예이다.

정답해설 수직적 형평성(vertical equity)은 동등하지 않은 사람들을 다르게 취급하는 것을 의미한다.
오답해설 ① 미노부룩회의(1968)는 왈도(D. Waldo)가 주관한 회의로, 논리실증주의에 입각한 행태주의 한계와 처방성의 강조에 따른 행정학의 정체성 위기를 제기하고 이를 극복하고자 소집된 회의이다.

답 | ③

06 능률성과 민주성

1 능률성

(1) 의의

① 능률성은 투입에 대한 산출의 비율을 의미하는 것으로, 산출에 대한 비용의 관계라는 조직 내의 조건으로 이해되며, 목표는 고려하지 않는다.
② 19세기 후반 미국 행정학의 태동기에 강조되었던 행정이념으로, 정치행정이원론과 과학적 관리론 등 고전적 행정학에서 강조되었다.
③ 귤릭(L. Gulick)은 능률성을 행정학의 제1의 공리라고 하였다.

(2) 유형

① 기계적 능률성 → 귤릭(L. Gulick)
  ㉠ 정치행정이원론의 시대에 과학적 관리론이 행정학에 도입되면서 중시된 능률성으로, 수량적으로 명시할 수 있는 금전적 능률성의 극대화를 강조한다.
  ㉡ 사이몬(H. Simon)은 이러한 기계적 능률성을 대차대조표적 능률성이라고 표현하면서 성과를 계량화하여 객관적인 기준에 따라 평가할 수 있다고 보았다.

② 사회적 능률성 → 디목(M. Dimock)
  ㉠ 디목(M. Dimock)이 제시한 개념으로 행정이 그 목적 가치인 인간과 사회를 위해서 산출을 극대화하고 그 산출이 인간과 사회의 만족에 기여하는 것을 의미한다.
  ㉡ 인간적 능률성, 합목적적 능률성, 상대적(↔ 절대적) 능률성, 장기적 능률성과 관련이 깊으며, 구성원의 인간적 가치의 실현 등을 내용으로 하므로 민주성의 개념으로 이해되기도 한다.

2 민주성

(1) 의의

① 민주성은 1930년대를 기점으로 정치행정일원론이 도입되면서 강조된 행정이념으로, 행정의 재량권과 가치판단의 영역이 확대되던 시기에 등장하였다.
② 민주성은 국민과의 관계뿐만 아니라 정부 관료제 내부의 의사결정이라는 두 가지 측면에서 논의되는데, 대외적으로는 정부가 국민의 의사를 존중하는 책임행정을 구현하는 것을 의미하고, 대내적으로는 행정조직의 내부관리 및 운영의 민주화를 의미한다.

(2) 유형

① 대외적 민주성
  ㉠ 정부로의 국민의사의 투입(→ 참여)과 이에 대한 대응 그리고 그에 대한 책임이 보장되는 행정으로, 정치행정일원론의 대두에 따른 행정의 책임성 확보의 필요성으로 인해 강조되었다.
  ㉡ 시민참여, 정보공개, 행정절차법, 엽관주의, 대표관료제, 행정윤리, 책임과 통제, 행정구제 등이 대외적 민주성과 관련된다.

② 대내적 민주성
  ㉠ 조직관리에 있어 인간화와 민주화를 강조하는 참여적 조직관리로, 기계적 능률성에 대한 반성과 인간관계론의 도입으로 인해 강조되었다.
  ㉡ 구성원의 참여, 하의상달, 민주적 리더십, 분권화, 권한위임 등이 대내적 민주성과 관련된다.

바로 확인문제

1. 디목(M. Dimock)의 사회적 능률에 대한 설명으로 가장 적절하지 않은 것은? 20. 군무원 9급
① 사회적 형평성을 보장하기 위한 개념이다.
② 행정의 사회 목적의 실현과 관련이 있다.
③ 경제성과 연계될 수 있는 개념이다.
④ 최소의 투입으로 최대의 산출을 추구한다.

정답해설 사회적 능률성은 사회적 목적과 인간적 가치를 고려하고자 하는 능률성이지 사회적 형평성과는 무관하다.

답 | ①

2. 행정의 가치에 대한 설명으로 가장 옳은 것은? 23. 경찰간부
① 공익에 대해 과정설에서는 사익을 초월한 별도의 공익이 존재하며, 집단 간 상호작용을 통해 도출된다고 인식한다.
② 롤스(J. Rawls)에 따르면 무지의 베일에 가려진 원초적 상태에서 합리적 인간은 최대극소화(minimax) 원리에 따라 의사결정을 한다.
③ 사회적 능률성(social efficiency)은 디목(M. Dimock)이 제시한 개념으로, 인간관계론의 등장과 함께 강조된다.
④ 효과성(effectiveness)은 투입 대비 산출의 비율을 의미하는 것으로, 조직의 내부적 관계가 강조된다.

정답해설 인간관계론이 조직 내 인간과 사회적 관계의 중요성을 부각하면서, 단순히 생산량 증대만을 목표로 하는 기계적 능률성보다는 조직 구성원의 만족, 협력, 사기와 같은 인간적, 사회적 가치를 포함하는 사회적 능률성의 개념이 더욱 주목받게 되었다.

오답해설 ① 사익을 초월한 별도의 공익이 존재한다는 견해는 공익 실체설이다.
② 롤스(J. Rawls)에 따르면 무지의 베일에 가려진 원초적 상태에서 합리적 인간은 최소극대화(maximin) 원리에 따라 의사결정을 한다.
④ 투입 대비 산출의 비율을 의미하는 것으로, 조직의 내부적 관계가 강조되는 것은 능률성이다.

답 | ③

07 효과성과 생산성

1 효과성

(1) 의의

① 산출이 목표를 달성한 정도를 의미하며, 능률성에 비하여 질적이고 기능적인 개념으로 이해된다.
② 능률성과는 달리 비용의 개념이 포함되어 있지 않으며, 과정보다 산출의 결과를 중시하는 이념이다.
③ 특히, 국가발전목표의 달성을 추구하였던 발전행정론에서 가장 강조되었다.

- 효과성은 발전행정론에서 강조된 행정이념으로서 과정보다는 산출의 결과에 중점을 둔다. 12. 국가직 7급

- 능률성은 투입 대비 산출의 비율을, 효과성은 목표의 달성도를 나타내는 개념이다. 21. 군무원 9급

(2) 능률성과 효과성

구분	능률성	효과성
개념	투입 대비 산출	산출 대비 결과
성격	양적 개념	질적 개념(→ 목표 개념의 포함)
초점	조직 내 초점	조직과 환경과의 관계에 초점

투입	예산 1천억
산출	도로 10Km
결과(목표)	교통소통 원활
영향	경제의 활성화(→ 긍정적 영향) + 지가의 상승(→ 부정적 영향)

2 생산성

① 일반적으로 능률성과 효과성의 합(→ 비용 대비 목표달성의 정도)으로 정의된다.
② 생산성은 성과 중심의 행정을 추구하였던 감축관리론과 신공공관리론이 강조한 행정이념이다.

> **한 번 더 정리** 능률성과 효과성
>
>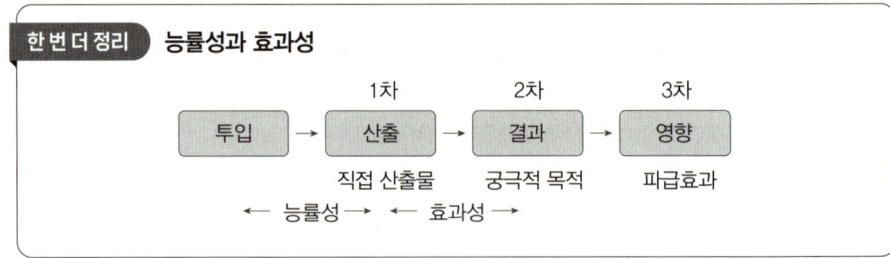

> 바로 확인문제

1. 행정가치에 대한 설명으로 옳지 않은 것은? 23. 지방직 9급

① 합리성은 어떤 행위가 궁극적 목표달성의 최적 수단이 되느냐의 여부를 가리는 개념이다.
② 효율성은 목표의 달성도를 나타내고, 효과성은 투입 대비 산출의 비율을 의미한다.
③ 자율적 책임성은 공무원이 직업윤리와 책임감에 기초해 전문가로서 자발적인 재량을 발휘할 때 확보된다.
④ 행정의 민주성은 국민과의 관계뿐만 아니라 관료조직의 내부 의사결정 과정의 측면에서도 고려된다.

정답해설 목표의 달성도가 효과성을 의미하고, 투입 대비 산출의 비율이 효율성을 의미한다.

오답해설 ① 합리성은 목적에 부합하는 행동이나 대안의 선택을 의미한다.
③ 자율적 책임성은 공무원이 내면의 윤리, 전문가적 기준, 사명감 등에 따라 스스로 지는 책임으로, 자발적 재량 발휘를 통해 확보된다.
④ 국민과의 관계는 대외적 민주성을, 내부 의사결정 과정에서의 참여는 대내적 민주성을 의미한다.

답 | ②

08 신뢰성과 투명성

1 신뢰성

(1) 개념

① 신뢰성이란 불확실성이 개입된 상황에서 피신뢰자로부터 바람직한 결과를 얻을 수 있을 것이라고 믿는 신뢰자의 자발적 기대를 의미한다.
② 정부실패와 거버넌스 시대의 도래로 인하여 강조되었으며, 특히 사회적 자본의 핵심요소로 작용한다.
③ 이러한 신뢰는 신탁적 신뢰와 상호적 신뢰로 나뉘는데 신탁적 신뢰는 주인-대리인 관계에서 나타나는 신뢰처럼 정보비대칭에 기반하여 주인이 대리자에 전적으로 의존하는 신뢰를 말하고 상호적 신뢰는 지속적인 교환과 대면접촉으로 형성되므로 정보비대칭성이 상대적으로 약하다.

(2) 신뢰성의 차원

① 피신뢰자 측면(→ 정부): 정부능력, 권력의 정당성, 정책의 일관성, 행정의 공개성 등
② 신뢰자 측면(→ 국민): 계산적 측면, 인지적 측면, 관계적 측면 등

(3) 구성요소 → 투명성과 접근성

구분		투명성	
		저	고
접근성	저	불신행정	투명행정
	고	참여행정	신뢰행정

(4) 기능

순기능	역기능
① 예측가능성 제고	① 비판적 검토의 부족
② 집단행동 딜레마의 감소	② 피신뢰자의 기회주의 행동
③ 순응의 향상(→ 거래비용의 감소)	③ 집단규범의 강요

2 투명성

(1) 개념
① 정부의 공적 활동이 정부 외부로 명백히 드러나는 것으로, 정보비대칭에 의한 정부실패를 해소하고, 거버넌스에 부합하는 활동을 촉진하기 위해서 등장한 행정이념이다.
② 특히, 투명성과 관련된 정보공개제도는 표현의 자유 또는 국민의 알권리 차원의 적극적 개념으로 이해되는데, 이는 국가와 지방자치단체 등 공공기관이 보유하고 있는 정보를 국민의 청구에 의하여 공개하는 것을 말한다.

- 투명성은 정보공개뿐만 아니라 정보에 대한 접근권까지 포함하는 개념이다. 24. 해경간부
- 행정정보공개제도는 국정에 대한 국민의 참여와 국정운영의 투명성 확보를 목적으로 한다. 14. 국가직 9급

(2) 유형
① 과정 투명성(→ 소프트웨어적 접근): 업무처리과정의 공개, 서울시 OPEN 시스템 등
② 결과 투명성: 업무성과의 공개, 청렴계약제, 시민옴부즈만제도 등
③ 조직 투명성: 규정과 정책, 고시와 입찰내용 등의 공개 등

(3) 중요성
① 투명성은 신뢰성의 기반이자 사회적 자본으로서 국가경쟁력의 핵심요소이며, 청렴성의 전제조건으로 부패방지의 필수조건이다.
② 투명성은 행정통제비용을 절감시켜 외부통제를 용이하게 한다.

- 공무원의 부패를 방지하기 위해 가장 중요한 가치로서 인식되는 것은 투명성이다. 22. 군무원 9급
- 행정정보공개는 행정비용과 업무량의 증가를 초래할 수 있다. 08. 국가직 9급

(4) 한계
① 정보공개는 업무량과 행정비용(→ 인력, 물자, 시간 등)을 증가시키는 원인이 될 수 있다.
② 정부와 공무원의 소극적 행태를 조장하고, 책임회피를 위해 정보의 조작과 왜곡을 야기할 수 있다.

- 행정정보공개는 행정책임과 관련하여 정보의 조작 또는 왜곡을 초래할 수 있다. 08. 국가직 9급

09 합리성과 가외성 B

1 합리성(rationality)

(1) 의의
① 합리성이란 어떤 행위가 궁극적인 목표달성의 최적 수단이 되느냐의 여부를 의미하는 개념이다.
② 사이몬(H. Simon)은 합리성을 목표와 행위를 연결하는 기술적·과정적 개념으로 이해하였고, 이를 내용적·실질적(substantive) 합리성과 절차적(procedural) 합리성으로 구분하였다.

- 사이몬(H. Simon)은 합리성을 목표와 행위를 연결하는 기술적·과정적 개념으로 이해하고 내용적 합리성(substantive rationality)과 절차적 합리성(procedural rationality)으로 구분하였다. 14. 국회직 8급

③ 사이몬(H. Simon)에 의하면 내용적 합리성을 위해서는 행위자가 모든 지식과 능력을 소유하고 있어야 하는데, 현실적 제약으로 인해 불가능하므로 내용적 합리성을 사실상 포기하고, 만족할 만한 대안을 선택하려는 절차적 합리성을 추구한다고 주장하였다.

(2) 유형

① 내용적·실질적 합리성 → 합리모형
  ㉠ 내용적 합리성은 목표에 비추어 적합한 행동이 선택되는 정도(→ 합목적성)를 의미한다.
  ㉡ 결정이 생성되는 과정보다는 선택의 결과에 초점을 둔 개념으로, 목표와 대안 및 우선순위의 명확성과 선택된 행위의 목표에 대한 순기능 등을 조건으로 한다.

② 과정적·절차적 합리성 → 만족모형
  ㉠ 절차적 합리성이란 대안을 선택하기 위해 사용된 절차가 행위자의 인지능력 등 여러 한계에 비추어 보았을 때 얼마만큼 효과적인가의 정도를 의미한다.
  ㉡ 이는 선택된 대안이 의식적인 사유과정의 산물이거나 인지력과 결부되어 있는 행위인지 여부로, 사회문제의 복잡성과 인지능력의 한계로 인하여 강조되었다.

• 절차적 합리성은 어떤 행위가 의식적인 사유과정의 산물이거나 인지력과 결부되고 있을 때의 합리성이다. 11. 서울시 9급

구분	사이몬(H. Simon)	만하임(K. Mannheim)
내용 중심	내용적(substantive) 합리성	기능적(functional) 합리성
과정 중심	절차적(procedural) 합리성	실질적(substantial) 합리성

한 번 더 정리 합리성의 유형

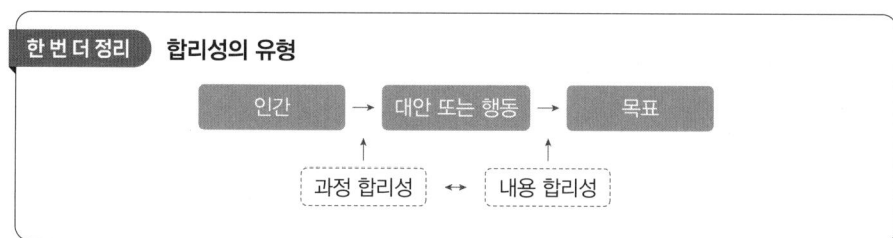

2 가외성(redundancy)

(1) 의의

① 가외성이란 행정에 있어서 중첩이나 남는 부분 또는 초과분을 의미하며, 행정의 안정성과 신뢰성을 향상시키기 위해 기능과 구조 등을 중복시키는 것과 관련된 행정이념이다.
② 가외성은 불확실한 상황에서의 오류의 발생 가능성을 최소화하고 체제의 신뢰성을 높이기 위해 강조되는 이념으로, 능률성 중심의 전통적 입장과는 상반된다.
③ 가외성의 문제는 란다우(M. Landau)가 「가외성과 합리성 그리고 중복의 문제」(1969)에서 제시하였으며, 가외성의 산술적 증가는 실패의 확률을 기하급수적으로 감소시킨다고 주장하였다.
④ 가외성은 최악의 상황에 대비하자는 것으로, 불확실성에 대한 소극적 대처방안이며, 목적 달성에 가장 적합한 수단을 확보해 주지는 못하지만 그럴듯한 방안을 채택하는 데 도움을 줄 수 있다.
⑤ 가외성은 불확실한 상황, 조직의 신경구조성, 분권적 구조 등을 요건으로 한다.
⑥ 가외성의 사례로는 순차적 결재, 거부권, 복수목표, 권력분립, 부통령제, 양원제, 위원

• 가외성은 불확실성과 위험을 회피하기 위해 중첩이나 중복성의 상태를 지향하는 것이다. 24. 경찰승진

• 란다우(M. Landow)는 권력분립, 연방제, 삼심제도 등에 가외성의 현상이 반영되었다고 본다. 16. 소방간부

회제도, 삼심제도, 계선과 막료 등이 있고, 만장일치, 계층제, 집권화 등은 이에 해당하지 않는다.

(2) 유형

① **중첩성**(overlapping): 기능을 독립적으로 분할하지 않고 혼합적으로 수행하는 것으로, 이는 행정기관이 상호의존성을 가지면서 공동으로 관리하는 것으로 소화기관 간의 협력 등이 이에 해당한다.

② **중복성**(duplication): 동일한 기능을 여러 기관들이 독자적으로 수행하는 반복성을 의미하며, 다수의 정보채널이나 이중브레이크 장치 등이 이에 해당한다.

③ **동등잠재력**(equipotentiality): 주된 조직이 작동하지 않을 때 다른 기관이 그 기능을 인수해서 수행하는 것으로, 등전위현상이라고도 하며 자가발전시설, 스페어타이어, 보조엔진 등이 이에 해당한다.

(3) 평가

① 가외성은 정보의 정확성과 오류의 최소화 등을 통해 행정의 신뢰성을 높이고, 잘못된 문제의 파급효과를 차단하여 체제의 안정성을 높이는 데 기여한다.

② 또한 환경의 변화에 대한 적응성을 높이고 창의성을 향상시키며, 시너지 효과를 통해 체제의 수용범위의 확대와 정보의 공유에 따른 목표의 전환 현상을 방지할 수 있다.

③ 그러나 기능 또는 구조의 중복이나 중첩성은 경제성이나 능률성과 충돌되며, 기관 간 갈등을 야기할 수 있다.

- 등전위성(동등잠재성)이란 하나의 기능이 주된 담당기관에 의해 제대로 작동하지 않을 때, 보조기관이 이를 대행하는 것을 말한다. 24. 경찰간부

- 가외성의 존재로 인하여 창의성이 제고될 수 있다. 19. 국가직 7급

- 가외성은 목표의 전환을 방지한다. 17. 경찰승진

- 가외성은 조직의 갈등이나 대립 등의 역기능을 초래할 수 있다. 16. 소방간부

바로 확인문제

1. 행정가치에 대한 설명으로 옳은 것은? 23. 지방직 7급

① 가외성은 예측하지 못한 행정수요에 대응이 가능하게 함으로써 행정에 대한 신뢰성을 제고한다.
② 공익 실체설은 공익을 사익의 총합이거나 사익 간 타협 또는 집단 간 상호작용의 산물로 본다.
③ 기계적 효율성은 행정의 사회목적 실현과 다차원적 이익들 간의 통합 조정 등을 내용으로 한다.
④ 수평적 형평성은 '다른 사람은 다르게 취급한다.'는 원칙으로, 실적과 능력의 차이로 인한 상이한 배분을 용인한다.

정답해설 가외성은 조직의 실패 확률을 감소시켜 체제의 신뢰성과 안정성을 높여준다.

오답해설 ② 공익을 사익의 총합이거나 사익 간 타협 또는 집단 간 상호작용의 산물로 보는 것은 공익 과정설이다.
③ 행정의 사회목적 실현과 다차원적 이익들 간의 통합 조정 등을 내용으로 하는 것은 사회적 효율성(능률성)이다.
④ 다른 사람은 다르게 취급하고, 실적과 능력의 차이로 인한 상이한 배분을 용인하는 것은 수직적 형평성과 관련된다.

답 | ①

CHAPTER 06 마무리 기출 OX

다음 내용이 맞으면 O, 틀리면 X에 표시하시오.

01 일반적으로 효율성과 효과성은 행정의 본질적 가치라기보다는 수단적 가치라고 할 수 있다. 14. 국회직 9급 ○ | X

02 공익 실체설은 현실주의 혹은 개인주의 공익관이다. 22. 국회직 8급 ○ | X

03 민주적 공익관은 공익의 기본요소로 도덕적 선이나 절대가치의 존재를 강조한다. 19. 국회직 9급 ○ | X

04 롤스(J. Rawls)는 원초적 상태에서의 인간은 최소극대화(maximin) 원리에 입각하여 규칙을 선택할 것으로 가정한다. 13. 지방직 7급 ○ | X

05 사회적 형평성은 어떤 행위가 목표달성을 위한 최적의 수단이 되느냐를 의미한다. 19. 지방직 9급 ○ | X

06 대표관료제는 수평적 형평성의 확보에 기여한다. 22. 군무원 7급 ○ | X

07 사회적 능률성은 행정이 그 목적 가치인 인간과 사회를 위해서 산출을 극대화하고 그 산출이 인간과 사회의 만족에 기여하는 것을 의미한다. 18. 서울시 9급 ○ | X

08 민주성은 국민과의 관계뿐만 아니라 정부 관료제 내부의 의사결정 과정이라는 두 가지 측면에서 논의된다. 23. 지방직 9급 ○ | X

09 투명성은 공무원의 부패를 방지하기 위한 가장 중요한 행정이념이다. 24. 해경승진 ○ | X

10 가외성은 체제운영의 안정성과 신뢰성을 확보할 수 있지만 능률성의 개념과 충돌될 우려가 있다. 19. 국가직 7급 ○ | X

정답 및 해설

01 ○　02 ×　03 ×　04 ○　05 ×　06 ×　07 ○　08 ○　09 ○　10 ○

02 현실주의 혹은 개인주의적으로 공익 개념을 해석하는 것은 공익 과정설이다.
03 민주적 공익관은 공익 과정설을 뜻한다. 반면, 공익의 기본요소로 도덕적 선을 핵심으로 삼는 것은 공익 실체설이다.
05 어떤 행위가 목표달성을 위한 최적의 수단이 되느냐는 내용적 합리성이다.
06 할당제를 구성요소로 하는 대표관료제는 수직적 형평성의 확보에는 기여하지만 수평적 형평성은 저해할 우려가 있다.

PART II

정책학

에듀윌 공무원 행정학

CHAPTER 01	정책학의 의의
CHAPTER 02	정책과정의 주도자
CHAPTER 03	정책의제론
CHAPTER 04	정책결정론
CHAPTER 05	정책분석론
CHAPTER 06	정책결정모형
CHAPTER 07	정책집행론
CHAPTER 08	정책평가론

CHAPTER 01 정책학의 의의

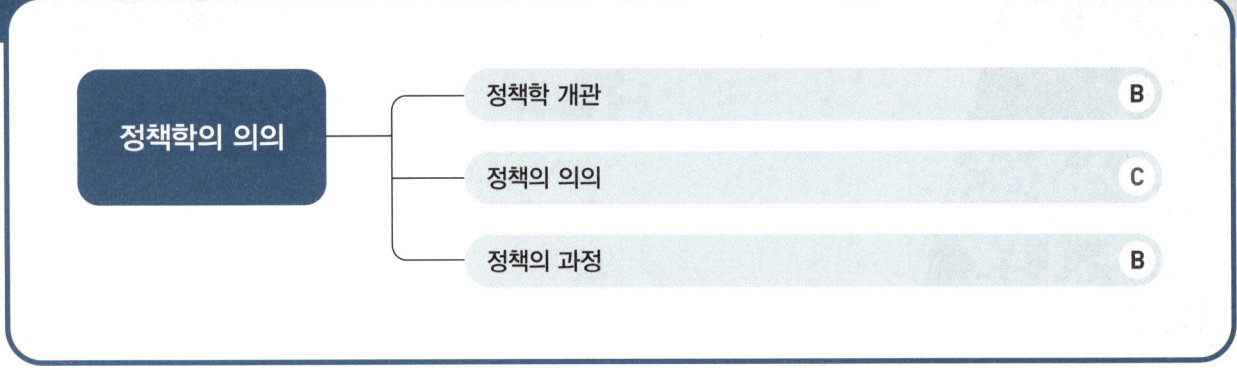

 기선 제압

01 정책학 개관

1 개관

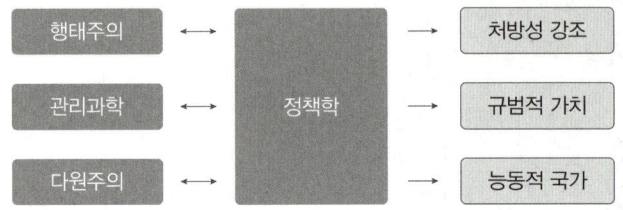

2 의의

(1) 개념
① 라스웰(H. Lasswell): 정책학은 정책결정과 정책집행을 설명하고, 관련성 있는 자료의 탐색과 이에 대한 해석을 제공하는 학문이다.
② 드로어(Y. Dror): 정책학은 보다 나은 정책결정을 위한 방법과 지식 및 체제를 다루는 학문이다.

(2) 특징
① 정책학은 사회문제의 해결을 강조하는 규범적이고 처방적인 학문이다.
② 정책학은 사회지도(societal direction)체제의 이해와 개선에 관심을 두는 거시적 시각의 학문으로, 문제의 맥락성과 환류를 통한 정책능력의 지속적 개선에 관심을 둔다.
③ 정책학은 사회문제를 해결하기 위해 순수학문과 응용학문 등을 포함한 범학문적 성격을 지닌 종합학문으로, 방법론적 다양성을 내포하고 있다.

(3) 연구방법

① **경험적·실증적 접근**: 사실을 있는 그대로 기술(description)하고, 과학적 방법을 활용하여 이론의 정립에 초점을 두는 접근방법이다.
② **규범적·처방적 접근**: 사회문제의 해결을 위한 방향을 제시하고 이의 달성방법에 초점을 두는 접근방법으로, 정책과정의 합리성 제고를 목적으로 한다.

3 기원 → 라스웰(H. Lasswell)의 「정책지향」(1951)

• 1951년 「정책지향(Policy Orientation)」이라는 논문은 정책학의 정체성 확립에 기여하였다.
24. 지방직 9급

(1) 논의 배경 → 기존 학문의 한계

① **정치학의 한계**: 관념적이어서 현실성이 결여되어 있다.
② **행태과학의 한계**: 사실 중심의 미시적 분석에 치중하고 있어 사회문제의 해결에 필요한 실천적 처방을 제시하지 못하였고, 사회의 거시적 제약 요인을 간과하였다.
③ **관리과학의 한계**: 내부의 최적 대안만을 추구할 뿐, 정치적이고 질적 요인은 경시하였다. 즉, 주어진 목표를 달성하기 위한 수단만을 추구하였지 왜 그 목표를 설정하였는지에 대한 근본적인 물음이 없었다.

(2) 목표

① **최종목표**: 인간의 존엄성 확보
② **중간목표**: 정책과정의 합리성 제고
③ **하위목표**: 정책과정에 관한 실증적 지식과 이에 필요한 규범적 지식의 확보
　㉠ 정책과정에 관한 실증적 지식(→ 정책의제론, 정책결정론, 정책집행론)
　㉡ 정책과정에 필요한 규범적 지식(→ 정책분석론, 정책평가론) → 경제학 이론의 도입

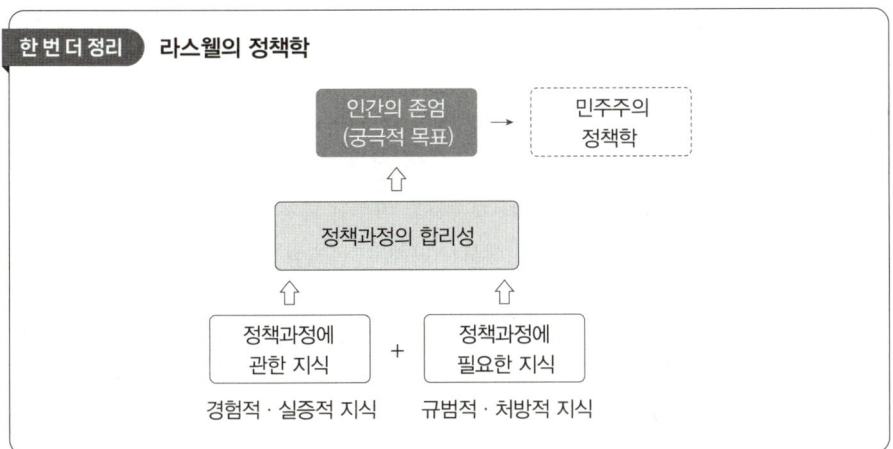

한 번 더 정리 라스웰의 정책학

(3) 패러다임

① **문제지향성**: 사회적 요구의 해결을 위한 규범적 성격이 강하다.
② **맥락지향성**: 사회적·정치적 환경 속에서 이루어지는 정책과정을 중시한다. 이는 의사결정이 보다 큰 사회적 과정의 일부분에 해당됨을 함의한다.
③ **범학문적 성격**: 복잡한 사회문제의 해결을 위해 인접 학문과의 협동적 노력을 강조한다. 특히, 계량적 방법과 거시경제모델과 같은 수준의 성과를 강조한다.

④ **인본주의 성격**: 인간의 존엄을 중시하는 민주주의 정책학을 강조하였다.
⑤ 그러나 1940~1960년대는 과학성을 강조했던 행태주의 시대로, 처방성을 강조한 라스웰(H. Lasswell)의 정책학은 주목받지 못하였다.
⑥ 라스웰(H. Lasswell)은 1971년 『정책학 소개(A Pre-View of Policy Sciences)』에서 정책학의 특징을 맥락지향성, 문제지향성, 연합학문성으로 제시하였다.

> 라스웰(H. Lasswell)의 주장은 1950년대 당시에 미국 정치학계를 휩쓸던 행태주의에 밀려 1960년대 말에 와서야 비로소 재출발하게 되었다.
> 18. 경찰간부

4 성장과 발전

(1) 재등장 배경 → 행태주의 퇴조와 후기행태주의 등장

① 1960년대 미국사회의 혼란으로 인한 정책의제설정론과 정책분석론의 대두
② 1970년대 이후 위대한 사회건설 프로그램의 실패에 따른 정책집행론과 정책평가론의 대두
③ **후기행태주의 등장**: 적실성의 신조 및 실천을 강조하는 학문적 사조의 발달

(2) 드로어(Y. Dror) 패러다임

① 정책결정체제 및 방법에 관한 정책인 사회지도체제(→ 상위정책·메타정책)에 대한 이해와 개선에 관심을 두었다. 즉, 개별적인 정책보다는 바람직한 정책결정을 위한 방법·지식·체제 등에 직접적인 관심을 기울인 것이다.
② 사회문제의 실천적 해결을 강조하는 처방적 접근으로, 범학문적 연구를 위한 순수연구와 응용연구의 연계를 강조하였다.
③ 새로운 문제의 쇄신적 해결을 도모하는 창조성을 강조하였고, 인간능력의 부족과 상황의 불확실성에 대처하기 위해 명시적 지식에 더하여 묵시적 지식(→ 영감, 직감 등의 초합리성)까지 강조하였다.
④ 이에 따라 합리성을 기반으로 하되 여기에 초합리성까지 더해진 최적모형을 제시하였다.

> 드로어(Y. Dror)는 정책결정의 방법, 지식, 체제에 관심을 두어야 한다고 주장하고, 정책결정체제에 대한 이해와 정책결정의 개선을 강조하였다.
> 22. 지방직 7급

5 연구대상

① **정책의제설정**: 사회문제가 정부의제로 채택되는 단계로, 가장 많은 정치적 갈등을 수반하며, 사회문제가 정부문제로 진입할 때 작용하는 변수와 과정 및 주도자 등을 다룬다.
② **정책결정**: 정책목표와 최적대안을 선택하는 단계로, 목표설정단계에서 가장 많은 규범적 가치판단이 요구된다. 특히, 정책결정과정에서 이루어지는 지적 작업을 정책분석이라 한다.
③ **정책집행**: 채택된 대안을 구체화하고 실현하는 단계로, 가장 많은 저항이 수반되며, 성공적인 정책집행을 위한 전략과 정책에 대한 불응의 원인 및 순응의 방안 등을 연구한다.
④ **정책평가**: 정책이 집행 중이거나 완료된 후에 집행의 효과 또는 그 진행과정을 목표에 비추어 검토하는 단계로, 객관적 검증을 위해 사회실험과 같은 과학적 지식이 사용된다.

바로 확인문제

1. 정책학의 발달에 대한 설명으로 옳지 <u>않은</u> 것은? 24. 지방직 9급

① 1951년 「정책지향(Policy Orientation)」이라는 논문은 정책학의 정체성 확립에 기여하였다.
② 라스웰(H. Lasswell)은 1971년 『정책학 소개(A Pre-View of Policy Sciences)』에서 맥락지향성, 이론지향성, 연합학문지향성을 제시하였다.
③ 1980년대 정책학의 연구는 정책형성, 집행, 평가, 변동 등 다양한 분야로 확대되었다.
④ 드로어(Y. Dror)는 정책결정 단계를 상위정책결정(meta-policymaking), 정책결정(policymaking), 정책결정 이후(post-policy making)로 나누는 최적모형을 제시하였다.

> **정답해설** 라스웰(H. Lasswell)은 1971년 『정책학 소개(A Pre-View of Policy Sciences)』에서 맥락지향성, 문제지향성, 연합학문지향성을 제시하였다.
>
> 답 | ②

2. 정책학의 발전과정에 대한 설명으로 옳은 것은? 22. 지방직 7급

① 드로어(Y. Dror)는 정책결정의 방법, 지식, 체제에 관심을 두어야 한다고 주장하고, 정책결정체제에 대한 이해와 정책결정의 개선을 강조하였다.
② 정책의제설정이론은 정책의제의 해결방안 탐색을 강조하며, 문제가 의제로 설정되지 않는 비결정(nondecision making) 상황에 관하여는 관심이 적다.
③ 라스웰(H. Lasswell)은 정책과정에 관한 지식보다 정책에 필요한 지식이 더 중요하며, 사회적 가치는 분석대상에서 제외해야 함을 강조하였다.
④ 1950년대에는 담론과 프레임을 통한 문제구조화에 관심이 높아 OR(operation research)과 후생경제학의 기법 활용에는 소홀하였다.

> **정답해설** 정책결정의 방법, 지식, 체제에 관심, 정책결정체제에 대한 이해 등은 모두 상위정책에서 검토되는 내용이다.
>
> **오답해설** ② 정책의제설정이론은 특정 문제가 정부정책에서 배제되는 현상을 설명한 무의사결정론의 논의과정을 배경으로 등장하였다.
> ③ 라스웰(H. Lasswell)은 정책과정에 관한 지식과 그 과정에 필요한 지식을 모두 강조하였으며, 사실에 대한 객관적 연구뿐만 아니라 규범적 가치에 관한 연구 또한 정책학의 연구대상에 포함시키고자 하였다.
> ④ 담론과 프레임을 통한 문제구조화는 1970년대 이후 등장하였다. 1950년대에는 운영연구라는 관리과학의 발달과 후생경제학을 기반으로 하는 계량적 분석이 행정학에 적극적으로 도입된 시기이다.
>
> 답 | ①

02 정책의 의의

1 의의

(1) 개념

① 정책이란 일반적으로 공공문제를 해결하기 위해 정부가 선택한 장기적 행동방침 또는 불확실하고 동태적인 상황에서 정부가 공익을 구현하기 위해 만든 행동지침을 의미한다.
② 정부의 비행위나 무결정도 그러한 행위나 결정에 대한 압력에 저항하여 상당히 일관성 있는 방식으로 오랫동안 지속되었다면 하나의 정책이 될 수 있다.

(2) 관점

① 제도론 관점: 합법적 권한을 가진 정부기관에 의해 채택된 방침을 정책으로 보는 시각이다.
② 다원론 관점: 다양한 이익집단의 요구를 중립적 입장에서 조정한 결과물을 정책으로 보는 시각이다.
③ 엘리트론 관점: 정책을 지배 엘리트들의 가치나 선호의 구현 수단으로 보는 시각이다.
④ 조합주의 관점: 정책을 사회를 일정한 방향으로 유도하기 위한 국가의 조종 수단으로 보는 시각이다.
⑤ 체제론 관점: 정책을 산출과정으로 구현되는 가치의 권위적 배분으로 보는 시각이다.

- 정책(policy)은 행정학의 발달과정에 있어 통치기능설과 관계가 있다. 21. 군무원 9급

- 정책(policy)은 정부목표 달성의 수단인 동시에 공적인 문제해결을 위한 수단이라는 이중성을 보유하고 있다. 23. 군무원 9급

- 정책결정은 공적인 의사결정 과정으로, 복수의 단계와 절차로 이루어진다. 23. 군무원 9급

- 정책(policy)은 행정국가 경향의 산물이다. 21. 군무원 9급

- 정책(policy)은 삼권분립 하에서 입법부의 역할을 위축시킬 수 있다. 23. 군무원 9급

2 구성요소

4대 구성 요소	3대 구성 요소	정책목표	교통소통 원활		연쇄 목표 수단
		정책수단	실질적 정책수단	도로의 신설	지하철의 건설	
			실행적 정책수단	집행기구, 인력, 예산, 순응확보수단	
		정책대상	비용 부담자 + 편익 수혜자		
	+		정책결정자		

3 정책의 틀

구분	장기	중기	단기
시관	이상(vision)	추상적 목표(goal)	구체적 목표(objective)
목표	계획(plan)	사업(program)	단위사업(project)
결과	영향(impact)	효과(effect)	산출(output)

> **바로 확인문제**

1. 다음 중 정책(policy)에 대한 설명으로 가장 거리가 먼 것은? 23. 군무원 9급

① 정부의 목표달성 수단인 동시에 공적인 문제해결을 위한 수단이라는 이중성을 보유하고 있다.
② 정치행정이원론에 기초한 행정관리설과 밀접한 관련이 있다.
③ 정책은 삼권분립 하에서 입법부의 역할을 위축시킬 수 있다.
④ 정책결정은 공적인 의사결정 과정으로서 복수의 단계와 절차로 이루어진다.

정답해설 정책(policy)은 행정학의 발달과정에 있어 통치기능설과 관계가 있다.

답 | ②

2. 정책에 대한 설명으로 가장 옳지 않은 것은? 21. 군무원 9급

① 정책은 행정학의 발달과정에 있어 통치기능설과 관계가 있다.
② 정책은 공정성과 가치중립성(value-free)을 지향한다.
③ 정책은 행정국가화 경향의 산물이다.
④ 정책은 정부실패의 원인이 될 수 있다.

정답해설 정책은 가치지향적인 영역이다.

답 | ②

03 정책의 과정 B

1 의의

① 라스웰: 정보의 수집과 처리, 건의(→ 동원), 처방, 발동(→ 행동화), 적용, 종결, 평가 순
② 드로어: 초정책(→ 결정체제와 전략), 정책결정(→ 목표와 대안), 후정책(→ 동기부여와 집행) 순
③ 앤더슨: 정책의제설정, 정책대안작성, 정책대안채택, 정책집행, 정책평가 순
④ 존스: 정책의제설정(→ 문제인지와 정의, 결속, 조직화, 대표, 채택), 정부 내 활동(→ 정책결정, 합법화, 예산배정), 문제해결(→ 정책집행), 재검토와 사후조치(→ 정책평가, 정책종결) 순

2 참여자

(1) 공식 참여자 → 법적 권한을 가진 참여자

① 행정부: 대통령, 국무총리, 장·차관 및 관료 등으로 현대 행정의 복잡성·전문성으로 인해 정책과정을 실질적으로 주도하는 참여자이다.

• 입법부(의회), 행정부처, 사법부, 지방정부, 대통령 등은 중앙정부의 정책과정 참여자 중 공식적 참여자에 해당한다. 20. 경찰승진

• 대통령은 국회와 사법부에 대한 「헌법」상의 권한을 통하여 영향력을 행사하며, 행정부 주요 공직자에 대한 임면권을 통하여 정책과정에서 주도적 역할을 수행한다. 17. 지방직 9급

- 의회는 중요한 정부정책을 결정하는 공식적 참여자이다. 17. 지방직 7급

- 정당, 이익집단, 언론, 전문가집단 등은 정책과정의 참여자 중 비공식적 참여자에 해당한다. 23. 경찰간부

- 정당은 정책과정의 비공식적 참여자로서 정책의제설정 및 정책결정에서 중요한 역할을 한다. 23. 소방간부

- 이익집단은 비공식적 참여자로서 특정 이해관계를 공유하는 사람들의 모임이며, 구성원들의 이익을 실현하기 위해 정부에 압력을 가함으로써 정책에 영향을 미친다. 24. 국가직 9급

- 시민단체(NGO)는 비공식적 참여자로서 시민여론을 동원해 정책의제설정, 정책대안제시, 정부의 집행활동 감시 등 정책과정 전반에 영향을 미친다. 24. 국가직 9급

② **입법부**: 주요 정책에 대한 입법권과 예산심의권(↔ 예산편성권) 등을 통해 정책과정에 참여한다.
③ **사법부**: 사후적이고 소극적인 성격을 띠지만, 법률심사권 등을 통해 정책과정에 영향을 미친다. 헌법재판소의 위헌심판이나 헌법소원 등도 이에 속한다.

(2) 비공식 참여자 → 법적 권한은 없지만 다양한 방식으로 영향력을 행사하는 주체

① **정당**: 정권의 획득과 이익의 결집을 목적으로 하는 비공식 참여자이다.
② **이익단체**: 이익의 표출을 담당하는 비공식 참여자이다.
③ **일반국민**: 조직화되지 않은 국민들은 주로 여론형성을 통해 정책에 참여한다.
④ **언론**: 신문, TV 등 언론매체 등으로 여론형성을 주도하는 비공식 참여자이다.
⑤ **시민단체**: 다양한 가치의 반영과 다양한 세력의 참여를 확대하는 매개체이다.
⑥ **정책공동체**: 전문가들로 구성된 정책분야별 네트워크이다.

> **바로 확인문제**

1. 정책과정 참여자에 대한 설명으로 옳지 않은 것은?   17. 지방직 7급

① 의회는 중요한 정부 정책을 결정하는 공식적 참여자이다.
② 헌법재판소는 위헌심사를 통해 정책과정 전반에 영향을 미친다.
③ 정책전문가는 정책을 분석·평가하여 정책대안을 제시한다.
④ 정당은 공식적 참여자로서 정책을 통제하기 위해 노력한다.

정답해설 정당은 정책과정의 비공식적 참여자로 분류된다.
오답해설 ① 의회는 입법권, 예산심의권, 국정감사권 등의 권한을 지닌 정책과정의 공식적 참여자이다.
② 헌법재판소의 위헌심사는 정책과정에 영향을 주는 중요한 변수이다.
③ 정책전문가는 정책에 대한 합리적 분석과 평가를 통해 정책과정에 영향을 주는 비공식적 참여자이다.

답 | ④

2. 정책참여자에 대한 설명으로 옳지 않은 것은?   24. 국가직 9급

① 시민단체는 비공식적 참여자로서 시민여론을 동원해 정책의제설정, 정책대안제시, 정부의 집행활동 감시 등 정책과정 전반에 영향을 미친다.
② 정당은 공식적 참여자로서 대중의 여론을 형성하고 일반 국민에게 정책 관련 주요 정보를 제공하는 역할을 통해 정책과정에 영향을 미친다.
③ 사법부는 공식적 참여자로서 정책과 관련된 법적 쟁송이 발생한 경우 그 정책의 타당성에 대한 판결을 통해 정책에 영향을 미친다.
④ 이익집단은 비공식적 참여자로서 특정 이해관계를 공유하는 사람들의 모임이며, 구성원들의 이익을 실현하기 위해 정부에 압력을 가함으로써 정책에 영향을 미친다.

정답해설 정당은 비공식적 참여자이다.

답 | ②

CHAPTER 01 마무리 기출 OX

다음 내용이 맞으면 O, 틀리면 X에 표시하시오.

01 드로어(Y. Dror)는 「정책지향(policy orientation)」이라는 논문에서 사회문제의 해결을 지향하는 정책학의 도입을 주장하였다. 24. 지방직 9급 ○ | ✕

02 라스웰(H. Lasswell)은 '정책과정에 관한 연구'와 '정책과정에 필요한 지식에 관한 연구'의 두 가지 방향에서 정책학적 경향이 나타나고 있다고 지적하였다. 18. 서울시 7급 ○ | ✕

03 라스웰(H. Lasswell)이 제안한 초기 정책학은 행태주의에 밀려났다가 흑인폭동 및 월남전 등 사회적 혼란시기인 1960년대에 재출발하였다. 18. 경찰간부 ○ | ✕

04 정책은 합리적 분석이며 동시에 협상의 산물이기도 하다. 13. 서울시 7급 ○ | ✕

05 정당, 이익집단, 언론기관, 입법부 등은 정책결정의 비공식 참여자에 해당한다. 23. 경찰간부 ○ | ✕

정답 및 해설

01 ✕ **02** ○ **03** ○ **04** ○ **05** ✕

01 「정책지향(policy orientation)」은 라스웰(H. Lasswell)의 논문이다.
05 입법부는 법적 권한과 법률적 효력을 야기할 수 있는 공식적 참여자이다.

CHAPTER 02 정책과정의 주도자

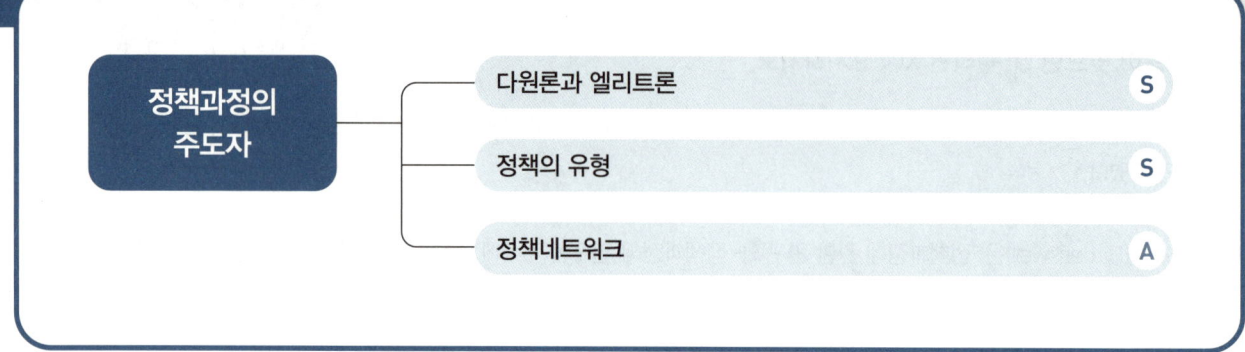

 기선 제압

01 다원론과 엘리트론 S

1 논의의 함의

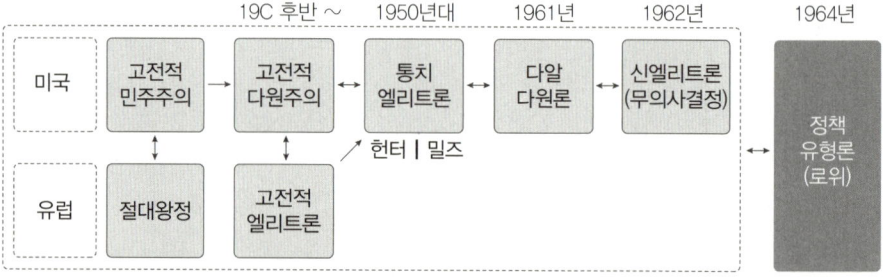

① 권력의 소재와 행사방법을 둘러싼 다원주의와 엘리트론의 논쟁으로, '왜 소수의 문제만이 정책의제가 되는가?'에 대한 논의과정이다.
② 이는 정치권력의 소유자에 의해 정책내용이 결정된다는 것을 가정하는데, 이는 정책과정을 참여자들 간 정치적 게임의 산물(→ 종속변수로서 정책)로 파악하는 것이다.

2 다원론과 엘리트론

(1) 다원론

① 다원론은 권력이 소수에게 집중되지 않고 널리 분산되어 있다는 주장으로, 특정 집단에 의한 정책과정의 독점성을 부정하고 다양한 이익집단들의 상호작용을 통한 정책형성을 강조한다.
② 다원론은 사회 중심적 접근법으로, 각각의 이익집단들은 개별적으로는 영향력의 차이가 있지만 이합집산 등을 통해 전체적인 영향력은 균형을 유지하기에 정부는 중립적 입장에서 이익집단들의 주장을 조정하는 심판자의 역할을 수행한다.

- 다원주의는 소수의 개인이나 집단이 아니라 다수의 집단이 정책결정의 장을 주도하고 이들이 정치적 조정과 타협을 거쳐 도달한 합의가 정책이 된다고 본다. 21. 군무원 9급

- 다원주의에서 정책의 주도자는 경쟁하는 이익집단들이다. 22. 소방간부

- 다원주의는 권력이 다양한 이해관계자들에게 분산되어 있다고 본다. 18. 소방간부

- 다원주의에 의하면 권력의 원천이 특정 세력에 집중되어 있는 것이 아니고 각기 분산된 불공평성을 띤다. 19. 서울시 7급

③ 각각의 이익집단 역시 상호 경쟁적이지만 기본적인 게임의 규칙을 준수하는 데 합의하고 있다고 가정한다.
④ 그러나 다원론은 이익집단의 중요성만을 지나치게 강조하고 있어 정부의 이해관계와 능동성을 간과하고 있고, 정책과정에 있어 이데올로기(→ 자본주의 이념)의 영향력을 간과하고 있다는 비판을 받는다.

(2) 엘리트론

① 엘리트론은 권력을 가진 소수의 동질적이고 폐쇄적인 엘리트가 일반대중을 하향적으로 지배한다는 이론이다.
② 이는 자율적이고 폐쇄적인 엘리트 중심의 계층적이고 하향적인 통치를 강조하는 이론으로, 정책과정 역시 소수의 엘리트가 지배하며, 엘리트의 이익에 부합하는 정책만이 의제로 채택된다.

- 엘리트론은 권력이 소수의 엘리트에 집중되어 있고, 이들 대부분이 정책 영역에서 정부의 정책결정에 지배적인 영향력을 행사한다고 주장한다. 24. 국회직 8급

- 엘리트주의는 정책은 동질적이고 폐쇄적인 엘리트들의 자율적인 가치배분에 의해 결정된다고 본다. 20. 경찰승진

3 전개과정

(1) 고전적 다원주의

① 벤틀리(A. Bentley)와 트루만(D. Truman)은 『이익집단론』(1951)에서 잠재집단이론과 중복회원이론을 근거로 고전적 다원론을 전개하였다.
② 잠재집단이론은 결정자는 말없는 잠재집단의 이익을 고려하여야 하므로 활동적 소수의 특수 이익만을 추구하기는 곤란하다는 이론이고, 중복회원이론은 구성원들은 여러 집단에 중복으로 소속되어 있어 특정 소속집단의 이익만을 극대화하기는 곤란하다는 이론이다.
③ 이밖에 한 집단의 형성이 이 집단과는 다른 이해관계를 가지고 있는 사람들로 하여금 이에 대항하는 다른 집단을 만들게 한다는 파도이론(wave theory)과, 현대사회의 급속한 변동, 전문화 및 이해관계의 다양화가 집단의 확산을 가져올 수밖에 없다는 확산이론(proliferation theory)도 다원론의 근거에 해당한다.

- 벤틀리(A. Bently)와 트루만(D. Truman)으로 대표되는 이익집단이론에 따르면 정치과정의 핵심은 이익집단활동이며, 정책과정에서 관료들의 소극적인 역할을 상정하고 있다. 08. 국가직 9급

(2) 유럽의 고전적 엘리트론

① **파레토의 엘리트의 순환**: 혁명은 대중과 엘리트의 교체 즉, 수직적인 교체가 아닌 통치엘리트와 비통치엘리트 간 수평적 권력순환의 과정일 뿐이다.
② **모스카의 지배계급론**: 소수의 지배층이 다수의 피지배층을 통제하고 지배한다.
③ **미헬스의 과두제의 철칙**: 모든 조직은 필연적으로 과두화(→ 집권)된다는 법칙(1912)이다.

(3) 미국의 통치 엘리트론 → 경험적·실증적 연구

헌터(F. Hunter)	밀즈(W. Mills)
① 지역권력구조(1953)(→ 애틀랜타 시)	① 파워엘리트론(1956)(→ 미국 전역)
② 명성접근법	② (공식)지위접근법
③ 소수의 기업엘리트에 의한 지배	③ 군산복합체에 의한 정책의 독점

- 미헬스(R. Michels)는 사회조직을 지배하는 가설로 '과두지배의 철칙'을 주장하였다. 16. 경찰간부

- 다원론을 전개한 다알(R. Dahl)은 New Haven시를 대상으로 한 연구에서 정책결정을 담당하는 엘리트가 분야별로 다른 형태를 보인다고 설명한다. 18. 서울시 9급

(4) 다알(R. Dahl)의 다원적 권력론

① 미국 뉴헤븐 시의 정책을 조사(1961)한 결과 초기의 과두제 사회에서 점차 다원주의 사

회로 변모되었다고 주장하였다.
② 그는 엘리트의 존재와 엘리트의 지배를 다른 개념으로 보았다. 즉, 엘리트는 존재하지만 부와 지위 등이 분할되어 있고 엘리트 간 응집력이 약해 갈등이 발생한다고 보았다.
③ 또한 선거와 같은 엘리트 간 경쟁으로 인하여 엘리트는 대중의 요구에 민감할 수밖에 없으며, 결국 다수에 의한 정치가 이루어지고 어떤 사회문제라도 정치체제로 침투될 수 있다고 주장한다.
④ 따라서 정책문제는 특정 세력의 의도와는 무관하게 무작위로 선택되는데 이는 극적 사건이 발생할 때 정책의제의 기회가 열린다는 킹던(J. Kingdon)의 '정책의 창' 개념과 유사하다.

(5) 신엘리트론 → 무의사결정론

① 의의
   ㉠ 신엘리트론은 밀즈(W. Mills)의 지위접근법이나 헌터(F. Hunter)의 명성접근법을 도입하지 않고, '엘리트가 누구인가?'에 대한 연구보다는 이러한 '엘리트들이 어떻게 권력을 행사하는가?'에 초점을 둔 이론이다.
   ㉡ 신엘리트론은 엘리트들에게 안전한 이슈만을 논의하고 불리한 문제는 거론조차 못하게 봉쇄하는 무의사결정론과 밀접하게 연결되어 있다.
   ㉢ 무의사결정은 바흐라흐(P. Bachrach)와 바라츠(M. Baratz)가 『권력의 두 얼굴』(→ 밝은 얼굴과 어두운 얼굴)에서 제시한 개념(1962)으로, 모든 사회문제가 정부문제가 된다는 다알(R. Dahl)의 다원론에 대한 반론이다.
   ㉣ 여기서 밝은 얼굴이란 엘리트들에게 유리한 정책문제를 해결하기 위해 정책과정에서 행사되는 권력을 말하고, 어두운 얼굴이란 엘리트에게 불리한 결과를 가져올 수 있는 문제를 공식적 거론조차 없이 방치되도록 엘리트가 비밀리에 행사하는 권력을 말한다.
   ㉤ 신엘리트론은 다알(R. Dahl)이 정책의제의 채택과정에서 행사되는 어두운 권력을 간과하였다고 비판하면서 이러한 어두운 권력은 정책의제설정과정에서 은밀하게 행사되기 때문에 실증적 분석방법론으로는 이를 설명하기 어렵다고 주장하였다.
   ㉥ 무의사결정은 특정 사회적 쟁점이 공식적 정책과정에 진입하지 못하도록 막는 엘리트들의 은밀한 행동으로, 주로 의제설정단계에서 행사되지만 정책과정의 전반에 걸쳐서도 발생이 가능하다.

② 무의사결정의 행사방법
   ㉠ **폭력의 행사**: 가장 직접적인 수단으로, 상대방의 반대를 강제적으로 억압하는 방식이다.
   ㉡ **권력의 행사**: 혜택의 부여 혹은 박탈 등과 같은 설득과 회유를 통해 요구를 봉쇄하는 방법이다. 반대집단의 핵심 인사를 흡수하여 반발을 무마하는 적응적 흡수(co-optation)도 이에 속한다.
   ㉢ **편견의 동원**: 사회의 지배적 규범이나 기존의 절차를 강조하면서 요구를 봉쇄하는 전략이다.
   ㉣ **편견 및 절차의 수정·강화**: 새로운 규범의 형성이나 기존 규범과 절차의 수정과 보완을 통해 요구를 봉쇄하는 전략으로, 가장 간접적인 수단이다.
   ㉤ 이 밖에 사회문제를 개인문제로 규정하거나, 위장합의, 선행반응, 지연전략 등도 무의사결정의 행사방법에 속한다.

• 바흐라흐(P. Bachrach)와 바라츠(M. Baratz)는 달(R. Dahl)의 다원주의를 비판하며 신엘리트론을 형성하였다. 22. 경찰승진

• 무의사결정론은 엘리트들에게 안전한 문제만 논의하고 불리한 문제는 거론조차 되지 못하게 방해하는 결정이 이루어진다고 주장한다. 24. 국회직 8급

• 무의사결정은 정치과정에 진입하려는 요구를 제한하여 정책문제화되는 것을 억제한다. 09. 국가직 9급

• 무의사결정은 기존 정치체제 내의 규범이나 절차를 동원하여 변화의 요구를 봉쇄한다. 23. 국가직 9급

바로 확인문제

1. 엘리트이론과 다원주의이론에 대한 설명으로 옳지 않은 것은? 23. 지방직 9급

① 고전적 엘리트론에서 엘리트들은 다른 계층에 대해 책임을 지지 않는다.
② 밀즈(W. Mills)는 명성접근법을 사용하여 엘리트들을 분석한다.
③ 달(R. Dahl)은 권력이 분산되어 있음을 전제로 다원론을 전개한다.
④ 바흐라흐(P. Bachrach)와 바라츠(M. Baratz)는 무의사결정이 의제설정과정뿐만 아니라 정책결정과정에서도 발생할 수 있다고 주장한다.

정답해설 밀즈(W. Mills)는 지위접근법을 사용하여 엘리트들을 분석하였다. 명성접근법은 헌터(F. Hunter)가 사용한 기법이다.

오답해설 ① 고전적 엘리트론은 소수의 지배계급이 다수의 피지배계급을 지배하며, 이 엘리트 집단은 일반대중에게 책임을 지지 않는다고 보았다.
③ 달(R. Dahl)은 엘리트의 존재와 지배를 분리한 학자로 엘리트들이 분산되어 있다는 다원권력론을 제시하였다.
④ 무의사결정은 일반적으로 의제설정과정에서 발생하기 쉽지만 정책의 전 과정에서도 나타날 수 있다고 보았다.

답 | ②

02 정책의 유형

1 논의의 함의 → 정책유형론

① 종래에는 정책을 정치과정(→ 사회구조)의 산물로 보았으나 정책유형론은 정책을 독립변수로 간주하여, 정책의 유형에 따라 정책과정과 정책의 환경이 달라진다고 주장한다.
② 로위(T. Lowi): 정책의 유형에 따라 정책결정과정이 달라진다.
③ 리플리(R. Ripley)와 프랭클린(G. Franklin): 정책의 유형에 따라 정책집행의 난이도가 달라진다.

2 유형

(1) 로위(T. Lowi)의 분류

① 의의
  ㉠ 로위(T. Lowi)의 분류는 다원주의와 엘리트주의를 통합하려는 노력의 일환으로 볼 수 있다.
  ㉡ 그에 의하면 규제정책은 다원론이 적용되고 재분배정책은 엘리트론이 적용되는데, 이러한 주장은 정책결정과정에 관한 다원론과 엘리트론 간의 이분법적 논쟁에서 벗어나는 계기가 되었다.
  ㉢ 로위(T. Lowi)는 후에 강제력의 행사방법과 강제력의 적용대상에 따라 정책의 유형을 분배정책, 구성정책, 규제정책, 재분배정책 등으로 구분하였지만 그의 분류는 정부의 모든 정책을 포괄하지 못하며, 분류된 정책들 간 상호배타성이 부족하여 개념의 조작화가 어렵다고 평가받는다.

- 로위(T. Lowi)는 정책유형에 따라 정책을 둘러싼 이해당사자들 사이의 상호작용 양식이 달라진다고 주장한다. 20. 소방간부
- 로위(T. Lowi)에 의하면 정책의 유형에 따라 정책결정과정이 달라질 수 있다. 20. 국회직 9급
- 로위(T. Lowi)는 미국식 다원론자들의 주장과 엘리트론자들의 주장을 통합하려는 의도에서 정책을 분류하였다. 21. 경찰승진
- 로위(T. Lowi)의 정책유형 구분은 상호배타성이라는 분류의 요건을 만족시키지 않고 있다. 18. 경찰승진

- 사회구성원이나 집단의 활동을 통제해 다른 사람이나 집단을 보호하려는 목적을 가진 정책은 규제정책이다. 24. 국가직 9급

- 규제정책은 특정 개인이나 집단에 대한 선택의 자유를 제한하는 유형의 정책으로 정책 불응자에게는 강제력을 행사한다. 14. 지방직 9급

② 규제정책
  ㉠ 특정인의 행동을 제한하고 억제(→ 비용부담자)하여 다른 사람을 보호(→ 수혜자)하는 정책으로, 정부의 정책유형 중 가장 많은 영역을 차지하며, 정책의 불응자에게 강제력이 직접적으로 행사된다는 특징을 지닌다.
  ㉡ 규제정책은 비용의 부담자와 편익의 수혜자가 명백하게 구분되는 제로섬 게임을 형성하며, 투쟁과 갈등 및 타협이라는 특징이 나타난다. 이에 따라 규제정책은 수혜자 중심의 배분정책보다 정책과정에서의 갈등이 더 심한 편이다.
  ㉢ 또한 규제정책은 정책이 결정될 때 수혜자와 피해자가 결정되고 승자와 패자의 위치가 바뀔 수 있으며, 정책마다 정치단위 간 이합집산이 활발하게 이루어진다.
  ㉣ 이에 따라 규제정책은 권력구조의 안정성과 정책의 지속성이 낮은 다원주의 정치상황이 나타난다.

③ 배분정책
  ㉠ 국민에게 재화나 서비스를 제공하는 정책으로, 승자와 패자의 정면 대립이 없는 넌제로섬 게임의 상황이 전개되므로, 갈등이나 타협보다는 상호불간섭 내지 상호수용의 특징이 나타난다.
  ㉡ 정책의 내용이 세부단위로 구분되고 각 단위는 다른 단위와 별개로 처리되며, 각 단위별로 권력구조와 정책이 안정적이어서 표준운영절차를 확립하여 원활하게 집행할 가능성이 높다.
  ㉢ 이에 따라 정책과정에서 이해당사자들 간 로그롤링(log-rolling) 또는 포크배럴(pork barrel)과 같은 수혜자 중심의 정치적 현상이 나타난다.
  ㉣ 집행을 둘러싼 이념적 논쟁의 정도가 낮고, 이데올로기보다는 이해관계가 중요하게 작용하며, 수혜자 중심의 정치과정이 나타나므로 작은 정부에 대한 요구와 압력의 정도도 낮다.
  ㉤ 국유지 불하정책, 사회간접자본구축, 연구개발사업, 각종 보조금, 영농정보제공, 주택자금대출, 국립학교를 통한 교육서비스, 국립 박물관의 건립 등이 이에 속한다.
  ㉥ 한편, 포크배럴이란 이권법안 또는 이권법안을 둘러싸고 벌어지는 정치게임을 지칭하는 개념이고, 로그롤링은 당신이 나의 안건에 대해 찬성하면 내가 당신의 안건에 대해 찬성해 주겠다는 지지 혹은 표의 교환현상을 말한다.

④ 재분배정책
  ㉠ 고소득층으로부터 저소득층으로의 소득 이전을 목적으로 하는 계급대립적인 성격을 지닌 정책으로, 재산권의 행사가 아닌 재산 그 자체에, 평등한 대우가 아닌 평등한 소유에 초점을 둔다.
  ㉡ 수혜집단과 피해집단이 모두 특정되는 제로섬 게임의 상황이 전개되며, 사회계급적 접근에 기반을 두므로 규제정책보다 갈등이 더 가시적이다.
  ㉢ 또한 정책이 결정되기 전에 이미 수혜자 집단과 피해자 집단이 정해져 있으며, 갈등 속에서도 권력구조(→ 피해자와 수혜자 관계)가 안정적이라는 점에서 규제정책과는 상이하다.
  ㉣ 이념적 논쟁과 소득계층 간 갈등이 첨예하게 대립하므로 표준운영절차의 확립이 비교적 어렵고, 계급의 정상 간 합의에 의해 정책이 결정되는 엘리트론적 정치상황이 나타난다.

ⓜ 계층 간 갈등이 심하고 저항이 크므로 국민적 공감대를 형성할 때 정책의 변화를 가져올 수 있지만, 비용부담집단(→ 고소득층)의 반발로 인해 정책의 안정성은 떨어지며, 시간이 지나면 배분정책으로 변질될 가능성이 높다.

ⓑ 누진세, 부(-)의 소득세, 공공근로사업, 영세민 취로사업, 임대주택건설 등이 이에 속한다.

⑤ 구성정책

ⓐ 로위(T. Lowi)는 1964년 논문에서는 배분정책, 규제정책, 재분배정책의 세 가지 범주로 구분하였으나, 1972년에 구성정책을 추가하였다.

ⓑ 구성정책은 헌정 수행에 필요한 운영규칙과 관련된 정책으로, 게임의 규칙, 총체적 기능, 권위적 성격을 띠며 정책 위의 정책 혹은 상위정책으로 불린다.

ⓒ 체제의 내부를 정비하는 정책으로, 대외적 가치배분에는 영향을 주지 않고 대내적 게임의 규칙과 관련되므로, 일반대중의 관심으로부터 벗어나 있으며, 주로 정당이 중요한 영향을 미친다.

ⓓ 선거구 조정, 정부기구 개편, 공무원의 보수와 연금, 법원의 관할구역 설정 등이 이에 속한다.

- 구성정책은 모든 국민을 대상으로 하므로 대외적 가치배분에는 직접 영향을 주지 않지만 대내적으로는 게임의 법칙이 일어난다. 20. 경찰간부

- 선거구의 조정, 정부기구의 통합, 공무원 보수의 조정 등은 구성정책이다. 23. 국회직 9급

구분		강제의 적용영역	
		개별적 행위	행위의 환경
강제 가능성	간접적	배분정책 보조금, 사회간접자본건설	구성정책 선거구 조정, 기관신설
	직접적	규제정책 불공정경쟁이나 사기광고 규제	재분배정책 연방은행 신용통제, 누진세, 사회보장

구분	배분정책	규제정책	재분배정책
수혜자	특정 혹은 불특정	특정	고정(→ 저소득층)
비용부담자	불특정	특정	고정(→ 고소득층)
갈등·대립	약함(→ 넌 제로섬)	심함(→ 제로섬)	가장 심함(→ 제로섬)
집행난이도	용이	곤란	가장 곤란
특성	포크배럴, 로그롤링	갈등과 타협 및 포획	계급적·이념적 대립
정치단위	개인·기업	이익집단	계층(→ 제휴)
권력구조	안정	불안정(→ 다원주의)	안정(→ 엘리트주의)
정책	안정	불안정	불안정

(2) 리플리(R. Ripley)와 프랭클린(G. Franklin)의 분류

① 의의

ⓐ 정책유형에 따라 정책집행의 난이도가 달라진다고 보았으며, 피해자 집단이 명확한 규제정책이나 재분배정책의 경우 갈등이나 반발이 수혜자 중심의 배분정책보다 높게 나타나는 경향이 있다.

ⓑ 이에 따라 재분배정책이 가장 집행의 난이도가 높고 그 다음으로 보호적 규제정책, 경쟁적 규제정책, 배분정책 순으로 정책집행이 곤란하다.

- 리플리(R. Ripley)와 프랭클린(G. Franklin)은 정책의 유형에 따라 집행과정이 달라진다고 보았다. 18. 국회직 9급

- 리플리(R. Ripley)와 프랭클린(G. Franklin)은 규제정책의 유형을 경쟁적 규제와 보호적 규제로 구분하였다. 14. 국가직 9급

② 경쟁적 규제정책
  ㉠ 경쟁적 규제정책은 국가가 소유한 희소한 자원에 대해 다수의 경쟁자 중에서 지정된 소수에게만 서비스나 재화를 공급하도록 허락하는 규제정책을 말한다.
  ㉡ 경쟁적 규제정책은 배분정책과 규제정책의 성격을 동시에 지니고 있지만, 그 목표가 대중의 보호에 있고 수단에 규제적인 요소가 많기 때문에 규제정책으로 분류되는 것이 일반적이다.
  ㉢ 방송국 설립허가, 항공노선 취항허가, 주파수 할당 등이 경쟁적 규제정책의 사례에 해당한다.

③ 보호적 규제정책
  ㉠ 보호적 규제정책은 소수자나 사회적 약자 그리고 일반대중을 보호하기 위해 개인이나 집단의 권리행사나 행동의 자유를 제한하는 것으로, 공중에게 해로운 활동은 금지하고 이로운 활동은 허용하는 정책이다.
  ㉡ 대부분의 규제정책은 규제정책의 성격과 동시에 재분배정책의 성격을 지니고 있는 보호적 규제정책에 해당하며, 편익은 다수에게 분산되고 비용이 소수에게 집중되므로 채택되기 어렵다.
  ㉢ 이에 따라 다수의 시민들을 대신하여 환경단체나 소비자 보호단체와 같은 공익집단의 활동이 활발하게 전개되며, 이들의 지지활동이 정책에 영향을 미치는 경우가 많다.
  ㉣ 식품의약품허가, 독과점규제, 근로기준법, 최저임금제, 개발제한구역 등이 보호적 규제정책의 사례에 해당한다.

④ 기타
  ㉠ **배분정책**: 국민에게 재화나 서비스를 제공하는 정책으로, 정책집행의 루틴화 가능성이 높고 반발이 없어 가장 집행하기 용이하다.
  ㉡ **재분배정책**: 정책집행의 루틴화 가능성이 낮고 이데올로기적 논쟁이 강하므로 가장 집행하기 곤란하다. 또한 피해자 집단의 반발로 인하여 집행 중 배분정책으로 변질될 가능성이 크다.

> **한 번 더 정리** 로위, 리플리와 프랭클린의 정책유형
>
> | 로위 | | | 리플리와 프랭클린 | | | |
> |---|---|---|---|---|---|---|
> | ← 다원주의 | | 엘리트주의 → | ← 낮음 | 집행의 난이도 | | 높음 → |
> | 규제정책 | 배분정책 | 재분배정책 | 배분정책 | 경쟁적 규제정책 | 보호적 규제정책 | 재분배정책 |

(3) 알몬드(G. Almond)**와 포웰**(G. Powell)**의 분류**

① **추출정책**: 추출정책은 징병·조세·토지수용·성금·공역·노역 등 인적·물적 자원의 동원과 관련된 정책으로, 투입정책 또는 동원정책으로 불린다.
② **규제정책**: 특정 집단을 보호하기 위하여 다른 집단을 통제하는 정책이다.
③ **배분정책**: 국가의 희소한 자원을 국민에게 나눠주는 정책으로, 재분배정책까지 포함하고 있다.

• 경쟁적 규제정책은 선정된 승리자에게 공급권을 부여하는 대신에 이들에게 규제적인 조치를 하여 공익을 도모할 수 있다. 22. 국가직 7급

• 항공사에 항공노선 취항을 허가하면서 서비스에 대한 여러 가지 규정을 지키도록 하는 것은 경쟁적 규제정책이다. 24. 경찰간부

• 리플리(R. Ripley)와 프랭클린(G. Franklin)의 보호적 규제정책은 일반 대중의 보호를 목적으로 하는 정책이다. 21. 국회직 9급

④ 상징정책: 정치체제의 정당성, 국민적 일체감, 사회의 통합 등을 위한 정책으로, 이념에 호소하거나 미래의 보상을 약속하는 것과 관련된다. 국경일, 국기, 애국가, 기념일, 조형물, 축제, 4대강 사업 등이 그 예이며, 다른 정책에 대한 순응을 확보하기 위한 수단으로 실시되는 경우가 많고, 별도의 집행이 없어도 효과가 나타난다는 점이 특징적이다.

• 상징정책은 로위(T. Lowi)나 리플리(R. Ripley)와 프랭클린(G. Franklin)의 정책유형에는 없지만, 알몬드(G. Almond)와 포웰(G. Powell)의 정책유형에는 있다. 23. 지방직 9급

> **한 번 더 정리** 알몬드와 포웰의 정책유형

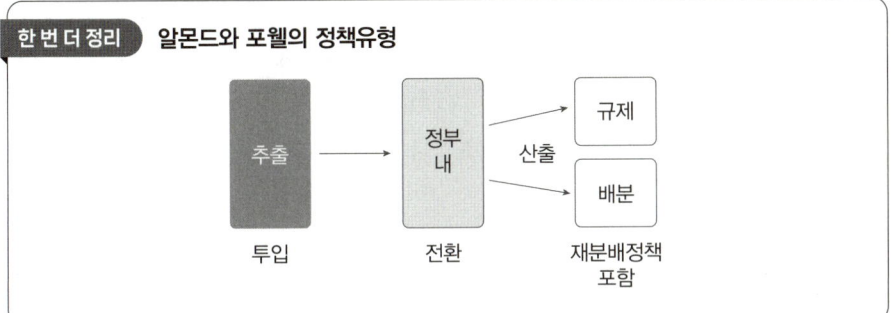

> **바로 확인문제**

1. 로위(T. Lowi)의 정책유형과 리플리(R. Ripley)와 프랭클린(G. Franklin)의 정책유형에는 없지만, 알몬드(G. Almond)와 포웰(G. Powell)의 정책유형에는 있는 것은? 23. 지방직 9급

① 상징정책　　　　　② 재분배정책
③ 규제정책　　　　　④ 분배정책

> **정답해설** 로위(T. Lowi)는 정책의 유형을 규제, 배분, 재분배, 구성으로 분류하였고, 리플리(R. Ripley)와 프랭클린(G. Franklin)은 경쟁적 규제, 보호적 규제, 배분, 재분배로 구분하였다. 반면, 알몬드(G. Almond)와 포웰(G. Powell)은 추출, 규제, 배분, 상징으로 분류하였다.

답 | ①

2. 로그롤링(log rolling)이나 포크배럴(pork barrel)과 같은 정치적 현상이 나타나기 쉬운 정책유형에 가장 가까운 것은? 23. 군무원 7급

① 분배정책　　　　　② 규제정책
③ 재분배정책　　　　④ 상징정책

> **정답해설** 로그롤링(log rolling)이나 포크배럴(pork barrel)과 같은 정치적 현상이 나타나기 쉬운 정책유형은 수혜자 중심의 분배정책이다.

답 | ①

03 정책네트워크

1 의의

(1) 개념

① 사회학이나 문화인류학의 연구에서 이용되어 왔던 네트워크분석을 다양한 참여자들의 행위들로 특징지어지는 정책과정의 연구에 적용한 이론이다.
② 정책을 다양한 공식 또는 비공식 참여자들 간의 상호작용의 산물로 인식하는 입장으로, 특정 세력이 일방적으로 정책과정을 주도한다는 다원론과 엘리트론 또는 조합주의를 비판한 것이다.
③ 1960년대에 등장한 하위정부모형이나 1970년대에 등장한 이슈네트워크모형이 정책네트워크의 기원으로 평가받는다.

(2) 등장배경 → 특정 세력에 의한 정책과정의 일방적 주도의 어려움

① 정책의 내용과 환경의 복잡성
② 정책과정의 부분화와 전문화의 추세
③ 정부와 민간의 파트너십 강조

(3) 특징

① 정책영역별 또는 정책문제별로 형성된다.
② 외재적 및 내재적 원인에 의해 변동될 수 있는 가변적 현상이다.
③ 참여자와 비참여자를 구분하는 경계를 지니고 있다.
④ 참여자들의 상호작용을 규율하는 제도적 특성이 존재한다.

(4) 주요 내용

① 특정한 정책문제와 관련된 다양한 정책참여자 간의 상호의존성과 수평적 연계를 강조하며, 이러한 행위자들 간 상호작용의 패턴을 찾아내는 데 이론의 초점이 있다.
② 정책네트워크는 정책과정의 비공식적 측면을 분석하는 것이며, 행위자들 간의 관계는 밀도와 중심성의 개념으로 표현된다.
③ 다양한 참여자를 가정하는 정책네트워크는 정책과정에 대한 국가 중심 또는 사회 중심이라는 이분법적 논리를 극복한 것으로 평가받으며, 정책의 형성과정뿐만 아니라 정책집행 등 정책의 전 과정을 설명하는 유용한 도구이기도 하다.
④ 한편, 정책네트워크에는 다양한 참여자가 존재하므로 정책과정의 민주성은 물론 경쟁을 통한 정책의 효율성까지를 추구하는 미래지향적 조정기제로 평가받는다.
⑤ 다만, 정책네트워크는 다양한 변수를 통해 정책과정을 설명하므로 현상에 대한 기술과 설명은 뛰어나지만 변수 간의 인과관계를 증명하기는 어렵다는 비판을 받는다.

- 정책네트워크모형은 사회학이나 문화인류학의 연구에서 이용되어 왔던 네트워크 분석을 다양한 참여자들의 행위들로 특징지어지는 정책과정의 연구에 적용한 것이다. 12. 지방직 7급

- 정책네트워크모형은 기본적으로 행위자들 간의 관계를 중시한다. 10. 서울시 7급

- 정책네트워크의 참여자는 정부뿐만 아니라 민간부문까지 포함한다. 19. 국가직 9급

- 정책네트워크모형은 행위자들 간의 관계의 밀도와 중심성 개념을 중심으로 네트워크를 표현한다. 10. 서울시 7급

- 정책네트워크는 정책형성뿐만 아니라 정책집행까지 설명하는 유용한 도구이다. 12. 국가직 7급

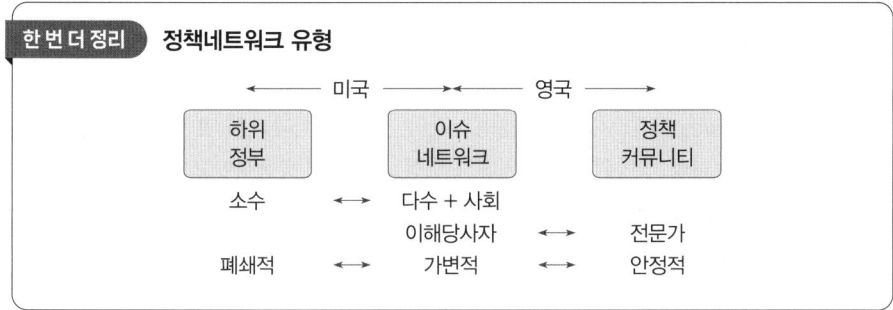

2 유형

(1) 하위정부모형

① 개념
  ㉠ 1960년대 연구로, 특정 이익집단, 관련 부처(→ 관료), 해당 상임위원회가 상호 간 이해관계를 보호하기 위하여 특정 분야의 정책과정을 배타적으로 지배하는 현상을 설명하는 모형이다.
  ㉡ 이를 철의 삼각 혹은 삼자동맹이라고도 하는데 이는 의회 상임위원회, 행정부처와 이익집단 간의 관계가 통합성이 지극히 높으며, 일종의 동맹관계를 형성하고 있다고 하여 사용되는 개념이다.
  ㉢ 다만, 철의 삼각 혹은 삼자동맹은 다원주의를 비판하는 부정적 의미로 사용되지만, 하위정부는 보다 중립적 의미로 사용된다. 특히, 철의 삼각은 관료들이 특수 이익집단에 종속되는 경향을 강조한다.
  ㉣ 또한 철의 삼각은 소수 엘리트들이 특정한 정책의 결정을 지배한다는 점을 강조하지만, 하위정부는 정책별로 다양한 하위정부가 존재함을 강조한다.

② 특징
  ㉠ 특정 세력이 특정 정책을 배타적으로 지배하는 모형으로, 참여자 간 장기적이고 안정적이며 자율적이고 호혜적인 동맹관계로, 이슈네트워크나 정책공동체에 비해 참여자가 제한적이다.
  ㉡ 그러나 분야별로 다양한 하위정부가 형성되므로 이는 미국의 다원주의의 한 단면을 표현한 것이기도 하다.
  ㉢ 다만, 모든 정책분야에 걸쳐서 가능한 것이 아니고 대통령과 일반대중의 관심이 낮고 일상화 수준이 높은 배분정책과 주로 관련된다.
  ㉣ 그러나 최근에는 시민운동 확산, 이익집단의 증가와 경쟁의 격화, 문제의 복잡성 증가, 정책 관할권의 중첩 등으로 인하여 그 설명력이 약화되었다.

(2) 이슈네트워크(Issue network)

① 개념
  ㉠ 문제를 중심으로 유동적으로 변하는 상호작용을 은유적으로 묘사한 모형으로, 개인주의를 토대로 한 미국식 다원주의와 맥을 같이한다.
  ㉡ 이슈네트워크는 이익집단의 수가 증가하고 다원화됨에 따라 하위정부모형의 설명력이 약화되면서 이에 대한 비판적 관점으로 헤클로(H. Heclo)에 의해 제기되었다.

- 철의 삼각(iron triangle) 모형은 소수 엘리트 행위자들이 특정 정책의 결정을 지배한다는 점을 강조한다.
  12. 국가직 9급

- 철의 삼각은 행정부 관료, 이익집단, 의회 상임위원회로 구성된다.
  24. 국가직 9급

- 하위정부는 폐쇄적 관계를 강조하고 다른 이익집단의 참여를 배제한다.
  12. 지방직 9급

- 이익집단의 증대와 경쟁의 격화는 하위정부모형의 적실성을 약화시킨다.
  09. 서울시 9급

② 특징
  ㉠ 이슈네트워크는 참여자의 범위가 넓고 경계의 개방성이 높은 가변적 공동체로, 이슈에 따라 집단 간 연대가 활발하게 나타나는 일시적이고 느슨한 형태의 집합체이다.
  ㉡ 이슈네트워크는 의회스태프, 타 행정기관의 관료, 사회과학자 및 단순한 이해관계자까지 포함된 다양한 행위자들이 비제도적 통로를 통해 유동적이고 불안정하게 상호작용하는 상황을 설명하기 용이하다.
  ㉢ 이슈네트워크에서는 근본적인 관계가 제한적 합의이고 어떤 참여자는 자원보유가 한정적이다.
  ㉣ 이에 따라 참여자들 간의 불균형과 불평등을 초래하며, 약한 공동체의식과 유동적인 접촉빈도로 인하여 상호작용의 안정성과 정책산출의 예측가능성이 낮은 제로섬 상황이 벌어진다.

(3) 정책커뮤니티(Policy community)

① 개념
  ㉠ 정책목표의 달성을 위해 각 분야의 규칙을 조정하는 정책분야별 연구원, 학자, 관료 등으로 구성된 전문가 집단을 뜻한다. 즉, 정책문제에 전문지식을 가진 구성원들이 신뢰와 협조 하에 정책과정에 참여하는 것이다.
  ㉡ 시민의 참여가 있더라도 공식적 결정권을 장악한 사람이나 전문가들이 중심적 역할을 한다.
  ㉢ 정책커뮤니티는 일시적이고 느슨한 형태의 집합체가 아니라 안정적인 상호의존관계를 유지하는 공동체주의 시각을 반영한다.
  ㉣ 이러한 정책커뮤니티는 정당과 의회 중심 논의의 한계를 극복하고자 로즈(R. Rhodes) 등 영국학자를 중심으로 발전하였으며, 뉴거버넌스와 연계하여 논의되고 있다.

② 특징
  ㉠ 의식적으로 일부 집단(→ 단순 이해관계자)의 참여를 배제하므로 누구나 참여할 수 있는 이슈네트워크에 비하여 참여자가 제한적이다.
  ㉡ 전문가 중심의 참여이므로 참여자들 간 기본가치를 공유하고 높은 접촉빈도를 보이며, 공동의 이익을 추구하는 포지티브 섬 상황이 나타난다.
  ㉢ 또한 모든 참여자가 자원을 가지고 교환관계를 형성하므로 균형적인 권력관계와 상호협력의 가능성이 높다.
  ㉣ 정책커뮤니티는 장기간 형성된 안정적 네트워크이므로 상호작용의 안정성이 높아 일관되고 안정된 정책을 가져올 수 있어 결정자의 교체에 따른 정책혼란을 방지할 수 있고, 해당 분야 인재발탁의 원천이 될 수 있다.

(4) 네트워크 모형의 비교

구분	하위정부모형	정책공동체	이슈네트워크
참여자 수	제한적	비교적 제한적	매우 광범위
참여자	특정 세력	전문가 집단	다수의 관심 집단
상호의존	높음	중간	낮음
참여배제			낮음(→ 개방성)
지속성			낮음(→ 유동성)

- 이익의 종류와 관련하여 정책커뮤니티는 경제적 또는 전문 직업적 이익이 지배적이나, 이슈네트워크는 관련된 모든 이익이 망라된다.

16. 국가직 9급

바로 확인문제

1. 다음과 같은 특징이 나타나는 정책네트워크의 유형은?   24. 국가직 7급

> - 의회의 상임위원회 또는 분과위원회, 행정부처, 이익집단이 형성하는 정책네트워크를 의미한다.
> - 네트워크의 자율성과 안정성이 비교적 높다.
> - '철의 삼각' 개념과 거의 동일한 의미를 지닌다.

① 정책공동체 모형   ② 하위정부모형
③ 이슈네트워크 모형   ④ 협력적 거버넌스 모형

정답해설 의회의 상임위원회 또는 분과위원회, 행정부처, 이익집단으로 구성되고, 네트워크의 자율성과 안정성이 높으며, 철의 삼각과 같은 개념으로 사용되는 것은 하위정부모형이다.

답 | ②

2. 정책과정에서 '철의 삼각'에 해당하지 <u>않는</u> 것은?   24. 국가직 9급

① 의회 상임위원회   ② 행정부 관료
③ 이익집단   ④ 법원

정답해설 '철의 삼각'은 관련 이익집단, 행정부 관료, 의회 상임위원회로 구성된다. 법원은 이에 해당하지 않는다.

답 | ④

CHAPTER 02 마무리 기출 OX

다음 내용이 맞으면 O, 틀리면 X에 표시하시오.

01 사회 중심적 접근방법인 다원주의는 다양한 집단들의 선호를 반영하여 정책이 결정된다고 본다. 14. 국회직 8급 O | X

02 다원주의에 따르면 이익집단들 간 영향력의 차이는 있지만 전체적으로 균형을 유지하고 있다. 24. 해경승진 O | X

03 밀스(W. Mills)는 '명성접근법'을 사용하여 엘리트들을 분석한다. 23. 지방직 9급 O | X

04 무의사결정은 가치의 재분배를 추구하는 사람들에게 유리하게 작용한다. 13. 국회직 9급 O | X

05 무의사결정의 행태는 정책과정 중 정책문제 채택단계 이외에서도 일어난다. 23. 국가직 9급 O | X

06 규제정책은 특정 개인이나 집단에 대한 선택의 자유를 제한하는 유형의 정책으로 강제력이 특징이다. 21. 국가직 9급 O | X

07 분배정책은 사회계급적인 접근을 기반으로 이루어지기 때문에 규제정책보다 갈등이 더 가시적이다. 14. 지방직 9급 O | X

08 배분정책은 정책과정에서 이해당사자들 간에 로그롤링(log-rolling) 또는 포크배럴(pork barrel)과 같은 정치적 현상을 야기한다. 18. 지방직 7급 O | X

09 보호적 규제정책은 재배분정책보다 배분정책에 더 가까운 성격을 지닌다. 18. 지방직 9급 O | X

10 이슈네트워크는 정책공동체와 비교할 때 경계가 불분명하여 참여자들의 진입과 퇴장이 쉬운 편이다. 20. 지방직 7급 O | X

정답 및 해설

01 O **02** O **03** X **04** X **05** O **06** O **07** X **08** O **09** X **10** O

03 '명성접근법'을 사용하여 엘리트들을 분석한 학자는 헌터이다. 밀스는 '지위접근법'을 사용하였다.
04 가치의 재분배를 주장하는 사람들은 사회적 약자이고, 무의사결정은 이러한 사회적 약자의 주장을 억압하고 좌절시키는 역할을 한다. 즉, 무의사결정은 가치의 재분배를 추구하는 사람들에게 불리하게 작용한다.
07 사회계급적인 접근을 기반으로 이루어지는 것은 재분배정책이다. 분배정책은 이해관계를 바탕으로 이루어진다.
09 보호적 규제정책은 재분배정책에 가깝고, 경쟁적 규제정책이 배분정책에 가깝다.

CHAPTER 03 정책의제론

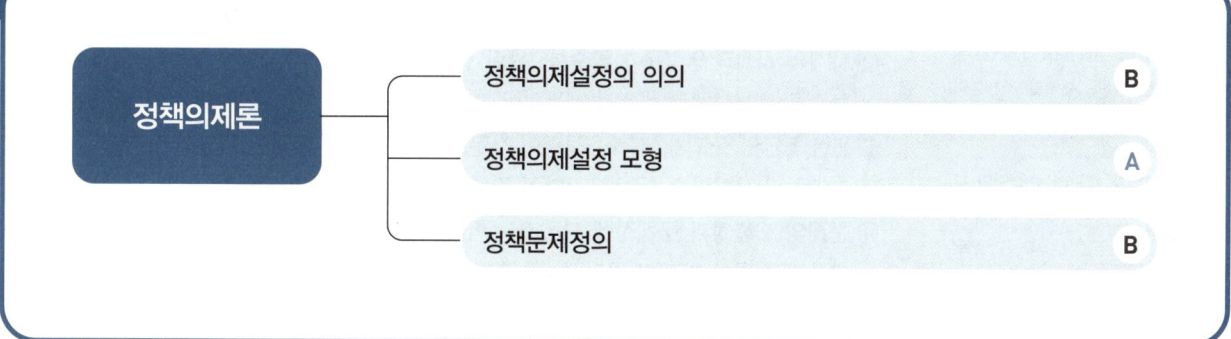

01 정책의제설정의 의의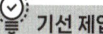

1 의의

(1) 개념

① 정책의제란 수많은 사회문제 중에서 정부가 공식적으로 해결하기로 결정한 문제를 뜻한다.
② 다원론에서는 어떤 사회문제로 인하여 고통을 받고 있는 집단이 있으면 이들의 지지를 필요로 하는 누군가에 의해 그 사회문제가 정책의제로 채택된다고 보았다.
③ 그러나 엘리트론은 사회의 지배 엘리트가 허용하는 문제만이 정책의제로 채택된다고 보았다.

(2) 대두배경

① 1960년대 흑인폭동을 계기로, '왜 어떤 문제는 공식적인 거론도 없이 방치되는가?'에 대한 반성에서 출발하였다.
② 이는 무의사결정론에 입각한 신엘리트론이 다원론을 비판한 것으로, 다원론의 주장처럼 모든 사회문제가 자동적으로 정부의제가 되는 것은 아니라는 주장이다.

2 특징

① 정책과정 중 가장 많은 갈등이 수반되는 정치적 과정(↔ 분석적 과정)으로, 주관적(↔ 객관적)이며, 자의적·인공적(↔ 자연발생적) 성격이 강하고, 고도의 복잡성과 역동성을 지닌 동태적(↔ 정태적) 과정이다.
② 정책의제가 설정되면 정책목표나 대안의 범위가 실질적으로 제시되고 제한되며, 정책의제에 따라 정책의 방향이나 성격, 내용 및 정책과정이 달라진다.

> **기선 제압**
>
> • '다양한 사회문제 중에서 정부가 적극적으로 개입하여 해결하기 위해 채택한 문제'를 정책의제라고 한다.
> 23. 군무원 9급

- 정책문제의 해결가능성이 높은 경우 정책의제로 채택될 가능성이 높다. 15. 국가직 9급

- 선례가 있어 관례화(routinized)된 경우 정책의제로 채택될 가능성이 높다. 15. 국가직 9급

- 정책의제화를 요구하는 집단의 규모가 큰 경우 정책의제로 채택될 가능성이 높다. 15. 국가직 9급

- 문제가 사회적 유의성이 높을수록 정책의제로 채택될 가능성이 높다. 13. 국가직 7급

- 이해관계자의 분포가 넓고 조직화 정도가 낮은 경우 정책의제로 채택될 가능성이 낮다. 15. 국가직 9급

3 변수

(1) 일반적 변수

① 문제의 해결가능성이 높을수록, 문제가 단순할수록, 기술적으로 이해하기 쉬울수록, 선례가 있고 일상적일수록, 결정자의 지시가 구체적일수록 의제화의 가능성이 크다.
② 문제의 사회적 영향력이 클수록, 관련 집단 간 첨예화된 쟁점일수록, 정책의 파급효과가 클수록 정책의제로 채택될 가능성이 크다.
③ 관련 집단의 규모가 크고 응집력이 강할수록, 문제를 인식하는 집단의 자원이 많을수록, 민주화된 사회일수록, 내부집단이 주도할수록 의제화의 가능성이 크다.
④ 문제의 포괄성과 구체성에 관해서는 학자들의 대립적 견해가 존재한다. 구체적이면 해결하기 쉽지만 갈등의 가능성이 높고, 포괄적이면 이해관계를 포용하기는 쉽지만 해결책을 제시하기는 어렵기 때문이다.

(2) 콥(R. Cobb)과 엘더(C. Elder)

① 구체성 및 포괄성: 포괄적인 문제일수록 이해관계자가 많아 의제화가 용이하다.
② 사회적 유의성: 사회적 관심이 높고 충격의 강도가 클수록 의제화가 용이하다.
③ 시간적 적절성: 누적되고 장기적 고통을 주는 문제일수록 의제화가 용이하다.
④ 기술적 복잡성: 단순하고 이해하기 쉬울수록 의제화가 용이하다.
⑤ 선례의 유무: 유사한 선례가 많을수록 의제화가 용이하다.

(3) 크렌슨(M. Crenson)

① 공해, 대중교통, 범죄예방, 정부조직개혁 등 전체적 이슈, 전체적 편익, 부분적 비용을 가져오는 문제는 정책의제로 채택되기 곤란하다.
② 수혜자 중심의 배분정책보다는 수혜자와 피해자가 명확하게 구분되는 규제정책이나 재분배정책이 비용부담자의 저항으로 인하여 의제화가 곤란하다.

4 유형

(1) 공식성 기준

① 공중의제: 정부에 의해 채택되기 전의 의제로, 체제의제, 토의의제, 환경의제로 불린다.
② 공식의제: 정부에 의해 채택된 후의 의제로, 제도의제, 행동의제, 정부의제로 불린다.
③ 공식의제의 성립단계: 외부주도형은 진입단계에서 공식의제로 되지만, 동원형과 내부접근형은 주도단계에서 이미 공식의제로 성립된다.

- 공식의제(official agenda)는 여러 가지 공공의제들 중에서 정부가 그 해결을 위하여 심각하게 관심과 행동을 집중하는 정부의제로 선별되는 상태를 말한다. 12. 지방직 7급

(2) 재량성 기준

① 강요된 의제: 정책결정자의 재량이 인정되지 않고 의무적으로 채택되는 의제로, 외부주도형과 관련된다.
② 채택된 의제: 의제의 선택에 있어 정책결정자의 재량이 주어진 의제로, 동원형과 관련된다.

(3) 기타

① 가의제: 상황의 일시적 무마를 위해 형식적으로 채택한 위장의제를 말한다.
② 운영의제: 특정 의제를 처리해 나가는 방법이나 절차에 관한 의제이다.

> 바로 확인문제

1. 정책의제설정과정에서 일반대중의 관심과 주의를 받고 있으며, 정부가 개입하여 문제를 해결하여야 한다고 인정되지만, 정부가 문제해결을 고려하기로 공식적으로 밝히지 <u>않은</u> 것은?

15. 지방직 7급

① 사회문제(social problem)
② 사회적 쟁점(social issue)
③ 공중의제(public agenda) 또는 체제의제(system agenda)
④ 정부의제(governmental agenda) 또는 제도의제(institutional agenda)

정답해설 일반대중의 관심과 주의를 받고 있으며, 정부가 개입하여 문제를 해결하여야 한다고 인정되지만, 아직까지 정부가 이를 공식적으로 밝히지 않은 것은 공중의제 또는 체제의제에 해당한다.

오답해설 ① 사회문제(social problem)는 사회의 많은 구성원들이 불편을 느끼는 문제를 말한다.
② 사회적 쟁점(social issue)은 문제의 원인과 해결책에 대하여 의견이 일치하지 않아 논쟁의 대상이 되는 사회문제로, 주도자와 점화장치가 필요하다.
④ 정부의제(governmental agenda)는 정부가 적극적으로 검토하기로 공식적으로 결정한 사회문제이다.

답 | ③

2. 다음 중 어떠한 정책문제가 정책의제로 채택될 가능성이 가장 낮은 경우는?

15. 국가직 9급

① 정책문제의 해결가능성이 높은 경우
② 이해관계자의 분포가 넓고 조직화 정도가 낮은 경우
③ 선례가 있어 관례화(routinized)된 경우
④ 정책의제화를 요구하는 집단의 규모가 큰 경우

정답해설 이해관계자의 분포가 넓은 전체적 이슈라 하여도 응집력이 약하다면 의제화는 어렵다.

오답해설 ① 정책문제의 해결가능성이 높을수록 의제화가 용이하다.
③ 선례가 있고 일상적이며 관례화된 문제는 해결하기 쉬우므로 의제화가 용이하다.
④ 관련 집단의 규모가 크고 응집력이 강할수록 의제화가 용이하다.

답 | ②

02 정책의제설정 모형 (A)

1 과정 기준

(1) 콥(R. Cobb)과 엘더(C. Elder)

① **사회문제(social problem):** 개인의 문제가 다수로부터 공감을 얻게 되어 많은 사람들의 문제로 인식된 상태를 말한다.
② **사회적 이슈(social issue):** 여러 가지 다른 견해를 갖는 다수의 집단들로 하여금 <u>논쟁</u>을 야기하며, <u>대중의 관심</u>을 집중하고 여론을 환기(→ <u>주도자</u>와 <u>점화장치</u>)시키는 상태이다.

- 사회문제(social problem)는 개인의 문제가 다수로부터 공감을 얻게 되어 많은 사람들의 문제로 인식된 상태를 말한다. 12. 지방직 7급

- 사회논제(social issue)는 사회문제가 여러 가지 다른 견해를 갖는 다수의 집단들로 하여금 논쟁을 야기하며, 일반인의 관심을 집중하고 여론을 환기시키는 상태를 말한다. 12. 지방직 7급

③ 체제의제(systemic agenda): 일반대중이 정부가 해결해야 한다고 요구하거나 공감하는 문제로, 어떤 방식이든 정부의 조치가 필요하고 이는 정부의 권한에 속한다고 믿는 사회문제이다.

④ 제도의제(institutional agenda): 정부가 공식적으로 검토하기로 결정한 사회문제로, 특정 쟁점에 대해 정책대안이나 수단을 모색할 수 있을 정도로 구체적인 상태이다.

- 일반대중이 정부가 해결방안을 강구해야 한다고 공감하는 문제를 체제의제라 한다. 19. 경찰간부

- 체제의제(systematic agenda)란 개인이나 민간차원에서 쉽사리 해결될 수 없어서 정부가 이를 해결해야 한다고 많은 사람들이 생각하는 정책적 해결 필요성이 있는 의제를 의미한다. 10. 국가직 7급

(2) 콥(R. Cobb)과 로스(J. Ross)

① 이슈의 제기(initiation): 평범한 일상어조로 고충이 표명되는 단계이다.
② 구체화(specification): 표명된 일반적 고충이 요구로 변하는 단계이다.
③ 확장(expansion): 이슈가 공중의제로 넘어가는 단계로 동일집단, 주의집단, 주의공중, 일반대중 순으로 확장된다.
④ 진입(entrance): 공중의제가 정부의제로 이동하는 단계이다.
⑤ 동일집단은 이슈제기집단과 자신들의 이해관계가 일치한다고 생각하는 집단을 말하고, 주의집단은 특정한 문제가 자신들의 이해관계와 밀접한 관계가 있는 집단을 말하며, 주의공중은 공중문제를 잘 알고 관심이 있는 여론 지도층을 말한다.

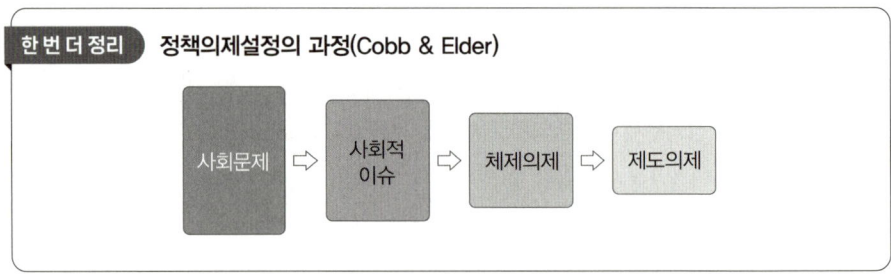

한 번 더 정리 — 정책의제설정의 과정(Cobb & Elder)
사회문제 ⇨ 사회적 이슈 ⇨ 체제의제 ⇨ 제도의제

2 주도자 기준

(1) 콥(R. Cobb)과 로스(J. Ross) 모형

① 외부주도형
  ㉠ 사회문제 → 사회적 이슈 → 공중의제 → 정부의제 순으로 진행되는 정책의제모형이다.
  ㉡ 외부집단(→ 이익집단, 언론, 정당, 일반대중 등)이 주도하여 사회문제가 정부의제로 채택되도록 강요하는 경우로, 허쉬만(A. Hirshman)은 이를 강요된 정책문제라 하였다.
  ㉢ 외부주도형은 정치과정을 통하여 사회적 이슈를 공식적 정책의제로 채택하는 전략적 과정을 설명하는 논리이며, 이익집단이 발달하고 정부가 외부의 요구에 민감하게 반응하는 선진국의 정치체제에서 주로 나타난다.
  ㉣ 특히, 주도집단과 반대집단의 진흙탕 싸움, 갈등의 점진적 해결 등 점증주의 모형의 특징이 나타난다.
  ㉤ 6·29 선언, 페놀오염사건, 복수노조, 금융실명제 등이 외부주도형의 사례로 거론된다.

- 외부주도형은 주로 정부 외부에서 문제가 제기되어 확산되고 공중의제화 단계를 거쳐 정책의제가 형성된다. 24. 국회직 8급

- 외부주도형 정책의제설정은 다원화된 정치체제에서 많이 나타난다. 20. 국가직 7급

② 동원형
  ㉠ 사회문제 → 정부의제(→ 주도단계) → 공중의제(→ 확산) 순으로 진행되는 정책의제모형이다.
  ㉡ 사회문제를 최고 결정자가 주도하여 정부의제로 채택한 후 공공관계(PR)를 통해 공중

- 동원형에서는 주로 정부 내 최고통치자나 고위정책결정자가 주도적으로 정부의제를 만든다. 20. 국가직 7급

으로 확산하는 모형으로, 허쉬만(A. Hirshman)은 이를 채택된 정책문제라 하였다.
ⓒ 주로 일당 독재국가처럼 정부의 힘이 강하고 민간 부문(이익집단)이 취약한 국가의 모형으로, 전문가의 영향력이 강하여 정책과정과 내용이 좀 더 분석적·장기적이며, 외부주도형에 비해 비교적 용이하게 의제가 설정된다.
ⓔ 그러나 전쟁의 개시와 같은 결정은 선진국에서도 동원형으로 정책의제화될 수 있다.
ⓕ 새마을운동, 경부고속도로, 올림픽·월드컵, 제2건국운동, 전자주민카드 등이 동원형의 사례로 거론된다.

③ 내부접근형
  ㉠ 내부접근형도 동원형처럼 정책담당자들에 의해서 자발적으로 정책의제화가 진행되는 모형이지만, 정책의 확장이 정책과 관련된 특정한 집단들에 한정된다는 점에서 동원형과 다르다.
  ㉡ 내부접근형은 사회문제가 바로 정부의제로 된 후 공중의제는 차단되므로 음모형으로도 불리며, 일반대중이 사전에 알면 곤란하거나 시간적으로 급박한 경우에 주로 나타난다.
  ㉢ 내부접근형은 관련 부처 또는 정부기관 내 정책결정자에게 쉽게 접근할 수 있는 관련 외부집단에 의해 주도되어 정부의제화되는 모형으로, 그 사례는 주로 배분정책에서 찾을 수 있다.
  ㉣ 내부접근형은 동원형에 비하여 낮은 지위의 관료들이 주도하며, 부나 권력이 집중된 국가 또는 관료들이 발전을 주도하는 국가에서 주로 발생한다.
  ㉤ 무기구입, 마산수출자유지역 지정, 이동통신사업자 선정, 금강산 관광 등이 내부접근형의 사례로 거론된다.

- 동원형은 정부 내부의 정책결정자가 주도적으로 정책의제를 설정하고, 대중의 지지와 순응을 확보하기 위한 노력이 이어진다. 24. 경찰승진

- 동원형은 정부의 힘이 강하고 이익집단의 역할이 취약한 후진국에서 일반적으로 많이 나타난다. 16. 지방직 7급

- 내부접근형에서 정부기관 내부의 집단 혹은 정책결정자와 빈번히 접촉하는 집단은 공중의제화하는 것을 꺼린다. 20. 국가직 7급

- 내부접근형에서는 특별히 의사결정자들에게 접근할 수 있는 영향력 있는 집단이 정책을 주도한다. 22. 지방직 9급

> **바로 확인문제**

1. 다음은 콥(R. Cobb)과 로스(J. Ross)가 제시한 의제설정과정이다. (가)~(다)에 들어갈 유형을 바르게 연결한 것은?   21. 지방직 7급

- (가) : 사회문제 → 정부의제
- (나) : 사회문제 → 공중의제 → 정부의제
- (다) : 사회문제 → 정부의제 → 공중의제

	(가)	(나)	(다)
①	동원형	외부주도형	내부접근형
②	내부접근형	동원형	외부주도형
③	외부주도형	내부접근형	동원형
④	내부접근형	외부주도형	동원형

정답해설 (가) 사회문제가 바로 정부의제로 채택된 후 공중의제가 차단되는 것은 내부접근형이다.
(나) 사회문제가 공중의제를 거친 후 정부의제로 채택되는 것은 외부주도형이다.
(다) 사회문제가 정부의제로 채택된 후 행정PR을 통해 공중의제로 확산되는 것은 동원형이다.

답 | ④

2. 정책의제설정과정의 유형에 대한 설명으로 옳지 않은 것은? 22. 지방직 7급

① 내부접근모형에서는 일반 시민의 지지를 얻기 위해 관료집단이 주도한 의제가 정부의 홍보활동을 통해 공중의제로 확산된다.
② 동원모형은 정치지도자의 지시에 따라 사회문제가 바로 정부의제로 채택되며 정부의 힘이 강하고 민간 부문이 취약한 후진국에서 자주 볼 수 있다.
③ 외부주도형은 이익집단들에 의해 제기된 문제가 여론을 형성해 공중의제로 전환되며 정부가 외부의 요구에 민감하게 반응하는 정치체제에서 자주 볼 수 있다.
④ 공고화모형에서는 이미 광범위한 일반 대중의 지지가 있는 경우에, 정부는 동원 노력보다는 이미 존재하는 지지를 그대로 공고화해 의제를 설정한다.

> **정답해설** 내부접근모형은 정책과 관련된 내외 집단에 의해 주도되지만 정부의 홍보활동을 거치지 않고 공중의제로 확산되지 않는다.
>
> **오답해설** ② 동원모형은 최고책임자가 주도하고 행정PR을 통해 대중으로 확산시키는 모형으로, 다원화된 선진국보다는 정부의 힘이 강한 후진국에서 자주 볼 수 있는 의제설정모형이다.
> ③ 외부주도형은 언론이나 일반대중의 요구나 공감에 의해 정부의제로 채택되는 모형으로, 정부가 민간의 요구에 민감하게 반응하는 다원주의 혹은 선진국 사회에서 자주 볼 수 있다.
> ④ 공고화모형은 민간의 지지를 받고 있으므로 정부의 동원 노력이 상대적으로 불필요하다.
>
> 답 | ①

03 정책문제정의 　　B

1 정책문제

- 정책문제는 공공성, 인공성, 상호의존성, 주관성 등의 특징을 지닌다. 07. 서울시 9급

① 정책문제란 수많은 사회문제 중에서 정부의 정책적 고려의 대상이 되어야 할 사회문제를 말한다.
② 정책문제는 주관적·인공적이고, 역사적이며 상호의존성이 강하여 맥락적으로 파악하여야 한다.
③ 또한 정책문제는 시간이 지남에 따라 변하는 동태적 성격을 지닌다.

- 정책문제는 복잡 다양하며 상호의존적이다. 10. 국가직 7급

2 정책문제정의

(1) 개념

① 정책문제의 정의란 정책문제의 원인, 결과 그리고 이들의 인과관계를 살피는 것으로, 문제의 범위와 크기 및 강도, 문제의 심각성, 피해계층, 진행상황 등을 파악하는 것이다.
② 문제의 유형
　㉠ 잘 정의된 문제: 전통적 기법(→ 관리과학)의 활용
　㉡ 어느 정도 정의된 문제: 모의실험이나 게임이론의 활용
　㉢ 정의되지 않은 문제: 제3종 오류의 발생(→ 문제구조화기법의 활용)
③ 고려요인: 관련 요소의 파악, 가치의 판단, 역사적 맥락의 파악, 인과관계의 파악

- 던(W. Dunn)은 정책문제를 구조화가 잘된 문제, 어느 정도 구조화된 문제, 구조화가 잘 안된 문제로 분류한다. 17. 지방직 9급

(2) 중요성

① 정책문제가 잘못 정의될 경우 후속 과정인 목표설정과 대안탐색 및 대안선택 등이 잘못된다.
② 이는 공식적인 문제정의와 실질적인 문제 상황의 괴리로, 이를 제3종 오류(→ 메타오류)라 한다.
③ 또한 정책문제가 정의되면 실질적으로 정책목표와 정책대안이 한정된다.

• 제3종 오류는 가치중립적인 판단은 비현실적이라는 관점에서 출발한다.
12. 국회직 8급

> **한 번 더 정리** 정책분석의 오류
>
>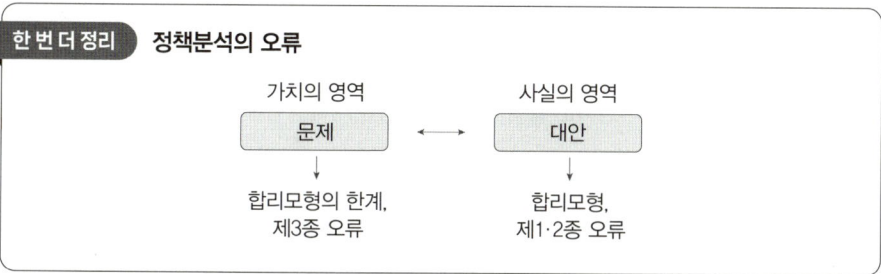

바로 확인문제

1. 통계적 결론의 타당성 확보에 있어서 발생할 수 있는 오류와 그에 대한 설명을 바르게 연결한 것은?
15. 국가직 9급

> ㄱ. 정책이나 프로그램의 효과가 실제로 발생하였음에도 불구하고 통계적으로 효과가 나타나지 않은 것으로 결론을 내리는 경우
> ㄴ. 정책의 대상이 되는 문제 자체에 대한 정의를 잘못 내리는 경우
> ㄷ. 정책이나 프로그램의 효과가 실제로 발생하지 않았음에도 불구하고 통계적으로 효과가 나타난 것으로 결론을 내리는 경우

	제1종 오류	제2종 오류	제3종 오류
①	ㄱ	ㄴ	ㄷ
②	ㄱ	ㄷ	ㄴ
③	ㄴ	ㄱ	ㄷ
④	ㄷ	ㄱ	ㄴ

정답해설 ㄱ. 정책이나 프로그램의 효과가 실제로 발생하였음에도 불구하고 통계적으로 효과가 나타나지 않은 것으로 결론을 내리는 것은 제2종 오류이다.
ㄴ. 정책의 대상이 되는 문제 자체에 대한 정의를 잘못 내리는 것은 제3종 오류이다.
ㄷ. 정책이나 프로그램의 효과가 실제로 발생하지 않았음에도 불구하고 통계적으로 효과가 나타난 것으로 결론을 내리는 것은 제1종 오류이다.

답 | ④

CHAPTER 03 마무리 기출 OX

다음 내용이 맞으면 O, 틀리면 X에 표시하시오.

01 정책의제설정은 다양한 사회문제 중 특정한 문제가 정부의 정책에 의해 해결되기 위해 하나의 의제로 채택되는 과정이다. 13. 국회직 8급   O | X

02 복잡하고 다양한 변화가 발생하는 현대 사회에서 야기되는 사회문제는 개인이 해결하기 어렵기 때문에 모두 정책의제가 된다. 13. 국가직 9급   O | X

03 선례가 있는 문제들은 의제로 채택될 가능성이 낮다. 13. 국가직 7급   O | X

04 콥(R. Cobb)과 엘더(C. Elder)는 사회문제–사회적 이슈–제도의제–체제의제의 순서로 정책의제가 선택됨을 설명하고 있다. 12. 지방직 7급   O | X

05 공중(public)의 지지를 확보하기 위하여 정책의제의 중요성을 인식시켜 나가는 단계를 확산과정이라 한다. 21. 지방직 7급   O | X

06 외부주도형은 환경으로부터 쟁점(issue)이 제기되어 최종적으로 정책의제로 성립되는 모형이다. 12. 국가직 7급   O | X

07 동원모형은 행정부의 영향력이 작고 민간부문이 발전된 선진국에서 많이 나타나는 모형이다. 16. 경찰승진   O | X

08 내부접근형은 대중의 지지를 획득하기 위한 공중의제화 과정이 없다는 점에서 이를 거치는 동원형과 다르다. 15. 서울시 7급   O | X

09 정책문제의 정의는 주관적이며 자연발생적인 성격을 띠는 복잡 다양하고 상호의존적인 과정이다. 10. 국가직 7급   O | X

10 정책이나 프로그램의 효과가 실제로 발생하였음에도 불구하고 통계적으로 효과가 나타나지 않은 것으로 결론을 내리는 것을 제1종 오류라 한다. 15. 국가직 9급   O | X

정답 및 해설

01 O 02 × 03 × 04 × 05 O 06 O 07 × 08 O 09 × 10 ×

02 자원 및 능력의 한계로 인하여 모든 사회문제가 정책의제가 되는 것은 아니며, 수많은 사회문제 중 일부만이 정책의제로 된다.
03 선례가 있는 문제들은 해결가능성이 높으므로 정책의제로의 채택가능성이 높다.
04 체제의제가 먼저 일어나고 그 다음이 제도의제이다.
07 행정부의 영향력이 작고 민간부문이 발전된 선진국에서 많이 나타나는 모형은 외부주도형이다.
09 정책문제의 정의는 주관적이고 인공적이다.
10 정책이나 프로그램의 효과가 실제로 발생하였음에도 불구하고 통계적으로 효과가 나타나지 않은 것으로 결론을 내리는 것은 제2종 오류이다.

CHAPTER 04 정책결정론

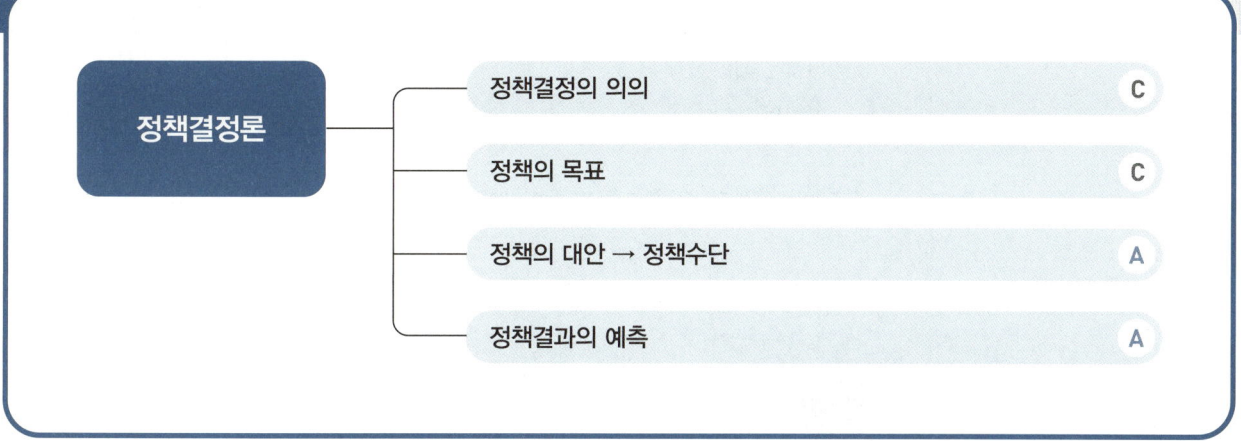

01 정책결정의 의의

1 의의

(1) 개념

① 정책결정이란 정책문제를 해결하기 위해 목표를 설정하고, 이를 달성할 수 있는 여러 대안들을 고안하고 검토한 후 최선의 대안을 채택하는 활동으로, 이스턴(D. Easton)의 체제이론에 따르면 전환단계에 해당된다.
② 복수의 대안 중에서 최적의 대안을 선택하는 행위라는 점에서 의사결정과 유사하지만 정책결정이 의사결정보다는 정치적·권력적·공공적·공익적 성격이 더 강하다.

(2) 특징

① 정책결정은 불특정 다수와 관련된 공공성을 지닌다.
② 정책결정은 미래의 바람직한 상태를 추구하는 미래지향적인 활동이며, 다수의 이해가 개입된 가치결정의 영역이므로 정치적 성격을 띤다.
③ 정책결정은 동시에 최적 대안의 선택을 위한 분석적 노력이라는 합리적 성격도 지닌다.

2 과정

① 문제의 인지와 정의
② 정책목표의 설정: 내용의 적합성(appropriateness)과 수준의 적정성(adequacy)
③ 정책대안의 탐색과 개발
④ 정책대안의 결과 예측: 추세연장(→ 투사), 이론적 예측(→ 예언), 직관적 예측(→ 추측)
⑤ 정책대안의 비교와 평가: 소망성과 실현가능성(→ 제약조건)
⑥ 최적대안의 선택

💡 기선 제압

> **바로 확인문제**
>
> **1.** 정책문제를 올바르게 정의하기 위해서 고려해야 할 요소로 보기 어려운 것은? 11. 서울시 9급
> ① 정책목표의 설정 ② 관련 요소의 파악
> ③ 역사적 맥락의 파악 ④ 인과관계의 파악
> ⑤ 가치의 판단
>
> **정답해설** 정책목표의 설정은 정책문제가 정의된 이후에 이루어진다.
>
> 답 | ①

02 정책의 목표

1 의의

① 정책목표란 정책을 통해 달성하고자 하는 미래의 바람직한 상태 또는 정책이 지향하는 궁극적인 방향을 말한다.
② 바람직한 정책목표를 설정하기 위해서는 내용의 타당성(→ 적합성), 목표수준의 적절성, 내적 일관성 등이 요구된다.
③ 정책목표는 공공성, 규범성과 창조성, 미래지향성, 다차원성, 목적수단의 체계성 등의 특징을 지니며, 대안의 탐색과 분석의 기준, 정책집행의 기준, 정책평가의 기준 등의 역할을 수행한다.
④ 한편, 적합성(appropriateness)이란 사회적으로 가장 바람직한 정책목표를 채택하였는지 여부 혹은 정책목표가 국민의 여망이나 사회적 가치를 반영한 정도를 말하고, 적절성(adequacy)이란 적합성 있게 설정된 정책목표가 요구되는 사회문제를 충분히 해결할 만한 수준인지의 여부를 말한다.
⑤ 양자를 비교하면 적절성(adequacy)은 수단 개념이고 적합성(appropriateness)은 목표 개념에 해당한다.

- 정책목표는 정책결정과정에서 대안 선택의 기준이 된다. 24. 국회직 9급
- 정책목표는 정책집행과정에서 활동지침으로서의 역할을 한다. 24. 국회직 9급
- 적합성은 추구하는 목표가 그 사회의 이념이나 가치를 가장 잘 반영하고 있는지를 평가하는 정책목표의 평가기준이다. 06. 서울시 7급

한 번 더 정리 정책목표의 역할

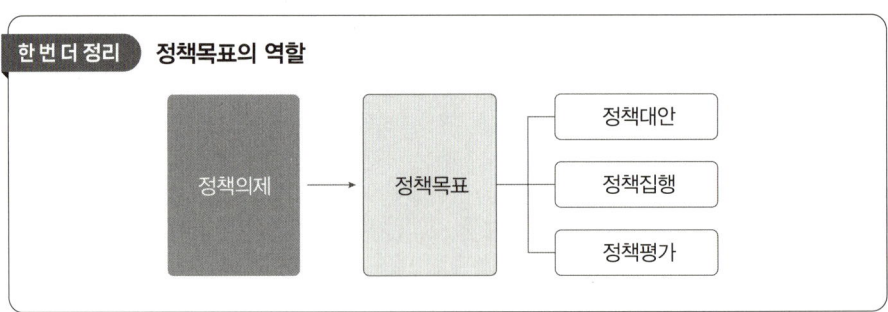

2 유형

(1) 공식성 기준
① 공식목표: 법령 또는 직제에 명시된 목표를 말한다.
② 실질목표: 운영목표 또는 비공식적 목표를 말한다.

(2) 위계 기준
① 상위목표: 조직의 기본목표로, 일반적·추상적·거시적·전략적 성격을 지닌 좀 더 질적인 목표이다.
② 하위목표: 상위목표를 달성하는 수단으로, 구체적·미시적·전술적·도구적 성격을 지닌 좀 더 양적인 목표이다.

(3) 추상성 기준
① 무형목표: 추상적·일반적·장기적·질적·거시적 속성의 목표로, 대체로 상위목표와 관련된다.
② 유형목표: 현실적·부문적·단기적·양적·미시적 속성의 목표로, 대체로 하위목표와 관련된다.

무형목표의 장점	무형목표의 단점
① 해석의 융통성 확보 ② 상황 변화에 대한 용이한 대응 ③ 대립되는 이해관계의 포용	① 목표달성 여부의 측정 곤란 ② 구체적인 업무기준의 제시 곤란 ③ 목표전환의 야기

(4) 방향기준
① 치료적 목표: 문제의 발생 이전으로의 복귀 또는 과거에 경험했던 상태로의 복귀를 추구하는 사후적이고 소극적 성격을 지닌 목표를 말한다.
② 창조적 목표: 문제의 발생 전에 이를 예방하는 것 또는 과거에 경험하지 못했던 상태로의 이전을 추구하는 예방적이고 적극적 성격을 지닌 목표를 말한다.

> **바로 확인문제**

1. 정책목표의 소망성을 평가하는 기준의 하나로, 추구하는 목표가 그 사회의 이념이나 가치를 가장 잘 반영하고 있는지를 평가하는 기준은?   06. 서울시 7급

① 적합성
② 능률성
③ 효과성
④ 형평성
⑤ 적절성

> **정답해설** 추구하는 목표가 그 사회의 이념이나 가치를 가장 잘 반영하고 있는지를 평가하는 기준은 적합성이다.
> 답 | ①

2. 정책목표에 대한 설명으로 옳은 것만을 〈보기〉에서 모두 고르면? 24. 국회직 9급

> **보기**
> ㄱ. 가치판단에 의존하기 때문에 주관적인 특성이 있다.
> ㄴ. 정책적 해결을 위해 정책문제로 채택된 사회문제이다.
> ㄷ. 정책결정과정에서 대안선택의 기준이 된다.
> ㄹ. 정책집행과정에서 활동지침으로서의 역할을 한다.
> ㅁ. 정책평가과정에서 중요한 평가기준이 된다.

① ㄱ, ㄴ
② ㄱ, ㄷ, ㄹ
③ ㄴ, ㄷ, ㄹ
④ ㄱ, ㄷ, ㄹ, ㅁ
⑤ ㄱ, ㄴ, ㄷ, ㄹ, ㅁ

정답해설 ㄱ. 정책목표는 주관적이고 인공적인 성격을 지닌다.
ㄷ, ㄹ, ㅁ. 정책목표는 정책대안의 선택기준, 정책집행과 정책평가의 기준으로 작용한다.

오답해설 ㄴ. 정책적 해결을 위해 정책문제로 채택된 사회문제는 정책의제이다.

답 | ④

03 정책의 대안 → 정책수단 A

- 정책행위자들은 실질적인 제약과 절차적인 제약 하에서 대안을 선택하게 된다. 11. 지방직 7급

- 정책대안 선택의 기준들 사이에는 갈등이 있을 수 있다. 13. 국가직 9급

1 의의

(1) 개념
① 정책대안이란 정책목표를 달성해 줄 수 있는 채택 가능한 수단을 말한다.
② 그리고 대안의 탐색은 정책목표를 달성해 줄 수 있는 채택 가능한 수단들을 소극적으로 식별하거나 적극적으로 창출하는 과정이다.
③ 수단의 유형: 실질적·도구적 수단, 실행적·보조적 수단(→ 조직, 인력, 물자, 법률 등)

(2) 대안의 원천
① 과거의 정책사례, 외국이나 다른 지방자치단체의 경험(→ 귀납법)
② 알고 있는 지식, 이론, 기술 등을 바탕으로 한 이론적 모형(→ 연역법)
③ 브레인스토밍, 정책델파이 등 주관적이고 직관적인 방법(→ 직관적 기법)

2 평가기준

(1) 실현가능성 → 정책으로 채택되고 집행될 가능성
① 기술적 실현가능성
② 재정적 실현가능성
③ 행정적 실현가능성(→ 조직과 인력)
④ 법적·윤리적 실현가능성
⑤ 정치적 실현가능성

(2) **소망성** → **나카무라**(R. Nakamura)**와 스몰우드**(F. Smallwood)

① 노력: 투입된 질적·양적 에너지(→ 비용) 양
② 능률성: 투입 대비 산출의 비율
③ 효과성: 목표의 달성도, 투입보다는 결과를 강조하며 비용은 고려하지 않음
④ 형평성: 비용과 편익이 개인에게 얼마나 동등하게 배분되었는지의 정도
⑤ 대응성: 외부집단의 만족도

한 번 더 정리 정책대안의 평가 기준

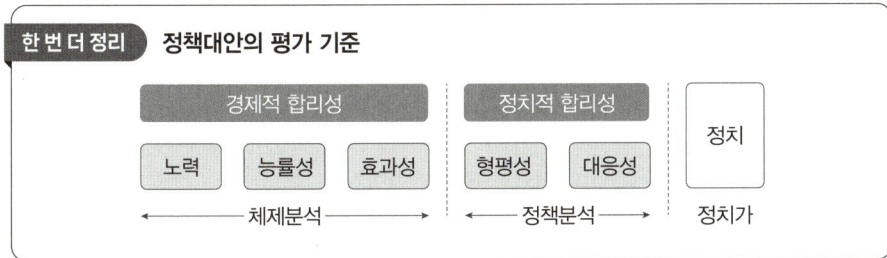

바로 확인문제

1. 나카무라(R. Nakamura)와 스몰우드(F. Smallwood)가 정책대안의 소망스러움(desirability)을 평가하는 기준으로 제시하지 않은 것은? 11. 지방직 9급

① 노력 ② 능률성
③ 효과성 ④ 실현가능성

정답해설 정책대안의 평가기준은 크게 실현가능성과 소망성으로 나눌 수 있으며, 실현가능성은 정책대안을 채택함에 있어 제약조건에 해당한다. 한편, 나카무라(R. Nakamura)와 스몰우드(F. Smallwood)는 정책대안의 소망성 기준으로 노력, 능률성, 효과성, 형평성, 대응성 등을 제시하였다.

오답해설 ① 노력은 사업에 투입된 질적·양적 투입물이나 에너지의 양으로, 결과는 고려하지 않는다.
② 능률성은 투입과 산출의 비율로, 비용과 관련시켜 대안을 평가하는 기준이다.
③ 효과성은 목표달성도로, 노력 그 자체보다는 결과를 강조하며, 비용은 고려하지 않는다.

답 | ④

04 정책결과의 예측 A

1 의의

① 결과의 예측은 정책의 결과로 나타날 미래의 변화에 관한 정보를 제공하는 것과 관련된다.
② 잠재적 미래: 나타날 수도 있는 미래의 상태
③ 개연적 미래: 정책의 개입이 없을 때 나타날 것으로 예상되는 미래의 상태
④ 규범적 미래: 정책결정자가 추구하는 바람직한 미래의 상태

2 직관적 예측기법

(1) 브레인스토밍(brainstorming) → 집단자유토론

① 브레인스토밍은 즉흥적이고 자유로운 분위기 속에서 창의적 아이디어를 도출하는 기법으로, 광범위하고 복잡한 문제보다는 주제가 한정된 경우에 적합한 회의이다.
② 브레인스토밍은 제시된 의견에 대한 비판보다는 창조적 대안의 제시에 집중하므로, 아이디어 개발단계에서는 개방적이고 자유로운 분위기가 유지되어야 하며, 우스꽝스럽거나 비현실적인 아이디어의 제안도 허용해야 한다.
③ 즉, 브레인스토밍은 아이디어의 개발과정에서는 비판과 평가가 금지되고, 모든 아이디어가 총망라된 후 평가과정으로 이어진다.
④ 또한 브레인스토밍은 이미 제시된 여러 아이디어를 종합하여 새로운 아이디어를 만들어 내는 편승기법(piggy backing)의 사용을 적극 권장한다.
⑤ 그러나 브레인스토밍은 전형적인 대면토론 방식의 집단적 문제해결방법이므로 구성원 간 마찰이 심화될 수 있고, 다수 의견의 횡포가 발생할 수 있다는 문제점이 있다.
⑥ 특징: 비판의 최소화(→ 평가의 보류), 질보다는 양(→ 좋은 아이디어보다 많은 아이디어), 편승기법, 대면토론 등

(2) 델파이기법(→ 전문가 합의법)

① 개념
　㉠ 델파이기법은 상호 토론 없이 독자적으로 형성된 전문가들의 판단을 종합·정리하여 합의를 이끌어내는 기법이다.
　㉡ 델파이기법은 미국의 랜드연구소에서 개발(1948)되었으며, 해당 분야에 대한 체계적인 이론과 지식이 부족할 때 유용하다.
　㉢ 델파이기법에서 전문가 집단의 의사소통은 구조화된 설문지를 통해 반복적으로 이루어지며, 전문가들은 익명성이 보장된 상태에서 답변하고 이를 수정할 수 있다.

② 특징 → 하향적 흐름
　㉠ 익명성: 참여자들의 익명성 보장을 통한 대면토론의 문제점 해소
　㉡ 반복성: 판단을 집계하여 반복적으로 배부 → 의견의 수정기회 제공
　㉢ 통계처리 및 통제된 환류: 응답을 요약하여 종합된 판단을 수치로 전달
　㉣ 전문가의 합의 도모: 근접된 의견의 도출

③ 장점
　㉠ 익명성: 외부 영향력(→ 구성원 간 성격마찰, 감정대립, 지배적 성향자의 독주, 다수의 횡포 등)에 의한 결론의 왜곡 방지(→ 솔직한 견해의 확보) 및 집단사고의 예방
　㉡ 수정기회의 제공: 예측 오차의 최소화
　㉢ 지속적인 반복: 집중력의 향상
　㉣ 의견의 일치 유도: 전문가들의 창의적 생각의 결집

④ 단점
　㉠ 각 개인의 주관적 판단 → 낮은 과학성과 객관성
　㉡ 전문가의 선정기준과 역량 파악의 곤란성
　㉢ 익명성으로 인한 무책임하거나 불성실한 대답

- 브레인스토밍은 즉흥적이고 자유로운 분위기에서 창의적 의견이나 독창적 아이디어를 만들어내는 집단토의기법이다. 23. 경찰간부

- 브레인스토밍 과정에서는 타인의 아이디어를 비판하거나 평가하지 말아야 한다. 19. 지방직 9급

- 델파이기법은 익명성이 유지되는 사람들이 각각 독자적으로 형성한 판단을 조합·정리한다. 09. 국가직 7급

- 미국 랜드(RAND) 연구소에서 개발된 것으로, 전문가들을 대상으로 설문을 반복하여 특정 주제에 대한 합의를 도출하는 접근방식은 델파이기법이다. 16. 지방직 9급

- 델파이기법에서 전문가 집단의 의사소통은 구조화된 설문지를 통해 반복적으로 이루어진다. 17. 국가직 9급(하)

② 다른 사람의 생각에 대한 비판기회의 부족 → 창조적 아이디어 도출의 제약
⑩ 설문방식에 따른 응답 → 답변의 조작가능성

(3) 정책델파이

① 개념
  ㉠ 델파이기법의 논리를 적용하여 이슈의 잠정적 해결안을 작성하고, 이에 대한 강력한 반대의견의 창출과정을 통해 정책대안을 개발하는 기법이다.
  ㉡ 정책델파이는 정책문제의 성격이나 원인, 결과 등에 대해 전문성과 통찰력을 지닌 사람들이 참여하므로, 일반적인 델파이와 달리 개인의 이해관계나 가치판단이 개입될 수 있다.
  ㉢ 초기에는 델파이기법과 같이 익명성을 유지하지만, 상반된 주장이 나온 후에는 화상회의 등을 통해 대면토론하며, 설문과 통제에 의한 환류과정을 거치되 이원화된 통계처리를 강조한다는 점에서 전통적 델파이기법과 구별된다.

> 정책델파이는 대립되는 입장에 내재된 가정과 논증을 표면화시키고 명백하게 하기 위하여 노력한다.
> 21. 국가직 7급

② 특징
  ㉠ **선택적 익명성**: 초기에는 익명성 유지, 상반된 주장이 나온 후에는 대면토론
  ㉡ **식견 있는 다수의 창도**: 전문가 외에 이해당사자까지 포함
  ㉢ **유도된 의견대립**: 의도적인 갈등의 조장을 통한 창의적 대안의 도출
  ㉣ **양극화된 통계처리**: 근접된 의견보다는 극단적인 의견의 부각

구분	델파이 기법	정책델파이
적용영역	일반문제	정책문제
목적	합의 도출	의견표출(→ 구조화된 갈등)
응답자	동일 영역의 전문가	식견 있는 다양한 창도자
익명성	익명성	선택적 익명성
통계처리	의견의 평균값 중시	양극화된 통계처리

(4) 기타

① **교차영향분석**: 조건 확률을 통해 선행사건의 발생에 따른 특정 사건의 발생가능성을 예측하고, 두 사건의 상호작용이 미치는 잠재적 효과를 분석하는 기법으로, 랜드연구소에서 개발하였다. 조건 확률이란 A가 일어났다는 제약 하에 B가 일어날 확률을 말한다.
② **실현가능분석**: 정책 관련자들의 미래 행태를 예측하는 기법으로, 주로 정치적 실현가능성에 초점을 두며 정책대안의 반대자 또는 지지자들의 예상되는 영향력을 예측하고자 한다.
③ **변증법적 토론**: 대립적인 두개의 팀으로 나누어 토론하면서 합의를 형성하는 기법이다.
④ **지명반론자기법**(devil's advocate method): 인위적으로 특정 조직원 또는 집단을 반론을 제기하는 집단으로 지정해 고의적으로 제시되는 대안의 약점을 적극적으로 지적하는 기법이다.
⑤ **명목집단기법**: 문제해결에 참여하는 개인들이 익명으로 해결방안을 구상하고 제한된 집단토론을 거친 후 해결방안에 대해 표결하는 방법으로, 토론의 방만함을 방지하고 의견을 고르게 개진할 수 있다는 장점을 지닌다.

> 변증법적 토론은 두 집단으로 나누어 토론을 하기 때문에 특정 대안의 장점과 단점이 최대한 노출될 수 있다.
> 13. 국가직 7급

> 명목집단기법은 개인들이 개별적으로 해결방안을 구상하고 그에 대해 제한된 집단적 토론만 한 다음, 표결로 의사를 결정하는 방법이다.
> 13. 국가직 7급

> **바로 확인문제**

1. 정책델파이(policy delphi) 기법에 대한 설명으로 옳지 않은 것은? 21. 국가직 7급

① 대립되는 입장에 내재된 가정과 논증을 표면화시키고 명백하게 하기 위하여 노력한다.
② 개인의 판단을 집약할 때, 불일치와 갈등을 의도적으로 강조하는 수치를 사용한다.
③ 정책대안에 대한 주장들이 표면화된 후에는 참가자들로 하여금 비공개적으로 토론을 벌이게 한다.
④ 참가자를 선발하는 과정은 전문성 자체보다는 이해관계와 식견이라는 기준에 바탕을 둔다.

정답해설 정책델파이는 모든 의견이 표출된 후에는 공개적인 토론이 진행된다.

오답해설 ① 정책델파이는 전문가의 합의보다는 다양한 의견의 표출을 중시한다.
② 정책델파이는 다양한 의견의 표출을 중시하므로 평균적 의견보다는 갈등을 유도할 수 있는 극단적 의견이 강조될 수 있는 수치를 사용한다.
④ 정책델파이는 다양한 의견의 표출을 중시하므로 전문성보다는 이해관계나 관련 문제에 대한 식견을 중심으로 참가자를 선발한다.

답 | ③

2. 미래예측기법에 대한 설명으로 연결이 옳은 것은? 23. 경찰간부

가. 관련 사건의 발생 여부에 기초하여 미래 특정 사건의 발생 가능성에 대한 판단을 이끌어내는 분석기법
나. 즉흥적이고 자유로운 분위기에서 창의적 의견이나 독창적 아이디어를 만들어내는 집단토의기법
다. 전문적 지식과 경험을 가진 익명성이 보장된 사람들을 대상으로 반복적인 설문조사 과정을 통해 의견조정과 합의를 유도하는 기법

	가	나	다
①	델파이	브레인스토밍	교차영향분석
②	교차영향분석	브레인스토밍	델파이
③	브레인스토밍	델파이	교차영향분석
④	교차영향분석	델파이	브레인스토밍

정답해설 가. 관련 사건의 발생 여부에 기초하여 미래 특정 사건의 발생 가능성에 대한 판단을 이끌어내는 분석기법은 교차영향분석이다.
나. 즉흥적이고 자유로운 분위기에서 창의적 의견이나 독창적 아이디어를 만들어내는 집단토의기법은 브레인스토밍이다.
다. 전문적 지식과 경험을 가진 익명성이 보장된 사람들을 대상으로 반복적인 설문조사 과정을 통해 의견조정과 합의를 유도하는 기법은 델파이기법이다.

답 | ②

CHAPTER 04 마무리 기출 OX

다음 내용이 맞으면 O, 틀리면 X에 표시하시오.

01 적절성(adequacy)이 목표 개념이라고 한다면 적합성(appropriateness)은 상대적으로 수단 개념에 해당한다. O | X
06. 서울시 7급

02 정책을 세웠으나 인력부족으로 실현할 수 없는 것은 재정적 실현가능성을 고려하지 못한 것이다. 11. 지방직 9급 O | X

03 살라몬(L. Salamon)에 의하면 경제적 규제, 바우처, 조세지출, 직접대출 중 강제성이 가장 높은 정책도구는 직접대출이다. 22. 지방직 9급 O | X

04 미국의 랜드연구소에서 개발된 브레인스토밍은 전문가들을 대상으로 설문을 반복하여 특정 주제에 대한 합의를 도출하는 접근방식이다. 16. 지방직 9급 O | X

05 브레인스토밍을 통해 새로운 아이디어를 만들기 위해서는 초기 단계에서 타인의 아이디어를 비판하거나 평가하지 말아야 한다. 17. 경찰승진 O | X

06 전통적 델파이 기법은 전문가들의 다양성을 고려해 의견일치를 유도하지 않는다. 19. 지방직 9급 O | X

07 델파이기법은 집단사고(group think)를 방지할 수 있다는 장점을 지닌다. 10. 국회직 8급 O | X

08 델파이기법은 익명성을 유지하므로 솔직한 답변을 유도하며 의사표현에 있어 외부의 영향을 적게 받는다. 16. 경찰승진 O | X

09 정책델파이는 대립되는 입장에 내재된 가정과 논증을 표면화시키고 명백하게 하기 위하여 노력한다. 21. 국가직 7급 O | X

10 이원화된 통계처리를 강조하는 정책델파이는 익명으로 진행되는 델파이의 문제점을 토론으로 보완하고자 한다. 12. 지방직 9급 O | X

정답 및 해설

01 X **02** X **03** X **04** X **05** O **06** X **07** O **08** O **09** O **10** O

01 적합성(appropriateness)이 상대적으로 목표 개념이고 적절성(adequacy)이 수단 개념이다.
02 조직력과 인력은 행정적 실현가능성으로 분류된다.
03 강제성이 가장 높은 정책도구는 경제적 규제이다.
04 미국 랜드연구소에서 개발된 것으로, 전문가들을 대상으로 설문을 반복하여 특정 주제에 대한 합의를 도출하는 접근방식은 델파이기법이다.
06 전통적 델파이는 의견의 일치를 유도한다. 의견일치를 유도하지 않는 것은 정책델파이의 특징이다.

CHAPTER 05 정책분석론

```
정책분석론 ─┬─ 분석의 의의                    B
           └─ 주요 분석기법                  A
```

기선 제압

- 정책분석은 정책문제를 해결하기 위해 정책목표를 설정한 뒤 정책목표를 성취하기 위한 구체적인 대안을 탐색하고 모색하는 과정을 의미한다. 22. 경찰간부

- 정책분석은 합리적인 대안 도출을 위한 활동으로 정치적 요인을 고려하지 않는다. 22. 경찰간부

01 분석의 의의 B

1 개념
① 정책분석이란 이성을 토대로 바람직한 대안을 탐색하고 선택하기 위한 분석적 노력을 말한다.
② 분석적 기법이라는 점에서 협상과 타협을 중시하는 정치적 기법과는 구별되고, 집행 전에 수행된다는 점에서 집행 후에 이루어지는 정책평가와도 구별된다.

2 제안의 유형
① 경험적 접근법: 사실적 주장 → ~이다. ~아니다.
② 평가적 접근법: 평가적 주장 → 좋다. 나쁘다.
③ 규범적 접근법: 창도적 주장 → ~해라. ~하지마라.

3 분석가 모형
① 객관적 기술자 모형: 객관적이고 중립적인 정보제공자
② 고객옹호자 모형: 고객에 대한 봉사자
③ 쟁점옹호자 모형: 바람직한 가치를 추구하는 창도가
④ 정책토론옹호자 모형: 바람직한 가치를 추구하는 규범적 존재이자 정책토론의 촉진자

4 정책분석의 유형
(1) 관리과학
① 주어진 목적과 제약조건 하에서 최적의 대안을 탐색하는 과학적·계량적 분석기법이다.
② 사회적·심리적 측면보다는 경제적·기술적 측면을 강조하는 미시적·연역적 분석기법으로, 최적의 대안을 찾고자 했던 과학적 관리법에서 기원하며, 군대에서 활용되었던 운영연구(Operations Research)를 적용한 것이다.

(2) 체제분석(Systems Analysis)

① 체제분석이란 거시적 시각에서 문제와 목표 및 대안의 체계를 설계하는 계량적 분석기법을 말한다.
② 목표도 분석의 대상에 포함된다는 점에서 관리과학과 구별되며, 경제적·기술적 시각에서 최적의 대안을 도출하고자 한다는 점에서 사회적·정치적 영향력도 고려하는 정책분석과 구별된다.

(3) 협의 정책분석(Policy Analysis)

① 체제분석과 관리과학을 포함하는 가장 넓은 의미의 분석으로, 관리과학이나 행태과학의 결함을 보완하기 위해 대두된 거시적 분석기법이다.
② 체제분석의 틀을 유지하면서도 정치적 합리성과 같은 정치적 변수도 강조하며, 양적 분석뿐만 아니라 질적 분석도 중시한다.
③ 정책분석은 정책이 지향하는 기본방향과 가치까지도 탐색하며, 다차원적 목표를 강조하고 가중치가 부여된 새로운 계량화 척도 등을 사용한다.
④ 또한 비용과 편익의 총 크기(→ 효율성)뿐만 아니라 사회적 배분(→ 형평성)까지 고려한다.

한 번 더 정리 정책분석의 유형

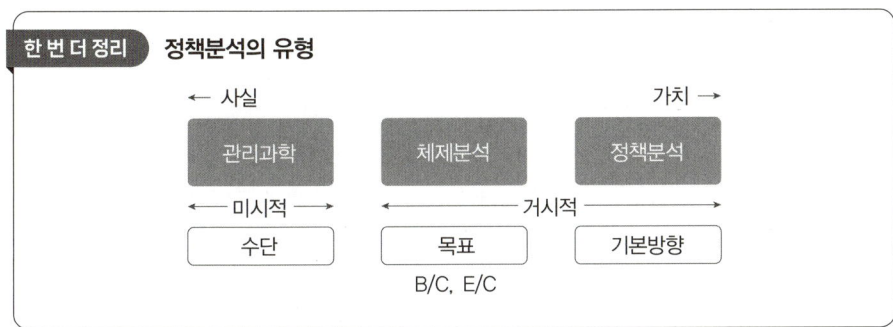

바로 확인문제

1. 정책분석에 대한 설명으로 가장 적절하지 <u>않은</u> 것은? 22. 경찰간부

① 정책분석은 정책문제를 해결하기 위해 정책목표를 설정한 뒤 정책목표를 성취하기 위한 구체적인 대안을 탐색하고 모색하는 과정을 의미한다.
② 정책델파이분석은 주요 정책이슈의 잠정적인 해결책에 대하여 있을 수 있는 강력한 반대의견을 창출한 후 토론을 거쳐 최종보고서를 작성하는 기법이다.
③ 던(W. Dunn)은 정책대안의 결과를 예측하는 양적 방법으로 연장적 예측과 이론적 예측방법을 제시하였다.
④ 정책분석은 합리적인 대안 도출을 위한 활동으로 정치적 요인을 고려하지 않는다.

정답해설 정책분석은 체제분석과 달리 정치적·사회적 요인도 고려하여 정책을 분석한다. 다만, 정치적 요인을 고려한다는 의미와 권력이나 협상 등 정치적 기법을 활용한다는 의미는 다르다.

답 | ④

02 주요 분석기법

1 비용편익분석(B/C 분석)

(1) 의의

① 개념
  ㉠ 소요될 비용과 기대될 편익을 비교하여 사업의 경제적 타당성을 파악하는 체제분석의 한 기법으로, 1958년 미국에서 수자원관리를 위한 타당성 분석에 처음 사용되었다.
  ㉡ 미시경제학 이론을 응용한 실무적 분석으로, 기회비용의 관점에서 자원배분의 효율성을 추구하며, 관리과학이나 목표관리(MBO)에 비해 장기적이고 거시적인 성격을 지닌다.
  ㉢ 비용편익분석은 정책대안이 가져올 모든 비용과 편익을 화폐가치로 측정하고자 하며, 장기간에 걸친 편익과 비용의 비교라는 점에서 시점의 일치를 위해 할인율의 개념을 사용한다.
  ㉣ 평가결과 편익의 현재가치가 비용의 현재가치보다 크다면 경제적 타당성이 있다고 판단한다.
  ㉤ 절차: 모든 대안의 식별, 사업의 수명결정, 비용과 편익의 추정, 할인율의 결정과 현재가치로의 환산, 대안의 비교평가, 민감도 분석, 최적 대안의 선택의 순

② 특징
  ㉠ 칼도-힉스 기준으로, 사회 전체적 시각(→ 효율성 시각)에서 비용과 편익을 측정한다.
  ㉡ 비용과 편익을 모두 단일의 척도(→ 현재 화폐가치)로 환산하므로 비용과 편익의 직접적인 비교가 가능하고 이질적인 정책이나 사업들도 비교할 수 있게 한다.
  ㉢ 이에 따라 단일 정책에 대한 비용과 편익의 비교뿐만 아니라 여러 대안 중 가장 경제적으로 바람직한 대안을 선택하는 것에도 이용될 수 있다. 즉, 각 대안의 경제적 타당성뿐만 아니라 대안들 간 우선순위의 선택에도 도움이 된다.

(2) 방식

① 비용의 추계
  ㉠ 자원의 진정한 가치 즉, 완전경쟁시장에서 형성되는 잠재가격으로 평가하며, 회계비용(→ 금전적 비용)이 아닌 경제적 비용(→ 기회비용)으로 측정한다.
  ㉡ 그리고 미래에 발생할 비용만 계산하므로 매몰비용은 제외된다.
  ㉢ 사회 전체적 시각에서 비용과 편익을 추정하므로 단순한 금전적 이동에 불과한 조세는 비용에서 제외되지만 보조금은 비용에 포함하거나 또는 편익에서 제외하여야 한다.

② 편익의 추계
  ㉠ 편익은 소비자 잉여의 개념으로 측정하며, 금전적 편익이 아닌 실질적 편익으로 측정한다.
  ㉡ 직접적(→ 일차적)·간접적(→ 이차적) 편익, 외부적·내부적 편익, 정(+)의 편익·부(-)의 편익 등을 모두 포함하여 측정하여야 한다.

③ 할인율(discount rate)
  ㉠ 할인율이란 장래 발생할 비용이나 편익을 현재가치로 환산할 때의 교환비율을 말한다.
  ㉡ 편익의 현재가치(P)는 미래에 발생할 편익(B)에 할인계수[$1/(1+i)^n$]를 곱한 값으로 측정되므로, 할인율이 높을수록 장래에 발생할 비용이나 편익의 현재가치는 작아진다.

ⓒ 그러므로 편익이 장기간 발생하는 사업에서 할인율이 인상된다면 그 사업으로 인한 편익의 현재가치는 작아지므로 그 사업의 타당성은 약화된다.
② 이에 따라 편익과 비용의 추정결과가 동일한 경우에도 할인율이 높고 낮음에 따라 서로 다른 결론을 도출하게 한다.
⑩ 할인율의 유형
　ⓐ 민간할인율: 민간시장에서 형성된 시장이자율
　ⓑ 사회적 할인율: 공공사업이 창출하는 여러 가지 외부효과가 반영된 이자율
　ⓒ 공공할인율: 국가가 발행하는 국채의 이자율
　ⓓ 자본의 기회비용: 자원이 공공사업에 사용되지 않고 민간사업에 사용되었을 때 얻을 수 있는 수익률

구분	예상수익의 현재가치	1년 할인된 가치	2년 후 예상수익
10% 할인율	$[100/(1.1)^2]$ = 82.6만 원	$[100/1.1]$ = 90.9만 원	100만 원
20% 할인율	$[100/(1.2)^2]$ = 69.4만 원	$[100/1.2]$ = 83.3만 원	100만 원
30% 할인율	$[100/(1.3)^2]$ = 59.1만 원	$[100/1.3]$ = 76.9만 원	100만 원

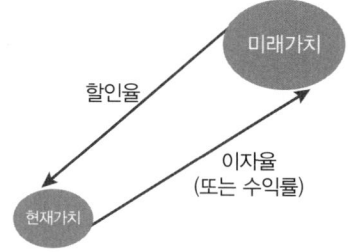

(3) 비교기준

① **순현재가치법(NPV)**
　㉠ 편익의 총 현재가치에서 비용의 총 현재가치를 뺀 값인 순편익을 의미하며, 사업의 타당성을 판단하는 1차적 기준으로 활용된다.
　㉡ 순현재가치가 0보다 클 때 경제적으로 타당하다고 평가(→ 칼도−힉스 기준)하며, 자원의 제약이 없을 때 또는 자원의 제약이 있다면 사업의 규모가 동일할 때 사용되는 기준이다.
　㉢ 그러나 사업의 규모가 상이한 경우에는 대규모 사업을 유리하게 평가하는 한계를 지닌다.

② **편익비용비율(B/C ratio)**
　㉠ 편익의 총 현재가치를 비용의 총 현재가치로 나눈 값으로, 편익비용비율이 1보다 클 때 경제적으로 타당하다고 평가받는다.
　㉡ 편익비용비율은 사업의 규모가 다를 경우 보조적으로 사용된다.
　㉢ 편익비용비율은 부(−)의 효과를 비용의 증가 또는 편익의 감소 중 어느 쪽에 포함시키느냐에 따라 우선순위가 달라질 수 있다는 문제점을 지닌다.

③ **내부수익률(IRR)**
　㉠ 총 편익의 현재가치와 총 비용의 현재가치를 일치시키는 할인율, 즉, 순현재가치가 0이거나 B/C 비율을 1로 만드는 할인율로, 이는 손익분기점의 (주관적) 투자수익률을 의미한다.

- 비용편익분석은 대상이 되는 대안들을 비교하기 위해 순현재가치법, 비용편익비율법, 내부수익률법 등이 사용된다. 　21. 국회직 9급

- 순현재가치는 편익의 총 현재가치에서 비용의 총 현재가치를 뺀 것이다. 　24. 소방간부

- 비용편익분석에서 편익의 현재가치가 비용의 현재가치를 초과하면 순현재가치(NPV)는 0보다 크다. 　20. 지방직 9급

- 비용편익분석에서 적절한 할인율이 주어지지 않을 때는 내부수익률 기준을 사용하며, 내부수익률이 시장이자율을 상회하면 일단 투자가치가 있다고 판단한다. 　08. 국가직 7급

- 비용편익분석은 바람직한 대안을 선택하는 것뿐 아니라, 단일 정책의 비용과 편익의 비교에도 이용된다. 14. 지방직 7급

ⓒ 내부수익률은 투자비용(C)과 예상수익(B)을 같게 만드는 할인율(i)로, 적절한 할인율이 주어지지 않을 때 사용되며, 내부수익률이 기준이자율을 상회할 때 경제적으로 타당하다고 평가받으며, 여러 가지 정책대안들을 비교할 때 내부수익률이 높은 대안일수록 좋은 대안으로 평가받는다.

ⓒ 그러나 사업기간이 상이하거나 사업이 종료된 후 또 다시 투자비가 소요되는 변이된 사업의 경우 복수의 내부수익률이 존재할 수 있으므로 순현재가치법보다는 정확성이 떨어지는 것으로 평가받는다.

④ 자본회수기간법(Payback Period Method)

㉠ 투자원금을 되찾는 데 걸리는 기간을 기준으로 사업의 타당성을 평가하는 방법으로, 투자원금을 현금으로 회수하는 기간이 짧을수록 경제적으로 타당하다고 평가받는다.

ⓒ 그러나 화폐의 시간적 가치를 고려하지 못하는 한계를 지닌다.

(4) 한계

① 모든 비용과 편익을 화폐가치로의 환산하여야 하므로 계량화할 수 없는 주관적 가치문제를 다루기 곤란하다.

- 비용편익분석은 비용과 편익의 가치에 대한 각 개인의 주관적 차이를 반영하지 못한다. 20. 소방간부

② 이에 따라 다양한 목표와 무형적인 산출물이 존재하는 공공부문에는 적용의 한계가 있다.

③ 또한 재화에 대한 잠재가격의 측정 과정에서 실제 가치를 왜곡할 수 있고, 효율성(→ 사회 전체) 측면만 분석하므로 형평성(→ 배분적 측면) 측면은 간과될 수 있다.

④ 비교기준에 따라 사업의 타당성은 불변이지만 우선순위는 달라질 수 있으므로 선택에 어려움이 나타날 수 있다.

2 비용효과분석(E/C 분석)

- 비용효과분석에서 효과는 물건이나 용역의 단위 또는 측정 가능한 효과로 나타내어진다. 19. 경찰간부

① 비용은 화폐단위로 측정하지만 효과는 화폐가 아닌 물건이나 용역단위로 측정하는 방법으로, 효과를 화폐로 환산하지 않아도 되므로 비용편익분석(B/C)보다는 질적인 분석으로 평가받으며, 정부와 같이 외부효과가 크거나 무형적이고 질적인 가치를 다루는 분야에 사용되기 쉽다.

- 비용효과분석은 국방, 치안, 보건 등의 영역에 적용할 수 있다. 22. 지방직 7급

② 효과를 화폐단위로 측정하지 않으므로 비용편익분석보다는 사용하기 용이하지만 비용과 효과의 분석단위가 달라 비용과 효과의 직접적인 비교가 어렵고 효과의 단위가 다른 이종 사업들을 비교하기 곤란하다.

③ 비용효과분석은 비용을 고정시켜 놓고 효과를 최대로 하거나 효과를 고정시켜 놓고 비용을 최소화하는 고정비용 또는 고정효과 분석을 사용한다는 점에서 비용과 편익이 모두 가변적인 비용편익분석과 상이하다.

비용편익분석	비용효과분석
① 비용과 편익을 모두 화폐가치로 평가	① 비용은 화폐로 효과는 산출물로 평가
② 이종사업도 비교하기 용이	② 이종사업은 비교하기 곤란
③ 가변비용·가변편익 분석	③ 고정비용·고정효과 분석
④ 공공부문 적용의 한계	④ 공공부문 적용의 용이
⑤ 경제적 합리성 강조(→ 능률성)	⑤ 기술적·도구적 합리성 강조(→ 효과성)

바로 확인문제

1. 비용편익분석에 대한 설명으로 옳지 <u>않은</u> 것은? 20. 지방직 9급

① 분야가 다른 정책이나 프로그램은 비교할 수 없다.
② 정책대안의 비용과 편익을 모두 가시적인 화폐가치로 바꾸어 측정한다.
③ 미래의 비용과 편익의 가치를 현재가치로 환산하는 데 할인율(discount rate)을 적용한다.
④ 편익의 현재가치가 비용의 현재가치를 초과하면 순현재가치(NPV)는 0보다 크다.

정답해설 비용편익분석은 비용과 편익을 모두 현재 화폐가치로 변환하므로 분야가 다른 사업도 비교할 수 있다.

오답해설 ② 비용편익분석은 소요되는 비용과 기대되는 편익을 모두 현재 화폐가치로 바꾸어 사업의 경제적 타당성을 측정한다.
③ 비용편익분석은 장기간 발생하는 비용과 편익을 측정하므로 그 가치를 시점을 통일시킬 필요성이 있기에 미래의 모든 가치를 현재로 환산하는 할인율의 개념이 사용된다.
④ 순현재가치(NPV)는 편익의 총 현재가치에서 비용의 총 현재가치를 뺀 값으로 편익의 현재가치가 비용의 현재가치를 초과하면 0보다 크다.

답 | ①

2. 비용효과(cost-effectiveness)분석에 대한 설명으로 옳은 것은? 22. 지방직 7급

① 정책대안의 비용과 효과는 모두 화폐단위로 측정된다.
② 분석결과는 사회적 후생의 문제와 쉽게 연계시킬 수 있다.
③ 시장가격의 메커니즘에 전적으로 의존한다.
④ 국방, 치안, 보건 등의 영역에 적용할 수 있다.

정답해설 국방, 치안, 보건 등 화폐가치로 환산하기 곤란한 분야에는 비용효과분석을 적용하기 쉽다.

오답해설 ① 정책대안의 비용과 효과를 모두 화폐단위로 측정하는 것은 비용편익분석이다.
② 사회적 후생이란 사회적 만족감을 화폐가치로 환산한 것을 의미한다. 그러므로 사회적 후생과 쉽게 연결되는 것은 비용과 편익을 모두 화폐가치로 환산하는 비용편익분석이다.
③ 비용효과분석은 효과단위를 화폐로 환산하지 않으므로 시장가격에 대한 의존도가 낮다.

답 | ④

CHAPTER 05 마무리 기출 OX

다음 내용이 맞으면 O, 틀리면 X에 표시하시오.

01 비용편익분석은 정책의 능률성 내지 경제성에 초점을 맞춘 정책분석의 한 접근방법이다. 15. 국회직 8급 　　O ㅣ X

02 비용편익분석은 장기적인 안목에서 사업의 바람직한 정도를 평가할 수 있는 방법이다. 13. 지방직 9급 　　O ㅣ X

03 비용편익분석은 바람직한 대안을 선택하는 것뿐 아니라 단일 정책의 비용과 편익의 비교에도 이용된다. 14. 지방직 7급 　　O ㅣ X

04 순현재가치(NPV)는 비용의 총 현재가치에서 편익의 총 현재가치를 뺀 것으로, 0보다 클 경우 사업의 타당성을 인정할 수 있다. 16. 경찰간부 　　O ㅣ X

05 내부수익률(IRR)은 순현재가치(NPV)를 1로 만드는 할인율을 의미한다. 14. 지방직 7급 　　O ㅣ X

06 A 사업을 집행하기 위하여 소요된 총비용은 80억 원이고, 1년 후의 예상 총편익은 120억 원일 경우에, 내부수익률은 40%이다. 14. 서울시 9급 　　O ㅣ X

07 할인율이 높을 때는 편익이 장기간에 실현되는 장기투자사업보다 단기간에 실현되는 단기투자사업이 유리하다. 21. 국가직 9급 　　O ㅣ X

08 비용효과분석은 산출물을 금전적 가치로 환산하기 어렵거나 산출물이 동일한 사업의 평가에 주로 이용되고 있다. 16. 지방직 9급 　　O ㅣ X

09 비용효과분석은 화폐단위로 측정하는 문제를 피하기 때문에 비용편익분석보다 훨씬 쉽게 적용할 수 있다. 22. 지방직 7급 　　O ㅣ X

정답 및 해설

01 O　**02** O　**03** O　**04** X　**05** X　**06** X　**07** O　**08** O　**09** O

04 순현재가치란 편익의 총 현재가치에서 비용의 총 현재가치를 뺀 값인 순편익을 의미하며, 순현재가치가 0보다 클 때 경제적으로 타당하다고 평가한다.
05 내부수익률(IRR)은 총편익과 총비용을 일치시키는 할인율로, 순현재가치가 0이 되거나 비용편익비율이 1이 되는 할인율이다.
06 내부수익률(IRR)이란 투자비용(C)과 예상수익(B)을 같게 만드는 할인율(i)로, $C = [B/(1+i)^n]$로 계산된다. $80 = 120/(1+i)^n$인데 1년 후의 수익이므로 n은 1이다. 결국 80억 원을 투자하여 120억 원을 얻었다면 얼마의 수익률인가의 문제로 이는 원금 80억 원을 제외하고도 40억 원의 수익이 더 남았으므로 그 사업의 수익률은 50%이다.

CHAPTER 06 정책결정모형

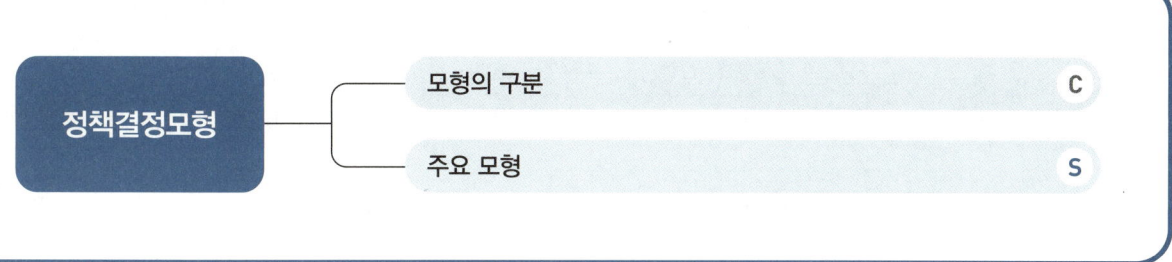

01 모형의 구분

1 인지능력별 구분

합리모형	인지모형
① 인간의 완전한 합리성 가정 ② 문제해결의 최적화 추구 ③ 합리모형	① 인간의 제한된 합리성 가정 ② 문제해결의 만족화 추구 ③ 점증모형, 만족모형, 회사모형 등

2 연구초점별 구분

(1) 산출모형

① 정책결정의 기준을 강조하는 모형으로, 행정학자들이 중시하였다.
② 합리모형, 만족모형, 점증모형, 혼합모형, 최적모형, 연합모형 등이 이에 속한다.

(2) 과정모형

① 정책결정의 과정과 참여자를 강조하는 모형으로, 정치학자들이 중시하였다.
② 체제모형, 집단모형, 제도모형, 게임이론, 엘리트모형, 흐름모형 등이 이에 속한다.

3 분석단위별 구분

(1) 개인적 모형

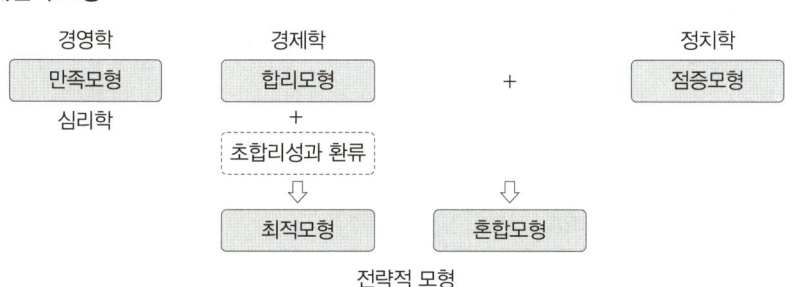

> 기선 제압

(2) 집단적 모형

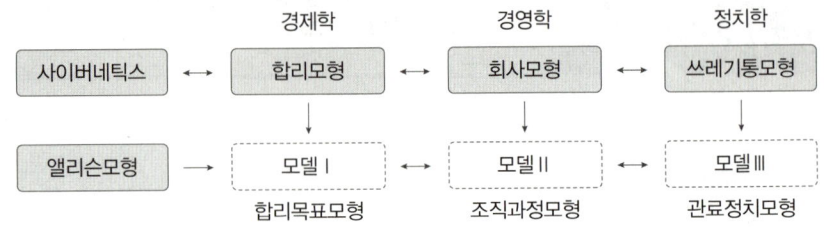

02 주요 모형

1 합리모형

① 합리적 경제인관을 기반으로 관리과학이나 체제분석과 같은 경제학적 가정을 수용하는 총체적이고 규범적이며 이상적인 의사결정모형이다.
② 합리모형은 해결해야 할 문제와 추구하는 가치 및 목표의 명확성, 가치와 목표의 계층적 서열화, 모든 대안의 포괄적 탐색과 완벽한 예측, 최적 대안의 선택 순으로 구성된다.
③ 합리모형은 목표달성의 극대화를 위해 장기적 비전과 전략을 수립하고 집행하며, 조직 또한 의사결정자에 의해 통제된다고 보기에 위계적인 조직의 의사결정을 설명하기 쉽다.
④ 합리모형은 정보의 불완전성과 인간 능력의 한계를 간과했으며, 모든 대안을 탐색하고 모든 결과를 예측하게 함으로써 많은 분석비용과 시간을 낭비하게 한다는 비판을 받는다.
⑤ 합리모형은 현실적 과정이나 참여자들에 관한 고려 없이 주로 정책내용에 초점을 두고 연역적으로 분석하기에 현실을 설명함에 있어서는 한계를 지닌다.
⑥ 합리모형은 경제적 합리성을 강조하므로 정치적 합리성이 무시될 수 있어 정치적 다양성을 강조하는 다원주의 사회에는 적용하기 곤란하다.
⑦ 합리모형은 선례나 매몰비용을 무시하며 급진적인 변화를 추구하기에 집행과정에서 저항 가능성이 증대될 수 있다.
⑧ 합리모형은 비계량적이고 질적인 요인을 분석하기 곤란하므로 의사결정에 영향을 주는 주관적이고 심리적인 요인들이 간과된다.
⑨ 합리모형은 상위가치를 고정시킨 후 하위수단을 탐색하는 목표-수단분석을 사용하기에 목표가 복수이거나 가변적일 경우에는 사용하기 곤란하다.

• 합리모형은 완전한 정보를 가지고 효용극대화의 논리에 따라 소비행동을 하는 경제인의 가정과 매우 유사하다. 22. 국회직 9급

• 합리모형은 분석과정이 매우 복잡하고 시간과 비용이 많이 소모된다. 22. 소방간부

• 합리모형은 기존 정책이나 사업의 매몰비용으로 인해 현실 적합성이 떨어지는 한계가 있다. 21. 지방직 7급

바로 확인문제

1. 합리모형에서 설명하는 합리성의 가정과 가장 거리가 먼 것은? 13. 서울시 7급

① 문제 상황에 대한 명확성
② 각 대안 간 우선순위의 명확성
③ 목표달성에 대한 만족기준의 명확성
④ 각 대안의 비용과 편익의 명확성
⑤ 달성하고자 하는 목표의 명확성

정답해설 만족기준은 만족모형과 관련된다.

답 | ③

2. 행정의 목표달성을 위한 합리적 행동을 제약하는 요인에 해당하지 <u>않는</u> 것은?   21. 군무원 7급

① 정치변동에 따라 목표의 변동이 발생한다.
② 상반된 집단과 기관들은 목표를 각기 다르게 해석한다.
③ 대다수의 공공조직은 하나의 목표를 가지고 있다.
④ 완전한 합리성을 위한 자원이 부족하다.

정답해설 대다수의 공공조직이 단일의 목적을 가지고 있다면 합리적 행동의 가능성이 높아진다. 그러나 현실적으로 각 공공조직은 상이한 목표를 지니므로 국가 전체의 합리적 행동에는 제약이 따른다.

답 | ③

2 만족모형 → 카네기모형

① 만족모형은 마치(J. March)와 사이몬(H. Simon)에 의해 주장된 심리적·인지적 접근법이다.
② 만족모형은 인간을 완전한 합리성을 지닌 경제인이 아닌 제한적 합리성을 지닌 행정인으로 가정하는 현실적이고 실증적이며, 귀납적인 의사결정모형이다.
③ 만족모형은 최선의 합리성보다는 시간과 공간 그리고 재정적 측면의 여러 제약요인을 고려하면서 주관적으로 만족할 만한 수준에서 의사결정이 이루어진다고 본다. 즉, 순수한 합리성이 아닌 주관적 합리성에 따라 대안이 선택될 수밖에 없다고 보는 것이다.
④ 만족모형은 합리모형에 의한 의사결정은 당위적으로는 바람직하지만 합리적 의사결정에 필요한 정보와 분석능력의 부족 등으로 인하여 현실적으로 불가능하다고 비판한다.
⑤ 만족모형은 복잡한 상황을 단순화시켜 이해하고, 무작위적이고 순차적으로 대안을 탐색하며, 중요한 결과만을 예측한 후 만족할 만한 대안이 나올 때까지만 탐색한다.
⑥ 그러나 만족모형은 개인적·심리적 차원의 모형이므로 만족화의 기준이 주관적이고 유동적이며, 주로 경험에 입각한 보수적 의사결정이 나타나므로 쇄신성이 필요한 중요한 의사결정에는 적용하기 곤란하다는 비판을 받는다.
⑦ 만족모형은 후에 사이어트(R. Cyert)와 마치(J. March) 등에 의해 연합모형(coalition model)으로 발전하였다.

- 사이몬(H. Simon)은 현실적 제약조건을 고려하여 제한된 합리성을 추구하는 정책결정모형을 제시하였다.
  12. 국가직 7급

- 만족모형은 인간의 제한된 합리성을 중시하며 정책결정자의 주관적이고 현실적인 판단에 근거한다.
  18. 소방간부

- 만족모형에서 정책담당자는 제한된 합리성으로 인해 모든 대안을 탐색하지 않고 몇 개의 대안만을 무작위적이고 순차적으로 탐색한다.
  23. 경찰간부

- 만족모형은 책임회피 의식과 보수적 사고가 지배적인 상황에서 혁신을 이끄는 데 한계가 있다.
  23. 국가직 7급

구분	합리모형	만족모형
모형유형	이상적·규범적·객관적 모형	현실적·실증적·주관적 모형
인지능력	경제인(→ 완전한 합리성)	행정인(→ 제한된 합리성)
대안탐색	모든 대안의 포괄적·병렬적 탐색	무작위적·순차적 탐색
결과예측	모든 결과의 예측	중요한 결과만의 예측
결정기준	최적화(→ 목표의 극대화)	만족화(→ 심리적·주관적 만족)

바로 확인문제

1. 사이몬(H. Simon)의 만족모형에 대한 설명으로 옳지 않은 것은? 20. 군무원 9급

① 사이몬(H. Simon)은 합리모형의 의사결정자를 경제인으로, 자신이 제시한 의사결정자를 행정인으로 제시한다.
② 경제인은 목표달성의 극대화를 추구하지만 행정인은 만족하는 선에서 그친다.
③ 경제인은 합리적·분석적 결정을 하지만 행정인은 직관, 영감에 기초한 결정을 한다.
④ 경제인은 복잡하고 동태적인 모든 상황을 고려하지만, 행정인은 실제 상황을 단순화시키고, 무작위적이고 순차적으로 대안을 탐색한다.

정답해설 직관과 영감은 최적모형에서 강조하는 개념이다.

답 | ③

2. 만족모형에 대한 비판으로 옳은 것만을 모두 고르면? 23. 국가직 7급

> ㄱ. 책임회피의식과 보수적 사고가 지배적인 상황에서 혁신을 이끄는 데 한계가 있다.
> ㄴ. 만족에 대한 기대수준을 지나치게 명확히 규정하여 획일적인 의사결정 구조가 나타난다.
> ㄷ. 조직 내 상하관계 등에서 나타나는 권력적 측면이 의사결정에 미치는 영향을 간과한다.
> ㄹ. 일반적이고 가벼운 의사결정과 달리 중대한 의사결정에 적용하기 어려울 수 있다.

① ㄱ, ㄴ
② ㄱ, ㄹ
③ ㄴ, ㄷ
④ ㄷ, ㄹ

정답해설 ㄱ. 만족모형에서는 위험을 감수하고 기존 틀을 깨는 혁신적인 대안이 충분히 탐색되지 못할 가능성이 높기 때문에 혁신을 이끄는 데 한계를 지닌다.
ㄹ. 중요한 결정의 경우 단순히 만족할 만한 수준 이상의 대안탐색이 요구되기에 만족할 만한 수준에 머물고자 하는 만족모형을 적용하기 어려울 수 있다.

오답해설 ㄴ. 만족모형은 개인적·심리적 차원의 모형이므로 만족화의 기준이 주관적이고 유동적이라는 비판을 받는다.
ㄷ. 조직 내 상하관계 등에서 나타나는 권력적 측면이 의사결정에 미치는 영향을 간과한다는 비판은 회사모형과 관련된다.

답 | ②

3 점증모형

(1) 의의

① 린드블롬(C. Lindblom)과 윌다브스키(A. Wildavsky) 등에 의해 주장된 점증모형은 이상적이고 규범적인 합리모형과는 달리 실제에 기초한 현실적이고 기술적인 의사결정모형이다.

· 점증모형은 실제의 결정 상황에 기초한 현실적이고 기술적인 모형이다.
23. 군무원 7급

② 점증모형은 정책목표를 하위수준으로 나눈 후 부분 최적화를 추구하는 미시적·상향적 접근으로, 목표와 수단의 상호조절을 중시하므로 목표-수단의 분석이 부적절한 경우 사용되기 쉽다.

③ 점증모형은 선진국과 같은 다원주의 사회를 배경으로 하며, 인간의 제한된 합리성과 다원주의의 정치적 정당성을 결합시킨 모형이다.

④ 점증모형은 관련 집단의 합의를 중시하고 환경변화를 고려한 계속적 결정 또는 기존의 정책을 토대로 그보다 약간 개선된 정책을 추구하는 방식으로 결정이 이루어진다.

⑤ 점증모형은 불완전한 예측을 전제로 하여 정책대안을 실시해 보고 그때 나타나는 결과가 잘못된 점이 있으면 그 부분만 다시 수정·보완하는 방식을 택하며, 제한적이지만 끊임없이 연속적으로 비교하기에 muddling through model이라 불리기도 한다.

⑥ 합리모형에서의 훌륭한 정책이 완벽한 대안의 비교·분석에 의해 사회후생을 극대화하는 것이라면, 점증모형에서의 훌륭한 정책이란 다자간의 타협과 조정에 의해 생산된 것이다.

⑦ 합리모형은 분석과정이 단발적이고 병렬적(→ 동시적)이지만 점증모형은 계속적이며, 합리모형은 정책의 평가기준을 목표의 달성도에 두지만 점증모형은 정책의 평가기준을 바람직하지 않은 상황의 수정에 둔다.

- 점증모형은 목표와 수단이 뚜렷하게 구분되지 않기 때문에 목표-수단에 대한 분석은 부적절하다. 15. 국가직 7급
- 점증모형은 인간의 제한된 합리성과 다원주의의 정치적 정당성을 정교하게 결합시켰다. 16. 국회직 8급
- 점증모형은 기존의 정책에 대한 가감식 결정이다. 09. 서울시 7급

(2) 개념의 발전

① **단순 점증주의**: 현재의 상태보다 약간 향상된 대안을 찾는 초기의 점증주의
② **분절적 점증주의**: 독립적인 의사결정자들 사이의 조정과정을 설명하는 이론
③ **전략적 점증주의**: 모든 대안의 포괄적 검토보다는 신중히 선택된 대안만 분석하는 모형 (→ 이론적이고 혁신적인 정책분석을 수용할 근거)

(3) 효용

① 점증모형은 대안의 탐색과 분석에 소요되는 비용을 줄일 수 있고, 타협의 과정을 통해 이해관계의 갈등을 조정하는 데 유리하다.
② 점증모형은 가분적(divisible)인 정책의 결정에 적용하기 용이하며, 불안정하고 과도기적인 사회보다는 안정적인 사회(→ 선진국)의 정책결정을 더 잘 설명해준다.
③ 점증모형은 상황이 복잡하여 정책대안의 결과가 극히 불확실할 때 지속적인 수정과 보완을 통해 불확실성을 극복할 수 있게 한다.

(4) 한계

① 점증모형은 급격한 환경변화에 대한 적응력이 취약하고 보수성을 띠고 있어 급격한 쇄신과 발전이 곤란하므로, 안정적인 선진국의 상황을 설명하기는 용이하지만 변화가 필요한 개발도상국의 상황은 설명하기 곤란하다.
② 점증모형은 계획성이 부족하고 기회주의 결정이 되기 쉬워 혁신이 요구되는 상황에는 부적절하고, 정치적 현상유지를 옹호하므로 사회적 약자의 이익들을 간과할 우려가 있어 불평등 사회를 초래할 수 있으며, 선례가 잘못되었을 경우 악순환이 반복되므로 문제의 근본적 치유가 곤란하다.

- 점증모형은 한번 잘못된 결정이 이루어지면 지속적으로 잘못된 결정이 반복될 가능성이 높다. 19. 소방간부
- 점증모형은 사회가 불안정할 때는 적용이 곤란하며, 혁신을 저해할 우려가 있다. 09. 국회직 8급

> **바로 확인문제**

1. 정책결정모형 중 점증모형에 대한 설명으로 옳지 않은 것은? 22. 지방직 7급

① 정책대안을 모두 분석하기보다 한정된 정책대안에 주목한다.
② 시행착오를 반복하면서도 문제를 해결하려는 특성이 있다.
③ 인간의 인지적 한계를 인정하므로 급격한 개혁과 새로운 환경을 반영하는 혁신적 정책결정을 설명하기가 용이하다.
④ 정책결정에서 집단 참여의 합의 과정이 중시되고 목표와 수단이 탄력적으로 상호 조정된다.

정답해설 급격한 개혁과 새로운 환경을 반영하는 혁신적 정책결정을 설명하기가 용이한 것은 합리모형이나 최적모형이다.

오답해설 ① 점증모형은 기존 정책을 토대로 하여 그보다 약간 개선된 정책을 추구하는 방식으로 결정한다.
② 점증모형은 일단 불완전한 예측을 전제로 하여 정책대안을 실시하여 보고 그때 나타나는 결과가 잘못된 점이 있으면 그 부분만 다시 수정 보완하는 방식을 택하기도 한다.
④ 합리모형에서의 훌륭한 정책이 완벽한 대안의 비교·분석에 의한 정책이라고 한다면, 점증모형에서 훌륭한 정책은 다자간의 타협과 조정에 의해 생산된 것이다.

답 | ③

4 혼합모형

(1) 의의

① 에치오니(A. Etzioni)가 합리모형과 점증모형을 절충하여 개발한 모형(1967)으로, 합리모형의 이상주의적 특성에서 나오는 단점과 점증모형의 지나친 보수성이라는 약점을 극복하기 위한 전략으로 제시되었다.
② 혼합모형은 정책결정을 근본적이고 맥락적인 결정과 세부적이고 지엽적인 결정으로 나눈 후, 상황에 따른 두 모형의 전략적 배합을 강조한다.
③ 혼합모형은 거시적이고 장기적인 안목에서 대안의 방향성을 탐색한 후 그 방향성 안에서 심층적이고 대안적인 변화를 시도한다.
④ 그러나 이론적 독창성이 결여되어 있어 독립된 모형으로 보기 어려우며, 거시적 시각에서 하향적으로 의사결정이 이루어지므로 합리모형의 변형이라는 비판이 존재한다.
⑤ 또한 근본적 결정과 세부적 결정을 구분할 기준을 제시하지 못하고 있어 합리모형과 점증모형의 한계를 극복하지 못하였다고 평가받는다.

(2) 근본적이고 맥락적인 결정 → 숲을 보는 모형

① 세부적 결정을 위한 테두리나 맥락에 대한 결정으로, 급변하는 상황에서 근본적 변화를 추구하는 결정이므로 원칙적으로 합리모형의 성격이 나타난다.
② 대안탐색: 중요한 대안을 포괄적으로 고려하므로 합리모형의 성향이 강하다.
③ 결과예측: 중요한 결과만을 개괄적으로 예측하므로 점증모형의 성향이 강하다.

• 혼합모형은 합리모형과 점증모형의 장점을 혼용하는 모형이지만 현실적으로 정책결정이 혼합모형에서 제시한 순서와 접근방법에 의해서 이루어지지 않는다는 비판을 받는다. 16. 소방간부

• 혼합주사모형은 거시적 맥락의 근본적 결정에 해당하는 부분에서는 합리모형의 의사결정방식을 따른다. 17. 국가직 9급

(3) 세부적이고 지엽적인 결정 → 나무를 보는 모형

① 근본적 결정의 구체화 및 집행과 관련된 결정으로 안정된 상황에서 단기적 변화를 추구하는 결정이므로 원칙적으로 점증모형의 성격이 나타난다.
② 대안탐색: 기본적 결정의 범위 내에서 소수의 대안만을 고려하므로 점증모형의 성향이 강하다.
③ 결과예측: 대안의 결과는 세밀하게 분석하므로 합리모형의 성향이 강하다.

(4) 정치체제와 정책결정모형

① 합리모형(→ 제1모형): 획일적인 전체주의 사회에 적합하다.
② 점증모형(→ 제2모형): 다원화된 민주주의 사회에 적합하다.
③ 혼합모형(→ 제3모형): 능동적 사회나 자기변개적 사회에 적합하다.

> **바로 확인문제**

1. 다음 설명에 해당하는 정책결정모형은? 20. 국가직 9급

> 지난 30년간 자료를 중심으로 전국의 자연재난 발생현황을 개략적으로 파악한 다음, 홍수와 지진 등 두 가지 이상의 재난이 한 해에 동시에 발생한 지역을 중심으로 다시 면밀하게 관찰하며 정책을 결정한다.

① 만족모형
② 점증모형
③ 최적모형
④ 혼합탐사모형

정답해설 장기적인 시각에서 재난 상황을 개략적으로 파악하고, 특정 상황의 재난을 선정한 후 이를 세밀하게 분석하는 것은 혼합탐사모형의 특징이다.

오답해설 ① 만족모형은 최선의 합리성보다는 시간과 공간 그리고 재정적 측면의 여러 제약요인을 고려하면서 주관적으로 만족할 만한 수준에서 결정이 이루어진다고 본다.
② 점증모형은 기존 정책을 토대로 하여 그보다 약간 개선된 정책을 추구하는 방식으로 대안을 선택한다.
③ 최적모형은 불확실한 상황과 제한된 자원 및 정보가 부족한 비정형적 결정에서는 경제적 합리성이 많이 제약을 받으므로 경제적 합리성에 더하여 직관이나 영감과 같은 초합리성도 함께 고려하고자 한다.

답 | ④

5 최적모형

(1) 의의

① 드로어(Y. Dror)가 합리모형의 비현실성과 점증모형의 보수적인 성격을 동시에 비판하면서 제시한 현실과 이상을 통합한 규범적이고 처방적인 모형이다.
② 최적모형은 합리적 분석에 의한 정책결정이 어려운 상황에서 순수한 합리성에 대한 현실적인 차선책으로 양적 분석과 함께 질적 분석도 중요한 요인으로 고려하고자 한다.
③ 즉, 불확실한 상황과 제한된 자원 및 정보가 부족한 비정형적 결정에서는 경제적 합리성이 많은 제약을 받으므로 경제적 합리성에 더하여 직관이나 영감과 같은 초합리성(→ 묵시적 지식)도 함께 고려하자는 것이다.
④ 최적모형은 정책결정을 체제적 시각에서 파악하며, 상위정책결정(→ 메타결정)과 환류를 통한 결정능력의 지속적 향상을 도모하고자 하였다.
⑤ 최적모형은 메타정책결정을 포함하여 정책결정 과정을 포괄적으로 체계화하고 있어 정책학의 탄생 배경이 되었고, 혁신적인 정책이 정당화될 수 있는 근거를 제공하였다.
⑥ 그러나 기본적으로 경제적 합리성을 중시하므로 정치적 합리성이 간과될 수 있고 초합리성의 개념이 모호하여 신비주의적 성향을 지닌다는 비판을 받는다.

- 최적모형은 상위정책결정(메타정책결정)을 중시한다. 23. 국회직 9급

(2) 정책결정과정

① 메타정책결정
  ㉠ 정책결정을 어떻게 할 것인가에 대한 결정으로 주로 초합리성이 작용하는 영역이다.
  ㉡ 가치의 처리, 현실의 처리, 문제의 처리, 자원의 조사·처리·개발, 결정체제의 설계·평가·재설계, 문제와 가치 및 자원의 할당, 정책결정 전략의 결정 순으로 전개된다.

② 정책결정
  ㉠ 본래 의미의 정책결정으로 주로 합리성이 작용하는 영역이다.
  ㉡ 자원의 재배정, 목적의 설정과 우선순위 결정, 가치의 설정과 우선순위 결정, 주요 정책대안 마련, 대안의 비용과 편익의 예측, 대안의 비교분석, 최적대안의 선택 순으로 전개된다.

③ 후정책결정
  ㉠ 작성된 정책을 가시화하는 단계로 정책집행 및 정책평가 등의 단계로 구성된다.
  ㉡ 집행에 대한 동기부여, 정책의 집행, 정책의 평가, 의사소통과 환류 순으로 전개된다.

- 메타정책결정이란 정책을 어떻게 결정할 것인가를 결정하는 '정책결정을 위한 정책결정'을 의미한다. 18. 서울시 7급

- 가치의 처리, 현실의 처리, 문제의 처리, 정책결정 전략의 결정 등은 상위정책결정단계에서 이루어진다. 06. 서울시 9급

> **한 번 더 정리** **최적모형**
>
> 환류
> ↓ ↓ ↓
> 메타결정 → 정책결정 → 후결정
> 초합리성   합리성

> **바로 확인문제**

1. 드로어(Y. Dror)의 최적모형(optimal model)에서 말하는 메타정책결정(metapolicy making)에 대한 설명으로 가장 옳은 것은?　　18. 서울시 7급(하)

① 정책을 어떻게 평가할 것인가를 결정하는 정책평가를 위한 정책결정을 의미한다.
② 정책을 어떻게 집행할 것인가를 결정하는 정책집행을 위한 정책결정을 의미한다.
③ 정책을 어떻게 결정할 것인가를 결정하는 정책결정을 위한 정책결정을 의미한다.
④ 정책을 어떻게 종결할 것인가를 결정하는 정책종결를 위한 정책결정을 의미한다.

　[정답해설] 메타정책결정(metapolicy making)은 정책을 어떻게 결정할 것인가와 관련된 결정이다.

　답 | ③

2. 다음 중 정책결정과 관련하여 드로어(Y. Dror)가 제시한 최적모형에서 메타정책결정 단계(meta-policy making stage)에 해당하지 않는 것은?　　16. 국회직 8급

① 정책결정 전략의 결정
② 정책결정체제의 설계 · 평가 및 재설계
③ 정책집행을 위한 동기부여
④ 문제 · 가치 및 자원의 할당
⑤ 자원의 조사 · 처리 및 개발

　[정답해설] 정책집행을 위한 동기부여는 정책결정 이후 즉, 후정책결정단계에서 이루어지는 활동이다.
　[오답해설] ①, ②, ④, ⑤ 메타정책결정 단계(meta-policy making stage)는 정책결정을 어떻게 할 것인가에 대한 결정으로 주로 초합리성이 작용하며 가치의 처리, 현실의 처리, 문제의 처리, 자원의 조사 · 처리 · 개발, 결정체제의 설계 · 평가 · 재설계, 문제와 가치 및 자원의 할당, 정책결정 전략의 순으로 이루어진다. 반면, 후정책결정 단계(post policy making stage)는 작성된 정책을 가시화하는 단계로, 정책집행과 정책평가의 단계로 구성되며, 집행에 대한 동기부여, 정책의 집행, 정책의 평가, 의사소통과 환류 순으로 구성된다.

　답 | ③

6 회사모형(조직모형 → 연합모형)

(1) 의의

① 회사모형은 만족모형을 집단적 의사결정에 적용한 모형으로, 고전적 경제학에 기반을 둔 합리모형을 비판하면서 등장하였다.
② 회사모형은 인간의 제한된 합리성을 기반으로 조직을 상충된 목표를 지닌 여러 하위부서들의 연합체라고 가정하며, 이러한 갈등을 어떻게 해결하는지에 연구의 초점을 두고 있다.
③ 그러나 기업조직의 행태를 분석한 것이므로 공공조직의 의사결정에는 적용하기 어렵고, 수평적 관계(→ 민주적 · 분권적)를 가정하므로 수직적 관계의 분석에는 적용하기 곤란하다는 비판이 있다.

- 회사모형은 개인적 차원의 만족모형을 조직 차원의 의사결정에 적용한 모형이다. 22. 소방간부
- 회사모형은 회사를 상이한 개성과 목표를 가진 하위부서들의 연합체로 정의한다. 22. 소방간부
- 회사모형은 조직의 환경을 매우 유동적이고 불확실한 것으로 간주한다. 22. 소방간부

④ 또한 장기적 전략보다는 경험에 의해 만들어진 SOP에 의존하므로 의사결정에 있어 보수적 성향이 강하다는 비판도 받는다.

(2) 특징

① 갈등의 준해결
  ㉠ 국지적 합리성: 각 하위부서들은 조직 전체가 아닌 자기 부서의 목표를 추구하는 존재이다.
  ㉡ 독립된 제약조건으로서 목표: 각 하위부서들은 다른 부서들의 목표를 주어진 제약조건으로 전제한 후 자기 부서의 목표를 추구한다.
  ㉢ 받아들일 만한 수준의 의사결정: 관련 하위부서들의 요구가 모두 성취되기보다는 서로 나쁘지 않을 정도의 수준에서 타협점을 찾는 경향으로, 이는 다양한 목표를 가진 하위부서들이 타협과 조정을 통해 일시적인 합의점을 찾는 과정과 관련된다.
  ㉣ 목표에 대한 순차적 관심: 하위부서들의 상충된 목표를 순차적으로 접근하면서 해결한다.

② 문제 중심의 탐색
  ㉠ 문제 중심의 탐색이란 시간과 능력의 제약 때문에 결정자들은 모든 상황을 고려하기보다 특별히 관심을 끄는 부분에 대해서만 고려하는 것을 말한다.
  ㉡ 이에 따라 회사모형은 문제에 의해 촉발되는 탐색, 현존의 대안에서 탐색을 시작하여 점차 확대하는 단순한 탐색, 편견이 담긴 탐색 등의 특징을 지닌다.

③ 조직의 학습
  ㉠ 조직의 학습이란 반복적인 의사결정의 경험이 전수되며 시간의 흐름에 따라 결정수준이 개선되고 목표달성도가 높아지는 현상을 말한다.
  ㉡ 구성원의 학습을 통하여 조직 전체의 학습이 이루어지며, 학습을 통해 목표의 적응, 주의집중규칙의 적응, 탐색규칙의 적응 등이 발생한다.

④ 표준운영절차(SOP)
  ㉠ 표준운영절차의 수립은 정책결정자들의 경험이 축적됨에 따라 가장 효율적이라고 판단되는 정책결정절차와 방식을 마련하게 되고 이를 활용한 정책결정이 증가하는 현상이다.
  ㉡ 표준운영절차는 조직의 장기적인 적응과정에서 학습한 결과물로, 구성원의 자기통제 수단이며 단기적인 의사결정을 좌우하는 규칙이다.

⑤ 불확실성의 회피와 통제
  ㉠ 회사모형에 의하면 상황의 복잡성과 동태성 때문에 조직이 직면하는 불확실성은 대안이 가져올 결과에 대한 예측을 극히 어렵게 한다.
  ㉡ 이에 따라 회사모형은 합리모형처럼 불확실성을 예측하거나 극복하기보다는 불확실성을 통제하거나 회피하려는 성향을 보인다.
  ㉢ 즉, 회사모형은 상황의 예측을 통한 장기적 대응보다는 단기적 환류에 의존하여 불확실성을 회피하거나 거래관행 또는 장기계약이나 카르텔 등의 형성을 통해 불확실성을 통제하고자 한다.

바로 확인문제

1. 조직의 의사결정과정에서 나타나는 특성에 대한 개념을 바르게 연결한 것은? 16. 국가직 7급

> A. 시간과 능력의 제약 때문에 정책결정자들은 모든 상황을 고려하기보다 특별히 관심을 끄는 부분에 대해서만 고려한다.
> B. 정책결정에서는 관련 집단들의 요구가 모두 성취되기보다는 서로 나쁘지 않을 정도의 수준에서 타협점을 찾는 경향이 있다.
> C. 반복적인 의사결정의 경험이 전수되며 시간의 흐름에 따라 결정수준이 개선되고 목표달성도가 높아지게 된다.
> D. 정책결정자들의 경험이 축적됨에 따라 가장 효율적이라고 판단되는 정책결정절차와 방식을 마련하게 되고 이를 활용한 정책결정이 증가한다.

> ㄱ. 조직의 학습   ㄴ. 표준운영절차 수립
> ㄷ. 갈등의 준해결   ㄹ. 문제 중심의 탐색

	A	B	C	D
①	ㄱ	ㄴ	ㄷ	ㄹ
②	ㄱ	ㄷ	ㄹ	ㄴ
③	ㄹ	ㄴ	ㄷ	ㄱ
④	ㄹ	ㄷ	ㄱ	ㄴ

정답해설 A. 시간과 능력의 제약 때문에 정책결정자들은 모든 상황을 고려하기보다 특별히 관심을 끄는 부분에 대해서만 고려하는 것을 문제 중심의 탐색이라 한다.
B. 정책결정에서는 관련 집단들의 요구가 모두 성취되기보다는 서로 나쁘지 않을 정도의 수준에서 타협점을 찾는 경향을 갈등의 준해결이라 한다.
C. 반복적인 의사결정의 경험이 전수되며 시간의 흐름에 따라 결정수준이 개선되고 목표달성도가 높아지는 것을 조직의 학습이라 한다.
D. 정책결정자들의 경험이 축적됨에 따라 가장 효율적이라고 판단되는 정책결정절차와 방식을 마련하게 되고 이를 활용한 정책결정이 증가하는 것을 표준운영절차의 수립이라 한다.

답 | ④

7 쓰레기통모형

(1) 의의

① 코헨(M. Cohen), 마치(J. March), 올슨(J. Olson) 등이 고안(1972)한 것으로, 조직화된 무정부 상태에서 조직이 어떠한 의사결정을 하는지를 분석한 모형이다.
② 여기서 조직화된 무정부란 대학사회나 친목 단체와 같이 계층적 권위가 없는 상태를 말하며, 쓰레기통모형은 이러한 조직화된 무정부 상태에서 나타나는 몇 가지 흐름에 의해 정책이 우연히 결정된다고 본다.
③ 쓰레기통모형은 합리모형이 전제하고 있는 것처럼 모든 대안을 비교·평가해 최선의 대안을 선택할 수 없다고 전제하고, 선호의 모호성, 불분명한 기술, 유동적 참여라는 세 가지 요인이 의사결정의 기회를 찾아 끊임없이 움직이는 상황을 가정한다.
④ 쓰레기통모형에 의하면 의사결정에는 문제, 해결책, 참여자, 선택기회라는 네 가지 요소가 필요하며, 이러한 네 가지 요소가 어떤 사건을 계기로 우연히 교차할 때 정책이 결정된다.
⑤ 쓰레기통모형은 정책결정이 이루어지게 되는 계기에 주목하므로, 어떤 사건을 계기로 그동안 해결하지 못했던 정책문제에 대한 대책을 마련하게 되는 상황을 설명하는 데 적합하다.
⑥ 한편, 쓰레기통모형에서 쓰레기통이란 의사결정을 위한 선택의 기회를 의미하며, 조직화된 혼란의 주요 원인은 시간적 제약 때문이다.
⑦ 그러나 쓰레기통모형은 문제의 성격에 따라 결정의 유형이 달라질 수 있음을 간과하였고, 정책결정의 우연성을 강조하므로 정책결정자의 의지를 간과할 수 있다는 비판을 받는다.

(2) 기본전제

① 문제성 있는 선호: 문제성 있는 선호란 정책결정에 참여하는 자들 간에 무엇을 선택하는 것이 바람직한지에 대해서 합의가 없는 상태를 말한다.
② 불명확한 기술: 불명확한 기술이란 목표와 수단 사이에 존재하는 인과관계가 명확하지 않아 조직은 시행착오를 거침으로써 이를 파악해야 하는 상황을 말한다.
③ 일시적(↔ 상시적) 참여자: 일시적 참여자란 동일한 개인이 시간이 변함에 따라 어떤 경우에는 결정에 참여했다가 어떤 경우에는 참여하지 않는 상태를 말한다.

(3) 의사결정요소

① 요소: 문제의 흐름, 해결책의 흐름, 참여자의 흐름, 선택기회의 흐름
② 상황: 네 가지 요소가 상호 독자적으로 흘러 다니거나 상호 추적하는 상황

(4) 의사결정방식

① 자원의 여유가 있는 경우: 문제해결 또는 준해결
② 자원의 여유가 없는 경우
  ㉠ 날치기 통과 또는 끼워넣기(oversight): 다른 문제의 해결도 동시에 주장할 것이라고 예상되는 참여자가 있을 경우 이 사람이 참여하기 전에 결정을 해 버리는 방식이다.
  ㉡ 진빼기 결정 또는 미뤄두기(flight): 관련된 문제의 주장자들이 자신의 주장을 되풀이하다가 힘이 빠져 다른 기회를 찾아 나갔을 때 의사결정을 하는 방식이다.

> **한 번 더 정리** 쓰레기통모형

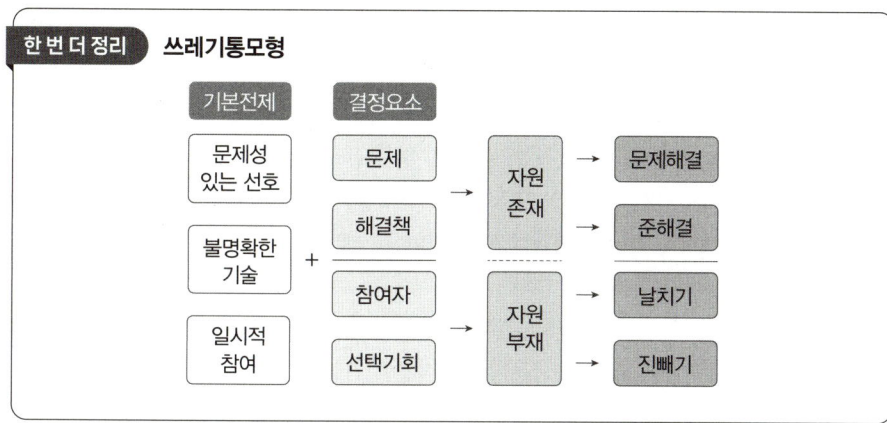

바로 확인문제

1. 쓰레기통모형에 대한 설명으로 옳은 것은? 21. 국가직 7급

① 조직 구성원의 응집성이 아주 강한 혼란상태에 있는 조직에서 의사결정이 어떻게 이루어지는가를 기술하고 설명한다.
② 불명확한 기술(unclear technology)은 조직에서 의사결정참여자의 범위와 그들이 투입하는 에너지가 유동적임을 의미한다.
③ 쓰레기통모형의 의사결정 방식에는 끼워넣기(by oversight)와 미뤄두기(by flight)가 포함된다.
④ 문제성 있는 선호(problematic preferences)는 목표와 수단 사이의 인과관계가 명확하지 않음을 의미한다.

정답해설 끼워넣기(oversight)란 다른 문제의 해결도 동시에 주장할 것이라고 예상되는 참여자가 있을 경우 이 사람이 참여하기 전에 결정을 해 버리는 것을 의미하고, 미뤄두기(flight)란 관련된 문제의 주장자들이 자신의 주장을 되풀이하다가 힘이 빠져 다른 기회를 찾아 나갔을 때 의사결정을 하는 것을 말한다.

오답해설 ① 조직화된 혼란이란 응집성이 매우 약한 상태를 의미한다.
② 의사결정참여자의 범위와 그들이 투입하는 에너지가 유동적임을 의미하는 것은 일시적 참여를 의미한다.
④ 목표와 수단 사이의 인과관계가 명확하지 않음을 의미하는 것을 불명확한 기술이라 한다.

답 | ③

8 앨리슨(G. Allison) 모형

(1) 개념

① 앨리슨 모형은 쿠바 미사일위기와 관련한 미국의 정책적 대응을 연구(1971)한 이론으로, 조직의 응집성을 기준으로 집단적 의사결정모형을 유형별로 분류한 모형이다.
② 앨리슨 모형은 합리모형(모델Ⅰ), 조직과정모형(모델Ⅱ), 관료정치모형(모델Ⅲ)으로 구성되며, 세 가지 모형은 하나의 정책결정을 설명하는 데 모두 부분적으로 이용될 수 있다고 주장한다.
③ 앨리슨 모형은 원래 국제정치적 사건과 위기적 사건에 대응하는 정책결정을 설명하기 위한 모형으로 고안되었으나 일반정책에도 적용이 가능하다.

(2) 내용

① 합리적 행위자 모형 → 모델Ⅰ
  ㉠ 합리적 행위자 모형은 개인적 차원의 합리모형 시각을 국가의 정책결정에 유추한 것이다.
  ㉡ 합리적 행위자 모형은 국가를 단일의 유기체로 보며, 개인이나 부서의 이익보다는 국가 전체의 이익과 목표를 추구하는 모형으로, 구성원의 응집성이 가장 높고 정부의 전략적 목표를 중시한다.
  ㉢ 합리적 행위자 모형은 소극적 방관, 외교적 압력, 은밀한 교섭, 침공, 국지적 공급, 해상봉쇄 등의 정책수단 중에서 해상봉쇄정책이 가장 최선의 대안이었다고 설명한다.
  ㉣ 합리적 행위자 모형에서는 집권적 의사결정이 나타나며, 조직의 상하계층에 큰 차이 없이 적용될 수 있다.

② 조직과정모형 → 모델Ⅱ
  ㉠ 조직과정모형은 제한된 합리성을 가정하는 회사모형과 유사하며, 조직을 전체 목표에 대한 합의가 비교적 약한 반독립적인 하위조직의 느슨한 연결로 가정한다.
  ㉡ 그리고 각 하위부서들은 조직의 전체 목표보다는 자기 부서의 목표를 강조한다고 보므로 조직의 중하위계층이나 기능적 권위가 높은 조직에 적용되기 쉽다.
  ㉢ 조직과정모형에 의하면 총체적인 대안의 탐색보다는 부분적이고 순차적인 대안의 탐색과정 속에서 해상봉쇄정책이 나왔다고 설명한다.
  ㉣ 정책이란 결국 정책과정에 참여하는 하위조직들에 의해 작성된 해결책(→ 타협과 협상의 산물)의 실질적 내용이 크게 수정되지 않고 채택된다는 것이다.
  ㉤ 조직은 합리모형처럼 확률을 예측하여 불확실성에 대응하기보다는 불확실성 자체를 회피하거나 통제하고자 하며, 이를 위해 표준운영절차(SOP)나 프로그램목록에 의존한다.

③ 관료정치모형 → 모델Ⅲ
  ㉠ 관료정치모형은 조직의 상층부에서 나타나는 의사결정을 설명하는 모형으로, 조직의 응집성이 매우 낮을 때 적용하기 용이하다.
  ㉡ 관료정치모형에 의하면 권력은 독립된 자유재량을 가진 다수의 개인적 행위자들에게 분산되어 있고, 각각의 행위자들은 다양한 문제에 관심을 갖고 있기에 이들의 목표는 일관되지 않는다.
  ㉢ 정부의 정책은 이러한 상급자 개개인들의 정치적 경쟁, 협상, 타협이라는 정치적 게임의 결과로서 형성된다.

• 앨리슨(G. Allison) 모형은 쿠바 미사일 사건에 대한 세 가지 상이한 이론모형을 제시한다. 19. 서울시 9급

• 합리모형(모형 I)은 구성원 간 응집성이 가장 강하다. 16. 경찰승진

• 조직과정모형에 의하면 권력은 반독립적인 하위조직에 분산된다. 13. 국가직 9급

• 조직과정모형에 의하면 정책의 산출물은 주로 관행과 표준적 절차에 따라 만들어진다. 15. 국가직 7급

• 관료정치모형에서 정책결정의 행위 주체는 독자성이 높은 다수 행위자들의 집합이다. 17. 국회직 9급

구분	합리모형	조직과정모형	관료정치모형
합리성	완전한 합리성	제한된 합리성	정치적 합리성
적용계층	조직의 전 계층	조직의 중·하위계층	조직의 상위계층
응집성	강함	중간	약함
조직관	단일의 행위자 잘 조직된 유기체	느슨하게 연결된 하위조직들의 연합체	독립적 개인들의 집합
권력소재	최고 지도자(→ 집권)	반독립적 부서(→ 분권)	개인적 행위자
목표	조직목표	조직 + 부서목표	조직 및 부서 + 개인목표
정책결정	동시적·분석적 해결	SOP에 의한 대안마련 하위부서들 간 타협	상위자들 간 타협 정치적 게임

바로 확인문제

1. 다음 중 앨리슨(G. Allison)이 의사결정의 본질에 대해 주장한 내용으로 가장 적절하지 않은 것은?

24. 군무원 7급

① 정부정책을 예측하고 설명하기 위한 합리모형은 심리적, 정치적 변수를 고려하지 않은 약점이 있다고 지적한다.
② 합리모형의 대안으로 조직과정모형과 관료정치모형을 제시한다.
③ 소련에 대한 미국의 쿠바 해안봉쇄 대응 사례를 통해 정책결정 과정을 설명한다.
④ 분석가는 동일한 사건이나 현상에 대해 동일한 이론모형을 적용해야 한다고 주장한다.

정답해설 앨리슨(G. Allison)은 세 가지 모형이 하나의 정책결정을 설명하는 데 모두 부분적으로 이용될 수 있다고 주장한다.

답 | ④

CHAPTER 06 마무리 기출 OX

다음 내용이 맞으면 O, 틀리면 X에 표시하시오.

01 합리모형은 목표와 수단의 상호조절을 중시하는 의사결정모형이다. 22. 지방직 7급 　　O | X

02 만족모형은 모든 대안을 탐색하기보다는 몇 개의 대안을 무작위로 추출하여 순차적으로 대안을 탐색하는 기법이다. 21. 소방간부 　　O | X

03 만족모형은 책임회피의식과 보수적 사고가 지배적인 상황에서 혁신을 이끄는 데 한계가 있다. 23. 국가직 7급 　　O | X

04 점증모형은 의사결정자들이 사회적으로 추구하는 가치와 그것들의 우선순위를 보여주는 일련의 목표들을 체계적으로 설정할 능력이 있다고 가정한다. 16. 서울시 7급 　　O | X

05 점증모형은 경험적 접근방법에 가깝고, 합리모형은 분석적 접근방법에 가깝다. 23. 국회직 8급 　　O | X

06 혼합모형은 상위정책결정과 평가 및 환류를 강조하는 의사결정모형이다. 23. 국회직 9급 　　O | X

07 최적모형은 계량적 분석뿐만 아니라 직관적 판단에 의한 결정의 중요성을 강조한다. 17. 지방직 7급 　　O | X

08 회사모형은 의사결정자에 의해 조직의 의사결정이 통제된다고 본다. 17. 서울시 9급 　　O | X

09 쓰레기통모형에 의하면 의사결정에 있어 이해관계자들의 지속적인 참여가 어렵기에 명확하지 않은 인과관계를 토대로 해결책이 제시되는 경우가 많다. 21. 국가직 7급 　　O | X

10 앨리슨(G. Allison) 모형의 모델 Ⅱ는 긴밀하게 연결된 하위 조직체들이 표준운영절차를 통해 상호의존적인 의사결정을 한다고 본다. 19. 국가직 7급 　　O | X

정답 및 해설

01 X　02 O　03 O　04 X　05 O　06 X　07 O　08 X　09 O　10 X

01 목표와 수단의 상호조절을 중시하는 것은 점증모형이다.
04 의사결정자들이 사회적으로 추구하는 가치와 그것들의 우선순위를 보여주는 일련의 목표들을 설정할 능력이 있다고 가정하는 것은 합리모형이다.
06 상위정책결정과 평가 및 환류를 강조하는 것은 최적모형이다.
08 회사모형은 조직의 하위부서들의 타협을 강조하는 모형이다. 의사결정자에 의해 조직의 결정이 통제되는 것은 합리모형이다.
10 앨리슨(G. Allison) 모형의 모형 Ⅱ는 느슨하게 연결된 하위부서들을 가정하는 모형이다.

CHAPTER 07 정책집행론

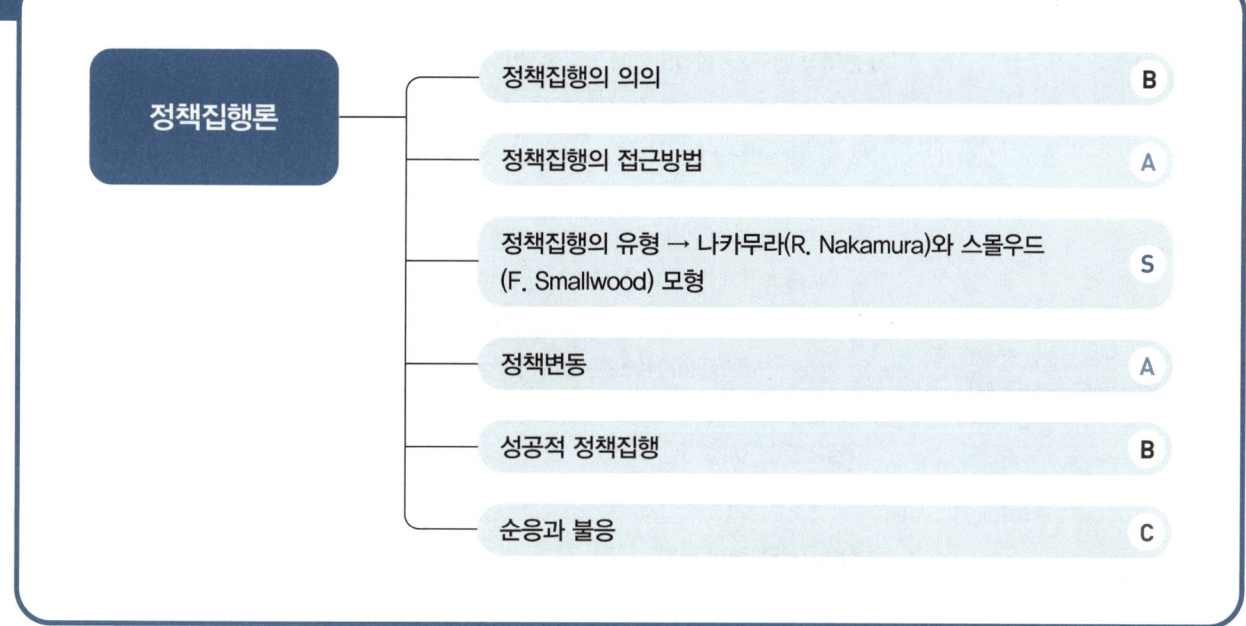

01 정책집행의 의의 B

1 의의

① 정책집행이란 권위 있는 지시나 결정된 정책을 구체적으로 실현하는 과정을 말한다.
② 이러한 정책집행이 정책학에서 논의된 배경은 법 규정의 모호성, 중간 매개자의 개입, 대상자의 비협조, 권력분립과 조직변화(→ 탈관료제) 등으로 인한 정책집행의 실패 때문이다.

2 정책집행이론의 발달

(1) 고전적 연구

① 의의
  ㉠ 정책결정자와 집행자를 분리하는 정치행정이원론의 관점으로, 정치(→ 의회 또는 중앙관료)가 결정을 담당하고 행정(→ 일선관료)은 집행을 담당하는 모형이다.
  ㉡ 고전적 시각은 기계적이고 자동적인 집행관이므로 정책집행에 대한 연구는 활성화되지 못하였다.
② 내용
  ㉠ **정책만능주의**: 정책의 수립 및 법률의 제정이 이루어지면 문제는 자동으로 해결된다는 입장이다.

> 기선 제압

ⓒ 정태적 정책관: 정책은 집행과정에서 변하지 않아야 한다는 입장이다.
ⓒ 계층적 조직관: 집행자는 결정자가 작성한 지침의 충실한 실행자에 불과하다는 입장이다.
ⓔ 목표수정부당론: 집행과정에서 정책목표의 수정이 금지된다는 입장이다.

(2) 현대적 연구 → 합리모형에 입각한 정부정책의 실패

① 일반적 원인 → 미국 정치체제의 다원주의 특성
　ⓐ 엄격한 권력분립: 실현가능성을 고려하지 않은 입법과 정책의 양산
　ⓑ 연방제: 집행과정에서 거부점으로 작용하는 많은 참여자
　ⓒ 조직의 탈관료제화: 일선관료의 권한 강화로 인한 결정자의 통제력 약화
　ⓓ 대리정부: 계약을 통한 서비스의 제공(→ 통제의 어려움)
② 윌다브스키(A. Wildavsky)와 프레스만(L. Pressman)(1973)
　ⓐ 거부점으로 작용하는 많은 참여자 → 13개 기관과 집단의 참여
　ⓑ 타당한 인과모형의 결여
　ⓒ 부적절한 집행기관
　ⓓ 리더십의 빈번한 교체

(3) 현대 정책집행의 특징

① 정책결정과 정책집행을 상호 영향력을 주는 쌍방향적 과정으로 보며, 정책집행을 자동적·기계적 과정이 아니라 여러 변수가 작용하는 역동적·정치적 과정으로 보는 입장이다.
② 정책집행의 초기 연구학자들인 프레스만(L. Pressman)과 윌다브스키(A. Wildavsky) 역시 정책집행을 정책결정과 분리하지 않고 양자를 연속적인 과정으로 정의한다.

• 프레스만(L. Pressman)과 윌다브스키(A. Wildavsky)는 단순한 정부사업 또는 프로그램도 집행과정에서 많은 참여자와 다양한 관점과 길어진 의사결정과정을 통해 복잡한 프로그램으로 바뀐다고 설명하였다.
10. 지방직 7급

• 프레스만(L. Pressman)과 윌다브스키(A. Wildavsky)에 의하면 성공적인 정책집행을 위해서는 최초 정책집행 추진자 또는 의사결정자가 지속해서 집행을 이끌어야 한다.
21. 지방직 7급

> **바로 확인문제**
>
> **1.** 프레스만(L. Pressman)과 윌다브스키(A. Wildavsky)의 성공적인 정책집행에 관한 오클랜드 사례분석의 내용으로 옳지 않은 것은?
> 21. 지방직 7급
> ① 정책집행에 개입하는 참여자의 수가 적어야 한다.
> ② 정책집행은 정책결정과 분리되어 독립적으로 수행해야 한다.
> ③ 정책집행을 위한 프로그램 설계가 단순해야 한다.
> ④ 최초 정책집행 추진자 또는 의사결정자가 지속해서 집행을 이끌어야 한다.
>
> **정답해설** 프레스만(L. Pressman)과 윌다브스키(A. Wildavsky)는 정책집행이 정책결정과 분리되어 독립적으로 수행되면 성공적인 정책집행이 어렵다고 하였다.
>
> **오답해설** ①, ③, ④ 프레스만(L. Pressman)과 윌다브스키(A. Wildavsky)는 적절한 집행수단의 결여, 많은 참여자, 부적절한 집행담당기관, 집행담당기관의 잦은 교체 등을 정책집행의 실패요인으로 제시하였다.
>
> 답 | ②

02 정책집행의 접근방법

1 하향적 접근

(1) 의의

① 정책집행에 관한 하향적 접근은 성공적인 집행을 위한 조건이나 전략 또는 바람직한 집행이 일어날 수 있는 규범적 처방을 제시하고자 했던 접근방법이다.
② 프레스만(L. Pressman)과 윌다브스키(A. Wildavsky)가 대표적 학자이며, 엘모어(R. Elmore)는 이를 전향적 집행이라고 하였고, 버먼(P. Berman)은 정형적 집행이라고 하였다.
③ 하향적 접근은 합리모형의 선형적 시각을 반영한 단계주의 모형으로, 명확한 목표와 인과성 있는 수단을 전제로 집행과정에서 나타나는 다양한 요인들을 연역적으로 도출하고자 한다.
④ 하향적 접근은 정책집행의 기술과 설명보다는 집행에 영향을 주는 요인의 발견과 이를 기반으로 한 집행이론의 구축을 목표로 하였다.
⑤ 하향적 접근은 정책 중심의 접근으로, 정책집행을 행정적 또는 관리적 영역으로 이해하며, 결정자 또는 지지자 관점에서 정책집행의 성공조건을 찾고자 한다.
⑥ 하향적 접근은 정책결정을 정책집행보다 선행하는 상위의 기능으로 간주하므로 정책집행에서도 정책결정자의 리더십에 의존하는 성향이 강하다.
⑦ 하향적 접근은 정책집행의 성공조건으로 최고관리자의 리더십, 안정적인 정책목표, 타당한 인과모형, 명확한 정책지침, 유능하고 헌신적인 관료, 충분한 재원 등을 제시하였다.

(2) 장점

① 하향적 접근은 정책형성, 정책집행, 재형성, 재집행 등 거시적이고 총체적인 정책과정을 분석하며, 공식적 정책목표가 중요한 변수로 취급되므로 집행실적의 객관적 평가가 용이하다.
② 하향적 접근은 집행과정에 있어 법적 구조화의 중요성을 강조하여 집행과정에 명확한 지침을 제공하므로 집행과정에서의 문제점을 예견하는 체크리스트 기능을 지닌다.

(3) 단점

① 하향적 접근은 정책목표와 수단 간의 타당한 인과관계를 전제로 하지만 다원화된 사회에서는 불가능한 경우가 많다.
② 즉, 명확하고 일관된 정책목표를 설정하는 것이 현실적으로 어려우며, 집행과정의 모든 상황을 미리 예견하여 규정해 놓는 것이 곤란하다.
③ 하향적 접근은 하나의 정책에만 초점을 맞추므로 여러 정책이 동시에 집행되는 상황을 설명하기 곤란하며, 결정자 혹은 지지자 입장의 연구이므로, 반대자나 집행현장의 중요성을 간과할 수 있다.

- 하향적 접근방법은 정책집행을 정책결정단계에서 채택된 정책목표를 달성하는 과정으로 본다. 20. 소방간부

- 하향적 접근방법은 명확한 정책목표와 그 실현을 위한 정책수단을 가지고 있다고 가정을 한다. 11. 지방직 7급

2 상향적 접근

(1) 개념

① 정책집행에 관한 상향적 접근은 집행현장을 중심으로 연구하는 미시적 접근으로, 집행현장에서 발생하는 구체적인 현상들의 고찰로부터 시작하는 실증적이고 귀납적인 연구방법이다.
② 상향적 접근은 정책결정과 정책집행 간의 엄밀한 구분에 의문을 제기하며, 정책집행을 이해하기 위해서 일선관료의 행태부터 고찰해야 한다고 주장한다.
③ 상향적 접근은 명확하고 일관된 정책목표의 존재를 부인하므로 목표의 달성보다는 문제의 해결에 논의의 초점을 맞춘다.
④ 상향적 접근은 최고관리자의 리더십이나 지침보다는 일선공무원들의 전문지식과 문제해결능력을 중시하므로 성공적인 집행을 위해서 순응과 통제가 아닌 재량과 자율성을 강조한다.
⑤ 상향적 접근은 말단집행계층부터 차상위계층으로 올라가면서 바람직한 행동과 조직운용에 필요한 재량과 자원을 파악하고자 한다.
⑥ 상향적 접근은 정책집행의 성공과 실패의 판단을 '결정자의 의도에 얼마나 순응하였는가?'보다는 '일선관료의 바람직한 행동이 얼마나 유발되었는가?'에 둔다.

(2) 장점

① 상향적 접근은 정책집행을 주도하는 집단이 없거나 다양한 기관들에 의해 집행이 주도되는 경우 그리고 지역 간 집행의 차이를 파악하는 데 유용하다.
② 상향적 접근은 집행현상을 상세히 기술하고 있어 집행과정의 현실적 인과성을 보다 잘 설명할 수 있으며, 정책집행을 반대하는 입장이나 전략을 파악하기 용이하다.
③ 상향적 접근은 시간의 경과에 따른 전략적 상호작용의 형성방향과 집행과정에서 발생하는 의도하지 않은 효과까지 분석하게 한다.
④ 상향적 접근은 일선관료의 문제 파악력과 대응력을 강조하므로 집행에 있어 분권과 참여를 높일 수 있다.

(3) 단점

① 상향적 접근은 정책결정자가 통제할 수 있는 정책집행의 거시적 틀이나 정책집행에 적용될 수 있는 일관된 연역적 분석의 틀을 제시하기 곤란하며, 민주적 측면에서 대표자에 의해 이루어지는 정책결정의 중요성을 간과하기 쉽다.
② 상향적 접근은 공식적 목표가 집행실적의 객관적 평가기준으로 작용하기 곤란하며, 집행의 재량으로 인한 폐단 즉, 주인-대리인 이론에서 발생하는 문제가 증폭될 수 있다.

구분	하향적 접근방법	상향적 접근방법
연구전략	결정으로부터 집행으로	개별 관료로부터 행정네트워크로
분석목표	예측 및 정책건의 → 규범적	기술과 설명 → 실증적
과정모형	단계주의 모형	융합주의 모형
특징	계층적 지도	분권화된 문제해결
민주주의	엘리트 민주주의	참여 민주주의
평가기준	공식목표의 달성	평가자가 선택한 이슈
초점	결정자의 의도실현	행위자의 전략적 상호작용

바로 확인문제

1. 정책집행을 주어진 정책목표의 달성을 위한 수단적 행위로 파악하는 접근방법에 대한 설명으로 옳지 <u>않은</u> 것은?   23. 국가직 7급

① 타당한 인과이론에 바탕을 둔 정책결정의 내용은 이러한 접근에서 제시하는 규범적 처방이 된다.
② 효과적인 정책집행을 위해서는 정책내용으로서 명확한 법령과 구체적인 정책지침을 갖고 있어야 한다.
③ 정부 및 민간 프로그램에서의 의도하지 않은 효과까지도 분석할 수 있다는 장점이 있다.
④ 정책에 반대하는 정책행위자들의 입장이나 전략적 행동을 쉽게 파악할 수 없다는 단점이 있다.

정답해설 하향적 정책집행에 관한 문제이다. 정부 및 민간 프로그램에서의 의도하지 않은 효과까지도 분석할 수 있는 것은 상향적 정책집행이다.

오답해설 ①, ② 정책집행을 주어진 정책목표의 달성을 위한 수단적 행위로 파악하는 접근방법은 하향적 정책집행으로, 타당한 인과이론, 명확한 법령과 구체적인 정책지침을 성공적 집행을 위한 조건으로 제시한다.
④ 하향적 정책집행은 결정자나 지지자의 시각이므로 집행자나 반대자의 입장을 파악하기 곤란하다.

답 | ③

3 통합적 접근

(1) 엘모어(R. Elmor)의 통합모형(1985)

① 정책을 설계할 때는 하향적 접근으로 정책목표를 결정하되, 상향적 접근에서 제시하는 방법을 수용하여 가장 집행가능성이 높은 정책수단을 선택하는 방법이다.
② 집행자의 국지적 전략들을 고려하면서 결정자가 국지적 해결책을 구성하는 상호가역성의 논리에 의거 하향적 접근과 상향적 접근의 통합을 시도하였으나, 실현가능성이 희박하다고 비판받는다.

• 엘모어(R. Elmore)는 통합모형에서 정책결정자들이 정책설계단계에서는 하향적으로 정책목표를 결정하고, 정책수단을 강구할 때에는 상향적 접근법을 수용하여 집행가능성이 가장 높은 수단을 선택해야 한다고 주장한다.   20. 국회직 8급

(2) 사바티어(P. Sabatier)의 통합모형

① 비교우위 접근법 → 상황론적 접근
  ㉠ 하향적 접근이 유리한 경우
    ⓐ 하나의 정책 또는 단일의 법령이 지배적으로 작용하는 경우
    ⓑ 시간과 자원이 충분하지 않아 정책집행의 평균적이고 일반적인 과정만을 파악하고 있는 경우
  ㉡ 상향적 접근이 유리한 경우
    ⓐ 중요성이 비슷한 여러 정책이 경쟁하거나 지배적인 법규가 없는 경우
    ⓑ 공공부문과 민간부문의 다양한 참여자들이 존재하는 경우
    ⓒ 지역 간 집행 차이를 파악하거나 현장의 상황을 파악하고자 하는 경우

② 정책지지(창도·옹호)연합모형
  ㉠ 정책지지연합모형은 정책과정에서 다양한 이해관계자들이 어떻게 상호작용하고 정책변화에 영향을 미치는지 설명하는 이론으로, 복잡하고 갈등적인 정책문제에 대한 분석에 유용하게 사용된다.
  ㉡ 정책지지연합모형은 정책과정의 단계모형을 거부하고 정책변화를 정책과정의 전체적 관점에서 설명하며, 현대 사회에서 정책변화를 이해하기 위한 가장 유용한 분석단위는 특정 정부기관이 아니라 공공부문과 민간조직의 행위자들로 구성되는 정책하위체제라고 전제한다.
  ㉢ 정책지지연합모형은 정책하위체제라는 상향적 접근방법의 분석단위를 채택하지만 여기에 영향을 미치는 요인으로 하향적 접근방법이 제시한 여러 변수와 사회경제적 상황 및 법적 수단 등을 결합하고자 한다.
  ㉣ 정책지지연합모형에 의하면 정책하위체제 내에는 정책신념을 공유하는 복수의 정책창도연합들(→ 지지연합과 반대연합)이 있으며, 이러한 정책지지연합들은 자신들의 신념체계에 따라 정책이 추진될 수 있도록 경쟁한다. 그리고 이러한 정책지지연합들 간의 대립과 갈등은 정치인이나 관료와 같은 정책중개자에 의해 중재된다.
  ㉤ 정책지지연합모형은 정책집행에 대한 시간관을 10년 이상의 장기로 설정하여 단순히 정책결정 이후 한 번에 완료되는 과정이 아닌 지속적인 정책학습과 정책변동 차원으로 파악한다.
  ㉥ 정책지지연합모형은 외적변수(external parameters), 정책지지연합(policy advocacy coalition), 신념체계(belief systems), 정책중개자(policy brokers), 정책학습(policy learning), 정책산출(policy output) 그리고 정책변동(policy change) 등으로 구성된다.
  ㉦ 외적변수는 다시 안정적인 외적변수와 역동적인 외적변수로 구성되어 있는데, 전자는 문제영역의 기본적 속성, 자연자원의 기본적 분포, 근본적인 사회문화적 가치 및 사회구조, 기본적인 법적구조 등이며, 후자의 경우에는 사회경제적 조건의 변화, 여론의 변화, 지배집단의 변화, 다른 하위체제로부터의 정책결정 및 영향 등을 들 수 있다.
  ㉧ 안정적인 외적변수들은 변화가 불가능하지는 않으나 변화의 속도가 매우 더디고 범위 또한 협소하다. 반면, 역동적인 외적변수는 정책하위체제에 단기간에 큰 영향을 미친다.

· 정책지지연합모형은 정책변화를 분석하기 위한 분석단위로 정책하위체계를 설정한다. 22. 국회직 8급

· 정책지지연합모형은 10년 이상의 장기간에 걸쳐 일어나는 정책의 변동을 설명하는 데 유리하다. 19. 소방간부

㋐ 정책지지연합의 신념체계는 기본핵심신념(규범적 핵심), 정책핵심신념, 부차적 신념으로 구성된다.

㋓ 기본핵심신념(deep core beliefs) 혹은 규범적 핵심(normative core)은 자유, 평등, 발전, 보존 등에 관한 존재론적 가치의 우선순위와 관련된 최상위 수준의 신념으로, 변경가능성이 희박하다.

㉠ 정책핵심신념(policy core beliefs)은 기본핵심신념을 정책하위체제에 적용한 것으로, 정책하위체제 내에서 정책목표를 달성하기 위한 기본적인 전략이나 정책방향과 관련된다.

㉡ 기본핵심신념이 보편적이고 추상적인 가치와 관련된다면 정책핵심신념은 특정 정책 분야에 특화된 구체적인 신념으로, 자기편을 결속시키고 반대편과 구분하는 비전을 제시하는 역할을 수행한다.

㉢ 부차적 신념은 범위가 좁고, 구체적 프로그램의 상세한 규칙과 예산지출 등 수단적 사항에 관한 신념을 말하며 정책핵심신념에 비해 쉽게 변화할 수 있다.

㉣ 정책지지연합모형에 의하면 신념체계와 정책변화는 정책지향적 학습과 외부적 충격에 의해 변할 수 있는데 외부충격은 정책하위체제의 구조와 개인의 정책핵심신념을 급격하게 바꿀 수 있지만 정책지향적 학습은 10년 이상의 장기간이 소요된다. 특히, 과학적·기술적 정보를 정책행위자의 정책신념을 조정하는 중요한 요인으로 간주한다.

• 정책지지연합모형에서 규범핵심은 모든 정책에 적용되는 존재론적 공리를 의미한다. 19. 소방간부

한 번 더 정리 정책지지(옹호)연합모형

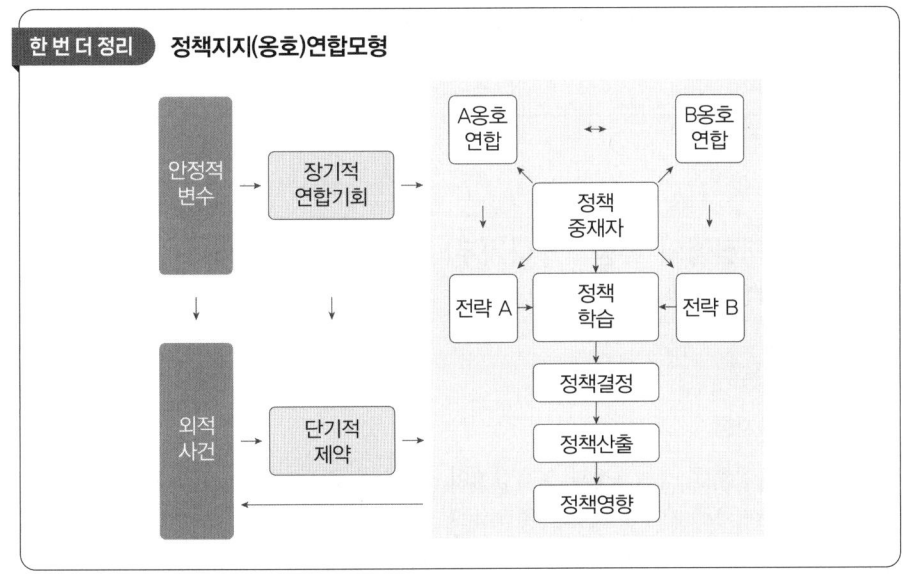

바로 확인문제

1. 옹호연합모형(Advocacy Coalition Framework)에 대한 설명으로 옳은 것만을 모두 고르면?

24. 지방직 9급

> ㄱ. 정책하위체제에 초점을 두어 정책변화를 이해한다.
> ㄴ. 정책지향학습은 옹호연합 내부만 아니라 옹호연합 사이에서도 발생한다.
> ㄷ. 행정규칙, 예산배분, 규정의 해석에 대한 결정은 정책핵심신념과 관련된다.
> ㄹ. 신념 체계 구조에서 규범적 핵심신념은 관심 있는 특정 정책 규범에 적용되며, 이차적 측면(secondary aspects)보다 변화 가능성이 작다.

① ㄱ, ㄴ ② ㄱ, ㄹ ③ ㄴ, ㄷ ④ ㄷ, ㄹ

정답해설 ㄱ. 정책옹호연합모형은 복잡한 정책 변화를 이해하기 위해 정책과정이 이루어지는 주요 무대인 정책하위체제와 그 안에서 활동하는 정책옹호연합의 역할과 상호작용에 주목하는 이론이다.
ㄴ. 정책지향학습은 단일 연합 내부의 응집력을 강화하거나 전략을 다듬는 데 기여하기도 하지만, 다른 연합과의 상호작용을 통해 발생하여 정책하위체제 내 행위자들의 인식을 변화시키고 점진적인 정책 변화를 이끌어내는 중요한 메커니즘으로 작용한다.

오답해설 ㄷ. 행정규칙, 예산배분, 규정의 해석에 대한 결정은 부차적 신념과 관련된다.
ㄹ. 신념 체계 구조에서 관심 있는 특정 정책 규범에 적용되는 것은 정책핵심신념이다.

답 | ①

03 정책집행의 유형 → 나카무라(R. Nakamura)와 스몰우드(F. Smallwood) 모형

1 유형의 분류

(1) 고전적 기술자형

① 고전적 기술자형은 정책결정과 정책집행이 엄격하게 분리된다는 가정 하에, 정책집행자는 정책결정자가 결정한 내용을 충실하게 집행하는 유형이다.
② 고전적 기술자형에 의하면 정책결정자가 정책목표를 명확하게 설정하고 정책집행자는 이러한 목표를 지지하며, 결정자는 계층제적인 통제구조를 구축한 후 기술적인 권위를 특정 집행자에게 위임한다.
③ 정책집행자는 정책목표를 달성할 수 있는 기술적 역량을 보유하고 있으며, 만약 집행과정에서 문제가 발생하였다면 이는 기술적 역량이 부족하거나 정책목표를 지지하지 않기 때문이다.
④ 미국의 달 착륙사업이 고전적 기술자형의 성공사례로 언급되며, 원자력 발전소 건립 사업은 기술적 역량의 부족으로 정책집행이 실패한 사례로 언급된다.

- 나카무라(R. Nakamura)와 스몰우드(F. Smallwood)는 정책결정자와 집행자 간의 관계에 따라 정책집행을 유형화하였다. 17. 서울시 9급

- 고전적 기술자형은 정책결정자가 정책집행자를 엄격히 통제하여 집행자가 결정된 정책내용을 충실히 집행하는 유형이다. 18. 경찰승진

- 고전적 기술자형은 정책결정자가 세부적인 정책내용까지 결정하고 정책집행자는 아주 제한된 부분의 재량권만 인정받고 목표달성을 위해 노력한다. 24. 경찰승진

- 고전적 기술자형은 정책결정자가 구체적 목표를 설정하고 집행자에게 기술적 문제에 관한 권한을 위임하는 유형이다. 22. 경찰승진

(2) 지시적 위임가형

① 지시적 위임형은 정책결정자가 명확한 목표를 설정하고 정책집행자들은 설정된 목표의 소망성에 동의하는 유형으로, 정책결정자가 정책집행자에게 정책목표를 달성할 것을 지시하고, 관리적 권한을 위임하며, 정책집행자는 목표달성에 필요한 기술적, 관리적 역량과 협상력을 가지고 있다.
② 지시적 위임형에서는 정책결정자가 결정과정에 대한 통제력을 가지고 있지만 정책집행자 역시 정책수단을 결정할 수 있는 재량을 가지고 있다.
③ 지시적 위임형에는 집행자의 기술적 역량이 부족하거나 다수의 집행기관이 참여하는 경우, 정책수단에 대한 집행기관들 간 합의가 이루어지지 못한 경우 집행과정에서 문제가 발생한다.
④ 또한 정책결정자가 집행자에게 명확하고 상세한 지시를 내리고 권한을 위임하여야 하나 지시가 애매모호한 경우에 집행자들 간에 해석상의 갈등이 야기될 수 있다.
⑤ 이처럼 정책수단을 결정할 수 있는 재량권을 위임받았으나 다수의 집행기관들이 합의를 이루지 못하여 집행실패가 발생한 사례로 오클랜드의 경제개발사업을 들 수 있다.

> • 지시적 위임형은 정책결정자가 목표를 설정하고 집행자에게 기술적·행정적 권한을 위임하는 유형이다.
> 22. 경찰승진

> • 지시적 위임형은 정책결정자가 정책목표를 세우고 대체적인 방향을 정하면 정책집행자는 목표달성에 필요한 정책수단에 관해 폭넓은 재량권을 위임받아 정책을 집행한다.
> 24. 경찰승진

(3) 협상형

① 협상형은 공식적 정책결정자가 정책목표를 설정하지만 정책결정자와 집행자 간에 정책의 소망성에 대해 합의를 반드시 이루는 것은 아닌 유형으로, 이에 따라 정책집행자들은 정책목표와 정책수단에 대해 정책결정자와 협상하는 모형이다.
② 협상형에서도 정책집행자의 기술적 역량의 부족은 집행실패의 원인이 되며, 협상의 실패로 인하여 집행자가 불만을 가지게 되면 타성, 교착상태, 부집행 등이 발생할 수 있다.
③ 협상형에서 집행자는 결정자가 설정한 정책목표에 동의할 필요가 없기 때문에 자신의 목적을 위해 정책집행을 회피하고 자원을 마음대로 사용하는 적응적 흡수가 나타날 수 있다.
④ 정책결정자와 집행자 간의 협상의 결과는 상대적인 권한배분에 의해 결정된다. 만약 결정자가 권력을 독점적으로 행사할 수 있다면 집행자들이 정책목표에 동의하지 않는다 하더라도 정책집행을 강요할 수 있다.
⑤ 반면 권력이 동등하게 배분되었다면 협상의 결과에 따라 정책이 집행될 것이고, 집행자가 권력을 독점하고 협상을 원하지 않는다면 정책이 집행되지 않거나 정책결정자의 의도와는 상이한 형태로 집행이 이루어질 것이다.

(4) 재량적 실험가형

① 재량적 실험가형은 공식적 정책결정자가 추상적이고 일반적인 정책목표를 지지하지만 지식의 부족 또는 불확실성 때문에 정책목표를 구체적으로 설정할 수 없기에 정책집행자에게 정책목표를 구체화하고 정책수단을 개발할 수 있도록 광범위한 재량권을 위임하는 유형이다.
② 또는 정책결정자들이 상호 대립·갈등하고 있어 구체적인 정책목표 및 정책수단에 대해 합의를 보지 못하고 정치적 연합형성에 따라 막연하고 추상적인 내용만 결정함으로써 구체적인 내용을 결정하는 권한과 책임을 집행자에게 떠넘기는 경우이다.
③ 재량적 실험가형은 책임회피와 같은 위험이 존재하지만 불확실성이 높은 상황에서는 가장 혁신적인 집행방법이 될 수도 있다.
④ 재량적 실험가형에서는 정책집행자의 전문성과 지식의 부족, 애매모호한 정책결정 때문

> • 재량적 실험가형은 대립, 갈등하고 있는 정책결정자들 간에 구체적 정책목표 및 정책수단에 대해 합의를 보지 못하고 있는 경우에 해당된다.
> 05. 국가직 9급

에 발생하는 집행상의 혼란, 집행자가 자원을 자기의 목적을 위해 사용하거나 정책결정자를 기만하는 행위, 결정자와 집행자 모두 책임을 회피하려 할 경우 집행의 실패가 나타날 수 있다.

(5) 관료적 기업가형

① 관료적 기업가형은 정책집행자가 정책결정자의 결정권을 장악하고 정책과정 전반을 완전히 통제하는 유형으로, 정책집행자가 정책목표를 결정하고 공식적 정책결정자를 설득 또는 강제하여 받아들이게 하며, 정책목표 달성에 필요한 정책수단을 확보하기 위해 결정자와 협상하는 모형이다.
② 1924년부터 1972년까지 미국 FBI 국장을 역임했던 후버(E. Hoover)의 사례가 이에 해당한다.
③ 나카무라(R. Nakamura)와 스몰우드(F. Smallwood)에 의하면 권한위임의 정도가 커질수록 결정자와 집행자는 정책목표와 정책수단에 관한 정치적 합의를 이루기 위해 협상을 해야 하기에 정책집행자가 정책결과를 산출하는 데 필요한 기술적인 측면에서 발생하는 문제뿐만 아니라 결정자와 협상에서 발생하는 문제까지 다루어야 하므로 집행과정의 복잡성과 집행실패의 가능성이 증가한다.

2 성공적 집행의 판단기준

(1) 정책의 목표달성도(→ 효과성)

① 정책집행의 결과 정책목표가 얼마나 충실하게 달성되었는지를 측정하는 방법으로, 일반적으로 특정 정책목표 대비 정책산출을 측정하는 계량적 방법이 사용된다.
② 이는 정책결정자의 정책의도에 명시된 특정한 목표의 달성 여부를 측정하는 것으로, 정책집행을 기술적인 성격으로 간주하는 고전적 기술자형이나 지시적 위임형에 대한 평가기준으로 적합하다.

(2) 능률성

① 능률성은 정책효과를 극대화하고 정책비용을 최소화하는 것을 성공적인 집행을 보는 평가기준이다.
② 능률성은 정책비용을 감안하기 때문에 효과성보다 넓은 의미를 지닌 기준이다. 다만, 능률성을 비용절약과 비슷한 개념으로 보고, 효과보다는 산출물 생산에 투입된 비용이 적을수록 능률적이라고 보는 견해도 존재한다.
③ 능률성은 평가의 일차적인 초점이 목적이 아닌 수단에 있으므로 지시적 위임형에 적합한 평가기준이다.

(3) 정책지지 및 관련 집단의 만족도(→ 주민 혹은 유권자 만족도)

① 정책집행에 의해 이익과 손해를 보는 여러 집단의 만족도를 평가하는 지표이다.
② 효과성이나 능률성과 달리 계량화된 지표보다는 만족도라는 측면에서 정책효과를 평가하는 질적이고 주관적인 피드백에 의존하는 지표로, 명시적인 정책목표의 달성에 초점을 두는 것이 아니라 관련 집단 간의 갈등을 조정하고 적응하는 과정을 통해 발생하는 정책목표의 타협과 수정에 초점을 두기에 타협과 조정을 중시하는 협상형의 평가기준으로 적합하다.

• 관료적 기업가형에서는 정책집행자가 정책과정의 전체를 좌지우지하며 정책결정권까지도 행사한다.
17. 국회직 9급

• 관료적 기업가형에서는 상위 결정자들이 형식상 결정권을 소유하고 있지만, 모든 실권을 집행자들이 가지고 있기 때문에 결정자는 집행자들에 의해 만들어진 정책과 목표를 받아들일 수밖에 없다. 17. 국회직 9급

• 관료적 기업가형에서 정책집행자는 목표를 달성하기 위한 수단을 획득하기 위해 정책결정자와 협상한다.
19. 국가직 9급

(4) 정책수혜집단에 대한 대응성(→ 수익자 대응성)

① 이 기준 역시 계량화된 지표가 아닌 만족도를 사용하여 집행의 성과를 평가한다. 다만 정책집행에 의해 이익과 손해를 보는 여러 관련 집단의 만족도가 아닌 소비자 또는 고객 등 정책수혜집단의 만족도를 중시한다.
② 재량적 실험가형은 고객의 요구를 충족시키기 위한 프로그램의 적응성, 유연성, 편의성 등에 관심을 두기 때문에 이 기준은 재량적 실험가형에 적합한 평가기준이다.
③ 다만, 만족도를 강조하는 두 기준은 강력한 이익집단의 요구에 민감하게 대응하여 특수 이익을 옹호하고 공익을 희생시킬 수 있으므로 비민주적일 수 있고, 지나친 참여가 집행 과정에서 거부점으로 작용하여 집행을 지연시키거나 방해할 수 있다는 단점을 지닌다.

(5) 체제유지도

① 체제유지도는 크게는 국가체제나 정부, 작게는 집행기관의 유지·발전에 어떠한 도움을 주는지를 성공적 집행의 평가기준으로 보는 것이다.
② 체제유지도는 미시적인 수준에서는 관료적 기업가형에 적합한 기준이지만, 궁극적인 적용범위는 한 가지 집행유형에만 한정되는 것은 아니다.

> • 성공적 정책집행의 판단기준으로 수익자 대응성이란 정책을 직접 전달받는 고객의 요구에 정책이 얼마나 부응하고 있는지를 평가하는 정책 수혜집단의 요구 대응성을 말한다. 06. 국가직 7급
>
> • 성공적 정책집행의 판단기준으로 주민만족도란 정책집행에 의해 이익과 손해를 보는 여러 관련 집단의 만족도와 정책지지를 말한다. 06. 국가직 7급

바로 확인문제

1. 나카무라(R. Nakamura)와 스몰우드(F. Smallwood)의 정책결정자와 정책집행자 간의 관계 유형 중 다음 설명에 해당하는 것은?   19. 국가직 9급

> • 정책집행자는 공식적 정책결정자로 하여금 자신이 결정한 정책목표를 받아들이도록 설득 또는 강제할 수 있다.
> • 정책집행자는 목표를 달성하기 위한 수단을 획득하기 위해 정책결정자와 협상한다.
> • 미국 FBI의 국장직을 수행했던 후버(E. Hoover) 국장이 대표적인 예이다.

① 지시적 위임형   ② 협상형
③ 재량적 실험가형   ④ 관료적 기업가형

정답해설 집행자가 결정한 목표를 결정자가 받아들이도록 설득 또는 강제하고 스스로 설정한 목표를 달성하기 위해 결정자와 수단을 협상하는 모형은 관료적 기업가형이다. 관료적 기업가형은 결정자는 자주 바뀌어도 집행자는 관료제의 안정성과 계속성으로 인해 맡은 직무를 계속 수행할 수 있으며, 또 집행자 중에는 기업가적 자질이나 정치적 능력을 갖고 정책형성을 관장할 수 있는 관료가 있다. 대표적인 인물로는 FBI의 국장직을 수행했던 후버가 있다.

오답해설 ① 지시적 위임가형은 결정자가 구체적으로 목표를 설정하고 집행자가 이를 지지하는 상황으로, 결정자는 집행자 집단에게 기술적·행정적 권한(모든 수단)을 위임하는 모형이다.
② 협상형은 결정자가 목표를 제시하나 집행자와 이에 대한 합의를 보지 못한 상황으로, 집행자는 결정자와 정책의 목표와 수단에 대하여 협상하는 모형이다.
③ 재량적 실험가형은 결정자가 추상적·일반적 목표를 제시하나 확실성이 결여되어 있으며, 결정자 간 구체적인 정책목표와 정책수단에 대하여 합의를 보지 못하고 있는 상황으로, 결정자는 집행자에게 광범위한 재량권을 부여하고 집행자가 결정자를 위하여 목표와 방안을 구체화(재정의)하는 모형이다.

답 | ④

04 정책변동

1 의의
① 정책변동이란 정책평가 혹은 정책집행 도중 획득되는 새로운 정보와 지식 등에 의해 정책내용이나 집행방법이 변하는 현상을 의미한다.
② 이러한 정책변동은 정책의 오류, 위기와 재난, 지식과 기술의 변화, 역학관계의 변화, 관련자들의 필요와 기대의 변화, 정부의 기능과 구조의 변화, 예산 등 자원과 지지의 변화, 새로운 문제의 발견 등으로 인해 야기된다.

2 정책변동의 범위

(1) 점증적 변동
① 균형에서 벗어나려는 힘을 제어하려는 부정적 환류가 작용하는 상황
② 교란이론, 이익집단자유주의, 철의 삼각, 정책하위체제모형 등 다원주의 정치상황
③ 수확체감의 법칙이 적용되는 영역

- 수확체감의 법칙이 작동하면 점증적 정책변동이 나타난다.
  12. 지방직 7급

(2) 비점증적 변동
① 변화를 촉진하려는 긍정적 환류가 작용(→ 모방현상이나 정책이슈에 대한 관심의 변화)하는 상황
② 자기강화기제나 수확체증의 법칙 및 티핑포인트(→ 분기점)의 상황

(3) 단절적 균형모형: 점진적 변동에 따른 안정과 급격한 변동에 따른 단절을 모두 포괄하는 모형

3 호그우드(W. Hogwood)와 피터스(G. Peters)의 정책변동 모형

(1) 정책혁신
① 정책혁신은 지금까지 관여하지 않았던 분야에 개입하기 위해 새로운 정책을 결정하는 것을 의미한다.
② 정책혁신은 관련 정책이나 활동이 없고 이를 담당하는 조직이나 예산도 없는 상태에서 새로운 정책을 만드는 것이다.

(2) 정책유지
① 정책유지는 현재 정책의 기본적 특성을 그대로 지속시키는 것으로, 정책을 구성하는 사업내용이나 예산액수, 집행절차의 변경이 있더라도 정책의 기본 특성이 유지되면 정책유지로 본다.
② 정책유지는 정책결정 후에 집행상황에 적응하기 위해서 의도하지 않게 발생하는 변화까지 포함한다.

- 정책유지는 현재의 정책을 기본적으로 유지하면서 정책수단의 부분적인 변화만 이루어지는 경우를 말한다. 18. 국가직 7급

- 정책유지에서는 정책수단의 기본골격이 달라지지 않으며, 주로 정책산출 부분이 변한다. 17. 국가직 7급(하)

(3) 정책승계
① 정책승계는 현존하는 정책의 기본적 성격을 바꾸는 것으로, 정책의 근본적인 수정을 하는 경우, 정책을 없애고 완전히 대체하는 경우 등을 포함한다.

② 정책승계는 기본적인 정책목표는 수정하지 않는다는 점에서 정책유지와 비슷하지만, 정책수단인 사업이나 그 사업을 담당하는 조직, 예산 등에 중대한 변화가 일어난다.
③ 정책유지는 정책내용의 기본골격을 유지하므로 체계적이고 정밀한 분석의 필요성이 크지 않지만 정책승계는 정책의 대폭적인 수정이 있으므로 체계적이고 정밀한 분석이 필요하다.
④ 정책승계에는 정책대체, 부분종결, 복합적 정책승계, 정책통합과 정책분할 등이 있다.
⑤ 정책대체는 정책목표를 변경시키지 않는 범위에서 정책내용을 완전히 새로운 것으로 바꾸는 것으로 이를 선형적 승계라 하며, 이밖에 부분적 대체, 정책환원과 정책재도입 등이 포함된다.
⑥ 부분종결은 정책의 일부를 유지하면서 다른 일부는 완전히 폐지하는 것으로, 정책유지와 종결이 배합된 것이다.
⑦ 복합적 정책승계는 정책유지, 정책대체, 정책종결 그리고 정책추가 등이 3개 이상 복합적으로 나타난 것으로 비선형적 정책승계가 이에 해당한다.
⑧ 정책통합은 두 개의 정책이 하나의 정책으로 합쳐지는 경우로, 두 정책이 동일하거나 비슷한 목표를 지니고 있을 때 일어나며, 정책분할은 하나의 정책이 두 개 이상으로 분리되는 것을 말한다.

(4) 정책종결

① 정책종결은 현존하는 정책을 완전히 소멸시키는 것으로, 정책수단이 되는 사업과 예산을 중단하고 이를 대체할 다른 수단을 결정하지 않는 경우이다.
② 정책종결은 관련 법률, 사업, 조직, 예산 등이 폐지되는 것을 의미하며, 이들 중 하나라도 종결되면 부분종결에 해당된다.
③ 정책종결은 폭발형, 점감형, 혼합형의 유형이 있다.

> • 정책통합은 같은 분야의 정책이 합하여짐으로써 새로운 정책이 나타나는 형태의 정책승계이다.
> 18. 서울시 7급
>
> • 정책종결은 다른 정책으로의 대체 없이 기존 정책을 완전히 중단하는 것이다.
> 22. 지방직 9급

바로 확인문제

1. 정책변동의 유형과 그 예시를 연결한 것으로 가장 적절한 것은? 21. 경찰승진

① 정책혁신 – 야간 통행금지의 철폐
② 정책유지 – 저소득 자녀에 대한 교육비 보조를 차상위계층의 자녀로 확대
③ 정책승계 – 사이버 범죄에 대한 대응책으로 사이버 수사대의 창설
④ 정책종결 – 과속운전 단속을 교통경찰관에서 감시카메라 설치로 교체

정답해설 교육비 보조라는 정책수단은 그대로 유지하고 그 범위가 확장된 것이므로 이는 정책유지에 해당한다.

오답해설 ① 야간 통행금지의 철폐는 정책종결이다.
③ 사이버 범죄에 대한 대응책으로 사이버 수사대의 창설은 정책혁신이다.
④ 과속운전 단속을 교통경찰관에서 감시카메라 설치로 교체하는 것은 정책승계이다.

답 | ②

05 성공적 정책집행

1 성공적 정책집행의 판단기준

(1) 내용기준

① 정책목표의 적합성과 적정성
② 정책수단의 실현가능성과 소망성(→ 노력, 능률성, 효과성, 형평성, 대응성 등)

(2) 주체기준

① 합법성 명제: 정책의도의 실현
② 합리적 관료적 명제: 관료적 합리성의 구현
③ 합의 명제: 관련 집단의 요구

(3) 나카무라(R. Nakamura)와 스몰우드(F. Smallwood)의 정책집행의 평가기준

구분	초점	특징	측정방법	비고
효과성	결과	목표의 명확성	기술적·계량적	고전적 기술자형
능률성	수단의 극대화	생산비용		지시적 위임가형
주민 만족도	유권자의 정치적 조정	타협과 목표조정	질적·비계량적	협상형
수익자 대응성	소비자의 정치적 조정	적응성과 신축성		재량적 실험가형
체제유지도	기관의 활력	안정성과 지속성	혼합적(→ 포괄적)	관료적 기업가형

2 정책집행에 영향을 미치는 요인

① 정책의 유형: 규제정책, 배분정책, 재분배정책 등
② 사업계획의 성격: 명확성, 일관성, 소망성
③ 집행주체: 조직과 재원, 집행담당자의 역량, 관련 기관과의 관계 등
④ 환경적 요인: 정치적·경제적 여건, 대중매체의 관심, 여론의 반응 등
⑤ 명확성: 목표와 그것을 달성하기 위한 수단이 추상적이지 않고 목표나 수단들이 상호 모순되거나 대립되지 않는 현상
⑥ 일관성: 목표와 수단 간의 우선순위가 분명하고 시간의 경과에도 크게 변하지 않는 상태
⑦ 소망성: 집행에 관여하는 사람들이 사업 내용을 바람직하게 인식하는 정도

3 정책집단의 영향력

구분		규모 및 조직화 정도	
		강	약
집단의 성격	수혜집단	집행용이	집행용이
	희생집단	집행곤란	집행용이

- 정책목표와 정책수단이 구체적일수록 정책집행이 성공할 가능성이 커진다는 주장이 있다. 17. 지방직 9급
- 정책을 성공적으로 설계하기 위해서는 적절한 인과모형이 필요하다. 14. 지방직 7급
- 규제정책은 배분정책보다 논쟁과 갈등의 정도가 높은 편이다. 06. 국가직 9급
- 사바티어(P. Sabatier)는 정책대상집단의 행태변화의 정도가 크면 정책집행의 성공은 어렵다고 본다. 12. 지방직 9급

구분		규모 및 조직화 정도	
		강	약
집단의 구성	수혜집단 > 희생집단	집행용이	집행용이
	수혜집단 = 희생집단	집행곤란	집행용이
	수혜집단 < 희생집단	집행곤란	집행용이

바로 확인문제

1. 정책집행의 특징에 대한 다음 설명 중 옳지 <u>않은</u> 것은?　　06. 국가직 9급

① 규제정책은 배분정책보다 논쟁과 갈등의 정도가 높은 편이다.
② 배분정책은 규제정책보다 안정적인 절차의 확립이 용이한 편이다.
③ 배분정책은 규제정책보다 관련자들의 관계가 안정적인 편이다.
④ 규제정책은 배분정책보다 정책집행의 성공가능성이 높은 편이다.

정답해설 규제정책은 피해자가 명백하므로 집행함에 있어 반발이 심하다.

오답해설 ① 수혜자와 피해자가 명백하게 구분되는 규제정책이 수혜자 중심의 배분정책보다 갈등이 심하다.
② 배분정책은 국민에게 재화나 서비스를 제공하는 정책으로, 정책집행의 루틴화 가능성이 높고 반발이 없어 가장 집행하기 용이하다.
③ 배분정책은 수혜자 중심의 정책이므로 구성원들의 관계가 장기적이고 안정적이다.

답 | ④

2. 정책집행의 성공가능성에 대한 설명으로 옳지 <u>않은</u> 것은?　　17. 지방직 9급

① 정책집행연구의 하향론자들은 복잡한 조직구조가 정책의 성공적 집행을 도와준다고 주장한다.
② 정책목표와 정책수단이 구체적일수록 정책집행이 성공할 가능성이 커진다는 주장이 있다.
③ 불특정 다수인이 혜택을 보는 경우보다 특정한 집단이 배타적으로 혜택을 보는 경우에 강력한 지지를 얻을 수도 있다.
④ 배분정책은 규제정책이나 재분배정책에 비하여 표준운영절차에 따라 원만한 집행이 이루어질 가능성이 더 크다.

정답해설 정책집행의 하향적 접근은 명확한 문제와 목표 그리고 인과성 있는 대안이 주어질 때 가능하다. 따라서 복잡한 조직구조는 하향적 집행을 어렵게 하는 요인이다.

오답해설 ② 정책목표와 정책수단이 구체적일수록 명확하고 일관된 정책집행이 가능할 것이다.
③ 특정집단이 혜택을 보는 편익이 집중된 상황에서는 그 정책에 대한 순응의 가능성이 높을 것이다.
④ 수혜자 중심의 배분정책이 피해자와 수혜자의 갈등이 심한 규제정책이나 재분배정책보다 안정적인 집행의 가능성이 높다.

답 | ①

06 순응과 불응

1 순응

(1) 의의

① 개념
- ㉠ 순응: 외면적 행동이 일정한 행동규정에 일치하는 것
- ㉡ 수용: 외면적 행동의 변화 + 내면적 가치체계와 태도의 변화
- ㉢ 동조: 외부적 또는 잠재적 규범에 일치하는 방향으로 행동을 수정하는 것 → 수용 + 순응

② 순응의 유형 → 에치오니(A. Etzioni)
- ㉠ 강제적 순응: 처벌, 제재 등에 의한 강제적 순응
- ㉡ 타산적 순응: 편익과 불이익을 비교하여 이득이 클 때 순응
- ㉢ 규범적 순응: 정책의 정당성이나 권위에 의한 순응

(2) 확보전략

① **정보전략**: 정보의 제공
② **촉진전략**: 순응을 저해하는 장애요인의 제거(→ 비용과 시간 등 부담의 감소)
③ **규제전략**: 벌금 등 제재, 지속적인 순응의 확보는 곤란
④ **유인전략**: 이익이나 불이익의 제공(→ 조세감면, 보조금 지급 등)
⑤ **설득전략**: 이성이나 정서에 대한 호소(→ 계몽, 교육, 홍보, 상징 등)

2 불응

(1) 의의

① 결정자의 지시나 집행자의 환경에 대한 요구를 피지시자나 환경이 거부하는 것
② 예: 의사전달의 고의적 조작, 지연, 정책의 임의변경, 부집행, 형식적 순응 등

(2) 원인

① 정통성과 권위의 결여, 기존의 가치나 규범과의 대립
② 정책에 대한 불만, 정책목표의 모호성과 비일관성
③ 지도력의 부족, 다수 기관과의 관련성, 의사전달의 미흡
④ 자원 등 적절한 집행수단의 부족
⑤ 부담의 회피: 순응에 따른 부담

- 일반용 쓰레기봉투에 재활용품을 담아서 배출하는 경우 해당 쓰레기봉투는 수거하지 않는 것은 순응확보 수단 중 규제전략이다.
  17. 국회직 8급

- 작업장에서의 안전장비 착용에 대한 중요성을 홍보하는 TV광고를 발주하는 것은 순응확보 수단 중 설득전략에 해당한다. 17. 국회직 8급

바로 확인문제

1. 정책순응(policy compliance)에 관한 설명으로 옳은 것은? 23. 소방간부

① 내면적 가치관의 변화가 가장 중요하기 때문에 행태 차원의 개념이 아니다.
② 정책순응에 수반하는 부담으로 인한 불응의 대책으로는 보상이 효과적이다.
③ 정책집행자나 집행을 위임받은 중간매개집단은 정책순응의 주체가 아니다.
④ 정책대상집단의 불응은 규제정책보다 배분정책에서 더 심각하게 나타난다.
⑤ 정책집행과정에서 모든 참여자가 완전하게 순응하면 정책결정자의 원래 의도가 보장된다.

> **정답해설** 비용의 부담으로 인한 불응이라면 그 보상으로 대응하는 것이 바람직하다.
>
> **오답해설** ① 순응에는 외면적 순응도 존재하며, 집행자나 대상집단의 행태를 통해 파악되는 개념이다.
> ③ 대상자뿐만 아니라 집행자와 중간매개집단 역시 정책순응의 주체이다.
> ④ 정책불응은 피해자가 명확한 규제정책이나 재분배정책에서 더 강하게 나타난다.
> ⑤ 정책효과는 정책상황이나 정책결정에 의해서도 영향을 받으므로 집행과정에서 정책순응이 나타났다고 하여 결정자의 의도가 보장되는 것은 아니다.
>
> 답 | ②

2. 다음은 정책순응을 확보하기 위한 수단과 그 특징에 대한 설명이다. (가)~(다)에 들어갈 말을 바르게 연결한 것은? 22. 국가직 7급

> - (가) : 일선 집행관료는 큰 저항을 하지 않으나 정책에 의해 피해를 입는 대상 집단은 의도적으로 불응의 핑계를 찾으려 한다.
> - (나) : 도덕적 자각이나 이타주의적 고려에 의해 자발적으로 순응하는 사람들의 명예나 체면을 손상시키고 사람의 타락을 유발할 수 있다.
> - (다) : 불응의 형태를 정확하게 점검 및 파악하기 어려운 경우가 많다는 약점이 있다.

	(가)	(나)	(다)
①	도덕적 설득	유인	처벌
②	도덕적 설득	처벌	유인
③	유인	도덕적 설득	처벌
④	처벌	유인	도덕적 설득

> **정답해설** (가) 큰 저항은 없지만 피해를 보는 집단이 의도적으로 불응의 핑계를 찾으려고 하는 것은 규범적 전략인 도덕적 설득이다.
> (나) 도덕적 자각이나 이타주의에 입각한 자발적 수용자의 명예를 손상시키는 것은 공리적 전략인 유인에 해당된다.
> (다) 불응의 형태를 점검하고 파악하기 어려운 것은 강제적 전략인 처벌에 해당된다.
>
> 답 | ①

CHAPTER 07　마무리 기출 OX

다음 내용이 맞으면 O, 틀리면 X에 표시하시오.

01 하향적 정책집행은 정책결정자의 리더십에 의존하는 성향이 상향적 정책집행보다 강하다. 25. 경찰간부 　　O | X

02 하향적 정책집행은 정부 및 민간 프로그램에서의 의도하지 않은 효과까지도 분석할 수 있다는 장점이 있다.
　　23. 국가직 7급 　　O | X

03 정책집행의 상향적 접근은 집행과정에서 발생할 수 있는 변수들을 미리 예견할 수 있도록 해 주는 체크리스트로서의 기능을 한다는 장점이 있다. 22. 국가직 7급 　　O | X

04 정책지지연합모형은 행위자들은 신념체계에 따라 구분되는 지지연합이라는 행위자 집단에 초점을 두고, 이들의 정책학습을 살펴보고자 하는 이론이다. 21. 지방직 9급 　　O | X

05 고전적 기술자형의 경우 정책집행자가 정책을 집행하는 데 필요한 기술이 부족할 때 집행과정에서 문제가 발생한다. 21. 국회직 8급 　　O | X

06 미국 FBI의 국장직을 수행했던 후버(E. Hoover) 국장의 사례는 나카무라(R. Nakamura)와 스몰우드(F. Smallwood)가 제시한 협상형의 대표적인 예이다. 19. 국가직 9급 　　O | X

07 나카무라(R. Nakamura)와 스몰우드(F. Smallwood)의 정책집행모형 중 재량적 실험가형이 정치가에 비해 관료의 권력이 가장 강하게 행사되는 모형이다. 17. 지방직 7급 　　O | X

08 정책혁신은 기존의 조직이나 예산을 기반으로 새로운 형태의 개입을 결정하는 것이다. 22. 지방직 9급 　　O | X

09 정책의 기본적 특성을 그대로 유지시키는 정책유지는 정책의 집행과정에서 일어나는 변화와 현재의 특수 사정 등에 적응하기 위해서 일어나는 경우가 많다. 24. 군무원 7급 　　O | X

10 정책종결은 현존하는 정책을 완전히 소멸시키는 것으로, 정책수단이 되는 사업과 지원예산을 중단하고 이들을 대체할 다른 수단을 결정하지 않은 경우이다. 18. 국가직 7급 　　O | X

정답 및 해설

01 O　02 X　03 X　04 O　05 O　06 X　07 X　08 X　09 O　10 O

02 정부 및 민간 프로그램에서의 의도하지 않은 효과까지도 분석할 수 있는 것은 상향적 정책집행이다.
03 집행과정에서 발생할 수 있는 변수들을 미리 예견할 수 있도록 해 주는 체크리스트로서의 기능을 하는 것은 정책집행의 하향적 접근이다.
06 미국 FBI의 국장직을 수행했던 후버(E. Hoover) 국장의 사례는 관료적 기업가형의 대표적인 예이다.
07 정치가에 비해 관료의 권력이 가장 강하게 행사되는 모형은 관료적 기업가형이다.
08 정책혁신은 새로운 조직과 예산 및 인력 등을 활용하여 완전히 새로운 영역의 정책문제를 해결하고자 하는 것이다.

CHAPTER 08 정책평가론

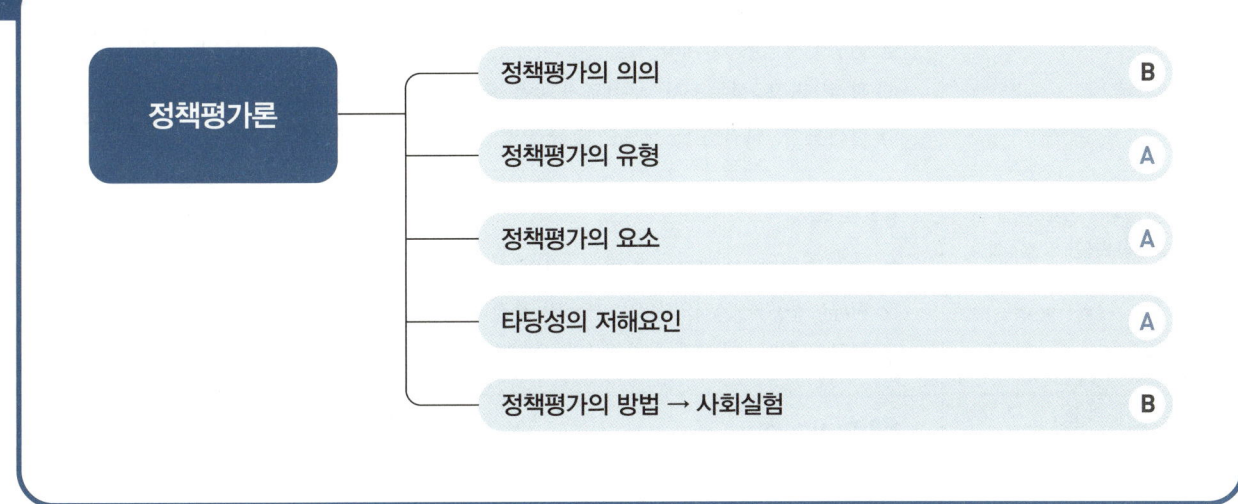

01 정책평가의 의의

1 의의

(1) 개념

① 정책평가란 정책이 대상에 미친 효과를 목표와 관련하여 객관적·체계적으로 검토하는 과정 즉, 정책수단과 효과 간의 인과관계를 실증적으로 검증하는 작업을 말한다.
② 정책평가는 정책을 환경에 대한 독립변수로 놓고 그 효과를 측정하는 것으로, 일반적으로 확률의 원리에 따라 설명되는 경향이 강하다.
③ 정책분석이 정책결정 단계에서 이루어지는 사전적이고 조망적인 활동이라면 정책평가는 집행과정이나 결과를 대상으로 하는 사후적이고 회고적인 활동이다.
④ 정책평가는 일반적으로 정책대안이 소기의 효과를 가져왔는가를 판단하는 총괄평가가 원칙이나, 정책이 제대로 집행되고 있는가를 평가하는 과정평가도 최근 강조되고 있다.

(2) 등장배경

① 합리적 분석에 의해 형성된 정책(→ 계획예산이나 오클랜드사업)들의 실패(→ 정책을 만드는 정책분석에서 정책의 효과를 확인하는 정책평가로의 이동)
② 과학적·통계적 분석기법 등 평가를 위한 이론적·기술적 기법들의 발달

> **기선 제압**
>
> • 정책평가연구는 순수연구라기보다는 응용연구라 할 수 있다.
> 23. 소방간부
>
> • 정책평가는 특정 정책의 효과성 판단을 위한 인과관계의 입증에 활용될 수 있다.
> 20. 국가직 7급

- 정책평가는 정책목표의 확인, 정책평가 대상의 확정, 인과모형의 설정, 자료의 수집 및 분석, 평가결과의 제시 순으로 이루어진다.
  21. 국가직 7급

- 정책평가의 목적은 정책결정과 집행에 필요한 정보제공 및 정책과정의 책임성 확보에 있다.
  14. 국가직 7급

2 과정

① 목표의 확인
② 평가기준의 선정
③ 인과모형의 설정: 독립변수와 종속변수 간 가설적 관계
④ 연구설계: 실험설계와 비실험설계 등을 통해 인과모형을 검증하기 위한 작업
⑤ 관찰, 면접, 설문조사, 문헌조사 등을 통한 자료의 수집
⑥ 상관분석, 회귀분석, 경로분석 등을 통한 자료의 분석과 해석

3 목적

① 책임성 확보: 정책과정의 법적·관리적·정치적 책임성의 확보
② 환류: 성공과 실패의 원인 파악 및 결정과 집행에 필요한 정보의 제공
③ 학문적 기여: 인과관계의 검증을 통한 학문적 기여

4 평가기준

구분	산출 → 능률성 평가	결과 → 효과성 평가	영향 → 영향 평가
평가시점	집행 완료 후 즉시	중기적 평가	장기적 평가
평가대상	형식적 목표 달성도	실질적 목표 달성도	파급효과
평가방법	양적 분석	양적 분석 + 질적 분석	질적 분석
예	졸업생 수	취업생 수	경제활성화

구분	방범사업	도로사업
투입	인적·물적 규모	인적·물적 규모
산출	범인체포 건수	도로건설 규모
결과	범죄율 감소	통행속도 및 사고감소
영향	경제활성화 정도	경제활성화 정도

바로 확인문제

1. 정책평가의 일반적인 절차를 순서대로 바르게 나열한 것은? 21. 국가직 7급

> ㄱ. 정책평가 대상의 확정　ㄴ. 평가결과의 제시　ㄷ. 인과모형의 설정
> ㄹ. 자료의 수집 및 분석　ㅁ. 정책목표의 확인

① ㄱ → ㅁ → ㄷ → ㄹ → ㄴ
② ㅁ → ㄱ → ㄷ → ㄴ → ㄹ
③ ㅁ → ㄱ → ㄷ → ㄹ → ㄴ
④ ㅁ → ㄷ → ㄱ → ㄹ → ㄴ

> **정답해설** 항상 목표가 가장 먼저이며, 평가의 목표가 설정된 후 평가의 대상을 확정하고 가설을 설정한 후 이를 검증하고 환류하는 단계로 이어진다.

답 | ③

2. 효과성 성과감사를 위한 질문과 가장 거리가 먼 것은? 19. 서울시 7급(상)

① 부처 간 공통목적 달성을 위해 잘 협조하고 있는가?
② 사업의 대상 집단은 정확히 정의되었는가?
③ 사람들은 제공된 사업내용이나 수단에 만족하는가?
④ 선택한 수단들은 추구하는 목적 달성에 어느 정도로 기여하는가?

> **정답해설** 효과성 성과감사는 목표달성도 혹은 대외 집단의 만족도와 관련된 평가로, 조직 내부의 협조 정도는 이에 해당하지 않는다.
>
> 답 | ①

02 정책평가의 유형

1 책무성 기준

① (사)법적 평가: 정책집행자의 활동이 법규나 회계규칙에 일치하였는지를 평가한다.
② 행정적 평가: 정책과 사업을 효율적으로 관리(→ 능률성이나 효과성)하였는지를 평가한다.
③ 정치적 평가: 정책결정자의 정치적 판단을 평가한다. 체계적이고 기술적인 정교함은 요구하지 않으며, 주로 제도화된 시스템(→ 선거)을 통하여 이루어진다.

2 주체별 분류

① 내부평가(→ 자체평가): 집행기관 내부에 소속된 평가자에 의한 평가이다.
② 외부평가(→ 제3자 평가): 집행기관의 외부 또는 계약을 통한 외부전문가에 의한 평가이다.

구분	내부평가	외부평가
장점	① 정책의 높은 이해도 ② 평가의 높은 효용성	① 평가의 높은 객관성 및 자율성 ② 평가의 높은 신뢰성
단점	① 평가의 낮은 신뢰성 ② 평가의 낮은 객관성 및 자율성	① 정책의 낮은 이해도 ② 평가의 낮은 효용성

• 정책평가는 기준에 따라 내부평가와 외부평가, 형성평가와 총괄평가, 과정평가와 결과평가 등으로 나뉜다.
23. 소방간부

3 평가대상별 분류

(1) 총괄평가

① 착수직전분석
㉠ 사업의 개시를 결정하기 전에 하는 사전적 분석 작업이다.
㉡ 사업의 수요, 개념의 적절성, 사업의 실행가능성 등에 대한 평가가 이루어진다.
② 협의 총괄평가
㉠ 정책이 집행된 후에 의도했던 효과가 발생하였는지를 확인하고 검토하는 사후적 평가이다.
㉡ 능률성 평가, 효과성 평가, 영향평가, 형평성 평가 등이 이루어진다.

• 총괄평가는 정책이 종료된 후에 그 정책이 당초 의도했던 효과를 가져왔는지의 여부를 판단하는 활동이다.
18. 서울시 9급

• 형평성 평가는 정책효과와 비용의 사회집단 간의 배분 등이 공평한지를 평가한다.
24. 경찰승진

③ 메타평가(→ 평가결산)
  ㉠ 평가의 결과에 대해 제3자가 다시 평가하는 작업으로, 주로 영향평가에 적용된다.
  ㉡ 평가에 대한 평가, 제3자 평가, 재평가, 2차 평가, 상위평가 등으로 언급된다.
  ㉢ 메타평가의 유형
    ⓐ 메타분석: 유사한 평가연구에서 얻어진 통계자료를 종합하는 문헌연구로, 선행연구의 요약된 통계치를 단일의 수치로 환산하여 사용하는 경험적 연구이므로 이론적 연구에는 적용이 제약된다.
    ⓑ 평가종합: 계량적 방법뿐만 아니라 질적 방법까지 사용하여 평가연구들을 종합하는 작업이다.

- 메타평가는 평가자체를 대상으로 하며, 평가활동과 평가체제를 평가해 정책평가의 질을 높이고 결과활용을 증진하기 위한 목적으로 활용된다. 18. 서울시 9급

(2) 과정평가

① 평가성사정
  ㉠ 특정 정책이나 사업(→ 프로그램)을 본격적으로 평가하기에 앞서 이루어지는 사전분석이다.
  ㉡ 정책 그 자체가 아닌 평가계획에 대한 검토로, 정책평가의 목적을 달성하는 수단으로 활용된다.

- 평가성사정은 평가의 실행가능성을 검토하는 일종의 예비평가이다. 23. 국가직 7급

② 형성평가
  ㉠ 프로그램이 집행과정에 있어 유동적일 때 이를 개선하기 위하여 실시되는 평가로, 프로그램 그 자체의 개선에 초점을 둔다.
  ㉡ 형성평가는 주로 내부 평가자에 의해 수행되며, 평가결과를 환류하여 최종안을 개선하거나 집행과정에서 나타난 문제점을 해결하고 집행전략이나 집행설계의 수정 또는 보완을 위한 정보를 제공하는 것이 목적이다.
  ㉢ 형성평가는 프로그램을 개념화하거나 새로운 프로그램을 설계하고 개발하기 위한 검증도구이기도 하다.

- 형성평가는 정책집행 도중에 과정의 적절성과 수단·목표 간 인과성 등을 평가하는 것이다. 16. 국가직 7급

③ 모니터링
  ㉠ 프로그램이 처음 설계된 대로 운용되고 있는가, 그리고 대상집단에게 혜택이 돌아가도록 되어 있는가 등을 평가하는 기법이다.
  ㉡ 집행의 능률성과 효과성을 확보하기 위한 평가라는 점에서 프로그램 그 자체의 개선을 목적으로 하는 형성평가와는 구별된다.
  ㉢ 집행모니터링 또는 집행분석은 당초 설계된 대로 운영되고 있는지, 의도했던 대상자들에게 전달되고 있는지, 관련 법률이나 규정에 순응하였는지를 점검하는 작업이고 성과모니터링은 당초 기대한 성과가 산출되고 있는지를 확인하는 작업이다.

- 모니터링은 과정평가에 속하지만 집행의 능률성과 효과성을 확보하기 위한 평가이다. 23. 국가직 7급

④ 협의 과정평가
  ㉠ 정책이 구체적으로 어떤 경로를 통해 효과를 발생시켰는지 파악하는 사후적 인과관계의 확인 작업이다.
  ㉡ 총괄평가 중 효과성 평가를 보완하는 방법으로 활용된다.

구분	총괄평가	과정평가
사전평가	착수직전분석	평가성사정, 형성평가
사후평가	협의 총괄평가	협의 과정평가, (사후)집행분석

| 한 번 더 정리 | 정책평가의 유형 |

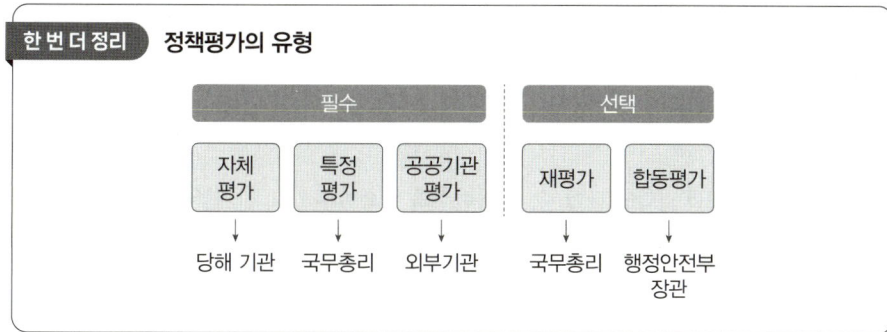

바로 확인문제

1. 정책평가의 유형에 대한 설명으로 옳지 <u>않은</u> 것은? 23. 국가직 7급

① 평가성사정(evaluability assessment)은 평가의 실행가능성을 검토하는 일종의 예비평가이다.
② 정책영향평가는 사후평가이며 동시에 효과성 평가로 볼 수 있다.
③ 모니터링은 과정평가에 속하지만 집행의 능률성과 효과성을 확보하기 위한 평가이다.
④ 형성평가는 집행이 종료된 후 정책이 의도했던 목적을 달성했는지에 초점을 맞춘다.

> **정답해설** 집행이 종료된 후 정책이 의도했던 목적을 달성했는지에 초점을 맞추는 평가는 총괄평가이다. 형성평가는 프로그램이 집행과정에 있어 유동적일 때 이를 개선하기 위하여 실시되는 평가이다.
>
> **오답해설** ① 평가성사정이란 특정 정책 또는 사업(프로그램)을 본격적으로 평가하기에 앞서 이루어지는 분석으로, 정책 그 자체가 아닌 평가계획에 대한 평가이며 정책평가의 목적을 달성하는 수단으로 활용된다.
> ② 정책영향평가는 정책이 집행된 후 이루어지는 사후평가이고 정책의 파급효과라는 결과를 파악하는 것이므로 효과성 평가로 볼 수 있다.
> ③ 모니터링은 집행의 능률성과 효과성을 확보하기 위한 평가라는 점에서 프로그램 그 자체의 개선을 목적으로 하는 형성평가와는 구별된다.
>
> 답 | ④

2. 정책평가에 대한 설명으로 옳지 <u>않은</u> 것은? 24. 국가직 7급

① 내부평가는 기관 내부에서 평가를 주도하며, 외부평가와 비교하면 평가결과의 활용성이 높다.
② 비용편익분석은 정책실행이 가져올 모든 비용과 편익을 화폐단위로 계량화하여 비교하는 방법으로서, 정책의 능률성과 대응성을 측정하기에 효과적이다.
③ 총괄평가는 정책이 종료한 시점에서 효과성이나 능률성 등 다각적 관점에서 결과를 살펴보는 것이다.
④ 평가성검토는 본평가를 실시하기 전에 평가의 소망성과 실행가능성을 개괄적으로 검토하는 예비평가이다.

> **정답해설** 비용편익분석은 경제성 또는 능률성을 측정하는 기법이지 대응성이나 형평성을 측정하는 기법은 아니다.
>
> 답 | ②

03 정책평가의 요소

1 인과관계

(1) 개념
① 인과관계란 원인과 결과의 관계 즉, 독립변수와 종속변수 간의 관계를 의미한다.
② 즉, 인과관계를 밝힌다는 것의 의미는 정책의 효과를 밝힌다는 의미와 같다.

(2) 성립조건
① 공동변화: 변수 간 상시연결성(→ 연관성 또는 규칙적 동양성)
② 원인변수의 시간적 선행성
③ 외재적 변수의 통제와 경쟁가설의 배제(→ 비허위성)

• 인과관계 추론의 조건으로 연관성(association), 시간적 선후성(time order), 비허위성(non-spuriousness)을 들 수 있다. 11. 지방직 7급

2 변수

(1) 독립변수와 종속변수(Y)
① 독립변수(→ 원인변수): 함수 관계에서 다른 변수의 변화와 관계없이 독립적으로 변하는 변수이다. 즉, 어떤 결과를 가져오게 한 원인이다. 이러한 독립변수 중 정부의 정책에 의하여 조작이 가능한 변수를 정책변수라 한다.
② 종속변수(→ 결과변수): 함수 관계에서 다른 변수의 변화에 의해 바뀌는 변수를 말한다. 즉, 원인변수에 의하여 나타난 결과이다.

(2) 허위변수와 혼란변수

허위변수(Z): 허위관계 유발 변수	혼란변수(Z): 혼란관계 유발 변수
Z ↙ ↘ X ----실제(0)---- Y 관찰(10)	Z ↙ ↘ X ----실제(10)---- Y 관찰(15)

① 허위변수: 독립변수와 종속변수(Y) 사이에 실제로는 관계가 없는데도 겉으로 상관관계가 있는 것처럼 보이게 하는 변수로, 허위변수(Z)를 제거하면 결과변수가 사라진다.
② 혼란변수: 독립변수와 종속변수(Y) 간 상관관계가 있으면서 두 변수 모두에 영향을 미치는 변수로, 혼란변수(Z)가 사라지면 결과변수의 값이 달라진다.

• 혼란변수는 정책 이외에 제3의 변수도 결과에 영향을 미치는 경우 정책의 영향력을 정확히 평가하기 어렵게 만드는 변수이다. 18. 국회직 8급

• 허위변수는 독립변수와 종속변수 모두에게 영향을 미치며 이들 사이의 공동변화를 설명하는 제3의 변수이다. 20. 국가직 9급

(3) 기타 변수
① 선행변수: 독립변수에 앞서 독립변수에 유효한 영향을 주는 변수로, 선행변수를 통제해도 독립변수와 종속변수의 관계는 유효하지만, 독립변수를 통제하면 선행변수와 종속변수의 관계는 사라진다.
② 매개변수: 독립변수와 종속변수의 사이에서 독립변수의 결과이면서 동시에 종속변수의 원인이 되는 변수로, 집행변수와 교량변수가 있다.
③ 억제변수: 두 변수 간에 상관관계가 있는데도 없는 것처럼 보이게 하는 변수이다.

• 선행변수는 독립변수에 선행하여 작용함으로써 독립변수에 영향을 미치는 변수이다. 23. 해경간부

④ 왜곡변수: 두 변수 간의 상관관계를 정반대로 보이게 하는 변수이다.
⑤ 조절변수: 독립변수가 종속변수에 미치는 영향의 정도나 방향을 조절하는 역할을 하는 변수로, 연구설계에 포함되어 있다는 점에서 외재변수와 구별된다.

> **바로 확인문제**
>
> **1.** 정책평가의 논리에서 수단과 목표 간의 인과관계에 대한 설명으로 옳은 것만을 모두 고르면?
> 20. 지방직 9급
>
> > ㄱ. 정책목표의 달성이 정책수단의 실현에 선행해서 존재해야 한다.
> > ㄴ. 특정 정책수단 실현과 정책목표 달성 간 관계를 설명하는 다른 요인이 배제되어야 한다.
> > ㄷ. 정책수단의 변화 정도에 따라 정책목표의 달성 정도도 변해야 한다.
>
> ① ㄱ ② ㄷ ③ ㄱ, ㄴ ④ ㄴ, ㄷ
>
> **정답해설** ㄴ. 다른 요인이 배제되어야 한다는 것을 경쟁가설의 배제 혹은 외재적 요인의 통제라 한다.
> ㄷ. 수단의 변화 정도에 따라 목표의 달성 정도가 변하는 것을 공동변화 혹은 상시연결성이라 한다.
>
> **오답해설** ㄱ. 정책수단의 실현이 정책목표의 달성보다 선행되어야 한다.
>
> 답 | ④

3 정책평가의 타당성

(1) 의의
① 타당성이란 측정이나 절차가 그것이 내세운 목표를 제대로 달성했느냐의 정도를 의미한다.
② 즉, 실제로 정책의 효과가 있다면 있다고 평가하고, 효과가 없다면 없다고 평가했다면 그 정책평가는 타당하다.

(2) 종류 → 쿡(D. Cook)과 캠벨(T. Campbell)
① **구성적 타당성**(construct validity)
  ㉠ 구성적 타당성은 처리, 결과, 모집단 및 상황들에 대한 이론적 구성요소들이 성공적으로 조작된 정도를 말한다.
  ㉡ 이는 평가연구에 사용된 이론적 구성개념과 이를 측정하는 측정도구(→ 측정수단)가 얼마나 일치하는지를 나타내는 개념이며, 외적 타당성의 전제조건에 해당한다.
② **통계적 결론의 타당성**
  ㉠ 만일 정책결과가 존재하고 제대로 조작되었다고 할 때 그 효과를 찾아낼 만큼 정밀하고 강력한 연구설계가 이루어졌는지의 여부로, 내적 타당성의 전제조건에 해당한다.
  ㉡ 통계적 결론의 타당성은 제1종·제2종 오류가 발생하지 않을 정도로 검증도구가 정밀하게 설계된 것을 의미한다.

• 정책평가의 타당성에는 구성적 타당성, 통계적 결론의 타당성, 내적 타당성, 외적타당성이 있다.
09. 서울시 7급

③ 내적 타당성
  ㉠ 내적 타당성이란 통계적 결론의 타당성이 확보되었다고 전제할 때, 그 효과가 다른 경쟁적 원인보다 당해 정책(→ 처리)에 의해 발생했다고 판단할 수 있는 정도를 말한다.
  ㉡ 즉, 허위변수나 혼란변수를 통제함으로써 어떤 정책과 효과 간에 실제로 높은 수준의 인과관계가 존재함을 입증한 것을 의미한다.
  ㉢ 정책평가를 위하여 고찰된 통계적·실험적 방법들은 내적 타당성을 제고하는 것을 제1차적 목적으로 한다.

④ 외적 타당성
  ㉠ 특정 변수에 관하여 특정 대상, 특정 상황, 특정 시기에 얻은 평가결과를 다른 대상, 다른 상황, 다른 시기에도 그대로 적용될 수 있는 정도를 말한다.
  ㉡ 이는 내적 타당성을 통해 얻은 인과적 추론을 다른 상황이나 모집단에 일반화시킬 수 있는가에 관한 것이다.

• 내적타당성이란 다른 요인들이 작용한 효과를 제외하고 오로지 정책 때문에 발생한 순수한 효과를 정확히 추출해 내는 것과 관련되는 개념이다. 16. 지방직 7급

한 번 더 정리 | 내적 타당성과 외적 타당성

4 정책평가의 신뢰성

(1) 의의

① 신뢰성이란 동일한 측정도구로 동일한 현상을 반복 측정했을 때 동일한 결론이 나오는 정도로, 이는 측정도구의 측정결과에 대한 일관성을 의미한다.
② 신뢰성은 타당성의 필요조건에 해당한다. 그러므로 타당성이 높으면 항상 신뢰성은 높지만 신뢰성이 높다고 하여 항상 타당성이 높은 것은 아니다.

• 신뢰성이 없지만 타당성이 높은 측정도구는 있을 수 없다. 20. 국가직 9급

(2) 검증방법

① 재검사법: 동일한 실험을 동일한 집단에게 시간적 간격을 두고 2회 실시한 후 그 결과를 비교하는 방법으로, 종적 일관성을 분석하는 검증방법이다.
② 복수양식법(→ 동질이형법): 동일한 집단에게 양식(→ A형과 B형)을 달리하여 각각 실험을 한 후 그 성적을 비교하는 방법으로, 종적 일관성과 횡적 일관성을 모두 검증할 수 있는 방법이다.
③ 반분법: 두 집단에게 실험을 한번 치른 후 두 집단의 상관관계를 비교하는 것으로, 횡적 일관성을 분석하는 검증방법이다.
④ 문항 간 일관성 검사법: 반분법을 개별 문항으로 확대 적용한 것으로, 반분법을 실시한 후 개별 문항 간 상관관계를 검토하여 상관성이 낮은 문항을 제거하여 신뢰성을 높인다.

> **한 번 더 정리** 반분법과 문항 간 일관성 검사법

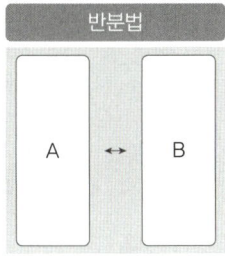
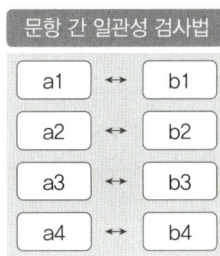

바로 확인문제

1. 정책분석 및 평가연구에 적용되는 기준 중 내적 타당성에 대한 설명으로 옳은 것은?

23. 국가직 9급

① 분석 및 평가 결과를 다른 상황에서도 적용할 수 있는 정도를 의미한다.
② 이론적 구성요소들의 추상적 개념을 성공적으로 조작화한 정도를 의미한다.
③ 집행된 정책내용과 발생한 정책효과 간의 관계에 대한 인과적 추론의 정확성 정도를 의미한다.
④ 반복해서 측정했을 때 일관성 있는 결과를 얻는 정도를 의미한다.

정답해설 정책과 효과 간의 관계에 대한 인과적 추론의 정확성 정도를 내적 타당성이라 한다.

오답해설 ① 분석 및 평가 결과를 다른 상황에서도 적용할 수 있는 정도를 의미하는 것은 외적 타당성이다.
② 이론적 구성요소들의 추상적 개념을 성공적으로 조작화한 정도를 의미하는 것은 구성타당성이다.
④ 반복해서 측정했을 때 일관성 있는 결과를 얻는 정도를 의미하는 것은 신뢰성이다.

답 | ③

2. 정책평가를 위한 측정도구의 타당성과 신뢰성에 대한 설명으로 옳지 <u>않은</u> 것은? 20. 국가직 9급

① 타당성은 없지만 신뢰성이 높은 측정도구가 있을 수 있다.
② 신뢰성이 없지만 타당성이 높은 측정도구는 있을 수 없다.
③ 신뢰성은 측정도구의 타당성을 담보할 수 있는 충분조건이다.
④ 타당성이 없는 측정도구는 제1종 오류를 범하는 원인이 될 수 있다.

정답해설 신뢰성은 측정도구의 타당성을 담보할 수 있는 필요조건에 해당한다.

오답해설 ①, ② 신뢰성은 타당성의 필요조건이다. 그러므로 신뢰성은 있지만 타당성이 없을 수 있으나 신뢰성이 없다면 타당성도 있을 수 없다.
④ 타당성이 없는 측정도구는 효과가 없는 정책을 효과가 있다고 판단하는 제1종 오류와 효과가 있는 정책을 효과가 없다고 판단하는 제2종 오류를 범할 수 있다.

답 | ③

04 타당성의 저해요인

1 내적 타당성의 저해요인

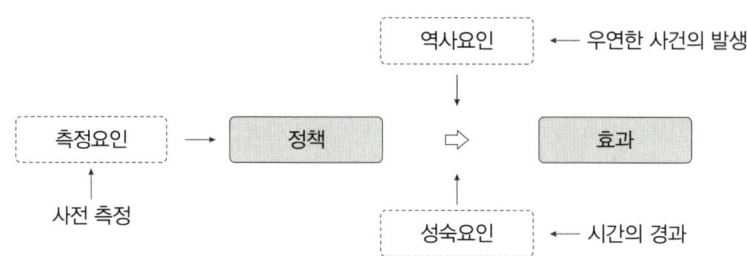

① **선정요인(→ 선발요인)**: 정책의 대상이 되는 집단(→ 실험집단)과 그렇지 않은 집단(→ 비교집단)이 처음부터 다른 특성을 가지고 있어 정책이 영향을 받는 것으로, 실험 전에 이미 잘못되어 있으므로 내적 타당성을 저해하는 외재적 요인으로 평가받는다.

② **성숙요인(→ 성장요인)**: 실험기간 중 실험집단의 특성이 변화함으로써 결과에 영향을 미치는 현상으로, 시간의 흐름에 따라 자연스럽게 나타나는 실험 전과 실험 후 상태의 차이를 정책효과로 잘못 평가하는 경우에 발생한다.

③ **상실요인**: 정책집행 기간 중 대상자 일부가 이탈하여 사전과 사후 측정값이 달라지는 오차이다.

④ **회귀인공요인**: 프로그램 집행 전 1회 측정에서 극단적인 점수를 얻은 것을 기초로 개인들을 선발하게 되면, 다음 측정에서 그들의 평균점수가 덜 극단적인 방향으로 이동하게 되는 경향이 나타나는데, 이처럼 정책대상의 상태가 정책의 영향과 관계없이 평균값으로 되돌아가서 나타나는 오차를 회귀인공요인이라 한다.

⑤ **역사요인**: 특정 프로그램처리가 집행될 즈음에 발생한 다른 어떤 외부적 사건 때문에 나타난 효과이다.

⑥ **측정요인(→ 검사요인)**: 동일한 시험문제를 실험 전과 후에 사용한 경우처럼 실험 전 측정이 실험에 영향을 주는 학습에 의한 변이로, 이를 해결하기 위해 2개의 실험집단과 2개의 통제집단을 사용하는 솔로몬 4집단 설계방법이 사용된다.

⑦ **측정도구요인**: 실험 전과 실험 후에 사용된 측정자나 측정기준 또는 측정수단 등이 달라짐으로 인해 발생하는 오차이다.

⑧ **오염효과**: 실험집단과 통제집단의 상호접촉으로 인해 발생하는 모방효과나 누출효과 또는 실험집단과 통제집단의 인위적 구별에 따른 부자연스러운 반응으로 인한 오차이다.

⑨ **단일 위협요인들의 상호작용**
  ㉠ 선발과 성숙의 상호작용(→ 차별적 성숙요인): 구성상의 상이함 + 불균등한 성숙
  ㉡ 처치와 상실의 상호작용: 실험집단과 통제집단의 상이한 처치 + 불균등한 상실

⑩ **기타**: 국지적 역사요인, 차별적 상실요인, 차별적 검사요인, 차별적 회귀요인 등

한 번 더 정리 | 내적 타당성의 저해요인

유형		의미	통제방안
다른 요인의 개입	성숙요인	자연스러운 변화(→ 성장)	통제집단의 구성 실험기간의 제한
	역사요인	실험 기간 중 우연한 사건	
표본의 대표성 부족	선발요인	실험집단과 통제집단의 차이	무작위배정 사전측정
	상실요인	실험 기간 중 구성원의 탈락	
	회귀인공요인	극단값의 평균값으로의 회귀	극단적 측정값 회피
관찰 및 측정방법	검사요인	사전검사에 따른 친숙도	솔로몬 4집단 설계
	측정도구요인	측정기준이나 측정수단의 변화	표준화된 측정도구

2 외적 타당성의 저해요인

① **표본의 대표성 부족**: 실험대상자들이 모집단을 대표하지 못하여 나타나는 문제점이다.
② **크리밍 효과**: 효과가 크게 나타날 사람만 실험집단에 배정하여 발생하는 오차로, 외적 타당성과 내적 타당성을 동시에 저해하는 원인으로 거론된다.
③ **호손효과(→ 실험조작의 반응효과)**: 실험자들이 관찰되고 있음을 의식해서 평소와 다른 심리적 행동을 보이는 현상, 또는 실험자의 의도대로 대상자가 움직이는 현상을 말한다.
④ **다수처리에 의한 간섭**: 동일집단에 여러 차례 실험을 하는 경우 실험조작에 익숙해진 실험집단으로부터 얻은 결과를 실험을 전혀 받지 않은 집단에게 일반화하기 곤란한 경우이다.
⑤ **실험조작과 측정의 상호작용**: 실험 전 측정(→ 측정요소)과 피조사자의 실험조작(→ 호손효과)의 상호작용으로 인한 오차, 즉 실험조작과 측정을 경험한 집단과 이런 경험이 없는 집단과의 차이에서 오는 오차이다.

• 크리밍 효과(creaming effect)는 어떤 요인이 내적타당성과 외적타당성을 모두 저해할 수 있다는 것을 보여준다. 11. 지방직 7급

• 다수 처리에 의한 간섭은 반복된 실험조작에 익숙해짐으로써 발생하게 되는 오류이다. 17. 경찰간부

바로 확인문제

1. 정책평가에 있어서 조건이 양호한 집단을 대상으로 정책수단을 실시한 후 그 결과가 좋게 나타난 정책수단을 다른 상황에 적용하려고 하는 경우에 나타나는 외적 타당성의 문제는?

17. 국가직 9급(하)

① 크리밍효과(creaming effect)
② 성숙효과(maturation effect)
③ 허위상관(spurious correlation)
④ 호손효과(Hawthorne effect)

정답해설 조건이 양호한 집단을 대상으로 정책수단을 실시할 경우 크리밍효과(creaming effect)가 나타날 수 있다.

오답해설 ② 성숙효과(maturation effect)는 시간이 지남에 따라 실험집단의 결과변수에 일어나는 자연스러운 변화 또는 스스로 성장함으로 인하여 발생하는 오차를 말하는 것으로 내적 타당성 저해요인이다.
③ 허위상관(spurious correlation)이란 실제로는 상관성이 없음에도 불구하고 두 변수 간 상관성이 높을 것이라는 착각에서 발생하는 오류이다.
④ 호손효과(Hawthorne effect)는 실험자들이 관찰되고 있음을 의식해서 평소와 다른 심리적 행동을 보이는 현상을 말한다.

답 | ①

05 정책평가의 방법 → 사회실험 B

1 의의

① 사회실험은 인과관계에 대한 가설을 검증하기 위하여 독립변수를 조작하고 그 결과를 관찰하여 정책의 효과를 평가하는 방법이다.
② 사회실험은 실험집단과 통제집단의 동질성 여부에 따라 진실험과 준실험으로 구분된다.

2 실험의 유형

(1) 진실험 → 자연과학적 실험

① 무작위배정을 통해 정책을 실시하는 실험집단과 정책을 실시하지 않는 통제집단(→ 비교집단)을 동질적으로 구성하는 방법이다.
② 두 집단의 동질성이 확보되어 허위변수나 혼란변수가 통제되므로 내적 타당성이 높다. 그러나 인위적 실험으로 인한 호손효과나 표본의 대표성 부족으로 인해 외적 타당성이 낮으며, 정치적 또는 도의적 문제로 인해 실험의 실행가능성이 부족하다.
③ 진실험의 방법으로는 통제집단 사후측정 설계, 통제집단 사전사후측정 설계(→ 고전적 실험설계), 솔로몬의 4집단실험설계 등이 있다.
④ 통제집단 사후측정 설계는 역사요인, 성숙요인, 회귀요인 등의 내적 타당성의 위협요인이 제거되지만 정책변수의 처리 전에 양 집단에 대한 관찰값이 동일한지의 여부를 점검할 수 없다는 약점을 가지고 있다.
⑤ 통제집단 사전사후측정 설계는 검사요인이나 검사와 처리의 상호작용 효과로 인해 내적 타당성이 저해될 수 있다는 문제점이 있다.
⑥ 솔로몬 4집단실험설계는 통제집단 사후측정 설계와 통제집단 사전사후측정 설계를 결합한 것으로, 외재적 변수의 효과는 물론 사전측정 효과와 측정과 처리의 상호작용 등 내적 타당성의 저해요인에 대한 가장 강력한 통제수단을 제공한다.
⑦ 다만, 누출효과와 모방효과, 부자연스러운 반응, 상실요소 등은 진실험으로도 방지하기 곤란한 내적 타당성의 저해요인이다.

(2) 준실험 → 사회과학적 실험

① 실험집단과 통제집단의 동질성을 확보하지 않고 행하는 실험으로, 짝짓기 방법으로 실험집단과 통제집단을 구성하여 정책영향을 평가하거나, 시계열적 방법으로 정책영향을 평가하는 방법이다.
② 정책평가연구에서는 현실적 제약으로 인해 진실험보다는 준실험이 많이 사용된다.
③ 준실험은 자연스러운 상태의 실험이므로 호손효과, 오염효과, 부자연스러운 반응 등을 차단할 수 있어 외적 타당성은 높다. 다만, 크리밍 효과가 발생할 경우 외적 타당성이 저해될 수 있다.
④ 준실험은 진실험보다는 외적 타당성과 실현가능성이 높지만 양 집단의 성숙효과와 역사적 사건 등이 다를 수 있어 내적 타당성은 낮은 편이다.
⑤ 준실험의 유형에는 인과적 추론이 가능한 비동질적 통제집단설계, 회귀불연속설계, 통제-시계열설계 등과 인과적 추론이 어려운 단일집단 사후측정설계, 비동질적 집단 사후측정설

계, 단일집단 사전사후측정설계 등이 있다.
⑥ 회귀불연속설계는 일부 집단에게만 희소자원이 공급될 수밖에 없는 경우, 그 구분점을 기준으로 실험집단과 비교집단을 나누어 정책의 효과를 평가하는 방법으로, 진실험에 얻을 있는 강력한 내적 타당성을 갖는다.
⑦ 단절적 시계열설계는 동일한 대상집단에 대해 정책집행을 기준으로 여러 번 사전·사후측정을 통해 정책효과를 추정하는 방식이다.
⑧ 통제–시계열설계는 단절적 시계열설계에 하나 또는 그 이상의 통제집단을 부가하는 실험설계 방식으로, 준실험설계에서 가장 효과적인 방법으로 평가받는다.
⑨ 이밖에 축조 또는 매칭에 의한 통제란 정책이 실시되는 지역과 실시되지 않는 지역이 구분되어 있어 무작위배정이 어려울 때, 비슷한 대상끼리 둘씩 짝지어 배정하는 방식이고, 재귀적 통제란 정책이 전국적으로 실시되어 실험집단과 통제집단을 구분하기 곤란한 때 별도의 통제집단 없이 동일한 집단에 대하여 정책을 집행하여 비교하는 방식이다.

- 회귀–불연속설계는 실험집단과 통제집단에 실험대상을 배정할 때 분명하게 알려진 자격기준을 적용하는 방법이다. 11. 국가직 7급

3 비실험

① 비실험설계는 인과적 추론의 세 가지 조건을 모두 갖추지 못한 설계, 즉 진실험 또는 준실험을 제외한 인과관계의 추론방법으로, 통계적 통제와 인과경로모형에 의한 방법이 이에 해당한다.
② 비실험설계는 평가연구대상을 무작위배정이나 짝짓기 방법에 의해 실험집단과 통제집단으로 구분하기 어렵고, 단절적 시계열설계와 같은 시계열 자료를 구하기 어려운 경우에 사용된다.
③ 비실험설계는 정책변수의 조작이나 외재적 변수의 인과적 영향을 배제할 수 없는 상태에서, 자연적인 상황에서 발생하는 공동변화와 그 순서의 관찰에 기초에 인과적 과정을 추론하므로 수동적 관찰을 통해 원인을 추론하는 방법이라고도 불린다.
④ 통계적 통제란 결과변수에 영향을 미친다고 생각되는 제3의 변수들을 식별하여 통계분석의 모형에 포함시키는 방법이다.
⑤ 인과경로모형이란 여러 변수들 간에 원인과 결과의 관계가 복잡하게 작용할 것으로 생각되는 경우 인과적 모델링에 의해 인과모형을 작성하고, 경로분석을 통하여 변수들 간의 인과관계의 경로에 관한 가설을 검증하는 방법이다.

- 정책실험을 할 수 없는 경우 통계분석기법을 이용해서 정책효과의 인과관계를 추론하는 것을 비실험적 설계라고 하며, 회귀분석이나 경로분석 등이 있다. 22. 국가직 7급

구분	진실험	준실험	비실험
내적 타당성	높음	낮음	가장 낮음
외적 타당성	낮음	높음	가장 높음
실현 가능성	낮음	높음	가장 높음

> **한 번 더 정리** 정책평가 방법의 유형

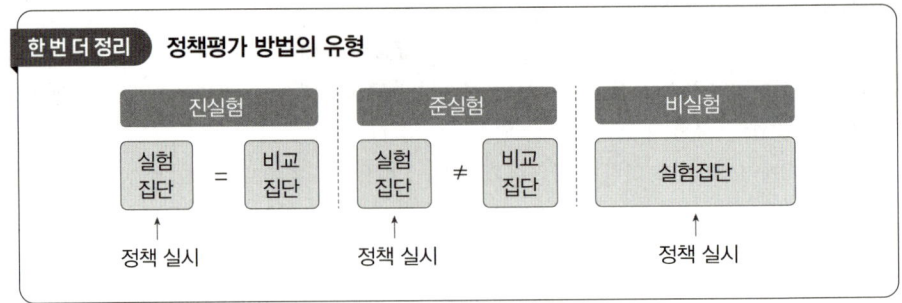

바로 확인문제

1. 진실험적 방법(true experiment)에 대한 설명으로 가장 적절하지 않은 것은? 19. 경찰승진

① 무작위(random) 배정에 의한 인위적이고 통제된 실험이다.
② 실험집단과 통제집단의 동질성을 확보하여 행하는 실험이다.
③ 인위적 요소가 많지 않아 외적 타당성과 실험의 실현가능성이 높은 편이다.
④ 역사적 효과, 성숙효과, 선발효과의 영향이 줄어들어 내적 타당성이 높은 편이다.

정답해설 진실험은 인위적 요소가 많아 내적 타당성은 높지만 외적 타당성과 실현가능성은 낮다.

답 | ③

2. 정책평가의 설계에 대한 설명으로 옳지 않은 것은? 23. 지방직 7급

① 사후적 비교집단 구성(비동질적 집단 사후측정설계)은 선정효과로 인해 내적 타당성이 훼손될 수 있다.
② 진실험은 모방효과로 인해 내적 타당성이 훼손될 수 있다.
③ 비동질적 통제집단설계는 진실험과 같은 수준의 내적 타당성을 확보할 수 있다.
④ 진실험과 준실험을 비교하면 실행가능성 측면에서는 준실험이, 내적 타당성 측면에서는 진실험이 더 우수하다.

정답해설 비동질적 통제집단설계는 실험집단과 통제집단의 동질성이 낮으므로 진실험과 같은 내적 타당성을 확보할 수는 없다.

오답해설 ① 사후적 비교집단 구성(비동질적 집단 사후측정설계)은 실험집단과 비교집단의 동질성이 확보되지 않으므로 내적 타당성을 저해할 수 있다.
② 모방효과는 실험집단과 통제집단이 서로 교류하거나 정보를 공유하면서 통제집단이 실험집단의 행동을 모방하게 되는 현상을 말한다. 이는 정책(실험)의 효과를 정확히 측정하기 어렵게 만들기 때문에 진실험에서도 발생할 수 있는 내적 타당성 저해 요인이다.
④ 진실험은 무작위 배정을 통해 내적 타당성을 가장 높게 확보할 수 있는 방법이지만, 현실적으로나 윤리적으로 정책 대상을 무작위로 배정하기 어려운 경우가 많아 실행가능성이 낮다. 반면 준실험은 이러한 제약 속에서 내적 타당성을 확보하려는 시도로, 진실험보다 실행가능성이 높다는 장점이 있다.

답 | ③

CHAPTER 08 마무리 기출 O X

다음 내용이 맞으면 O, 틀리면 X에 표시하시오.

01 평가성사정은 본격적인 평가 가능성의 여부와 평가결과의 프로그램 개선 가능성 등을 진단하는 일종의 예비적 평가이다. 17. 국가직 7급(하) O | X

02 허위변수가 존재하면 정책수단과 정책효과 사이의 인과관계를 과대 또는 과소평가하게 된다. 16. 지방직 9급 O | X

03 타당성이 없는 측정도구는 제1종 오류를 범하는 원인이 될 수 있다. 20. 국가직 9급 O | X

04 타당성은 없지만 신뢰성이 높은 측정도구는 있을 수 있다. 그러나 신뢰성이 없지만 타당성이 높은 측정도구는 있을 수 없다. 20. 국가직 9급 O | X

05 성숙(maturation)효과는 정책대상의 상태가 정책의 영향력과는 관계없이 자연스럽게 평균값으로 되돌아가는 경향을 말한다. 18. 국회직 8급 O | X

06 정책을 통해 ○○하천이 깨끗해진 것에 대해 정책 시행기간 중 불경기가 극심하여 많은 공장들이 문을 닫았고, 정책평가를 위한 오염수준 측정 직전에 갑자기 비가 많이 왔기 때문이라는 경쟁가설을 제기하였다면 이는 검사요인에 근거를 둔 것이다. 20. 지방직 7급 O | X

07 두 집단 간에 동질성이 있더라도 사회적 대표성이 없으면 일반화가 곤란하다는 표본의 대표성 부족은 내적타당성을 위협하는 요인이다. 17. 경찰간부 O | X

08 진실험(true experiment)과 준실험(quasi-experiment)의 차이는 실험집단과 통제집단의 무작위배정에 의한 동질성의 확보 여부이다. 20. 국가직 7급 O | X

09 회귀불연속설계는 구분점(구간)에서 회귀직선의 불연속적인 단절을 이용한다. 23. 국가직 9급 O | X

10 실험집단과 비교집단을 무작위 배정할 수 없어 집단 간 동질성 확보가 불가능하면, 비실험 방법을 채택하여 진행할 수 있다. 21. 지방직 7급 O | X

정답 및 해설

01 O 02 × 03 O 04 O 05 × 06 × 07 × 08 O 09 O 10 ×

02 독립변수와 종속변수에 모두 영향을 미치면서 두 변수 사이의 인과관계를 과대 또는 과소평가하게 만드는 것은 혼란변수이다.
05 정책의 영향력과는 관계없이 자연스럽게 평균값으로 되돌아가는 경향은 회귀인공요소이다.
06 정책과 효과 사이에 불경기나 많은 비와 같은 사건이 개입되어 있으므로 이는 역사요인에 의한 내적 타당성의 위험이 내포되어 있는 것이다.
07 표본의 대표성 부족은 외적 타당성을 위협하는 요인이다.
10 실험집단과 비교집단을 무작위 배정할 수 없어 집단 간 동질성 확보가 불가능할 때 사용되는 것은 준실험이다. 비실험은 비교집단이 없다.

PART III

조직이론

에 듀 윌 공 무 원 행 정 학

CHAPTER 01	조직이론의 기초
CHAPTER 02	조직의 유형
CHAPTER 03	조직구조론
CHAPTER 04	관료제와 탈관료제
CHAPTER 05	개인 수준의 조직행동
CHAPTER 06	집단 수준의 조직행동
CHAPTER 07	조직 수준의 조직행동
CHAPTER 08	조직개혁론
CHAPTER 09	정보체계론

CHAPTER 01 조직이론의 기초

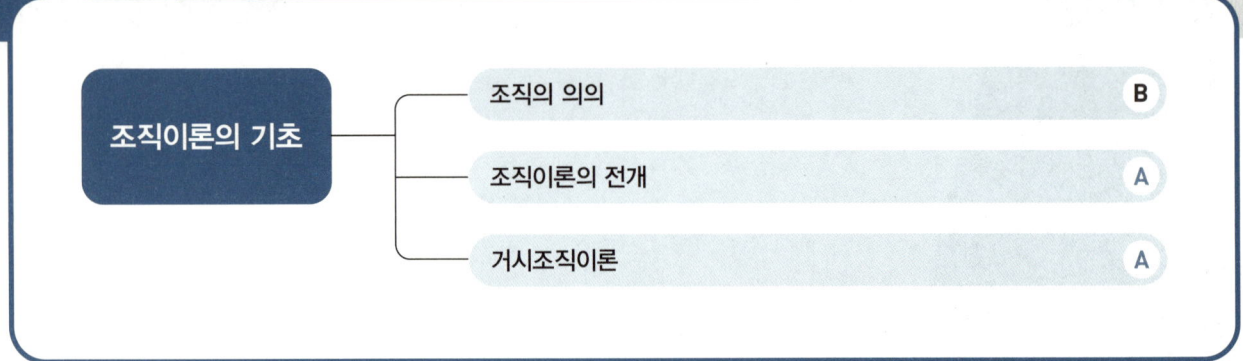

01 조직의 의의 B

1 조직의 의의

① 조직은 공동의 목표를 달성하기 위해 의식적으로 구성된 사회적 실체로, 구성요소들이 체계화된 구조에 따라 상호작용하며, 경계를 가지고 환경에 적응하는 협동체제이다.
② 조직은 목표를 달성하기 위한 수단, 공식화된 분화와 통합의 구조화된 활동체제, 인간으로 구성된 사회적 실체, 투과할 수 있는 경계의 존재와 환경과의 상호작용 등을 특징으로 한다.

2 조직의 목표

(1) 의의
① 조직의 목표란 조직이 달성하려고 하는 소망스러운 상태(desired state)를 의미한다.
② 조직의 목표는 활동의 방향, 정당성의 근거, 구성원의 행동의 기준, 동기부여, 의사결정의 지침 및 평가의 기준 등의 기준으로 작용한다.

(2) 분류
① 에치오니(A. Etzioni)의 분류
  ㉠ 질서목표: 경찰서와 교도소 등과 같은 강제적 조직의 목표
  ㉡ 경제목표: 기업과 같은 공리적 조직의 목표
  ㉢ 문화목표: 대학이나 교회 등과 같은 규범적 조직의 목표
② 페로우(C. Perrow)의 분류
  ㉠ 사회적 목표: 사회 전체가 요구하는 목표
  ㉡ 산출목표: 고객 또는 소비자들이 요구하는 목표
  ㉢ 체제목표: 최고관리자가 관심을 가지는 목표
  ㉣ 생산목표: 중하위관리자나 투자자들이 원하는 목표
  ㉤ 파생적 목표: 주된 목표를 달성하는 과정에서 자연스럽게 발생하는 부수적인 목표

3 조직의 분류

(1) 에치오니(A. Etzioni)의 분류

구분	소외적 관여	공리적 관여	도덕적 관여
강압적 권력	강요적 조직		
공리적 권력		공리적 조직	
규범적 권력			규범적 조직

규범·강요 조직	규범·공리 조직	강요·공리 조직
전투 부대	노동조합	전근대적 기업체

(2) 블라우(P. Blau)와 스코트(W. Scott) 분류 → 수혜자 중심

① 호혜조직
  ㉠ 일반 구성원이 주된 수혜자인 조직으로, 구성원의 이익 증대를 중시한다.
  ㉡ 모든 조직은 갈수록 집권화되는 경향(→ 과두제의 철칙)이 존재하므로, 모든 구성원이 수혜를 보기 위해서는 구성원들의 참여를 보장하는 민주적 절차가 중요하다.
  ㉢ 정당, 노동조합, 재향군인회, 의사회, 약사회, 종교단체 등이 이러한 유형에 속한다.

② 기업조직
  ㉠ 조직의 소유주나 관리자가 주된 수혜자인 조직으로, 능률의 극대화를 중시한다.
  ㉡ 생산, 판매, 은행, 보험 등 기업체 등이 이러한 유형에 속한다.

③ 봉사조직
  ㉠ 고객이 주된 수혜자인 조직으로, 고객에 대한 서비스를 가장 중시한다.
  ㉡ 봉사조직은 다양한 고객에 대한 전문적 봉사와 표준화된 행정적 절차 사이에서 발생하는 갈등의 해소가 중요하며, 사회사업기관, 병원, 학교, 법률사무소 등이 이러한 유형에 속한다.

④ 공익조직
  ㉠ 일반대중이 주된 수혜자인 조직으로, 이를 위해 국민에 의한 민주적 통제장치를 중시한다.
  ㉡ 행정기관, 군대, 경찰서, 소방서 등이 이러한 유형에 속한다.

- 블라우(P. Blau)와 스코트(W. Scott)는 조직의 유형을 호혜적 조직, 기업조직, 봉사조직, 공익조직으로 분류하였다. 10. 지방직 7급

- 블라우(P. Blau)와 스코트(W. Scott)의 조직유형 중 기업조직은 운영의 능률을 극대화하여 이익을 창출하는 것이 중요하다. 16. 경찰승진

(3) 기능별 분류

구분	파슨즈(T. Parsons)	카츠(D. Katz)와 칸(R. Kahn)
적응기능(A)	경제기관	대학, 연구소, 예술기관 등
목표달성기능(G)	정치와 행정기관	산업 조직
통합기능(I)	경찰과 사법기관	정치 및 관리기관
형상유지기능(L)	교육과 문화기관	교육 및 문화기관

> **바로 확인문제**

1. 조직목표의 기능에 대한 설명으로 옳지 않은 것은? 21. 국가직 9급

① 조직 구성원들이 목표로 인해 일체감을 느끼기 때문에 구성원들의 동기를 유발해준다.
② 조직의 구조와 과정을 설계하는 준거를 제공하고 성과를 평가하는 기준이 되기도 한다.
③ 미래의 바람직한 상태를 밝혀 조직 활동의 방향을 제시한다.
④ 조직이 존재하는 정당성의 근거가 될 수는 없다.

정답해설 조직의 목표는 조직이 존재하는 이유이다.

오답해설 ① 조직의 목표는 구성원들의 행동을 통일시키고 동기를 유발하는 도구이다.
② 조직의 목표는 업무설계의 기준이 되므로 조직구조와 과정의 준거가 될 수 있다.
③ 목표란 조직이 추구하는 미래의 바람직한 상태를 의미한다.

답 ㅣ ④

2. 에치오니(A. Etzioni)의 조직목표 유형으로 옳지 않은 것은? 20. 군무원 9급

① 질서 목표 ② 문화적 목표
③ 경제적 목표 ④ 사회적 목표

정답해설 에치오니(A. Etzioni)는 조직의 목표로 질서 목표, 문화적 목표, 경제적 목표의 세 가지를 제시하였다.

답 ㅣ ④

02 조직이론의 전개

1 조직이론의 분류

(1) 연구목적

① 규범적 이론: 있어야 할 조직의 바람직한 구조와 방향을 처방하는 이론을 말한다.
② 서술적 이론: 조직의 실제 현상을 있는 그대로 기술하고 설명하는 이론을 말한다.
③ 고전적 이론은 규범적 이론이고, 인간관계론은 규범적이면서 동시에 서술적 이론, 그리고 에치오니(A. Etzioni)의 구조화 이론은 서술적 이론으로 평가받는다.

(2) 분석단위

① 거시조직이론
  ㉠ 전체 수준에서 조직의 목표와 구조 그리고 환경과의 관계를 연구하는 이론이다.
  ㉡ 주로 조직과 환경의 관계, 조직의 효과성, 조직문화, 조직의 개혁과 발전 등을 연구한다.
② 미시조직이론
  ㉠ 조직 내의 개인이나 소집단의 행동을 연구하는 이론으로, 조직행동론이라고도 한다.

ⓒ 개인 수준을 분석단위로 하는 학습과 지각, 성격, 태도, 욕구와 동기 그리고 집단 수준을 분석단위로 하는 조직 내의 의사결정과 조직문화 등을 연구한다.

(3) 환경관
① 폐쇄체제: 조직의 내부에 관한 연구로, 고전적 이론과 신고전적 이론이 이에 속한다.
② 개방체제: 조직과 환경의 상호작용을 중심으로 연구하며, 현대적 이론이 이에 속한다.

2 조직이론의 변천

(1) 왈도(D. Waldo)의 분류

① 고전적 조직이론
　ⓐ 19C 말부터 1930년대까지 형성되었던 전통적 조직이론으로, 산업혁명과 조직혁명, 개인주의와 실적주의, 기계적 세계관(→ 유일 최선의 법칙), 물질주의 가치의 풍미(→ 합리적 경제인관), 안정적 환경(→ 소품종 대량생산) 등을 배경으로 등장하였다.
　ⓑ 고전적 조직이론은 조직을 목표달성을 위하여 인간이 인위적으로 형성한 도구 또는 기계로 간주하였고, 조직 내부의 효율성과 합리성을 높이는 데 중점을 두었다.
　ⓒ 특히, 전문화와 분업을 통하여 조직의 효과적 운영과 생산성의 극대화를 추구하였다.
　ⓓ 베버(M. Weber)의 관료제론, 테일러(F. Taylor)의 과학적 관리론, 귤릭(L. Gulick)의 행정관리론 등이 고전적 조직이론에 속한다.

② 신고전적 조직이론
　ⓐ 신고전적 조직이론은 1930년대부터 1950년대까지 발전한 이론으로, 고전적 조직이론의 한계를 극복하고 인간 중심의 조직운영을 강조한 조직이론이다.
　ⓑ 신고전적 조직이론은 사회인관을 바탕으로 경제적 요인보다는 비경제적 요인을, 공식적 구조보다는 비공식적 집단을, 기계적 능률성보다는 사회적 능률성을 중시하였다.
　ⓒ 특히, 사회적 능력과 사회적 규범에 의한 생산성의 결정을 강조하였고, 인간에 대한 관심을 불러 일으켜 조직행태론 연구의 출발점이 되었다.
　ⓓ 조직의 인간적·집단적 측면을 강조한 인간관계론과 대공황과 같은 사회적·경제적 위기에 대한 대응을 강조했던 환경유관론이 이에 해당한다.

③ 현대적 조직이론
　ⓐ 현대적 조직이론은 1950년대 이후 조직이론의 다원화 경향을 반영한 이론들로, 복잡하고 불확실한 환경 속에서 이루어지는 조직의 다양한 현상을 연구한다.
　ⓑ 현대적 조직이론은 고전적 이론, 신고전적 이론을 통합하고자 하는 것이며, 조직을 전체 혹은 체제로서 파악하는데, 에치오니(A. Etzioni)는 이러한 경향을 구조론적 접근법이라 하였다.
　ⓒ 현대적 조직이론은 자아실현인관 또는 복잡인관, 가치기준의 다원화, 개방체제 등을 특징으로 하며, 급변하는 환경과 기술발전에 맞춰 조직의 유연성·창의성·효율성을 높이는 데 초점을 둔다.

(2) 스코트(W. Scott)의 분류

① 폐쇄합리이론(1900~1930)
　ⓐ 환경과 단절된 폐쇄체제와 구성원의 합리적 행동을 강조하는 이론으로, 과학적 관리론,

- 조직이론의 시작은 테일러(F. Taylor)의 과학적 관리론에서 찾을 수 있으며, 1900년대 초까지 효율성과 구조 중심의 사상을 담고 있었다. 21. 군무원 9급

- 고전적 조직이론에서는 조직 내부의 효율성과 합리성이 중요한 논의 대상이었다. 14. 국가직 9급

- 고전적 조직이론은 조직 내 기계적 능률을 중시하고, 조직 속의 인간을 합리적 경제인으로 간주한다. 23. 경찰승진

- 신고전적 조직이론은 비경제적 요인과 비공식집단을 중시한다. 15. 서울시 9급

- 신고전적 조직이론인 인간관계론은 인간의 사회·심리적 요인을 중시한다. 24. 국가직 9급

- 신고전적 조직이론은 인간의 감정적·정서적 측면에 관심을 기울인다. 21. 국회직 9급

행정관리론, 관료제론 등이 이에 속한다.
ⓒ 폐쇄합리이론은 공식적 목표의 합리적 성취를 강조하였기에 사회적·심리적 욕구와 비공식적·비합리적 요인은 간과하였다.
ⓒ 또한 폐쇄체제를 가정하므로 환경의 불확실성과 그 영향력은 간과하였다.

② 폐쇄자연이론(1930~1960)
ⓐ 환경과 단절된 폐쇄체제와 구성원의 사회적·심리적 행동을 강조하는 이론으로, 인간관계론, 환경유관론, 행태주의, 후기인간관계론 등이 이에 속한다.
ⓑ 폐쇄자연이론은 인간의 사회적 욕구를 강조하였으며, 조직의 비공식적 요인을 개척하였다.
ⓒ 폐쇄자연이론은 폐쇄체제 관점이며, 인간을 수단으로 간주하였고, 인간욕구의 복잡성을 간과하였다는 점에서는 폐쇄합리이론과 유사하다.

③ 개방합리이론(1960~1970)
ⓐ 개방합리이론은 환경을 중시하는 개방체제와 조직과 구성원의 합리적 행동을 강조하는 이론으로, 체제이론, 상황이론, 조직경제학(→ 대리인이론, 거래비용이론) 등이 이에 속한다.
ⓑ 개방합리이론은 연구방법의 과학성과 조직의 합리성을 강조하였지만, 환경결정론의 시각으로 조직과 관리자의 전략적 선택을 간과하였다는 한계를 지닌다.

④ 개방자연이론(1970~)
ⓐ 개방자연이론은 개방체제와 조직의 비합리적·권력적·정치적 측면을 강조하는 이론으로, 와익(K. Weick) 이론(1979), 쓰레기통모형, 복잡성 이론과 혼돈이론, 분산구조와 자기조직화모형, 자원의존이론, 조직군생태학 등이 이에 속한다.
ⓑ 개방자연이론은 목표보다는 생존을, 수동성보다는 능동성을, 폐쇄체제보다는 개방체제를, 권위적 신념보다 민주적 탐구를 강조한다.
ⓒ 개방자연이론은 비합리적이고 무질서한 조직현상을 설명하기 용이하다. 그러나 무질서와 비합리성을 탈피하기 위한 구체적 처방이 없다는 한계를 지닌다.

복잡성 이론	자기조직화 원칙
① 창발성(emergence)	① 가외적 기능의 원칙
② 경로의존성	② 필수 다양성의 원칙
③ 공진화(coevolution)	③ 최소한의 구체화 원칙
	④ 학습을 위한 학습의 원칙

바로 확인문제

1. 신고전적 조직이론에 대한 설명으로 옳지 않은 것은? 15. 지방직 9급

① 메이요(E. Mayo) 등에 의한 호손(Hawthorne)공장 실험에서 시작되었다.
② 공식조직에 있는 자생적, 비공식적 집단을 인정하고 수용한다.
③ 인간의 사회적 욕구와 사회적 동기유발 요인에 초점을 맞춘다.
④ 조직이란 거래비용을 감소하기 위한 장치로 기능한다고 본다.

정답해설 조직을 거래비용을 감소하기 위한 장치로서 보는 것은 거래비용경제학이며 이는 현대적 조직이론에 속한다.

오답해설 ① 호손실험은 1930년을 전후하여 메이요(E. Mayo) 등이 호손공장 근로자들을 대상으로 작업조건과 능률성의 관계를 파악하기 위하여 실시한 실험이지만 작업능률을 향상시키는 것은 작업환경이나 임금과 같은 물질적 요인이 아니라 구성원의 태도나 감정과 같은 비물질적 요인이라는 것을 확인시킨 실험으로, 인간관계론의 탄생 계기가 되었다.
② 신고전적 조직이론은 고전적 조직이론의 기반에 의존하므로, 조직 내에서 개인적 노력을 조정하는 주요 수단으로서의 계서제의 존재에 대해 부정하는 것은 아니며, 단지 비공식조직의 존재와 이 비공식조직들이 구성원 사이의 권력 관계를 형성한다는 사실을 덧붙여 지적하고 있을 따름이다.
③ 신고전적 조직이론은 동기부여의 유인으로 비경제적·사회적 유인이 더 효과적이라고 주장했으며, 가치의 기준으로는 사회적 능률성을 중시하였고, 폴렛(M. Follett), 메이요(E. Mayo), 뢰슬리스버거(F. Roethlisberger), 바나드(C. Barnard) 등이 대표적인 학자들이다.

답 | ④

2. 신고전적 조직이론에 대한 설명으로 옳은 것은?

22. 국가직 7급

① 조직군생태론, 자원의존이론 등이 대표적이다.
② 인간을 복잡한 내면구조를 가진 복잡인으로 간주한다.
③ 환경과 상호작용하는 개방적·동태적·유기적 조직을 강조한다.
④ 조직 내 사회적 능률을 강조하고, 조직의 비공식적 구조나 요인에 초점을 둔다.

정답해설 신고전적 조직이론은 사회적 능률성을 강조하였고, 조직 내 자연스럽게 발생하는 비공식적 요인에 관심을 두었다.

오답해설 ① 조직군생태론과 자원의존이론 등은 모두 현대적 조직이론으로 분류된다.
② 신고전적 조직이론은 인간을 사회인관으로 가정한다. 복잡인관은 현대 조직이론에서부터 강조되었다.
③ 신고전적 조직이론은 환경의 영향력을 간과했던 폐쇄체제 이론이다.

답 | ④

03 거시조직이론

1 의의

① 조직의 전체 수준에서 목표와 구조 및 환경과의 관계 등을 연구하는 조직이론이다.
② 반면, 조직 내 인간이나 소집단을 연구하는 것을 미시적 이론이라 한다.

2 구분의 기준

① 결정론: 환경이 조직에 미치는 영향력과 이에 대한 조직의 피동성을 가정하는 이론으로, 구조적 상황론, 조직군생태학, 조직경제학, 제도화이론 등이 이에 속한다.
② 임의론: 조직이 환경에 능동적으로 대처하고 환경을 조절할 수 있다고 가정하는 이론으로, 전략적 선택이론, 자원의존이론, 공동체생태학이론 등이 이에 속한다.

구분		환경인식	
		결정론	임의론
분석수준	개별조직 (→ 미시수준)	구조적 상황론	전략적 선택이론 자원의존이론
	조직군 (→ 거시수준)	조직군생태학 조직경제학, 제도화이론	공동체생태학

구분	환경결정론	수동적 적응론	자유의지론
미시수준	관료제이론	상황적합이론 (→ 구조적 상황론)	전략적 선택이론 자원의존이론
거시수준	조직경제학 조직군생태학	제도화이론	공동체생태학

3 유형

(1) 구조적 상황론

① 개념

  ㉠ 개방체제이론이나 생태론을 조직이론에 실용화시킨 중범위이론으로, 유일 최선의 조직설계에 대한 반론(→ 체제이론 또는 행정원리론 등에 대한 수정 및 반발)이다.

  ㉡ 구조적 상황론은 개별조직이 놓여 있는 상황(→ 규모·기술·환경 등)과 조직구조의 적합성 여부가 조직의 성과를 좌우한다고 본다. 즉, 조직이 처한 상황이 다르면 효과적인 조직설계 및 관리방법도 달라져야 한다는 것이다.

  ㉢ 번스(T. Burns)와 스토커(G. Stalker)(1961) 및 로렌스(P. Lawrence)와 로쉬(J. Lorsch)(1967)는 환경과 조직구조의 상관성, 우드워드(J. Woodward)(1965), 톰슨(J. Thompson)(1967), 페로우(C. Perrow)(1967) 등은 기술과 조직구조의 상관성, 블라우와 애시턴 그룹(1970)은 규모와 조직구조의 상관성을 연구하였다.

② 특성

  ㉠ 구조적 상황론은 구조설계에 있어 유일 최선의 방법을 부인하며, 상황에 따른 효과적인 방법을 강조한다.

  ㉡ 이에 따라 다양한 방법을 통해 최종 목적을 달성할 수 있음을 뜻하는 등종국성을 강조하며, 업무의 과정보다는 객관적 결과를 중시한다.

  ㉢ 구조적 상황론은 실증적이고 과학적인 분석이며 환경·기술·규모 등 다변수적 연구방법을 취한다.

  ㉣ 연구대상이 될 변수를 한정하고 복잡한 상황적 조건들을 유형화함으로써 거대이론보다는 분석의 틀을 단순화하였다.

> **한 번 더 정리** 구조적 상황론

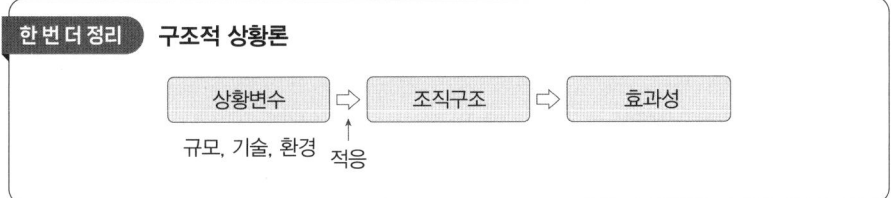

(2) **전략적 선택이론** → **차일드**(J. Child)**와 챈들러**(A. Chandler)
① 조직이 스스로 구조를 결정할 수 있음을 강조하는 임의론 입장의 조직이론이다.
② 전략적 선택이론은 조직구조가 환경의 영향을 받지만 조직이 환경에 그대로 따르는 것만은 아니라고 보며, 재량권을 지닌 관리자의 자율적 판단이나 의지에 의해 조직구조가 결정된다고 주장한다.
③ 결국, 전략적 선택이론은 조직구조의 변화가 외부환경 변수보다는 조직 내 정책결정자의 상황판단과 전략에 의해 결정된다고 본다.
④ 챈들러(A. Chandler): 환경이 관리자의 전략에 영향을 미치고 전략이 구조를 결정한다.
⑤ 차일드(J. Child): 관리자는 자신의 지배와 통제(→ 자율성·안정성)를 유지하는 방향으로 조직구조를 설계한다.

- 전략적 선택이론에 의하면 동일한 환경에 처한 조직도 환경에 대한 관리자의 지각 차이로 상이한 선택을 할 수 있다. 23. 국가직 9급

> **한 번 더 정리** 전략적 선택이론
>
> 상황변수 ⇨ 전략 ⇨ 조직구조

(3) **자원의존이론**(1978) → **페퍼**(J. Pferrer)**와 살란식**(G. Salancik)
① 조직을 핵심자원을 통제하는 환경 내지 다른 조직들의 요구에 반응하는 존재로 보고, 자원을 획득하고 유지할 수 있는 능력을 조직생존의 핵심으로 간주하는 이론이다.
② 전략적 선택이론과는 달리 조직의 환경에 대한 의존성을 인정하면서 동시에 환경의 제약으로부터 더 많은 자율성을 얻는 방향으로 외부관계를 설정하고 관리하고자 한다.
③ 조직과 환경과의 상호작용에 주목한다는 점에서, 보다 균형 잡힌 조직이론으로 평가받는다.

- 자원의존이론은 어떤 조직도 필요로 하는 자원을 모두 획득할 수는 없다는 것을 전제로 삼는다. 15. 서울시 9급

- 자원의존이론은 환경에 능동적인 조직의 특성을 강조한다. 22. 군무원 7급

(4) **조직군생태학** → **개체군생태학**
① 조직의 번성과 쇠퇴가 조직 스스로의 힘이 아닌 환경의 선택에 의해 좌우된다고 보는 이론으로, 분석수준을 개별조직에서 조직군의 수준까지 확대하였으며, 종단면적 측면에서 조직의 생성과 번성 및 소멸을 분석하는 이론이다.
② 조직군생태론은 조직의 관리자를 주어진 환경에 무기력한 존재로 본다. 즉, 조직이 환경에 적응해 나갈 능력이 없음을 인정하고 환경이 조직을 선택한다는 점을 강조하는 극단적인 환경결정론이다.
③ 조직군생태론은 자연도태나 적자생존의 법칙을 조직이론에 적용한 것으로, 환경의 특성에 적합한 조직은 선택되고 그렇지 않은 조직은 도태된다고 설명한다.
④ 조직군생태론은 계획적 변화뿐만 아니라 사건·착오·행운 등과 같은 우연적 요인에 의한

- 조직군생태론에 따르면 조직은 외부환경의 선택에 따라 좌우되는 피동적인 존재이다. 19. 소방간부

- 조직군생태론에 의하면 조직이 구조적 타성에 빠지게 되면 환경에 적응하지 못하게 되어 도태된다. 21. 경찰승진

조직변화를 설명하기 용이하며, 거시적 분석수준을 취하고 있어 대규모 사회변화를 설명하기 쉽다.

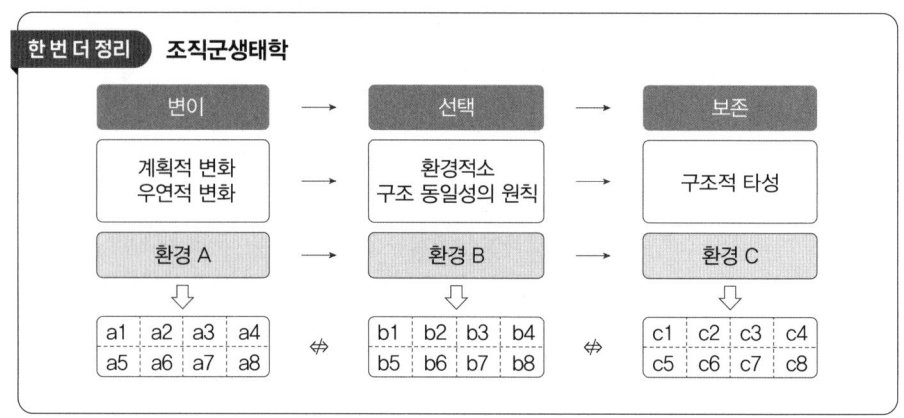

(5) 공동체생태학 → 사회생태학

① 생태적 공동체 속에서 상호의존적인 조직들을 한 구성원으로 파악하고, 다수의 조직들이 호혜적 관계를 형성함으로써 환경에 공동으로 대처하는 과정을 설명하는 이론이다.
② 환경의 절대성을 강조하는 환경결정론의 관점을 비판하며, 환경에 능동적으로 대처해 나가는 조직들의 공동노력을 설명하고자 한다.
③ 호혜적 관계의 형성: 자원의 불균형성(→ 비대칭성), 필요성, 효율성, 안정성, 정당성의 확보 등

(6) 조직경제학

① 대리인이론
  ㉠ 위임자와 피위임자 간의 관계에 관한 경제학적 모형을 조직연구에 적용한 이론이다.
  ㉡ 주인(principal)과 대리인(agent) 모두를 자신의 효용을 극대화시키는 합리적인 인간으로 가정하지만 주인이 대리인보다 전문적 지식이 부족하다고 간주한다.
  ㉢ 또한 주인과 대리인 간의 상충적인 이해관계로 인하여 대리손실이 발생한다고 보며, 이러한 대리손실을 최소화하는 제도적 방안을 추구한다.
  ㉣ 특히, 대리인이론은 대리자의 이기적인 결정이 주인의 효율성 제고에 기여하도록 유인을 제공하는 방안에 연구의 초점을 두고 있다.
  ㉤ 다만, 대리인이론은 경제학적 가정에 기반하고 있으므로 비경제적 요인을 간과하고 있다는 비판을 받는다.

② 거래비용이론 → 윌리암슨(O. Williamson)
  ㉠ 거래비용이론은 거래비용의 최소화를 조직구조 효율성의 관건으로 인식하는 이론으로, 조직을 생산의 주체가 아닌 비용절감장치의 하나로 본다는 점에서 기존의 조직이론과 상이하다.
  ㉡ 여기서 거래비용이란 재화나 서비스를 거래하는 과정에서 발생하는 모든 비용으로, 탐색비용, 협상비용, 계약비용, 감독비용 등을 모두 포함한다.
  ㉢ 이러한 거래비용은 제한된 합리성이나 기회주의행동과 같은 인적 요인 그리고 자산의 특정성과 불확실성, 거래의 발생빈도와 같은 환경적 요인에 의해 발생한다.

㉣ 거래비용이론에 의하면 거래비용의 절감을 위해 외부전략뿐만 아니라 내부전략도 가능하다. 즉, 시장의 자발적인 교환행위에서 발생하는 거래비용이 관료제 내의 조정비용보다 크다면 거래를 내부화하는 것이 효율적이라는 주장이다.

㉤ 나아가 윌리엄슨(O. Williamson)은 조직내부의 거래비용 즉, 관리비용을 줄이기 위해서 기능구조(U형)보다는 사업구조(M형)가 보다 효과적이라는 M형 가설을 주장하였다.

㉥ 다만, 거래비용이론은 경제학적 가정을 통하여 조직의 효율성을 높이고자 하는 이론이기에 행정의 민주성이나 형평성의 문제를 간과할 수 있다는 비판을 받는다.

> • 윌리엄슨(O. Williamson)의 거래비용이론에 의하면 계층제는 연속적 의사결정을 용이하게 함으로써 인간의 제한된 합리성을 완화한다.
> 11. 국가직 9급
>
> • 윌리엄슨(O. Williamson)의 거래비용이론에 의하면 계층제는 정보밀집성의 문제를 극복할 수 있다.
> 11. 국가직 9급

한 번 더 정리 거래비용이론

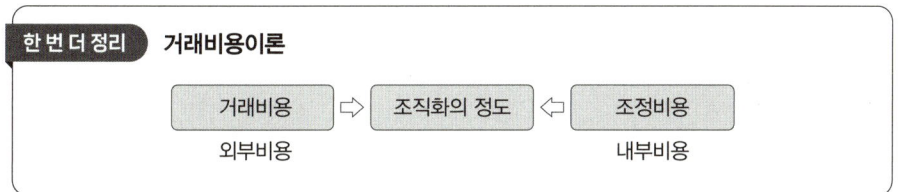

(7) 제도화이론 → 디마지오(P. DiMaggio)와 포웰(W. Powell)(1983)

① 제도화이론은 조직은 합리성·효율성보다는 환경에 순응함으로써 조직의 정당성을 확보하기 위해 특정 구조를 채택한다는 이론이다.

② 제도화이론은 인습적 신념에 부합하도록 요구하는 사회적·문화적 압력을 강조하는 이론으로, 조직이 생존과 번영을 위해 제도적 환경의 요구에 순응하고 이를 통해 사회적 인정을 얻어야 한다는 점을 강조한다.

③ 이러한 제도화이론은 이질적인 성격의 조직들이 외형적으로 닮아가는 제도적 동형화 또는 유질동형의 원리를 설명하기 쉽다.

④ 제도적 동형화란 조직의 장이 생성되어 구조화되면 내부조직뿐만 아니라 새로 진입하려는 조직들도 유사해지는 경향을 의미하는데, 제도적 동형화는 다시 규범적 동형화, 모방적 동형화, 강제적 동형화 등으로 분류된다.

> • 제도적 동형화론은 조직의 장이 생성되어 구조화되면, 내부조직뿐만 아니라 새로 진입하려는 조직들도 유사해지는 경향이 나타낸다.
> 17. 국가직 7급

바로 확인문제

1. 다음 상황과 관련 있는 이론은?   20. 국가직 7급

> • A 보험회사는 보험가입 대상자의 건강상태 및 사고확률에 대한 특수 정보를 가지고 있지 않다.
> • A 보험회사는 질병확률 및 사고확률이 높은 B를 보험에 가입시켜 회사의 보험재정이 악화되었다.

① 카오스 이론 ② 상황조건적합 이론
③ 자원의존이론 ④ 대리인이론

정답해설 정보비대칭으로 인해 사고확률이 높은 사람만이 보험에 가입하는 현상을 역선택이라 하며 이는 주인-대리인이론에 속한다.

답 | ④

CHAPTER 01 마무리 기출 OX

다음 내용이 맞으면 O, 틀리면 X에 표시하시오.

01 에치오니(A. Etzioni)는 조직의 지배·복종관계를 기준으로 조직의 유형을 강제적 조직, 공리적 조직, 규범적 조직으로 분류하였다. 10. 지방직 7급 ○ | ✕

02 고전적 조직이론에서는 조직 내부의 효율성과 합리성이 중요한 논의 대상이었다. 14. 국가직 9급 ○ | ✕

03 고전적 조직이론은 조직이 합법적 규칙과 권위에 기초할 때 개인의 오류제거가 가능하다고 가정한다. 10. 서울시 7급 ○ | ✕

04 신고전적 조직이론은 환경과 상호작용하는 개방적·동태적·유기적 조직을 강조한다. 22. 국가직 7급 ○ | ✕

05 신고전적 조직이론은 인간에 대한 관심을 불러 일으켰고 이는 조직행태론 연구의 출발점이 되었다. 14. 국가직 9급 ○ | ✕

06 상황론적 조직이론은 효과적인 조직설계와 관리방법은 조직이 처한 상황에 달려있다고 주장한다. 15. 서울시 9급 ○ | ✕

07 전략적 선택이론은 조직의 구조가 환경의 영향을 받지만, 조직이 환경에 그대로 따르는 것만은 아니라고 보는 관점이다. 20. 국가직 7급 ○ | ✕

08 자원의존이론은 조직의 변화가 환경의 선택에 의해서 이루어진다고 설명한다. 17. 국회직 9급 ○ | ✕

09 조직군생태학이론은 관리자를 주어진 환경에 무기력한 존재로 본다. 20. 국가직 7급 ○ | ✕

10 거래비용이론의 가설에 따르면 정보의 비대칭성과 기회주의에 의한 거래비용의 증가 때문에 계층제가 필요하다. 15. 국회직 8급 ○ | ✕

정답 및 해설

01 ○ 02 ○ 03 ○ 04 ✕ 05 ○ 06 ○ 07 ○ 08 ✕ 09 ○ 10 ○

04 환경과 상호작용하는 개방적·동태적·유기적 조직을 강조하는 것은 현대적 조직이론이다. 신고전적 조직이론은 대체로 폐쇄체제를 가정한다.
08 조직의 변화가 환경의 선택에 의해서 이루어진다고 설명하는 이론은 조직군생태학이론이다. 자원의존이론은 환경에 대한 조직의 능동성을 가정하는 임의론에 속한다.

조직의 유형

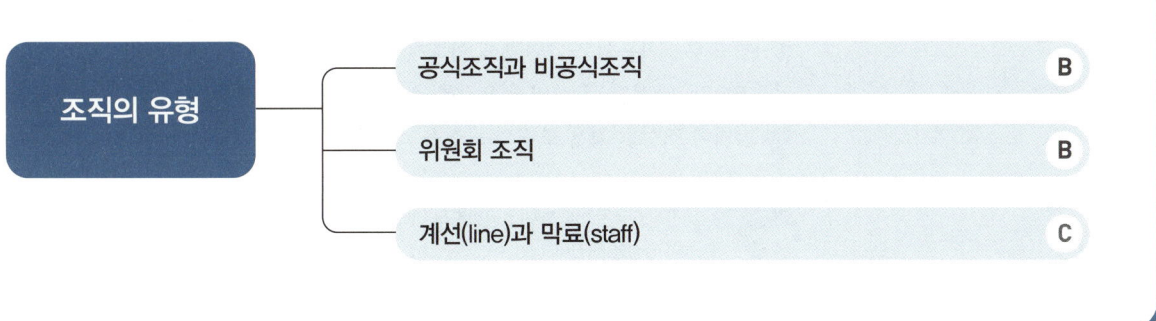

01 공식조직과 비공식조직

1 개념

① **공식조직**: 공식조직이란 조직목표의 달성을 지향하는 일관성 있는 행태의 속성을 뜻하는 기능적 합리성의 원칙에 따라 인위적으로 만들어진 조직을 말한다.
② **비공식조직**: 비공식조직이란 현실적인 인간관계를 토대로 자연발생적으로 형성되는 조직으로, 인간은 자기와 유사한 것을 추구하는 경향이 있으며 이러한 심리가 비공식조직을 탄생시킨다.

2 특징

공식조직	비공식조직
① 인위적·제도적·외면적·가시적·합리적	① 자연발생적·비제도적·내면적·비합리적
② 능률의 논리	② 감정의 논리
③ 전체 질서	③ 부분 질서(→ 공식조직 내 형성)
④ 합법적 절차에 의한 규범	④ 상호접촉에 의한 규범(→ 신분과 지위)

3 비공식조직의 순기능·역기능

순기능	역기능
① 공식조직의 경직성 완화 또는 보완	① 공식조직의 응집성 약화
② 구성원의 행동기준 확립	② 부분적 응집력 강화(→ 심리적 불안)
③ 의사전달의 통로	③ 비공식적 의사소통의 역기능
④ 심리적 안정감(→ 사기와 생산성 증대)	④ 정실행위의 증대

기선 제압

- 공식조직은 인위적인 형식적 절차와 제도화에 의하여 만들어진다.
  08. 서울시 7급

- 비공식조직은 사적인 인간관계를 토대로 형성되는 조직이다.
  23. 국회직 8급

- 비공식적 조직은 자연적으로 발전되며 비밀정보망으로 기여한다.
  07. 국가직 7급

- 비공식집단은 심리적 안정감의 제고와 계층제의 경직성 완화에 기여한다.
  16. 국회직 9급

- 비공식집단은 구성원 간의 협조를 통한 직무의 능률적 수행에 기여한다.
  16. 국회직 9급

> 바로 확인문제

1. 비공식적(자생적) 조직에 관한 설명으로 가장 적절하지 않은 것은? 24. 경찰승진

① 형성과정에서 조직의 공식적 구조 및 기능은 영향을 주지 않는다.
② 조직 구성원들의 상호관계에 의해 자연적으로 발생하는 집단이다.
③ 귀속감, 안정감 등 심리적 욕구를 충족시키는 순기능이 있다.
④ 파벌이 조성될 경우 조직의 균형을 파괴할 수도 있다.

정답해설 비공식조직은 어디까지나 공식조직 내에 존재하는 조직이므로 형성과정에서 조직의 공식적 구조나 기능이 영향을 미친다.

답 | ①

2. 공식조직과 비공식조직에 대한 설명으로 옳지 않은 것은? 23. 국회직 8급

① 비공식조직은 공식조직을 전제하지 않고 독립적으로 구성된다.
② 비공식조직은 사적인 인간관계를 토대로 형성되는 조직이다.
③ 공식조직은 조직 자체의 목표달성을 우선시하는 반면, 비공식조직은 조직 구성원의 욕구충족을 우선시한다.
④ 비공식조직은 공식조직의 경직성 완화, 업무 능률의 증대 등에 기여할 수 있다.
⑤ 비공식조직 간 적대 감정이 생기면 조직 내 기능 마비 현상이 나타날 수 있다.

정답해설 비공식조직은 어디까지나 공식조직 내에 존재하는 조직이다.

오답해설 ② 공식조직이 능률성을 위해 인위적으로 형성된 조직이라면 비공식조직은 인간관계를 토대로 자연스럽게 형성된 조직이다.
③ 공식조직의 주된 목적은 조직 자체의 효율성과 생산성을 높여 목표를 달성하는 것이고, 비공식조직은 조직 구성원의 심리적, 사회적 욕구 충족을 우선시한다.
④ 비공식조직은 인간적 유대를 강화시켜 공식조직의 경직성을 완화하고 업무의 생산성을 높이는 데 기여할 수 있다.
⑤ 비공식조직은 부분적 질서를 형성하므로 타 비공식조직이나 구성원과의 갈등이 나타날 수 있고, 비공식조직 간 적대 감정이 생기면 조직 내 기능 마비 현상이 나타날 수도 있다.

답 | ①

02 위원회 조직

1 의의

(1) 개념

① 민주적 결정과 조정을 촉진시키기 위해 복수의 구성원으로 구성된 합의제 조직을 말한다.
② 계속적이고 영속적인 성격의 상설조직이므로 임시적 성격의 회의와는 구별된다.

③ 위원회 조직은 위원들의 합의에 의해 의사결정이 이루어지므로, 관료제 조직에 비해 수평적이고 유기적이며 결정의 민주성을 높일 수 있고, 전문가의 참여로 행정의 전문성과 효율성을 제고할 수 있다.

(2) 유형

① **자문위원회**: 자문을 받지 않아도 절차적 하자가 없으며, 의결의 구속력도 없다.
② **심의위원회**: 반드시 심의를 받아야 하지만 의결의 구속력은 없다.
③ **의결위원회**: 반드시 의결을 받아야 하며 의결의 구속력도 존재한다.
④ **행정위원회**: 행정관청이므로 의결의 구속력은 물론 집행권도 존재한다.
⑤ **독립규제위원회**: 행정부로부터 독립되어 특정 업무를 독자적으로 의결하고 집행하는 위원회이다.

(3) 행정위원회의 설치요건

① 전문적 지식이나 경험이 있는 사람의 의견을 들어 결정할 필요가 있을 것
② 업무의 성질상 특히 신중한 절차를 거쳐 처리할 필요가 있을 것
③ 기존 행정기관의 업무와 중복되지 아니하고 독자성이 있을 것
④ 업무가 계속성·상시성이 있을 것

대통령 소속	국무총리 소속	각 부처 소속	독립
① 방송통신위원회 ② 규제개혁위원회	① 국민권익위원회 ② 공정거래위원회 ③ 금융위원회 ④ 원자력안전위원회 ⑤ 개인정보보호위원회	① 중앙토지수용위원회 ② 중앙노동위원회 ③ 소청심사위원회	① 중앙선거관리위원회 ② 금융통화위원회 ③ 국가인권위원회

2 평가

장점	단점
① 행정국가에 따른 권력집중의 방지 ② 행정의 중립성과 정책의 계속성 유지 ③ 전문지식과 기술의 활용 ④ 신중하고 공정한 결정	① 행정의 무력화 ② 책임소재의 모호성(→ 책임의 전가) ③ 결정의 지체(→ 시간과 비용의 낭비) ④ 타협적 결정의 초래 ⑤ 압력단체의 활동무대

- 정부위원회는 행정의 민주성을 제고하는 장점이 있다. 22. 지방직 9급
- 계층제 조직의 문제점을 극복하기 위해서는 위원회 조직을 고려한다. 21. 군무원 7급
- 위원회 조직은 결정에 대한 책임의 공유와 분산이 특징이다. 19. 국가직 9급
- 행정기관 소속 위원회는 행정위원회와 자문위원회 등으로 크게 구분할 수 있다. 15. 지방직 9급
- 자문위원회의 의사결정은 일반적으로 구속력을 갖지 않는다. 15. 지방직 9급
- 방송통신위원회, 금융위원회, 국민권익위원회는 행정위원회에 해당된다. 15. 지방직 9급

> **바로 확인문제**

1. 다음 중 위원회 조직에 대한 설명으로 옳지 <u>않은</u> 것은? 17. 국회직 8급

① 의결위원회는 의사결정의 구속력과 집행력을 모두 가진다.
② 자문위원회는 의사결정의 구속력이 없다.
③ 토론과 타협을 통해 운영되기 때문에 상호 협력과 조정이 가능하다.
④ 위원들 간 책임이 분산되기 때문에 무책임한 의사결정이 발생할 수 있다.
⑤ 다양한 정책전문가들의 지식을 활용할 수 있으며 이해관계자들의 의견 개진이 비교적 용이하다.

정답해설 의결위원회는 의결의 구속력은 있지만 집행력은 갖지 못한다.

오답해설 ② 위원회 조직은 크게 결정의 구속력을 지닌 행정위원회와 구속력을 지니지 못한 자문위원회로 구분된다.
③ 위원회 조직은 전문성을 가진 여러 대표자들의 합의에 의해 결정이 이루어지므로 상호 협력과 조정이 가능하다.
④ 위원회 조직은 책임이 여러 사람에게 분산되므로 무책임한 의사결정이 나타날 우려가 있다.
⑤ 위원회 조직은 여러 의견을 대표하는 전문가들로 구성되므로 이해관계자들의 의견 개진이 비교적 용이하다.

답 | ①

2. 정부의 위원회 조직에 대한 설명으로 옳지 <u>않은</u> 것은? 19. 국가직 9급

① 결정에 대한 책임의 공유와 분산이 특징이다.
② 복수인으로 구성된 합의형 조직의 한 형태이다.
③ 국민권익위원회는 의사결정의 권한이 없는 자문위원회에 해당된다.
④ 소청심사위원회는 행정관청적 성격을 지닌 행정위원회에 해당된다.

정답해설 국민권익위원회는 의사결정의 구속력과 집행권 모두를 가지는 행정위원회이다.

오답해설 ①, ② 위원회 조직은 복수의 구성원으로 구성되는 합의제 조직이므로, 책임을 공유하고 분산하는 특징을 지닌다.
④ 소청심사위원회는 독자적 결정권과 집행권을 가지며 행정관청적 성격을 지닌 행정위원회이다.

답 | ③

03 계선(line)과 막료(staff)

1 의의

① 계선이란 명령복종의 관계를 가지고 수직적·계층적 구조를 형성하며, 행정기관의 목표 달성에 직접적으로 기여하는 조직을 말한다.
② 반면, 막료란 계선기관이 원활하게 활동하도록 지원·조성·촉진하는 기관으로, 행정기관의 목표달성에 간접적으로 기여하는 조직이다.

③ 법률적으로는 계선을 보조기관이라 하고 막료를 보좌기관이라 하며, 계선과 참모를 구분하는 것은 분업의 한 형태로 볼 수 있다.

2 특징

계선(line)	막료(staff)
① 계층적·수직적 관계	① 비계층적·수평적 관계
② 명령권과 집행권의 보유	② 명령권과 집행권 없음
③ 목표달성에 직접 기여	③ 목표달성에 간접 기여
④ 국민에 직접 봉사	④ 국민에 간접 봉사
⑤ 일반행정가(→ 넓은 시야)	⑤ 분야별 전문행정가(→ 좁은 시야)
⑥ 현실적·보수적 성향	⑥ 이상적·비판적 성향

- 계선조직은 조직의 목표성취에 직접적으로 기여하는 조직체이다. 07. 국가직 7급
- 계선기관은 권한과 책임의 한계가 명확하다. 07. 국가직 9급
- 참모는 조직의 운영에 융통성을 부여한다. 08. 국가직 9급
- 참모는 계선의 통솔범위를 확대시켜 준다. 08. 국가직 9급

3 평가

구분	장점	단점
계선	① 권한과 책임한계의 명확성 ② 조직의 안정성 확보 ③ 신속하고 능률적인 업무수행 ④ 소규모 조직에 적합	① 기관 책임자의 독단 ② 계선기관의 업무과중 ③ 부처별 시각(→ 할거주의 발생) ④ 조직의 경직성 야기
막료	① 기관장의 통솔범위 확대 ② 업무조정과 전문지식의 활용 ③ 대규모 조직에 적합 ④ 조직의 신축성 확보	① 집권화 우려 ② 계선과 참모 간의 갈등 ③ 조직의 복잡성 증대 ④ 조직의 비대화 및 비용의 증가

바로 확인문제

1. 보조기관과 보좌기관에 대한 설명으로 옳지 않은 것은? 14. 지방직 7급

① 보조기관은 위임·전결권의 범위 내에서 의사결정과 집행의 권한을 가진다.
② 보좌기관은 정책에 대한 최종적인 책임을 지지 않는 경우가 많으며 보조기관과 갈등을 유발할 수도 있다.
③ 보좌기관이 보조기관보다는 더 현실적이고 보수적인 속성을 가질 가능성이 높다.
④ 보좌기관은 목표달성 및 정책수행에 간접적으로 기여한다.

정답해설 실무를 거쳐 승진하는 보조기관이 전문성을 기준으로 임용되는 보좌기관보다 현실적이고 보수적이다.

오답해설 ① 보조기관은 명령복종의 관계를 가지며 수직적·계층적 구조를 형성하는 계선기관을 말한다.
② 보좌기관은 계선기관이 원활하게 활동하도록 지원하고 조성하며 촉진하는 막료기관을 말한다.
④ 보조기관은 목표달성에 직접적으로 기여하며, 보좌기관은 간접적으로 기여한다.

답 | ③

CHAPTER 02 마무리 기출 OX

다음 내용이 맞으면 O, 틀리면 X에 표시하시오.

01 비공식조직이 내재적 규율 중심이라면 공식조직은 외재적 규율에 의존하며, 비공식조직이 이성적 조직이라면 공식조직은 감성적 조직이다. 23. 국회직 8급   O | X

02 비공식조직이 비가시적 조직이라면 공식조직은 가시적 조직이다. 23. 국회직 8급   O | X

03 비공식조직은 어디까지나 공식조직 내에서 발생하며, 구성원 간의 강력한 연대의식과 일체감을 조성하기도 한다. 23. 국회직 8급   O | X

04 위원회 조직은 신속하고 소신에 찬 의사결정을 가능하게 한다. 17. 국회직 8급   O | X

05 자문위원회는 계선기관으로서 사안에 따라 조사·분석 등의 기능을 수행한다. 18. 서울시 9급   O | X

06 의결위원회는 의사결정의 구속력과 집행력을 갖지만 자문위원회는 의사결정의 구속력이 없다. 17. 국회직 8급   O | X

07 중앙선거관리위원회와 공정거래위원회는 행정위원회에 속한다. 19. 국회직 8급   O | X

08 계선은 부하에게 업무를 지시하고, 참모는 정보나 기획 등의 전문지식을 제공한다. 21. 국가직 7급   O | X

09 계선기관은 기관장과 빈번하게 교류하며 정책을 결정하는 데 주로 조언의 권한을 가진다. 07. 국가직 9급   O | X

10 보좌기관이 보조기관보다는 더 현실적이고 보수적인 속성을 가질 가능성이 높다. 14. 지방직 7급   O | X

정답 및 해설

01 X   02 O   03 O   04 X   05 X   06 X   07 O   08 O   09 X   10 X

01 공식조직이 이성적이고 비공식조직이 감성적이다.
04 신속하고 소신에 찬 의사결정은 독임제 조직의 장점이다.
05 자문위원회는 참모기관으로서 정치적 영향력은 있으나 법적 구속력은 없다.
06 의결위원회는 의사결정의 구속력은 지니지만 집행력은 갖지 못하고, 행정위원회는 의사결정의 구속력과 집행력을 갖는다. 한편, 자문위원회는 의사결정의 구속력이 없으며, 자문을 구하지 않는다 하여 적법절차를 위반한 것도 아니다.
09 기관장과 빈번하게 교류하며 정책을 결정하는 데 주로 조언의 권한을 갖는 것은 참모기관이다.
10 실무를 거쳐 승진하는 보조기관이 전문성을 가지고 조언하는 보좌기관보다 현실적이고 보수적이다.

CHAPTER 03 조직구조론

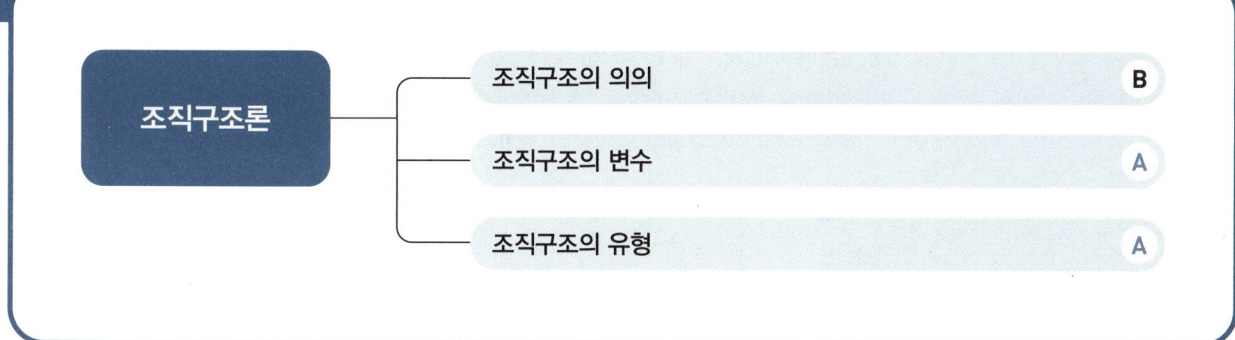

01 조직구조의 의의   B

1 의의

① 조직구조란 개인 및 부서에 부과된 공식적인 과업의 집합으로, 개인을 부서로 그리고 부서를 다시 전체 조직으로 집단화하는 방법을 말한다.
② 구조가 형성되면 구성원들의 유형화된 교호작용이 형성되고 조직의 안정성과 공동의 목표를 달성하기 위한 질서가 부여되며, 부서 간 의사소통과 조정 및 통합수단을 확보하게 된다.
③ 또한 구조가 형성되면 지위와 역할 및 권한의 흐름이 정해지며, 의사결정의 책임, 계층의 수, 통솔범위 그리고 공식적 보고관계 및 의사전달의 통로 등이 지정된다.

2 구조의 변수 및 구성요소

(1) 변수의 유형

① **기본변수**: 복잡성, 공식성, 집권성 등
② **상황변수**: 규모, 기술, 환경, 전략, 권력 등

(2) 구조의 구성요소

① **지위**: 조직 내에서 개인 또는 직위가 차지하고 있는 상대적 가치
② **역할**: 일정한 지위를 가지고 있는 사람들이 해야 할 것으로 기대되는 행동범주
③ **권한**: 조직의 규범에 의하여 그 정당성이 승인된 권력
④ **규범**: 지위, 역할, 권한의 실체와 상호관계에 대한 당위적 규정

> 💡 기선 제압

3 조직구조의 형성원리

(1) 의의
① 가장 합리적으로 조직의 목표를 달성하게 하는 조직구조의 배열방법으로, 고전적 조직이론에서 강조하였다.
② 그러나 사이몬(H. Simon)은 이를 검증되지 않은 격언에 불과하다고 비판하였다.
③ 이에 따라 현대 조직이론은 구조의 형성에 있어 유일 최선의 방법보다는 규모·기술·환경 등과 같은 상황변수에 적합한 조직구조의 형성을 강조한다.

(2) 기준
① 분업
  ㉠ 분업이란 조직의 전체 업무를 개인과 부서에 나누어 주는 방법으로, 분업의 원리, 부성화의 원리(→ 부서편성의 원리), 참모조직의 원리 등으로 구성된다.
  ㉡ 분업은 동질성의 원리와 기능명시의 원리 등 기능의 동질성에 따라 조직을 편성하는 것이다.
② 조정
  ㉠ 조정이란 개인과 부서에 부과된 과업을 전체로 질서 있게 통일시키는 방법으로, 조정의 원리, 계층제의 원리, 명령계통의 원리, 통솔범위의 원리 등으로 구성된다.
  ㉡ 목표의 원리, 집권화의 원리, 권한과 책임의 일치 등이 조정의 기준이 된다.

(3) 전통적 설계 → 기계적 구조
① 의의
  ㉠ 전통적 조직설계는 능률성의 확보를 중시하는 조직구조로, 분업의 심화와 계층제적 통제를 강조하며 업무의 단순화와 표준화를 추구한다.
  ㉡ 전통적 조직구조는 개별적 직무에 대한 관심, 고정적 직무 정의, 직무에 대한 개별적 책임 등이 나타나며, 엄격하게 규정된 직무, 많은 규칙과 규정, 의사결정의 집권성, 분명한 명령체계, 좁은 통솔범위, 낮은 팀워크 등을 특징으로 한다.
② 주요 원리
  ㉠ 분업의 원리
    ⓐ 분업의 원리란 기능 또는 업무의 동질성을 기준으로 조직을 편성하는 일의 전문화로, 구성원에게 가급적 한 가지의 주된 업무를 부과하여 빠른 업무 숙련을 통한 능률성의 제고를 목적으로 한다.
    ⓑ 분업은 작업도구와 사용방법을 개선하는 데 기여할 수 있으며, 작업의 전환에 드는 시간을 단축할 수 있다.
    ⓒ 그러나 업무에 대한 흥미를 상실시키고 인간의 부품화(→ 비인간화)를 초래하며, 훈련된 무능으로 인해 환경에 대한 적응력을 약화시키고, 편협하고 좁은 시야를 야기할 수 있다.
    ⓓ 또한 업무의 지나친 세분화는 업무관계의 예측가능성을 낮추며, 할거주의의 심화를 가져와 조정과 통합을 어렵게 할 수 있다.
    ⓔ 훈련된 무능이란 한 가지 지식이나 기술에 관해 훈련받고 기존 규칙을 준수하도록 길들여진 사람은 다른 대안을 생각하지 못한다는 의미이다.

- 분업의 원리란 일을 가능한 한 세분해야 한다는 것이다. 20. 지방직 9급

- 전문화의 원리란 전문화가 되면 될수록 행정능률은 올라간다는 것을 의미한다. 16. 국가직 7급

- 분업의 심화는 작업도구·기계와 그 사용방법을 개선하는 데 기여할 수 있다. 17. 지방직 9급

- 분업이 고도화되면 조직구성원에게 심리적 소외감이 생길 수 있다. 17. 지방직 9급

구분		수평적 전문화	
		높음	낮음
수직적 전문화	높음	비숙련(→ 단순) 직무	일선관리 직무
	낮음	전문가 직무	고위관리 직무

ⓒ 조정의 원리
  ⓐ 조정이란 공동의 목적을 위해 구성원들의 행동을 질서 있게 배열하는 과정으로, 조직의 전체 목표를 달성하기 위한 부서 간 협력과 통합의 질을 의미한다.
  ⓑ 조정의 원리는 전문화 또는 분업화의 반작용으로 등장한 것으로, 양자의 상호균형이 요구된다.
  ⓒ 귤릭(L. Gulick)은 조정의 방법으로 계층제, 위원회 제도, 아이디어 등을 제시하였다.

ⓒ 계층제의 원리
  ⓐ 구성원 상하 간 직무를 권한과 책임의 정도에 따라 등급화하고, 지휘·감독체계를 형성하게 하는 조직편성의 원리이다.
  ⓑ 권한과 책임의 종적 분업관계로 설명하기도 하며, 통솔범위의 한계로 인하여 발생한다.
  ⓒ 계층제의 존재는 권한의 위임과 공식적 의사소통의 통로이며, 조직 내 분쟁과 갈등을 해결하는 수단이다. 또한 승진의 경로이므로 사기앙양의 도구이기도 하다.
  ⓓ 그러나 계층제는 조직의 경직화를 가져와 상황 적응력을 저해하며, 단계별 의사전달로 인해 의사소통의 왜곡을 초래할 수 있다.
  ⓔ 계층제는 종적 서열관계의 강화를 가져와 실무자 간 횡적 협조를 곤란하게 할 수 있고, 집권적 의사결정 구조를 야기하여 하위계층의 창의성과 자율성을 저해할 수 있다.
  ⓕ 계층의 존재는 되풀이되는 승진으로 관료들이 무능력화되는 피터의 법칙을 야기하기도 한다.
  ⓖ 한편, 계층제의 원리에서 파생되는 명령체계의 원리란 조직 내 구성원을 연결하는 연속된 권한의 흐름으로, 누가 누구에게 보고하는지를 결정하는 조직구조의 형성 방법이다.

ⓔ 명령통일의 원리
  ⓐ 명령통일의 원리는 누구나 한 사람의 상관에게만 보고하고 명령을 받아야 한다는 것으로, 이중명령을 방지하여 조직의 안정성을 확보하고 책임소재를 명확하게 하는 장치이다.
  ⓑ 그러나 명령통일의 원리는 전문화를 촉진할수록 타당성이 감소되는 조직의 원리이다.
  ⓒ 그리고 매트릭스구조(→ 이원적 명령체계), 기능적 직장제도(→ 감독의 분업), 위원회제도, 기능참모의 존재는 명령통일의 원리에 어긋나는 제도적 장치이다.

순기능	역기능
① 책임소재의 명확화	① 부서 간 횡적 조정의 곤란
② 지위의 안정성 확보	② 막료기능의 무력화
③ 의사전달의 효율성 확보	③ 전문화 원리와 모순

- 조정의 원리란 권한배분의 구조를 통해 분화된 활동들을 통합해야 한다는 것이다. 20. 지방직 9급

- 계층제의 원리는 조직 내의 권한과 책임 및 의무의 정도가 상하의 계층에 따라 달라지도록 조직을 설계하는 것이다. 17. 지방직 9급

- 계층제는 조직에서 지휘명령 등 의사소통, 특히 상의하달의 통로가 확보되는 순기능이 있다. 16. 지방직 9급

- 명령통일의 원리는 명령을 내리고 보고를 받는 사람이 한 사람이어야 한다는 것을 의미한다. 16. 국가직 7급

- 통솔범위를 얼마로 정해야 하느냐에 대해 학자들마다 여러 가지로 그 수를 제시하고 있다. 21. 경찰승진

- 사이먼(H. Simon)은 **통솔범위의 수**를 마술적인 수라고 비판하였다. 21. 경찰승진

ⓜ **통솔범위의 원리**
ⓐ 통솔범위란 한 사람의 상관이 효과적으로 통솔할 수 있는 부하 또는 조직단위의 수로, 원래 부하들을 효과적으로 통솔하기 위해 부하의 수가 한정되어야 한다는 것을 의미하였다.
ⓑ 통솔범위의 제약은 인간의 주의력이나 지식 및 시간의 한계로 인해 발생하며, 통솔범위의 제약이 계층제를 형성하는 원인이기도 하다.
ⓒ 효과적인 부하의 수로 홀데인 위원회는 10~12인을 제시하였고, 그라이쿠나스(V. Graicunas)는 6인을 제시하였으나, 사이먼(H. Simon)은 이를 마술적인 숫자라 비판하였다.
ⓓ 현대적 조직이론은 통솔범위는 감독자의 능력, 업무의 난이도, 돌발 상황의 발생 가능성 등 다양한 요소를 고려하여 정해진다고 본다.
ⓔ 일반적으로 업무의 표준화·공식화가 높을 때, 기능이 유사할 때, 일상적 기술일 때, 상관과 부하의 능력이 뛰어날 때, 부하의 창의성이나 사기를 앙양시키고자 할 때, 교통·통신이 발달할 때 통솔범위는 확대될 수 있다.

(4) 탈전통적 설계 → 유기적 구조

① 의의
㉠ 전통적 조직설계의 폐단을 시정하기 위한 동기 집약적 직무설계 방식으로, 조직의 생산성 제고와 구성원의 직무만족 및 환경에 대한 적응성을 동시에 추구하는 구조형성 방식이다.
㉡ 탈전통적 설계는 직무범위의 확대 및 다원화 등으로 직무의 전문화를 지양하고 인적 전문화를 추구하며, 폭넓은 관심과 융통성 있는 직무 정의, 넓은 통솔범위, 높은 팀워크, 직무에 대한 집단적 책임 등을 특징으로 한다.

② 주요 방법
㉠ **직무확장**(Job enlargement): 기존의 직무에 수평적으로 연관된 직무요소 또는 기능들을 추가하는 수평적 직무재설계의 방법으로, 수평적 전문화의 수준을 낮추는 방법이다.
㉡ **직무충실**(Job enrichment): 직무를 맡는 사람의 책임성과 자율성을 높이고, 직무수행에 관한 환류가 원활히 이루어지도록 직무를 재설계하는 방법으로, 수직적 전문화의 수준을 낮추는 방법이며, 직무풍요화라고도 한다.

> 바로 확인문제

1. 조직구조에 대한 설명으로 옳지 <u>않은</u> 것은? 22. 국가직 7급

① 일상적 기술을 가진 조직의 경우 높은 공식화 구조를 가진다.
② 조직구조의 형태를 기계적 구조와 유기적 구조로 구분할 수 있다.
③ 환경이 복잡하고 불안정한 경우 유기적 구조가 적합하다.
④ 조직구조는 조직 내 여러 부문 간 결합의 형태로 구성원 간 상호작용과는 관련성이 없다.

정답해설 조직구조는 업무의 배분방식이며, 업무의 배분방식에 따라 구성원의 상호작용이 달라진다.

오답해설 ① 일상적 기술은 문서화된 기술이므로 높은 공식성과 연결된다.
② 조직구조는 크게 사전에 정해진 기계적 구조와, 환경의 변화에 맞춰 구조를 형성해 가는 유기적 구조로 나뉜다.
③ 환경이 불안정하다면 사전에 규정하기 어려우므로 유기적 구조가 적합하다.

답 | ④

2. 조직구성 원리에 대한 설명으로 옳지 <u>않은</u> 것은? 20. 지방직 9급

① 분업의 원리 – 일은 가능한 한 세분해야 한다.
② 통솔범위의 원리 – 한 명의 상관이 감독하는 부하의 수는 상관의 통제능력 범위 내로 한정해야 한다.
③ 명령통일의 원리 – 여러 상관이 지시한 명령이 서로 다를 경우 내용이 통일될 때까지 명령을 따르지 않아야 한다.
④ 조정의 원리 – 권한 배분의 구조를 통해 분화된 활동들을 통합해야 한다.

정답해설 명령통일의 원리는 명령이 통일될 때까지 따르지 않는 것이 아니라, 애초에 여러 상사로부터 명령을 받지 않도록 조직 구조를 설계해야 한다는 것이다.

오답해설 ① 분업의 원리는 효율성을 높이기 위해 업무를 전문화하고 세분화하는 것을 의미한다.
② 통솔범위의 원리는 한 상사가 효과적으로 관리할 수 있는 부하 직원의 수에는 한계가 있다는 개념이다.
④ 조정의 원리는 분업을 통해 세분화된 업무나 부서 간의 활동들이 조직의 목표 달성을 위해 원활하게 연계되고 통합되도록 하는 것을 의미한다.

답 | ③

02 조직구조의 변수

1 의의

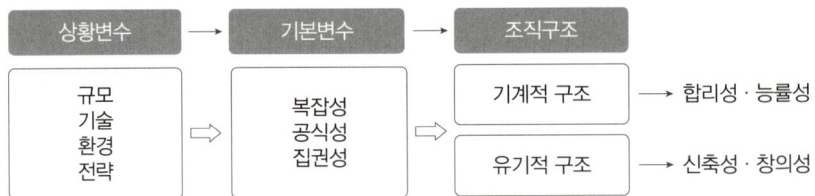

① 조직의 효율성에 영향을 주는 구조적 요소 내지 지표로, 상황변수와 기본변수로 나뉜다.
② 기본변수에는 복잡성, 공식성, 집권성이 있고, 상황변수에는 규모, 기술, 환경, 전략, 권력이 있다.
③ 그리고 상황변수가 기본변수에 영향을 주고 기본변수 값에 따라 구조가 결정된다고 설명한다.

2 기본변수

(1) 복잡성

① 개념
  ㉠ 구조의 복잡성이란 직무의 분화정도 즉, 목적을 달성하기 위해 활동이 분화되어 있는 정도로, 수평적 분화, 수직적 분화, 장소적 분산을 포괄한다.
  ㉡ **수평적 분화**: 직무의 전문화(→ 분업), 부서화 등을 의미한다.
  ㉢ **수직적 분화**: 조직구조의 깊이 정도 즉, 계층의 수를 의미한다.
  ㉣ **장소적 분산**: 인적·물적 자원들이 공간적으로 분산된 정도를 말한다.

② 주요 가설
  ㉠ 구조의 복잡성은 조직규모와 가장 밀접한 관련이 있다.
  ㉡ 구조의 복잡성은 환경의 복잡성을 반영하므로 환경의 구성요소가 다양할수록 조직구조는 분화된다.
  ㉢ 구조의 복잡성이 높을수록 의사결정은 분권화되고, 통솔범위는 좁아지며, 행정농도는 높아진다.
  ㉣ 구조의 복잡성이 높을수록 개혁에 대한 요구가 증대하기 때문에 사업변동률은 높아진다. 그러나 개혁의 착안은 쉬우나 관련자들이 많은 관계로 개혁의 시행은 어렵다.
  ㉤ 구조의 복잡성이 높을수록 구성원 또는 부서 간 갈등이 증폭되고, 조직 및 업무에 대한 몰입도는 낮아진다.
  ㉥ 특히, 구조의 수평적 분화가 심화되면 부서 간 할거주의가 나타나므로 의사소통이나 업무협조가 어려워진다.

(2) 공식성

① 개념
  ㉠ 공식성이란 조직 내 규칙과 절차의 강도 또는 지시와 의사전달의 문서화 정도를 말한다.
  ㉡ 즉, 직무기술서, 내부규칙, 보고 체계 등이 명문화된 정도를 의미한다.

② 주요 가설
　㉠ 조직규모가 커질수록, 환경이 안정적일수록, 사용하는 기술이 일상적일수록 구조의 공식화 수준은 높아진다.
　㉡ 구조의 공식성이 높아지면 조직은 집권화되고 조직의 변동률은 낮아진다.
　㉢ 구조의 공식성이 높아지면 일의 전문화는 촉진되지만 인적 전문화는 약화된다.
　㉣ 구조의 공식성이 높아지면 구성원의 행태에 관한 예측가능성이 높아지지만 자율성은 약화된다.

③ 장점
　㉠ 구조의 공식성은 행동의 예측가능성과 안정성을 높이고, 업무의 객관성과 보편성을 확보하게 한다.
　㉡ 높은 공식성은 구성원의 행동을 통제하기 쉽게 하여 관리자의 직접적인 감독의 필요성을 감소시키고 시간과 노력의 절감을 가져오므로 조직의 경제성을 확보할 수 있다.

④ 단점
　㉠ 높은 공식성은 조직의 신축적 운영을 저해하여 환경변화에 대한 대응력을 약화시킨다.
　㉡ 높은 공식성은 개인의 자율성과 창의성을 저해하며, 번문욕례와 동조과잉 현상을 가져온다.
　㉢ 높은 공식성은 인간 소외의 현상을 가져와 비인간적 풍토를 조성할 수 있다.

(3) 집권성

① 개념
　㉠ 집권성이란 자원배분을 포함한 의사결정권이 조직의 상하 직위 간에 어떻게 분배되어 있는가로, 권한이 상층부에 집중되어 있으면 집권화, 하층부에 위임되어 있으면 분권화라 한다.
　㉡ 집권성은 규모의 경제를 높여 간접비용을 줄일 수 있다.
　㉢ 집권성은 조직의 내적 통제력을 확보할 수 있어 갈등을 신속히 해결할 수 있고 조직의 통일성과 일관성을 높일 수 있다.

② 집권화 요인
　㉠ 소규모 조직이나 신설 조직일 때, 선례가 없어 최고결정자의 영향력이 증대될 때
　㉡ 위기의 발생이나 경쟁의 격화 등 강력한 리더십이 요청될 때
　㉢ 조정이나 통일성의 요청 또는 할거주의 폐단이 심할 때
　㉣ 자원의 증대와 관심의 증대로 의사결정의 중요성이 커질 때
　㉤ 규칙이나 절차가 발달하거나 일의 분업화가 심화될 때
　㉥ 교통·통신의 발달 및 권위주의 문화가 강할 때

③ 분권화 요인
　㉠ 대규모 조직(→ 다만 정책결정은 집권)이거나 조직의 역사가 길 때
　㉡ 환경의 복잡성과 동태성이 증대되어 이에 대한 적응력이 요구될 때
　㉢ 상황 적응적이고 신속한 서비스가 요구될 때
　㉣ 기술 수준의 고도화 및 인적 전문화가 심화될 때
　㉤ 내재적 동기유발 전략과 힘 실어주기 등 구성원의 참여와 자율성을 강조할 때

- 집권화는 의사결정권이 어느 정도 위임되어 있느냐로 측정된다. 　19. 소방간부
- 집권화의 장점으로는 전문적 기술의 활용가능성 향상과 경비 절감을 들 수 있다. 　23. 국가직 7급
- 신설조직의 경우 조직을 안정적으로 운영하기 위해 집권화되는 경향이 강하다. 　22. 경찰승진

> **바로 확인문제**

1. 조직구조에 대한 설명으로 옳은 것은? 　　　　　　　　　　　　　　　　17. 국가직 7급

　① 공식화의 수준이 높을수록 조직 구성원들의 재량이 증가한다.
　② 통솔범위가 넓은 조직은 일반적으로 고층구조를 갖는다.
　③ 고객에 대한 신속한 서비스 제공 요구는 집권화를 촉진한다.
　④ 복잡성은 '조직이 얼마나 나누어지고 흩어져 있는가?'라는 분화의 정도를 말한다.

　정답해설 조직의 복잡성은 직무의 분화정도 즉, 목적을 달성하기 위해 활동이 분화되어 있는 정도를 말한다.

　오답해설 ① 공식화의 수준이 높을수록 구성원들의 재량이 감소한다.
　　　　　　② 통솔범위가 넓은 조직은 일반적으로 저층구조를 갖는다.
　　　　　　③ 고객에 대한 신속한 서비스 제공 요구는 분권화를 촉진한다.

　　　　　　　　　　　　　　　　　　　　　　　　　　　　　　　답 | ④

2. 집권화와 분권화에 대한 설명으로 옳지 않은 것은? 　　　　　　　　23. 국가직 7급

　① 집권화는 조직의 규모가 작고 신설 조직일 때 유리하다.
　② 집권화의 장점으로는 전문적 기술의 활용가능성 향상과 경비절감을 들 수 있다.
　③ 탄력적 업무수행은 분권화의 장점이다.
　④ 분권화는 행정기능의 중복과 혼란을 회피할 수 있고 분열을 억제할 수 있다.

　정답해설 행정기능의 중복과 혼란을 회피할 수 있고 분열을 억제할 수 있는 것은 집권화의 장점이다.

　오답해설 ② 집권화는 기능구조를 통한 전문성의 향상과 규모의 경제를 통한 경비절감의 장점을 지닌다.

　　　　　　　　　　　　　　　　　　　　　　　　　　　　　　　답 | ④

3 상황변수

(1) 규모

① 개념
　㉠ 규모는 구성원 수, 조직의 범위와 책임, 물적 수용능력, 고객 수, 순자산 등과 관련된다.
　㉡ 특히, 블라우(P. Blau)는 조직규모와 구조와의 상관성을 강조하였다.

② 규모와 조직구조
　㉠ 규모가 증가할수록 조직구조의 분화가 촉진되어 구조의 복잡성이 증대된다.
　㉡ 규모가 증가할수록 분권화가 촉진되며, 이에 따라 통합의 노력이 요구된다.
　㉢ 규모가 증가할수록 공식성은 증대된다. 이에 따라 통제력의 상실 없이 분권화가 가능하다.
　㉣ 규모가 증가할수록 조직구조는 더욱 기계적 구조로 변화한다.
　㉤ 규모가 클수록 구성원 간 비정의성이 증대되어 직무 만족도와 조직 몰입도는 낮아지고, 구성원 간 응집력은 약화되며 스트레스는 증가할 것이다.
　㉥ 규모가 클수록 조직의 보수화 성향이 증대되며 쇄신성은 약화된다.

・조직규모가 감소하면 공식화와 분권화가 모두 낮아진다. 　18. 경찰승진

・조직의 규모가 확대되면 계층적 분화가 촉진되고 표준화·공식화에 의한 조정과 통제가 발달한다.
　06. 국가직 7급

Ⓐ 조직의 규모에 대비한 유지관리 구조의 크기를 행정농도라 하는데, 하스(R. Hass)는 조직규모가 확대됨에 따라 행정농도가 줄어든다고 보았으나, 파킨슨(C. Parkinson)은 오히려 행정농도가 높아진다고 보았다.

(2) 기술

① 개념
  ㉠ 기술이란 조직의 투입(자원)을 산출로 전환하는 데 쓰이는 도구, 기법, 활동 등을 말한다.
  ㉡ 우드워드(J. Woodward)의 기술적 복잡성과 조직구조(1965), 톰슨(J. Thompson)의 기술과 상호의존성(1967), 페로우(C. Perrow)의 기술의 불확실성과 조직구조(1967) 등은 기술과 조직구조의 상관성을 연구한 이론이다.

② 기술과 조직구조
  ㉠ 제조업무와 같이 업무의 복잡성은 낮지만 분석가능성이 높은 일상적 기술은 조직구조의 높은 공식성과 낮은 복잡성을 지닌 집권적인 구조가 나타난다.
  ㉡ 연구업무와 같이 업무의 복잡성은 높고 분석가능성이 낮은 비일상적 기술은 조직구조의 낮은 공식성과 높은 복잡성을 지닌 분권적인 구조가 나타난다.

(3) 환경

① 의의
  ㉠ 환경이란 조직의 경계 밖에서 조직에 영향을 주는 모든 요소로, 일반환경과 과업환경이 있다.
  ㉡ 일반환경이란 정치·경제·사회 환경과 같이 조직의 존립에 토대가 되는 환경을 말하고, 과업환경이란 조직의 목표달성에 직접적으로 영향을 미치는 환경을 말한다.
  ㉢ 번스(T. Burns)와 스토커(G. Stalker)은 조직을 둘러싼 환경의 특성이 조직구조와 어떻게 관련되는지를 설명하고자 하였다.
  ㉣ 로렌스(P. Lawrence)와 로쉬(J. Lorsch)는 외부환경과 내부환경의 적합도를 조직의 성공을 이끄는 요소로 보았는데, 환경의 불확실성이 높은 조직일수록 내부환경의 차별화 정도가 높으며, 이를 조정하기 위한 통합의 방법도 많아지게 된다.
  ㉤ 스코트(W. Scott)는 불확실성의 수준과 조직의 자원의존도라는 두 가지 기준을 사용하였는데, 동질과 이질, 안정과 변동 등은 불확실성의 수준에 영향을 주는 요소이고, 풍족과 궁핍, 집중과 분산 등은 조직의 자원의존도에 영향을 주는 요소이다.
  ㉥ 던컨(R. Duncan)에 의하면 정태성과 동태성의 차원이 단순성과 복잡성의 차원보다 지각되는 불확실성에서 더욱 많은 영향을 미친다.

- 일상적 기술을 가진 조직의 경우 높은 공식화 구조를 가진다. 22. 국가직 7급
- 비일상적 기술일수록 공식화는 낮아지고 분권화는 높아진다. 18. 경찰승진
- 비일상적 기술일수록 집권화가 낮아질 것이다. 18. 서울시 7급
- 번스(T. Burns)와 스토커(G. Stalker)은 조직을 둘러싼 환경의 성격 및 특성이 조직구조와 어떻게 관련되는지를 설명한다. 20. 국가직 7급

② 환경과 조직구조

구분		복잡성	
		단순	복잡
역동성	안정	① 낮은 불확실성 ② 기계적 구조 ③ 적은 부서 ④ 적은 경계관리와 모방 ⑤ 통합의 역할이 없음 ⑥ 현재 지향	① 중저 불확실성 ② 기계적 구조 ③ 많은 부서 ④ 약간의 경계관리와 모방 ⑤ 적은 통합의 역할 ⑥ 약간의 계획
	불안정	① 중고 불확실성 ② 유기적 구조 ③ 적은 부서 ④ 많은 경계관리와 빠른 모방 ⑤ 적은 통합의 역할 ⑥ 계획 지향	① 높은 불확실성 ② 유기적 구조 ③ 많은 부서 ④ 광범위한 경계관리와 모방 ⑤ 많은 통합의 역할 ⑥ 광범위한 계획과 예측

03 조직구조의 유형   A

1 번스(T. Burns)와 스토커(G. Stalker)(1961)

① **기계적 구조**: 높은 공식화, 높은 집권화, 높은 복잡성, 낮은 팀워크 등이 특징이며 내적 통제에 따른 예측가능성이 높지만 환경에 대한 적응력은 취약한 관료제 구조가 나타난다.

② **유기적 구조**: 낮은 공식화, 낮은 집권화, 낮은 복잡성, 높은 팀워크 등이 특징이며 환경에 대한 적응력이 우수한 탈관료제 구조가 나타난다.

- 기계적 조직구조는 규칙과 절차의 고수, 업무의 명확한 구분을 특징으로 한다. 24. 국회직 8급

- 환경이 복잡하고 불안정한 경우 유기적 구조가 적합하다. 22. 국가직 7급

구분	기계적 구조	유기적 구조
상황	① 안정적 상황 ② 명확한 조직목표와 과제 ③ 분업적 과제 ④ 성과측정 가능 ⑤ 금전적 동기부여 ⑥ 권위의 정당성 확보	① 불안정한 상황 ② 모호한 조직목표와 과제 ③ 분업이 곤란한 과제 ④ 성과측정 곤란 ⑤ 복합적 동기부여 ⑥ 도전받는 권위
구조	① 좁은 직무범위 ② 표준화(→ 표준운영절차) ③ 분명한 책임관계 ④ 공식적 관계 ⑤ 고층구조	① 넓은 직무범위 ② 적은 규칙과 절차 ③ 모호한 책임관계 ④ 분화된 채널 ⑤ 저층구조

> **바로 확인문제**

1. 조직구조의 유형에 대한 설명으로 옳은 것만을 〈보기〉에서 모두 고르면? 24. 국회직 8급

| 보기 |
ㄱ. 기계적 조직구조의 특징은 기능구조에서 나타난다.
ㄴ. 기계적 조직구조는 규칙과 절차의 고수, 업무의 명확한 구분을 특징으로 한다.
ㄷ. 조직의 외부환경이 안정적인 경우에는 유기적 조직구조가 적합하다.
ㄹ. 기계적 조직구조에서는 수평적 조정을 강조한다.
ㅁ. 유기적 조직구조의 대표적인 예는 학습조직이다.
ㅂ. 성과측정이 어려운 상황에서는 유기적 조직보다 기계적 조직이 적합하다.

① ㄱ, ㄴ, ㄷ
② ㄱ, ㄴ, ㅁ
③ ㄱ, ㄹ, ㅂ
④ ㄴ, ㄷ, ㅁ
⑤ ㄷ, ㄹ, ㅂ

정답해설 ㄱ. 기능구조는 업무의 전문화와 표준화를 통해 효율성을 추구하고, 중앙에서 통제를 강화하는 경향이 있어 기계적 조직구조의 주요 특징들이 잘 나타나는 대표적인 형태이다.
ㄴ. 이밖에도 기계적 구조는 높은 집권화된 의사결정, 엄격한 계층제, 주로 수직적인 정보흐름 등의 특징을 지닌다.
ㅁ. 학습조직이 효과적으로 기능하기 위해서는 유기적 조직구조의 특성을 갖추는 것이 필수적이다.

오답해설 ㄷ. 조직의 외부환경이 안정적인 경우에는 기계적 조직구조가 적합하다.
ㄹ. 수평적 조정을 강조하는 것은 유기적 구조이다.
ㅂ. 성과측정이 어려운 상황에서는 기계적 조직보다 유기적 조직이 적합하다.

답 | ②

2 대프트(R. Daft)(1998)

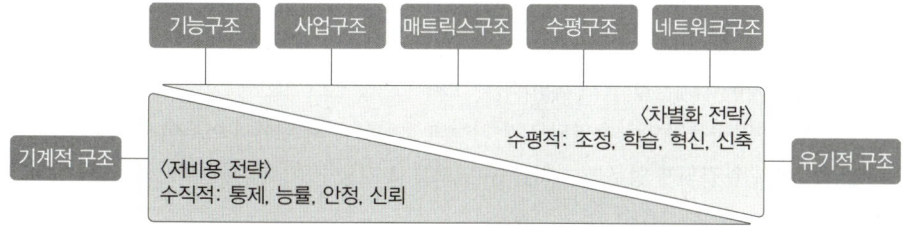

① **기능구조**: 조직의 전체 업무를 공동기능별로 부서화한 구조로, U형 구조라 한다.
② **사업구조**: 완결된 산출물을 기반으로 부서화한 구조로, M형 구조라 한다.
③ **매트릭스구조**: 기능구조와 사업구조가 이중적으로 결합된 구조이다.
④ **수평구조**: 수직적 계층과 부서 간의 경계가 제거된 평면구조로, 핵심업무과정을 중심으로 부서를 편성한다.
⑤ **네트워크구조**: 독자성과 자율성을 지닌 여러 조직을 연결한 구조로, 핵심역량 위주로 자체조직을 구성하고 나머지 기능은 외부조직과의 계약을 통해 해결한다.

• 매트릭스조직은 기능(functional)구조와 사업(project)구조의 통합을 시도하는 조직 형태이다. 20. 지방직 9급

3 기능구조(functional structure)

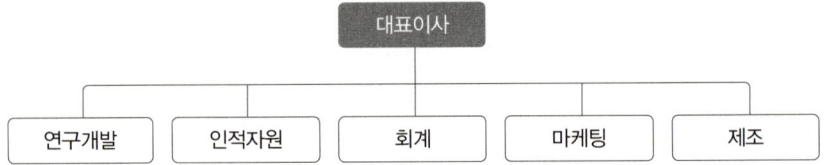

(1) 의의
① 기능구조는 조직의 전체 업무를 공동기능별로 부서화한 조직구조이다.
② 안정적 환경과 일상적 기술이 중요하고 부서 간 팀워크가 적게 요구되는 기계적 구조에 가깝다.

(2) 평가
① 기본적으로 수평적 조정의 필요성이 낮을 때 효과적이다.
② 지식과 기술을 통합적으로 활용하므로 전문지식과 기술의 깊이를 제고할 수 있다.
③ 시설과 자원의 공유가 가능하므로 기능부서 내의 규모의 경제를 높일 수 있다.
④ 그러나 기능 간 조정과 협력이 요구되는 환경변화에는 적응력이 떨어진다.

4 사업구조(divisional structure)

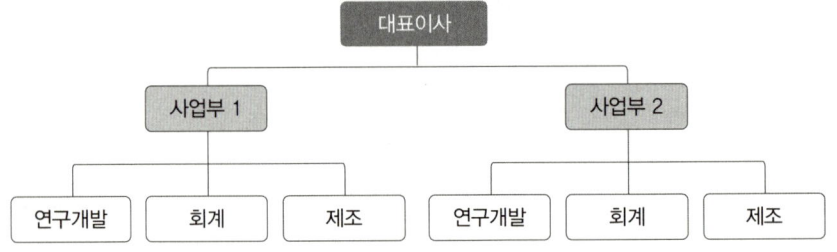

(1) 의의
① 완결된 산출물에 기반을 둔 부서화 방식으로, 완제품의 생산에 필요한 모든 기능들을 부서 내로 배치한 자기완결적인 단위이다.
② 사업부서들은 자율적으로 운영되고 각 기능의 조정이 부서 내에서 이루어지며, 사업부서의 책임자가 완결되게 업무를 처리할 수 있으므로 기능구조보다 분권적인 조직구조이다.

(2) 장점
① 사업구조는 기능 간 조정이 용이하므로 변화하는 환경에 신속하게 대응할 수 있다.
② 사업구조는 완결된 산출물 단위로 운영되기 때문에 고객만족도를 제고하고, 성과에 대한 책임소재를 명확하게 할 수 있다.
③ 사업구조는 완결된 산출물 단위로 구성되므로 기능구조보다 구성원들에게 포괄적인 목표를 주입하기 용이하다.

(3) 단점
① 산출물별로 기능이 중복되어 배치되어 있으므로 자원의 낭비가 발생할 수 있다.
② 동일한 기능이 부서별로 분산되어 있으므로 전문지식과 기술의 발전에는 불리하다.
③ 부서 내 기능 간 조정은 용이하지만 사업부서 간 조정이 곤란하여 갈등이 발생할 수 있다.

5 매트릭스구조(matrix organization) → 행렬구조 · 복합구조

(1) 개념
① 기능 중심의 수직조직과 프로젝트 중심의 수평조직의 화학적 결합을 시도하는 입체적 조직으로, 윌리암슨(O. Williamson)은 U(Unitary)형 관리와 M(Multi)형 관리의 통합이라 하였다.
② NASA, 특수대학원, 종합병원, 대사관 조직 등이 그 예이다.

(2) 특징
① 일상기능은 종적으로 문제과업은 횡적으로 명령을 받는 이중명령체계로, 두 명의 상관을 모시는 이중구조이므로 전통적 구조에서 강조되었던 명령통일의 원칙에 위배되는 조직구조이다.
② 사업부서의 신속한 대응성과 기능부서의 전문성에 대한 필요에 의해 결합된 조직으로, 기능부서 통제권한은 수직적으로 흐르고, 사업부서 간 조정권한은 수평적으로 흐르게 된다.

(3) 적용영역
① 조직의 규모가 너무 크거나 너무 작지 않은 중간 정도의 규모(→ 대규모라는 견해도 존재)로, 부족한 자원을 공유해야 할 압력이 존재하는 경우
② 기술적 전문성이 높고 산출의 변동도 빈번해야 한다는 이원적 요구가 강력한 경우
③ 환경이 복잡하고 불확실하여 수직적 조정과 수평적 조정이 동시에 필요한 경우

(4) 장점
① 전문성과 신축성이 동시에 요구되는 환경에 적응하는 데 효과적이다.
② 기존 조직구조 내의 인력을 활용할 수 있기 때문에 인력사용의 경제성을 확보할 수 있다.
③ 구성원들은 전문기술을 개발하면서 동시에 다양한 경험을 통해 넓은 시야를 가질 수 있다.

(5) 단점
① 이중권한과 지위체계는 이중보고로 인한 갈등과 혼선으로 인해 결정의 지연을 야기할 수 있다.
② 기능부서와 사업부서 간 할거주의가 존재할 경우 이를 해결하는 데 요구되는 시간과 노력의 낭비가 불가피하다.
③ 구성원은 두 상관의 갈등적 요구를 해결해야 하므로 탁월한 인간관계가 요구되며, 상관 또한 부하에 대한 완전한 통제력을 갖지 못한다.

- 매트릭스구조는 수직적 기능구조에 수평적 사업구조를 결합시켜 조직운영의 신축성을 확보한다.
  23. 국가직 9급

- 매트릭스구조는 기능구조의 기술 전문성과 제품사업부의 혁신을 동시에 꾀한다.
  22. 소방간부

- 매트릭스구조에서 조직구성원은 동시에 두 명의 상관에게 보고하는 체계를 가진다.
  12. 지방직 7급

- 매트릭스구조는 조직 내부의 갈등 가능성이 커질 우려가 있다.
  24. 국가직 9급

6 수평구조 → 평면구조

(1) 개념
① 구성원들을 핵심업무과정을 중심으로 구조화하는 방식으로, 상호보완적인 소수가 공동의 목표를 달성하기 위해 책임을 공유하고 공동으로 노력하는 조직구조이다.
② 수직적인 계층과 부서 간 경계를 실질적으로 제거한 평면구조이므로 구성원 간 의사소통이 원활하게 이루어진다.
③ 수평조직의 구성단위는 자원에 대한 접근권한과 의사결정권한을 보유한 자율적인 팀이며, 업무의 과정에 대한 전체적인 책임은 각 과정의 조정자(→ 팀장)가 진다.
④ 그러므로 팀장의 조정능력이 수평조직에서 성공의 핵심요인이다. 그리고 팀 구성원들은 여러 직무를 수행할 수 있게 훈련받는 복합 다기능의 전문가이다.
⑤ 수평조직은 결재단계의 축소, 팀장의 권한 강화, 구성원의 전문화와 다기능화, 성과 중심의 행정, 팀 중심의 보상 등을 특징으로 한다.

> 수평(팀제)구조는 핵심업무 과정 중심의 구조화 방식으로 부서 사이의 경계를 제거하여 의사소통을 원활하게 한다. 23. 국가직 9급

(2) 적용영역
① 오래된 조직보다는 신설조직인 경우
② 환경이 동태적이며 과업이 복잡하고 다기능적인 경우
③ 관리보다는 현업의 성격이 강한 경우

(3) 장점
① 계층의 완화로 의사결정의 단계가 축소되므로 조직의 신속성을 확보하기 용이하다.
② 상호보완적인 업무수행이 가능하므로 업무의 공백과 과부하를 해소할 수 있다.
③ 자율성의 보장에 따라 구성원들이 창의력을 발휘하기 용이하고, 공동의 노력을 통한 조직 내 단결력을 강화시킬 수 있다.

> 팀제 조직은 역동적 환경변화에 유연하게 적응하고 신속한 문제해결이 가능하다. 24. 지방직 9급

(4) 단점
① 법정 업무가 명확한 경우 또는 계급제적 속성이 강한 경우 적용하기 곤란하다.
② 관리자(→ 팀장)의 능력이 부족할 경우 팀원 간 갈등의 가능성이 증폭될 수 있다.
③ 업무의 가변성으로 인하여 구성원 간 긴장과 갈등이 빈발할 수 있고, 공동과업에 따른 팀 구성원들의 무임승차 문제가 발생할 수 있다.

7 네트워크구조

(1) 개념
① 조직의 자체 기능은 핵심역량 위주로 합리화하고, 여타 기능은 외부기관들과 계약을 통해 수행하는 조직구조이다.
② 네트워크조직은 문제해결을 위해 수직적·수평적·공간적 경계를 넘어서는 통합체제로, 각기 높은 독자성을 지닌 조직단위나 조직들 간에 협력적 연계장치로 구성된 조직이다.
③ 네트워크조직은 정보통신기술의 확산으로 채택된 구조로, 가상조직과 임시체제의 속성을 지니며, 복잡하고 급변하는 환경에 적응하기 위해 자산과 지식 및 능력이 분산되어 있으면서도 언제든지 쉽게 동원할 수 있도록 설계된다.

> 네트워크조직은 조직의 자체기능은 핵심영역 위주로 합리화하고 기타 부수적인 일은 외부기관에 의해 수행하도록 하는 조직이다. 07. 지방직 7급

(2) 유형
① **중심-주변형**: 중심에서 조정과 관리를 담당하고 주변에서 분화된 과업을 수행한다.
② **군집형**(→ 덩어리형, 꽃송이형): 다기능을 소유한 개별 구성원들이 여러 팀을 넘나들며 다양한 업무를 수행하는 교차다기능조직을 말한다.

(3) 특징
① 공동의 목적과 독립적인 구성원으로 구조화되며 자발적이고 다방면적으로 연결되어 있어 각 구성원들이 타인과 자유롭게 연결될 수 있다.
② 네트워크를 관리하는 연계자의 역할이 강조되고, 업무를 성취함에 있어서 과정적 자율성이 높다.
③ 네트워크조직은 실무자 중심의 언더그라운드 조직으로, 시행착오를 통해 지속적인 문제해결능력의 향상을 도모하는 학습조직이기도 하다.
④ 네트워크조직은 업무성과의 평가가 용이한 경우 효용성이 높은 조직형태로, 경계가 유동적이고 모호하며 개방적 의사전달과 참여가 강조된다.

(4) 장점
① 정보통신기술의 활용으로 시간적·공간적 제약을 완화할 수 있고, 정보통신망에 의해 조정되므로 직접적인 감독에 필요한 자원과 인력을 절감할 수 있다.
② 최고 품질과 최저 비용의 자원을 활용하면서도 대단히 간소화된 조직구조로, 환경변화에 따른 거대한 초기 투자 없이도 신속하게 새로운 제품을 생산할 수 있다.
③ 네트워크조직은 계층제보다 변화에 대한 대응과 도전적인 과업을 수행할 수 있고, 시장보다 지식과 정보를 공유하여 학습을 촉진하기 쉽다.

(5) 단점
① 네트워크조직은 모호한 조직경계로 인하여 조직의 정체성과 응집력이 약하고, 계약관계에 있는 외부기관을 직접 통제하기 곤란하므로 대리인 문제가 증폭될 수 있다.
② 네트워크조직에서 발생하기 쉬운 이러한 기회주의적 행동은 제품과 서비스의 안정적인 공급을 어렵게 하는 요인이다.

- 네트워크구조를 가진 조직은 상호 독립적인 조직들이 수직적·수평적으로 연결되어 업무를 수행한다. 22. 경찰간부
- 네트워크조직은 조직 간에 형성될 수 있고, 조직 내의 집단 간에도 형성될 수 있다. 19. 소방간부
- 네트워크조직은 네트워크기관과 구성원들 간의 교류를 통한 신뢰관계의 형성이 중요하다. 14. 국가직 7급
- 네트워크조직은 정보통신기술을 활용해 시간·공간 제약이 완화된다. 23. 경찰간부
- 네트워크조직은 조직 경계가 모호해 정체성이 약하고 응집력이 있는 조직문화를 가지기 어렵다. 23. 경찰간부

> 바로 확인문제

1. 조직구조의 유형에 대한 설명으로 옳지 않은 것은? 23. 국가직 9급

① 사업(부)구조는 조직의 산출물에 기반을 둔 구조화 방식으로 사업(부) 간 기능의 조정이 용이하다.
② 매트릭스구조는 수직적 기능구조에 수평적 사업구조를 결합시켜 조직운영의 신축성을 확보한다.
③ 네트워크구조는 복수의 조직이 각자의 경계를 넘어 연결고리를 통해 결합 관계를 이루어 환경변화에 대처한다.
④ 수평(팀제)구조는 핵심 업무과정 중심의 구조화 방식으로 부서 사이의 경계를 제거하여 의사소통을 원활하게 한다.

정답해설 사업구조는 부서 내 기능 간 조정은 용이하지만 부서 간에는 사업의 영역을 두고 마찰이 발생할 수 있다.

오답해설 ② 매트릭스구조는 기존의 기능구조에 사업구조를 결합한 것으로 조직운영의 신축성을 확보하기에 용이하다.
③ 네트워크구조는 독자적 조직들이 공동의 목표를 위해 결합과 해체를 반복하면서 환경에 적응한다.
④ 수평구조는 수평적·수직적 경계를 제거한 평면구조와 유사하므로 구성원 간의 의사소통이 원활할 수 있다.

답 | ①

2. 결정과 기획 같은 핵심기능만 수행하는 조직을 중심에 놓고 다수의 독립된 조직들을 협력 관계로 묶어 일을 수행하는 조직형태는? 21. 국가직 9급

① 태스크포스
② 프로젝트 팀
③ 네트워크조직
④ 매트릭스조직

정답해설 핵심기능만 수행하는 조직을 중심에 놓고 다수의 독립된 조직들을 협력 관계로 묶어 일을 수행하는 조직형태는 네트워크조직이다.

답 | ③

CHAPTER 03 마무리 기출 OX

다음 내용이 맞으면 O, 틀리면 X에 표시하시오.

01 분업의 원리는 지시와 명령 및 권한위임의 통로로 작용한다. 23. 국회직 9급 ◯ | ✕

02 명령통일의 원리는 명령을 내리고 보고를 받는 사람이 한 사람이어야 한다는 의미이다. 16. 국가직 7급 ◯ | ✕

03 명령통일의 원리는 전문화를 촉진할수록 타당성이 감소되는 조직의 원리이다. 16. 국가직 7급 ◯ | ✕

04 복잡성은 '조직이 얼마나 나누어지고 흩어져 있는가?'라는 분화의 정도를 말한다. 17. 국가직 7급 ◯ | ✕

05 집권화는 조직의 규모가 작고 신설 조직일 때 유리하다. 23. 국가직 7급 ◯ | ✕

06 고객에 대한 신속한 서비스의 요구는 조직의 집권화를 촉진한다. 17. 국가직 7급 ◯ | ✕

07 기능구조(functional structure)는 팀워크가 적게 요구되는 기계적 구조에 가깝다. 24. 국회직 8급 ◯ | ✕

08 매트릭스구조는 기능부서와 사업부서 간 갈등이 높아 이를 해결하는 데 요구되는 시간과 노력의 낭비가 불가피하다. 18. 지방직 7급 ◯ | ✕

09 수평구조는 팀원들의 무임승차를 효과적으로 방지할 수 있어 업무의 공백과 과부하를 해소할 수 있다. 17. 경찰승진 ◯ | ✕

10 네트워크구조는 대리인 문제를 해결할 수 있는 간소화된 조직이다. 19. 경찰간부 ◯ | ✕

정답 및 해설

01 ✕ 02 ◯ 03 ◯ 04 ◯ 05 ◯ 06 ✕ 07 ◯ 08 ◯ 09 ✕ 10 ✕

01 지시와 명령 및 권한위임의 통로는 계층제의 원리와 관련된다.
06 고객에 대한 신속한 서비스 제공의 요구는 분권화를 촉진한다.
09 수평구조는 업무의 배분이 명확하지 않으므로 팀 구성원들의 무임승차 문제를 해소하기 곤란하다.
10 네트워크구조는 계약관계에 있는 외부기관을 직접 통제하기 곤란하므로 대리인 문제가 증폭될 수 있다.

CHAPTER 04 관료제와 탈관료제

```
관료제와 ┬─ 관료제          S
탈관료제  └─ 탈관료제         S
```

기선 제압

- 관료제(bureaucracy)는 관료(bureaucrat)에 의하여 통치(cracy)된다는 의미로서 왕정이나 민주정에 비해 관료가 국가정치와 행정의 중심 역할을 수행한다는 의미가 있다. 16. 국가직 7급

- 베버(M. Weber)는 합리적·법적 권한에 기초한 관료제 모형이 근대사회의 대규모 조직을 설명하는 데 가장 적합하다고 보았다. 11. 서울시 7급

- 베버(M. Weber)는 합리성을 조직에 적용하여 목표달성을 위한 효과적인 수단으로 관료제를 간주한다. 22. 군무원 9급

01 관료제 S

1 의의

(1) 개념

① 정치적으로는 관료(bureaucrat)에 의하여 통치(cracy)된다는 의미로, 왕정이나 민주정에 비해 관료가 국가의 정치와 행정의 중심 역할을 수행한다는 의미이다.

② 그러나 일반적으로는 베버(M. Weber)의 이념형(ideal type) 모형을 뜻하며, 이는 주어진 목표를 달성하는 최선의 수단을 찾고자 하는 기능적 합리성에 입각하여 관리되는 조직을 말한다.

③ 베버(M. Weber)는 정당성을 기준으로 권위의 유형을 전통적 권위, 카리스마적 권위, 법적·합리적 권위로 나누었는데 근대적 관료제는 법적·합리적 권위에 기초를 두고 운영되는 조직이다.

④ 베버(M. Weber)는 이러한 합리적·법적 권한에 기초한 관료제 모형이 근대사회의 대규모 조직을 설명하는 데 가장 적합하다고 보았다.

⑤ 베버(M. Weber)에 의하면 관료제는 선진화된 사회에만 존재하는 근대화의 상징이다. 즉, 당시 이미 근대화된 서양에는 있지만 동양에는 없는 제도로 보았던 것이다.

⑥ 그러나 근대화된 사회라면 관료제는 공·사부문의 대규모 조직에서 공통적으로 나타나는 구조적 특징이다.

⑦ 한편, 이념형(ideal type)이란 현실을 이해하기 위한 수단으로 사용되는 일종의 이상적 모형으로, 현실 그 자체의 단편도, 모사도 아니고, 있어야 할 이상이라든가 모범이라는 의미도 아니며 오히려 현대 사회과학에서 사용되는 모델과 유사하다.

⑧ 베버(M. Weber)는 실제 관료제와의 차이점을 밝히기 위하여 이념형(ideal type) 관료제를 제안하였다.

(2) 발달배경

① 사회의 세속화(secularization)
② 화폐경제의 발달
③ 사회적 차별의 평균화에 따른 신분제에서 계약제 사회로의 이행
④ 행정사무의 양적 증대와 질적 변화
⑤ 물적 관리수단의 집중화
⑥ 관료제 조직의 기술적 우위성

2 특징

① 모든 직위의 권한과 관할 범위는 법규에 의하여 규정된다.
② 법적·합리적 권한에 의해 구조화된 조직으로 보편성에 근거하여 객관적으로 업무를 수행한다.
③ 직무수행이 문서에 의거하여 이루어지며, 그 결과는 문서로 기록·보존된다.
④ 업적의 전문성 즉, 자격 또는 능력에 따라 임용되고 규정된 기능을 수행하는 분업의 원리에 따르며, 엄격한 계층제의 원리에 따라 운영되어 상명하복의 질서가 명확하다.
⑤ 공직취임에 있어서 기회균등을 제공하고 법 앞의 평등을 구현하는 데 기여한다.
⑥ 이상적인 관료제는 비정의성(impersonality)에 따라 움직인다.
⑦ 전문적 관료들이 생업으로 업무를 장기간 수행하는 전업직이자 전문직이며, 계급과 근무연한에 따라 정해진 금전적 보수를 받는다.

- 관료제는 하급자가 상급자의 지시나 명령에 복종하는 계층제의 원리에 따라 조직이 운영된다. 18. 국회직 8급
- 관료제는 일정한 자격 또는 능력에 따라 규정된 기능을 수행하는 분업의 원리에 따른다. 14. 서울시 7급
- 이상적인 관료제는 증오나 열정 없이 비정의성(impersonality)에 따라 움직인다. 10. 서울시 9급
- 관료제에서 모든 직무수행과 의사전달은 구두가 아니라 문서로 이루어지는 것이 원칙이다. 20. 국회직 8급
- 관료제에서 관료는 계급과 근무연한에 따라 정해진 금전적 보수를 받는다. 17. 국가직 9급(하)

3 평가

구분	순기능	역기능
법과 규칙	① 공식성의 제고 ② 활동의 객관성과 예측가능성 ③ 평등하고 공정한 업무수행	① 동조과잉 등 목표대치 ② 획일성과 경직성 ③ 형식주의와 무사안일
계층제	① 명령과 복종체계의 확립 ② 질서유지 및 조정의 수단 ③ 능력의 차이 반영 ④ 수직적 분업	① 의사결정과 의사전달의 지연 ② 책임의 회피와 분산 ③ 권력의 집중 ④ 권력구조의 이원화
문서주의	① 업무수행의 공식성과 객관성 ② 결과의 보존	① 형식주의 ② 번문욕례(red tape)
비정의성	① 공·사의 구별(→ 객관적) ② 공평무사	① 인간관계 및 성장의 저해 ② 메마르고 냉담한 관료행태
전문화 전임화	① 자격과 능력에 의한 충원 ② 숙련에 따른 능률성의 향상	① 할거주의 ② 훈련된 무능 ③ 흥미의 상실과 구성원의 소외
연공과 업적	① 직업공무원제의 발달 ② 행정의 안정성(→ 재직자의 보호)	① 피터의 법칙(→ 무능력자의 승진) ② 외부통제 곤란

바로 확인문제

1. 베버(M. Weber)의 이념형(ideal type) 관료제에 대한 설명으로 옳지 않은 것은? 23. 국가직 9급

① 관료제 성립의 배경은 봉건적 지배체제의 확립이다.
② 법적·합리적 권위에 기초를 둔 조직구조와 형태이다.
③ 직위의 권한과 임무는 문서화된 법규로 규정된다.
④ 관료는 원칙적으로 상관이 임명한다.

정답해설 베버의 관료제는 합리성과 합법적 권위가 지배하는 근대 사회의 상징이다.

오답해설 ② 베버는 권위의 유형을 카리스마적 권위, 전통적 권위, 법적·합법적 권위로 분류하였는데, 근대 관료제는 법적·합법적 권위에 의해 지배되는 조직구조이다.
③ 베버의 관료제에서 권한과 직무는 신분이 아닌 이성에 의해 만들어진 법규에 의해 규정된다.
④ 상관의 의미는 그 조직의 최고 책임자로 보아야 할 것이다.

답 | ①

2. 베버(M. Weber)의 관료제에 대한 설명으로 가장 옳지 않은 것은? 22. 군무원 9급

① 합리성을 조직에 적용하여 목표달성을 위한 효과적인 수단으로 관료제를 간주한다.
② 실적을 인사행정의 기준으로 채택하는 실적주의를 바탕으로 한다.
③ 조직의 목표달성을 위해 절차나 방법을 문서화된 법규 형태로 가진다.
④ 관료제의 구성원들은 조직 전반의 일반적인 업무에 대해 책임을 진다.

정답해설 관료제는 전문화를 특징으로 한다. 즉 조직의 일반적인 업무에 대한 책임보다는 전문적으로 담당하는 업무에 대해서만 책임을 진다.

답 | ④

4 관료제의 병리

(1) 1930년대 사회학자들의 비판

① 골드너(A. Gouldner): 목표에 대한 낮은 내면화, 규칙의 범위 내에서의 행태 → 무사안일
② 블라우(P. Blau): 부서 간 비협조, 집행과정의 융통성 부족
③ 머튼(R. Merton): 동조과잉(→ 규칙의 내면화), 상급자의 지나친 통제에 따른 조직의 경직성
④ 셀즈닉(P. Selznick): 할거주의 → 권한의 위임과 전문화에 따른 하위체제의 분열 현상
⑤ 베블런(T. Veblen): 훈련된 무능 → 한 가지 지식이나 기술에 관한 훈련 + 다른 대안에 대한 생각의 부재

• 머튼(R. Merton) 모형은 관료에 대한 최고관리자의 지나친 통제가 관료들의 경직성을 초래한다고 본다. 12. 지방직 7급

(2) 주요 병리

① 과두제 철칙: 모든 조직은 필연적으로 집권화된다는 미헬스(R. Michels)의 주장으로, 조직이 커지고 복잡해질수록 효율적인 관리를 위해 전문적인 지도부의 필요성이 증가하는데 지도부는 이러한 특권을 조직 전체가 아닌 자신의 이익을 위해 악용한다는 의미이다.

• 관료제는 소수의 상관과 다수의 부하로 구성되는 피라미드 형태를 취하며 과두제(oligarchy)의 철칙이 나타날 수 있다. 16. 국가직 7급

② **목표의 대치**: 상위목표를 하위목표의 수단으로 왜곡하는 현상으로, 조직의 전체적 문제나 외부환경의 변화보다는 조직의 내부문제를 보다 중시하기 때문에 발생한다.
③ **동조과잉**: 목표달성을 위해 마련된 규정이나 절차에 집착함으로써 결국 수단이 목표를 압도해버리는 현상으로, 목표대치의 예이다.
④ **할거주의**: 자신이 소속된 기관이나 부서만을 생각하고 다른 기관이나 부서를 배려하지 않는 현상을 말한다.
⑤ **훈련된 무능**: 세분화된 특정 업무에서는 전문적인 능력이 있지만 그 밖의 업무에 대해서는 문외한이 되는 현상을 말한다.
⑥ **번문욕례(red tape)**: 문서와 형식에 얽매여 쇄신과 발전에 저항적인 행태를 말한다.
⑦ **국지주의**: 직접적인 고객의 특수 이익에 묶여 전체 이익을 망각하는 관료들의 편협한 안목을 의미한다.
⑧ **제국건설**: 관료들의 권한행사 영역이 계속 확장되는 것을 의미한다.
⑨ **피터의 법칙**: 계층제 조직의 구성원들이 각자의 능력을 넘는 수준까지 승진하게 되는 병리현상으로, 평생고용의 원리, 연공서열, 폐쇄형 인사, 신분보장 등에 의해 발생한다.
⑩ **권력구조의 이원화**: 상사의 계서적 권한과 부하의 전문적 권한이 충돌하는 현상을 말한다.

- 관료제에서는 규칙이나 절차에 지나치게 집착하게 되면 목표와 수단의 대치 현상이 발생한다. 17. 국가직 9급

- '피터의 원리(Peter Principle)'가 지적하듯이 무능력자가 승진하게 되는 경우가 생긴다. 23. 해경간부

바로 확인문제

1. 관료제 병리현상에 대한 설명으로 옳지 <u>않은</u> 것은? 17. 국가직 9급

① 규칙이나 절차에 지나치게 집착하게 되면 목표와 수단의 대치 현상이 발생한다.
② 모든 업무를 문서로 처리하는 문서주의는 번문욕례를 초래한다.
③ 자신의 소속기관만을 중요시함에 따라 타 기관과의 업무 협조나 조정이 어렵게 되는 문제가 나타난다.
④ 법규와 절차 준수의 강조는 관료제 내 구성원들의 비정의성을 저해한다.

정답해설 비정의성(impersonality)이란 조직의 구성원이나 고객의 개인적 특성에 관계없이 공평하게 취급되는 것을 말한다. 법규와 절차 준수의 강조는 비정의성과 관련된다.

오답해설 ① 규칙이나 절차에 대한 지나친 집착으로 인한 목표와 수단의 대치 현상인 동조과잉이 발생한다.
② 번문욕례란 번거로운 절차를 가리키는 말로, 행정사무를 지연시키고 행정비용을 증대시키며 부패의 원인을 제공하는 등의 역기능을 의미한다.
③ 자신의 소속기관만을 중요시함에 따라 타 기관과의 업무 협조나 조정이 어렵게 되는 현상인 할거주의가 나타난다.

답 | ④

02 탈관료제

(1) 개념
① 탈관료제란 1970년대 이후 관료제의 한계를 지적하면서 등장한 후기관료제 모형을 말한다.
② 전통적인 관료제의 역기능을 극복하기 위해 그 대안으로 등장했으며, 구조의 유연성, 환경변화에 대한 적응의 신속성, 인간적 가치의 존중 등을 강조한다.

(2) 대두배경
① 환경의 불확실성과 유동성의 증대
② 업무의 복잡성과 상호의존성의 증대(→ 명확한 목표설정과 분업의 곤란성)
③ 인본주의 성향에 입각한 조직관리 강조
④ 다품종 소량생산으로의 변화

(3) 특징
① 지위나 신분보다는 임무와 문제해결능력을 중시한다. 특히, 명확한 분업이 곤란하므로 팀워크에 바탕을 둔 집단적 문제해결능력을 강조한다.
② 구조배열의 잠정성과 같은 경계 관념의 혁신으로 자유로운 상호작용이 가능하므로 의사결정의 속도가 빠르다.
③ 조직운영의 유연성을 확보하기 위하여 의사결정 권한이 분산된다.
④ 비일상 기술과 인적 전문성을 강조하며, 환경변화에 대한 적응력이 뛰어나므로 다각화 전략, 변화 전략, 위험부담이 높은 전략 등을 선택할 때 적합하다.

(4) 한계
① 구조의 잠정적 배열과 유동성으로 인해 구성원들에게 심리적 불안감을 주며, 전문성을 가진 이질적인 구성원들로 형성되므로 조정과 통합이 곤란할 수 있다.
② 팀 단위로 업무를 수행하므로 개별 업무의 책임소재가 모호하고, 무임승차가 나타날 수 있다.

바로 확인문제

1. 다음 중 탈관료제의 특징으로 가장 적절하지 않은 것은? 24. 군무원 7급
① 비계서구조
② 임무와 능력 중시
③ 분업화에 의한 문제해결
④ 상황 적응성 강조

정답해설 탈관료제는 분업화보다는 집단적 문제해결을 강조한다. 분업화는 관료제의 특징이다.

답 | ③

CHAPTER 04 마무리 기출 OX

다음 내용이 맞으면 O, 틀리면 X에 표시하시오.

01 베버(M. Weber)는 근대적 관료제가 카리스마적 지배를 받는다고 주장하였다. 22. 국회직 8급 ○ | ✕

02 근대 관료제 성립의 배경은 봉건적 지배체제의 확립이다. 23. 국가직 9급 ○ | ✕

03 관료제는 공직취임에 있어서 기회균등을 제공하고, 법 앞의 평등을 구현하는 데 기여한다. 20. 국회직 8급 ○ | ✕

04 베버(M. Weber)의 이념형 관료제에서 권한은 사람이 아니라 직위에 부여되는 것이다. 20. 국회직 8급 ○ | ✕

05 관료제는 인간적 감정을 고려한 공식적 문서 위주의 업무처리를 강조한다. 18. 경찰간부 ○ | ✕

06 베버(M. Weber)의 관료제 모형에서 관료에게 지급되는 봉급은 업무수행 실적에 대한 평가에 따라 결정된다. 15. 국가직 7급 ○ | ✕

07 과두제의 철칙은 규정이나 법규에의 집착으로 인해 야기되는 행정편의주의 현상을 의미한다. 06. 국가직 9급 ○ | ✕

08 머튼(R. Merton)은 조직이 과도한 형식주의로 흘러 절차나 규칙 자체를 목표로 삼는 현상을 동조과잉이라고 하였다. 06. 국가직 9급 ○ | ✕

09 훈련된 무능은 자신이 소속된 기관이나 부서만을 생각하고 다른 기관이나 부서를 배려하지 않는 현상을 말한다. 14. 국가직 9급 ○ | ✕

10 제국건설은 기술적으로 필요한 정도를 넘어서 법규의 엄격한 적용과 준수가 강요되는 것을 의미한다. 11. 국회직 8급 ○ | ✕

정답 및 해설

01 ✕ **02** ✕ **03** ○ **04** ○ **05** ✕ **06** ✕ **07** ✕ **08** ○ **09** ✕ **10** ✕

01 베버(M. Weber)에 의하면 근대적 관리제는 합법적·합리적 권위가 지배하는 조직이다.
02 베버(M. Weber)의 근대 관료제는 봉건적 지배체제가 붕괴되고 근대 사회가 성립되면서 등장한 조직구조이다.
05 공식적 문서 위주의 업무처리는 관료제의 특징이다. 하지만 인간적 감정(정의성)을 고려한다는 표현은 옳지 않다.
06 관료제는 연공과 업적에 의한 승진과 보수를 강조하지만 실적에 따른 평가에 의해서 보수가 결정되는 것이 아니라 연공서열에 의해 보수가 결정된다.
07 규정이나 법규에의 집착으로 인해 야기되는 행정편의주의 현상은 동조과잉이다. 과두제의 철칙은 모든 조직은 필연적으로 집권화된다는 미헬스(R. Michels)의 주장이다.
09 자신이 소속된 기관이나 부서만을 생각하고 다른 기관이나 부서를 배려하지 않는 현상은 할거주의이다.
10 기술적으로 필요한 정도를 넘어서 법규의 엄격한 적용과 준수가 강요되는 것을 동조과잉이라 한다.

CHAPTER 05 개인 수준의 조직행동

개인 수준의 조직행동
├─ 인간관과 관리전략 ········ B
└─ 동기부여이론 ············· S

기선 제압

- 합리적 경제인관은 인간을 자신의 이익을 극대화하기 위해 행동하는 존재로 본다. 19. 국가직 9급

- 합리적 경제인관에 의하면 인간은 조직에 의해 통제·동기화되는 수동적 존재이다. 19. 국가직 9급

- 합리적 경제인관에 의하면 조직은 인간의 감정과 같은 주관적 요소를 통제할 수 있도록 설계돼야 한다. 19. 국가직 9급

01 인간관과 관리전략   B

1 합리적 경제인관

① 인간을 경제적·물질적 욕구를 지닌 타산적 존재로 보고 경제적 유인의 제공에 의해 동기를 유발할 수 있다고 보는 관점이다.
② 합리적 경제인관에 의하면 인간은 게으르고 책임지기를 싫어하며, 직무수행에 대해 피동적이고 외재적으로 동기가 유발되며, 조직이 원하는 것과 구성원 개인이 원하는 것은 상충된다.
③ 또한 조직 내 인간은 원자적인 개인으로 행동하며 구성원들은 심리적으로 상호 분리되어 있다.
④ 합리적 경제인관은 사람들이 일을 하는 고통과 희생을 감수하는 조건으로 경제적 보상을 주어야 한다는 교환모형을 제시한다.
⑤ 또한 불신관리에 기반을 두고 교환조건에 관한 약속을 지키는지의 여부를 면밀히 감시·통제하는 강경한 접근법을 제시한다.
⑥ 합리적 경제인관은 인간을 길들이는 전략을 강조하고 집권적인 피라미드 구조를 처방한다.

2 사회인관

① 인간을 사회적 존재로 보고 인간의 행동과 동기가 사회적 관계와 상호작용에 의해 영향을 받는다고 보는 관점으로, 개인으로서가 아닌 집단의 일원으로 행동하는 인간을 강조하는 시각이다.
② 사회인관에 의하면 인간은 조직이 요구하는 직무수행에 대해 피동적으로 반응하고, 사회적 유인에 의해 외재적으로 동기가 유발되며, 조직이 원하는 것과 구성원이 원하는 것은 상충된다.
③ 사회인관은 집단을 대상으로 한 교환모형에 입각한 관리전략을 강조하는데 이것은 사회적 유인과 직무수행을 교환하도록 해야 한다는 것이다.
④ 사회인관은 교환관계의 작동을 위해 집단구성원 간의 교호작용, 개인의 정서적 요청, 참

여, 동료의 사회적 통제 등에 역점을 두는 부드러운 접근법을 강조한다.
⑤ 사회인관의 관리전략에 부합하는 조직구조 역시 피라미드형 계서제의 골격이지만 약간의 분권화가 이를 수정하고 비공식적 집단과 리더십의 중요성을 강조한다.
⑥ 사회인관은 중간관리자에게 하위계층과 최고층을 연계하는 중개 역할을 강조하지만 계서제의 골격은 바뀌지 않으며 관리책임을 집중시키는 것 또한 변하지 않는다.

3 자기실현인관

① 인간은 최고급의 욕구인 자기실현적 욕구를 가지고 있으며, 일을 통해 자기실현을 추구하고 성장의 기회를 원한다고 보는 시각이다.
② 자기실현인관에 의하면 인간은 조직이 요구하는 직무수행에 능동적으로 반응하고 내재적으로 동기가 유발되기에 인간의 욕구와 조직의 목표는 통합될 수 있다.
③ 이에 따라 자기실현인관은 직접적인 조종보다는 보람 있는 일과 성장기회의 제공, 신뢰와 참여 및 협동에 의한 관리 등을 강조한다.
④ 자기실현인관에 부합하는 조직구조는 권한이나 지위보다는 임무 중심의 설계, 저층구조화, 위임의 확대, 협동적 관계의 강화, 유기적 적응성의 강조 등의 특성을 지니며, 학습조직의 기반이 된다.

4 복잡한 인간관 → 샤인(E. Schein)

① 복잡인관은 환경과 시간의 흐름, 사회적 또는 경제적 배경, 나이와 지위의 차이 등에 따라 인간의 욕구가 변화될 수 있음을 강조하는 모형이다.
② 복잡인관은 욕구의 복잡성과 변이성을 가정하며, 경험을 통해 새로운 욕구가 학습될 수 있음을 강조한다.
③ 복잡인관에 의하면 인간은 다양한 욕구와 잠재력을 가진 복잡한 존재이고 개인별로 복잡성의 유형도 다르기에 조직관리 역시 상황적응적인 관리가 중요하다.
④ 이에 따라 조직구성원들의 개인적 차이를 존중하고 이를 발견하는 진단과정이 중요하므로, 관리자에게는 훌륭한 진단가 또는 상담가의 역할이 요구된다.

- 샤인(E. Schein)의 복잡 인간관에서는 구성원의 맞춤형 관리전략의 필요성을 강조한다. 23. 군무원 9급

- 샤인(E. Schein)은 인간은 다양한 욕구와 잠재력을 지닌 복잡한 존재이기 때문에 조직의 관리자는 일종의 진단자가 될 필요가 있음을 강조하였다. 22. 경찰승진

> **바로 확인문제**

1. 자아실현적 인간에 대한 관리전략에 대한 설명으로 가장 적절하지 <u>않은</u> 것은? 24. 군무원 9급

① 상황조건과 구성원 동기의 차별성을 고려하여 획일적이라기보다는 유연하고 다원적이며 세분화된 관리전략을 사용한다.
② 구성원이 자신들의 직무에서 의미를 발견하고, 긍지와 자존심을 가지며, 도전적으로 직무에 임할 수 있도록 한다.
③ 관리자는 구성원을 지시하고 통제하기보다는 구성원 스스로 자기통제와 자기계발을 통해 문제를 해결할 수 있도록 지원하고 촉진한다.
④ 통합모형에 근거해 개인과 조직의 목표를 융합하고 통합할 수 있도록 의사결정 과정에서 구성원들의 참여를 확대한다.

정답해설 상황조건과 구성원 동기의 차별성을 고려하여 획일적이라기보다는 유연하고 다원적이며 세분화된 관리전략을 사용하는 것은 복잡인관이다. 자아실현적 인간관은 통합적 관리전략을 우선적으로 사용할 것을 주장한다.

답 | ①

02 동기부여이론

1 의의

① 동기란 구성원들이 조직목표 달성이라는 방향으로 행동하게 만드는 동력의 집합을 의미하며, 동기부여는 이러한 동력의 집합을 창출하고 확대하기 위한 일련의 조직활동을 의미한다.
② 동기부여에 관한 이론은 크게 내용이론과 과정이론으로 구분된다.
③ 두 이론 모두 동기부여의 내재성과 측정가능성을 전제로 한다는 점에서 공통적이지만, 내용이론이 구성원들이 어떠한 욕구를 원하는지에 초점을 둔다면 과정이론은 구성원들이 어떠한 과정을 통해 욕구를 달성하는지에 초점을 둔다.

2 유형

(1) (욕구)내용이론 → 근거이론

• 내용이론은 주로 어떤 요인이 동기 유발을 하는가에 관심이 있다.
21. 군무원 7급

① 욕구의 충족과 동기부여 간의 직접적 인과관계를 가정하는 모형으로, 인간의 행동을 작동시키고 에너지를 일정한 방향으로 조정시키며 유지시키는 내적 요인에 초점을 맞추는 이론이다.
② 내용이론은 인간의 욕구와 욕구에서 비롯되는 충동, 욕구의 배열, 달성하려는 목표와 목표달성을 위한 유인 등을 설명하는 데 초점을 둔다.
③ 매슬로우, 앨더퍼, 맥그리거, 아지리스, 리커트, 허즈버그, 맥클랜드, 머레이 등의 이론이 이에 속한다.

매슬로우	앨더퍼	맥그리거	아지리스	리커트	허즈버그
자아실현욕구	성장(G)욕구	Y이론	성숙인	민주적 리더십	동기요인
존경(긍지)욕구					
사회(애정)욕구	관계(R)욕구	X이론	미성숙인	권위적 리더십	위생요인
안전욕구	생존(E)욕구				
생리욕구					

(2) 과정이론

① 과정이론은 욕구의 충족과 동기부여 간의 직접적 인과관계를 부정하고, 동기가 어떤 인지적 과정을 통해 유발되는가를 설명하려는 이론으로, 인식절차이론이라고도 불린다.
② 내용이론이 욕구의 내용에 초점을 두었다면, 과정이론은 정보처리나 인식 혹은 직무환경요인과 상황 등에 초점을 두며, 이러한 인식요인들이 서로 어떻게 연관되어 있는가를 분석한다.
③ 과정이론은 인식요인들이 동기의 유발에 어떻게 그리고 왜 영향을 미치는지에 관심을 두며, 이러한 변수를 확인하는 것뿐만 아니라 그러한 변수 간의 관계나 교류절차에 대해 연구한다.
④ 기대이론, 공평성이론, 학습이론, 목표이론 등이 이에 속한다.

• 과정이론은 인간의 행동이 어떻게 동기유발을 하는가에 중점을 둔다. 21. 군무원 7급

• 브룸(V. Vroom)의 기대이론은 동기부여에 해당한다. 22. 국가직 7급

바로 확인문제

1. 동기유발의 과정을 설명하는 과정이론에 해당하는 것만을 모두 고르면? 22. 국가직 9급

ㄱ. 브룸(V. Vroom)의 기대이론
ㄴ. 아담스(J. Adams)의 공정성이론
ㄷ. 로크(E. Loke)의 목표설정이론
ㄹ. 앨더퍼(C. Alderfer)의 ERG 이론
ㅁ. 맥그리거(D. McGregor)의 X-이론·Y-이론

① ㄱ, ㄴ, ㄷ
② ㄱ, ㄴ, ㄹ
③ ㄴ, ㄷ, ㅁ
④ ㄷ, ㄹ, ㅁ

정답해설 ㄱ. 브룸(V. Vroom)의 기대이론은 기대, 수단성, 유인가 등을 강조하는 동기부여의 과정이론이다.
ㄴ. 아담스(J. Adams)의 공정성이론은 준거인물과의 공평성을 추구하는 동기부여의 과정이론이다.
ㄷ. 로크(E. Loke)의 목표설정이론은 목표의 난이도와 구체성을 강조하는 동기부여의 과정이론이다.

오답해설 ㄹ. 앨더퍼(C. Alderfer)의 ERG 이론은 인간의 욕구를 생존, 관계, 성장으로 구분하는 동기부여의 내용이론이다.
ㅁ. 맥그리거(D. McGregor)의 X-이론과 Y-이론은 동기부여 내용이론이다.

답 | ①

3 내용이론

(1) 매슬로우(A. Maslow)의 욕구단계이론(1954)

① 의의
  ㉠ 인간은 욕구의 강도와 단계에 따라 자신의 일정한 욕구를 충족·유지해 나간다는 가정 아래 동기가 되는 욕구를 5단계로 계층화하였다.
  ㉡ 매슬로우(A. Maslow)에 의하면 가장 낮은 생리적 욕구부터 가장 높은 자아실현 욕구까지 다섯 가지의 위계적 욕구단계가 존재하며, 인간의 동기는 욕구의 계층에 따라 순차적으로 발로한다.
  ㉢ 욕구가 충족되면 다음 단계로 이동하는 만족-진행모형의 형식을 취하고 있으며, 욕구의 100% 충족이 아닌 부분적인 충족으로도 다음 단계로 이행될 수 있다고 가정한다.
  ㉣ 그리고 하나의 욕구가 하나의 행위를 유발한다고 보았고, 동기로 작용하는 욕구는 충족되지 않은 욕구이며, 충족된 욕구는 동기유발의 힘을 상실한다고 보았다.

② 욕구내용
  ㉠ 생리적 욕구: 의식주, 성욕, 보수(→ 기본급), 근무환경 등
  ㉡ 안전욕구(→ 물질안전 + 정신안전): 후생복지(→ 연금), 신분보장(→ 정년), 직업의 안정성 등
  ㉢ 사회적 욕구(→ 소속과 애정의 욕구): 우정, 친교, 인사상담, 고충처리 등
  ㉣ 존경욕구(→ 외적 자존심 + 내적 자존심): 명예, 지위, 인정(→ 참여), 신망 등
  ㉤ 자아실현욕구: 도전적 직무, 성취감, 능력발전, 승진, 직무확충 등

③ 한계
  ㉠ 매슬로우(A. Maslow)의 이론은 각 욕구단계가 명확하게 구분되지 않는다는 비판이 있으며, 욕구체계의 획일성을 가정하고 있어 욕구계층의 개인적 차이를 인식하지 못하였다.
  ㉡ 또한 상위욕구가 충족되지 않을 경우 하위욕구를 추구하는 욕구의 퇴행성을 간과하였다.
  ㉢ 매슬로우(A. Maslow)는 하나의 욕구가 하나의 행위를 유발한다고 가정하지만 실제에 있어서는 복합적 욕구가 하나의 행위를 유발할 수 있다.
  ㉣ 또한 인간의 행동이 항상 욕구만을 추구하는 것은 아니며, 습관이나 성격도 행동에 영향을 줄 수 있음을 간과하였다.
  ㉤ 그리고 충족된 욕구도 동기유발요인으로서 의미를 완전히 상실하는 것은 아니다.

> • 매슬로우(A. Maslow)는 인간의 동기가 다섯 가지 욕구의 계층에 따라 순차적으로 유발된다고 보았다. 19. 경찰승진
>
> • 매슬로우(A. Maslow)의 욕구계층론에 의하면 인간의 욕구는 생리적 욕구, 안전 욕구, 사회적 욕구, 존중 욕구, 자기실현 욕구의 5개로 나누어져 있으며 하위계층의 욕구가 충족되어야 상위계층의 욕구가 나타난다. 13. 국회직 8급
>
> • 매슬로우(A. Maslow)의 5단계 욕구이론은 욕구계층의 고정성을 전제로 한다. 23. 군무원 9급
>
> • 매슬로우(A. Maslow)는 충족된 욕구는 동기부여의 역할이 약화되고 그 다음 단계의 욕구가 새로운 동기요인이 된다고 하였다. 19. 국가직 9급

한 번 더 정리 매슬로우의 욕구 5단계

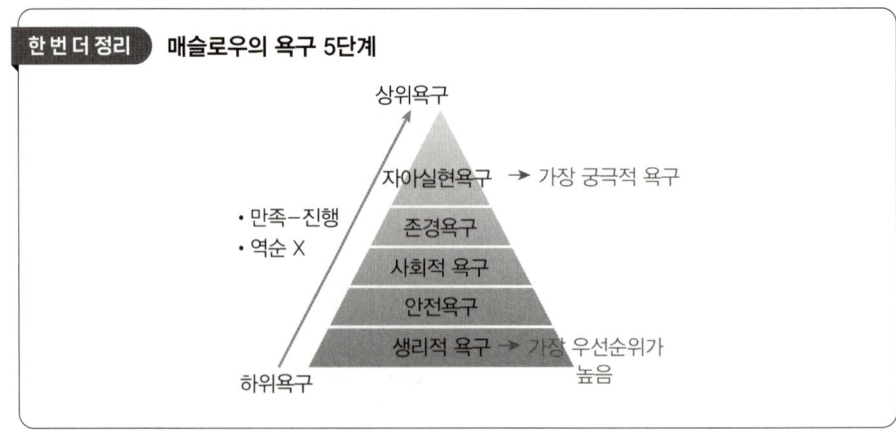

(2) 앨더퍼(C. Alderfer)의 ERG이론(1972)

① 의의
㉠ 매슬로우(A. Maslow)의 욕구이론을 수정하여 욕구를 충족시키는 행동의 추상성을 기준으로 개인의 기본욕구를 생존욕구(존재욕구), 관계욕구, 성장욕구의 3단계로 구분하였다.
㉡ 앨더퍼(C. Alderfer)는 매슬로우(A. Maslow)의 욕구계층론을 받아들여 한 계층의 욕구가 만족되어야 상위욕구를 중시한다고 본다. 그리고 이에 더하여 한 계층의 욕구가 충분히 채워지지 않는 상태에서는 바로 하위욕구의 중요성이 훨씬 커진다고 주장한다.
㉢ 즉, 앨더퍼(C. Alderfer)는 상위욕구가 만족되지 않거나 좌절될 때 하위욕구를 더욱 충족시키고자 한다는 좌절-퇴행 접근법을 주장한다.
㉣ 또한 앨더퍼(C. Alderfer)의 ERG 이론은 매슬로우(A. Maslow)의 욕구 5단계이론과 달리 욕구 추구는 분절적으로 일어날 수도 있지만, 두 가지 이상의 욕구를 동시에 추구한다는 복합연결형 욕구체계를 주장하였다.

② 주요원리
㉠ 욕구충족의 원리: 덜 충족될수록 그에 대한 욕구가 강화된다.
㉡ 욕구강도의 원리: 하위욕구가 충족되면 상위욕구의 강도가 강화된다.
㉢ 욕구좌절의 원리: 상위욕구가 좌절되면 하위욕구의 강도가 강화된다.

③ 욕구의 유형
㉠ 생존(E)욕구: 생리적 욕구 + 안전욕구(→ 물질적 안전)
㉡ 관계(R)욕구: 안전욕구(→ 정신적 안전) + 사회적 욕구 + 존경욕구(→ 외적 자존심)
㉢ 성장(G)욕구: 존경욕구(→ 내적 자존심) + 자아실현욕구

한 번 더 정리   앨더퍼의 ERG이론

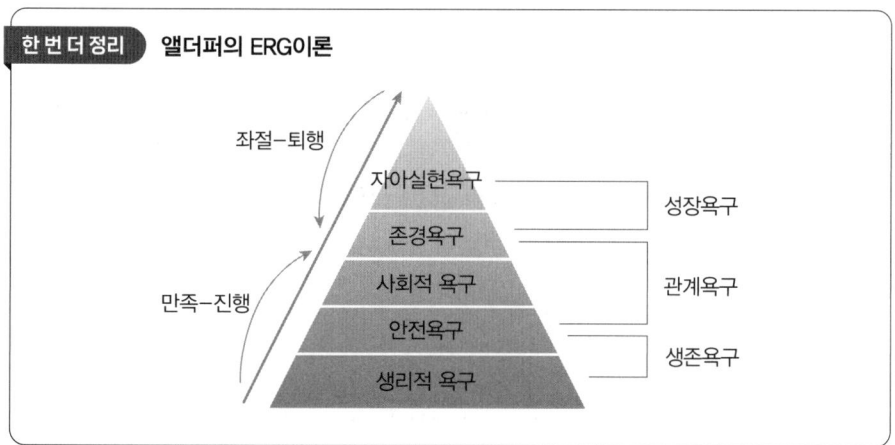

(3) 맥그리거(D. McGregor)의 X·Y이론

① 의의
㉠ 맥그리거(D. McGregor)는 매슬로우(A. Maslow)의 욕구계층이론을 토대로 인간의 본성에 대한 가정과 그에 따른 관리전략을 제시한 학자로, 인간관에 따라 다른 관리전략을 취해야 한다고 주장한다.

ⓒ 맥그리거(D. McGregor)는 외재적 통제를 강조하는 X이론은 시대에 부적합한 이론이라고 비판하면서 구성원들의 동기를 최대한으로 유발시킬 수 있는 Y이론적 관리체제를 주장하였다.
　　ⓒ 그러나 지나친 2분법적 시각과 Y이론의 이상성을 강조(→ 성선설)하여 현실성이 약하며, 직관적으로 추론된 가정들로 구성되어 있어 과학성이 미약하다는 한계가 있다.
② X이론
　　㉠ 인간은 안정을 원하고 변화 저항적이며 자기중심적이므로 조직의 필요에는 무관심하다.
　　㉡ 또한 인간은 게으르고 책임지기 싫어하며 외적 강제에 따르는 피동적 존재이다.
　　ⓒ 이에 따라 X이론은 교환모형에 입각한 관리전략을 취하여 경제적 보상체계의 강화, 권위주의 리더십, 집권적 의사결정, 명령과 점검, 처벌의 위협, 관용과 설득, 대인관계의 개선 등을 강조한다.
③ Y이론
　　㉠ 인간은 본래 능동적이고 창의적인 존재이며, 적절한 환경만 주어진다면 스스로 목표를 달성하고 조직에 기여하려는 잠재력을 가지고 있다.
　　㉡ 인간은 일을 단순히 생계유지의 수단으로 여기는 것이 아니라, 자아실현과 성장의 기회로 생각하며, 외부의 강압적인 통제보다는 스스로 목표를 설정하고 달성하는 것을 선호한다.
　　ⓒ 인간은 끊임없이 배우고 성장하려는 잠재력을 가지고 있으며, 적절한 교육과 훈련을 통해 능력을 향상시킬 수 있다.
　　㉢ 이에 따라 Y이론은 통합모형에 입각한 관리전략을 취하여 포괄적인 직무설계, 분권화와 권한위임, 민주적 리더십, 내부규제와 통제의 완화, 참여에 의한 관리 등을 강조한다.

(4) 아지리스(C. Argyris)의 성숙인·미성숙인(1957)

① 아지리스(C. Argyris)는 개인의 성격은 미성숙한 상태에서 성숙한 상태로 변하며, 이러한 성격변화는 하나의 연속선상에 있다고 가정한다.
② 아지리스(C. Argyris)는 성공의 경험이 축적됨에 따라 생기는 심리적 에너지의 중요성을 강조하며, 조직목표와 개인목표가 일치하는 조직일수록 건강한 조직이라고 보았다.
③ 그러나 전통적 관료제는 인간의 미성숙을 가정한 관리방식을 고수한다. 이에 따라 성숙하고자 하는 개인의 인성과 전통적 관리방식에서 오는 갈등이 증폭되는데 이를 갈등악순환 모형이라 하였다.
④ 그리고 전통적 관리의 대안으로 성숙한 인간을 관리하는 조직발전과 조직학습 등의 관리기법을 제시하였다.

(5) 리커트(R. Likert)의 4대 관리체제론(1967)

① 리커트(R. Likert)는 부하에 대한 신뢰의 정도, 의사전달, 결정에의 참여, 교호작용 등을 기준으로 4대 관리체제를 설정하였다.
② 그리고 체제 Ⅰ에서 체제 Ⅳ로 갈수록 생산성이 향상된다고 보았는데, 이는 드러커(P. Drucker)의 목표관리(MBO)를 이론적으로 뒷받침하였다.

• 아지리스(C. Argyris)는 개인의 성격은 미성숙한 상태에서 성숙한 상태로 변하며 이러한 성격변화는 하나의 연속선상에 있다고 주장하였다.　15. 서울시 7급

체제 Ⅰ → 수탈권위	체제 Ⅱ → 온정권위	체제 Ⅲ → 협의민주	체제 Ⅳ → 참여민주
부하에 대한 불신 부하의 참여배제	온정적 신뢰 대부분 하향적	상당한 신뢰 쌍방향적 의사전달	완전한 신뢰 광범위한 참여

(6) 허즈버그(F. Herzberg)의 욕구충족 2요인론(1959)

① 허즈버그(F. Herzberg)는 전통적 조직이론의 인간관을 위생이론, 새로운 조직이론의 인간관을 동기이론으로 구분하였다.
② 허즈버그(F. Herzberg)는 사람의 이원적 욕구구조를 가정하여 만족의 반대는 불만족이 아니고 만족이 없는 상태이며, 불만족의 반대는 만족이 아니라 불만족이 없는 상태로 간주한다.
③ 즉, 구성원에게 만족을 주는 요인과 불만족을 주는 요인은 상호 독립적이라는 것이다.
④ 허즈버그(F. Herzberg)는 동기요인과 위생요인의 상호 독립성을 강조하므로 만족요인과 불만요인의 계층화를 시도한 이론은 아니다.
⑤ 허즈버그(F. Herzberg)에 의하면 동기요인은 만족을 느끼게 하는 심리적 요인으로 직무 그 자체와 관련되며, 위생요인은 불만족을 느끼게 하는 요인으로 직무의 환경과 관련된다.
⑥ 따라서 위생요인의 제거는 작업의 손실을 막아줄 뿐(→ 단기적 효과) 동기를 부여하고 생산성을 높여주는 것은 아니다.
⑦ 불만요인이 제거되면 근무태도의 단기적 변동은 가능하지만 장기적 효과는 없다는 것이다.
⑧ 그러나 위생요인을 충족시켜주지 못하면 조직에 대한 불만이 커지고 작업의 손실이 발생하므로, 관리자는 동기요인뿐만 아니라 위생요인도 충족시켜주어야 한다.
⑨ 허즈버그(F. Herzberg)의 욕구충족요인이원론에 대하여는 개인의 욕구 차이에 대한 충분한 고려가 없다는 비판이 있다.
⑩ 또한 기사와 회계사 등 자의식이 강한 전문가 중심으로 연구하였기에 연구대상의 일반화가 곤란하고, 중요사건기록법에 의해 자료를 수집하였기 때문에 동기요인이 과대평가되었으며, 직무요소와 동기 및 성과 간의 관계가 충분히 분석되어 있지 않다는 비판을 받는다.

- 허즈버그(F. Herzberg)는 불만을 주는 요인과 만족을 주는 요인은 서로 다르다고 주장한다. 17. 국가직 9급
- 감독, 대인관계, 보수 등은 허즈버그(F. Herzberg)의 욕구충족 이원론에서 위생요인에 해당한다. 22. 지방직 9급
- 허즈버그(F. Herzberg)의 욕구충족 요인이원론에 대해 직무요소와 동기 및 성과 간의 관계가 충분히 분석되어 있지 않다는 비판이 있다. 10. 국가직 7급

동기요인 → 만족요인	위생요인 → 불만요인
① 내재적 요인 ② 성취감 ③ 인정감 ④ 직무 그 자체 ⑤ 책임감 ⑥ 승진에 대한 기대감 ⑦ 개인의 발전(→ 성장에 대한 기대)	① 외재적 요인(→ 직무상황 및 직무환경) ② 조직의 정책과 지침 ③ 관리와 통제 ④ 상사나 동료 및 부하와의 관계 ⑤ 보수 ⑥ 신분의 안정 ⑦ 작업조건

(7) 맥클랜드(D. McClelland)의 성취동기이론(1962)

① 맥클랜드(D. McClelland)는 모든 사람이 공통의 욕구계층을 가진다는 매슬로우(A. Maslow)의 이론을 비판하면서, 욕구는 사회적 과정에서 학습되고 개발되므로 개인마다 욕구계층의 차이가 존재한다고 주장하였다.
② 그리고 상위욕구 중심으로 권력욕구, 친교욕구, 성취욕구로 분류한 후 성취욕구가 높을수록 생산성이 높으므로 성취욕구의 자극을 강조하였다.

- 맥클랜드(D. McClelland)의 성취동기이론에 따르면 개인들의 욕구가 학습을 통해 개발될 수 있다. 21. 국가직 9급

③ 맥클랜드(D. McClelland)에 의하면 성취동기가 강한 사람은 너무 단순하지도 너무 복잡하지도 않은 성취목표를 설정하고 계산된 위험과 즉각적이고 구체적인 환류를 선호한다.

(8) 머레이(H. Murray)의 명시적 욕구이론(1964)

① 명시적 욕구이론은 욕구는 태어날 때부터 주어져 있는 것이 아니라 성장하면서 배우고 학습된다는 이론으로, 인간 욕구의 복잡성을 강조한다.
② 머레이(H. Murray)는 매슬로우(A. Maslow)와 달리 욕구의 계층을 인정하지 않으며, 어떤 욕구든지 언제나 발로할 수 있으며, 여러 가지 욕구가 동시에 발로되기도 한다고 보았다.

(9) 맥코비(M. McCoby)의 내적·외적 요인론(1995)

구분		내적 요인	
		부정적	긍정적
외적 요인	부정적	소외	좌절
	긍정적	불만	동기부여

바로 확인문제

1. 앨더퍼(C. Alderfer)의 ERG 이론에서 자기로부터의 존경, 자긍심, 자아실현욕구 등과 가장 관련이 있는 것은?
21. 군무원 7급

① 존재욕구 ② 관계욕구
③ 성장욕구 ④ 애정욕구

정답해설 자기로부터의 존경, 자긍심, 자아실현욕구 등과 가장 관련이 있는 것은 성장욕구이다.

답 | ③

2. 허즈버그(F. Herzberg)의 욕구충족요인 이원론에서 위생요인에 해당하지 않는 것은?
22. 지방직 9급

① 감독 ② 대인관계
③ 보수 ④ 성취감

정답해설 내적 요인인 성취감은 동기요인에 해당한다.
오답해설 ①, ②, ③ 감독, 대인관계, 보수 등은 위생요인에 속한다.

답 | ④

4 과정이론

(1) 해크먼(J. Hackman)과 올드햄(G. Oldham)의 직무특성이론(1976)

① 직무특성이 수행자의 성장욕구 수준에 부합될 때 긍정적 동기가 유발된다는 이론으로, 동기부여에 관한 과정이론으로 분류하였지만 이를 내용이론을 보는 학자도 있다.

② 직무특성이론은 성장욕구 수준이라는 개인차를 고려한 복잡인관에 바탕을 둔 모형으로, 개인의 성장욕구 수준이 직무특성과 심리상태의 관계를 조절하는 변인으로 작용한다고 본다.

③ 직무특성이론은 직무를 기술적 다양성, 과업정체성, 과업중요성, 자율성, 피드백(환류)의 다섯 가지 핵심 요소로 구분한 후 잠재적 동기지수를 [(기술다양성 + 직무정체성 + 직무중요성) / 3 × 자율성 × 환류]로 계산하는데 이 공식에 의하면 자율성과 환류가 가장 중요한 요소이다.

④ 직무특성이론에 의하면 구성원의 성장욕구 수준이 강하면 자율성과 환류를 높여 줄 수 있는 내재적 동기부여가 효과적이고, 성장욕구 수준이 낮으면 정형화된 단순 직무를 부여하는 것이 효과적이다.

- 해크먼(J. Hackman)과 올드햄(G. Oldham)의 직무특성모델은 기술다양성, 직무정체성, 직무중요성, 자율성, 환류 등 다섯 가지의 핵심 직무특성을 제시한다.
  11. 지방직 9급

- 직무정체성이란 주어진 직무의 내용이 하나의 제품 혹은 서비스를 처음부터 끝까지 완성시킬 수 있도록 구성되어 있는지에 관한 것이다.
  11. 지방직 9급

- 해크먼(J. Hackman)과 올드햄(G. Oldham)의 직무특성이론에서 자율성은 업무결과에 대한 책임성 인식을 제고하는 직무설계 요소이다.
  18. 경찰승진

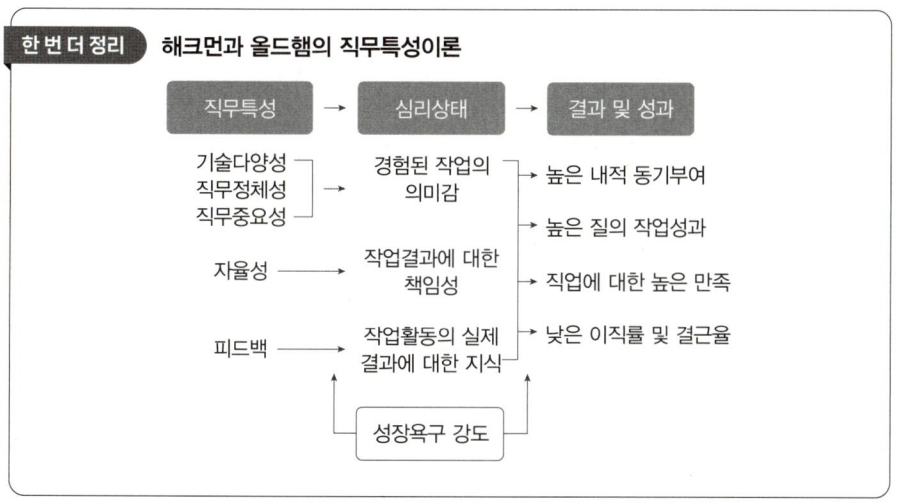

(2) 기대이론

① 브룸(V. Vroom)의 기대이론(1964)

㉠ 브룸(V. Vroom)의 기대이론은 보상에 대한 매력성, 결과에 따른 보상, 그리고 결과 발생에 대한 기대감에 의해 동기유발의 강도가 좌우된다고 보는 이론이다.

㉡ 브룸(V. Vroom)은 욕구충족과 동기유발 사이에 직접적인 인과관계가 없다고 보고, 전통적인 욕구이론에 주관적 기대(→ 가능성)라는 개념을 추가하여 동기가 유발되는 과정을 설명하고 있다.

㉢ 즉, 욕구의 충족과 동기유발 사이에는 어떤 주관적 평가과정이 개재되어 있으며, 그 지각과정을 통한 기대요인의 충족에 의해 동기 또는 근무의욕이 결정된다는 것이다.

㉣ 또한 성과에 영향을 미치는 요인으로 노력 외에도 직무수행의 능력과 직무수행에 필요한 여러 가지 환경요인을 들고 있다.

- 브룸(V. Vroom)은 욕구의 충족과 직무수행 간의 직접적인 관련성에 대해 의문을 제기하였다.
  23. 국회직 8급

- 브룸(V. Vroom)은 동기부여의 강도를 산정하는 기본개념으로 유인가(valence), 수단성(instrumentality), 기대감(expectancy)을 제시하였다.

  18. 국가직 7급

- 브룸(V. Vroom)은 보상의 매력성, 결과에 따른 보상, 그리고 결과발생에 대한 기대감에 의해 동기유발의 강도가 좌우된다고 보았다.

  14. 국가직 9급

- 브룸(V. Vroom)의 기대이론에서 수단성(instrumentality)은 개인의 성과(performance)와 보상(reward) 간의 관계에 대한 인식이다.

  21. 국가직 7급

- 포터(L. Porter)와 롤러(E. Lawler)는 성과의 수준이 업무 만족의 원인이 된다고 본다. 16. 서울시 9급

    ⓓ 브룸(V. Vroom)은 동기부여가 보상의 내용이나 실체보다는 구성원이 보상에 대해서 얼마나 매력을 느끼고 있는가에 달려있다고 보면서 동기부여 내용이론을 보완하고자 하였다.
    ⓔ 그러나 동기부여의 방안을 구체적으로 제시하지 못하고 있다는 비판을 받는다.
  ⓐ 구성요소
    ⓐ 기대(expectancy): 노력이 1차 수준의 성과를 가져온다는 주관적 확률(→ 0∼1)
    ⓑ 수단성(instrumentality): 1차 결과가 2차 보상을 가져올 것이라는 믿음의 강도(→ −1∼+1)
    ⓒ 유인가(valence): 2차 수준의 결과(보상)에 대한 개인적 선호의 강도(→ −n∼+n)

> **한 번 더 정리** 브룸의 기대이론

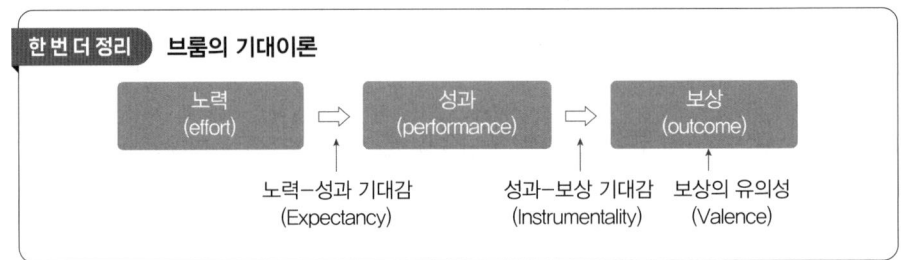

② 포터(L. Porter)와 롤러(E. Lawler)의 업적-만족이론(1967)
  ㉠ 의의
    ⓐ 업적-만족이론은 성과뿐만 아니라 보상에 대한 개인의 만족감을 변수로 삼아 브룸(V. Vroom)의 기대이론을 보완한 이론이다.
    ⓑ 종래 이론들은 만족이 업적을 가져온 것으로 설명하나, 업적-만족이론은 직무성취의 수준에 따라 직무에 대한 만족감이 결정된다고 설명한다.
    ⓒ 즉, [보상의 가치(유의성) + (노력-보상의 기대감)] → 노력 → [개인능력과 특성 + 역할에 대한 지각] → 성과 → 노력과 보상 간 공평성에 대한 지각 → 만족감 → 동기부여 순으로 동기가 유발되는 과정을 설명한다.

> **한 번 더 정리** 포터와 롤러의 업적-만족이론

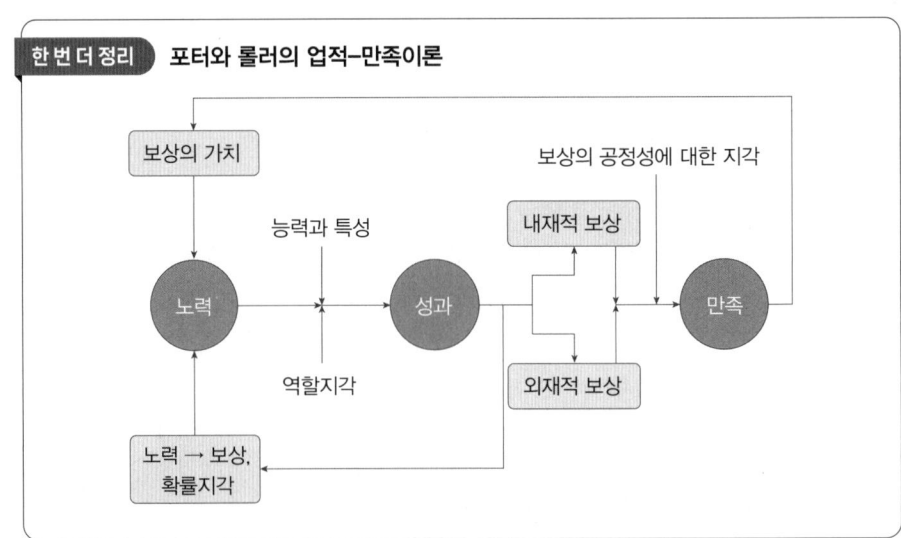

ⓛ 내용
- ⓐ 업적-만족이론에 의하면 인간행동의 방향과 강도는 행위과정에 대한 공정성 지각에 의해 결정되며, 동기는 보상의 유의성과 노력하면 보상이 있을 것이라는 기대에 의해 결정된다.
- ⓑ 또한 보상의 공평성이라는 개념을 도입하여 보상에 대한 만족감은 다시 보상의 유의성 및 보상의 기대에 영향을 주어 동기를 유발한다.
- ⓒ 업적-만족이론은 노력-성과 간 관계에 있어 개인의 능력과 자질뿐만 아니라 역할 인지도 강조하였다는 점에서 브룸(V. Vroom)과 구별된다.
- ⓓ 외재적 보상: 조직이 제공하는 보수, 승진, 지위, 안전 등을 말한다. 하위욕구의 충족과 관련되며 직무성취 외에 다른 요인이 고려될 가능성이 높다.
- ⓔ 내재적 보상: 개인 스스로 부여한 가치로, 외부의 교란적 요인에 영향을 덜 받으므로 내재적 보상이 직무성과와 연관될 가능성이 보다 높다.

• 포터(L. Porter)와 롤러(E. Lawler)의 성과(업적)-만족이론에 의하면 외재적 보상은 조직의 통제 하에 있는 보상으로 보수·승진 등을 예로 들 수 있다. 19. 경찰간부

③ 조고풀로스(B. Georgopoulos)의 통로-목표이론
- ㉠ 조직구성원의 근로의욕은 조직의 목표 또는 생산활동이 구성원의 개인목표 달성의 통로로서 얼마나 유효하게 작용하는가에 달려 있다고 주장하는 이론이다.
- ㉡ 그는 구성원들이 열심히 일하고자 하는 것은 추구하는 목표가 얼마나 개인의 욕구를 충족시켜 줄 수 있느냐와, 근로자의 노력이 이 목표를 얼마나 잘 달성할 수 있는지의 두 요인에 의해 결정된다고 보았다.

④ 애트킨슨(J. Atkinson)의 기대이론
- ㉠ 사람이 어떤 행위를 선택할 때는 그 행위를 성공적으로 수행하고자 하는 동기와 실패를 회피하고자 하는 동기가 상호작용한다는 이론이다.
- ㉡ 성공을 바라는 경우의 선택은 성공하고 싶은 동기의 강도, 성공의 가능성, 성공하는 경우의 유인가 등을 고려한다.
- ㉢ 실패를 회피하려는 선택을 하는 경우는 실패를 회피하고자 하는 동기의 강도, 실패의 회피가능성, 실패를 회피하였을 때의 유인가 등을 고려한다.

(3) 아담스(J. Adams)의 공평성(→ 형평성) 이론(1965)

① 자신의 노력과 그 결과로 얻어지는 보상과의 관계를 다른 사람(→ 준거인물)의 것과 비교하여 상대적으로 느끼는 공평한 정도가 동기에 영향을 준다고 주장하는 이론이다.
② 업무에서 공평하게 취급받으려고 하는 욕망이 개인으로 하여금 동기를 갖게 한다고 가정하며, 자신의 투입에 대한 산출의 비율보다 준거인물의 투입에 대한 산출의 비율이 크거나 작다고 지각하면 이에 따른 긴장을 해소하기 위한 방향으로 동기가 유발된다.
③ 만약 준거인물과 비교한 결과 과소보상의 경우 편익의 증대 요청이나 노력(→ 투입)의 감소 또는 인식체계의 전환 등이 나타나고, 과다보상의 경우 준거인물의 교체 또는 노력(→ 투입)의 증대 등이 나타난다.
④ 형평성 이론은 성과급의 비중을 설정하는 데 유용하게 적용할 수 있다는 평가를 받는다.
⑤ 투입(→ 노력): 동원된 노력, 기술, 교육, 경험, 사회적 지위 등
⑥ 산출(→ 보상): 보수, 승진, 직무만족, 학습기회, 작업조건, 불확실성, 시설의 사용 등
⑦ 행동유발요인: 준거인과 공평한 교환을 추구하는 호혜주의 성향, 자신의 생각과 행동을 일치시키려는 인지일관성

• 아담스(J. Adams)의 공정성 이론은 인식된 불공정성이 중요한 동기요인으로 작동한다고 본다. 23. 지방직 7급

• 아담스(J. Adams)의 공정성 이론에 의하면 노력과 기술은 투입에 해당하며, 보수와 인정은 산출에 해당한다. 24. 지방직 9급

- 로크(E. Locke)는 목표설정이론에서 동기부여의 방안으로 목표의 도전성(난이도)과 명확성(구체성)을 강조했다. 23. 지방직 9급

- 로크(E. Locke)의 목표설정이론에 의하면 목표설정이론은 구체적이고 어려운 목표의 설정과 목표성취도에 대한 환류를 강조한다. 24. 경찰간부

(4) 로크(E. Locke)의 목표설정이론(1968)

① 개인의 성과는 목표의 특성(→ 구체성 및 난이도)에 의해서 결정되고, 그 영향의 정도는 상황요인(→ 환류, 보상, 직무성격, 능력, 경쟁)에 따라 달라진다는 이론이다.
② 그에 의하면 구체적 목표는 개인에게 노력의 방향을 제시하고, 곤란성이 높은 도전적 목표는 노력의 강도를 높여준다. 이에 따라 동기유발을 위해서는 구체성이 높고 난이도가 높은 목표가 채택되어야 한다.
③ 한편, 결과에 대한 환류는 동기를 유발하여 높은 수준의 목표설정을 유도하고, 지시된 목표보다는 참여적 목표가 목표의 수용과 몰입을 촉진한다.

한 번 더 정리 **로크의 목표설정이론**

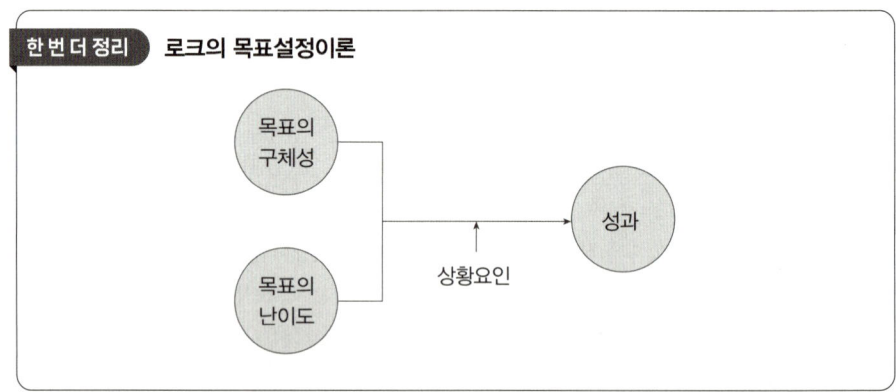

바로 확인문제

1. 아담스(J. Adams)의 공정성이론에 대한 설명으로 옳지 <u>않은</u> 것은? 24. 지방직 9급

① 투입과 산출의 비율을 준거인과 비교하여 공정성을 지각한다.
② 불공정성을 느낄 때 자신의 지각을 의도적으로 왜곡하기도 한다.
③ 노력과 기술은 투입에 해당하며, 보수와 인정은 산출에 해당한다.
④ 준거인과 비교하여 과소보상자는 불공정하다고 생각하고, 과대보상자는 공정하다고 생각한다.

정답해설 아담스(J. Adams)의 공정성이론에 의하면 과소보상자뿐만 아니라 과대보상자도 불공정하다고 인식한다.
오답해설 ① 아담스(J. Adams)의 공정성이론은 자신의 노력과 그 결과로 얻어지는 보상과의 관계를 다른 사람(준거인물)의 것과 비교하여 상대적으로 느끼는 공평한 정도가 동기에 영향을 준다고 주장하는 이론이다.
② 불공정성을 느낀 개인은 이를 해소하기 위해 여러 행동을 취하는데, 그중 하나가 인지적 왜곡이다. 예를 들어, 자신의 투입을 더 가치 있게 생각하거나 준거인의 산출을 덜 가치 있게 평가하여 심리적 균형을 맞추려고 한다.
③ 투입은 동원된 노력, 기술, 교육, 경험, 사회적 지위 등을 말하고, 산출은 받은 보상으로 보수, 승진, 직무만족, 학습기회, 작업조건, 불확실성, 시설의 사용 등을 말한다.

답 | ④

CHAPTER 05 마무리 기출 OX

다음 내용이 맞으면 O, 틀리면 X에 표시하시오.

01 호손실험을 바탕으로 성립한 자아실현인관은 비공식적 집단의 중요성을 강조하였다. 19. 국가직 9급   O | X

02 욕구단계이론이나 욕구충족요인이원론 등은 동기를 유발하는 내용을 설명하려는 이론에 해당한다. 20. 경찰간부   O | X

03 매슬로우(A. Maslow)는 충족된 욕구는 동기부여의 역할이 약화되고 그 다음 단계의 욕구가 새로운 동기요인이 된다고 하였다. 19. 국가직 9급   O | X

04 앨더퍼(C. Alderfer)는 매슬로우(A. Maslow)와 달리 상위 욕구가 좌절될 경우 하위 욕구를 강조하게 되는 하향적 접근의 가능성을 제시하였다. 23. 국회직 8급   O | X

05 아지리스(C. Argyris)는 인간은 성숙인으로서의 욕구 충족을 희망하지만 조직은 공식적으로 조직을 관리하려고 해 양자 간 부조화가 존재한다고 하였다. 19. 서울시 7급   O | X

06 허즈버그(F. Herzberg)는 불만요인을 없앤다고 해서 적극적으로 만족감을 느끼는 것은 아니라고 했다. 19. 국가직 9급   O | X

07 맥클랜드(D. McClelland)는 개인의 욕구를 성취욕구, 친교욕구, 권력욕구로 분류하고, 권력욕구가 높을수록 생산성이 높아진다고 주장한다. 24. 지방직 7급   O | X

08 브룸(V. Vroom)의 기대이론은 욕구충족과 동기유발 사이에 직접적 인과관계가 없다고 본다. 23. 국회직 8급   O | X

09 포터(L. Porter)와 롤러(E. Lawler)의 업적-만족 이론은 직무성취 수준이 직무만족의 요인이 될 수 있다고 주장한다. 22. 지방직 7급   O | X

10 로크(E. Locke)의 목표설정이론에 따르면 개인의 강력한 동기유발을 위해서는 추상적인 목표를 채택해야 한다. 22. 지방직 7급   O | X

정답 및 해설

01 ✕   02 O   03 O   04 O   05 O   06 O   07 ✕   08 O   09 O   10 ✕

01 호손실험을 바탕으로 하여 비공식적 집단의 중요성을 강조한 것은 사회인관과 관련된다.
07 맥클랜드(D. McClelland)의 성취동기이론은 성취욕구가 높을수록 생산성이 높아진다는 주장이다.
10 로크의 목표설정이론은 추상적인 목표보다는 구체적인 목표를 강조한다. 이러한 구체적인 목표가 행위의 방향성을 잡아주기 때문이다.

CHAPTER 06 집단 수준의 조직행동

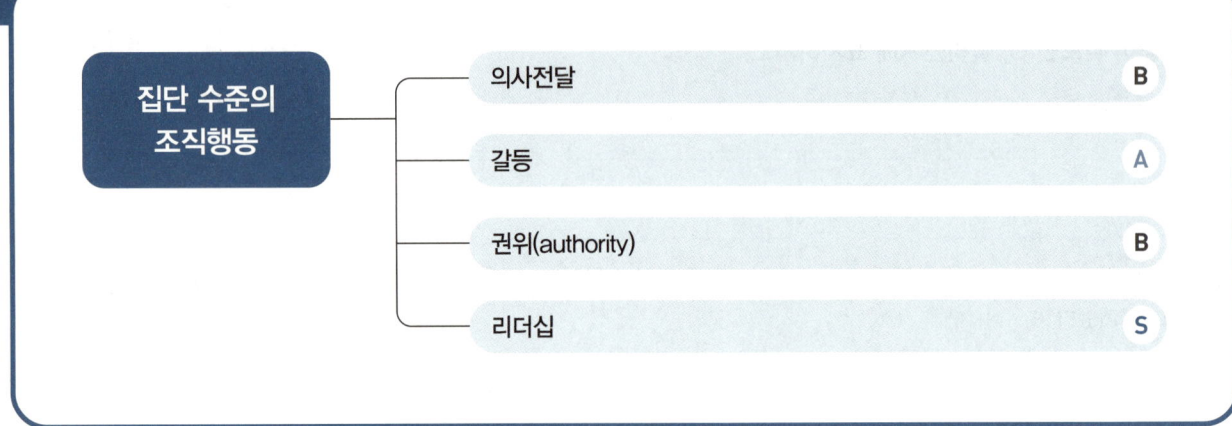

01 의사전달 B

1 의의
① 의사전달이란 다수의 행위주체가 서로 정보를 교환하고 의미를 공유하는 과정을 말한다.
② 즉, 의사전달은 행동이나 의사결정에 영향을 미치려는 전달자와 피전달자의 상호작용이다.

2 유형

(1) 공식성 기준

① 공식적 의사전달: 공식적 통로와 수단에 의해 이루어지는 의사전달을 말한다.
② 비공식적 의사전달: 현실적 접촉으로 형성되는 자생적 의사전달로, 소문·풍문 등이 그 예이다.

구분	공식적 의사전달	비공식적 의사전달
장점	① 책임소재의 명확성 ② 의사전달 확실성과 편리성 ③ 정보와 근거의 보존 ④ 상관의 권위 유지	① 신속한 전달과 높은 적응력 ② 배후사정의 소상한 전달 ③ 소외감의 극복과 개인욕구의 충족 ④ 공식적 의사전달의 보완
단점	① 신속한 전달의 어려움 ② 배후사정의 파악 곤란 ③ 형식화에 따른 신축성의 결여 ④ 기밀유지 곤란	① 책임소재의 모호성 ② 공식적 의사소통 기능의 마비 ③ 개인적 목적으로의 악용가능성 ④ 상관의 권위 손상

기선 제압

- 조직 내 의사전달에는 공식적·비공식적 전달유형이 있다. 09. 국가직 9급
- 공식적 의사전달은 책임소재가 명확하다는 장점이 있다. 18. 국회직 9급
- 공식적 의사전달은 의사소통이 객관적이고 책임소재가 명확하다는 장점이 있다. 16. 지방직 9급
- 비공식적 의사전달은 의사소통 과정에서의 긴장과 소외감을 극복하고 개인적 욕구를 충족시킨다는 장점이 있다. 16. 지방직 9급

(2) 흐름 기준

① **하향적 의사전달**: 상사가 부하에게 또는 조직이 구성원에게 전달하는 의사전달로, 명령(→ 훈령이나 예규, 공고, 고시)이나 일반정보(→ 편람, 기관지, 뉴스레터와 게시판) 등이 이에 속한다.
② **상향적 의사전달**: 부하가 상사에게 또는 구성원이 조직에게 전달하는 의사전달로 보고, 품의, 의견조사, 제안제도, 상담제도 등이 이에 속한다.
③ **수평적 의사전달**: 동료 간 또는 협조를 필요로 하는 부서 간 이루어지는 의사전달로, 사전심사, 사후통보, 회람, 회의, 위원회, 레크레이션 등이 이에 속한다.
④ **대각선적 의사전달**: 하향적, 상향적, 수평적 의사전달을 이용하기 곤란한 경우 사용된다. 공식적 조직도에는 나타나지 않지만 실제로는 많이 이용되는 방식이다.

• 대각선적 의사전달은 공식적 업무를 촉진하거나 개인적·사회적 욕구 충족을 위해 나타난다.
09. 국가직 9급

3 의사전달의 장애

(1) 인적 요인
① 가치관과 사고기준의 차이
② 지위의 차이
③ 불신이나 편견 등 원만하지 못한 대인관계
④ 전달자의 의식적 제한과 자기방어

• 수신자의 선입관은 준거틀을 형성하여 발신자의 의도를 왜곡할 수 있다.
10. 국가직 7급

(2) 매체요인 → 언어와 정보요인
① 매체의 불완전성(→ 부적절한 언어나 문자)
② 정보의 유실과 불충분한 보존
③ 정보의 과다로 인한 내용 파악의 어려움
④ 다른 업무의 압박과 지리적 거리
⑤ 환류의 봉쇄로 인한 정보의 정확성 부족

(3) 구조요인
① 집권적 구조(→ 수직적 의사전달의 제한)
② 할거주의, 전문화(→ 수평적 의사전달의 제한)
③ 비공식적 의사전달의 역기능(→ 정보의 왜곡)
④ 정보전달채널의 부족(→ 환류의 제한)

• 할거주의와 전문화로 인한 수평적 의사전달의 저해는 조직구조에서 기인하는 의사전달의 장애요인이다.
18. 국회직 9급

4 극복방안

① 대인관계의 개선과 신뢰성의 회복
② 적절한 매체의 선택이나 공통된 상징체계(→ 구두, 언어, 몸짓)의 확보
③ 의사전달채널(→ 통로)의 확대(→ 의사전달의 신뢰성과 정확성 증대)
④ 환류의 활성화 → 정확성은 높일 수 있으나 신속성은 감소

> **바로 확인문제**

1. 조직 내 의사전달 과정에 대한 설명 중 가장 적절한 것은?　　18. 경찰승진

① 의사전달의 과정은 발신자, 코드화, 발송, 통로, 수신자, 해독, 환류로 이루어진다.
② 수신자가 자신에게 전달된 정보를 어떤 개념이나 생각, 감정 등으로 변화시키는 사고과정을 코드화라고 한다.
③ 포도덩굴 커뮤니케이션이란 일정한 공식경로 없이 자유롭게 이루어지는 공식의사소통을 말하는 것으로 이는 상관의 공식적 권위가 손상된다는 한계가 있다.
④ 의사전달 과정에서 환류의 차단은 의사전달의 신속성을 저해할 수 있다.

정답해설 발송은 통로를 통해 메시지를 보내는 행위를 나타내며, 나머지 요소들(발신자, 코드화, 통로, 수신자, 해독, 환류)은 기본적인 의사전달 과정 모형의 핵심 구성요소이다.

오답해설 ② 수신자가 자신에게 전달된 정보를 어떤 개념이나 생각, 감정 등으로 변화시키는 사고과정은 해독과정이다.
③ 포도덩굴 커뮤니케이션이란 일정한 공식경로 없이 자유롭게 이루어지는 비공식적 의사소통을 말한다.
④ 환류의 차단은 신속성은 제고하나 정확성을 저해한다.

답 | ①

2. 조직 내 의사전달의 장애요인 중 전달자와 피전달자에 기인하는 것으로 옳지 않은 것은?　　17. 국회직 9급

① 준거기준의 차이　　② 전달자의 자기방어
③ 전달자의 의식적 제한　　④ 피전달자의 전달자에 대한 불신
⑤ 정보전달 채널의 부족

정답해설 정보전달 채널의 부족은 의사전달을 제약하는 구조적 요인이다.

답 | ⑤

02 갈등

1 의의

① **의사결정과 갈등**: 선택기준이 모호하여 대안의 선택에 있어 겪는 심리적 곤란상태를 말한다.
② **조직과 갈등**: 구성원 간의 대립적인 상태를 말한다.
③ **역할과 갈등**: 역할기대가 모호하거나 상충된 상태를 말한다.
④ **갈등의 단계**
　㉠ **선행조건**: 잠재적 갈등 → 의사소통, 구조, 개인적 요인
　㉡ **인지와 개인화**: 지각된 또는 감지된 갈등
　㉢ **의도**: 갈등의 처리 → 경쟁, 협동, 타협, 회피, 순응(→ 수용)

ⓔ 행동: 표면적 갈등
ⓕ 결과: 성과의 향상 또는 성과의 저하

2 갈등관의 변천

(1) 전통적 견해

① 구조 중심의 고전적 조직이론에서는 인적 요소인 갈등을 고려하지 못하였고, 인적 요소를 중요한 변수로 인식하기 시작한 것은 신고전적 조직이론에서부터이다.
② 신고전적 조직이론 즉, 인간관계론은 갈등의 역기능을 강조하여 갈등을 비정상적이고 탈선적인 것으로 인식하였다.
③ 갈등에 관한 전통적 견해는 갈등을 조직의 불안을 조성하고 쇄신과 발전을 저해하며, 구성원과 조직의 각 단위 간 반목과 적대감을 유발하는 원인으로만 보았다.

• 고전적 관점에서 갈등은 조직의 효과성에 부정적인 영향을 끼친다고 가정한다. 20. 국가직 9급

(2) 행태론적 견해

① 1940년대 말을 기점으로 하여 1970년대 중반까지 널리 받아들여졌던 행태주의 견해에 의하면 갈등이란 조직 내에서 필연적으로 발생하는 현상이다.
② 그리고 갈등은 역기능뿐만 아니라 순기능도 지니고 있으므로, 갈등의 분석을 통하여 역기능적 갈등은 완화하고 순기능적 갈등은 조장하는 노력이 필요하다.

• 1940년대 말을 기점으로 하여 1970년대 중반까지 널리 받아들여졌던 행태주의 견해에 의하면 갈등이란 조직 내에서 필연적으로 발생하는 현상이다. 17. 국회직 8급

(3) 현대적 견해

① 갈등의 순기능을 강조하는 갈등의 상호작용론 또는 갈등조장론의 입장이다.
② 1970년대 중반 이후 각광을 받고 있는 견해로, 갈등을 긍정적 갈등과 부정적 갈등으로 분류한 후 긍정적 갈등은 조직 내에서 하나의 추진력으로 작용할 수 있다고 본다.
③ 갈등에 관한 현대적 견해는 갈등을 정상적인 현상으로 보고 경우에 따라서는 갈등의 조장이 조직발전의 원동력이 될 수 있다고 본다.

• 1970년대 중반 이후 각광을 받고 있는 상호주의적 견해는 갈등을 긍정적인 갈등과 부정적인 갈등으로 분류하고, 긍정적인 갈등은 조직 내에서 하나의 추진력으로 작용할 수 있다고 본다. 09. 국회직 8급

3 갈등의 기능

(1) 순기능 → 생산적 갈등, 건설적 갈등

① 갈등은 선의의 경쟁을 통해 발전과 쇄신을 촉진하는 조직발전의 새로운 계기이다.
② 갈등은 조직의 문제해결능력과 창의력을 고취시킨다.

(2) 역기능 → 소비적 갈등, 파괴적 갈등

① 갈등은 조직의 불안을 조성하고 쇄신과 발전을 저해한다.
② 갈등은 구성원 간 반목과 적대감을 유발하여 구성원의 사기를 저하시킨다.

4 갈등관리

(1) 의의

① 갈등에 관한 현대적 견해에 의하면 적당한 수준의 갈등은 조직의 활력이 될 수 있으므로 갈등을 해소하는 전략만이 옳은 것은 아니다. 즉, 적정한 수준의 갈등은 조직의 성과에 도움을 줄 수 있다.

② 또한 갈등이 없는 경우 조직은 현실에 안주하여 침체되고, 변화에 대한 적응이 느리며, 새로운 아이디어 개발이 어려워 조직성과가 낮을 수 있다.

③ 따라서 갈등관리란 갈등을 해소하거나 완화하는 것뿐만 아니라 상황에 따라서는 갈등을 용인하고 나아가 조성할 수도 있다는 의미이다.

(2) 갈등의 원인 → 잠재적 갈등

① 업무의 상호의존성, 공동의사결정의 필요성, 의사전달의 미흡 및 왜곡
② 권력의 동등성, 자원의 제약(→ 제로섬 상황)
③ 목표와 이해관계의 상충, 인지와 태도 차이, 역할의 수평적 분화

(3) 갈등의 예방 및 해소전략

① 권한과 책임의 명확화, 상호의존성의 감소, 자원의 확충, 목표 및 자원배분의 우선순위 설정
② 문제해결 또는 완화(→ 유사성이나 공동이익의 강조), 의사전달의 촉진과 인사교류
③ 의사결정의 보류나 회피(→ 단기적 해결책)
④ 공동의 적 또는 상위목표의 설정, 최고관리자의 리더십의 발휘, 조직의 통폐합 또는 개편

(4) 갈등의 조장전략

① 정보 및 권력의 재분배(→ 정보의 억제 또는 과다 제공)
② 조직구조의 변경(→ 수평적 분화 등 직무재설계)
③ 의사전달 통로의 변경, 순환보직, 개방형 임용제도의 도입

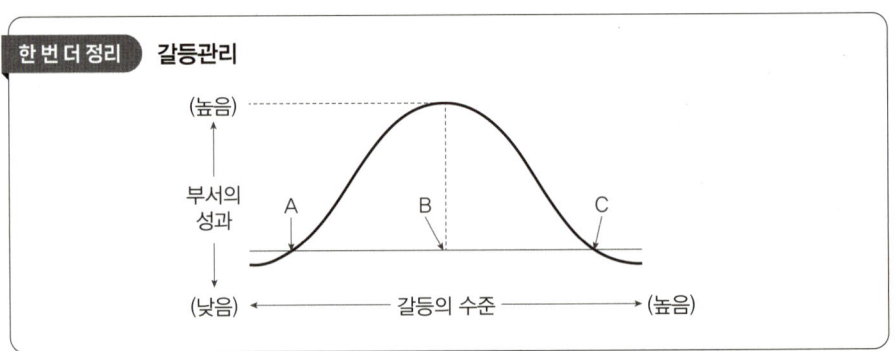

한 번 더 정리 갈등관리

5 토마스(K. Thomas)의 갈등관리방안(1976)

① **경쟁**: 신속한 결정이 요구되는 긴급하고 중요한 사항이지만 인기 없는 조치가 요구되는 경우, 조직의 성장에 매우 중요한 문제인 경우

② **회피**: 쟁점이 사소하거나 갈등의 해소에 따른 부작용이 큰 경우, 사태를 진정시키고자 하거나 더 많은 정보가 필요한 경우, 다른 사람의 관심을 이해할 시간적 여유가 없거나 해당 문제가 다른 문제의 해결로부터 자연스럽게 해결될 수 있는 하위갈등인 경우

③ **순응**: 자기가 잘못한 사항이거나 다른 사람에게 더 중요한 사항인 경우, 보다 중요한 문제를 위해 좋은 관계를 유지하거나 조화와 안정이 특히 중요한 경우, 패배가 불가피하여 손실을 극소화할 필요가 있는 경우

④ 협동: 양자의 관심사가 매우 중요하여 통합적인 해결책만이 수용되는 경우, 다른 관점을 지닌 사람들의 통찰력을 종합할 필요가 있거나 합의와 헌신이 중요한 경우
⑤ 타협: 목표가 중요하지만 잠재적 문제가 더 크거나 당사자들의 주장이 서로 대치되어 있을 경우, 복잡한 문제에 대한 일시적인 해결책을 얻고자 하는 경우

구분		상대방 이익(협조성)		
		낮음		높음
자기 이익 (독단성)	낮음	회피		순응(→ 동조)
			타협	
	높음	경쟁		협동(→ 제휴)

- 당사자들이 대립되는 주장을 부분적으로 양보하여 공동의 결정에 도달하게 하는 방법이 타협(compromising)이다. 16. 경찰승진

바로 확인문제

1. 갈등관리 유형에 대한 설명으로 옳지 <u>않은</u> 것은? 24. 국가직 9급

① 회피는 갈등이 존재함으로 알면서도 표면상으로는 그것을 무시하거나 인정하지 않음으로써 갈등 상황에 소극적으로 대응한다.
② 수용은 자신의 이익을 양보하고 상대방의 이익을 배려해 협조한다.
③ 타협은 갈등 당사자 간 서로 존중하고 자신과 상대방 모두의 이익을 극대화하려는 유형으로 Win-win 전략을 취한다.
④ 경쟁은 갈등 당사자가 자기 이익은 극대화하고 상대방의 이익은 최소화한다.

정답해설 자신과 상대방 모두의 이익을 극대화하려는 유형으로 Win-win 전략에 해당하는 것은 협동 또는 제휴이다.

오답해설 ① 회피는 쟁점이 사소하거나 갈등의 해소에 따른 부작용이 큰 경우, 사태를 진정시키고자 하거나 더 많은 정보가 필요한 경우, 다른 사람의 관심을 이해할 시간적 여유가 없거나 해당 문제가 다른 문제의 해결로부터 자연스럽게 해결될 수 있는 하위갈등인 경우 사용된다.
② 수용 혹은 순응은 자기가 잘못한 사항이거나 다른 사람에게 더 중요한 사항인 경우, 보다 중요한 문제를 위해 좋은 관계를 유지하거나 조화와 안정이 특히 중요한 경우, 패배가 불가피하여 손실을 극소화할 필요가 있는 경우 사용된다.
④ 경쟁은 신속한 결정이 요구되는 긴급하고 중요한 사항이지만 인기 없는 조치가 요구되는 경우, 조직의 성장에 매우 중요한 문제인 경우 사용된다.

답 | ③

03 권위(authority)

1 의의

① 권력은 다른 개인이나 집단의 행태에 영향을 미칠 수 있는 잠재적 능력을 뜻하며, 이러한 권력의 유형 중 제도화되고 정당화된 권력으로, 복종자에 의해 정당성이 부여된 권력을 권위라 한다.
② 따라서 권위는 수용자의 자발성에 근거한 권력(→ 상향설)으로, 상대방의 존재를 전제로 하는 사회적 개념이며, 리더십 발휘의 성공요건이다.
③ 한편, 잠재적 능력인 권력이 실제 행사되고 있을 때 이를 영향력이라 한다. 그러므로 영향력은 권력에 비하여 동적인 개념이다.

2 유형

(1) 에치오니(A. Etzioni)

① 강제적 권력: 물리적 힘에 기반을 둔 권력을 말한다.
② 공리적(→ 보상적) 권력: 경제적 유인에 기반을 둔 권력을 말한다.
③ 규범적 권력: 도덕적 기준에 기반을 둔 권력을 말한다.

(2) 프렌치(J. French)**와 레이븐**(B. Raven)

① 강요적 권력: 인간의 공포에 기반을 둔 것으로 어떤 사람이 다른 사람을 처벌할 수 있는 능력을 가지거나 육체적 또는 심리적으로 위해를 가할 수 있는 능력을 가진 경우에 발생한다.
② 공리적(→ 보상적) 권력: 다른 사람들에게 보상을 제공할 수 있는 능력에 기반을 둔 권력으로, 조직이 제공하는 보상의 예에는 봉급, 승진, 직위 부여 등이 있다.
③ 정통적(→ 합법적) 권력: 권한과 유사한 개념인 합법적 권력은 상사가 보유하고 있는 직위에 기반을 둔 것으로, 일반적으로 직위가 높을수록 합법적 권력은 더욱 커지는 경향이 있다.
④ 전문적 권력: 다른 사람들이 가치를 두는 정보나 지식에 기반을 둔 것으로, 다른 사람이 필요로 하는 전문적인 기술이나 지식을 어떤 사람이 갖고 있을 때 발생한다.
⑤ 준거적 권력: 어떤 사람이 자신보다 뛰어나다고 생각하는 사람을 닮고자 할 때 발생하는 권력으로, 일면 카리스마의 개념과 유사하다.

(3) 베버(M. Weber)

① 카리스마적 권위: 개인의 초인적 힘이나 자질, 즉 카리스마에 의해 정당화된 권위이다.
② 전통적 권위: 옛날부터 내려오는 전통이나 관습에서 근거를 찾는 권위이다.
③ 합법적 권위: 법규에 의해 부여된 합법적 권위로, 합리성으로 표현되는 근대화의 상징이다.

(4) 사이몬(H. Simon)

① 신뢰의 권위: 상관의 능력과 경험에 대한 자발적 믿음에 기반을 둔 권위이다.
② 동일화의 권위: 상관에 대한 일체감과 충성심 및 동질감에 기반을 둔 권위이다.
③ 제재의 권위: 포상과 징계 등 공포에 기반을 둔 권위이다.
④ 정당성의 권위: 공통된 가치관과 규범 및 관습 등에 기반을 둔 권위이다.

- 프렌치(J. French, Jr.)와 레이븐(B. Raven)은 권력의 원천으로 강제, 보상, 정통(합법), 준거, 전문성 등을 제시하였다. 18. 국가직 9급
- 강압적 권력은 다른 사람을 처벌하거나 위해를 가할 수 있는 능력에 기반을 둔다. 23. 소방간부
- 보상적 권력은 다른 사람에게 보상을 제공할 수 있는 능력을 가진 경우에 발생한다. 17. 국회직 9급
- 전문적 권력은 다른 사람이 필요로 하는 전문적 기술이나 지식에 기반할 때 발생한다. 17. 국회직 9급
- 전문적 권력은 조직 내 공식적 직위와 항상 일치하는 것은 아니다. 20. 국가직 9급
- 준거적 권력은 자신보다 뛰어나다고 생각하는 사람을 닮고자 할 때 발생한다. 20. 국가직 9급

바로 확인문제

1. 프렌치(J. French)와 레이븐(B. Raven)의 권력유형 분류에서 권력의 원천이 아닌 것은?

18. 국가직 9급

① 상징(symbol) ② 강제력(coercion)
③ 전문성(expertness) ④ 준거(reference)

정답해설 프렌치(J. French)와 레이븐(B. Raven)은 권력의 유형을 강요적 권력, 보상적 권력, 정통적 권력, 준거적 권력, 전문적 권력으로 나누었다.

오답해설 ② 강제적 권력은 상대를 처벌할 수 있을 때 발생하는 권력이다.
③ 전문적 권력은 전문적 기술이나 지식을 가지고 있을 때 발생하는 권력이다.
④ 준거적 권력은 매력에 호감을 느낌으로써 그를 닮고자 할 때 발생하는 권력이다.

답 | ①

2. 프렌치(J. French)와 레이븐(B. Raven)이 주장하는 권력의 원천에 대한 설명으로 옳지 않은 것은?

20. 국가직 9급

① 합법적 권력은 권한과 유사하며 상사가 보유한 직위에 기반한다.
② 강압적 권력은 카리스마 개념과 유사하며 인간의 공포에 기반한다.
③ 전문적 권력은 조직 내 공식적 직위와 항상 일치하는 것은 아니다.
④ 준거적 권력은 자신보다 뛰어나다고 생각하는 사람을 닮고자 할 때 발생한다.

정답해설 강압적 권력은 인간의 공포에 기반을 둔 것으로 어떤 사람이 다른 사람을 처벌할 수 있는 능력을 가지거나 육체적 또는 심리적으로 위해를 가할 수 있는 능력을 가진 경우에 발생한다. 카리스마는 준거적 권력에 해당한다.

오답해설 ① 권한과 유사한 개념인 합법적 권력은 상사가 보유하고 있는 직위에 기반을 둔 것으로, 일반적으로 직위가 높을수록 합법적 권력은 더욱 커지는 경향이 있다.
③ 다른 사람이 필요로 하는 전문적인 기술이나 지식을 어떤 사람이 갖고 있을 때 발생하는 전문적 권력은 누구나 가질 수 있는 것이므로 공식적 직위와 항상 일치하는 것은 아니다.
④ 준거적 권력은 어떤 사람이 자신보다 뛰어나다고 생각하는 사람을 닮고자 할 때 발생하며, 일면 카리스마의 개념과 유사하다.

답 | ②

04 리더십

1 의의

(1) 개념

① 리더십이란 조직목표를 달성하기 위하여 구성원들이 자발적이고 적극적으로 행동하도록 영향을 미치는 과정과 기술을 의미한다.

- 리더십은 조직의 공식적 구조와 설계의 불완전성을 보완해줄 수 있다. 22. 경찰간부

- 리더십은 상황, 행태, 자질 등 다양한 요소를 바탕으로 설명할 수 있다. 22. 경찰간부

- 리더십이론은 자질론(특성론)에서 출발하였다. 20. 국회직 9급

- 리더십 이론은 자질론으로부터 시작해 행동유형론을 거쳐 상황론으로 발전해 왔다. 14. 국회직 8급

② 리더십은 조직목표의 달성 및 구성원에 대한 심리적 지원기능을 수행하고, 공식적 구조와 설계를 보완하며, 조직의 통제와 조정 및 일체감을 확보할 수 있게 한다.

(2) 비교개념

리더십(→ 지도력)	헤드십(→ 직권력)
① 사람의 권위, 심리적 권위	① 직위의 권위, 제도적 권위
② 자발적 복종	② 강제적 복종
③ 동태적 성격, 상호적 교류	③ 정태적 성격, 일방적 교류

2 이론의 변천

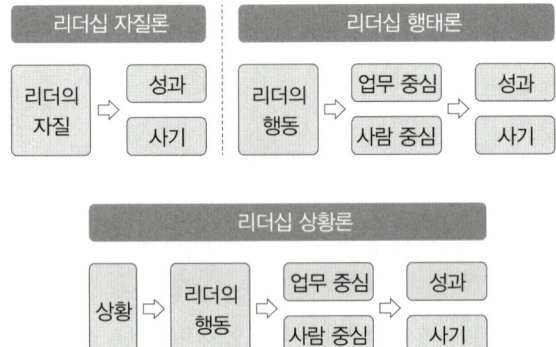

① 속성이론: 리더의 자질을 연구하는 이론이다.
② 행태이론: 리더의 행태와 부하의 반응(→ 사기와 성과)을 연구하는 이론이다.
③ 상황이론: 리더의 행태에 영향을 주는 상황요인을 연구하는 이론이다.
④ 신속성론: 리더가 조직 또는 부하에게 주는 영향력을 연구하는 이론이다.

바로 확인문제

1. 리더십 이론과 그 특성이 잘못 연결된 것은? 08. 국가직 7급

① 특성이론: 리더의 개인적 자질의 강조
② 행태이론: 리더 행동의 상대적 차별성 강조
③ 거래이론: 리더와 부하 간의 사회적 교환관계 강조
④ 변혁이론: 부하에 대한 지시와 지원의 강조

정답해설 부하에 대한 지시와 지원은 거래적 리더십에서 강조한다.

오답해설 ① 특성이론은 리더의 개인적 특성을 리더십의 성공을 좌우하는 핵심요인으로 본다.
② 행태이론은 리더의 행동이 부하의 만족과 조직의 성과에 미치는 영향력을 분석하는 이론이다.
③ 거래적 리더십은 업무를 효과적으로 수행할 수 있도록 부하의 욕구를 파악하고, 부하들이 적절한 수준의 노력과 성과를 보이면 그에 대해 보상하는 교환관계에 바탕을 둔 리더십이다.

답 | ④

2. 리더십에 관한 다음 설명 중 가장 옳지 않은 것은? 15. 서울시 9급

① 특성론적 접근법은 주로 업무의 특성과 리더십 스타일 사이의 관계에 초점을 맞춘다.
② 행태론적 접근법은 리더의 행동과 효과성 사이의 관계에 관심을 갖는다.
③ 상황론적 접근법에 기초한 이론의 예로 피들러(F. Fiedler)의 상황적합적 리더십 이론, 하우스(R. House)의 경로-목표 모형 등을 들 수 있다.
④ 변혁적(transformatioinal) 리더십이 거래적(transactional) 리더십보다 늘 행정에 유용한 것은 아니다.

정답해설 업무의 특성과 리더십 스타일 사이의 관계에 초점을 맞추는 것은 상황론적 접근법이다.

답 | ①

3 속성이론 → 자질론

(1) 개념
① 리더의 자질에 따라 리더십이 발휘된다는 가정 하에, 리더가 되게 하는 개인적 속성과 자질을 연구하는 이론이다.
② 리더의 속성을 가진 자는 상황에 관계없이 성공적 리더가 된다는 가정을 기반으로 한다.

(2) 유형
① 단일적 자질론: 리더들에게는 하나의 단일적이고 통일적인 자질이 존재한다는 이론이다.
② 성좌적 자질론: 리더의 자질은 상황에 따라 다를 수 있음을 강조하는 이론이다.

4 행태이론 → 행동유형론

(1) 의의
① 리더십 행태이론은 눈에 보이지 않는 능력 등 리더가 갖춘 자질보다는 리더가 실제 어떤 행동을 하는가에 초점을 맞추는 연구방법이다.
② 속성이론이 리더의 개인적 자질을 강조한다면 행태이론은 행동의 상대적 차별성을 강조한다.
③ 행태이론은 어떤 사람이든 훈련을 통해 리더가 될 수 있다고 가정하고 리더의 어떠한 행동이 리더십 효과성과 관계가 있는지를 파악하고자 한다.
④ 즉, 리더의 행태와 추종자의 업무성취 및 만족 간의 관계 규명에 연구의 초점을 두었다.
⑤ 그러나 행태이론은 효과적인 리더의 행동은 상황에 따라 다르다는 사실을 간과한다는 비판을 받는다.

(2) 내용
① 아이오와대학: 리더십의 유형을 권위형(→ 과업), 민주형(→ 관계), 자유방임형으로 구분한 후, 생산성은 권위형과 민주형이 비슷하지만 사기는 민주형이 가장 높으므로 전체적으로는 민주적 리더십이 가장 효율적(→ 민주, 권위, 자유방임 순)이라고 주장하였다.
② 미시간대학: 리더십의 유형을 업무중심형과 직원중심형으로 구분한 후, 직원중심형 리더가 생산성이나 만족감 측면에서 보다 효율적이라 하였다.

- 리더십 특성론적 접근법은 성공적인 리더는 그들만의 공통적인 특성이나 자질을 가지고 있다고 전제한다. 17. 국회직 8급

- 리더십 자질이론은 지도자의 특성으로 지능과 인성 뿐 아니라 육체적 특징을 들고 있다. 10. 지방직 7급

- 리더십 행태론적 접근법은 효과적인 리더의 행동은 상황에 따라 다르다는 사실을 간과한다. 17. 국회직 8급

- 리더십 행태이론은 리더의 자질보다 리더의 행태적 특성이 조직의 성과에 영향을 미친다고 본다. 15. 지방직 9급

- 리커트(R. Likert) 등이 주도한 미시간대학교의 연구에서는 직원중심형과 생산중심형이라는 두 가지 리더십 유형을 구분하였다. 12. 국회직 8급

③ **오하이오대학**: 구조와 배려라는 기준으로 네 가지 리더십 유형을 분류한 후, 구조와 배려가 다 같이 높을 때 가장 효율적이라고 하였다.

④ **관리그리드**: 블레이크(R. Blake)와 머튼(J. Mouton)의 연구로 X축에 생산, Y축에 인간에 대한 관심을 변수로 설정하여 무관심형(1/1), 친목형(1/9), 타협형(5/5), 과업형(9/1), 단합형(9/9)의 5가지 리더십 유형을 제시한 후, 이 중 과업과 인간을 모두 중시하는 단합형(9/9)을 가장 이상적인 유형으로 간주하였다.

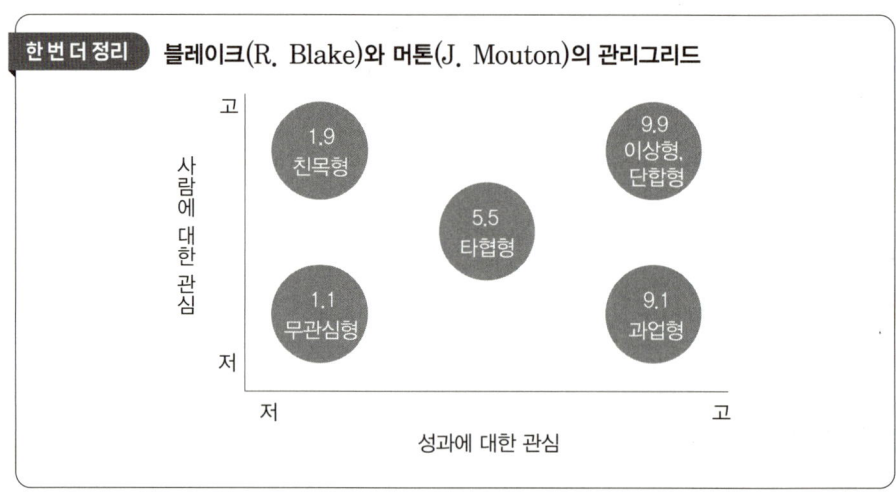

한번 더 정리 | 블레이크(R. Blake)와 머튼(J. Mouton)의 관리그리드

5 상황이론

(1) 의의

① 모든 조직에 적용할 수 있는 가장 효과적인 리더십의 유형은 존재하지 않는다고 보면서, 리더십의 효율성은 상황에 따라 달라진다고 주장하는 이론이다.

② 상황이론은 리더십을 특정한 맥락 속에서 발휘되는 것으로 이해하며, 상황별로 효과적인 리더의 행태를 찾아내기 위한 연구를 수행하였다.

③ 행태이론이 리더의 행동과 효과성 사이의 관계에 관심을 갖는다면, 상황이론은 업무나 부하의 특성과 리더십 스타일 사이의 관계에 관심을 갖는다.

(2) 허시(P. Hersey)와 블랜차드(K. Blanchard)의 3차원 모형(1984)

① 의의

㉠ 리더십의 유형을 과업 중심의 리더십과 관계 중심의 리더십으로 구분한 후 부하의 성숙도라는 차원을 추가하여 3차원 모형을 정립한 이론이다.

㉡ 과업 중심 리더십은 목표수립, 조직화, 시간정립, 지시, 통제 등을 강조하는 리더십이고, 관계 중심 리더십은 후원, 의사소통, 상호작용, 청취, 피드백 등을 강조하는 리더십이다.

② 상황변수

㉠ 과업 중심 또는 관계 중심 여부는 직무상 능력과 심리적 의욕으로 구성되는 부하의 성숙도에 의존한다.

㉡ 또한 부하의 성숙도는 성장주기(→ 생애주기)에 따라 달라진다는 life-cycle 가설을 제시하였다.

ⓒ 허시(P. Hurshey)와 블랜차드(K. Blanchard)는 리더십의 유형을 지시, 설득, 참여, 위임의 네 가지로 구분하였는데 부하의 성숙도는 위임이 가장 높고 그 다음은 참여, 설득, 지시 순이다.

구분		심리상 능력	
		낮음	높음
직무상 능력	낮음	지시형(telling) 리더십	설득형(selling) 리더십
	높음	참여형(participating) 리더십	위임형(delegating) 리더십

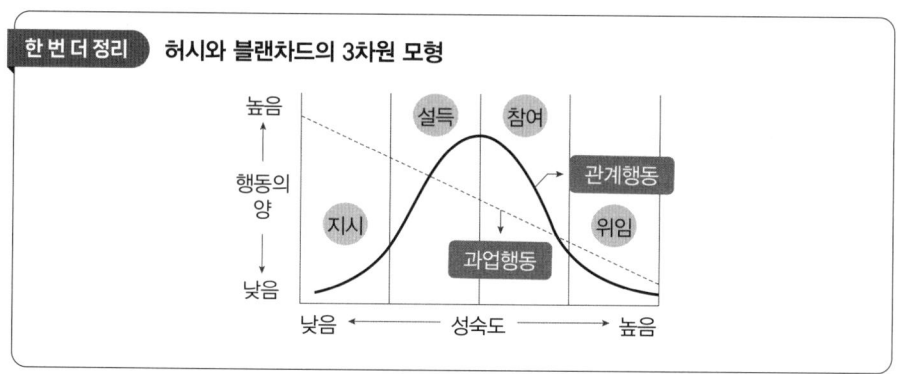

한 번 더 정리 · 허시와 블랜차드의 3차원 모형

(3) 하우스(R. House)와 에반스(M. Evans)의 경로-목표모형(1970)

① 의의
　㉠ 경로-목표모형은 리더는 부하가 바라는 보상을 얻을 수 있는 경로가 무엇인가를 명확하게 해 줌으로써 성과를 높일 수 있다는 이론으로, 부하의 특성과 업무환경을 리더십의 상황변수로 제시하였다.
　㉡ 리더의 유형
　　ⓐ **지시적 리더십**: 부하의 활동을 계획하고 조직하며 통제하는 구조형 리더이다.
　　ⓑ **지원적 리더십**: 부하의 욕구와 복지를 고려하는 배려형 리더이다.
　　ⓒ **참여적 리더십**: 의사결정에 부하의 참여를 유도하는 리더이다.
　　ⓓ **성취적 리더십**: 도전적 목표의 설정과 성취감의 고취를 강조하는 리더이다.
② 과업환경
　㉠ 구조화된 과업은 지원적 리더십이 바람직하고, 구조화되지 않은 과업은 부하의 능력에 따라 지시적 리더십이나 참여적 리더십이 바람직하다.
　㉡ 집단의 초기에는 지시적 리더십이 바람직하고, 안정기에는 지원적 리더십이나 참여적 리더십이 바람직하다.
　㉢ 공식화된 규칙이 명백할수록 참여적 리더십이 바람직하고, 이와 반대라면 지시적 리더십이 바람직하다.
③ 부하특성
　㉠ 부하 스스로 능력이 부족하다고 느낀다면 지시적 리더십이 선호된다.
　㉡ 부하가 외적통제를 지닌 경우라면 지시적 리더십이 선호되고, 내적통제를 지닌 경우라면 참여적 리더십이 선호된다.

- 하우스(R. House)와 에반스(M. Evans)는 리더십 유형을 지시적, 지원적, 성취지향적, 참여적 리더십의 네 가지로 분류하였다. 19. 경찰승진

- 하우스(R. House)의 경로-목표이론에 따르면 참여적 리더십은 부하들이 구조화되지 않은 과업을 수행할 때 필요하다. 12. 국가직 7급

ⓒ 부하가 생리적 욕구와 안전욕구를 중시하면 지시적 리더십이 선호되고, 소속욕구와 존경욕구를 중시하면 지원적 리더십이 선호되며, 성취욕구를 중시하는 부하라면 참여적 리더십과 성취적 리더십이 선호된다.

한 번 더 정리 하우스와 에반스의 경로-목표모형

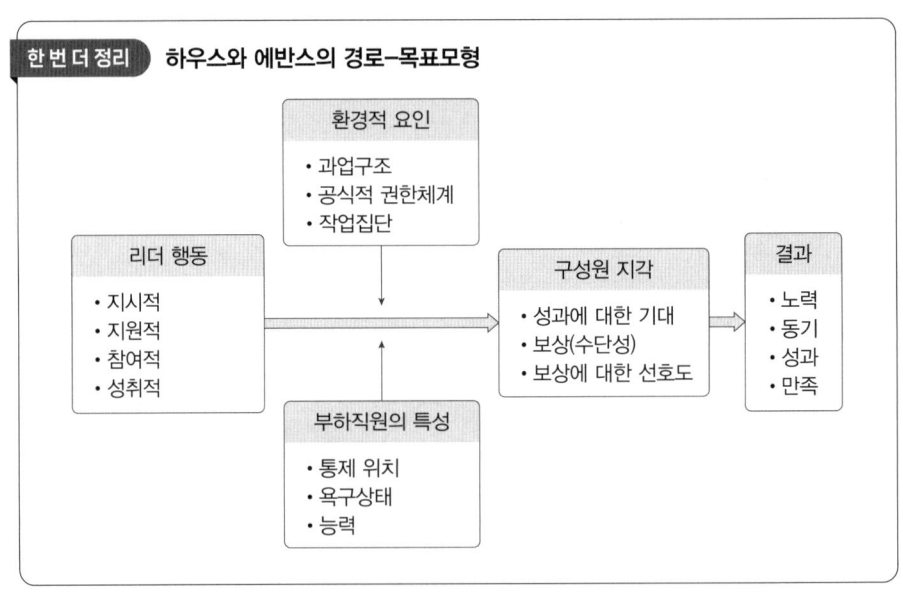

(4) 커(S. Kerr)와 저미어(J. Jermier)의 리더십 대체물 접근법(1978)

① 전통적 리더십 이론과는 달리 리더의 행동이 중요하지 않을 수 있다는 이론으로, 리더십의 중요성을 감소시키는 상황적 요인으로 대체물과 중화물을 제시하였다.

② 리더십 대체물: 리더십을 불필요하게 만드는 요인이다.

③ 리더십 중화물: 리더십의 필요성을 약화시키는 요인이다.

변수		구조(→ 지시)	배려(→ 지원)
부하의 특징	경험과 훈련	대체물	
	전문가적 성향	대체물	대체물
	보상에 대한 무관심	중화물	중화물
과업의 특징	구조화된 과업	대체물	
	빈번한 환류	대체물	
	도전적인 업무		대체물
조직의 특징	집단의 높은 응집성	대체물	대체물
	리더의 권력 결여	중화물	중화물
	규칙과 규정	대체물	
	조직적 경직성	중화물	
	리더와 부하의 공간적 거리	중화물	중화물

· 리더십 대체물 접근법에 따르면 구조화되고 일상적이며 애매하지 않은 과업은 지시적 리더십의 대체물이다. 14. 지방직 7급

· 리더십 대체물 접근법에 따르면 수행하는 과업의 결과에 대한 환류가 빈번한 것은 지시적 리더십의 대체물이다. 14. 지방직 7급

(5) 피들러(F. Fiedler)의 상황적응모형(1967)

① 의의
- ⓐ 피들러(F. Fiedler)는 리더가 가장 싫어하는 동료라는 척도(LPC)를 기준으로 관계지향형 리더와 과업지향형 리더로 구분하였다.
- ⓑ 피들러(F. Fiedler)에 의하면 싫어하는 동료를 부정적으로 평가하는 경우(→ 57점 이하) 과업지향형 리더가 바람직하고, 싫어하는 동료를 긍정적으로 평가하는 경우(→ 64점 이상) 관계지향형 리더가 바람직하다.

② 상황변수
- ⓐ 리더와 부하의 관계: 우호적이거나 신뢰관계이면 리더의 영향력이 커진다.
- ⓑ 직위권력: 직위권력이 클수록 리더의 영향력이 커진다.
- ⓒ 과업구조: 과업의 명확성과 구체성이 높으면 리더의 영향력이 커진다.

③ 결과
- ⓐ 리더십의 효과성 여부는 특정한 상황이 리더에게 유리한가의 여부에 의해 결정된다.
- ⓑ 상황이 매우 유리하거나 매우 불리한 경우에는 과업지향형이 바람직하고, 중간인 경우에는 관계지향형이 바람직하다.
- ⓒ 이는 리더십의 효과성을 제고하기 위해서는 리더의 스타일을 정확히 파악하고 상황에 맞춰 리더를 배치하는 것이 필요하다는 것을 암시한다.

리더와 추종자	업무구조	직위권력	상황판단	적합한 리더십
우호적	구조화	크다	매우 유리	과업지향형
		작다		
	비구조화	크다		
		작다	중간	관계지향형
비우호적	구조화	크다		
		작다		
	비구조화	크다	매우 불리	과업지향형
		작다		

- 피들러(F. Fiedler)의 상황적응모형에서 가장 좋아하지 않는 동료 척도(LPC: least preferred coworker)를 사용하는데, LPC 점수가 낮은 경우 과업지향형으로 분류한다.
  14. 국회직 8급

- 피들러(F. Fiedler)의 상황적합이론에서는 상황변수로 리더와 부하의 관계, 직위권력, 과업구조의 세 가지를 들고 있다.
  17. 국가직 7급

- 피들러(F. Fiedler)에 따르면 리더십의 효과성을 제고하기 위해서는 리더의 스타일을 정확히 파악하고 상황에 맞춰 리더를 배치하는 것이 필요하다.
  12. 국가직 7급

- 피들러(F. Fiedler)의 상황적응적 리더십 이론에 따르면 상황적 유리성(favorableness)이 매우 낮은 경우에는 과업지향형 리더십이 인간관계지향형 리더십보다 효과적이다.
  24. 경찰간부

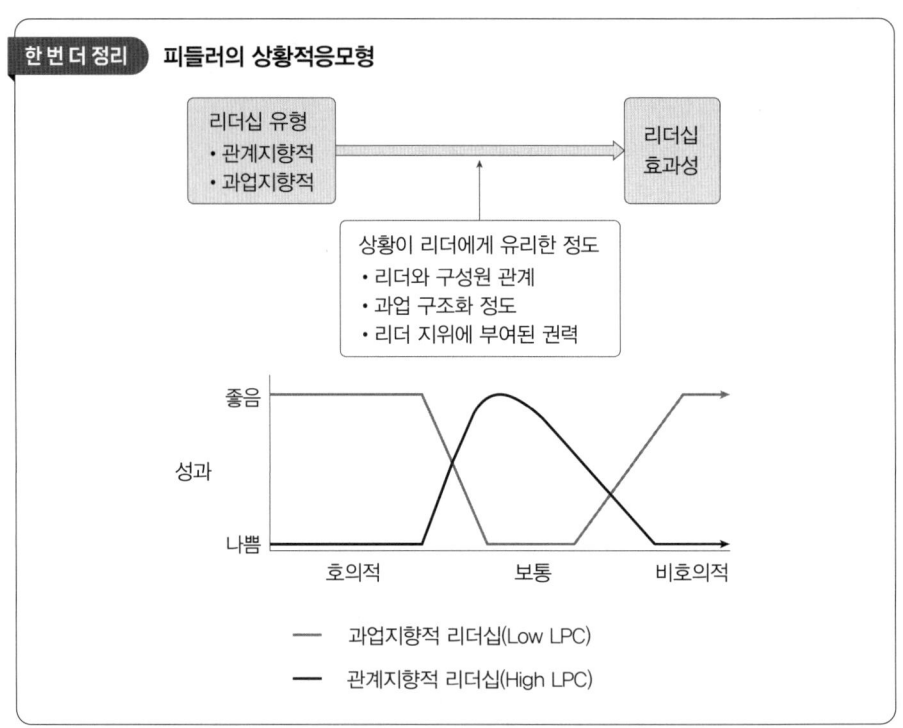

(6) 그랜(G. Graen)과 댄저로우(F. Dansereau)의 수직적 쌍방관계연결이론(1975)

① 리더와 각각의 부하 간의 관계는 서로 다를 수 있음을 강조하는 이론으로, 리더가 모든 부하를 동일하게 대하지는 않는다는 점에서 기존의 리더십 이론과 차별성을 지닌다.
② 그들에 의하면 리더는 자신이 신뢰하는 소수 부하들과 내집단을 형성한 후, 내집단에게는 책임과 자율성 있는 특별한 임무를 부여하고 외집단에게는 적은 관심과 자율성을 준다.
③ 이에 따라 내집단의 구성원이 외집단의 구성원보다 근무성과와 만족도가 높다.

(7) 레딘(W. Redden)의 3차원 모형(1970)

① 오하이오대학의 리더십 모형에 효과성이라는 상황변수를 추가하여 리더십의 유형을 구분한 이론이다.
② 레딘(W. Redden)의 모형은 과업(→ 구조)과 인간관계(→ 배려)를 기준으로 4가지 기본유형을 설정한 후 이러한 기본유형을 상황에 따라 효과적 유형과 비효과적 유형으로 구분하였다.

구분	1/1	1/9	9/1	9/9
기본유형	분리형	관계형(→ 배려)	헌신형(→ 과업)	통합형
효과적 유형	관료형	개발자형	선의의 독재형	관리자형
비효과적 유형	방관형	전도사형	독재형	타협형

- 리더-구성원 교환이론은 내집단(in-group)에 속한 구성원이 많을수록 집단의 성과가 높아진다고 본다. 24. 지방직 9급

- 리더-구성원 교환이론은 리더와 구성원이 파트너십 관계로 발전하는 과정을 '리더십 만들기'라 한다. 24. 지방직 9급

- 레딘(W. Reddin)의 3차원 모형에서 헌신형은 과업을 중시한다. 20. 국회직 9급

바로 확인문제

1. 리더십에 대한 설명으로 가장 적절하지 않은 것은? 23. 군무원 7급

① 초기 리더십 이론에서는 리더가 갖추어야 할 기본적인 자질과 행태가 중요한 연구대상이었다.
② 리더십에 있어 행태론적 접근은 공식적인 권위가 아니라 개인에 대한 관심과 배려를 보여주는 리더가 보다 효과적이라는 주장과 관련된다.
③ 행태론의 대표적 연구로 리더십 격자모형은 리더의 행태를 사람과 상황의 통합으로 다룬다.
④ 리더십의 효과는 리더와 구성원의 관계, 과업구조, 그리고 리더의 직위 권력에 의존한다는 것이 리더십 상황론이다.

정답해설 리더의 행태를 사람과 상황의 통합으로 다루는 격자모형은 리더십 상황론이다. 리더십 격자모형은 생산에 대한 관심과 인간에 대한 관심이라는 2가지 기준으로 리더십의 유형화한 후 팀형 리더가 가장 이상적이라고 설명하는 이론이다.

답 | ③

2. 리더-구성원교환이론에 대한 설명으로 옳은 것만을 모두 고르면? 24. 지방직 9급

> ㄱ. 내집단(in-group)에 속한 구성원이 많을수록 집단의 성과가 높아진다고 본다.
> ㄴ. 리더와 구성원이 파트너십 관계로 발전하는 과정을 '리더십 만들기'라 한다.
> ㄷ. 리더가 모든 구성원을 차별 없이 대우하는 공정성을 중시한다.
> ㄹ. 리더와 구성원이 점점 높은 도덕성과 동기 수준으로 서로를 이끌어 가는 상호 관계를 중시한다.

① ㄱ, ㄴ ② ㄱ, ㄹ ③ ㄴ, ㄷ ④ ㄷ, ㄹ

정답해설 ㄱ. 리더-구성원교환이론에 의하면 내집단에 속한 구성원이 외집단에 속한 구성원보다 성과가 높다.
ㄴ. 리더십 만들기(Leadership Making)는 낯선 관계 단계나 지인 관계 단계에서 벗어나 성숙한 파트너십 단계로 관계의 질을 향상시켜 나가는 의도적인 과정을 의미한다.

오답해설 ㄷ. 리더-구성원교환이론은 리더와 각각의 부하 간의 관계는 서로 다를 수 있음을 강조하는 이론이다.
ㄹ. 리더와 구성원이 점점 높은 도덕성과 동기 수준으로 서로를 이끌어 가는 상호 관계를 중시하는 것은 변혁적 리더십이다. 리더-구성원교환이론은 리더십 상황론이고, 도덕성은 리더십 자질론과 관련된다.

답 | ①

6 신자질론

(1) 의의
① 1980년대 미국적 위기를 대처하기 위해 리더의 자질에 초점을 둔 연구가 다시 등장하였다.
② 그러나 신자질론은 전통적 자질론처럼 리더의 보편적 자질을 규명하려는 것은 아니라 리더가 조직과 구성원들에게 미친 영향력을 강조하는 이론이다.

(2) 거래적 리더십과 변혁적 리더십 → 번스(J. Burns)와 바스(B. Bass)

① 거래적 리더십
  ㉠ 리더와 부하 간의 사회적 교환관계를 강조하는 리더십으로, 성과계약과 같이 교환과 거래에 기반을 둔 관리방식을 선호한다.
  ㉡ 거래적 리더십에서 리더는 부하의 욕구와 직무수행에 필요한 자원을 파악하여 그에 대한 보상과 지원을 제공하고, 부하는 그에 상응하는 노력을 통하여 리더가 제시한 과업목표를 달성한다.
  ㉢ 거래적 리더십은 폐쇄체제, 기계적 관료제, 교환모형, 예외에 의한 관리, 조건적 보상 등을 특징으로 한다.

② 변혁적 리더십
  ㉠ 안정보다는 변화를 유도하는 최고책임자의 리더십으로, 합리적 교환관계를 토대로 주장된 교환적·거래적 리더십과는 대비된다.
  ㉡ 변혁적 리더십은 조직을 위해 새로운 비전을 창출하고 그러한 비전이 실현될 수 있도록 지지를 확보하는 리더십으로, 다양성과 적응성이 요구되는 유기적 조직에 적합하다.

③ 변혁적 리더십의 속성
  ㉠ 카리스마: 리더는 구성원들에게 비전과 사명감을 제시하고, 존경과 신뢰를 얻어 자긍심을 고취시키며, 구성원들은 리더를 따르고, 비전을 공유하여 함께 달성하고자 한다.
  ㉡ 영감: 리더는 구성원들에게 높은 기대감을 전달하고, 상징적인 행동과 명료한 메시지를 통해 노력을 촉진시키며, 구성원들은 리더의 열정에 영향을 받아 자신의 잠재력을 최대한 발휘하고자 한다.
  ㉢ 지적 자극: 리더는 구성원들에게 새로운 아이디어를 제시하고, 창의적인 문제해결을 장려하며, 구성원들은 지능과 합리성을 바탕으로 신중한 문제해결과 새로운 지식을 습득하고자 한다.
  ㉣ 개별적 배려: 리더는 구성원 개개인의 필요와 발전에 관심을 가지고 개별적인 지도와 코칭을 제공하고, 구성원들은 리더의 지지와 격려를 통해 자신의 역량을 개발하여 성장하고자 한다.

구분	거래적 리더십	변혁적 리더십
환경관	폐쇄체제	개방체제
성격	현상유지	변화지향
시야	능률 지향적이고 단기적	적응 지향적이고 장기적
구조	기계적 관료제	임시구조
동기부여	리더와 부하의 교환관계	영감과 비전의 제시

- 변혁적 리더십은 조직이 나아갈 비전을 제시하고 구성원들로 하여금 비전을 공유할 수 있도록 만든다. 13. 국가직 7급
- 변혁적 리더십은 카리스마, 개별적 배려, 지적 자극, 영감(inspiration) 등을 강조한다. 17. 국회직 8급
- 변혁적 리더십은 부하의 변화 측면에 초점을 맞추어 재량권을 부여하고 부하를 리더로 키운다. 13. 국가직 7급
- 변혁적 리더십은 리더가 부하에게 특별한 관심을 보이거나 자긍심과 신념을 심어준다. 19. 지방직 9급
- 변혁적 리더십이 거래적 리더십보다 늘 행정에 유용한 것은 아니다. 15. 서울시 9급

(3) 카리스마 리더십

① 카리스마 리더십은 리더가 난관을 극복하고 현상에 대한 각성을 확고하게 표명함으로써 부하에게 자긍심과 신념을 심어 주는 리더십이다.
② 카리스마 리더십은 리더의 높은 자신감과 강한 동기, 도덕적 정당성에 대한 강한 신념 등을 강조하고, 뛰어난 비전과 개인적 위험의 감수 의지, 관습에 얽매이지 않는 전략, 부하들에 대한 계몽과 자신감의 전달, 개인적 권력의 활용 등을 특징으로 한다.

- 카리스마적 리더십은 리더십 자질론에 속한다. 06. 국가직 7급
- 카리스마적 리더십은 리더가 특출한 성격과 능력으로 추종자들의 강한 헌신과 리더와의 일체화를 이끌어내는 리더십이다. 13. 지방직 9급

바로 확인문제

1. 변혁적 리더십에 대한 설명으로 옳지 않은 것은? 23. 지방직 9급

① 도전적 목표와 임무, 미래에 대한 비전을 추구하도록 격려한다.
② 구성원 개개인에게 관심을 가지고 배려한다.
③ 상황적 보상과 예외 관리를 특징으로 한다.
④ 새로운 관점에서 문제를 재구성하고 해결책을 찾도록 자극한다.

정답해설 상황적 보상과 예외 관리를 특징으로 하는 것은 거래적 리더십이다.
오답해설 ① 도전적 목표와 임무, 미래에 대한 비전을 추구하도록 격려하는 것을 영감이라 한다.
② 구성원 개개인에게 관심을 가지고 배려하는 것을 개별적 배려라 한다.
④ 새로운 관점에서 문제를 재구성하고 해결책을 찾도록 자극하는 것을 지적 자극이라 한다.

답 | ③

2. 바스(B. Bass) 등이 제시한 변혁적 리더십(transformational leadership)에 대한 설명으로 옳지 않은 것은? 15. 지방직 7급

① 리더는 구성원 개개인의 니즈에 관심을 가지며 잠재력 개발을 돕는다.
② 리더는 성과계약과 같이 교환과 거래에 기반한 관리방식을 활용한다.
③ 리더는 혁신적이고 창조적인 관점에서 해결책을 구하도록 구성원을 자극하고 변화를 유도한다.
④ 리더는 조직이 나아갈 비전을 제시하고 구성원들과의 소통을 통하여 이를 공유하고자 한다.

정답해설 성과계약과 같이 교환과 거래에 기반한 관리방식을 활용하는 것은 거래적 리더십이다.

답 | ②

CHAPTER 06 마무리 기출 OX

다음 내용이 맞으면 O, 틀리면 X에 표시하시오.

01 1940년대 말을 기점으로 하여 1970년대 중반까지 널리 받아들여졌던 행태주의 견해에 의하면 갈등이란 조직 내에서 필연적으로 발생하는 현상이다. 17. 국회직 8급 ○ | ✕

02 집단 간 갈등의 해결은 구조적 분화와 전문화를 통해서 찾을 필요가 있다. 14. 국회직 8급 ○ | ✕

03 토마스(K. Thomas)는 자신의 이익과 상대방의 이익을 만족시키려는 정도라는 두 가지 차원을 기준으로 갈등의 유형을 구분하여 설명한다. 12. 지방직 9급 ○ | ✕

04 협동(collaboration)은 갈등 당사자들이 서로 양보하여 갈등을 해결하는 것으로 분명한 승자나 패자가 없다는 특징으로 지닌다. 16. 국회직 8급 ○ | ✕

05 프렌치(J. French)와 레이븐(B. Raven)은 권력의 원천으로 상징(symbol), 강제력(coercion), 전문성(expertness), 준거(reference) 등을 제시하였다. 18. 국가직 9급 ○ | ✕

06 화이트(R. White)와 리피트(R. Lippitt)는 행태론적 접근방식에 기반하여 리더십 유형을 분류한다. 23. 국회직 8급 ○ | ✕

07 허시(P. Hersey)와 블랜차드(K. Blanchard)의 생애주기이론에 따르면 효과적 리더십을 위해서는 리더가 부하의 성숙도에 따라 다른 행동양식을 보여야 한다. 12. 국가직 7급 ○ | ✕

08 상황적응적 리더십 모형의 주창자 중 하나인 피들러(Fiedler)는 리더-구성원 관계, 직무구조, 직위권력 등 3가지 변수를 중요한 상황요소로 설정하였다. 23. 국가직 7급 ○ | ✕

09 거래적 리더십은 리더가 부하로 하여금 형식적 관례와 사고를 다시 생각하게 함으로써 새로운 관념을 촉발시키는 리더십이다. 13. 지방직 9급 ○ | ✕

10 변혁적 리더십은 구성원 개개인에게 관심을 가지고 배려하며, 상황적 보상과 예외관리를 특징으로 한다. 23. 지방직 9급 ○ | ✕

정답 및 해설

01 ○ **02** ✕ **03** ○ **04** ✕ **05** ✕ **06** ○ **07** ○ **08** ○ **09** ✕ **10** ✕

02 구조적 분화와 전문화는 할거주의를 조장하므로 갈등이 심화될 수 있다.
04 서로 양보하여 갈등을 해결하는 것으로 분명한 승자나 패자가 없는 것은 타협이다.
05 프렌치(J. French)와 레이븐(B. Raven)은 권력의 유형을 강요적 권력, 보상적 권력, 정통적 권력, 준거적 권력, 전문적 권력으로 나누었다. 상징은 이에 포함되지 않는다.
09 부하로 하여금 형식적 관례와 사고를 다시 생각하게 함으로써 새로운 관념을 촉발시키는 리더십은 변혁적 리더십이다.
10 상황적 보상과 예외관리를 특징으로 하는 것은 거래적 리더십이다.

CHAPTER 07 조직 수준의 조직행동

```
조직 수준의 ─┬─ 조직문화                    B
조직행동      └─ 조직의 효과성              A
```

01 조직문화

1 의의

① 조직문화란 구성원들이 공유하는 보편적인 생활양식 또는 행동양식의 총체를 의미하며, 구성원의 가치체계, 신념체계, 사고방식의 복합체 등으로 표현된다.
② 조직문화는 보편성과 개별성의 양면성을 동시에 지니며, 다양한 하위문화로 분화되지만 전체적으로는 통합성을 유지한다.
③ 조직문화는 전체적으로는 변화 저항적이고 안정적이지만 서서히 동태적으로 변화된다.

2 기능

① 조직문화는 구성원들에게 정체성을 제공하여 조직을 묶어주는 접착제 역할을 한다.
② 조직문화가 강할 경우 조직에 바람직하지 않은 행동이 강제수단 없이도 억제될 수 있으며, 다른 조직과의 경계를 명확히 인식하게 하여 경계를 둘러싼 갈등을 최소화할 수 있다.
③ 다만, 강한 조직문화는 자기 문화에 대한 정체성이 강해 새로운 문화를 받아들이는 데 저항적일 수 있고, 사고와 행동의 유연성과 창의성을 제약하는 요인이 될 수 있다.
④ 따라서 조직의 성숙 또는 쇠퇴 단계에서 강한 조직문화는 오히려 조직혁신의 제약요인으로 작용할 수 있다.

기선 제압

- 조직문화는 조직구성원들의 행동을 형성시킨다. 18. 서울시 9급
- 행정문화는 구성원의 사고와 행동을 결정하는 요인이다. 12. 서울시 9급
- 행정문화는 통합성을 유지하면서 하위문화를 포용한다. 12. 서울시 9급
- 조직문화는 조직에 대한 충성심과 복종심을 유발시킨다. 05. 국가직 9급
- 조직문화는 조직의 생산성이나 경쟁력을 좌우하기도 한다. 05. 국가직 9급

> **바로 확인문제**

1. 조직문화의 일반적 기능에 관한 설명으로 가장 옳지 않은 것은? 18. 서울시 9급
① 조직문화는 조직 구성원들에게 소속 조직원으로서의 정체성을 제공한다.
② 조직문화는 조직 구성원들의 행동을 형성시킨다.
③ 조직이 처음 형성되면 조직문화는 조직을 묶어주는 접착제 역할을 한다.
④ 조직이 성숙 및 쇠퇴 단계에 이르면 조직문화는 조직혁신을 촉진하는 요인이 된다.

정답해설 조직이 성숙 및 쇠퇴 단계에 이르면 조직문화는 조직혁신을 저해하는 요인이 될 수 있다.

답 | ④

02 조직의 효과성

1 의의

① 효과성이란 조직의 목표달성도 혹은 조직의 성공도 및 건전성을 뜻한다.
② 전통적 접근방법은 특정 측면만으로 효과성을 측정하였으나, 현대적 접근방법은 복수지표에 의해 효과성을 측정하고자 한다.

2 전통적 접근방법

(1) 목표모형

① 조직이 의도한 목표의 달성도를 기준으로 조직의 효과성을 평가하는 모형이다.
② 조직의 이상과 실제를 비교하여 효과성을 평가하는 모형으로, 실적과 실적을 서로 비교하는 체제모형과 대비된다.
③ 환경의 안정성을 기반으로 하는 고전적 행정이론과 목표관리(MBO) 등이 이에 속한다.

> • 조직의 효과성에 관한 목표모형은 조직의 목표달성에 초점을 두고, 그 평가기준은 조직이 설정한 목표에 의하는 것이다.   05. 국가직 7급
>
> • 조직의 효과성에 관한 체제모형은 목표나 산출보다는 목표달성을 위해 필요로 하는 수단에 초점을 둔다.   05. 국가직 7급

(2) 체제자원모형

① 체제로서 기능적 요건을 수행하는 정도를 기준으로 조직의 효과성을 평가하는 모형이다. 특히, 환경으로부터 자원을 획득하는 능력을 중시하기에 체제자원모형이라 한다.
② 체제자원모형은 조직의 투입(→ 수단) 측면에 초점을 맞추어 효과성을 측정하고, 결과보다는 과정을 중시하는 모형으로, 조직발전(OD)이 이에 속한다.

(3) 내부과정모형

① 조직 내부 인적자원의 상태에 대한 평가를 통해 조직의 효과성을 측정하는 모형이다. 특히, 동기부여, 의사소통, 팀워크 등 인적자원관리와 인간관계를 중시한다.
② 다만, 심리적 요소와 관련되어 있어 평가기준의 개발과 측정이 어렵다는 비판을 받는다.

> **한 번 더 정리** 조직의 효과성모형

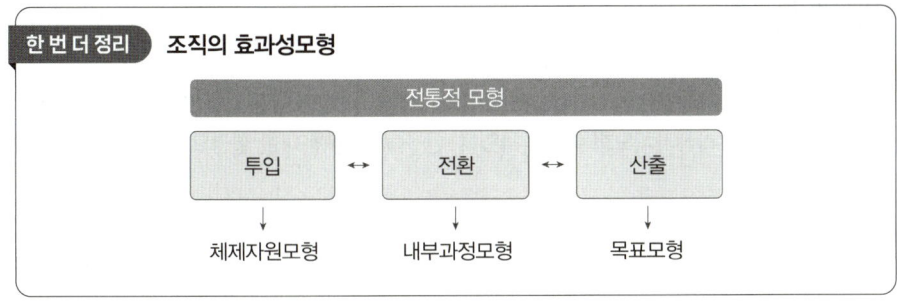

3 현대적 접근방법

(1) 참여자 이익모형 → 전략적 이해관계자 접근법
① 조직에 참여하는 내·외 이해관계자의 만족도를 기준으로 조직의 효과성을 측정하는 모형이다.
② 참여자들의 다원적이고 심리적인 입장을 중시하나, 다양한 심리적 만족을 측정할 수 있는 기준의 설정이 곤란하다는 한계를 지닌다.

(2) 경쟁가치접근법(1983) → 퀸(R. Quinn)과 로보그(J. Rohrbaugh)
① 조직이 외부·내부 중 어디에 초점을 두고 있는지와 조직구조가 통제와 융통성 중 어떤 것을 강조하는지를 기준으로 조직의 효과성에 관한 네 가지 경쟁모형을 도출하였다.
② 그리고 조직의 성장단계에 따라 조직의 효과성을 평가하는 모형을 달리 적용한다.
③ 조직의 성장단계
　㉠ 창업단계: 개방체제모형을 적용하여 효과성을 측정하며, 혁신과 창의성을 중시한다.
　㉡ 집단공동체단계: 인간관계모형을 적용하며, 의사전달과 협동심을 강조한다.
　㉢ 공식화단계: 합리목표모형과 내부과정모형을 적용하며 규칙과 절차 및 효율성과 안정을 중시한다.
　㉣ 구조정교화단계: 다시 개방체제모형을 적용하며, 환경에의 적응과 변화 및 성장을 강조한다.

구분	외부(→ 조직 그 자체)	내부(→ 조직 속의 인간)
통제(→ 안정)	합리목표모형	내부과정모형
융통성	개방체제모형	인간관계모형

구분	목적	수단
합리목표모형	생산성 및 능률성	기획, 목표설정, 합리적 통제 등
내부과정모형	안정성과 통제 및 감독	정보관리와 의사소통 등
개방체제모형	성장과 자원의 획득 및 환경 적응	유연성, 용이함, 혁신 등
인간관계모형	인적자원의 개발, 능력발휘, 직무만족	응집력 및 사기 등

- 조직의 효과성에 관한 경쟁가치모형은 내부 대 외부, 그리고 통제성 대 유연성을 기준으로 인간관계모형, 개방체제모형, 내부과정모형, 합리적 목표모형 등 네 가지로 구분한다. 20. 국회직 8급

- 개방체제모형은 조직의 외부에 초점을 두며 융통성을 강조하는 경우의 평가유형이다. 14. 서울시 7급

- 내부과정모형은 안정성을 강조해 의사소통을 중시한다. 20. 군무원 7급

- 인간관계모형은 조직구성원들의 응집력과 사기를 높이는 것을 중시한다. 20. 군무원 7급

바로 확인문제

1. 퀸과 로보그(Quinn & Rohrbaugh)는 조직의 초점을 어디에 두는가와 조직구조의 성격에 따라 네 가지 효과성가치모형을 제시하였다. ㉠~㉣ 모형에 대한 설명으로 옳은 것은?

17. 지방직 7급

구조 초점	안정성(통제)	유연성(융통성)
내부	㉠	㉡
외부	㉢	㉣

① ㉠ 모형은 조직의 생산성, 능률성, 수익성을 달성하는 것이 목표가치이며, 그 수단으로서 계획과 목표 설정이 강조된다.
② ㉡ 모형의 목표가치는 인적자원 개발이며, 그 수단으로서 조직 구성원의 응집성, 사기 및 훈련 등이 강조된다.
③ ㉢ 모형의 목표가치는 성장과 자원 획득 등이며, 그 수단으로서 준비성과 외부평가 등이 강조된다.
④ ㉣ 모형은 조직의 균형을 확보하는 것이 목표가치이며, 그 수단으로서 정보관리와 의사소통 등이 강조된다.

정답해설 ㉡은 인간관계모형이다. 목표가치는 인적자원의 개발이며, 그 수단으로서 구성원의 응집성, 사기 및 훈련 등이 강조된다.

오답해설 ① ㉠은 내부과정모형이다. 조직의 안전성과 균형의 확보를 목표로 하며, 그 수단으로서 정보관리와 의사소통 등을 강조한다.
③ ㉢은 합리목표모형이다. 조직의 생산성, 능률성, 수익성을 목표로 하며, 그 수단으로서 계획과 목표 설정 등을 강조한다.
④ ㉣은 개방체제모형이다. 성장과 자원의 획득을 목표로 하며, 그 수단으로서 융통성과 외적 평가 등을 강조한다.

답 | ②

- 균형성과표(BSC)는 재무지표 중심의 기존 성과관리의 한계를 극복하기 위한 것이다. 15. 국가직 9급

- 균형성과표(BSC)는 재무적 성과지표와 비재무적 성과지표를 통한 균형적인 성과관리 도구라고 할 수 있다. 21. 지방직 9급

- 균형성과표(BSC)는 조직의 비전과 목표, 전략으로부터 도출된 성과지표의 집합체이다. 15. 국가직 9급

- 균형성과표(BSC)는 추상성이 높은 비전에서부터 구체적인 성과지표로 이어지는 위계적인 체제를 가진다. 15. 국회직 8급

4 균형성과표(BSC)

(1) 의의

① 기업의 사명과 전략을 측정하고 관리할 수 있는 포괄적인 측정지표의 하나로, 추상성이 높은 비전에서부터 구체적인 성과지표로 이어지는 위계적 체제를 가진 조직의 평가지표이다.
② 미션-비전-전략목표-성과목표-성과지표로 내려가는 하향적 접근방식을 취하며, 개인이 아닌 조직 그 자체에 대한 평가시스템이다.
③ 균형성과표는 재무지표 중심의 기존 성과관리의 한계를 극복하기 위해 개발된 것으로, 재무적인 측면과 더불어 비재무적 측면에서 성과를 종합적으로 평가하는 성과기록표이며, 현재의 상황뿐만 아니라 미래에 대한 경고의 역할도 제시할 수 있다.

④ 균형성과표는 일반적으로 재무관점, 고객관점, 내부과정관점, 학습과 성장관점으로 구성되지만 여기에 인적자원, 종업원 만족, 환경, 커뮤니티 등을 추가하기도 한다.
⑤ 균형성과표는 과정과 결과 중 어느 하나만을 강조하는 것이 아니라 이들 간의 통합적 균형을 추구하며, 고객이라는 외부요소뿐만 아니라 내부과정이라는 업무처리요소도 함께 중시한다.
⑥ 균형성과표의 장점은 거시적이고 추상적인 조직목표와 실천적 행동지표 간의 인과관계를 확보함으로써 조직의 전략과 기획을 실행에 옮길 수 있게 한다는 것이다.
⑦ 또한 잘 개발된 균형성과표는 구성원들에게 조직의 비전과 전략에 대한 설명기능을 지니고 있어 구성원 간 의사소통의 도구가 될 수 있다.
⑧ 균형성과표는 이전의 관리방식인 총체적품질관리나 목표관리와 크게 다른 것은 아니며, 다만 거기에서 좀 더 진화된 모형이라 평가받고 있다.

(2) 핵심지표

① **재무**: 전통적 시각으로, 수익성과 성장률 및 주주의 가치 등을 강조하며, 학습과 성장, 내부프로세스, 고객지표의 결과에 의해 좌우되는 후행지표의 성격이 강하다. 민간은 재무관점이 성공의 핵심이지만, 공공부문의 경우 목표가 아닌 제약조건으로 작용된다.
② **고객**: 외부 시각으로, 고객만족도, 정책순응도, 민원인의 불만율, 신규 고객의 증감률 등을 강조한다. 특히, 정부의 경우 재무관점보다는 고객관점을 가장 중시한다.
③ **내부과정**: 내부 시각으로, 정책결정, 정책집행, 재화와 서비스의 전달 등을 포괄하는 넓은 의미를 지니며, 통합적인 일처리 절차를 중시하고, 의사결정에의 시민참여, 적법절차, 조직 내 커뮤니케이션 구조 및 공개 등으로 측정된다.
④ **학습과 성장**: 미래 시각으로, 학습동아리 수, 제안건수, 직무만족도 등을 강조한다. 나머지 다른 세 관점의 토대가 되는 가장 하부적인 관점이며, 민간부문과 정부부문이 큰 차이를 둘 필요가 없는 영역이지만 정부조직은 업무의 결과가 무형적이므로 학습과 성장의 지표로부터 지원받아 성과를 창출할 가능성이 상대적으로 크다.

(3) 목표관리(MBO)와의 비교

구분	목표관리(MBO)	균형성과표(BSC)
차이점	① 구체적이고 단기적인 목표 ② 내부시각 ③ 양적지표 중시	① 거시적이고 장기적인 목표 ② 내부시각과 외부시각의 균형 ③ 양적지표와 질적지표의 균형
유사점	① 구성원의 참여와 평가 및 환류의 중시 ② 우리나라 성과평가제도로 도입	

· 재무적 관점의 성과지표로는 매출, 자본수익률, 예산 대비 차이 등이 있다. 19. 국회직 8급

· 정부는 성과평가에 있어서 재무적 관점보다는 국민이 원하는 정책을 개발하고 재화와 서비스를 제공하는지에 대한 고객의 관점을 중요한 위치에 놓는다. 19. 국회직 8급

· 고객 관점에서의 성과지표에는 고객만족도, 정책순응도, 민원인의 불만율, 신규 고객의 증감 등이 있다. 14. 지방직 9급

· 내부프로세스 관점의 성과지표에는 의사결정 과정의 시민참여, 적법적 절차, 커뮤니케이션 구조 등이 있다. 14. 지방직 9급

· 학습과 성장 관점의 성과지표에는 학습동아리 수, 제안건수, 직무만족도 등이 있다. 14. 지방직 9급

> **바로 확인문제**

1. 공공부문의 성과관리를 강화하기 위해 균형성과표(BSC: Balanced Score Card)를 도입할 경우 중시해야 할 관점으로 옳지 않은 것은? _{18. 지방직 7급}

① 공기업 재정운영의 효율성을 제고하기 위해 직원 보수를 조정한다.
② 공무원의 능력향상을 위해 전문적 직무교육을 강화한다.
③ 시민들의 행정서비스 만족도를 제고하기 위해 노력한다.
④ 상향식 접근방법에 기초해 공무원의 개인별 실적평가를 중시한다.

정답해설 균형성과표는 하향적 접근방법(미션-비전-전략목표-성과목표-성과지표)에 기초하고 있으며, 개인이 아닌 조직 그 자체에 대한 평가시스템이다.

오답해설 ① 공공부문의 경우 직원 보수는 예산에 해당하므로 재무관점의 지표에 해당한다.
② 공무원의 능력향상을 위한 전문적 직무교육의 강화는 학습과 성장의 지표에 해당한다.
③ 시민들의 행정서비스 만족도를 제고하기 위한 노력은 고객관점의 지표에 해당한다.

답 | ④

2. 다음 중 균형성과표(Balanced Score Card)에서 강조하는 네 가지 관점으로 옳지 않은 것은? _{18. 국회직 8급}

① 재무적 관점   ② 프로그램적 관점
③ 고객관점   ④ 내부프로세스관점
⑤ 학습과 성장관점

정답해설 균형성과표(Balanced Score Card)는 재무관점, 고객관점, 내부과정관점, 학습과 성장관점으로 구성되어 있다.

답 | ②

CHAPTER 07 마무리 기출 OX

다음 내용이 맞으면 O, 틀리면 X에 표시하시오.

01 조직문화는 구성원의 사고와 행동을 결정하는 요인으로, 개인에 의해 표현되지만 집합적이고 공유적이다. 05. 국가직 9급 ○ | ✕

02 조직문화는 소속 조직원으로서의 정체성을 제공하여 조직을 묶어주는 접착제 역할을 한다. 05. 국가직 9급 ○ | ✕

03 합리목표모형은 조직구조에서 통제를 강조하고 조직 그 자체보다는 조직 내 인간을 강조한다. 18. 경찰간부 ○ | ✕

04 내부과정모형은 조직구조에서 통제를 강조하고 조직 그 자체보다는 조직 내 인간을 중시하는 모형이다. 18. 경찰간부 ○ | ✕

05 균형성과표는 결과에 초점을 둔 재무지표 방식의 성과관리에 대한 대안으로 개발되었다. 22. 국회직 8급 ○ | ✕

06 균형성과표(BSC)는 추상성이 높은 비전에서부터 구체적인 성과지표로 이어지는 위계적인 체제를 가진다. 15. 국회직 8급 ○ | ✕

07 균형성과표(BSC)는 과정 중심의 성과관리보다는 결과 중심의 성과관리에 초점을 맞춘다. 15. 국가직 9급 ○ | ✕

08 균형성과표(BSC)의 무형자산에 대한 강조는 성과평가의 시간에 대한 관점을 단기에서 장기로 전환시킨다. 17. 지방직 9급(하) ○ | ✕

09 균형성과표(BSC)의 고객 관점 성과지표에는 고객만족도, 신규 고객 증가 수 등이 있다. 17. 지방직 9급(하) ○ | ✕

10 균형성과표(BSC)의 학습과 성장 관점은 구성원의 능력개발이나 직무만족과 같이 주로 인적자원에 대한 성과를 포함한다. 17. 지방직 9급(하) ○ | ✕

정답 및 해설

01 ○ 02 ○ 03 ✕ 04 ○ 05 ○ 06 ○ 07 ✕ 08 ○ 09 ○ 10 ○

03 합리목표모형은 조직 내 인간보다는 조직 그 자체를 중시하는 모형이다.
07 균형성과표(BSC)는 과정과 결과 중 어느 하나를 강조하는 것이 아니라 이들 간의 인과성을 바탕으로 통합적 균형을 추구한다.

CHAPTER 08 조직개혁론

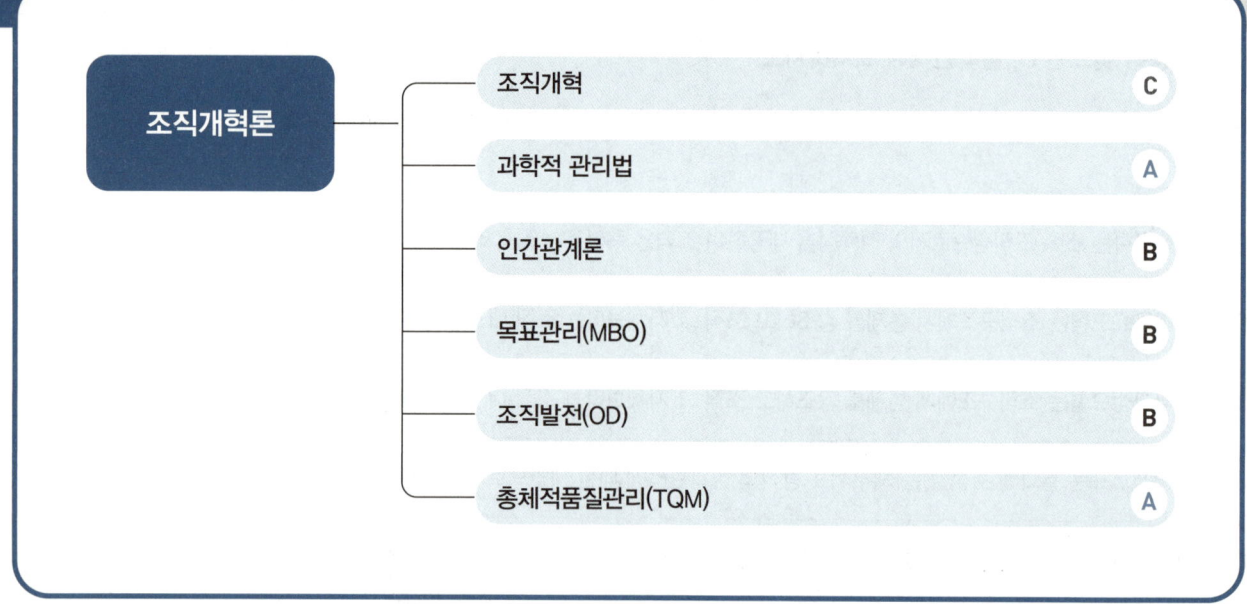

기선 제압

- 레빈(K. Lewin)은 조직 변화의 과정을 현재 상태에 대한 해빙(unfreezing), 원하는 상태로의 변화(moving), 새로운 변화가 지속될 수 있도록 재동결(refreezing)하는 3단계로 제시하였다. 23. 지방직 7급

01 조직개혁   C

1 의의

(1) 개념

① 조직개혁이란 조직의 바람직한 방향을 설정하고 의도적 변화를 유도하기 위한 총체적 작용을 뜻한다.
② 조직개혁은 조직의 구조·기술·행태 측면 모두에 중점을 둔다는 점에서 행태에 초점을 두는 조직발전보다는 포괄적 개념이다.

(2) 특징

① 의도적으로 설정된 목표를 추구하는 동태적이고 행동지향적인 현상이다.
② 포괄적 연계성을 지닌 지속적인 현상이다.
③ 기득권의 변화를 가져오므로 필연적으로 저항이 수반된다.

2 과정

① 레빈(K. Lewin): 해동, 변화의 이행(→ 순응, 동일화, 내면화), 재동결 순
② 코터(J. Kotter): 긴박감의 조성, 변화 추진 세력의 구성, 변화의 비전과 전략의 수립, 비전에 대한 의사소통, 구성원이 비전에 따라 행동하도록 하는 권한의 창출, 단기적인

성과를 얻기 위한 계획의 수립과 실천, 달성된 성과의 통합과 후속 변화의 창출, 새로운 접근방법을 조직문화 및 제도로 정착 순

> **바로 확인문제**
>
> **1.** 코터(J. Kotter)의 변화관리모형의 8단계를 순서대로 배열한 것은?   15. 국회직 8급
>
> ① 위기감 조성 → 변화추진팀 구성 → 비전개발 → 비전전달 → 임파워먼트 → 단기성과 달성 → 지속적 도전 → 변화의 제도화
> ② 위기감 조성 → 비전개발 → 비전전달 → 임파워먼트 → 단기성과 달성 → 변화의 제도화 → 변화추진팀 구성 → 지속적 도전
> ③ 단기성과 달성 → 위기감 조성 → 변화추진팀 구성 → 비전개발 → 비전전달 → 임파워먼트 → 지속적 도전 → 변화의 제도화
> ④ 변화추진팀 구성 → 비전개발 → 비전전달 → 임파워먼트 → 단기성과 달성 → 지속적 도전 → 위기감 조성 → 변화의 제도화
> ⑤ 위기감 조성 → 변화추진팀 구성 → 단기성과 달성 → 비전개발 → 비전전달 → 임파워먼트 → 지속적 도전 → 변화의 제도화
>
> **정답해설** 코터(J. Kotter)는 변화관리의 단계를 위기감 조성, 변화추진팀 구성, 비전개발, 비전전달, 임파워먼트, 단기성과 달성, 지속적 도전, 변화의 제도화의 순으로 정리하였다.
>
> 답 | ①

02 과학적 관리법

1 의의

① 과학적 관리법은 고용의 감축과 임금의 인하 없이 생산성의 증대를 통해 노사의 공동이익을 도모하기 위해 전개된 19C말 경영합리화 운동이다.
② 과학적 관리법은 과학적 분석에 의한 유일 최선의 법칙 발견, 생산성의 향상을 통한 노사 공동이익의 증진, 경제적 유인에 의한 동기유발, 명확한 조직목표와 반복적 업무 등을 기본가정으로 이론을 전개한다.

2 내용

(1) 테일러(F. Taylor) 시스템 → 과업관리

① 정신혁명 → 사고방식의 대전환
  ㉠ 테일러(F. Taylor)는 「The principles of scientific management」(1911)에서 '시간과 동작연구'를 통해 생산의 극대화를 가져올 수 있는 최선의 길을 모색하고자 하였다.
  ㉡ 과학적 관리법은 관리자가 과학적 분석을 통해 업무수행을 위한 최선의 법칙을 발견할 수 있다고 가정하기에 과업은 관리자에 의해 하향적으로 설정되어야 한다.

• 과학적 관리법은 조직의 목표가 명확하게 주어졌다고 가정한다.
   21. 경찰간부

• 과학적 관리법에 따르면 노동자가 과업을 완수하는 경우 높은 보상, 실패하는 경우 손실을 받게 된다.
   20. 군무원 9급

• 과학적 관리론은 과학적 분석을 통해 업무수행에 적용할 유일 최선의 방법을 발견할 수 있다고 전제한다.
   18. 국회직 8급

• 테일러(F. Taylor)는 관리의 지도원리로 계획, 표준화, 능률화 등을 제시하였다.
   23. 국회직 8급

• 과학적 관리법에 의하면 업무와 인력의 적정한 결합은 노동자가 아닌 관리자에 의해 결정되어야 한다.
   21. 국가직 9급

ⓒ 그리고 조직 내 인간을 경제적 유인에 의해 동기가 유발되는 타산적 존재로 가정하고, 조직이 추구하는 가치로서 기계적 능률성을 중시하였다.

ⓓ 과학적 관리법은 직무를 분석하여 각 직무마다 표준화된 작업방법들을 개발하고, 노동자의 생산량을 기준으로 임금을 지불하는 차별적 성과급제를 도입했다.

② 과업관리
  ㉠ 일류 직공의 시간 및 동작연구를 통한 작업 여건과 도구의 표준화를 통한 적정 과업량의 설정
  ㉡ 성과에 따른 차별적 성과급의 지급
  ㉢ 8명의 전문 감독자(→ 감독의 분업)를 둔 기능적 직장제도의 도입
  ㉣ 관리자는 예외만 담당하고 일상적 업무는 위임하는 예외에 의한 관리
  ㉤ 권한과 책임의 명확한 규정, 계획과 집행의 분리, 기능적 조직의 구성, 기준설정에 따른 통제 등

③ 기업관리 4대원칙
  ㉠ 유일 최선의 방법을 규정한 업무기준의 과학적 설정
  ㉡ 구성원의 과학적 선발과 훈련
  ㉢ 일과 사람의 적정한 결합
  ㉣ 관리자와 근로자 간 적정한 업무와 책임의 분담

(2) 페이욜(H. Fayol) 시스템 → 전체관리

① **일반 및 산업관리론**(1916): 생산공정에 대한 관리를 넘어, 기술·경영·재무·회계 등 조직의 전반적 관리가 생산성에 미치는 영향을 종합적으로 분석하였다.

② 특히 조직관리의 14대 원칙을 제시했고, 이는 귤릭(L. Gulick)의 POSDCoRB에 영향을 주었다.

③ 테일러(F. Taylor)와 달리 최고층의 업무에 초점을 두었다는 점에서 하향적 접근방법으로 분류된다.

· 페이욜(H. Fayol)은 최고관리자의 관점에서 14가지 조직관리의 원칙을 제시하였다. 22. 국회직 8급

3 평가

(1) 공헌
① 과학적 관리법은 과학적 분석에 입각한 조직관리의 이론적 토대를 확립하였다.
② 기계적 능률성의 향상을 가져왔고, 사무관리론과 관리과학의 발전에 기여하였다.
③ 행정조사 및 행정개혁운동의 원동력으로 작용하여 행정학 성립에 공헌하였다.

(2) 한계
① 경제적 욕구만을 강조하므로 인간에 대한 인식이 편협하고, 기계적 능률성만을 강조하므로 인간을 기계화·도구화하였다는 비판을 받는다.
② 조직의 공식적 측면만 인식하고 비공식적 측면은 간과하였으며, 폐쇄체계 시각이므로 환경과의 관계는 인식하지 못하였다.

> **바로 확인문제**

1. 테일러(F. Taylor)의 과학적 관리론에 대한 설명으로 옳지 않은 것은? <small>21. 국가직 9급</small>

① 관리자는 생산의 증진을 통해서 노·사 모두를 이롭게 해야 한다.
② 조직 내의 인간은 사회적 욕구에 의해 동기가 유발된다고 전제한다.
③ 업무와 인력의 적정한 결합은 노동자가 아닌 관리자에 의해 결정되어야 한다.
④ 업무수행에 관한 유일 최선의 방법을 찾기 위해 동작연구와 시간연구를 사용한다.

정답해설 과학적 관리법은 조직 내의 인간을 경제적 유인에 의해 동기가 유발되는 타산적 존재로 가정한다.

오답해설 ① 테일러(F. Taylor)는 생산성과 임금에 있어 고용주와 종업원 간에 이견이 없다고 가정한다.
③ 과학적 관리법은 관리자가 과학적 분석을 통해 업무수행을 위한 최선의 법칙을 발견할 수 있다고 가정하므로 과업은 관리자에 의해 하향적으로 설정된다.
④ 테일러(F. Taylor)는 시간과 동작연구를 통해 생산의 극대화를 가져올 수 있는 최선의 길이 있다고 보았다.

답 | ②

2. 테일러(F. Taylor)의 과학적 관리론에 대한 설명으로 옳지 않은 것은? <small>20. 군무원 9급</small>

① 테일러(F. Taylor)는 과학적 관리의 핵심을 개인적 기술에 두고, 노동자가 발전된 과학적 방법에 따라 작업이 되도록 한다.
② 어림식 방법을 지양하고 작업의 기본적 요소의 발견과 수행방법에 대해 과학적 방법을 발전시킨다.
③ 과업은 일류의 노동자만이 달성할 수 있는 충분한 것이어야 한다.
④ 노동자가 과업을 완수하는 경우 높은 보상, 실패하는 경우 손실을 받게 된다.

정답해설 과학적 관리론은 단순히 개인의 기술 향상에만 초점을 맞춘 것이 아니라, 과학적 방법을 통해 작업 전체를 최적화하려는 시스템적인 접근방식이다.

답 | ①

03 인간관계론

1 의의

(1) 개념

① 인간관계론은 1930년대 인간의 정서와 감정적 요인에 역점을 둔 경영혁신기법을 말한다.
② 특히, 메이요(E. Mayo)의 호손실험에 의해 실증적으로 뒷받침되었고, 바나드(C. Barnard)는 조직의 요구와 노동자의 요구 간 동적 균형을 유지하는 것을 관리자의 기능이라고 하였다.
③ 개인적 행위보다 집단규범을 우선시하고, 비공식적으로 합의된 사회적 규범을 중시하며, 조직의 생산성은 조직의 관리통제보다는 구성원 간 관계에 더 많은 영향을 받는다고 보았다.

- 인간관계론은 동기유발 기제로 사회·심리적 측면을 강조한다. <small>21. 지방직 9급</small>
- 인간관계론은 인간을 정서적 존재로 인식한다. <small>20. 소방간부</small>
- 인간관계론에서의 인간은 합리적 경제인보다는 사회적·심리적 존재에 가깝다. <small>24. 경찰승진</small>

(2) 등장배경
① 과학적 관리법의 한계
② 경제대공황과 새로운 관리론 등장 → 산업합리화에서 산업사회학으로 전환
③ 메이요(E. Mayo)의 호손실험(1924~1932)

2 호손실험

(1) 의의
① 테일러(F. Taylor)의 과학적 관리법을 비판하고 인간관계론의 등장을 가져온 실험이다.
② 본래 의도는 작업의 과학화, 객관화, 분업화의 중요성을 발견하는 것이었지만 실제로는 인간과 집단의 중요성을 발견한 실험이다.

(2) 주요 실험
① 조명실험: 물리적 작업조건(→ 조명)과 생산성의 관계는 미약하다.
② 계전기 조립실험: 물리적 자극(→ 근무·휴식시간)과 생산성의 관계 역시 미약하다.
③ 면접실험: 구성원들의 직무·작업환경·감독자에 대한 감정과 생산성의 상관성을 인식하였다.
④ 뱅크선 작업실험: 생산량은 자생적·비공식적 집단의 합의에 의해 결정된다.

(3) 결론
① 조직 속의 인간은 사회적 존재이며, 조직의 생산성은 사회적 규범에 의해 결정된다.
② 비공식집단은 개인의 생산성을 제고하는 데 결정적인 역할을 하므로 관리자는 기술적 능력뿐만 아니라 사회적 기술도 갖추어야 한다.
③ 비경제적 요인이 동기를 결정하는 핵심요소이며, 민주적 리더십과 참여적 의사소통 등이 활성화되어야 한다.

3 평가

(1) 공헌
① 민주적·인간적 리더십 등 인간주의 관리기법의 발전의 계기를 제공하였다.
② 인간의 외면적 행태를 과학적으로 연구하는 행태주의 발전의 토대를 제공하였다.

(2) 한계
① 조직에 대한 지나친 이원주의와 감정주의에 치우쳐 있어, 인간의 다양한 욕구를 인식하지 못하였다.
② 폐쇄체제 시각이므로 환경요인의 중요성을 간과하였고, 비공식적 조직의 강조로 인하여 공식적 조직의 중요성을 간과하고 있다.
③ 인간관계론은 결국 능률성을 높이기 위한 관리학파에 속하며, 관리자를 위한 인간조종의 기술이기에 젖소 사회학이라는 비판을 받는다.

- 호손실험은 작업환경의 변화에 근로자들이 조직적으로 대응하는 문화가 존재한다는 것을 발견하였다.
21. 경찰간부

- 인간관계론은 외부환경의 영향을 고려하지 않는 폐쇄적 조직이론이다.
18. 경찰간부

- 인간관계론은 젖소 사회학(cow sociology)이라고 비판받기도 하였다.
22. 경찰승진

4 과학적 관리론과 인간관계론

구분	과학적 관리론	인간관계론
차이점	① 기계적 능률성 ② 합리적 경제인관, 교환모형(→ 강경) ③ 기계적 구조 ④ 공식구조 중심	① 사회적 능률성, 합의에 의한 생산 ② 사회인관, 교환모형(→ 유화) ③ 사회체제로서 조직 ④ 비공식구조 중심
유사점	① 궁극적 목표: 조직의 생산성 증진, 목표달성을 위한 수단으로서 인간 ② 연구대상: 하위직 또는 작업계층, 조직목표와 개인목표의 양립가능성 ③ 관리방식: 교환모형, 인간의 피동성 및 동기부여의 외재성 ④ 환경관: 폐쇄체제, 내부 관리기법의 연구	

바로 확인문제

1. 신고전적 조직이론인 인간관계론이 강조한 내용으로 옳은 것은? 24. 국가직 9급

① 기계적 능률성
② 공식적 조직구조
③ 합리적·경제적 인간관
④ 인간의 사회·심리적 요인

정답해설 신고전적 조직이론은 사회적·심리적 요인을 강조하는 사회인관을 기반으로 한다.

오답해설 ①, ②, ③ 기계적 능률성, 공식적 조직구조, 합리적·경제적 인간관 등은 모두 고전적 조직이론의 특징이다.

답 | ④

2. 다음 중 호손실험에 대한 내용으로 가장 옳은 것은? 16. 서울시 7급

① 인간관계론의 이론적 틀을 마련하였다.
② 테일러(F. Taylor)의 과학적 관리법을 계승한다.
③ 개인의 생산성 향상을 위해서는 물리적 작업환경이 중요하다는 점을 발견하였다.
④ 본래 실험 의도와 다르게 작업의 과학화, 객관화, 분업화의 중요성을 발견하였다.

정답해설 호손실험의 결과는 기존의 과학적 관리론이나 고전적 관리론이 간과했던 인간적인 측면의 중요성을 강력하게 제시했으며, 이는 곧 인간관계론이라는 새로운 경영 및 조직이론의 필요성을 제기하고 그 이론의 경험적 기반과 이론적 출발점을 제공하였다.

오답해설 ② 호손실험은 과학적 관리법을 비판하고 인간관계론을 등장하게 만든 실험이다.
③ 호손실험에서는 물리적 작업환경과 생산성의 상관성이 약한 것으로 나타났다.
④ 본래 호손실험 의도는 작업의 과학화, 객관화, 분업화의 중요성을 발견하는 것이었지만 실제로는 인간과 집단의 중요성을 발견한 실험이다.

답 | ①

04 목표관리(MBO)

1 의의

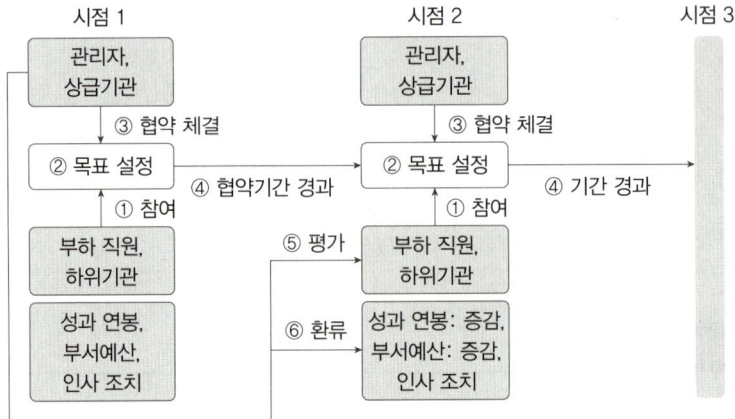

(1) 개념

① 구성원들의 자발적 참여를 통해 조직의 효과성을 증진시키려는 민주적 관리기법으로, 주먹구구식 관리를 배격하고 성과와 능률을 중시하는 결과지향적인 관리기법이다.

② 1950년대 드러커(P. Drucker)가 관리기법으로 제시한 후, 닉슨 정부에서 계획예산의 대안으로 예산분야에 도입(1973)되었고, 우리나라는 김대중 정부에서 근무성적평정의 기법으로 도입되었다.

③ 목표관리는 참여를 통한 조직과 개인목표의 설정, 업무수행과 평가, 환류를 통한 개선의 순으로 전개된다.

(2) 특징

① 인간의 자율능력을 믿는 자기실현적 인간관의 영향을 받았고, 구성원의 참여를 통해 상향적으로 설정된 계량적 목표의 달성에 초점을 둔다.

② 결정보다는 집행을 강조하고, 과정보다는 결과를 강조한다.

③ 질적·추상적·장기적 목표보다는 양적·구체적·단기적 목표를 중시하므로 환경이 안정된 상황에 적합하다.

④ 조직 전체의 목표보다는 개별부서 혹은 개인목표를 강조하기에, 궁극적 결과(outcome)보다는 단기적 산출(output)에 관심을 가진다.

2 평가

(1) 장점

① 구체적이고 계량적인 목표는 직원들의 과업수행에 대한 명확한 방향과 기준을 제시한다.

② 참여를 통한 목표설정과 집행은 민주적 관리풍토와 구성원들의 자율적 책임을 높일 수 있다.

③ 목표관리는 상하계층의 합의에 의한 목표설정을 강조하므로 수평적 의사소통보다는 수직적 의사소통체계를 개선하는 데 유리하다.

(2) 단점

① 목표관리는 모든 구성원과 개별적으로 합의하여 상향적으로 목표를 설정하므로 과다한 시간과 노력 및 비용이 소모되고, 목표의 명확한 설정이 곤란한 복잡한 환경에는 적용하기 곤란하다.
② 계량적·단기적·가시적 목표를 중시하고 비계량적·질적·장기적 목표는 제외되는 경향이 있으므로 목표의 대치 현상이 나타날 수 있다.
③ 특히, 목표의 다원성과 무형성이 강한 정부조직의 경우 적용하기 곤란하다는 한계가 있다.
④ 또한 권력성과 강제성이 강하며 상하 간 의사소통이 원활하지 않은 조직에도 실시하기 어렵다.

- 목표관리(MBO)를 운영하는 과정에서 지나치게 쉬운 목표가 채택되거나 중요하지 않은 목표가 채택될 수 있다는 한계가 있다. 19. 국회직 9급

- 목표관리(MBO)는 양적 평가는 가능하나 질적 평가에는 한계가 있다. 23. 국회직 8급

- 목표관리(MBO)는 도입하는 데 시간이 많이 걸리고 운영절차가 번잡하다. 08. 서울시 7급

바로 확인문제

1. 목표관리제에 대한 설명으로 옳은 것만을 모두 고르면? 22. 국가직 9급

> ㄱ. 부하와 상사의 참여를 통해 목표를 설정한다.
> ㄴ. 중·장기목표를 단기목표보다 강조한다.
> ㄷ. 조직 내·외의 상황이 안정적이고 예측 가능한 조직에서 성공확률이 높다.
> ㄹ. 개별 구성원의 직무 특수성을 반영하기 위하여 목표의 정성적, 주관적 성격이 강조된다.

① ㄱ, ㄴ
② ㄱ, ㄷ
③ ㄴ, ㄹ
④ ㄷ, ㄹ

정답해설 ㄱ. 목표관리제는 단순히 상사가 부하에게 일방적으로 목표를 할당하는 하향식 방식이나 부하가 스스로 목표를 정하는 상향식 방식이 아닌, 상사와 부하가 서로 협의하고 대화하는 과정을 통해 공동으로 목표를 결정하는 참여적 접근방식을 강조한다.
ㄷ. 목표관리제는 구체적이고 계량적인 목표를 강조하므로 조직 내·외의 상황이 안정적이고 예측 가능한 조직에서 성공확률이 높다.

오답해설 ㄴ. 목표관리제는 중·장기목표보다는 단기목표를 강조한다.
ㄹ. 목표관리제는 계량적이고 구체적이며 객관적인 목표의 설정을 강조한다.

답 | ②

05 조직발전(OD)

1 의의

(1) 개념

① 가치관·신념·태도 등 행태변화를 통해 조직의 효과성과 문제해결능력을 향상시키려는 전략이다.
② 조직발전은 인간의 잠재력을 개발하여 조직 전체의 개혁을 도모하려는 체제론적인 접근방법으로, 조직발전에서 추구하는 변화는 조직문화의 변화를 포함한다.
③ 다만, 행태에 초점을 둔다는 점에서 행태뿐만 아니라 업무기술, 구조 등도 대상변수로 삼는 조직혁신보다는 한정적이다.

(2) 특징

① 인간에 관한 객관적 지식을 기반으로 실제의 문제를 해결하려는 응용행태과학의 한 유형으로, 장기적이고 과정지향적인 개혁기법이다.
② 체제론적인 시각에서 조직의 효과성을 평가하는 모형으로, 장기적인 평가와 환류를 강조한다.
③ 개인보다는 집단을 중시하는 기법이며, 외부전문가가 주도하는 하향적 변화기법이다.

2 목표관리(MBO)와 조직발전(OD)

구분	목표관리(MBO)	조직발전(OD)
유사점	Y이론(→ 통합모형)	
주도자	내부 계선기관 중심	외부 전문가 중심
특징	상향적	하향적
중점	목표달성(→ 단기적 결과)	행태변화(→ 장기적 과정)
활용기술	일반관리기술	행태과학기술
효과성 모형	목표모형	체제모형

3 주요기법

(1) 감수성 훈련(sensitivity training)

① 감수성 훈련은 외부적 환경으로부터 차단된 인위적 상황에서 10명 내외의 낯선 사람들이 비정형적 접촉을 통해 대인적 지각과 수용능력을 높이는 훈련방법이다.
② 레빈(K. Lewin)에 의해 개발되었고 실험실 훈련 또는 T-그룹훈련이라고도 하며, 개방적 인간, 특정 감독자의 지도와 후견, 결과보다는 과정의 중시 등을 특징으로 한다.
③ 감수성 훈련은 어떻게 배울 것인가를 배우게 하는 기법이며, 경험과 감성을 중시하여 집단의 상호작용에 대한 이해를 높이는 데 기여한다.

(2) 관리망 훈련
① 블레이크(R. Blake)와 머튼(J. Mouton)이 감수성 훈련을 확대·발전시킨 것이다.
② 3~5년의 장기적·종합적 과정으로 고위직까지 포함하는 포괄적 관리기법이다.

(3) 팀빌딩기법(1966)
① 감수성 훈련의 한계를 극복하고자 맥그리거(D. McGregor)가 개발한 기법이다.
② 조직 내 응집성 있는 팀을 형성하고, 이를 통해 구성원 간의 협력적 노력을 향상시켜 팀 성과를 증가시키는 것을 목적으로 한다.
③ 이에 따라 구성원 간 원활한 의사소통과 자율적이고 협동적이며 수평적인 관계를 강조한다.

(4) 태도조사환류기법

전통적 기법	태도조사환류기법
① 자료수집: 하급자	① 자료수집: 모든 계층
② 환류: 고위 관리자	② 환류: 모든 참여자
③ 초점: 문제의 발견	③ 초점: 문제발견과 해결방안 및 환류
④ 설계와 분석: 전문가	④ 설계와 분석: 모든 구성원
⑤ 행동계획의 수립: 최고관리자	⑤ 행동계획의 수립: 모든 구성원

4 문제점
① 조직발전은 행태에만 초점을 두는 부분적 발전기법으로, 심리적 요인에만 치중한 나머지 구조적·기술적 요인을 경시할 우려가 있다.
② 행태의 변화를 추구하므로 시간과 비용이 많이 소모되고 효과의 지속성이 의심되며, 문화적 편견의 개입과 사생활 침해가능성이 있다.
③ 외부의 전문가들이 주도하는 하향적이고 엘리트적인 기법이므로, 기존 권력체계의 강화를 위한 도구로 사용되거나 고도의 인간 조종술로 악용될 가능성이 있다.

> **바로 확인문제**

1. 조직발전(OD)에 대한 설명으로 가장 옳은 것은? 17. 서울시 7급

① 조직 전체의 변화를 추구하는 계획적·의도적인 개입방법이다.
② 감수성 훈련은 동료 간, 동료와 상사 간의 상호작용을 진작시키기 위한 실제 근무상황에서 실시하는 기법이다.
③ 블레이크(R. Blake)와 머튼(J. Mouton)은 과업형 리더를 가장 효과적인 관리유형으로 꼽았다.
④ 변화관리자의 도움으로 단기간에 급진적 조직변화를 추구한다.

정답해설 조직발전은 계획적이고 의도적인 개입, 조직 전체의 변화추구, 행동과학적 지식의 활용, 인간주의적 가치 등을 특징으로 한다.

오답해설 ② 감수성 훈련은 인위적으로 만들어진 실험실에서 실시하는 기법이다.
③ 블레이크(R. Blake)와 머튼(J. Mouton)은 통합형 리더를 가장 효과적인 관리유형으로 꼽았다.
④ 조직발전(OD)은 장기적이고 점진적인 조직변화를 추구한다.

답 | ①

06 총체적품질관리(TQM) A

1 의의

(1) 개념

① 고객의 만족을 목표로 구성원의 광범위한 참여를 통해 조직의 과정과 절차 및 태도를 지속적으로 개선하려는 장기적이고 전략적인 품질관리 철학이다.
② 구성요소
  ㉠ Total: 고객의 욕구에서부터 만족도까지 전 과정을 측정한다.
  ㉡ Quality: 양보다는 질을 중시한다.
  ㉢ Management: 품질향상을 위한 관리능력의 향상기법이다.

(2) 대두배경

① 제2차 세계대전 이후 통계학자 데밍(W. Deming)에 의해 개발되었고, 일본에서 성공한 후 1980년대 미국으로 다시 역수입되었다.
② ISO 9000 시리즈나 6시그마 운동 등도 총체적품질관리(TQM)의 연장선이다.

2 특징

① 낮은 성과의 원인을 조직 전체의 책임으로 간주하고 고객만족을 위하여 지속적 업무개선, 전체 구성원의 참여, 권한위임 등의 조직문화를 강조한다.
② 사전적이고 예방적인 품질관리로, 품질관리가 업무과정의 모든 단계에서 이루어진다.
③ 총체적품질관리는 조직의 분권화를 강조하며, 계획과 문제해결에 있어서 집단적 노력을

- 총체적품질관리(TQM)의 시간관은 장기적이며, 통제유형은 예방적·사전적 통제이다. 08. 서울시 7급
- 총체적품질관리(TQM)는 고객의 요구를 존중한다. 20. 국가직 9급
- 총체적품질관리(TQM)는 업무수행 노력의 초점이 개인적 노력에서 집단적 노력으로 옮아간다. 23. 경찰간부
- 총체적품질관리(TQM)에서는 품질관리가 서비스 생산 및 공급이 이루어지는 과정의 매 단계에서 이루어진다. 14. 지방직 7급

중시한다. 이에 따라 전통적인 기능적 조직보다는 수평적이고 유기적 조직에 적합하다.
④ 총체적품질관리는 결과보다는 과정과 절차를 지속적으로 개선하는 문화를 중시한다.
⑤ 또한 품질관리가 불확실한 가정이나 직감이 아닌 통계적 자료와 과학적 절차에 근거하며, 산출물의 일관성 유지를 위해 계량화된 통제수단을 활용한다.
⑥ 총체적품질관리는 투입과 절차를 지속적으로 개선하려는 장기적이고 거시적인 시각으로, 결점이 없어질 때까지 개선활동을 되풀이할 것을 주장한다.

3 비교

(1) 전통적 관리와 총체적품질관리(TQM)

① 전통적 관리체계는 기능을 중심으로 구조화되지만, 총체적품질관리는 절차를 중심으로 조직이 구조화된다.
② 전통적 관리체계는 개인의 전문성을 장려하는 분업을 강조하지만, 총체적품질관리는 주로 팀 안에서 업무를 수행할 것을 강조한다.
③ 전통적 관리체계는 상위계층의 의사결정을 위한 정보체계를 운영하지만, 총체적품질관리는 절차 내에서 변화를 이루는 사람들이 적시에 정확한 정보를 소유하는 데 초점을 둔다.

(2) 목표관리(MBO)와 총체적품질관리(TQM)

① 목표관리와 총체적품질관리 모두 Y이론적 인간관에 바탕을 둔 분권화된 조직관리 방식이다.
② 하지만 목표관리가 조직 내부의 효율성에 초점을 둔다면, 총체적품질관리는 고객만족도 중심의 대응성에 초점을 둔다.
③ 목표관리가 상대적으로 개별 구성원의 활동에 바탕을 둔다면, 총체적품질관리는 팀 단위의 활동에 바탕을 둔다.
④ 목표관리가 단기적이고 가시적인 결과를 강조한다면, 총체적품질관리는 장기적이고 거시적인 과정을 중시한다.

- 전통적 관리체계는 상위층의 의사결정을 위한 정보체계를 운영하는 데 비해 총체적품질관리(TQM)는 절차 내에서 변화를 이루는 사람들이 적시에 정확한 정보를 소유하는 데 초점을 둔다. 18. 서울시 9급

- 총체적품질관리(TQM)는 구성원의 참여를 인정한다는 점에서 목표관리(MBO)와 일치한다. 20. 경찰승진

- 총체적품질관리(TQM)가 팀 단위의 활동을 바탕으로 한다면, 목표관리(MBO)는 개별 구성원의 활동을 바탕으로 한다. 17. 서울시 9급

바로 확인문제

1. 총체적품질관리(TQM)에 대한 설명으로 옳지 <u>않은</u> 것은? 14. 지방직 7급

① 품질관리가 서비스 생산 및 공급이 이루어지는 과정의 매 단계에서 이루어진다.
② 계획과 문제해결의 주된 방법은 집단적 과정이다.
③ 총체적품질관리(TQM)의 관심은 내향적이어서 고객의 필요에 따라 목표를 설정하는 것을 강조한다.
④ 산출물의 일관성 유지를 위해 과정통제계획과 같은 계량화된 통제수단을 활용한다.

정답해설 총체적품질관리는 고객의 필요에 따라 목표를 설정하는 것을 강조하는 외향적인 관리기법이다.

오답해설 ① 모든 단계에서 고객의 불만이 발생할 수 있으므로 품질관리는 모든 과정에서 이루어진다.
② 총체적품질관리는 구성원의 총체적인 헌신을 강조하며 개인보다는 팀워크를 중시한다.
④ 고객이 품질을 최종 결정하는 고객 중심주의이며, 서비스의 변이성 방지를 추구한다. 이에 따라 통계적 자료와 과학적 절차에 근거한 품질관리를 강조한다.

답 | ③

CHAPTER 08 마무리 기출 OX

다음 내용이 맞으면 O, 틀리면 X에 표시하시오.

01 테일러(F. Taylor)는 조직의 생산성과 능률성을 향상시키기 위해 관리자의 직관에 따를 것을 강조하였다. 22. 국회직 8급 ○ | ✕

02 테일러(F. Taylor)의 과학적 관리론에 의하면 업무와 인력의 적정한 결합은 노동자가 아닌 관리자에 의해 결정되어야 한다. 21. 국가직 9급 ○ | ✕

03 과학적 관리론은 조직이 추구하는 가치로서 사회적 능률성이 중시되는 이론적 배경이 되었다. 19. 서울시 9급 ○ | ✕

04 기계적 조직관을 비판하고 조직 내 인간의 사회적 관계의 중요성을 주장하면서 등장한 인간관계론의 궁극적인 목표는 조직운영의 민주화이다. 11. 지방직 7급 ○ | ✕

05 메이요(E. Mayo)의 호손실험을 통해 조직 내 비공식집단의 중요성이 부각되었다. 13. 지방직 9급 ○ | ✕

06 목표관리(MBO)는 조직 내·외의 상황이 안정적이고 예측 가능한 조직에서 성공확률이 높다. 22. 국가직 9급 ○ | ✕

07 목표관리(MBO)는 가시적·단기적 목표보다 거시적·장기적 목표에 대한 조직구성원들의 관심을 유도하는 데 도움을 준다. 24. 해경승진 ○ | ✕

08 조직발전(OD)은 변화관리자의 도움으로 단기간에 급진적 조직변화를 추구한다. 17. 서울시 7급 ○ | ✕

09 감수성 훈련은 대집단을 대상으로 하는 교육훈련기법으로 행태전문가의 역할을 중시한다. 19. 국가직 9급 ○ | ✕

10 총체적품질관리는 조직의 환경변화에 적절히 대응하기 위해 투입이나 과정보다는 결과를 중시한다. 09. 국회직 8급 ○ | ✕

정답 및 해설

01 ✕ 02 ○ 03 ✕ 04 ✕ 05 ○ 06 ○ 07 ✕ 08 ✕ 09 ✕ 10 ✕

01 테일러(F. Taylor)는 직관이 아닌 과학적 분석에 의한 관리방법을 강조한 학자이다.
03 과학적 관리론은 기계적 능률성을 중시한다.
04 인간관계론의 궁극적 목표는 성과의 제고이다. 다만 과학적 관리법과는 다른 방식으로 접근하는 것이다. 조직 내부의 비공식집단의 활성화도 옳은 표현이지만 가장 궁극적인 목표는 결국 생산성의 제고이다.
07 목표관리(MBO)는 양적 목표를 중시하며, 현실적·계량적·단기적·가시적인 목표를 강조한다.
08 조직발전은 구성원의 행태변화를 유도하는 장기적이고 과정 중심적인 조직개혁 전략이다.
09 감수성 훈련은 10명 내외의 소집단을 대상으로 하는 교육훈련기법이다.
10 총체적품질관리(TQM)는 결과보다는 과정과 절차를 지속적으로 개선하는 문화를 중시한다.

CHAPTER 09 정보체계론

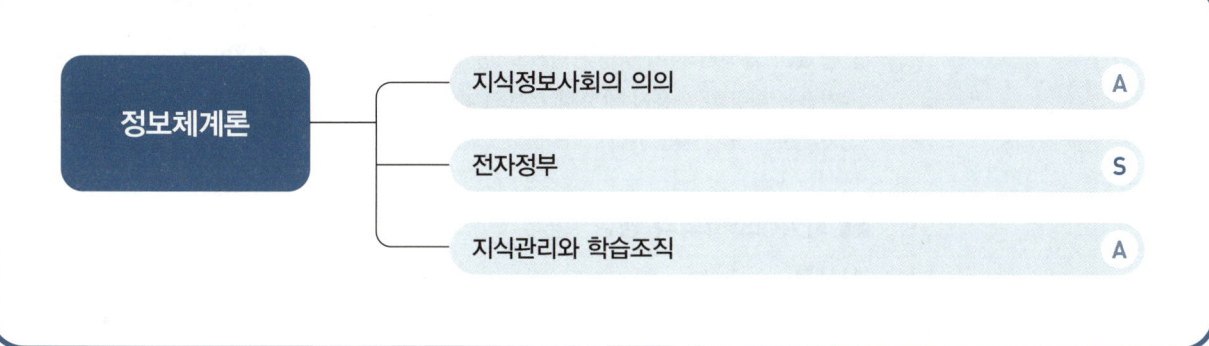

01 지식정보사회의 의의 A

1 지식정보사회

(1) 의의

① 지식정보사회는 정보와 지식이 사회의 중심적 자원이 되는 사회로, 단순한 정보의 축적을 넘어, 정보를 분석하고 활용하여 새로운 지식을 창출하고, 이를 통해 사회 전반의 혁신과 발전을 이루는 것을 목표로 한다.
② 자료란 평가되지 않은 메시지를 의미하고, 정보는 특정한 상황에서 평가된 자료를 의미한다. 그리고 지식이란 일반적 상황에서 평가된 자료이고, 지능은 지식과 지식의 결합을 통해 새로운 지식을 발견하는 능력을 말한다.

(2) 산업혁명의 진화

① 1차 산업혁명: 1784년 영국에서 시작된 증기기관과 기계화로 대표되는 단계이다.
② 2차 산업혁명: 1870년 전기를 이용한 대량생산이 본격화된 단계이다.
③ 3차 산업혁명: 1969년 인터넷이 이끈 컴퓨터 정보화 및 자동화 생산시스템이 주도하는 단계이다.
④ 4차 산업혁명: 가상물리시스템의 구축이 기대되는 단계로, 초연결, 초지능, 초융합이 특징이다.

구분	산업사회	정보사회
이념	모더니즘	포스트모더니즘
생산체제	소품종 대량생산	다품종 소량생산
조직구조	수직적 계층구조	수평적 네트워크구조

> **기선 제압**
>
> • 4차 산업혁명은 사이버 물리 시스템(cyber-physical system) 혁명이라고 할 수 있다. 19. 서울시 7급
>
> • 4차 산업혁명은 산업과 산업 간의 초연결성을 바탕으로 초지능성을 창출한다. 19. 서울시 7급
>
> • 세계경제포럼은 4차 산업혁명 시대의 정부모형으로 FAST(Flatter, Agile, Streamlined, Tech-savvy) 정부를 제시했다. 22. 경찰승진

2 정보기술의 발전단계

① **웹 1.0**: 2000년대 초반까지로, 정보를 일방적으로 제공하는 포털 중심의 환경이다.
② **웹 2.0**: 사용자 중심의 플랫폼 환경으로, 단순히 정보를 소비하는 것을 넘어 직접 콘텐츠를 생산하고 공유하는 주체로 등장한 단계이다.
③ **웹 3.0**: 블록체인 기술을 기반으로 한 탈중앙화, 인공지능과 시맨틱 웹(Semantic Web) 기술을 활용한 사용자 맞춤형 정보의 제공(→ 개인화), 인공지능과 머신러닝 기술을 통한 지능화를 특징으로 한다.

3 지식정보사회와 행정

(1) 내부

① 네트워크조직 또는 가상조직의 등장, 결정체제의 단순화, 창구서비스의 강화, 업무처리의 신속성
② 중간관리자 감소, 계선과 참모의 모호성, 낮은 행정농도, 상호연계적 리더십, 모델링 기법의 활용
③ 비동시적·선택적·비대면적 의사전달

(2) 외부

① 원스톱(one-stop)·논스톱(non-stop) 서비스, 종이 없는 행정, 다품종 소량생산, 범위의 경제
② 다양한 매체(→ 수단), 단일의 접속점(→ 포털), 표준화된 서식, 다양한 서비스의 제공
③ 전자민주주의, 모자이크 민주주의(→ 다양한 주체, 다양한 통로, 전체로의 조화)

4 지식정보사회의 부작용

① **정보의 그레샴 법칙**: 좋은 정보는 공유되지 않고 나쁜 정보만이 유통되는 상황
② 개인정보의 집적에 따른 프라이버시의 침해
③ 국가 및 관료제에 의한 정보독점 → 전자 파놉티콘
④ **마타이 효과**: 개인·지역·정부 간 정보의 불균형 현상
⑤ 감시와 통제의 일상화, 인간성의 상실, 컴퓨터 범죄의 확산
⑥ **인포데믹스**(infordemics): 부정확한 정보의 전염병적 확산
⑦ **집단극화**(group polarization): 개별적 의사결정보다 더 극단적인 결정을 하게 되는 경향
⑧ **선택적 정보접촉**: 자신의 입장에 부합하는 정보만의 선별적 선택

- 행정정보화로 종래의 계선과 참모의 구별이 모호해진다. 07. 지방직 7급

- 행정정보화는 시민들에게 행정정보를 용이하게 제공할 수 있어 개방성을 높일 수 있다. 12. 국회직 8급

- 행정정보화는 국민 개개인에 대한 인적·물적 정보가 확보됨으로써 개인의 프라이버시 침해 우려가 있다. 16. 경찰승진

- 인포데믹스의 문제는 정부의 합리적 정책결정을 어렵게 만들 수 있다. 24. 경찰승진

> **바로 확인문제**

1. 지능정보사회의 부정적 측면에 관한 설명으로 가장 적절하지 않은 것은? 24. 경찰승진

① 인포데믹스의 문제는 정부의 합리적 정책결정을 어렵게 만들 수 있다.
② 정보취약계층은 정보사회에서 정보획득과 참여, 전자정부 기반 공공서비스를 충분히 누리지 못해 디지털 소외 현상에 노출되어 있다.
③ 선택적 정보접촉(selective exposure to information)은 전자판옵티콘과 동일한 의미로 이해된다.
④ 정보의 활용과 교환의 증가에 비례한 적절한 보호제도 등 안전장치들이 수반되지 않는다면, 개인권리의 침해가능성이 높아질 것이다.

정답해설 선택적 정보접촉이란 개인이 자신의 관심사나 가치관에 맞는 정보만을 선택적으로 접하고, 반대되는 정보는 의도적으로 피하는 행위를 의미하고, 전자판옵티콘은 항상 감시당하고 있다는 느낌을 받으며 스스로를 통제하는 사회를 의미한다.

답 | ③

02 전자정부

1 의의

① 정보통신기술을 활용하여 좁게는 대내적 생산성과 국민에 대한 서비스 향상을 도모하고, 넓게는 국민참여의 활성화를 통해 민주성을 높이고자 하는 정부로, 클린턴 정부의 Access America 프로젝트에서 등장한 개념이다.
② 전자정부의 기본취지는 수작업과 문서에 의존하던 종래의 행정활동을 전산화함으로써 보다 신속하고 능률적인 서비스를 제공하는 것이었다. 다만, 이는 전자정부를 효율성 중심의 협의로 해석한 것이고, 광의로는 민주성 모델까지 포함하여 정의한다.
③ 효율성 모델은 행정전산망을 확충하거나 행정민원의 해결을 강조하는 데 비해 민주성 모델은 전자민주주의와의 연계를 중시한다.

- 전자정부란 정보기술을 활용하여 행정기관 상호 간 행정업무 및 국민에 대한 행정업무를 효율적으로 수행하는 정부이다. 23. 국회직 8급

2 발전

① 전자정부는 인터넷(1.0)에서 모바일(2.0)로, 그리고 유비쿼터스 및 스마트(3.0) 정부로 진화 중인데, UN은 자동출현, 출현조정, 상호작용, 상호거래, 연계 순으로 발전단계를 설정하였다.
② 여기서 전자정부 2.0은 누구나 가치 있는 정보나 새로운 서비스를 재생산할 수 있도록 정부가 소유한 정보를 개방하는 정부이고, 전자정부 3.0은 서비스의 지능화를 통해서 개인별 맞춤정보서비스를 제공하는 정부이다.
③ 정부의 직접 참여보다는 민간의 능동적 참여를 유도하는 플랫폼 정부를 지향한다는 점에서 전자정부 2.0과 3.0은 같지만 전자정부 3.0은 빅데이터 기술을 활용하여 사전 예측적인 서비스를 개인별 맞춤으로 제공한다는 점에서 전자정부 2.0에 비해 진일보하였다.

- 전자정부 2.0은 누구나 가치 있는 정보나 새로운 서비스를 재생산할 수 있도록 정부가 소유한 정보를 개방한다. 13. 국회직 8급

- 유비쿼터스 컴퓨팅은 인간을 복잡하고 불편한 컴퓨터작업으로부터 해방시키고 인간의 존엄성을 회복시킨다는 비전을 가지고 있다.　12. 국회직 8급

- 유비쿼터스 정부는 언제 어디서나 개인화되고 중단 없는 정보서비스를 제공함으로써 부가적인 가치를 제공하는 정부이다.　09. 지방직 7급

④ 한편, 유비쿼터스 정부는 기존의 인터넷 기반의 전자정부가 지니는 한계를 극복하고 언제 어디서나 개인화되고 중단 없는 정보서비스를 제공함으로써 부가적인 가치를 제공하는 정부이다.
⑤ 유비쿼터스 시스템은 인간과 인간, 인간과 컴퓨터 그리고 컴퓨터와 컴퓨터가 완전히 통합되는 환경을 조성하여, 중단 없는 정보제공, 고객별 맞춤 정보제공, 실시간 쌍방향적인 정보제공 등을 가능하게 한다.
⑥ 스마트 정부는 재난의 발생을 예견하고 미리 예방하는 것을 목적으로 한다. 이는 국민들이 민원을 신청하지 않더라도 정부가 그 요구를 미리 파악해서 행정서비스를 제공하겠다는 것이다.

전자정부 1.0	전자정부 2.0	전자정부 3.0
정부 중심	국민 중심	개인 중심
인터넷	모바일	유무선 통합
일방적 정보제공	쌍방적 정보제공	개인별 맞춤 서비스

구분	전자정부	지능형 정부
결정	정부주도	국민주도
업무	국민이나 공무원의 문제제기 → 개선	문제자동인지 → 스스로 대안제시 → 개선
목표	양적·효율적 서비스 제공	질적·공감적 서비스 공동생산
내용	생애주기별 맞춤형	일상틈새 + 생애주기별 비서형
전달	온라인 + 모바일 채널	수요기반 온·오프라인 멀티채널

3 유형

① **능률형**: 대내적 효율성 제고에 초점을 맞춘 전자정부이다. 사무자동화, 전자문서, 전자서명, 재택근무, 온나라 서비스, 정보공유 등이 이에 해당한다.
② **서비스형**: 수요자 중심의 대국민 서비스 제공에 초점을 맞춘 전자정부이다. 정부24, 국민신문고, 전자조달 나라장터, 전자통관시스템 등이 이에 해당한다.
③ **민주형**: 정책과정에 있어 국민의 참여와 같은 대외적 민주성 제고에 초점을 맞춘 전자정부이다.

4 사례

- G2G는 정부 내 업무처리의 전자화를 내용으로 하며 대표적 사례로는 '온-나라시스템'이 있다.　22. 국가직 7급

① **온나라 서비스**: 대한민국 정부의 행정업무 효율성을 높이기 위해 도입된 전자정부시스템으로, 2005년 문서결재 중심의 '온-나라 업무관리시스템'이 처음 도입된 후 2016년 지식관리, 메일, 영상회의 기능까지 연계한 '온-나라 서비스'로 확대되었고, 2022년 '온나라 서비스'로 명칭이 변경되었다.
② **정부24**: 국민들이 시간과 장소에 구애받지 않고 편리하게 행정서비스를 이용할 수 있도록 다양한 기능을 제공하는 대한민국의 온라인 민원서비스 플랫폼으로, 2010년 민원24로 시작한 후 2017년 기존의 '민원24', '대한민국정부포털', '알려드림e' 등 여러 부처에 흩어져 있던 전자정부 시스템들을 '정부24'로 통합하였다.

③ **국민신문고**: 대한민국의 대표적인 온라인 민원 및 제안 시스템으로, 국민들이 정부에 직접 의견을 제시하고 문제를 해결할 수 있도록 돕는 플랫폼이다. 노무현 정부에서 국민고충처리위원회가 설립된 후 '참여마당 신문고'라는 명칭으로 2005년 시범 구축된 후 2008년 모든 정부기관과 지방자치단체에 적용되었고, 이명박 정부에서 국민고충처리위원회가 국민권익위원회로 통합되면서, '국민신문고'로 명칭이 변경되었다.

④ **나라장터**: 대한민국의 국가종합전자조달시스템으로, 공공기관의 조달업무를 효율적이고 투명하게 처리하기 위해 2002년부터 서비스를 시작하였다.

- 온라인 참여포털 국민신문고는 국민의 고충민원과 제안을 원스톱으로 접수 및 처리하는 것을 목적으로 한다. 20. 국가직 7급

- G2B의 대표적 사례는 '나라장터'이다. 22. 국가직 7급

바로 확인문제

1. 기존 전자정부 대비 지능형 정부의 특징에 대한 설명으로 가장 옳지 <u>않은</u> 것은? 22. 군무원 9급

① 국민 주도로 정책결정이 이루어진다.
② 현장 행정에서 복합문제의 해결이 가능하다.
③ 생애주기별 맞춤형 서비스를 제공한다.
④ 서비스 전달방식은 수요기반 온·오프라인 멀티채널이다.

정답해설 생애주기별 맞춤형 서비스를 제공은 기존의 전자정부의 특징이다. 지능형 정부는 일상틈새 + 생애주기별 비서형 서비스 제공을 강조한다.

답 | ③

2. 전자정부 구현사례에 대한 설명으로 옳지 <u>않은</u> 것은? 22. 국가직 7급

① G2B의 대표적 사례는 '나라장터'이다.
② G2C는 조달 관련 온라인 서비스를 통합적으로 제공하는 것이다.
③ G4C는 단일창구를 통한 민원업무혁신사업으로 데이터베이스 공동활용시스템 구축을 내용으로 한다.
④ G2G는 정부 내 업무처리의 전자화를 내용으로 하고 있으며 대표적 사례로는 '온-나라시스템'이 있다.

정답해설 조달 관련 온라인 서비스를 통합적으로 제공하는 것은 나라장터를 말하는데 이는 G2B의 대표적 사례이다.

오답해설 ① 나라장터는 전자조달시스템을 의미하며, 이는 정부와 민간기업과의 관계를 효율적으로 만드는 수단이다.
③ G4C는 정부와 고객 간의 관계를 의미하므로, 민원업무의 혁신이나 민관의 데이터베이스 공동활용시스템이 이에 해당한다.
④ G2G는 정부와 정부 간의 관계를 의미하므로 정부 내 업무처리시스템인 온-나라시스템이 이에 해당한다.

답 | ②

03 지식관리와 학습조직

1 지식관리

(1) 의의

① 지식관리는 개인의 암묵적 지식을 조직의 자산이라는 형식적 지식으로 전환하는 것으로, 기존에 알고 있는 것을 토대로 새로운 것을 발전시키고 강화하는 과정이다.
② 암묵지는 학습과 체험을 통해 습득하고 겉으로 드러나지 않는 지식 즉, 머리에는 존재하지만 언어나 문자로는 표현되지 않는 지식을 말하며, 시행착오와 같은 경험을 통해 체득된다.
③ 형식지는 문서나 매뉴얼처럼 외부로 표출되어 있어 여러 사람이 공유할 수 있는 지식이다.
④ 특히, 형식지의 획득기제인 데이터 마이닝은 대량의 데이터로부터 자동화 혹은 반자동화 도구를 활용한 탐색과 분석을 통해 의미 있는 경향과 규칙을 발견하는 과정이다.
⑤ 지식의 특징: 공공재적 성격, 누적 효과성(→ 시너지 효과), 소비자 중심적 사고 등
⑥ 지식관리의 대두배경: 암묵지에 대한 인식의 변화, 정보통신기술이나 빅데이터 기술 등의 발달
⑦ 성공요인: 암묵지 기능의 활성화, 정보시스템과 네트워크의 구축, 신뢰와 협력의 문화, 수평구조와 네트워크구조의 활용, 지식관리자의 활용, 지식평가체제의 확립 등

암묵지	형식지
① 언어로 표현하기 힘든 주관적 지식	① 언어로 표현가능한 객관적 지식
② 경험을 통해 축적	② 언어를 통해 습득
③ 은유를 통한 전달(→ 대화, 학습공동체)	③ 언어를 통해 전달(→ 데이터 마이닝)

(2) 효과

① 구성원들의 전문적 자질을 향상시키고, 지식공유를 통한 지식가치의 확대 재생산에 기여한다.
② 지식의 창조와 공유가 활성화될 수 있는 학습조직의 기반으로 작용할 수 있다.

(3) 지식관리 과정 → 각 과정의 순환

구분		변환되는 지식	
		암묵지	형식지
지식의 원천	암묵지	사회화(→ 암묵지의 공유)	외부화(→ 암묵지의 축적과 전수)
	형식지	내면화(→ 새로운 지식의 체득)	조합화(→ 형식지의 수집과 결집)

(4) 전통적 관리와 지식관리

구분	전통적 관리	지식관리
조직구조	계층제	학습조직
지식소유	개인사유	공동재산
지식공유	지식의 분절화·파편화	공유를 통한 확대 재생산
지식활용	중복활용	공동활용

> **바로 확인문제**

1. 전통적 행정관리와 비교한 새로운 지식행정관리의 특징으로 보기 어려운 것은? 14. 지방직 9급

① 공유를 통한 지식가치 향상 및 확대 재생산
② 지식의 조직 공동재산화
③ 계층제적 조직 기반
④ 구성원의 전문가적 자질 향상

정답해설 계층제적 조직을 기반으로 운영되는 것은 전통적 관료제이다. 지식행정관리는 지식의 창조와 공유가 활성화될 수 있는 학습조직을 기반으로 한다.

오답해설 ① 지식관리는 개인의 잠재된 지식을 조직의 자산으로 전환하는 것으로, 기존에 알고 있는 것을 토대로 새로운 것을 발전시키고 강화하는 과정이다. 이는 지식의 분절화·파편화라는 전통적 관리의 특징을 지식의 공유를 통한 확대 재생산이라는 새로운 지식관리 패러다임으로 전환시키는 것을 의미한다.
② 전통적 조직은 지식의 개인 사유화를 특징으로 하지만 지식관리는 지식의 공동재산화를 특징으로 한다.
④ 지식관리행정은 지식의 공유를 통한 지식가치의 확대 재생산은 물론 이를 통해 구성원의 전문가적 자질 역시 지속적으로 향상시키고자 한다.

답 | ③

2. 지식관리시스템(KMS: Knowledge Management System)의 성공요인에 대한 설명으로 옳지 않은 것은? 15. 지방직 7급

① 조직적 지식의 창출보다는 조직 구성원의 개인적 지식 축적을 강조한다.
② 개인 또는 부서가 업무결과로 얻은 새로운 지식을 다른 구성원들과 공유하는 문화를 조성한다.
③ 지식을 효과적으로 발굴하고 활용할 수 있는 제도와 조직구조를 정비한다.
④ 지식관리의 촉진제이자 실질적인 도구인 정보기술 인프라를 구축한다.

정답해설 지식관리시스템은 개인적 지식의 축적보다는 지식의 공유를 통한 조직적 지식의 창출을 중시한다.

오답해설 ②, ③, ④ 지식관리는 개인의 잠재된 지식을 조직의 자산으로 전환하는 과정으로, 기존에 알고 있는 것을 토대로 새로운 것을 발전시키고 강화하는 과정이다.

답 | ①

2 학습조직

(1) 의의
① 불확실한 환경에 요구되는 조직의 기억과 학습의 가능성을 강조하는 조직이다.
② 학습조직은 조직의 능력을 지속적으로 제고하기 위해 시행착오를 거치면서 지속적으로 실험할 수 있는 상황을 강조하며, 나아가 사전에 예방하고 성찰하는 능동적 학습도 포함한다.
③ 학습조직은 개인능력의 제고와 이의 공유를 통해 궁극적으로 조직의 능력을 향상시키는 것을 목적으로 한다.

(2) 학습의 유형
① 단일고리학습은 목표와 실적과의 격차를 수정하는 학습이고, 이중고리학습은 기본적 규범과 목표의 수정까지 포함하는 학습이며, 삼중고리학습은 새로운 원리의 탐색과 관련된 학습이다.
② 적응적 학습은 변화하는 환경에 대응하는 수동적 학습을 말하고, 생산적 학습은 조직의 능력을 확장시켜 미래를 발견하는 적극적·능동적 학습을 말한다.
③ 유지보수학습은 기존보다 더 나은 방법의 모색과 관련된 학습이고, 예측적 학습은 장기적 변화에 대처하기 위한 의도적 학습을 말한다.

(3) 요건
① 조직구성원들이 진정으로 원하는 결과를 창출할 능력을 지속적으로 신장할 것
② 새롭고 개방적인 사고방식을 육성할 것
③ 공동의 갈망이 자유롭게 분출될 수 있을 것
④ 조직구성원들이 함께 배우는 방법으로 계속적으로 배울 것

(4) 특징
① 학습조직은 지식정보화시대에 관료제 모형의 대안으로 모색된 것으로, 부서 간 협력을 통해서 문제해결능력의 향상을 강조하는 조직이다.
② 학습조직은 선발된 구성원이나 외부 전문가보다는 조직의 모든 구성원이 문제의 인지와 해결에 관여하는 실험조직이다.
③ 학습조직은 시행착오를 통해 얻은 지식을 조직의 다른 구성원들과 공유하는 조직이다. 이에 따라 학습조직에서는 부분보다 전체를 중시하고 경계를 최소화하려는 조직문화가 강조된다.
④ 학습조직은 표출과 환류의 조직문화를 강조하며, 장기적 측면에서 성장과 발전을 추구한다.
⑤ 학습조직은 공동의 갈망이 자유롭게 분출되는 조직으로, 조직구성원이 더불어 학습하는 방법을 강조한다.
⑥ 학습조직은 지식의 활용에 있어 개인적 학습보다는 집단적 학습 또는 사회적 학습을 강조한다.
⑦ 학습조직은 능률성보다는 문제해결을 필수적 가치로 추구하며, 이를 성공하기 위해서는 사려 깊은 리더십이 필요하다.

(5) 학습조직의 요건

① 셍게(P. Senge)
　㉠ 자기완성: 전 생애를 통한 모든 측면에서의 숙련성의 성취
　㉡ 사고의 틀: 세계에 대한 지속적인 성찰
　㉢ 공동의 비전: 공동의 목표와 원칙에 대한 공감대의 형성
　㉣ 집단학습: 구성원이 원하는 결과의 창출을 위한 팀 역량의 강화
　㉤ 시스템적 사고: 체계를 구성하는 모든 요소들의 통합적 고려

② 대프트(R. Daft)
　㉠ 학습조직은 리더의 마음에서 출발함을 인식하라.
　㉡ 조직구성원의 권한을 강화하라.
　㉢ 전략은 중앙집권적으로 수립되는 것이 아니라 여러 방향에서 등장함을 인식하라.
　㉣ 강한 조직문화를 형성하라.
　㉤ 정보의 홍수에 있음을 자각하라.
　㉥ 기본 구성단위는 팀으로, 수평적 조직구조를 형성하라.

바로 확인문제

1. 학습조직에 대한 설명으로 옳지 않은 것은?　　20. 국가직 7급

① 개방체제와 자아실현적 인간관을 바탕으로 새로운 지식을 창출하고자 한다.
② 연결된 체계 간의 상호작용을 이해하고, 이를 효과적으로 활용하기 위한 체계적 사고(systems thinking)를 강조한다.
③ 조직 구성원들의 비전 공유를 중시한다.
④ 조직 구성원의 합이 조직이 된다는 점에서, 조직 내 구성원 각자의 개인적 학습을 강조한다.

　정답해설　학습조직은 지식의 활용에 있어 개인적 학습보다는 집단적 학습 또는 사회적 학습을 강조한다.
　오답해설　① 학습조직은 지식정보화시대에 관료제 모형의 대안으로 모색된 것으로, 표출과 환류의 조직문화를 강조하며, 장기적 측면에서 조직의 성장과 발전을 추구한다.
② 학습조직은 체계를 구성하는 모든 요소들의 통합적 고려를 강조하는데 이를 시스템적 사고라고 한다.
③ 학습조직은 공동목표와 원칙에 대한 공감대의 형성을 강조하는데 이를 공동의 비전이라고 한다. 그리고 구성원이 공유할 수 있는 미래의 비전을 창출할 수 있는 리더십을 사려 깊은 리더십이라고 한다.
답 | ④

CHAPTER 09 마무리 기출 OX

다음 내용이 맞으면 O, 틀리면 X에 표시하시오.

01 정보사회의 진전은 구성원들의 자율성이 확대되고, 계층적 분화를 더욱 촉진시키는 원인이 될 것이다. 05. 국가직 9급   O | X

02 초연결성, 초지능성 등을 특징으로 하는 4차 산업혁명은 대량생산 및 규모경제의 확산을 핵심으로 한다. 21. 지방직 9급   O | X

03 정보의 그레샴(Gresham) 법칙이란 공개되는 공적정보시스템에는 사적정보시스템에 비해서 상대적으로 가치가 큰 정보가 축적되는 현상을 말한다. 10. 지방직 7급   O | X

04 전자정부에 관한 효율성 모델은 행정전산망을 확충하거나 행정민원 해결을 강조하는 데 반하여 민주성 모델은 전자민주주의와의 연계를 중요시한다. 10. 국가직 7급   O | X

05 유비쿼터스 정부는 언제 어디서나 개인화되고 중단 없는 정보서비스를 제공함으로써 부가적인 가치를 제공하는 정부이다. 09. 지방직 7급   O | X

06 G2C는 조달 관련 온라인 서비스를 통합적으로 제공하는 것과 관련된다. 22. 국가직 7급   O | X

07 지식관리는 학습조직의 기반을 구축하고, 지식의 개인 사유화를 촉진할 것이다. 14. 지방직 9급   O | X

08 지식관리시스템은 조직적 지식의 창출보다는 조직 구성원의 개인적 지식 축적을 강조한다. 15. 지방직 7급   O | X

09 개방적인 사고에 입각한 학습조직은 안정적인 환경에 적합하다. 13. 지방직 7급   O | X

10 학습조직은 부분보다 전체를 중시하고 의사소통을 원활하게 하는 공동체문화를 강조한다. 10. 지방직 9급   O | X

정답 및 해설

01 ×   02 ×   03 ×   04 ○   05 ○   06 ×   07 ×   08 ×   09 ×   10 ○

01 정보사회의 진전은 일반적으로 계층적 분화가 완화된 수평구조를 가져올 것으로 예상된다.
02 초연결성, 초지능성을 기반으로 하는 4차 산업혁명은 개인별 맞춤서비스를 강조한다. 반면, 대량생산이나 규모의 경제는 전통적인 산업사회에서 강조하는 생산체제이다.
03 정보의 그레샴(Gresham) 법칙이란 좋은 정보는 공유되지 않고 상대적으로 나쁜 정보만이 유통되는 상황을 말한다.
06 조달 관련 온라인 서비스는 나라장터를 의미하며 이는 G2B와 관련된다.
07 지식관리란 개인의 잠재된 지식을 조직의 자산으로 전환하는 과정이므로 지식의 공유화를 촉진할 것이다.
08 지식관리시스템은 조직 구성원의 개인적 지식의 축적뿐만 아니라 조직적 지식의 창출을 강조한다.
09 학습조직은 불확실한 환경에 요구되는 조직의 기억과 학습의 가능성을 강조하는 조직이다.

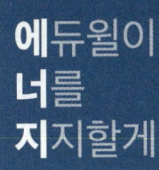

ENERGY

내가 찾고 있는 것은 바깥에 있지 않다.
그것은 내 안에 있다.

– 헬렌 켈러(Helen Keller)

PART

IV

인사행정론

에 듀 윌 공 무 원 행 정 학

CHAPTER 01	인사행정의 기초
CHAPTER 02	공직의 분류
CHAPTER 03	임용
CHAPTER 04	능력발전
CHAPTER 05	사기
CHAPTER 06	공무원의 행동규범

CHAPTER 01 인사행정의 기초

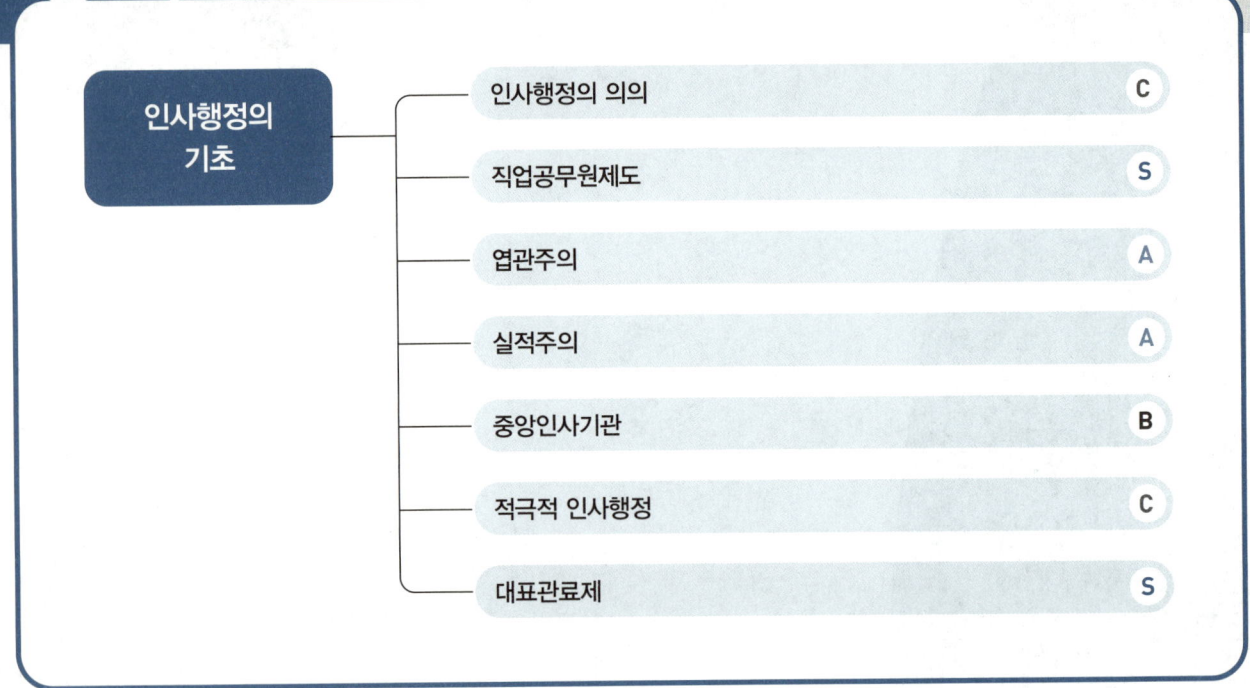

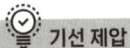

01 인사행정의 의의 C

1 의의

(1) 개념

① 인사행정은 정부활동에 필요한 인적자원을 동원(→ 임용)하고 관리(→ 능력발전과 사기)하여 행정의 효율성을 제고하려는 활동이다.
② 인사행정은 정책을 실행하는 보조수단으로 계선기관의 활동을 보좌하는 참모기능에 해당한다.

(2) 현대 인사행정의 특징

① 현대 인사행정은 인적자원의 중요성과 전략적 관리와의 연계성을 강조한다.
② 또한 행정체제의 하위체제인 동시에 행정체제를 포함한 상위체제인 환경과 상호작용하는 개방체제의 성격이 강하다.
③ 인사행정은 사람을 다루는 학문이기에 정치학, 사회학, 심리학, 노동경제학 등과 같이 사람을 다루는 인접 학문과 교류하는 종합학문의 성격이 강하다.

2 활동국면

인력계획	3대 변수			통제
인력계획	임용	능력발전	사기	법 성과 윤리
	모집 시험 배치	교육훈련 근무성적평정 배치전환	동기부여 보수와 연금 공무원단체	

3 인사관리(→ 경영)와의 비교

① **공공성과 정치성**: 인사행정은 공공의 감시와 통제를 보다 많이 받으며, 능률성 외에 공정성과 형평성 등 다양한 가치를 반영하여야 한다.
② **비시장성**: 인사행정은 성과의 객관적 측정과 시장가격으로의 환산이 곤란하다.
③ **다양성·복잡성**: 정부의 업무가 방대하고 다양하기 때문에 인력규모가 크고 직종도 다양하다.
④ **법정주의**: 중요 내용이 법령에 규정되어 있어 기업의 인사관리에 비해 경직성이 크다.
⑤ **제약성**: 기회의 균등, 정치적 중립, 신분보장, 노동운동의 제약 등 인력운영에 있어 많은 제약요인들이 존재한다.

02 직업공무원제도

1 의의

(1) 개념

① 직업공무원제도는 공직에 종사하는 것을 전 생애 직업이 되도록 운영하는 인사제도로, 젊은 인재들을 공직에 적극적으로 유치하고, 공직에 근무하는 것을 명예롭게 생각하면서 일생동안 근무하도록 유도하는 것을 목적으로 한다.
② 직업공무원제도는 전통적인 관료제의 구성원리(→ 계층제, 전임직, 신분보장, 비정의성)와 비슷하며, 채용 당시의 능력보다는 장기 발전가능성을 중시한다.

(2) 연혁

① 직업공무원제는 절대국가 성립 이후 중앙집권적 통일국가체제를 유지하기 위한 강력한 상비군과 이를 관리하기 위한 조직의 필요성으로 인하여 확립되었다.
② 다만, 당시 관료제는 정실주의에 의해 임용되는 왕의 가신이라는 의미가 강하기에, 실적주의에 기반을 두며 국민에 대한 봉사자로서 지위를 지니는 현대적 의미의 직업공무원제도와는 다르다.
③ 현대적 의미의 직업공무원제도는 국민주권의 확립 이후 산업화에 따른 공공문제의 복잡성과 전문성에 대처하기 위해 등장한 민주적이고 전문적인 봉사자로서의 의미가 강하다.

- 직업공무원제는 젊은 인재들을 공직에 적극적으로 유치하기 위하여 만든 것으로, 공직에 근무하는 것을 명예롭게 생각하면서 일생 동안 공무원으로 근무하도록 만들기 위한 것이다.
  09. 국가직 9급

- 직업공무원제는 절대왕정 시기의 관료제에 연원을 두고 있으며, 장기 근무를 장려하여 공직을 전문직업 분야로 인식하게 하였다.
  17. 국가직 7급(하)

- 영국에서는 과거 국왕의 영향력을 차단하기 위해 종신직 행정관료를 제도화하기 시작하였다.
  23. 군무원 9급

- 직업공무원제는 공무원의 신분을 보장해 행정의 연속성과 일관성을 유지하는 데 긍정적인 제도이다. 21. 국가직 7급

- 직업공무원제를 올바르게 수립하기 위해서는 공직에 대한 높은 사회적 평가가 있어야 한다. 09. 국가직 9급

(3) 현대적 필요성
① 정권교체 등 정치적 변혁의 완충장치 → 행정의 안정성과 계속성 유지
② 정치적 폐단의 차단 → 행정의 중립성과 공정성 증대
③ 공직의 전문화와 직업윤리의 확보

2 확립요건
① 대학(→ 학력의 제한)에서 갓 졸업한 젊고 유능한 인재(→ 나이의 제한)의 채용
② 공직에 대한 높은 사회적 평가
③ 신분보장과 업적 중심의 인사풍토의 확립
④ 재직자의 승진과 능력발전 기회의 부여
⑤ 폐쇄형 인사제도와 계급제의 확립
⑥ 보수의 적정화와 연금제도의 확립
⑦ 이직률 등을 고려한 장기적인 인력계획의 수립

3 평가

(1) 장점
① 젊고 유능한 인재를 확보하므로 공직 사회의 질적 향상을 기대할 수 있다.
② 신분보장과 장기근무를 유도하므로 행정의 계속성과 안정성을 유지하고, 공직을 하나의 전문직업(professional) 분야로 확립하는 데 기여한다.
③ 일반적으로 폐쇄형 임용체계를 채택하고 있으므로 공무원의 연대감을 높여주며, 공무원 집단의 일체감과 봉사정신이 강화하여 엄격한 근무규율의 수용을 용이하게 한다.
④ 계급제에 입각한 일반행정가를 기반으로 하므로 능력발전이 폭넓게 이루어진 시야가 넓은 고급관리자의 양성에 기여할 수 있다.

- 직업공무원제는 공무원이 환경적 요청에 민감하지 못하고 특권집단화 할 염려가 있다. 21. 국가직 7급

(2) 단점
① 폐쇄형 임용과 신분보장의 강화 등은 공무원들의 특권집단화, 관료주의화, 보수화 경향을 가져와 민주적 통제를 어렵게 한다.
② 특히, 연공과 서열에 의한 승진 등은 무사안일과 변동저항의 경향을 초래하여 환경변화에 대한 적응력의 저하를 가져온다.
③ 직업공무원제도는 학력과 연령을 제한하므로 공직임용에의 기회균등을 약화시키고, 신분보장에 따른 장기고용은 직업의 전환을 어렵게 하며 과도한 승진경쟁을 초래할 수 있다.
④ 또한 계급제를 기반으로 순환보직에 따라 업무를 수행하므로 일반행정가의 양성에는 유리하지만 전문행정가의 양성이 어려워 행정의 전문성을 저해할 우려가 있다.

- 직업공무원제도는 공직을 직업전문 분야로 확립시키기도 하지만, 행정의 전문성 약화를 가져오기도 한다. 18. 국가직 7급

> **바로 확인문제**

1. 직업공무원제의 특징으로 옳지 않은 것은? 22. 국가직 9급

① 직무급 중심의 보수체계
② 능력발전의 기회 부여
③ 폐쇄형 충원방식
④ 신분의 보장

정답해설 직업공무원제도는 계급제를 바탕으로 하며, 계급제는 근속급을 기반으로 한다. 직무급은 직위분류제의 특징이다.

오답해설 ② 직업공무원제도는 장기 발전가능성에 기초하여 젊은 인재를 채용하므로, 이들의 경력발전을 위한 능력발전의 기회가 필수적이다.
③ 직업공무원제는 같은 계급군의 최하위 계급에만 신규채용이 이루어지는 폐쇄형 임용을 원칙으로 한다.
④ 젊고 유능한 인재의 장기간 근무를 위해서는 신분보장이 필수적이다.

답 | ①

2. 직업공무원제에 대한 설명으로 옳지 않은 것은? 21. 국가직 7급

① 공무원의 신분을 보장해 행정의 연속성과 일관성을 유지하는 데 긍정적인 제도이다.
② 젊고 유능한 인재들이 공직을 보람 있는 직업으로 선택하여 일생을 바쳐 성실히 근무하도록 유도하는 인사제도이다.
③ 공무원이 환경적 요청에 민감하지 못하고 특권집단화 할 염려가 있다.
④ 공무원의 일체감과 단결심 및 공직에 헌신하려는 정신을 강화하는 데 불리한 제도이다.

정답해설 직업공무원제도는 직업윤리의 형성에 도움이 된다.

오답해설 ③ 직업공무원제는 폐쇄형 임용과 강력한 신분보장을 기반으로 하므로 환경 변화에 대한 대응성이 낮고 공직을 특권화할 우려가 있다.

답 | ④

03 엽관주의 A

1 의의

(1) 개념

① 엽관주의란 집권당의 추종자를 정당에 대한 공헌도와 충성도에 따라 공직에 임명해야 한다는 원리로, 관료기구와 국민 간의 동질성을 확보하기 위한 수단으로 발전하였다.
② 엽관주의는 1829년 미국의 잭슨 대통령이 공식 천명하였는데, 그는 의회에 보낸 연두교서에서 모든 공직자의 직무는 이해력이 있는 사람이면 누구나 쉽게 수행할 수 있는 것이기에 공직의 장기적 종사에 따른 경험적 이득보다 그 폐해가 더 클 것임을 강조하면서 엽관주의를 옹호하였다.
③ 엽관주의의 등장은 당시 민주주의와 정당정치의 발전과 밀접한 관련이 있으며, 최근 행정의 정치적 기능이 강화됨에 따라 엽관주의가 다시 강화되고 있다.

- 엽관주의는 선거에서 승리한 정당이 관직을 차지한다. 23. 국회직 8급

- 엽관주의는 19세기 초 정치적으로 자유민주주의가 어느 정도 정착된 미국에서 발전했다. 16. 경찰승진

④ 우리나라도 현재 정무직과 일부 별정직 공무원이 엽관주의 방식으로 임용되고 있다.

(2) 발달배경

① 민주정치 및 정당정치의 발전, 공직임용의 대중화(→ 일반서민에 대한 공직의 개방)
② 행정의 단순성과 비전문성 → 건전한 상식과 이해력으로 수행 가능한 단순한 업무
③ 5대 먼로(J. Monroe) 대통령의 4년임기법(1820)의 제정
④ 7대 잭슨(A. Jackson) 대통령의 공식적 천명(1829) → 잭슨 민주주의

> • 엽관제는 관료제의 특권화를 방지하고 국민에 대한 대응성을 높인다는 점에서 현재도 일부 정무직에 적용되고 있다. 22. 국가직 7급

2 정실주의와 비교

① 정실주의는 인사권자와의 개인적 신임이나 친분관계를 임용의 기준으로 활용하는 제도로, 영국에서 발달하였다.
② 은혜적 정실주의: 1714년 이전, 국왕의 개인적 친분에 의거한 공직임용
③ 정치적 정실주의: 명예혁명 이후, 정당 지도자의 정치적 고려에 의한 공직임용

> • 정실주의는 인사권자의 개인적 신임이나 친분관계를 기준으로 한다. 11. 서울시 9급

구분	정실주의(→ 영국)	엽관주의(→ 미국)
선발기준	개인적 충성	정당에 대한 공헌도와 충성도
신분보장	인정(→ 종신직)	불인정(→ 대량교체)
실적주의	제2차 추밀원령(1870)	펜들턴법(1883)

3 평가

(1) 장점

① 엽관주의는 공직을 일반대중에게 개방한 것으로, 공직 특권화의 타파에 기여하였고, 민주주의 평등이념에도 부합한다.
② 엽관주의는 집권당에 대한 충성도와 공헌도를 임용의 기준으로 하므로 정치지도자의 국정지도력을 강화하여 중대한 정책변동에 대한 대응력을 높이는 데 기여하였다.
③ 그리고 정치지도자의 통솔력 강화는 정책과정의 능률성 제고에도 기여할 수 있다.

> • 엽관주의는 국민의 요구에 대한 대응성의 향상에 도움이 되는 제도이다. 13. 국가직 9급

(2) 단점

① 정당의 추종자만 공직에 임용되므로 실적주의에 비해 공직임용의 기회균등원리가 제약되며, 관료들의 정당사병화 현상을 가져와 행정의 공정성과 중립성을 저해할 수 있다.
② 정권이 바뀔 때마다 공직의 대량교체가 발생하므로 행정의 안정성과 계속성을 저해하고, 직업공무원제도의 정착에 장애가 되며, 단기 아마추어에 의해 업무가 수행되므로 행정의 비능률성과 비전문성을 야기할 수 있다.
③ 엽관주의는 공직의 상품화를 가져오고 위인설관에 따른 낭비를 초래할 수 있다.
④ 신분보장이 미흡하여 공무원의 사기가 저하될 수 있으며, 정권의 말기가 되면 부패를 초래할 가능성이 크다.

> • 엽관주의는 공직의 상품화를 가져올 가능성이 있다. 16. 지방직 7급

| 한 번 더 정리 | 미국 공무원임용의 변천

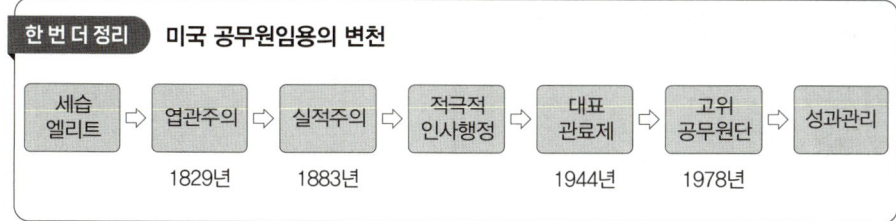

바로 확인문제

1. 엽관주의의 정당화 근거로 옳지 않은 것은? 21. 국가직 7급

① 행정의 민주화에 기여
② 정치지도자의 행정 통솔력 강화
③ 정당정치 발달에 공헌
④ 행정의 안정성과 지속성 확보

정답해설 행정의 안정성과 지속성의 확보는 신분보장이 강한 실적주의 혹은 직업공무원제와 관련된다. 엽관주의는 정권이 교체되면 공직도 교체되므로 행정의 안정성과 계속성이 떨어진다.

오답해설 ① 엽관주의는 국민에게 선택받은 정당에 의해 공직이 임용되므로 행정의 민주화에 기여할 수 있다.
② 엽관주의는 정치지도자에 의해 공직이 임용되므로 정치지도자의 행정 통솔력 강화에 기여한다.
③ 엽관주의는 정당에 의해 공직이 임용되므로 정당정치의 발전에 기여할 수 있다.

답 | ④

2. 정실주의와 엽관제에 대한 설명으로 옳지 않은 것은? 22. 국가직 7급

① 실적제로 전환을 위한 영국의 추밀원령은 미국의 펜들턴법보다 시기적으로 앞섰다.
② 엽관제는 전문성을 통한 행정의 효율성 제고와 정부 관료의 역량 강화에 기여한 것으로 평가된다.
③ 미국의 잭슨(A. Jackson) 대통령은 엽관제를 민주주의의 실천적 정치원리로 인식하고 인사행정의 기본원칙으로 채택하였다.
④ 엽관제는 관료제의 특권화를 방지하고 국민에 대한 대응성을 높인다는 점에서 현재도 일부 정무직에 적용되고 있다.

정답해설 전문성을 통한 행정의 효율성 제고와 정부 관료의 역량 강화에 기여한 것은 실적주의이다.

오답해설 ① 영국의 실적주의는 1853년 노스코트-트레벨리언 보고서에 의한 공개경쟁채용시험 도입과 독립적인 중앙인사위원회 설치 등의 건의, 1855년 제1차 추밀원령에 의한 독립적인 인사위원회의 설치, 그리고 1870년 제2차 추밀원령에 의한 실적주의의 확립으로 전개된다. 반면 미국의 펜들턴법은 1883년에 제정되었다.
③ 엽관제도는 1829년 미국의 잭슨(A. Jackson) 대통령이 의회에서 발표한 연두교서에서부터 더욱 강화되었다.
④ 공직경질제를 기반으로 하는 엽관주의는 관료제의 특권화의 방지에 기여한다. 우리나라는 현재 정무직과 일부 별정직에 엽관주의가 사용되고 있다.

답 | ②

04 실적주의

1 의의

(1) 개념

① 실적주의는 개인의 능력이나 자격, 업적에 기초한 실적을 임용의 기준으로 삼는 인사행정제도이다.
② 실적주의는 다시 소극적 실적주의와 적극적 실적주의로 구분되는데, 초기 실적주의는 유능한 인재의 유치보다는 부적격자의 제거라는 소극적 측면이 강조되었다가 과학적 관리법이 본격적으로 도입된 이후부터 유능한 인재의 모집이라는 적극적 측면이 부각되기 시작하였다.

소극적 실적주의 → 무능력자의 배제	적극적 실적주의 → 유능한 인재의 모집
① 엽관주의 폐해의 극복	① 대표관료제의 도입
② 공개경쟁시험	② 성과에 따른 보상, 교육훈련과 능력발전
③ 신분보장	③ 공무원의 윤리의 강조
④ 정치적 중립	④ 엽관인사 활용(→ 정치적 중립의 완화)
⑤ 중앙인사기관(→ 인사행정의 집권화)	⑤ 인사행정의 분권화(→ 탄력적 인력관리)

③ 실적주의는 각 개인이 가지고 있는 능력에는 차이가 있음을 인정하는 상대적 평등주의를 신봉하며, 행정의 효율성과 전문성의 증대를 목적으로 한다.
④ 또한 실적주의는 관료들이 출신 집단의 이익과 무관하게 전체적 이익에 봉사할 것이라는 가정에 기반하고 있다.

(2) 발달배경

① 공공문제의 복잡성 증대와 행정의 능률성 및 전문성의 요청
② 엽관주의의 폐해
③ 엽관주의자에 의한 가필드 대통령의 암살(1881)과 집권당(공화당)의 중간선거 참패 (1882)
④ 모셔(F. Mosher): 청교도 윤리, 개인주의, 평등주의(→ 기회균등), 과학주의, 분리주의 (→ 인사업무의 독립)
⑤ 위협요인: 전문직업주의, 직업공무원제도, 노동조합, 대표관료제 등 집단요소의 도입
⑥ 펜들턴법: 실적주의를 확립한 미국 최초의 연방공무원법으로, 독립적·초당적 인사위원회의 설치, 공개경쟁 채용시험, 조건부 임용기간(→ 시보제도), 공무원의 정치활동 금지, 제대군인에 대한 특혜, 민간과 정부와의 인사교류 등을 규정하였다.
⑦ 해치법: 미국에서 1939년과 1940년에 제정된 공무원의 정치활동 금지법으로, 1939년 약 250만 명의 연방공무원의 정치활동이 금지되었으며, 1940년에는 연방정부의 재정지원을 받는 주정부 공무원까지 정치활동의 금지가 확대되었다.

• 미국의 실적주의는 펜들턴법(Pendleton Act)이 통과됨으로써 연방정부에 적용되기 시작하였다.
19. 지방직 7급

2 특징

① 능력과 자격 및 업적 중심의 공직임용
② 공개경쟁시험 → 공직임용의 기회균등

③ 정치적 중립성의 요청
④ 공무원의 신분보장
⑤ 초당파적 중앙인사기관의 설치 → 인사행정의 독립성과 집권성

3 평가

(1) 장점

① 능력과 자격에 따라 공무원을 임명하므로 행정의 전문성과 능률성을 확보하는 데 도움이 된다.
② 실적주의는 신분보장이 강하므로 행정의 계속성과 안정성의 확보에 기여한다.
③ 공직임용에 있어 기회균등은 민주주의 평등이념에 부합하고, 정치적 중립의 강화는 행정의 공정성을 높일 수 있다.
④ 중앙인사위원회의 설치는 인사행정의 전문성과 통일성을 강화시키는 데 기여하였다.

(2) 단점

① 융통성 있는 인사행정을 저해하는 형식화 경향을 초래할 수 있고, 원칙적으로 무능력자의 배제라는 소극적 원리를 강조하므로 유능한 인재의 유치에는 소극적일 수 있다.
② 실적주의 기본원리인 신분보장은 행정에 대한 민주적 통제와 정치지도자의 행정 통솔력을 약화시킬 수 있다.
③ 실적주의 도입은 중앙인사기관으로 인사권의 집중화를 가져왔는데, 이는 기관의 실정에 맞는 인사행정을 저해할 수 있고 인사행정의 관리적 측면을 경시하는 결과를 야기할 수 있다.
④ 시험을 통한 공직임용은 형식적 기회균등에 불과하므로 실적주의의 지나친 집착은 오히려 사회적 약자의 공직 진출을 제약하는 원인이 될 수 있다.

• 실적주의는 공개경쟁시험, 신분보장, 정치적 중립이 핵심적인 요소이다. 24. 국가직 9급

• 실적주의는 공무원의 정치적 중립을 강조한다. 16. 지방직 7급

• 실적주의에서 공무원은 자의적인 제재로부터 적법절차에 의해 구제받을 권리를 보장받는다. 19. 지방직 7급

• 실적주의는 엽관주의의 폐해를 방지하고 행정의 효율성 제고에 기여하였다. 07. 국가직 7급

• 실적주의는 정치적 중립에 집착하여 인사행정을 소극화·형식화시켰다. 14. 국가직 9급

• 사회적 약자의 공직진출을 제약할 수 있다는 점은 실적주의의 한계이다. 19. 지방직 7급

바로 확인문제

1. 실적주의 공무원제도에 대한 설명으로 옳은 것은?   24. 국가직 9급

① 미국에서는 잭슨(A. Jackson) 대통령에 의해 공식화되었다.
② 공직의 일은 건전한 상식과 인품을 가진 일반 대중이면 누구나 수행할 수 있는 것이라고 전제하였다.
③ 공개경쟁시험, 신분보장, 정치적 중립이 핵심적인 요소이다.
④ 사회적 형평성을 가장 중요한 가치로 삼는 인사제도이다.

정답해설 실적주의는 공개경쟁시험, 신분보장, 정치적 중립, 독립된 중앙인사기관 등을 구성요소로 한다.

오답해설 ① 미국 잭슨(A. Jackson) 대통령에 의해 공식화된 것은 엽관주의이다.
② 공직을 건전한 상식과 인품을 가진 일반 대중이면 누구나 수행할 수 있는 것이라고 전제하는 것은 엽관주의이다.
④ 사회적 형평성을 중요한 가치로 삼는 인사제도는 대표관료제이다.

답 | ③

05 중앙인사기관

1 의의

(1) 개념
① 정부의 인사행정을 총괄적·전문적·집권적으로 담당하는 인사행정기관을 말한다.
② 중앙인사기관은 실적주의와 직업공무원제의 전제조건으로, 인력관리의 통일성을 확보하고 정치로부터 공무원의 권익을 보호하기 위해서 등장하였다.

(2) 필요성
① 국가기능의 확대와 공무원 수의 증가에 따른 인사행정의 전문성과 능률성 확보
② 인력관리의 할거주의 방지를 통한 인사행정의 통일성 확보
③ 엽관주의 폐해의 극복을 통한 인사행정의 공정성과 중립성 확보
④ 공무원의 권익보호를 통한 실적주의 확립

2 기능

(1) 전통적 기능
① 소극적·방어적 기능: 준입법기능, 준사법기능, 집행기능 등
② 목적: 엽관주의 폐해 방지, 인사행정의 공정성과 중립성 확보, 부처 할거주의 방지

(2) 현대적 기능
① 적극적·지원적 기능: 감시와 자문기능, 연구와 조사기능 등
② 목적: 최고책임자에 대한 효율적인 국정관리 수단을 제공하는 참모기능의 강화

3 유형

① 독립합의형: 행정수반으로부터 독립된 복수의 위원으로 구성되는 초당파적 구성체
② 비독립단독형: 행정수반에 종속되며, 행정수반에 의해 임명되는 단독제 기관

구분	장점	단점
독립성	① 정치적 중립 → 정실인사 배제 ② 인사권자의 전횡방지 ③ 부패와 무질서 방지	① 책임한계의 모호성 ② 행정수반의 관리수단 미비 ③ 인사정책에 대한 통제의 어려움
합의성	① 신중하고 공정한 인사행정 ② 정책의 계속성과 일관성 ③ 전문지식의 활용	① 책임소재의 모호성 ② 타협적이고 정치적인 결정 ③ 결정의 지연, 시간과 비용의 과다
집권성	① 실적주의 확립 ② 인사행정의 통일성과 공정성 ③ 통합적 조정과 통제	① 부처 기관장의 사기 저하 ② 적극적 인사행정 곤란 ③ 인사행정의 경직화

- 중앙인사기관의 기능은 준입법·준사법 기능과 집행·감사기능을 모두 포함한다. 16. 국회직 8급

- 독립합의형 중앙인사기관은 합의에 따른 결정방식으로 인사의 공정성을 유지하는 것을 중시한다. 21. 지방직 7급

- 비독립단독형 중앙인사기관은 한 명의 인사기관의 장이 조직을 관장하고 행정수반의 지휘 아래 놓이게 된다. 21. 지방직 7급

- 비독립단독형 중앙인사기관은 정부의 인적 자원을 안정적·합리적으로 관리하기 어렵다. 12. 국회직 8급

- 비독립단독형 중앙인사기관은 인사행정의 정실화와 기관장의 자의적 결정을 견제하기 어렵다. 19. 국회직 9급

> **한 번 더 정리** 중앙인사기관의 유형

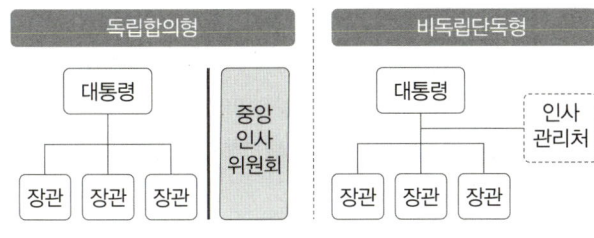

> **바로 확인문제**

1. 다음 중앙인사기관의 유형에 대한 설명으로 옳은 것은?   21. 지방직 7급

> - 행정수반이 인사관리에 직접적인 책임을 지며, 인사기관의 장은 행정수반을 보좌하여 집행업무를 담당한다.
> - 인적자원 확보, 능력발전 유도, 유지, 보상 등 인사관리에 대한 기능을 부처의 협조 하에 통합적으로 수행한다.
> - 인사기관의 결정과 집행의 행위는 행정수반의 승인과 검토의 대상이 된다.

① 정치권력의 부당한 개입을 막아 정치적 중립성과 공직의 안정성을 확보할 수 있다.
② 인사기관의 구성방식을 통해서 인사정책의 일관성을 확보할 수 있다.
③ 합의에 따른 결정방식으로 인사의 공정성을 유지하는 것이 중요하다.
④ 한 명의 인사기관의 장이 조직을 관장하고 행정수반의 지휘 아래 놓이게 된다.

정답해설 비독립단독형 중앙인사기관에 대한 설명이다. 비독립단독형 중앙인사기관은 장이 한 사람이며 행정수반 아래 위치하므로 행정수반의 통제가 용이하다.

오답해설 ① 정치권력의 부당한 개입을 막아 정치적 중립성과 공직의 안정성을 확보할 수 있는 것은 독립합의형 중앙인사기관이다.
② 인사정책의 일관성을 확보할 수 있는 것은 합의형 형태의 중앙인사기관이다.
③ 합의에 따른 결정방식으로 인사의 공정성을 유지하는 것이 중요한 것 역시 독립합의형 중앙인사기관의 특징이다.

답 | ④

06 적극적 인사행정

1 의의

① 실적주의와 과학적 인사관리만을 고집하지 않고, 엽관주의를 신축적으로 수용하며 인사관리에 있어 인간적 요소를 중시하는 인사행정을 말한다.
② 이는 실적주의의 소극성·비융통성·집권성을 극복하기 위한 적극적·신축적·분권적 인사행정이다.

- 적극적 인사행정은 실적주의의 비융통성을 보완하는 적극적, 분권적, 신축적 인사행정을 의미한다.
  19. 경찰승진

- 적극적 인사행정의 방안으로 상위직에 대한 정치적 임용의 확대, 분권적 인사정책, 공무원 단체의 인정 등이 거론된다.
  05. 국가직 7급

2 방안

① 적극적 모집
② 엽관주의의 신축적 허용 등 정치적 중립의 완화
③ 부처 인사기관의 자율성 강화 등 인사권의 분권화
④ 교육훈련, 근무성적평정, 제안제도 등 공무원의 능력발전 강조
⑤ 공무원 단체의 허용

바로 확인문제

1. 적극적 인사행정을 위한 방안이라고 할 수 없는 것은? 05. 국가직 7급

① 상위직에 대한 정치적 임용의 확대   ② 분권적 인사정책
③ 공무원 단체의 인정   ④ 엄격한 직위분류제의 운용

정답해설 업무 중심의 엄격한 직위분류제의 운용은 소극적 실적주의와 관련된다. 적극적 인사행정은 업무 외에 인간적 요소를 받아들이는 것이다.

오답해설 ① 적극적 인사행정은 실적주의를 기반으로 하되 엽관주의가 가미된 인사정책이다.
② 소극적 실적주의는 중앙인사기관에 인사권이 집중된 형태이었지만 적극적 인사행정은 각 부처의 실정에 맞는 분권적 인사정책을 강조한다.
③ 실적주의는 개인주의에 기반을 두는 반면 적극적 인사행정은 공무원 단체와 같은 집단주의 요소를 받아들인다.

답 | ④

2. 다음 중 적극적 인사행정과 가장 관련이 먼 것은? 09. 서울시 9급

① 모집방법의 다양화   ② 인사의 분권화
③ 정년보장식 신분보장   ④ 정치적 임용의 부분적 허용
⑤ 실적주의의 비융통성 보완

정답해설 신분보장은 전통적 실적주의나 직업공무원제도에서 강조하는 개념이다.

답 | ③

07 대표관료제

1 의의

(1) 개념

① 사회를 구성하는 모든 주요 집단의 인구비례에 따라 관료를 충원하고 모든 계급에 비례적으로 배치하여 정부가 그 사회의 모든 계층과 집단에 공평하게 대응하도록 하는 인사제도이다.
② 킹슬리(D. Kingsley)가 처음 사용한 개념이며, 실적주의 인사제도의 폐단을 극복하고, 임명직 관료집단이 민주적 방법으로 행동하도록 만들기 위해 도입되었다.
③ 대표관료제는 출신성분과 인간의 행동 간에는 밀접한 관련성이 있다는 것을 전제로, 행정의 재량권이 증가하는 현실에서 관료제 내에 민주적 가치를 주입하려는 의도에서 주장되었다.
④ 또한 관료에 대한 외부통제 또는 객관적 책임은 근본적 한계를 지닐 수밖에 없다는 인식이 확산되면서 제기되었다.
⑤ 대표관료제를 실현하기 위한 임용할당제는 기회의 평등보다는 결과의 평등에 초점을 둔다.
⑥ 한편, 대표관료제는 국민에 대한 대응성이라는 외재적 책임을 확보하기 위한 수단이지만 통제방법으로는 비공식적 내부통제에 해당한다.

(2) 학자들의 견해

① 킹슬리(D. Kingsley): 대표관료제라는 용어를 처음 사용(1944)하였고, 사회 내의 지배세력들을 그대로 반영한 관료제라고 정의함으로써 대표관료제의 구성적 측면을 강조하였다.
② 크랜츠(H. Kranz): 대표관료제의 개념을 비례대표로까지 확대하고 있으며, 모든 직무와 계급 역시 인구비율과 상응하게 분포되어야 함을 강조하였다.
③ 반 라이퍼(Van Riper): 대표관료제의 개념을 확대하여 사회적 구성비율 외에 사회적 가치까지도 대표관료제의 요소에 포함시키고 있다.

2 유형 → 모셔(F. Mosher)의 분류

① 소극적 대표: 관료들의 사회·경제적 배경이 사회 전체의 것을 반영하는 정도를 의미하며, 구성적 대표, 형식적 대표, 배경적 대표 등으로 불린다.
② 적극적 대표: 관료들이 출신 집단의 가치와 이익을 적극적으로 대변해야 한다는 입장으로, 정책적 대표, 실질적 대표, 역할적 대표, 태도적 대표 등으로 불린다.
③ 그러나 적극적 대표성을 지나치게 강조할 경우 소수 집단에게 오히려 불리하며, 집단 간 갈등을 격화시켜 민주주의를 위협할 것이라고 비판하였다.

3 각국의 초점

① 영국: 학벌 대표 중심으로 논의 전개
② 미국: 인종 대표 중심, 적극적 조치(Affirmative Action), 고용평등기회법(1972)
③ 한국: 성별, 지역별 대표 중심으로 전개 → 균형인사지수

- 대표관료제는 킹슬리(D. Kingsley)가 1944년에 처음 사용한 개념이다.
  10. 지방직 7급

- 대표관료제라는 용어를 처음 사용한 사람은 킹슬리(D. Kingsley)이며 크랜츠(H. Kranz)는 비례대표로까지 그 개념을 확대하였다.
  20. 경찰간부

- 소극적 대표성은 전체 사회의 인구 구성적 특성과 가치를 반영하는 관료제의 인적 구성을 강조한다.
  19. 지방직 9급

- 대표관료제는 관료들이 출신 집단의 가치와 이익을 대변하리라는 기대에 기반을 둔다. 13. 국가직 9급

- 대표관료제는 임용 전 사회화가 임용 후 행태를 자동적으로 보장한다는 가정 하에 전개되어 왔다.
  23. 지방직 9급

4 평가

(1) 장점

① 정책형성 및 집행과정에서 상충되는 각 집단 또는 계층의 이익을 골고루 반영할 수 있게 한다.
② 관료의 충원에 있어 다양한 집단을 참여시킴으로써 정부 관료제의 민주화를 높일 수 있다.
③ 소외 계층에 대한 공직취임기회를 확대하여 사회적 형평성을 제고하며, 정책의 대응력을 높임으로써 정책집행을 용이하게 해준다.
④ 대표성을 지닌 관료집단 사이의 견제와 균형을 통해 관료제의 내부통제를 강화할 수 있다.
⑤ 행정에 대한 비공식적 내부통제의 방안이므로 행정의 대응성과 책임성을 제고시킨다.

(2) 단점

① 대표관료제는 재사회화(→ 2차 사회화)를 간과하여 소극적 대표와 적극적 대표의 연결고리가 미흡하다. 즉, 출신 세력을 대표한다는 것이 경험적으로 입증되지 않았다.
② 또한 할당제를 강요하는 결과를 초래하므로 현대 인사행정의 기본원칙인 실적주의를 훼손하고 행정의 능률성을 저해할 수 있다.
③ 대표관료제는 기존의 차별을 시정하기 위한 것이지만 이로 인하여 또 다른 차별이라는 역차별을 가져올 수 있고, 사회의 분열을 조장하여 사회적 갈등을 야기할 수 있다.
④ 관료들이 출신 집단의 이익을 위해 적극적으로 행동하는 적극적 대표는 오히려 민주주의에 위협요소로 작용할 수 있다.

- 대표관료제는 공직채용 과정에서 민주적 대표성을 확보하기 위한 제도이다. 22. 경찰승진
- 대표관료제는 현대사회의 구조적 문제로 인한 기회의 불평등을 해소하고자 하는 노력이다. 23. 국회직 8급
- 대표관료제는 소수집단의 참여기회를 확대한다. 08. 서울시 9급
- 대표관료제는 행정의 전문성과 생산성을 저해할 수 있다는 비판이 있다. 15. 국가직 7급
- 대표관료제는 할당제와 역차별로 인한 사회의 분열을 조장할 수 있다. 10. 국회직 8급

바로 확인문제

1. 대표관료제에 대한 설명으로 옳지 않은 것은? 19. 지방직 9급

① 소극적 대표가 적극적 대표를 촉진한다는 가정 하에 제도를 운영해 왔다.
② 엽관주의 폐단을 시정하기 위해 등장하였으며 역차별의 문제를 완화할 수 있다.
③ 소극적 대표성은 전체 사회의 인구 구성적 특성과 가치를 반영하는 관료제의 인적 구성을 강조한다.
④ 우리나라는 균형인사제도를 통해 장애인·지방인재·저소득층 등에 대한 공직진출 지원을 하고 있다.

정답해설 대표관료제는 실적주의 폐단을 시정하기 위해 등장했으나, 할당제를 구현하는 결과 새로운 차별이라는 역차별을 가져올 수 있다.

오답해설 ① 소극적 대표는 형식적·배경적 대표성을 의미하고 적극적 대표는 실질적·태도적 대표성을 의미하는데 대표관료제는 소극적 대표가 적극적 대표로 연결될 수 있다는 가정에 기반을 두고 있다.
③ 소극적 대표성은 관료들의 사회·경제적 배경이 사회 전체의 것을 반영하는 정도를 의미하며, 구성적 대표, 형식적 대표, 배경적 대표 등으로 불린다.
④ 우리나라의 균형인사정책은 대표관료제 이념을 구현하기 위한 제도로, 장애인 의무고용제, 양성평등 채용목표제, 지방인재채용목표제, 저소득층 구분모집 등을 통해 사회적 약자 및 소외계층의 공직 진출을 지원하고 있다.

답 | ②

CHAPTER 01 마무리 기출 OX

다음 내용이 맞으면 O, 틀리면 X에 표시하시오.

01 직업공무원제가 확립되기 위해서는 공직에 대한 높은 사회적 평가가 있어야 한다. 12. 국회직 9급 ○ | ✕

02 직업공무원제도는 채용 당시의 직무수행 능력이 장기적 발전가능성보다 더 중시된다. 22. 국가직 9급 ○ | ✕

03 엽관제도는 1829년 미국의 잭슨 대통령이 의회에서 발표한 연두교서에서부터 더욱 강화되었다. 22. 국가직 7급 ○ | ✕

04 엽관주의는 혈연, 학연, 지연 등 사적 인간관계를 반영하여 공무원을 선발하기에 행정의 전문성을 저하시킬 수 있다. 23. 국회직 8급 ○ | ✕

05 우리나라에서는 정무직 공무원에 대해서만 엽관주의 임용이 가능하도록 되어 있다. 18. 국가직 7급 ○ | ✕

06 엽관주의는 행정의 민주화에 공헌한다는 장점이 있지만 공직의 상품화를 가져올 가능성이 있다. 16. 지방직 7급 ○ | ✕

07 실적주의는 관료들이 누구나 자신의 사회적 배경의 가치나 이익을 정책과정에 반영시키려고 노력한다는 명제를 전제로 한다. 20. 국가직 7급 ○ | ✕

08 실적주의에서 공무원은 자의적인 제재로부터 적법절차에 의해 구제받을 권리를 보장받는다. 19. 지방직 7급 ○ | ✕

09 독립합의제 중앙인사기관은 인사행정의 책임소재를 명확히 할 수 있다. 16. 국회직 8급 ○ | ✕

10 영국학자 킹슬리(D. Kingsley)는 정부 관료제의 구성에 있어 사회 내 주요 세력의 분포를 반영할 것을 제안하였다. 17. 국가직 7급(하) ○ | ✕

정답 및 해설

01 ○ **02** ✕ **03** ○ **04** ✕ **05** ✕ **06** ○ **07** ✕ **08** ○ **09** ✕ **10** ○

02 직업공무원제는 채용 당시의 능력보다는 장기적인 발전가능성을 중시한다.
04 혈연, 학연, 지연 등 사적 인간관계를 반영하여 공무원을 선발하는 것은 정실주의이다.
05 우리나라는 정무직 공무원뿐만 아니라 일부 별정직 공무원도 엽관주의 임용이 가능하다.
07 관료들이 누구나 자신의 사회적 배경의 가치나 이익을 정책과정에 반영시키려고 노력한다는 명제를 전제로 하는 것은 대표관료제이다.
09 독립합의제의 경우 정부 밖에 위치하고 합의제 형태로 운영되므로 인사행정의 책임소재를 둘러싸고 논란이 나타날 수 있다.

공직의 분류

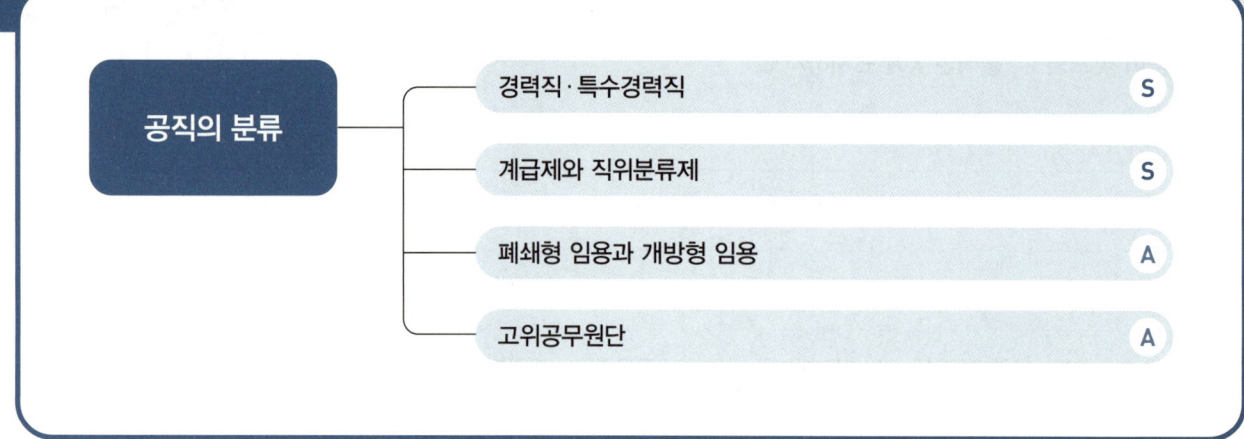

01 경력직·특수경력직 S

1 의의

① 경력직 공무원이란 실적과 자격에 따라 임용되고 그 신분이 보장되며 평생 동안(→ 근무기간을 정하여 임용하는 공무원의 경우에는 그 기간 동안) 공무원으로 근무할 것이 예정된 공무원을 말한다.
② 특수경력직 공무원이란 경력직 이외의 공무원으로, 정치적 임용이 필요하거나 특수한 직무를 담당하며, 보수와 복무규정을 제외하고는 「국가공무원법」과 실적주의의 획일적 적용을 받지 않는다.

2 경력직 공무원

(1) 일반직 공무원

① 기술·연구 또는 행정일반에 대한 업무를 담당하고, 직군·직렬별로 분류되며, 1급부터 9급까지의 계급으로 구분한다. 다만, 고위공무원단에는 계급의 구분이 없다.
② 또한 특수 업무분야에 종사하는 공무원과 연구·지도·특수기술 직렬의 공무원은 계급 구분을 적용하지 아니할 수 있다.

(2) 특정직 공무원

① 법관, 검사, 외무, 경찰, 소방, 교육(→ 교육전문직원 포함), 군인, 군무원, 경호, 헌법연구관, 국가정보원 직원과 특수 분야의 업무를 담당하는 공무원으로, 다른 법률에서 특정직으로 지정된 공무원이다.
② 별도의 인사법령과 계급체계가 적용되며, 계급정년제 등이 적용될 수 있다.
③ 외무공무원은 직위분류제를 지향하여 계급제를 폐지하고 직무등급제를 이용하고 있다.

기선 제압

- 경력직 공무원은 실적과 자격에 의해 임용되고 신분이 보장된다.
  21. 지방직 9급

- 일반직 공무원은 기술·연구 또는 행정일반에 대한 업무를 담당하는 공무원이다.
  23. 소방간부

- 특정직 공무원은 법관, 검사, 경호 공무원 등 특수 분야의 업무를 담당하는 공무원으로서 다른 법률에서 특정직 공무원으로 지정하는 공무원이다.
  23. 소방간부

3 특수경력직

(1) 정무직 공무원
① 선거로 취임하거나 임명할 때 국회의 동의가 필요한 공무원이다.
② 또한 고도의 정책결정 업무를 담당하거나 이러한 업무를 보조하는 공무원으로서 법률이나 대통령령에서 정무직 공무원으로 지정하는 공무원을 말한다(→ 차관급 이상).

(2) 별정직 공무원
① 비서관·비서 등 보좌업무 등을 수행하거나 특정한 업무수행을 위하여 법령에서 별정직으로 지정하는 공무원을 말한다.
② 직무의 성질이 공정성과 기밀성을 요하거나 특별한 신임이 요구되는 공무원이다.

- 특수경력직 공무원은 경력직 공무원과는 달리 실적주의와 직업공무원제의 획일적 적용을 받지 않는다. 18. 국회직 8급
- 특수경력직 공무원은 경력직 공무원 외의 공무원으로, 정무직 공무원과 별정직 공무원이 이에 해당한다. 23. 소방간부
- 선거에 의해 취임하는 공무원은 특수경력직 중 정무직 공무원에 해당한다. 18. 국회직 8급

바로 확인문제

1. 다음 중 현재 군인·군무원과 같은 특정직 공무원이 아닌 자는?   23. 군무원 7급
① 공립학교 교원
② 소방서장
③ 경찰서장
④ 검찰청 검찰사무관

정답해설 검찰청 검찰사무관은 검찰직렬로 일반직 공무원이다.

답 | ④

2. 다음 중 우리나라의 공직분류 중 특정직 공무원에 해당하지 않는 것은?   22. 군무원 7급
① 경호공무원
② 경찰청장
③ 감사원 사무차장
④ 헌법재판소 헌법연구관

정답해설 감사원 사무차장은 일반직 공무원이다.

답 | ③

---

02 계급제와 직위분류제

1 계급제

(1) 의의
① 개인의 능력과 자격 또는 업적을 기준으로 공직을 분류하는 사람 중심의 공직분류 제도이다.
② 농업사회(→ 신분제 사회, 소규모 조직)의 전통이 강한 영국·독일·일본 등에서 발전하였고, 절대국가부터에서 국가체제를 유지하기 위한 공직분류체계의 기본틀로 형성되었다.

- 계급제는 개인의 자격, 능력, 학벌 등에 의해 분류된 계급에 따라 직무가 부여되는 제도이다. 16. 서울시 7급
- 계급제에서 계급은 사람이 어떠한 일을 할 수 있는가를 결정지어 준다. 22. 경찰승진

(2) 특징
① **4대 계급제**: 공직의 분류가 교육제도나 신분계층과 밀접하게 관련되어 있다.
② **폐쇄형 인사제도**: 원칙적으로 같은 계급군의 최하위 직급에만 신규임용이 가능하고, 계급 간 승진이 어려워 한정된 계급 범위에서만 승진이 가능하다.
③ **고급공무원의 엘리트화**: 계급 간 사회적 평가, 보수, 성분, 교육면에서 차이를 둔다.
④ **일반행정가**: 폭넓은 시야를 가진 일반능력자를 선호한다.

(3) 장점
① 장래 발전가능성과 잠재력을 기준으로 임용되므로 넓은 교양을 갖춘 인재의 등용이 가능하다.
② 직위의 전문화를 전제로 하지 않기 때문에 융통성 있는 인사배치가 가능하므로 잠정적이고 비정형적인 업무로 구성된 상황에 유용하며, 인력활용의 신축성과 수평적 융통성의 확보가 쉬워 업무의 횡적 조정이 용이하다.
③ 강력한 신분보장과 승진의 기대 등으로 인해 현직자의 근무의욕이 높아 직업공무원제도의 확립이 용이하고, 공무원 간 유대의식을 통한 행정의 능률성 제고에 기여한다.
④ 단체정신과 조직에 대한 충성심 확보에 유리하며, 인사권자의 강력한 리더십 행사가 용이하다.
⑤ 순환보직을 통해 다양한 업무를 경험하므로 고급관리자(→ 일반행정가)의 양성이 쉽다.
⑥ 공직분류구조 및 보수체계가 단순하여 관리가 용이하고 비용이 절감된다.

(4) 단점
① 직업구조가 분화된 산업사회에는 적용하기 곤란하고, 직무경계의 모호성으로 인하여 업무의 책임소재가 모호하다.
② 인력활용의 수평적 융통성은 높지만 계급 간 위화감이 강하여 각 계급군의 구성원들이 자기 계급군의 이익에만 집착할 가능성이 높다.
③ 강력한 신분보장으로 인한 관료의 특권집단화와 공직의 경직화 경향은 환경의 변화에 대한 대응력을 상대적으로 약하게 하고 관료제에 대한 민주적 통제를 어렵게 한다.
④ 직무급 수립이 곤란하여 보수체계가 비합리적이며, 업무에 따른 보수의 형평성이 낮다.
⑤ 또한 채용시험과 배치, 교육훈련, 근무성적평정 등의 합리적 기준을 제시하지 못하므로, 인력관리의 합리성이 저해될 수 있다.
⑥ 계급제는 폐쇄형 임용과 순환보직을 활용한 일반행정가 중심의 공직분류이므로 전문행정가의 양성이 어려워 행정의 전문성을 저해할 수 있다.

- 직위분류제에 비해 계급제는 인적자원의 탄력적 활용이라는 측면에서 유리한 제도이다. 13. 지방직 9급

- 계급제는 직위분류제보다 인력활용의 융통성과 효율성이 높아 탄력적 인사관리가 가능하다. 17. 경찰간부

- 계급제는 공무원의 신분보장과 직업공무원제의 확립에 기여한다. 17. 국가직 9급

> **바로 확인문제**

1. 계급제에 대한 설명으로 옳지 않은 것은? 23. 지방직 9급

① 직무의 속성을 중심으로 공직을 분류하는 제도이다.
② 폐쇄형 충원방식을 원칙으로 한다.
③ 일반행정가의 양성을 지향한다.
④ 탄력적 인사관리가 용이하다.

정답해설 직무의 속성을 중심으로 공직을 분류하는 제도는 직위분류제이다.
오답해설 ②, ③ 계급제는 폐쇄형 충원방식을 원칙으로 하고 일반행정가의 양성을 지향한다.
④ 공무원이 특정 직무가 아닌 계급에 소속되어 있기 때문에 조직의 필요에 따라 인력을 다른 직위나 부서로 쉽게 이동시킬 수 있다.

답 | ①

2. 계급제에 대한 설명으로 가장 적절한 것을 모두 고른 것은? 22. 경찰승진

> ㉠ 계급은 사람이 어떠한 일을 할 수 있는가를 결정지어 준다.
> ㉡ 계급제는 일반행정가보다는 전문행정가의 원리를 강조한다.
> ㉢ 테일러(F. Taylor)식 과학적 관리법을 적용한 것이다.
> ㉣ 계급제는 인적자원을 탄력적으로 운용할 수 있다는 장점이 있다.

① ㉠, ㉡ ② ㉡, ㉢ ③ ㉠, ㉣ ④ ㉢, ㉣

정답해설 ㉠ 계급제에서는 계급에 따라 업무가 부여되므로 계급이 어떤 일을 할 수 있는가를 결정짓는 기준이 된다.
㉣ 계급제는 같은 계급이면 여러 업무를 수행할 수 있으므로 인적자원의 수평적 활용이 용이하다.
오답해설 ㉡ 계급제는 일반행정가의 원리를 강조한다.
㉢ 테일러(F. Taylor)식 과학적 관리법은 직위분류제와 관련된다.

답 | ③

2 직위분류제

(1) 의의

① 직무의 종류나 성질, 곤란성과 책임의 정도에 따라 공직을 분류하는 일 중심의 공직분류로, 관료제 전통(→ 절대국가의 성립)이 상대적으로 오래되지 않은 사회에서 발달하였다.
② 산업사회(→ 평등사회, 대규모 조직)의 전통이 강한 미국에서 발달하였으며, 과학적 관리법의 영향을 받아 절약과 능률을 위한 정부개혁운동의 일환으로 도입되었다.
③ 특히, 동일 업무에 대한 동일 보수라는 보수의 형평성 요구가 직위분류제의 도입에 큰 영향을 미쳤다.
④ 직위분류제는 직무의 분화를 전제로 하는 전문화된 공직분류이므로, 조직구조와 공직분류가 연계되어 있고, 출신배경에 관계없이 능력에 따라 모든 직위에 임용이 가능한 개방형 구조를 취한다.

• 과학적 관리운동은 직위분류제의 발달에 많은 자극을 주었다. 11. 국가직 9급

• 계급제는 사람을 중심으로, 직위분류제는 직무를 중심으로 공직을 분류하는 인사제도이다. 13. 지방직 9급

• 직위분류제는 사회적 출신배경에 관계없이 담당 직무의 수행능력과 지식기술을 중시한다. 11. 국가직 9급

⑤ 미국의 경우 시 정부에서 최초로 채택(1912)된 후 「직위분류법」의 제정(1923)으로 연방 정부에 도입되었다.
⑥ 계급제의 전통을 가진 다른 국가들도 사회의 수평적 분화가 이루어지고 산업사회가 고도화됨에 따라 계급제의 기본골격을 유지하면서 직위분류제를 가미하고 있다.

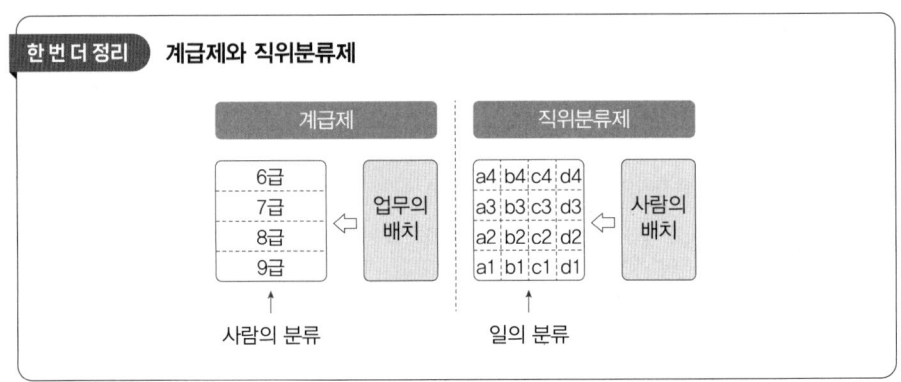

(2) 구조

① **직위**(position): 한 사람의 공무원에게 부여할 수 있는 직무와 책임의 양
② **직급**(class): 직무의 종류와 성질, 책임도와 곤란성이 유사한 직위의 군(→ 동일하게 취급)
③ **직렬**(series): 직무의 종류와 성질은 유사하나 그 책임도와 곤란성의 정도는 다른 직급의 군
④ **직군**(group): 직무의 종류 또는 성질이 광범위하게 유사한 직렬의 군(→ 행정직군·기술직군·우정직군)
⑤ **직류**(sub-series): 같은 직렬 내에서 담당 분야가 같은 직무의 군

- 직위(position)는 한 사람의 공무원에게 부여할 수 있는 직무와 책임을 의미한다. 22. 국가직 9급

- 직렬이란 직무의 종류는 유사하나 난이도와 책임의 수준이 다른 직급의 계열이다. 18. 국회직 8급

(3) 장점

① 실적주의를 배경으로 추진된 직위분류제는 인사행정의 능률성과 합리성을 높이는 장치이다.
② 특히, 공직분류가 조직구조와 연계되어 있어 권한과 책임의 한계를 둘러싼 갈등을 예방하는 데 효과적이다.
③ 직위분류제는 개방형 임용이 가능하고 동일한 직책을 장기간 담당하므로 특정 분야의 전문가 양성을 통한 행정의 전문화를 구현하기 용이하다.
④ 객관적 업무를 설정한 후 이를 기준으로 채용하므로 임용에 있어 합리적 기준을 제시할 수 있어 인사행정에 정실주의가 개입하는 것을 차단하기 쉽다.
⑤ 동일 직무에 대한 동일 보수의 원칙을 실현함으로써 보수의 합리화를 기할 수 있으며, 이에 따라 구성원의 사기가 높아질 수 있다.
⑥ 조직 내 구성원의 업무분담을 합리화하고 이를 기초로 효율적인 정원관리를 가능하게 한다.
⑦ 구성원의 관계가 업무에 한정되고 상하위층의 계급의식이나 위화감이 크지 않지 않아 수직적 융통성이 높은 편이다.

- 직위분류제가 계급제보다 직무급의 결정에 더 타당한 자료를 제공할 수 있다. 10. 지방직 9급

- 직위분류제는 동일 직무·동일 보수 원칙에 입각한 직무급 수립이 용이하여 보수의 형평성이 높다. 22. 국회직 9급

(4) 단점

① 전문화되고 명확한 업무를 중심으로 공직을 분류하므로 조직 내 인적 자원의 교류 및 활용에 주는 제약이 상대적으로 커서 인력배치의 수평적 융통성과 신축성이 부족하다.
② 이 때문에 부서 간 수평적 협조와 조정이 곤란하며 할거주의를 초래(→ 사후적 갈등)할 수 있다.

③ 특정 업무에 장기간 종사하므로 행정의 전문성은 향상되지만 폭넓은 시각을 지닌 일반행정가의 양성은 어려워 조직의 전반적 관리를 담당하는 상위직과 여러 업무가 혼재된 혼합직에는 적용하기 곤란하다.
④ 신분보장이 상대적으로 약하고 개방형 임용에 따른 승진기회의 축소로 인해 직업공무원제도의 확립이 어렵다.
⑤ 직위분류제는 과학적 관리법의 영향에 따른 직무 중심의 공직분류이므로 비인간적이라는 비판도 받는다.

3 계급제와 직위분류제의 비교

구분	계급제	직위분류제
보수	낮은 형평성	높은 형평성
인사관리	연공서열 중심, 자의성 개입	능력·실적 중심, 객관적 기준 제공
환경대응	약함 → 신분보장에 따른 보수성 강함 → 업무의 신축적 배정의 용이성	강함 → 개방형 임용, 직무의 재설계 약함 → 업무의 신축적 배정의 곤란
경계이동	수직적 이동 곤란	수평적 이동 곤란
사기	높음(→ 신분보장, 직업공무원제)	낮음(→ 단, 보수의 사기는 높음)
관리비용	낮음	높음
리더십	높음	낮음
조직몰입	높음	낮음
직무몰입	낮음	높음

- 계급제는 폐쇄형 충원을 원칙으로 하지만, 직위분류제는 개방형 충원을 원칙으로 한다. 21. 경찰승진
- 계급제 하에서는 인적자원의 이동은 수평적·탄력적으로 이루어지지만, 직위분류제 하에서는 수평적 이동이 곤란하다. 21. 경찰승진
- 계급제는 일반행정가를 선호하지만, 직위분류제는 전문행정가를 선호한다. 21. 경찰승진

바로 확인문제

1. 직위분류제의 특징이 아닌 것은? 23. 지방직 7급

① 특정 직무에 대한 능력과 전문성을 갖춘 사람을 임용 대상으로 한다.
② 동일직무에 대한 동일보수의 원칙을 반영한 직무급 체계가 확립될 수 있다.
③ 개방형 인사제도를 기반으로 운영되며, 공직 내부에서 수평적 이동 시 인사배치의 유연함과 신축성이 있다.
④ 조직개편이나 직무의 불필요성 등으로 직무 자체가 없어진 경우, 그 직무 담당자는 원칙적으로 퇴직의 대상이 된다.

정답해설 공직 내부에서 수평적 인사배치가 용이한 것은 계급제이다.

오답해설 ① 직위분류제는 직무를 기반으로 공직을 분류하므로 직무에 맞는 전문가의 채용이 쉽다.
② 직무급은 직무의 난이도와 책임도에 따라 보수가 지급되는 제도로 직위분류제와 부합한다.
④ 직위분류제는 특정 직무를 담당하기 위해 임용되었으므로 그 직무가 폐지되면 퇴직하는 것이 원칙이다.

답 | ③

2. 직위분류제의 주요 개념에 대한 설명으로 옳지 않은 것은? 22. 국가직 9급

① 직위는 한 사람의 공무원에게 부여할 수 있는 직무와 책임을 의미한다.
② 직급은 직무의 종류가 유사하고 곤란도·책임도가 서로 다른 군을 의미한다.
③ 직류는 동일한 직렬 내에서 담당분야가 동일한 직무의 군을 의미한다.
④ 직무등급은 직무의 곤란도·책임도가 유사해 동일 보수를 줄 수 있는 직위의 군을 의미한다.

> **정답해설** 직급은 종류와 성질, 책임성 및 곤란성이 모두 유사한 직위의 군으로, 인사행정에서 동일하게 취급되는 직위의 군을 말한다.
>
> 답 | ②

03 폐쇄형 임용과 개방형 임용

1 의의

(1) 폐쇄형 임용

① 폐쇄형 임용은 같은 계급군의 내 최하위직으로만 신규임용이 허용되며, 중상위직으로의 신규임용은 제한되는 제도이다.
② 농업사회의 전통과 직업공무원제도가 발달한 영국 등에서 발달하였고, 계급제와 결합된다.

(2) 개방형 임용

① 개방형 임용은 모든 계급이나 직위에 외부임용(→ 신규임용)이 허용되는 인사체제이다.
② 산업사회의 전통이 강한 미국 등에서 발달하였고, 직위분류제와 결합되며, 엽관주의와도 관련된다.
③ 개방형 임용은 교육훈련 등 인력개발에 소요되는 시간과 비용을 절감할 수 있고, 민간부문과의 활발한 인사교류로 적극적 인사행정을 가능하게 한다.

2 개방형 임용의 장단점

장점	단점
① 우수한 인재의 확보(→ 외부 전문가)	① 직업공무원제도 확립의 어려움
② 신진대사의 촉진(→ 관료침체의 방지)	② 신분보장의 약화(→ 안정성 저해)
③ 행정의 질적 수준 향상	③ 승진의 적체(→ 재직자의 사기 저하)
④ 성과관리(→ 소극적 행태의 시정)	④ 공직에 대한 충성심과 일체감 저하
⑤ 정치적 리더십 강화	⑤ 임용구조의 복잡성(→ 이원화)
⑥ 행정에 대한 민주통제	⑥ 정실인사(→ 인사행정의 자의성)

• 폐쇄형 인사제도는 조직에 대한 소속감이 높고 공무원의 사기가 높다.   17. 지방직 7급

• 폐쇄형 인사제도는 내부승진의 기회를 개방형보다 더 많이 제공한다.   13. 국가직 9급

• 개방형 인사제도는 기존 관료들에게 승진기회가 축소될 수 있다는 불안감을 주고 사기를 저하시킬 수 있다.   15. 지방직 9급

• 개방형 인사제도는 정실주의로 전락할 가능성이 있다.   15. 지방직 9급

• 우리나라는 공무원 사회의 경쟁력 강화를 위하여 개방형 직위제도를 도입하였다.   05. 국가직 9급

> 바로 확인문제

1. 개방형 또는 폐쇄형 인사제도에 대한 설명으로 옳은 것은? 　　　　17. 지방직 7급

① 개방형은 재직자의 승진기회가 많고 경력발전의 기회가 많다.
② 폐쇄형은 조직에 대한 소속감이 높고 공무원의 사기가 높다.
③ 개방형은 공무원의 신분보장이 강화됨으로써 행정의 안정성을 유지할 수 있다.
④ 폐쇄형은 국민의 요구에 민감하게 대응하며 행정에 대한 민주통제가 보다 용이하다.

정답해설 폐쇄형 임용은 최하위로만 신규채용이 이루어지고 나머지는 내부 채용되므로 조직에 대한 소속감이 강하며 공무원의 사기가 높은 편이다.

오답해설 ① 재직자의 승진기회가 많고 경력발전의 기회가 많은 것은 폐쇄형 임용이다.
③ 공무원의 신분보장이 강화됨으로써 행정의 안정성을 유지할 수 있는 것은 폐쇄형 임용이다.
④ 국민의 요구에 민감하게 대응하며 행정에 대한 민주통제가 보다 용이한 것은 개방형 임용이다.

답 | ②

2. 개방형 또는 폐쇄형 인사제도에 대한 설명으로 옳은 것은? 　　　　21. 국가직 7급

① 개방형 인사제도는 외부전문가나 경력자에게 공직을 개방하여 새로운 지식과 기술, 아이디어를 수용해 공직사회의 침체를 막고 행정의 효율성을 높이는 데 유리하다.
② 일반적으로 폐쇄형 인사제도는 직위분류제에 바탕을 두고 있으며, 일반행정가보다 전문가 중심의 인력구조를 선호한다.
③ 개방형 인사제도는 폐쇄형 인사제도에 비해 안정적인 공직사회를 형성함으로써 공무원의 사기를 높이고 장기근무를 장려한다.
④ 폐쇄형 인사제도는 개방형 인사제도에 비해 내부승진과 경력발전을 위한 교육훈련의 기회가 적다.

정답해설 개방형 임용제도는 외부전문가의 영입이 쉬워 행정의 침체를 막고 행정의 효율성을 높이는 데 기여할 수 있다.

오답해설 ② 직위분류제가 전문행정가 임용과 연결되고, 계급제가 일반행정가 임용과 연결된다.
③ 안정적인 공직사회를 형성함으로써 공무원의 사기를 높이고 장기근무를 장려하는 것은 폐쇄형 임용제도이다.
④ 폐쇄형 임용은 내부승진과 경력발전을 위한 교육훈련의 기회가 개방형 임용보다 많다.

답 | ①

04 고위공무원단

1 의의

① 고위공무원단제도는 정부의 실·국장급 공무원(1~3급)을 중·하위직 공무원과 분리한 후 범정부적 차원에서 성과와 능력을 기준으로 통합적으로 관리하는 인사시스템을 말한다.
② 고위공무원단은 전(全)정부적으로 통합관리되는 공무원 집단으로, 계급제나 직위분류제적 제약이 약화되어 인사운영의 융통성이 강화된다.
③ 미국의 경우 직위분류제의 문제점을 해소하고 리더십과 관리능력을 가진 고위관료의 육성을 위해 도입(1978)되었고, 영국과 한국은 계급제의 문제점을 해소하기 위해 도입되었다.
④ 우리나라는 「국가공무원법」과 「고위공무원단인사규정」에 근거하여 노무현 정부(2006) 때 도입되었다.
⑤ 도입 당시에는 가~마의 5개 직무등급으로 운영되었으나, 지금은 가~나의 2등급으로 운영된다.

- 고위공무원단제도는 전(全)정부적으로 통합관리되는 공무원 집단이다. 16. 국가직 9급

- 고위공무원단은 미국을 필두로 영국, 호주, 네덜란드로 확산되어 우리나라도 2006년부터 채택하고 있다. 18. 경찰승진

- 고위공무원단으로 관리되는 풀(pool)에는 일반직 공무원뿐만 아니라 외무공무원도 포함된다. 17. 국가직 7급

- 우리나라 고위공무원단은 계급제가 아닌 직무등급제를 기반으로 운영된다. 16. 국회직 8급

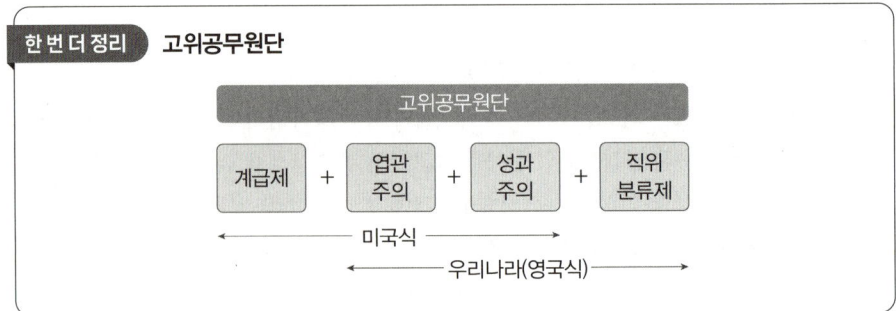

한 번 더 정리   고위공무원단

2 특징 → 한국

① 우리나라의 고위공무원단은 신분보다 일 중심의 인사관리로, 직위분류제적 요소를 강화하여 계급과 연공서열보다는 업무와 성과 중심의 인사관리를 강조한다.
② 다만, 실적주의와 정치적 중립, 정년과 신분보장 등 직업공무원제의 근간은 유지하고 있다.
③ 입법부, 사법부, 헌법재판소, 중앙선거관리위원회 소속 공무원은 제외되며, 감사원에는 고위감사공무원단제도가 별도로 운영되고 있다. 그리고 지방에는 도입되지 않았다.
④ 고위공무원이 되기 위해서는 고위공무원후보자과정을 이수하고, 역량평가를 통과해야 하며, 소속 장관은 일반직 공무원의 경우 소속에 관계없이 전체 고위공무원단 중에서 적임자를 임명제청할 수 있다.

구분	미국	한국
혁신방향	계급제 요소의 가미	직위분류제 요소의 가미
자질	일반행정가 요소의 가미	전문행정가 요소의 가미
신분보장	신분보장의 강화	신분보장 완화(→ 적격심사 도입)
보수	직무급에서 직무성과급으로 전환	근속급에서 직무성과급으로 전환

3 평가 → 한국

장점	단점
① 인사교류의 촉진(→ 조직의 활력 확보)	① 정치적 압력(→ 정실의 개입)
② 인사권자의 재량(→ 정책추진력 확보)	② 경험에서 축적되는 전문성의 상실
③ 엽관주의 요소의 가미(→ 민주적 통제)	③ 신분의 불안정과 하위직의 승진적체
④ 직무와 성과 중심의 인사관리	④ 외부 임용자의 조직 장악력의 약화
⑤ 고위직의 책임성과 경쟁력 강화	⑤ 직업공무원제도의 약화

- 고위공무원단제도는 성과계약을 통해 고위직에 대한 성과관리가 강화된다. 16. 국가직 9급
- 고위공무원단제도는 고위공무원을 범정부 차원에서 통합관리하고 개방과 성과관리를 중시한다. 07. 서울시 9급
- 고위공무원단제도는 직업공무원들의 사기를 저하시킬 수 있다. 08. 지방직 7급

바로 확인문제

1. 고위공무원단에 대한 설명으로 옳지 않은 것은? 14. 지방직 9급

① 우리나라에서 고위공무원이 되기 위해서는 고위공무원후보자과정을 이수해야 하고, 역량평가를 통과해야 한다.
② 미국의 고위공무원단제도는 엽관주의적 요소가 혼재되어 있다.
③ 우리나라의 경우 이명박 정부 시기인 2008년 7월 1일에 고위공무원단제도를 도입하였다.
④ 미국에서는 고위공무원단제도를 카터 행정부 시기인 1978년에 공무원제도개혁법 개정으로 도입하였다.

정답해설 우리나라는 「국가공무원법」과 「고위공무원단인사규정」에 근거하여 2006년 노무현 정부 때 도입되었다.

오답해설 ① 고위공무원단 후보자는 후보자 교육과정과 역량평가를 통과하여야 고위공무원이 될 수 있다. 후보자 교육은 인사혁신처장이 4급 이상 공무원을 대상으로 운영하며, 역량평가는 고위공무원으로 채용되려는 사람을 대상으로 그 채용 전에 실시하여야 한다.
② 미국은 전체 고위공무원단 직위 중 10% 정도가 정치적 임용이 가능한 직위로 구성되어 있다.
④ 미국의 고위공무원단제도는 1978년 「공무원제도개혁법」의 개정으로 처음 도입되었다. 하위직은 직렬이나 부처 이동을 제한하여 전문성을 높이는 기존의 직위분류제를 유지하면서, 상위직은 채용과 직렬 간 이동을 자유롭게 하는 계급제적 요소를 받아들인 것이다.

답 | ③

2. 우리나라 고위공무원단제도에 대한 설명으로 옳지 않은 것은? 21. 지방직 9급

① 역량 중심의 인사관리
② 계급 중심의 인사관리
③ 성과와 책임 중심의 인사관리
④ 개방과 경쟁 중심의 인사관리

정답해설 고위공무원단제도는 계급보다는 직무 중심의 인사관리를 강조한다.

오답해설 ① 고위공무원단제도는 과거의 성과보다는 앞으로의 역량을 중심으로 관리되는 인사체제이다.
③ 고위공무원단제도는 연공과 서열보다는 성과와 책임 중심의 인사관리를 강조한다.
④ 고위공무원단제도는 개방형 임용과 공모직위 등을 통해 개방과 경쟁을 강조하는 인사체제이다.

답 | ②

CHAPTER 02 마무리 기출 OX

다음 내용이 맞으면 O, 틀리면 X에 표시하시오.

01 공무원은 실적주의와 신분보장의 적용 여부에 따라 경력직과 특수경력직 공무원으로 구분된다. 23. 해경승진 O | X

02 법관, 경찰, 교사는 경력직에 포함되며, 실적에 의하여 임용되고 신분이 보장된다. 17. 국가직 9급 O | X

03 계급제는 동일 직무에 대한 동일 보수의 원칙을 따르는 직무급 제도를 통해 합리적인 보수체계를 확립할 수 있다. 22. 국회직 8급 O | X

04 직위분류제는 공무원 개인의 능력이나 자격을 기준으로 공직분류체계를 형성한다. 20. 경찰승진 O | X

05 직무분석을 통한 직무의 구조적 배열에 중점을 둔 공직분류는 외부에 대한 공직개방에 용이하다. 14. 지방직 7급 O | X

06 계급제는 단기목표를 중시하고 직위분류제는 장기목표를 중시한다. 14. 지방직 7급 O | X

07 직류는 직무 종류가 광범위하게 유사한 직렬의 군이다. 16. 국가직 9급 O | X

08 개방형 임용은 직업공무원제와 연관되고 폐쇄형 임용은 직위분류제와 연관된다. 21. 국가직 7급 O | X

09 개방형 임용제는 교육훈련 등 인력개발에 소요되는 시간과 비용을 절감할 수 있다. 21. 국가직 7급 O | X

10 고위공무원단 제도는 계급과 연공서열보다는 업무와 실적에 따라 보수가 지급된다. 18. 지방직 7급 O | X

정답 및 해설

01 O 02 O 03 × 04 × 05 O 06 × 07 × 08 × 09 O 10 O

03 직무급 제도를 통해 합리적인 보수체계를 확립할 수 있는 것은 직위분류제의 장점이다.
04 공무원 개인의 능력이나 자격을 기준으로 공직분류체계를 형성하는 것은 계급제이다. 직위분류제는 업무의 종류나 성질 그리고 책임도와 난이도를 기준으로 공직을 분류한다.
06 계급제가 장기목표와 관련되고 직위분류제는 현재 업무를 강조하므로 단기목표와 관련된다.
07 직무 종류가 광범위하게 유사한 직렬의 군은 직군이다.
08 직업공무원제가 폐쇄형과 관련되고 직위분류제가 개방형과 관련된다.

CHAPTER 03 임용

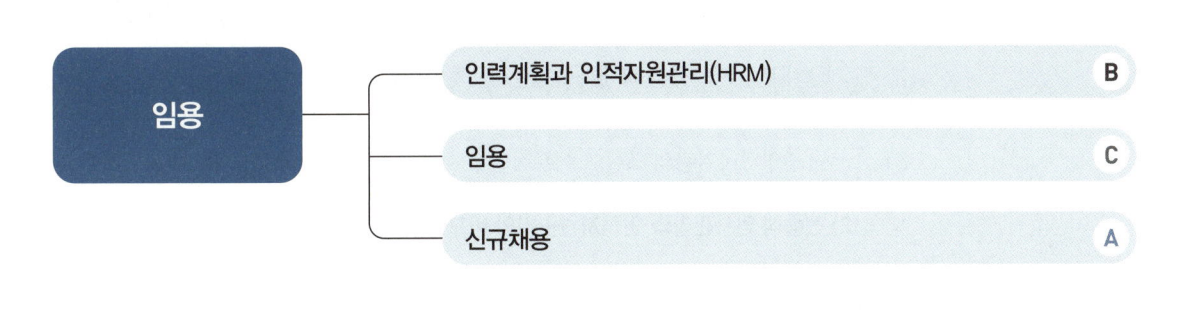

01 인력계획과 인적자원관리(HRM)　　　B

1 인력계획

(1) 의의

① 인력계획이란 정부의 목표달성에 필요한 인력의 수요와 공급을 예측하고, 그것을 토대로 최적의 인력 공급방안을 모색하는 활동을 말한다.
② 인력계획에는 현재 정부에서 수행하고 있는 업무의 증가나 감소에 대한 예측은 물론, 장래에 필요로 하는 직무의 종류와 내용 그리고 인적자원의 질적 측면까지 포함된다.
③ 또한 정부의 인적자원에 대한 분석뿐만 아니라 노동시장의 규모와 구조 및 성격에 대한 분석도 포함해야 한다.

(2) 필요성

① 정부의 역할과 행정기능의 변화에 대한 기민한 대응 및 업무와 인력관리의 연계성 강화
② 행정의 전문화와 기술화에 대비한 전문인력의 원활한 공급체계의 수립

2 인적자원관리(Human Resource Management)

(1) 의의

① 개념
　㉠ 인적자원관리란 구성원의 잠재력을 최대한 개발하여 조직목표와 직무만족을 동시에 달성하려는 전략으로, 개인의 욕구와 조직의 목표를 통합하고자 했던 후기인간관계론에서 기원하며, 1980년대 이후 조직문화 및 조직전략과 밀접한 관련을 맺으면서 발전하고 있다.
　㉡ 인력을 비용으로 간주하던 전통적 시각에서 벗어나 조직의 전략적 가치로 인적자원을 강조하며, 조직전략 및 성과와 인적자원관리의 연계에 중점을 둔다.

> **기선 제압**
>
> • 전략적 인적자원관리는 조직의 전략 및 성과와 인적자원관리 활동 간의 연계에 중점을 둔다. 17. 국가직 9급
>
> • 전략적 인적자원관리는 장기적이며 목표·성과 중심적으로 인적자원을 관리한다. 17. 국가직 9급
>
> • 전략적 인적자원관리는 인사업무 책임자가 조직전략의 수립에 적극적으로 관여한다. 17. 국가직 9급

ⓒ 이에 따라 인사업무의 책임자는 조직전략을 수립함에 있어 적극적으로 관여해야 하며, 장기적이고 목표와 성과 중심적으로 인적자원을 관리하여야 한다.

② 특징
  ㉠ 결정에 있어 직원과 작업집단이 참여하는 참여적 의사결정을 강조하고, 신축적인 업무구조를 강조하는 탈관료제를 지향한다.
  ㉡ 내부 의사소통을 확대하고 상황적응적 보상체제 및 지식에 기초한 보수구조를 추구한다.
  ㉢ 승진, 훈련, 경력발전 등에 있어서 잘 개발된 내부노동시장 체제의 확립을 강조한다.
  ㉣ 중앙인사기관의 역할이 세부적인 규제와 통제 중심에서 정책과 전략 중심으로 전환된다.

(2) 전통적 인사관리와 인적자원관리의 비교

구분	전통적 인사관리	인적자원관리
인력시각	비용(cost)	자원(resources)
이론배경	과학적 관리론	후기인간관계론
중점	직무에 적합한 인재의 선발	변화에 대비한 능력의 개발
특징	소극적·경직적·집권적 인사행정 절차와 규정 중시	적극적·신축적·분권적 인사행정 결과와 책임 중시
관리전략	교환모형	통합모형

바로 확인문제

1. 전략적 인적자원관리에 대한 설명으로 옳지 않은 것은? 17. 국가직 9급

① 장기적이며 목표·성과 중심적으로 인적자원을 관리한다.
② 개인의 욕구는 조직의 전략적 목표달성을 위해 희생해야 한다는 입장이다.
③ 인사업무 책임자가 조직전략의 수립에 적극적으로 관여한다.
④ 조직의 전략 및 성과와 인적자원관리 활동 간의 연계에 중점을 둔다.

정답해설 전략적 인적자원관리는 개인의 욕구와 조직의 목표를 통합하고자 하는 이론이다. 즉, 조직의 전략적 목표를 위해 개인을 희생해야 한다는 주장은 아니다.

오답해설 ①, ③, ④ 전략적 인적자원관리는 조직의 비전 및 목표, 조직내부, 외부환경 등을 모두 고려해 가장 적합한 인력을 개발·관리해 조직의 목표를 극대화하고자 하는 인사관리를 말한다. 이는 인사관리가 조직의 전략과 목적을 반영해 전략기획과 연계된 인사관리를 의미한다. 전통적 인적자원관리 방식이 미시적 시각에서 개별적으로 접근하는 데 비해, 전략적 인적자원관리는 거시적 시각에서 개별 인사관리 방식을 통합하려는 시도라고 할 수 있다. 또한 사람을 인적 자본의 개념으로 보고, 사람에 대한 투자와 개발의 필요성을 강조한다.

답 | ②

02 임용

1 의의
① 임용이란 공무원의 관계를 발생·변경·소멸시키는 일체의 행위를 말한다.
② 공무원 임용은 원칙적으로 시험성적·근무성적, 그 밖의 능력의 실증(→ 실적주의)에 따라 행한다.
③ 다만, 장애인, 이공계 전공자, 저소득층 등에 대한 우대와 실질적인 양성 평등을 구현하기 위한 적극적 정책(→ 대표관료제 또는 균형인사정책)을 실시할 수 있다.
④ 한편, 결원은 신규채용, 승진임용, 강임(↔ 강등), 전직 또는 전보의 방법으로 보충한다.

2 유형

(1) 외부임용
① 공개경쟁채용: 모든 사람에게 기회를 주고 임용후보자를 결정하는 방식이다.
② 경력경쟁채용: 경쟁범위를 제한하는 별도의 선발절차를 통해 임용하는 방식이다.

(2) 내부임용 → 재배치
① 수직적 임용: 상향적 임용(→ 승진), 하향적 임용(→ 강임과 강등)
② 수평적 임용: 배치전환(→ 전직, 전보, 전입, 파견근무 등), 겸임, 파견 등
③ 기타: 휴직(→ 강제휴직·의원휴직), 징계, 직위해제, 복직, 직권면직 등

03 신규채용

1 모집

(1) 개념
① 모집이란 적절하고 유능한 인재들이 지원하도록 선별하고 유도하는 활동을 말한다.
② 소극적 모집: 공직 부적격자를 가려내는 것으로, 소극적 실적주의에서 강조하였다.
③ 적극적 모집: 유능한 인재의 공직 유치를 도모하는 것으로, 적극적 인사행정에서 강조한다.

(2) 자격요건
① 소극적 요건: 학력, 연령, 성별, 국적, 지역(→ 거주지) 등 외형적 기준
② 적극적 요건: 지식, 기술, 경험, 가치관, 태도 등 내재적 기준

(3) 적극적 모집방안
① 공직에 대한 사회적 평가의 제고, 과학적이고 장기적인 인력계획의 수립
② 기회균등의 보장, 지원요건의 완화와 수험절차의 간소화
③ 모집공고의 개선 등 적극적인 홍보, 개방형 임용과 임기제 공무원의 활용 등

2 시험

(1) 개념
① 시험이란 공직 지망자 중 적격성이 높은 사람을 선발하기 위한 방법을 말한다.
② 시험은 임용의 기회균등, 업무의 효율성 향상, 국민 전체에 대한 봉사의 제고 등과 관련된다.

(2) 종류
① 형식기준: 필기시험(→ 객관식 + 주관식), 실기시험, 면접시험
② 목적기준: 지능검사(→ 일반능력), 적성검사(→ 잠재능력), 업적검사, 신체검사 등
③ 주관식 시험: 창의력·추리력·논리력 등의 판단이 용이하고 출제가 용이하나, 문제수의 제약, 채점의 주관성 등의 단점이 있다.
④ 객관식 시험: 채점의 객관성 등이 장점이나, 출제가 어렵고, 창의력·논리력·판단력 등을 측정하기 곤란하다는 단점이 있다.
⑤ 면접시험의 평가기준 → 「공무원임용시험령」
　㉠ 소통·공감: 국민 등과 소통하고 공감하는 능력
　㉡ 헌신·열정: 국가에 대한 헌신과 직무에 대한 열정적인 태도
　㉢ 창의·혁신: 창의성과 혁신을 이끄는 능력
　㉣ 윤리·책임: 공무원으로서의 윤리의식과 책임성

(3) 시험의 효용성
① 타당성 → 시험의 목적 달성도
　㉠ 기준타당성(criterion validity)
　　ⓐ 기준타당성이란 하나의 측정도구(시험)를 이용하여 측정한 결과와 다른 기준(근무성적평정)을 적용하여 측정한 결과를 비교하여 도출되는 연관성의 정도로, 시험이 직무수행능력을 얼마나 정확하게 예측하였는가에 관한 타당성이다.
　　ⓑ 기준타당성은 어떤 개념의 측정지표와 이미 타당성이 검증된 다른 기준(→ 근무성적평정의 점수)과의 상관성 정도로 측정되며, 시험과 미래의 업무수행능력의 상관성을 측정하고자 하는 경험적 타당성에 해당한다.
　　ⓒ 근무성적평정의 결과와 공무원채용시험 성적의 일치성이 높을수록 시험의 기준타당성이 높다고 할 수 있다.
　　ⓓ 기준타당성을 검증하는 수단에는 동시적 타당성 검증과 예측적 타당성 검증이 있다.
　　ⓔ 예측적 타당성 검증은 시험합격자를 대상으로 시험성적과 일정 기간을 기다려야 나타나는 근무실적을 시차를 두고 수집하여 비교하는 방법이고, 동시적 타당성 검증은 재직자의 시험성적과 근무실적에 대한 자료를 동시에 수집하여 상관관계를 검토하는 방법이다.
　㉡ 내용타당성(content validity)
　　ⓐ 내용타당성은 시험이 특정한 직위의 의무와 책임에 직결되는 요소들을 얼마나 측정할 수 있느냐와 관련된다.
　　ⓑ 이는 시험이라는 측정도구가 직무라는 측정대상이 가지고 있는 무수한 속성들(→ 직무내용)을 얼마나 대표성 있게 포함하고 있는지의 여부로, 시험이 장래의 직무

• 기준타당성이란 직무수행능력의 예측이 얼마나 정확한가에 대한 타당성이다.　23. 국회직 8급

• 소방공무원을 선발하고자 할 때 그 직무에 정통한 전문가의 의견을 들어 선발시험의 내용을 구성하는 것은 내용타당성이다.　14. 지방직 7급

수행에 필요한 능력요소를 얼마나 정확하게 예측할 수 있는가와 관련된다.
            ⓒ 내용타당성은 직무에 정통한 전문가 집단이 시험의 구체적 내용이나 항목이 직무의 성공적 임무수행에 얼마나 적합한지를 판단하여 검증하게 된다.
        ⓒ 구성타당성(construct validity)
            ⓐ 구성타당성은 연구에서 이용된 이론적 구성개념과 이를 측정하는 측정수단 간의 일치 정도로, 추상적 개념의 성공적 조작화와 관련된다.

• 추상적 개념과 측정지표 간의 일치 정도를 구성개념 타당성(construct validity)이라 한다. 12. 지방직 7급

            ⓑ 구성타당성은 이론적으로 추정한 능력요소를 얼마나 정확하게 측정할 수 있는가에 관한 것으로, 추상성을 측정할 지표의 개발과 고도의 계량분석기법 및 행태과학적 조사에 기초를 둔다.
            ⓒ 이러한 구성타당성은 특정한 시험이 무엇을 측정하는지를 설명하기 위해 심리학자들이 도입한 개념으로, 수렴적 타당성(→ 집중타당성)과 차별적 타당성(→ 판별타당성)으로 나뉜다.
            ⓓ 수렴적 타당성(convergent validity)은 같은 개념을 측정하는 경우, 같거나 다른 측정방법을 사용하더라도 그 측정값은 하나의 차원으로 수렴해야 함을 뜻한다.
            ⓔ 차별적 타당성(discriminant validity)은 상이한 개념을 측정하는 경우, 같거나 다른 측정방법을 사용하더라도 그 측정값에는 차별성이 나타나야 함을 의미한다.

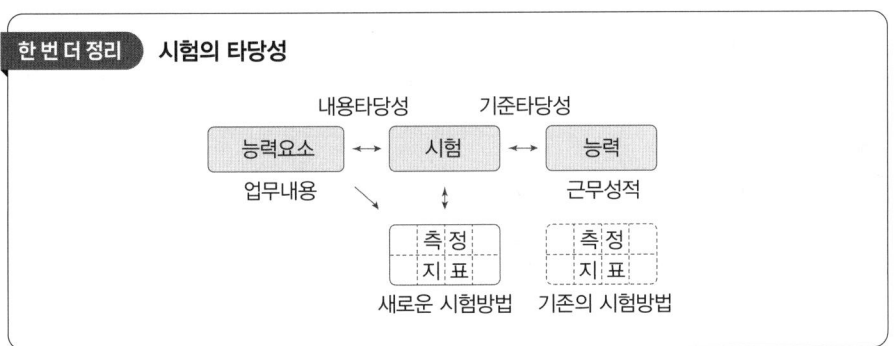

한 번 더 정리 **시험의 타당성**

② **신뢰성(reliability)**
    ㉠ 의의
        ⓐ 신뢰성은 측정도구를 구성하는 측정지표 간의 일관성으로, 시험의 시기·형식·장소 등 시험여건에 따라 점수가 영향을 받지 않는 정도를 의미한다.
        ⓑ 타당성은 시험과 기준과의 관계를 말하지만 신뢰성은 시험 그 자체의 문제이다.
        ⓒ 신뢰성은 타당성의 필요조건이지 충분조건은 아니다. 즉, 신뢰성이 높다고 해서 반드시 타당성이 높은 시험이라고 할 수는 없지만, 신뢰성이 낮다면 반드시 타당성도 낮다.

• 신뢰성은 타당성의 필요조건으로, 신뢰성이 높다고 해서 반드시 타당성이 높은 시험이라고 할 수 없다. 19. 경찰승진

    ㉡ 검증방법
        ⓐ **재검사법**: 동일한 시험을 동일한 집단에게 시간적 간격을 두고 2회 실시한 후 그 결과를 비교하는 방법으로, 종적 일관성을 분석하는 검증방법이다.

• 시험의 신뢰성을 검증하는 방법으로 재시험법, 동질이형법, 이분법 등이 있다. 23. 국회직 8급

        ⓑ **복수양식법(→ 동질이형법)**: 동일한 집단에게 양식(→ A형과 B형)을 달리하여 각각 시험을 본 후 그 성적을 비교하는 방법으로, 종적 일관성과 횡적 일관성을 모두 검증할 수 있는 방법이다.

ⓒ **반분법**: 두 집단에게 시험을 각각 한 번씩 치른 후 두 집단의 성적 간 상관관계를 비교하는 것으로, 횡적 일관성을 분석하는 검증방법이다.

ⓓ **문항 간 일관성 검사법**: 반분법을 개별 문항으로 확대하여 적용한 것으로, 반분법을 실시한 후 개별 문항 간 상관관계를 검토하여 상관성이 낮은 문항을 제거하는 방법이다.

• 문항 간 일관성 검사법은 하나의 시험유형 내에서 각 문항 간의 상관관계를 종합하여 시험의 일관성을 검증하는 기법이다. 22. 지방직 7급

한 번 더 정리 **신뢰성의 검증방법**

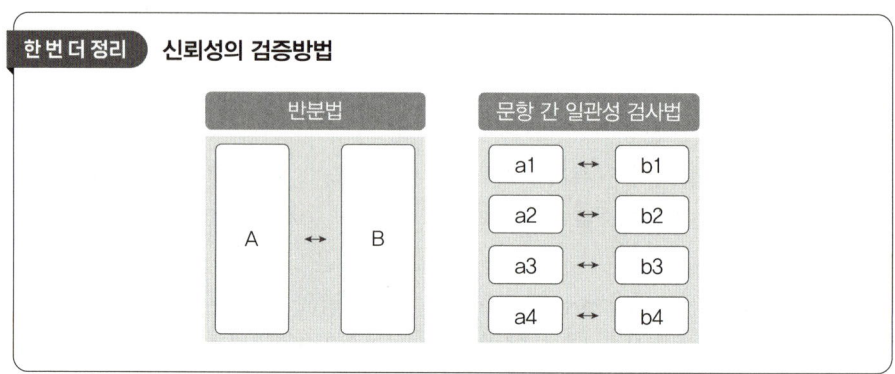

③ **기타**
  ㉠ **객관성**: 채점의 공정성을 의미하며 신뢰성의 조건이다.
  ㉡ **난이도**: 쉬운 문제와 어려운 문제의 적정도로, 시험의 변별력을 의미한다.
  ㉢ **실용성**: 비용의 저렴성, 실시와 채점의 용이성 등을 뜻한다.

바로 확인문제

1. 공무원 임용시험의 효용성을 측정하는 기준에 대한 설명으로 옳지 않은 것은? 18. 국가직 7급

① 시험의 타당성은 시험이 측정하고자 하는 것을 실제로 얼마나 정확하게 측정했는가를 의미하며 그 종류에는 기준타당성, 내용타당성, 구성타당성 등이 있다.
② 내용타당성은 시험성적이 직무수행실적과 얼마나 부합하는가를 판단하는 타당성으로 두 요소 간 상관계수로 측정된다.
③ 측정 대상을 일관성 있게 측정하는 정도를 신뢰성이라고 하며 같은 사람이 여러 번 시험을 반복하여 치르더라도 결과가 크게 변하지 않을 때 신뢰성을 갖게 된다.
④ 신뢰도를 측정하는 방법으로는 재시험법(test-retest)과 동질이형법(equivalent forms) 등이 사용된다.

정답해설 시험성적이 직무수행실적(근무성적)과 얼마나 부합하는가를 판단하는 것은 기준타당성이다. 내용타당성은 시험에서 측정하고자 하는 내용이 조사대상(직무내용)의 주요 국면을 대표할 수 있느냐 하는 판단과 관련된다.

오답해설 ① 타당성이란 측정이나 절차가 그것이 내세운 목표를 제대로 달성했는가의 정도를 의미한다.
③ 신뢰성은 동일한 측정도구로 동일한 현상을 반복 측정했을 때 동일한 결론이 나오는 정도를 말하는데 이는 측정도구의 측정결과에 대한 일관성을 의미한다.
④ 신뢰성을 검증하는 방법에는 재시험법, 동질이형법, 반분법, 문항 간 일관성 검사법 등이 있다.

답 | ②

2. 선발시험의 신뢰성을 검증하는 방법에 해당하지 않는 것은?

22. 지방직 7급

① 하나의 시험유형 내에서 각 문항 간의 상관관계를 종합하여 시험의 일관성을 검증한다.
② 시험성적과 본래 시험으로 예측하고자 했던 기준 사이에 얼마나 밀접한 상관관계가 있는가를 검증한다.
③ 시험을 본 수험자에게 일정한 시간이 지난 뒤, 다시 같은 문제로 시험을 보게 하여 두 점수 간의 일관성을 확인한다.
④ 문제 수준이 비슷한 두 개의 시험유형을 개발하여 동일 통제집단을 대상으로 시험을 보게 한 후 두 집단의 성적 간 상관관계를 분석한다.

정답해설 시험성적과 본래 시험으로 예측하고자 했던 기준 사이에 얼마나 밀접한 상관관계가 있는가를 검증하는 것은 기준타당성이다.

오답해설 ① 하나의 시험유형 내에서 각 문항 간의 상관관계를 종합하여 시험의 일관성을 검증하는 것은 문항 간 일관성 검사법이다.
③ 시험을 본 수험자에게 일정한 시간이 지난 뒤, 다시 같은 문제로 시험을 보게 하여 두 점수 간의 일관성을 확인하는 것은 재시험법이다.
④ 문제 수준이 비슷한 두 개의 시험유형을 개발하여 동일 통제집단을 대상으로 시험을 보게 한 후 두 집단의 성적 간 상관관계를 분석하는 것은 동질이형법이다.

답 | ②

3 시보제도

① 시보제도는 임용후보자에게 예정 업무를 일정 기간 수행하게 한 후 그 적격성을 판단하는 제도로, 시험의 연장선이자 실적주의 보완책이며, 부적격자의 사후적 배제수단이다.
② 시보제도는 신규로 채용되는 5급 이하 공무원을 대상으로 하며, 5급은 1년, 6급 이하는 6개월간 실시된다. 다만, 대통령령 등으로 정하는 경우에는 이를 면제하거나 그 기간을 단축할 수 있다.
③ 시보로 근무하는 중 근무성적이나 교육훈련성적이 나쁜 경우에는 면직시키거나 면직제청이 가능하다. 즉, 시보공무원은 정규공무원과 같은 신분보장이 되지 않는다.
④ 그리고 시보기간 중 휴직한 기간, 직위해제 기간 및 징계에 따른 정직이나 감봉 처분을 받은 기간은 시보임용 기간에 산입되지 않는다.
⑤ 그러나 시보공무원 역시 「공무원법」상 공무원에 해당하기 때문에 시보기간 동안에도 보직을 부여받을 수 있고, 시보기간에 이루어진 신분상 불이익도 소청심사청구를 통해 구제받을 수 있다.
⑥ 시보임용 기간 중에 있는 공무원을 정규공무원으로 임용 또는 임용제청하거나 면직 또는 면직제청하려는 경우에는 미리 심사위원회의 의결을 거쳐야 한다.

• 시보제도는 선발절차·도구의 하나이다.
18. 소방간부

• 시보임용은 면제될 수 있다.
18. 소방간부

• 시보 임용기간 중에 있는 공무원이 근무성적·교육훈련성적이 나빠서 공무원으로서의 자질이 부족하다고 판단되는 경우에는 면직시킬 수 있다.
23. 국가직 7급

> 바로 확인문제

1. 공무원 임용에 대한 설명으로 옳지 <u>않은</u> 것은? 23. 지방직 7급

① 국가기관의 장은 국가안보 및 보안·기밀에 관계되는 분야를 제외하고 대통령령 등으로 정하는 바에 따라 외국인을 공무원으로 임용할 수 있다.
② 임용시험 성적과 임용 후 근무성적 간의 연관성이 높다면 임용시험의 기준타당성이 높다고 할 수 있다.
③ 국가기관의 장은 업무의 특성이나 기관의 사정 등을 고려하여 소속 공무원을 대통령령 등으로 정하는 바에 따라 통상적인 근무시간보다 짧게 근무하는 공무원으로 임용할 수 있다.
④ 신규 채용되는 공무원의 경우 시보임용을 면제하거나 그 기간을 단축할 수 없다.

정답해설 5급 공무원을 신규 채용하는 경우에는 1년, 6급 이하의 공무원을 신규 채용하는 경우에는 6개월간 각각 시보로 임용하고 그 기간의 근무성적·교육훈련성적과 공무원으로서의 자질을 고려하여 정규 공무원으로 임용한다. 다만, 대통령령 등으로 정하는 경우에는 시보 임용을 면제하거나 그 기간을 단축할 수 있다.

오답해설 ① 「국가공무원법」에 따라, 국가안보 및 보안·기밀에 관계되는 분야를 제외하고 외국인을 공무원으로 임용할 수 있다.
② 기준타당성(또는 준거타당성)은 시험 성적이 미래의 직무수행능력이나 성공도를 얼마나 잘 예측하는지를 나타내는 타당성이다. 따라서 임용시험 성적과 임용 후 근무성적 간의 상관관계가 높다는 것은 시험의 기준타당성(특히 예측적 타당성)이 높다는 것을 의미한다.
③ 시간선택제채용공무원에 관한 설명이다.

답 | ④

2. 우리나라의 시보제도에 대한 설명으로 가장 옳은 것은? 22. 군무원 9급

① 시보기간 동안은 신분이 보장되지 않기 때문에 그 기간은 공무원 경력에 포함되지 아니한다.
② 시보공무원은 「공무원법」상 공무원에 해당하기 때문에 시보기간 동안에도 보직을 부여받을 수 있다.
③ 시보기간 동안에 직권면직이 되면, 향후 3년간 다시 공무원으로 임용될 수 없는 결격사유에 해당한다.
④ 시보기간 동안은 신분이 보장되지 않기 때문에 징계처분에 대한 소청심사청구를 할 수 없다.

정답해설 시보공무원 역시 공무원이므로 시보기간 중에도 보직을 부여받을 수 있다.

오답해설 ① 시보기간도 공무원 경력에 포함된다.
③ 시보기간 동안에 이루어진 직권면직은 공무원 임용의 결격사유에 해당되지 않는다.
④ 시보기간에 이루어진 신분상 불이익도 소청심사청구를 통해 구제받을 수 있다.

답 | ②

CHAPTER 03 마무리 기출 O✕

다음 내용이 맞으면 O, 틀리면 X에 표시하시오.

01 기술, 가치관, 지식, 학력 등은 공무원의 채용요건 중 소극적 요건에 해당된다. 05. 서울시 9급 ○ | ✕

02 근무성적평정 결과와 공무원채용시험 성적의 일치성이 높을수록 시험의 타당성이 높다고 할 수 있다. 15. 국가직 7급 ○ | ✕

03 기준타당성(criterion validity)은 연구에서 이용된 이론적 구성개념과 이를 측정하는 측정 수단 간에 일치하는 정도를 의미한다. 13. 국회직 8급 ○ | ✕

04 내용타당성(content validity)은 시험성적과 본래 시험에서 예측하고자 했던 기준 간의 상관관계를 검토하는 것이다. 06. 국가직 7급 ○ | ✕

05 내용타당성(content validity)은 측정도구를 구성하는 측정지표 간의 일관성이다. 13. 국회직 8급 ○ | ✕

06 시험의 내적 일관성(internal consistency)을 확인하는 것은 시험의 타당성을 검증하기 위해 사용되는 기법이다. 17. 경찰승진 ○ | ✕

07 동질이형법은 내용과 난이도에 있어 동질적인 Ⓐ, Ⓑ형을 교육후보생들을 대상으로 시험을 보게 한 후, 두 유형의 성적 간 상관관계를 분석하는 방법이다. 14. 지방직 7급 ○ | ✕

08 시험의 난이도는 시험을 실시하는 목적이 유능한 사람과 무능한 사람을 분별하려는 것이므로 이를 쉽게 분별할 수 있도록 출제되어야 한다는 것이다. 08. 국가직 7급 ○ | ✕

09 시보공무원은 「공무원법」상 공무원에 해당하기 때문에 시보기간 동안에도 직위를 맡을 수 있다. 20. 군무원 7급 ○ | ✕

10 시보 임용기간 중에 있는 공무원이 근무성적·교육훈련성적이 나빠서 공무원으로서의 자질이 부족하다고 판단되는 경우에는 면직시킬 수 있다. 23. 국가직 7급 ○ | ✕

정답 및 해설

01 ✕ 02 ○ 03 ✕ 04 ✕ 05 ✕ 06 ✕ 07 ○ 08 ○ 09 ○ 10 ○

01 기술, 가치관, 지식 등은 공무원의 채용요건 중 적극적 요건에 해당된다.
03 연구에서 이용된 이론적 구성개념과 이를 측정하는 측정 수단 간에 일치하는 정도를 의미하는 것은 구성타당성이다.
04 시험성적과 본래 시험에서 예측하고자 했던 기준 간의 상관관계를 검토하는 것은 기준타당성이다.
05 측정도구를 구성하는 측정지표 간의 일관성은 신뢰성과 관련된다.
06 내적 일관성(internal consistency)을 확인하는 것은 시험의 신뢰성을 검증하는 것이다.

CHAPTER 04 능력발전

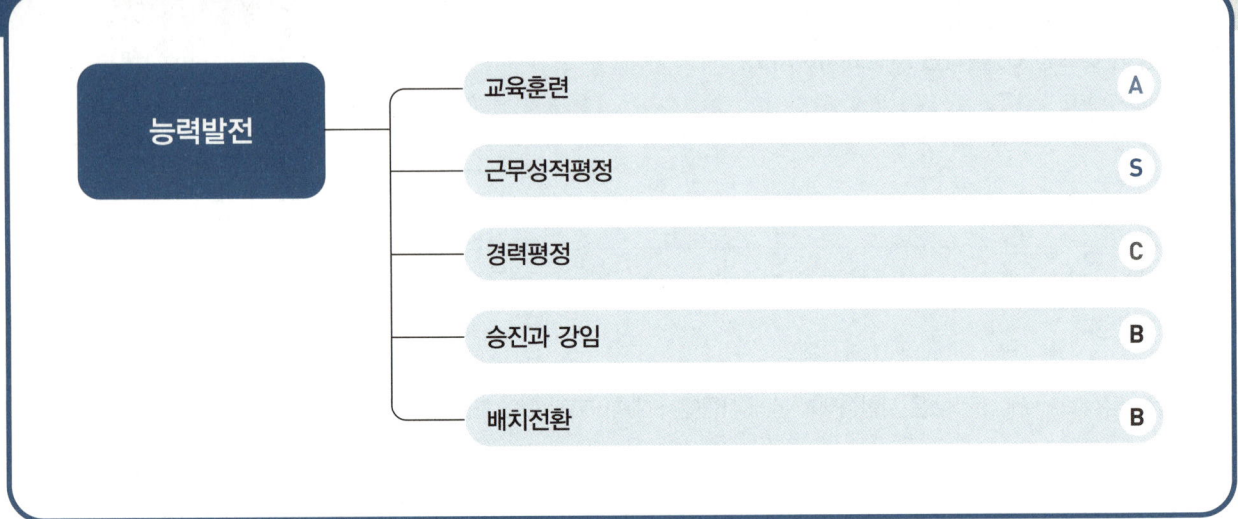

 기선 제압

- 교육훈련의 목적에는 공무원의 전문성 향상, 변화 대응능력의 배양, 새로운 가치관 확립 등이 포함된다.
  05. 서울시 7급

- 신규 채용자 훈련은 기관의 목적·구조·기능 등 일반적인 내용과 개인의 구체적인 직책에 관한 내용을 가르치는 것이다. 05. 서울시 7급

- 관리자 훈련은 정책결정에 관한 지식, 가치관, 조직의 통솔 등에 관한 내용을 주로 다룬다. 05. 서울시 7급

01 교육훈련 A

1 의의
① 교육훈련은 가치관 및 행태변화와 지식·기술의 습득을 통해 직무수행능력을 향상시키는 기법이다.
② **교육**: 개인의 잠재력을 종합적으로 개발하는 것
③ **훈련**: 직무수행에 필요한 지식과 기술 등을 습득하는 것
④ **필요성**: 능력발전과 사기앙양, 지식과 기술의 습득, 가치관과 태도의 변화

2 종류
① 신규채용자 훈련과 재직자 훈련
② 감독자(과장급) 훈련: 리더십의 향상과 인간관계의 개선 등에 중점을 둔다.
③ 관리자(국장급) 훈련: 정책결정·계획수립·정책분석 능력의 함양에 중점을 둔다.
④ 인재육성차원의 교육과 인력관리차원의 교육

인재육성차원의 교육	인력관리차원의 교육
① 성과지향적인 교육과정의 개발 ② 부서별 인력육성계획의 수립·실행 ③ 합리적 평가기준의 개발과 활용	① 신규 인력의 채용 및 선발기준 ② 기존 인력에 대한 교육·승진·보상 ③ 역량 보유자의 식별 ④ 적절한 인력배치의 기준

3 방법

① **강의식**: 가장 일반적이고 보편적인 방법으로, 다수를 일시에 교육하여 시간과 비용을 절약할 수 있으나 주입식 교육에 따른 흥미상실과 동기결여라는 문제점을 지닌다.

② **대집단 토의**: 패널(→ 동일주제, 찬반대립), 심포지엄(→ 다른 주제), 포럼(→ 참여에 의한 토의)

③ **신디케이트(→ 분임토의)**: 10명 내외의 분반으로 나누어 반별로 문제해결방안을 작성한 후, 전원이 모여 반별로 작성한 안을 발표하고 토론을 벌여 최종안을 작성하는 방법이다.

④ **사례연구**: 실제로 있었던 일이거나 있을 수 있는 상황을 놓고 토의하면서 참가자의 문제해결 능력을 기르는 방법으로, 피훈련자의 능동적 참여를 유도할 수 있지만 시간이 많이 소요된다는 문제점이 있다.

⑤ **역할연기**: 인간관계 등에 관한 사례를 실제 행동으로 연기하고, 사회자가 청중들에게 그 연기내용을 비평·토론하도록 한 후 결론적인 설명을 하는 교육방법으로, 타인에 대한 이해력을 높이려는 훈련기법이다.

⑥ **모의실험**: 업무수행 중 직면할 수 있는 어떤 상황을 가상적으로 만들어 놓고 피교육자가 그 상황에 대처해보도록 하는 방법으로, 관리연습, 정보정리연습, 사건처리연습 등이 있다.

⑦ **액션러닝**: 교육 참가자들이 구성한 소집단의 팀워크를 바탕으로 학습하는 방식으로, 실제문제의 해결을 통해 학습하는 방법을 배우는 과정이다. 이는 교육훈련의 관점이 개인의 지식축적에서 목표달성의 수단으로, 지식전달 수단에서 문제해결 수단으로, 공급자 중심에서 수요자 중심으로 전환됨을 의미한다. 우리나라의 경우 2005년 중앙공무원교육원 고위정책 과정과 신임관리자 과정에 처음으로 적용된 후 현재 주로 관리자 훈련에 사용되고 있다.

⑧ **현장훈련(OJT)**: 피훈련자가 실제 직무를 수행하면서 감독자 또는 선임자로부터 직무수행에 관한 지식과 기술을 배우는 방법으로, 실무적 훈련에 유리하나, 시간이 많이 소요되고 적은 수의 인원을 훈련할 수밖에 없다는 단점이 있다. 직무순환, 멘토링, 임시배정, 인턴십 등이 이에 속한다.

⑨ **감수성훈련**: 서로 모르는 10명 내외로 소집단을 만든 후, 비정형적인 체험을 통해 자기에 대한 인식과 타인에 대한 이해의 기회를 갖게 하여 태도와 행동의 변화를 가져오는 대인관계 향상 기법이다.

⑩ **사건처리연습**: 어떤 사건의 윤곽을 피교육자에게 알려주고 그 해결책을 찾게 하는 모의실험의 한 유형이다.

⑪ **워크아웃 프로그램**: 조직의 수직적·수평적 장벽을 제거하고 전 구성원의 자발적 참여에 의한 행정혁신, 관리자의 신속한 의사결정과 문제해결을 도모하는 교육훈련 방식이다.

⑫ **창의성 향상 훈련기법**: 반전기법, 비유기법, 행태학적 분석기법, 생각하는 탐험여행, 악역활용법 등이 있다.

⑬ **형태학적 분석기법**: 문제에 내포된 기본요소들의 선택과 배합을 체계적으로 바꾸어 보게 하는 기법이다.

⑭ **생각하는 탐험여행**: 사람들이 도전적인 상황에 노출되는 여행을 통해 기존의 방식과 다르게 생각하고 창의적인 아이디어를 도출하게 하는 방법이다.

• 강의(lecture)는 교육내용을 다수의 피교육자에게 단시간에 전달하는 데 효과적인 방법이다. 09. 국가직 7급

• 역할연기(role playing)는 실제 직무 상황과 같은 상황을 실연시킴으로써 문제를 빠르게 이해시키고 참여자들의 태도변화와 민감한 반응을 촉진시킨다. 09. 국가직 7급

• 액션러닝(action learning)은 소규모로 구성된 그룹이 실질적인 업무현장의 문제를 해결해 내고 그 과정에서 성찰을 통해 학습하도록 하는 행동학습(learning by doing) 교육훈련 방법이다. 16. 지방직 7급

• 워크아웃 프로그램은 역량기반 교육훈련제도의 하나로서, 조직의 수직적·수평적 장벽을 제거하고 전 구성원의 자발적 참여에 의한 행정혁신, 관리자의 신속한 의사결정과 문제해결을 도모하는 교육훈련 방식이다. 23. 군무원 7급

바로 확인문제

1. 다음 설명에 해당하는 교육훈련 방법은? _{19. 국가직 9급}

> 서로 모르는 사람 10명 내외로 소집단을 만들어 허심탄회하게 자신의 느낌을 말하고 다른 사람이 자신을 어떻게 생각하는지를 귀담아듣는 방법으로 훈련을 진행하기 위한 전문가의 역할이 요구된다.

① 역할연기
② 직무순환
③ 감수성훈련
④ 프로그램화 학습

정답해설 감수성훈련은 사전에 과제나 사회자를 정해 주지 않고, 10명 내외의 이질적인 훈련자들이 자유로운 토론을 통하여 상대방에 대한 이해를 얻도록 하는 방법이다.

오답해설 ① 역할연기는 어떤 사례(주로 인간관계, 상하관계)를 그대로 연기하고 연기 내용을 비평·토론한 후 결론적인 설명을 하는 교육훈련 방법이다. 인간관계의 훈련, 예를 들어 대민창구에서 근무하는 공무원들에게 주민을 대하는 태도를 훈련시키거나 관리직 또는 감독직에 있는 공무원에게 부하를 다루는 방법을 훈련시킬 때 많이 사용한다.
② 직무순환은 여러 분야의 직무를 직접 경험하도록 하기 위하여 계획된 순서에 따라 직무를 순환시키는 실무훈련이다.
④ 프로그램화 학습은 교수기계(teaching machine)의 프로그램에서 연유한다. 교수기계란 인간행동의 심리학적 전문지식, 특히 행동주의적 학습원리(강화이론)를 교육의 실천분야에 응용한 것이다.

답 | ③

2. 다음 설명에 해당하는 공무원 교육훈련 방법은? _{24. 국가직 9급}

> 교육 참가자들을 소그룹 규모의 팀으로 구성해 개인, 그룹 또는 조직에 중요한 의미가 있는 실제 현안 문제를 해결하면서 동시에 문제해결 과정에 대한 성찰을 통해 학습하도록 지원하는 교육방식이다. 우리나라 정부 부문에는 2005년부터 고위공직자에 대한 교육훈련 방법으로 도입되었다.

① 액션러닝
② 역할연기
③ 감수성훈련
④ 서류함기법

정답해설 설명에 해당하는 공무원 교육훈련 방법은 교육 참가자들이 구성한 소집단의 팀워크를 바탕으로 학습하는 방식인 액션러닝이다.

오답해설 ② 역할연기는 가상적인 상황을 설정하고 참가자들이 특정 역할을 맡아 연기함으로써 문제 해결 능력이나 대인관계 기술을 향상시키는 방법이다.
③ 감수성훈련은 참가자들이 집단 내에서 상호작용을 통해 자신과 타인에 대한 이해를 높이고 대인관계 기술을 개선하는 데 초점을 맞추는 훈련이다. 특정 과제 해결보다는 집단 과정 자체와 인간관계의 학습을 중시한다.
④ 서류함기법이란 중간관리자들의 분석적인 문제해결능력을 배양시키기 위해 고안된 교육훈련 방법으로 직무에 관련된 보고서나 전화 메시지 그리고 메모 등을 서류함에 넣어 두고 제한된 시간 내에 처리하게 하는 기법이다.

답 | ①

02 근무성적평정

1 의의

(1) 개념
① 근무성적평정은 공무원의 근무실적과 직무수행능력 및 직무수행태도 등을 정기적으로 평가하여 그 결과를 인사행정의 자료로 활용하는 제도이다.
② 미국의 경우 1923년 「직위분류법」이 도입되면서 공식적으로 도입되었다.

(2) 비교개념
① 근무성적평정: 사람의 업적에 관한 평가로, 주관적 성격이 강하며 성과급의 기준이 된다.
② 직무평가: 직무의 난이도에 관한 평가로, 객관적인 성격이 강하며 직무급의 기준이 된다.

(3) 평가항목
① 근무실적: 업무 난이도, 업무 완성도, 업무 적시성 등
② 직무수행능력: 기획력, 의사전달력, 협상력, 추진력, 신속성, 팀워크, 성실성 등

> • 근무성적평정의 목적 중에는 공무원의 능력발전, 시험의 타당성 측정 등이 있다. 10. 지방직 7급

2 기능

① 직무수행능력과 근무능률의 향상, 감독자와 부하 간 의사소통의 수단(→ 성과면담)
② 시험의 타당성 측정, 인사배치의 기준, 교육훈련수요의 파악 등 인사행정의 기준

구분	전통적 근무성적평정	현대적 근무성적평정
접근방법	상벌적 접근(→ 하향적) 감시·통제기능	임상적 접근(→ 참여적·협동적) 동기유발, 직무수행의 개선 등 환류기능
평정범위	하위직	상위직·전문직까지 확대
중점	실적과 능력	행태
평정결과	비공개	공개

3 종류

(1) 도표식평정척도법
① 피평정자를 평정요소별로 관찰한 후 해당되는 등급을 표시하는 방법이다.
② 근무성적평정에서 가장 많이 사용되는 방법으로, 평정표의 작성이 쉽고 비용이 저렴하며 결과의 계량화와 통계적 조정이 쉽다는 장점이 있으나, 평정요소의 선정이 어렵고 연쇄효과와 분포상의 착오 등이 나타날 수 있다.

(2) 강제배분법
① 피평정자들의 성적분포가 과도하게 집중화되거나 관대화되는 현상을 방지하기 위해 성적분포비율을 미리 정하는 상대평가기법을 말한다.
② 미리 정해진 비율에 따라 평정대상자를 각 등급에 분포시키는 방법이므로, 미리 순서를 정하고 그 다음에 역으로 등급에 해당하는 점수를 부여하는 역산식 평정이 나타나기 쉽다.

> • 도표식평정척도법은 평정요소별 해당 등급에 표시하는 방법으로 평정대상자의 평가가 이루어진다. 23. 지방직 7급
>
> • 도표식평정척도법은 다수의 평정요소와 평정요소별 수준을 나타내는 등급으로 구성된다. 23. 지방직 7급
>
> • 도표식평정척도법에서는 연쇄효과(halo effect)가 나타나기 쉽다. 15. 지방직 7급
>
> • 강제배분법은 등급별 할당 비율에 따라 피평가자들을 배정하는 것이다. 23. 국가직 7급
>
> • 강제배분법은 평가의 집중화 경향을 억제하는 효과가 있다. 23. 국가직 7급

③ 또한 평가대상 전원이 다소 부족하더라도 일정 비율의 인원이 좋은 평가를 받거나, 혹은 전원이 우수하더라도 일부의 구성원은 낮은 평가를 받게 될 수 있어 현실을 왜곡할 위험이 있다.

(3) 강제선택법
① 비슷하게 좋은 것 또는 나쁜 것으로 보이는 문항들로 짝지어진 2~5개의 서술항목 중 피평정자의 특성에 가장 부합하는 것을 평정자로 하여금 선택하게 하는 방법이다.
② 어떤 것이 피평정자에게 유리한지 또는 불리한지를 알 수 없는 문항들을 놓고 평정하기 때문에 평정자의 편견이나 정실을 배제할 수 있다.
③ 그러나 평정항목의 작성이 어렵고 작성비용이 과다하며, 질문의 항목이 많을 경우 평정자가 혼란을 겪을 수 있다.

(4) 사실표지법
① 미리 작성된 평정요소의 설명이 피평정자 특성에 해당하는지 여부를 Yes 또는 No로 표시하게 하는 방법으로, 프로브스트식 체크리스트법이라고도 한다.
② 사실표지법은 평정자가 피평정자를 평가하지 않고 단순히 보고하는 방법이며, 항목별로 점수가 부여되어 있는 계량적 방법이다.

(5) 쌍쌍비교법
① 쌍쌍비교법은 피평정자를 두 사람씩 짝을 지어 비교를 되풀이하여 평정하는 방법이다.
② 소규모 집단에 적합하나 다른 집단과 비교할 수 있는 객관성이 부족하다.

(6) 산출기록법
① 생산량으로 측정되는 공무원의 근무실적을 수량적으로 평가하는 방법이다.
② 정기적 산출기록법과 평균적 산출기록법 등이 사용된다.

- 산출기록법(production records)은 일정한 시간당 달성한 작업량과 같이 객관적 사실에 기초를 두고 평가하는 방법이다. 15. 지방직 7급

(7) 중요사건기록법
① 피평정자의 근무실적에 영향을 주는 중요사건들을 평정자로 하여금 기술하게 하는 방법이다.
② 사실에 근거하고, 평정자와 피평정자의 상담을 촉진하여 평정결과의 수용을 높일 수 있지만, 이례적인 행동을 지나치게 강조할 수 있고 피평정자 간 비교가 어렵다는 단점이 있다.
③ 한편, 피평정자로 하여금 자신의 근무실적을 스스로 보고하도록 하는 것을 자기평정법이라 한다.

- 중요사건기록법은 피평정자와의 상담을 촉진하는 데 유용하고, 사실에 근거한 평가가 가능하지만, 이례적인 행동을 지나치게 강조하게 될 위험이 있다. 19. 경찰승진

(8) 행태기준척도법
① 등급구분의 모호성과 주관성을 지닌 도표식평정척도법의 한계와 상호 비교가 곤란한 중요사건기록법의 한계를 극복하기 위하여 개발된 기법이다.
② 행태기준척도법은 주관적 판단을 배제하기 위하여 직무분석에 기초하여 직무와 관련된 중요 과업분야를 선정하고 가장 이상적인 과업행태부터 가장 바람직하지 않은 과업행태를 등급으로 구분한 후 각 등급마다 중요한 행태의 내용과 점수를 할당하는 방법이다.
③ 평정오류를 최소화할 수 있고 참여를 통한 신뢰성의 확보가 쉽지만, 직무가 다르면 별개의 평정양식이 필요하므로 시간과 노력이 과다하게 소요될 수 있다.

- 행태기준척도법은 평정의 임의성과 주관성을 배제하기 위하여 도표식 평정척도법에 중요사건기록법을 가미한 방식이다. 14. 국회직 8급

(9) 행태관찰척도법

① 직무성과와 관련이 있는 중요한 행위를 사전에 나열하고 그러한 행위를 얼마나 자주 하는가에 대한 빈도를 표시하는 척도를 만들어 평가하는 방법이다.
② 행태기준척도법과 도표식평정척도법이 혼합된 것으로, 행태기준척도법의 단점인 바람직한 행동과 바람직하지 못한 행동과의 상호배타성을 극복하기 위해 개발되었다.
③ 또한 행태관찰평정척도법은 피평정자에게 행태변화에 유용한 정보를 제공해 줄 수 있어 평정의 주관성과 임의성을 줄일 수 있다.
④ 행태관찰평정척도법은 평정요소별 행태에 관하여 다양하고 구체적인 사건과 사례를 제시하고 사건의 빈도수를 등급으로 구성한다는 점이 행태기준척도법과 상이하다.

- 행태관찰척도법은 도표식평정척도법이 갖는 등급과 등급 간의 모호한 구분과 연쇄효과의 오류가 나타날 수 있다. 12. 지방직 7급

바로 확인문제

1. 다음 설명에 해당하는 근무성적평정 방법은? 23. 지방직 7급

- 다수의 평정요소와 평정요소별 수준을 나타내는 등급으로 구성
- 평정요소별 해당 등급에 표시하는 방법으로 평정대상자 평가
- 평정요소와 평정등급에 대한 평정자의 자의적 해석 가능

① 도표식평정척도법 ② 가감점수법
③ 서열법 ④ 체크리스트 평정법

정답해설 피평정자를 평정요소별로 관찰한 후 해당되는 등급을 표시하는 방법인 도표식평정척도법이다.

답 | ①

2. 근무성적평정 방법 중 강제배분법에 대한 설명으로 옳지 않은 것은? 23. 국가직 7급

① 역산식 평정이 불가능하며 관대화 경향을 초래한다.
② 평가의 집중화 경향을 억제하는 효과가 있다.
③ 평정대상 다수가 우수한 경우에도 일정한 비율의 인원은 하위 등급을 받을 수 있다는 단점이 있다.
④ 등급별 할당비율에 따라 피평가자들을 배정하는 것이다.

정답해설 강제배분법은 평정자가 미리 정해진 비율에 따라 평정대상자를 각 등급에 분포시키는 방법이므로, 미리 순서를 정하고 그 다음에 역으로 등급에 해당하는 점수를 부여하는 역산식 평정이 나타나기 쉽다.

오답해설 ② 강제배분법은 성적분포비율이 미리 정해져 있으므로 관대화, 집중화, 엄격화 경향이라는 분포상의 착오를 방지할 수 있다.
③ 강제배분법은 성적분포비율이 미리 정해져 있으므로 평가대상 전원이 다소 부족하더라도 일정 비율의 인원이 좋은 평가를 받거나, 혹은 전원이 우수하더라도 일부의 구성원은 낮은 평가를 받게 될 수 있어 현실을 왜곡할 위험이 있다.
④ 피평정자들의 성적분포가 과도하게 집중화되거나 관대화되는 현상을 방지하기 위해 성적분포비율을 미리 정하고 각 할당비율에 따라 피평가자들을 배정하는 상대평가기법이다.

답 | ①

4 평정오차

(1) 연쇄효과

① 연쇄효과란 어느 한 평정요소에 대한 평정자의 판단이 다른 평정요소에 영향을 미치거나 피평정자의 전반적인 인상이 평정에 영향을 미치는 착오로, 후광효과 또는 헤일로 효과라 불린다.
② 연쇄효과의 방지책으로 평정요소마다 용지를 달리하거나 강제선택법의 활용이 제시된다.

(2) 분포상 오차

① 집중화 경향: 무난하게 평균에 가까운 중간점수를 부여하는 착오를 말한다.
② 관대화 경향: 평정점수가 우수한 쪽으로 집중되는 착오를 말한다.
③ 엄격화 경향: 평정점수가 불량한 쪽으로 집중되는 착오를 말한다.
④ 분포상의 착오를 방지하기 위해 강제배분법이 활용된다.

(3) 시간적 오차

① 첫머리 효과: 초기의 업적에 크게 영향을 받는 경향을 말한다.
② 막바지 효과(→ 근접효과): 최근의 실적에 크게 영향을 받는 경향을 말한다.
③ 시간적 오차를 방지하기 위해 독립된 평정센터의 설치, 목표관리(MBO), 중요사건기록법 등이 활용된다.

(4) 기타

① 규칙적 오차(→ 일관적 오차): 일관성 있는 집중화, 관대화, 엄격화 경향을 말한다.
② 총계적 오차(→ 불규칙 오차): 일관성 없는 분포상의 착오를 말한다.
③ 논리적 오차: 어떤 특성과 다른 특성 사이의 높은 상관관계로 인해 나타나는 오차이다.
④ 상동오차: 유형화(→ 집단화·정형화), 고정관념, 선입관 등 평정요소 외의 요인에 의한 착오로, 인지대상이 속한 집단의 특성에 비추어 그 대상을 지각하여 발생하는 오류이다.
⑤ 대비오차: 피평정자를 직전의 피평정자와 비교하여 발생하는 오차이다.
⑥ 투사(→ 유사성의 착오): 자신의 감정이나 특성을 다른 사람에게 전가하는 오차로, 평정자가 자신과 성향이 유사한 부하에게 후한 점수를 주는 것과 관련된다.
⑦ 기대성의 착오(→ 피그말리온 효과): 기대에 근거한 무비판적 지각에 의한 오차이다.
⑧ 선택적 지각의 오차: 모호한 상황에서 부분적 정보만을 받아들여 판단함으로써 나타나는 오차이다.
⑨ 방어적 지각의 착오: 판단자의 지각에 어긋나는 정보를 회피하거나 변형시켜 이해하는 오차이다.
⑩ 근본적 귀속의 착오: 타인의 성공을 평가할 때에는 상황요인을 높게 평가하고 실패를 평가할 때에는 개인적 요인을 높게 평가하는 경향을 말한다.
⑪ 이기적 착오: 좋은 성과에 대해서는 자신의 내적 요소에 귀인하고, 좋지 않은 성과에 대해서는 외적 요소에 귀인한다고 보는 자기본위적 편향을 말한다.
⑫ 행위자-관찰자 편향: 자신의 행동을 설명할 때에는 외적 상황을 강조하지만, 다른 사람의 행동을 설명할 때에는 행위자의 내적 성향을 강조하는 경향을 말한다.

• 연쇄효과(halo effect)는 평정자가 중시하는 하나의 평정요소에 대한 긍정적 평가가 다른 평정요소에도 긍정적 영향을 미치는 것을 말한다.
22. 경찰승진

• 시간적 오류는 근무평가 대상기간 초기의 업적에 영향을 크게 받는 첫머리 효과와 최근 실적을 중심으로 평가하는 막바지 효과로 나타난다.
18. 지방직 7급

• 상동적 오차(error of stereotyping)는 사람에 대한 경직적 편견이나 고정관념 때문에 발생하는 오차이다.
14. 서울시 9급

5 한계

① 근무성적평정은 과거의 성과에 치중하는 경향이 강하며, 능력 있는 평정자의 확보가 곤란하다.
② 정부 업무의 다양성과 평가기준의 모호성으로 인하여 근무평정기준의 표준화가 곤란하다.
③ 역산제나 정실에 의한 평정과 같은 주관적 성격으로 인하여 평가의 객관성과 공정성이 저해된다.
④ 평정상의 오차가 발생할 경우 평가의 타당성과 신뢰성이 약화된다.

바로 확인문제

1. 근무성적평정상의 오류에 대한 설명으로 옳지 않은 것은? 23. 지방직 9급

① 평정자가 피평정자를 잘 모르는 경우 집중화 경향이 발생할 수 있다.
② 평정자의 평정기준이 일정하지 않은 경우 총계적 오류가 발생할 수 있다.
③ 연쇄효과는 초기 실적이나 최근의 실적을 중심으로 평가함으로써 발생하는 시간적 오류를 의미한다.
④ 관대화 경향의 폐단을 막기 위해 강제배분법을 활용할 수 있다.

> **정답해설** 연쇄효과는 한 평정요소가 다른 평정요소에 영향을 미쳐 나타나는 평정의 오차이다.
>
> **오답해설** ① 평정자가 피평정자를 잘 모른다면 무난한 점수로 평정할 가능성이 높다.
> ② 총계적 오류는 평정자의 평정기준이 일정하지 않아 관대화 경향과 엄격화 경향이 불규칙하게 나타나는 오류를 말한다.
> ④ 강제배분법은 평정분포를 사전에 정하는 것으로 관대화, 엄격화, 집중화라는 분포상의 착오를 막을 수 있다.
>
> 답 | ③

2. 다음의 상황에 해당하는 지각오류는? 24. 국가직 7급

> • 공격적인 성격의 소유자는 다른 사람도 공격적으로 보기 쉽다.
> • 노조 대표와 관리층의 대표는 자신의 불신 감정을 다른 집단에게로 전가한다.

① 대조효과(contrast effect) ② 투사(projection)
③ 후광효과(halo effect) ④ 기대성 착오(expectancy error)

> **정답해설** 투사(Projection)는 자신의 감정, 생각, 특성 등을 다른 사람에게 투영하여 마치 상대방이 자신과 같다고 판단하는 오류를 말한다.
>
> 답 | ②

03 경력평정

1 의의
① 경력이란 직업상의 경험과 근무연한을 말하며, 인사행정의 요소 중에서 가장 객관적이고 수치화된 제도이다.
② 평정의 원칙 → 우대 요소
   ㉠ 근시성의 원칙: 최근 경력의 우대
   ㉡ 습숙성의 원칙: 상위직 경력의 우대
   ㉢ 친근성의 원칙: 유사한 경력의 우대(→ 갑·을·병·정으로 구분)
   ㉣ 발전성의 원칙: 발전가능성이 있는 경력의 우대

2 우리나라의 경력평정
① 정기평정기준일 현재 승진소요최저연수에 도달한 5급 이하 공무원과 연구사·지도사에 대해 그 경력을 평정한 후 승진임용에 반영하고 있다.
② 경력평정의 확인자는 각급 기관의 인사담당관이 된다.
③ 경력평정점의 총점은 30점을 만점으로 한다.
④ 소속 장관은 승진후보자 명부를 작성할 때 직무 관련 자격증의 소지 여부, 특정 직위 및 특수 지역에서의 근무경력, 근무성적평가 대상기간 중 업무혁신 등 공적 사항, 그 밖에 직무의 특성 및 공헌도 등을 고려하여 해당 공무원에게 5점의 범위에서 가점을 부여할 수 있다.

바로 확인문제

1. 공무원 경력개발 시 준수해야 할 기본원칙에 해당되지 않는 것은? 14. 지방직 7급

① 적재적소의 원칙
② 직급 중심의 원칙
③ 인재양성의 원칙
④ 자기주도의 원칙

정답해설 경력개발은 사람의 능력을 어떻게 발전시켜 나갈 것인가와 관련된다. 반면 직급은 현재 담당해야 할 직무의 난이도나 책임도와 관련된 내용이므로 향후 어떻게 경력을 발전시킬 것인가와 직접적인 관련성이 없다.

오답해설 ①, ③, ④ 경력개발이란 구성원의 장기적인 경력목표 수립과 이를 달성하기 위한 경력계획을 통해 개인의 능력발전과 조직의 효율성을 함께 도모하는 인사기법으로, 경력개발의 원칙에는 적재적소 배치, 승진경로 확립, 인재육성, 자기주도(상향), 직급이 아닌 직무와 역량 중심, 개방성과 공정성 등이 있다.

답 | ②

04 승진과 강임

1 승진

(1) 의의

① 승진이란 직무의 책임도와 난이도가 더 높은 직급 또는 등급으로의 인사이동을 말한다.
② 동일 직급에서 호봉이 올라가는 승급과는 다르며, 횡적으로 이동하는 전직이나 전보와도 구별된다.
③ 승진은 공무원의 능력발전, 공무원의 사기앙양, 직업공무원제의 확립 등의 역할을 수행한다.

• 승진은 특정한 직책에 적합한 자를 선별해 내는 방법의 하나로 상위직으로 이동하여 종전보다 무거운 직책을 담당하게 되는 것을 의미한다.
11. 국회직 8급

(2) 승진의 범위

① 폐쇄주의 → 비교류형
  ㉠ 승진경쟁의 범위를 동일 부처 내로 한정하는 인사체제를 말한다.
  ㉡ 장점: 당해 부처 직원의 사기앙양, 직무에 대한 적응의 용이성
  ㉢ 단점: 유능한 인재 확보의 어려움, 부처 간 승진기회의 불균등, 행정의 침체
② 개방주의 → 교류형
  ㉠ 승진경쟁의 범위를 타 부처까지 확대하는 인사체제를 말한다.
  ㉡ 장점: 유능한 인재의 확보, 인사침체와 할거주의의 방지, 부처 간 승진기회의 형평성 확보 등
  ㉢ 단점: 인간관계의 저해, 당해 부처 직원의 기득권 상실 등

(3) 승진의 기준

경력평정		① 기준: 근무연한, 학력, 경험 등 ② 장점: 고도의 객관성, 행정의 안정성, 정실인사의 방지 ③ 단점: 행정의 침체, 유능한 인재의 승진 곤란, 부하통솔 곤란
실적	근무성적	① 기준: 실적, 능력, 태도 등 ② 장점: 능력에 따른 승진 ③ 단점: 주관성이 많이 개입되어 정실인사의 가능성 증대
	시험성적	① 장점: 공정성의 확보, 평가의 타당성 제고 ② 단점: 과다한 시험준비, 정신적 부담, 장기근속자의 사기 저하

2 강임(↔ 강등)

① 강임이란 같은 직렬 내에서 하위직급에 임명하거나 하위직급이 없어 다른 직렬의 하위직급으로 임명하는 제도를 말한다.
② 즉, 강임이란 하위직급으로의 임명 또는 고위공무원단에 속하는 일반직 공무원을 고위공무원단 직위가 아닌 직위로 임명하는 행위로, 직제 또는 정원의 변경이나 예산의 감소 등으로 과원이 된 경우와 본인이 동의한 경우에 강임할 수 있다.
③ 강임된 공무원은 상위직급 또는 고위공무원단 직위에 결원이 생기면 우선 임용된다. 다만, 본인이 동의하여 강임된 공무원은 본인의 경력과 해당 기관의 사정 등을 고려하여

우선 임용될 수 있다.
④ 강임된 사람에게는 강임된 봉급이 강임되기 전보다 많아지게 될 때까지는 강임되기 전의 봉급에 해당하는 금액을 지급한다.

바로 확인문제

1. 인사제도에 대한 설명으로 옳지 않은 것은? 　　　　　　　　　　　　　　　　12. 국가직 9급

① 직위분류제는 동일 직무에 동일 보수를 원칙으로 한다.
② 한국의 공무원제도는 계급제적 토대 위에 직위분류제적 요소가 가미된 혼합형 인사체계이다.
③ 특정직 공무원은 직업공무원제의 적용을 받는다.
④ 비교류형 인사체계는 교류형에 비해 기관 간 승진기회의 형평성 확보에 유리하다.

정답해설 비교류형 인사체계란 승진의 경쟁범위를 동일 부처 내로 한정하는 폐쇄주의를 말한다. 이 경우 부서 간 승진의 격차가 발생할 수 있어 승진기회의 형평성을 저해할 수 있다.

오답해설 ① 엽관주의에 의한 보수의 불평등성이 직위분류제가 도입된 가장 주된 이유로 거론되며, 직위분류제는 '동일 직무에 대한 동일 보수의 원칙'을 실현함으로써 보수의 합리화를 기할 수 있다.
② 한국의 공무원제도는 계급제를 기반으로 하되, 직군과 직렬 및 직급 등과 같은 직위분류제적 요소가 가미된 혼합형 인사체제이다.
③ 특정직공무원 역시 신분이 보장되고 정년까지 근무할 것으로 예정된 경력직 공무원이다.

답 | ④

05 배치전환　　　　　　　　　　　　　　　　　　　　　　　B

1 의의

① 배치전환이란 담당 직위의 수평적 변동으로, 동일 계급 내의 인사이동을 말한다.
② 배치전환은 인적자원의 효율적 활용과 구성원의 발전 및 직업생활의 질적 향상을 도모하기 위한 제도이다.

2 종류

① **전입**: 전입이란 인사 관할을 달리하는 국회·법원·선관위 및 행정부 사이의 인사이동을 말한다.

・전입은 인사 관할을 달리하는 다른 기관 소속 공무원을 이동시켜 임용하는 것을 말한다. 　23. 소방간부

② **전보**: 전보란 같은 직급 내에서의 보직 변경 또는 고위공무원단 직위 간의 보직 변경으로, 잦은 전보를 방지하기 위해 필수보직기간을 규정하고 있다. 필수보직기간이란 공무원이 다른 직위로 전보되기 전까지 현 직위에서 근무하여야 하는 최소기간으로, 3년이 원칙이되, 3급·4급 공무원과 연구관 및 지도관, 고위공무원단 직위에 재직 중인 공무원의 필수보직기간은 2년으로 한다.

・전직은 상이한 직렬의 동일한 계급 또는 등급으로 수평이동하는 것을 말한다. 　23. 소방간부

③ **전직**: 상이한 직렬의 동일한 등급으로의 인사이동으로, 전직 임용하려는 때에는 전직시

험을 거쳐야 하는 것이 원칙이지만 대통령령 등으로 정하는 경우에는 시험의 일부나 전부를 면제할 수 있다.
④ **파견**: 소속의 변동 없이 일시적으로 타 부서에서 근무하는 임시적 배치전환으로, 파견기간은 원칙 2년이지만 5년 범위에서 연장이 가능하다.
⑤ **겸임**: 겸임이란 한 사람의 공무원에게 둘 이상의 직위를 부여하는 것으로, 일반직과 교육공무원, 일반직과 일반직 공무원, 일반직과 연구직 공무원 등이 겸임할 수 있고, 겸임기간은 원칙적으로 2년 이내이지만 필요한 경우 2년의 범위에서 연장이 가능하다.
⑥ **인사교류**: 인사혁신처장은 행정기관 상호간, 행정기관과 교육·연구기관 또는 공공기관 간에 인사교류가 필요하다고 인정하면 인사교류계획을 수립하고, 국무총리의 승인을 받아 이를 실시할 수 있다.

> • 파견은 국가적 사업의 수행을 위해 공무원의 소속을 바꾸지 않고 일시적으로 다른 기관이나 국가기관 이외의 기관 및 단체에서 근무하게 하는 것을 말한다. 11. 국회직 8급

3 용도

(1) 긍정적 용도
① 능력발전과 교육훈련의 수단, 공직의 침체방지
② 보직 부적응의 해결과 적재적소의 인사배치, 개인적 의사의 존중과 승진기회의 제공
③ 부서 간 조정과 협조의 촉진(→ 할거주의 방지), 조직에의 충성심 확보 등

(2) 부정적 용도
① 징계의 수단 또는 사임강요의 수단
② 부패방지의 수단, 개인적 세력의 부식, 개인적 특혜의 제공 등

> • 전직과 전보는 부처 간 할거주의의 폐단을 타파하고 부처 간 협력 조성을 위한 기반을 마련해 줄 수 있다. 14. 국가직 7급

바로 확인문제

1. 「지방공무원법」상 공무원 인사이동에 대한 설명으로 옳지 <u>않은</u> 것은? 24. 지방직 9급

① 전직은 직렬을 달리하는 임명을 말한다.
② 전보는 같은 직급 내에서 보직변경을 말한다.
③ 강임의 경우, 같은 직렬의 하위직급이 없는 경우 다른 직렬의 하위직급으로는 이동할 수 없다.
④ 지방자치단체의 장 또는 지방의회의 의장은 공무원을 전입시키려고 할 때에는 해당 공무원이 소속된 지방자치단체의 장 또는 지방의회의 의장의 동의를 받아야 한다.

정답해설 강임이란 같은 직렬 내에서 하위직급에 임명하거나 하위직급이 없어 다른 직렬의 하위직급에 임명하는 것을 말한다.

오답해설 ① 「지방공무원법」에 따라, 전직은 직렬을 달리하는 임명을 의미한다. 예를 들어, 일반행정직렬 공무원이 사회복지직렬 공무원으로 임용되는 경우를 말한다.
② 「지방공무원법」에 따라, 전보는 같은 직급 내에서의 보직변경을 말한다. 이는 가장 일반적인 인사이동의 형태로, 같은 직급 내에서 담당 직무만 바뀌는 경우이다.
④ 전입에 대한 「국가공무원법」의 규정과 「지방공무원법」의 규정이 약간 상이하다. 「국가공무원법」은 전입시험을 거쳐야 하지만, 「지방공무원법」은 해당 공무원이 속한 자치단체의 장 또는 지방의회 의장의 동의를 요한다.

답 | ③

CHAPTER 04 마무리 기출 OX

다음 내용이 맞으면 O, 틀리면 X에 표시하시오.

01 워크아웃 프로그램은 전 구성원의 자발적 참여에 의한 행정혁신을 추진하는 방법으로, 관리자의 의사결정과 문제해결이 지연되는 한계가 있다. 22. 국회직 8급   O | X

02 액션러닝(action learning)은 소규모로 구성된 그룹이 실질적인 업무현장의 문제를 해결해 내고 그 과정에서 성찰을 통해 학습하도록 하는 행동학습(learning by doing) 교육훈련 방법이다. 16. 지방직 7급   O | X

03 도표식평정척도법은 직관과 선험에 근거하여 평가요소를 결정하기 때문에 작성이 빠르고 쉬우며 경제적이라는 장점이 있다. 15. 국회직 8급   O | X

04 강제배분법은 역산식 평정을 방지할 수 있지만 관대화 경향을 초래한다는 문제점을 지닌다. 23. 국가직 7급   O | X

05 행태기준척도법은 바람직한 행동과 바람직하지 못한 행동과의 상호배타성을 극복하고 피평정자에게 행태변화에 유용한 정보를 제공해 줄 수 있어 평정의 주관성과 임의성을 줄일 수 있다. 14. 국회직 8급   O | X

06 어느 하나의 평정요소에 대한 평정자의 판단이 다른 평정요소의 평정에 영향을 미치는 현상을 연쇄적 착오라 한다. 14. 국회직 8급   O | X

07 관대화 경향은 비공식집단의 유대 때문에 발생하며 평정결과의 공개를 완화방법으로 고려할 수 있다. 21. 국가직 9급   O | X

08 국내 최고 대학을 졸업했기 때문에 일을 잘했을 것이라고 생각하여 피평정자에게 높은 근무성적평정 등급을 부여하였다면 이는 첫머리 효과의 의한 오류를 범한 것이다. 20. 지방직 9급   O | X

09 승진기준을 선임순위에 중점을 두는 경우 객관성을 확보할 수 있다. 14. 국가직 7급   O | X

10 국회, 법원, 헌법재판소, 선거관리위원회 및 행정부 상호 간에 다른 기관 소속 공무원을 전직하려는 때에는 시험을 거쳐 임용하여야 한다. 21. 국회직 9급   O | X

정답 및 해설

01 ×   02 ○   03 ○   04 ×   05 ×   06 ○   07 ×   08 ×   09 ○   10 ×

01 워크아웃 프로그램은 조직의 수직적·수평적 장벽을 제거하고 자발적 참여를 통해 신속한 의사결정과 문제해결을 도모하는 교육훈련 방법이다.
04 강제배분법은 관대화 경향을 방지할 수 있지만 먼저 순서를 정한 후 평정하는 역산식 평정의 문제점을 초래할 수 있다.
05 바람직한 행동과 바람직하지 못한 행동과의 상호배타성을 극복한 것은 행태관찰척도법이다.
07 평정결과가 공개되면 유대 관계로 인해 관대화 경향이 강화될 가능성이 높아진다.
08 최고 대학이라는 고정관념이 일을 잘할 것이라는 편견을 가져왔으므로 이는 선입견에 의한 오류 혹은 상동오차라 한다. 첫머리 효과는 초기 업적에 주로 초점을 맞추어 점수를 부여하는 경향을 말한다.
10 국회, 법원 등의 다른 기관 소속 공무원을 임용하는 것은 전입으로 시험을 거치지 않는다.

CHAPTER 05 사기

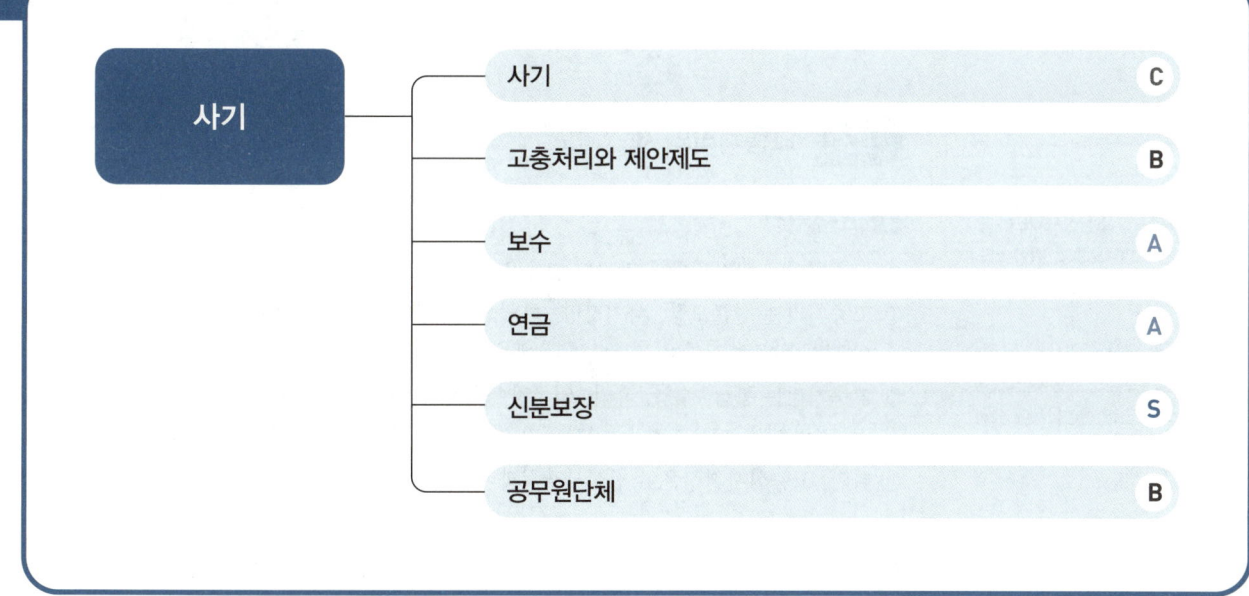

01 사기　　C

1 의의

① 사기란 조직의 목표를 달성하려는 자발적이고 지속적인 근무의욕으로, 직무수행동기이므로 직무와 관련되지 않은 사기는 진정한 사기가 아니다.
② 특성: 개인적·자발적(→ 가변적·상대적), 집단적·조직적(→ 개인적 만족감의 총합 이상)

2 사기와 생산성

① 사기실재론: 사기와 생산성의 직접적인 관련성을 긍정하는 전통적 견해이다.
② 사기명목론: 사기와 생산성의 직접적인 관련성을 부인하는 현대적 견해이다.

3 사기측정법

① 기록조사법: 출·퇴근율, 결근율, 생산고, 사고율, 이직률 등
② 태도조사법: 의견조사, 여론조사 등
③ 사회측정법(→ 소시오메트리): 구성원 상호 간의 선호관계 파악을 통해 집단 및 동료와의 친화력을 측정하려는 기법
④ 투사법: 어떤 자극에 무의식적으로 나타나는 구성원들의 반응으로 사기를 측정하는 방법

기선 제압

4 결정요인 및 향상방안

① 보수, 연금, 작업환경 등 경제적·물질적 요인
② 귀속감, 일체감, 원만한 대인관계 등 사회적 요인
③ 인정감, 성취감, 참여감 등 심리적 요인

02 고충처리와 제안제도

1 고충처리

① 고충처리란 직장생활과 관련된 고충을 심사하고 그 해결책을 강구하는 활동을 말한다.
② 고충처리는 신분보장, 사기앙양, 하의상달의 촉진 등을 목적으로 하며, 대상이 인사상의 불이익에 한정되지 않는다는 점에서 소청심사보다 그 범위가 넓다.
③ 고충처리는 봉급, 수당, 휴가, 업무량, 근무환경 등 근무조건과 승진, 전보, 근무성적평정, 경력평정, 교육훈련 등 인사관리 및 각종 차별의 모든 고충을 대상으로 한다.
④ 다만, 고충심사결정은 소청심사결정과 달리 권고적인 것으로서 법적 구속력은 없다.

2 제안제도

(1) 의의

① 제안제도는 조직의 운영이나 업무에 대한 창의적인 의견을 공모하여 채택된 제안을 보상하는 것으로, 상향적 의사전달(→ 하의상달)의 수단이다.
② 제안의 유형: 아이디어제안, 실시제안, 공모제안, 채택제안, 중앙우수제안, 자체우수제안 등

(2) 장점

① 행정능률의 향상과 예산절약 등 행정업무의 개선에 기여한다.
② 참여의식의 조장과 근무의욕의 고취로 구성원의 사기를 제고할 수 있다.
③ 자기발전을 위한 노력의 자극을 통해 창의력과 문제해결능력을 향상시킬 수 있다.
④ 관리활동에 대한 환류의 촉진과 행정관리의 민주화 수단이다.

(3) 단점

① 조직 내 경쟁심의 자극에 따른 인간관계의 악화를 가져올 수 있다.
② 객관적이며 공정한 심사가 어렵고, 실질적 제안자의 식별이 곤란하다.

03 보수

1 의의

(1) 개념

① 보수란 근로에 대한 대가로 지급하는 금전적 보상으로, 봉급(→ 기본급)과 수당(→ 부가급)의 합산을 말한다.

② 공무원의 봉급체계는 크게 호봉제와 연봉제로 구분된다.
③ 호봉제는 매년 정기승급을 통해 호봉이 올라가도록 되어 있는 연공급 성격의 보수체계로, 호봉체계에 따른 봉급표는 직종별로 다르게 설정되어 있다.
④ 연봉제는 다시 고정급적 연봉제, 성과급적 연봉제, 직무성과급 연봉제로 구분된다.
⑤ 정무직 공무원은 성과측정이 어렵기 때문에 개별직위마다 고정된 연봉을 책정하고 있다.
⑥ 성과급적 연봉제는 1~5급(상당) 공무원과 임기제 공무원을 대상으로 하며, 계급별 기본연봉과 업무실적의 평가에 따라 차등 지급되는 성과연봉으로 구성된다.
⑦ 고위공무원단에 적용되는 직무성과급적 연봉제는 기본연봉과 성과연봉으로 구성되며, 기본연봉은 다시 기준급(→ 경력 + 누적성과)과 직무급(→ 직무의 곤란도와 책임)으로 구분된다.

(2) 특징
① 공무원 보수의 양면성: 직무에 대한 반대급부 및 생활보장 급부
② 법정주의에 따른 경직성, 비시장성, 사회적·윤리적 성격, 정치적 성격으로 인한 합리성의 제약

2 보수결정의 원칙
① 보수는 직무의 곤란성과 책임의 정도에 맞도록 계급별·직위별 또는 직무등급별로 정한다.
② 대외적 균형: 보수는 표준생계비, 물가수준, 그 밖의 사정을 고려하여 정하되, 민간의 임금 수준과 적절한 균형을 유지하도록 노력하여야 한다.
③ 대내적 균형: 또한 경력직 공무원 간 그리고 경력직 공무원과 특수경력직 공무원 간 보수의 균형을 도모하여야 한다.

3 결정요인
① 공무원의 보수는 정부의 재정력을 상한선으로 하고, 생계비를 하한선으로 하여 결정되는 것이 바람직하다.
② 공무원의 생활을 보장하는 생계비 개념은 사회·윤리적 요인에 해당한다.
③ 정부는 모범적 고용주로서 기능하므로, 민간부문의 임금수준과 물가에 대한 영향력도 고려하여야 한다.
④ 계급제는 계급만 같으면 일의 난이도·책임의 경중을 불문하고 동일한 봉급이 지급되는 것이 원칙이지만, 직위분류제는 직무의 난이도와 책임도의 정도에 따라 금액이 달라진다.
⑤ 계급제는 봉급에 업무의 성격이 반영되어 있지 않아 수당으로서 이를 보완하므로, 직위분류제에 비하여 수당의 종류가 많은 편이다.

4 보수체계

(1) 기본급 → 봉급
① 생활급: 공무원과 그 가족의 생활을 보장하려는 목적을 지닌 속인적 급여로, 개개인의 연령에 대한 임금이므로 연령급이라고도 한다.
② 연공급(→ 근속급): 근속연수, 경력 등 속인적 요소의 차이에 따라 보수의 격차를 두는 보수체계로, 주로 계급제를 채택하고 있는 국가에서 활용된다.

• 생활급은 공무원과 그 가족의 기본적인 생활 내지 생계유지에 필요한 경비를 중심으로 보수를 결정하는 것이다. 21. 경찰간부

• 직능급이란 직무수행능력에 따라 보수를 지급하는 제도를 말한다.
19. 경찰승진

③ **직능급**(→ 노동력의 가치)
   ㉠ 직능급은 직무수행능력에 따라 보수를 지급하는 제도로, 근속급(→ 속인적 요소)과 직무급(→ 속직적 요소)의 절충적 형태이다.
   ㉡ 직능급은 근속급의 단점을 개선하기 위해서 일본 등지에서 발전된 대안으로, 근무성적평정 등을 활용해 직무수행능력을 평가하고 이에 따라 보수가 결정되므로 능력급이라고도 한다.
   ㉢ 직능급은 직접적인 성과평가와는 다른 직무역량평가를 통해 보수의 수준이 결정되며, 직능급에서 말하는 능력에는 현재 능력과 잠재 능력을 포괄한다.
   ㉣ 직무급은 현 직무의 직무가치를 중심으로 보수를 결정하지만 직능급은 초과 능력까지 포함시켜 임금액을 결정한다.
   ㉤ 연공주의에 비해 실적주의를 강조할 경우 직능급의 활용 가능성이 높아진다.
   ㉥ 직무가치 산정의 한계로 직무급을 채택하기 어려운 경우 대안적인 방안으로 직능급을 통해 근속급을 보완할 수 있고, 자격을 갖춘 유능한 인재의 확보에 유리하다.
   ㉦ 직능급을 강조할 경우 실제 직무수행능력보다 초과되는 자격에 대해서도 보상이 이루어지게 된다는 점에서 불필요한 보수지급의 우려도 제기되며, 초과 능력이 초과 성과를 담보하지 않으므로 임금부담이 가중될 우려가 있다.

• 직무급은 직무의 곤란성 및 책임의 정도를 반영하여 직무등급에 따라 책정된다.
17. 지방직 9급

④ **직무급**(→ 노동의 가치)
   ㉠ 직무급은 직무가 지니는 상대적 가치를 평가하여 임금을 결정하는 보수체계이다.
   ㉡ 직무급은 동일 직무에 대한 동일 보수의 원칙에 충실하여 보수의 공정성을 높일 수 있고, 능력 위주의 인사풍토를 조성할 수 있으며, 개인별 보수 차등에 대한 불만을 해소할 수 있다.
   ㉢ 우리나라의 경우 2016년 중요직무급을 도입했고, 2017년 전문직무급을 신설하였다.

• 성과급은 결과를 중시하며 변동급의 성격을 가진다.
22. 지방직 9급

⑤ **성과급**(→ 실적급 또는 능률급)
   ㉠ 성과급은 개인 및 집단이 수행한 작업성과에 기초하여 보수를 차등하여 지급하는 것으로, 우리나라에서는 1990년대 후반에 도입되었다.
   ㉡ 성과급은 직무급과 직능급의 연장선상에서 이해할 수 있으며, 공무원의 인적요소보다는 직무요소가 주된 고려사항이다.
   ㉢ 다른 급여 유형이 직무수행의 투입적 혹은 과정적 요소들을 고려하고 있는 것에 비해, 성과급은 직무수행의 결과적 요소들을 고려하고 있다는 점에서 차별적이다.
   ㉣ 성과급은 현실화된 기여도를 중시하므로 변동급적 성격을 가진다.

⑥ **자격급**: 근로자의 능력이나 자격 수준에 따라 임금을 지급하는 임금체계로, 전문직이나 기술직에서 활용되며, 근로자의 숙련도, 기술력, 자격증 보유 등을 기준으로 임금을 결정한다.

• 공무원의 보수는 기본급과 부가급을 포함하는 개념인데, 이 중 부가급은 보수체계의 유연성을 제고할 수 있으나 보수체계를 복잡하게 만드는 등 부정적인 측면이 있다.
24. 국회직 8급

(2) 부가급 → 수당
① **상여수당**: 대우공무원수당, 정근수당, 성과상여금
② **가계보전수당**: 가족수당, 자녀학비보조수당, 주택수당, 육아휴직수당
③ **특수지근무수당**
④ **특수근무수당**: 위험근무수당, 특수업무수당, 업무대행수당, 군법무관수당
⑤ **초과근무수당 등**: 초과근무수당(5급 이하), 관리업무수당(4급 이상)

> 바로 확인문제

1. 직무급 보수체계에 대한 설명으로 옳은 것은? 24. 지방직 7급

① 직무급이란 공무원의 직무수행능력을 측정하여 그 능력이 우수할수록 보수를 우대하는 보수체계이다.
② 직무성과에 따른 차등보수의 원칙을 적용한다.
③ 직무급 산정 시 근속이나 연령을 반영한다.
④ 직무급을 도입하기 위해서는 직무분석과 직무평가를 통한 직무별 상대가치 평가가 선행되어야 한다.

> **정답해설** 직무급은 개인이 아닌 수행하는 직무의 상대적인 가치나 중요성에 따라 임금 수준을 결정하는 보상 시스템이므로 직무급을 성공적으로 도입하고 운영하기 위해서는 직무 자체에 대한 명확한 이해와 그 가치에 대한 체계적인 평가가 필수적이다.
>
> **오답해설** ① 공무원의 직무수행능력을 측정하여 그 능력이 우수할수록 보수를 우대하는 보수체계는 직능급이다.
> ② 직무성과에 따른 차등보수의 원칙을 적용하는 것은 성과급이다.
> ③ 근속이나 연령을 반영하는 것은 근속급이나 생활급이다.
>
> 답 | ④

2. 공무원 보수의 유형에 대한 설명으로 옳지 않은 것은? 22. 지방직 9급

① 직능급은 자격증을 갖춘 유능한 인재의 확보에 유리하다.
② 연공급은 근속연수를 기준으로 하기 때문에 전문기술인력 확보에 유리하다.
③ 직무급은 동일 노동에 대한 동일 임금이라는 합리적인 보수 책정이 가능하다.
④ 성과급은 결과를 중시하며 변동급의 성격을 가진다.

> **정답해설** 연공급은 근속연수를 중시하므로 전문기술인력 확보가 어렵다.
>
> **오답해설** ① 직능급은 노동력의 가치에 따라 지급되므로 유능한 인재의 확보가 용이하다.
> ③ 직무급은 직무의 난이도와 책임도에 따라 지급되므로 동일 노동에 대한 동일 임금이라는 합리적인 보수 책정이 가능하다.
> ④ 성과급은 결과를 중심으로 지급되므로, 결과에 따라 변동될 가능성이 높다.
>
> 답 | ②

04 연금 A

(1) 개념

① 우리나라 공무원연금은 공무원이 10년 이상 근무하고 퇴직하거나 공무상 질병이나 부상 등으로 퇴직 또는 사망한 때에 지급하는 급부로, 공무원과 그 유족의 노후 소득보장을 도모하는 한편, 장기재직과 직무충실을 유도하기 위한 인사정책 차원에서 1960년에 도입되었다.

- 공무원연금제도는 공무원에 대한 사회보장제도의 일환이다.
  09. 지방직 7급

- 공무원연금제도는 사회보험 원리와 부양원리가 혼합된 제도이다.
  16. 국가직 7급

② 우리나라의 공무원연금은 비용부담을 정부와 공무원이 균분하는 사회보험 성격과 수지의 부족액을 정부재정으로 보전하는 부양원리(2000)를 혼용하고 있다.

③ 즉, 장기적 재정전망과 비용부담률 등 전반적인 재정상황을 5년마다 재계산하여 장래의 연금재정의 균형을 유지하는 부과방식에 기반을 둔 세대 간 부양시스템을 혼용하고 있다.

(2) 본질

① 은혜설(→ 공로보상설): 영국의 제도로, 공무원이 납부하는 기여금이 없으며, 대신 잘못이 있으면 혜택이 상실된다.

② 거치보수설: 미국과 한국의 제도로, 공무원의 기여금 납부가 있어 연금은 퇴직 후 지급되는 후불 임금적 성격을 지니며, 퇴직연금의 수급권은 공무원의 정당한 권리에 해당한다.

(3) 조성방식

- 우리나라 공무원연금제도는 기금제와 기여제를 채택하고 있다.
  23. 경찰간부

① 기금제와 비기금제: 미국과 한국은 기금제이고 영국과 독일은 비기금제이다.

　㉠ 적립방식(→ 기금제): 장래에 소요될 급여비용의 부담액을 제도가입기간 동안 평준화된 보험료로 적립시키도록 계획된 재정방식이다.

　㉡ 부과방식(→ 비기금제): 일정기간 동안의 급여비용을 동일기간 내에 조달하도록 계획된 재정방식으로, 적립금을 보유하지 않으며 보유하더라도 급여의 일시적 과다지출에 대비한 위험준비금 정도를 보유하는 재정방식이다.

적립방식	부과방식
① 미국과 한국	① 영국과 독일
② 기금수익의 발생	② 저렴한 관리비용
③ 인플레이션의 영향에 취약	③ 인구구조 변화의 영향에 취약

- 기금제를 채택하는 경우 기금 조성의 비용을 정부에서 단독 부담하는 제도를 비기여제라 한다.
  11. 국가직 7급

② 기여제와 비기여제: 우리나라의 경우 공무원은 소득월액의 9%를, 정부는 보수예산의 9%를 각각 부담하고 있다.

바로 확인문제

1. 우리나라 공무원연금 재정 확보 방식을 옳게 짝지은 것은?　　19. 서울시 9급(상)

① 기금제 – 기여제　　② 기금제 – 비기여제

③ 비기금제 – 기여제　　④ 비기금제 – 비기여제

정답해설 우리나라 공무원연금의 재정 확보 방식은 기여제와 기금제이다.

답 | ①

05 신분보장

1 의의

① 신분보장이란 법에 정하는 사유에 의하지 않고 신분상 불이익을 당하지 않는 것을 말한다.
② 「공가공무원법」은 '형의 선고, 징계처분 또는 이 법이 정하는 사유에 의하지 아니하고는 본인의 의사에 반하여 휴직·강임 또는 면직을 당하지 아니한다.'라는 신분보장 규정을 명시하고 있다.
③ 다만, 1급 공무원과 직무등급이 가장 높은 등급의 직위에 임용된 고위공무원단에 속하는 공무원은 예외이며, 특수경력직 공무원 또한 원칙적으로 신분보장의 적용대상에서 제외된다.

2 평가

(1) 장점

① 실적주의와 직업공무원제도의 확립, 공직부패의 방지
② 공무원의 심리적 안정감과 사기앙양, 행정의 능률성과 전문성 제고
③ 공직의 안정성·계속성 확보 및 자율성·독립성·중립성 보장

(2) 한계

① 공직의 특권집단화와 관료침체 및 무사안일
② 공직에 대한 민주통제 곤란, 관리자의 감독 곤란

3 「국가공무원법」상의 신분변동

(1) 징계

① 의의
  ㉠ 징계는 법령·규칙·명령의 위반에 대한 처벌로서 공무원 신분을 변경 또는 상실시키는 제도이다.
  ㉡ 「국가공무원법」 등에 의한 명령위반, 직무상의 의무위반 또는 직무태만, 직무 내·외를 불문하고 체면 또는 위신을 손상시키는 행위를 한 경우 징계를 받을 수 있다.
  ㉢ 중징계(→ 자동 직위해제): 파면, 해임, 강등, 정직
  ㉣ 경징계: 감봉, 견책

② 종류
  ㉠ 견책: 전과에 대하여 훈계하고 회개하게 하는 징계로, 6개월간 승진과 승급이 제한된다.
  ㉡ 감봉: 직무를 수행하되, 1개월 이상 3개월 이하의 기간 동안 보수의 3분의 1을 감하고, 12개월 동안 승진과 승급이 제한된다.
  ㉢ 정직: 1개월 이상 3개월 이하의 기간 동안 공무원의 신분은 보유하나 직무에 종사하지 못하고, 보수의 전액을 감하며, 18개월간 승진과 승급이 제한된다.
  ㉣ 강등: 1계급 아래로 직급을 내리고 공무원 신분은 보유하나 3개월간 직무에 종사하지 못하고 그 기간 중 보수의 전액을 감하며, 18개월간 승진과 승급이 제한된다.
  ㉤ 해임: 강제퇴직으로, 원칙적으로 퇴직금에는 영향이 없으며 3년 이내 재임용이 금지된다.

- 징계의 종류는 중징계인 파면·해임·강등·정직과 경징계인 감봉·견책으로 구분된다. 23. 해경간부

- 정직은 1개월 이상 3개월 이하의 기간 동안 공무원의 신분은 보유하나 직무수행이 정지되고 보수의 전액을 감한다. 19. 경찰승진

- 강등은 1계급 아래로 직급을 내리고, 공무원 신분은 보유하나 3개월간 직무에 종사하지 못하며, 그 기간 중 보수의 전액을 감하는 처분을 말한다. 17. 경찰간부

- 해임은 강제퇴직의 한 종류로서 3년간 재임용 자격이 제한된다. 21. 국회직 8급

ⓑ 파면: 강제퇴직으로, 원칙적으로 퇴직금의 2분의 1을 감하고 5년 이내 재임용이 금지된다.

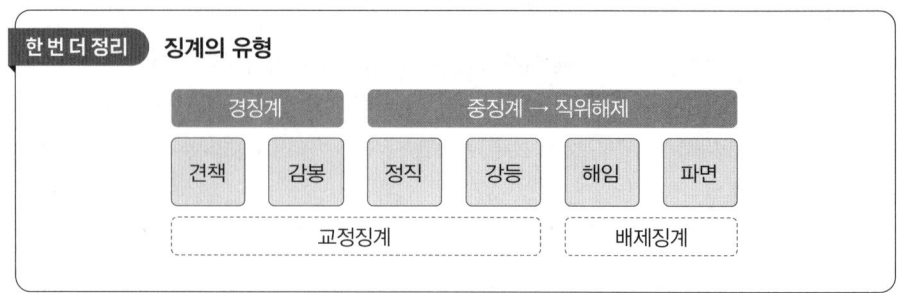

한 번 더 정리 | 징계의 유형

- 경징계: 견책, 감봉 → 교정징계
- 중징계 → 직위해제: 정직, 강등, 해임, 파면
  - 정직, 강등: 교정징계
  - 해임, 파면: 배제징계

③ 감사원의 조사와 징계
  ㉠ 감사원에서 조사 중인 사건에 대하여는 조사개시 통보를 받은 날부터 징계 의결의 요구나 그 밖의 징계 절차를 진행하지 못한다.
  ㉡ 검찰·경찰, 그 밖의 수사기관에서 수사 중인 사건에 대하여는 수사개시 통보를 받은 날부터 징계 의결의 요구나 그 밖의 징계 절차를 진행하지 아니할 수 있다.

④ 소멸시효
  ㉠ 징계 등 사유가 다음 어느 하나에 해당하는 경우: 10년
    ⓐ 「성매매알선 등 행위의 처벌에 관한 법률」에 따른 금지행위
    ⓑ 「성폭력범죄의 처벌 등에 관한 특례법」에 따른 성폭력범죄
    ⓒ 「아동·청소년의 성보호에 관한 법률」에 따른 아동·청소년대상 성범죄
    ⓓ 「양성평등기본법」에 따른 성희롱
  ㉡ 징계 등 사유가 금전 관련 사유에 해당하는 경우: 5년
  ㉢ 그 밖의 징계 등 사유에 해당하는 경우: 3년

(2) 직위해제

① 의의
  ㉠ 직위해제는 공무원으로서 신분은 유지하되 직위를 부여하지 않는 제도이다.
  ㉡ 직위가 해제되면 직무가 없으므로 출근의무도 없고 보수도 삭감된다.
  ㉢ 직위해제의 사유가 소멸되면 임용권자는 지체 없이 직위를 부여하여야 한다.

② 사유
  ㉠ 직무수행능력이 부족하거나 근무성적이 극히 나쁜 자
  ㉡ 파면·해임·강등·정직에 해당하는 징계의결이 요구 중인 자
  ㉢ 형사 사건으로 기소된 자(→ 약식명령이 청구된 자는 제외)
  ㉣ 고위공무원단에 속하는 일반직 공무원으로서 적격심사를 요구받은 자
  ㉤ 금품비위, 성범죄 등의 비위행위로 인해 감사원 및 수사기관에서 조사나 수사 중인 자로서 비위의 정도가 중대하여 정상적인 업무수행을 기대하기 어려운 자

③ 대기명령
  ㉠ 대상: 직무수행능력의 부족 또는 근무성적의 불량으로 직위가 해제된 자
  ㉡ 후속조치: 3월 이내의 대기를 명하고 교육훈련 또는 연구과제를 부여하며, 3월 후에도 능력 등의 향상을 기대하기 어려울 때는 징계위원회의 동의를 얻어 직권면직할 수 있다.

- 직위해제는 직무수행능력이 부족하거나 근무성적이 극히 나쁜 경우 공무원의 신분은 유지하지만 강제로 직무를 담당하지 못하게 하는 것이다. 18. 지방직 9급

- 직무수행능력이 부족하거나 근무성적이 극히 나쁜 자에 대해서도 직위해제가 가능하다. 23. 국가직 9급

- 고위공무원단에 속하는 일반직 공무원으로서 적격심사를 요구 받은 자에 대해서는 직위를 부여하지 아니할 수 있다. 10. 국회직 8급

(3) 직권면직

① 의의
　㉠ 직권면직은 본인의 의사와 관계없이 공무원의 신분을 박탈하는 제도이다.
　㉡ 직권면직은 임용권자의 처분에 의해 이루어진다는 점에서 당연퇴직과 구별된다.

② 사유
　㉠ 직제와 정원의 개폐 또는 예산의 감소 등에 따라 폐직 또는 과원이 되었을 때
　㉡ 휴직기간이 끝나거나 휴직사유가 소멸된 후에도 직무에 복귀하지 아니하거나 직무를 감당할 수 없을 때
　㉢ 대기명령을 받은 자가 그 기간에 능력 또는 근무성적의 향상을 기대하기 어렵다고 인정된 때
　㉣ 전직시험에서 세 번 이상 불합격한 자로서 직무수행 능력이 부족하다고 인정된 때
　㉤ 병역판정검사·입영 또는 소집의 명령을 받고 정당한 사유 없이 이를 기피하거나 군복무를 위하여 휴직 중에 있는 자가 군복무 중 군무를 이탈하였을 때
　㉥ 해당 직급·직위에서 직무수행에 필요한 자격증의 효력이 없어지거나 면허가 취소되어 담당 직무를 수행할 수 없게 된 때
　㉦ 고위공무원단에 속하는 공무원이 적격심사 결과 부적격 결정을 받은 때
　㉧ 임용권자는 면직시킬 경우에는 미리 관할 징계위원회의 의견을 들어야 한다. 다만, ㉢에 따라 면직시킬 경우에는 징계위원회의 동의를 받아야 한다.

(4) 정년

① 의의
　㉠ 정년은 재직 중 발전 없이 장기간 근속하거나 노령으로 인해 유용성이 감소된 경우 일정 시기에 자동적으로 퇴직하게 하는 제도이다.
　㉡ 자동퇴직이라는 점에서 처분을 요하는 징계 또는 직권면직 등과는 상이하다.

② 유형
　㉠ **연령정년제**: 일정한 연령에 도달하면 자동퇴직하는 제도로, 우리나라는 다른 법률에 특별한 규정이 없다면 원칙적으로 60세이며, 별정직 공무원 또한 같다.
　㉡ **근속정년제**: 공직의 근속연한이 일정 기간에 도달하면 자동적으로 퇴직하는 제도이다.
　㉢ **계급정년제**: 공무원이 일정 기간 동안 승진하지 못하고 동일한 계급에 머물러 있으면, 그 기간이 만료된 때에 자동적으로 퇴직시키는 제도이다.

구분	장점	단점
연령 정년제	① 시행 용이, 인력계획의 수립 용이 ② 조직의 신진대사 촉진 ③ 신분보장을 통한 심리적 안정감	① 연령에 의한 차별 ② 경직성과 획일성(→ 신축성 저해) ③ 감독자의 리더십 저하
계급 정년제	① 공직의 유동성 제고 ② 무능력한 공무원의 퇴출 수단 ③ 정실개입의 방지(→ 객관성) ④ 퇴직률 제고(→ 신진대사 촉진) ⑤ 공무원의 능력발전 수단	① 이직률의 조정 곤란 ② 직업의 안정성·계속성 저해 ③ 공무원의 사기 저하 ④ 직업공무원제 및 실적주의 저해 ⑤ 과도한 승진경쟁

- 직권면직은 법률상 징계의 종류로 규정되어 있지 않다. 22. 국가직 9급
- 직권면직은 법이 정한 사유가 발생한 경우 임용권자가 일방적으로 공무원 관계를 소멸시키는 것을 말한다. 18. 지방직 9급
- 직권면직은 폐직 또는 과원 발생 등의 경우 임용권자가 직권에 의해 공무원의 신분을 박탈하는 것을 말한다. 11. 국가직 9급
- 계급정년제도는 인적자원의 유동률을 높여 국민의 공직취임 기회를 확대할 수 있다. 17. 국가직 9급(하)

(5) 퇴직(면직)의 유형

① 강제퇴직
  ㉠ 당연퇴직: 일정한 사유의 발생(→ 정년, 결격사유 또는 임기제 공무원의 근무기간 만료)으로 당연히 공무원 관계가 소멸하게 되는 제도이다.
  ㉡ 직권면직: 본인의 의사와 무관하게 임용권자의 처분에 의해 공무원의 신분을 박탈하는 제도이다.
  ㉢ 징계면직: 파면, 해임 등 징계에 의해 공무원의 신분을 상실하게 하는 제도이다.

② 임의퇴직
  ㉠ 의원면직: 공무원 스스로 희망에 의해 퇴직하는 경우이다.
  ㉡ 명예퇴직: 20년 이상 근속한 자가 정년 전에 자진하여 퇴직하는 경우이다.
  ㉢ 조기퇴직: 20년 미만 근속한 자가 정년 전에 자진하여 퇴직하는 경우이다.
  ㉣ 권고사직: 권고사직은 의원면직(→ 임의퇴직)의 형식을 취하나 사실상 강제퇴직에 해당한다.

바로 확인문제

1. 공무원 신분의 변경과 소멸에 대한 설명으로 옳지 않은 것은? 22. 국가직 9급

① 직권면직은 법률상 징계의 종류로 규정되어 있지 않다.
② 정직은 징계처분의 일종으로, 정직기간 중에는 보수의 1/2을 감하도록 되어 있다.
③ 임용권자는 사정에 따라서는 공무원의 본인의 의사에도 불구하고 휴직을 명해야 한다.
④ 임용권자는 직무수행 능력부족을 이유로 직위해제를 받은 공무원이 직위해제 기간에 능력의 향상을 기대하기 어렵다고 인정된 때에는 직권면직을 통해 공무원의 신분을 박탈할 수 있다.

정답해설 정직 기간 중에는 보수의 전액을 감한다.

오답해설 ① 징계의 종류에는 견책, 감봉, 정직, 강등, 해임, 파면이 있다. 직권면직이나 직위해제는 징계의 종류가 아니다.
③ 강제휴직에 관한 설명이다. 강제휴직의 사유가 되면 의무적으로 휴직을 명해야 한다.
④ 능력부족을 이유로 직위해제를 받은 공무원이 3개월간의 대기명령을 받고 그 기간 동안 능력 향상이 어렵다고 판단되면 징계위원회의 동의를 받아 직권면직할 수 있다.

답 | ②

2. 「국가공무원법」상 공무원의 인사제도에 대한 설명으로 옳지 않은 것은? 19. 지방직 7급

① 특수 업무 분야에 종사하는 공무원은 대통령령으로 정하는 바에 따라 일반직 공무원의 계급구분과 직군분류를 적용받지 않을 수 있다.
② 인사혁신처장은 필요에 따라 인사교류계획을 수립하고, 국무총리의 승인을 받아 이를 실시할 수 있다.
③ 징계로 해임처분을 받은 때부터 5년이 지나지 아니한 자는 공무원으로 임용될 수 없다.
④ 임용권자는 지역인재의 임용을 위한 수습 기간을 3년의 범위에서 정할 수 있다.

정답해설 징계로 해임처분을 받은 때부터 3년이 지나지 아니한 자는 공무원으로 임용될 수 없다.

오답해설 ① 특수 업무 분야에 종사하는 공무원이나 연구·지도·특수기술 직렬의 공무원 등은 대통령령 등으로 정하는 바에 따라 계급 구분이나 직군 및 직렬의 분류를 적용하지 아니할 수 있다.
② 인사혁신처장은 행정기관 상호 간, 행정기관과 교육·연구기관 또는 공공기관 간에 인사교류가 필요하다고 인정하면 인사교류계획을 수립하고, 국무총리의 승인을 받아 이를 실시할 수 있다.
④ 임용권자는 우수한 인재를 공직에 유치하기 위하여 학업 성적 등이 뛰어난 고등학교 이상 졸업자나 졸업 예정자를 추천·선발하여 3년의 범위에서 수습으로 근무하게 하고, 그 근무기간 동안 근무성적과 자질이 우수하다고 인정되는 자는 6급 이하의 공무원으로 임용할 수 있다.

답 | ③

4 소청심사청구

① 소청심사제도는 공무원이 징계처분 기타 그 의사에 반하는 신분상 불이익 처분에 대해 이의를 제기하는 경우 이를 심사·결정하는 특별행정심판제도이다.
② 파면, 해임, 강등, 정직, 감봉, 견책, 징계부가금 등과 같은 징계처분뿐만 아니라 강임, 휴직, 직위해제, 면직, 전보, (기각)계고, (불문)경고 등과 같은 의사에 반하는 불리한 처분도 소청심사의 대상이 된다.
③ 그러나 근무성적평정, 경력평정, 승진심사, 당연퇴직, 변상명령, 행정법령의 개정, 내부 의사결정단계의 행위, 알선, 권고, 견해표명 등은 소청심사의 대상에서 제외된다.

• 징계에 대한 불복 시 소청심사위원회에 소청제기가 가능하나 근무성적평정결과나 승진탈락 등은 소청 대상이 아니다. 14. 국회직 8급

바로 확인문제

1. 고충처리제도와 소청심사제도에 대한 설명으로 옳지 않은 것은?   15. 지방직 9급

① 양자 모두 공무원의 권익보호를 위한 제도이다.
② 고충심사위원회와 소청심사위원회의 결정은 관계기관의 장을 기속한다.
③ 중앙고충심사위원회의 기능은 인사혁신처 소청심사위원회에서 관장한다.
④ 소청심사제도는 공무원이 징계처분 기타 그 의사에 반하는 불이익 처분에 대해 이의를 제기하는 경우 이를 심사·결정하는 특별행정심판제도이다.

정답해설 소청심사위원회의 결정은 관계기관의 장을 기속하지만 고충심사위원회의 결정은 구속력이 없다.

오답해설 ① 양자 모두 공무원의 권익보호를 위한 제도이다. 다만, 권익보호 이외 공직생활과 관련된 모든 사항이 고충심사의 대상이 될 수 있으므로 고충심사가 소청심사보다 범위가 더 넓다.
③ 공무원의 고충을 심사하기 위하여 중앙인사관장기관에 중앙고충심사위원회를, 임용권자 또는 임용 제청권자 단위로 보통고충심사위원회를 두되, 중앙고충심사위원회의 기능은 소청심사위원회에서 관장한다.
④ 소청심사제도는 행정소송을 제기하기 전에 반드시 거쳐야 하는 절차로,「행정심판법」에 따라 행해지는 행정심판에 대한 특별행정심판 절차에 해당된다.

답 | ②

06 공무원단체 B

1 의의

(1) 개념
① 공무원단체란 공무원의 근로조건을 유지하고 개선하기 위하여 조직한 단체를 말한다.
② 적극적 인사행정의 도입으로 공무원단체를 효과적인 관리도구의 일환으로 인식하게 되었다.

(2) 주요 권리
① 단결권: 자주적 단체를 구성하고 가입할 수 있는 권리를 말한다.
② 단체교섭권: 관리층과 자주적으로 교섭할 수 있는 권리를 말한다.
③ 단체행동권: 파업 등 물리적 행동을 할 수 있는 권리로, 대부분 국가에서 금지하고 있다.

2 기능

순기능(→ 찬성론)	역기능(→ 반대론)
① 공무원의 권익 증진	① 노사구분 곤란, 교섭대상의 확인 곤란
② 집단이익을 표현하는 의사전달 통로	② 공익 및 봉사자 이념과의 상충
③ 행정내부의 민주화와 인간화 수단	③ 행정의 지속성과 안정성 저해
④ 실적주의의 실질적 강화	④ 관리층의 인사권 제약
⑤ 부패방지 및 행정윤리의 구현	⑤ 실적주의와 능률성의 저해

- 공무원 단체는 실적주의 원칙을 침해할 우려가 있다. 13. 국가직 9급
- 공무원 단체는 공무원의 정치적 중립성이 훼손될 수 있다. 13. 국가직 9급

바로 확인문제

1. 공무원단체 활동 제한론의 근거로 옳지 않은 것은? 13. 국가직 9급

① 실적주의 원칙을 침해할 우려가 있다.
② 공무원의 정치적 중립성이 훼손될 수 있다.
③ 공직 내 의사소통을 약화시킨다.
④ 보수인상 등 복지요구의 확대는 국민부담으로 이어진다.

정답해설 공무원단체 활동 제한론의 근거는 공무원노조의 역기능을 강조하는 입장이다. 반면, 하급직 공무원들의 집단적 견해를 표현하는 의사소통의 통로가 될 수 있다는 것은 찬성론의 논거이다.

오답해설 ① 공무원단체는 집단적 요소가 강하므로 개인적 요소를 기반으로 하는 실적주의를 침해할 우려가 있다.
② 공무원단체는 집단의 이익을 위해 형성된 것이므로 국민 전체에 대한 봉사자라는 정치적 중립을 침해할 수 있다.
④ 근로조건의 개선에는 보수의 인상 등도 포함될 수 있으므로 공무원단체의 활동으로 국민의 부담이 증대될 수 있다.

답 | ③

CHAPTER 05 마무리 기출 OX

다음 내용이 맞으면 O, 틀리면 X에 표시하시오.

01 조직 구성원의 사기제고는 조직의 생산성 향상을 위한 충분조건이다. 05. 서울시 9급 　O | X

02 보수라 함은 직무의 곤란성 및 책임의 정도에 따라 직책별로 지급되는 기본급여 또는 직무의 곤란성 및 책임의 정도와 재직기간 등에 따라 계급별·호봉별로 지급되는 기본급여를 말한다. 07. 서울시 7급 　O | X

03 보수 수준의 결정요인 중 공무원의 생활을 보장하는 생계비 개념은 사회·윤리적 요인이라고 볼 수 있다. 18. 경찰간부 　O | X

04 근속급은 근속연수와 같은 인적 요소를 기준으로 하는 보수체계이다. 18. 경찰간부 　O | X

05 결과를 중시하는 성과급은 고정급의 성격을 강하게 가진다. 22. 지방직 9급 　O | X

06 부과방식의 연금은 인구구조의 변화나 경기변동에 영향을 덜 받는다. 17. 지방직 9급(하) 　O | X

07 공무원의 신분보장이 강화될수록 행정에 대한 민주적 통제를 어렵게 할 가능성이 있다. 06. 서울시 9급 　O | X

08 감봉은 보수의 불이익을 받는 것으로, 감봉기간 동안 보수액의 3분의 2가 감해진다. 14. 국회직 9급 　O | X

09 해임처분을 받은 때부터 3년, 파면처분을 받은 때부터 5년이 지나지 아니한 자는 공무원으로 임용될 수 없다. 15. 국가직 9급 　O | X

10 강임과 면직은 소청심사의 대상이나 휴직과 전보는 소청심사의 대상에 해당되지 않는다. 17. 국가직 7급 　O | X

정답 및 해설

01 ✕　02 ✕　03 ○　04 ○　05 ✕　06 ✕　07 ○　08 ✕　09 ○　10 ✕

01 사기의 제고는 생산성 향상을 위한 필요조건으로 간주된다. 즉, 사기가 있다고 하여 바로 생산성이 증대되는 것은 아니다.
02 기본급여는 봉급을 말한다. 보수는 기본급여인 봉급과 부가급여인 수당의 합이다.
05 성과급은 결과에 따라 보수가 달라지므로 변동급의 성격을 지닌다.
06 인구구조의 변화나 경기변동에 영향을 덜 받는 것은 적립방식의 연금이다.
08 감봉은 보수의 불이익을 받는 것으로, 감봉기간 동안 보수액의 3분의 1이 감해진다.
10 파면, 해임, 강등, 정직, 감봉, 견책(징계부가금 포함) 등과 같은 징계처분뿐만 아니라 강임, 휴직, 직위해제, 면직, 전보, (기각)계고, (불문)경고 등과 같은 의사에 반하는 불리한 처분 등도 소청심사의 대상이 된다.

공무원의 행동규범

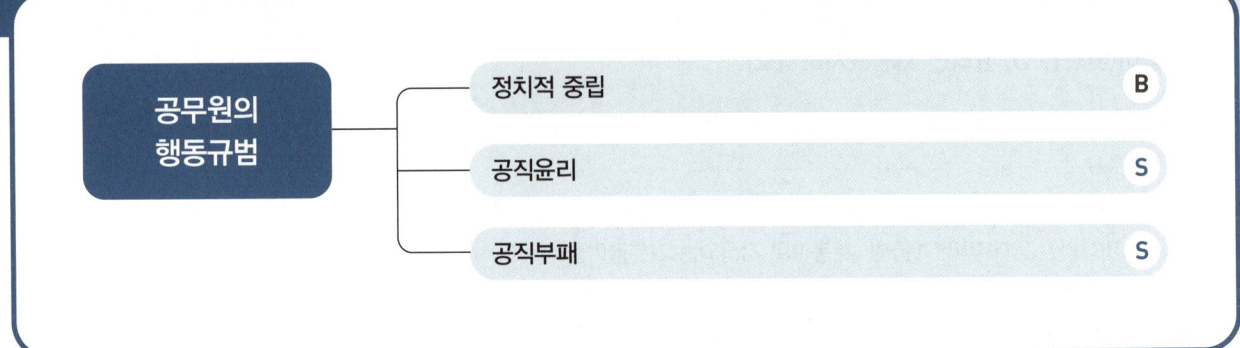

기선 제압

- 공무원의 행동규범인 정치적 중립은 정당적 정실이나 당파적 정쟁에 대한 중립을 뜻한다. 08. 서울시 7급

- 공무원의 정치적 중립은 공무원의 신분보장을 기반으로 한다. 08. 국회직 8급

- 공무원의 정치적 중립은 엽관주의의 폐해를 극복하여 행정의 안정성과 전문성을 제고할 수 있다. 22. 국가직 9급

- 공무원의 정치적 중립은 행정의 안전성과 공평성의 확보에 기여한다. 08. 국회직 8급

- 우리나라의 공무원은 정치적 중립을 지키도록 법률로 명문화되어 있다. 17. 국회직 8급

01 정치적 중립   B

1 의의

(1) 개념

① 정치적 중립이란 어떠한 정당이 집권하더라도 공평무사하게 봉사해야 한다는 원리로, 행정의 부당한 정치개입의 금지와 정치의 부당한 행정간섭의 금지를 포함한다.
② 그러나 공무원의 정치적 단절이나 행정의 정치적 고려의 일체 배제를 뜻함은 아니다.
③ 정치적 중립은 행정의 계속성과 전문성을 확보하고 공무원 집단의 정치세력화를 방지하기 위해서이다.
④ 그리고 정치의 부당한 압력으로부터 중립을 지키기 위해서는 공무원의 신분보장이 필수적이다.

(2) 논의배경

① 정치적 중립은 엽관주의의 폐해를 극복하기 위한 실적주의의 도입 과정에서 등장하였다.
② 이는 정권교체와 관계없이 행정의 안정성을 확보하고 국민에 대한 공평무사한 봉사를 위해서였다.
③ 그러나 최근 실적주의의 완화와 적극적 인사행정의 강조로 인해 정치적 중립이 완화되는 상황이다.

2 우리나라의 정치적 중립

① 우리나라는 3·15 부정선거(1960) 이후 공무원의 정치적 중립을 강조하기 시작하였다.
② 「헌법」: 공무원의 정치적 중립은 법률에 의하여 보장된다.
③ 「국가공무원법」: 공무원은 정당이나 정치단체의 결성에 관여하거나 가입할 수 없다.

3 외국의 정치적 중립

(1) 미국
① 펜들턴(Pendleton)법(1883): 공무원의 정치적 중립을 최초로 규정한 법이다.
② 해치(Hatch)법(1939): 공무원의 정치적 중립을 가장 강화한 법이다.
③ 최근 경향: 1974년 「연방선거운동법」의 개정으로 정치적 중립이 완화되고 있다.

(2) 기타
① 영국: 법적 장치보다는 윤리적 차원으로, 미국보다는 완화된 형태이다.
② 유럽: 공무원 신분으로 입후보가 가능하고 의원직을 사퇴하면 복직도 가능하다.
③ 북유럽: 공무원의 정치적 중립이 상당히 완화된 형태로, 공무원과 의원의 겸직도 가능하다.

> • 미국은 1883년 펜들턴법(Pendleton Act)에서 최초로 공무원의 정치적 중립을 규정하였고, 1939년 해치법(Hatch Act)에서 정치적 중립을 강화하였다. 23. 해경간부
>
> • 유럽 국가들은 공무원의 정치활동을 허용하는 경우가 있다. 06. 서울시 7급

바로 확인문제

1. 공무원의 정치적 중립의 정당화 근거로 옳지 <u>않은</u> 것은? 22. 국가직 9급
① 엽관주의의 폐해를 극복하여 행정의 안정성과 전문성을 제고할 수 있다.
② 공무원은 국민 전체의 이익을 위해 공평무사하게 봉사해야 하는 신분이다.
③ 공무원의 정치적 기본권을 강화하여 공직의 계속성을 제고할 수 있다.
④ 공명선거를 통해 민주적 기본질서를 제고할 수 있다.

정답해설 정치적 중립의 강조는 공무원 개인의 정치적 기본권을 침해할 우려가 있다.
오답해설 ① 정치적 중립은 신분보장을 기반으로 하므로 행정의 안정성과 전문성을 제고할 수 있다.
② 정치적 중립은 집권당에 대한 충성이 아닌 국민 전체에 대한 봉사자로서의 역할을 가능하게 한다.
④ 정치적 중립은 선거에 있어 공무원의 중립을 가능하게 하므로 공명선거에도 기여할 수 있다.

답 | ③

2. 공무원의 정치적 중립을 확보해야 할 필요성으로 옳지 <u>않은</u> 것은? 08. 국회직 8급
① 행정의 안전성 확보
② 행정의 공평성 확보
③ 공무원의 신분보장
④ 공무원의 대표성 확보
⑤ 실적주의 확립

정답해설 정치적 중립은 실적주의와 관련된다. 반면 공무원의 대표성 확보는 대표관료제의 특징이다.

답 | ④

02 공직윤리

1 의의

(1) 개념

① 공직윤리는 공무원이 직무상 또는 신분상 마땅히 지켜야 할 행동규범을 의미한다.
② 공직윤리의 소극적 측면은 부패에 빠지지 않을 것을 뜻하지만 적극적 측면은 정책의 윤리성, 바람직한 가치관의 정립, 전문지식의 함양까지 요구한다.
③ 이에 따라 법률은 주로 소극적 윤리를 강조하며, 윤리헌장은 주로 적극적 윤리를 강조한다.
④ 공직자의 윤리기준은 행위의 이유에 따라 판단하는 의무론적 접근방법과 그 행위의 결과나 성과에 따라 판단하는 목적론 또는 결과론적 접근방법으로 구분된다.
⑤ 의무론에 입각한 윤리평가는 상대적으로 도덕적 원칙을 강조한다. 반면, 결과론에 근거한 윤리평가는 사후적인 것이며 문제의 해결보다는 행위 혹은 그 결과에 대한 처벌에 중점을 둔다.
⑥ 윤리나 책임성을 평가하기 위해서는 결과론과 의무론이 균형 있게 결합되어야 한다.
⑦ OECD 윤리기반
  ㉠ 통제: 견제와 균형(→ 미국), 책임성 확보, 공공의 참여와 감시, 독립적 조사와 기소
  ㉡ 관리와 안내: 신뢰의 전통(→ 북유럽), 효과적인 인적자원 정책, 행동강령, 교육훈련

> **한 번 더 정리** 공직윤리

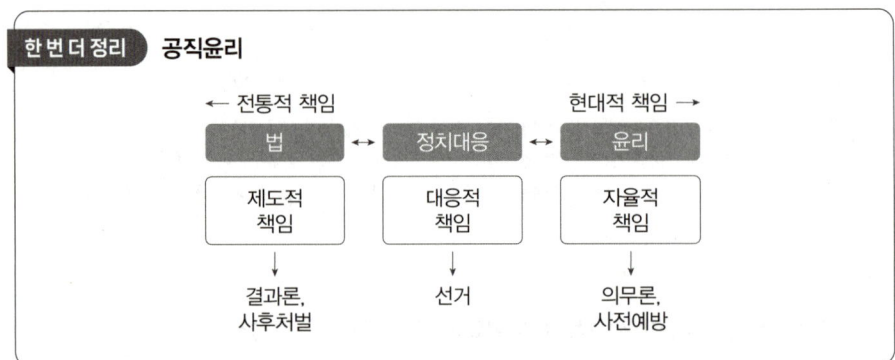

(2) 논의배경

① 행정권의 강화에 따른 공무원의 재량권 확대와 외부통제의 한계
② 공무원의 정치화에 따른 부패 가능성의 증대
③ 결과지향(→ 효율성 중심의 민간기법 도입) 행정개혁의 한계

2 특징

① 주로 의무론적 시각, 자율적·주관적·내재적 책임(→ 비공식적 내부통제 수단)
② 특정 시기와 관련된 구체적·실질적 규범, 타 직업보다 높은 수준의 윤리

• 행정윤리는 공무원이 수행하는 행정업무와 관련된 윤리를 의미한다. 09. 국가직 7급

• 소극적 의미의 행정윤리는 부정부패, 직권남용, 무사안일과 같은 비윤리적 행위를 하지 말아야 한다는 것을 의미한다. 22. 경찰승진

• 공무원의 개인적 윤리기준은 공공의 신탁(public trust)과 관련된다. 09. 국가직 7급

> **바로 확인문제**

1. 행정윤리의 개념 및 특징으로 보기 어려운 것은?　　　08. 서울시 9급

① 행정윤리란 공무원이 행정업무를 수행할 때 준수해야 할 행동규범을 의미한다.
② 행정윤리는 행정업무와 관련된 윤리를 의미한다.
③ 공무원은 국민 일부나 특수 계층의 봉사자가 아니라 국민 전체에 대한 봉사자이다.
④ 행정윤리의 개념은 이를 넓게 해석하여 공무원의 부패와 관련된 적극적인 측면으로 이해되기도 한다.
⑤ 행정윤리의 개념 속에는 공무원이 지켜야 할 공무원의 직업윤리는 물론 공무원이 입안하여 집행하는 정책의 내용이 윤리적이어야 한다는 의미도 내포되어 있다.

정답해설 공무원의 부패와 관련된 것은 행정윤리의 개념을 소극적으로 해석한 것이다.

답 | ④

2. 행정윤리에 대한 설명으로 옳은 것을 모두 고르면?　　　09. 국가직 7급

ㄱ. 정치와 행정의 상호작용이 활발해지면 행정윤리의 확보가 어려워질 가능성이 높아진다.
ㄴ. 「국가공무원법」, 「공직자윤리법」은 부패방지 등을 위한 구체적이고 적극적인 행정윤리를 강조한다.
ㄷ. 정무직 공무원, 4급 이상 일반직 고위공무원은 재산등록 대상이지만 정부출연기관의 임원은 제외된다.
ㄹ. 공무원의 개인적 윤리기준은 공공의 신탁(public trust)과 관련된다.
ㅁ. 행정윤리는 공무원이 수행하는 행정업무와 관련된 윤리를 의미한다.

① ㄱ, ㄴ, ㄷ
② ㄱ, ㄹ, ㅁ
③ ㄴ, ㄹ, ㅁ
④ ㄷ, ㄹ, ㅁ

정답해설
ㄱ. 정치와 행정의 상호작용이 활발해진다는 것은 공무원의 재량이 늘어나거나 정치적 후원의 가능성이 크다는 의미이다.
ㄹ. 공공의 신탁(public trust)은 공무원의 윤리기준이 전체 국민에 의해 부여되었음을 강조하는 개념이다.
ㅁ. 행정윤리는 공무원이 업무수행 과정이나 신분상 마땅히 지켜야 할 행동규범이다.

오답해설
ㄴ. 윤리의 소극적 측면으로는 부패 등에 빠지지 않을 것을 뜻하며, 적극적 측면은 정책의 윤리성, 바람직한 가치관의 정립, 전문지식의 함양까지 요구한다. 이에 따라 「국가공무원법」과 「공직자윤리법」 등은 소극적 윤리를 강조하며, 「공무원 윤리헌장」과 「공무원 신조」 등은 적극적 윤리를 강조한다.
ㄷ. 「공공기관의 운영에 관한 법률」에 따른 공기업의 장·부기관장·상임이사 및 상임감사 등도 재산등록의 대상이다.

답 | ②

3 공직윤리의 강령

① 강령이란 특정한 조직이나 집단이 지향해야 할 바람직한 가치를 명문화한 것을 말한다.
② 윤리강령: 내부 구성원들이 기본적으로 지향해야 할 가치를 담은 윤리지침이다.
③ 행동강령: 윤리강령을 구체화하여 세분화한 것으로, 규범성, 실천성, 자율성, 포괄성과 보편성, 예방적 성격 등을 특징으로 한다.
④ 실천강령: 행동강령을 구체화한 것으로, 특정 영역 혹은 특정 행위와 관련해 따라야 할 구체적인 기준과 절차 등을 명료하게 규정한 윤리지침이다.
⑤ 우리나라의 행동강령: 「부패방지법」 제8조에 근거하여 대통령령으로 제정(2003)되었다.
⑥ OECD 국가의 행동강령: 주로 1990년대부터 제정되었으며, 대부분 법률의 형식을 취하고 있다.
⑦ 미국: 연방공무원 행동강령(1958), 워터게이트(1972) 이후 「정부윤리법」, 클린턴 정부의 「고위공무원의 윤리적 헌신」

· 「공무원 행동강령」은 「부패방지 및 국민권익위원회의 설치와 운영에 관한 법률」 제8조에 근거해 대통령령으로 제정되었다. 16. 국가직 9급

4 윤리규범의 법제화

(1) 「헌법」

① 공무원은 국민에 대한 봉사자이며 국민에 대해 책임을 진다.
② 공무원의 정치적 중립과 신분은 법률로 보장한다.

(2) 「국가공무원법」 → 신분상·직무상 의무와 금지

① 선서의무: 공무원은 취임할 때에 소속 기관장 앞에서 선서하여야 한다. 다만, 불가피한 사유가 있으면 취임 후에 선서하게 할 수 있다.
② 성실의무: 모든 공무원은 법령을 준수하며 성실히 직무를 수행하여야 한다.
③ 복종의 의무: 공무원은 직무를 수행할 때 소속 상관의 직무상 명령에 복종하여야 한다.
④ 직장이탈금지: 공무원은 소속 상관의 허가 또는 정당한 사유가 없으면 직장을 이탈하지 못한다. 수사기관이 공무원을 구속하려면 그 소속 기관의 장에게 미리 통보하여야 한다. 다만, 현행범은 그러하지 아니하다.
⑤ 친절·공정의 의무: 공무원은 국민 전체의 봉사자로서 친절하고 공정하게 직무를 수행하여야 한다.
⑥ 종교중립의 의무: 공무원은 종교에 따른 차별 없이 직무를 수행하여야 한다. 공무원은 소속 상관이 종교중립의 의무에 위배되는 직무상 명령을 한 경우에는 이에 따르지 아니할 수 있다.
⑦ 비밀 엄수의 의무: 공무원은 재직 중은 물론 퇴직 후에도 직무상 알게 된 비밀을 엄수하여야 한다.
⑧ 청렴의 의무: 공무원은 직무와 관련하여 직접적이든 간접적이든 사례·증여 또는 향응을 주거나 받을 수 없다. 공무원은 직무상의 관계가 있든 없든 그 소속 상관에게 증여하거나 소속 공무원으로부터 증여를 받아서는 아니 된다.
⑨ 외국 정부의 영예 등의 제한: 공무원이 외국 정부로부터 영예나 증여를 받을 경우에는 대통령의 허가를 받아야 한다.
⑩ 품위유지의 의무: 공무원은 직무의 내외를 불문하고 그 품위가 손상되는 행위를 하여서는 아니 된다.

· 「국가공무원법」은 공무원의 복무에 관한 내용을 포함하고 있다. 16. 경찰간부

· 「국가공무원법」은 친절·공정의 의무, 청렴의 의무, 종교중립의 의무, 복종의 의무 등을 규정하고 있다. 19. 소방간부

⑪ **영리업무 및 겸직금지**: 공무원은 공무 외에 영리를 목적으로 하는 업무에 종사하지 못하며 소속 기관장의 허가 없이 다른 직무를 겸할 수 없다.
⑫ **정치운동의 금지**: 공무원은 정당이나 그 밖의 정치단체의 결성에 관여하거나 이에 가입할 수 없고, 선거에서 특정 정당 또는 특정인을 지지 또는 반대하기 위한 다음의 행위를 하여서는 아니 된다.
  ㉠ 투표를 하거나 하지 아니하도록 권유 운동을 하는 것
  ㉡ 서명 운동을 기도·주재하거나 권유하는 것
  ㉢ 문서나 도서를 공공시설 등에 게시하거나 게시하게 하는 것
  ㉣ 기부금을 모집 또는 모집하게 하거나, 공공자금을 이용 또는 이용하게 하는 것
  ㉤ 타인에게 정당이나 그 밖의 정치단체에 가입하게 하거나 가입하지 아니하도록 권유 운동을 하는 것
⑬ **집단행위의 금지**: 공무원은 노동운동이나 그 밖에 공무 외의 일을 위한 집단행위를 하여서는 아니 된다. 다만, 사실상 노무에 종사하는 공무원은 예외로 한다.

(3) 「공직자윤리법」 → 금전과 관련된 예방적 규정

① **재산등록**: 원칙적으로 4급 이상, 예외적으로 7급 이상
② **재산공개**: 원칙적으로 1급 이상, 예외적으로 3급 이상
③ 선물수수의 신고 및 인도 의무(→ 100달러 또는 10만 원 이상)
④ 퇴직공무원의 취업제한(→ 재산등록의무자) 및 행위제한(→ 모든 공직자)
⑤ 주식백지신탁제도 및 이해충돌방지의무(→ 재산공개의무자)
⑥ 공직자윤리위원회의 설치

재산등록의무자	재산공개의무자
① 법관 및 검사	① 고등법원 부장판사급 이상
② 헌법재판소 헌법연구관	② 대검찰청 검사급 이상
③ 대령 이상	③ 중장 이상
④ 총경 이상	④ 치안감 이상
⑤ 소방정 이상	⑤ 소방감 이상
⑥ 대학교 학장, 교육감 및 교육장	⑥ 지방 국세청장, 3급 이상 세관장
⑦ 공직유관단체 임원	⑦ 공직유관단체 임원

> • 「공직자윤리법」을 통해 이해충돌방지의무를 규정하고 주식백지신탁제도를 도입하였다. 23. 지방직 7급
> • 「공직자윤리법」에서는 부정부패를 방지하기 위해 공직자의 재산 등록 및 공개, 퇴직 공무원의 취업 제한 등을 규정하고 있다. 17. 국회직 8급
> • 4급 이상의 일반직 공무원에 상당하는 보수를 받는 별정직 공무원은 「공직자윤리법」상 재산등록의무자이다. 22. 지방직 9급
> • 법관 및 검사는 「공직자윤리법」상 재산등록의무자이다. 22. 지방직 9급
> • 총경 이상의 경찰공무원과 경기도의 교육장은 「공직자윤리법」상 재산등록의무가 있다. 21. 국회직 8급

한 번 더 정리 「공직자윤리법」

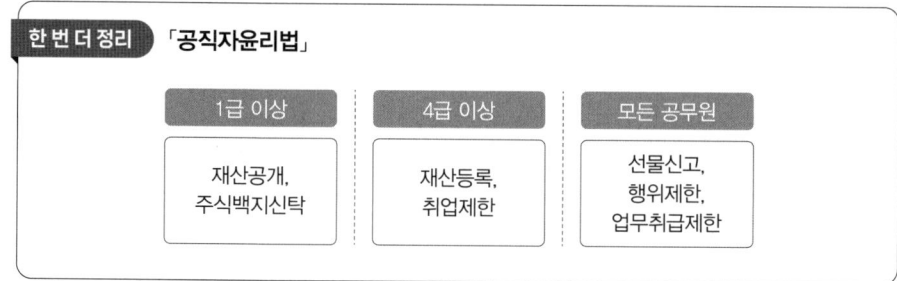

(4) 평가

효용	한계
① 결의의 확실한 천명(→ 불확실성 감소)	① 사생활 침해의 가능성 증대
② 윤리적 감수성의 증진	② 형식화의 폐단
③ 더러운 손의 딜레마 해결	③ 내용의 추상성(→ 기본권 침해)

바로 확인문제

1. 「공직자윤리법」상 재산등록의무자로 옳지 <u>않은</u> 것은? 22. 지방직 9급

① 법관 및 검사
② 소령 이상의 장교 및 이에 상당하는 군무원
③ 총경 이상의 경찰공무원과 소방정 이상의 소방공무원
④ 4급 이상의 일반직 공무원에 상당하는 보수를 받는 별정직 공무원

정답해설 군인의 경우 대령 이상의 장교 및 이에 상당하는 군무원이 재산등록의무자이다.

답 | ②

2. 「공직자윤리법」에서 규정하고 있는 것만을 모두 고르면? 24. 지방직 9급

| ㄱ. 이해충돌방지의무 | ㄴ. 등록재산의 공개 |
| ㄷ. 종교 중립의 의무 | ㄹ. 품위 유지의 의무 |

① ㄱ, ㄴ
② ㄱ, ㄹ
③ ㄴ, ㄷ
④ ㄷ, ㄹ

정답해설 ㄱ, ㄴ. 「공직자윤리법」에는 이해충돌방지의무, 재산등록과 공개의무, 선물신고의무, 퇴직공무원 취업제한 의무 등이 규정되어 있다.

오답해설 ㄷ, ㄹ. 종교 중립의 의무와 품위 유지의 의무는 「국가공무원법」에 규정된 의무이다.

답 | ①

03 공직부패   S

1 의의

(1) 개념

① 부패란 공직자가 직무와 직·간접적으로 관련된 권력을 부당하게 행사하여 사익을 추구하거나 공익을 저해하는 행위를 말한다.
② 부패의 척결은 공직윤리를 확립하기 위한 소극적 측면에 해당한다.

(2) 시각

① 기능주의: 부패를 국가발전의 필요악으로 보아 국가가 성장하면 부패가 자동적으로 소멸하는 것으로 이해하는 입장으로, 부패의 순기능적 측면을 부각하는 수정주의자의 견해이다.
② 후기기능주의: 부패를 하나의 유기체로 파악하며, 의도적인 노력이 없다면 부패는 지속적으로 나타날 수 있다는 것을 강조하는 입장이다.

2 접근방법

① 도덕적 접근: 개인의 윤리와 자질의 부족을 부패의 원인으로 파악하는 견해이다. 다만, 개인을 분석하여 공직사회 전체를 이해하고자 할 때 환원주의 오류를 범할 우려가 있다.
② 사회문화적 접근: 특정한 지배적 관습이나 경험적 습성이 부패를 조장한다는 입장으로, 부패를 사회문화적 환경의 종속변수로 본다. 다만, 사회 전체의 속성을 통하여 개인의 부패를 판단할 경우 생태학적 오류를 범할 수 있다.
③ 제도적 접근: 통제장치의 미비처럼 사회의 법과 제도의 결함 혹은 운영상의 예기치 않은 부작용을 부패의 원인으로 보는 입장이다.
④ 구조적 접근: 공무원들의 잘못된 의식구조를 부패의 원인으로 보는 입장이다.
⑤ 체제론적 접근: 부패는 하나의 변수가 아닌 다양한 원인에 의해 발생하는 복합적 현상으로, 부분적 대응으로는 부패를 억제하기 곤란하다는 입장이다.
⑥ 권력문화적 접근: 미분화된 권력문화를 부패의 원인이라고 보는 시각이다.
⑦ 거버넌스적 시각: 부패를 관리방식의 문제가 아닌 정부–사회 간 구조와 맥락의 문제로 본다.

• 부패는 하나의 변수가 아니라 다양한 요인에 의해 복합적으로 나타난다. 15. 국가직 7급

3 유형

(1) 제도화 여부

① 제도화된 부패
  ㉠ 제도화된 부패란 부패가 일상화·제도화되어 있어 마치 부패가 실질적인 규범이 되고 바람직한 행동이 예외가 되는 현상으로, 구조화된 부패, 체제적(systemic) 부패 등으로 언급된다.
  ㉡ 제도화된 부패 상황에서는 지켜지지 않는 반부패 규범이 대외적으로 표방되고 공식적 규범에 대한 일탈이 일상화되며, 부패행위자에 대한 관대한 처분과 부패저항자에 대한 제재와 보복이 나타난다.
② 우발적 부패(→일탈형 부패): 제도화되지 않은 일시적 부패 현상을 말한다.

• 제도화된 부패는 은행에서 자금을 대출받을 때 '커미션'을 지불하는 것을 당연시하는 것과 같은 유형의 부패이다. 16. 경찰간부

(2) 사회적 용인 여부

① 백색부패: 선의의 거짓말 또는 사회적으로 용인되고 관례화된 부패를 말한다.
② 회색부패: 사회에 파괴적 영향력을 지니고 있어 처벌에 대해 찬반 대립이 존재하는 부패이다.
③ 흑색부패: 사회에 명백한 폐해를 주기 때문에 모두가 처벌을 원하는 부패이다. 일반적으로 회색부패는 강령에 규정되고 흑색부패는 법률에 규정된다.

- 공무원과 기업인 간의 뇌물과 특혜의 교환은 거래형 부패에 해당된다.
  09. 지방직 9급

- 비거래형 부패는 거래 당사자 없이 공무원에 의해 일방적으로 발생하는 부패의 유형이다.
  22. 국회직 9급

(3) 기타
① 생계형 부패(→ 작은 부패), 치부형 부패 또는 정치형 부패(→ 큰 부패)
② 상대방의 존재 여부: 비거래형 부패(→ 공금횡령, 회계부정 등), 거래형 부패(→ 뇌물수수 등)
③ 부패의 수준: 개인부패와 조직부패(→ 외부에 잘 드러나지 않음)

4 부패방지대책
① 행정절차의 간소화, 정부규제(→ 경제적 규제 + 사회적 규제)의 완화
② 공직윤리의 강화, 충분한 생계비의 지급, 신상필벌(→ 뜨거운 난로의 법칙)
③ 행정정보공개제도, 주민감사제도, 시민옴부즈만, 청렴계약제 등 통제장치의 마련

5 「부패방지법」의 주요 내용
① 국민권익위원회(→ 국무총리 소속), 시민고충처리위원회(→ 지방자치단체 소속)
② 내부고발자보호제도, 국민감사청구(→ 국민 300명의 연서로 감사원에 청구)
③ 비위면직자 취업제한(→ 면직 전 5년간 담당했던 일과 관련된 기관에 5년간 취업제한)

- 「부패방지 및 국민권익위원회의 설치와 운영에 관한 법률」에서는 내부고발자 보호제도를 규정하고 있다.
  18. 국가직 7급

바로 확인문제

1. 부패의 원인에 관한 도덕적 접근방법의 입장과 가장 가까운 것은? 20. 지방직 7급

① 부패는 관료 개인의 윤리의식과 자질로 인하여 발생한다.
② 부패는 관료 개인의 속성, 제도, 사회문화적 환경 등의 여러 요인이 복합적으로 상호작용한 결과이다.
③ 부패는 현실과 괴리된 법령의 이중적인 규제 기준과 모호한 법규정, 적절한 통제장치의 미비 등에 의해 발생한다.
④ 부패는 공식적 법규나 규범보다는 관습과 같은 사회문화적 환경에 의해 유발된다.

정답해설 부패의 원인에 관한 도덕적 접근방법은 개인의 윤리의식과 자질로 인하여 부패가 발생하였다고 보는 입장이다.

오답해설 ② 부패가 여러 요인에 의해 복합적으로 나타난다는 것은 부패와 관한 체제론적 시각이다.
③ 현실과 괴리된 법령의 이중적인 규제 기준과 모호한 법규정, 적절한 통제장치의 미비 등을 부패의 원인으로 보는 것은 부패에 관한 제도적 시각이다.
④ 관습과 같은 사회문화적 환경에 의해 부패가 유발된다는 것은 부패와 관한 사회문화적 시각이다.

답 | ①

CHAPTER 06 마무리 기출 OX

다음 내용이 맞으면 O, 틀리면 X에 표시하시오.

01 공무원의 정치적 중립은 엽관주의의 폐해를 극복하여 행정의 안정성과 전문성을 제고할 수 있다. 22. 국가직 9급 O | X

02 행정윤리의 개념은 이를 넓게 해석하여 공무원의 부패와 관련된 적극적인 측면으로 이해되기도 한다. 08. 서울시 9급 O | X

03 「국가공무원법」은 청렴의 의무, 정치운동의 금지, 비밀엄수의 의무, 영리업무 및 겸직 금지, 선물신고의 의무 등을 규정하고 있다. 11. 서울시 7급 O | X

04 공직자 및 공직후보자의 재산정보를 등록하고 공개하는 제도는 우리나라의 경우 「공직자윤리법」에 근거를 두고 있다. 17. 서울시 7급 O | X

05 정무직 공무원과 일반직 5급 이상 공무원은 재산등록의무가 있다. 20. 군무원 9급 O | X

06 국립대학교의 학장은 재산을 등록할 의무가 없다. 19. 지방직 7급 O | X

07 부패에 관한 도덕적 접근은 부패의 원인을 부패를 저지르는 관료 개인의 윤리의식과 자질의 탓으로 돌린다. 20. 지방직 7급 O | X

08 부패에 관한 사회문화적 접근은 관료 부패를 사회문화적 환경의 독립변수로 본다. 17. 경찰승진 O | X

09 법에 규정하기는 곤란하여 윤리강령에 규정하는 부패의 유형은 백색부패에 속한다. 09. 지방직 9급 O | X

10 인·허가와 관련된 업무를 처리할 때 이른바 급행료를 지불하는 것을 당연시하는 것은 제도화된 부패의 예이다. 17. 서울시 9급 O | X

정답 및 해설

01 O   02 X   03 X   04 O   05 X   06 X   07 O   08 X   09 X   10 O

02 행정윤리의 소극적 측면이 부패 등에 빠지지 않을 윤리를 뜻하며, 적극적 측면이 정책의 윤리성, 바람직한 가치관의 정립, 전문지식의 함양까지 요구하는 것이다.
03 선물신고의 의무는 「공직자윤리법」에 규정되어 있다.
05 원칙적으로 재산등록의무자는 4급 이상 공무원이다.
06 국립대학교의 총장·부총장·대학원장·학장은 재산등록의무자이다.
08 부패에 관한 사회문화적 접근은 관료 부패를 사회문화적 환경의 종속변수로 보는 것이다.
09 회색부패란 사회에 파괴적 영향력을 지니고 있어 처벌에 대해 찬반 대립이 존재하는 부패이다. 흑색부패는 법률에 규정되지만 회색부패는 윤리강령에 규정된다.

PART

V

재무행정론

에듀윌 공무원 행정학

CHAPTER 01	재무행정의 기초
CHAPTER 02	예산결정이론
CHAPTER 03	예산의 과정
CHAPTER 04	예산개혁론

재무행정의 기초

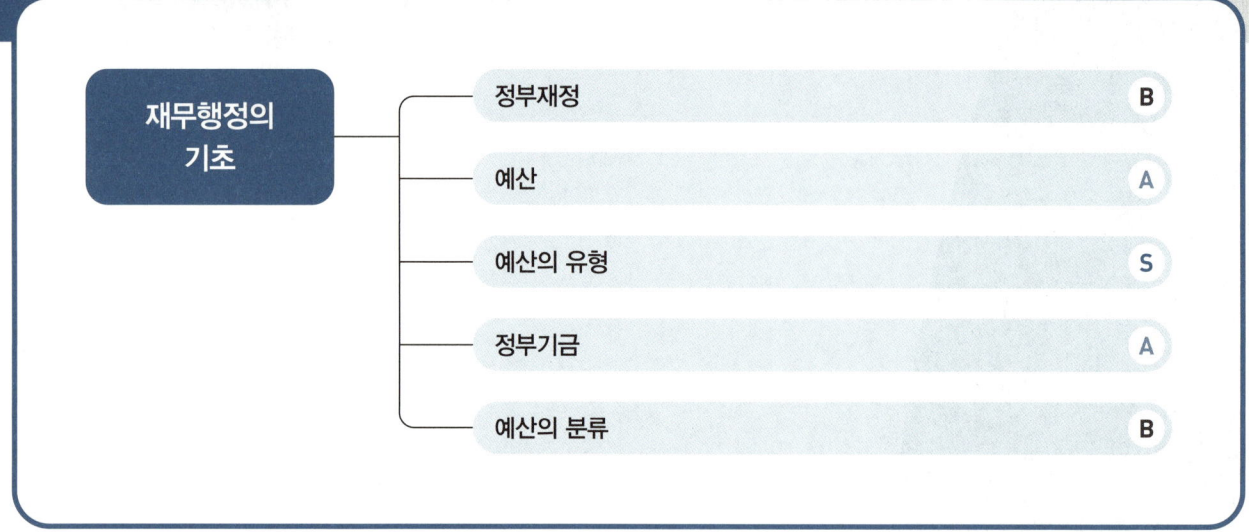

01 정부재정 　　　　　　　　　　　　　　　　　　　　　　　B

1 의의

① 재정활동이란 국민의 요구를 충족시키기 위해 정부가 사회로부터 재원을 동원(→ 세입)하고 배분(→ 세출)하는 일체의 행위(→ 예산 + 기금)를 말한다.
② 관리기능설: 예산의 편성과 심의 및 집행, 회계의 기록과 검사 등의 행위를 말한다. 정책이 결정된 이후 이의 효율적 집행을 위한 수단적 의미가 강하다.
③ 정책기능설: 재정의 정책적 측면까지 포함하는 입장으로, 재원배분의 사회적 효과까지 분석한다.

2 공공재정의 범위

중앙정부	예산	일반회계		「국가재정법」
		특별회계	기타특별회계	개별법
			기업특별회계	「정부기업예산법」
	기금	비금융성 기금		「국가재정법」, 개별법
		금융성 기금		

지방정부	일반재정	일반회계 + 특별회계	「지방재정법」
		기금	「지방자치단체 기금관리기본법」
	교육재정	교육비특별회계(→ 시·도)	「지방교육자치에 관한 법률」
	공공기관		「공공기관의 운영에 관한 법률」

한 번 더 정리 정부재정의 범위

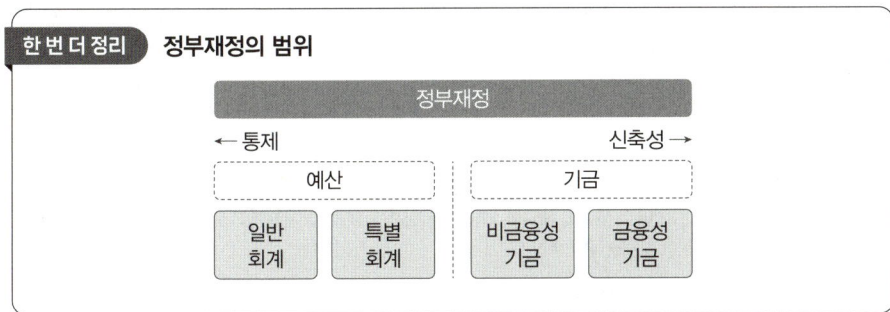

3 재원의 유형

① 조세: 국가 또는 지방자치단체가 재정수입을 조달할 목적으로 법률에 규정된 과세요건을 충족한 모든 자에게 직접적인 반대급부 없이 부과·징수하는 금전급부이다.
② 수익자부담: 특정 시설이나 특정 서비스를 이용한 사람에게 그 이득에 상당하는 대가를 지불하게 하는 사용료나 수수료 등을 말한다.
③ 국공채: 국가나 지방자치단체가 재정수입을 확보하기 위해 발행하는 채권이다.

- 조세는 현 세대의 의사결정에 대한 재정부담을 미래세대로 전가하지 않는다는 장점이 있다. 18. 국가직 9급

- 공공서비스 제공 시 사용료 부과 등 수익자 부담의 원칙을 적용하면 해당 서비스에 대한 불필요한 수요를 줄일 수 있다. 13. 국가직 9급

- 수익자 부담금은 시장기구와 유사한 메커니즘을 통해 공공서비스의 최적 수준을 지향하여 자원배분의 효율성을 제고할 수 있다. 19. 국가직 9급

- 미래 세대까지 혜택이 발생하는 자본투자를 현 세대의 조세수입에 의해 충당할 경우, 세대 간 비용·편익의 형평성 문제가 발생한다. 16. 국회직 8급

바로 확인문제

1. 조세의 성격에 대한 설명으로 가장 적절하지 않은 것은? 21. 군무원 7급

① 국가가 재정권에 기초해 동원하는 공공재원으로 형벌권에 기초해서 처벌을 목적으로 부과하는 벌금이나 행정법상 부과하는 과태료와 다르다.
② 내구성이 큰 투자사업의 경비를 조달하기에 적합하며 사업이나 시설로 인해 편익을 얻게 될 후세대도 비용을 분담하기 때문에 세대 간 공평성을 높일 수 있다는 점에서 국공채와 다르다.
③ 일반국민을 대상으로 부과한다는 점에서 행정활동으로부터 이익을 받는 특정 시민을 대상으로 이익의 일부를 징수하는 수수료나 수익자 부담금과 다르다.
④ 강제로 징수하기 때문에 합의원칙 내지 임의원칙으로 확보되는 공기업 수입, 재산수입, 기부금과 다르다.

정답해설 내구성이 큰 투자사업의 경비를 조달하기에 적합하며 사업이나 시설로 인해 편익을 얻게 될 후세대도 비용을 분담하기 때문에 세대 간 공평성을 높일 수 있는 것은 국공채이다.

답 | ②

2. 정부가 동원하는 공공재원에 대할 설명으로 옳지 않은 것은? 19. 국가직 9급

① 조세로 투자된 자본시설은 개인이 대가를 지불하지 않은 것으로 인식되어 과다 수요 혹은 과다 지출되는 비효율성 문제가 발생할 수 있다.
② 수익자 부담금은 시장기구와 유사한 메커니즘을 통해 공공서비스의 최적 수준을 지향하여 자원배분의 효율성을 제고할 수 있다.
③ 국공채는 사회간접자본(SOC)에 관한 사업이나 시설로 인해 편익을 얻게 될 경우 후세대도 비용을 분담하기 때문에 세대 간 형평성을 훼손시킨다.
④ 조세의 경우 납세자인 국민들은 정부지출을 통제하고 성과에 대한 직접적인 책임을 요구할 수 있다.

정답해설 사회간접자본은 미래 세대도 혜택을 보므로, 국공채 등을 통해 자원을 조달한다면 현 세대와 미래 세대 간 부담의 형평성을 높일 수 있다.

오답해설 ① 조세를 부담하는 사람과 이로 인해 혜택을 보는 사람이 분리되어 있어 과다 지출의 문제가 유발될 수 있다. 즉, 혜택을 보는 집단은 비용부담자의 부담은 고려하지 않고 재정사업의 확대를 도모할 우려가 크다.
② 수익자 부담금은 가격과 유사하다. 혜택을 보는 사람이 비용을 지불하여야 하므로 자원배분의 낭비를 막을 수 있다.
④ 세금으로 재원을 조달할 경우 그 부담자의 반발이 크므로 정부지출에 대한 통제와 성과에 대한 책임의 요구가 강할 수 있다.

답 | ③

02 예산

1 의의

(1) 개념

① 예산이란 1회계연도 동안 국가의 모든 수입과 지출에 관한 계획이 담겨진 문서로, 이는 국가정책 또는 국가철학을 회계학적으로 표현한 것이다.
② 예산(Budget)의 어원은 영국의 재무상이 매년 의회에서 재정연설을 할 때 재정계획서를 넣어가지고 다니던 가죽 주머니에서 유래하였다.
③ 예산은 실질적으로는 정부활동에 필요한 자원규모와 정책우선순위에 관한 예정적(↔ 확정적) 계산서이고, 형식적으로는 입법부에 의해 행정부의 재정지출 활동을 허용하는 형식이다.

- 예산은 정부정책 중 보수적인 영역에 속한다. 17. 국회직 8급
- 정부예산은 한 국가의 경제능력에 의해 뒷받침되는 실현 가능한 계획으로서의 의의를 갖는다. 05. 서울시 9급

(2) 특징

① 예산은 정책과 사업에 대한 재정적 뒷받침이며 희소한 재원의 배분계획으로, 전년도 예산을 기반으로 점증적으로 조정되는 가장 보수적이고 정치적인 분야이다.
② 예산의 본질적 모습은 예산을 통해 추진하고자 하는 정책과 사업이며, 한 국가의 경제능력에 의해서 뒷받침되는 종합적이고 실현가능한 계획이다.
③ 예산은 그 자체가 목적일 수는 없고 무엇인가를 달성하기 위한 도구이다.

④ 예산결정은 여러 대안 중 하나를 선택하는 정책 또는 사업에 대한 결정과 적정 수준의 금액에 대한 결정으로 구성된다.
⑤ 예산결정은 재원의 지출이 어떤 효과를 가질 것이라는 사실판단과 그 효과는 바람직하다는 가치판단을 동시에 내포하고 있다.
⑥ 예산은 상태의 묘사로서 예산, 인과관계의 설명으로서 예산, 선호나 가치의 언명으로서 예산이라는 결과물로서의 성격을 지닌다.
⑦ 예산결정은 거시적(→ 총량규율)으로는 민간과 공공부문 간 자원배분에 관한 결정이고, 미시적(→ 배분적 효율성)으로는 주어진 예산의 총액 범위 내에서 각 대안 간에 자금을 배분하는 것을 말한다.
⑧ 예산은 다양한 형태의 정보의 집합으로 각종 정책에 관한 정보를 제공하는 수단이기도 하다.

- 예산의 본질적 모습은 예산을 통해 추진하고자 하는 정책과 사업이라고 할 수 있다. 12. 서울시 9급

- 거시적 배분은 민간부문과 공공부문 간의 자원배분에 관한 결정이다. 12. 서울시 9급

바로 확인문제

1. 배분기구로서의 정부예산에 대한 설명으로 옳지 않은 것은? 12. 서울시 9급

① 예산의 본질적 모습은 예산을 통해 추진하고자 하는 정책과 사업이라고 할 수 있다.
② 예산에는 정책결정자의 사실판단에 근거하며 가치판단은 배제되어 있다.
③ 공공부문의 희소성은 공공자원을 사용할 수 있는 제약 상태를 반영한 개념이다.
④ 거시적 배분은 민간부문과 공공부문 간의 자원배분에 관한 결정이다.
⑤ 미시적 배분은 주어진 예산의 총액 범위 내에서 각 대안 간에 자금을 배분하는 것이다.

정답해설 예산결정은 재원의 지출이 어떤 효과를 가질 것이라는 사실판단과 그 효과는 바람직하다는 가치판단을 동시에 내포하고 있다.

답 | ②

2. 다음 중 정부예산이 갖는 의의로 볼 수 없는 것은? 05. 서울시 9급

① 정부활동의 계획과 통제의 효과적 수단
② 입법부에 의한 행정부의 재정지출활동을 허용하는 형식
③ 일정 기간 동안 수행되는 정부활동의 종합적 계획
④ 한 국가의 경제능력에 의해 뒷받침되는 실현가능한 계획
⑤ 정부활동에 필요한 자원규모와 국정책임자의 정책우선순위에 관한 확정적 수치

정답해설 정부예산은 정부활동에 필요한 자원규모와 국정책임자의 정책우선순위에 관한 예정적 수치이다. 확정적 수치는 결산을 의미한다.

답 | ⑤

2 예산의 형식

(1) 법률주의

① 예산이 법률의 형식을 취하는 유형으로, 미국, 영국, 프랑스, 독일 등에서 채택하고 있다.
② 세입과 세출 모두 세입법과 세출법의 형태로 만들어지므로 세입예산과 세출예산 모두 법적 구속력을 가진다.

(2) 의결주의

① 예산이 법률이 아닌 의결의 형식을 취하는 유형으로, 일본과 한국 등에서 채택하고 있다.
② 세출예산은 법적 구속력이 있으나 세입예산은 단순한 견적서에 불과하다. 이는 세입이 별도의 조세법(→ 영구세주의)에 의해 징수되기 때문이다.

> • 미국은 세입법(Revenue Act)을 의회에서 별도로 제정한다. 08. 지방직 9급
>
> • 한국은 예산 계정을 위한 근거법을 필요조건으로 하고 있지는 않다. 08. 지방직 9급

한 번 더 정리 　**법률주의와 의결주의**

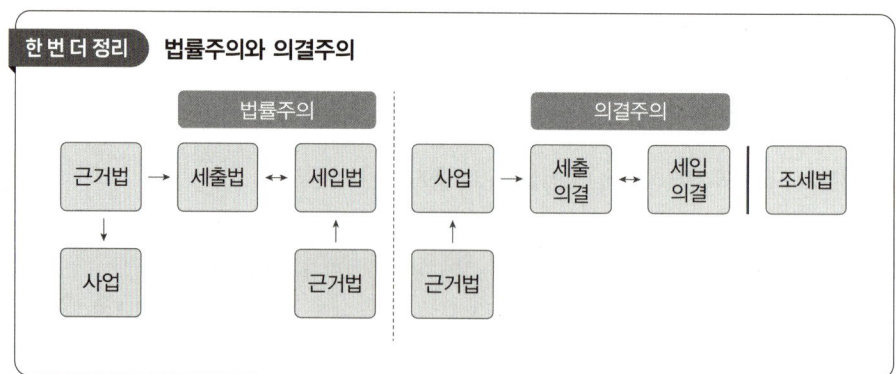

3 예산과 법률의 비교

구분	예산	법률
제출권자	정부	정부와 국회
제출기한	회계연도 개시 90일 전(→「헌법」)	제한 없음
심의기한	회계연도 개시 30일 전(→「헌법」)	제한 없음
심의범위	증액 및 새 비목의 설치 불가	제한 없음
거부권	불가	가능
공포	불요	필요
시간적 효력	회계연도에 국한	계속적 효력
대인적 효력	국가기관	국가기관과 국민
형식적 효력	예산으로 법률의 개폐 불가	법률로 예산의 변경 불가

> • 법률안은 국회의원과 정부가 제출할 수 있지만, 예산안은 정부만이 제출할 수 있다. 23. 국가직 7급
>
> • 일반적으로 법률은 국가기관과 국민에 대해 구속력을 갖지만, 예산은 국가기관에 대해서만 구속력을 갖는다. 19. 국가직 7급
>
> • 대통령은 국회가 의결한 법률안에 대해 재의요구권을 갖지만, 국회가 의결한 예산에 대해서는 재의요구를 할 수 없다. 24. 경찰간부

> **바로 확인문제**

1. 예산과 법률의 차이점에 대한 설명으로 옳지 <u>않은</u> 것은?   23. 국가직 7급

① 법률안은 국회의원과 정부가 제출할 수 있지만, 예산안은 정부만이 제출할 수 있다.
② 발의·제출된 법률안에 대해 국회는 수정할 수 있지만, 예산안의 경우 국회는 정부의 동의 없이 제출된 지출예산 각 항의 금액을 증가하거나 새 비목을 설치할 수 없다.
③ 법률안은 대외적 효력을 인정받기 위해 공포 절차를 거쳐야 하지만 예산안은 국회에서 의결되면 효력을 갖는다.
④ 대통령은 국회가 의결한 법률안에 대해 재의 요구를 할 수 있으나, 국회는 정부가 제출한 예산안에 대한 심의·의결 자체를 거부할 수 있다.

> **정답해설** 「헌법」에 의하면 국회는 회계연도 개시 30일 전까지 예산안을 의결하여야 한다고 규정하고 있으므로 국회는 정부가 제출한 예산안에 대한 심의·의결 자체를 거부할 수 없다.
>
> **오답해설** ③ 법률은 국민에게도 영향을 미치므로 공포를 하여야 하지만 예산은 국가기관만을 구속하므로 공포하여야만 효력을 갖는 것은 아니다.
>
> 답 | ④

2. 우리나라에서 예산과 법률의 차이에 관한 설명으로 가장 적절한 것은?   20. 경찰승진

① 법률안과 예산안은 국회에서 의결된 후 공포 절차를 거쳐야 효력이 발생한다.
② 예산으로 법률의 개폐가 불가능하지만 법률로는 예산을 변경할 수 있다.
③ 예산은 국회의 의결로 성립하지만 정부의 수입·지출의 권한과 의무는 별도의 법률로 규정된다.
④ 국회에 발의 제출된 법률안은 의결기한에 제한이 없으나, 예산안은 매년 12월 2일까지 예산결산특별위원회의 심사를 마쳐야 한다.

> **정답해설** 예산은 국회가 승인한 연간 재정 계획이자 지출의 최고 한도를 정하는 문서이고, 정부의 수입 및 지출을 가능하게 하는 근본적인 법적 권한과 의무는 예산 자체보다는 「헌법」, 「국가재정법」, 개별 세법 및 지출 관련 법률 등 별도의 법률에 근거한다.
>
> **오답해설** ① 법률안은 공포를 거쳐야 하지만 예산안은 공포 절차가 요구되지 않는다.
> ② 법률로도 예산을 변경할 수 없다.
> ④ 법률안에 대해서는 의결기한의 제한이 없고, 예산안은 회계연도 30일 전(12월 2일)까지 국회의 의결을 마쳐야 한다.
>
> 답 | ③

4 예산의 기능

(1) 법적 기능

① 예산의 합법성을 중시하는 입장으로, 입법국가 시대에 강조되었다.
② 입법부에 의한 행정부의 재정통제와 회계책임의 확보를 강조한다.

(2) 정치적 기능 → 윌다브스키(A. Wildavsky)

① 예산을 다양한 정치적 이해관계의 조정과 타협의 산물로 간주한다.
② 또한, 예산은 행정부에 대한 입법부의 정치적 견제수단이기도 하다.

(3) 경제적 기능 → 머스그레이브(R. Musgrave)

① **자원배분기능**: 시장실패를 교정하고 사회적으로 필요한 재화와 서비스를 효율적으로 공급하는 기능이다.
② **소득재분배기능**: 누진세나 사회복지제도 등을 통해 소득의 불균형을 완화하고 사회적 형평성을 증진하는 기능이다.
③ **경기안정화기능**: 재정정책을 통해 물가와 실업 및 국제수지 불균형을 해소하는 기능이다.
④ 한편, 개발도상국에서는 경제성장을 위한 자본형성기능까지 정부가 담당하였다.

(4) 행정적 기능 → 쉬크(A. Schick)

① **통제기능**: 구입해야 할 물품목록을 사전에 나열하여 예산집행의 재량을 축소하고 회계책임을 명확하게 하는 것으로, 1920년대 합법성 중심의 품목별예산(LIBS)이 이에 해당한다.
② **관리기능**: 주어진 목적을 최소의 비용으로 달성하는 것으로, 1950년대 능률성 중심의 성과주의예산(PBS)이 이에 해당하며, 단위사업과 같은 직접적인 산출물에 초점을 두었다.
③ **계획기능**: 국가 전체적 시각에서 경제적 효율성을 극대화할 수 있는 사업대안들을 체제분석을 통해 나열하는 것으로, 1960년대 계획예산(PPBS)이 이에 해당하며, 단기 산출보다는 장기 결과에 초점을 둔다.

• 머스그레이브의 정부 재정기능의 기본원칙으로 시장실패를 교정하고 사회적 최적 생산과 소비수준이 이루어지도록 해야 한다. 18. 지방직 9급

• 머스그레이브의 정부 재정기능의 기본원칙으로 세입 면에서는 차별과세를 하고, 세출 면에서는 사회보장적 지출을 통해 소외계층을 지원해야 한다. 18. 지방직 9급

• 쉬크(A. Schick)는 통제-관리-기획이라는 예산의 세 가지 지향을 제시하였다. 17. 국가직 9급

바로 확인문제

1. 머스그레이브(R. Musgrave)의 정부 재정기능의 기본원칙에 대한 설명으로 옳지 <u>않은</u> 것은? 18. 지방직 9급

① 시장실패를 교정하고 사회의 최적 생산과 소비수준이 이루어지도록 해야 한다.
② 세입 면에서는 차별 과세를 하고, 세출 면에서는 사회보장적 지출을 통해 소외계층을 지원해야 한다.
③ 고용, 물가 등과 같은 거시경제 지표들을 안정적으로 조절해야 한다.
④ 정부에 부여된 목적과 자원을 연계하여 소기의 성과를 거둘 수 있도록 관료를 통제해야 한다.

정답해설 머스그레이브(R. Musgrave)가 제시한 재정의 3대 기능은 자원배분기능, 소득재분배기능, 경제안정기능이다. 소기의 성과를 거둘 수 있도록 관료를 통제하는 것은 관리기능으로 이는 쉬크(A. Schick)의 분류이다.

오답해설 ① 재화의 최적 생산과 소비수준이 이루어지도록 하는 것은 배분기능이다.
② 사회보장 지출을 통해 소외계층을 지원하는 것은 재분배기능이다.
③ 거시경제 지표들을 안정적으로 조절하는 것은 경제안정화기능이다.

답 | ④

2. A 예산제도에서 강조하는 기능은? 20. 지방직 9급

> A 예산제도는 당시 미국의 국방장관이었던 맥나마라(R. McNamara)에 의해 국방부에 처음 도입되었고, 국방부의 성공적인 예산개혁에 공감한 존슨(L. Johnson) 대통령이 1965년에 전 연방정부에 도입하였다.

① 통제 ② 관리 ③ 기획 ④ 감축

정답해설 A 예산제도는 기획을 지향하는 계획예산제도로, 1965년 존슨 대통령에 의해 도입되었다.

오답해설 ① 통제지향은 품목별예산을 의미하고 1921년 연방정부에 도입되었다.
② 관리지향은 성과주의예산을 의미하고 1950년 트루먼 대통령에 의해 도입되었다.
④ 감축지향은 영기준예산을 의미하며, 1976년 카터 대통령에 의해 도입되었다.

답 | ③

03 예산의 유형

1 분류기준

(1) 주체
① 정부예산: 국회의 예산심의를 통해 확정된다.
② 공공기관예산: 국회의 예산심의 없이 각 기관이 자체적으로 확정한다.

(2) 목적 → 성질별 분류
① 일반회계: 국가의 고유사무를 수행하기 위해 편성된 예산으로, 세입은 원칙적으로 조세수입을 재원으로 하고 세출은 국가사업을 위한 기본적 경비로 구성되며, 행정부뿐만 아니라 입법부, 사법부 등 모든 국가기관을 포함한다.
② 특별회계: 일반회계와는 별도로 특정한 세입에 의하여 특정한 세출을 충당하는 예산으로, 운영주체의 자율성과 신축성 증대를 통한 재정운영의 효율성 강화를 목적으로 한다.

(3) 성립시기
① 본예산: 정기국회에서 의결되어 확정된 당초예산을 말한다.
② 수정예산 → 예산안의 변경
  ㉠ 국회의결 전에 기존 예산안 내용의 일부를 수정하여 다시 제출한 예산안을 의미한다.
  ㉡ 정부는 국무회의 심의를 거쳐 대통령의 승인을 얻어 수정예산안을 국회에 제출할 수 있으며, 예산안이 예비심사나 종합심사 중에 있을 때에는 수정예산을 함께 심사하고, 심사가 종료된 경우에는 별도로 심사를 거쳐야 한다.
  ㉢ 우리나라의 경우 여러 번 수정예산안을 제출한 경험이 있다.
③ 추가경정예산 → 예산의 변경
  ㉠ 국회의 의결에 의해 예산이 성립된 이후 상황의 변화로 인해 사업을 변경하거나 새로운 사업을 추진해야 하는 경우 국회의결을 받아 예기치 못한 상태에 대처하는 예산이다.

- 일반회계는 조세수입 등을 주요 세입으로 하여 국가의 일반적인 세출에 충당하기 위하여 설치한다. 22. 지방직 9급

- 예산은 그 성립시기에 따라 본예산, 수정예산, 추가정예산으로 분류된다. 12. 지방직 9급

- 본예산은 매 회계연도 개시 전에 국회의 심의·의결을 거쳐 성립되는 예산을 의미한다. 11. 국가직 9급

- 추가경정예산은 예산이 성립한 후의 사후적인 예산변경제도이다. 23. 군무원 9급

- 추가경정예산안의 편성횟수에는 제한은 없다. 23. 해경간부

- 법령에 따라 국가가 지급하여야 하는 지출이 발생하거나 증가하는 경우 추가경정예산을 편성할 수 있다. 15. 서울시 9급

- 추가경정예산은 대내·외 여건에 중대한 변화가 발생하였거나 발생할 우려가 있는 경우에 편성할 수 있다. 23. 군무원 9급

- 추가경정예산의 경우, 정부는 국회에서 추가경정예산안이 확정되기 전에 이를 미리 배정하거나 집행할 수 없다. 24. 지방직 9급

ⓒ 우리나라는 편성횟수의 제한은 없지만 「국가재정법」에 편성사유를 한정하고 있다.
ⓒ 추가경정예산은 본예산과 별개로 성립되지만, 성립된 후에는 본예산과 통합하여 집행되고 결산된다.
ⓓ 정부는 추가경정예산이 확정되기 전에 이를 미리 배정하거나 집행할 수 없다.

④ 추가경정예산 편성사유 → 「국가재정법」
㉠ 전쟁이나 대규모 자연재해가 발생한 경우
㉡ 경기침체, 대량실업, 남북관계의 변화, 경제협력 등과 같은 대내·외 여건에 중대한 변화가 발생하였거나 발생할 우려가 있는 경우
㉢ 법령에 따라 국가가 지급하여야 하는 지출이 발생하거나 증가하는 경우

바로 확인문제

1. 예산과 재정관리에 대한 설명으로 옳지 않은 것은? 18. 국가직 9급

① 우리나라의 예산은 행정부가 제출하고 국회가 심의·확정하지만, 미국과 같은 세출예산법률의 형식은 아니다.
② 조세는 현 세대의 의사결정에 대한 재정부담을 미래 세대로 전가하지 않는다는 장점이 있다.
③ 성과주의예산제도의 도입에도 불구하고 품목별예산제도는 우리나라에서 여전히 활용되고 있다.
④ 추가경정예산은 예산의 신축성 확보를 위한 제도로서, 최소 1회의 추가경정예산을 편성하도록 「국가재정법」에 규정되어 있다.

정답해설 추가경정예산은 편성사유에 관한 제한은 있어도 편성횟수에 대한 제한은 없다.

오답해설 ① 우리나라는 미국과 달리 예산의결주의 방식을 취한다. 미국은 예산법률주의 방식이다.
② 조세는 당해 연도에 소요되는 모든 세출을 당해 연도의 세입으로 충당하므로 현 세대의 의사결정이 미래 세대에게 부담을 주지 않는다.
③ 예산과목 중 '목'이 품목별예산에 해당한다.

답 | ④

2. 「국가재정법」상 추가경정예산안 편성이 가능한 사유에 해당하지 않는 것은? 21. 국가직 9급

① 전쟁이나 대규모 재해가 발생한 경우
② 남북관계의 변화와 같은 중대한 변화가 발생한 경우
③ 경기침체, 대량실업 같은 중대한 변화가 발생할 우려가 있는 경우
④ 경제협력, 해외원조를 위한 지출을 예비비로 충당해야 할 우려가 있는 경우

정답해설 「국가재정법」상 추가경정예산안의 편성사유로 규정되어 있지 않다.

오답해설 ①, ②, ③ 전쟁이나 대규모 재해가 발생한 경우, 경기침체, 대량실업, 남북관계의 변화 등 대내·외 여건에 중대한 변화가 발생하였거나 발생할 우려가 있는 경우, 법령에 따라 국가가 지급하여야 하는 지출이 발생하거나 증가하는 경우에 한하여 추가경정예산안을 편성할 수 있다.

답 | ④

2 특별회계

(1) 의의
① 특정한 목적을 위하여 세입과 세출을 일반회계와 별도로 계리함으로써 행정의 능률성과 전문성을 제고하려는 예산제도로, 정부역할이 증대되고 다양화됨에 따라 등장하였다.
② 특별회계는 기획재정부장관의 심사 후 중앙관서의 장이 설치하며, 매년 국회의 심의와 의결을 받아야 한다.
③ 특별회계 설립 주체에 따라 중앙정부 특별회계와 지방자치단체 특별회계로 구분하며, 중앙정부는 법률로서 특별회계를 설치할 수 있고, 지방정부는 법률이나 조례로서 설치할 수 있다.
④ 국가가 설치한 특별회계의 경우 각각의 개별법이 마련되어 운영되는 것이 일반적이지만 기업특별회계의 경우 「정부기업예산법」에서 일괄적으로 규정하고 있다.

• 특별회계예산은 국가의 회계 중 특정한 세입으로 특정한 세출을 충당하기 위한 예산이다. 23. 지방직 9급

(2) 설치요건 → 법률
① 국가에서 특정한 사업을 운영할 경우 → 기업특별회계와 책임운영기관특별회계
② 특정한 자금을 보유하여 운용할 경우
③ 특정 세입으로 특정 세출에 충당하여 일반회계와 구분할 필요가 있는 경우 → 기타 특별회계

• 특별회계는 설치근거가 되는 법률을 별도로 정하고 있다. 20. 지방직 7급

기업특별회계(5개)	기타 특별회계(15개)	
① 양곡관리	① 국가균형발전	⑧ 에너지 및 자원사업
② 우체국예금	② 교도작업	⑨ 우체국보험
③ 우편사업	③ 교통시설	⑩ 주한미군기지 이전
④ 조달	④ 국방·군사시설이전	⑪ 행정중심복합도시 건설
⑤ 책임운영기관특별회계	⑤ 농어촌구조개선	⑫ 혁신도시건설
	⑥ 등기	⑬ 환경개선
	⑦ 아시아문화중심도시 조성	⑭ 유아교육지원
		⑮ 소재·부품·장비경쟁력 강화

(3) 특징
① 일반회계와 분리(→ 단일성 원칙 위반)되며, 사용목적(→ 통일성 원칙 위반)이 존재한다.
② 조세수입 외 별도의 자체수입이 있으며, 일반회계로부터 전입금을 받을 수도 있다.
③ 이에 따라 일반회계와 특별회계의 단순한 합을 예산총계라 하고, 일반회계와 특별회계 간 내부거래 즉, 중복부분을 뺀 것을 예산순계라 한다.

(4) 평가
① 장점
  ㉠ 특정 사업의 수입과 지출을 명확하게 파악할 수 있어 운영의 합리화를 높일 수 있다.
  ㉡ 계획과 집행에 있어 재량이 주어지므로 행정기능의 전문화와 다양화에 대응할 수 있게 한다.
② 단점
  ㉠ 예산구조의 복잡성으로 인한 투명성과 효율성을 저해하여 의회의 통제를 약화시킨다.
  ㉡ 예산운영의 칸막이 현상과 목적의 지정으로 인해 운영의 경직성이 나타날 수 있다.

• 특별회계는 재정운영 주체의 자율성 증대를 통해 운영의 효율성을 높일 수 있을 때 필요하다. 17. 지방직 7급

• 특별회계예산은 국가재정의 전체적인 관련성을 파악하기 곤란하다. 16. 서울시 9급

> **바로 확인문제**

1. 특별회계예산에 대한 설명으로 옳지 않은 것은? 17. 지방직 7급

① 재정운영 주체의 자율성 증대를 통해 운영의 효율성을 높일 수 있을 때 필요하다.
② 특별회계의 경우 각각의 개별법이 마련되어 운영되는 것이 일반적이다.
③ 특별회계예산은 세입과 세출을 별도로 계리한다.
④ 임시적인 성격이 강하기 때문에 국회의 심의를 받지 않는다.

정답해설 특별회계 역시 국회의 심의를 받아야 한다.
오답해설 ① 특별회계는 운영주체의 자율성과 신축성 증대를 통한 재정운영의 효율성 강화를 목적으로 한다.
② 특별회계는 회계마다 각각의 개별법이 마련되어 있다. 다만, 정부기업특별회계는 「정부기업예산법」이라는 단일의 법률이 적용된다.
③ 특별회계는 일반회계로부터 세입과 세출을 분리하여 계리한다.

답 | ④

2. 우리나라의 특별회계에 대한 설명으로 옳지 않은 것은? 20. 지방직 7급

① 설치근거가 되는 법률을 별도로 정하고 있다.
② 세출예산뿐 아니라 세입예산도 일반회계와 특별회계로 구분한다.
③ 특별회계의 설치요건 중에는 특정한 세입으로 특정한 세출에 충당함으로써 일반회계와 구분하여 회계처리할 필요가 있을 경우도 포함된다.
④ 예산의 이용 및 전용과 마찬가지로 예산 한정성의 원칙이 적용되지 않는다.

정답해설 특별회계는 예산의 통일성 원칙과 단일성 원칙에 대한 예외이지만 한정성 원칙의 예외는 아니다.
오답해설 ① 「국가재정법」은 특별회계를 설치할 수 있는 법률을 별도로 규정하고 있다.
② 특별회계는 별도의 수입과 지출이 연결되어 있으므로 세출뿐만 아니라 세입도 일반회계와 구분하여 설치된다.
③ 특정한 세입으로 특정한 세출에 충당함으로써 일반회계와 구분하여 회계처리할 필요가 있을 경우 설치되는 특별회계는 기타 특별회계이다.

답 | ④

04 정부기금

1 의의

① 기금이란 예산처럼 국회의 심의·의결로 확정되나, 예산의 일반적인 제약으로부터 벗어나 좀 더 탄력적으로 보유·운영되는 자금을 말한다.
② 특정한 수입과 특정한 지출을 연계한다는 점에서 특별회계와 유사하지만 세입세출예산과는 별도로 운영되고, 자금을 잠식하거나 반환하지 않고 적립하거나 회전시킨다는 점에서 특별회계와 구분된다.

③ 기금은 국가가 특정한 목적을 위하여 특정한 자금을 신축적으로 운영할 필요가 있을 때 법률로써 설치한다.
④ 기획재정부장관은 회계연도마다 전체 기금 중 3분의 1 이상의 기금에 대하여 대통령령으로 정하는 바에 따라 그 운용실태를 조사·평가하여야 하며, 3년마다 전체 재정체계를 고려하여 기금의 존치 여부를 평가하여야 한다.

- 기금이란 국가가 특정한 목적을 위하여 특정한 자금을 신축적으로 운용할 필요가 있을 때에 한하여 법률로써 설치한다. 15. 국가직 7급

2 특징

① 기금은 일반회계가 아니라는 점에서 단일성 원칙의 예외이며, 특정한 수입과 특정한 지출이 연결된다는 점에서 통일성 원칙의 예외이다.
② 예산은 무상급부이나 기금은 대체로 유상급부이다. 이에 따라 예산은 조세수입이 대부분을 차지하고 있지만 기금은 출연금, 부담금 등 그 수입원이 다양하다.
③ 예산은 합법성에 입각하여 엄격하게 통제하지만 기금은 합목적성(→ 포괄적) 차원에서 상대적으로 운영의 자율성과 탄력성이 보장된다.

- 기금은 예산의 통일성과 단일성 원칙에 위배된다. 23. 경찰승진

3 분류 및 현황

① **사업성기금**: 특정 사업을 수행하기 위해 기금을 마련하고 집행하는 기금
② **사회보험성기금**: 국민연금, 공무원연금, 고용보험, 산업재해보상보험 및 예방, 사립학교교직원연금, 군인연금
③ **계정성기금**: 공공자금관리, 공적자금상환, 복권, 양곡증권정리, 외국환평형기금
④ **금융성기금**: 기술보증, 농림수산업자신용보증, 산업기반신용보증, 주택금융신용보증, 신용보증, 예금보험기금채권상환, 농어가목돈마련저축장려금, 무역보험

- 군인연금, 공무원연금, 국민연금 등은 기금으로 운영된다. 15. 국가직 7급

바로 확인문제

1. 특별회계예산과 기금에 대한 설명으로 옳지 않은 것은? 21. 지방직 9급

① 기금은 특정 수입과 지출의 연계가 강하다.
② 특별회계예산은 세입과 세출이라는 운영체계를 지닌다.
③ 특별회계예산은 합목적성 차원에서 기금보다 자율성과 탄력성이 강하다.
④ 특별회계예산과 기금은 모두 결산서를 국회에 제출하여야 한다.

정답해설 특별회계에 비하여 기금의 자율성과 탄력성이 크다.

오답해설 ① 기금은 용도가 정해진 자금이므로 특정 수입과 지출의 연계가 강하다.
② 특별회계 역시 예산이므로 세입과 세출의 운영체계를 지닌다.
④ 특별회계예산과 기금 모두 국회의 결산심의를 받는다.

답 | ③

2. 다음 중 예산에 대한 설명으로 옳지 않은 것은? 21. 경찰간부

① 기금은 국가의 특정 목적 사업을 위해 출연금, 부담금 등을 주요 재원으로 한다.
② 기금은 특정 수입과 특정 지출의 연계를 배제한다.
③ 일반회계예산의 집행절차는 합법성에 입각하여 엄격하게 통제하는 경향이 있다.
④ 일반회계예산은 공권력에 의한 조세수입과 무상급부를 원칙으로 한다.

> **정답해설** 기금은 특정 수입과 특정 지출이 연계된 자금이다.
>
> 답 | ②

05 예산의 분류 B

1 의의

① 예산의 분류란 국가의 세입과 세출을 일정한 기준에 따라 체계적으로 배열하는 것을 말한다.
② 예산의 분류는 사업계획의 수립과 예산심의의 능률화(→ 기능별·조직별 분류), 예산집행의 효율화(→ 조직별·품목별 분류), 회계책임의 명확화(→ 품목별 분류), 예산이 경제에 미치는 효과의 분석(→ 경제성질별 분류) 등을 목적으로 한다.

2 기준

(1) 조직별 분류 → 누가 사용하는가?

① 의의
   ㉠ 예산을 부처별·소관별로 분류하는 방식으로, 가장 오래되고 기본적인 방법이며, 예산과목 중 '소관'에 해당한다.
   ㉡ 국회, 대법원, 헌법재판소, 중앙선거관리위원회 등을 포함하므로 중앙행정기관이 아닌 중앙관서라는 용어를 사용한다. 이에 따라 「국가재정법」상 중앙관서의 수와 「정부조직법」상 중앙행정기관의 수는 일치하지 않는다.
   ㉢ 또한, 국가인권위원회, 국가정보원 등 세입이 전혀 없는 중앙관서도 존재하므로 세출예산서의 중앙관서 수와 세입예산서의 중앙관서 수도 불일치한다.

② 장점
   ㉠ 조직별 분류는 각 부처예산의 전모를 파악할 수 있어 총괄계정에 적합하고, 의회의 상임위원회가 정부부처별로 구성되어 있어 입법부의 예산심의가 용이하다.
   ㉡ 조직별 분류는 소관별(→ 중앙관서)로 예산집행이 용이하고, 회계책임이 명확하여 예산통제가 용이하다.

③ 단점
   ㉠ 조직별 분류는 사업의 목적이나 활동을 밝히기 곤란하므로 사업의 우선순위를 파악하기 곤란하다.
   ㉡ 또한 무엇을 구매했는지, 왜 구매했는지에 대한 정보가 없으며, 사업의 성과도 파악하기 어렵다.

(2) 기능별 분류 → 어떤 일에 쓰이는가?

① 의의
- ㉠ 정부가 수행하는 주요 역할(→ 국방, 교육, 복지 등)에 따라 예산을 분류하는 방식으로, 기능별 분류가 세분화된 것이 사업별 분류이고 사업별 분류(→ '항')가 세분화된 것이 활동별 분류(→ '세항')이다.
- ㉡ 사업별 분류는 계획예산(PPBS)과 관련되고, 활동별 분류는 성과주의예산(PBS)과 관련된다는 견해가 있다.
- ㉢ 기능별 분류는 「국가재정법」상 '장·관'에 해당하고, 세출예산에만 적용되며, 대영역별 분류로서 대항목은 각 부처의 예산을 포괄한다.
- ㉣ 기능별 분류는 국민에 대한 국가의 역할을 중심으로 분류하는 것이므로 공공사업을 별개의 범주로 인정하지 않으며, 일반행정비는 가급적 적게 잡아야 한다.

② 장점
- ㉠ 정부의 업무에 대한 총괄적 정보를 제공하므로 국민이 정부예산을 이해하기 쉬워 시민을 위한 분류라 한다.
- ㉡ 또한 대항목별로 예산이 편성되므로 기능별 총괄계정에 적합하고, 사업계획의 수립과 입법부의 예산심의가 용이하며, 예산집행의 신축성과 효율성을 제고할 수 있다.

③ 단점
- ㉠ 기능별 분류는 역할이 중복된 사업의 경우 어느 기능으로 배분할 것인지에 대한 구분이 곤란하고, 부처별 구분도 곤란하여 부처별·기관별 예산의 흐름을 파악하기도 어렵다.
- ㉡ 또한 구체적 항목에 대한 기록이 없으므로 회계책임이 명확하지 못하여 재정통제가 곤란하다.

(3) 품목별 분류 → 무엇을 사는가?

① 의의
- ㉠ 지출의 대상(→ 구입물품) 및 성질에 따라 예산을 분류하는 방식으로 가장 널리 사용된다.
- ㉡ 투입물 중심의 예산분류로, 예산분류의 기초이므로 다른 분류방식과 자유롭게 결합이 가능하다.
- ㉢ 「국가재정법」상 성질별 분류에 해당하며, 예산과목 중 '목'에 해당한다.

② 장점
- ㉠ 품목별 분류는 예산계정과 회계계정을 서로 연결시켜 줄 수 있어 회계책임이 명확하므로 합법성 위주의 회계검사에 유용하고, 지출통제 및 재량통제에 적합하다.
- ㉡ 또한 인건비를 별도의 항목으로 구성하므로 인사행정에 대한 유용한 정보를 제공한다.

③ 단점
- ㉠ 세부적인 투입물 중심으로 예산이 분류되므로 정부사업의 전모를 파악하기 어렵고, 부처별 또는 기능별 총괄계정에 부적합하다.
- ㉡ 합법성과 투입물 중심의 예산분류이므로 정책이나 사업계획의 수립에는 도움이 되지 못하며, 예산집행의 신축성을 저해한다.
- ㉢ 또한 품목별 분류는 예산항목의 지나친 세분화로 인하여 번문욕례를 초래할 수 있다.

- 예산의 기능별 분류의 장점은 국민이 정부예산을 이해하기 쉽다는 점이다. 21. 지방직 7급

- 예산의 기능별 분류의 단점은 회계책임이 불명확하다는 점이다. 21. 지방직 7급

- 예산의 품목별 분류의 단점은 예산집행의 신축성을 저해한다는 점이다. 21. 지방직 7급

- 품목별 분류는 사업의 지출성과와 결과에 대한 측정이 곤란하다. 15. 국회직 8급

(4) 경제성질별 분류

① 의의
  ⊙ 예산이 국민경제(→ 소비와 투자 등)에 미치는 영향을 파악하기 위한 분류방식이다.
  ⓒ 경제성질별 분류는 예산을 경상계정과 자본계정으로 구분하거나 국민소득계정과 연계하여 분류하는 방식으로, 재정충격지표나 완전고용예산 및 통합예산 등이 이에 속한다.
  ⓒ 우리나라는 1960년부터 UN편람에 의거하여 분류·작성되다가, 1979년 통합예산에 흡수되어 IMF 재정통계 작성기준에 의거 작성되고 있다.
  ⓔ 한편, 경상계정은 국가 및 지방자치단체가 매 회계연도마다 계속적으로 필요로 하는 경비를 나타내는 계정이고, 자본계정은 자산액으로부터 부채액을 차감한 차액을 나타내는 계정이다.

② 장점
  ⊙ 국민소득, 자본형성 등에 관한 정부활동의 효과를 파악하는 데 용이하다.
  ⓒ 경제정책 수립의 유용한 자료가 되므로 최고책임자의 유용한 정책도구이며, 국가 간 재정정보의 비교를 가능하게 한다.

③ 단점
  ⊙ 경제성질별 분류는 구체적인 예산집행의 기준이 되지 못하여 일선관료에게는 도움이 되지 못하며, 자체적으로 완전하지 못하여 반드시 다른 방법과 병행이 필요하다.
  ⓒ 또한 경제성질별 분류는 총량적 시계로, 소득분배나 산업별 배분의 측정이 어렵다.

> • 경제성질별 분류는 예산이 국민경제활동의 구성과 수준에 미치는 영향을 파악하고, 고위정책결정자들에게 유용한 정보를 제공해 주는 분류방법이다.
> 17. 국회직 8급

바로 확인문제

1. 예산의 분류방법과 분류기준을 바르게 연결한 것은?   22. 지방직 7급

	분류방법	분류기준
①	기능별 분류	정부가 무슨 일을 하는 데 얼마를 쓰느냐
②	조직별 분류	정부가 무엇을 구입하는 데 얼마를 쓰느냐
③	경제성질별 분류	누가 얼마를 쓰느냐
④	시민을 위한 분류	국민경제에 미치는 총체적인 효과가 어떠한가

정답해설 예산의 기능별 분류는 정부가 하는 일을 기준으로 예산을 분류하는 방법이다.

오답해설 ② 정부가 무엇을 구입하는 데 얼마를 쓰느냐와 관련된 것은 예산의 품목별 분류이다.
③ 누가 얼마를 쓰느냐와 관련된 것은 조직별 분류이다.
④ 국민경제에 미치는 효과와 관련된 것은 경제성질별 분류이다. 한편, 시민을 위한 분류는 예산의 기능별 분류를 의미한다.

답 | ①

CHAPTER 01 마무리 기출 OX

다음 내용이 맞으면 O, 틀리면 X에 표시하시오.

01 미래세대까지 혜택이 발생하는 자본투자를 조세수입에 의해 충당할 경우 세대 간 비용·편익의 형평성 문제가 발생한다. 16. 국회직 8급 ○ | ✕

02 일반적으로 법률은 국가기관과 국민에 대해 구속력을 갖지만 예산은 국가기관에 대해서만 구속력을 갖는다. 19. 국가직 7급 ○ | ✕

03 예산의 기능별 분류의 단점은 회계책임이 불명확하다는 점이다. 21. 지방직 7급 ○ | ✕

04 예산이 국민경제에 미치는 총체적인 효과가 어떠한가에 따른 경제 성질별 분류는 시민을 위한 분류라고도 한다. 22. 지방직 7급 ○ | ✕

05 세입세출예산은 일반회계와 특별회계 및 기금으로 구분한다. 22. 국회직 8급 ○ | ✕

06 일반회계와 특별회계는 전쟁이나 대규모 재해가 발생한 경우 추가경정예산을 편성할 수 있다. 22. 지방직 9급 ○ | ✕

07 추가경정예산은 본예산과 별개로 성립하므로 결산심의 역시 본예산과는 별도로 이루어진다. 13. 지방직 9급 ○ | ✕

08 특별회계는 세입과 세출이라는 운영체계를 지닌다. 21. 지방직 9급 ○ | ✕

09 기금이란 국가가 특정한 목적을 위하여 특정한 자금을 신축적으로 운용할 필요가 있을 때에 한하여 법령으로 설치한다. 15. 국가직 7급 ○ | ✕

10 기금은 특정 수입과 특정 지출의 연계가 강하다. 21. 지방직 9급 ○ | ✕

정답 및 해설

01 ○ 02 ○ 03 ○ 04 ✕ 05 ✕ 06 ○ 07 ✕ 08 ○ 09 ✕ 10 ○

04 시민을 위한 분류는 예산의 기능별 분류이다.
05 기금은 세입세출예산 외로 운영된다.
07 추가경정예산은 본예산과 별개로 성립하지만 성립 후에는 본예산과 통합하여 집행되며, 결산 역시 본예산과 함께 이루어진다.
09 기금은 국가가 특정한 목적을 위하여 특정한 자금을 신축적으로 운용할 필요가 있을 때에 한하여 법률로써 설치하며, 세입세출예산에 의하지 아니하고 운용할 수 있다.

CHAPTER 02 예산결정이론

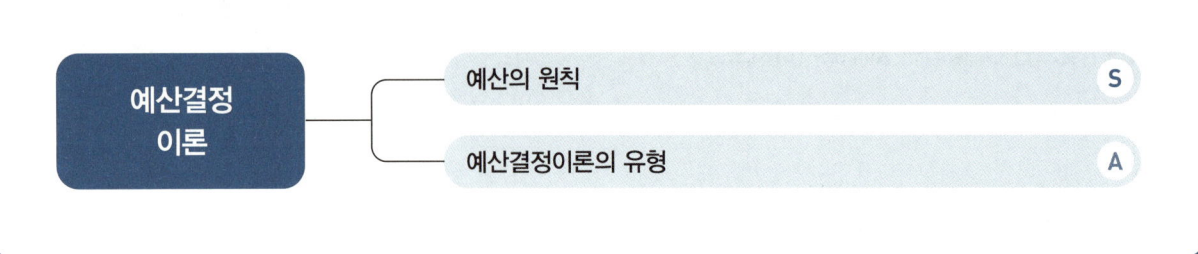

01 예산의 원칙

1 의의

① 예산과정, 특히 예산의 집행과정에서 준수하여야 할 원칙이다.
② 재정민주주의 구현을 위한 입법부 우위의 전통적 예산원칙이 먼저 발달하였고, 후에 예산집행의 신축성과 예산과 기획의 연계를 중시하는 행정부 우위의 현대적 예산원칙이 대두하였다.
③ 그러나 전통적 예산원칙(→ 통제)과 현대적 예산원칙(→ 신축성)의 상호보완이 요청된다.
④ 「국가재정법」 제16조는 재정건전성의 원칙, 국민부담 최소화의 원칙, 재정성과의 원칙, 투명성과 참여의 원칙, 남녀평등의 원칙, 온실가스감축의 원칙 등을 규정하고 있다.

2 전통적 예산원칙

(1) 의의

① 입법부 우위의 원칙으로, 재정통제와 회계책임의 확보를 목적으로 한다.
② 노이마르크(F. Neumark): 공개성, 명료성, 사전의결, 엄밀성, 한정성, 단일성, 통일성, 완전성
③ 스미스(H. Smith): 공개성, 명료성, 완전성, 통일성, 명세성, 사전의결, 한정성, 정확성

(2) 유형

① 공개성 원칙
  ㉠ 예산과정의 주요한 단계를 국민에게 공개하여야 한다는 원칙으로, 「국가재정법」은 매년 1회 이상 주요 재정정보의 공표를 의무화하고 있다.

• 노이마르크(F. Neumark)의 예산원칙은 예산을 통제수단으로 파악하였다. 20. 경찰간부

• 전통적 예산원칙에 의하면 예산은 국민에게 공개되고 누구나 알 수 있어야 한다. 14. 서울시 7급

ⓒ 예외: 국방비와 국가정보원 예산, 외교안보비 등
② 명확성 원칙
　　㉠ 모든 국민이 이해할 수 있도록 예산을 편성해야 한다는 원칙으로, 예산의 내용이 합리적으로 분류·표시되어야 함은 물론, 수입의 원천과 지출의 용도가 분명하게 나타나 있어야 함을 뜻한다.
　　ⓒ 예외: 신임예산, 총괄예산(→ 명세예산), 예비비 등
　　ⓒ 신임예산은 전시나 안전을 위해 그 내용을 밝히기 곤란할 경우, 입법부가 총액만 결정하고 예산 각 항의 실질적인 부분은 행정부가 결정하게 하는 예산을 말한다.
　　㉣ 총괄예산은 예산의 총액만 사전에 설정해 주고 구체적인 내역은 집행단계에서 찾을 수 있게 하는 예산이다.
③ 정확성 원칙
　　㉠ 예산과 결산이 일치하여야 한다는 원칙으로 엄밀성의 원칙이라고도 한다.
　　ⓒ 이는 필요 이상의 돈을 거두어서는 안 되며, 계획한 대로 집행되어야 함을 뜻한다.
　　ⓒ 예외: 적자예산, 흑자예산 등
④ 한정성 원칙
　　㉠ 예산의 목적, 금액 및 기간에 명확한 한계가 있어야 한다는 원칙을 말한다.
　　ⓒ 양적 한정성: 초과지출금지 원칙으로, 예비비 편성과 추가경정예산이 예외에 해당한다.
　　ⓒ 질적 한정성: 비용의 목적 외 사용금지 원칙으로, 이용과 전용 등이 예외에 해당한다.
　　㉣ 시간 한정성: 회계연도 독립의 원칙으로, 이월, 계속비, 추가경정예산, 지난 연도 수입 등이 예외에 해당한다.
⑤ 완전성 원칙
　　㉠ 국가의 세입과 세출은 모두 예산에 편입되어야 한다는 포괄성의 원칙으로, 한 회계연도의 모든 수입과 지출은 예산에 반영되어 있어야 한다는 것이다.
　　ⓒ 이는 징세비(→ 중간경비)의 상계금지 원칙으로, 예산총계주의(→ 총계예산)라고 한다.
　　ⓒ 예외: 순계예산, 기금, 현물출자, 수입대체경비, 전대차관
　　㉣ 「국가재정법」: 수입대체경비 초과지출, 현물출자, 외국차관의 전대, 차관물자대의 세입이 세입예산을 초과할 때, 전대차관의 상환액이 세출예산을 초과할 때
　　㉤ 순계예산은 조세의 총수입액에서 징세비를 공제한 잔액만을 세출예산에 계산하는 제도이다.
　　㉥ 현물출자란 동산, 부동산, 채권, 유가증권 등 금전 이외의 재산을 출자한 것을 말한다.
　　㉦ 전대차관이란 외국정부 등으로부터 정부가 외화자금을 차입하여 자금의 실수요자인 차관사업수행자(→ 전대차주)에게 전대하는 차관을 말한다.

- 예산 한정성 원칙의 예외로 예비비 편성, 추가경정예산, 예산의 이용 및 전용 등이 있다. 　14. 국가직 7급

- 예산총계주의는 모든 세입과 세출이 예산에 계상되어야 한다는 것을 의미한다. 　16. 지방직 7급

- 순계예산, 현물출자, 전대차관 등이 예산 완전성 원칙의 예외이다. 　17. 경찰승진

한 번 더 정리 　예산 완전성의 원칙

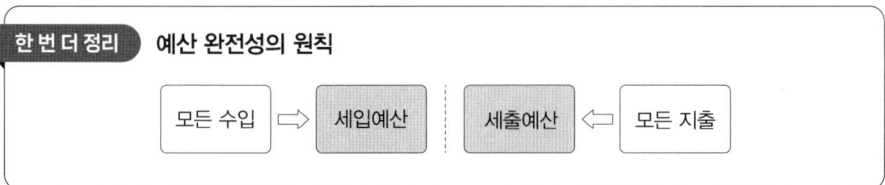

⑥ 단일성 원칙
　㉠ 모든 재정활동은 하나의 회계장부로 편성되어야 한다는 것으로, 국가의 예산을 종합적으로 명료하게 밝히기 위한 예산 명확성의 원칙과 밀접한 관련이 있다.
　㉡ 예외: 추가경정예산, 특별회계, 기금 등
⑦ 통일성 원칙
　㉠ 특정 세입과 특정 세출을 직접 연결시켜서는 안 된다는 원칙으로, 이는 국가의 모든 수입은 하나로 합친 후 즉, 모든 수입은 국고에 편입된 후 지출의 용도를 정해야 함을 의미(→ 전체 세입으로 전체 세출에 충당)한다.
　㉡ 국고통일의 원칙, 목적구속 금지의 원칙, 직접사용 금지의 원칙, 비영향의 원칙 등으로 불린다.
　㉢ 예외: 목적세, 수입대체경비, 수입금마련지출제도(→ 정부기업예산법), 특별회계, 기금 등
⑧ 사전의결 원칙
　㉠ 예산의 집행에 앞서 입법부의 의결을 거쳐야 한다는 원칙으로, 「헌법」에 의하면 국회는 다음 회계연도 개시 30일 전까지 예산안을 의결하여야 한다.
　㉡ 예외: 준예산, 긴급재정경제처분, 선결처분 등

3 현대적 예산원칙

(1) 의의
① 행정부 편의의 예산원칙으로, 사업계획과 예산편성의 연계성을 강조하는 것이 특징이다.
② 현대적 예산원칙은 정부의 정책결정기능을 강조하며, 집행의 신축성을 부여하는 데 초점을 둔다.

(2) 주요내용
① 행정부 책임의 원칙: 합법성뿐만 아니라 효과성·능률성도 중시
② 행정부 계획의 원칙: 사업계획과 예산의 연계 강조
③ 행정부 재량의 원칙: 예산집행의 재량권 부여
④ 적절한 수단구비의 원칙
⑤ 시기 신축성의 원칙
⑥ 다원적 절차의 원칙
⑦ 예산기구 상호교류의 원칙
⑧ 보고의 원칙: 선례·관습보다는 합리적인 재정 및 업무보고에 기초할 것

전통적 예산원칙			현대적 예산원칙
재정민주주의	재원배분	회계관리	재정사업관리
① 사전의결 원칙 ② 공개성 원칙 ③ 명확성 원칙	① 통일성 원칙 ② 한정성 원칙	① 완전성 원칙 ② 단일성 원칙 ③ 정확성 원칙	① 계획성 ② 성과 중심

• 예산 통일성 원칙이란 모든 수입은 국고에 편입되고 여기에서부터 지출이 이루어져야 한다는 것이다.
　　　　　　　　　15. 서울시 9급

• 예산 통일성 원칙에 대한 예외로 특별회계, 목적세, 수입대체경비 등이 있다.
　　　　　　　　　13. 지방직 7급

• 보고와 수단구비의 원리, 다원과 수단구비의 원칙, 계획과 책임의 원칙 등은 현대적 예산원칙에 속한다.
　　　　　　　　　12. 지방직 9급

> 바로 확인문제

1. 예산의 원칙과 그 내용, 예외 사항을 순서대로 나열한 것으로 옳지 않은 것은? 17. 국가직 9급(하)

① 사전의결의 원칙 – 회계연도 개시 전 예산 확정 – 준예산
② 통일성의 원칙 – 특정 수입과 특정 지출의 연계 금지 – 특별회계
③ 단일성의 원칙 – 세입과 세출 내역의 명시적 나열 – 이용과 전용
④ 완전성의 원칙 – 예산총계주의 – 전대차관

정답해설 단일성의 원칙은 회계장부가 하나여야 한다는 원칙이다. 반면, 세입과 세출 내역의 명시적 나열은 명확성의 원칙과 관련된다. 또한 이용과 전용은 한정성 원칙의 예외이다.

오답해설 ① 사전의결의 원칙은 예산의 집행에 앞서 입법부의 의결을 거쳐야 한다는 원칙으로, 준예산, 긴급재정경제처분, 선결처분이 그 예외이다.
② 통일성의 원칙은 특정 세입과 특정 세출을 직접 연결시켜서는 안 된다는 원칙으로, 목적세, 수입대체경비, 수입금마련지출제도, 특별회계, 기금 등이 그 예외이다.
④ 완전성의 원칙은 국가의 세입과 세출은 모두 예산에 편입(계상)되어야 한다는 포괄성의 원칙으로, 예산총계주의라고도 하며, 순계예산, 기금, 현물출자, 수입대체경비, 전대차관 등이 그 예외이다.

답 | ③

2. 예산의 원칙과 그 예외가 바르게 짝지어지지 않은 것은? 24. 국가직 7급

① 통일성의 원칙 – 목적세
② 단일성의 원칙 – 특별회계
③ 완전성의 원칙 – 전대차관
④ 사전의결의 원칙 – 예산의 이용

정답해설 입법과목 간의 융통인 이용은 국회의 사전의결을 받아야 한다.

오답해설 ① 목적세는 용도가 특정되어 있기에 예산 통일성 원칙의 예외에 해당한다.
② 특별회계는 예산 단일성 원칙과 통일성 원칙의 예외이다.
③ 전대차관은 예산 완전성 원칙에 대한 예외이다.

답 | ④

02 예산결정이론의 유형

1 예산결정의 방식 → 정치논리와 경제논리

(1) 의의

① 예산결정의 상황과 조건 그리고 원인과 결과에 관해 체계적으로 설명하는 이론을 말한다.
② 키(O. Key)는 왜 'X달러는 A사업이 아닌 B사업에 배정되었는가?'라는 질문을 통해 예산결정이론의 필요성을 제기하였다.
③ 그 응답으로 경제적 측면을 강조한 입장과 정치적 측면을 강조한 입장이 있다.
④ 루이스(V. Lewis)의 세 가지 경제학 명제: 상대적 가치, 증분분석, 상대적 효과성

• 루이스(V. Lewis)는 예산배분결정에 경제학적 접근법을 적용하여, 상대적 가치, 증분분석, 상대적 효과성이라는 세 가지 분석명제를 제시한다. 17. 국가직 7급

구분	정치원리(→ 점증주의)	경제원리(→ 합리주의)
초점	정치적 합의와 동의(→ 정치적 합리성)	사회적 효용의 극대화(→ 경제적 합리성)
목표	재정민주주의 구현	자원배분의 효율성
기준	균형화 원리(→ 정치적 타협과 흥정)	최적화 원리(→ 분석적·계량적 분석)
방향	미시적·상향적	거시적·하향적(PPBS)
대안	제한적 탐색	포괄적 탐색
기간	단기에 유용	장기에 유용
특성	보수적·현실적	이상적·규범적
분야	준공공재, 재분배정책, 계속사업	순수공공재, 분배정책, 신규사업
기타	전년도 예산과의 안정적 선형관계 외부변수의 영향력 미약	한계효용 관점(→ 상대적 가치 중시)

> **한 번 더 정리** 점증주의와 합리주의

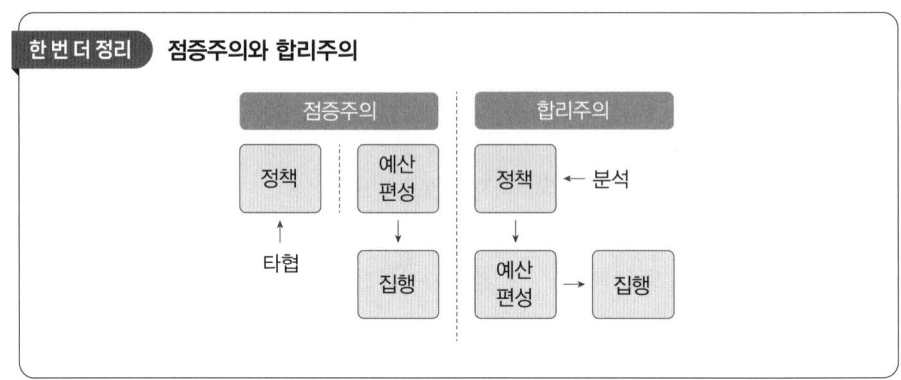

(2) 점증주의 접근방법

① 개념

㉠ 상황의 불확실성과 인간능력의 한계를 전제로 타협과 합의 같은 정치적 합리성을 강조하는 접근방법으로, 참여자들 간의 합의 정도가 좋은 예산의 기준이 된다.

㉡ 점증주의 접근방법은 예산결정에 있어 관련 이론이 없거나 이론에 대한 불신이 클 때 많이 사용되며, 품목별예산(LIBS)과 성과주의예산(PBS) 등이 이에 속한다.

㉢ 점증주의 예산결정은 다원주의 사회구조, 자원은 풍족하나 가용재원이 부족한 경우, 단기적 예산과정이 지배하는 경우, 전통적 예산원칙이 지배하는 경우 유용하게 사용될 수 있다.

㉣ 관계의 규칙성, 외부 요인의 영향 결여, 좁은 역할 범위를 지닌 참여자 간의 협상 등이 점증주의를 유발하는 요인이다.

② 특징

㉠ 점증주의 예산결정은 현실적·기술적·부분적인 예산제도로, 예산결정의 선례성과 정치성을 강조한다.

㉡ 점증주의 예산결정은 한계적 변동으로 급격한 예산변화는 일어나지 않으며, 예산과정의 권력 중심을 입법기관 쪽으로 옮겨주기 때문에 입법기관의 지지를 받기 용이하다.

- 점증주의 예산이론은 인간의 능력 부족과 환경의 불확실성에 기초한 제한된 합리성을 전제한다. 24. 경찰간부

- 점증주의 예산이론은 예산을 결정할 때 대안을 모두 고려하지는 못한다는 것을 전제로 한다. 23. 국가직 9급

- 점증주의 예산이론은 정치적 다원주의와 사회의 안정성을 전제로 한 예산이론이다. 22. 경찰승진

ⓒ 또한 예산변동분에 초점을 맞추고 있어 예산요구의 심사는 포괄적이 아니라 부분적이다.
ⓔ 점증주의 예산결정은 목표-수단분석을 하지 않고 목표도 조정이 가능한 것으로 간주하며, 대안 역시 한정된 범위에서 선택된다.
ⓜ 점증주의 예산결정은 한계적 가치(→ 기존 + α)만을 고려하기에 전년도 예산(base)을 충분한 검토 없이 현 연도 예산결정의 기준으로 사용한다.
ⓗ 점증주의 예산결정은 공정한 몫의 분배, 균형화 원리, 참여적 결정 등 예산배분에 있어 정치원리를 중시하며, 예산결정자는 사후후생을 고려하지 않고 최악을 피하는 전략을 사용한다.

③ 점증의 대상
㉠ 총예산 규모: 점증적 → 기초액과 공평한 몫의 합
㉡ 기관 간 관계: 점증적 → 선형적·안정적
㉢ 사업별 예산: 비점증적

④ 한계
㉠ 점증에 대한 명확한 기준이 없으며, 기득권 보호에 따른 보수주의 성향을 지닌다.
㉡ 이론적 근거가 빈약하며, 사회변동기제로서 예산의 정책적 기능을 과소평가하고 있다.
㉢ 급진적 변동이 요구되는 행정개혁의 시기에는 저항 혹은 관료제의 병리로 평가될 수 있다.
㉣ 지속적으로 예산이 증가되는 문제점을 지니고 있어 감축관리를 어렵게 하는 요인이다.

• 점증주의 예산이론은 현실 설명력은 높지만 본질적인 문제해결 방식이 아니며 보수적이다. 16. 지방직 9급

(3) 합리적·총체적 접근방법

① 개념
㉠ 총체적 예산결정은 합리모형에 입각한 예산의 결정방식으로, 예산상의 편익을 극대화하기 위한 규범적 성격이 강하다.
㉡ 총체적 예산결정은 과정 측면에서 보면 목표-수단분석에 입각한 의사결정을 의미하며, 결과 측면에서 보면 사회후생의 극대화가 실현된 자원의 배분상태를 의미한다.
㉢ 계획예산(PPBS)과 영기준예산(ZBB)이 이에 속하며, 일반적으로 지속적 재평가를 통해 자원배분의 효율성을 높이고자 했던 영기준예산(ZBB)을 가장 합리적인 예산제도로 거론한다.

② 특징
㉠ 총체적 예산결정은 이상적이고 규범적이며, 경제적이고 개혁적인 예산제도이다.
㉡ 명확한 목표와 목표 간 계층적 서열을 가정하고, 최선의 수단을 모색하는 목표-수단분석을 실시하며, 비용의 극소화 또는 목표의 극대화를 추구한다.
㉢ 특히 계획예산은 체제분석과 같은 수리적이고 연역적 분석방법을 활용하여 모든 대안과 요소들을 포괄적으로 고려하고 그 결과를 완벽하게 예측하고자 한다.
㉣ 기존 사업에 대한 당위적 예산배분을 제어할 수 있다는 점은 합리모형의 유용성이다.

③ 한계
㉠ 총체적 예산결정은 목표에 대한 사회적 합의가 도출되지 않은 경우 적용되기 어렵고, 예산배정이 불안정하며 예산투쟁이 격화될 우려가 있다.
㉡ 총체적 예산결정을 적용하면 계획기능이 강화되는 효과를 창출하는데 이는 집권화의 병리를 초래할 위험이 있다.

• 총체주의 예산이론은 합리적·분석적 의사결정과 최적의 자원배분을 전제로 한다. 23. 국가직 9급

• 총체주의 예산이론은 계획예산(PPBS), 영기준예산(ZBB)과 같은 예산제도 개혁을 설명하기에 적합한 이론이다. 23. 국가직 9급

• 합리모형은 예산을 탄력적으로 활용하여 경기변동에 대응하는 재정정책적 기능을 수행한다. 22. 군무원 7급

> 바로 확인문제

1. 총체주의 예산결정모형에 대한 설명 중 옳지 않은 것은?   20. 군무원 7급

① 집권적이며 하향식으로 자원을 배분한다.
② 품목별예산제도를 바람직한 예산편성방식으로 인식한다.
③ 목표와 수단 간 연계관계를 명확히 밝혀 합리적 선택을 모색한다.
④ 연역법적 방법론에 의하며 가치와 사실을 구분한다.

정답해설 계획예산과 영기준예산이 총체주의 예산제도이다. 품목별예산과 성과주의예산은 점증주의 예산이다.

답 | ②

2. 예산이론에 대한 설명으로 옳지 않은 것은?   23. 국가직 9급

① 총체주의는 계획예산(PPBS)이나 영기준예산(ZBB)과 같은 예산제도 개혁을 설명하기에 적합한 이론이다.
② 점증주의는 거시적 예산결정과 예산삭감을 설명하기에 적합한 이론이다.
③ 총체주의는 합리적·분석적 의사결정과 최적의 자원배분을 전제로 한다.
④ 점증주의는 예산을 결정할 때 대안을 모두 고려하지는 못한다는 것을 전제로 한다.

정답해설 점증주의 예산이론은 미시적 예산결정에 속한다. 그리고 예산삭감을 설명하기 적합한 이론은 총체주의에 속하는 영기준예산이다.

오답해설 ① 총체주의는 목표 달성을 위해 모든 대안을 체계적으로 분석하여 최적의 대안을 선택하는 합리적 의사결정 방식을 말한다. 목표와 계획을 강조하고, 모든 사업을 재평가하는 계획예산(PPBS)과 영기준예산(ZBB)은 이러한 총체주의적 접근에 기반한 예산 개혁이다.
③ 총체주의는 경제학의 합리적 인간을 가정하여, 명확한 목표설정, 모든 대안의 탐색 및 비교·분석을 통해 자원 배분의 최적화(optimality)를 추구하는 이상적·규범적 이론이다.
④ 점증주의는 인간의 제한된 합리성을 전제로 한다. 예산 결정자들이 시간, 정보, 인지능력의 한계로 인해 모든 대안을 검토하는 것은 불가능하다고 보고, 기존의 예산을 기준으로 소수의 친숙한 대안만을 비교·검토하여 현실적으로 만족할 만한 수준에서 결정을 내린다고 설명한다.

답 | ②

CHAPTER 02 마무리 기출 OX

다음 내용이 맞으면 O, 틀리면 X에 표시하시오.

01 예산 엄밀성 원칙은 정해진 목표를 위해서 정해진 금액을 정해진 기간 내에 사용해야 한다는 원칙이다. 19. 서울시 9급   O | X

02 예산 한정성 원칙은 국가의 예산은 하나로 존재해야 한다는 원칙이다. 19. 서울시 9급   O | X

03 예산 완전성 원칙은 모든 세입과 세출이 예산에 계상되어야 한다는 원칙이다. 09. 지방직 9급   O | X

04 예산 단일성 원칙은 특정한 세입과 특정한 세출을 직접 연계시켜서는 안 된다는 원칙이다. 09. 지방직 9급   O | X

05 입법부가 사전에 의결한 사항만 집행이 가능하다는 사전의결 원칙의 예외로는 긴급명령과 준예산 등이 있다. 16. 지방직 7급   O | X

06 계획예산제도(PPBS)와 영기준예산제도(ZBB)가 점증주의 접근을 적용한 대표적 사례이다. 16. 지방직 9급   O | X

07 예산결정에서 기존 사업에 대한 당위적 예산배분을 제어할 수 있다는 점은 점증모형의 유용성이다. 19. 지방직 7급   O | X

08 점증주의 예산분석은 예산변동분에 초점을 맞추며, 예산요구의 심사가 포괄적이 아니라 부분적이다. 10. 국회직 9급   O | X

09 점증주의 예산방식에서는 예산의 배정이 불안정하며 예산투쟁이 격화될 우려가 있다. 18. 경찰간부   O | X

10 총체주의 예산결정은 예산결정과정의 합리화를 위한 실증적 성격이 강한 의사결정방식이다. 19. 지방직 7급   O | X

정답 및 해설

01 X **02** X **03** O **04** X **05** O **06** X **07** X **08** O **09** X **10** X

01 정해진 목표를 위해서 정해진 금액을 정해진 기간 내에 사용해야 한다는 것은 예산 한정성 원칙이다.
02 국가의 예산은 하나로 존재해야 한다는 것은 예산 단일성 원칙이다.
04 특정 세입과 특정 세출을 직접 연계시켜서는 안 된다는 원칙은 예산 통일성 원칙이다. 단일성 원칙이란 모든 재정활동은 하나의 단일예산으로 편성되어야 한다는 것이다.
06 계획예산제도(PPBS)와 영기준예산제도(ZBB)는 합리주의 접근을 적용한 대표적 사례이다.
07 기존 사업에 대한 당위적 예산배분을 제어할 수 있는 것은 영기준예산과 같은 합리모형이다.
09 예산의 배정이 불안정하며 예산투쟁이 격화될 수 있는 것은 합리주의 예산결정 방식이다. 점증모형은 전년도의 기득권을 인정하고 소폭의 범위에서 예산의 변화를 추구하므로 정치적 안정성을 높일 수 있다.
10 총제주의(합리주의)는 예산결정과정의 합리화를 위한 규범적·이상적 성격이 강한 의사결정방식이다. 실증적·현실적 성격이 강한 모형은 점증주의모형이다.

CHAPTER 03 예산의 과정

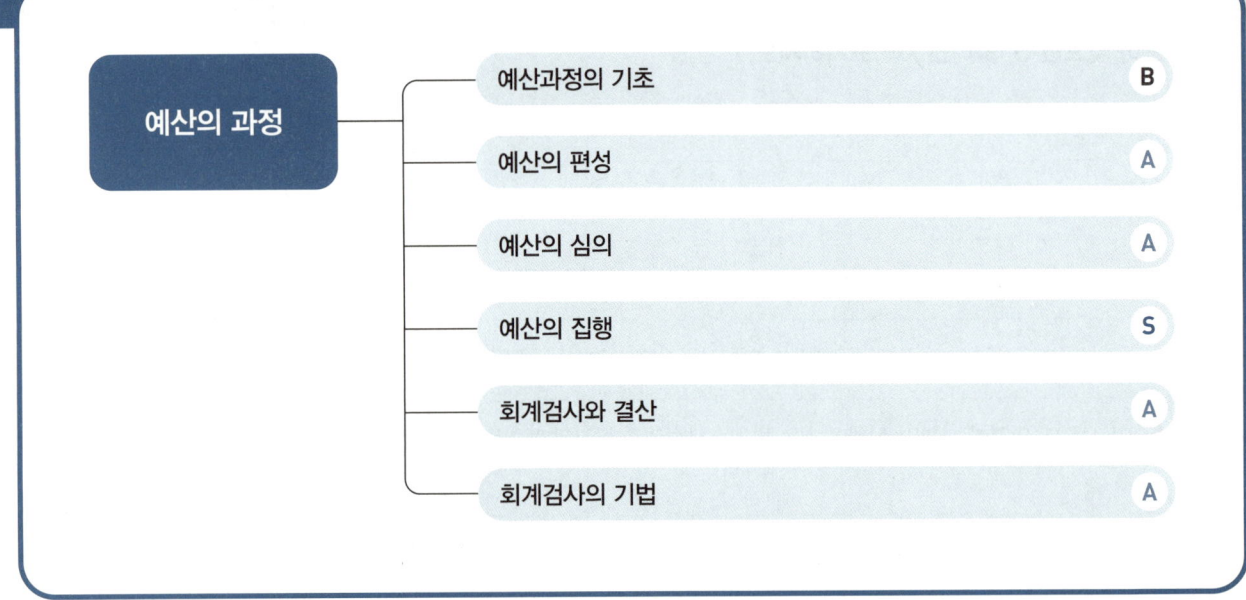

기선 제압

- 예산과정은 어느 한 시점(t)을 놓고 보면 t+1년의 예산을 편성하고, t년의 예산을 집행하고, t-1년의 예산을 결산하는 것이다. 23. 경찰간부

- 예산의 편성 및 의결, 집행, 그리고 결산 및 회계검사의 단계가 일정한 주기로 반복되는 것을 예산주기 또는 예산순기라고 하는데 우리나라의 경우 통상 3년이다. 21. 지방직 7급

01 예산과정의 기초 B

1 의의

① 예산주기: 예산이 결정되고, 집행되며, 결산이 이루어지는 기간으로, 대체로 3년 주기이다.
② 회계연도: 예산의 유효기간으로, 대체로 1년이다. 한편, 각 회계연도의 경비는 그 회계연도의 수입으로 충당하여야 한다는 것을 회계연도 독립의 원칙이라 한다.
③ 한국·독일·프랑스 등은 회계연도가 1월 1일부터 12월 31일까지이며, 영국·일본은 4월 1일부터 3월 31일까지, 그리고 미국은 10월 1일부터 9월 30일까지이다.
④ 우리나라의 경우 예산과정은 편성(→ 행정부), 심의(→ 입법부), 집행(→ 행정부), 회계검사(→ 행정부) 및 결산(→ 입법부)의 순으로 이루어진다.

구분	지난 연도(24) → 과년도	당해 연도(25) → 현 연도	다음 연도(26) → 차년도
편성·심의	2023년	2024년	2025년
집행	2024년	2025년	2026년
결산	2025년	2026년	2027년

2 예산과정의 절차

① **예산편성**: 정부사업에 사용될 재원을 추계하고 각종 사업의 지출규모를 확정하는 작업을 말한다. 행정의 복잡화와 전문성의 증대로 인하여 행정부 제출 예산제도가 일반적이다.
② **예산심의**: 행정부가 작성한 예산안을 의회가 심사하는 것을 말한다. 의회는 예산심의를 통해 예산을 결정할 뿐만 아니라 아울러 사업의 정당성도 검토한다.
③ **예산집행**: 세입에서 정한 금액을 국고로 받아들이고 일정한 한도 내에서 지출하는 것을 말한다.
④ **회계검사**: 수입과 지출의 결말에 관한 사실을 확인하기 위해서 정부가 작성한 회계기록과 장부 등을 제3자가 체계적으로 확인하는 행위를 말한다.
⑤ **결산**: 한 회계연도 내 모든 세입과 모든 세출을 확정적 계수로 표시하는 활동으로, 예산관리 업무의 적법성, 내부통제의 적합성, 사업의 효과성 등을 확인하는 과정이다.

바로 확인문제

1. 예산주기에 비추어 볼 때 2021년도에 볼 수 <u>없는</u> 예산과정은? 　21. 국가직 9급
① 국방부의 2022년도 예산에 대한 예산요구서 작성
② 기획재정부의 2021년도 예산에 대한 예산배정
③ 대통령의 2022년도 예산안에 대한 국회 시정연설
④ 감사원의 2021년도 예산에 대한 결산검사보고서 작성

> **정답해설** 2021년도 예산에 대한 결산검사보고서는 다음 연도인 2022년도에 이루어진다.
>
> **오답해설** ① 2022년도 예산요구서는 전년도인 2021년도에 이루어진다.
> ② 2021년도 예산배정은 원칙적으로 당해 연도인 2021년도에 이루어진다.
> ③ 2022년도 예산안에 대한 대통령의 국회 시정연설은 전년도인 2021년도에 이루어진다.
>
> 답 | ④

02 예산의 편성　A

1 의의

(1) 개념

① 예산편성은 다음 회계연도에 정부가 수행할 정책과 사업을 재정적 용어로 표시한 계획안이다.
② 우리나라는 기획재정부가 편성하고, 미국은 대통령 직속인 관리예산처가 편성한다.

- 예산을 행정부가 편성하여 입법부에 제출하는 것이 현대국가의 추세이다.　09. 국가직 9급

(2) 행정부 예산편성제도

장점	단점
① 행정수요의 객관적 판단	① 입법기관의 기능 약화
② 예산편성의 전문성 제고	② 예산통제의 곤란
③ 예산심의와 예산집행의 용이성	③ 국민에 대한 책임성 확보 곤란

(3) 방법

① 무제한예산법과 한도액설정법[→ 신성과주의예산(NPB), 하향식(Top down)]
② 증감분석법
③ 항목별 통제법 → 품목별예산(LIBS)
④ 단위원가계산법 → 성과주의예산(PBS)
⑤ 우선순위표시법 → 영기준예산(ZBB)

• 품목별예산은 예산사정의 방법으로 항목별통제법(line-item control)을 사용한다. 07. 국가직 9급

• 성과주의예산은 예산사정의 방법으로 업무량 측정 및 단위원가 계산법을 사용한다. 07. 국가직 9급

2 우리나라의 예산편성

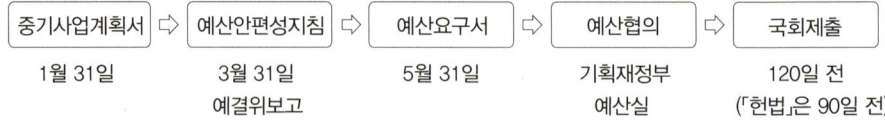

중기사업계획서 ⇨ 예산안편성지침 ⇨ 예산요구서 ⇨ 예산협의 ⇨ 국회제출
1월 31일 / 3월 31일 예결위보고 / 5월 31일 / 기획재정부 예산실 / 120일 전 (「헌법」은 90일 전)

(1) 절차

① 중기사업계획서 제출 및 국가재정운용계획의 수립
   ㉠ 각 중앙관서의 장은 매년 1월 31일까지 해당 회계연도부터 5회계연도 이상의 기간 동안의 신규사업 및 주요 계속사업에 대한 중기사업계획서를 기획재정부장관에게 제출하여야 한다.
   ㉡ 중기사업계획서의 대상은 일반회계, 특별회계, 기금을 포함하지만 금융성기금과 외국환평형기금은 제외된다.
   ㉢ 국가재정운용계획은 기획재정부에서 매년 수립하는 5개년 주기의 중기재정운용계획으로, 다년간의 재정수요와 가용재원을 예측하여 거시적 관점에서 기획과 예산을 연계함을 목적으로 하며, 연동계획으로 작성된다.
   ㉣ 국가재정운용계획은 중·장기적 국가비전과 정책의 우선순위를 고려한 계획으로, 단년도 예산편성의 기본틀이 된다.
   ㉤ 국가재정운용계획은 예산안과 함께 국회에 제출되지만 국회가 예산안처럼 심의하여 확정하는 것은 아니다.

② 예산안편성지침 통보
   ㉠ 기획재정부장관은 국무회의의 심의를 거쳐 대통령의 승인을 얻은 다음 연도의 예산안편성지침을 매년 3월 31일까지 각 중앙관서의 장에게 통보하여야 한다.
   ㉡ 기획재정부장관은 국가재정운용계획과 예산편성을 연계하기 위하여 예산안편성지침에 중앙관서별 지출한도를 포함하여 통보할 수 있다(→ 총액배분자율편성제도).
   ㉢ 기획재정부장관은 각 중앙관서의 장에게 통보한 예산안편성지침을 국회 예산결산특별위원회에 보고하여야 한다.

• 기획재정부장관은 대통령의 승인을 얻은 다음 연도의 예산안편성지침을 매년 3월 31일까지 각 중앙관서의 장에게 통보하여야 한다. 21. 지방직 7급

③ 예산요구서 제출
  ㉠ 각 중앙관서의 장은 예산안편성지침에 따라 그 소관에 속하는 다음 연도의 세입세출예산·계속비·명시이월비 및 국고채무부담행위 요구서를 작성하여 매년 5월 31일까지 기획재정부장관에게 제출하여야 한다.
  ㉡ 기획재정부장관은 제출된 예산요구서가 예산안편성지침에 부합하지 아니하는 때에는 기한을 정하여 이를 수정 또는 보완하도록 요구할 수 있다.
④ 예산안의 편성 및 국회제출
  ㉠ 기획재정부장관은 예산요구서에 따라 예산안을 편성하여 국무회의 심의와 대통령 승인을 얻어 회계연도 개시 120일 전(→「국가재정법」,「헌법」은 90일 전)까지 국회에 제출하여야 한다.
  ㉡ 기획재정부의 예산실에서 협의하며, 독립된 헌법기관과 감사원의 예산도 정부에서 편성한다.
  ㉢ 예산협의(→ 예산사정): 각 부처에서 제시한 예산계획서를 기획재정부에서 검토하는 절차이다.

구분	제출기한	의결기한
광역자치단체	회계연도 개시 50일 전	회계연도 개시 15일 전
기초자치단체	회계연도 개시 40일 전	회계연도 개시 10일 전

- 각 중앙관서의 장은 그 소관에 속하는 다음 연도의 세입세출예산·계속비·명시이월비 및 국고채무부담행위 요구서를 작성하여 매년 5월 31일까지 기획재정부장관에게 제출하여야 한다. 23. 지방직 7급

- 정부는 회계연도마다 예산안을 편성하여 회계연도 개시 90일 전까지 국회에 제출하도록 「헌법」에 규정되어 있다. 15. 국가직 9급

(2) 예산의 구성
① 예산총칙: 세입세출예산·계속비·명시이월비·국고채무부담행위에 관한 총괄규정과, 국채 또는 차입금의 한도액, 재정증권의 발행과 일시차입금의 최고액, 이용의 허가 범위 등을 규정한다.
② 세입세출예산: 한 회계연도의 모든 수입과 지출의 예정액으로, 예비비를 포함한다.
③ 계속비: 완성에 수년도를 요하는 사업의 총액과 연부액을 국회의결을 얻어 사용하는 제도이다.
④ 명시이월비: 세출예산 중 경비의 성질상 연도 내에 그 지출을 끝내지 못할 것이 예측될 때 미리 국회의 승인을 얻어 다음 연도에 넘겨 쓸 수 있게 하는 제도이다.
⑤ 국고채무부담행위: 국회의 사전의결을 받아 예산의 확보 없이 미리 채무를 부담하는 행위이다.

바로 확인문제

1. 다음 〈보기〉의 ㉠에 해당하는 것은?
18. 국회직 8급

| 보기 |

각 중앙관서의 장은 중기사업계획서를 매년 1월 31일까지 기획재정부장관에게 제출하여야 하며, 기획재정부장관은 국무회의 심의를 거쳐 대통령 승인을 얻은 다음 연도의 (㉠)을(를) 매년 3월 31일까지 각 중앙관서의 장에게 통보하여야 한다.

① 국가재정운용계획
② 예산 및 기금운용계획 집행지침
③ 예산안편성지침
④ 총사업비 관리지침
⑤ 예산요구서

정답해설 ㉠은 예산안편성지침을 말한다.

오답해설 ① 국가재정운용계획은 중기적 관점에서 정책의 우선순위에 따라 편성한 정부예산의 사전예측계획이다.
⑤ 예산요구서는 다음 연도의 세입세출예산, 계속비, 명시이월비, 국고채무부담행위에 등에 대한 요구서로, 매년 5월 31일까지 중앙관서의 장이 기획재정부장관에게 제출하여야 한다.

답 | ③

2. 국가재정운용계획에 대한 설명으로 가장 옳지 <u>않은</u> 것은?
22. 군무원 9급

① 중기재정계획은 정부가 매년 당해 회계연도부터 5회계연도 이상의 기간에 대해 수립하는 재정운용계획이다.
② 예산안과 함께 국회에 제출하는 국가재정운용계획은 5년 단위 계획이다.
③ 국가재정운용계획은 국회가 심의하여 확정한다.
④ 국가재정운용계획은 중·장기 국가비전과 정책의 우선순위를 고려한 중기적 시계를 반영하며, 단연도 예산편성의 기본 틀이 된다.

정답해설 국가재정운용계획은 예산안과 함께 국회에 제출되지만 국회가 예산안처럼 심의하여 확정하지는 않는다.

답 | ③

---

03 예산의 심의

1 의의

- 예산심의는 재정민주주의를 실현하는 과정이다. 09. 국가직 9급
- 예산심의는 구체적인 정책결정의 기능으로 이해할 수 있다. 09. 국가직 9급
- 예산심의는 사업 및 사업수준에 대한 것과 예산총액에 대한 것으로 나누어 볼 수 있다. 09. 국가직 9급

① 예산심의란 행정부가 수행할 사업계획의 타당성을 사전에 검토하고 예산액을 확정하는 절차로, 가장 실효성 있는 사전적 재정통제수단에 해당한다.
② 역사적으로는 왕권을 통제하기 위한 재정통제의 일환으로 등장하였으며, 예산과정에 입법부의 정치개입을 제도화한 것이다.
③ 예산심의는 재정민주주의를 실현하는 과정이며 동시에 구체적인 정책결정기능으로 이해할 수 있으며, 사업 및 사업 수준에 대한 것과 예산총액에 대한 것으로 나누어 볼 수 있다.

2 변수

① **정부형태**: 의회와 행정부가 분리된 대통령제는 비교적 엄격하게 심의하나, 의회의 다수당이 행정부를 구성하는 의원내각제는 형식적 심의로 정부예산안이 거의 수정되지 않고 통과된다.
② **의회구조**: 단원제는 신속한 결정이 장점이고 양원제는 신중한 결정이 장점이다. 미국은 상원과 하원이 예산확정에 있어 동등한 권한을 갖지만 영국과 일본 등은 하원이 선결권을 보유한다.
③ **심의형태**: 한국·미국·일본 등은 위원회 중심이고 영국은 본회의에서만 심의한다.
④ **형식**: 법률주의를 취할 경우 세입예산과 세출예산 모두 법적 구속력을 갖지만, 의결주의를 취할 경우 세출예산만 법적 구속력을 갖고 세입예산은 법적 구속력을 갖지 않는다.

3 우리나라의 예산심의

(1) 절차

① **국정감사**: 국회는 국정전반에 관하여 소관 상임위원회별로 매년 정기회 집회일 이전에 국정감사 시작일부터 30일 이내의 기간을 정하여 감사를 실시한다. 다만, 본회의 의결로 정기회 기간 중에 감사를 실시할 수 있다.
② **정기국회**: 매년 9월 1일에 집회(→「국회법」)하며, 회기는 100일(→「헌법」)이다.
③ **정부의 시정연설**: 예산안에 대해서는 본회의에서 정부의 시정연설을 듣는다.
④ **상임위원회 예비심사**: 소관장관의 제안설명, 전문위원의 예산안 검토·보고 및 질의·답변, 소위원회의 부별심의와 계수조정, 심사보고서 채택, 국회의장에게 보고 순으로 구성된다.
⑤ **예산결산특별위원회 종합심사**: 기획재정부장관의 제안설명, 전문위원의 검토·보고, 종합 정책질의와 답변, 부별심의, 예산조정소위원회 계수조정과 의결 순으로 구성된다.
⑥ **본회의 의결**: 「헌법」에 의하면 예산안은 회계연도 개시 30일 전까지 의결하여야 한다.

- 정부의 예산안이 국회에 제출되면 본회의에서 정부의 시정연설이 이루어진다. 21. 경찰승진

- 상임위원회의 예비심사를 거친 예산안은 예산결산특별위원회에 회부된다. 13. 지방직 9급

한 번 더 정리 — 예산심의 절차

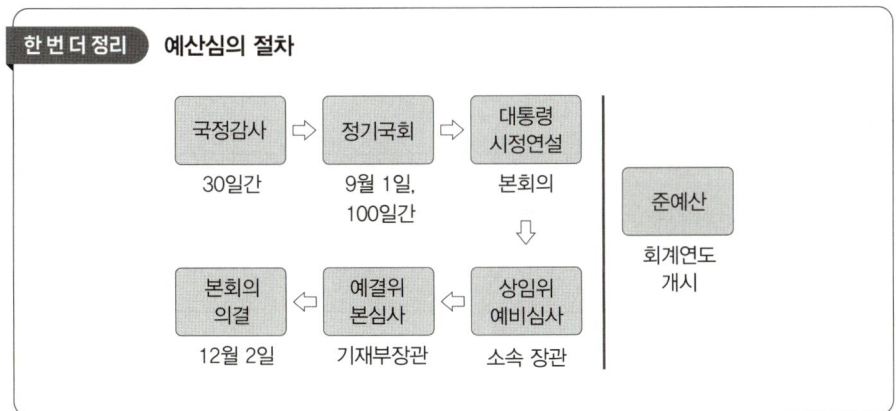

(2) 특징

① 우리나라는 의결의 형식으로 예산이 통과되므로 법률보다는 하위의 효력을 갖는다. 다만, 법률과 예산은 형식이 다르므로 예산에 의해 법률을 변경할 수 없고 법률에 의해 예산을 수정할 수 없다.

② 우리나라는 대통령제 국가이므로 의원내각제보다는 상대적으로 엄격한 예산심의가 이루어진다.

③ 우리나라는 예산심의가 위원회 중심으로 이루어지며, 본회의의 의결과정은 형식적이다. 한편, 상임위원회는 증액지향적이며 예산결산특별위원회는 감액지향적이다.

④ 수정가능성: 영국과 한국은 폐지와 삭감만 가능하고 증액 또는 새 비목을 설치하고자 할 때에는 정부의 동의가 필요하지만, 미국과 일본은 폐지와 삭감은 물론 새 비목 설치와 증액도 가능하다.

⑤ 「국회법」에 의하면 예산결산특별위원회는 소관 상임위원회에서 삭감한 세출예산의 금액을 증액하거나 새 비목을 설치할 경우에는 소관 상임위원회의 동의를 얻어야 한다. 다만, 새 비목의 설치에 대한 동의요청이 소관 상임위원회에 회부되어 회부된 때부터 72시간 이내에 동의여부가 예산결산특별위원회에 통지되지 아니한 경우에는 소관 상임위원회의 동의가 있는 것으로 본다.

⑥ 국회의장은 예산안을 소관 상임위원회에 회부할 때에는 심사기간을 정할 수 있고, 상임위원회가 이유 없이 그 기간 내에 심사를 마치지 아니하면 이를 바로 예산결산특별위원회에 회부할 수 있다.

⑦ 위원회는 예산안, 기금운용계획안, 임대형 민자사업 한도액안과 지정된 세입예산안 부수 법률안의 심사를 매년 11월 30일까지 마쳐야 하며, 기한까지 심사를 마치지 아니하였을 때에는 그 다음 날에 위원회에서 심사를 마치고 바로 본회의에 부의된 것으로 본다. 다만, 의장이 각 교섭단체 대표의원과 합의한 경우에는 그러하지 아니하다.

⑧ 위원회는 세목 또는 세율과 관계있는 법률의 제정 또는 개정을 전제로 하여 미리 제출된 세입예산안은 이를 심사할 수 없다.

⑨ 예산결산특별위원회는 예산안과 결산을 심사하기 위해 설치된 상설위원회로, 의장이 선임한 50인 이내의 위원으로 구성되며, 위원의 임기는 1년이다.

• 국회에서는 본회의보다 상임위원회와 예산결산특별위원회를 중심으로 예산이 심의된다. 15. 지방직 7급

• 국회는 정부의 동의 없이 정부가 제출한 지출예산 각 항의 금액을 증가하거나 새 비목을 설치할 수 없다. 16. 국가직 9급

바로 확인문제

1. 다음 중 우리나라의 예산심의에 대한 설명으로 가장 옳지 않은 것은? 22. 군무원 9급

① 정부의 시정연설 후에 국회에서 예비심사와 본회의 심의를 거쳐서 종합심사를 하고 의결을 한다.
② 예산심의는 행정부에 대한 관리통제기능이다.
③ 예산심의 과정에서 정당이 영향을 미친다.
④ 우리나라는 대통령 중심제로 인해 의원내각제인 나라에 비해 예산심의가 상대적으로 엄격하다.

정답해설 예산안은 시정연설, 상임위원회의 예비심사, 예산결산특별위원회의 본심사 그리고 본회의의 의결 순으로 진행된다.

답 | ①

2. 국회의 예산심의 절차를 순서에 맞게 연결한 것은?   17. 소방간부

> ㄱ. 대통령의 시정연설
> ㄴ. 상임위원회의 예비심사
> ㄷ. 기획재정부장관의 제안설명
> ㄹ. 예산결산특별위원회 전문위원의 보고
> ㅁ. 예산결산특별위원회 회부
> ㅂ. 계수조정소위원회의 계수조정
> ㅅ. 부처별 심사
> ㅇ. 본회의 심의·승인

① ㄱ - ㄴ - ㄷ - ㄹ - ㅁ - ㅂ - ㅅ - ㅇ
② ㄱ - ㄴ - ㅁ - ㄷ - ㄹ - ㅅ - ㅂ - ㅇ
③ ㄱ - ㄷ - ㅁ - ㄹ - ㄴ - ㅅ - ㅂ - ㅇ
④ ㄱ - ㄷ - ㄹ - ㄴ - ㅁ - ㅂ - ㅅ - ㅇ
⑤ ㄱ - ㄹ - ㄴ - ㅁ - ㄷ - ㅂ - ㅅ - ㅇ

정답해설 국회의 예산심의는 대통령의 시정연설, 상임위원회의 예비심사, 예산결산특별위원회 회부, 기획재정부장관의 제안설명, 예산결산특별위원회 전문위원의 보고, 부처별 심사, 계수조정소위원회의 계수조정, 본회의 심의·승인 순으로 이루어진다.

답 | ②

4 예산불성립 대처방안

(1) 가예산
① 회계연도가 개시될 때까지 예산이 국회를 통과하지 못했을 경우, 예산이 확정될 때까지 잠정조치로 실행되는 예산제도로, 최초의 1개월분으로 제한된다는 점에서 잠정예산과 상이하다.
② 1960년까지 우리나라에서 채택한 제도로 6번 정도 편성한 경험이 있다.

• 가예산은 1개월분의 예산을 국회의 의결을 거쳐 집행하는 것으로 우리나라가 운영한 경험이 있다.
23. 지방직 9급

(2) 잠정예산
① 예산이 성립되지 않을 때 잠정적으로 예산을 편성해 의회에 제출하고 의회의 사전의결을 얻어 사용하는 제도이다.
② 사용기간은 원칙적으로 규정되어 있지 않으며, 의회가 의결할 때 정해진다.
③ 미국의 경우 전년도 수준, 대통령의 요구액, 상·하원에서 승인된 세출예산액 중 금액이 낮은 쪽을 기준으로 하여 잠정예산을 정한다.

(3) 준예산
① 의의
 ㉠ 회계연도가 개시될 때까지 예산이 성립되지 못했을 경우, 의회의 승인 없이 전년도 예산에 준하여 지출할 수 있는 제도로, 현재 우리나라에서 채택하고 있다.

• 우리나라는 새로운 회계연도가 개시될 때까지 예산안이 국회에서 의결되지 못한 경우에 대비하여 준예산 제도를 시행하고 있다.
16. 국가직 9급

- 「헌법」상 준예산으로 지출 가능한 경비를 제한하고 있다. 17. 국회직 9급

- 준예산 제도의 도입 이후 중앙정부에서는 한 번도 활용된 적이 없다. 16. 경찰승진

- 준예산은 예산불성립 시 대처방안으로 국회 사전동의가 필요하지 않다. 16. 경찰승진

- 준예산은 이미 예산으로 승인된 사업의 계속을 위해 집행할 수 있다. 21. 국가직 7급

ⓒ 1960년 도입된 후 중앙정부의 경우에는 활용된 적이 없으나, 2004년 부안군과, 2013년 성남시에서 준예산을 편성한 경험이 있다.

② 요건 → 「헌법」
  ㉠ 「헌법」이나 법률에 의해 설치된 기관 및 시설의 유지비와 운영비
  ㉡ 법률상 지출의무가 있는 경비
  ㉢ 이미 예산으로 승인된 계속비

구분	사용기간	국회의결	지출항목	채택 국가
가예산	최초 1개월	필요	전반적	이승만 정부, 프랑스
잠정예산	제한 없음	필요	전반적	영국, 일본, 미국
준예산	제한 없음	불요	한정적	독일, 한국

바로 확인문제

1. 우리나라 예산제도에 대한 설명으로 옳지 않은 것은? 21. 국가직 9급

① 국회는 정부의 동의 없이 정부가 제출한 지출예산 각 항의 금액을 증가시킬 수 없다.
② 정부가 예산안 편성 시 감사원의 세출예산요구액을 감액하고자 할 때에는 국무회의에서 감사원장의 의견을 구하여야 한다.
③ 정부는 회계연도 개시 전까지 예산안이 의결되지 못한 때에는 전년도 예산에 준해 모든 예산을 편성해 운영할 수 있다.
④ 국회는 감사원이 검사를 완료한 국가결산보고서를 정기회 개회 전까지 심의·의결을 완료해야 한다.

정답해설 준예산의 용도는 한정적이므로 모든 예산을 편성할 수는 없다.

오답해설 ① 국회는 정부의 예산안에 대한 폐지와 삭감은 자유롭지만, 증액이나 새 비목의 설치를 위해서는 정부의 동의를 받아야 한다.
② 「헌법」상 독립기관뿐만 아니라 감사원의 세출예산요구액을 감액하고자 할 때에도 국무회의에서 기관장(감사원장)의 의견을 구하여야 한다.
④ 국가결산은 정기회 개회 전에 완료하여야 하며 이를 정기회에서 이루어지는 다음 연도 예산에 환류하여야 한다.

답 | ③

2. 예산 불성립에 따른 예산종류에 대한 설명으로 옳지 않은 것은? 23. 지방직 9급

① 준예산은 전년도 예산을 기준으로 예산을 편성해 운영하는 제도이다.
② 현재 우리나라는 준예산제도를 채택하고 있다.
③ 가예산은 1개월분의 예산을 국회의 의결을 거쳐 집행하는 것으로 우리나라가 운영한 경험이 있다.
④ 잠정예산은 수개월 단위로 임시예산을 편성해 운영하는 것으로 가예산과 달리 국회의 의결이 불필요하다.

정답해설 가예산과 잠정예산은 모두 국회의 의결이 필요하다.

오답해설 ① 준예산은 회계연도 개시 전까지 예산안이 의결되지 못할 경우, 전년도 예산에 준하여 특정 경비를 지출할 수는 제도이다.
② 우리나라는 이승만 정부에서 가예산제도를 활용하였으나 1960년 이후부터 준예산을 채택하고 있다.
③ 우리나라는 1949년부터 1955년까지 1954년 한 해만 빼고 매년 가예산을 편성한 바 있다.

답 | ④

04 예산의 집행

1 의의
① 국가의 수입과 지출을 실행하는 모든 행위를 말하며, 조세징수, 자금관리, 지출원인행위, 구매, 회계기록관리 등을 포괄한다.
② 예산집행은 입법부가 세운 재정한계를 엄수하면서 동시에 집행의 신축성을 유지한다는 두 가지 목표를 추구하는 과정이다.

2 절차
① 예산배정요구서의 제출: 각 중앙관서의 장은 예산이 확정된 후 사업운영계획 및 이에 따른 세입세출예산·계속비와 국고채무부담행위를 포함한 예산배정요구서를 기획재정부장관에게 제출하여야 한다.
② 예산의 배정
  ㉠ 기획재정부장관은 예산배정요구서에 따라 분기별 예산배정계획을 작성하여 국무회의의 심의를 거친 후 대통령의 승인을 얻어야 한다.
  ㉡ 기획재정부장관은 각 중앙관서의 장에게 예산을 배정한 때에는 감사원에 통지하여야 한다.
  ㉢ 긴급배정: 기획재정부장관은 필요한 때에는 대통령령으로 정하는 바에 따라 회계연도 개시 전에 예산을 배정할 수 있다.
  ㉣ 기획재정부장관은 필요한 때에는 분기별 예산배정계획을 조정하거나 예산배정을 유보할 수 있으며, 배정된 예산의 집행을 보류하도록 조치를 취할 수 있다.
③ 예산의 재배정
  ㉠ 기획재정부장관이 각 중앙관서의 장에게 배정한 예산을 각 중앙관서의 장이 재무관별(→ 지출원인행위)로 다시 배정하는 것을 말한다.
  ㉡ 각 중앙관서의 장은 세출예산을 재배정한 때에는 이를 지출관(→ 지출명령)과 기획재정부장관에게 통지하여야 한다.
④ 예산집행지침의 통보: 기획재정부장관은 예산집행의 효율성을 높이기 위하여 매년 1월 말까지 예산집행에 관한 지침을 작성하여 각 중앙관서의 장에게 통보하여야 한다.

3 통제수단
① 예산배정: 예산배정은 기획재정부장관이 각 중앙관서의 장에게 예산을 사용할 수 있도록 권한을 부여하는 행위로, 예산배정에 따라 지출시기와 금액이 한정되므로 통제수단으로 분류된다.

• 예산의 재배정은 행정부처의 장이 실무부서에게 지출을 할 수 있는 권한을 부여한다는 것을 의미한다.
19. 국가직 9급

② 예산재배정: 중앙관서의 장이 배정받은 범위 내에서 산하기관에게 배분하는 절차를 말한다.
③ 명세예산(↔ 총괄예산): 세부 용도를 상세하게 지정하여 국회가 승인한 예산을 의미한다.
④ 예비타당성조사: 대규모 재정투자사업의 타당성을 사전에 검증하여 예산낭비를 방지하고 재정운영의 효율성을 높이는 제도이다.
⑤ 총사업비관리: 국가의 예산 또는 기금으로 시행하는 대규모 사업의 총사업비를 사업추진 단계별로 합리적으로 조정·관리함으로써 재정지출의 효율성을 높이려는 제도이다.
⑥ 조세지출예산제도: 조세감면에 대한 국회의 통제수단이다.
⑦ 재정건전화 사업: 국가의 부채 등을 감면하기 위한 통제수단이다.
⑧ 기타: 지출원인행위 통제, 국고채무부담행위 통제 등도 예산집행의 통제장치이다.

4 신축성 유지방안

(1) 이용

① 각 중앙관서의 장은 예산이 정한 각 기관 간 또는 각 장·관·항 간에 상호 이용할 수 없다. 다만, 미리 예산으로써 국회의 의결을 얻은 때에는 기획재정부장관의 승인을 얻어 이용하거나 기획재정부장관이 위임하는 범위 안에서 자체적으로 이용할 수 있다.
② 사유(→ 포지티브 방식)
  ㉠ 법령상 지출의무의 이행을 위한 경비 및 기관운영을 위한 필수적 경비의 부족액이 발생하는 경우
  ㉡ 환율변동·유가변동 등 사전에 예측하기 어려운 불가피한 사정이 발생하는 경우
  ㉢ 재해대책 재원 등으로 사용할 시급한 필요가 있는 경우
③ 각 중앙관서의 장은 예산을 자체적으로 이용한 때에는 기획재정부장관 및 감사원에 각각 통지하여야 하며, 기획재정부장관은 이용의 승인을 한 때에는 그 중앙관서의 장 및 감사원에 각각 통지하여야 한다.
④ 각 중앙관서의 장이 이용을 한 경우에는 분기별로 분기만료일이 속하는 달의 다음 달 말일까지 그 이용 내역을 국회 소관 상임위원회와 예산결산특별위원회에 제출하여야 한다.

(2) 전용

① 각 중앙관서의 장은 예산의 목적범위 안에서 재원의 효율적 활용을 위하여 대통령령으로 정하는 바에 따라 기획재정부장관의 승인을 얻어 각 세항 또는 목의 금액을 전용할 수 있다.
② 각 중앙관서의 장은 회계연도마다 기획재정부장관이 위임하는 범위 안에서 각 세항 또는 목의 금액을 자체적으로 전용할 수 있다.
③ 제한사유(→ 네거티브 방식)
  ㉠ 당초 예산에 계상되지 아니한 사업을 추진하는 경우
  ㉡ 국회가 의결한 취지와 다르게 사업 예산을 집행하는 경우
④ 기획재정부장관은 전용의 승인을 한 때에는 그 전용명세서를 그 중앙관서의 장 및 감사원에 각각 송부하여야 하며, 각 중앙관서의 장은 전용을 한 때에는 전용을 한 과목별 금액 및 이유를 명시한 명세서를 기획재정부장관 및 감사원에 각각 송부하여야 한다.
⑤ 각 중앙관서의 장이 전용을 한 경우에는 분기별로 분기만료일이 속하는 달의 다음 달 말일까지 그 전용 내역을 국회 소관 상임위원회와 예산결산특별위원회에 제출하여야 한다.

• 예산의 이용과 전용은 예산의 목적 외 사용을 금지하는 한정성 원칙의 예외적 장치이다. 10. 국가직 7급

• 예산의 이용은 입법과목에 대한 변경이므로 국회의 의결을 얻고 기획재정부장관의 승인을 받아야 한다. 20. 국회직 9급

(3) 이체
① 기획재정부장관은 정부조직 등에 관한 법령의 제정·개정 또는 폐지로 인하여 중앙관서의 직무와 권한에 변동이 있는 때에는 그 중앙관서의 장의 요구에 따라 그 예산을 상호 이용하거나 이체할 수 있다.
② 이체는 책임소관만의 변동으로, 사용목적과 금액은 불변이므로 국회의 승인은 필요하지 않다.

- 예산의 신축성 유지방법 중 정부조직 개편과 가장 관련이 있는 것은 이체이다. 12. 지방직 7급

(4) 이월
① 예산을 다음 회계연도로 넘겨 다음 연도의 예산으로 사용하는 것은 원칙적으로는 금지되지만 일정한 경우 이를 인정하는 것이 이월제도이다.
② 명시이월: 연도 내에 지출을 필하지 못할 것이 예측된 경우 미리 국회의 승인을 거쳐 다음 연도에 사용하는 제도로, 각 중앙관서의 장은 명시이월비에 대하여 사항마다 사유와 금액을 명백히 하여 기획재정부장관의 승인을 얻은 범위 안에서 다음 연도에 걸쳐서 지출하여야 할 지출원인행위를 할 수 있다.
③ 사고이월: 지출원인행위를 하고 불가피하게 지출하지 못한 경비와 지출원인행위 하지 않은 부대경비를 국회의 승인 없이 다음 연도에 사용하는 제도이다.
④ 체차이월: 계속비의 연도별 연부액 중 해당 연도에 지출하지 못한 금액은 계속비사업의 완성연도까지 계속 이월하여 사용할 수 있게 하는 제도이다.
⑤ 명시이월은 1차에 한하여 재이월(→ 사고이월)이 가능하지만 사고이월은 재이월이 불가능하다.
⑥ 각 중앙관서의 장은 예산을 이월하는 때에는 이월명세서를 작성하여 다음 연도 1월 31일까지 기획재정부장관 및 감사원에 각각 송부하여야 한다.

- 이월이란 당해 연도 예산액의 일정 부분을 다음 연도로 넘겨서 사용할 수 있는 제도이다. 17. 서울시 9급

- 사고이월은 집행과정에서 재해 등의 이유로 불가피하게 다음 연도로 이월된 경비를 말한다. 19. 국가직 9급

(5) 예비비
① 정부는 예측할 수 없는 예산 외의 지출 또는 예산초과지출에 충당하기 위하여 일반회계 예산총액의 100분의 1 이내의 금액을 예비비로 세입세출예산에 계상할 수 있다.
② 예비비는 설치목적으로 보아 국회에서 부결된 용도에는 사용할 수 없는 것이 원칙이다.
③ 목적 예비비: 예산총칙 등에 따라 미리 사용목적을 지정해 놓은 예비비를 말한다. 다만, 공무원의 보수인상을 위한 인건비 충당을 위하여는 예비비의 사용목적을 지정할 수는 없다.
④ 예비비는「국가재정법」에 근거하여 기획재정부장관이 관리하며, 지출 후에는 다음 연도 국회의 사후승인이 필요하다.
⑤ 각 중앙관서의 장은 예비비의 사용이 필요한 때에는 그 이유 및 금액과 추산의 기초를 명백히 한 명세서를 작성하여 기획재정부장관에게 제출하여야 한다.
⑥ 기획재정부장관은 예비비 신청을 심사한 후 필요하다고 인정하는 때에는 이를 조정하고 예비비사용계획명세서를 작성한 후 국무회의의 심의를 거쳐 대통령의 승인을 얻어야 한다.
⑦ 일반회계로부터 전입 받은 특별회계는 필요한 경우에는 일반회계 예비비를 전입 받아 그 특별회계의 세출로 사용할 수 있다.
⑧ 각 중앙관서의 장은 예비비로 사용한 금액의 명세서를 작성하여 다음 연도 2월 말까지 기획재정부장관에게 제출하여야 하고, 기획재정부장관은 제출된 명세서에 따라 예비비로 사용한 금액의 총괄명세서를 작성한 후 국무회의의 심의를 거쳐 대통령의 승인을 얻

- 예비비는 공무원 인건비 인상을 위한 인건비 충당을 목적으로 사용할 수 없다. 19. 국가직 9급

어야 한다.
⑨ 정부는 예비비로 사용한 금액의 총괄명세서를 다음 연도 5월 31일까지 국회에 제출하여 그 승인을 얻어야 한다.
⑩ 예비금 제도: 「헌법」상 독립기관(→ 국회, 법원, 헌법재판소, 중앙선거관리위원회)의 예비경비로, 예비비 지출은 국회의 사후승인이 필요하나 예비금은 사후승인 없이 결산에 포함하여 처리한다.
⑪ 미국의 예비금제도: 사용목적이 정해져 있다는 점에서 우리와 다르다.
⑫ 「지방재정법」의 예비비 규정
　㉠ 지방자치단체는 예측할 수 없는 예산 외의 지출 또는 예산초과지출에 충당하기 위하여 일반회계 예산총액의 100분의 1 범위 내의 금액을 예비비로 예산에 계상하여야 한다. 다만, 특별회계(→ 교육비특별회계 제외)의 경우에는 예비비를 계상하지 아니할 수 있다.
　㉡ 그리고 목적 예비비는 재해·재난에 관련된 것에 한하여 예산에 계상할 수 있다.

(6) 계속비

① 완성에 수년도를 요하는 공사나 제조 및 연구개발사업을 경비총액과 연부액을 정하여 미리 국회의 의결을 얻은 범위에서 수년도에 걸쳐서 지출할 수 있게 하는 제도이다.
② 이는 사실상 다년도 예산을 편성하되 형식적으로는 단년도 예산을 유지하게 하는 수단이다.
③ 계속비로 국가가 지출할 수 있는 연한은 그 회계연도부터 5년 이내이지만, 필요한 경우에는 예외적으로 10년 이내로 할 수 있고, 기획재정부장관이 필요하다고 인정하는 때에는 국회의 의결을 거쳐 지출연한을 연장할 수 있다.
④ 계속비의 연도별 연부액 중 당해 연도에 지출하지 못한 금액은 계속비 사업의 완성연도까지 계속 이월(→ 체차이월)할 수 있으며, 완성연도에는 세입세출결산과는 별도로 계속비 결산을 받는다.

(7) 국고채무부담행위

① 법률에 따른 것과 세출예산금액 또는 계속비의 총액 범위 안의 것 외에 국가가 채무를 부담하는 행위로, 채무이행의 책임은 다음 회계연도 이후에 있는 것이 원칙이다.
② 예산의 효력은 1년이 원칙이다. 만약 채무의 효력이 다음 회계연도 이후에도 계속된다면 일반적인 세출예산으로는 이에 대처하기 어렵기에 국고채무부담행위제도가 도입된 것이다.
③ 그러나 국회의 의결을 얻었다 하여 다음 회계연도 이후의 지출에 대해서까지 국회의 동의를 얻은 것은 아니며, 지출을 위해서는 다시 예산으로서 국회의 의결을 받아야 한다.
④ 즉, 국고채무부담행위는 예산의 확보 없이 미리 채무를 지는 행위로, 채무를 부담할 권한만 있으며 지출권한까지 함께 부여받은 것은 아니다.
⑤ 국고채무부담행위는 사항마다 그 필요한 이유를 명백히 하고 그 행위를 할 연도 및 상환연도와 채무부담의 금액을 표시하여야 한다.
⑥ 긴급국고채무부담행위: 재해복구를 위하여 필요한 때에는 회계연도마다 국회의 의결을 얻은 범위 안에서 채무를 부담하는 행위를 할 수 있다. 이 경우 그 행위는 일반회계 예비비의 사용절차에 준하여 집행한다.

⑦ 국고채무부담행위는 당해 연도의 예산에 반영되지는 않았지만 예산집행과 동일한 효과를 창출하며, 차관, 국공채 등과 함께 국가채무에 포함된다.
⑧ 그리고 일정한 연부액이 없고 기간의 제한과 사유의 제한이 없다는 점에서 계속비제도보다 탄력적이고 유동적인 운용이 가능하다.

구분	계속비	국고채무부담행위
지출권한	잠정적 승인	미승인
용도	제한	제한 없음
승인효력	원칙적으로 5년 이내(→ 연장 가능)	제한 없음
이월	체차이월 가능	이월 불가

바로 확인문제

1. 예산집행의 신축성을 유지하기 위한 제도로 옳지 않은 것은?   22. 국가직 9급

① 계속비
② 수입대체경비
③ 예산의 재배정
④ 예산의 이체

정답해설 예산의 배정이나 재배정은 예산집행의 통제장치이다.

답 | ③

2. 다음 중 예산집행의 신축성을 보장하기 위한 제도에 대한 설명으로 가장 옳지 않은 것은?   24. 경찰간부

① 예산의 이용과 전용은 예산집행의 신축성 확보를 위한 것으로, 예산 한정성 원칙의 예외 사항이다.
② 국고채무부담행위는 국가가 다음 연도에 부담해야 할 채무부담을 인정하는 것으로 실제 지출권한까지 부여한 것이다.
③ 예비비는 정부가 예측할 수 없는 예산 외의 지출 또는 예산초과지출을 충당하기 위한 것으로, 일반회계 예산총액의 100분의 1 이내의 금액을 세입세출예산에 계상할 수 있다.
④ 정부조직 등에 관한 법령의 개정으로 인해 중앙관서의 직무와 권한에 변동이 있을 때 그 중앙관서의 장의 요구에 따라 그 예산을 이체할 수 있다.

정답해설 국고채무부담행위는 채무부담의 권한만을 허락받은 것이지 지출권한까지 허락받은 것은 아니다. 따라서 지출을 하려면 다시 국회의 의결을 받아야 한다.

답 | ②

05 회계검사와 결산

1 회계검사

(1) 의의

① 회계검사란 수입과 지출의 결과에 대한 기록을 제3의 기관이 확인하고 검증하여 보고하는 행위를 말한다.
② 회계검사는 비위와 부정의 적발 등 지출의 합법성을 확보하는 기능과 행정관리의 개선 및 정책의 합리적 수립이라는 환류기능을 수행한다.

구분	전통적·소극적 감사	현대적·적극적 감사
대상기관	주로 중앙정부	공기업, 정부지원기관까지 포함
방향	합법성 위주	경제성·능률성·효과성의 강조
초점	재정과 회계책임	관리와 정책까지 포함
기능	책임과 통제 위주	환류기능 위주
범위	회계검사와 직무감찰의 분리	회계검사와 직무감찰의 통합

(2) 회계검사기관

① 입법부형(→ 영·미형), 행정부형(→ 대륙형), 독립형(→ 독일·프랑스·일본), 5권 분립형(→ 대만)
② 단독제(→ 영국·미국), 합의제(→ 한국·일본)
③ 헌법기관(→ 한국·일본·독일), 비헌법기관(→ 영국·미국)

2 결산

(1) 의의

① 결산이란 세입·세출의 실적에 대한 정부의 사후적 재정보고로, 1회계연도 국가의 세입·세출의 실적을 확정적 계수로 표시한 것을 말한다.
② 예산과 결산은 일치해야 하지만 사고이월, 예비비의 사용, 이용과 전용, 불용액 등으로 인해 차이가 생길 수 있다.
③ 결산은 예산집행과정에서 위법 또는 부당한 지출이 있었는지의 여부를 확인하는 통제기능과, 예산운용에 대한 평가를 다음 연도 예산심의에 반영하는 환류기능을 수행한다.
④ 결산서의 보고방식에는 사실 관계에 초점을 맞춘 영·미식과, 법규의 규정에 초점을 두는 대륙식으로 나눌 수 있다.
⑤ 정부는 결산이 「국가회계법」에 따라 재정에 관한 유용하고 적정한 정보를 제공할 수 있도록 객관적인 자료와 증거에 따라 공정하게 이루어지게 하여야 한다.

- 결산은 한 회계연도의 수입과 지출의 실적을 확정적 계수로 표시하는 행위이다. 18. 국가직 9급

- 결산은 예산집행과정에서 위법 또는 부당한 지출이 있었는지의 여부를 확인하는 통제기능과, 예산운용에 대한 평가결과를 다음 연도 예산심의에 반영하는 환류기능을 수행한다. 13. 국가직 7급

(2) 우리나라의 결산

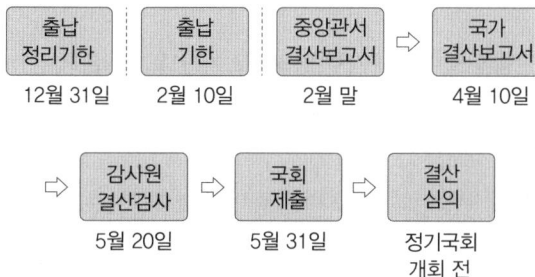

① 출납사무의 완결
  ㉠ **출납정리기한**: 출납 자체를 인정하는 기간으로, 원칙적으로 회계연도 말일까지 완결되어야 하나, 한국은행 및 체신관서의 경우 1월 15일까지 연장된다.
  ㉡ **출납기한**: 출납의 정리 및 보고와 장부의 정리기한으로, 매년 2월 10일까지이다.
② 절차
  ㉠ **중앙관서결산보고서**: 각 중앙관서의 장은 「국가회계법」에서 정하는 바에 따라 회계연도마다 작성한 결산보고서를 다음 연도 2월 말일까지 기획재정부장관에게 제출하여야 한다.
  ㉡ **국가결산보고서**: 기획재정부장관은 「국가회계법」에서 정하는 바에 따라 회계연도마다 작성하여 대통령의 승인을 받은 국가결산보고서를 다음 연도 4월 10일까지 감사원에 제출하여야 한다.
  ㉢ **감사원의 결산검사(→ 결산확인)**: 감사원은 국가결산보고서를 검사하고, 보고서를 5월 20일까지 기획재정부장관에게 송부하여야 한다. 다만, 위법·부당한 내용이 있어도 무효·취소할 수는 없다.
  ㉣ **국회제출**: 정부는 감사원의 검사를 거친 국가결산보고서를 다음 연도 5월 31일까지 국회에 제출하여야 한다.
  ㉤ **국회의 결산심의(→ 결산확정)**: 국회의 결산심의는 본회의 보고, 상임위원회의 예비심사, 예산결산특별위원회의 종합심사, 본회의 의결 순으로 진행되며, 정기국회 개회(→ 9월 1일) 전까지 완료하여야 한다.
③ 효과
  ㉠ 국회심의로 결산이 확정되면 절차적·형식적으로는 예산집행의 최종 책임은 해제되는 효과를 가진다. 그러나 위법·부당한 지출행위라 하여도 이를 무효·취소는 할 수 없다.
  ㉡ 따라서 결산의 효과는 법률적 의미보다는 정치적 의미에 그친다. 그러나 공무원 개인의 배상책임과 형사책임까지 면제되는 것은 아니다.

> **바로 확인문제**

1. 다음 중 감사원의 임무 및 기능에 대한 설명으로 가장 옳지 않은 것은? 21. 경찰간부

① 감사원은 국가결산보고서의 위법 또는 부당한 내용을 발견하면 이를 무효로 하거나 취소할 수 있다.
② 국가 또는 지방자치단체가 자본금의 50% 이상을 출자한 법인의 회계에 대해서 회계검사를 할 수 있다.
③ 직무감찰의 대상은 공무원, 지방공무원, 한국은행 임원, 준공무원 등이다.
④ 감사원의 감사를 받는 자의 직무에 관한 처분, 그 밖의 행위에 관하여 이해관계를 가진 자는 감사원에 심사청구를 할 수 있다.

정답해설 감사원은 변상판정, 징계나 시정요구, 권고, 고발 등을 할 수 있을 뿐 직접적으로 무효로 하거나 취소할 수 없다.

답 | ①

2. 우리나라의 결산에 대한 설명으로 옳지 않은 것은? 18. 국가직 9급

① 각 중앙관서의 장은 회계연도마다 소관 기금의 결산보고서를 중앙관서결산보고서에 통합하여 작성하여야 한다.
② 결산은 국회의 심의를 거쳐 국무회의의 의결과 대통령의 승인으로 종료된다.
③ 정부는 감사원의 검사를 거친 국가결산보고서를 국회에 제출하여야 한다.
④ 결산은 한 회계연도의 수입과 지출 실적을 확정적 계수로 표시하는 행위이다.

정답해설 결산은 국회의 심의·의결로 종료된다.

오답해설 ① 「국가재정법」에 의하면 각 중앙관서의 장은 「국가회계법」에서 정하는 바에 따라 회계연도마다 소관 기금의 결산보고서를 중앙관서결산보고서에 통합하여 작성한 후 기획재정부장관에게 제출하여야 한다.
③ 감사원은 국가결산보고서를 검사하고, 보고서를 5월 20일까지 기획재정부장관에게 송부하여야 하고, 정부는 감사원의 검사를 거친 국가결산보고서를 다음 연도 5월 31일까지 국회에 제출하여야 한다.
④ 결산이란 한 회계연도 내에서 세입예산의 모든 수입과 세출예산의 모든 지출을 확정적 계수로 표시하는 활동을 말한다.

답 | ②

06 회계검사의 기법

1 인식기준 → 현금주의와 발생주의

(1) 현금주의

① 개념

㉠ 현금주의는 현금의 수납사실 즉, 현금이 들어오거나 나갈 때를 기준으로 인식하는 방식으로, 현금을 수취하였을 때 수입으로 인식하고 현금을 지불하였을 때 지출로 인식한다.

• 현금주의회계는 현금이 수납될 때 수익이 발생한 것으로 기록하고 현금이 지급될 때 지출이 발생한 것으로 본다.   23. 해경간부

ⓒ 현금주의는 미지급된 비용이나 미수된 수익은 기록되지 않기 때문에 채권이나 채무는 회계장부상으로는 존재하지 않으며, 일반적으로 단식부기를 사용한다.
② 장점
　　⊙ 단순하고 이해가 용이하며 작성과 관리가 쉬워 운영경비가 저렴하다.
　　ⓒ 출납사실에 근거하여 기록하므로 주관적 판단을 배제할 수 있어 발생주의보다 객관적이다.
　　ⓒ 현금의 출납 상황이 기록되어 있으므로 현금흐름의 파악이 용이하고 외형상 수지균형의 확보가 용이하다.
③ 단점
　　⊙ 미지급 비용을 인식하지 못하여 가용재원을 과대평가하므로 재정낭비를 초래할 수 있다.
　　ⓒ 투자사업의 비용과 편익에 대한 정확한 계산이 곤란하므로 재정의 총괄적인 현황 파악이 어렵고, 사업의 성과도 파악하기 어렵다.

(2) **발생주의**
① 개념
　　⊙ 발생주의는 실제로 현금을 주고받은 시점에 관계없이 거래가 발생한 시점을 기준으로 수익과 비용을 인식하는 방법이다.
　　ⓒ 발생주의에 의하면 수익은 권리가 확정(→ 납세고지)된 시점에 기록하고, 비용은 채무가 확정(→ 지출원인행위)된 시점(→ 채권채무관계가 성립된 시점)에 기록된다.
　　ⓒ 발생주의는 반드시 복식부기를 적용하여야 하며, 대신 출납폐쇄기한이 상대적으로 불필요하다.
② 장점
　　⊙ 장기적 비용과 수익을 산정할 수 있어 재정상태에 대한 종합적 정보를 제공해 주며, 기관별 성과의 비교를 용이하게 한다.
　　ⓒ 정부지출의 진정한 비용을 파악할 수 있기 때문에 예산의 효율성이 제고되고, 재무정보의 공시를 통해 재정운용의 투명성과 신뢰성을 높일 수 있다.
　　ⓒ 감가상각을 통해 서비스의 원가를 파악할 수 있기 때문에 분권화된 조직의 자율과 책임을 구현할 수 있는 수단이 될 수 있다.
　　② 발생주의는 복식부기 방식으로 기장하므로 대차평균의 원리에 따라 오류를 검증할 수 있다.
③ 단점
　　⊙ 절차가 복잡하고 회계처리 비용이 많이 들며, 현금흐름의 파악이 곤란하다.
　　ⓒ 감가상각을 함에 있어 회계담당자의 주관성이 개입하므로 자의적 회계처리가 나타날 수 있다.
　　ⓒ 회수 불가능한 채권이나 지불 불필요한 채무를 구별하기 어려워 재무정보의 왜곡이 나타난다.
　　② 공공분야의 경우 자산이나 수익의 정확한 산정이 어렵기에 도입에 한계가 있다.

• 현금주의회계는 비용과 수익을 알 수 없어서 경영성과의 파악이 어렵다.
23. 경찰간부

• 발생주의회계는 현금의 수수에 관계없이 어떤 사건이 발생된 시점에 거래를 인식하는 것을 말한다.
24. 경찰승진

• 발생주의회계는 복식부기 기장방식을 채택하는 것이 일반적이다.
21. 군무원 9급

• 발생주의회계는 원가 개념을 제고하고 성과측정 능력을 향상시킬 수 있다.
10. 국가직 9급

- 발생주의회계는 미지급금, 부채성 충당금 등을 포함하여 부채를 정확하게 측정한다. 13. 지방직 7급

- 무상거래는 현금주의에서는 인식되지 않지만 발생주의에서는 이중거래로 인식된다. 11. 국회직 8급

- 발생주의회계에서 인정되는 계정과목에는 감가상각충당금, 대손충당금이 포함된다. 17. 국회직 9급

- 발생주의회계는 재화의 감가상각 가치를 회계에 반영할 수 있다. 21. 군무원 9급

- 감가상각과 대손상각은 발생주의회계에서 비용으로 인식된다. 24. 경찰승진

구분	현금주의	발생주의
인식기준	현금의 수취(→ 유입)와 지출(→ 유출)	수익의 획득과 비용의 발생
선급비용	비용으로 인식	자산으로 인식
선수수익	수익으로 인식	부채로 인식
미지급비용	인식 안 됨	부채로 인식
미수수익	인식 안 됨	자산으로 인식
감가상각	인식 안 됨	비용으로 인식
대손상각	인식 안 됨	비용으로 인식
상환이자	지급 시기에 비용으로 인식	기간별 인식
무상거래	인식 안 됨	이중거래로 인식
정보활용원	개별자료 우선	통합자료 우선
성과파악	곤란	용이

바로 확인문제

1. 발생주의회계에 대한 설명으로 옳지 않은 것은? 24. 지방직 7급

① 고정자산 등 경제적 자원을 회계과정에서 인식하기 어렵다.
② 미지급비용을 부채로 인식한다.
③ 감가상각을 비용으로 인식한다.
④ 현금의 유입, 유출과 관계없이 수익과 비용이 발생된 시점에 거래를 인식한다.

정답해설 발생주의회계는 감가상각을 통해 고정자산의 경제적 가치를 파악한다.

답 | ①

2. 발생주의 회계제도에 대한 설명으로 옳은 것은? 21. 군무원 9급

> 가. 재화의 감가상각 가치를 회계에 반영할 수 있다.
> 나. 부채규모와 총자산의 파악이 용이하지 않다.
> 다. 현금이 거래되는 시점을 중심으로 기록한다.
> 라. 복식부기 기장방식을 채택하는 것이 일반적이다.

① 가, 라　　　　　　② 나, 라
③ 나, 다　　　　　　④ 가, 다

정답해설 가. 발생주의회계는 현금의 흐름과 상관없이 비용이 발생한 기간에 인식하므로, 자산을 사용하며 가치가 감소하는 매 회계 기간마다 감가상각비를 인식하여 반영할 수 있다.
라. 발생주의회계는 복식부기라는 체계적인 기록 시스템을 통해서만 그 원칙을 제대로 구현하고 재무정보를 정확하게 산출할 수 있다.

오답해설 나. 발생주의 회계는 자산과 부채를 파악하기 위해 도입된 회계제도이다.
다. 현금이 거래되는 시점을 중심으로 기록하는 것은 현금주의 회계이다.

답 | ①

2 기장방식 → 단식부기·복식부기

(1) 단식부기
① 현금수지, 자산·부채 등이 각각의 항목으로 기재되는 방식으로, 현금주의에서 주로 채택한다.
② 거래의 일면만 기록하므로 단순하여 작성과 관리가 용이하다.
③ 다만, 부기 구조를 통한 오류의 자동검출이 불가능하고, 이익과 손실의 원인을 명확하게 파악하기 곤란하여 재정의 총괄적 정보와 정부사업의 성과를 파악하기 어렵다.

(2) 복식부기
① 거래의 이중성을 회계처리에 반영하여 기록하는 방식으로, 발생주의에서 주로 채택한다.
② 하나의 거래를 대차평균의 원리에 따라 차변과 대변으로 기록하는 방식으로, 차변의 합계와 대변의 합계가 항상 일치하므로 오류의 자기검증이 가능하다.
③ 자산이나 부채와 같은 총량적 데이터를 확보할 수 있어 최고관리자에게 유용한 정보를 제공할 수 있고, 성과파악이 용이하여 성과주의예산을 도입할 수 있게 한다.
④ 정부재정의 효율성과 투명성 및 책임성을 제고할 수 있고, 미래지향적인 재정관리의 기반을 조성할 수 있게 한다.

차변 → 결과	대변 → 원인
자산의 증가	자산의 감소
부채의 감소, 자본의 감소	부채의 증가, 자본의 증가
비용의 발생	수익의 발생

- 단식부기는 현금의 수지와 같이 단일 항목의 증감을 중심으로 기록하는 방식이다. 18. 국가직 9급
- 단식부기에서는 총괄적이고 체계적인 현황 파악이 곤란하다. 17. 국회직 9급
- 발생주의 복식부기는 기록과 계산의 정확성 여부를 검증할 수 있는 자기검증의 기능을 지닌다. 09. 국회직 8급
- 복식부기는 정부재정활동의 효율성, 투명성, 책임성을 제고할 수 있다. 12. 국가직 7급

3 재무제표

① 재무제표는 국가의 재정상태와 운영결과를 보여주는 보고서로, 재정상태표와 재정운영표, 순자산변동표, 현금흐름표로 구성된다.
② 일반회계, 특별회계, 기금이 모두 포함된 통합재무제표로 작성되고, 당해 연도와 직전 연도를 비교하는 방식으로 기록된다.
③ 재정상태표는 일정 시점에서 측정되는 저량지표로, 자산 = 부채 + 자본으로 표시된다.
④ 재정운영표는 일정 기간 측정되는 유량지표로, 수익 − 비용 = 순이익으로 표시된다.
⑤ 순자산변동표는 회계연도 동안 순자산의 증감 내역을 보여주는 표로, 순자산 = 자산 − 부채로 표시된다.

- 중앙정부 결산보고서상의 재무제표는 재정상태표, 재정운영표, 순자산변동표, 현금흐름표로 구성된다. 22. 국가직 9급

⑥ 현금흐름표는 정부의 현금흐름을 나타내는 표로 현금주의로 작성된다.

바로 확인문제

1. 중앙정부 결산보고서상의 재무제표로 옳은 것은?   22. 국가직 9급

① 손익계산서, 순자산변동표, 현금흐름표
② 대차대조표, 재정운영보고서, 이익잉여금처분계산서
③ 재정상태표, 재정운영표, 순자산변동표, 현금흐름표
④ 재정상태보고서, 순자산변동표, 현금흐름보고서

정답해설 「국가회계법」의 개정으로 기존의 재정상태표, 재정운용표, 순자산변동표에 현금흐름표가 추가되었다.

답 | ③

2. 정부회계에 대한 설명으로 옳지 않은 것은?   22. 지방직 9급

① 국가회계는 디브레인(dBrain) 시스템을 통해, 지방자치단체회계는 e-호조 시스템을 통해 처리된다.
② 재무회계는 현금주의 단식부기 회계방식이, 예산회계는 발생주의 복식부기 방식이 적용된다.
③ 발생주의에서는 미수수익이나 미지급금을 자산과 부채로 표시할 수 있다.
④ 재무제표는 거래가 발생하면 차변과 대변 양쪽에 동일한 금액으로 이중 기입하는 복식부기 방식을 채택하고 있다.

정답해설 반대로 기술되어 있다. 지방자치단체의 경우 경제적 자원의 측정을 목적으로 하는 재무회계는 발생주의 복식부기가 적용되고, 자금집행의 계획과 통제를 주목적으로 하는 예산회계는 현금주의 단식부기가 적용된다.

답 | ②

CHAPTER 03 마무리 기출 OX

다음 내용이 맞으면 O, 틀리면 X에 표시하시오.

01 정부는 재정운용의 효율화와 건전화를 위하여 매년 해당 회계연도부터 10회계연도 이상의 기간에 대한 재정운용계획을 수립하여야 한다. 21. 지방직 7급 O | X

02 중앙관서의 장은 매년 3월 31일까지 다음 회계연도의 신규사업계획서를 기획재정부장관에게 제출하여야 한다. 16. 소방간부 O | X

03 우리나라의 예산은 행정부가 제출하고 국회가 확정하지만 미국과 같은 세출예산법률의 형식은 아니다. 18. 국가직 9급 O | X

04 상임위원회의 예비심사를 거친 정부예산안은 예산결산특별위원회에 회부되고, 예산결산특별위원회에서 종합심사가 종결되면 본회의에 부의된다. 16. 국가직 9급 O | X

05 가예산은 1개월분의 예산을 국회의 의결을 거쳐 집행하는 것으로 우리나라가 운영한 경험이 있다. 24. 경찰승진 O | X

06 예산집행은 재정통제와 재정신축성이라는 상반된 목표를 동시에 추구한다. 10. 국가직 7급 O | X

07 예비비는 완성에 수년이 걸리는 사업에 소요되는 경비총액에 대해 미리 국회의 의결을 얻어 계속 지출할 수 있도록 하는 제도이다. 13. 국회직 9급 O | X

08 국고채무부담행위는 국가가 금전 급부의무를 부담하는 행위로서 그 채무이행의 책임은 다음 회계연도 이후에 있는 것이 원칙이다. 24. 국가직 9급 O | X

09 현금주의는 현금이 수납되었을 때 수입으로 기록하고 현금이 지급되었을 때 지출로 기록하는 것이다. 23. 해경간부 O | X

10 발생주의회계제도는 산출에 대한 원가산정이 가능하기 때문에 분권화된 조직의 자율과 책임을 구현할 수 있는 중요한 수단이다. 13. 지방직 7급 O | X

정답 및 해설

01 X 02 X 03 O 04 O 05 O 06 O 07 X 08 O 09 O 10 O

01 국가재정운용계획은 5회계연도 이상으로 수립된다.
02 각 중앙관서의 장은 매년 1월 31일까지 당해 회계연도부터 5회계연도 이상의 기간 동안의 신규사업 및 기획재정부장관이 정하는 주요 계속사업에 대한 중기사업계획서를 기획재정부장관에게 제출하여야 한다.
07 완성에 수년이 걸리는 사업에 소요되는 경비총액에 대해 미리 국회의 의결을 얻어 계속 지출할 수 있도록 하는 제도는 계속비이다.

CHAPTER 04 예산개혁론

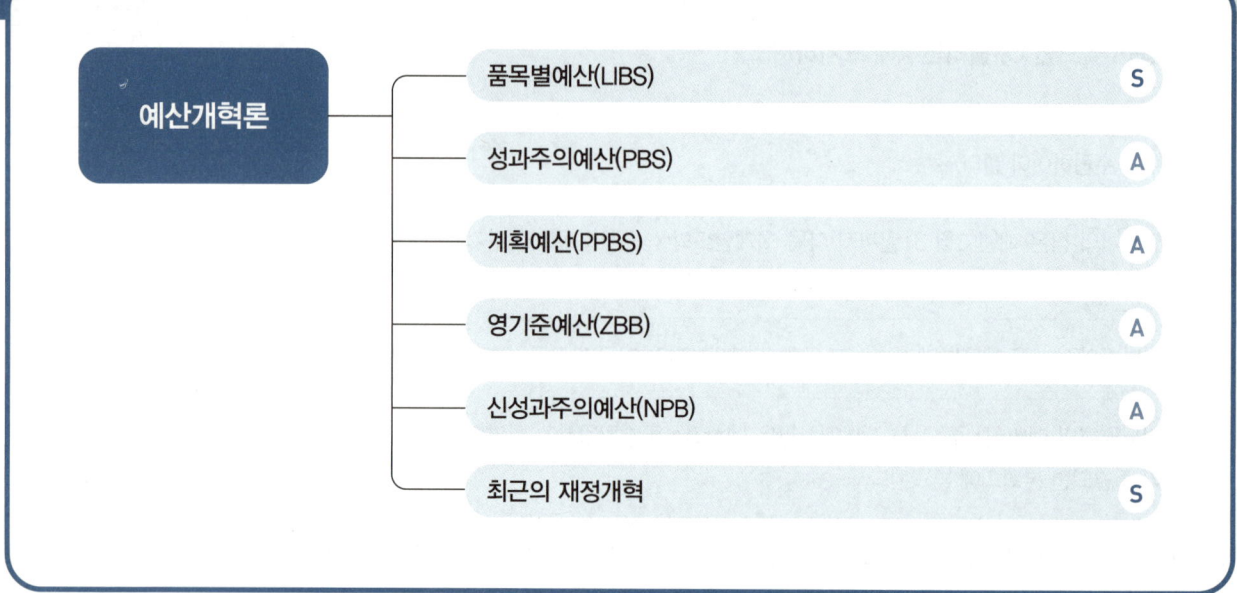

01 품목별예산(LIBS)

1 의의

(1) 개념

① 정부의 지출을 체계적으로 구조화한 최초의 예산제도로, 지출대상 즉, 투입물의 성질에 따라 세부항목별로 예산을 편성하여 지출대상의 한계를 명확하게 하고 예산통제를 높이고자 하였다.

② 품목별예산은 명예혁명 이후 국왕의 재정권을 통제하려는 것에서 연유하였으며, 1907년 뉴욕시를 시작으로, 1912년 절약과 능률에 관한 대통령 위원회(→ 태프트 위원회)의 건의로 1920년대 연방부처들이 채택하였다.

(2) 편성 → 투입물 단위

① 인건비: 기본급, 수당 등
② 물건비: 관서운영비, 업무추진비, 여비 등
③ 이전지출: 보상금, 배상금, 출연금 등
④ 우리나라의 예산편성과목 중 '목'에 해당한다.

(3) 특징

① 투입물 중심의 예산제도로, 지출품목과 그 비용에 관한 정보에 관심을 둔다.

 기선 제압

- 품목별예산제도(LIBS)는 예산을 지출대상별로 분류하여 편성하는 것을 말한다. 09. 지방직 9급

- 품목별예산제도는 예산을 지출대상별로 분류해 편성하는 통제지향적인 제도로서 1920년대 대부분 미국 연방부처가 도입하였다. 22. 국가직 7급

② 예산과정이 점증적·미시적·상향적 흐름을 지니며, 입법부 우위 예산원칙의 준수를 강조한다.
③ 단년도 지출에 초점을 두며, 투입물의 비용이 얼마인가에 따라 예산을 배정하므로 예산담당 공무원에게는 회계학적 기술이 요구된다.
④ 품목별예산의 경우 전반적인 계획과 관리책임은 분권화되어 있고, 통제는 집권적이며, 회계책임은 다시 분산되어 있다.
⑤ 품목별예산이 성공적으로 운영되기 위해서는 합법성 위주의 예산심의가 중시되어야 한다.

2 평가

(1) 장점

① 예산계정과 회계계정을 연결시켜 주므로 회계책임이 명확하고, 예산의 유용이나 남용을 방지할 수 있어 재정통제가 용이하여 행정부에 대한 의회의 권한을 강화시킬 수 있다.
② 예산이 품목별로 나열되어 있으므로 다음 연도 예산편성의 기초자료로 활용될 수 있다.
③ 전년도 예산액을 기준으로 예산을 편성하고 심의하므로 분석비용을 절감할 수 있고, 인건비와 같은 투입물 중심으로 예산이 편성되므로 인사행정에 유용한 정보를 제공할 수 있다.
④ 그리고 투입물 중심의 예산편성은 사업 중심의 예산편성에 비해 예산을 삭감하고자 할 때 이익집단의 저항이 적다는 정치적 이점이 존재한다.
⑤ 품목별예산은 예산이 점증적·분산적·상향적 흐름으로 결정되므로, 갈등을 야기할 수 있는 선택을 분할할 수 있어 모든 어려움을 한꺼번에 직면하지 않아도 된다.
⑥ 품목별예산은 지출대상에 따라 투입물과 금액이 자세히 표시되어 있으므로 예산심의가 용이하다.

- 품목별예산제도는 행정부 통제 예산제도로 행정부의 자의적 예산집행을 통제할 수 있다. 21. 경찰승진

- 품목별예산제도는 회계책임을 묻는 데 용이하다. 12. 국가직 7급

(2) 단점

① 품목별예산은 점증주의 모형이며 투입 중심의 예산편성이므로 신규 사업의 창안에는 적합하지 않다.
② 품목별예산은 투입물 중심으로 예산을 편성하므로 성과에 관한 정보를 제공하지 못하여 정부의 생산성을 정확하게 평가하기 곤란하다.
③ 품목별예산은 지출의 세부적인 사항에만 중점을 두므로 정부활동의 전체적인 상황을 알 수 없다.
④ 품목별예산은 합법성 위주의 재정운용을 강조하므로 동조과잉 또는 번문욕례를 초래하고, 재정운용의 경직성을 가져와 환경변화에 대한 예산집행의 신축성을 제약한다.

- 품목별예산제도는 정부가 수행하는 사업과 그 효과에 대한 명확한 정보를 제공하지 못한다. 16. 지방직 9급

- 품목별예산제도에서 정책당국자는 정책 및 사업의 우선순위를 등한시 할 수 있다. 08. 지방직 7급

> **바로 확인문제**

1. 다음의 특징을 지니는 예산제도는? 25. 경찰간부

- 예산항목에 대한 개별 부서의 지출통제
- 회계적 책임성 제고
- 구입한 재화나 자원에 의한 지출 분류
- 지출을 둘러싼 행정권 남용의 최소화

① 품목별예산제도 ② 성과주의예산제도
③ 계획예산제도 ④ 영기준예산제도

정답해설 지출통제, 회계책임의 제고, 투입물 중심의 분류 등은 품목별예산의 특징이다.

답 | ①

2. 품목별예산제도에 대한 설명으로 옳지 않은 것은? 23. 지방직 9급

① 미국에서 공무원의 부정부패를 막고 행정의 능률을 향상시키기 위해 도입되었다.
② 정부활동에 대한 총체적인 사업계획과 우선순위 결정에 유리하다.
③ 예산집행의 책임성을 확보할 수 있는 통제지향 예산제도이다.
④ 특정 사업의 지출 성과에 대해서는 파악하기 어렵다.

정답해설 정부활동에 대한 총체적인 사업계획과 우선순위 결정에 유리한 것은 합리주의 예산결정의 장점이다.

오답해설 ① 품목별예산제도는 1912년 설립된 능률과 절약에 관한 대통령위원회에서 도입을 권유한 예산제도이다.
③ 품목별예산은 무엇을 구입하는가에 따라 예산을 분류하고, 정해진 품목과 금액대로 지출했는지 감시가 용이하다.
④ 품목별예산은 투입 중심의 예산으로, 정책이나 정책의 산출을 알 수 없으므로 지출의 성과를 파악하기 어렵다.

답 | ②

02 성과주의예산(PBS) A

1 의의

(1) 개념

① 성과주의예산은 업무단위의 원가와 양을 계산해서 사업별, 활동별로 예산을 편성하는 것으로, '무엇을 구매하는가?'보다는 '왜 구매하는가?'에 초점을 두는 예산제도이다.
② 예산을 산출로 연결시키는 것이 목적이며, 절약과 능률에 초점을 둔 관리지향적인 예산제도로, 정부가 무슨 일을 하느냐에 중점을 두고 있어 기능별 예산 또는 활동별 예산이라고 부른다.
③ 성과주의예산은 뉴욕의 리치먼드구에서 사용한 원가예산제도(1913)를 기원으로 하며, 제1차 후버위원회(1947)의 건의로 트루먼 대통령이 연방정부에 도입(1950)하였다.

- 성과주의예산(PBS)은 구체적으로 완성한 이후의 모습을 보여줌으로써 재원과 사업을 직접적으로 연계시키는 예산제도이다. 18. 경찰간부

- 성과주의예산(PBS)은 제2차 세계대전 이후 미국의 제1차 후버위원회에서 권고한 제도 중의 하나이다. 09. 국가직 7급

④ 예산제도를 설계하는 것에 따라서 기능 비중이 달라지는데, 성과주의예산은 통제나 기획보다는 관리기능을 상대적으로 강조하는 예산제도이다.
⑤ 성과주의예산은 업무단위가 명확하고 원가를 계산하기 쉬운 소규모 조직에 효과적이다.

- 성과주의예산(PBS)은 업무량 또는 활동별 지출을 단위비용으로 표현하고자 한다. 09. 국가직 9급

(2) 편성방법
① 업무단위: 성과주의 예산편성의 기본단위
② 단위원가: 업무 1단위를 산출하는 데 소요되는 경비
③ 예산액: 업무량 × 단위원가
④ 업무단위의 요건: 동질성, 측정 가능성, 완결된 업무, 가능한 한 단수일 것 등

- 성과주의예산(PBS)에서는 업무량과 단위당 원가를 곱하여 예산액을 산정한다. 20. 국가직 9급

사업			업무단위	업무량	단위원가	예산액
장	관	항	세항			
보건 사업	병원 사업	정신 병원	정신병원 신축	1평	1,000평	100만 원	10억
			의료요원 양성	1명	100명	100만 원	1억
			A의약품 구입	1g	100g	10만 원	1,000만 원
			도로포장	1km	50km	10만 원	500만 원

2 특징

① 통제가 아닌 관리기능을 강조하며, 투입과 산출을 동시에 고려하는 능률성 지향의 예산제도이다.
② 예산서에는 사업의 목적에 대한 기술서가 포함되어 있어 구입하는 물품과 행하는 사업 간의 관계를 보여주며, 구체적으로 완성된 이후의 모습을 보여주므로 실적예산이라고도 한다.
③ 성과주의예산에서 재원은 거리청소, 노면보수 등과 같은 활동단위를 중심으로 배분되는데 이는 장기적인 계획과의 연계보다는 구체적인 개별사업에만 초점을 둔 것이다.
④ 성과주의예산은 질적이고 장기적인 최종 결과보다는 계량화가 쉬운 양적이고 단기적인 산출물 즉, 중간 산출물 단위로 업무단위가 설정된다.
⑤ 성과주의예산은 업무단위와 단위원가 등을 계산하여야 하므로 이 제도가 성공하기 위해서는 예산담당기관은 기술공학적 지식(→ 경영학적 지식)을 갖추어야 한다.
⑥ 성과주의예산은 예산과정이 점증적·미시적·상향적 흐름을 지니며, 계획책임은 분산적이지만 관리에 대한 통제권은 집중화되어 있다.

- 성과주의예산(PBS)에서 재원들은 거리청소, 노면보수 등과 같은 활동단위를 중심으로 배분된다. 09. 국가직 7급

3 평가

(1) 장점
① 예산서에 사업의 목적에 대한 기술서가 포함되어 있으므로 국민들이 정부의 활동을 이해하기 쉽고, 단위사업별로 예산산출의 근거가 제시되므로 예산심의에 도움이 될 수 있다.
② 성과주의예산은 무슨 목적으로 돈을 사용하는가에 대한 구체적인 정보를 제공하는 장점이 있다.
③ 성과주의예산은 사업계획을 수립하기 용이하고 또한 그 사업의 성과를 파악하기 쉬우

며, 품목별예산에 비해 예산집행의 신축성이 제고될 수 있다.
④ 성과주의예산은 업무단위와 단위원가의 계산을 통해 재원이 배분되므로 자금배분의 합리성이 향상된다.

(2) 단점
① 동질적이고 계량적인 업무단위의 선정이 곤란하므로 적용할 수 있는 영역이 제한된다.
② 공통경비(→ 간접비)의 배분이 곤란하며, 단위원가의 계산이 어렵다.
③ 품목별예산에 비하여 재정통제가 곤란하며 회계책임이 불분명하다.
④ 개별적 단위사업 중심으로 예산이 편성되므로 기능별 또는 사업별 총괄예산에는 부적합하고, 장기적인 계획과의 연계보다는 단위사업만을 중시하므로 전략적인 목표의식이 결여될 수 있다.

- 성과주의예산(PBS)은 업무측정단위를 설정하기 어렵다는 단점이 있다. 06. 국가직 9급
- 성과주의예산(PBS)은 단위원가를 계산하기 어렵다는 단점이 있다. 06. 국가직 9급
- 성과주의예산(PBS)이 성공적으로 도입·운영되기 위해서는 사업원가의 도출이 중요하다. 09. 지방직 7급

바로 확인문제

1. 성과주의예산제도에 관한 설명으로 옳은 것을 모두 고른 것은? 10. 국가직 9급

> ㉠ 예산서에는 사업의 목적과 목표에 대한 기술서가 포함되며, 재원은 활동단위를 중심으로 배분된다.
> ㉡ 사업의 대안들을 제시하도록 하고, 가장 효과적인 프로그램에 대해 재원배분을 선택하도록 한다.
> ㉢ 예산의 배정과정에서 필요 사업량이 제시되므로 예산과 사업을 연계시킬 수 있다.
> ㉣ 장기적인 계획과의 연계보다는 단위사업만을 중시하기 때문에 전략적인 목표의식이 결여될 수 있다.

① ㉠, ㉡
② ㉠, ㉢, ㉣
③ ㉠, ㉡, ㉢
④ ㉡, ㉢, ㉣

정답해설 ㉠ 실적예산이라고도 하는 성과주의예산은 구입하는 물품과 행하는 사업 간의 관계를 보여주며, 활동 즉, 단위사업 중심으로 예산이 배분된다.
㉢ 예산액이 업무단위별 원가와 업무량으로 계산되므로 예산과 사업의 직접적인 연계가 용이하다.
㉣ 성과주의예산은 활동 중심의 단기적 시각으로, 장기적 계획과의 연계보다는 단위사업만을 중시하기 때문에 전략적 목표의식이 결여될 수 있다.

오답해설 ㉡ 사업의 대안들을 제시하도록 하고, 가장 효과적인 프로그램에 대해 재원배분을 선택하도록 하는 것은 계획예산이다.

답 | ②

2. 성과주의예산제도에 대한 설명으로 옳지 않은 것은? 09. 국가직 7급

① 성과주의예산은 운영관리를 위한 지침으로서 효과적이지 않다.
② 제2차 세계대전 이후 미국의 제1차 후버위원회에서 권고한 제도 중의 하나이다.
③ 성과주의예산에서 재원들은 거리청소, 노면보수 등과 같은 활동단위를 중심으로 배분된다.
④ 1990년대 이후 미국 클린턴 행정부에서 목표관리, 총체적품질관리 등과 같은 혁신적인 방안이 추진되면서 부활된 제도이다.

정답해설 관리란 목표를 달성하기 위해 투입물을 체계적으로 조합하는 활동이다. 성과주의예산은 산출물을 달성하기 위해 예산이라는 투입물을 연결시키는 것이 목적이므로 관리를 위한 지침으로서 효과적이지 못하다는 표현은 옳지 않다.

오답해설 ② 성과주의예산은 1947년 제1차 후버위원회의 건의로 트루먼 대통령이 채택하였다(1950).
③ 성과주의예산은 운전면허시험장과 같이 업무의 계량화가 쉬운 소규모 조직에서 효과적인 예산제도로, 장기적인 계획보다는 활동단위 중심으로 예산을 배분한다.
④ 1990년대 이후 부활된 제도는 이른바 (신)성과주의예산 또는 프로그램 예산이다. 품목보다는 결과에 초점을 두었다는 점에서는 동일하지만 단위사업(활동)보다는 사업(프로그램)의 성과에 초점을 둔다는 점에서 차이가 있다.

답 | ①

03 계획예산(PPBS)

1 의의

① 계획예산은 장기적 계획과 단기적 예산을 프로그래밍(→ 사업구조)을 통해 연결시키고자 하는 예산제도이다.
② 계획예산은 케인즈 경제학이나 후생경제학의 영향으로 성립된 제도로, 사업의 대안들을 제시하도록 하고 가장 효과적인 사업대안에 대해 재원을 배분하고자 한다.
③ 계획예산은 1954년 랜드연구소에서 개발되어 1963년 국방성(→ 맥나마라 장관)에서 채택되었으며, 1965년 존슨 대통령이 연방정부에 도입하였으나 실패한 것으로 평가받는다.
④ 계획예산은 닉슨 대통령이 포기하였으며 1973년 공식적으로 중지된 후 목표관리예산으로 대체되었다.
⑤ 쉬크(A. Schick)는 제도의 설계나 준비과정이 미흡하여 그 성과를 거두지 못하였지만, 이를 보완하면 효과적인 예산제도라고 옹호하였다.
⑥ 반면, 윌다브스키(A. Wildavsky)는 예산의 분석적 측면만 강조하는 계획예산은 예산과정의 정치성을 감안할 때 출발부터 잘못된 제도라고 비판하였다.

- 계획예산(PPBS)은 중장기적 전략 기획에 따라 일관성 있게 예산이 뒷받침되는 전략예산체계를 지향한다. 17. 국가직 7급(하)

- 계획예산(PPBS)은 미국 연방정부 차원에서 도입되었으나 전반적으로 실패한 것으로 평가되고 있다. 11. 국회직 8급

- 계획예산(PPBS)에 대해 쉬크(A. Schick)는 제도의 설계나 준비과정이 미흡하여 그 성과를 거두지 못하였지만, 이를 보완하면 효과적인 예산제도라고 옹호한다. 07. 국가직 7급

2 편성방법 → 사업구조의 설정

① 장기계획수립(planning): 무엇(What)을 할 것인가와 관련
② 실시계획수립(programming): 장기계획의 실행을 위한 구체적 활동계획안[→ Program Category, Program Sub-Category, Program element 순]
③ 예산편성: 1회계연도의 실행예산이 편성되는 단계

Planning	Programming							Budgeting
	Category	Sub-category	Element	66년	67년	68년	69년	70년	
발전사업	발전사업	원자력 발전	부지선정	O					용지매수 (1966)
			용지매수	O					
			철거		O				
			본관신축			O	O		
			내부시설				O		
			시험가동					O	

3 특징

① 기획, 사업구조화, 그리고 예산을 연계시킨 시스템 예산제도로, 비용편익분석이나 비용효과분석과 같은 체제분석을 활용하여 대안선택의 과학적 객관성을 추구한다.
② 수치로 표현된 목표의 달성을 강조하며, 투입물보다 최종적인 목적이나 결과물을 중시한다.
③ 계획예산은 기존 사업예산은 인정하되 새로운 사업에 대해서만 엄밀한 사정을 한다. 이런 의미에서 점증모형와 합리모형의 혼합형으로 평가받기도 한다.
④ 계획예산은 중장기적 전략기획에 따라 일관성 있게 예산이 뒷받침되는 전략예산체계를 지향하는 제도로, 목표의 구조화, 체계적인 분석, 재원배분을 위한 정보체계 등을 강조한다.
⑤ 계획예산은 예산과정의 흐름이 집권적이고 하향적으로 이루어지며, 예산결정기관은 미래의 예측과 대안분석에 필요한 경제학적 지식을 갖추어야 한다.
⑥ 계획예산이 도입되면서 사업을 계획하고 분석하는 전문가의 힘은 강해졌지만 의회와 경험 많은 현장 관료의 영향력은 약화되었다.

4 평가

(1) 장점

① 계획예산은 모든 사업이 목표달성을 위해서 유기적으로 연계되어 있어 부처의 경계를 뛰어넘는 자원배분의 합리화를 가져올 수 있다.
② 즉, 계획예산은 조직 간의 장벽을 제거한 상태에서 대안을 분석·검토하므로 국가 전체적 입장에서 자원배분의 효율성을 강화시킬 수 있다.
③ 계획예산은 장기적 계획을 기반으로 예산을 편성하므로, 최고관리자에게 효과적인 관리수단을 제공한다.

- 계획예산(PPBS)은 계획(plan), 사업(program), 예산(budget)의 체계적 연계를 강조한다. 15. 지방직 7급

- 계획예산(PPBS)은 계량적인 기법인 체제분석, 비용편익분석 등을 사용한다. 13. 국가직 9급

- 계획예산(PPBS)은 하향식 예산과정을 통해 재원배분 권한의 집권화가 강화된다. 22. 국회직 9급

(2) 단점

① 명확한 목표설정과 일관된 사업구조의 작성이 어려우며, 사업구조와 예산과목이 달라 환산작업이 요청되지만 정부의 업무는 계량화가 곤란하므로 환산작업이 곤란한 경우가 많다.
② 과다한 문서와 정보를 요구하며 의사결정이 집권적이므로 집행자의 반발을 야기할 수 있다.
③ 계획예산은 경제적 요인만 강조하고 정치적 요인이나 심리적 요인을 경시하며, 의회의 지위가 약화될 수 있어 재정민주주의를 위협할 수 있다.
④ 계획예산은 예산결정의 전문성이 강하여 외부통제가 어렵고 대중적인 이해가 쉽지 않아 정치적 실현가능성이 낮다는 평가도 받는다.

> • 계획예산제도(PPBS)는 목표 · 계획 · 사업의 연계성을 높일 수 있으나 과도한 정보를 필요로 한다는 단점이 있다. 10. 지방직 9급

바로 확인문제

1. 다음의 단점 혹은 한계로 인하여 정착이 어려운 예산제도는? 21. 국가직 7급

- 사업구조를 작성하는 것이 어렵다.
- 결정구조가 집권화되는 문제가 있다.
- 행정부처의 직원들이 복잡한 분석기법을 이해하기 어렵다.

① 품목별예산제도　　② 성과주의예산제도
③ 계획예산제도　　　④ 영기준예산제도

정답해설 사업구조란 장기적인 정책을 단기적인 예산과 연계시킬 수 있도록 체계적으로 분화하는 과정을 의미한다. 계획예산은 집권적이고 하향적인 예산과정을 가지는데 체제분석이라는 분석기법을 활용하므로 이에 대해 체계적인 준비가 부족했던 관료들의 반발이 심하였다.

답 | ③

04 영기준예산(ZBB) A

1 의의

(1) 개념

① 영기준예산은 전년도 사업과 예산에 구애받지 않고, 모든 것의 근본적 재평가를 통해 예산을 편성하는 것으로, 점증주의 예산편성의 폐단을 시정하고 경제적 합리성을 제도화한 예산제도이다.
② 영기준예산은 기획과 분석을 강조한다는 점에서는 계획예산과 유사하고, 구성원의 참여를 촉진한다는 점에서 목표관리와 유사하다.
③ 계획예산이 사업의 결정에만 초점을 둔 제도라면, 경제의 불황으로 자원의 제약이 존재했던 영기준예산은 사업의 결정뿐만 아니라 금액의 결정도 강조한다.

> • 영기준예산(ZBB)은 모든 사업에 대한 근본적인 재평가를 통해 예산을 편성함으로써 예산의 효율성을 도모한다. 24. 경찰간부

> • 영기준예산(ZBB)은 점증주의적 예산편성의 폐단을 시정하고자 개발되었다. 10. 지방직 9급

- 영기준예산(ZBB)은 예산배분의 관행을 인정하지 않는 제도로서 미국의 민간기업 Texas Instruments에서 처음 시작되었고, 1970년대 미국 연방정부에 도입되었다.

22. 국가직 7급

- 영기준예산(ZBB)은 미국 행정부에서 채택되었던 것으로, 전년도 예산의 답습이 아니라 백지 상태에서 현행 사업을 재검토하고자 한 것이다.

17. 국가직 7급

- 영기준예산(ZBB)은 예산편성에 의사결정단위(decision unit)설정, 의사결정패키지 작성 등이 필요하다.

20. 국가직 9급

(2) 전개과정

① 피히르(P. Phyrr)의 선구적 역할로 민간에서 처음 도입되었고, 1973년 카터(G. Carter) 대통령에 의해 주정부에 도입된 후 1977년 연방정부에도 도입되었다.
② 1981년 레이건(R. Reagan) 정부에 의해 폐지되었다.

2 예산편성

(1) 의사결정단위(Decision unit)

① 의사결정단위란 독자적인 예산결정권을 갖는 사업단위 또는 조직단위로, 예산을 가질 수 있는 최하위 수준을 말한다.
② 의사결정단위는 다른 활동과 중복되지 않고 상호 비교될 수 있는 사업단위나 조직단위이다.

(2) 의사결정패키지(Decision package)

① 사업계획, 활동수준, 재원요구의 판단을 위해 필요한 정보를 기재한 표로, 사업대안 패키지와 증액대안 패키지로 구성된다.
② 사업대안(Alternative) 패키지: 대안이나 방법을 기재한 표이다.
③ 증액대안(Incremental) 패키지: 최저수준, 현행수준, 증액수준 등 활동수준을 기재한 표이다.

(3) 우선순위결정 및 예산편성

① 상향적이고 단계적으로 결정되며, 우선순위결정의 대상은 선정된 사업의 증액대안이다.
② 객관적 기준(→ 국가 전체 기준)을 사용하는 계획예산과는 달리 영기준예산은 우선순위의 설정에 있어 의사결정자의 주관적 판단(→ 부처별 시각)을 인정하였다.
③ 증액대안의 우선순위와 가용재원의 규모를 토대로 실행예산을 편성한다.

	순위	결정패키지	예산액	누계
㉠ 부처: X ㉡ 사업(의사결정단위): Y ㉢ 사업대안: A, B, C ㉣ 증액대안: 최저, 현행, 증액 ㉤ 가용재용: 100억 원	1	A 1(최저)	30억	30억
	2	B 1(최저)	20억	50억
	3	A 2(현행)	10억	60억
	4	B 2(현행)	15억	75억
	5	C 1(최저)	15억	90억
	6	A 3(증액)	10억	100억
	7	B 3(증액)	10억	
	8	C 2(현행)	10억	
	9	C 3(증액)	5억	

3 특징

① 영기준예산은 제한된 재원을 효율적으로 배분하기 위해 각 부처에서 추진해 오던 사업을 당연한 것으로 인정하지 않는 특징이 있다.
② 영기준예산은 의사결정단위 선정과 우선순위의 결정을 중시하는 총체적이고 종합적인 예산결정방식으로, 우선순위의 선택을 강조하기에 의사결정지향적이라는 평가를 받는다.
③ 영기준예산은 합리모형에 입각한 예산결정방식이지만 계획과 정책결정기능은 분권화되어 있다.
④ 영기준예산은 사업단위뿐만 아니라 조직단위도 의사결정단위가 될 수 있다는 점에서 사업단위만을 대상으로 하는 계획예산보다는 더 융통성 있는 제도로 평가받는다.
⑤ 영기준예산은 단기적 예산편성이며, 예산편성과 계획의 범주가 부처 관할성을 지니고 있어 폐쇄성이 강하다.

· 영기준예산(ZBB)은 조직구성원의 참여가 상대적으로 높은 분권화된 관리체계를 갖는다. 18. 지방직 9급

4 평가

(1) 장점

① 영기준예산은 사업과 예산액의 근본적 재평가를 강조하므로 의사결정과 자원배분의 합리성을 강화하고, 예산의 점증적 증대를 방지하여 예산낭비를 극복할 수 있게 한다.
② 또한 전년도의 예산지출이 참고자료로 고려되지 않으므로 예산의 과대추정을 억제할 수 있다.
③ 영기준예산은 사업과 금액을 매년 재평가하므로 재정운영의 경직성을 타파할 수 있고, 예산결정에 있어 모든 계층의 관리자를 참여시키므로 예산운용의 다양성을 확보할 수 있다.
④ 또한 모든 계층의 관리자를 참여시키는 상향적 흐름은 계층 간 단절을 방지하고 분권화된 관리체제를 구축할 수 있게 하며, 최고관리자에게 각 기관의 업무수행에 대한 보다 상세한 자료를 입수할 수 있게 해준다.

(2) 단점

① 매년 모든 사업과 예산을 재검토하므로 시간과 노력이 과다하게 소모되고, 기존 사업의 재검토에 초점을 두므로 장기계획의 설정과 신규프로그램의 개발이 위축될 수 있다.
② 매년 전면적으로 재검토되기 어려운 일반행정부문이나 연구개발사업 등에는 적용하기 어려우며, 국방비, 공무원의 보수, 교육비와 같은 경직성 경비가 많으면 효용은 낮아질 수 있다.
③ 경제적 합리성을 강조하는 합리주의 예산결정이므로 비경제적·심리적 요인은 간과될 수 있다.
④ 영기준예산은 우선순위의 선정이 주관적(→ 할거주의 시각)으로 이루어져 예산삭감의 실적이 미약했으며, 정치적으로 힘이 약한 소규모 조직이 희생될 가능성이 높아진다.

· 영기준예산(ZBB)은 사업의 우선순위를 설정할 때 의사결정자들의 주관적 판단이 개입될 여지가 있다. 23. 국회직 8급

· 영기준예산(ZBB)은 계산전략의 한계, 정보획득의 애로, 경직성 경비로 인한 한계, 비경제적 요인의 간과라는 단점을 지닌다. 14. 지방직 7급

· 영기준예산(ZBB)은 예산편성에 비용·노력의 과다한 투입을 요구한다는 비판을 받는다. 18. 지방직 9급

5 계획예산과 영기준예산

① 계획예산은 전년도 예산을 기초로 분석하지만, 영기준예산은 영점에서부터 새롭게 시작한다. 이에 따라 계획예산은 합리모형과 점증모형의 혼합형이지만, 영기준예산은 완전한 합리모형으로 평가받는다.
② 계획예산은 일부 사업(→ 신규사업)만 분석하지만, 영기준예산은 현재 사업과 새로운 사업 등 조직의 모든 사업을 분석한다.
③ 계획예산이 단위사업을 사업-재정계획에 따라 장기적인 예산편성 쪽으로 방향을 잡았다면, 영기준예산은 당해 연도의 예산의 제약조건을 먼저 고려한다.
④ 영기준예산은 사업단위뿐만 아니라 조직단위도 의사결정의 단위가 될 수 있지만, 계획예산은 사업단위만을 대상으로 분석한다.
⑤ 계획예산은 장기적이고 영기준예산은 단기적이며, 계획예산은 기획 중심적이고 영기준예산은 평가 중심적이다.
⑥ 계획예산은 하향적 결정이고 영기준예산은 상향적 결정이며, 계획예산이 거시적 분석을 선호할 때 영기준예산은 미시적 분석을 선호한다.
⑦ 계획예산은 정책정향적 또는 계획정향적 성격이 강하지만, 영기준예산은 사업정향적 성격이 강하다.
⑧ 계획예산은 조직 간의 장벽을 넘나드는 개방체제의 성격을 지니지만, 영기준예산은 조직 간의 구분을 중시하는 폐쇄체제의 성격을 지닌다.
⑨ 우선순위를 설정할 때 계획예산은 국가 전체라는 객관적 기준을 사용하지만, 영기준예산은 부처별 시각이라는 주관적 판단에 의존한다.

구분	계획예산	영기준예산
결정모형	합리모형과 점증모형의 혼합형	완전한 합리모형
중점	정책 또는 계획의 수립	목표달성과 사업의 평가
심사대상	신규 사업만 B/C 분석	신규 사업 및 기존 사업에 적용
결정단위	정책이나 계획단위(→ 사업단위)	사업단위 또는 조직단위
분석단위	사업대안	사업대안 + 증액대안
참여범위	집권적 → 최고결정자와 참모 중심	분권적 → 모든 관리자의 참여
흐름	하향적 흐름, 거시적 분석	상향적 흐름, 미시적 분석
기간	장기적 → 보통 5년	단기적 → 1년
부서장벽	개방	폐쇄
관심계층	최고관리자의 관리도구	일선관리자의 관리도구

- 영기준예산(ZBB)은 계획예산(PPBS)에 비해 분권적·상향적 의사결정 방식을 취한다. 24. 경찰간부

- 계획예산(PPBS)이 하향적일 때에 영기준예산(ZBB)은 상향적이다. 08. 서울시 7급

- 계획예산(PPBS)이 새로운 프로그램이나 기존의 프로그램 간의 예산변동액에 주요 관심을 가질 때에 영기준예산(ZBB)은 기존의 프로그램의 계속적인 재평가에 관심을 기울인다. 08. 서울시 7급

- 계획예산(PPBS)이 기획지향적인 반면 영기준예산(ZBB)은 평가지향적이다. 20. 소방간부

바로 확인문제

1. 영기준예산에 대한 설명으로 옳지 <u>않은</u> 것은?   24. 국가직 9급

① 기존 사업과 새로운 사업을 구분하지 않고 사업의 목적, 방법, 자원에 대한 근본적 재평가를 바탕으로 예산을 편성하는 제도이다.
② 우리나라는 정부예산에 영기준예산제도를 적용한 경험이 있다.
③ 예산편성의 기본단위는 의사결정단위이며 조직 또는 사업 등을 지칭한다.
④ 집권화된 관리체계를 갖기 때문에 예산편성 과정에 소수의 조직 구성원만이 참여하게 된다.

정답해설 영기준예산은 모든 관리자가 예산과정에 참여하는 상향적이고 분권적인 예산제도이다.

오답해설 ① 영기준예산은 전년도 사업과 예산에 구애받지 않고, 모든 것의 근본적 재평가를 통해 예산을 편성하는 것으로, 점증주의 예산편성의 폐단을 시정하고 경제적 합리성을 제도화한 예산제도이다.
② 우리나라는 1981년 국무총리를 위원장으로 하는 예산개혁추진위원회를 구성해 1982년 예산집행부터 영기준예산의 도입을 부분적으로 시도하였고, 1983년 예산편성부터 부분적이긴 하지만 공식적으로 도입된 바 있다.
③ 의사결정단위(Decision unit)란 독자적인 예산결정권을 갖는 사업단위 또는 조직단위로, 예산을 가질 수 있는 최하위 수준을 말한다.

답 | ④

2. 영기준예산제도(Zero Based Budget, ZBB)에 대한 설명으로 옳지 <u>않은</u> 것은?   23. 국회직 8급

① 사업의 우선순위를 설정할 때 의사결정자들의 주관적 판단이 개입될 여지가 있다.
② 과거연도의 예산지출을 고려하지 않는다.
③ 동일 사업에 대해 예산배분 수준별로 예산이 편성된다.
④ 계속사업의 예산이 점증적으로 증가하는 과정에서 발생하는 비효율을 개선한다.
⑤ 인건비나 임대료 등 경직성 경비의 비중이 높은 사업에 특히 효과적이다.

정답해설 인건비나 임대료 등 경직성 경비의 비중이 높으면 영기준예산의 활용이 제약된다.

오답해설 ① 우선순위의 대상은 증액대안 패키지이다. 우선순위의 설정이 영기준예산의 가장 어려운 작업 중 하나로, 우선순위를 정하는 기법이 개발된 것도 아니고, 시간상의 제약이 있기 때문에 어느 정도의 주관성이 개입할 수밖에 없다.
② '영(0) 기준'이라는 명칭 그대로, 전년도 예산을 전혀 고려하지 않고 모든 사업을 원점(0)에서부터 다시 검토하여 예산의 타당성을 증명하도록 요구하는 것이 영기준예산의 핵심 원리이다.
③ 영기준예산은 의사결정 패키지를 작성할 때, 하나의 사업에 대해서도 최소 수준, 현재 수준, 확대 수준 등 여러 개의 대안적 예산 수준을 설정하여 제출하도록 한다.
④ 영기준예산은 점증주의 예산 편성 관행하에서 기득권화되어 비효율적으로 유지되어 온 계속사업들까지도 원점에서 재평가하도록 함으로써, 예산의 비효율성을 제거하고 합리적인 자원 배분을 도모하는 것을 주요 목표로 한다.

답 | ⑤

05 신성과주의예산(NPB)

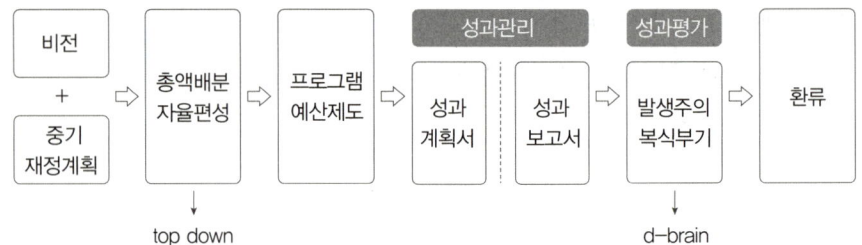

1 의의

(1) 개념

① 신성과주의예산은 예산집행에서 얻은 성과를 기초로 책임을 묻거나 보상을 하는 결과 중심의 예산제도로, 신공공관리론에 입각한 정부재창조 차원에서 1990년대에 등장하였다.
② 신성과주의예산은 이전의 예산개혁 과정에서 제시된 다양한 대안들이 복합적으로 결합된 예산제도로, 제도의 개혁을 강조하기보다는 성과정보의 활용을 강조하기에 과거의 예산제도에 비하여 프로그램구조와 회계제도에 미치는 영향의 범위가 좁다.
③ 미국의 경우 클린턴 정부에서 정부업무의 관리를 개선하기 위해 정부업무수행성과법(GPRA)이 제정(1993)되었고, 부시 정부는 결과지향적 예산제도의 일환으로 PART(Program Assessment Rating Tool)를 도입하였다.
④ 우리나라는 미국의 PART를 본떠 매년 각 부처가 얼마나 효율적으로 사업을 운영하는지를 점수화하여 다음 연도 예산배분의 기준으로 삼는 성과주의예산제도가 도입(2000)되었다.

(2) 특징

① 신성과주의예산은 투입이 아니라 산출 또는 성과를 중심으로 예산을 운용하는 제도이다.
② 신성과주의예산은 목표와 재정한도액에 대한 총량규제를 강화하고, 예산집행에서는 자율성을 부여하되 성과평가와의 연계를 통해 책임성을 확보하고자 한다.
③ 이에 따라 성과평가를 위한 예산회계시스템을 구축하고자 발생주의·복식부기를 도입하였다.
④ 또한 예산의 안정성과 일관성 및 재정건전성 등 중장기적 거시재정목표의 효과적인 추구를 위해 중기재정계획을 도입하였다.
⑤ 이러한 중기재정계획은 기획기능을 집권화하기 위한 것으로, 우리나라의 국가재정운용계획이 이에 해당한다.

- 신성과주의예산은 예산집행에서의 자율성을 부여하되, 성과평가와의 연계를 통해 책임성을 확보하고자 한다. 18. 서울시 7급

2 편성절차

① 목표설정: 비전과 임무를 토대로 상위목표(→ 전략목표)와 세부목표(→ 성과목표)를 설정한다.
② 성과계획서: 목표달성의 방법을 기술하고 성과지표와 측정방법을 설정한다.
③ 예산편성 및 집행: 성과계획서를 기초로 예산을 편성하고 사업을 시행한다.
④ 성과측정 및 평가: 성과를 측정하고 평가하여 성과보고서를 작성한다.
⑤ 환류: 성과측정의 결과를 외부에 공개하고 이를 인사·조직·예산 등에 반영한다.

- 신성과주의예산은 성과계획 수립, 예산편성 및 집행, 성과 측정·평가의 기본구조를 가지고 있다. 20. 경찰간부

3 평가

(1) 장점
① 하향적이고 다년도적인 예산제도로, 목표와 재정한도액과 같은 총량규제를 강화하므로, 재정의 건전성 확보가 용이하다.
② 프로그램 중심의 예산제도를 사용하므로 자원의 배분적 효율성을 높일 수 있고, 발생주의 복식부기 회계를 사용하므로 성과파악이 용이하다.
③ 예산집행에 있어 자율성을 부여하므로, 집행자들이 사업의 집행이나 서비스 전달의 구체적 수단을 탄력적으로 동원할 수 있다.

(2) 단점
① 정부 업무의 무형적 성격으로 인하여 결과를 측정하기 어렵다. 이에 따라 장기적 성과보다는 단기 산출의 달성에 치중하는 목표대치 현상이 나타날 수 있다.
② 모든 기관을 비교할 수 있는 성과기준이 부재하여 기관 간 성과의 비교가 곤란하고, 하향적으로 예산과정이 이루어지므로 집권화의 폐단이 나타날 수 있다.

- 신성과주의예산은 중간목표가 아니라 사업이나 서비스의 최종 소비자인 국민을 중심으로 성과를 접근하기 때문에 국민의 요구에 대한 대응성을 높일 수 있다. 21. 경찰간부

- 신성과주의예산은 사업선정의 기준과 과정을 제시하지 않고 있어 기관 간 비교가 곤란하고 그 결과 국가 전체 차원에서 자원배분의 효율성을 확보하기가 곤란하다. 21. 경찰간부

바로 확인문제

1. 다음 중 결과지향적 혹은 성과주의예산제도에 대한 설명으로 가장 적절하지 않은 것은?

24. 군무원 7급

① 재정사업의 운영과정이나 기능을 강조하면서 설계되었다.
② 사업의 목표, 결과 및 재원을 모두 연계해서 성과에 대한 계약으로 활용한다.
③ 지출에 대한 집권적 통제와 지출 관련 행정권 남용의 최소화를 목표로 한다.
④ 내부관리의 효율성 제고와 서비스 공급 비용의 감소를 추구한다.

정답해설 지출에 대한 집권적 통제와 지출 관련 행정권 남용의 최소화를 목표로 하는 것은 품목별예산이다.

답 | ③

2. 신성과주의예산(New Performance Budgeting)의 특징으로 가장 옳지 않은 것은?

18. 서울시 7급(상)

① 투입요소 중심이 아니라 산출 또는 성과를 중심으로 예산을 운용하는 제도이다.
② 과거의 성과주의 예산과 비교하여 프로그램구조와 회계제도에 비치는 영향이 훨씬 광범위하고 포괄적이다.
③ 책임성 확보를 위해 시행되고 있는 성과관리를 예산과 연계시킨 제도이다.
④ 예산집행에서의 자율성을 부여하되, 성과평가와의 연계를 통해 책임성을 확보하고자 한다.

정답해설 신성과주의예산은 기존 제도의 변화보다는 성과정보의 활용과 관련되기에 1950년대 도입된 성과주의 예산에 비해 프로그램구조나 회계제도에 미치는 영향이 적다.

답 | ②

06 최근의 재정개혁

1 선진국의 주요 재정개혁

(1) 재정개혁 요약

① **계획과 예산의 연계**: 중기재정계획에 입각한 연차별 예산편성
② **총량규율과 하향적 예산결정**: 총액의 통제와 세부내역에 대한 자율성 부여
③ **프로그램예산과 성과관리제도**: 사업별 예산배분과 단위사업에 대한 자율성 부여
④ **발생주의 복식부기**: 자산과 부채, 수익과 비용에 대한 정확한 정보의 제공
⑤ **시장원리**: 가격메커니즘과 경쟁메커니즘의 정부도입

(2) 총액배분자율편성(top-down) → 편성의 재량

① 각 기관에 배정될 예산의 지출한도액을 중앙예산기관과 행정수반이 결정하고 각 기관의 장에게 지출한도액 범위에서 목표달성의 방법을 자율적으로 결정할 수 있게 하는 예산관리모형이다.
② 결과지향적인 예산관리로, 상향식 예산제도의 효용이 한계에 도달했다는 문제인식에서 비롯된 하향식 흐름의 예산제도이다.
③ 중기 시각에서 정부 전체의 재정규모를 검토하기 때문에 전략계획의 발전을 촉진하고 재정을 통한 경기조절기능을 강화할 수 있다.
④ 개별 사업보다는 전체 사업의 시각에서 예산을 편성할 수 있으므로 중앙예산기관과 정부의 각 부처 간 정보비대칭을 완화하는 데 기여한다.
⑤ 총액이 사전에 정해지므로 과다한 예산요구와 이의 대폭적 삭감이라는 악순환을 해결하는 데 도움이 되며, 분야별·부처별 재원배분계획을 국무회의에서 함께 결정하기 때문에 예산과정의 투명성이 높아질 수 있다.
⑥ 각 부처는 총액의 범위 내에서 자율적으로 예산을 운용하므로 재원배분의 효율성과 전문성을 활용하기 용이하다.

(3) 지출통제예산 → 집행의 재량

① 총액만 통제하고 구체적인 항목별은 집행기관의 재량에 맡기는 제도로, 총괄예산 또는 실링(ceiling)예산으로 불리며, 우리나라의 총액계상사업이 대표적이다.
② 예산을 편성할 때 사업별 총액만 결정하므로 회계과목이 단순해지고 집행의 재량이 확대된다.
③ 예산결정과정이 단순화되어 결정비용이 절약되고, 각 사업의 예산절감을 도모할 수 있게 한다.
④ 지출통제예산이 성공적으로 정착하기 위해서는 성과평가와 책임성의 확보 장치가 선행되어야 한다.

• 총액배분자율편성제도는 정부 각 기관에 배정될 예산의 지출 한도액은 중앙예산기관과 행정 수반이 결정하고 각 기관의 장에게는 그러한 지출 한도액의 범위 내에서 자율적으로 목표달성 방법을 결정하는 자율권을 부여하는 예산관리모형이다.
14. 서울시 9급

• 총액배분자율편성제도는 국가재정운용계획에 근거해 부처별 지출한도를 먼저 정하고, 각 부처가 지출한도 범위 내에서 자율적으로 예산을 편성하는 방식이다. 25. 경찰간부

2 우리나라 주요 재정개혁

① 국가재정운용계획(2004), 사원재원배분제도[→ 총액배분자율편성(2004)]
② 프로그램예산제도(중앙 2007, 지방 2008)
③ 성과관리제도
   ㉠ 재정성과목표관리제도(2003)(→ 성과계획서와 성과보고서)
   ㉡ 단위사업에 대한 재정사업자율평가제도(2005), 재정사업심층평가제도(2006)(→ 기획재정부)
④ 재정관리시스템
   ㉠ 국가재정(→ 기획재정부 주관): 디지털예산회계정보시스템(d-Brain)(2007)
   ㉡ 지방재정(→ 행정안전부 주관): e-호조시스템(2005)
⑤ 발생주의 복식부기(중앙 2008, 지방 2007)

- 우리나라는 2007년 디지털예산회계시스템(d-Brain System)이 구축되어 예산의 편성·집행·결산 등 정부의 재정활동 과정에서 생성된 정보를 종합관리하고 있다. 23. 해경간부

- 재정운용의 성과관리는 재정지출의 효율화 및 예산절감의 필요성 증대로 인해 등장하였다. 12. 국가직 9급

- 재정사업 성과관리의 내용은 성과목표관리와 성과평가로 구성된다. 23. 국가직 9급

- 우리나라 재정사업 성과관리제도는 재정성과목표관리제도, 재정사업자율평가제도, 재정사업심층평가제도의 세 가지 형태로 운영되고 있다. 16. 국가직 7급

바로 확인문제

1. 총액배분자율편성제도에 대한 설명으로 옳은 것만을 모두 묶은 것은? 23. 경찰간부

> 가. 중기적 재정운영보다는 개별사업 위주의 단년도 예산편성에 적합하다.
> 나. 각 부처는 소관 정책의 우선순위에 따라 지출한도 내에서 사업의 재원을 자율적으로 배분한다.
> 다. 재정운용의 집권과 분권의 조화를 추구하는 하향적 예산편성 방식이다.
> 라. 한도액의 설정으로 각 부처의 과도한 예산요구 관행을 줄일 수 있다.
> 마. 지출한도가 사전에 제시됨에 따라 부처의 전문성을 활용하여 사업별 예산규모를 결정할 수 있어 책임성과 권한이 강화된다.

① 가, 나, 다
② 나, 다, 라
③ 가, 나, 라, 마
④ 나, 다, 라, 마

정답해설 나. 총액배분자율편성제도의 도입으로 각 부처는 통보받은 총액 한도 내에서 해당 부처의 정책목표와 우선순위에 따라 구체적인 사업별 예산규모를 자율적으로 결정하고 편성할 수 있다.
다. 총액배분자율편성제도는 재정운용의 집권(중앙통제)과 분권(부처 자율)의 조화를 추구하는 하향적 예산편성 방식이다.
라. 총액배분 자율편성 제도는 한도액을 미리 설정함으로써 각 부처의 과도하거나 비현실적인 예산 요구 관행을 줄이는 효과를 가져올 수 있다.
마. 총액배분 자율편성 제도는 예산 당국은 국가 전체의 총량 관리와 큰 틀의 배분에 집중하고, 각 부처는 주어진 총액 범위 내에서 전문성을 바탕으로 자율적으로 예산을 운용하되 그 결과에 대해 책임지는 구조를 만든다.

오답해설 가. 총액배분자율편성제도는 개별사업 위주의 단년도 예산편성보다는 중기적 재정운영에 적합하다.

답 | ④

2. 우리나라 예산과정에 대한 설명으로 옳은 것은? 15. 지방직 9급

① 정부는 회계연도마다 예산안을 편성하여 회계연도 개시 60일 전까지 국회에 제출해야 한다.
② 총액배분자율편성제도는 중앙예산기관과 정부부처 사이의 정보비대칭성을 완화하려는 목적을 갖고 있다.
③ 예산집행의 신축성을 확보하기 위한 제도로써 이용, 총괄예산, 계속비, 배정과 재배정 제도가 있다.
④ 예산불성립 시 조치로써 가예산 제도를 채택하고 있다.

정답해설 총액배분자율편성제도는 목적과 예산총액이 중앙예산기관으로부터 각 부처로 내려가는 하향적 방식이고, 성과평가를 통한 환류가 강조되므로 중앙예산기관과 각 부처 간 정보비대칭성을 완화하는 장치가 될 수 있다.

오답해설 ① 정부는 회계연도마다 예산안을 편성하여 회계연도 개시 120일(「헌법」은 90일) 전까지 국회에 제출해야 한다.
③ 배정과 재배정 제도는 예산집행의 통제장치이다.
④ 우리나라의 현행 예산불성립 대처 방안은 준예산이다. 가예산은 1960년까지 사용했던 제도이다.

답 | ②

CHAPTER 04 마무리 기출 OX

다음 내용이 맞으면 O, 틀리면 X에 표시하시오.

01 품목별예산제도는 미국에서 공무원의 부정부패를 막고 행정의 능률을 향상시키기 위해 도입되었다. 23. 지방직 9급 O | X

02 품목별예산은 거리청소, 노면보수 등과 같이 활동단위를 중심으로 재원을 배분한다. 19. 국가직 9급 O | X

03 품목별예산제도는 합리주의 성격을 띠며 신규 사업을 창안하고 시행하는 데 적합하다. 17. 국회직 8급 O | X

04 품목별예산으로는 지출의 세부적인 사항에만 중점을 두므로 정부활동의 전체적인 상황을 알 수 없다. 17. 국회직 8급 O | X

05 성과주의예산은 장기적인 계획과의 연계보다는 단위사업만을 중시하기 때문에 전략적인 목표의식이 결여될 수 있다. 10. 국가직 9급 O | X

06 계획예산은 조직구성원의 참여가 상대적으로 높은 분권화된 관리체계를 특징으로 한다. 18. 지방직 9급 O | X

07 영기준예산은 점증주의 예산편성의 폐단을 시정하고자 개발되었다. 10. 지방직 9급 O | X

08 품목별예산은 상향식 예산과정을 수반하지만 계획예산제도는 하향식 접근을 선택할 수 있게 해준다. 11. 국회직 8급 O | X

09 선진국에서는 재정개혁의 영향으로 성과 중심에서 투입 중심으로의 전환이 이루어지고 있다. 12. 국회직 9급 O | X

10 거리청소사업으로 예를 들면 1990년대의 성과관리 예산제도는 거리의 청결도와 주민의 만족도 등을 다음 연도 예산배분에 반영하는 것에 초점을 두고 있다. 15. 국가직 7급 O | X

정답 및 해설

01 O   02 X   03 X   04 O   05 O   06 X   07 O   08 O   09 X   10 O

02 거리청소, 노면보수 등과 같이 활동단위를 중심으로 예산재원을 배분하는 것은 성과주의예산이다.
03 품목별예산은 점증주의 모형이며 투입 중심의 예산편성으로 인하여 신규 사업의 창안에는 적합하지 않다. 합리주의 성격을 띠며 신규 사업을 창안하고 시행하는 데 적합한 예산제도는 계획예산이다.
06 총체주의 방식의 예산제도로, 조직구성원의 참여가 상대적으로 높은 분권화된 관리체계를 갖는 것은 영기준예산이다.
09 선진국 재정개혁의 핵심은 투입 중심에서 성과 중심으로 전환하는 것이다.

PART VI
행정환류론

에듀윌 공무원 행정학

CHAPTER 01   행정책임

CHAPTER 02   행정통제

CHAPTER 03   행정개혁

CHAPTER 01 행정책임

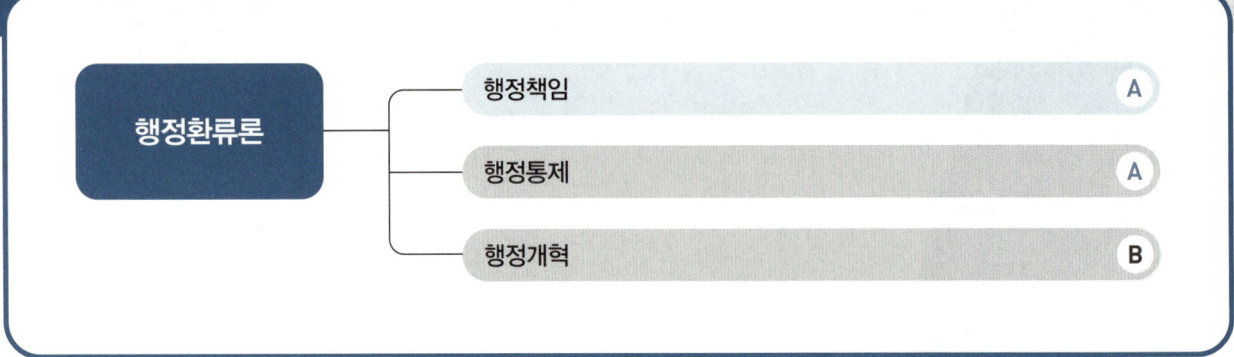

 **기선 제압**

- 행정책임은 국가적 차원에서 국민에 대한 국가 역할의 정당성을 확인하는 것이다. 13. 서울시 9급

- 행정책임에는 결과에 대한 책임과 함께 과정에 대한 책임도 포함된다. 18. 서울시 7급

- 행정책임은 공무원이 도덕적·법률적 규범에 따라 행동해야 하는 의무를 말한다. 24. 경찰간부

1 의의

(1) 개념
① 행정책임이란 행위나 결과가 정해진 기준을 준수하였는지의 여부로, 이러한 행정책임은 국민 전체에 대한 국가의 정당성을 확인하는 것이라고 할 수 있다.
② 한편, 행정통제는 이러한 행정책임을 확보하기 위한 구체적인 수단으로 볼 수 있다.

(2) 논의배경 → 정치행정일원론
① 국가권력의 우위와 사회에 대한 영향력의 증대 및 공무원의 재량권 확대
② 입법통제나 사법통제 등 외부통제의 한계

(3) 특징
① 일정한 권한과 의무를 전제로 하며, 재량권에 기인하여 발생한다.
② 민주성, 효과성, 형평성 등 다양한 기준이 존재한다.

2 유형

(1) 대상
① 공식적으로 정해진 기준에 따라야 하는 법률적·제도적(accountability) 책임
② 민의에 대한 반응을 의미하는 대응적(responsiveness) 책임
③ 국민의 수임자 또는 공복으로서의 윤리적·도의적(responsibility) 책임
④ 직업윤리에 충실하여야 하는 기능적(obligation) 책임

(2) 통제위치

- 행정책임에 대해 파이너(H. Finer)는 외재적·객관적 책임을, 프리드리히(C. Friedrich)는 내재적·주관적 책임을 강조하였다. 24. 경찰간부

① **외재적 책임**: 외재적 책임은 파이너(H. Finer)가 강조한 고전적 책임으로, 입법부, 사법부, 국민 등 행정 외부에 대한 객관적 책임이다.
② **내재적 책임**: 내재적 책임은 프리드리히(C. Friedrich)가 강조한 현대적 책임으로, 행위자가 스스로 느끼는 주관적 책임이다.

(3) 기타

① **변명적 책임과 수난적 책임**: 변명적 책임이란 문책되었을 때 설명하여야 할 책임을 말하고, 수난적 책임이란 비난과 제재를 받아들어야 할 책임을 말한다.
② **법적 책임과 재량적 책임**: 법적 책임은 법령에 위반되지 않아야 함을 말하며, 재량적 책임은 공익이나 행정윤리를 위반하지 않아야 함을 말한다.
③ **법적 책임과 도의적 책임**: 법적 책임은 분담될 수 없지만, 도의적 책임은 타인의 행위로 인해서 발생할 수 있는 공유(→ 분담)될 수 있는 책임이다.
④ **정치적 책임과 기능적 책임**: 정치적 책임은 유권자에게 지는 책임이고, 기능적 책임은 전문직업인으로서의 직업윤리와 전문적 기준을 따라야 하는 책임이다.
⑤ **시장적 책임**: 시장의 평가를 통하여 확보되는 책임으로, 규칙이나 절차보다 성과를 강조한다.

(4) 제도적 책임과 자율적 책임

제도적 책임	자율적 책임
① 문책자의 외재성	① 문책자의 내재화 또는 부재
② 절차의 중시	② 절차의 준수와 책임 완수는 별개
③ 공식적이고 제도적인 통제	③ 공식적 제도에 의해 달성 불가
④ 판단기준과 절차의 객관화	④ 객관적인 기준의 부재
⑤ 제재의 존재	⑤ 제재의 부재

- 제도적 책임성(accountability)은 수동적인 행정책임을 의미한다. 21. 경찰간부
- 제도적 책임성(accountability)은 타율적이고 수동적인 행정책임을 의미한다. 20. 국회직 9급
- 자율적 책임성(responsibility)은 직업윤리와 책임감에 기반한 능동적인 책임성을 의미한다. 21. 경찰간부
- 자율적 책임성(responsibility)은 국민들의 요구와 의견을 반영하는 노력과 관련되어 있다. 20. 국회직 9급

한 번 더 정리 　**책임의 유형**

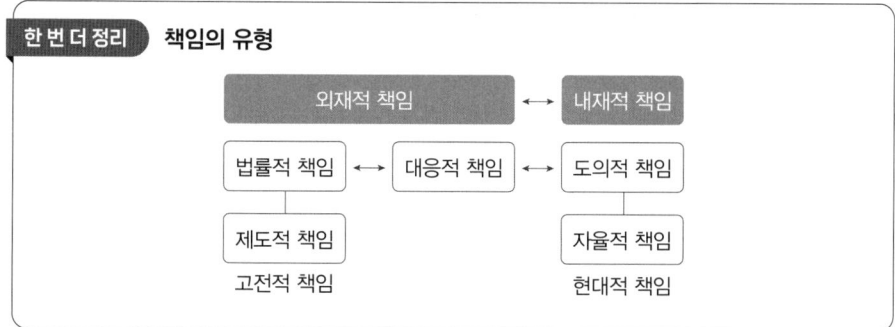

(5) 두브닉(M. Dubnick)과 롬젝(B. Romzek)

구분		기관통제의 원천	
		내부적인 통제원천	외부적인 통제원천
통제의 정도	높은 통제수준	① 관료적 책임성 ② 상관/부하 관계 ③ 감독	① 법률적 책임성 ② 주인/대리인 관계 ③ 신탁
	낮은 통제수준	① 전문가적 책임성 ② 비전문가/전문가 관계 ③ 전문가에 대한 존경	① 정치적 책임성 ② 선거구민/대표자 관계 ③ 선거구민에 대한 반응성

> 바로 확인문제

1. 행정책임의 유형에 관한 프리드리히(C. Friedrich)의 현대적 입장을 바르게 설명한 것은?

17. 경찰간부

① 상급자와 부하 등 계층구조에 대한 책임
② 국민 정서에 응답하는 자발적 책임
③ 법률이나 규칙에 대한 책임
④ 의회에 대한 책임

정답해설 프리드리히(C. Friedrich)가 강조한 현대적 책임으로, 행위자가 스스로 느끼는 주관적 책임이다.

답 | ②

2. 롬젝(B. Romzek)의 행정책임 유형에 대한 설명으로 옳지 않은 것은?

23. 국가직 9급

① 계층적 책임 – 조직 내 상명하복의 원칙에 따라 통제된다.
② 법적 책임 – 표준운영절차(SOP)나 내부 규칙(규정)에 따라 통제된다.
③ 전문가적 책임 – 전문직업적 규범과 전문가 집단의 관행을 중시한다.
④ 정치적 책임 – 민간 고객, 이익집단 등 외부 이해관계자의 기대에 부응하는가를 중시한다.

정답해설 법적 책임성은 통제의 위치가 외부인 책임성이므로, 표준운영절차나 내부 규칙이 아닌 법률에 의해 통제되는 것을 말한다.

답 | ②

CHAPTER 01 마무리 기출 OX

다음 내용이 맞으면 O, 틀리면 X에 표시하시오.

01 행정책임은 관료가 도덕적·법률적 규범에 따라 행동해야 하는 국민에 대한 의무이다. 18. 서울시 7급 　　O | X

02 행정의 책임성에는 결과에 대한 책임과 함께 과정에 대한 책임도 포함된다. 18. 서울시 7급 　　O | X

03 전통적으로 책임성은 제도적 책임성(accountability)과 자율적 책임성(responsibility)으로 구분되어 논의되었다. 　　O | X
18. 서울시 7급

04 제도적 책임성(accountability)은 절차의 준수와 책임의 완수는 별개로 보며, 제재가 불가능하거나 문책자가 내재화된다. 07. 서울시 7급 　　O | X

05 파이너(H. Finer)는 행정의 적극적 이미지를 전제로 전문가로서의 관료의 기능적 책임을 강조하는 책임론을 제시하였다. 20. 지방직 7급 　　O | X

정답 및 해설

01 O **02** O **03** O **04** × **05** ×

04 절차의 준수와 책임의 완수는 별개로 보며, 제재가 불가능하거나 문책자가 내재화된 책임은 자율적 책임성이다.
05 행정의 적극적 이미지를 전제로 전문가로서의 관료의 기능적 책임을 강조하는 책임론은 프리드리히(C. Friedrich)와 관련된다.

CHAPTER 02 행정통제

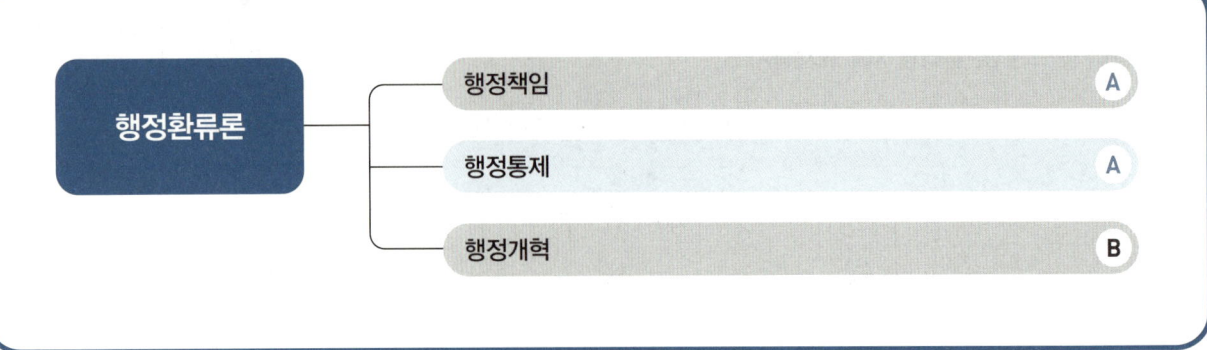

 기선 제압

- 행정통제는 행정체제의 일탈에 대한 감시를 통해 행정성과를 달성하려는 활동이다. 07. 지방직 7급

- 행정통제는 설정된 행정목표 또는 정책목표와 기준에 따라 성과를 측정하고 이에 맞출 수 있도록 시정하는 노력을 의미한다. 09. 서울시 9급

- 행정통제란 어떤 측면에서는 관료로부터 재량권을 빼앗는 것이다. 13. 서울시 9급

1 의의

(1) 개념

① 행정통제는 목표 또는 기준과 그 실천행동을 부합시키는 작용으로, 공무원 또는 행정체제의 일탈에 대한 감시와 처벌로 연결된다.

② 행정통제는 어떤 측면에서는 관료로부터 재량권을 빼앗는 것으로, 궁극적으로 민주주의와 관료제 간 조화문제로 귀결된다.

③ 입법국가 시절에는 외부통제에 중점을 두었으나, 행정국가로 이행하면서 내부통제의 중요성이 부각되었다.

④ 행정의 복잡성과 재량권의 증대로 인하여 실질적인 행정통제가 이루어지기 위해서는 외부통제보다는 내부통제를 더욱 효과적으로 활용해야 할 것이다.

⑤ 행정에 대한 정치적 통제의 강화는 행정의 책임성과 대응성을 제고할 수 있지만 행정의 안정성과 능률성을 저해할 수 있다.

(2) 필요성

① 행정책임의 확보수단이자 행정목표의 구현수단이며, 신뢰성의 확립과 직접적으로 연결된다.

② 공무원 또는 행정체제의 일탈이 발견되었다면 시정의 노력이 뒤따라야 하며, 이러한 시정조치에는 오차의 수정을 위한 소극적 환류와 목표의 수정을 위한 적극적 환류가 있다.

③ 소극적 환류 또는 부정적 환류는 실적이 목표에서 이탈된 것을 발견하고 후속되는 행동이 전철을 밟지 않도록 시정하는 통제이다.

④ 적극적 환류 또는 긍정적 환류는 실적이 목표에 부합되는 것을 발견하고 후속 행동이 같은 방향으로 나아가도록 환류하는 통제이다.

2 통제의 유형

(1) 동시적 통제와 사후적 통제

① **동시적 통제**: 어떤 행동이 통제기준에서 이탈되는 결과를 발생시킬 때까지 기다리지 않고 그러한 결과를 유발할 수 있는 행동이 나타날 때마다 교정해 나가는 통제이다.

② **사후적 통제**: 행동의 결과가 목표기준에 부합되는가를 평가하여 필요한 시정조치를 취하는 통제이다.

(2) 길버트(C. Gilbert)

구분	외부통제	내부통제
공식 통제	① 입법부에 의한 통제 ② 사법부에 의한 통제 ③ 옴부즈만에 의한 통제	① 청와대와 국무총리실 ② 계층제 및 인사관리제도 ③ 감사원·국민권익위원회(→ 독립통제기관) ④ 교차기능조직
비공식 통제	① 시민에 의한 통제 ② 이익집단에 의한 통제 ③ 여론, 인터넷 등	① 동료집단의 평가와 비판 ② 공무원으로서의 직업윤리

- 교차기능조직, 대표관료제, 행정윤리 등은 내부통제에 해당한다. 18. 경찰간부

- 행정윤리에 의한 통제는 내부·비공식적 통제에 해당한다. 17. 경찰승진

바로 확인문제

1. 행정통제의 유형 중 외부통제가 <u>아닌</u> 것은? 20. 지방직 9급

① 감사원의 직무감찰
② 의회의 국정감사
③ 법원의 행정명령 위법 여부 심사
④ 헌법재판소의 권한쟁의심판

정답해설 감사원은 행정부 소속이므로 내부통제에 속한다.

오답해설 ②, ③, ④ 의회, 법원, 헌법재판소 등은 행정부 밖에 있는 외부통제 장치이다.

답 | ①

2. 우리나라 행정통제 방법 중 내부통제에 해당하는 것은? 24. 국가직 7급

① 감사원의 회계검사
② 헌법재판소의 위헌법률심판
③ 국회의 국무위원에 대한 탄핵소추
④ 지방자치단체의 주민참여예산제도

정답해설 감사원은 행정부 소속기관이므로 감사원의 회계검사는 내부통제로 분류된다.

답 | ①

3 옴부즈만제도

(1) 의의

① 스웨덴에서는 대리자·대표자를 의미하고, 영국과 미국에서는 민정관 또는 호민관이라는 뜻으로 사용되는 것으로, 행정에 대한 국민의 불편을 공평무사하게 조사하고 처리하는 기관을 말한다.
② 제도의 발상지는 스웨덴(1809)이며, 핀란드(1919), 덴마크(1953) 등에서 채택하게 되었다. 이후 뉴질랜드(1962), 영국(1967)에 보급되었으며, 프랑스에서는 「중개자에 관한 법률」이 1973년에 제정되었다.
③ 옴부즈만은 정부활동의 비약적인 증대에 따른 시민의 권리침해 가능성을 구제하기 위해 도입된 제도로, 원칙적으로 의회에 설치된 헌법기관이지만, 행정부에 법률기관으로 설치되기도 한다.
④ 우리나라는 1994년 설치된 국민고충처리위원회가 시초이고, 2008년 국가청렴위원회와 행정심판위원회 등을 합쳐 국민권익위원회가 되었다.

(2) 등장배경 → 사법통제의 한계

① 사후적(↔ 예방적) 구제조치, 전문성의 결여, 많은 시간과 비용의 소요
② 소극적(→ 합법적) 통제(→ 적극적, 합목적적 통제의 어려움)
③ 정치적·정책적(↔ 법률적) 책임성 확보의 어려움

(3) 특징

① 원칙적으로 입법부 소속으로 의회가 임명하나 정치적 당파성은 없으며, 직무상으로도 독립되어 있어 의회의 지시나 명령을 받지 않는다.
② 비공식적인 절차에 따라 조사와 건의 및 비판을 하며, 합법성은 물론 합목적성에 입각한 조사도 가능하다. 그러나 권한의 정도는 나라마다 상이하다.
③ 신청으로 조사활동을 개시하는 것이 일반적이지만, 예외적으로 직권에 의해 활동을 개시하기도 하며, 사법적 구제에 비하여 신속하고 저렴하게 국민의 불편을 처리할 수 있다.
④ 옴부즈만은 법률적 권한보다는 개인적 신망과 영향력에 의존하는 바가 크며 법률적 문제에 치중하는 다른 통제기관들이 간과한 사각지대를 감시하는 데 유용하다.
⑤ 옴부즈만은 임기가 비교적 긴 편이며 임기 중 신분이 보장되고, 독립적 조사권, 시찰권, 소추권 등을 가지지만, 보통 소추권은 대부분의 나라에서 인정하지 않는다.
⑥ 옴부즈만은 권고나 시정요구 등은 할 수는 있지만 이를 법적으로 강제하거나 대행하는 권한을 갖지 못한다.

구분	옴부즈만 → 스웨덴형	국민권익위원회 → 프랑스형
차이점	① 「헌법」상 기관 ② 입법부 소속 ③ 신청(→ 원칙) 및 직권에 의한 조사	① 법률상 기관 ② 행정부(→ 국무총리) 소속 ③ 신청에 의한 조사
유사점	① 합법성 조사 + 합목적성 조사 ② 간접통제: 무효와 취소 및 변경은 불가	

바로 확인문제

1. 옴부즈만(Ombudsman) 제도에 대한 설명으로 옳지 <u>않은</u> 것은? 19. 지방직 9급

① 행정에 대한 통제기능을 수행한다.
② 스웨덴에서는 19세기에 채택되었다.
③ 옴부즈만을 임명하는 주체는 입법기관, 행정수반 등 국가별로 상이하다.
④ 우리나라의 국민권익위원회는 「헌법」상 독립성을 보장하기 위해 대통령 소속으로 설치되었다.

정답해설 우리나라 국민권익위원회는 국무총리 소속으로 설치되었다.

오답해설 ① 옴부즈만은 입법부가 행정부를 통제하는 수단으로 발전하였다.
② 옴부즈만 제도의 발상지는 스웨덴(1809)이며, 핀란드(1919), 덴마크(1953) 등에서 채택하게 되었다. 이후 뉴질랜드(1962), 영국(1967)에 보급되었으며, 그 이후 캐나다·미국·서독 등 선진민주국가에서 활발하게 논의되어 부분적으로 채택되었다. 프랑스에서는 프랑스형 옴부즈만인 「중개자에 관한 법률」이 1973년에 제정되었다.
③ 옴부즈만 제도는 설치 주체에 따라 크게 의회 소속형과 행정기관 소속형으로 구분된다.

답 | ④

2. 옴부즈만(Ombudsman)에 대한 설명으로 가장 옳지 <u>않은</u> 것은? 18. 서울시 7급(하)

① 옴부즈만은 스웨덴어로 대리자·대표자를 의미한다.
② 영국과 미국에서는 민정관 또는 호민관이라는 뜻으로 사용된다.
③ 우리나라의 경우 1998년에 출범한 공정거래위원회가 옴부즈만 제도의 시초이다.
④ 통상적으로 옴부즈만은 의회나 정부에 의해 임명되며, 임명하는 기관으로부터 직무상 엄격히 독립되어 국정을 통제한다.

정답해설 우리나라의 옴부즈만은 1994년 설치된 국민고충처리위원회가 시초이고, 2008년 국민권익위원회로 개편되었다.

답 | ③

CHAPTER 02 마무리 기출 OX

다음 내용이 맞으면 O, 틀리면 X에 표시하시오.

01 행정통제의 과정은 목표와 계획에 따른 통제기준의 확인, 실제 행정과정에 대한 정보의 수집, 과정평가·효과평가 등의 실시, 통제주체의 시정조치 순으로 이루어진다. 13. 국가직 7급   O | X

02 절차의 규칙성 확보와 부패방지에 치중한 통제는 공무원의 피동화와 업무수행의 소극화를 조장할 수 있다. 13. 국가직 7급   O | X

03 부정적 환류통제는 실적이 목표에서 이탈된 것을 발견하고 후속되는 행동이 전철을 밟지 않도록 시정하는 통제이다. 17. 국회직 8급   O | X

04 실질적인 행정통제가 이루어지기 위해서는 내부통제보다는 외부통제를 더욱 효과적으로 활용해야 한다. 18. 지방직 7급   O | X

05 독립통제기관은 행정기관과 대통령 그리고 외부적 통제중추들의 중간 정도에 위치하며, 상당한 수준의 독자성과 자율성을 누린다. 17. 지방직 9급   O | X

06 행정부는 감사원의 국정감사권을 통해 행정행위에 대한 내부통제를 행한다. 11. 국가직 9급   O | X

07 옴부즈만(ombudsman)제도는 1809년 덴마크에서 처음으로 채택되어 실시된 제도이다. 09. 국회직 8급   O | X

08 옴부즈만제도는 사법부에 의한 행정통제 수단으로 발전해왔다. 12. 서울시 9급   O | X

09 통상적으로 옴부즈만은 의회나 정부에 의해 임명되지만 임명하는 기관으로부터 직무상 엄격히 독립되어 국정을 통제한다. 10. 지방직 9급   O | X

10 옴부즈만은 행정기관의 결정에 대해 직접 취소·변경할 수 있는 권한을 갖지 않는다. 17. 지방직 7급   O | X

정답 및 해설

01 O   02 O   03 O   04 X   05 O   06 X   07 X   08 X   09 O   10 O

04 궁극적으로 실질적 행정통제가 이루어지기 위해서는 외부통제보다는 내부통제가 더 효과적이다.
06 국정감사권의 국회의 권한으로 외부통제에 해당한다.
07 근대 옴부즈만(ombudsman)제도는 1809년 스웨덴에서 처음 채택되었다.
08 옴부즈만제도는 입법부에 의한 행정통제 수단으로 발전하였다.

CHAPTER 03 행정개혁

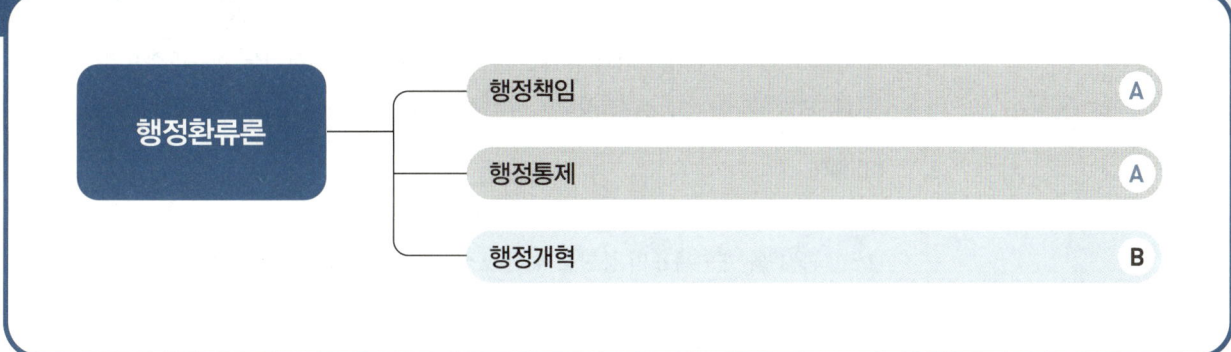

1 의의

(1) 개념
① 행정개혁이란 현재보다 더 나은 상황으로 변화를 유도하는 의도적이고 계획적인 활동을 말한다.
② 행정개혁은 새로운 이념, 정치적 변혁, 새로운 기술, 새로운 행정수요 등에 대한 행정의 적응수단이다.
③ 행정개혁은 행정을 인위적·의식적·계획적으로 변화시키려는 것이므로, 개혁 주도자들에 의해 계획적이고 전략적으로 추진되어야 한다.

(2) 특징
① 행정개혁은 공적 상황에서의 개혁, 포괄적 연관성, 동태적 현상, 시간적 연속성 등을 주요 속성으로 한다.
② 행정개혁은 생태적 속성을 지닌 연속적 과정이며, 새로운 개혁조치들이 제도적으로 정착되기 위해서는 지속적인 노력이 필요하다.
③ 행정개혁은 행정을 인위적·의식적으로 변화시키려는 것이므로 불가피하게 관련자들의 저항을 수반한다. 이러한 저항의 원인으로 기득권의 침해, 개혁내용의 불확실성, 고객집단의 저항, 관료의 보수성 등이 언급된다.

2 접근방법

(1) 구조
① 구조적 개혁은 전체 구성요소들의 재배열을 통해 조직 전체의 일하는 방식의 재설계에 중점을 두는 접근이다.
② 구조와 직제의 개편, 업무의 적절한 배분, 권한과 책임의 명확화, 의사소통의 개선 등이 구조적 개혁의 주요한 수단이며, 크게 원리전략(→ 고전)과 분권화 전략(→ 현대)이 있다.

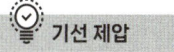 기선 제압

- 정부혁신은 행정을 인위적, 의식적, 계획적으로 변화시키려는 것이므로, 개혁 주도자들에 의해 계획적이고 전략적으로 추진되어야 한다.
  12. 국가직 7급

- 행정개혁에 관한 구조적 접근법은 최적의 구조가 업무의 최적수행을 가져온다는 가장 고전적인 전략이다.
  16. 경찰승진

- 행정개혁에 관한 구조적 접근법은 원리전략과 분권화 전략으로 세분할 수 있다.
  16. 경찰승진

• 행정개혁에 관한 과정적 접근법은 행정체제의 과정 또는 일의 흐름을 개선하려는 접근방법이다.

15. 국가직 9급

(2) 과정·절차 및 기술

① 업무처리과정이나 절차 그리고 기술·장비·수단 등의 개선에 초점을 두는 접근방법으로, 관리과학이나 체제분석 등 계량화 모형의 도입, 절차의 수정 또는 일하는 수단의 합리화와 관련된다.
② 과정적 개혁은 행정체제의 과정 또는 일의 흐름을 개선하려는 접근방법으로, 행정전산망, 행정정보시스템, 행정공개제도, 리엔지니어링 등이 주요한 수단으로 활용된다.

(3) 행태

① 행정인의 가치관, 태도, 신념 등의 변화를 통해 행정의 효율성을 높이려는 접근방법이다.
② 조직목표와 개인목표의 통합을 위한 조직발전(OD)이 대표적인 기법이다.
③ 문화론적 접근방법은 행정문화를 개혁함으로써 행정체제의 보다 근본적이고 장기적인 개혁을 성취하려는 접근방법이다.

(4) 사업(→ 산출·정책)

① 사업이나 정책적 개혁은 정책목표와 내용 및 소요자원에 초점을 두고, 행정활동의 목표를 개선하고 행정서비스의 양과 질을 개선하려는 접근방법이다.
② 사업이나 정책적 개혁에는 각종 정책분석과 평가, 생산성 측정, 직무검사와 행정책임평가 등이 사용된다.

바로 확인문제

1. 행정개혁 접근법 중 구조적 접근법에 해당되는 것을 모두 고른 것은?

18. 경찰승진

㉠ 책임의 재규정
㉡ 행정조직의 계층 간 의사전달 체계의 개선
㉢ 행정전산망 등 장비·수단의 개선
㉣ 행정조직 내의 운영과정 및 일의 흐름 개선
㉤ 조정 및 통제절차의 개선
㉥ 집단토론, 감수성훈련 등 조직발전기법의 활용

① ㉠, ㉡, ㉢
② ㉠, ㉡, ㉤
③ ㉢, ㉣, ㉤
④ ㉢, ㉣, ㉥

정답해설 ㉠, ㉡, ㉤ 책임의 재규정, 행정조직의 계층 간 의사진달 체계의 개선, 조정 및 통제절차의 개선 등이 개혁에 관한 구조적 접근방법에 해당한다.

오답해설 ㉢, ㉣ 행정전산망 등 장비·수단의 개선이나 행정조직 내의 운영과정 및 일의 흐름 개선은 과정적 접근법이다.
㉥ 집단토론, 감수성훈련 등 조직발전기법의 활용은 행태적 접근법이다.

답 | ②

3 행정개혁의 저항

(1) 원인
① 기득권의 침해 또는 매몰비용의 간과, 관료제의 경직성과 보수성
② 개혁 내용의 불명확성 및 성과에 대한 불신, 피개혁자의 능력(→ 지식·기술) 부족

(2) 극복방안
① 규범적 전략
    ㉠ 가치관과 태도의 변화, 설득과 참여의 확대 등 의사소통의 촉진, 집단토론과 훈련의 확대
    ㉡ 적응에 필요한 충분한 시간의 제공
    ㉢ 개혁지도자의 카리스마 또는 상징의 활용
② 기술적·공리적 전략
    ㉠ 개혁의 점진적 추진 또는 적절한 시기의 선택, 개선방법 및 기술의 융통성 있는 수정, 적절한 인사배치
    ㉡ 개혁안의 명확화와 공공성 강조, 유인책의 제공 또는 반대급부의 보장 등 호혜적 전략
③ 강제적 전략
    ㉠ 상급자의 권한행사, 의식적인 긴장의 조성 및 압력의 사용
    ㉡ 권력구조의 일방적 개편을 통한 저항세력의 약화

- 행정개혁에 요구되는 지식이나 기술의 부족은 행정개혁에 대한 저항을 야기한다. 22. 군무원 9급

- 행정개혁에 대한 저항을 가장 근본적으로 해결하는 방법은 규범적·사회적 방법이다. 18. 경찰승진

4 개혁의 주도자

구분	내부 주도	외부 주도
장점	① 시간과 경비의 절감 ② 집중적이고 간편한 건의 ③ 기관 내부 이익의 고려 ④ 높은 실현가능성	① 객관적이고 종합적인 개혁 ② 국민의 광범위한 지지 확보 ③ 정치적 요인의 고려 ④ 권력구조의 근본적 개혁
단점	① 객관성과 종합성의 결여 ② 보수적 성격 ③ 광범위한 지지의 확보 곤란 ④ 권력구조의 근본적 재편성 곤란	① 과격한 개혁안 ② 낮은 실현가능성 ③ 관료들의 저항 ④ 과다한 비용

바로 확인문제

1. 행정개혁에 대한 저항을 극복하는 방법에 관한 설명으로 옳지 않은 것은? 15. 지방직 7급

① 강제적 방법은 저항을 근본적으로 해결하기보다는 단기적으로 또는 피상적으로 해결하는 방법으로서, 장래에 더 큰 저항을 야기할 위험이 있다.
② 공리적·기술적 방법에는 개혁의 시기조정, 경제적 손실에 대한 보상, 개혁이 가져오는 가치와 개인적 이득의 실증 등이 있다.
③ 규범적·사회적 방법에는 개혁지도자의 신망 개선, 의사전달과 참여의 원활화, 사명감 고취와 자존적 욕구의 충족 등이 있다.
④ 저항을 가장 근본적으로 해결하는 방법은 공리적·기술적 방법이다.

정답해설 개혁에 대한 저항을 근본적으로 해결할 수 있는 방법은 규범적 전략이다.

오답해설
① 상급자의 권한행사, 의식적인 긴장의 조성 및 압력의 사용, 권력구조의 일방적 개편을 통한 저항세력의 약화 등이 강제적 방법에 해당한다.
② 개혁의 점진적 추진 또는 적절한 시기의 선택, 개선방법 및 기술의 융통성 있는 수정, 적절한 인사배치, 개혁안의 명확화와 공공성 강조, 유인책의 제공 또는 반대급부의 보장 등이 공리적 방법에 해당된다.
③ 가치관과 태도의 변화, 설득과 참여의 확대 등 의사소통의 촉진, 적응에 필요한 충분한 시간의 제공, 개혁지도자의 카리스마 또는 상징의 활용, 집단토론과 훈련의 확대 등이 규범적 방법에 해당한다.

답 | ④

2. 행정개혁에 대한 저항을 극복하는 전략 및 방법에 관한 설명으로 옳은 것은? 21. 국가직 7급

① 경제적 손실의 보상, 임용상의 불이익 방지는 규범적·사회적 전략이다.
② 개혁지도자의 신망 개선, 의사전달과 참여의 원활화, 사명감의 고취는 공리적·기술적 전략이다.
③ 교육훈련과 자기계발 기회의 제공은 규범적·사회적 전략이다.
④ 개혁 시기의 조정은 강제적 전략이다.

정답해설 교육훈련과 자기계발 기회의 제공 등은 자발적으로 개혁을 수용하게 만드는 규범적·사회적 전략이다.

오답해설
① 경제적 손실의 보상이나 임용상의 불이익의 방지는 공리적·기술적 전략이다.
② 개혁지도자의 신망 개선, 의사전달과 참여의 원활화, 사명감 고취는 규범적·사회적 전략이다.
④ 개혁 시기의 조정은 공리적·기술적 전략이다.

답 | ③

CHAPTER 03 마무리 기출 OX

다음 내용이 맞으면 O, 틀리면 X에 표시하시오.

01 최근의 행정개혁은 책임성과 효율성을 동시에 강조하며, 자원배분의 기준으로서 투입보다는 성과를 중시한다.   O | X
12. 국가직 7급

02 구조적 접근방법은 가치관과 신념의 변화를 통하여 행정체제 전체를 개혁하려는 방법이다.   23. 행정사   O | X

03 행정개혁의 과정적 접근방법은 행정체제의 과정 또는 일의 흐름을 개선하려는 접근방법이다.   15. 국가직 9급   O | X

04 개혁지도자의 카리스마 활용, 집단토론과 훈련의 확대 등은 개혁에 대한 저항을 극복하는 규범적 전략이다.   O | X
18. 경찰승진

05 가치관과 태도의 변화, 참여의 확대, 개혁안의 명확화와 공공성의 강조, 의사소통의 촉진 등은 개혁에 대한 저항을 극복하기 위한 규범적 방법에 속한다.   15. 지방직 7급   O | X

정답 및 해설

01 O 02 × 03 O 04 O 05 ×

02 가치관과 신념의 변화를 통하여 행정체제 전체를 개혁하려는 방법은 행태적 접근방법이다.
05 개혁안의 명확화와 공공성의 강조는 개혁에 대한 저항을 극복하기 위한 기술적·공리적 방법에 속한다.

PART VII

지방행정론

에듀윌 공무원 행정학

CHAPTER 01	지방행정의 기초
CHAPTER 02	정부 간 관계
CHAPTER 03	지방자치의 의의
CHAPTER 04	지방자치의 구조
CHAPTER 05	지방재정

CHAPTER 01 지방행정의 기초

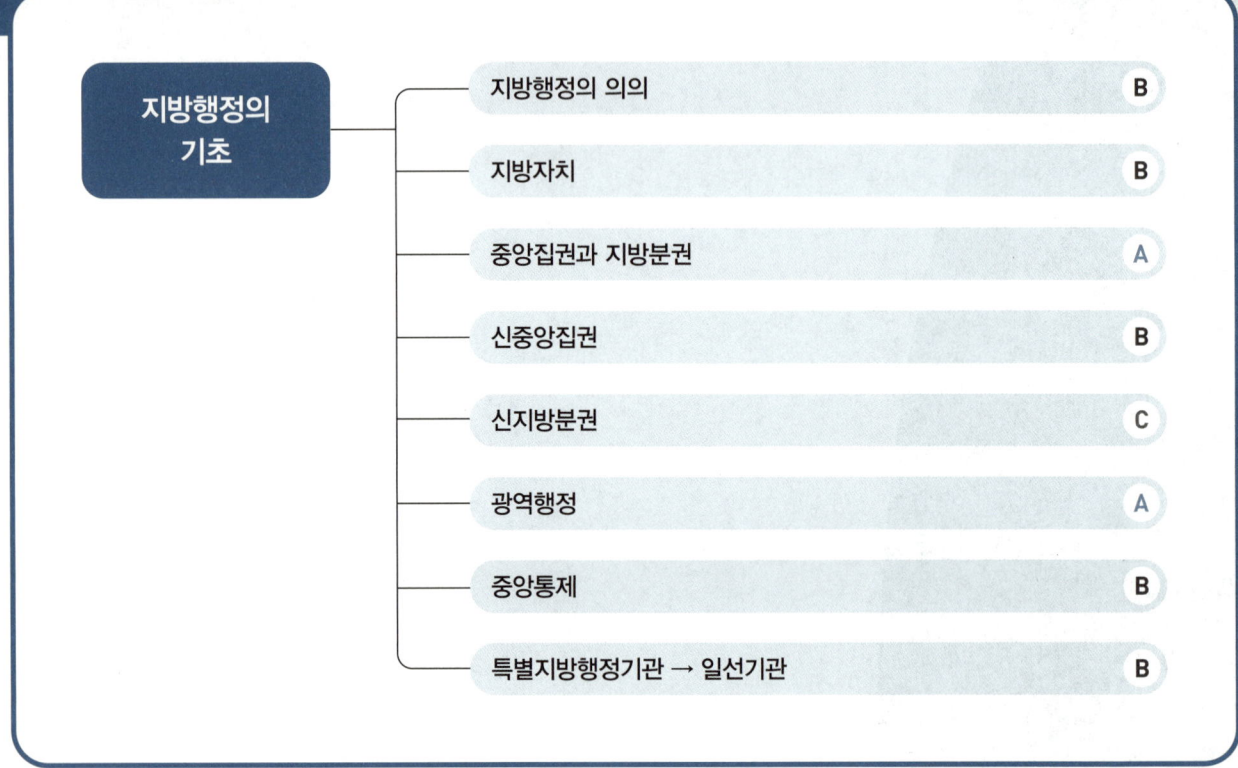

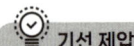 기선 제압

- 넓은 의미의 지방행정의 개념은 관치행정, 위임행정, 자치행정 모두를 포함하고, 가장 좁은 의미의 지방행정은 자치행정만을 의미한다.
  18. 경찰간부

- 우리나라에서 실시하는 지방행정은 좁은 의미의 지방행정으로 자치행정과 위임행정을 포함한다.
  18. 경찰간부

01 지방행정의 의의 　　　　　　　　　　　　　　　　　　B

1 지방행정의 개념

① 광의: 행정주체를 불문하고 일정한 지역 내에서 이루어지는 주민복리를 위한 모든 행정으로, 자치행정과 위임행정 및 관치행정을 포함하는 개념이다.
② 협의: 지방자치단체에 의한 행정으로, 대륙계 단체자치(→ 우리나라)에서의 지방행정 개념이며, 자치행정과 위임행정은 포함하지만 관치행정은 제외된다.
③ 최협의: 주민들의 의사와 책임 하에 스스로 또는 대표자를 통해 수행하는 행정으로, 자치행정만을 의미하며, 영·미계 주민자치에서의 지방행정 개념이다.

2 관치행정과 자치행정

구분	관치행정(중앙집권)		자치행정(지방분권)
평가기준	능률성·형평성		민주성·효율성
성격	전문성·통일성		종합성·다양성
발전목표	양적 성장		질적 개선
성질	비공개·혁신적		공개·점증적
중점기능	권력적 → 통제와 규제		비권력적 → 권고와 유인
사무	국가사무	위임사무	자치사무
		기관위임 / 단체위임	

3 특성

① **지역행정**: 일정한 지역에 한정된 개별적·다원적 행정
② **일선행정·대화행정**: 주민들과 직접 접촉하는 행정
③ **생활행정**: 주택, 보건, 상하수도, 청소 등 일상생활과 직결되는 수요를 처리하는 행정
④ **자치행정**: 자치단체나 주민들의 자주적 행정
⑤ **종합행정**(↔ 기능별 전문성): 일정한 지역 내 행정수요의 전반적이고 포괄적인 처리
⑥ **비권력적 행정**: 조언, 권고, 지원, 조정, 정보제공 등 비권력적 수단의 활용

02 지방자치

1 지방자치의 의의

(1) 개념

① 지방자치란 일정 지역의 주민들이 자주재원과 자기책임 하에 스스로 또는 대표자를 통해 지역사무를 처리하는 제도를 말한다.
② 지방자치는 국가와 지방자치단체의 관계를 강조하는 단체자치 요소와 자치단체와 주민의 관계를 강조하는 주민자치 요소가 혼재되어 발전하고 있다.

(2) 구성요소

① **지역**: 자치권이 미치는 지리적 공간
② **주민**: 구역 안에 주소를 둔 자 → 자치권의 주체이자 객체
③ **자치권**: 자치입법권, 자치행정권, 자치사법권(→ 우리나라는 없음), 자치재정권 등
④ **자치기관**: 의결기관과 집행기관
⑤ **자치사무**: 자치단체의 존립과 관련된 사무
⑥ **자주재원**: 지방세와 세외수입

2 계보

(1) 주민자치 → 본질적 요소

① 중앙에 의한 지방의 통치체제가 정착되지 않은 상태에서 지역주민들이 스스로 자치기구를 결성해 그 지역을 통치하는 방식으로, 중앙의 통제력이 약했던 영·미에서 발달하였다.
② 자치단체는 지방정부라는 단일의 지위를 가지고 원칙적으로 자치사무만을 처리하며, 지역의 국가사무는 중앙정부 소속의 특별지방행정기관에 의해 처리된다.
③ 주민자치에서의 지방자치는 민주주의 원리를 기반으로 하며, 자치단체와 주민의 관계를 중심으로 발전하였다.

(2) 단체자치 → 형식적 요소

① 자치단체가 지역의 통치단체이면서 동시에 국가의 하부기관인 형태로, 중앙에 의한 지방의 통치체제가 잘 정비되었던 독일이나 프랑스 등에서 발달하였다.
② 자치단체는 그 지역의 자치사무와 국가로부터 위임된 국가사무를 동시에 처리한다.
③ 단체자치에서의 지방자치는 지방분권을 이념적 근거로 하며, 중앙정부와 자치단체의 관계를 중심으로 발전하였다.

(3) 상호접근

① 주민자치는 주민참여를 보장하는 지방자치의 본질적 요소이고, 단체자치는 지방자치를 실현하기 위한 형식적·법제적 요소이다.
② 주민의 참여가 없는 지방자치는 그 진정성이 의심되고, 법적 권한이 없는 지방자치는 허울에 불과하므로 양자의 상호 조화가 요구된다.

구분	주민자치	단체자치
본질	고유권설	전래권설
의미	정치적 의미	법률적 의미
이념	민주주의 원리	지방분권 원리
중점	지방정부와 주민 관계	중앙과 자치단체 관계
자치범위	광범	협소
수권방법	개별적 수권주의	포괄적 수권주의
정부형태	기관통합형: 의결기관 우월주의	기관대립형: 집행기관 우월주의
기관성격	단일적 성격	이중적 성격: 자치단체 + 국가기관
사무구분	위임사무와 고유사무 구분 없음	위임사무와 고유사무 구분 있음
중앙통제	입법적·사법적 통제: 소극적 통제 수평적·기능적 협력 관계	행정적 통제 위주: 적극적 통제 수직적·권력적 감독 관계
조세제도	독립세 주의, 분리과세	부가세 주의, 중복과세
채택국가	영국, 미국	독일, 1982년 이전 프랑스

- 주민자치의 원리는 주로 영국과 미국에서 발달하였으며, 단체자치의 원리는 주로 독일과 프랑스에서 발달하였다. 18. 서울시 9급
- 자치권의 인식에서 주민자치는 고유권으로, 단체자치는 전래권으로 본다. 19. 서울시 9급
- 주민자치는 지방의 공공사무를 결정하고 처리하는 데는 주민의 참여가 중요하다. 17. 국회직 8급

3 지방자치의 가치

(1) 정치적 가치 → 민주성 측면
① 민주주의 훈련장 → 민주주의 실천원리
② 독재와 전제 정치에 대한 방파제, 정치적 혼란의 완충장치

(2) 행정적 측면 → 능률성 측면
① 지역 실정에 맞는 행정, 일정한 지역 내의 종합행정 구현
② 중앙과 지방의 업무분담과 지역 간 경쟁을 통한 효율성 향상
③ 제도와 정책의 지역적 실험으로 인한 시행착오의 최소화

- 지방자치는 민주정치에 대한 훈련 기능을 한다. 23. 군무원 9급
- 지방자치는 행정의 대응성 제고 기능을 한다. 23. 군무원 9급
- 지방자치는 다양한 정책 실험을 가능하게 한다. 15. 서울시 9급

바로 확인문제

1. 다음 중 지방자치의 의의로 가장 옳지 않은 것은? 15. 서울시 9급

① 민주주의의 훈련
② 다양한 정책실험의 실시
③ 공공서비스의 균질화
④ 지역주민에 대한 행정의 반응성 제고

정답해설 공공서비스의 균질화는 중앙집권의 장점이다.

답 | ③

2. 지방자치의 두 요소인 주민자치와 단체자치에 대한 설명으로 가장 옳은 것은? 18. 서울시 9급

① 주민자치의 원리는 주로 영국과 미국에서 발달하였으며, 단체자치의 원리는 주로 독일과 프랑스에서 발달하였다.
② 주민자치가 지방자치의 형식적·법제적 요소라고 한다면, 단체자치는 지방자치를 실현하기 위한 내용적 본질적 요소라고 할 수 있다.
③ 단체자치에서는 법률에 의해 권한이 명시적·한시적으로 규정되어 사무를 자주적으로 처리할 수 있는 재량의 범위가 크다.
④ 단체자치에서는 입법통제와 사법통제가 주된 통제방식이다.

정답해설 자치권이 강했던 영미국가에서 주민자치가 발달하였고, 중앙의 권한이 강했던 대륙계 국가에서 단체자치가 발달하였다.

오답해설 ② 단체자치가 지방자치의 형식적·법제적 요소이고, 주민자치가 지방자치를 실현하기 위한 내용적 본질적 요소이다.
③ 법률에 의해 권한이 명시적·한시적으로 규정되어 사무를 자주적으로 처리할 수 있는 재량의 범위가 큰 것은 주민자치이다.
④ 입법통제와 사법통제가 주된 통제방식인 것은 주민자치이다.

답 | ①

4 지방자치의 효율성 → 티부가설(발로 하는 투표)

(1) 의의
① 주민의 이동으로 표현된 지방적 선호를 통해 지방공공재의 효율적 공급이 가능하다는 주장이다.
② 이는 분권적인 배분체제에서는 공공재의 공급이 바람직하지 못하다는 사뮤엘슨(P. Samuelson)의 주장에 대한 반박이다.

(2) 기본가정
① 상이한 재정프로그램을 제공하는 다양한 지방정부의 존재
② 각 지역의 재정프로그램에 대한 완벽한 이해 → 완전한 정보
③ 지역 간 자유로운 이동
④ 프로그램 혜택과 관련된 외부효과의 부존재
⑤ 공공재 생산의 평균비용의 동일성 및 국고보조금 부재 → 규모 수익의 불변
⑥ 한 가지 이상의 고정적 생산요소의 존재 → 지역별 최적 규모의 존재
⑦ 배당수입에 의한 주민의 소득
⑧ 재산세에 기반을 둔 지방정부의 수입

(3) 결론
① 주민들은 자기 선호에 가장 부합하는 공공서비스-조세부담 조합을 제공하는 지역으로 이동함으로써 지방공공재에 대한 선호를 표출한다.
② 이는 각 지방정부의 경쟁을 통해 적정한 수준의 지방공공재의 공급규모를 설정할 수 있다는 의미이다.
③ 그 결과 지역 내 동질성은 증대되지만 지역 간 이질성이 심화되어 공공서비스 공급의 형평성이 저해될 수 있다.

- 티부가설(Tiebout Hypothesis)은 다수의 이질적인 지방정부가 존재할 것을 가정한다. 19. 국가직 7급
- 티부(Tiebout) 모형은 주민들이 지방정부들의 세입과 지출 패턴에 관하여 완전히 알고 있다고 가정한다. 16. 국가직 9급
- 발로 하는 투표(voting with feet) 가설은 주민의 자유로운 이동을 전제로 한다. 12. 지방직 7급
- 분권화된 지방정부에서 발에 의한 투표(vote by feet)가 가능해지기 위한 전제조건으로 시민들은 배당수입에 의존하여 생활해야 한다. 19. 서울시 7급
- 티부(Tiebout) 모형은 지방정부의 공공서비스로 인한 외부효과가 존재하지 않는다고 가정한다. 24. 경찰간부

바로 확인문제

1. 티부(Tiebout)모형의 전제조건으로 옳지 않은 것은? 22. 지방직 9급

① 시민의 이동성
② 외부효과의 배제
③ 고정적 생산요소의 부존재
④ 지방정부 재정패키지에 대한 완전한 정보

정답해설 티부(Tiebout) 모형은 한 가지 이상의 고정적 생산요소의 존재를 전제로 한다. 이는 규모의 경제가 발생하지 않아야 한다는 것으로, 지역마다 최적 생산규모가 존재함을 의미한다.

답 | ③

03 중앙집권과 지방분권 A

1 의의

(1) 개념

① **중앙집권**: 지방행정에 대한 통제권과 의사결정권이 중앙정부에 집중되어 있는 경우이다.
② **지방분권**: 지방행정에 대한 통제권과 의사결정권이 자치단체에 분산되어 있어 지방의 자주성과 독립성이 보장되어 있는 경우이다.

절대국가	근대 입법국가	현대 행정국가	신행정국가
중앙집권	지방분권	신중앙집권	신지방분권
정치적 의미		행정적 의미	
절대주의	자유주의	진보주의	신자유주의

(2) 측정지표

① 특별지방행정기관(→ 중앙정부 소속의 지방행정기관)의 종류와 수
② 지방자치단체의 사무구성 비율(→ 위임사무와 자치사무 비율), 민원사무의 배분비율
③ 지방자치단체 주요 직위의 선임방식, 국가공무원 대비 지방공무원의 수
④ 국가재정 대비 지방재정의 규모, 국세 대비 지방세 규모 등

2 촉진요인

(1) 중앙집권의 촉진요인

① 행정의 통일성과 전문성 및 능률성 확보
② 행정의 기능별 전문화
③ 지역 간 격차의 조정과 지역의 균형개발
④ 국가적 비상사태나 위기에 대한 신속한 대응

(2) 지방분권의 촉진요인

① 지역의 실정에 맞는 행정
② 주민참여와 주민통제의 촉진, 사회적 능률성의 구현
③ 행정의 대응성과 책임성 제고
④ 환경변화에 대한 신속한 반응
⑤ 지역단위의 종합행정

3 지방분권의 방식

① **행정적 분권**: 지역에서 처리하여야 할 행정사무에 대하여 중앙정부가 그 권한과 사무를 지방행정기관에 위임하고 중앙정부의 지휘와 감독 하에 수행하도록 하는 분권방법이다.
② **자치적 분권**: 중앙정부와 지방자치단체 간의 정치권력의 배분에 관한 것으로, 행정적인 것뿐만 아니라 입법적인 것도 포함하는 통치상의 분권방법이다.

- 지방분권은 주민들의 행정수요에 대한 대응성이 제고될 수 있다.
  22. 국회직 9급

- 지방분권은 지역의 입장에서 사회적 문제에 접근하고 해결하는 데 기여한다.
  22. 국회직 9급

- 지방분권은 지역의 실정에 맞는 유연한 행정을 할 수 있다.
  22. 국회직 9급

- 지방분권은 중앙행정과 지방행정 간의 관계를 대등한 협조체제의 관계로 발전시킬 수 있다.
  22. 국회직 9급

> **바로 확인문제**

1. 지방분권화가 확대되는 이유로 옳지 않은 것은? 21. 지방직 7급

① 내생적 발전전략에 기반한 도시경쟁력 확보가 중요해지고 있다.
② 중앙집권 체제가 초래하는 낮은 대응성과 구조적 부패 등은 국가 성장의 장애요인으로 작용하고 있다.
③ 사회적 인프라가 어느 정도 갖춰진 국가에서는 지역 간 평등한 공공서비스의 수요가 증가하고 있다.
④ 신공공관리론에 근거한 정부혁신이 강조되고 있다.

정답해설 지역 간 평등한 공공서비스의 공급을 위해서라면 중앙집권이 바람직하다.
오답해설 ① 도시의 자체적 발전전략을 통해 경쟁력을 확보하기 위해서라면 지방분권화가 바람직하다.

답 | ③

2. 지방분권의 장점으로 가장 옳지 않은 것은? 21. 군무원 9급

① 행정의 민주화 진작
② 지역 간 격차의 완화
③ 행정의 대응성 강화
④ 지방공무원의 사기 진작

정답해설 지역 간 격차의 완화는 중앙집권의 장점이다.

답 | ②

04 신중앙집권   B

1 의의

(1) 개념
① 신중앙집권은 지방자치가 발달되어 온 영·미에서 환경의 변화에 따라 중앙통제가 다시 강화되는 행정국가시대의 중앙집권으로, 중앙정부와 지방정부의 기능적 협력관계이다.
② 이는 정치적 민주화가 제도적으로 실현되었음을 전제로, 행정의 효율성이라는 사회적 요청에 부응하기 위한 새로운 형태의 집권을 의미한다.

(2) 촉진요인
① 행정국가의 대두, 교통·통신의 발달로 인한 생활권의 확장
② 국민적 최저 수준의 유지와 복지행정의 증대
③ 지방재정의 취약성에 따른 중앙재정에 대한 의존성 증대

- 신중앙집권의 촉진요인으로 교통·통신의 발달, 행정기능의 확대, 지방재정의 부족 등이 거론된다. 06. 서울시 7급

- 경제력 및 세원의 편재로 인한 지방자치단체 간 재정력 격차의 확대는 신중앙집권화를 촉진시키는 요인이다. 12. 국가직 7급

2 발현형태

① 지방사무의 상향적 이관, 특별지방행정기관의 설치 및 위임사무의 증대

② 지방자치단체의 통폐합을 통한 자치구역의 확대
③ 중앙재정에의 의존성 증대, 중앙통제의 강화

3 특징 → 민주성과 능률성의 조화

① 신중앙집권은 전통적인 중앙집권과는 달리 중앙과 지방의 기능적 협력을 중시하는 집권이다.
② 밀(J. Mill): 권력은 분산하되 지식과 기술은 집중한다.

전통적 집권	신중앙집권
① 지배적·강압적 집권 ② 관료적·윤리적·후견적 집권 ③ 수직적·권력적 집권	① 지도적·협동적 집권 ② 사회적·지식적·기술적 집권 ③ 수평적·병렬적·비권력적 집권

• 신중앙집권화로 인해 행정구역의 광역화가 나타날 수 있다.
22. 군무원 7급

• 신중앙집권화에서 중앙-지방 간의 관계는 기능적·협력적 관계이다.
22. 군무원 7급

• 신중앙집권화는 지방정부의 자율성을 상대적으로 제한할 수 있다.
22. 군무원 7급

바로 확인문제

1. 신중앙집권화 촉진요인으로 적절하지 <u>않은</u> 것은?   12. 국가직 7급

① 유엔의 리우선언(1992)에 따른 환경보존행동계획
② 정보통신기술 및 교통의 발달로 인한 생활권역의 확대
③ 경제력 및 세원의 편재로 인한 지방자치단체 간 재정력 격차의 확대
④ 환경문제, 보건문제 등 전국적인 문제의 발생

> **정답해설** 신중앙집권이란 지방자치가 발달되어 온 영·미에서 중앙통제가 강화되는 행정국가 시대의 중앙집권으로, 정치적 민주화가 제도적으로 실현되었음을 전제로 하며, 다만 행정의 효율성이라는 사회적 요청에 부응하기 위한 집권이다. 한편, 리우선언이란 지구를 건강하고, 미래를 풍요롭게라는 목표를 위해 환경과 개발에 관한 기본원칙을 담은 선언문으로 신중앙집권과는 관련이 없다.
>
> **오답해설** ②, ③, ④ 신중앙집권은 행정국가의 대두, 과학기술 및 교통·통신의 발달, 국민생활권의 확장, 국민최저 수준의 유지와 복지행정 수요의 증대, 지역 간 외부효과의 증대, 지방능력의 한계, 지방재정의 취약성에 따른 지방의 중앙에의 의존성 증대, 개발경제에서 보존경제(계획적 개발행정)로의 이행 등으로 인하여 등장한 현상이다.
>
> 답 | ①

2. 다음 중 신중앙집권화와 관련된 특징에 대한 설명으로 가장 옳지 <u>않은</u> 것은?   22. 군무원 7급

① 행정구역의 광역화가 나타날 수 있다.
② 중앙 – 지방 간의 관계는 기능적·협력적 관계이다.
③ 지방정부의 자율성을 상대적으로 제한할 수 있다.
④ 세계화와 신자유주의가 신중앙집권화를 촉진하였다.

> **정답해설** 세계화와 신자유주의는 신지방분권화와 관련된다.
>
> 답 | ④

05 신지방분권

1 의의

(1) 개념

① 행정국가 이후 강화된 중앙집권에 대한 반대명제로, 중앙집권화에 따른 역사적 시행착오를 방지하기 위하여 상대적 의미의 지방분권화를 실현하려는 노력이다.
② 신지방분권은 1980년대 신자유주의를 배경으로 세계화·지방화가 강조되면서 부각되었다. 중앙정부 주도의 행정개혁을 추구했던 영국을 제외하고, 미국, 독일, 프랑스 등에서 추진되었다.
③ 일본 역시 메이지유신 이래 추진했던 강력한 중앙집권체제의 문제점을 치유하기 위해 1980년대 중반 이후 지방분권의 개혁을 강력하게 추진하고 있다.

(2) 대두배경

① 중앙집권의 폐해(→ 관료화와 획일성), 민주주의 확산과 세계화에 따른 국가경쟁력의 제고
② 정보화의 진전에 따른 지방정부의 정보처리능력의 향상

2 지방분권과 신지방분권

지방분권	신지방분권
① 절대적 분권	① 상대적 분권
② 항거적 분권(→ 도피적 분권)	② 참여적 분권
③ 배타적 분권, 소극적 분권	③ 협력적 분권, 적극적 분권

바로 확인문제

1. 다음 중 신중앙집권화와 신지방분권화에 대한 설명으로 가장 적절하지 <u>않은</u> 것은?

24. 군무원 7급

① 신중앙집권화는 분권의 비능률성과 중앙집권의 비민주성 문제를 해결하기 위한 새로운 형태의 집권이다.
② 국민적 최저 수준 유지에 대한 요청이 확대되면서 경제 및 사회적 불평등 해소를 위해 신지방분권화가 촉진되었다.
③ 신지방분권은 중앙정부에 의한 지도의 필요성을 인정하고 국가발전에 적극적으로 동참하는 상대적 분권이다.
④ 신중앙집권은 비권력적 지도의 폭이 넓어진 수평적이고 협동적 집권을 의미한다.

정답해설 국민적 최저 수준의 유지와 경제 및 사회적 불평등의 해소는 신중앙집권화와 관련된다.

답 | ②

06 광역행정

1 의의
① 광역행정이란 기존의 행정구역 또는 지방자치단체 구역을 초월하여 발생하는 광역적 행정수요를 종합적으로 처리하는 행정을 말한다.
② 광역행정은 환경의 변화에 대처하기 위해 주민자치가 활성화된 영·미에서 나타난 현상이다.

- 광역행정은 기존의 행정구역을 초월해 더 넓은 지역을 대상으로 행정을 수행한다. 19. 지방직 9급

2 촉진요인
① 교통·통신의 발달과 생활권의 확대로 인한 광역수요의 증대
② 규모의 경제를 통한 행정의 능률성 증대
③ 외부효과 문제의 해결
④ 지역 간 균형개발과 서비스 제공에 있어 전국적 평준화 도모

- 광역행정은 교통·통신의 발달에 따른 생활권·경제권의 확대로 인해 나타났다. 20. 소방간부

3 광역행정의 기준
① 환경체계: 강, 해안, 대기권 등 광역적 환경문제
② 전문서비스: 대학, 연구소, 종합병원, 박물관 등 전문지식과 서비스를 요구하는 시설
③ 협력효과: 쓰레기 수거 및 처리, 동물원, 박물관, 화장장 등
④ 형평성: 서비스가 불균등할 경우 주민들의 이동을 초래할 수 있는 사무
⑤ 이해관계성: 지역 간 공통의 이해관계가 걸린 문제

골격기준 → 광역적 접근	세포기준 → 독자적 처리
① 지역 간의 긴밀한 연계 ② 상하수도, 교통, 통신 등	① 지역 내의 이해와 관심 ② 경찰, 소방, 초등교육 등

4 처리수단별 분류
① **공동처리**: 기존 법인격의 변경 없이 행정업무를 공동으로 처리하는 방식으로, 일부사무조합, 행정협의회, 기관의 공동설치, 사무위탁, 연락회의, 의원파견 등이 이에 속한다.
② **연합**: 둘 이상의 지방자치단체가 기존의 법인격은 그대로 유지하면서 그 전역에 걸친 법인격을 가진 새로운 단체 또는 법인격 없는 공동체를 새로 창설하는 방식으로, 토론토 대도시권연합, 대하노버연합, 일본의 광역연합, 복합사무조합 등이 이에 해당한다.
③ **통합**: 몇 개의 자치단체를 통·폐합하여 하나의 법인격을 가진 새로운 자치단체를 신설하는 것으로, 자치권을 근본적으로 변화시키는 방법이다. 선진국보다는 후진국에서 주로 사용한다.
④ **흡수통합**: 하급자치단체가 가지고 있던 권한과 지위를 상급자치단체가 흡수하는 방식이다.
⑤ **특별구**: 교육구나 항만구처럼 특수한 광역사무를 수행하는 별도의 구역을 설정하는 방식으로, 법률에 의해 만들어진다는 점에서 합의에 의해 만들어지는 자치단체조합과는 다르다.

- 공동처리방식은 둘 이상의 지방자치단체가 상호 협력하여 광역행정 사무를 공동으로 처리하는 방식이다. 10. 지방직 9급

- 연합은 둘 이상의 지방자치단체가 독립적인 법인격을 그대로 유지하면서 연합단체를 새로 창설하여 광역행정에 관한 사무를 그 연합단체가 처리하게 하는 방식이다. 13. 국회직 8급

- 광역행정은 광역적 행정 수요에 초점을 맞추는 경향이 있기 때문에 기초자치단체의 행정수요를 경시할 가능성이 있다. 06. 서울시 7급

5 문제점

① 일상적 행정수요의 경시
② 공동체 의식의 약화, 주민의 접근성 약화, 지역의 특수성과 개별성 경시
③ 비용의 부담과 혜택의 불일치

바로 확인문제

1. 광역행정에 대한 설명으로 옳지 <u>않은</u> 것은? 19. 지방직 9급

① 기존의 행정구역을 초월해 더 넓은 지역을 대상으로 행정을 수행한다.
② 행정권과 주민의 생활권을 일치시켜 행정 효율성을 증진시킬 수 있다.
③ 규모의 경제를 확보하기 어렵다.
④ 지방자치단체 간에 균질한 행정서비스를 제공하는 계기로 작용해 왔다.

정답해설 광역행정은 외부효과나 규모의 경제가 강하게 나타나는 사업을 효과적으로 처리하게 위해 등장하였다.

오답해설 ① 광역행정이란 기존 행정구역 또는 지방자치단체 구역을 초월하여 발생하는 광역적 행정수요를 종합적으로 처리하는 행정을 말한다.
② 광역행정은 생활권(공공서비스 수요)과 공공서비스 공급권을 일치시키는 역할을 수행하므로 서비스 제공에 있어 효율성을 높일 수 있다.
④ 광역행정은 교통·통신의 발달과 생활권의 확대로 인한 광역수요의 증대, 규모의 경제를 통한 능률성의 증대, 비용부담과 혜택의 불일치 해소(→ 외부효과 문제의 해결), 지역 간 균형개발과 서비스 제공에 있어 전국적 평준화 도모 등을 위해 촉진되었다.

답 | ③

2. 광역행정의 방식 중에서 법인격을 갖춘 새 기관을 설립하는 방식만을 다음에서 모두 고르면? 21. 국회직 8급

| ㄱ. 사무위탁 | ㄴ. 행정협의회 | ㄷ. 지방자치단체조합 |
| ㄹ. 연합 | ㅁ. 합병 | |

① ㄱ, ㄷ ② ㄴ, ㄹ ③ ㄷ, ㄹ
④ ㄷ, ㅁ ⑤ ㄹ, ㅁ

정답해설 ㄷ, ㅁ. 사무위탁과 행정협의회는 법인격이 없고, 지방자치단체조합과 합병은 법인격이 존재한다. 연합의 경우 일반적으로 법인격이 있는 것으로 간주되지만 외국의 사례를 보면 일부 법인격이 존재하지 않는 도시공동체도 존재한다. 후자의 입장에 근거하여 출제된 문제로 보인다.

답 | ④

07 　중앙통제　　B

1 의의

(1) 개념
① 중앙통제란 지방자치단체에 대한 국가의 지도와 감독을 말한다.
② 이는 지방자치단체의 독자성을 인정하면서도 국가 전체의 균형을 확보하기 위한 것으로, 중앙과 지방의 공존 및 협력체계를 구축하기 위한 노력의 일환이다.

(2) 필요성
① 국가의 존립목적 및 통일성의 유지, 지방사무의 광역화에 따른 지방정부 간 갈등의 증대
② 국민적 최저 수준의 확보, 지방정부의 능력 부족과 지방자치의 보호 및 육성

2 유형

(1) 기관별 분류
① 입법통제: 지방자치와 관련된 법률의 제정, 조세법률주의, 국정감사 등
② 사법통제: 권한쟁의 또는 기관쟁의라는 쟁송절차를 통한 사후적·소극적 통제
③ 행정통제: 가장 일반적이고 실효적인 통제방식

(2) 성질별 분류
① 권력적 통제: 임면, 승인, 처분, 감사 등
② 비권력적 통제: 계도(→ 유권해석·조언·권고), 지원, 정보제공, 조정 등

08 　특별지방행정기관 → 일선기관　　B

1 의의
① 특별지방행정기관은 국가사무를 지역별로 집행하기 위해서 중앙정부에서 설치한 국가의 하부행정기관으로, 지방분권과는 무관하며 자치권도 가지고 있지 않다.
② 특별지방행정기관은 해당 업무의 전문성과 특수성으로 인해 자치단체 또는 그 기관에 위임하여 처리하는 것이 적합하지 않을 때 이의 효율적·광역적 추진을 위해 설치된다.
③ 우리나라의 경우 지방자치가 본격적으로 부활하였던 1980년대 말부터 급격히 증가했는데, 이는 중앙정부의 관리와 감독의 용이성이라는 부처이기주의 차원에서 설치된 경우가 많았기 때문이다.
④ 노무현 정부는 선분권 후보완의 원칙을 설정하고 특별지방행정기관을 축소하는 개혁을 추진하였다.
⑤ 「제주특별법」은 제주특별자치도에는 원칙적으로 특별지방행정기관을 새로 설치할 수 없고, 국토관리·중소기업·해양수산·환경·노동 등에 관한 사무를 이관할 것을 규정하고 있다.

- 특별지방행정기관은 국가사무를 집행하고자 중앙부처가 설치하는 일선기관이다. 　19. 경찰간부
- 특별지방행정기관은 고유의 법인격과 자치권을 가지고 있지 않다. 　23. 소방간부
- 특별지방행정기관은 국가업무의 효율적·광역적 추진이라는 긍정적 목표를 가진다. 　07. 서울시 7급
- 특별지방행정기관은 관리와 감독의 용이성이라는 부처이기주의 목적에서 설치되었다. 　05. 서울시 9급

지방자치단체	특별지방행정기관
① 중앙정부의 간접 통제	① 중앙정부의 직접 통제
② 정치상 집권·분권	② 행정상 집권·분권
③ 고유사무 처리	③ 위임사무 처리
④ 독립된 법인격 있음	④ 독립된 법인격 없음
⑤ 종합성 강조	⑤ 전문성 강조
⑥ 자치행정 + 위임행정	⑥ 지방자치와 무관(→ 관치행정)

2 유형

(1) 성질별 분류

① **보통일선기관**: 중앙의 모든 집행업무를 포괄적·종합적으로 처리하는 일선기관으로, 주로 단체자치와 관련되며, 이 경우 지방자치단체가 일선기관으로서의 성격을 동시에 갖는다.

② **특별일선기관**: 중앙의 특정한 부서에 소속되어 있으면서 그 부처의 집행업무만을 담당하는 일선기관으로, 주로 주민자치와 관련되며, 이 경우 지방자치단체와 일선기관은 구별된다.

(2) 귤릭(L. Gulick)의 분류

① **전지형**: 중앙과 최하위 일선기관 사이에 중간기관을 두지 않는 형태이다.

② **단완장지형**: 중앙과 최하위 일선기관 사이에 관할구역이 광범위한 소수의 중간기관을 두고, 이로 하여금 다수의 최하위기관을 관할하게 하는 유형으로, 중간기관이 지방보다는 국가에 인접되어 있는 유형이다.

③ **장완단지형**: 중앙과 최하위 일선기관 사이에 관할구역이 협소한 다수의 중간기관을 두고, 이로 하여금 소수의 최하위기관을 관할하게 하는 유형으로, 중간기관이 국가보다는 지방에 인접되어 있는 유형이다.

(3) 소속별 유형

① 과학기술정보통신부: 우정사업본부, 지방우정청
② 법무부: 교정본부, 지방교정청
③ 환경부: 유역환경청, 수도권대기환경청, 지방환경청
④ 고용노동부: 지방고용노동청
⑤ 국토교통부: 국토관리청, 지방국토관리청, 항공청, 지방항공청
⑥ 식품의약품안전처: 지방식품의약품안전청
⑦ 경찰청: 지방경찰청, 해양경찰청, 지방해양경찰청
⑧ 병무청: 지방병무청

3 평가

① 전국적 통일성을 요구하는 기능은 특별지방행정기관에게 맡기는 것이 바람직하다.
② 기능별 전문화를 기반으로 설치되므로 지역별 종합행정을 저해할 수 있다.
③ 지역주민의 의사를 반영시키는 제도적 장치가 결여되어 있어 책임행정을 저해할 수 있다.

• 전국적 통일성을 요구하는 기능은 특별지방행정기관이 맡는 것이 바람직하다. 08. 서울시 9급

장점	단점
① 행정의 전문성과 통일성 제고 ② 기능적 전문화 ③ 광역행정의 효과적 수행 ④ 서비스 제공의 형평성 제고	① 유사·중복업무로 인한 낭비 ② 기관 간 수평적 조정 곤란 → 할거주의 ③ 지방행정의 종합성 저해 ④ 중앙통제의 강화

- 특별지방행정기관은 지역주민의 의사를 반영시키는 제도적 연결 장치가 결여되어 있다. 09. 지방직 7급

- 특별지방행정기관의 설치로 지역주민들을 위한 공공서비스의 책임행정이 약해진다. 21. 경찰간부

- 특별지방행정기관은 업무의 중복 추진이라는 문제점을 야기한다. 07. 국가직 9급

- 특별지방행정기관은 지역종합행정의 수행에 장애가 될 수 있다. 07. 국가직 9급

바로 확인문제

1. 지방자치단체에 대한 설명으로 옳지 않은 것은? 20. 군무원 7급

① 특별지방행정기관은 지방자치단체가 특별업무를 수행하기 위해서 설립한 기관이다.
② 지방환경청은 특별행정기관이다.
③ 우리나라 「지방자치법」에서 지방자치단체 외에 특정한 목적을 수행하기 위하여 필요하면 따로 특별지방자치단체를 설치할 수 있다고 규정하고 있다.
④ 특별자치시와 특별자치도는 보통지방자치단체에 속한다.

정답해설 특별지방행정기관은 국가사무를 지역별로 집행하기 위해서 중앙정부에서 설치한 국가의 하부행정기관이다.

답 | ①

2. 특별지방행정기관에 대한 설명으로 옳은 것은? 19. 국가직 7급

① 국가의 사무를 집행하기 위해 설치한 일선집행기관으로 고유의 법인격을 가지고 있다.
② 전문 분야의 행정을 보다 효율적으로 수행하기 위해 설치하나 행정기관 간의 중복을 야기하기도 한다.
③ 특별지방행정기관의 예로는 자치구가 아닌 일반 행정구가 있다.
④ 특별지방행정기관은 지방행정의 전문성을 제고하여 지방분권강화에 긍정적인 역할을 미친다.

정답해설 특별지방행정기관은 중앙정부의 기능을 분야별로 나누어 수행하므로 업무의 효율성을 높일 수 있지만 업무 구분이 모호할 경우 행정기관 간 업무의 중복 문제가 야기될 수 있다.

오답해설 ① 특별지방행정기관의 중앙정부의 하부기관에 불과하므로 독립된 법인격을 가지고 있지 않다.
③ 일반 행정구는 지방자치단체 소속의 하부 행정기관이다.
④ 특별지방행정기관은 중앙정부의 소속기관이므로 중앙집권에는 기여하겠지만 지방분권은 저해할 수 있다.

답 | ②

CHAPTER 01 마무리 기출 OX

다음 내용이 맞으면 O, 틀리면 X에 표시하시오.

01 지방분권은 정책의 지역적 실험을 용이하게 하고 정보처리능력의 향상을 가져온다. 15. 서울시 9급 　O | X

02 지방분권은 주민들의 참여를 활발하게 하며, 기능별 전문화의 심화를 가져온다. 15. 서울시 9급 　O | X

03 신중앙집권은 영국과 미국을 중심으로 등장한 중앙정부와 지방정부의 기능적 협력관계이다. 22. 군무원 7급 　O | X

04 신지방분권의 촉진요인으로 행정의 현지성 요청, 사회적 형평성의 강화, 세계화의 진전과 민주주의의 확산 등이 거론된다. 07. 서울시 9급 　O | X

05 특별지방행정기관의 수는 IMF 경제위기를 극복하기 위해 1990년대 후반에 급증했다. 09. 지방직 7급 　O | X

06 특별지방행정기관은 출입국관리, 공정거래, 세무, 근로조건 등 국가적 통일성이 요구되는 업무를 수행한다. 15. 국가직 9급 　O | X

07 국가는 특별지방행정기관이 수행하고 있는 사무 중 지방자치단체가 수행하는 것이 더 효율적인 사무는 지방자치단체가 담당하도록 하여야 한다. 23. 국회직 8급 　O | X

08 주민자치 국가에서 지방자치단체는 지방기관이면서 동시에 국가기관이라는 이중적 지위를 갖는다. 17. 국회직 8급 　O | X

09 티부(C. Tiebout) 모형에 의하면 고용기회와 관련된 제약조건은 거주지 의사결정에 왜곡을 초래할 수 있으므로 고려하지 않아야 한다. 22. 국회직 8급 　O | X

10 발에 의한 투표(vote by feet) 모형에 의하면 시민들은 배당수입에 의존하여 생활해야 한다. 19. 서울시 7급 　O | X

정답 및 해설

01 O　**02** X　**03** O　**04** X　**05** X　**06** O　**07** O　**08** X　**09** O　**10** O

02 기능별 전문화는 중앙집권의 장점이다. 지방분권은 지방행정의 종합성을 강조한다.
04 사회적 형평성의 요청은 신중앙집권의 대두배경이다.
05 특별지방행정기관의 수는 지방자치가 본격적으로 부활하였던 1980년대 말부터 급격히 증가하였다.
08 지방자치단체가 지방기관이자 지방의 (국가)행정기관으로서 이중적 지위를 갖는 것은 단체자치의 특징이다.

CHAPTER 02 정부 간 관계

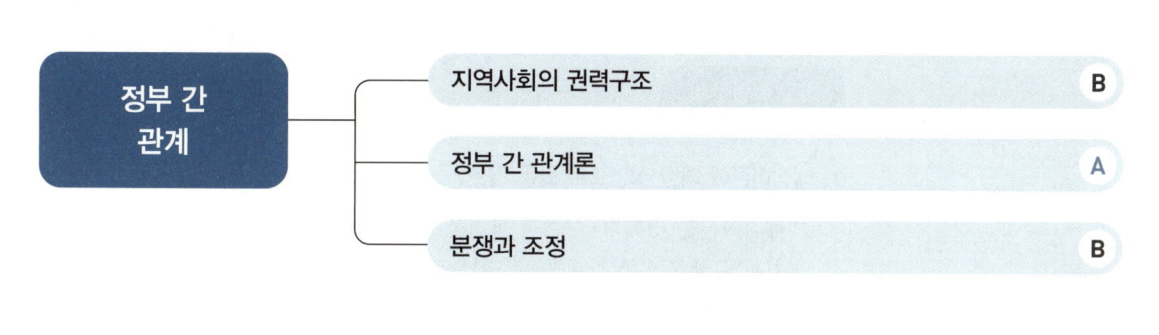

01 지역사회의 권력구조   B

1 성장기구론

① 성장기구론은 토지문제와 개발, 그리고 이와 연계된 도시의 공간 확장 문제 등과 관련된 이론으로, '누가 지배하는가?'에 대한 전통적 연구들과 달리 '무엇을 위해 지배하는가?'를 강조한 이론이다.
② 성장기구론에 의하면 중앙정치는 다양한 정치경제적 이해관계를 중심으로 움직이는 데 비해 지방정치는 주로 토지의 가치(→ 교환가치 + 사용가치)를 중심으로 이루어진다.
③ 성장기구론에 의하면 지방정치는 교환가치를 강조하는 토지자산가와 개발업자 등의 성장연합과 사용가치를 강조하는 지역주민과 환경운동집단의 반성장연합 간 대립으로 귀결되는데, 대체로 성장연합이 우위를 점한다고 주장한다.

2 레짐이론

① 도시레짐이론에서 레짐이란 지배적인 의사를 결정하고 이를 수행하기 위해 공공부문과 민간부문이 함께 형성하는 비공식적이지만 상대적으로 안정적인 통치연합을 뜻한다.
② 레짐이론은 도시의 권력구조에 대한 이해를 통해 정부 및 비정부 부문의 다양한 세력 간 상호 의존성을 강조한다.
③ 이는 다원주의 및 엘리트주의 간 논쟁의 쟁점이 변화된 것으로, '누가 지배하는가?'에서 '어떻게 목적을 달성할 것인가?'로 초점이 이동했음을 뜻한다.
④ 레짐이론은 경제적·사회적 도전을 극복하는 과정에서 조성되는 정부기관과 비정부기관의 상호 의존 관계를 강조함으로써, 정부와 비정부기관의 행위자가 협력하고 조정하는 활동에 초점을 맞춘다.
⑤ 레짐에는 이익집단, 기업, 도시정부, 관료제 등 다양한 행위자가 참여하며, 이 중 선출직 관료들과 기업집단이 대부분의 레짐에서 가장 강력한 권력을 보유한다.

기선 제압

- 성장기구론은 토지문제와 개발문제, 그리고 이와 연계된 도시의 공간 확장 문제 등과 관련이 있다.
  17. 국가직 7급

- 레짐이론(regime theory)에 의하면 지방정부와 지방의 민간부문 주요 주체가 연합하여 권력기반을 형성한다.
  12. 국가직 9급

⑥ 레짐이론은 도시정부 활동의 경제적 종속성을 수용하면서 동시에 정치의 독자성을 강조하는데 이는 기업의 중심적 역할을 강조하면서도 주민과 같은 행위자들의 영향력도 고려하는 것이다.
⑦ 레짐이론은 도시정치에서 인과관계와 행태적 측면의 연구에 이론성을 강화해 주었다.

바로 확인문제

1. 레짐이론에 대한 설명으로 옳은 것은? 24. 국회직 8급

① 레짐이론은 경제적·사회적 도전을 극복하는 과정에서 조성되는 정부기관과 비정부기관의 상호 의존 관계를 강조함으로써, 정부와 비정부기관의 행위자가 협력하고 조정하는 활동에 초점을 맞춘다.
② 레짐이론은 지방정부의 의사결정에 영향을 주는 외생변수의 중요성에 주목하고 있으며, 지방정부의 정책은 정치행위자들의 요구나 협상력보다는 사회경제적 제약에 의해 영향을 받는다는 견해이다.
③ 레짐이론은 초기 다원주의론과 달리 정치과정이 모든 집단이나 개인에게 똑같이 개방되어 있지 않고, 정부 또한 이들을 동등하게 대우하지 않는다는 전제하에서 출발한다.
④ 레짐이론은 정부의 결정 및 집행에 있어서 비공식적 민관협력이 아닌 공식적 장치를 강조한다.
⑤ 레짐이론은 지방권력이 소수의 엘리트에 집중되어 있고, 이들 대부분이 정책 영역에서 지방정부의 정책결정에 지배적인 영향력을 행사한다고 주장한다.

정답해설 레짐이론은 국가에 의한 일방적 통치가 아닌 정부 및 비정부 등 다양한 세력 간의 상호 의존성을 강조하는 이론이다.

오답해설 ② 지방정부의 의사결정에 영향을 주는 외생변수의 중요성에 주목하고 있으며, 지방정부의 정책은 정치행위자들의 요구나 협상력보다는 사회경제적 제약에 의해 영향을 받는다는 견해는 정책결정요인론이다.
③ 초기 다원주의론과 달리 정치과정이 모든 집단이나 개인에게 똑같이 개방되어 있지 않고, 정부 또한 이들을 동등하게 대우하지 않는다는 전제는 신다원주의이다.
④ 레짐은 비공식적 실체를 지닌 통치연합으로 정권적 차원의 공식적 통치집단과는 구별된다.
⑤ 지방권력이 소수의 엘리트에 집중되어 있고, 이들 대부분이 정책 영역에서 지방정부의 정책결정에 지배적인 영향력을 행사한다는 주장은 엘리트론이다.

답 | ①

02 정부 간 관계론

1 의의
① 정부 간 관계론은 한 나라 내의 각종 정부 사이의 교환과 결합관계에 관한 연구이다.
② 특히, 중앙정부와 지방정부 간 권한배분 및 통제관계에 연구의 초점을 맞춘다.

2 라이트(D. Wright) 모형
① 라이트(D. Wright)는 정부 간 관계를 포괄형, 분리형, 중첩형의 세 유형으로 나누고, 각 유형별로 지방정부의 사무내용, 중앙·정부 간 재정 및 인사 관계의 차이가 있음을 밝히고 있다.
② 또한 라이트(D. Wright)는 미국에 있어 정부 간 관계의 변천을 분쟁형, 협력형, 집중형, 경쟁형, 타산형으로 설명하였다.
③ 주요모형
　㉠ 분리권위형(→ 독립·대등·조정권위): 연방정부와 주정부는 독립되어 있어 주정부는 완전 자치적으로 운영되고, 지방정부는 주정부에 종속되는 유형이다.
　㉡ 포괄권위형(→ 종속): 연방정부가 주정부와 지방정부를 완전하게 포괄하는 유형으로, 주정부 및 지방정부에 대한 중앙정부의 강력한 통제와 의존이 나타난다.
　㉢ 중첩권위형(→ 상호의존·중복): 연방정부와 주정부 및 지방정부가 각자 고유한 영역을 보유하면서, 동시에 동일한 관심과 책임의 영역을 공유하는 유형이다.

> • 라이트(D. Wright) 모형은 정부 간 상호권력관계와 기능적 상호의존관계를 기준으로 정부 간 관계(IRG)를 3가지 모델로 구분한다.
> 23. 지방직 9급

> • 라이트(D. Wright)의 분리형은 중앙-지방 간의 독립적인 관계를 의미한다.
> 11. 지방직 9급

3 던리비(P. Dunleavy)의 중앙과 지방 간 기능배분
① 다원주의: 중앙과 지방 간 기능배분의 문제를 역사적 산물로 보며, 중복의 배제, 최적 규모에의 부합 등과 같은 행정적 합리성을 강조한다.
② 신우파론: 공공선택론의 시각으로, 비용극소화와 효용극대화를 위한 기능배분을 강조하면서, 재분배정책은 중앙정부가 담당하고 개발정책은 중앙과 지방이 협력하며, 치안·쓰레기·소방 등과 같은 배당정책은 지방정부가 담당하는 것이 바람직하다고 주장한다.
③ 계급정치론: 정부 간 기능배분의 문제를 계급 간 갈등의 산물로 파악하는 입장이다.
④ 이원국가론: 중앙정부는 생산부분을 주로 담당하고, 지방정부는 주로 소비부문을 담당한다는 입장이다.

4 로즈모형(R. Rhodes)
① 중앙정부와 지방정부의 권력은 각각 보유하고 있는 자원에 따라 달라진다는 주장이다.
② 중앙정부는 입법권과 재원의 확보 측면에서 우위를 점하고, 지방정부는 집행에 필요한 조직자원과 정보수집 측면에서 중앙정부보다 우위를 점한다.
③ 이에 따라 양자는 부족한 자원을 교환하기 위해 상호협력하며, 권력은 양자 간 합의과정에서 결정되는 상대적 개념이다.

> • 로즈(R. Rhodes)는 집권화된 영국의 수직적인 중앙·지방 관계 하에서도 상호의존 현상이 나타남을 권력의존모형으로 설명했다.
> 22. 군무원 9급

> **바로 확인문제**
>
> **1.** 라이트(D. Wright)의 정부 간 관계모형에 대한 설명으로 옳지 <u>않은</u> 것은?   23. 지방직 9급
>
> ① 정부 간 상호권력관계와 기능적 상호 의존관계를 기준으로 정부 간 관계를 3가지 모델로 구분한다.
> ② 대등권위모형(조정권위모형)은 연방정부, 주정부, 지방정부가 모두 동등한 권한을 가지고 있다고 가정한다.
> ③ 내포권위모형은 연방정부, 주정부, 지방정부를 수직적 포함관계로 본다.
> ④ 중첩권위모형은 연방정부, 주정부, 지방정부가 상호 독립적인 실체로 존재하며 협력적 관계라고 본다.
>
> **정답해설** 라이트(D. Wright)의 대등권위모형은 연방과 주정부는 대등하지만 일반적으로 지방정부는 주정부에 종속된 것으로 가정하는 모형이다.
>
> **오답해설** ① 라이트(D. Wright)는 정부 간 관계를 포괄형, 분리형, 중첩형의 세 유형으로 나누고, 각 유형별로 지방정부의 사무내용, 중앙·정부 간 재정 및 인사 관계의 차이가 있음을 밝히고 있다.
> ③ 내포권위모형은 연방정부가 주정부와 지방정부를 완전하게 포괄하는 유형으로, 주정부 및 지방정부에 대한 중앙정부의 강력한 통제와 의존이 나타난다.
> ④ 중첩권위모형은 연방정부와 주정부 및 지방정부가 각자 고유한 영역을 보유하면서, 동시에 동일한 관심과 책임 영역을 보유하는 유형이다.
>
> 답 | ②

03 분쟁과 조정 　B

1 의의
① 갈등과 분쟁이란 복수의 주체 간 대립적이고 적대적인 교호작용을 말한다.
② 특징: 양면성(→ 혐오시설의 필요성 + 자기 지역의 설치반대), 다양한 원인과 이해관계 등

2 유형
① 지역 간 갈등: 님비(NIMBY)는 배타적·기피적·혐오적 지역이기주의를 말하고, 핌피(PIMFY)는 유치적·선호적 지역이기주의를 말한다.
② 단체장: 핌투(PIMTOO)는 재직 중에 이루겠다는 선심행정을 말하고, 님투(NIMTOO)는 재직 중에는 발생하지 말라는 단기적 시각을 말한다.

3 우리나라의 분쟁조정

(1) 중앙과 지방
① 행정적 조정: 중앙정부의 조정 및 감독
② 사법적 조정: 권한쟁의(→ 헌법재판소)와 기관쟁의(→ 대법원)
③ 제3자 조정: 국무총리 소속의 행정협의조정위원회

- 중앙정부와 지방정부는 사무권한과 관련한 갈등의 경우 헌법재판소에 권한쟁의심판을 청구할 수 있다.   15. 서울시 7급

- 중앙행정기관의 장과 지방자치단체의 장이 사무를 처리할 때 의견을 달리하는 경우 이를 협의·조정하기 위하여 국무총리 소속으로 행정협의조정위원회를 둔다.   17. 국가직 9급

(2) 지방과 지방

① 당사자 조정: 행정협의회, 지방자치단체조합, 협의체 등
② 사법적 조정: 권한쟁의(→ 헌법재판소)와 기관쟁의(→ 대법원)
③ 제3자 조정: 행정안전부장관과 시·도지사 소속의 분쟁조정위원회

구분	분쟁조정위원회	행정협의조정위원회
공통점	법률상 기관, 필수적 기관	
소속	행정안전부, 시·도	국무총리
관할	지방과 지방의 분쟁	중앙과 지방의 분쟁
시기	신청 또는 직권	신청
효력	직무이행명령과 대집행 규정 적용	직무이행명령과 대집행 규정 미적용

중앙분쟁조정위원회	지방분쟁조정위원회
지방분쟁조정위원회의 조정대상 외	같은 관할구역 안의 시·군·자치구 간 분쟁

• 지방자치단체 상호 간 사무를 처리할 때 의견이 달라 생긴 분쟁이 공익을 현저히 해쳐 조속한 조정이 필요하다고 인정되면 당사자의 신청이 없어도 행정안전부장관이나 시·도지사가 직권으로 조정할 수 있다.
23. 지방직 7급

• 중앙분쟁조정위원회는 행정안전부에 설치하며 시·도 간 또는 그 장 간의 분쟁을 심의·의결한다.
23. 지방직 7급

바로 확인문제

1. 중앙행정기관의 장과 지방자치단체의 장이 사무를 처리할 때 의견을 달리하는 경우 이를 협의·조정하기 위하여 설치하는 기구는? 14. 서울시 9급

① 행정협의조정위원회
② 중앙분쟁조정위원회
③ 지방분쟁조정위원회
④ 행정협의회
⑤ 갈등조정협의회

> **정답해설** 중앙행정기관의 장과 지방자치단체의 장의 갈등은 국무총리 소속의 행정협의조정위원회가 조정한다.
> 답 | ①

2. 중앙정부와 지방정부 간 갈등관계에 대한 설명으로 가장 옳지 않은 것은? 15. 서울시 7급

① 중앙정부와 지방정부 간 공식적인 갈등조정 기구는 대통령 소속의 행정협의조정위원회이다.
② 중앙정부와 지방정부 간 국책사업 갈등에는 지역주민이 갈등의 당사자로 참여하는 경우가 있다.
③ 중앙정부와 지방정부는 사무권한과 관련한 갈등의 경우 헌법재판소에 권한쟁의심판을 청구할 수 있다.
④ 취득세 감면조치는 중앙정부와 지방정부의 갈등요인으로 작용할 수 있다.

> **정답해설** 행정협의조정위원회는 국무총리 소속이다.
> 답 | ①

CHAPTER 02 마무리 기출 OX

다음 내용이 맞으면 O, 틀리면 X에 표시하시오.

01 성장연합은 반성장연합에 비해서 토지 또는 부동산의 교환가치보다는 사용가치를 중시한다. 17. 국가직 7급(하) O | X

02 성장기구론은 성장연합과 반성장연합의 대결구도에서 대체로 반성장연합이 승리하여 권력을 쟁취한다는 이론이다. 12. 국가직 9급 O | X

03 도시정치이론에 이론적 뿌리를 두고 있는 도시레짐이론에서 말하는 레짐은 정권적 차원의 레짐을 의미한다. 07. 지방직 7급 O | X

04 치안, 소방, 쓰레기 수거, 공공매립지 제공 등과 같은 배당정책(allocational policy)은 주로 중앙정부에서 담당해야 한다. 08. 국가직 9급 O | X

05 라이트(D. Wright)는 정부 간 관계를 포괄형, 분리형, 중첩형의 세 유형으로 나누고, 각 유형별로 지방정부의 사무 내용, 중앙·정부 간 재정관계와 인사관계의 차이가 있음을 밝히고 있다. 16. 지방직 9급 O | X

06 라이트(D. Wright) 모형 중 포괄형에서는 정부의 권위가 독립적인 데 비해 분리형에서는 계층적이다. 16. 지방직 9급 O | X

07 로즈(Rhodes)의 정부 간 관계론은 지방정부가 조직자원과 재정자원 측면에서 중앙정부보다 우월한 지위에 있다고 본다. 22. 지방직 7급 O | X

08 중앙정부와 지방정부 간 사무권한과 관련된 갈등이 발생한 경우 헌법재판소에 권한쟁의심판을 청구할 수 있다. 15. 서울시 7급 O | X

09 중앙정부와 지방정부 간 공식적 갈등조정기구는 대통령 소속의 행정협의조정위원회이다. 15. 서울시 7급 O | X

10 동일 광역자치단체 내 기초자치단체 간의 분쟁은 중앙분쟁조정위원회에서 조정한다. 07. 지방직 7급 O | X

정답 및 해설

01 X 02 X 03 X 04 X 05 O 06 X 07 X 08 O 09 X 10 X

01 성장기구론은 토지의 교환가치를 강조하는 성장연합과 토지의 사용가치를 강조하는 반성장연합 간 대립에서 대체로 성장연합이 우위를 점함을 강조하는 이론이다.
02 성장기구론(Growth Machine)에 의하면 성장연합과 반성장연합의 대결구도에서 대체로 경제적 우위성을 차지하고 있는 성장연합이 승리한다.
03 레짐이론에서 말하는 레짐은 비공식적 실체를 지닌 통치연합으로 정권적 차원의 공식적 통치집단과는 구별된다.
04 배당정책은 지방정부가 담당하는 것이 바람직하다.
06 정부의 권위가 독립적인 것이 분리형이고, 계층적인 것이 포괄형이다.
07 로즈에 의하면 중앙정부는 법적 권한과 재정적 권한에 있어 우위를 보이고, 지방정부는 조직자원과 정보수집 및 처리에 있어 우위를 보인다.
09 행정협의조정위원회는 국무총리 소속의 기관이다.
10 동일 광역자치단체 내 기초자치단체 간의 분쟁은 지방분쟁조정위원회에서 조정한다.

CHAPTER 03 지방자치의 의의

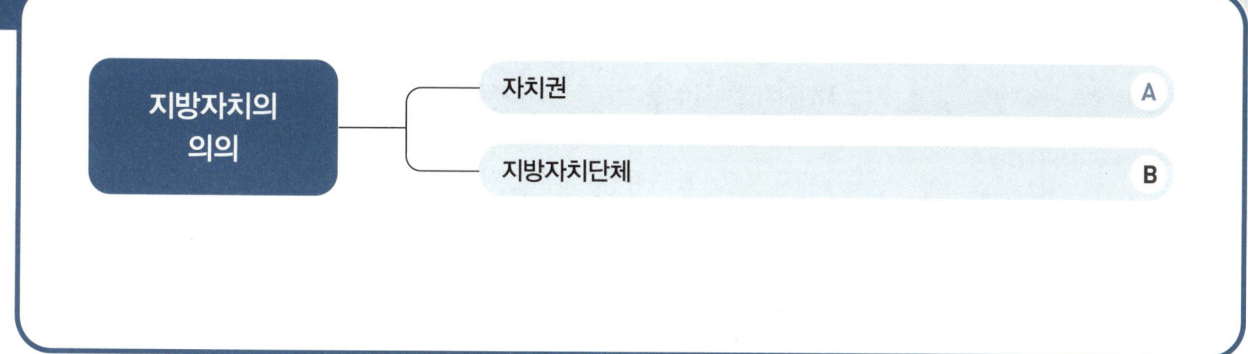

01 자치권

1 의의

① 자치권이란 법인격을 지닌 지방자치단체가 지역적 통치단체로서 일정한 구역과 주민을 지배하고 그 소관 사무를 자율적으로 처리할 수 있는 권능을 말한다.
② 자치권은 법적 실체 간의 권한배분관계에서 배태된 개념으로, 중앙정부가 분권화시킨 결과물이다.
③ 자치권은 국가주권에 종속되어 있고(→ 종속성), 관할 구역의 인적·물적 요소에 포괄적으로 영향을 미치며(→ 일반성), 일정한 범위 내에서 독자성(→ 자주성)이 인정된다.

2 자치권의 본질

① 고유권설: 자치권은 천부적으로 지역에 주어졌다는 자연법 사상으로, 주민자치와 관련된다.
② 전래권설(→ 국권설): 자치권은 국가에 의하여 전래되었다는 입장으로, 단체자치와 관련된다.
③ 제도적 보장설: 자치권은 「헌법」에 의해 보장된 권리이므로 「헌법」의 개정에 의해서만 지방자치의 존폐가 가능하다는 입장이다.

3 자치권의 종류

(1) 자치입법권
① 조례
  ㉠ 「헌법」: 자치단체는 법령의 범위 안에서 그 사무에 관하여 조례를 제정할 수 있다.
  ㉡ 「지방자치법」: 다만, 주민의 권리제한 또는 의무부과에 관한 사항이나 벌칙을 정할 때에는 법률의 위임이 있어야 한다. 그리고 법령에서 조례로 정하도록 위임한 사항은 그 법령의 하위 법령에서 그 위임의 내용과 범위를 제한하거나 직접 규정할 수 없다.

기선 제압

- 자치권은 법적 실체 간의 권한배분 관계에서 배태된 개념으로 중앙정부가 분권화시킨 결과이다.
  14. 국가직 9급

- 지방자치단체는 법령의 범위 안에서 자치법규를 제정할 수 있다.
  22. 군무원 9급

- 주민의 권리제한 또는 의무부과에 관한 사항이나 벌칙을 정할 때는 법률의 위임이 있어야 한다.
  07. 국가직 7급

- 조례는 지방의회의 의결을 필요로 하지만, 규칙은 지방의회의 의결을 필요로 하지 않는다. 22. 군무원 9급

- 지방자치단체의 장은 법령이나 조례가 위임한 범위에서 그 권한에 속하는 사무에 관하여 규칙을 제정할 수 있다. 14. 지방직 9급

ⓒ 조례는 지방사무에만 한정되어 적용되므로 원칙적으로 기관위임사무는 규율이 불가능하다. 다만, 법령의 위임이 있으면 기관위임사무도 규율할 수 있다.
ⓔ 그리고 시·군 및 자치구의 조례는 시·도의 조례나 규칙을 위반하여서는 안 되며, 조례의 효력이 미치는 범위는 당해 지방자치단체의 구역 내에 한정되는 것이 원칙이다.

② 규칙
㉠ 지방자치단체의 장은 법령 또는 조례의 범위에서 그 권한에 속하는 사무에 관하여 규칙을 제정할 수 있다.
㉡ 그리고 시·군 및 자치구의 규칙은 시·도의 조례나 규칙을 위반해서는 아니 된다.

③ 상호관계
㉠ 조례와 규칙의 형식적인 효력은 대등하므로 관할을 위반한 경우 무효이다. 다만, 공동으로 적용되는 사항은 조례가 규칙보다 우선한다.
㉡ 그리고 주민의 권리제한, 재정적 부담의 부과, 공공시설의 설치는 조례로 규정할 사항이며, 조례는 그 세부사항을 규칙으로 정하도록 위임할 수 있다.

구분	조례	규칙
주체	지방의회	지방자치단체장
관할범위	자치사무 + 단체위임	자치사무 + 단체위임 + 기관위임
위임	법령의 범위 내에서 제정	법령이나 조례의 범위 내에서 제정
벌칙규정	가능	불가

바로 확인문제

1. 우리나라의 자치입법권에 관한 설명으로 가장 옳지 않은 것은? 22. 군무원 9급

① 법령의 범위 안에서 자치법규를 제정할 수 있다.
② 주민에 대하여 형벌의 성격을 지닌 벌칙은 정할 수 없다.
③ 자치입법권에 근거한 자치법규로는 조례, 규칙 및 교육규칙 등이 있다.
④ 조례는 지방의회의 의결을 필요로 하지만, 규칙은 지방의회의 의결을 필요로 하지 않는다.

정답해설 자치입법권 중 조례는 법률의 위임이 있으면 벌칙을 제정할 수 있다. 이러한 벌칙에 형벌이 제외된다는 규정은 없으므로 이론적으로 법률의 위임이 있으면 조례로 형벌적 성격을 지닌 벌칙도 제정할 수 있을 것이다.

답 | ②

2. 우리나라 지방자치단체의 자치재정권에 대한 설명으로 옳지 <u>않은</u> 것은? 17. 지방직 9급

① 지방세 탄력세율 제도는 지방자치단체 재정의 신축성과 자율성을 제고하기 위한 제도이다.
② 지방자치단체는 법령의 위임이 없더라도 조례의 제정을 통하여 지방세목을 설치할 수 있다.
③ 지방자치단체의 장은 재정투자사업에 관한 예산안을 편성할 경우 대통령령이 정하는 바에 따라 사전에 그 필요성과 타당성에 대한 심사를 하여야 한다.
④ 지방자치단체의 장은 재해예방 및 복구사업을 위한 자금조달에 필요할 때에는 지방채를 발행할 수 있다.

정답해설 지방세의 세목은 법률로서 정한다. 조례로는 지방세의 세목을 정할 수 없다.

오답해설 ① 현재 대통령령으로 자동차세(주행), 담배소비세에, 조례로는 취득세, 등록면허세, 주민세, 지방소득세, 재산세, 자동차세(소유), 목적세(지방교육세, 지역자원시설세) 등에 탄력세율을 적용하고 있다. 지방소비세와 레저세는 탄력세율의 적용대상에서 제외된다.
③ 지방자치단체의 장은 재정투자사업에 관한 예산안 편성을 함에 있어 대통령령으로 정하는 바에 따라 사전에 그 필요성과 타당성에 대한 심사(투자심사)를 하여야 한다.
④ 지방자치단체의 장은 공유재산의 조성 등 소관 재정투자사업과 그에 직접적으로 수반되는 경비의 충당, 재해예방 및 복구사업, 천재지변으로 발생한 예측할 수 없었던 세입결함의 보전 그리고 지방채의 차환 등을 목적으로 지방채를 발행할 수 있다.

답 | ②

02 지방자치단체

1 지방자치단체

① 국가 내의 일정 지역을 관할구역으로 하며 그 지역의 주민들에 의해 선출된 기관이 국가로부터 상대적으로 독립된 지위에서 지역사무를 자주적으로 처리하는 법인격 있는 공공단체를 말한다.
② 보통지방자치단체는 존립 목적 등이 일반적·종합적 성격을 지닌 자치단체이고, 특별지방자치단체는 특정한 목적을 위해 설립된 자치단체이다.

2 특별지방자치단체

(1) 의의

① 특별지방자치단체란 자치행정의 정책적인 견지에서 특정한 목적을 수행하거나 특수한 행정사무를 처리하기 위해 또는 행정사무의 공동처리를 위해 설치되는 지방자치단체를 말한다.
② 특별지방자치단체는 크게 공공사무의 처리를 위한 행정사무단체와 공기업의 경영을 위한 기업경영단체로 나뉜다.

(2) 필요성 및 한계

① 필요성
- ㉠ 특정한 공공사무에 대한 주민편의 도모와 효율적인 업무수행(→ 전문성)
- ㉡ 행정서비스 제공에 있어 규모 경제의 실현
- ㉢ 재정적·법적 제약의 극복(→ 기업경영단체)

② 한계
- ㉠ 지방자치제도의 복잡과 혼란
- ㉡ 행정의 종합성 저해와 할거주의 조장
- ㉢ 책임소재의 모호성 및 지방행정에 있어 주민의 관심과 통제의 약화
- ㉣ 특수 전문가나 이해당사자에 의한 지방행정의 좌우

3 한국의 지방자치단체

(1) 보통지방자치단체

① 광역자치단체
- ㉠ 광역자치단체에는 특별시(→ 미군정), 광역시[→ 1995, 직할시(1963)], 도, 제주특별자치도(2006), 세종특별자치시(2012), 강원특별자치도(2023), 전북특별자치도(2024) 등이 있으며, 모두 정부의 직할로 운영되고 원칙적으로 법적 지위는 동일하다.
- ㉡ 다만, 특별시와 특별자치도 및 특별자치시에는 특례가 인정된다.
- ㉢ 광역자치단체는 광역행정기능, 보완·대행기능, 연락·조정기능, 지도·감독기능 등 보충적·보완적 기능을 수행한다.

② 기초자치단체
- ㉠ 기초자치단체는 주민과 직접 접촉하여 민주주의를 구현하는 본래적 의미의 자치단체로, 시, 군, 자치구로 나뉜다.
- ㉡ 시는 대부분이 도시의 형태를 갖추고 인구 5만 이상인 지역에 설치된다. 인구 50만 이상의 시에는 특례 규정이 존재하며, 인구 100만 이상의 시는 특례시(→ 수원, 용인, 고양, 화성, 창원)로 지정이 가능하다.
- ㉢ 군(1961)은 주로 농촌지역에 설치되며, 가장 오랜 역사를 지닌 자치단체이다.
- ㉣ 자치구(1988)는 특별시와 광역시 안에 설치하며 자치권의 범위는 법령이 정하는 바에 따라 시·군과 다르게 할 수 있다.

(2) 특별지방자치단체

① 지방자치단체조합
- ㉠ 지방자치단체의 권한에 속하는 하나 또는 둘 이상의 사무를 공동처리하기 위하여 지방자치단체 간 합의로써 설립된 독립적 법인격을 지닌 자치단체를 말한다.
- ㉡ 기능 내지 목적이 특정적·한정적인 2차적이고 예외적인 존재이다.
- ㉢ 지방자치단체조합의 구성원은 각 지방자치단체로, 개별적인 권능을 지니며 설립과 해산의 임의성이 인정된다는 점에서 지역주민을 구성원으로 하는 특별구와 상이하다.

② 특별지방자치단체 → 연합
  ㉠ 특별지방자치단체는 2개 이상의 지방자치단체가 공동으로 특정한 목적을 위하여 광역적으로 사무를 처리할 필요가 있을 때 설치한다.
  ㉡ 특별지방자치단체는 상호 협의에 따른 규약을 설정한 후 구성 지방자치단체의 의회 의결을 거쳐 행정안전부장관의 승인을 얻어 설치된다.

구분	차이점		유사점
	일반지방자치단체	특별지방자치단체	
기능	일반적·종합적·포괄적	특정적·한정적·개별적	독자적 법인
존재	보편적	이차적·예외적	
구성원	주민	지방자치단체	
권능	포괄적	개별적	
의결기구	지방의회	조합회의	
설립	법정설립 및 법정해산	임의설립 및 임의해산	

- 2개 이상의 지방자치단체가 공동으로 특정한 목적을 위하여 광역적으로 사무를 처리할 필요가 있을 때에는 특별지방자치단체를 설치할 수 있다. 22. 국가직 9급

- 특별지방자치단체는 보통의 지방자치단체와 같이 법인격을 갖는다. 22. 국가직 9급

바로 확인문제

1. 다음 중 현재 지방자치단체인 것은? 17. 국회직 9급

① 평해읍 ② 서귀포시 ③ 진천읍
④ 원주시 ⑤ 제주시

정답해설 광역자치단체로 특별시, 광역시, 도, 특별자치도, 특별자치시가 있고 기초자치단체로 시, 군, 자치구가 있다.

오답해설 ①, ③ 시·군·자치구까지 지방자치단체이고 읍은 자치단체가 아니다.
②, ⑤ 제주도는 단층제로 운영되고, 제주시와 서귀포시는 자치권이 없는 행정시로 운영된다.

답 | ④

2. 지역에서의 행정서비스 전달주체에 대한 설명으로 가장 적절하지 않은 것은? 23. 군무원 9급

① 지역에서의 행정서비스 전달주체는 크게 특별지방행정기관과 지방자치단체로 구분된다.
② 특별지방행정기관은 지역에 위치한 세무서 등인데 소속 중앙행정기관의 지시 및 감독을 받는다.
③ 지방자치단체는 독자적인 법인격은 없지만 국가의 위임사무나 자치사무를 수행한다.
④ 지역에서의 행정서비스는 주민복지 등 지역주민의 생활공간 안에서의 생활행정이자 근접행정이다.

정답해설 지방자치단체는 독자적인 법인격을 지니고 있다.

답 | ③

CHAPTER 03　마무리 기출 OX

다음 내용이 맞으면 O, 틀리면 X에 표시하시오.

01 주민자치는 지방주민의 의사와 책임 하에 스스로 또는 주민이 선출한 대표자를 통해 지역의 공공사무를 처리하는 것을 뜻한다. _{17. 국회직 8급}　　O | X

02 우리나라는 자치입법권, 자치조직권, 자치재정권, 자치사법권을 인정하고 있다. _{12. 지방직 9급}　　O | X

03 주민의 지방정부에 대한 참정권은 법률에 의해 제한되며 지방정부의 과세권 역시 법률로 제한된다. _{15. 국회직 8급}　　O | X

04 지방자치단체는 조례로 주민의 권리제한에 관한 사항을 법률의 위임 없이 제정할 수 있다. _{21. 국가직 9급}　　O | X

05 지방자치단체는 조례와 규칙으로 정하는 바에 따라 지방세를 부과·징수할 수 있다. _{13. 지방직 9급}　　O | X

06 현재 16개의 광역자치단체가 설치되어 운영되고 있다. _{17. 지방직 7급}　　O | X

07 자치계층으로 군을 두고 있는 광역시도 있다. _{17. 국가직 9급}　　O | X

08 지방자치단체인 구는 특별시와 광역시의 관할 구역 안의 구만을 말한다. _{16. 지방직 9급}　　O | X

09 특별지방자치단체의 의회는 규약으로 정하는 바에 따라 구성 지방자치단체의 의원으로 구성한다. _{22. 국가직 9급}　　O | X

10 구성 지방자치단체의 장은 지방자치법상 겸임제한 규정에 의해 특별지방자치단체의 장을 겸할 수 없다. _{22. 국가직 9급}　　O | X

정답 및 해설

01 O　**02** X　**03** O　**04** X　**05** X　**06** X　**07** O　**08** O　**09** O　**10** X

02 우리나라는 자치사법권을 인정하지 않는다.
04 지방자치단체는 법령의 범위 안에서 그 사무에 관하여 조례를 제정할 수 있다. 다만, 주민의 권리제한 또는 의무부과에 관한 사항이나 벌칙을 정할 때에는 법률의 위임이 있어야 한다.
05 조세법률주의에 의거 모든 지방세는 법률이 정하는 바에 따라 부과·징수할 수 있다.
06 현재 광역자치단체는 17개가 있다.
10 구성 지방자치단체의 장은 지방자치법상 겸임제한 규정에도 불구하고 특별지방자치단체의 장을 겸할 수 있다.

CHAPTER 04 지방자치의 구조

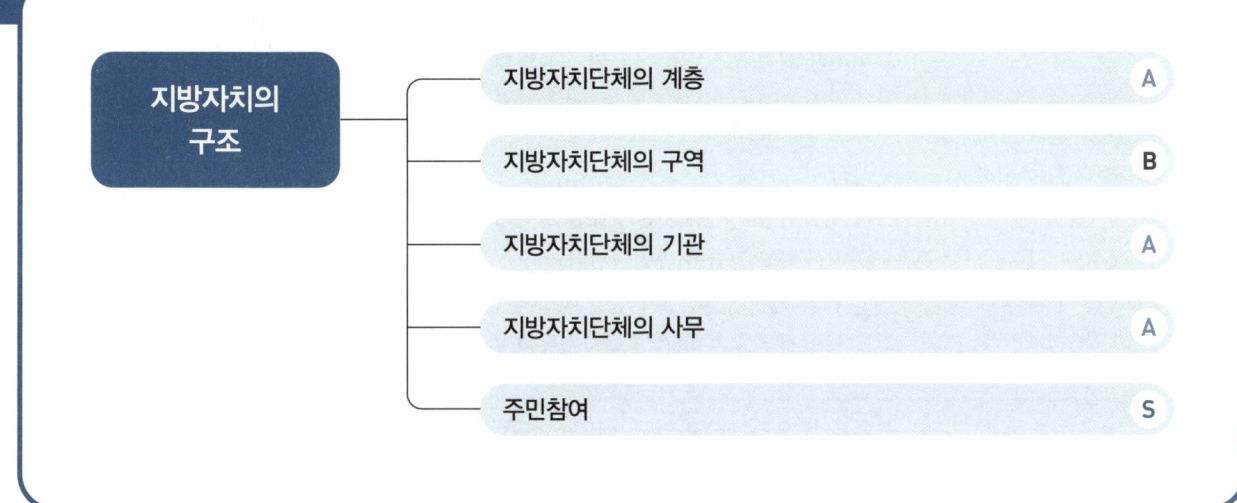

01 지방자치단체의 계층 A

1 행정계층과 자치계층

① 행정계층은 행정기관 간 수직적 상·하 관계를 형성하는 행정편의상 구분이고, 자치계층은 국가로부터 독립하여 법인격을 부여받은 계층이다.
② 행정계층은 행정적 효율성을 추구하는 개념이고, 자치계층은 정치적 민주성을 추구하는 개념이다.

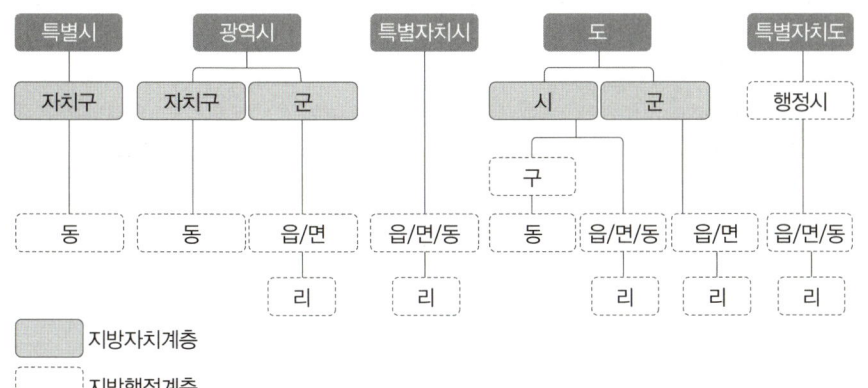

> **기선 제압**
>
> • 지방자치단체의 계층구조는 각 국가의 정치형태, 면적, 인구 등에 따라 다양한 형태를 갖는다. 11. 국가직 9급
>
> • 자치계층은 주민공동체의 정책결정 및 집행의 단위로서 정치적 민주성의 가치가 중요시된다. 17. 국가직 9급

2 단층제와 중층제 → 중간자치단체의 존재 여부

(1) 의의
① **단층제**는 하나의 구역 안에 단일의 자치단체만 있는 경우이고, **중층제**는 자치단체가 다른 자치단체의 구역 안에 포함되어 있는 경우이다.
② 이러한 계층구조는 각 국가의 정치형태, 면적, 인구 등에 따라 다양한 형태를 갖는다.

(2) 단층제의 장단점
① 장점
  ㉠ 이중행정과 이중감독의 폐단을 방지하고 신속한 행정을 도모할 수 있어 행정의 낭비를 제거하고 능률을 증진시킨다.
  ㉡ 행정책임이 보다 명확하고, 지방의 개별성 및 특수성을 존중할 수 있다.
  ㉢ 중앙정부와 주민 간의 의사소통이 원활하다.
② 단점
  ㉠ 국토가 광활하고 인구가 많은 나라에서는 채택하기 곤란하다.
  ㉡ 중앙정부의 직접적인 지시 등으로 인하여 중앙집권화의 우려가 있다.
  ㉢ 행정기능의 전문화와 서비스 공급의 효율성을 저해할 수 있고, 광역행정이나 대규모 개발사업의 수행이 어려울 수 있다.

(3) 중층제의 장단점
① 장점
  ㉠ 기초단체와 광역단체 간 업무의 분업적 수행이 가능하고, 국가의 감독기능을 유지할 수 있다.
  ㉡ 중앙정부로부터 기초자치단체의 보호가 가능하다.
  ㉢ 자치단체에 대한 주민의 접근성과 대응성을 높일 수 있다.
② 단점
  ㉠ 행정기능의 중복으로 인한 이중행정의 폐단과 낭비가 나타나고, 행정책임이 모호하다.
  ㉡ 광역단위 간 행정의 획일성으로 인해 지역의 개별성과 특수성이 간과될 수 있고, 기초자치단체와 중앙정부의 의사소통이 원활하지 못할 수 있다.

바로 확인문제

1. 지방자치제도에서 법인격이 없는 행정계층에 해당하는 것은? 24. 행정사
① 세종특별자치시 ② 경상북도 고령군
③ 제주특별자치도 제주시 ④ 부산광역시 기장군
⑤ 전라남도 순천시

정답해설 제주특별자치도의 제주시는 행정시이다.

답 | ③

• 단층제는 중층제보다 행정책임소재를 명확하게 할 수 있다. 23. 경찰간부

• 단층제는 이중행정과 이중감독의 폐단을 방지하고 신속한 행정을 도모한다는 장점이 있다. 05. 서울시 9급

• 단층제는 중앙집권화의 우려가 크다. 19. 경찰간부

• 세종특별자치시와 제주특별자치도는 단층제로 운영되고 있다. 23. 경찰간부

• 중층제에서는 단층제에서보다 기초자치단체와 중앙정부의 의사소통이 원활하지 못할 수 있다. 11. 국가직 9급

2. 다음 중 우리나라 지방자치단체 간의 연결구조에 대한 설명으로 가장 적절하지 <u>않은</u> 것은?

24. 군무원 9급

① 하나의 자치단체가 다른 자치단체를 구역 안에 포괄하는 중층제를 원칙으로 하며, 광역단체(시·도)와 기초단체(시·군·구)의 연결구조가 그 예이다.
② 한 구역에 하나의 자치단체만이 존재하는 단층제를 예외적으로 채택하고 있으며, 강원특별자치도, 전북특별자치도, 제주특별자치도, 세종특별자치시가 여기에 해당한다.
③ 자치계층이 자치권을 바탕으로 하는 계층 간 독립적 관계구조라면, 행정계층은 계층 간 지휘·감독적 관계구조라고 할 수 있다.
④ 자치계층이 정치적 민주성을 중심으로 한다면, 행정계층은 행정의 효율성을 중심으로 하는 개념이라고 할 수 있다.

정답해설 강원특별자치도와 전북특별자치도는 중층제로 운영된다.

답 | ②

02 지방자치단체의 구역   B

1 의의

(1) 개념

① 자치구역: 공동사회를 토대로 구성되는 자치권이 미치는 지리적 범위를 말한다.
② 행정구역: 행정상 편의와 정부기능을 수행하기 위한 인위적 공간을 말한다.

(2) 구역설정기준

광역	기초
① 기초자치단체의 효과적 조정 및 보완 ② 지역개발의 효과적 추진 ③ 도·농 기능의 동시적 효율성	① 공동생활권의 고려 ② 민주성과 능률성의 조화 ③ 재정수요와 재정조달능력의 조화 ④ 주민편의와 행정편의의 조화

휘슬러(J. Fesler) 기준	밀스포우(A. Millspaugh) 기준
① 자연·지리적 요건 ② 행정능률 조건 → 적정 규모 ③ 주민통제 조건 ④ 경제적 조건 → 자주적 재원조달능력	① 공동사회적 요소 ② 적정한 서비스 단위 ③ 자주적 재원조달능력 ④ 주민의 행정편의 → 주민 접근의 용이성

• 재원 조달 능력, 주민 편의성, 공동체와 생활권 등은 기초지방자치단체 구역 설정 시 일반적 기준으로 고려된다. 13. 국가직 9급

2 구역개편

(1) 결정기준

① 결절성: 이질적인 지역단위들이 하나의 지점을 중심으로 결합되어 있는 경우, 이들을 하나의 구역으로 편성하는 방법이다.

② **동질성**: 지형과 지세, 역사적 전통, 사회구조와 문화적 속성, 경제활동의 양상, 주민의 풍속 등에서 공통성을 지닌 지역단위를 하나의 구역으로 편성하는 방법이다.
③ **의도성**: 지역을 일정한 방향으로 발전시키려는 의지적 노력 내지 국가정책에 따라 구역을 편성하는 방법이다.

(2) 구역개편의 방식

① **경계변경**: 기존 지방자치단체의 법인격 변동 없이 구역의 경계만을 조정하는 방식이다.
② **폐치분합 → 법인격의 변화**
  ㉠ 지방자치단체의 신설 또는 폐지를 수반하는 구역개편 방식이다.
  ㉡ **통합**: 둘 이상의 지방자치단체가 합하여 하나의 새로운 자치단체를 설립하는 방식이다.
  ㉢ **흡수통합**: 하나의 지방자치단체가 다른 지방자치단체를 흡수하는 방식이다.
  ㉣ **분립**: 지방자치단체의 일부를 분리하여 새로운 자치단체를 설립하는 방식이다.
  ㉤ **분할**: 하나의 지방자치단체는 폐지하고 여러 개의 자치단체를 새롭게 설립하는 방식이다.

> **바로 확인문제**
>
> **1.** 기초지방자치단체 구역설정 시 일반적 기준으로 고려되지 <u>않는</u> 것은?   13. 국가직 9급
>   ① 재원조달 능력   ② 주민 편의성
>   ③ 노령화 지수   ④ 공동체와 생활권
>
> **정답해설** 구역설정 시 자치구역의 주민의 편의와 행정의 편의라는 두 가지 기준으로 설정된다. 노령화 지수와는 관련이 없다.
>
> **오답해설** ①, ②, ④ 기초자치단체의 구역설정 기준으로는 일반적으로 공동사회와 공동생활권, 민주성과 능률성의 조화, 재정수요와 재정조달능력의 조화, 주민편의와 행정편의 조화 등이 거론된다.
>
> 답 | ③

---

03 지방자치단체의 기관

1 기관통합형

(1) 개념

① 권력통합주의에 입각하여 자치단체의 의결기능과 집행기능을 단일기관인 의회에 귀속시키는 형태로, 주로 주민자치 국가에서 채택하는 방식이다.
② 지방의회만을 주민의 직선으로 구성하고, 지방의회가 행정관료를 지휘하고 사무를 집행하며, 의회의 의장이 지방자치단체장을 겸직한다.

(2) 유형

① **영국의 의회형**: 별도의 지방자치단체 장이 없으며, 의장이 지방자치단체를 대표하고 의

• 기관통합형은 의결기능과 집행기능을 분리하지 않고 의회에 귀속시키는 형태를 띤다. 20. 소방간부

• 기관통합형은 기관대립형과는 달리 지방의회만을 주민 직선으로 구성한다. 12. 지방직 7급

• 영국의 의회형과 미국의 위원회형은 기관통합형의 대표적 사례이다. 20. 소방간부

회에서 임명된 수석행정관이 행정을 총괄한다. 최근에는 집행기능을 수행하는 의원과 견제와 균형의 역할을 수행하는 의원으로 양분하는 내각견제체제가 활성화되고 있다.
② **미국의 위원회형**: 직선된 3~5인의 위원들이 행정권과 입법권을 모두 행사(→ 갈베스톤형)하는 방식이다. 약시장 – 의회형에 대한 대안으로 발전하였으며, 인구 25,000명 미만의 소도시에서 주로 채택했던 방식이었으나 점차 다른 형태로 대체되고 있다.

(3) 평가

① 장점
   ㉠ 권한과 책임이 의회에 집중되어 있어 민주정치와 책임행정의 구현이 용이하다.
   ㉡ 의결기능과 집행기능이 통합되어 있기 때문에 기관 간 마찰 없이 안정적으로 업무를 수행할 수 있다.
   ㉢ 다수결에 따라 정책을 결정하고 집행하므로 신중하고 공정한 행정이 가능하다.
   ㉣ 소수의 지방의원이 결정과 집행을 동시에 담당하므로 예산이 절감되고 소규모 자치단체에 적용하기 용이하며, 정책결정과 집행의 유기적 연계가 가능하다.

② 단점
   ㉠ 단일의 기관에서 정책이 결정되고 집행되므로 견제와 균형이 어려워 권력남용이 나타날 수 있다.
   ㉡ 민선의원이 집행을 담당하므로 행정의 전문성을 저해할 수 있고, 지방행정에 정치적 요인이 개입될 여지가 높아진다.
   ㉢ 미국의 위원회형의 경우 대도시의 다양한 이익집단과 계층의 이익을 대변하기 곤란하다.
   ㉣ 동급의 의원들이 행정업무를 분담하여 처리하므로 행정의 종합성과 통일성을 저해할 수 있다.

> • 기관통합형은 의결기관과 집행기관이 단일기관으로 되어 있어 행정의 안정성과 능률성을 기대할 수 있다. 16. 경찰간부
>
> • 기관통합형의 집행기관은 기관대립형에 비해 행정의 전문성이 높지 않을 가능성이 크다. 19. 지방직 7급

2 기관대립형

(1) 개념

① 권력분립주의에 입각하여 자치단체의 의결기능과 집행기능을 각각 다른 기관에 분산시키고, 이들 간의 견제와 균형을 통하여 자치행정을 수행하는 형태이다.
② 주로 단체자치 국가에서 채택하는 방식이다.

(2) 유형

① 집행기관 직선형·간선형
   ㉠ **약시장·의회형**: 의회가 정책결정권·고위공무원인사권 및 행정운영에 대한 감독권 등을 보유하는 방식으로, 의회의 각종 행정위원회가 일부 행정기능을 수행하며, 시장 외에 직선의 행정관이 존재한다(→ 20세기 이전까지 주류). 시장은 지방의회 의결에 대한 거부권을 갖지 못하며, 일반적으로 의회가 예산을 편성한다.
   ㉡ **강시장·의회형**: 시장에게 행정구조를 통합시키고 모든 책임을 귀속시키는 형태이다.
   ㉢ **시장·수석행정관형**: 시장이 전문능력을 보유한 수석행정관을 임명한 후 시장은 대외업무를 수석행정관은 대내업무를 관장하는 유형이다.
   ㉣ **간선형**: 집행기관장을 의회에서 선출하는 방식으로, 시장이 강력한 지위를 가지고 집

> • 강시장–의회(strong mayor-council) 형태에서는 시장이 강력한 정치적 리더십을 행사한다. 21. 지방직 9급
>
> • 위원회(commission) 형태에서는 주민 직선으로 선출된 의원들이 집행부서의 장을 맡는다. 21. 지방직 9급
>
> • 약시장–의회(weak mayor-council) 형태에서는 일반적으로 의회가 예산을 편성한다. 21. 지방직 9급

행기관을 통솔하면서 동시에 의장의 역할을 수행한다.

② 집행기관 임명형
- ㉠ 국가임명형: 민주성보다는 능률성을 더 중시하는 지방정부의 형태이다.
- ㉡ 의회·지배인형: 의회가 정책결정권과 행정의 최종적인 통제권을 행사하되 자치단체의 행정 전반에 대해 책임지는 지배인을 선임하는 방식이다. 과학적 관리법의 영향을 받았으며, 미국 중소도시에서 주로 채택하고 있다.

(3) 평가
① 지방의회와 자치단체의 장을 주민이 직선하므로 지방행정에 대한 주민통제가 확대된다.
② 의결기관과 집행기관 간 견제와 균형을 통해 권력의 남용을 방지할 수 있다.
③ 단체장에 의해 집행이 통제되므로 행정부서 간 분파주의를 배제하고 행정의 종합성과 통일성을 높일 수 있다.
④ 자치단체장의 임기가 보장되므로 강력한 행정시책을 추진할 수 있고, 단체장이 임명제로 운영될 경우 전문성과 경험을 겸비한 자를 임명하여 행정의 전문성을 높일 수 있다.
⑤ 그러나 집행부와 의회의 마찰로 인하여 지방행정의 비효율성이 발생하며, 책임소재가 모호할 수 있고, 집행부와 의회의 기구가 병존함에 따라 비효율성이 발생할 수 있다.

> • 기관대립형(기관분리형)은 견제와 균형을 통해 민주적이고 합리적인 지방자치를 실시하는 방식이다.
> 16. 지방직 9급

3 절충형(3원형) → 의회·집행위원회형(참사회형·이사회형)
① 지방의회, 자치단체장 외에 집행기능을 담당하는 기관을 따로 두고 있는 3원형으로, 집행기관이 합의제의 형태를 취한다는 것이 특징이다.
② 의결기관과 집행기관을 따로 두고 있으나 상호 대립이 아닌 상호 조화하는 방식이다.
③ 스웨덴, 노르웨이, 덴마크, 네덜란드, 벨기에, 스위스, 독일의 헤센 등에서 채택하고 있다.

4 주민총회형 → 직접민주주의
① 유권자 전원으로 구성된 주민총회가 직접 결정하고 집행하는 유형으로, 규모가 작고 주민이 소수인 경우에 가능하다.
② 일본의 정·촌회의, 미국의 타운미팅, 스위스의 주민총회 등이 이에 해당한다.

5 미국 지방정부의 형태(2012)

위원회형	시장·의회형	시정관리관형	타운미팅
1.9%	44%	48.6%	5.5%

> 바로 확인문제

1. 지방정부의 기관구성 형태에 대한 설명으로 옳지 <u>않은</u> 것은? 21. 지방직 9급

① 강시장 – 의회(strong mayor–council) 형태에서는 시장이 강력한 정치적 리더십을 행사한다.
② 위원회(commission) 형태에서는 주민 직선으로 선출된 의원들이 집행부서의 장을 맡는다.
③ 약시장 – 의회(weak mayor–council) 형태에서는 일반적으로 의회가 예산을 편성한다.
④ 의회 – 시지배인(council – manager) 형태에서는 시지배인이 의례적이고 명목적인 기능을 수행한다.

정답해설 의회 – 시지배인형에서는 직선되거나 의회에서 선출한 시장이 의례적이고 명목적인 기능을 수행하고, 의회가 선임한 시지배인이 실제적인 행정의 책임자가 되는 형태이다. 시의회와 시장은 어떤 행정적 기능도 행사하지 않으므로 시지배인과 대립하지 않는다는 특징을 지닌다.

오답해설 ① 강시장 – 의회형은 시장의 권한 하에 행정구조를 통합시키고 시장에게 모든 책임을 귀속시키는 형태이다.
② 위원회형은 3~5인 정도의 직선의 위원회가 행정권과 입법권을 모두 행사(갈베스톤형)하는 방식이다.
③ 약시장 – 의회형에서는 시장이 아니라 의회가 예산편성권을 행사하며, 핵심 고위관료에 대한 임명권도 의회가 보유한다. 시장 외의 많은 공직자들이 시민들에 의해 직접 선출되기 때문에 시장의 권한 범위가 매우 축소되어 있다.

답 | ④

2. 지방자치단체의 기관구성형태에 대한 설명으로 옳지 <u>않은</u> 것은? 22. 국가직 7급

① 기관통합형은 행정에 주민들의 의사를 보다 정확하게 반영할 수 있다는 장점이 있다.
② 기관통합형은 지방의회에서 의결기능과 집행기능을 모두 수행하는 형태로, 영국의 의회형이 대표적이다.
③ 기관대립형 중 약시장 – 의회형은 시장의 고위직 지방공무원 인사에 대해서 의회의 동의를 요하는 반면, 시장은 지방의회 의결에 대한 거부권을 가진다.
④ 기관대립형은 견제와 균형을 통해 권력남용을 방지하는 장점이 있지만, 의결기관과 집행기관 간의 대립 및 마찰 가능성이 있다는 단점이 있다.

정답해설 약시장 – 의회형은 시장이 지방의회의 의결에 대한 거부권을 갖지 못한다.

오답해설 ① 기관통합형은 의결기관과 집행기관 모두 주민의 대표에 의해 구성되므로 행정에 있어 주민들의 의사를 반영하기 쉽다.
② 기관통합형의 대표적인 예로는 영국의 의회형과 미국의 위원회형이 있다.
④ 기관대립형은 의결기관과 집행기관을 분리하여 상호 견제와 균형을 이루도록 함으로써 권력의 집중과 남용을 방지하는 장점이 있다. 반면, 두 기관이 독립적이기 때문에 정책을 둘러싸고 대립하거나 갈등이 발생하여 행정의 비효율과 지연을 초래할 수 있다는 단점이 있다.

답 | ③

04 지방자치단체의 사무

1 의의

| 자치사무 | 단체위임사무 | 기관위임사무 |

←——— 자치단체사무, 지방의회 관여 ———→ ←— 위임기관사무 —→

① 지방사무란 지방자치단체가 수행할 것이 요청되는 일정한 공공업무를 뜻한다.
② 지방사무는 위임사무와 자치사무로 구분되고, 위임사무는 다시 기관위임사무와 단체위임사무로 구분된다. 다만, 기관위임사무는 엄밀한 의미에서 지방사무는 아니다.

> • 지방자치단체는 관할 구역의 자치사무와 법령에 따라 지방자치단체에 속하는 사무를 처리한다.
> 13. 지방직 9급

> • 중앙정부는 자치사무에 대해 합법성 위주의 통제를 주로 한다.
> 23. 지방직 9급

2 사무처리의 기본원칙

① 지방자치단체는 사무를 처리할 때 주민의 편의와 복리증진을 위하여 노력하여야 한다.
② 지방자치단체는 조직과 운영을 합리적으로 하고 규모를 적절하게 유지하여야 한다.
③ 지방자치단체는 법령을 위반하여 사무를 처리할 수 없으며, 시·군 및 자치구는 해당 구역을 관할하는 시·도의 조례를 위반하여 사무를 처리할 수 없다.

3 사무의 유형

(1) 고유사무

① 의의
  ㉠ 고유사무 또는 자치사무란 자치단체의 존립을 목적으로 하는 업무로, 지역의 공익을 위해 자치단체가 자기 의사와 책임 하에 처리하는 사무를 뜻한다.
  ㉡ 주민의 복리증진에 관한 사무와 이를 위한 조직을 갖추고 재산을 관리하고 자치법규를 제정하는 사무 등이 이에 해당된다.

② 특징
  ㉠ 자치사무는 지방의 사무이므로 당연히 지방의회의 관여가 가능하다.
  ㉡ 자치사무의 처리비용은 자치단체가 전액 부담하는 것이 원칙이며, 국고보조금을 받는 경우 이는 장려적 보조금에 해당한다.
  ㉢ 자치사무에 대한 국가의 감독은 사후적이고 소극적 감독에 한정되며 적극적 감독과 예방적 감독은 배제되는 것이 원칙이다.

(2) 단체위임사무

① 의의
  ㉠ 법령에 의해 자치단체에게 위임된 사무로, 위임된 후에는 자치사무와 같이 취급된다.
  ㉡ 단체위임사무는 지역적 이해관계와 국가적 이해관계가 공존하고 있는 사무로, 지방자치단체의 권한은 법령이 정하는 범위에 한정된다는 점에서 자치사무와 다르다.
  ㉢ 조세 등 공과금 징수, 전염병 예방접종, 하천보수·유지, 국도 유지·수선 등이 이에 해당한다.

② 특징
  ㉠ 지역적 이해관계가 있는 자치단체의 사무이므로 지방의회의 관여가 가능하고 지방의

> • 단체위임사무는 집행기관장이 아닌 지방정부 그 자체에 위임된 사무이다.
> 23. 지방직 9급

> • 지방의회는 단체위임사무의 처리과정에 관한 조례를 제정할 수 있다.
> 23. 지방직 9급

> • 단체위임사무의 예로서 시·군의 재해구호, 도의 국도 유지 및 보수에 관한 사무 등이 있다. 23. 국회직 9급

회는 조례를 통해 이를 규정할 수 있다.
ⓒ 비용은 국가와 자치단체가 공동으로 부담하는 것이 원칙이며, 국고보조금은 부담금적 성격을 지닌다.
ⓒ 단체위임사무는 합법성과 합목적성 감독 및 사후적 감독은 가능하나 예방적 감독은 불가하다.

(3) 기관위임사무

① 의의
ⓐ 기관위임사무는 시·도 내지 시·군·자치구에서 행하는 국가사무 또는 법령에 의하여 그 자치단체의 장에게 위임된 사무를 말한다.
ⓑ 시·도와 시·군 및 자치구에서 시행하는 국가사무는 법령에 다른 규정이 없으면 시·도지사와 시장·군수 및 자치구의 구청장에게 위임하여 행한다.
ⓒ 기관위임사무는 국가 또는 상급자치단체의 하부기관 입장에서 처리하는 사무이므로 지방자치단체를 국가 또는 상급자치단체의 하급기관으로 전락시키는 요인이 될 수 있다.
ⓓ 기관위임사무의 존재는 국가와 지방자치단체 간 책임소재를 모호하게 하는 요인이 될 수 있다.
ⓔ 병역자원관리, 선거사무, 인구조사, 국세조사, 교원능력개발평가, 부랑인선도시설 등이 이에 속한다.

② 특징
ⓐ 기관위임사무는 국가사무 또는 상급자치단체의 사무이므로 원칙적으로 당해 지방의회의 관여는 불가하며 조례의 제정도 불가하다.
ⓑ 기관위임사무를 처리하는 자치단체의 장은 국가 또는 상급자치단체의 하급기관의 지위에서 사무를 수행하며 그 비용은 전액 위임기관이 부담하여야 한다.
ⓒ 기관위임사무는 합법성과 합목적성 감독 및 사후적 감독은 물론 예방적 감독도 가능하다.

4 사무배분

(1) 의의

① 개념
ⓐ 사무배분이란 주민의 복리를 극대화하고 국가 전체의 균형적인 발전을 도모하기 위하여 각종 행정기능의 처리권한 및 책임을 중앙정부와 각급 지방자치단체가 나누는 것을 말한다.
ⓑ 사무의 유형에 따라 경비의 부담관계와 중앙정부의 감독방식 및 지방의회의 관여 등이 결정된다.
ⓒ 외부효과나 규모의 경제 그리고 분쟁가능성이 있는 사무는 가급적 광역자치단체나 중앙정부가 맡는 것이 효과적이다.
ⓓ 우리나라의 경우 원칙적으로 포괄적 예시주의 방식에 따라 「지방자치법」에서 지방자치단체의 사무를 포괄적으로 예시하고 있지만, 다른 법률에 이와 다른 규정이 있으면 그 법률이 우선 적용된다.

• 기관위임사무는 지방자치단체를 국가의 하급기관으로 전락시키는 요인으로 작용할 수 있다.
15. 국가직 9급

② 원칙 → 「지방자치법」
　㉠ 비경합성의 원칙: 국가는 지방자치단체가 사무를 종합적·자율적으로 수행할 수 있도록 국가와 지방자치단체 간 또는 지방자치단체 상호 간의 사무를 주민의 편익증진, 집행의 효과 등을 고려하여 서로 중복되지 아니하도록 배분하여야 한다.
　㉡ 보충성의 원칙: 사무를 배분하는 경우 지역주민생활과 밀접한 관련이 있는 사무는 원칙적으로 시·군 및 자치구의 사무로, 시·군 및 자치구가 처리하기 어려운 사무는 시·도의 사무로, 시·도가 처리하기 어려운 사무는 국가의 사무로 각각 배분하여야 한다.
　㉢ 포괄성의 원칙: 국가가 지방자치단체에 사무를 배분하거나 지방자치단체가 사무를 다른 지방자치단체에 재배분할 때에는 사무를 배분받거나 재배분받는 지방자치단체가 그 사무를 자기의 책임 하에 종합적으로 처리할 수 있도록 관련 사무를 포괄적으로 배분하여야 한다

> 보충성의 원칙은 기능배분에 있어 가까운 정부에게 우선적 관할권을 부여하는 것이다. 20. 지방직 9급

> 보충성의 원칙은 모든 사무는 기본적으로 지방정부가 담당하고 중앙정부는 지방정부가 처리하기 곤란한 사무를 처리해야 한다는 것이다. 23. 경찰간부

(2) 방식

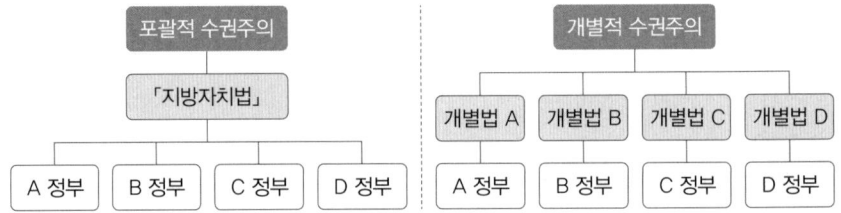

① 개별적 수권주의
　㉠ 자치단체별, 사무분야별로 법률에서 개별적으로 명시하는 방법으로, 주민자치 국가에서 주로 채택하는 방식이다.
　㉡ 사무의 범위와 책임의 한계가 명확하고, 지역의 개별성과 특수성을 고려할 수 있다.
　㉢ 그러나 신축성이 결여되어 환경변화에 적응력이 낮으며, 자치단체에 개별적으로 사무를 배분하여야 하므로 중앙정부의 업무량이 폭주될 수 있고, 전국적 통일성이 저해될 수 있다.
② 포괄적 수권주의
　㉠ 특별히 금지된 사항을 제외하고는 모든 업무를 처리할 수 있는 방법으로, 단체자치 국가에서 주로 채택하는 방식이다.
　㉡ 사무배분이 간편하고 운영에 있어 유연성을 확보할 수 있다는 장점이 있다.
　㉢ 그러나 사무구분의 모호성, 국가관여 가능성의 증대, 지역의 개별성과 특수성 간과 등의 단점이 있다.
③ 절충주의
　㉠ 자치단체가 처리할 수 있는 업무의 종류와 권한의 부여기준을 미리 법률에 정한 후 이 수준에 도달한 자치단체에게 개별적으로 권한을 부여하는 방식이다.
　㉡ 절충주의 방식은 자치단체의 능력에 따라 그에 상응하는 권한을 부여할 수 있지만, 중앙정부에 의해 정치적으로 악용될 가능성이 있다.

> 포괄적 배분방식의 장점은 배분방식이 간단하고, 사무배분을 유연하게 운영할 수 있다는 것이다. 23. 경찰승진

> **바로 확인문제**

1. 국가와 지방자치단체 간의 사무배분에 대한 설명으로 옳지 않은 것은?　24. 국가직 7급

① 기관위임사무는 주로 지방적 이해관계보다 국가적 차원의 이해관계가 크게 걸려 있는 사업이 대상이며, 지방자치단체 그 자체에 위임한 사무이다.
② 효율성의 원칙은 보충성의 원칙을 받아들인다 해도 사무에 따라서는 보다 넓은 지역을 담당하는 광역지방자치단체나 중앙정부가 일차적인 책임을 지고 처리하는 것이 훨씬 효율적일 수 있다는 것이다.
③ 포괄성의 원칙은 지방자치단체가 배분받은 사무에 대해 배타적인 권한을 행사할 수 있도록 해야 한다는 내용도 포함한다.
④ 자치사무는 지방자치단체의 고유사무이므로 스스로의 책임과 부담으로 처리하는 것이 원칙이며, 중앙정부는 사후 감독과 합법성 감독을 수행한다.

정답해설　기관위임사무는 자치단체의 기관에게 위임된 사무이다. 반면, 자치단체 그 자체에 위임된 사무는 단체위임사무이다.

답｜①

2. 지방정부의 사무에 대한 설명으로 옳지 않은 것은?　23. 지방직 9급

① 기관위임사무의 처리에 드는 경비는 중앙정부와 지방정부가 공동으로 부담하는 것이 원칙이다.
② 단체위임사무는 집행기관장이 아닌 지방정부 그 자체에 위임된 사무이다.
③ 지방의회는 단체위임사무의 처리과정에 관한 조례를 제정할 수 있다.
④ 중앙정부는 자치사무에 대해 합법성 위주의 통제를 주로 한다.

정답해설　기관위임사무의 처리에 드는 경비는 전액 위임기관이 부담하는 것이 원칙이다.

오답해설　② 기관위임사무는 자치단체의 기관에 위임된 사무이고, 단체위임사무는 지방자치단체에 위임된 사무이다.
③ 단체위임사무는 위임기관과 자치단체에 동시에 관련된 사무이므로 지방의회의 관여가 가능하다.
④ 자치사무는 원칙적으로 지방의 사무이므로 법령 위반에 대해서만 사후적으로 통제할 수 있다.

답｜①

05 주민참여 S

1 의의

① 주민은 구역 안에 주소를 가진 자로, 국적이나 성·연령은 물론 자연인·법인을 불문한다.
② 주민은 지방자치단체의 인적 구성요소로서 피치자인 동시에 운영에 참여하는 주권자이다.
③ 주민참여란 지방자치단체 또는 그 기관의 정책결정이나 집행과정에 영향을 미치고자 하는 주민의 목적적 행동으로, 대의제도의 불완전성을 보완하고 실질적인 지방자치의 구현수단이다.

2 유형

(1) 방식기준

① **간접참여**: 간접참여란 각종 위원회나 대의기구 등을 활용하여 의사를 반영하는 방법으로, 자문위원회, 도시계획위원회, 환경연합회, 협의회 등이 이에 해당한다.

② **직접참여**: 직접참여란 주민들이 직접 의사를 표명하고 그 의사에 따라 업무를 집행하는 방법으로, 주민투표, 주민발안, 주민소환, 주민감사, 주민소송, 주민참여예산 등이 이에 해당한다.

(2) 영향력 기준 → 아른슈타인(S. Arnstein)

① **비참여**
  ㉠ 조작(manipulation): 행정과 주민이 서로의 관계를 확인하지만 행정이 일방적으로 교육, 설득시키고 주민은 단순히 참석하는 데 그친다.
  ㉡ 치료(therapy): 주민의 욕구불만을 일정한 사업에 분출시켜서 치료하는 단계로, 행정의 일방적인 지도에 그친다.

② **명목적 또는 형식적 참여**
  ㉠ 정보제공(informing): 행정이 주민에게 일방적으로 정보를 제공하지만 환류는 미흡하다.
  ㉡ 상담(consultation): 공청회나 집회 등의 방법으로 행정에 참여를 유도하고 있으나 형식적인 단계에 그친다.
  ㉢ 회유(placation): 각종 위원회 등을 통해 주민의 참여범위가 확대되지만 최종적인 판단은 행정기관이 한다는 점에서 제한적이다.

③ **실질적 참여 또는 주민권력**
  ㉠ 협동(partnership): 행정기관이 최종결정을 가지고 있지만 주민들이 필요한 경우 그들의 주장을 협상으로 유도할 수 있다.
  ㉡ 권한위임(delegated power): 주민들이 특정한 계획에 관해서 우월한 결정권을 행사하고 집행단계에 있어서도 강력한 권한을 행사하는 단계이다.
  ㉢ 주민통제(citizen control): 주민들이 스스로 입안하고 결정에서 집행 그리고 평가단계에까지 주민들이 통제하는 단계이다.

3 주민참여의 기능과 한계

① 주민참여는 행정의 대응성과 책임성이라는 민주성의 제고에 기여한다.
② 주민참여는 정책집행의 순응성 제고, 정책의 정당성 증대, 시민의 역량과 자질의 증대, 통제비용의 감소라는 긍정적 기능을 지닌다.
③ 주민참여는 행정의 전문성과 능률성을 저해할 수 있고, 자칫 소수 사람들에 의해서 독점되거나 특정 분야만 대표할 수 있다는 문제점을 지닌다.

4 우리나라의 주민참여 → 직접청구

① **조례제정 및 개폐청구제도(1999)**: 주민은 지방자치단체의 조례를 제정하거나 개정하거나 폐지할 것을 청구할 수 있다. 조례의 제정·개정 또는 폐지청구의 청구권자·청구대상·청구요건 및 절차 등에 관한 사항은 따로 「주민조례발안에 관한 법률」로 정한다.

② **규칙의 제정과 개정·폐지 의견제출(2021)**
  ㉠ 주민은 주민의 권리·의무와 직접 관련되는 규칙의 제정, 개정 또는 폐지와 관련된 의견을 해당 지방자치단체의 장에게 제출할 수 있다.
  ㉡ 법령이나 조례를 위반하거나 법령이나 조례에서 위임한 범위를 벗어나는 사항은 의견제출 대상에서 제외되며, 지방자치단체의 장은 제출된 의견에 대하여 의견이 제출된 날부터 30일 이내에 검토 결과를 그 의견을 제출한 주민에게 통보하여야 한다.
  ㉢ 의견제출, 의견의 검토와 결과 통보의 방법 및 절차는 해당 지방자치단체의 조례로 정한다.

③ **주민감사청구제도(1999)**: 지방자치단체의 18세 이상의 주민은 시·도는 300명, 인구 50만 이상 대도시는 200명, 그 밖의 시·군 및 자치구는 150명 이내에서 그 지방자치단체의 조례로 정하는 수 이상의 주민이 연대서명하여 그 지방자치단체와 그 장의 권한에 속하는 사무의 처리가 법령에 위반되거나 공익을 현저히 해친다고 인정되면 시·도의 경우에는 주무부장관에게, 시·군 및 자치구의 경우에는 시·도지사에게 감사를 청구할 수 있다.

④ **주민투표(2004)**: 지방자치단체의 장은 주민에게 과도한 부담을 주거나 중대한 영향을 미치는 지방자치단체의 주요 결정사항 등에 대하여 주민투표에 부칠 수 있다. 주민투표의 대상·발의자·발의요건, 그 밖에 투표절차 등에 관한 사항은 따로 「주민투표법」으로 정한다.

⑤ **주민소송제도(2006)**: 공금의 지출에 관한 사항, 재산의 취득·관리·처분에 관한 사항, 해당 지방자치단체를 당사자로 하는 매매·임차·도급 계약이나 그 밖의 계약의 체결·이행에 관한 사항 또는 지방세·사용료·수수료·과태료 등 공금의 부과·징수를 게을리한 사항을 감사청구한 주민은 감사청구한 사항과 관련이 있는 위법한 행위나 업무를 게을리한 사실에 대하여 해당 지방자치단체의 장을 상대방으로 하여 소송을 제기할 수 있다.

⑥ **주민소환제도(2007)**: 주민은 그 지방자치단체의 장 및 지방의회의원(비례대표 지방의회의원은 제외)을 소환할 권리를 가진다. 주민소환의 투표 청구권자·청구요건·절차 및 효력 등에 관한 사항은 따로 「주민소환에 관한 법률」로 정한다.

⑦ **주민에 대한 정보공개(2021)**: 지방자치단체는 사무처리의 투명성을 높이기 위하여 「공공기관의 정보공개에 관한 법률」에서 정하는 바에 따라 지방의회의 의정활동, 집행기관의 조직, 재무 등 지방자치에 관한 정보(→ 지방자치정보)를 주민에게 공개하여야 한다.

⑧ **주민참여예산제도(2011)(→ 「지방재정법」)**: 지방자치단체의 장은 대통령령으로 정하는 바에 따라 지방예산편성 등 예산과정에 주민이 참여할 수 있는 제도를 마련하여 시행하여야 한다. 주민참여예산기구의 구성·운영과 그 밖에 필요한 사항은 해당 지방자치단체의 조례로 정한다.

- 주민은 지방자치단체의 조례를 개정하거나 폐지할 것을 청구할 수 있다. 23. 경찰간부

- 18세 이상의 주민은 그 지방자치단체와 그 장의 권한에 속하는 사무의 처리가 법령에 위반되거나 공익을 현저히 해친다고 인정되면 감사를 청구할 수 있다. 19. 국가직 9급

- 주민소환제도는 가장 유력한 직접민주주의 제도이다. 21. 국가직 9급

- 주민참여예산제도는 「지방재정법」에 근거하여 예산과정에 주민이 참여할 수 있도록 시행되는 제도이다. 22. 경찰간부

> **바로 확인문제**

1. 「지방자치법」에서 정한 주민참여의 방식으로 옳지 않은 것은? 13. 지방직 7급
① 주민의 조례제정청구 ② 주민의 감사청구
③ 주민총회 ④ 주민소송

정답해설 주민총회제도는 「지방자치법」에 도입되어 있지 않다.

답 | ③

2. 현행 「지방자치법」에 근거하는 제도에 해당하지 않는 것은? 22. 국회직 8급
① 주민참여예산제도 ② 주민투표제도
③ 주민감사청구제도 ④ 주민소송제도
⑤ 주민소환제도

정답해설 주민참여예산제도는 「지방재정법」에 근거를 두고 있다.

답 | ①

CHAPTER 04 마무리 기출 OX

다음 내용이 맞으면 O, 틀리면 X에 표시하시오.

01 자치계층은 정치적 민주성의 가치가 중시되는 주민공동체의 정책결정과 집행의 단위이다. 17. 국가직 9급   O | X

02 기관통합형은 의결기관과 집행기관을 이원적으로 구성해 상호 견제와 균형을 도모하는 방식이다. 17. 지방직 9급(하)   O | X

03 보충성의 원칙에 따라 중앙정부가 처리하기 곤란한 사무는 지방자치단체가 보충적으로 처리해야 한다. 14. 국가직 9급   O | X

04 시·도와 시·군 및 자치구의 사무가 서로 경합하면 시·도에서 처리한다. 22. 국가직 7급   O | X

05 포괄적 사무배분은 배분방식이 간편하며 운영에 있어 유연성을 확보할 수 있다. 23. 경찰승진   O | X

06 자치사무에 대한 국가의 감독에서 적극적 감독, 즉 예방적 감독과 합목적성의 감독은 배제되는 것이 원칙이다. 12. 서울시 9급   O | X

07 중앙정부는 단체위임사무에 대해 사전적 통제보다 사후적 통제를 주로 한다. 20. 국가직 9급   O | X

08 기관위임사무는 법령에 의해 국가 또는 상급 자치단체로부터 그 자치단체의 장에게 위임된 사무를 말한다. 15. 국가직 9급   O | X

09 「지방자치법」은 주민참여를 위하여 주민의 조례제정 청구, 주민의 감사청구, 주민총회, 주민소송 등을 규정하고 있다. 13. 지방직 7급   O | X

10 회유(placation)는 주민이 정보를 제공받고, 각종 위원회 등에서 의견을 제시, 권고하는 등의 역할은 하지만, 주민이 정책결정에 영향력을 행사하는 능력은 갖지 못하는 수준이다. 11. 국가직 7급   O | X

정답 및 해설

01 O 02 × 03 × 04 × 05 O 06 O 07 O 08 O 09 × 10 O

02 의결기관과 집행기관을 이원적으로 구성해 견제와 균형을 도모하는 것은 기관대립형이다.
03 보충성의 원칙이란 주민의 생활과 가까운 지방정부에 사무를 우선적으로 처리하고, 이것이 곤란하면 광역정부가 처리하며, 이것도 곤란하면 중앙정부가 사무를 처리해야 한다는 원칙을 말한다.
04 시·도와 시·군 및 자치구는 사무를 처리할 때 서로 경합하지 아니하도록 하여야 하며, 사무가 서로 경합하면 시·군 및 자치구에서 먼저 처리한다.
09 「지방자치법」에 주민총회에 관한 규정은 없다.

CHAPTER 05 지방재정

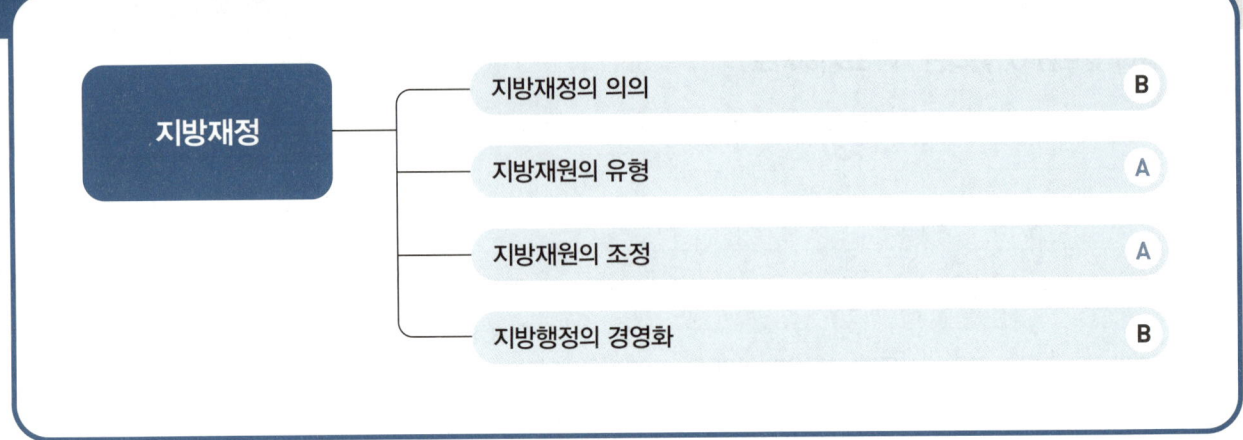

기선 제압

01 지방재정의 의의   B

1 의의
① 지방재정은 지방자치단체가 활동을 위해 필요한 재원을 조달하고 관리·유지하는 활동으로, 자주재정권의 확립은 성공적인 지방자치의 선결적인 과제이다.
② 지방재정은 중앙재정에 비하여 다양성, 응익성(→ 수익자 부담원칙), 자주성, 제약성, 불균형성 등의 특징을 지닌다.

2 중앙재정과 지방재정
① 중앙재정은 수혜자가 불특정 다수이므로 응능성에 기반을 둔 조세를 기반으로 하지만, 지방재정은 수혜자의 특정이 상대적으로 쉬우므로 응익성에 입각한 가격의 원리가 적용되기 쉽다.
② 중앙재정은 자원배분, 소득재분배, 경제안정화 등 포괄적 기능을 수행하는 반면, 지방재정은 주로 자원배분기능을 수행한다.
③ 이에 따라 공평성과 효율성이라는 이념에 비추어 본다면 중앙재정은 상대적으로 공평성을 더 강조하고, 지방재정은 효율성을 더 강조한다.

중앙재정	지방재정
① 포괄적 기능(→ 배분·재분배·경제안정화)	① 자원배분기능
② 순수공공재 성격(→ 조세에 의존)	② 준공공재 성격(→ 다양한 세입원)
③ 일반적 보상관계(→ 응능주의)	③ 개별적 보상관계(→ 응익주의)
④ 공평성 중시	④ 효율성 중시

• 지방재정은 중앙재정에 비해 지역주민의 복지 및 후생에 직접 관계가 있는 지출의 비중이 크다.
22. 경찰간부

• 지방재정은 중앙재정에 비해 외부효과로 인해 자원배분의 비효율성이 발생할 가능성이 높다.
22. 경찰간부

3 지방재원의 구분

(1) 기준
① **자율성 기준**: 자치단체가 자주적으로 결정하고 실현하는 자주재원과 국가 또는 상급자치단체에 의해 결정되고 실현되는 의존재원으로 구분된다.
② **용도 기준**: 어떤 경비로도 자유롭게 사용할 수 있는 일반재원과 지출용도가 특정되어 있는 특정재원으로 구분된다.
③ **규칙성 기준**: 규칙적으로 확보되는 경상재원과 불규칙적으로 확보되는 임시재원으로 구분된다.

(2) 자주재원과 의존재원
① 자주재원이란 자치단체가 자주적으로 결정하고 실현하는 재원으로, 지방세와 세외수입이 이에 속한다.
② 의존재원은 자치단체에서 필요로 하는 재원을 외부에서 조달하는 방식으로, 지방교부세, 국고보조금, 조정교부금 등이 이에 해당한다.
③ 우리나라는 자주재원에 비해 의존재원이 매우 많다는 점이 특징인데, 이는 지방자치단체가 국가재정에 의존하는 정도가 크다는 것이다.
④ 이처럼 의존재원의 비중이 높아지면 중앙정부의 재정통제가 강화되어 재정분권이 취약해질 수 있다.

4 지방재정력 평가지수

(1) 주요 평가지수
① **재정규모**: 자주재원과 의존재원 그리고 지방채의 합의로 측정되는 지표이다.
② **재정자립도**: 총 재원에서 자주재원이 차지하는 비중으로, (지방세 + 세외수입) / 일반회계의 비율로 측정되며, 도농통합시의 설치기준으로 사용된다.
③ **재정력지수**: 기준재정수요액 대비 기준재정수입액의 비율로 측정되며, 보통교부세의 부과기준으로 활용된다.
④ **건전재정지수**: 총 재원에서 경상재원이 차지하는 비율로 측정된다.
⑤ **재정자주도**: 총 재원에서 일반재원이 차지하는 비율로, 차등보조율의 기준으로 사용된다.
⑥ **책임재정지수**: 경상적 경비를 자력으로 충당하는 비율을 의미한다.

(2) 재정자립도
① 재정자립도는 지방자치단체 총 예산규모 중 자주재원이 차지하는 비율로, 그 산식에 있어 분모와 분자 모두 자주재원이 존재하므로 재정자립도를 결정하는 데에 중요한 요인은 의존재원이다.
② 의존재원인 국고보조금이나 지방교부세 등의 확대는 지방의 재정자립도를 약화시키는 원인이다.
③ 지방재정자립도를 높이기 위해서는 국세를 지방세로 전환하여야 하지만 이럴 경우 지역 간 재정불균형이 심화될 수 있다.

- 재정자립도는 일반적으로 총 재원 중 자주재원의 비율이다. 06. 국가직 7급
- 의존재원이 적을수록 지방재정자립도는 높게 나타난다. 20. 소방간부
- 재정력지수는 기준재정수요액 대비 기준재정수입액의 비율로 측정된다. 11. 서울시 7급

- 재정자립도는 경상적 경비와 임시적 경비 비율 등 세출구조를 고려하지 않는다. 20. 소방간부

- 재정자립도는 지방자치단체 예산에서 의존재원별 특성을 반영하지 못한다. 20. 소방간부

- 재정자립도는 대규모 사업의 수행을 가능케 하는 재정규모의 중요성을 간과하고 있다. 09. 국가직 7급

(3) 재정자립도의 한계

① 재정자립도는 재정지출의 내역이라고 할 수 있는 세출의 질을 고려하지 못하고, 대규모 사업의 수행을 가능하게 하는 재정규모의 중요성을 간과하고 있다.
② 재정자립도는 지방자치단체의 일반회계만을 고려하고 특별회계와 기금 등을 종합적으로 고려하지 못하므로 지방자치단체의 실제 재정력을 과소평가하고 있다.
③ 일반회계에서 차지하는 자체재원의 비율이 높을수록 재정자립도가 높게 산정되기 때문에 지방교부세를 받은 지방자치단체는 재정력이 커짐에도 불구하고 재정자립도는 낮아지게 된다.
④ 이처럼 재정자립도는 재정규모의 중요성 간과, 세출의 질 간과, 특별회계와 기금의 제외, 의존재원의 성격 간과 등으로 인하여 지방자치단체의 실질적 재정상태를 나타내지 못한다는 비판을 받는다.

바로 확인문제

1. 지방재정에 대한 설명 중 가장 적절하지 않은 것은? 22. 경찰간부

① 지방재정은 중앙재정에 비해 지역주민의 복지 및 후생에 직접 관계가 있는 지출의 비중이 크다.
② 지방재정은 중앙재정에 비해 외부효과로 인해 자원배분의 비효율성이 발생할 가능성이 높다.
③ 지방재정은 중앙재정에 비해 수익자 부담주의(응익주의)에 입각한 재정운영이 쉽다.
④ 지방재정은 중앙재정에 비해 자원배분기능, 소득재분배기능, 지역경제 안정화 기능 등 더 포괄적인 기능을 수행한다.

정답해설 포괄적 기능은 중앙재정의 특징이고, 지방재정은 자원배분기능 중심이다.

답 | ④

2. 지방재정에 대한 설명으로 옳지 않은 것은? 23. 지방직 7급

① 재정자립도는 일반회계 예산규모에서 지방세와 세외수입 합계액의 비(比)를 의미하며 지방자치단체의 실제 재정력과 차이가 있다는 비판이 있다.
② 재정자주도는 일반회계 예산규모에서 자체수입과 자주재원 합계액의 비를 의미하며 보통교부세 교부 여부의 적용기준으로 활용된다.
③ 재정력지수는 기준재정수요액에서 기준재정수입액의 비를 의미하며 기본적 행정수행을 위한 재정수요의 실질적 확보 능력을 판단하는 기준이 된다.
④ 주민 1인당 지방세 부담액은 지방세액을 해당 지방자치단체 주민 수로 나눈 것으로 세입구조 안정성을 판단하는 기준이 된다.

정답해설 보통교부세의 교부기준은 재정력지수이다. 재정자주도는 차등보조율의 기준으로 활용되고 있다.

답 | ②

02 지방재원의 유형

1 자주재원

(1) 지방세

① 의의
  ㉠ 지방세란 자치단체의 일반적 경비의 조달을 목적으로 부과되는 금전적 징수로, 주민이나 재산 또는 일정한 행위(→ 소득이나 소비)로부터 개별적 보상 없이 강제로 징수된다.
  ㉡ 지방세는 강제적 부과·징수, 개별적 반대급부 없이 징수, 금전적 징수, 일반적 경비조달 목적의 특징을 지닌다.

② 원칙
  ㉠ 수입 측면
    ⓐ 보편성: 세원이 모든 지방자치단체에 고르게 분포되어 있어야 한다는 원칙이다.
    ⓑ 정착성: 과세객체의 이동성이 적고 효과가 그 지방 내부에 국한되어야 한다는 원칙이다.
    ⓒ 안정성: 경기변동에 민감하지 않고 세수가 안정적으로 확보되어야 한다는 원칙이다.
    ⓓ 충분성: 재정수요를 충족할 수 있을 만큼 충분한 수입이 확보되어야 한다는 원칙이다.
    ⓔ 신장성: 재정수요의 증가에 대응할 수 있도록 세입도 지속적으로 증가할 수 있어야 한다는 원칙이다.
    ⓕ 신축성: 재정수요의 변화에 탄력적으로 대응할 수 있어야 한다는 원칙이다.
  ㉡ 주민부담 측면
    ⓐ 부담분임: 모든 주민이 행정에 소요되는 경비를 고르게 부담하여야 한다는 원칙이다.
    ⓑ 부담보편: 담세능력에 비례하여 과세하여야 하며, 불필요한 감세를 지양해야 한다는 원칙이다.
    ⓒ 응익성: 공공서비스의 급부와 개인부담 간 개별적 보상관계를 전제한다는 원칙이다.

③ 우리나라의 세목
  ㉠ 취득세: 부동산 등을 취득한 자에게 부과되는 세금이다.
  ㉡ 등록면허세: 재산권, 기타 권리의 이동사항을 공부에 등기 또는 등록할 때 부과되는 세금이다.
  ㉢ 레저세: 경륜, 경마, 경주 등에 있어 승자투표권, 승마투표권 등을 발매함으로써 얻은 금액에 대하여 부과되는 세금이다.
  ㉣ 담배소비세: 담배에 과세되는 세금으로, 담배의 개비 수나 중량을 기준으로 부과된다.
  ㉤ 주민세: 지방자치단체의 주민에 대하여 부과되는 세금이다.
    ⓐ 개인분: 지방자치단체에 주소를 둔 개인에 대하여 부과하는 주민세이다.
    ⓑ 사업소분: 지방자치단체에 소재한 사업소 및 그 연면적을 과세표준으로 부과하는 주민세이다.
    ⓒ 종업원분: 소재 사업소 종업원의 급여총액을 과세표준으로 하여 부과하는 주민세이다.
  ㉥ 자동차세: 자동차의 소유 또는 사용에 대해 부과되는 세금이다.

• 지방세에 관한 보편성의 원칙은 재정수입의 측면에서 지방세의 세원이 특정 지역에 편재되어 있지 않고 고루 분포되어 있어야 한다는 것을 의미한다. 15. 서울시 7급

• 안정성의 원칙이란 지방세가 지방재정의 건전성과 관련이 깊으므로 지방세는 경기 변동에 민감하지 않도록 안정적으로 유지되어야 한다는 것이다. 09. 서울시 7급

• 부담보편의 원칙이란 동등한 지위에 있는 자에게는 동등하게 과세하고 조세감면의 폭이 너무 넓어서는 안 된다는 것이다. 09. 서울시 7급

> • 지방소비세는 국세인 부가가치세의 일부를 지방세로 전환한 세금이다.
> 13. 국가직 7급

ⓢ **지방소득세(2014)**: 납세의무가 있는 개인과 법인이 소득에 따라 내야 하는 세금이다.
ⓞ **지방소비세(2010)**: 국세인 부가가치세의 일부를 지방세로 전환한 세금으로, 현재 과세표준의 1천분의 253을 적용하고 있다.
ⓩ **재산세**: 유형·무형의 재산을 과세객체로 하여 그 재산의 소유자에게 재산총액을 기준으로 부과되는 세금이다.
ⓧ **지방교육세**: 등록면허세, 레저세, 담배소비세, 주민세, 재산세 등 일정한 지방세에 부가하여 과세하는 목적세이다.
ⓣ **지역자원시설세**: 주민생활환경 개선사업 및 지역개발사업에 필요한 재원을 확보하고 소방사무에 소요되는 제반비용에 충당되는 세금이다.

구분	특별시·광역시세	도세	자치구세	시·군세
보통세	① 취득세 ② 레저세 ③ 담배소비세 ④ 지방소비세 ⑤ 주민세 ⑥ 지방소득세 ⑦ 자동차세	① 취득세 ② 등록면허세 ③ 레저세 ④ 지방소비세	① 등록면허세 ② 재산세	① 주민세 ② 재산세 ③ 자동차세 ④ 담배소비세 ⑤ 지방소득세
목적세	① 지방교육세 ② 지역자원시설세	① 지방교육세 ② 지역자원시설세	–	–

> • 기초자치단체는 목적세를 부과할 수 없다.
> 11. 지방직 7급
>
> • 우리나라의 지방세는 재산보유에 대한 과세보다 재산거래에 대한 과세의 비중이 상대적으로 높다.
> 14. 국가직 7급

④ 우리나라 지방세의 특징 및 문제점
  ㉠ 특징
    ⓐ 우리나라는 소득세와 소비세에 비해 재산세의 비중이 높으며, 기초자치단체는 주로 재산보유과세, 광역자치단체는 주로 재산거래과세 형태를 취하고 있다.
    ⓑ 탄력세율의 도입: 대통령령[→ 자동차세(→ 주행세), 담배소비세], 조례[→ 취득세, 등록면허세, 주민세, 지방소득세, 재산세, 자동차세(→ 보유세), 지역자원시설세, 지방교육세]]
  ㉡ 문제점
    ⓐ 세목은 많으나 세원이 빈약하며, 소득세·소비세보다 재산제 위주로 세수의 신장성이 미약하다.
    ⓑ 수도권과 비수도권 간 재원의 보편성이 부족하여 세원의 지역적 편차가 심하다.
    ⓒ 조세법률주의로 인해 독자적 과세권이 결여되어 있기 때문에 자율성이 상대적으로 떨어진다.

(2) 세외수입

① 의의
  ㉠ 세외수입이란 자치단체의 자주재원 중에서 지방세 수입을 제외한 나머지 수입을 말한다.
  ㉡ 세외수입은 자주재원, 일반재원 또는 특정재원, 잠재수입원, 응익적 성격을 지닌다.

② 종류
　㉠ **사용료**: 지방자치단체는 공공시설의 이용 또는 재산의 사용에 대하여 사용료를 징수할 수 있다.
　㉡ **분담금**: 지방자치단체는 그 재산 또는 공공시설의 설치로 주민의 일부가 특히 이익을 받으면 이익을 받는 자로부터 그 이익의 범위에서 분담금을 징수할 수 있다.
　㉢ **수수료**: 지방자치단체는 그 지방자치단체의 사무나 위임사무가 특정인을 위한 것이면 그 사무에 대하여 수수료를 징수할 수 있다.
　㉣ 사용료·수수료 또는 분담금의 징수에 관한 사항은 조례로 정한다. 다만, 국가가 지방자치단체나 그 기관에 위임한 사무와 자치사무의 수수료 중 전국적으로 통일할 필요가 있는 수수료는 다른 법령의 규정에도 불구하고 대통령령으로 정하는 표준금액으로 징수하되, 지방자치단체가 다른 금액으로 징수하려는 경우에는 표준금액의 50% 범위에서 조례로 가감 조정하여 징수할 수 있다.
　㉤ 사기나 그 밖의 부정한 방법으로 사용료·수수료 또는 분담금의 징수를 면한 자에게는 그 징수를 면한 금액의 5배 이내의 과태료를, 공공시설을 부정사용한 자에게는 50만 원 이하의 과태료를 부과하는 규정을 조례로 정할 수 있다.
　㉥ 사용료·수수료 또는 분담금의 부과나 징수에 대하여 이의가 있는 자는 그 처분을 통지받은 날부터 90일 이내에 그 지방자치단체의 장에게 이의신청할 수 있고, 지방자치단체의 장은 이의신청을 받은 날부터 60일 이내에 결정을 하여 알려야 한다.

- 「지방자치법」에 규정된 사용료, 수수료, 분담금 등은 지방자치단체의 세외수입에 해당한다.　23. 소방간부
- 사용료는 지방자치단체의 공공용재산을 사용함으로써 얻는 편익에 대한 대가로서 징수하는 공과금이다.　24. 경찰승진
- 사용료는 지방자치단체가 주민의 복지증진을 위해 설치한 공공시설을 특정소비자가 사용할 때 그 반대급부로 개별적인 보상원칙에 따라 지방자치단체의 조례에 의거하여 강제적으로 부과·징수하는 공과금이다.　10. 지방직 7급
- 수수료는 지방자치단체가 특정인에게 제공한 행정서비스에 의해 이익을 받는 자로부터 그 비용의 전부 또는 일부를 반대급부로 징수하는 수입이다.　10. 지방직 7급

바로 확인문제

1. 특별시·광역시의 보통세와 도의 보통세에 공통적으로 속하는 세목만을 모두 고르면?

22. 지방직 9급

ㄱ. 지방소득세	ㄴ. 지방소비세
ㄷ. 주민세	ㄹ. 레저세
ㅁ. 재산세	ㅂ. 취득세

① ㄱ, ㄴ, ㄹ
② ㄱ, ㄷ, ㅁ
③ ㄴ, ㄹ, ㅂ
④ ㄷ, ㅁ, ㅂ

정답해설　ㄴ, ㄹ, ㅂ. 지방소비세, 레저세, 취득세가 특별시·광역시의 보통세이자 도의 보통세이다.

오답해설　ㄱ. 지방소득세는 특별시·광역시와 시·군의 세금이다.
　　　　　ㄷ. 주민세는 특별시·광역시와 시·군의 세금이다.
　　　　　ㅁ. 재산세는 자치구와 시·군의 세금이다.

답 | ③

2 지방채

(1) 의의

① 개념
  ㉠ 지방채란 과세권을 담보로 부족한 재원을 충당하는 제도로, 상환이 복수회계연도에 걸쳐 이루어지고, 부채라는 점에서 자주재원에서 제외되는 제3의 재원으로 분류된다.
  ㉡ 지방채의 재원은 주로 항만, 도로, 주택 등 내구 연한이 긴 시설의 투자비에 사용되므로 세대 간 공평한 부담을 실현하는 데 기여할 수 있다.
  ㉢ 지방채는 특정재원(→ 특정 사업 수행에 충당), 임시재원의 특성을 지닌다.

② 종류
  ㉠ 발행형식: 증서차입채, 증권발행채(→ 일반적)
  ㉡ 상환방식: 일시상환채, 분할상환채
  ㉢ 발행방법: 모집(→ 공모)공채, 매출공채, 교부공채

③ 공채발행의 방법
  ㉠ 모집공채: 공채발행조건을 일반에게 공시한 후 응모를 통하여 공채를 매각하는 방법이다.
  ㉡ 매출공채: 인·허가 등을 받는 주민에게 그 원인에 첨가하여 공채를 판매하는 방법이다.
  ㉢ 교부공채: 시공업체나 토지소유자에게 공사비·보상비를 채권으로 교부하는 방법이다.

(2) 평가

순기능	역기능
① 재원의 조달기능	① 주민부담의 가중, 건전재정의 저해
② 자원의 재분기능	② 미래세대에 대한 일방적 재정부담
③ 재원부담의 공평성(→ 수익자 부담)	③ 민간채 시장의 위축
④ 지역경제의 활성화 기능	④ 미흡한 경기조절 효과

(3) 우리나라의 지방채

① 지방자치단체의 장은 다음을 위한 자금 조달에 필요할 때에는 지방채를 발행할 수 있다.
  ㉠ 공유재산의 조성 등 소관 재정투자사업과 그에 직접적으로 수반되는 경비의 충당
  ㉡ 재해예방 및 복구사업
  ㉢ 천재지변으로 발생한 예측할 수 없었던 세입결함의 보전
  ㉣ 지방채의 차환
  ㉤ 「지방교육재정교부금법」 제9조제3항에 따른 교부금 차액의 보전
  ㉥ 명예퇴직 신청자가 직전 3개 연도 평균 명예퇴직자의 100분의 120을 초과하는 경우 추가로 발생하는 명예퇴직 비용의 충당

② 지방채를 발행하려면 재정 상황 및 채무 규모 등을 고려하여 대통령령으로 정하는 지방채 발행 한도액의 범위에서 지방의회의 의결을 얻어야 한다. 다만, 지방채 발행 한도액 범위더라도 외채를 발행하는 경우에는 지방의회의 의결을 거치기 전에 행정안전부장관의 승인을 받아야 한다.

③ 지방자치단체의 장은 대통령령으로 정하는 바에 따라 행정안전부장관과 협의한 경우에는 그 협의한 범위에서 지방의회의 의결을 얻어 지방채 발행 한도액의 범위를 초과하여

※ 지방자치단체장은 그 지방자치단체의 항구적 이익이 되거나 긴급한 재난복구 등의 필요가 있을 때에는 지방채를 발행할 수 있다. 09. 국가직 7급

지방채를 발행할 수 있다. 다만, 재정책임성 강화를 위하여 재정위험수준, 재정 상황 및 채무 규모 등을 고려하여 대통령령으로 정하는 범위를 초과하는 지방채를 발행하는 경우에는 행정안전부장관의 승인을 받은 후 지방의회의 의결을 받아야 한다.

④ 지방자치단체조합의 장은 그 조합의 투자사업과 긴급한 재난복구 등을 위한 경비를 조달할 필요가 있을 때 또는 투자사업이나 재난복구사업을 지원할 목적으로 지방자치단체에 대부할 필요가 있을 때에는 지방채를 발행할 수 있다. 이 경우 행정안전부장관의 승인을 받은 범위에서 조합의 구성원인 각 지방자치단체 지방의회의 의결을 얻어야 한다.

• 지방자치단체조합도 따로 법률로 정하는 바에 따라 지방채를 발행할 수 있다. 　21. 국가직 9급

바로 확인문제

1. 지방정부가 채권을 발행하여 차량이나 주택구입 및 인·허가자에게 강제로 구입하도록 하는 채권은 무엇인가? 　07. 서울시 9급

① 매출공채
② 공모공채
③ 사모공채
④ 증서차입채
⑤ 교부공채

정답해설 인·허가자에게 강제로 구입하도록 하는 채권은 매출공채이다.

답 | ①

2. 지방채에 관한 설명으로 가장 적절한 것은? 　23. 경찰승진

① 지방채 발행 한도액 범위더라도 외채를 발행하는 경우에는 지방의회의 의결을 거치기 전에 행정안전부장관의 승인을 받아야 한다.
② 교부공채는 지방자치단체로부터 인·허가나 차량등록 등 특정 서비스를 제공받는 주민 또는 법인을 대상으로 강제로 소화시키는 것을 말한다.
③ 증권발행채는 기명채권으로 시장 유통성이 없다.
④ 지방채는 지방자치단체장만이 법률로 정하는 바에 따라 발행할 수 있으며 지방자치단체조합은 발행주체에 해당되지 않는다.

정답해설 「지방재정법」에 따르면 지방자치단체가 외채를 발행하려는 경우에는 채무 한도액 범위 내인지 여부와 상관없이 지방의회의 의결을 거치기 전에 행정안전부장관의 승인을 받아야 한다.

오답해설 ② 지방자치단체로부터 인·허가나 차량등록 등 특정 서비스를 제공받는 주민 또는 법인을 대상으로 강제로 소화시키는 것은 매출공채이다.
③ 증권발행채는 무기명채권이고, 시장의 유통성이 있다.
④ 지방자치단체조합도 지방채의 발행주체가 될 수 있다.

답 | ①

03 지방재원의 조정

1 의의

① 재원의 조정이란 자치단체의 기능수행에 필요한 자체재원의 부족분을 보충하는 것으로, 각 자치단체 간 재정적 불균형을 시정하려는 제도이다.
② 지방재정조정제도는 크게 지방자치단체에 재원사용의 자율성을 전적으로 부여하는 지방교부세와 특정한 사업에 사용할 것을 조건으로 선택적으로 지원하는 국고보조금으로 구분된다.

2 유형

(1) 수직적 조정과 수평적 조정

① 수직적 조정: 중앙과 지방, 또는 광역과 기초 간 격차의 조정으로, 지방교부세, 국고보조금, 조정교부금 등이 이에 속한다.
② 수평적 조정: 지역과 지역 간의 격차를 시정하는 것을 말한다.
③ 수직적 역조정: 지방에서 중앙으로의 재원조정이 이루어지는 형태를 말한다.

• 우리나라는 중앙정부와 지방정부 사이의 수직적 재정조정 기능이 있다. 18. 국회직 9급

(2) 일반지원금과 특정지원금

① 용도가 정해지지 않은 지원금을 일반지원금이라 하고, 용도가 정해진 지원금을 특정지원금이라 한다.
② 중앙정부의 입장에서는 특정지원금이 선호되고, 자치단체의 입장에서는 일반지원금이 선호된다.
③ 자원배분의 효율성 즉, 사회 전체의 후생 측면에서는 용도가 지정되지 않는 일반지원금이 더 우수하다.

3 지방교부세

(1) 의의

① 지방교부세는 중앙정부가 지방정부의 재정수요와 재정수입을 비교하여 부족한 재원을 보전할 목적으로 내국세의 일정 비율에 해당하는 금액을 지방정부에 교부하는 재원이다.
② 이는 국가가 징수하여 자치단체에 배분하는 공유적 독립재원으로, 원칙적으로 비용의 용도가 정해져 있지 않고 지방비 부담이 없다는 점에서 국고보조금과 다르다.

• 지방교부세는 국고보조금제도와 함께 지방재정조정제도 중에 하나로 운영되고 있다. 15. 지방직 7급

(2) 우리나라의 지방교부세

① 지방교부세의 종류는 보통교부세, 특별교부세, 부동산교부세, 소방안전교부세로 구분한다.
② 교부세의 재원
　㉠ 해당 연도의 내국세 총액의 1만분의 1,924에 해당하는 금액
　㉡ 「종합부동산세법」에 따른 종합부동산세 총액
　㉢ 「개별소비세법」에 따라 담배에 부과하는 개별소비세 총액의 100분의 45에 해당하는 금액
③ 국가는 해마다 교부세를 국가예산에 계상하여야 한다.

• 지방교부세의 재원에는 종합부동산세 총액, 담배에 부과하는 개별소비세 총액의 일부 등이 포함된다. 17. 지방직 9급

④ 보통교부세는 해마다 기준재정수입액이 기준재정수요액에 못 미치는 지방자치단체에 그 미달액을 기초로 교부한다. 다만, 자치구의 경우에는 기준재정수요액과 기준재정수입액을 각각 해당 특별시 또는 광역시의 기준재정수요액 및 기준재정수입액과 합산하여 산정한 후, 그 특별시 또는 광역시에 교부한다.

⑤ 기준재정수입액은 기준세율로 산정한 해당 지방자치단체의 보통세 수입액으로 하며, 기준세율은「지방세법」에 규정된 표준세율의 100분의 80에 해당하는 세율로 한다.

⑥ 특별교부세는 다음의 구분에 따라 교부한다.
   ㉠ 지역 현안: 특별교부세 재원의 100분의 40에 해당하는 금액
   ㉡ 재난복구 및 안전관리: 특별교부세 재원의 100분의 50에 해당하는 금액
   ㉢ 기타 국가적 장려사업 등: 특별교부세 재원의 100분의 10에 해당하는 금액

⑦ 행정안전부장관은 지방자치단체의 장이 특별교부세의 교부를 신청하는 경우에는 이를 심사하여 특별교부세를 교부한다. 다만, 행정안전부장관이 필요하다고 인정하는 경우에는 신청이 없는 경우에도 일정한 기준을 정하여 특별교부세를 교부할 수 있다.

⑧ 행정안전부장관은 특별교부세의 사용에 관하여 조건을 붙이거나 용도를 제한할 수 있다.

⑨ 부동산교부세는 지방자치단체에 전액 교부하여야 한다.

⑩ 행정안전부장관은 소방안전교부세를 지방자치단체에 전액 교부하여야 한다. 소방안전교부세 중「개별소비세법」에 따라 담배에 부과하는 개별소비세 총액의 100분의 25에 해당하는 부분은 소방 인력의 인건비로 우선 충당하여야 한다.

⑪ 교부세는 1년을 4기로 나누어 교부한다. 다만, 특별교부세는 예외로 할 수 있다.

⑫ 지방자치단체의 장은 지방자치단체의 교부세액의 산정 기초자료 등에 이의가 있으면 통지를 받은 날부터 30일 이내에 행정안전부장관에게 이의를 신청할 수 있다. 이 경우 지방자치단체의 장이 시장 또는 군수인 경우에는 광역시장 또는 도지사를 거쳐야 한다.

- 보통교부세는 해마다 기준재정수입액이 기준재정수요액에 못 미치는 지방자치단체에 그 미달액을 기초로 교부하는 것이 원칙이다. 21. 경찰승진

- 보통교부세의 산정기일 후에 발생한 재난을 복구하거나 재난 및 안전관리를 위한 특별한 재정수요가 생기거나 재정수입이 감소한 경우 특별교부세를 교부할 수 있다. 17. 지방직 9급

- 중앙정부는 보통교부세를 교부할 때 일정한 조건을 붙이거나 용도를 제한할 수 없다. 09. 국가직 7급

- 부동산교부세는 종합부동산세를 재원으로 하며 전액을 지방자치단체에 교부한다. 22. 국가직 9급

한 번 더 정리 지방교부세

4 지방교육재정교부금

① 교육행정기관을 운영하는 데 필요한 재원을 국가가 교부하여 지역 간 교육의 균형발전을 도모하기 위한 재원으로, 내국세의 20.79%와 교육세 일부로 구성된다.

② 용도
   ㉠ 보통교부금(→ 일반재원): 내국세 교부금의 97% + 특별회계 전입금을 제외한 교육세
   ㉡ 특별교부금(→ 특정재원): 내국세 교부금의 3%

5 국고보조금

(1) 의의

① 국고보조금은 정부시책 또는 재정상 필요하다고 인정할 때 용도를 지정하여 교부되는 자금이다.
② 국고보조금은 지방정부가 수행하는 업무 중에서 국가사업과 지방사업의 연계를 강화하고자 중앙정부가 용도를 지정하여 지방정부의 특정 사업의 경비 전부 또는 일부를 부담하는 것이다.
③ 국고보조금은 지역 간에 발생하는 외부효과를 시정하거나 중앙정부의 특정 목적을 달성하기 위해 운영된다.
④ 지방재정부담심의위원회: 지방재정부담에 관한 사항 중 주요 안건을 심의하기 위하여 국무총리 소속으로 지방재정부담심의위원회를 둔다.

※ 국고보조금은 사용의 용도나 조건이 정해져 있으며 지방정부는 보조금을 주는 중앙부처가 지정한 용도와 조건에 맞게 지출해야 한다. 21. 국회직 9급

(2) 종류

① 협의 보조금: 시책의 장려를 위한 장려보조금과 재정상 필요를 위한 재정보조금으로 구성된다.
② 부담금: 소요비용의 전부 또는 일부를 의무적으로 부담하는 경비로, 단체위임사무와 관련된다.
③ 교부금(→ 위탁금): 기관위임사무와 관련되며, 국가가 소요비용의 전액을 부담한다.

(3) 평가

① 효용
　㉠ 행정서비스 수준의 전국적 통일성을 확보하며, 행정서비스의 형평성 제고에 기여한다.
　㉡ 공공시설 등의 계획적이고 적극적인 정비와 특정 행정수요에 대한 재원보전을 가능하게 한다.
② 한계
　㉠ 용도가 지정되므로 자치단체의 행정상·재정상 자율성을 침해할 수 있다.
　㉡ 정률보조에 따라 배분되므로 지방비 부담으로 인한 지방재정의 압박이 나타날 수 있다.
　㉢ 교부절차가 복잡하여 교부시기의 적절성이 떨어질 수 있고, 각 행정부처별로 배분되므로 자금의 영세성과 세분화에 따른 재원배분의 비효율성이 나타날 수 있다.

※ 국고보조금은 국고보조사업의 수행에서 중앙정부의 감독을 받으므로 지방자치단체의 자율성이 약화될 우려가 있다. 17. 국가직 7급

(4) 지방교부세와 국고보조금 비교

구분	지방교부세	국고보조금
재원	법률로 고정	예산의 범위 내
용도	일반재원	특정재원
부담방식	정액보조(→ 지방부 부담 없음)	정률보조(→ 지방부 부담 있음)
통제	통제 약함	통제 강함
목적	재정의 형평성	자원배분의 효율성
성격	수직적·수평적 조정재원	수직적 조정재원

6 광역과 기초 간 재정조정제도

① **시·군 조정교부금**: 시·도지사가 관할구역 시·군 간 재정력 격차를 조정하기 위해 교부하는 자금이다.
② **자치구 조정교부금**: 특별시장 및 광역시장이 관할구역 자치구 간 재정력 격차를 조정하기 위해 교부하는 자금이다.
③ **조정교부금의 유형**: 일반조정교부금과 특별조정교부금

> 조정교부금이란 광역자치단체가 관할 기초자치단체 간 재정격차를 해소함으로써 균형적인 행정서비스를 제공하기 위한 재정조정제도를 말한다. 21. 국회직 9급

바로 확인문제

1. 지방교부세에 대한 설명으로 옳지 <u>않은</u> 것은? 22. 국가직 9급

① 지역 간 재정격차를 완화시키는 재정 균등화 기능을 수행한다.
② 보통교부세, 특별교부세, 부동산교부세, 소방안전교부세로 구분한다.
③ 신청주의를 원칙으로 하며 각 중앙관서의 예산에 반영되어야 한다.
④ 부동산교부세는 종합부동산세를 재원으로 하며 전액을 지방자치단체에 교부한다.

정답해설 신청주의를 원칙으로 하며 각 중앙관서의 예산에 반영되는 것은 국고보조금이다.

오답해설 ① 보통교부세는 재정력지수가 1 미만인 경우에만 지급되므로 지역 간 격차를 시정할 수 있다.
② 「지방교부세법」에 따라 지방교부세는 보통교부세, 특별교부세, 부동산교부세, 소방안전교부세의 네 가지 종류로 구분된다.
④ 부동산교부세는 종합부동산세의 전액을 재원으로 하고, 소방안전교부세는 담배의 개별소비세의 일부를 재원으로 한다.

답 | ③

2. 지방재정에 대한 설명으로 옳지 <u>않은</u> 것은? 21. 지방직 9급

① 재정자립도는 일반회계 세입 중 지방세와 세외수입이 차지하는 비중을 말한다.
② 국고보조금은 지방재정운영의 자율성을 제고한다.
③ 지방교부세는 지역 간의 재정불균형을 시정하기 위한 제도이다.
④ 지방자치단체는 재해예방 및 복구사업에 경비를 조달하기 위해서 지방채를 발행할 수 있다.

정답해설 정률보조를 기반으로 하는 국고보조금은 지방비 부담이 존재하고, 비도가 제약되므로 지방재정운영의 자율성을 떨어뜨릴 수 있다.

오답해설 ① 재정자립도는 일반회계 세입 중 자주재원의 비중으로 측정되며, 이러한 자주재원에는 지방세와 세외수입이 있다.
③ 지방교부세, 특히 보통교부세는 재정력지수가 1 미만인 지방자치단체에게만 지급되므로 지역 간 격차를 시정하는 데 도움이 된다.
④ 「지방재정법」에 따르면, 지방자치단체의 장은 공유재산의 조성, 재해예방 및 복구사업 등 법률로 정해진 목적을 수행하기 위해 지방의회의 의결을 거쳐 지방채를 발행할 수 있다.

답 | ②

04 지방행정의 경영화 B

1 지방공기업

(1) 개념

① 지방공기업이란 자치단체가 지역주민의 복리증진을 위해 경영하는 기업을 말한다.
② 지방공기업은 「민법」이나 「상법」이 적용되며, 지방경영수익사업과는 구분된다.
③ 경영원칙: 기업의 경제성과 공공복리를 증대하도록 운영하여야 한다.
④ 경영평가: 원칙(→ 행정안전부장관), 예외(→ 지방자치단체의 장)

(2) 유형

① 직영기업(→ 정부기업): 사업본부, 사업단 등
② 지방공단: 전액을 자치단체가 출자한 기업
③ 지방공사: 전액 또는 50% 이상을 자치단체가 출자한 기업(→ 외국인 포함 민간의 출자 가능)

(3) 우리나라의 지방공기업 →「지방공기업법」

① 수도사업(마을상수도사업은 제외), 공업용수도사업, 하수도사업
② 궤도사업(도시철도사업 포함)
③ 자동차운송사업, 지방도로사업(유료도로사업만 해당)
④ 주택사업, 토지개발사업, 주택·토지 또는 공용·공공용건축물의 관리 등의 수탁
⑤ 공공재개발사업 및 공공재건축사업
⑥ 재생에너지의 기술개발 및 발전·이용·보급에 필요한 사업
⑦ 내항 정기 여객운송사업

2 지방출자기관과 지방출연기관 →「지방출자출연법」

① **지방출자기관**: 지방자치단체가 자본금의 전액 또는 일부(10%)를 출자하여 설립한 주식회사 형태의 기업조직으로, 지역경제 발전과 주민소득 증대 등의 수익적 목적으로 설립된다.
② **지방출연기관**: 지방자치단체가 재산의 전액 또는 일부(10%)를 출연하여 설립한 재단법인 형태의 공공비영리기관으로, 문화, 예술, 장학, 자선 등 공익적 목적을 위하여 설립된다.

3 경영수익사업 → 사업장 수입

① 운영주체: 지방자치단체(→ 원칙)
② 목적: 수입증대 또는 공공이익 증진
③ 방법: 지역부존자원의 생산적 활용, 공공시설의 효율적 관리
④ 한계: 민간경제를 침해하지 않는 범위 내에서 가능

- 지방자치단체는 주민의 복지증진과 사업의 효율적 수행을 위하여 지방공기업을 설치·운영할 수 있다. 21. 국가직 9급

- 지방공기업에 대한 경영평가는 원칙적으로 행정안전부장관의 주관으로 이루어진다. 19. 서울시 7급

- 지방직영기업은 지방자치단체가 행정조직 형태로 직접 운영하는 사업을 말한다. 17. 서울시 9급

- 지방공사는 법인으로 한다. 17. 국회직 8급

- 지방공기업은 수도사업(마을상수도사업은 제외), 공업용수도사업, 주택사업, 토지개발사업, 하수도사업, 자동차운송사업, 궤도사업(도시철도사업 포함)을 할 수 있다. 19. 서울시 7급

바로 확인문제

1. 지방공기업 유형 중 지방직영기업에 대한 설명으로 가장 옳지 <u>않은</u> 것은?   17. 서울시 9급

① 지방자치단체가 행정조직 형태로 직접 운영하는 사업을 말한다.
② 지방자치단체의 장이 지방직영기업의 관리자를 임명한다.
③ 소속된 직원은 공무원 신분이 아니다.
④ 「지방공기업법 시행령」에 따라 경영평가가 매년 실시되어야 하나 행정안전부장관이 이에 대해 따로 정할 수 있다.

정답해설 지방직영기업에 소속된 직원은 공무원 신분이다.

답 | ③

2. 「지방공기업법」에 근거한 지방공기업에 대한 설명으로 가장 옳지 <u>않은</u> 것은?   19. 서울시 7급(상)

① 지방공기업은 수도사업(마을상수도사업은 제외한다), 공업용수도사업, 주택사업, 토지개발사업, 하수도사업, 자동차운송사업, 궤도사업(도시철도사업을 포함한다)을 할 수 있다.
② 지방공기업에 대한 경영평가는 원칙적으로 행정안전부장관의 주관으로 한다.
③ 공사의 운영을 위하여 필요한 경우에는 자본금의 2분의 1을 넘지 아니하는 범위에서 지방자치단체 외의 자로 하여금 공사에 출자하게 할 수 있다. 단, 외국인 및 외국법인을 제외한다.
④ 지방공기업에 대한 경영평가, 관련정책의 연구, 임직원에 대한 교육 등을 전문적으로 지원하기 위하여 지방공기업평가원을 설립한다.

정답해설 외국인 및 외국법인도 지방공사에는 출자할 수 있다.

답 | ③

CHAPTER 05　마무리 기출 O✕

다음 내용이 맞으면 O, 틀리면 X에 표시하시오.

01　국가재정은 순수공공재적 성격이 강한 재화나 서비스를 공급하는 데 비해, 지방재정이 공급하는 재화나 서비스는 순수공공재적 성격이 약하다. 22. 경찰간부　　O | ✕

02　지방재정자립도를 높이기 위해 국세의 일부를 지방세로 전환할 경우 지역 간 재정불균형이 심화될 수 있다.
17. 서울시 9급　　O | ✕

03　시·군의 지방세 세목에는 담배소비세, 주민세, 지방소득세, 재산세, 자동차세가 있다. 17. 지방직 7급　　O | ✕

04　지방자치단체의 장은 재해예방 및 복구사업을 위한 자금조달에 필요할 때에는 지방채를 발행할 수 있다. 17. 지방직 9급　　O | ✕

05　중앙정부가 지방자치단체별로 지방교부세를 교부할 때 사용하는 기준지표는 지방재정자립도이다. 14. 국회직 8급　　O | ✕

06　부동산교부세는 종합부동산세 총액을 재원으로 하며 그 전액을 지방자치단체에 교부한다. 22. 국가직 9급　　O | ✕

07　국고보조금은 내국세 총액의 일정비율과 「종합부동산세법」에 따른 종합부동산세 총액 등을 재원으로 한다. 17. 국가직 7급　　O | ✕

08　국고보조금은 지정된 사업 목적 이외의 용도로 사용할 수 있는 재원이다. 21. 국회직 8급　　O | ✕

09　조정교부금은 특별시·광역시 내 자치구 사이의 재정격차를 해소하여 균형적인 행정서비스를 제공하기 위해 도입되었다. 21. 국회직 9급　　O | ✕

10　지방공기업에 대한 경영평가는 원칙적으로 기획재정부장관의 주관으로 실시된다. 17. 국회직 8급　　O | ✕

정답 및 해설

01 O　02 O　03 O　04 O　05 ✕　06 O　07 ✕　08 ✕　09 O　10 ✕

05 지방교부세의 교부기준은 재정력지수로, 기준재정수요액 대비 기준재정수입액으로 측정된다. 재정자립도는 도농복합시 설치의 기준으로 사용되며 재정자주도는 국고보조금의 차등보조율 기준으로 사용된다.
07 내국세 총액의 일정비율과 「종합부동산세법」에 따른 종합부동산세 총액 등을 재원으로 하는 것은 지방교부세이다.
08 국고보조금은 지정된 사업 목적 이외의 용도로 사용할 수 없다.
10 지방공기업에 대한 경영평가는 원칙적으로 행정안전부장관이 주관한다.

찾아보기

ㄱ

가예산 425
가외성 115
가우스 모형 70
가의제 142
갈등 272
갈등관리 273
갈등의 준해결 174
갈등조장론 273
감봉 375
감수성 훈련 304
감축관리 34
강등 375
강령 386
강요된 의제 142
강요적 권력 276
강요적 조직 217
강임 365
강제배분법 359
강제선택법 360
강제적 동형화 225
강제퇴직 378
개방자연이론 220
개방합리이론 220
개방형 임용 342
개별적 수권주의 512
개연적 미래 153
개인적 모형 165
거래비용이론 224
거래적 리더십 286
거버넌스 18
거시적 접근 64
거시조직이론 218, 221
거치보수설 374
건설적 갈등 273
견책 375
결산 432
결속적 자본 60
겸임 367
경력직 공무원 336
경력평정 364

경로-목표모형 281
경로의존성 81
경영수익사업 530
경쟁가치접근법 291
경쟁적 규제정책 134
경제적 규제 39
계급정년제 377
계급제 337
계선 230
계속비 430
계정성기금 405
계층제의 원리 235
계획예산 445
고객정치 43
고위공무원단 344
고위관리 직무 235
고유권설 497
고유사무 510
고전적 기술자형 188
고전적 다원주의 129
고전적 엘리트론 129
고전적 조직이론 219
고전적 행정학 86
고충처리 370
공개성 원칙 410
공공선택론 76
공공재 29, 36
공기업 53
공동규제 38
공동처리 485
공동체생태학 224
공리적 권력 276
공리적 조직 217
공무원단체 380
공사행정이원론 21
공사행정일원론 21
공식 참여자 125
공식성 238
공식적 의사전달 270
공식조직 227
공유재 36, 37
공유지의 비극 37
공익 103

공익조직 217
공직부패 388
공직윤리 384
공평성 이론 267
과두제의 철칙 129, 252
과정모형 165
과정설 104
과정이론 259
과정평가 202
과학성 64
과학적 관리법 297
관계욕구 261
관대화 경향 362
관료적 기업가형 190
관료정치모형 178
관료제 250
관리과학 158
관리규제 38
관리그리드 280
관리망 훈련 305
관치행정 477
광역자치단체 500
광역행정 485
교량적 자본 60
교육훈련 356
교차영향분석 155
구매권 57
구성적 타당성 205
구성정책 133
구성타당성 351
구역개편 505
구제도 79
구조적 상황론 222
국가결산보고서 433
국가재정운용계획 420
국고보조금 528
국고채무부담행위 430
국민권익위원회 466
국민신문고 313
국정감사 423
국지주의 253
군산복합체 129
권고사직 378

권력구조의 이원화 ······ 253
권력의 두 얼굴 ······ 130
권위 ······ 276
규모의 경제 ······ 30
규범적 동형화 ······ 225
규범적 미래 ······ 153
규범적 접근 ······ 63
규범적 조직 ······ 217
규제의 역설 ······ 41
규제정책 ······ 132
규제정치모형 ······ 43
규제피라미드 ······ 41
규칙 ······ 498
규칙의 제정과 개정·폐지 의견제출 ······ 515
규칙적 오차 ······ 362
균형성과표 ······ 292
근대 입법국가 ······ 25
근무성적평정 ······ 359
근본적 귀속의 착오 ······ 362
근속정년제 ······ 377
금융성기금 ······ 405
기계적 구조 ······ 242
기계적 능률성 ······ 110
기관대립형 ······ 507
기관위임사무 ······ 511
기관통합형 ······ 506
기금관리형 준정부기관 ······ 54
기능구조 ······ 244
기능적 책임 ······ 461
기대성의 착오 ······ 362
기대이론 ······ 265
기본변수 ······ 238
기본핵심신념 ······ 187
기술성 ······ 64
기업가정치 ······ 43
기업특별회계 ······ 403
기준타당성 ······ 50
기초자치단체 ······ 500
기타 특별회계 ······ 403
기타공공기관 ······ 54
기회균등의 원리 ······ 107
긴급배정 ······ 427
끈끈이 인형효과 ······ 41

ㄴ

나라장터 ······ 313
날치기 통과 ······ 176

내부과정모형 ······ 290
내부성 ······ 32
내부수익률 ······ 161
내부임용 ······ 349
내부접근형 ······ 145
내부통제 ······ 465
내부평가 ······ 201
내용이론 ······ 258
내용타당성 ······ 350
내재적 책임 ······ 460
내적 타당성 ······ 206
내적·외적 요인론 ······ 264
네거티브 규제 ······ 42
네트워크구조 ······ 246
논리적 오차 ······ 362
뉴거버넌스 ······ 95
능동적 사회 ······ 171
능률성 ······ 110

ㄷ

다수처리에 의한 간섭 ······ 209
다원론 ······ 128
단식부기 ······ 437
단위원가계산법 ······ 420
단일고리학습 ······ 316
단일성 원칙 ······ 412
단일적 자질론 ······ 279
단절적 균형모형 ······ 192
단절적 시계열설계 ······ 211
단체위임사무 ······ 510
단체자치 ······ 478
단층제 ······ 504
담배소비세 ······ 521
당연퇴직 ······ 378
대각선적 의사전달 ······ 271
대기명령 ······ 376
대내적 민주성 ······ 111
대리인이론 ······ 224
대변 ······ 437
대비오차 ······ 362
대외적 민주성 ······ 110
대중정치 ······ 44
대표관료제 ······ 333
델파이기법 ······ 154
도덕적 해이 ······ 31
도의적 책임 ······ 461
도표식평정척도법 ······ 359

독과점 규제 ······ 40
독립규제위원회 ······ 229
독립변수 ······ 204
동기부여이론 ······ 258
동기요인 ······ 263
동등잠재력 ······ 116
동시적 통제 ······ 465
동원형 ······ 142
동일화의 권위 ······ 276
동조과잉 ······ 253
동태적 항상성 ······ 72
등록면허세 ······ 521
등종국성 ······ 72

ㄹ

레저세 ······ 521
레짐이론 ······ 491
로그롤링 ······ 132
리더십 ······ 277
리더십 대체물 ······ 282
리더십 중화물 ······ 282

ㅁ

마타이 효과 ······ 310
막료 ······ 230
막바지 효과 ······ 362
만족모형 ······ 167
매개변수 ······ 204
매디슨주의 ······ 85
매트릭스구조 ······ 245
메타분석 ······ 202
메타정책결정 ······ 172
메타평가 ······ 202
면허 ······ 57
명령지시적 규제 ······ 39
명령체계의 원리 ······ 235
명령통일의 원리 ······ 235
명목집단기법 ······ 155
명성접근법 ······ 129
명세예산 ······ 428
명시바우처 ······ 57
명시이월 ······ 429
명시적 욕구이론 ······ 264
명예퇴직 ······ 378
명확성 원칙 ······ 411

모니터링	202	
모더니즘	99	
모방적 동형화	225	
모의실험	357	
모자이크 민주주의	310	
모집	349	
목적 예비비	429	
목표관리	302	
목표모형	290	
목표설정이론	268	
목표-수단분석	166	
목표의 대치	253	
무의사결정론	130	
무작위배정	210	
무제한예산법	420	
무지의 베일	107	
무형목표	151	
묵시바우처	57	
문제 중심의 탐색	174	
문항 간 일관성 검사법	206, 352	
미시간대학	279	
미시적 접근	64	
미시조직이론	218	
민간위탁	56	
민간재	36	
민간화	55	
민원24	312	
민주성	110	
민주행정 패러다임	77	

ㅂ

반분법	206, 352
발생주의	435
발전기능설	17
발전행정론	88
방법론적 개체주의	64
방법론적 전체주의	64
방어적 지각의 착오	362
배분정책	132
배출권거래제도	30
배출부담금	30
배치전환	366
백색부패	389
번문욕례	253
법적 책임	461
변명적 책임	461
변증법적 토론	155

변혁적 리더십	286
별정직 공무원	337
보수	370
보수주의	28
보조금	57
보충성의 원칙	512
보통교부세	526
보통지방자치단체	499
보호적 규제정책	134
복수양식법	206, 351
복식부기	437
복잡성	238
복잡성 이론	220
복잡한 인간관	257
복종의 의무	386
본예산	401
본질적 가치	103
봉급	371
봉사조직	217
부과방식	374
부동산교부세	526
부정적 엔트로피	71
부정적 환류	72
부차적 신념	187
분담금	523
분리권위형	493
분업의 원리	234
분쟁조정위원회	495
분절적 점증주의	169
분포상 오차	362
불완전경쟁	30
불응	196
브레인스토밍	154
비경합성의 원칙	512
비공식 참여자	126
비공식적 의사전달	270
비공식조직	227
비교행정론	87
비밀 엄수의 의무	386
비숙련 단순 직무	235
비실험	211
비용과 수익의 절연	32
비용편익분석	160
비용효과분석	162
비위면직자 취업제한	390
비점증적 변동	192
비정부조직	59

ㅅ

사건처리연습	357
사고이월	429
사기	369
사실표지법	360
사업구조	244
사업성기금	405
사용료	523
사전의결 원칙	412
사회보험성기금	405
사회삼원론	70
사회실험	210
사회이원론	70
사회인관	256
사회적 규제	40
사회적 능률성	110
사회적 자본	60
사회적 형평성	107
사회학적 신제도주의	82
사후적 통제	465
산업혁명	309
산출기록법	360
산출모형	165
삼자동맹	137
삼중고리학습	316
상동오차	362
상실요인	208
상위목표	151
상징정책	135
상향적 의사전달	271
상향적 접근	184
상황변수	240
상황이론	280
생각하는 탐험여행	357
생산성	112
생산적 갈등	273
생산적 학습	316
생존욕구	261
생태론적 접근방법	69
생활급	371
선물수수의 신고 및 인도 의무	387
선서의무	386
선정요인	208
선택적 정보접촉	310
선택적 지각의 오차	362
선행변수	204
성과규제	38

성과급	372	
성과주의예산	442	
성숙요인	208	
성숙인·미성숙인	262	
성실의무	386	
성장기구론	491	
성장욕구	261	
성좌적 자질론	279	
성취동기이론	263	
세외수입	522	
세이어의 법칙	21	
소극적 대표	333	
소극적 실적주의	328	
소방안전교부세	526	
소범위이론	65	
소비적 갈등	273	
소시오메트리	369	
소청심사청구	379	
속성이론	279	
솔로몬 4집단실험설계	210	
수난적 책임	461	
수단규제	38	
수단적 가치	103	
수당	372	
수수료	523	
수정예산	401	
수직적 쌍방관계연결이론	284	
수직적 전문화	235	
수직적 형평성	109	
수평구조	246	
수평적 의사전달	271	
수평적 전문화	235	
수평적 형평성	109	
순계예산	411	
순응	196	
순자산변동표	437	
순현재가치법	161	
스마트 정부	312	
승진	365	
시간과 동작연구	297	
시간적 오차	362	
시보제도	353	
시장실패	29	
시장유인적 규제	39	
시장적 책임	461	
시장형 공기업	54	
시정연설	423	
시험	350	
신고전적 조직이론	219	

신고전적 행정학	86	
신공공관리론	91	
신공공서비스론	97	
신디케이트	357	
신뢰성	113, 206, 351	
신뢰의 권위	276	
신분보장	375	
신성과주의예산	452	
신엘리트론	130	
신자질론	286	
신제도	79	
신제도론 접근방법	79	
신중앙집권	482	
신지방분권	484	
신행정국가	26	
신행정론	89	
실적주의	328	
실증적 접근	63	
실질적 수단	152	
실질적 합리성	115	
실천강령	386	
실체설	104	
실행적 수단	152	
심의위원회	229	
쌍쌍비교법	360	
쓰레기통모형	176	

ㅇ

아이오와대학	279	
암묵지	314	
액션러닝	357	
앨리슨 모형	178	
억제변수	204	
엄격화 경향	362	
업적-만족이론	266	
엘리트론	129	
역사요인	208	
역사적 신제도주의	81	
역선택	31	
역할연기	357	
연공급	371	
연금	373	
연령정년제	377	
연쇄효과	362	
연합	485	
연합모형	173	
엽관주의	325	

영기준예산	447	
예비금	430	
예비비	429	
예비심사	423	
예비타당성조사	428	
예산	396	
예산결산특별위원회	423	
예산배정요구서	427	
예산의 배정	427	
예산의 분류	406	
예산의 심의	422	
예산의 원칙	410	
예산의 재배정	427	
예산의 집행	427	
예산의 편성	419	
예산집행지침	427	
예산총칙	421	
예산편성지침	420	
예산협의	421	
오염효과	208	
오하이오대학	280	
온나라 서비스	312	
옴부즈만제도	466	
완전성 원칙	411	
왜곡변수	205	
외부임용	349	
외부주도형	142	
외부통제	465	
외부평가	201	
외부효과	30	
외재적 책임	460	
외적 타당성	206	
요금재	36	
욕구단계이론	260	
욕구주의	106	
욕구충족 2요인론	263	
운영의제	142	
원초적 상황	106	
웹 1.0	310	
웹 2.0	310	
웹 3.0	310	
위대산 사회건설	89	
위생요인	263	
위원회 조직	228	
워크아웃 프로그램	357	
위탁집행형 준정부기관	54	
유기적 구조	236, 242	
유형목표	151	
윤리강령	386	

은혜설 ... 374	잠재적 갈등 ... 272	정부규제 ... 37
의결위원회 ... 229	잠재적 미래 ... 153	정부기금 ... 404
의사전달 ... 270	잠재집단이론 ... 129	정부실패 ... 32
의원면직 ... 378	잠정예산 ... 425	정부재정 ... 394
의존재원 ... 519	재검사법 ... 206, 351	정실주의 ... 326
이기적 착오 ... 362	재량적 실험가형 ... 189	정의 ... 106
이슈네트워크 ... 137	재량적 책임 ... 461	정의론 ... 106
이용 ... 428	재무제표 ... 437	정직 ... 375
이월 ... 429	재분배정책 ... 132	정책결정 ... 149
이익집단정치 ... 43	재산공개의무자 ... 387	정책네트워크 ... 136
이중고리학습 ... 316	재산등록의무자 ... 387	정책대안 ... 152
이체 ... 429	재산세 ... 522	정책델파이 ... 155
인간관계론 ... 299	재정력지수 ... 519	정책문제 ... 146
인과관계 ... 204	재정상태표 ... 437	정책변동 ... 192
인력계획 ... 347	재정운영표 ... 437	정책분석 ... 158
인사관리 ... 323	재정자립도 ... 519	정책승계 ... 192
인적자원관리 ... 347	재정자주도 ... 519	정책유지 ... 192
인지모형 ... 165	저축의 원리 ... 107	정책유형론 ... 131
인포데믹스 ... 310	적극적 대표 ... 333	정책의제설정 ... 141
일반이론 ... 65	적극적 실적주의 ... 328	정책종결 ... 193
일반지원금 ... 526	적극적 인사행정 ... 332	정책지지연합모형 ... 186
일반직 공무원 ... 336	적립방식 ... 374	정책커뮤니티 ... 138
일반회계 ... 401	적응적 학습 ... 316	정책평가 ... 199
일선관리 직무 ... 235	전대차관 ... 411	정책핵심신념 ... 187
임용 ... 349	전래권설 ... 497	정책혁신 ... 192
임의퇴직 ... 378	전략적 선택이론 ... 223	정책화기능설 ... 17
	전략적 점증주의 ... 169	정치운동의 금지 ... 387
	전문가 직무 ... 235	정치적 중립 ... 382
ㅈ	전문적 권력 ... 276	정치행정(새)이원론 ... 19
	전보 ... 366	정치행정(새)일원론 ... 20
자격급 ... 372	전용 ... 428	정치행정이원론 ... 19
자기실현인관 ... 257	전입 ... 366	정치행정일원론 ... 19
자기조직화 원칙 ... 220	전자바우처 ... 57	정확성 원칙 ... 411
자동차세 ... 521	전자정부 1.0 ... 312	제3섹터 ... 51
자문위원회 ... 229	전자정부 2.0 ... 312	제국건설 ... 253
자본회수기간법 ... 162	전자정부 3.0 ... 312	제도의제 ... 142
자연독점 ... 30	전자정부 ... 311	제도적 동형화 ... 225
자원봉사 ... 57	전직 ... 366	제도적 보장설 ... 497
자원의존이론 ... 223	전통적 권위 ... 276	제도적 책임 ... 461
자율규제 ... 38	절차적 합리성 ... 115	제도화된 부패 ... 389
자율적 책임 ... 461	점증모형 ... 168	제도화이론 ... 225
자조활동 ... 58	점증적 변동 ... 192	제안제도 ... 370
자주재원 ... 519	점증주의 접근방법 ... 414	제퍼슨주의 ... 85
자치계층 ... 503	정년 ... 377	조기퇴직 ... 378
자치권 ... 497	정당한 불평등의 조건 ... 107	조례 ... 497
자치입법권 ... 497	정무직 공무원 ... 337	조례제정 및 개폐청구제도 ... 515
자치적 분권 ... 481	정보의 그레샴 법칙 ... 310	조절변수 ... 205
자치행정 ... 477	정부 간 관계론 ... 493	조정교부금 ... 529
잠재가격 ... 162	정부24 ... 312	조정의 원리 ... 235

조직개혁 ⋯⋯⋯⋯⋯⋯⋯⋯⋯⋯⋯ 296	지방세 ⋯⋯⋯⋯⋯⋯⋯⋯⋯⋯⋯⋯ 521	창조적 목표 ⋯⋯⋯⋯⋯⋯⋯⋯⋯ 151
조직경제학 ⋯⋯⋯⋯⋯⋯⋯⋯⋯⋯ 224	지방소득세 ⋯⋯⋯⋯⋯⋯⋯⋯⋯⋯ 522	채택된 의제 ⋯⋯⋯⋯⋯⋯⋯⋯⋯ 142
조직과정모형 ⋯⋯⋯⋯⋯⋯⋯⋯⋯ 178	지방소비세 ⋯⋯⋯⋯⋯⋯⋯⋯⋯⋯ 522	책무성 기준 ⋯⋯⋯⋯⋯⋯⋯⋯⋯ 201
조직구조 ⋯⋯⋯⋯⋯⋯⋯⋯⋯⋯⋯ 233	지방자치 ⋯⋯⋯⋯⋯⋯⋯⋯⋯⋯⋯ 477	책임운영기관 ⋯⋯⋯⋯⋯⋯⋯⋯⋯ 49
조직구조 형성원리 ⋯⋯⋯⋯⋯⋯ 234	지방자치단체 ⋯⋯⋯⋯⋯⋯⋯⋯⋯ 499	철의 삼각 ⋯⋯⋯⋯⋯⋯⋯⋯⋯⋯ 137
조직군생태학 ⋯⋯⋯⋯⋯⋯⋯⋯⋯ 223	지방자치단체조합 ⋯⋯⋯⋯⋯⋯⋯ 500	첫머리 효과 ⋯⋯⋯⋯⋯⋯⋯⋯⋯ 362
조직문화 ⋯⋯⋯⋯⋯⋯⋯⋯⋯⋯⋯ 289	지방재정 ⋯⋯⋯⋯⋯⋯⋯⋯⋯⋯⋯ 518	청렴의 의무 ⋯⋯⋯⋯⋯⋯⋯⋯⋯ 386
조직발전 ⋯⋯⋯⋯⋯⋯⋯⋯⋯⋯⋯ 304	지방채 ⋯⋯⋯⋯⋯⋯⋯⋯⋯⋯⋯⋯ 524	체제론적 접근방법 ⋯⋯⋯⋯⋯⋯ 71
조직의 효과성 ⋯⋯⋯⋯⋯⋯⋯⋯ 290	지방출연기관 ⋯⋯⋯⋯⋯⋯ 52, 530	체제분석 ⋯⋯⋯⋯⋯⋯⋯⋯⋯⋯⋯ 159
조직화된 무정부 ⋯⋯⋯⋯⋯⋯⋯ 176	지방출자기관 ⋯⋯⋯⋯⋯⋯ 52, 530	체제의제 ⋯⋯⋯⋯⋯⋯⋯⋯⋯⋯⋯ 142
종교중립의 의무 ⋯⋯⋯⋯⋯⋯⋯ 386	지방행정 ⋯⋯⋯⋯⋯⋯⋯⋯⋯⋯⋯ 476	체제자원모형 ⋯⋯⋯⋯⋯⋯⋯⋯⋯ 290
종속변수 ⋯⋯⋯⋯⋯⋯⋯⋯⋯⋯⋯ 204	지시적 위임가형 ⋯⋯⋯⋯⋯⋯⋯ 189	체차이월 ⋯⋯⋯⋯⋯⋯⋯⋯⋯⋯⋯ 429
종합심사 ⋯⋯⋯⋯⋯⋯⋯⋯⋯⋯⋯ 423	지식관리 ⋯⋯⋯⋯⋯⋯⋯⋯⋯⋯⋯ 314	총계적 오차 ⋯⋯⋯⋯⋯⋯⋯⋯⋯ 362
주민감사청구제도 ⋯⋯⋯⋯⋯⋯⋯ 515	지식정보사회 ⋯⋯⋯⋯⋯⋯⋯⋯⋯ 309	총괄평가 ⋯⋯⋯⋯⋯⋯⋯⋯⋯⋯⋯ 201
주민세 ⋯⋯⋯⋯⋯⋯⋯⋯⋯⋯⋯⋯ 521	지역자원시설세 ⋯⋯⋯⋯⋯⋯⋯⋯ 522	총사업비관리 ⋯⋯⋯⋯⋯⋯⋯⋯⋯ 428
주민소송제도 ⋯⋯⋯⋯⋯⋯⋯⋯⋯ 515	지위접근법 ⋯⋯⋯⋯⋯⋯⋯⋯⋯⋯ 129	총액배분자율편성 ⋯⋯⋯⋯⋯⋯⋯ 454
주민소환제도 ⋯⋯⋯⋯⋯⋯⋯⋯⋯ 515	지출통제예산 ⋯⋯⋯⋯⋯⋯⋯⋯⋯ 454	총체적품질관리 ⋯⋯⋯⋯⋯⋯⋯⋯ 306
주민자치 ⋯⋯⋯⋯⋯⋯⋯⋯⋯⋯⋯ 478	직군 ⋯⋯⋯⋯⋯⋯⋯⋯⋯⋯⋯⋯⋯ 340	최소극대화(maximin) ⋯⋯⋯⋯ 107
주민참여 ⋯⋯⋯⋯⋯⋯⋯⋯⋯⋯⋯ 513	직권면직 ⋯⋯⋯⋯⋯⋯⋯⋯⋯⋯⋯ 377	최적모형 ⋯⋯⋯⋯⋯⋯⋯⋯⋯⋯⋯ 172
주민참여예산제도 ⋯⋯⋯⋯⋯⋯⋯ 515	직급 ⋯⋯⋯⋯⋯⋯⋯⋯⋯⋯⋯⋯⋯ 340	추가경정예산 ⋯⋯⋯⋯⋯⋯⋯⋯⋯ 401
주민총회형 ⋯⋯⋯⋯⋯⋯⋯⋯⋯⋯ 508	직능급 ⋯⋯⋯⋯⋯⋯⋯⋯⋯⋯⋯⋯ 372	추출정책 ⋯⋯⋯⋯⋯⋯⋯⋯⋯⋯⋯ 134
주민투표 ⋯⋯⋯⋯⋯⋯⋯⋯⋯⋯⋯ 515	직렬 ⋯⋯⋯⋯⋯⋯⋯⋯⋯⋯⋯⋯⋯ 340	출납기한 ⋯⋯⋯⋯⋯⋯⋯⋯⋯⋯⋯ 433
주식백지신탁제도 ⋯⋯⋯⋯⋯⋯⋯ 387	직류 ⋯⋯⋯⋯⋯⋯⋯⋯⋯⋯⋯⋯⋯ 340	출납정리기한 ⋯⋯⋯⋯⋯⋯⋯⋯⋯ 433
준거적 권력 ⋯⋯⋯⋯⋯⋯⋯⋯⋯ 276	직무급 ⋯⋯⋯⋯⋯⋯⋯⋯⋯⋯⋯⋯ 372	취득세 ⋯⋯⋯⋯⋯⋯⋯⋯⋯⋯⋯⋯ 521
준시장형 공기업 ⋯⋯⋯⋯⋯⋯⋯ 54	직무충실 ⋯⋯⋯⋯⋯⋯⋯⋯⋯⋯⋯ 236	측정도구요인 ⋯⋯⋯⋯⋯⋯⋯⋯⋯ 208
준실험 ⋯⋯⋯⋯⋯⋯⋯⋯⋯⋯⋯⋯ 210	직무특성이론 ⋯⋯⋯⋯⋯⋯⋯⋯⋯ 265	측정요인 ⋯⋯⋯⋯⋯⋯⋯⋯⋯⋯⋯ 208
준예산 ⋯⋯⋯⋯⋯⋯⋯⋯⋯⋯⋯⋯ 425	직무확장 ⋯⋯⋯⋯⋯⋯⋯⋯⋯⋯⋯ 236	치료적 목표 ⋯⋯⋯⋯⋯⋯⋯⋯⋯ 151
준정부부문 ⋯⋯⋯⋯⋯⋯⋯⋯⋯⋯ 51	직업공무원제도 ⋯⋯⋯⋯⋯⋯⋯⋯ 323	친절·공정의 의무 ⋯⋯⋯⋯⋯⋯ 386
중기사업계획서 ⋯⋯⋯⋯⋯⋯⋯⋯ 420	직영기업 ⋯⋯⋯⋯⋯⋯⋯⋯⋯⋯⋯ 530	
중범위이론 ⋯⋯⋯⋯⋯⋯⋯⋯⋯⋯ 65	직위 ⋯⋯⋯⋯⋯⋯⋯⋯⋯⋯⋯⋯⋯ 340	
중복성 ⋯⋯⋯⋯⋯⋯⋯⋯⋯⋯⋯⋯ 116	직위분류제 ⋯⋯⋯⋯⋯⋯⋯⋯⋯⋯ 339	ㅋ
중복회원이론 ⋯⋯⋯⋯⋯⋯⋯⋯⋯ 129	직위해제 ⋯⋯⋯⋯⋯⋯⋯⋯⋯⋯⋯ 376	
중앙관서결산보고서 ⋯⋯⋯⋯⋯⋯ 433	직장이탈금지 ⋯⋯⋯⋯⋯⋯⋯⋯⋯ 386	카리스마 리더십 ⋯⋯⋯⋯⋯⋯⋯ 287
중앙인사기관 ⋯⋯⋯⋯⋯⋯⋯⋯⋯ 330	진보주의 ⋯⋯⋯⋯⋯⋯⋯⋯⋯⋯⋯ 28	카리스마적 권위 ⋯⋯⋯⋯⋯⋯⋯ 276
중앙정부 ⋯⋯⋯⋯⋯⋯⋯⋯⋯⋯⋯ 47	진빼기 결정 ⋯⋯⋯⋯⋯⋯⋯⋯⋯ 176	코우즈 정리 ⋯⋯⋯⋯⋯⋯⋯⋯⋯ 30
중앙집권 ⋯⋯⋯⋯⋯⋯⋯⋯⋯⋯⋯ 481	진실험 ⋯⋯⋯⋯⋯⋯⋯⋯⋯⋯⋯⋯ 210	크리밍 효과 ⋯⋯⋯⋯⋯⋯⋯⋯⋯ 209
중요사건기록법 ⋯⋯⋯⋯⋯⋯⋯⋯ 360	집권성 ⋯⋯⋯⋯⋯⋯⋯⋯⋯⋯⋯⋯ 239	
중첩권위형 ⋯⋯⋯⋯⋯⋯⋯⋯⋯⋯ 493	집단극화 ⋯⋯⋯⋯⋯⋯⋯⋯⋯⋯⋯ 310	
중첩성 ⋯⋯⋯⋯⋯⋯⋯⋯⋯⋯⋯⋯ 116	집단적 모형 ⋯⋯⋯⋯⋯⋯⋯⋯⋯ 166	ㅌ
중층체 ⋯⋯⋯⋯⋯⋯⋯⋯⋯⋯⋯⋯ 504	집중화 경향 ⋯⋯⋯⋯⋯⋯⋯⋯⋯ 362	
지능형 정부 ⋯⋯⋯⋯⋯⋯⋯⋯⋯ 312	징계 ⋯⋯⋯⋯⋯⋯⋯⋯⋯⋯⋯⋯⋯ 375	탄력세율 ⋯⋯⋯⋯⋯⋯⋯⋯⋯⋯⋯ 522
지명반론자기법 ⋯⋯⋯⋯⋯⋯⋯⋯ 155		탈관료제 ⋯⋯⋯⋯⋯⋯⋯⋯⋯⋯⋯ 254
지방공기업 ⋯⋯⋯⋯⋯⋯⋯⋯⋯⋯ 530	ㅊ	탈신공공관리론 ⋯⋯⋯⋯⋯⋯⋯⋯ 94
지방공단 ⋯⋯⋯⋯⋯⋯⋯⋯⋯ 52, 530		태도조사환류기법 ⋯⋯⋯⋯⋯⋯⋯ 305
지방공사 ⋯⋯⋯⋯⋯⋯⋯⋯⋯ 52, 530	차등의 원리 ⋯⋯⋯⋯⋯⋯⋯⋯⋯ 107	통계적 결론의 타당성 ⋯⋯⋯⋯ 205
지방교부세 ⋯⋯⋯⋯⋯⋯⋯⋯⋯⋯ 526	차변 ⋯⋯⋯⋯⋯⋯⋯⋯⋯⋯⋯⋯⋯ 437	통계적 통제 ⋯⋯⋯⋯⋯⋯⋯⋯⋯ 211
지방교육세 ⋯⋯⋯⋯⋯⋯⋯⋯⋯⋯ 522	착수직전분석 ⋯⋯⋯⋯⋯⋯⋯⋯⋯ 201	통로-목표이론 ⋯⋯⋯⋯⋯⋯⋯⋯ 267
지방교육재정교부금 ⋯⋯⋯⋯⋯⋯ 527	참여자 이익모형 ⋯⋯⋯⋯⋯⋯⋯ 291	통솔범위의 원리 ⋯⋯⋯⋯⋯⋯⋯ 236
지방분권 ⋯⋯⋯⋯⋯⋯⋯⋯⋯⋯⋯ 481		통일성 원칙 ⋯⋯⋯⋯⋯⋯⋯⋯⋯ 412

통제-시계열설계 ····· 211
통제집단 사전사후측정 설계 ····· 210
통제집단 사후측정 설계 ····· 210
통치 엘리트론 ····· 129
통치기능설 ····· 15
통합 ····· 485
통합적 접근 ····· 185
투명성 ····· 114
투사 ····· 362
특별교부세 ····· 526
특별구 ····· 485
특별지방자치단체 ····· 499, 501
특별지방행정기관 ····· 487
특별회계 ····· 401, 403
특수경력직 ····· 337
특정지원금 ····· 526
특정직 공무원 ····· 336
티부가설 ····· 480
팀빌딩기법 ····· 305

ㅍ

파견 ····· 367
파괴적 갈등 ····· 273
파도이론 ····· 129
파면 ····· 376
파생적 외부효과 ····· 32
펜들턴법 ····· 328
편승기법 ····· 154
편익비용비율 ····· 161
평가결산 ····· 202
평가성사정 ····· 202
폐쇄자연이론 ····· 220
폐쇄합리이론 ····· 219
폐쇄형 임용 ····· 342
포괄권위형 ····· 493
포괄성의 원칙 ····· 512
포괄적 수권주의 ····· 512
포스트모더니즘 ····· 99
포지티브 규제 ····· 42
포크배럴 ····· 132
표준운영절차 ····· 174
품목별예산 ····· 440
품위유지의 의무 ····· 386
프리즘 사회 ····· 70
피구세 ····· 30
피터의 법칙 ····· 253

ㅎ

하위목표 ····· 151
하위정부모형 ····· 137
하향적 의사전달 ····· 271
하향적 접근 ····· 183
학습조직 ····· 316
한도액설정법 ····· 420
한정성 원칙 ····· 411
할거주의 ····· 234, 253
할인율 ····· 160
합리모형 ····· 166
합리성 ····· 114
합리적 경제인관 ····· 256
합리적 선택 제도주의 ····· 80
합리적 행위자 모형 ····· 178
합법적 권력 ····· 276
합법적 권위 ····· 276
항목별 통제법 ····· 420
해밀턴주의 ····· 85
해임 ····· 375
해치법 ····· 328
행동강령 ····· 386
행위자-관찰자 편향 ····· 362
행정개혁 ····· 469
행정계층 ····· 503
행정관리설 ····· 15
행정위원회 ····· 229
행정의 변수 ····· 23
행정이념 ····· 101
행정적 분권 ····· 481
행정책임 ····· 460
행정철학 ····· 103
행정통제 ····· 464
행정행태설 ····· 16
행정협의조정위원회 ····· 494
행태관찰척도법 ····· 361
행태기준척도법 ····· 360
행태론적 접근방법 ····· 67
행태이론 ····· 279
행태학적 분석기법 ····· 357
허위변수 ····· 204
헤드십 ····· 278
현금주의 ····· 434
현금흐름표 ····· 437
현대 행정국가 ····· 26
현대 행정학 ····· 86
현대적 예산원칙 ····· 412

현대적 조직이론 ····· 219
현물출자 ····· 411
현상학적 접근방법 ····· 74
현장훈련 ····· 357
협상형 ····· 189
협의 과정평가 ····· 202
협의 총괄평가 ····· 201
형성평가 ····· 202
형식지 ····· 314
호봉제 ····· 371
호손실험 ····· 300
호손효과 ····· 209
호혜조직 ····· 217
혼란변수 ····· 204
혼합모형 ····· 170
환급바우처 ····· 57
회계검사 ····· 432
회귀불연속설계 ····· 211
회귀인공요인 ····· 208
회사모형 ····· 173
회색부패 ····· 389
효과성 ····· 112
후기행태주의 ····· 89
후정책결정 ····· 172
훈련된 무능 ····· 234, 253
흑색부패 ····· 389
흡수통합 ····· 485

기타

4년임기법 ····· 326
4대 관리체제론 ····· 262
ERG이론 ····· 261
X-비효율성 ····· 32
X이론 ····· 262
Y이론 ····· 262

에듀윌이
너를
지지할게

ENERGY

삶의 순간순간이
아름다운 마무리이며
새로운 시작이어야 한다.

– 법정 스님

에듀윌에서 꿈을 이룬 합격생들의 진짜 **합격스토리**

에듀윌 강의·교재·학습시스템의 우수성을
합격으로 입증하였습니다!

김O범 지방직 9급 일반행정직 최종 합격

에듀윌의 체계적인 학습 관리 시스템 덕분에 합격!

에듀윌은 시스템도 체계적이고 학원도 좋았습니다. 저에게는 학원에서 진행하는 아케르 시스템이 큰 도움이 되었습니다. 아케르 시스템은 학원에 계시는 매니저님이 직접 1:1로 상담도 해주시고 학습 관리를 해주시는 시스템입니다. 제 담당 매니저님은 늘 진심으로 저와 함께 고민해주시고 제 건강이나 학습 상태도 상담해주시고, 전에 합격하신 선배님들이 어떤 식으로 학습을 진행했는지 조언해주셔서 많은 도움이 되었습니다. 수험생활에서 가장 힘든 것은 외로움과의 싸움이라고 생각하는데, 에듀윌 덕분에 주변에 제 편이 참 많다는 것을 느꼈고 공부하는 기간이 덜 힘들었던 것 같습니다.

이O민 지방교육청 교육행정직 9급 최종 합격

에듀윌만의 합리적인 가격과 시스템, 꼼꼼한 관리에 만족

에듀윌을 선택한 가장 큰 이유는 금액적인 부분입니다. 타사 패스보다 훨씬 저렴한 금액이라 금전적인 부분이 큰 부담인 수험생 입장에서는 가장 크게 다가오는 장점 중 하나라고 생각합니다. 또한 공통 교재를 사용한다는 점이 저에게는 큰 장점이었습니다. 각 커리큘럼별로 여러 교수님 수업을 들으며 공부할 수 있어서 저에게는 큰 장점이었습니다. 그리고 에듀윌 학원은 매니저님들께서 진심으로 수험생 한 명 한 명에게 관심을 가지고 꼼꼼히 관리해주신다는 점이 마음에 들어 등록하게 되었습니다. 실제로 제가 힘들거나 방향을 잃을 때마다 학원 학습 매니저님들과의 상담을 통해 잘 극복할 수 있었습니다.

전O준 국가직 9급 관세직 최종 합격

에듀윌은 공무원 합격으로 향하는 최고의 내비게이션

학교 특강 중에 현직 관세사 분께서 말씀해주신 관세직에 대한 간략한 정보만 가지고 에듀윌 학원을 방문하였습니다. 거기서 상담실장님과의 상담을 통해 관세직 공무원에 대해 자세히 알게 되었고 여기서 하면 합격할 것 같다는 확신이 들어 에듀윌과 함께 관세직만을 바라보고 관세직을 준비하였습니다. 흔들릴 때마다 에듀윌에 올라온 선배 합격자들의 합격수기를 읽으며 제가 합격수기를 쓰는 날을 상상을 했고, 학원의 매니저님과의 상담도 큰 도움이 되었습니다.

다음 합격의 주인공은 당신입니다!

더 많은 합격스토리

합격자 수 2,100% 수직 상승!
매년 놀라운 성장

에듀윌 공무원은 '합격자 수'라는 확실한 결과로 증명하며
지금도 기록을 만들어 가고 있습니다.

합격자 수를 폭발적으로 증가시킨 합격패스

| 합격 시 수강료 100% 환급 | + | 합격할 때까지 평생 수강 |

※ 환급내용은 상품페이지 참고, 상품은 변경될 수 있음.

* 2017/2022 에듀윌 공무원 과정 최종 환급자 수 기준

에듀윌 **직영학원**에서 합격을 수강하세요

언제나 전문 학습 매니저와 상담이 가능한 안내데스크

고품질 영상 및 음향 장비를 갖춘 최고의 강의실

재충전을 위한 카페 분위기의 아늑한 휴게실

에듀윌의 상징 노란색의 환한 학원 입구

에듀윌 직영학원 대표전화

공인중개사 학원 02)815-0600	공무원 학원 02)6328-0600	편입 학원 02)6419-0600
주택관리사 학원 02)815-3388	소방 학원 02)6337-0600	부동산아카데미 02)6736-0600
전기기사 학원 02)6268-1400		

공무원학원 바로가기

꿈을 현실로 만드는
에듀윌

DREAM

공무원 교육
- 선호도 1위, 신뢰도 1위! 브랜드만족도 1위!
- 합격자 수 2,100% 폭등시킨 독한 커리큘럼

자격증 교육
- 9년간 아무도 깨지 못한 기록 합격자 수 1위
- 가장 많은 합격자를 배출한 최고의 합격 시스템

종합출판
- 온라인서점 베스트셀러 1위!
- 출제위원급 전문 교수진이 직접 집필한 합격 교재

어학 교육
- 토익 베스트셀러 1위
- 토익 동영상 강의 무료 제공

콘텐츠 제휴·B2B 교육
- 고객 맞춤형 위탁 교육 서비스 제공
- 기업, 기관, 대학 등 각 단체에 최적화된 고객 맞춤형 교육 및 제휴 서비스

학점은행제
- 99%의 과목이수율
- 17년 연속 교육부 평가 인정 기관 선정

대학 편입
- 편입 교육 1위!
- 최대 200% 환급 상품 서비스

국비무료 교육
- '5년우수훈련기관' 선정
- K-디지털, 산대특 등 특화 훈련과정
- 원격국비교육원 오픈

직영학원
- 검증된 합격 프로그램과 강의
- 1:1 밀착 관리 및 컨설팅
- 호텔 수준의 학습 환경

부동산 아카데미
- 부동산 실무 교육 1위!
- 상위 1% 고소득 창업/취업 비법
- 부동산 실전 재테크 성공 비법

에듀윌 교육서비스 **공무원 교육** 9급공무원/소방공무원/계리직공무원 **자격증 교육** 공인중개사/주택관리사/손해평가사/감정평가사/노무사/전기기사/경비지도사/검정고시/소방설비기사/소방시설관리사/사회복지사1급/대기환경기사/수질환경기사/건축기사/토목기사/직업상담사/전기기능사/산업안전기사/건설안전기사/위험물산업기사/위험물기능사/유통관리사/물류관리사/행정사/한국사능력검정/한경TESAT/매경TEST/KBS한국어능력시험·실용글쓰기/IT자격증/국제무역사/무역영어 **어학 교육** 토익 교재/토익 동영상 강의 **세무/회계** 전산세무회계/ERP정보관리사/재경관리사 **대학 편입** 편입 영어·수학/연고대/의약대/경찰대/논술/면접 **직영학원** 공무원학원/소방학원/공인중개사 학원/주택관리사 학원/전기기사 학원/편입학원 **종합출판** 공무원·자격증 수험교재 및 단행본 **학점은행제** 교육부 평가인정기관 원격평생교육원(사회복지사2급/경영학/CPA) **콘텐츠 제휴·B2B 교육** 콘텐츠 제휴/기업 맞춤 자격증 교육/대학취업역량 강화 교육 **부동산 아카데미** 부동산 창업CEO/부동산 경매 마스터/부동산 컨설팅 **주택취업센터** 실무 특강/실무 아카데미 **국비무료 교육(국비교육원)** 전기기능사/전기(산업)기사/소방설비(산업)기사/IT(빅데이터/자바프로그램/파이썬)/게임그래픽/3D프린터/실내건축디자인/웹퍼블리셔/그래픽디자인/영상편집(유튜브) 디자인/온라인 쇼핑몰창고 및 제작(쿠팡, 스마트스토어)/전산세무회계/컴퓨터활용능력/ITQ/GTQ/직업상담사

교육문의 1600-6700 www.eduwill.net

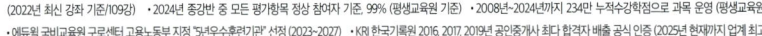

업계 최초 대통령상 3관왕, 정부기관상 19관왕 달성!

2010 대통령상 · 2019 대통령상 · 2019 대통령상

대한민국 브랜드대상 국무총리상 · 국무총리상 · 문화체육관광부 장관상 · 농림축산식품부 장관상 · 과학기술정보통신부 장관상 · 여성가족부장관상

서울특별시장상 · 과학기술부장관상 · 정보통신부장관상 · 산업자원부장관상 · 고용노동부장관상 · 미래창조과학부장관상 · 법무부장관상

- **2004**
  서울특별시장상 우수벤처기업 대상
- **2006**
  부총리 겸 과학기술부장관 표창 국가 과학 기술 발전 유공
- **2007**
  정보통신부장관상 디지털콘텐츠 대상
  산업자원부장관 표창 대한민국 e비즈니스대상
- **2010**
  대통령 표창 대한민국 IT 이노베이션 대상
- **2013**
  고용노동부장관 표창 일자리 창출 공로
- **2014**
  미래창조과학부장관 표창 ICT Innovation 대상
- **2015**
  법무부장관 표창 사회공헌 유공
- **2017**
  여성가족부장관상 사회공헌 유공
  2016 합격자 수 최고 기록 KRI 한국기록원 공식 인증
- **2018**
  2017 합격자 수 최고 기록 KRI 한국기록원 공식 인증
- **2019**
  대통령 표창 범죄예방대상
  대통령 표창 일자리 창출 유공
  과학기술정보통신부장관상 대한민국 ICT 대상
- **2020**
  국무총리상 대한민국 브랜드대상
  2019 합격자 수 최고 기록 KRI 한국기록원 공식 인증
- **2021**
  고용노동부장관상 일·생활 균형 우수 기업 공모전 대상
  문화체육관광부장관 표창 근로자휴가지원사업 우수 참여 기업
  농림축산식품부장관상 대한민국 사회공헌 대상
  문화체육관광부장관 표창 여가친화기업 인증 우수 기업
- **2022**
  국무총리 표창 일자리 창출 유공
  농림축산식품부장관상 대한민국 ESG 대상

2026

에듀윌
7·9급공무원
기본서

합격자 수가 선택의 기준!

흐름을 잡아봐!
정말 쉽게 풀려

행정학 심화편

이준모 편저
이광호 감수

eduwill × ZANMANG LOOPY

공무원 교육
브랜드만족도
1위

2023 대한민국 브랜드만족도
7·9급공무원 교육 1위 (한경비즈니스)

최연소 합격 전략 연구소장
잔망 루피의 공무원 합격 비법

나의 합격 비법을 알려줄게!!

교재 무료 혜택

2025년 최신기출 무료특강 (국가직9급/ 지방직9급)

▶ 경로안내
① 에듀윌 도서몰(book.eduwill.net) 접속
② '동영상강의실 → 공무원' 클릭
③ [최신기출 해설특강] 9급공무원 행정학 (국가직/지방직)

따라만 하면 자동회독!
5회독 플래너 (교재 내 수록)

eduwill × ZANMANG LOOPY

에듀윌이
너를
지지할게
ENERGY

시작하는 방법은
말을 멈추고
즉시 행동하는 것이다.

– 월트 디즈니(Walt Disney)

설문조사에 참여하고 스타벅스 아메리카노를 받아가세요!

에듀윌 7·9급 공무원 기본서 행정학을 선택한 이유는 무엇인가요?
소중한 의견을 주신 여러분들에게 더욱더 완성도 있는 교재로 보답하겠습니다.

- **참여 방법** QR코드 스캔 ▶ 설문조사 참여(1분만 투자하세요!)
- **이벤트 기간** 2025년 6월 26일~2026년 5월 31일
- **추첨 방법** 매월 1명 추첨 후 당첨자 개별 연락
- **경품** 스타벅스 아메리카노(tall size)

2026
에듀윌 7·9급공무원 기본서
행정학 심화편

에듀윌 기본서의
추가 혜택

1 최신기출 해설특강

2025 국가직 9급, 2025 지방직 9급 시험 해설특강으로 최신 경향을 파악하세요.

수강 경로 에듀윌 도서몰(book.eduwill.net) 접속 → 동영상강의실 → 공무원 → [최신기출 해설특강] 9급공무원 행정학(국가직/지방직) 또는 좌측 QR코드를 통해 바로 접속

2 5회독 플래너

실패 없이 회독할 수 있는 플래너를 제공합니다.

※ 앞: 회독 플래너 / 뒤: 직접 체크하는 회독 플래너

이 책의 차례

필수편

PART Ⅰ 행정학 총론

CHAPTER 01 행정의 의의 — 14
CHAPTER 02 현대행정의 이해 — 25
CHAPTER 03 공공서비스 공급주체 — 46
CHAPTER 04 행정학의 접근방법 — 63
CHAPTER 05 행정학의 주요이론 — 85
CHAPTER 06 행정이 추구하는 가치 — 101

PART Ⅱ 정책학

CHAPTER 01 정책학의 의의 — 120
CHAPTER 02 정책과정의 주도자 — 128
CHAPTER 03 정책의제론 — 141
CHAPTER 04 정책결정론 — 149
CHAPTER 05 정책분석론 — 158
CHAPTER 06 정책결정모형 — 165
CHAPTER 07 정책집행론 — 181
CHAPTER 08 정책평가론 — 199

PART Ⅲ 조직이론

CHAPTER 01 조직이론의 기초 — 216
CHAPTER 02 조직의 유형 — 227
CHAPTER 03 조직구조론 — 233
CHAPTER 04 관료제와 탈관료제 — 250
CHAPTER 05 개인 수준의 조직행동 — 256
CHAPTER 06 집단 수준의 조직행동 — 270
CHAPTER 07 조직 수준의 조직행동 — 289
CHAPTER 08 조직개혁론 — 296
CHAPTER 09 정보체계론 — 309

PART Ⅳ 인사행정론

CHAPTER 01 인사행정의 기초 — 322
CHAPTER 02 공직의 분류 — 336
CHAPTER 03 임용 — 347
CHAPTER 04 능력발전 — 356
CHAPTER 05 사기 — 369
CHAPTER 06 공무원의 행동규범 — 382

이 책의 차례

PART V 재무행정론

CHAPTER 01 재무행정의 기초	394
CHAPTER 02 예산결정이론	410
CHAPTER 03 예산의 과정	418
CHAPTER 04 예산개혁론	440

PART VI 행정환류론

CHAPTER 01 행정책임	460
CHAPTER 02 행정통제	464
CHAPTER 03 행정개혁	469

PART VII 지방행정론

CHAPTER 01 지방행정의 기초	476
CHAPTER 02 정부 간 관계	491
CHAPTER 03 지방자치의 의의	497
CHAPTER 04 지방자치의 구조	503
CHAPTER 05 지방재정	518

• 찾아보기   533

심 화 편

PART I 행정학 총론

CHAPTER 01 행정의 의의	010
CHAPTER 02 현대행정의 이해	013
CHAPTER 03 공공서비스 공급주체	018
CHAPTER 04 행정학의 접근방법	038
CHAPTER 05 행정학의 주요이론	049
CHAPTER 06 행정이 추구하는 가치	062

PART II 정책학

CHAPTER 01 정책과정의 주도자	072
CHAPTER 02 정책의제론	079
CHAPTER 03 정책결정론	085
CHAPTER 04 정책결정모형	098
CHAPTER 05 정책집행론	109
CHAPTER 06 정책평가론	122

PART Ⅲ 조직이론

- **CHAPTER 01** 조직이론의 기초 — 132
- **CHAPTER 02** 조직구조론 — 139
- **CHAPTER 03** 관료제와 탈관료제 — 153
- **CHAPTER 04** 개인 수준의 조직행동 — 156
- **CHAPTER 05** 집단 수준의 조직행동 — 161
- **CHAPTER 06** 조직 수준의 조직행동 — 169
- **CHAPTER 07** 조직개혁론 — 171
- **CHAPTER 08** 정보체계론 — 175

PART Ⅳ 인사행정론

- **CHAPTER 01** 인사행정의 기초 — 188
- **CHAPTER 02** 공직의 분류 — 194
- **CHAPTER 03** 임용 — 205
- **CHAPTER 04** 능력발전 — 207
- **CHAPTER 05** 사기 — 218
- **CHAPTER 06** 공무원의 행동규범 — 233

PART Ⅴ 재무행정론

- **CHAPTER 01** 재무행정의 기초 — 250
- **CHAPTER 02** 예산결정이론 — 265
- **CHAPTER 03** 예산의 과정 — 271
- **CHAPTER 04** 예산개혁론 — 290

PART Ⅵ 행정환류론 — 302

PART Ⅶ 지방행정론

- **CHAPTER 01** 지방행정의 기초 — 306
- **CHAPTER 02** 정부 간 관계 — 320
- **CHAPTER 03** 지방자치 — 324
- **CHAPTER 04** 지방재정 — 351

PART

I

행정학 총론

에듀윌 공무원 행정학

CHAPTER 01	행정의 의의
CHAPTER 02	현대행정의 이해
CHAPTER 03	공공서비스 공급주체
CHAPTER 04	행정학의 접근방법
CHAPTER 05	행정학의 주요이론
CHAPTER 06	행정이 추구하는 가치

CHAPTER 01 행정의 의의

기선 제압

- 지적능력은 전문성, 정보 및 창의성과 관련되며 가장 중요한 능력요소에 해당한다. 18. 서울시 7급

- 실행적 능력은 리더십, 동기부여 및 정치 및 민간 지원의 확보능력을 포함한다. 18. 서울시 7급

Theme 01 행정능력 C

① 정치적 능력: 정치적 합리성의 발휘, 정치적 지지의 확보, 민주성의 제고
② 지적 능력: 전문성과 창의성의 확보, 능률성과 효과성의 제고
③ 실행 능력: 리더십과 동기부여 및 자원의 확보

바로 확인문제

1. 행정능력에 대한 설명으로 가장 옳지 않은 것은? 18. 서울시 7급(상)

① 행정능력은 지적 능력, 실행적 능력을 포괄하며 정치적 능력과는 구분된다.
② 지적 능력은 바람직한 정책결정을 위한 전문성과 관련되어 있으며, 우리나라 행정학에서 중요한 능력으로 인식되어 왔다.
③ 실행적 능력은 정치 및 민간 지원의 확보능력을 포괄한다.
④ 행정능력을 구성하는 하위 능력 요인들 간에 상충관계가 존재한다.

정답해설 행정능력은 지적 능력, 실행적 능력뿐만 아니라 정치적 능력도 포괄한다.

답 | ①

- 이원론의 대표학자인 윌슨(W. Wilson)은 당시 미국의 진보주의와 유럽식 중앙집권국가의 관리이론에 영향을 받았다. 08. 국회직 8급

- 윌슨(W. Wilson)은 19세기 말에 「행정의 연구」(1887)를 발표하여 행정학의 발전에 기여하였다. 23. 국회직 9급

- 윌슨(W. Wilson)은 정치와 행정의 분리와 함께 행정의 영역을 비즈니스의 영역으로 규정하기도 하였다. 19. 서울시 7급

- 윌슨(W. Wilson)은 행정을 전문적·기술적 영역으로 규정하고, 정부는 효율성과 전문성을 갖추어야 한다고 주장하였다. 22. 국가직 7급

Theme 02 윌슨(W. Wilson)의 정치행정이원론 A

① 미국의 진보주의와 유럽의 중앙집권국가 관리이론(→ 관료제)에 영향을 받았으며, 행정의 본질을 관리로 파악하여, 정치와는 구별되는 전문적이고 기술적인 영역으로 인식하였다.
② 이는 펜들턴법(1883)의 제정에 따라 추진되기 시작한 공무원 인사제도의 개혁에 관한 이론적 뒷받침의 시도로, 행정의 부패를 막기 위하여 그 진원지가 되는 정치로부터 행정을 격리하려는 노력의 일환이었다.
③ 그는 행정의 능률성과 효과성을 확보하기 위해 독일과 프랑스 등의 선진 행정연구를 본받아야 한다고 주장하였으며, 나아가 행정의 영역이 경영과 다르지 않다고 보면서 능률성을 높이기 위하여 경영적 행정의 필요성을 강조하였다.
④ 다만, 정치는 미국의 체제가 보다 우수하다고 보았다.
⑤ 이처럼 미국의 민주적 정치체제와 유럽의 비민주적 행정체제가 결합될 수 있는 것은 정치와 행정이 분리될 수 있기 때문이라고 주장하였다.

> **바로 확인문제**

1. 윌슨(W. Wilson)의 「행정의 연구(The Study of Administration, 1887)」에 대한 설명으로 옳지 <u>않은</u> 것은?
16. 지방직 7급

① 정부개혁을 통해 특정 지역 및 계층 중심의 관료파벌을 해체하고자 했다.
② 행정과 경영의 유사성을 강조했다.
③ 정치와 행정을 분리하고자 했다.
④ 효율적 정부 운영에 관심을 두었다.

정답해설 특정 지역 및 계층 중심의 관료파벌을 해체하는 것은 엽관주의와 관련된다. 윌슨(W. Wilson)은 엽관주의의 폐해를 제거하기 위하여 실적주의를 도입하고자 한 학자이다.

오답해설 ②, ③, ④ 윌슨(W. Wilson)은 행정의 본질을 관리로 파악하여, 정치와는 구별되는 전문적이고 기술적인 영역으로 인식하였으며, 행정의 영역이 경영과 다르지 않다고 보면서 능률성을 높이기 위하여 경영적 행정의 필요성을 강조하였다.

답 | ①

Theme 03 POSDCoRB B

(1) 의의

① POSDCoRB는 귤릭(L. Gulick)과 어웍(L. Urwick)이 「행정과학 논총」(1937)에서 제시했던 최고관리자의 7대 기능 혹은 참모조직 원리의 두문자이다.
② 이는 브라운로위원회의 보고서에서 제시되었으며, 행정관리설의 핵심모형으로, 최고관리자에 초점을 두었다는 점에서 하향적 관리의 특징을 지닌다.

(2) 내용

① 기획(Planning): 목표달성을 위한 구체적인 집행전략
② 조직(Organizing): 목적달성을 위한 구조편제
③ 인사(Staffing): 조직 내 인적 자원의 배치와 관리
④ 지휘(Directing): 목표달성을 위한 지침의 시달
⑤ 조정(Coordinating): 목표달성을 위한 집단적 활동의 결집
⑥ 보고(Reporting): 목표달성을 위한 상하계층의 의사전달
⑦ 예산(Budgeting): 물적 자원의 편성과 관리

• POSDCoRB 중 P는 기획(Planning)을 의미한다. 16. 서울시 9급

• POSDCoRB 중 O는 조직화(Organizing)를 의미한다. 16. 서울시 9급

바로 확인문제

1. 다음 중 귤릭(L. Gulick)이 제시하는 'POSDCoRB'에 대한 설명으로 가장 옳지 않은 것은?

16. 서울시 9급

① P는 기획(Planning)을 의미한다.
② O는 조직화(Organizing)를 의미한다.
③ Co는 협동(Cooperation)을 의미한다.
④ B는 예산(Budgeting)을 의미한다.

> **정답해설** Co는 조정(Coordinating)을 의미한다.
>
> 답 | ③

2. 1930년대 귤릭(L. Gulick)이 제시한 기본행정이론에 시대적 요구에 따라 1970년대 폴랜드(O. Poland)가 추가시킨 이론 분야는?

23. 군무원 7급

① 기획(Planning)
② 조직(Organizing)
③ 평가(Evaluating)
④ 인사(Staffing)

> **정답해설** 1971년 폴랜드(O. Poland)가 추가시킨 이론 분야는 평가(Evaluating)이다.
>
> 답 | ③

Theme 04 행정의 과정

(1) 의의
① 행정과정이란 업무를 수행함에 있어 거치는 일련의 절차 또는 단계로, 행정이 수행하는 역할의 범위와 강조되는 변수에 따라 상이한 과정이 전개된다.
② 한편, 행정체제론은 행정의 과정을 투입(→ 요구나 지지), 전환, 산출(→ 법률이나 정책), 환류의 순환으로 설명한다.

(2) 전통적 접근방법 → 정치행정이원론
① (집행)기획단계, 조직화 단계, 실시단계, 통제단계 순으로 전개된다.
② 귤릭(L. Gulick)이 제시한 POSDCoRB 모형이 대표적이며, 행정과정을 정치가 결정한 목표나 정책 및 법령의 구체적 집행을 위한 수단적이고 기술적 차원으로 이해한다.
③ 이러한 전통적 행정과정은 폐쇄체제를 가정하며, 행정의 목표설정이나 정책결정, 동기부여 및 환류 등을 간과하고 있다는 비판을 받는다.

(3) 현대적 접근방법 → 정치행정일원론
① 목표설정(where), 정책결정(what), (집행)기획(how), 조직화, 동기부여, 평가 및 환류(시정조치) 순으로 전개된다.
② 현대적 행정과정은 개방체제를 가정하며, 행정에 의한 목표설정과 정책결정, 동기부여와 환류 등을 중시한다.

현대행정의 이해

Theme 01 파킨슨(C. Parkinson)의 법칙 　B

① 공무원 수는 본질적 업무의 증가 즉, 새로운 행정수요의 증가와 관계없이 심리적 요인에 의해 증가(→ 부하배증 법칙과 업무배증 법칙의 상호작용)한다는 법칙
② 영국의 해군성의 실증: 본질적 업무량의 증가와 무관하게 매년 5.75%씩 증가
③ 부하배증의 법칙: 동일 직급의 동료보다는 부하를 선호하는 심리(→ 상승하는 피라미드 법칙)
④ 업무배증의 법칙: 보고, 명령, 통제 등과 같이 신설된 직위에 파생되는 업무가 의도적으로 창조되는 현상

기선 제압

- 파킨슨(C. Parkinson)의 법칙에 의하면 업무의 강도나 양과는 관계없이 공무원의 수는 항상 일정한 비율로 증가한다. 　19. 지방직 7급

- 파킨슨의 법칙(Parkinson's law)은 부하배증의 법칙과 업무배증의 법칙을 핵심 내용으로 한다. 　10. 지방직 9급

- 파킨슨(C. Parkinson)의 법칙에 의하면 공무원은 업무의 양이 증가하면 비슷한 직급의 동료보다 부하 직원을 충원하려는 경향이 강하다. 　19. 지방직 7급

바로 확인문제

1. 파킨슨의 법칙(Parkinson's law)에 대한 설명으로 옳지 않은 것은? 　10. 지방직 9급

① 조직의 구조적 특징이 조직의 규모를 결정한다.
② 상승하는 피라미드의 법칙(the law of rising pyramid)이라고도 불린다.
③ 공무원 수는 업무와 무관하게 일정비율로 증가한다.
④ 부하배증의 법칙과 업무배증의 법칙을 핵심 내용으로 한다.

정답해설 파킨슨의 법칙은 심리적 요인에 의해 공무원 수가 지속적으로 증가한다는 이론으로, 조직의 구조적 특징과 조직규모의 상관성을 설명하는 이론은 아니다.

오답해설 ②, ④ 파킨슨의 법칙은 동일 직급의 동료보다는 부하를 선호하는 부하배증의 법칙(상승하는 피라미드의 법칙)과 신설된 직위에 파생되는 업무가 의도적으로 창조되는 업무배증의 법칙으로 구성된다.
③ 파킨슨에 의하면 공무원의 수는 본질적 업무와 무관하게 증가한다.

답 | ①

Theme 02 의회정체와 분화정체 　C

의회정체	분화정체
① 국가주권의 독점	① 공동화(hollowing-out) 국가
② 의회주권과 내각정부	② 정책네트워크와 핵심행정부
③ 장관책임과 중립적 관료제	③ 신국정관리

바로 확인문제

1. 전통적인 의회정체 모형에 대한 대안으로 제기되는 '분화정체 모형'의 특징으로 가장 거리가 먼 것은?

08. 국회직 8급

① 정책연결망과 정부 간 관계
② 공동화 국가
③ 핵심행정부
④ 장관책임과 중립적 관료제
⑤ 신국정관리

정답해설 장관책임과 중립적 관료제는 의회정체 모형의 특징이다.

답 | ④

Theme 03 애로우(K. Arrow)의 정리의 공준

① 선호영역의 무제한성: 개인은 어떠한 선호체계도 가질 수 있다는 조건
② 완비성과 이행성: 모든 상태를 비교할 수 있어야 하고, 사회적 선호의 일관성이 있어야 할 것(→ 단봉선호, A<B이고 B<C이면 A<C)
③ 파레토 원칙: 모든 개인의 선호가 A>B라면 집합적 선택의 결과도 A>B일 것
④ 무관한 대안으로부터 독립: 개인의 선호는 그 대안에 의해서만 결정될 것(→ 표의 교환금지)
⑤ 비독재성: 한 개인의 선호가 사회의 집단적 선택을 좌우하지 않을 것(→ 민주주의 전제조건)

바로 확인문제

1. 애로우(K. Arrow)가 제시한 투표의 공정성을 보장하기 위해 충족되어야 할 조건으로서 옳지 않은 것은?

12. 국회직 8급

① 각 개인은 의사결정 대안들에 대해 이행적인 선호를 갖는다.
② 상황에 맞는 기회주의적 투표가 가능하다.
③ 하나의 대안이 만장일치로 선택된 경우 그 외의 대안은 고려하지 않는다.
④ 특정한 선호를 강요할 수 있는 독재적 권력이 존재하지 않는다.
⑤ 개인은 어떠한 선호체계라도 가질 수 있어야 한다.

정답해설 애로우(K. Arrow)의 정리의 공준은 기회주의적 투표를 하지 않아야 한다고 가정한다. 기회주의적 투표란 개인이 자신의 진정한 선호도와는 다르게 투표하여 자신에게 더 유리한 결과를 얻으려는 행위로, 예를 들어, A, B, C 세 후보가 있을 때, A를 가장 싫어하는 사람이 B를 지지하는 대신 C를 지지하여 A의 당선을 막는 경우가 이에 해당한다.

답 | ②

Theme 04　가치재(merit goods)　B

① 교육, 의료, 주택, 문화행사처럼 원칙적으로 민간에서 공급이 가능한 사적재의 일종이지만, 재화의 소비가 바람직하다고 판단(→ 외부경제)되어 정부가 소비를 권장할 목적으로 개입하는 재화를 말한다.
② 이에 따라 정부는 국·공립학교, 국·공립병원, 보건소 등을 운영하여 교육이나 의료서비스를 보완적으로 공급하거나 바우처 제도를 활용하여 재화의 수요를 촉진한다.

- 의료, 교육과 같은 가치재(worthy goods)는 경합적이므로 시장을 통한 배급도 가능하지만 정부가 개입할 수도 있다. 14. 국회직 8급

- 자유시장이 자원배분에 효율적이더라도 국가의 윤리적·도덕적 판단을 강조하는 비가치재(demerit goods) 관점에서 정부규제가 정당화될 수 있다. 23. 국회직 8급

바로 확인문제

1. 공공재와 행정서비스에 관한 설명으로 적절하지 않은 것은?　12. 지방직 9급
① 비배제성과 비경합성으로 인해 무임승차(free-riding)가 발생하기 쉽다.
② 시장실패의 발생 가능성은 정부개입을 합리화하는 정당성을 제공한다.
③ 문화행사와 같이 사회 구성원에게 일정 수준까지 공급되어야 바람직하다고 판단되는 것이다.
④ 공동체를 유지하기 위한 국방은 일반적으로 정부가 공급한다.

정답해설 문화행사와 같이 사회 구성원에게 일정 수준까지 공급되어야 바람직하다고 판단되는 것은 가치재이다. 가치재는 원칙적으로 민간에서 공급이 가능한 사적재의 일종이나, 그 소비가 바람직하다고 판단되어 정부가 소비를 권장할 목적으로 일정 부분 개입하는 재화이다.

오답해설 ① 무임승차(free-rider)는 누구나 자유롭게 소비할 수 있기 때문에 구성원들이 대가를 지불하지 않고 소비하려고 하는 현상(1/n, n-1)으로, 이는 소비의 비배제성에서 나오는 특징이다.
② 공공재의 존재, 외부효과, 불완전 경쟁 등은 시장이 자원을 효율적으로 배분하지 못하는 시장실패의 원인이 된다. 이러한 시장실패를 교정하고 자원배분의 효율성을 높이기 위해 정부가 시장에 개입하는 것이 정당화된다.
④ 국방은 대표적인 공공재이다. 등대와 같은 서비스는 민간위탁을 통한 공급도 가능하겠지만 공공성이 가장 극대화되는 영역인 국방은 정부가 직접 담당해야 할 서비스이다.

답 | ③

Theme 05　「행정규제기본법」의 적용 제외　C

① 국회, 법원, 헌법재판소, 선거관리위원회 및 감사원이 하는 사무
② 형사, 행형 및 보안처분에 관한 사무
③ 과징금, 과태료의 부과 및 징수에 관한 사항
④ 「국가정보원법」에 따른 정보·보안 업무에 관한 사항
⑤ 「병역법」, 「대체역의 편입 및 복무 등에 관한 법률」, 「통합방위법」, 「예비군법」, 「민방위기본법」, 「비상대비에 관한 법률」, 「재난 및 안전관리기본법」 및 「재난관리자원의 관리 등에 관한 법률」에 규정된 징집·소집·동원·훈련에 관한 사항
⑥ 군사시설, 군사기밀 보호 및 방위사업에 관한 사항
⑦ 조세의 종목·세율·부과 및 징수에 관한 사항

- 국회, 법원, 헌법재판소, 선거관리위원회 및 감사원이 하는 사무에 대하여는 「행정규제기본법」을 적용하지 아니한다. 15. 지방직 7급

Theme 06 「행정규제기본법」의 주요 내용

① 우선허용·사후규제 원칙
  ㉠ 규제로 인하여 제한되는 권리나 부과되는 의무는 한정적으로 열거하고 그 밖의 사항은 원칙적으로 허용하는 규정 방식
  ㉡ 출시 전에 권리를 제한하거나 의무를 부과하지 아니하고 필요에 따라 출시 후에 권리를 제한하거나 의무를 부과하는 규정 방식
② 중앙행정기관의 장은 소관 규제의 명칭·내용·근거·처리기관 등을 규제개혁위원회에 등록하여야 한다.
③ 중앙행정기관의 장은 규제를 신설하거나 강화(규제의 존속기한 연장 포함)하려면 규제영향분석을 하고 규제영향분석서를 작성하여야 한다.
④ 규제의 존속기한 또는 재검토기한은 규제의 목적을 달성하기 위하여 필요한 최소한의 기간 내에서 설정되어야 하며, 그 기간은 원칙적으로 5년을 초과할 수 없다.
⑤ 규제개혁위원회는 신산업을 육성하고 촉진하기 위하여 신산업 분야의 규제정비에 관한 기본계획을 3년마다 수립·시행하여야 한다.
⑥ 정부의 규제정책을 심의·조정하고 규제의 심사·정비 등에 관한 사항을 종합적으로 추진하기 위하여 대통령 소속으로 규제개혁위원회를 둔다.
⑦ 규제개혁위원회는 위원장 2명을 포함한 20명 이상 25명 이하의 위원으로 구성한다.
⑧ 규제개혁위원회의 위원장은 국무총리와 학식과 경험이 풍부한 사람 중에서 대통령이 위촉하는 사람이 된다.

바로 확인문제

1. 정부규제에 대한 설명으로 옳지 않은 것은? 16. 지방직 7급

① 「행정규제기본법」은 규제 법정주의를 규정하고 있다.
② 규제개혁위원회는 위원장 2명을 포함한 20명 이상 25명 이하의 위원으로 구성한다.
③ 규제영향분석이 필요한 이유 중 하나는 관료에게 규제비용에 대한 관심과 책임성을 갖도록 유도한다는 점이다.
④ 정부의 규제정책을 심의·조정하고 규제의 심사·정비 등에 관한 사항을 종합적으로 추진하기 위하여 국무총리 소속으로 규제개혁위원회를 두고 있다.

정답해설 정부의 규제정책을 심의·조정하고 규제의 심사·정비 등에 관한 사항을 종합적으로 추진하기 위하여 대통령 소속으로 규제개혁위원회를 둔다.

오답해설 ① 「행정규제기본법」은 규제는 법률에 근거하여야 하며, 그 내용은 알기 쉬운 용어로 구체적이고 명확하게 규정되어야 한다는 규제 법정주의를 규정하고 있다.
② 규제개혁위원회는 위원장 2명을 포함한 20명 이상 25명 이하의 위원으로 구성하고, 위원장은 국무총리와 학식과 경험이 풍부한 사람 중에서 대통령이 위촉하는 사람이 된다.
③ 규제영향분석은 규제의 시행에 따라 규제를 받는 집단과 국민이 부담하여야 할 비용과 편익을 사전에 비교·분석하는 것이다.

답 | ④

• 중앙행정기관의 장은 소관 규제의 명칭·내용·근거 등을 규제개혁위원회에 등록하여야 한다. 22. 경찰간부

• 「행정규제기본법」상 규제의 존속기한 또는 재검토기한은 규제의 목적을 달성하기 위하여 필요한 최소한의 기간 내에서 설정되어야 하며, 그 기간은 원칙적으로 5년을 초과할 수 없다. 15. 지방직 7급

• 우리나라에서는 정부의 규제정책을 심의·조정하고 규제의 심사·정비 등에 관한 사항을 종합적으로 추진하기 위해 대통령 소속으로 규제개혁위원회를 두고 있다. 23. 경찰간부

• 규제개혁위원회는 위원장 2명을 포함한 20명 이상 25명 이하의 위원으로 구성한다. 16. 지방직 7급

Theme 07 규제영향분석 → 규제에 대한 사전적 분석 B

① 규제로 인해 나타날 영향을 미리 예측·분석함으로써 규제의 타당성을 판단하는 분석기법
② 내용: 신설 또는 강화의 필요성, 목적의 실현 가능성, 대체 수단의 존재 여부, 기존 규제와의 중복 여부, 비용과 편익의 비교·분석, 중소기업에 미치는 영향, 경쟁 제한적 요소의 포함 여부, 내용의 객관성과 명료성, 기구·인력 및 예산의 소요, 구비서류 및 처리절차 등의 적정성 등

- 규제영향분석은 규제를 신설 또는 강화하는 경우 그 규제에 따른 비용과 편익을 비교 분석하도록 하는 제도이다. 22. 경찰승진
- 규제영향분석은 규제의 경제·사회적 영향을 과학적으로 분석하여 그 타당성을 평가한다. 14. 서울시 7급
- 규제영향분석은 정치적 이해관계의 조정과 수렴의 기회를 제공한다. 14. 서울시 7급

바로 확인문제

1. 규제영향분석에 관한 다음의 설명 중 적합하지 않은 것은? 14. 서울시 7급

① 규제영향분석은 규제의 경제·사회적 영향을 과학적으로 분석하여 그 타당성을 평가한다.
② 규제영향분석은 정치적 이해관계의 조정과 수렴의 기회를 제공한다.
③ 불필요한 정부규제를 완화하고자 할 때 현존하는 규제의 사회적 편익과 비용을 점검하고 측정하는 체계적인 의사결정도구이다.
④ 1970년대 이후 세계의 여러 국가에서 도입하여 왔으며, OECD에서도 회원국들에 규제영향분석의 채택을 권고하고 있다.
⑤ 규제 외의 대체수단 존재 여부, 비용-편익분석, 경쟁 제한적 요소의 포함 여부 등을 고려하여야 한다.

정답해설 규제영향분석은 새로운 규제의 신설이나 강화 혹은 기간을 연장할 때 그 효과를 미리 분석하는 제도이다.
답 | ③

Theme 08 규제샌드박스 → 국무조정실 C

① 새로운 제품이나 서비스에 대해 일정 기간 동안 기존 규제를 면제하거나 유예시켜주는 제도
② 신산업 규제정비 기본계획 → 규제개혁위원회가 3년마다 수립·시행
③ 종류
  ㉠ 신속 확인: 인허가 필요 여부 및 규제 존재 여부 등을 신속하게 확인하여 불확실성을 해소하는 제도, 30일 이내 확인
  ㉡ 임시허가: 안전성 등이 검증된 신제품 또는 서비스에 대해 법령 정비 이전이라도 임시적으로 시장 출시를 허용하는 제도
  ㉢ 실증테스트: 신제품 또는 서비스의 안전성 및 유효성을 시험·검증하기 위해 제한된 범위에서 규제를 유예하는 제도

- 규제샌드박스는 신기술 서비스·제품의 육성을 저해하는 경우 해당 규제를 면제·유예시키는 것이다. 23. 국회직 9급
- 우리나라는 신기술과 신산업을 육성하기 위하여 규제샌드박스 제도를 도입하였다. 21. 지방직 7급

CHAPTER 03 공공서비스 공급주체

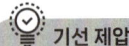 기선 제압

Theme 01 시장성 검증(→ 시장성 테스트) → 정부기능의 재정립 방안 C

① 반드시 필요한 기능인가? → 그렇지 않다면 폐지
② 반드시 정부가 책임져야 하는가? → 그렇지 않다면 민영화
③ 반드시 정부가 직접 수행해야 하는가? → 그렇지 않다면 민간위탁
④ 정부가 수행해야 한다면 가장 효율적 방안은 무엇인가?

Theme 02 공공재의 적정 규모 논쟁 B

(1) 과소공급설
① 갈브레이스의 의존효과: 선전에 의존한 사적재의 과다소비 현상
② 듀젠베리의 전시효과: 체면유지를 위한 사적재의 과다소비 현상
③ 머스그레이브의 조세저항: 부담(→ 조세)보다 편익이 적다는 착각(→ 시민실패 현상)
④ 다운스의 합리적 무지: 정보를 얻기 위해 지불해야 할 비용이 그 정보를 통해 얻을 것으로 기대되는 편익보다 클 경우 정보를 습득하지 않고 무지한 상태를 유지하려는 경향

(2) 과다공급설
① 뷰캐넌의 다수결 투표와 리바이던가설: 재정권력의 독점에 따른 정부규모의 팽창
② 와그너의 경비팽창의 법칙: 공공재 수요의 소득탄력성과 도시화의 진전에 따른 공공수요의 증대로 인한 재정규모의 팽창
③ 피콕과 와이즈만의 전위효과·대체효과: 위기 시 팽창된 예산(→ 문지방효과)이, 평시에도 원상태로 복귀되지 않는 현상(→ 단속효과, 톱니효과)
④ 니스카넨의 예산극대화 모형: 관료들은 자신의 권력을 확대하기 위해 부서의 예산규모를 극대화한다는 이론
⑤ 보몰의 병(病): 공공부문의 보수 수준이 생산성의 향상보다 더 빨리 인상되는 현상(→ 공공부문의 전체 예산액에서 임금이 차지하는 비율의 증가)
⑥ 기타: 할거적 예산구조 및 간접세 위주의 국가재정, 경제의 개방성, 지출한도의 부재, 양출제입의 원리

- 뷰캐넌(J. Buchanan)의 다수결투표는 예산규모를 팽창시키고 공공재의 과다 공급을 초래한다는 것을 설명한다. 23. 경찰승진

- 와그너(A. Wagner)는 경제발전에 따라 국민의 욕구 부응을 위한 공공재 증가로 인해 정부예산이 증가한다고 주장한다. 23. 지방직 9급

- 보몰(W. Baumol)은 정부부문과 민간부문 간의 생산성 격차를 통해 정부예산의 팽창원인을 설명하고 있다. 23. 지방직 9급

바로 확인문제

1. 다음 중 공공재의 공급 규모에 대한 설명으로 가장 적절하지 않은 것은? 24. 군무원 9급

① 니스카넨(W. Niskanen)의 예산극대화모형에 따르면 공공재는 과다 공급된다.
② 파킨슨(C. Parkinson)의 법칙이 적용되면 공공재는 과다 공급된다.
③ 보몰(W. Baumol)의 효과로 인하여 정부의 지출규모가 감소하여 공공재는 과소 공급된다.
④ 다운스(A. Downs)에 의하면, 국민의 합리적 무지 내지 무관심은 공공재의 과소 공급을 가져온다.

정답해설 보몰효과는 공공재 과다공급설과 관계된다.

답 | ③

2. 다음 중 정부실패와 관련한 설명으로 가장 옳지 않은 것은? 22. 군무원 7급

① 니스카넨(W. Niskanen)은 관료조직이 자기 부처의 예산을 극대화하여 권한을 확대하고자 하는 이기적 행위가 있음을 경험적으로 입증하였다.
② 파킨슨(C. Parkinson)은 공무원의 규모는 업무량에 상관없이 증가한다고 주장했다.
③ 피콕(A. Peacock)과 와이즈만(J. Wiseman)은 공공지출과정을 분석하여 공공지출이 불연속적으로 증대되는 과정을 설명하였다.
④ 와그너(A. Wagner)는 경제성장과 관계없이 국민 총생산에서 공공지출이 높아진다는 공공지출 증가의 법칙을 주장하였다.

정답해설 와그너(A. Wagner) 법칙은 경제발전에 따라 국민의 욕구 부응을 위한 공공재 증가로 인해 정부예산이 증가한다는 주장이다.

답 | ④

Theme 03 「행정기관의 조직과 정원에 관한 통칙」의 주요 내용 B

① 중앙행정기관이라 함은 국가의 행정사무를 담당하기 위하여 설치된 행정기관으로서 그 관할권의 범위가 전국에 미치는 행정기관을 말한다.
② 특별지방행정기관이라 함은 특정한 중앙행정기관에 소속되어, 당해 관할구역 내에서 시행되는 소속 중앙행정기관의 권한에 속하는 행정사무를 관장하는 국가의 지방행정기관을 말한다.
③ 부속기관이라 함은 행정권의 직접적인 행사를 임무로 하는 기관에 부속하여 그 기관을 지원하는 행정기관을 말한다.
④ 자문기관이라 함은 부속기관 중 행정기관의 자문에 응하여 행정기관에 전문적인 의견을 제공하거나, 자문을 구하는 사항에 관하여 심의·조정·협의하는 등 행정기관의 의사결정에 도움을 주는 행정기관을 말한다.

- 특별지방행정기관은 중앙행정기관의 일선기관으로서 기능을 담당하고 있다. 08. 국가직 7급

- 시험연구기관, 교육훈련기관, 문화기관, 의료기관, 제조기관 및 자문기관 등은 부속기관이다. 08. 국가직 7급

⑤ 소속기관이라 함은 중앙행정기관에 소속된 기관으로서, 특별지방행정기관과 부속기관을 말한다.
⑥ 보조기관이라 함은 행정기관의 의사 또는 판단의 결정이나 표시를 보조함으로써 행정기관의 목적달성에 공헌하는 기관을 말한다.
⑦ 보좌기관이라 함은 행정기관이 그 기능을 원활하게 수행할 수 있도록 그 기관장이나 보조기관을 보좌함으로써 행정기관의 목적달성에 공헌하는 기관을 말한다.
⑧ 하부조직이라 함은 행정기관의 보조기관과 보좌기관을 말한다.
⑨ 행정기관에 그 소관사무의 일부를 독립하여 수행할 필요가 있을 때에는 법률이 정하는 바에 의하여 행정기능과 아울러 규칙을 제정할 수 있는 준입법적 기능 및 이의의 결정 등 재결을 행할 수 있는 준사법적 기능을 가지는 행정위원회 등 합의제 행정기관을 둘 수 있다.
⑩ 행정기관의 장은 직무의 종류·곤란성 및 책임도를 고려하여 업무수행상 문제가 없다고 판단되는 경우에는 인사관계규정이 정하는 바에 따라 일반직 공무원의 6급·7급·8급·9급에 해당되는 공무원 정원을 각각 통합하여 운영할 수 있다.
⑪ 중앙행정기관의 조직 및 정원 운영의 자율성을 보장하고 합리화를 도모하기 위하여 행정안전부장관이 지정하는 중앙행정기관의 경우 중앙행정기관별 인건비 총액의 범위 안에서 조직 또는 정원을 운영하는 총액인건비제를 운영할 수 있다.

바로 확인문제

1. 행정기관에 대하여 관계법령에 규정된 내용으로 옳은 것은? 18. 국가직 9급

① 방송통신위원회, 공정거래위원회, 소청심사위원회 등은 행정기관의 소관 사무에 관하여 자문에 응하거나 조정, 협의, 심의 또는 의결 등을 하기 위해 복수의 구성원으로 이루어진 합의제 기관으로서 행정기관이 아니다.
② 하부기관이란 중앙행정기관에 소속된 기관으로서, 특별지방행정기관과 부속기관을 말한다.
③ 보조기관이란 행정기관이 그 기능을 원활하게 수행할 수 있도록 그 기관장을 보좌함으로써 행정기관의 목적달성에 공헌하는 기관을 말한다.
④ 부속기관이란 행정권의 직접적인 행사를 임무로 하는 기관에 부속하여 그 기관을 지원하는 행정기관을 말한다.

정답해설 부속기관이란 행정권의 직접적인 행사를 임무로 하는 기관에 부속되어 그 기관을 지원하는 행정기관으로, 시험연구기관, 교육훈련기관, 문화기관, 의료기관, 제조기관 및 자문기관 등이 이에 속한다.

오답해설 ① 방송통신위원회, 공정거래위원회, 소청심사위원회 등은 모두 합의제 행정기관에 해당한다.
② 하부조직은 보조기관과 보좌기관을 의미하고, '소속기관'은 부속기관과 특별지방행정기관을 의미한다.
③ 보조기관은 행정기관의 의사 또는 판단의 결정이나 표시를 보조함으로써 행정기관의 목적달성에 공헌하는 기관을 말한다. 반면, '보좌기관'은 행정기관이 그 기능을 원활하게 수행할 수 있도록 그 기관장이나 보조기관을 보좌함으로써 행정기관의 목적달성에 공헌하는 기관을 말한다.

답 | ④

Theme 04　우리나라 책임운영기관 → 대통령령으로 설치　B

(1) 기관 지위별 구분

구분	소속책임운영기관	중앙책임운영기관(→ 특허청)
설치	중앙행정기관 소속	중앙행정기관으로 청
기관장	임기제 공무원(→ 임기 2~5년)	정무직 공무원(→ 임기 2년 보장)
책무	소속장관과 체결한 계약의 이행	국무총리가 부여한 목표의 이행
성과평가	책임운영기관운영위원회(→ 행정안전부 소속)	

· 책임운영기관은 기관의 지위에 따라 소속책임운영기관과 중앙책임운영기관으로 구분된다. 15. 국회직 8급

(2) 기관 사무별 구분
① 조사연구형: 국립종자원, 화학물질안전원, 국토지리정보원 등
② 교육훈련형: 국립국제교육원, 통일교육원, 한국농수산대학 등
③ 문화형: 국립중앙과학관, 국방홍보원, 국립중앙극장, 국립현대미술관, 한국정책방송원 등
④ 의료형: 국립정신건강센터, 국립병원, 국립재활원, 국립경찰병원 등
⑤ 시설관리형: 해양경찰정비창, 국방전산정보원, 국립자연휴양림관리소 등
⑥ 기타: 고용노동부고객상담센터, 국세상담센터 등

(3) 책임운영기관특별회계
① 책임운영기관법: 국립과학관, 국립정신건강센터, 국립병원, 국립재활원, 경찰병원
② 다른 법률: 국립생물자원관, 화학물질안전원, 국립아시아문화전당

Theme 05　「책임운영기관의 설치·운영에 관한 법률」의 주요 내용　B

① 행정안전부장관은 5년 단위로 책임운영기관의 관리 및 운영 전반에 관한 기본계획(중기관리계획)을 수립하여야 한다.
② 책임운영기관은 그 사무가 다음의 기준 중 어느 하나에 맞는 경우에 대통령령으로 설치한다.
　㉠ 기관의 주된 사무가 사업적·집행적 성질의 행정 서비스를 제공하는 업무로서 성과 측정기준을 개발하여 성과를 측정할 수 있는 사무
　㉡ 기관 운영에 필요한 재정수입의 전부 또는 일부를 자체적으로 확보할 수 있는 사무
③ 행정안전부장관은 기획재정부 및 해당 중앙행정기관의 장과 협의하여 책임운영기관을 설치하거나 해제할 수 있다.
④ 중앙행정기관의 장은 소관 사무 중 책임운영기관이 수행하는 것이 효율적이라고 인정되는 사무에 대하여는 책임운영기관의 설치를, 책임운영기관이 그 설치 목적을 달성할 수 없다고 인정하는 경우에는 책임운영기관의 해제를 행정안전부장관에게 요청할 수 있다.
⑤ 소속중앙행정기관의 장은 공개모집 절차에 따라 행정이나 경영에 관한 지식·능력 또는 관련 분야의 경험이 풍부한 사람 중에서 기관장을 선발하여 임기제 공무원으로 임용한다.

· 행정안전부장관은 5년 단위로 책임운영기관의 관리 및 운영의 전반에 관한 기본계획을 수립하여야 한다. 15. 국회직 8급

- 소속책임운영기관 기관장의 근무기간은 5년의 범위에서 소속중앙행정기관의 장이 정하되, 최소한 2년 이상으로 하여야 한다. 19. 국가직 9급

⑥ 기관장의 근무기간은 5년의 범위에서 소속중앙행정기관의 장이 정하되, 최소한 2년 이상으로 하여야 한다.
⑦ 기관장은 법령에서 정하는 범위에서 소속책임운영기관의 조직 및 운영에 관한 기본운영규정을 제정하여야 한다.
⑧ 소속책임운영기관의 사업성과를 평가하고 소속책임운영기관의 운영에 관한 중요 사항을 심의하기 위하여 중앙행정기관의 장의 소속으로 소속책임운영기관운영심의회를 둔다.
⑨ 소속책임운영기관에는 대통령령으로 정하는 바에 따라 소속 기관을 둘 수 있다.
⑩ 소속책임운영기관에 두는 공무원의 총 정원 한도는 대통령령으로 정하고 종류별·계급별 정원과 고위공무원단에 속하는 공무원의 정원은 총리령 또는 부령으로 정한다.
⑪ 중앙행정기관의 장은 소속책임운영기관 소속 공무원에 대한 일체의 임용권을 가진다.
⑫ 소속책임운영기관 소속 공무원의 임용시험은 기관장이 실시한다.
⑬ 운영에 필요한 재정수입의 전부 또는 일부를 자체적으로 확보할 수 있는 사무를 주로 하는 소속책임운영기관의 사업을 효율적으로 운영하기 위하여 책임운영기관특별회계를 둔다.
⑭ 책임운영기관특별회계는 책임운영기관특별회계기관별로 계정을 구분한다.
⑮ 특별회계의 예산 및 결산은 책임운영기관특별회계기관의 조직별로 구분할 수 있다.
⑯ 특별회계는 계정별로 중앙행정기관의 장이 운용하고, 기획재정부장관이 통합하여 관리한다.
⑰ 책임운영기관특별회계기관의 사업은 정부기업으로 본다.
⑱ 특별회계의 예산 및 회계에 관하여 이 법에 규정된 것 외에는 「정부기업예산법」을 적용한다.
⑲ 중앙행정기관의 장은 자체 수입만으로는 운영이 곤란한 책임운영기관특별회계기관에 대하여는 심의회의 평가를 거쳐 대통령령으로 정하는 경상적 성격의 경비를 일반회계 등에 계상하여 특별회계에 전입할 수 있다.

- 중앙책임운영기관의 장의 임기는 2년으로 하되, 한 차례만 연임할 수 있다. 22. 국회직 8급

⑳ 중앙책임운영기관의 장의 임기는 2년으로 하되, 한 차례만 연임할 수 있다.
㉑ 국무총리는 중앙책임운영기관별로 재정의 경제성 제고와 서비스 수준의 향상 및 경영합리화 등에 관한 사업목표를 정하여 중앙책임운영기관의 장에게 부여하여야 한다.
㉒ 중앙책임운영기관의 장은 고위공무원단에 속하는 공무원을 제외한 소속 공무원에 대한 일체의 임용권을 가진다.

- 책임운영기관의 존속 여부 및 제도의 개선 등에 관한 중요사항을 심의하기 위하여 행정안전부장관 소속으로 책임운영기관운영위원회를 둔다. 17. 경찰승진

㉓ 책임운영기관의 존속 여부 및 제도의 개선 등에 관한 중요 사항을 심의하기 위하여 행정안전부장관 소속으로 책임운영기관운영위원회를 둔다.
㉔ 책임운영기관운영위원회는 책임운영기관제도의 운영과 개선, 기관의 존속 여부 판단 등을 위하여 책임운영기관에 대한 종합평가를 한다.
㉕ 행정안전부장관은 대통령령으로 정하는 바에 따라 별도의 평가단을 구성하거나 지정하여 평가업무를 지원할 수 있다.

> **바로 확인문제**

1. 「책임운영기관의 설치·운영에 관한 법률」상 책임운영기관에 대한 설명으로 옳지 않은 것은?
19. 국가직 9급

① 책임운영기관은 기관장에게 재정상의 자율성을 부여하고 그 운영성과에 대해 책임을 지도록 하는 행정기관의 특성을 갖는다.
② 소속책임운영기관에 두는 공무원의 총 정원 한도는 총리령으로 정하며, 이 경우 고위공무원단에 속하는 공무원의 정원은 부령으로 정한다.
③ 소속책임운영기관 소속 공무원의 임용시험은 기관장이 실시함을 원칙으로 한다.
④ 기관장의 근무기간은 5년의 범위에서 소속중앙행정기관의 장이 정하되, 최소한 2년 이상으로 하여야 한다.

정답해설 소속책임운영기관에 두는 총 정원의 한도는 대통령령으로 정하고 고위공무원단에 속하는 공무원의 정원은 총리령이나 부령으로 정한다.

답 | ②

2. 정부조직에 대한 설명으로 옳은 것은?
17. 국가직 9급

① 감사원은 「정부조직법」에서 정하는 합의제 행정기관에 해당한다.
② 금융감독원은 「정부조직법」에 따라 설치된 중앙행정기관이다.
③ 소청심사위원회는 행정안전부 소속으로 행정기관 소속 공무원의 징계처분에 관한 사무를 관장한다.
④ 특허청은 행정 및 재정상의 자율성이 부여되고 성과에 대해 책임을 지도록 하는 책임운영기관에 해당한다.

정답해설 특허청은 우리나라의 유일한 중앙책임운영기관이다.

오답해설 ① 감사원은 「헌법」에 근거를 둔 정부조직이다.
② 금융감독원은 「금융위원회의 설치 등에 관한 법률」에 근거를 두고 설립된 특수 법인으로, 금융위원회의 지도·감독을 받아 금융기관에 대한 검사·감독업무 등을 수행한다.
③ 소청심사위원회는 인사혁신처 소속이며, 행정부 소속 공무원의 불이익 처분에 대한 구제를 담당한다.

답 | ④

Theme 06 「공공기관의 운영에 관한 법률」의 주요 내용 B

① 기획재정부장관은 국가·지방자치단체가 아닌 법인·단체 또는 기관으로서 다음의 어느 하나에 해당하는 기관을 공공기관으로 지정할 수 있다.
  ㉠ 다른 법률에 따라 직접 설립되고 정부가 출연한 기관
  ㉡ 정부지원액이 총수입액의 2분의 1을 초과하는 기관

ⓒ 정부가 100분의 50 이상의 지분을 가지고 있거나 100분의 30 이상의 지분을 가지고 임원 임명권한 행사 등을 통하여 해당 기관의 정책결정에 사실상 지배력을 확보하고 있는 기관

② ①에도 불구하고 기획재정부장관은 다음의 어느 하나에 해당하는 기관을 공공기관으로 지정할 수 없다.
   ㉠ 구성원 상호 간의 상호부조·복리증진·권익향상 또는 영업질서 유지 등을 목적으로 설립된 기관
   ㉡ 지방자치단체가 설립하고, 그 운영에 관여하는 기관
   ㉢ 「방송법」에 따른 한국방송공사와 「한국교육방송공사법」에 따른 한국교육방송공사

③ 기획재정부장관은 공공기관을 다음의 구분에 따라 지정한다.
   ㉠ 공기업·준정부기관: 직원 정원 300명 이상, 총수입액 200억 원 이상, 자산규모 30억 원 이상
   ㉡ 기타공공기관: ㉠에 해당하는 기관 이외의 기관

④ 기획재정부장관은 공기업과 준정부기관을 다음의 구분에 따라 세분하여 지정한다.
   ㉠ 시장형 공기업: 자산규모 2조 이상이고 총수입액 중 자체수입액이 85% 이상인 공기업
   ㉡ 준시장형 공기업: 시장형 공기업이 아닌 공기업
   ㉢ 기금관리형 준정부기관: 「국가재정법」에 따라 기금을 관리하거나 기금의 관리를 위탁받은 준정부기관
   ㉣ 위탁집행형 준정부기관: 기금관리형 준정부기관이 아닌 준정부기관

⑤ 기획재정부장관은 기타공공기관을 지정하는 경우 기관의 성격 및 업무 특성 등을 고려하여 기타공공기관 중 일부를 연구개발을 목적으로 하는 기관 등으로 세분하여 지정할 수 있다.

⑥ 공공기관의 운영에 관한 사항을 심의·의결하기 위하여 기획재정부장관 소속하에 공공기관운영위원회를 둔다.

⑦ 시장형 공기업과 자산규모가 2조원 이상인 준시장형 공기업에는 감사를 갈음하여 위원회로서 이사회에 감사위원회를 설치하여야 한다.

⑧ 자산규모가 2조원 미만인 준시장형 공기업과 준정부기관은 다른 법률의 규정에 따라 감사위원회를 설치할 수 있다.

⑨ 공기업과 준정부기관 임원의 임명

구분	공기업	준정부기관
기관장	원칙: 대통령 소규모: 주무기관의 장	원칙: 주무기관의 장 대규모: 대통령
상임이사	공기업의 장	준정부기관의 장
비상임이사	기획재정부장관	주무기관의 장
감사	원칙: 대통령 소규모: 기획재정부장관	원칙: 기획재정부장관 대규모: 대통령

⑩ 기관장은 다음 연도를 포함한 5회계연도 이상의 중장기 경영목표를 설정하고, 이사회의 의결을 거쳐 확정한 후 매년 10월 31일까지 기획재정부장관과 주무기관의 장에게 제출하여야 한다.

• 기획재정부장관은 「방송법」에 따른 한국방송공사를 공기업이나 준정부기관으로 지정할 수 없다.
23. 소방간부

• 공기업과 준정부기관은 총수입액 중 자체수입액이 차지하는 비중에 따라 구분된다.
23. 소방간부

⑪ 공기업·준정부기관은 매년 3월 20일까지 전년도의 경영실적보고서와 기관장이 체결한 계약의 이행에 관한 보고서를 작성하여 기획재정부장관과 주무기관의 장에게 제출하여야 한다.
⑫ 기획재정부장관은 공기업·준정부기관의 경영실적을 평가한다.
⑬ 기획재정부장관은 운영위원회의 심의·의결을 거쳐 매년 6월 20일까지 공기업·준정부기관의 경영실적 평가를 마치고, 그 결과를 국회와 대통령에게 보고한다.
⑭ 기획재정부장관은 경영실적이 부진한 공기업·준정부기관에 대하여 운영위원회의 심의·의결을 거쳐 기관장·상임이사의 임명권자에게 그 해임을 건의하거나 요구할 수 있다.
⑮ 감사원은 「감사원법」에 따라 공기업·준정부기관의 업무와 회계에 관하여 감사를 실시할 수 있다.

- 공공기관 경영평가는 기획재정부장관이 실시하고, 지방공기업 경영평가는 행정안전부장관이 실시한다. 21. 국회직 8급

- 기획재정부장관은 경영실적 평가결과 경영실적이 부진한 공기업·준정부기관에 대하여 운영위원회의 심의·의결을 거친 후 기관장, 상임이사의 임명권자에게 그 해임을 건의하거나 요구할 수 있다. 18. 지방직 7급

바로 확인문제

1. 「공공기관의 운영에 관한 법률」의 내용에 대한 설명으로 옳지 않은 것은? 17. 국가직 7급

① 공공기관의 자율경영 및 책임경영체제의 확립, 경영합리화, 투명성 제고를 목적으로 한다.
② 기획재정부장관은 매년 직원 정원 100인 이상의 공공기관 중에서 공기업과 준정부기관을 지정한다.
③ 공기업은 시장형과 준시장형으로, 준정부기관은 위탁집행형과 기금관리형으로 구분된다.
④ 공기업과 준정부기관은 신규 지정된 해를 제외하고 매년 경영실적 평가를 받는다.

정답해설 공기업과 준정부기관의 지정기준은 직원 정원 300명 이상, 총수입액 200억 원 이상, 자산규모 30억 원 이상이다.

오답해설 ① 「공공기관의 운영에 관한 법률」은 공공기관의 운영에 관한 기본적인 사항과 자율경영 및 책임경영체제의 확립에 관하여 필요한 사항을 정하여 경영을 합리화하고 운영의 투명성을 제고함으로써 공공기관의 대국민 서비스 증진에 기여함을 목적으로 한다.
③ 「공공기관의 운영에 관한 법률」에 따라 공기업은 자체수입액 비중 등에 따라 시장형 공기업과 준시장형 공기업으로, 준정부기관은 수행하는 기능에 따라 기금관리형 준정부기관과 위탁집행형 준정부기관으로 세분된다.
④ 기획재정부장관은 연차별 보고서, 계약의 이행에 관한 보고서, 경영목표와 경영실적보고서를 기초로 하여 공기업·준정부기관의 경영실적을 평가한다. 다만, 신규 지정된 해에는 경영실적을 평가하지 않는다.

답 | ②

Theme 07　공공기관의 지배구조

구분	주주 자본주의 모델	이해관계자 자본주의 모델
기업의 본질	주주 주권주의 기업의 주인으로서 주주	기업공동체주의 공동체로서 기업
경영목표	주주 이익의 극대화	이해관계자들의 이익 극대화
문제점	대리인 문제 주주의 통제력 부족	이해관계자의 참여 부재 이해관계자들의 이해관계 미반영
통제방식	이사회의 경영감시 시장에 의한 규율	조직에 의한 통제 이해관계자의 경영참여
성과 측정방법	기업의 시장가치	기업의 시장가치, 고용관계 공급자와 구매자와의 거래관계
근로자 경영참여	종업원 지주제 연금펀드를 통한 지분참여	이사회를 통한 근로자의 경영참여 공동결정제도
사회적 책임	주주 이익 우선주의 경제적 가치 추구 단기 업적주의	기업의 사회적 책임 이해관계자 전체의 이익 장기적 성장 추구

- 주주 자본주의 모델은 주주가 기업의 주인이라고 보며, 주주의 이익 극대화가 경영목표이다. 　23. 지방직 7급

- 주주 자본주의 모델의 기업규율방식에는 이사회의 경영감시, 시장에 의한 규율 등이 있다. 　23. 지방직 7급

- 이해관계자 자본주의 모델은 기업을 하나의 공동체로 보며, 이해관계자의 이익 극대화가 경영목표이다. 　23. 지방직 7급

바로 확인문제

1. 공공기관 기업지배구조의 이념형적 모델인 주주(shareholder) 자본주의 모델과 이해관계자(stakeholder) 자본주의 모델에 대한 설명으로 옳지 <u>않은</u> 것은?　23. 지방직 7급

① 주주 자본주의 모델은 주주가 기업의 주인이라고 보며, 주주의 이익 극대화가 경영목표이다.
② 주주 자본주의 모델의 기업규율방식에는 이사회의 경영감시, 시장에 의한 규율 등이 있다.
③ 이해관계자 자본주의 모델은 기업을 하나의 공동체로 보며, 이해관계자의 이익 극대화가 경영목표이다.
④ 이해관계자 자본주의 모델에서 근로자의 경영 참여는 종업원 지주제도 등을 통해서 이루어지며 단기 업적주의를 추구한다.

정답해설 근로자의 경영 참여가 종업원 지주제도 등을 통해 이루어지며 단기 업적주의를 추구하는 것은 주주 자본주의 모델이다.

답 | ④

Theme 08 사회간접자본(SOC) 민간투자제도

① 정부가 통상적인 연간 예산으로 건설하기에는 시간이 지나치게 많이 소요되는 긴요한 공공시설을 조기에 공급하기 위해 민간자본을 활용하는 제도이다.
② 민간투자의 추진방식은 소유권과 운영권을 민간과 공공부문 중에서 누가 보유할 것인가에 따라 구분된다.
③ BTO(Build Transfer Operate): 민간업자가 투자와 시설운영까지 직접 담당하는 방식이다.
④ BTL(Build Transfer Lease): 민간업자가 투자를, 정부가 시설운영을 담당하는 방식이다.
⑤ BOO(Build Own Operate): 소유권과 운영권을 모두 민간업자가 가지는 방식이다.

구분	BOT	BTO	BLT	BTL
개념	민간이 운영하는 방식		정부가 운영하는 방식	
사례	소비자로부터 사용료 징수		정부로부터 임대료 징수	
위험부담	민간		정부	
소유권 이전	운영종료 시점	준공 시점	운영종료 시점	준공 시점

- BTO(Build-Transfer-Operate)의 사업운영 주체는 민간사업시행자이다. 16. 국회직 8급

- BTO(Build-Transfer-Operate)의 경우 민간사업자는 시설을 운영하면서 사용료 징수로 투자비를 회수하는데, 주로 도로·철도 등 수익창출이 가능한 영역에 적용된다. 18. 지방직 7급

- BTL(Build-Transfer-Lease)은 민간이 공공시설을 짓고 정부가 이를 임대해서 쓰는 민간투자방식이다. 09. 국가직 9급

- BTO(Build-Transfer-Operate)와 BTL(Build-Transfer-Lease)은 모두 준공할 때 소유권이 정부로 이전된다. 12. 국가직 9급

바로 확인문제

1. 새로운 공공서비스 공급방식인 BTO(Build – Transfer – Operate)와 BTL(Build – Transfer – Lease)에 대한 설명으로 옳지 <u>않은</u> 것은? 12. 국가직 9급

구분	BTO 방식	BTL 방식
ㄱ. 실제운영의 주체	민간	정부
ㄴ. 운영 시 소유권	정부	민간
ㄷ. 투자비 회수방법	사용료	임대료
ㄹ. 소유권 이전시기	준공	준공

① ㄱ   ② ㄴ
③ ㄷ   ④ ㄹ

정답해설 ㄴ. BTO 방식과 BTL 방식은 모두 시설을 준공할 때 정부로 소유권이 이전된다.

오답해설 ㄱ. BTO 방식은 민간업자가 투자를 담당하고, 시설운영까지 담당하며, BTL은 민간업자가 투자를 담당하고, 정부가 시설운영을 담당한다.
ㄷ. BTO 방식은 소비자로부터 사용료를 징수하는 수익사업이지만, BTL 방식은 수익성이 약하므로 정부에게 임대해주고 정부로부터 받는 임대료를 통해 투자비를 회수하는 방식이다.
ㄹ. 둘 다 준공 후 소유권을 정부에 이양한다는 점은 같다.

답 | ②

Theme 09 행정서비스헌장(Citizen's Charter)

(1) 개념
① 행정서비스헌장이란 행정서비스의 기준과 내용, 절차와 방법, 시정과 보상조치 등을 구체적으로 공표하고 이의 실현을 약속하는 일종의 표준화된 계약서를 말한다.
② 영국에서 노동당 주도의 지방정부에서 사용한 후, 보수당이 중앙정부 차원으로 채택하였고, 우리나라는 김대중 정부에서부터 추진되기 시작하였다.

(2) 특징
① 고객만족 개념의 도입과 공급자 중심에서 수요자 중심으로의 관점 이동
② 가시적인 계약 개념에 준거한 서비스 공급의 강조
③ 원칙: 서비스품질의 표준화, 정보의 공개, 선택과 상담, 정중함과 도움, 잘못된 서비스의 시정과 보상체계, 비용에 대한 인식 등

(3) 기능
① 시민의 권리를 명시적으로 규정하였다. 이는 암묵적·추상적 관계에서 구체적 계약 관계로, 윤리적·도덕적 의무에서 법적 의무로 전환됨을 의미한다.
② 서비스 내용과 기준이 구체적으로 명시되어 있으므로 서비스에 대한 민원인의 기대감을 조성하고, 서비스 제공의 투명성과 책임성을 제고할 수 있다.
③ 서비스의 기준과 고객 중심의 성과평가기준을 제시할 수 있어 고객만족도를 향상시킬 수 있다.

(4) 한계
① 정부업무의 무형적 성격으로 인하여 서비스 이행기준의 구체화가 곤란하다.
② 서비스 내용과 제공방식의 표준화로 인해 행정이 경직화되고 공무원의 창의성과 자율성이 위축될 수 있다.

> • 행정서비스헌장은 공급자 중심에서 고객 중심의 서비스를 제공하여 고객만족의 행정을 구현하려는 공공서비스의 품질관리 전략의 일환이다. 05. 국가직 7급

바로 확인문제

1. 다음 중 행정서비스의 품질관리 전략과 관련이 없는 것은? 05. 국가직 7급

① 민간기업이 활용하는 총체적 품질관리 기법을 행정에 도입한 것은 질 높은 공공서비스 제공체제를 구축하고자 하는 것이다.
② 우리나라는 노무현 정부에서 행정의 책임성 확보와 주민참여를 위하여 행정서비스헌장제도를 도입하여 운영하고 있다.
③ 행정서비스헌장제도는 공급자 중심에서 고객 중심의 서비스를 제공하여 고객만족의 행정을 구현하려는 공공서비스의 품질관리 전략의 일환이다.
④ 주민평가제는 공공서비스에 대하여 시민으로 하여금 정부의 활동을 평가하게 하는 일종의 고객만족도 조사이다.

정답해설 행정서비스헌장제도는 김대중 정부에서 도입되었다.

오답해설 ① 총체적품질관리는 고객 만족을 목표로 조직의 모든 구성원이 참여하여 업무 절차를 지속적으로 개선하는 경영기법이다. 이를 행정에 도입한 것은 정부가 제공하는 서비스의 품질을 높여 국민의 만족도를 향상하기 위함이다.
③ 행정서비스헌장이란 행정서비스의 기준과 내용, 절차와 방법, 시정과 보상조치 등을 구체적으로 공표하고 이의 실현을 약속하는 일종의 표준화된 계약서로 서비스품질의 표준화, 정보의 공개, 선택과 상담, 정중함과 도움, 잘못된 서비스의 시정과 보상체계, 비용에 대한 인식 등을 원칙으로 한다.
④ 주민평가제도는 주민들이 행정서비스의 질을 평가하고 개선방안을 제시함으로써 행정서비스의 투명성과 효율성을 높이고 민주적인 행정시스템을 구축하려는 제도이다.

답ㅣ②

Theme 10 우리나라의 사회적 기업

① 사회적 기업이란 취약계층에게 사회서비스 또는 일자리를 제공하거나 지역사회에 공헌함으로써 지역주민의 삶의 질을 높이는 등의 사회적 목적을 추구하면서 재화 및 서비스의 생산·판매 등 영업활동을 하는 기업으로서 인증 받은 기업을 말한다.
② 사회서비스란 교육, 보건, 사회복지, 환경 및 문화 분야의 서비스, 그 밖에 이에 준하는 서비스로서 대통령령으로 정하는 분야의 서비스를 말한다.
③ 연계기업이란 특정한 사회적 기업에 대하여 재정 지원, 경영 자문 등 다양한 지원을 하는 기업으로서 그 사회적 기업과 인적·물적·법적으로 독립되어 있는 자를 말한다.
④ 고용노동부장관은 사회적 기업을 육성하고 체계적으로 지원하기 위하여 고용정책심의회의 심의를 거쳐 사회적 기업 육성 기본계획을 5년마다 수립하여야 한다.
⑤ 고용노동부장관은 사회적 기업의 활동실태를 5년마다 조사하고, 그 결과를 고용정책심의회에 통보하여야 한다.
⑥ 사회적 기업의 인증 요건 및 인증 절차
  ㉠ 「민법」에 따른 법인·조합, 「상법」에 따른 회사·합자조합, 특별법에 따라 설립된 법인 또는 비영리민간단체 등 대통령령으로 정하는 조직 형태를 갖출 것
  ㉡ 유급근로자를 고용하여 재화와 서비스의 생산·판매 등 영업활동을 할 것
  ㉢ 취약계층에게 사회서비스 또는 일자리를 제공하거나 지역사회에 공헌함으로써 지역주민의 삶의 질을 높이는 등 사회적 목적의 실현을 조직의 주된 목적으로 할 것
  ㉣ 서비스 수혜자, 근로자 등 이해관계자가 참여하는 의사결정 구조를 갖출 것
  ㉤ 영업활동을 통하여 얻는 수입이 대통령령으로 정하는 기준 이상일 것
  ㉥ 정관이나 규약 등을 갖출 것
  ㉦ 회계연도별로 배분 가능한 이윤이 발생한 경우에는 이윤의 3분의 2 이상을 사회적 목적을 위하여 사용할 것

• 사회적 기업은 취약계층에 대한 일자리 창출과 사회서비스 수요에 대한 공급확대 정책으로 시작되었다.
21. 경찰간부

• 사회적 기업은 재화 및 서비스의 생산·판매 등 영업 활동을 하여야 한다.
11. 지방직 7급

바로 확인문제

1. 우리나라 현행 제도상 사회적 기업에 대한 설명으로 옳은 것은? 11. 지방직 7급

① 이익을 재투자하거나 그 일부를 연계기업에 배분할 수 있다.
② 재화 및 서비스의 생산·판매 등 영업 활동을 하여야 한다.
③ 정부는 매년 사회적 기업의 활동실태를 조사하고 육성계획을 수립·추진하여야 한다.
④ 설립 초기의 일정 기간 동안에는 유급근로자를 고용하지 않고 무급근로자만으로 운영할 수 있다.

정답해설 사회적 기업 또한 원칙적으로 기업이므로 재화와 서비스의 생산·판매 등 영업 활동을 하여야 한다.

오답해설 ① 사회적 기업은 영업활동을 통해 창출한 이익을 사회적 기업의 유지·확대에 재투자하도록 노력하여야 하고, 연계기업은 사회적 기업이 창출하는 이익을 취할 수 없다.
③ 고용노동부장관은 사회적 기업의 활동실태를 5년마다 조사하고, 그 결과를 고용정책심의회에 통보하여야 한다.
④ 사회적 기업은 유급근로자를 고용하여 재화와 서비스의 생산·판매 등 영업 활동을 하여야 한다.

답 | ②

Theme 11　커뮤니티 비즈니스　C

① 커뮤니티 비즈니스는 1980년대 영국의 커뮤니티 협동조합에 그 기원을 두고 있다.
② 커뮤니티 협동조합은 공공서비스가 제공되지 않는 농어촌지역에 우편서비스 등의 기본적인 서비스를 제공하기 위하여 설립되었다.
③ 한편 일본은 자연재해에 대응한 시민사회의 역할 증대, 시민들의 적극적인 사회 참여, 고령화와 글로벌화에 따른 지역 간 격차 확대, 국가 및 지자체의 재정악화 등에 의거하여 등장하였다.
④ 영국은 지역의 재생에 그 목적을 두고 있는 반면 일본은 지역공동체의 활성화를 목표로 지역 내의 경제활동, 문제해결, 인간성 회복 등의 기능을 융합하는 방식으로 추진되고 있다.
⑤ 사회적 목적을 달성하기 위한 비즈니스의 형태라는 점은 사회적 기업과 유사하지만 지역경제의 활성화를 위해 지역단위의 모든 주민이 중심이 된다는 점에서 취약계층의 일자리 제공에 초점을 맞추는 사회적 기업과는 상이하다.

- 일본에서 커뮤니티 비즈니스란 마을 만들기 경험의 축적이 비즈니스 차원으로 전개된 것이다. 17. 서울시 7급

- 일본에서는 버블경제 붕괴 후, 구도심 쇠퇴현상이 발생하자, 지역 재활성화를 위한 방안으로 1990년대 중반부터 커뮤니티 비즈니스란 용어를 사용하기 시작했다. 17. 서울시 7급

- 커뮤니티 비즈니스는 지역공동체 단위의 사회적 기업을 함께 공유한다는 점에서 사회적 기업과 유사점이 강하다. 17. 서울시 7급

> 바로 확인문제

1. 다음 중 커뮤니티 비즈니스(Community Business)에 대한 설명으로 가장 옳지 않은 것은?
17. 서울시 7급

① 혁신적인 중소기업의 창업 촉진과 육성 그리고 도시의 발전이라는 두 가지 과제를 동시에 해결하기 위해 시도되었다.
② 일본에서 커뮤니티 비즈니스란 마을 만들기 경험의 축적이 비즈니스 차원으로 전개된 것이다.
③ 커뮤니티 비즈니스는 지역공동체 단위의 사회적 기업을 함께 공유한다는 점에서 사회적 기업과 유사점이 강하다.
④ 일본에서는 버블경제 붕괴 후, 구도심 쇠퇴현상이 발생하자, 지역 재활성화를 위한 방안으로 1990년대 중반부터 이 용어를 사용하기 시작했다.

정답해설 커뮤니티 비즈니스(Community Business)는 지역의 문제를 해결하고, 지역 공동체의 자립과 발전을 위해 지역 주민들이 직접 참여하여 이루어지는 사업으로, 단순히 이윤만을 추구하는 것이 아니라, 지역 사회에 기여하고 지속 가능한 발전을 도모하는 것을 목표로 하는 마을기업이다.

답 | ①

Theme 12 비정부조직 B

(1) 우리나라의 비영리민간단체 지정요건 → 「비영리민간단체 지원법」
① 사업의 직접 수혜자가 불특정 다수일 것
② 구성원 상호 간에 이익분배를 하지 아니할 것
③ 특정 정당을 지원하거나 특정 종교의 전파를 목적으로 하지 않을 것
④ 상시 구성원 수가 100인 이상이고 최근 1년 이상 공익활동의 실적이 있을 것
⑤ 법인이 아닌 단체일 경우 대표자 또는 관리인이 있을 것

(2) 비정부조직(NGO)의 생성원인
① 공공재이론(→ 정부실패이론): 기존의 공공재 공급체계가 충족시키지 못한 공공재 수요를 만족시키기 위해 NGO가 등장하였다는 견해
② 계약실패이론(→ 시장실패이론): 정보비대칭으로 인해 시장이 제공하는 서비스의 양과 질을 정확히 파악하지 못할 때 NGO를 더 신뢰하게 된다는 견해(→ 신뢰이론)
③ 소비자통제이론: 소비자인 시민이 국가와 시장의 권력을 감시하고 통제하기 위한 수단으로 등장하였다는 견해
④ 보조금이론: 정부의 보조금에 의해 탄생되고 유지된다는 견해
⑤ 상호의존이론: NGO의 자원의 부족과 정부서비스의 다양성 부족을 정부와 NGO의 상호협력을 통해서 보완할 수 있다는 견해

⑥ 사회기원론: NGO가 바로 사회의 기원이라는 견해
⑦ 다원화이론: 공공서비스의 생산이 다양한 주체에 의해 이루어질 수 있다는 견해
⑧ 기업가이론: 공공 정책의 추진에 있어 정부와 NGO의 경쟁적 관계를 강조하는 견해

(3) 정부와 비정부조직(NGO)의 관계

① 대체적 관계: 국가가 제공하지 못하는 공공재를 NGO가 공급하는 모형
② 보완적 관계: 긴밀한 협조관계, 정부의 재정지원과 NGO의 공공재 생산
③ 대립적 관계: 상호 감시관계, 공공재의 성격과 공급에 있어 근본적 시각차 존재
④ 의존적 관계: 정부가 NGO의 성장을 유도하고 육성하는 관계, 개발도상국 모형
⑤ 동반자 관계: 독립된 파트너로서 상호협력하는 관계, 가장 바람직한 모형

• 정부가 지지나 지원의 필요성을 위해 특정한 비정부조직 분야의 성장을 유도하여 형성된 의존적 관계는 개발도상국에서 많이 나타난다.
23. 군무원 9급

(4) 정부와 시민단체 간 균형의 조건

① 거시적 조건(→ 대외적 조건): 정치적 분화, 시민사회의 성숙, 정보 등 자원의 공유, 시민단체에 대한 긍정적 인식
② 미시적 조건(→ 대내적 조건): 정부의 활동에 대한 체계적 감시 능력, 자율적인 인력과 예산, 전문성의 강화

(5) 살라몬(L. Salamon)의 NGO 실패

① 박애적 불충분성: 강제성의 부족으로 인한 자원의 안정적 획득의 어려움
② 박애적 배타주의: 정부에 비하여 영역과 서비스의 공급 대상의 한정성
③ 박애적 온정주의: 가장 많은 자원을 제공하는 자에 의해 좌우되는 활동
④ 박애적 아마추어리즘: 전문성 약화 및 NGO에 대한 책임성 확보 곤란

바로 확인문제

1. 다음 중 비정부조직(NGO)에 대한 설명으로 가장 옳지 않은 것은?
09. 지방직 9급

① 높은 전문성을 보유하고 있어 정책과정에서 영향력이 크다.
② 정부나 시장에 대한 감시와 견제의 역할을 한다.
③ 이상주의에 치우쳐 결과에 무책임하다고 비판을 받기도 한다.
④ 재정상의 독립성 결여로 인해 자율성 확보에 문제가 있다는 비판이 존재한다.

정답해설 비정부조직은 생업에 종사하면서 부수적으로 공적 활동에 참여하는 시민들로 구성되므로 공적 활동을 전업으로 하는 직업공무원에 비하여 전문성이 약하다고 평가받는다.

오답해설 ② 비정부조직의 1차적 기능은 정부와 시장에 대한 감시와 견제이다. 그러나 최근에는 공공서비스에 대한 생산자 역할도 함께 강조된다.
③ 비정부조직은 개인주의적이고 물질적인 가치가 지배하는 현대 사조에 대항하여 공동체 가치의 복원, 자연환경의 보존과 같은 이상적이고 규범적인 가치를 추구한다. 또한 국가와 달리 그 결과에 대해 공적으로 책임을 물을 수 있는 장치가 결여되어 있으므로 그 결과에 대해 무책임하다는 비판도 함께 받는다.
④ 비정부조직은 국가와 같은 강제력이 없기에 자원을 안정적으로 확보하기 어렵다. 이에 따라 자원을 가장 많이 제공하는 집단에 의해서 그 활동이 제약받을 수 있다.

답 | ①

2. 오늘날 시민사회조직에 대한 설명으로 가장 적합하지 않은 것은? 10. 국가직 9급

① 정부와 비정부조직 간에 적대적 관계보다는 서로의 존재를 인정하는 동반자적 관계가 점차 확산되고 있다.
② 비정부조직이 생산하는 공공재나 집합재의 생산비용을 정부가 지원하는 경우에는 정부와 대체적 관계를 형성한다.
③ 비영리조직이 지닌 특징으로는 자발성, 자율성, 이익의 비배분성 등이 있다.
④ 정부가 지지나 지원의 필요성을 위해 특정한 비정부조직 분야의 성장을 유도하여 형성된 의존적 관계는 개발도상국에서 많이 나타난다.

정답해설 대체적 관계는 국가가 제공하지 못하는 공공재를 NGO가 공급하는 모형이다. 생산비용을 정부가 지원하는 것은 보완적 관계이다.

오답해설 ① 동반자적 관계는 독립된 파트너로서 상호 협력하는 관계로 가장 바람직한 관계에 속한다.
③ 비정부조직은 공공의 이익을 추구하기 위한 비정파적이고 비영리적이며 자발적인 민간조직으로, 다원화되고 분권화된 현대 사회에 있어 공공부문과 시장부문이 담당하지 못하는 분야를 중심으로 그 활동 영역을 넓혀가고 있으며, 회원가입의 비배타성, 자발적 참여, 자원봉사, 공익의 추구 등을 특징으로 한다.
④ 의존적 관계는 정부가 NGO의 성장을 유도하고 육성하는 관계로 개발도상국에서 많이 나타나는 모형이다.

답 | ②

Theme 13 「비영리민간단체 지원법」의 주요 내용   C

① 지원을 받고자 하는 비영리민간단체는 그의 주된 공익활동을 주관하는 중앙행정기관의 장, 시·도지사나 특례시의 장에게 등록을 신청하여야 하며, 등록신청을 받은 중앙행정기관의 장, 시·도지사나 특례시의 장은 그 등록을 수리하여야 한다.
② 행정안전부장관, 시·도지사나 특례시의 장은 공익활동에 참여하는 비영리민간단체에 대하여 필요한 행정지원 및 이 법이 정하는 재정지원을 할 수 있다.
③ 행정안전부장관, 시·도지사나 특례시의 장은 등록된 비영리민간단체에 다른 법률에 따라 보조금을 교부하는 사업 외의 사업으로서 공익활동을 추진하기 위한 사업의 소요경비를 지원할 수 있다.
④ 지원하는 소요경비의 범위는 사업비를 원칙으로 한다.
⑤ 등록비영리민간단체가 공익사업을 추진하기 위하여 보조금을 교부받고자 할 때에는 사업계획서를 해당 회계연도 2월 말까지 행정안전부장관, 시·도지사나 특례시의 장에게 제출하여야 한다.
⑥ 등록비영리민간단체는 사업계획서에 따라 사업을 완료한 때에는 다음 회계연도 1월 31일까지 사업보고서를 작성하여 행정안전부장관, 시·도지사나 특례시의 장에게 제출하여야 하며, 사업평가, 사업보고서 및 평가결과의 공개 등에 필요한 사항은 행정안전부령으로 정한다.

- 등록비영리민간단체는 공익사업의 소요경비를 지원받을 수 있으며, 소요경비의 범위는 사업비를 원칙으로 한다. 24. 국가직 9급
- 등록비영리민간단체가 공익사업 추진의 보조금을 교부받고자 할 때에는 사업의 목적과 내용, 소요경비, 기타 필요한 사항을 기재한 사업계획서를 제출해야 한다. 24. 국가직 9급

> 바로 확인문제

1. 「비영리민간단체 지원법」상 정부의 비영리민간단체 지원에 대한 설명으로 옳지 <u>않은</u> 것은?

24. 국가직 9급

① 비영리민간단체는 영리가 아닌 공익활동을 수행하는 것을 주된 목적으로 하는 민간단체이어야 한다.
② 등록비영리민간단체는 공익사업의 소요경비를 지원받을 수 있으며, 소요경비의 범위는 사업비를 원칙으로 한다.
③ 등록비영리민간단체가 공익사업 추진의 보조금을 교부받고자 할 때에는 사업의 목적과 내용, 소요경비, 기타 필요한 사항을 기재한 사업계획서를 제출해야 한다.
④ 등록비영리민간단체는 보조금을 받아 수행한 공익사업을 완료한 때에는 사업보고서를 대통령에게 제출해야 하며, 사업평가, 사업보고서 및 평가결과의 공개 등에 필요한 사항은 대통령령으로 정한다.

정답해설 등록비영리민간단체는 사업계획서에 따라 사업을 완료한 때에는 다음 회계연도 1월 31일까지 사업보고서를 작성하여 행정안전부장관, 시·도지사나 특례시의 장에게 제출하여야 하며, 사업평가, 사업보고서 및 평가결과의 공개 등에 필요한 사항은 행정안전부령으로 정한다.

오답해설 ① 「비영리민간단체 지원법」에서 정의하는 비영리민간단체의 개념이다.
② 행정안전부장관, 시·도지사나 특례시의 장은 등록된 비영리민간단체에 다른 법률에 따라 보조금을 교부하는 사업 외의 사업으로서 공익활동을 추진하기 위한 사업(공익사업)의 소요경비를 지원할 수 있으며, 지원하는 소요경비의 범위는 사업비를 원칙으로 한다.
③ 등록비영리민간단체가 공익사업을 추진하기 위하여 보조금을 교부받고자 할 때에는 사업의 목적과 내용, 소요경비, 기타 필요한 사항을 기재한 사업계획서를 해당 회계연도 2월 말까지 행정안전부장관, 시·도지사나 특례시의 장에게 제출하여야 한다.

답 | ④

Theme 14 공동생산(co-production)   C

(1) 의의

① 공동생산이란 공공서비스의 생산과 분배에 있어 시민(→ 소비자)들의 생산적 참여를 말한다.
② 그러나 어디까지나 공동생산자로서의 시민이지 정규생산자로서 시민을 의미하는 것은 아니다.
③ 예: 화재경보기 작동, 범죄신고, 쓰레기수거, 자율방범활동 등

구분	전통적 시민참여	공동생산
등장배경	행정통제	서비스 생산
역할	자문	생산 및 집행
정부와 관계	갈등	상호협력(→ 보완)
정책과정	정책결정과정	정책집행과정

(2) 대두배경

① 관료제의 비효율성에 대한 비판적 시각을 기초로 하며, 재정확대를 수반하지 않으면서 공공서비스를 확보할 수 있어 시장실패와 정부실패를 동시에 극복할 수 있는 가능성을 제시한다.
② 자원의 절약과 관련하여 대두되었으며, 일반적으로 사적 영역과 공적 기능이 결합되는 부문에서 공동생산이 가능하다. 즉, 모든 서비스 영역에 시민공동생산이 가능한 것은 아니다.
③ 특히, 브루더니(J. Brudney)와 잉글랜드(R. England)는 정책집행부문에서 이루어지기 쉬운 것이라고 주장하였다.

(3) 유형

① 개인적 공동생산: 조직화되지 못한 개인 차원의 공동생산
② 집단적 공동생산: 시민과 공공기관과의 상호협조를 통한 공동생산
③ 집합적(→ 총체적) 공동생산: 서비스의 생산에 기여하지 않는 사람들도 서비스의 향유로부터 배제하지 않는 공동생산[→ 무임승차(free rider)의 발생]

• 집합적 공동생산(collective co-production)은 시민들의 참여도에 관계없이 혜택이 공통으로 돌아가게 한다는 재분배적 사고가 기저에 있다. 22. 군무원 7급

바로 확인문제

1. 지방공공서비스 공급과 관련된 설명으로 옳지 <u>않은</u> 것은? 13. 지방직 7급

① 영국에서는 의무경쟁 입찰제도가 최고가치 정책으로 전환되었다.
② 사바스(E. S. Savas)의 분류에 따르면, 계약·허가·보조금 등은 지방정부가 공급을 결정하고 민간부문이 생산을 담당하는 공급유형에 속한다.
③ 니스카넨(W. Niskanen)의 예산극대화 모형에 따르면, 관료들의 행태 때문에 지방정부의 예산규모가 사회적으로 효율적인 수준보다 더 커질 수 있다.
④ 시민공동생산의 논의는 시민과 지역주민을 정규생산자로 파악하는 데에서 출발한다.

정답해설 시민공동생산은 소비자인 시민이 생산에 참여하는 것이지 시민이 공공서비스의 정규생산자는 아니다.

오답해설 ① 영국의 대처 수상에 의해 도입된 의무경쟁 입찰제도는 2000년 최고가치제도(Best Value)로 전환되었다. 최고가치제도(Best Value)는 지방정부의 공공서비스를 중앙정부가 매년 성과를 평가하여 우수 기관에는 권한 및 재정을 이양하고 미달된 기관은 공공서비스 공급권한을 축소하는 방식이다. 강제 경쟁이 아닌 자율적 경쟁 입찰 방식을 채택하여 지방정부는 서비스 공급을 민간에 의해 수행할 것인지 아니면 행정조직에 의해 수행할 것인지를 선택한다. 다만 매년 성과평가를 통해 기준에 미달한 지방정부는 서비스 공급권한을 민간에 이양하여야 한다.
② 사바스는 공공서비스 공급에서 공급의 결정(provision)과 생산(production)을 구분했다. 계약(민간위탁), 허가(프랜차이즈), 보조금 방식은 정부가 서비스 공급을 결정하고 재원을 부담하지만(provision), 서비스의 실제 생산(production)은 민간 부문이 담당하는 유형에 해당한다.
③ 니스카넨(W. Niskanen)에 의하면 정부의 예산규모는 사회적으로 바람직한 수준보다 2배 커진다.

답 | ④

Theme 15　숙의민주주의(→ 심의민주주의)

① **의의**: 투표 혹은 선택 이전에 이루어지는 이성과 논리 등에 근거한 깊이 있는 숙고의 과정
② **논의배경**: 기존 민주주의의 한계(→ 숙의의 실패)
③ **구성요소**: 대표성, 참여, 정보와 지식, 숙의시간 등
④ **피쉬킨(J. Fishkin)**: 정보, 실질적 균형, 다양성, 양심성, 동등한 고려
⑤ **방법**: 공론조사, 협의회의, 시민회의, 주민배심 등

바로 확인문제

1. 정부신뢰 및 시민참여에 대한 설명으로 옳은 것만을 모두 고르면?   23. 국가직 7급

> ㄱ. 도덕성 확보, 정책 내용의 일관성 유지, 정부 역량은 모두 정부신뢰의 구성인자이다.
> ㄴ. 정부와 시민 간의 신뢰 유형 중 신탁적 신뢰는 대칭적 관계에서 형성된다.
> ㄷ. 시민들이 기피하는 시설의 건설 추진 여부에 대한 공론조사에서 시민대표단을 구성하여 토론하는 것은 숙의민주주의의 사례이다.

① ㄱ
② ㄱ, ㄷ
③ ㄴ, ㄷ
④ ㄱ, ㄴ, ㄷ

정답해설　ㄱ. 신뢰성의 차원은 피신뢰자(정부) 측면과 신뢰자(국민) 측면으로 나뉘는데 정부능력, 권력의 정당성, 정책의 일관성, 행정의 공개성 등은 피신뢰자 측면의 구성요소이다.
ㄷ. 숙의민주주의란 투표 혹은 선택 이전에 이루어지는 이성과 논리 등에 근거한 깊이 있는 숙고의 과정으로 대표성, 참여, 정보와 지식, 숙의시간 등을 구성요소로 하며, 공론조사, 협의회의, 시민회의, 주민배심 등이 이에 속한다.

오답해설　ㄴ. 신뢰는 신탁적 신뢰와 상호적 신뢰로 나뉘는데 신탁적 신뢰는 주인-대리인 관계에서 나타나는 신뢰처럼 정보비대칭에 기반하여 주인이 대리자에 전적으로 의존하는 신뢰를 말하고, 상호적 신뢰는 지속적인 교환과 대면접촉으로 형성되므로 정보비대칭성이 상대적으로 약하다.

답 | ②

Theme 16 여론조사와 공론조사

(1) 여론조사와 공론조사

구분	여론조사	공론조사
개념	순간적인 인식수준의 진단	여론조사 + 숙고의 과정
방법	전화, 우편, 웹사이트 등 수동적 참여	과학적 표본추출기법 학습 및 토론과 능동적 참여
결과	고정된 선호의 단순 취합(aggregation)	학습 및 토론을 통한 선호의 변경
장점	많은 수의 시민을 대상으로 의견수렴	학습과 토론을 통한 신중한 의사결정
단점	단순하고 피상적인 의견수렴 대표성과 정확성 결여	많은 비용 및 시간 소요, 탈락자의 발생 적은 표본, 집단 내 다수의견의 동조현상

- 공론조사는 여론조사에 숙의와 토론과정을 보완한 것으로, 정제된 국민여론을 수렴하는 방법이라고 할 수 있다. 18. 지방직 7급
- 공론조사는 조사 대상자들을 한곳에 모아 일정 기간 동안 공론화 과정을 거쳐야 하기 때문에 비용과 시간이 많이 든다. 18. 지방직 7급
- 우리나라에서도 공공정책의 결정과정에서 공론조사를 도입하여 활용한 사례가 있다. 18. 지방직 7급

(2) 공론조사의 절차

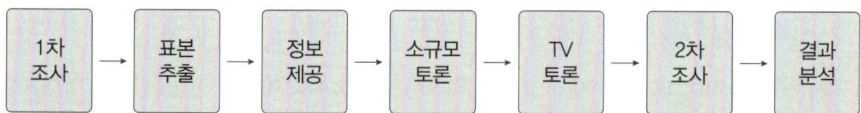

1차 조사 → 표본 추출 → 정보 제공 → 소규모 토론 → TV 토론 → 2차 조사 → 결과 분석

바로 확인문제

1. 공론조사(deliberative polling)에 대한 설명으로 옳지 않은 것은? 18. 지방직 7급

① 우리나라에서도 공공정책 결정과정에서 공론조사를 도입하여 활용한 사례가 있다.
② 공론조사는 여론조사에 숙의와 토론과정을 보완한 것으로, 정제된 국민여론을 수렴하는 방법이라고 할 수 있다.
③ 공론조사는 조사 대상자가 중간에 탈락하는 경우가 적기 때문에 대표성 측면에서 일반 여론조사보다 우위에 있다.
④ 조사 대상자들을 한곳에 모아 일정 기간 동안 공론화 과정을 거쳐야 하기 때문에 비용과 시간이 많이 든다.

정답해설 공론조사는 조사 기간이 상대적으로 장기이므로 조사 중간에 대상자가 탈락할 가능성이 높다.
오답해설 ① 우리나라의 경우 신고리 5·6호기 원자력발전소 공사의 중단을 놓고 공론조사를 활용하였다
② 공론조사는 여론조사를 거쳐 선정된 대표자들이 숙의와 토론과정을 통해 의견을 교환하고 수정하므로 여론조사에 비하여 정제된 국민여론을 수렴하기 용이하다.
④ 공론조사는 복잡한 절차로 인해 비용과 시간이 많이 든다.

답 | ③

CHAPTER 04 행정학의 접근방법

> 기선 제압

Theme 01 존재론과 인식론

(1) **존재론**(ontology) → 탐구하고자 하는 현상의 본질에 관한 논의

① 실재론(realism): 사회현상이 행위자와 독립적으로 존재한다는 결정론적 입장(→ 인식의 대상은 행위자의 의식 이전에 이미 주어져 있다는 주장)

② 유명론(nominalism): 사회현상의 의미를 행위자가 구성한다는 임의론적 입장(→ 구성주의, 인식의 대상은 행위자의 인식 안에서만 존재한다는 주장)

(2) **인식론**(epistemology) → 현상으로부터 지식을 획득하는 방법에 관한 논의

① 실증주의(positivism): 경험적 검증으로 확인된 객관적 지식의 강조
② 반실증주의(anti-positivism): 상황적 해석으로부터 도출된 주관적 인식의 강조

구분	실증주의(→ 객관주의)	반실증주의(→ 주관주의)
연구목적	설명과 예측 및 통제	의도의 이해 및 해방과 실천
존재론	실재론	유명론
인식론	객관론	주관론
인간본성	결정론	임의론
연구지향	보편적 법칙의 정립	개별사례적 접근

• 실증주의 접근방법은 행정연구의 과학화를 추구하는 접근방법이다.
12. 국회직 8급

Theme 02 행정학의 학문적 특징 → 왈도(D. Waldo)

① 사회과학의 분과학문: 사회과학의 기본적 연구방법론의 공유
② 응용학문: 사회문제의 해결을 목적으로 하는 처방적 학문
③ 종합학문: 인접 학문과의 활발한 교류(→ 행정현상의 복합성 + 응용학문적 성격)
④ 전문직업적 학문: 관리자, 실무가 등 전문가의 육성을 목적으로 하는 학문(→ 전문성과 윤리성)

Theme 03 베일리(S. Bailey)의 행정이론의 분류

① 전제적·가정적 이론: 현상의 발생에 있어 전제조건을 탐구하는 이론
② 기술적·설명적 이론: 현상을 사실 그대로 기술하고 설명하는 과학적 이론[→ 무엇(what)과 왜(why)에 관한 이론]
③ 규범적 이론: 바람직한 상태를 처방하는 이론(→ 옳은 것과 좋은 것에 관한 이론)
④ 수단적 이론: 바람직한 상태를 실현하기 위한 방법에 관한 이론[→ 어떻게(how)와 언제(when)에 관한 이론]

Theme 04 행정학의 정체성 위기

(1) 개념
① 정체성: 타학문(→ 특히 정치학)과 구별되는 독자적 연구영역 및 연구방법의 존재 여부
② 논의배경: 행정학의 분화과정에서 다양한 인접학문의 침투가 진행되면서 논의
③ 정치행정이원론: 정체성에 대한 확고한 인식(→ 관리과학으로서 행정학)
④ 정치행정일원론: 정체성의 위기(→ 정치학과 구별의 모호성)

(2) 원인
① 왈도(D. Waldo): 분과학문으로서 한계
② 오스트롬(V. Ostrom)과 헨리(N. Henry): 패러다임(→ 한 학문분야의 지배적인 관점)의 부재

(3) 극복 방안
① 왈도(D. Waldo): 전문직업성(professional)의 확립(→ 전문성과 윤리성)
② 리그스(F. Riggs): 행정학과 정치학의 보완
③ 오스트롬(V. Ostrom): 민주행정 패러다임(→ 공공선택론)의 도입

Theme 05 역사적 접근방법

① 현대의 정치적 사건과 행정적 사건들을 자세하게 묘사하는 일종의 사례연구이다.
② 거시적 접근법: 인간 정신의 역사성과 지식의 상대성을 강조하며, 과거에 대한 이해를 통해 현재를 좀 더 효과적으로 설명할 수 있다고 가정한다.
③ 또한 사회 현상의 설명에 있어 과학적 연구방법보다는 해석학적 방법을 활용한다.
④ 사건·기관·제도·정책 등의 기원과 발전과정을 기술하는 발생론적 설명방식을 취하며, 각종 정치·행정제도의 성격과 그 제도가 형성된 특수한 방법을 인식하는 수단을 제공한다.

- 역사적 접근방법의 연구는 일종의 사례연구가 된다. 08. 서울시 9급

- 역사적 접근방법은 각종 정치·행정제도의 진정한 성격과 그 제도가 형성되어온 특수한 방법을 인식하는 수단을 제공한다. 08. 서울시 9급

> **바로 확인문제**
>
> 1. 다음은 행정학의 접근방법 중 하나를 설명하고 있다. 아래 설명에 가장 가까운 접근방법은?
> 08. 서울시 9급
>
> - 각종 정치·행정제도의 진정한 성격과 그 제도가 형성되어온 특수한 방법을 인식하는 수단을 제공한다.
> - 그 결과 이들 연구는 일종의 사례연구가 된다.
>
> ① 법률적·제도론적 접근방법　　② 관리기능적 접근방법
> ③ 생태론적 접근방법　　　　　④ 역사적 접근방법
> ⑤ 행태론적 접근방법
>
> **정답해설** 다음의 설명은 행정학의 접근방법 중 역사적 접근방법의 특징이다.
>
> 답 | ④

Theme 06　법률·제도적 접근방법

① 행정과정의 합법성과 법률에 기반을 둔 제도를 강조하는 접근방법이다.
② 공식적 구조와 미국의 삼부(→ 입법부·사법부·행정부)에게 부여된 법적 권한 및 책임에 대한 공식적 분석과 특히 일반시민에 대한 책임성의 확보방안에 초점을 두었다.
③ 초기에는 역사적 접근법과 법률적 접근법에 대한 반발로 형성되었으나, 결국 행정의 각종 제도는 법률에 기반을 두고 있기 때문에 법률·제도적 접근방법으로 불린다.
④ 그러나 공식적인 제도의 이면에 존재하는 동태적 측면을 파악하기 어렵고, 제도와 실제 간의 괴리가 발생할 경우 적용하기 곤란하다는 한계를 지닌다.

- 각 국에서 채택된 정책의 상이성과 효과를 역사적으로 형성된 제도에서 찾으려는 것은 제도주의 접근의 한 방식이다. 　18. 국회직 8급
- 법적·제도적 접근방법은 연구가 지나치게 기술적(descriptive) 수준에 머물고 정태적이라는 비판에 부딪혔다. 　17. 국회직 8급

Theme 07　관리적 접근방법과 정치적 접근방법

(1) 관리적 접근방법 → 기술적 행정학

① **공사행정일원론**: 공행정과 사행정의 구별을 극소화하려는 입장
② **정치행정이원론**: 행정에 의한 정책결정기능의 부인
③ 공직임용에 있어 정치적 엽관주의 배제와 실적주의 도입의 강조
④ 정치가가 아닌 관리자로서 공무원, 행정의 기본적 가치로서 효율성 강조

(2) 정치적 접근방법 → 기능적 행정학

① 민주주의의 핵심인 책임성과 공무원의 반응성을 확보하려는 접근방법
② 기본적 이념: 대표성, 반응성, 책무성 등
③ 행정구조 내부의 정치적 다원주의 강조

④ 전문가나 과학적 인식보다는 일반시민이나 이익집단의 참여 강조

구분	관리적 접근방법	정치적 접근방법	법적 접근방법
인식체계	과학적 방법	여론, 타협과 합의	재결
개인시관	일반화된 사례	집단의 일원	구체적 사례
조직·가치	관료제, 능률성	대표성, 책임성, 민주성	합법성, 공평성
예산제도	합리주의 예산	점증주의 예산	권리기초 예산
학자	윌슨, 화이트, 테일러	세이어, 애플비	굿노

바로 확인문제

1. 미국의 관리과학으로서 주류 행정학에 대한 설명으로 가장 옳지 <u>않은</u> 것은? 18. 서울시 7급(상)

① 1920년대와 1930년대의 미국 행정학은 능률에 기초한 관리를 주장하였다.
② 미국 태프트 위원회에서 사용한 절약과 능률은 행정관리의 성과를 평가하는 가치 기준이 됐다.
③ 브라운 위원회에서 제시된 능률적인 관리활동은 POSDCoRB로 집약된다.
④ 관리과학으로서 주류 행정학은 대공황과 뉴딜(New Deal) 정책 이후에도 미국 행정학에서 지배적인 자기 정체성을 유지했다.

정답해설 관리과학으로서 주류 행정학은 대공황과 뉴딜(New Deal) 정책 이후 정치행정일원론의 대두와 함께 행정학의 정체성 위기를 맞이하게 된다.

답 | ④

Theme 08 헤디(T. Heady)의 신생국 행정체제의 특징 C

① 제도적 모방성, 형식과 실제의 괴리(→ 형식주의)
② 발전지향적인 인재의 부족과 부패의 만연
③ 관료제 운영의 자율성(→ 관료제에 대한 통제장치의 미약)

Theme 09 프리즘 사회의 특징 B

① 형식주의(formalism): 형식적 법규와 사실상 법규의 적용과 집행의 불일치
② 표리부동성(double-talk): 법령 등의 표면적 의미와 실제 의도와의 차이
③ 이질혼합성(heterogenity): 전통적 요소와 현대적 요소의 혼재
④ 기능의 중첩(overlapping): 공식적으로는 분화되어 있으나 실제로는 중복
⑤ 다분파주의·파벌주의: 다수의 적대적 공동체의 존재에 따른 대립과 갈등

• 리그스(F. Riggs)의 프리즘적 모형(prismatic model) 프리즘적 사회의 특성으로서는 고도의 이질성, 형식주의 등이 있다. 22. 경찰간부

⑥ 연고우선주의(nepotism): 가족과 친족관계에 의한 관직 임용
⑦ 가치의 응집: 소수 엘리트에 의한 권력, 명예, 부와 같은 가치의 독점
⑧ 모순상용성(ambivalence): 현대규범과 전통규범의 중첩 및 판단의 일관성 결여
⑨ 양초점성(bifocalism): 권한과 통제의 괴리(→ 법적으로는 미약, 실제로는 큼)
⑩ 상향적·하향적 누수(적하): 세입과정에서의 부정과 세출과정에서의 부정
⑪ 전략적 지출: 관료 사회의 상하 간에 이루어지는 상납금 등
⑫ 가격의 불확정성(bazaar canteen): 시장 외적으로 가격이 결정되는 현상
⑬ 천민(pariah) 기업가: 경제윤리가 아닌 편법에 의한 이윤추구(→ 정경유착)
⑭ 의존증후군: 권력자는 권력을 이용하여 기업으로부터 재화를 수탈하고 기업은 권력에 기대 생존하는 현상

바로 확인문제

1. 리그스(F. Riggs)의 프리즘 모형(Prismatic Model)에서 설명하는 프리즘 사회의 특성으로 옳지 <u>않은</u> 것은?

15. 국가직 7급

① 고도의 이질혼합성
② 형식주의
③ 고도의 분화성
④ 다규범성

정답해설 고도의 분화(↔ 융합)는 선진국 행정체제의 특징이다.

오답해설 ① 이질혼합성(heterogenity)이란 전통적 요소와 현대적 요소의 혼재를 말한다.
② 형식주의(formalism)란 형식적 법규와 사실상 법규의 적용과 집행의 불일치를 말한다.
④ 다규범성 또는 모순상용성(ambivalence)이란 현대적 규범과 전통적 규범의 중첩 및 판단의 일관성 결여를 말한다.

답 | ③

Theme 10 파슨즈(T. Parsons)의 문화유형론

선진사회	후진사회
① 비정의성(affective neutrality) ② 개인지향 ③ 보편성, 실적성 ④ 특정성(specificity)	① 정의성(affectivity) ② 집단지향 ③ 배타성(→ 특수성), 귀속성 ④ 산만성(diffuseness)

Theme 11 우리나라 행정문화의 특징

① 형식주의: 겉과 속이 부합되지 않은 행태
② 권위주의: 위계질서와 지배·복종의 관계를 중시하는 문화(→ 권력격차가 큰 문화)

③ 연고주의: 혈연·지연·학연 등과 같은 1차 집단의 유대를 중시하는 문화
④ 온정주의(→ 정의성): 인정·우정·의리 등과 같은 감성적 유대를 중시하는 문화
⑤ 순응주의: 외재적으로 설정된 조건에 맹종하는 문화
⑥ 일반능력자주의(↔ 전문가주의): 모든 일을 상식 수준에서 해결할 수 있다고 믿는 성향 (→ 역할의 분화와 전문화보다는 통합과 융통성 중시)

Theme 12 체제의 기능 → 파슨즈(T. Parsons)   B

① **적응기능**(Adaptation): 경제제도가 담당, 자원획득과 배분기능
② **목적달성기능**(Goal): 정치와 행정제도가 담당, 목표의 구체화 및 갈등의 조정기능
③ **통합기능**(Integration): 경찰과 사법제도가 담당, 일탈의 규제 및 상호조정기능
④ **형상유지기능**(Latency): 교육과 문화제도가 담당, 체제유지기능

• 파슨스(T. Parsons)의 조직유형 중 조직체제의 목표달성기능과 관련된 유형은 정치조직이다.   20. 군무원 9급

한 번 더 정리 체계론적 접근방법

생물학		↔	사회현상	
호흡	소화		적응	목표달성
순환	번식		통합	형상유지

바로 확인문제

1. 파슨즈(T. Parsons)가 제시한 사회적 기능, 각 기능을 수행하는 조직유형, 그리고 각 조직 유형별 예시를 모두 바르게 연결한 것은?   15. 지방직 7급

① 적응(adaptation)기능 - 교육조직 - 학교
② 목표달성(goal attainment)기능 - 정치조직 - 행정기관
③ 통합(integration)기능 - 통합조직 - 종교단체
④ 잠재적 형상유지(latent pattern maintenance)기능 - 경제조직 - 민간기업

> **정답해설** 목표달성기능은 사회체제의 목표를 결정하고 순서를 정하여 그 달성을 촉진하는 것으로, 행정조직이나 정당과 같은 정치조직이 이를 담당한다.
>
> **오답해설** ① 적응기능은 사회체제의 환경에 대한 적응을 수행하는 것으로, 재화의 생산과 배분에 종사하는 경제조직이 이를 담당한다.
> ③ 통합기능은 체계 내부의 협동적이고 조화된 사회적 관계를 보장하는 것으로, 구성원들의 관계를 통제하거나 사회적 규범을 창조하고 유지하는 사법조직이나 경찰조직 및 정신병원 등이 이를 담당한다.
> ④ 형상유지기능은 사회체제를 유지하거나 문화적 가치를 창조하는 것으로, 문화적이고 교육적인 기능과 밀접한 관련이 있는 교육조직이나 문화조직 등이 이를 담당한다.
>
> 답 | ②

Theme 13 생태론과 체제론

구분	생태론	체제론
차이점	① 후진국 행정현상의 설명 ② 중범위이론	① 선진국 행정현상의 설명 ② 일반이론 추구
공통점	① 과학성 강조 ② 개방체제: 종속변수로서 행정(→ 행정의 능동성 간과)	

Theme 14 현상학적 접근방법의 주요 학자

① 슈츠(A. Schutz)의 관료제 인식: 관료제 내의 행동들을 우리-관계와 그들-관계로 구분한 후, 베버(M. Weber)의 관료제는 그들-관계에 의해 지배된다고 주장하였다.
② 커크하트(L. Kirkhart)의 연합조직 모형: 슈츠(A. Schutz)의 우리-관계를 바탕으로 베버(M. Weber)의 이념형 관료제를 프로젝트팀의 구성, 계층제가 아닌 다양한 권위구조의 형성, 개방적 의사전달체계, 조직 내 고객대표체계의 확립, 비경쟁성과 상호신뢰 등으로 재구성하고자 하였다.
③ 하몬(M. Harmon)의 행위이론(action theory): 관료제에 대한 대안으로 실천성, 능동적 인간, 상호공존, 고객에 대한 대응, 행정인의 적극적 책임성 등을 제시하였다.

• 행위이론(action theory)을 주장한 하몬(M. Harmon)은 해석사회학, 현상학, 상징적 상호주의 및 반실증주의의 입장에서 행정을 다루었다.
11. 국회직 8급

Theme 15 공공선택론의 주요 모형

(1) 적정 참여자 모형
① 만장일치는 집행비용(→ 외부비용)은 낮출 수 있으나 결정비용(→ 내부비용)이 높아지며, 단독결정은 결정비용은 낮출 수 있으나 집행비용이 높아진다.
② 이에 따라 적정 참여자 수는 의사결정비용(→ 내부비용)과 집행비용(→ 외부비용)의 합이 가장 작은 규모이다.

(2) 중위투표자이론
① 양당체제하에서는 표의 극대화를 위해서 극단적인 정책보다는 중도계층이 선호하는 정책이 채택된다는 다운스와 호텔링의 이론이다.
② 결론적으로 극단적 선호를 가진 투표자들은 지지 정당을 상실하게 되며, 중위투표자의 선택이 경제적으로 효율적인 수준을 보장하지도 못한다.
③ 그러나 투표자 선호의 개별적 강도와 크기를 고려하지 않았고, 선택에 소요되는 비용을 전혀 고려하지 않는다는 비판이 있다.

• 중위투표자이론(median vote theorem)도 공공선택론의 일종이다.
21. 군무원 9급

(3) 니스카넨(W. Niskanen)의 예산극대화가설
① 예산극대화가설은 관료들이 국가나 부서의 이익보다는 자신의 이익을 극대화하기 위해

• 니스카넨(W. Niskanen)은 '관료는 예산극대화를 추구한다.'라고 주장하였다.
21. 경찰승진

부서의 예산규모를 확대한다는 이론이다.
② 그에 의하면 관료는 공공재의 공급자이고 정치가는 공공재의 구매자이며, 양자는 쌍방독점인 상황에 놓여 있다.
③ 그리고 정치가는 사회후생의 극대화[→ 순편익의 극대화(→ 수요와 공급의 균형)]를 추구하여 한계편익곡선과 한계비용곡선이 교차하는 점에서 공공서비스를 공급하려고 하지만, 보다 많은 정보를 보유한 관료는 이를 이용하여 자신의 효용을 극대화하려 한다.
④ 그 결과 정부의 산출물은 총편익과 총비용이 일치하는 지점(→ 순편익=0)까지 확대되어, 결국 적정 생산수준보다 2배 과잉생산되는 비효율성이 발생한다.

- 니스카넨(W. Niskanen)에 따르면 최적의 서비스 공급 수준은 한계편익과 한계비용이 일치하는 수준에서 결정된다. 20. 국가직 7급

(4) 던리비(P. Dunleavy)의 관청형성론(1991)

① 의의
  ㉠ 니스카넨(W. Niskanen)의 예산극대화가설을 비판하면서, 예산의 증가에 따른 관료의 효용은 예산의 유형과 부서의 유형에 따라 상이함을 주장한 이론이다.
  ㉡ 그는 예산의 유형을 핵심예산, 관청예산, 사업예산, 초사업예산으로 구분한 후 고위관료들은 민간부문에 직접 지불되는 관청예산의 증대는 선호하지만 다른 공공기관에 넘어가고 이를 통제해야 하는 사업예산은 선호하지 않는다고 주장하였다.
  ㉢ 즉, 고위관료들은 위험한 영역 이상으로 부서의 팽창을 가져올 수 있는 사업예산의 증대는 선호하지 않는다. 그리고 서비스 전달기관이나 봉사기관 또는 이전기관 등은 예산극대화 동기가 강하지만 사업예산을 관장하는 통제기관은 동기가 약하다.
  ㉣ 또한 고위관료들은 일상적이며 자율성이 낮은 계선기관보다 자율성이 높은 참모기관을 선호한다. 즉, 결정기능이나 권력 중심적 기능 또는 참모기능만 수행하고자 한다.
  ㉤ 이에 따라 책임이나 통제가 수반되는 일상적인 집행기능은 준정부나 외부계약으로 이전되고, 정부의 기능이 다양한 관청으로 분봉(→ 분권화)되어 정부팽창은 은폐되고 통제와 책임은 약화된다.

- 던리비(P. Dunleavy)의 관청형성모형은 니스카넨(W. Niskanen)의 예산극대화모형을 비판한 모형이다. 16. 국회직 8급

- 던리비(P. Dunleavy)는 예산의 성격과 기관의 유형 등에 따라 고위관료들이 예산극대화 행동에 소극적일 수 있다고 주장한다. 23. 경찰간부

② 예산의 유형
  ㉠ **핵심예산**: 기관자체의 운영비[→ 전달기관(→ 관료제), 조세기관, 봉사기관, 규제기관], 중·하위관료들이 선호
  ㉡ **관청예산**: 핵심예산 + 직접 민간부문에 지출하는 예산(→ 이전기관, 계약기관), 고위관료들이 선호
  ㉢ **사업예산**: 관청예산 + 다른 공공기관에 이전하는 예산(→ 통제기관)
  ㉣ **초사업예산**: 사업예산 + 영향을 미칠 수 있는 다른 공공기관의 예산

> 바로 확인문제

1. 니스카넨(W. Niskanen)의 예산극대화모형(budget-maximization model)에 대한 설명으로 옳지 않은 것은? 11. 지방직 7급

① 정치가는 사회후생의 극대화를 추구한다고 가정한다.
② 정치가는 총편익과 총비용의 차이인 순편익이 최대가 되는 수준에서 공공서비스를 공급하려 한다고 본다.
③ 관료는 자신의 효용을 극대화하려는 합리적 경제인이라고 가정한다.
④ 관료는 한계편익곡선과 한계비용곡선이 교차하는 점에서 공공서비스를 공급하려 한다고 본다.

정답해설 한계편익곡선과 한계비용곡선이 교차하는 점에서 공공서비스를 공급하려고 하는 것은 정치가이다. 그러나 보다 많은 정보를 보유한 관료는 정보비대칭을 이용하여 자신의 효용을 극대화하려 하며, 그 결과 정부의 산출물은 총편익과 총비용이 일치하는 지점(순편익=0)까지 확대되어, 적정 수준보다 2배 과잉생산(배분적 비효율성)된다.

오답해설 ① 니스카넨(W. Niskanen)의 예산극대화모형에 따르면 관료는 공공재 공급자이고, 정치가는 공공재 구매자이며, 양자는 쌍방독점 관계이다. 정치가는 사회후생의 극대화[순편익의 극대화(수요와 공급의 균형점)]를 추구하여 한계편익곡선과 한계비용곡선이 교차하는 점에서 공공서비스를 공급하려고 한다.
② 총편익과 총비용의 차이인 순편익이 최대가 되는 점은 한계비용과 한계편익이 일치하는 사회적 후생이 극대화되는 점으로 정치가가 추구한다.
③ 니스카넨(W. Niskanen)의 예산극대화모형은 경제학적 가정을 바탕으로 이론을 전개한다. 즉, 합리적 경제인, 방법론적 개체주의, 연역적 접근이 예산극대화모형의 기본가정이다.

답 | ④

2. 다음 중 던리비(P. Dunleavy)의 관청형성모형에 대한 설명으로 옳지 않은 것은? 16. 국회직 8급

① 니스카넨(W. Niskanen)의 예산극대화모형을 비판한 모형이다.
② 관료들의 효용은 소속기관이 통제하는 전체 예산액 중 일부에만 관련된다.
③ 고위직 관료는 금전적 편익보다는 수행하는 업무의 성격과 업무환경에서 오는 효용을 증진시키는 데 더 큰 관심을 갖는다.
④ 합리적 관료들은 소규모의 엘리트 중심적이고 정치권력의 중심에 접근해 있는 부서에서 참모 기능의 수행을 원한다.
⑤ 통제기관의 경우 예산이 증가할수록 권력이 커지기 때문에 예산을 증액하려는 성향이 높게 나타난다.

정답해설 통제기관의 주요 예산인 사업예산은 그 증대로 인하여 외부로부터의 감시와 통제 및 책임성의 증대가 동시에 나타나므로 고위관료들은 위험한 영역 이상으로 부서의 팽창을 가져올 수 있는 사업예산의 증대는 선호하지 않는다.

오답해설 ① 던리비(P. Dunleavy)는 예산증가에 따른 관료의 효용은 예산의 유형과 부서의 유형에 따라 상이하다는 것을 강조하면서, 니스카넨(W. Niskanen)의 예산극대화모형을 비판하였다.
② 관료들이 선호하는 예산은 소속기관이 통제하는 모든 예산이 아니고 그중의 일부에만 관련된다.
③ 예산증대에 대한 결정적 영향력은 고위관료가 가장 크지만 그로부터의 순수편익은 하위관료에서 가장 크고 그 과정에서 발생하는 비용은 대부분 고위관료에게 집중된다. 또한 증대된 예산이 봉급인상으로 직결되기도 어렵고 각종 인력제한, 중앙감사 등과 같은 통제장치 또한 고위관료들의 금전적 효용 추구

에 대한 제약으로 작용한다. 이러한 제약조건 하에서 고위관료들은 지위, 특권, 후원력, 영향력, 그리고 그들이 수행하는 직무 자체에 대한 흥미와 같은 비금전적 효용을 보다 강조한다.

답 | ⑤

Theme 16 시차적 접근법 B

① 시차적 접근법은 현상을 발생시키는 속성이나 행태가 주체에 따라 시간적 차이를 두고 변화되는 사실을 사회현상에 적용하는 연구방법[→ 시간의 동태성(→ 상대성) 강조]이다.
② 시차적 접근법은 외국의 제도를 도입하려는 정부개혁이 효과를 거두지 못한 원인을 파악하기 위해 도입되었으며, 제도의 도입과정에서 발생하는 시차적 요소에서 오는 정책실패를 줄이기 위한 방안으로 시간적 리더십을 강조한다.

- 시차이론은 우리나라에서 정책집행이나 정부개혁 과정이 성공을 거두지 못하는 이유를 파악하려는 데서 시작된 접근법이다. 17. 경찰간부

- 시차적 접근방법에 의하면 정책이나 제도의 효과는 어느 정도 숙성시간이 지난 후에 평가하는 것이 보다 합리적이다. 19. 국가직 7급

바로 확인문제

1. 다음 행정이론에 대한 설명으로 옳지 <u>않은</u> 것은? 19. 국가직 7급

> 변화 시작의 시간적 전후관계나 동반관계, 변화과정의 시간적 장단(長短)관계를 사회현상 연구에 적용하는 접근방법이다. 정책이 실제로 실행되는 타이밍, 정책대상자들의 학습시간, 정책의 관련요인들 간 발생순서 등이 정책효과를 다르게 할 수 있다고 주장한다.

① 원인변수와 결과변수 간 인과관계가 원인변수들이 작용하는 순서에 따라 달라지지는 않는다고 본다.
② 정책이나 제도의 도입 이후 어느 시점에서 변경을 시도해야 바람직한 결과를 낳을 것인지에 주목한다.
③ 정책이나 제도의 효과는 어느 정도 숙성시간이 지난 후에 평가하는 것이 보다 합리적이라고 본다.
④ 시차적 요소에 대해 적절하게 고려하지 않아 정부개혁의 실패가 나타난다고 본다.

정답해설 시차적 접근법은 원인변수의 작용 순서에 따라 결과변수와의 인과관계가 달라진다고 본다.
오답해설 ② 시차적 접근법은 정책학 연구에서 시간변수를 중요한 분석요소로 도입하여 원인변수 작동의 시차, 변수들의 역사와 인과관계의 상이성, 인지상의 시차, 업무완결에 걸리는 시차 등을 강조한 이론이다.
③ 시차적 접근법은 현상을 발생시키는 속성이나 행태가 주체에 따라 시간적 차이를 두고 변화되는 사실을 사회현상에 적용하는 연구방법으로, 같은 정책이라 해도 주체에 따라 시간적 차이가 발생할 수 있으므로 새로운 제도의 효과성을 평가하기 위해서는 어느 정도의 숙성기간을 고려하는 것이 바람직하다고 본다.
④ 시차적 접근법은 외국의 제도를 도입하려는 정부개혁이 효과를 거두지 못한 원인을 파악하는 과정에서 도입된 이론이다.

답 | ①

- 사회학적 신제도주의는 제도 간의 동형화(isomorphism)를 인정한다.
  12. 국회직 8급

- 정부의 제도개혁에 선진국의 제도를 도입하여 적용하는 것은 모방적 동형화(mimetic isomorphism)의 예이다.
  20. 지방직 7급

Theme 17 동형화의 유형 B

① **규범적 동형화**: 전문직업에서 작업조건과 방법을 통제하고, 직업적 자율성과 정당성을 획득하기 위한 집합적 노력의 결과물
② **강압적 동형화**: 자신이 속한 조직 또는 자원을 통제하는 다른 조직들로부터 가해지는 공식·비공식 압력에 대한 순응
③ **모방적 동형화**: 불확실한 상황에서 성공사례를 벤치마킹하여 모방하는 과정에서 발생

바로 확인문제

1. 사회학적 신제도주의에 대한 설명으로 옳지 않은 것은? 20. 지방직 7급

① 개인의 행위는 고립된 상태에서 선택되는 것이 아니라 사회관계에 의하여 영향을 받는다는 의미에서 배태성(embeddedness)이라는 개념을 사용한다.
② 조직들이 시장의 압력 속에서 생존하기 위해 경쟁력 있는 조직형태나 조직관리기법을 합리적으로 선택하는 것은 규범적 동형화(normative isomorphism)의 예이다.
③ 정부의 규제정책에 따라 기업들이 오염방지장치를 도입하거나 장애인 고용을 확대하는 것은 강압적 동형화(coercive isomorphism)의 예이다.
④ 정부의 제도개혁에 선진국의 제도를 도입하여 적용하는 것은 모방적 동형화(mimetic isomorphism)의 예이다.

정답해설 시장의 압력 속에서 생존하기 위해 경쟁력 있는 조직형태나 조직관리기법을 선택하는 것은 강압적 동형화이다.

오답해설 ① 배태성이란 어떤 현상이나 사물이 발생하거나 일어나는 원인을 담고 있다는 의미로, 무엇인가를 야기할 수 있는 능력과 관련된다.
③ 정부의 규제정책과 같은 압력에 의해 동형화되는 것은 강압적 동형화이다.
④ 모방적 동형화는 불확실한 상황에서 성공사례를 벤치마킹하여 모방하는 과정과 관련된다.

답 | ②

CHAPTER 05 행정학의 주요이론

Theme 01 관방학(Kameralismus) C

(1) 의의

① 관방학이란 16~18세기 통일국가를 완성하고 부국강병을 달성하기 위한 절대군주의 통치기술로, 행복촉진주의 복지국가관에 입각한 독일식 중상주의이자 왕실재정의 확충과 사용에 초점을 둔 재정학적 성격이 강한 학문이다.
② 관방학은 프랑크푸르트대학의 관방학과 설치(1727)를 기준으로 전기와 후기로 구분되는데, 정부의 공식기구와 기능뿐만 아니라 관료의 행동윤리 등에도 연구의 초점을 두었다.

(2) 전기 관방학

① 이론적 기반: 신학
② 대표적 학자: 젝켄도르프의 「독일군주국가론」(1652)
③ 특징: 왕실재정과 국가재정의 미분리, 국가의 기능과 학문의 미분화

(3) 후기 관방학

① 이론적 기반: 계몽주의와 자연법 사상
② 대표적 학자: 유스티의 「경찰학 원리」(1765)
③ 특징: 왕실재정과 국가재정의 분리, 국가의 기능과 학문의 분화(→ 재정학, 정치학, 경찰학 등)
④ 정치학: 국가재산 유지의 전제가 되는 대내·외적 안전에 관한 학문
⑤ 경찰학: 국가재산의 유지와 증가에 관한 학문(→ 오늘날 행정학과 유사)

> **기선 제압**
>
> • 관방학은 관방학 강좌가 개설된 1727년을 기준으로 전기와 후기로 나눈다. 07. 국가직 7급
>
> • 전기 관방학은 공공복지의 사상적 기초를 신학에서 찾았다. 07. 국가직 7급
>
> • 전기 관방학의 대표적인 학자는 오제(Osse), 젝켄도르프(Seckendorf) 등이다. 07. 국가직 7급

바로 확인문제

1. 전기 관방학에 대한 설명으로 적절하지 않은 것은? 07. 국가직 7급

① 왕실재정과 국가재정을 구별하였다.
② 공공복지의 사상적 기초를 신학에서 찾았다.
③ 대표적인 학자는 오제(Osse), 젝켄도르프(Seckendorf) 등이다.
④ 관방학의 강좌가 개설된 1727년을 기준으로 전기와 후기로 나눈다.

정답해설 왕실재정과 국가재정을 구별한 것은 후기 관방학이다.

답 | ①

Theme 02 슈타인 행정학

① 「행정학 강요」(1870): 국가사회이원론에 근거하여 시민적 법치국가에서 국가의 역할을 규명하기 위한 노력이다.
② 19C 후반 법치주의에 입각한 공법학의 강조로 인하여 더 이상 계승·발전하지 못하다가 윌슨(W. Wilson)의 정치행정이원론에 영향을 미쳤다.
③ 유스티의 경찰개념을 헌정과 행정으로 분리한 후, 헌정의 우위성을 강조한 행정법과는 달리 헌정과 행정의 상대적 우위성(→ 수평적 관계)을 인정하였다.
④ 헌정: 사회의사가 국가로 투입되는 과정(→ 가치지향적인 정책형성 기능)
⑤ 행정: 국가의사가 사회로 산출되는 과정(→ 사실지향적인 정책집행 기능)
⑥ 행정유형: 외무행정, 군무행정, 재무행정, 법무행정, 내무행정

Theme 03 프랑스와 영국의 행정학

(1) 프랑스 행정학

① 주류적 입장은 경찰학에 토대를 두고 법학적 접근을 중심으로 발달하였지만, 페욜(H. Fayol)로 대표되는 경영학적 접근방법과 크로지어(M. Crozier)로 대표되는 사회학적 접근방법도 있다.
② 특히, 나폴레옹시대부터 행정에 대한 교육을 시작하였고, 국립행정학교를 설립(1945), 고위공직자를 배출하고 있다.

(2) 영국 행정학

① 독일과 달리 관방학 및 행정법학의 영향을 받지 않았고 역사학, 정치학, 경제학, 법학 등이 조화되어 발달하였다.
② 미국 행정학의 영향을 받았으며, 지방자치에 대한 관심이 높아 정부 간 관계를 중심으로 행정현상을 연구하였다.

Theme 04 헤디(T. Heady)의 비교행정론

① 수정전통형: 각국의 행정현상에 대한 단순한 비교·고찰(→ 생태론)
② 발전지향형: 국가발전을 위한 행정의 필요조건의 규명(→ 발전행정론)
③ 일반체제모형: 비교행정의 일반모델 개발[→ 리그스(F. Riggs)의 비교행정론]
④ 중범위모형: 연구범위를 관료제로 한정[→ 헤디(T. Heady)의 모형]

Theme 05 기관형성(institution building) C

(1) 의의
① 국가발전을 주도하고 이끌어가기 위해 공식기관을 새롭게 설치하거나 공식조직을 개편하여 새로운 가치관, 역할, 기술, 규범 등을 확립하고 이를 확산하는 전략을 말한다.
② 에스먼(M. Esman)과 블레이스(H. Blaise) 등이 주장하였고, 엘리트에 의해 계획적으로 추진되는 하향적 발전전략의 특징을 지닌다.

(2) 기관형성 변수
① 내적 변수
  ㉠ 내부구조(internal structure): 기관의 유지와 활동을 위해 마련된 구조와 절차
  ㉡ 지도이념(doctrine): 조직의 활동에 대한 기본적 지침이 되는 가치
  ㉢ 지도력(leadership): 지도적인 역할을 담당하는 관리자의 능력
  ㉣ 사업활동(program): 기관의 활동
  ㉤ 자원(resource): 인적·물적 자원과 정보 등
② 외적 변수
  ㉠ 수권적 변수: 자원 등을 제공하는 외부집단과의 관계
  ㉡ 규범적 변수: 기관의 목적·가치관에 대해 평가하는 외부집단과의 관계
  ㉢ 기능적 변수: 상호보완적 기능을 담당하는 외부집단과의 관계
  ㉣ 확산적 변수: 일반대중과의 관계

(3) 기관성 지표
① 자율성: 환경으로부터의 독자성과 자율적인 성장능력
② 영향력: 기관의 양적 확대와 질적 향상 및 타 기관에 영향을 미치는 능력
③ 파급효과: 기관 내의 규범과 행동양식이 외부에 파급되는 정도
④ 생존능력: 탄력 있게 적응하기 위한 생존능력

Theme 06 미노브룩회의와 블랙스버그선언 B

(1) 미노브룩회의(1968)
① 왈도(D. Waldo)가 주관한 회의로, 논리실증주의에 입각한 행태주의의 한계와 처방성의 강조에 따른 행정학의 정체성 위기를 제기하고 이를 극복하고자 소집된 회의이다.
② 마리니(F. Marini)는 신행정론의 경향을 적실성, 탈행태주의, 탈관료제, 고객 중심주의 등으로 정의하였고, 프레드릭슨(H. Fredrickson)은 참여, 대응, 책임으로 구성된 사회적 형평성을 강조하였다.

• 1968년 미노부룩회의는 행정의 적실성, 사회적 형평성 등을 강조한 신행정학의 탄생에 영향을 주었다.
17. 서울시 7급

(2) 블랙스버그선언(1987) → 행정재정립운동(↔ 정부재창조론)
① 국가와 행정의 정당성을 부정하는 후기관료제모형과 신공공관리론에 대한 반발, 특히 1978년 「공무원제도개혁법」에 의해 강화된 엽관주의에 대한 비판과 직업공무원제도에 대한 옹호

• 블랙스버그선언은 행정의 정당성을 침해하는 정치·사회적 상황을 비판했다.
23. 지방직 9급

- 행정재정립운동은 정부를 재창조하기보다는 재발견해야 한다고 주장했다. 23. 지방직 9급

- 행정재정립운동은 기존의 정치행정이원론을 재해석하여 정책과정에서 공무원의 적극적인 역할을 옹호하였다. 20. 군무원 7급

② 행정의 정당성을 회복하기 위한 공동선언(1987), 신행정론의 정신을 계승하여 정부재창조보다는 행정재정립을 주장(→ 행정우위 정치행정이원론)
③ 행정의 정당성의 근거: 행정의 국민에 대한 대표성(→ 윤리의식)과 관료의 전문성
④ 행정의 정당성 추락원인: 관료의 기술력 부족이 아닌 정부 역할의 왜곡된 인식
⑤ 행정의 정당성 향상방안: 행정의 특수성 강조, 전문지식이나 윤리규범과 같은 전문직업적 성격의 강조(→ 신행정론의 계승)

바로 확인문제

1. 블랙스버그 선언과 행정재정립운동에 대한 설명으로 옳지 않은 것은? 23. 지방직 9급

① 블랙스버그 선언은 행정의 정당성을 침해하는 정치·사회적 상황을 비판했다.
② 행정재정립운동은 직업공무원제도를 옹호했다.
③ 행정재정립운동은 정부를 재창조하기보다는 재발견해야 한다고 주장했다.
④ 블랙스버그 선언은 신행정학의 태동을 가져왔다.

정답해설 신행정학의 태동은 1968년 미노브룩회의이다. 블랙스버그 선언은 1987년 신행정론의 정신을 계승한 행정재정립운동이다.

오답해설 ① 블랙스버그 선언은 국가와 행정의 정당성을 부정하는 후기관료제모형과 신공공관리론에 대한 반발로 등장하였다.
② 블랙스버그 선언은 기존의 정치행정이원론을 재해석하여 정책과정에서 직업공무원의 적극적 역할을 옹호하는 행정우위 정치행정이원론을 주장하였다.
③ 블랙스버그 선언은 행정의 정당성을 회복하기 위한 공동선언(1987)으로, 신행정론의 정신을 계승하여 정부재창조보다는 행정재정립을 주장하였다.

답 | ④

Theme 07 비판행정론 C

① 기존의 사상, 행위, 사회적 조건의 성찰적 재해석에 입각한 주체적 수용을 주장하며, 인간의 자유를 구속하는 요인(→ 상위가설, 메타명제)의 규명과 이로부터의 해방을 강조하는 이론이다.
② 비판이론은 사회관계의 지나친 합리화(→ 도구적 이성)로부터 인간해방을 추구하며, 보다 적극적으로 시민참여를 강화시키려는 주장과도 관련된다.
③ 한편, 비판이성이란 사물의 옳고 그름을 가리어 판단할 수 있는 능력을 말한다.
④ 비판이론은 관료제의 의미와 한계를 인식할 수 있는 지적 도구를 제공하였고 능률성보다는 민주성을 중시하면서 공론영역(→ 담론의 장)의 활성화를 강조하였다.

Theme 08 오스본(D. Osborne)과 개블러(T. Gaebler)의 정부재창조론(1992) → 기업가적 정부

① 촉매적 정부: 노젓기 역할에서 방향잡기 역할로 전환
② 시민소유 정부: 직접 해줌(service)에서 할 수 있게 해줌으로(empowering) 전환
③ 경쟁적 정부: 서비스의 독점적 공급에서 경쟁적 공급체제로 전환
④ 임무지향 정부: 규칙 중심의 관리에서 임무 중심의 관리로 전환
⑤ 결과지향 정부: 투입 중심의 예산에서 성과 중심의 예산으로 전환
⑥ 고객위주 정부: 관료 중심(→ 공급자 중심)에서 고객 중심(→ 소비자 중심)으로 전환
⑦ 기업가적 정부: 지출지향에서 수익창출로 전환
⑧ 예견적 정부: 사후 치료에서 사전 예측과 예방으로 전환
⑨ 분권화된 정부: 집권적 계층제(→ 명령과 통제)에서 구성원의 참여와 팀워크로 전환
⑩ 시장지향적 정부: 행정메커니즘에서 시장메커니즘으로 전환

- 기업가적 정부는 서비스 공급자보다는 촉매자, 중개자 그리고 촉진자 역할을 수행해야 한다. 21. 군무원 7급
- 기업가적 정부는 규칙보다는 결과를 중시하는 임무지향의 정부를 강조하고 있다. 12. 서울시 9급
- 기업가적 정부는 예산지출 위주의 정부운영 방식에서 탈피하여 수익의 창출을 중시한다. 19. 경찰간부
- 기업가적 정부는 경쟁적 정부, 성과지향적 정부, 미래 대비형 정부 등의 특징을 지닌다. 21. 지방직 9급

바로 확인문제

1. 신공공관리론에서 지향하는 '기업가적 정부'의 특성에 해당하지 않는 것은? 21. 지방직 9급

① 경쟁적 정부
② 노젓기 정부
③ 성과지향적 정부
④ 미래 대비형 정부

정답해설 기업가적 정부는 정부의 역할로 노젓기보다는 방향잡기를 강조한다.

답 | ②

2. 기업가적 정부가 추구하고자 하는 바가 아닌 것은? 05. 국가직 9급

① 투입지향 정부
② 경쟁적 정부
③ 임무지향 정부
④ 고객지향 정부

정답해설 기업가적 정부는 투입보다는 산출이나 결과를 강조한다. 투입지향은 전통적 정부에서 강조하는 개념이다.

오답해설 ② 기업가적 정부는 독점보다는 경쟁적 정부를 추구한다.
③ 기업가적 정부는 규칙 중심의 관리에서 임무 중심의 관리로 전환할 것을 강조한다.
④ 기업가적 정부는 관료 중심(공급자 중심)에서 고객 중심(소비자 중심)으로 전환할 것을 강조한다.

답 | ①

Theme 09 오스본(D. Osborn)과 플래스트릭(P. Plastrik)의 5C 전략(1997)

- 정부혁신의 5가지 전략 중 '핵심전략'은 정책수립 시 명확한 목표설정을 포함한다. 10. 국회직 8급

- 정부혁신의 5가지 전략 중 '결과전략'은 유인책을 통한 성과관리를 강조하는 전략이다. 10. 국회직 8급

① 핵심전략(core): 방향의 명확화, 목표의 명확화, 역할의 명확화
② 결과전략(consequence): 기업식 관리, 경쟁관리, 성과관리
③ 고객전략(customer): 고객선택 접근법, 경쟁적 선택 접근법, 품질보증
④ 통제전략(controls): 실무조직, 실무자, 지역사회에 대한 권한부여
⑤ 문화전략(culture): 습관의 변화, 감정적 의식의 변화, 새로운 정신의 획득

바로 확인문제

1. 오스본(D. Osborn)과 플래스트릭(P. Plastrik)이 제시한 '정부혁신의 5가지 전략'의 설명으로 옳지 <u>않은</u> 것은? 10. 국회직 8급

① 핵심전략: 정책수립 시 명확한 목표설정
② 통제전략: 부패방지를 위한 행정투명성 확보
③ 결과전략: 유인책을 통한 성과관리 강조
④ 고객전략: 시민헌장의 제정을 통한 고객에 대한 책임성 확보
⑤ 문화전략: 공직사회의 기업가적 조직문화 창조

정답해설 오스본(D. Osborn)과 플래스트릭(P. Plastrik)의 5가지 전략 중 통제전략(controls)은 실무조직, 실무자, 지역사회에 대한 권한을 부여하는 것이다.

답 | ②

Theme 10 정부재창조와 시민재창조

구분	정부재창조	시민재창조
이념	시장주의	공동체주의
관점	고객으로서 시민	소유주로서 시민
목표	어떻게 일을 해야 하는가를 규명	무엇을 해야 하는가를 규명
방안	정부구조, 절차, 문화의 재창조	시민의식 창조(→ 능동적 참여)

Theme 11 피터스(G. Peters)의 뉴거버넌스 모형(1996)

구분	전통적 정부	시장모형	참여모형	신축모형	탈내부규제 모형
문제의식	전근대적 권위	독점	계층제	영속성 경직성	과다한 내부규제
구조개혁	계층제	분권화	평면조직	가상조직	–
관리개혁	직업공무원제 절차적 통제	성과급 민간기법	팀제 TQM	임시관리	관리적 재량권 확대
정책결정 개혁	정치와 행정의 구분	내부시장 시장적 유인	협의와 협상	실험적 추진	기업가적 정부
공익기준	안정성과 평등	저비용	참여와 협의	저비용과 조정	창의성, 활동성
오류수정	–	시장적 선호	정치적 선호	오류의 제도화 방지	더 많은 오류의 수용

- 피터스(G. Peters)가 제시한 시장 모형의 구조개혁 방안은 분권화이다. 22. 국회직 8급
- 탈내부규제 정부모형에서 거버넌스의 평가기준은 창의성과 행동주의이다. 11. 국가직 7급
- 참여정부모형에서 정책결정의 개혁 방안은 협의·협상이다. 21. 군무원 7급

바로 확인문제

1. 피터스(G. Peters)가 『미래의 국정관리(The Future of Governing)』에서 제시한 정부개혁 모형에 해당하지 않는 것은? 24. 지방직 9급

① 시장모형
② 자유민주주의 모형
③ 참여모형
④ 탈규제모형

정답해설 피터스(G. Peters)는 뉴거버넌스 모형으로, 시장모형, 신축모형, 탈내부규제모형, 참여모형을 제시하였다. 자유민주주의 모형은 이에 속하지 않는다.

답 | ②

2. 피터스(G. Peters)의 거버넌스 유형 중 계층제를 문제로 진단하고, 관리측면에서 총체적 품질관리나 팀제를 중시하며, 구조면에서는 평면조직으로의 개편을 통해서 상하단계를 줄이려고 하는 모형으로 다음 중 가장 옳은 것은? 22. 군무원 7급

① 신축적 정부모형
② 참여적 정부모형
③ 시장적 정부모형
④ 탈규제적 정부모형

정답해설 계층제를 문제로 진단하고, 관리측면에서 총체적 품질관리나 팀제를 중시하며, 구조면에서는 평면조직을 제시한 모형은 참여적 정부모형이다.

답 | ②

Theme 12 로즈(R. Rhodes)의 거버넌스 모형(1997)

① **최소 국가**: 공공서비스의 공급에 있어 시장기법의 활용을 강조하는 접근방법으로, 보다 적은 수의 이슈를 다루는 작은 정부, 국제적 시각과 융통성을 지니는 정부, 책임성 있는 정부, 공정한 정부 등을 처방한다.

② **신공공관리**: 신관리주의와 시장주의(→ 신제도주의 경제학)에 입각한 행정관리방식으로, 전략적 방향잡기에 주력하고 정책집행은 집행주체의 다양화 및 민간기법의 내부도입 등을 강조한다.

③ **기업적 거버넌스**: 주주의 이익을 보장하기 위해 기업의 경영논리를 정부에 도입하고자 하는 이론으로, 의무적 경쟁입찰, 재량적 사업단위의 설치, 서비스의 통합, 거래의 완결성, 책임성의 확보 등을 처방한다.

④ **좋은 거버넌스**: 제3세계 국가들의 지배구조와 관련된 이론(→ 세계은행의 대출조건)으로, 정치적으로는 민주적 정당성과 권위를 향유하는 국가(→ 자유민주주의)를 말하고, 행정적으로는 효율성과 개방성 및 책임성을 지닌 관료제(→ 신공공관리론)를 말한다.

⑤ **사회적 인공지능**: 공식적 권위가 아닌 공유된 목표에 의해 뒷받침되는 체제로, 국가의 독점적 통치를 거부하고 모든 행위자들의 상호작용 속에서 결정되고 집행되어야 함을 강조하기에 정부 없는 거버넌스 혹은 사회·정치적 거버넌스로 이해된다.

⑥ **자기조직화 연결망**: 스스로 구조와 질서를 형성해 나가는 계층제와 시장의 중간지대로, 신뢰와 협력으로 운영되는 체제이며, 정부의 역할을 이러한 연결망의 능력과 협력을 증폭시키는 것에 두고 있다.

- 좋은 거버넌스(good governance)는 세계은행이 제3세계 국가들에 대한 대출조건으로서 사용한 개념이다. 10. 국가직 7급

- 좋은 거버넌스(good governance)는 행정의 투명성, 책임성, 통제 및 대응성이 높을수록 좋은 거버넌스라고 할 수 있다. 10. 국가직 7급

- 좋은 거버넌스(good governance)는 신공공관리(NPM)와 자유민주주의를 결합하여 이를 실현하는 것이다. 05. 국가직 7급

한 번 더 정리 로즈의 거버넌스 모형

← 정부 중심 → ← 국가 → ← 시민사회 →

| 최소 국가론 | 신공공관리론 | 기업적 거버넌스 | 좋은 거버넌스 | 사회적 인공지능 | 자기조직화 연결망 |

Theme 13 거버넌스의 분류 → 주도자 중심

① **국가 중심 거버넌스**: 국가가 시장과 시민사회를 주도적으로 관리하는 입장
② **시장 중심 거버넌스**: 시장원리(→ 가격과 경쟁)와 고객주의 등을 강조하는 입장
③ **시민사회 중심 거버넌스**: 개인이나 집단의 제도적 참여를 강조하는 입장

국가 중심 거버넌스	시장 중심 거버넌스	시민사회 중심 거버넌스
① 신공공관리론	① 최소국가론	① 사회-인공지능체계
② 기업가적 거버넌스	② 시장모형	② 자기조직화 연결망
③ 좋은 거버넌스		③ 참여모형
④ 신축모형		④ 법인 거버넌스
⑤ 탈내부규제모형		⑤ 사회-정치 거버넌스
⑥ 경쟁국가론, 조종국가론		

Theme 14 공공가치관리론

① 의의: 신공공관리론이 야기한 행정의 공공성 약화를 극복하기 위한 대안적 패러다임
② 특징: 시민과 이해관계자의 참여와 이들과 공무원 간 숙의민주주의 과정의 강조
③ 목적: 행정의 정당성 강화 및 시민으로부터 능동적 신뢰의 창출
④ 무어(M. Moore)의 공공가치창출론(1995) → 전략적 삼각형 모형
  ㉠ 민주적으로 선출되어 정당성을 부여 받은 정부의 관리자들이 공공자산을 활용해 공공가치를 창출해야 한다는 주장
  ㉡ 전략적 삼각형: 외부환경으로부터의 정당성과 지원, 공적 가치의 형성, 운영 역량의 형성
⑤ 보즈만(B. Bozeman)의 공공가치실패론(2002)
  ㉠ 공공실패: 시장 혹은 공공부문의 행위자가 공공가치에 부합하는 재화나 서비스를 제공하지 못하는 현상
  ㉡ 핵심가치: 인간의 존엄성, 지속가능성, 시민참여, 개방성과 기밀성, 타협, 온전성, 강건성 등

- 무어(M. Moore)는 '공공가치창출론'에서 정부의 관리자들이 공공가치 실현에 힘써야 한다고 주장한다. 23. 지방직 9급
- 무어(M. Moore)의 '공공가치창출론'은 행정의 정당성 위기를 극복하기 위한 대안적 접근이다. 23. 지방직 9급
- 무어(M. Moore)는 '공공가치창출론'에서 전략적 삼각형 개념을 제시한다. 23. 지방직 9급
- 무어(M. Moore)의 '전략적 삼각형' 모델은 정당성과 지지, 운영 역량, 공공가치로 구성된다. 24. 지방직 9급

바로 확인문제

1. 공공가치론에 대한 설명으로 옳은 것만을 모두 고르면? 24. 지방직 9급

ㄱ. 무어(M. Moore)는 공공가치 실패를 진단하는 도구로 '공공가치 지도그리기(mapping)'를 제안한다.
ㄴ. 보즈만(B. Bozeman)은 공공기관에 의해 생산된 순(純) 공공가치를 추정하는 '공공가치 회계'를 제시했다.
ㄷ. '전략적 삼각형' 모델은 정당성과 지지, 운영 역량, 공공가치로 구성된다.
ㄹ. 시장과 공공부문이 공공가치 실현에 필수적으로 요구되는 재화와 서비스를 제공하지 못할 때 '공공가치 실패'가 일어난다.

① ㄱ, ㄴ
② ㄱ, ㄹ
③ ㄴ, ㄷ
④ ㄷ, ㄹ

정답해설 ㄷ. 무어(M. Moore)는 공공 관리자가 성공적으로 공공가치를 창출하기 위해서는 이 세 가지 요소가 서로 균형과 정렬을 이루어야 한다고 강조했다. 아무리 좋은 공공가치 목표가 있더라도 이를 실행할 운영 역량이 부족하거나, 수행할 정당성과 지지를 얻지 못하면 공공가치 창출은 어렵기 때문이다.
ㄹ. 보즈만(B. Bozeman)은 전통적인 시장실패나 정부실패만으로는 설명되지 않는 공공부문의 비효율이나 문제점을 설명하기 위해 공공가치 실패 개념을 도입하였다.

오답해설 ㄱ. 공공가치 실패를 진단하는 도구로 '공공가치 지도그리기(mapping)'를 제안한 학자는 보즈만(B. Bozeman)이다.
ㄴ. 공공기관에 의해 생산된 순(純) 공공가치를 추정하는 '공공가치 회계'를 제시한 학자는 무어(M. Moore)이다.

답 | ④

Theme 15 넛지(nudge) 이론

(1) 행동경제학
① 의의: 의사결정 과정에서 발생하는 비합리성을 분석하고 바람직한 결정을 유도하기 위한 대안을 제시하려는 이론
② 이론적 근거: 사이몬의 제한된 합리성의 개념과 카너먼과 트버스키의 전망이론

(2) 신고전파 경제학과 행동경제학
① 신고전파 경제학(→ 신공공관리론): 완전한 합리성, 경제적 인간, 효용극대화, 연역적 분석, 시장실패와 제도실패, 법과 규제, 경제유인
② 행동경제학: 제한된 합리성, 심리적 인간, 만족화 행동, 휴리스틱, 귀납적 분석, 행동적 시장실패, 넛지(→ 선택설계)

(3) 행동적 시장실패
① 개념: 휴리스틱 의사결정 과정에서 발생하는 인지적 오류와 행동편향으로 인한 비합리적 의사결정
② 대책: 정부 역할의 규범적 근거로서 자유주의적 개입주의와 새로운 정책수단으로서 넛지 개념의 도입

(4) 넛지이론
① 넛지: 명령이나 제재 또는 경제적 유인을 가하지 않으면서 바람직한 행동을 유도하는 선택설계의 제반 요소
② 철학적·규범적 토대: 자유주의적 개입주의 → 부드러운 개입주의
③ 선택설계의 유형: 개인의 인지적 오류를 활용하거나 환경적 요인을 개선함으로써 개인의 의지적 판단을 통한 행동변화의 유도
④ 개입의 대상: 목적이 아니라 그 목적을 달성하는 수단에 대한 간접적이고 유도적인 정부개입
⑤ 특징: 각종 실험을 통한 귀납적 분석(→ 검증된 증거기반), 급진적 점증주의 관점

• 넛지란 어떤 선택을 금지하거나 경제적 유인을 크게 변화시키지 않으면서 예측 가능한 방향으로 사람들의 행동을 변화시키는 선택설계의 제반 요소를 의미한다. 23. 군무원 7급

• 넛지는 정책대상집단의 행동에 개입하지만 개인의 자유로운 선택을 허용한다. 22. 지방직 7급

• 넛지는 디폴트 옵션 설정 방식처럼 사람들의 인지적 편향을 전략적으로 활용하는 정책수단이다. 22. 지방직 7급

• 넛지는 엄격하게 검증된 증거에 기반하여 정책을 선택하거나 결정하는 것을 강조한다. 23. 군무원 7급

바로 확인문제

1. 세일러(R. Thaler)와 선스타인(C. Sunstein)이 제시한 넛지이론(Nudge Theory)과 가장 거리가 먼 것은?
23. 군무원 7급

① 행동경제학에서는 휴리스틱과 행동편향에 따른 영향이 개인의 의사결정과 선택에 영향을 미쳐 자신의 후생손실을 초래하는 외부효과가 행동적 시장실패의 핵심 요소라고 본다.
② 넛지란 어떤 선택을 금지하거나 경제적 유인을 크게 변화시키지 않으면서 예측 가능한 방향으로 사람들의 행동을 변화시키는 선택설계의 제반 요소를 의미한다.
③ 전통 경제학에서는 명령지시적 정부규제나 경제적 유인을 정책수단으로 활용하지만, 넛지는 기본적으로 간접적이고 유도적인 방식의 정부 개입방식으로서 촉매적 정책수단의 성격을 띠고 있다.
④ 넛지는 엄격하게 검증된 증거에 기반하여 정책을 선택하거나 결정하는 것을 강조한다.

> **정답해설** 전통적 시장실패론은 외부효과, 즉 제3자에게 긍정적·부정적 파급효과를 창출하는 것에 초점을 두지만, 행동경제학에서는 휴리스틱과 행동편향에 따른 영향이 개인의 의사결정과 선택에 영향을 미쳐 자신의 후생손실을 초래하는 내부효과에 초점을 둔다.
>
> 답 | ①

2. 넛지(Nudge) 이론에 대한 설명으로 옳은 것은?
24. 지방직 7급

① 자유주의적 개입주의 원리에 따라 시장기반의 경제적 인센티브 수단을 선호한다.
② 행동경제학에 기반하여 실험을 통한 귀납적 분석보다는 가정에 기초한 연역적 분석을 지향한다.
③ 정부의 역할 및 정책수단으로서 선택설계의 개념을 도입한다.
④ 인간의 휴리스틱은 인지적 오류와 행동편향을 방지한다.

> **정답해설** 선택설계란 선택 환경을 설계하는 방식을 일컫는 개념으로, 어떤 대안을 먼저 제시할지, 디폴트(기본설정) 값을 무엇으로 할지, 정보를 어떻게 구성하고 제시할지 등 선택이 제시되는 방식이나 맥락을 조직하는 것으로, 이러한 선택설계의 사소한 변화가 사람들의 최종 선택에 큰 영향을 미칠 수 있다는 것이 넛지 이론의 전제이다.
>
> **오답해설** ① 자유주의적 개입주의 원리에 따라 시장기반의 경제적 인센티브 수단을 선호하는 것은 신공공관리론이다.
> ② 행동경제학은 가정에 기초한 연역적 분석보다는 실험을 통한 귀납적 분석을 지향한다.
> ④ 인간의 휴리스틱은 인지적 오류와 행동편향을 야기할 수 있다.
>
> 답 | ③

Theme 16 파머(D. Farmer)의 반관료제론

① **상상**: 소극적으로는 규칙이나 관례로부터 해방 가능성을 주장하며, 적극적으로는 합리성으로부터 벗어나 직관의 가능성 또는 문제의 특수성을 강조한다.
② **해체**: 이론 및 설화가 되는 텍스트의 근거를 파헤쳐 보자는 것이다. 즉, '경제발전이 역사발전의 원동력이다.' 혹은 '행정의 실무는 능률적이어야 한다.'는 주장을 당연한 것으로 받아들이지 않고 그 근거를 파헤쳐 보자는 것이다.
③ **영역해체**: 학문 간의 경계를 타파하고자 한다. 이는 지식의 경계를 허무는 것으로 행정학의 고유 영역이라고 믿는 지식의 성격이 변화됨을 의미한다.
④ **타자성(↔ 즉자성)**: 타인을 단순한 인식의 객체가 아닌 도덕적 타자로 파악하여, 다양성에 대한 선호, 타인에 대한 개방성, 상위설화에 대한 반대 등을 주장한다.

- 포스트모더니티 이론은 행정에 있어서의 상상, 해체, 타자성 등을 강조하였다. 16. 서울시 7급

- 포스트모더니티 행정 이론에 의하면 행정이 객관적으로 연구될 수 있다는 설화는 해체(deconstruction)를 통해 더 잘 이해할 수 있다. 20. 지방직 7급

- 포스트모더니티 행정 이론은 나 아닌 다른 사람을 인식적 객체가 아닌 도덕적인 타자(他者)로 인정한다. 20. 지방직 7급

바로 확인문제

1. 포스트모더니티 행정이론에 대한 설명으로 옳지 않은 것은? 11. 지방직 7급

① 파머(D. Farmer)는 패러다임 간의 통합(paradigm integration)을 연구 전략의 하나로 주장하였다.
② 상대적이고 다원주의적이며, 동시에 해방주의적 성격의 세계관을 지니고 있다.
③ 바람직한 행정서비스는 다품종소량생산체제에서 제공될 가능성이 높다.
④ 파머(D. Farmer)에 따르면, 나 아닌 다른 사람을 인식적 타인(epistemic other)이 아닌 도덕적 타인(moral other)으로 인정한다.

정답해설 파머(D. Farmer)는 「행정학의 언어」라는 저서를 통해 모더니즘적 언어와 포스트모더니즘적 언어의 차별성을 강조한다. 즉, 두 언어가 완전히 별개의 세계임을 강조한 것이지 이들의 변증법적 통합을 주장한 것이 아니다.

오답해설 ② 포스트모더니즘은 진리의 맥락성과 상대성을 강조하며, 개별적 가치나 신념 및 다양성을 선호한다. 또한 전체성을 해체하고 독자적 개체를 강조하며 주체와 객체의 구별을 부정한다. 그리고 메타설화의 성찰적 재검토를 통한 해체와 해방을 중시한다.
③ 포스트모더니즘은 다양한 영역에서 활용되는 철학적 근거이다. 정치적으로는 대의제를 비판하고 담론에 기반을 둔 직접민주주의와 관련되고, 행정적으로는 관료제에 대한 비판의 논거이다. 또한 산업적으로는 소품종대량생산체제를 비판하고 다품종소량생산체제를 옹호하는 이론적 근거가 될 수 있다.
④ 타자성에 대한 설명이다. 타자성이란 즉자성에 대칭되며, 타자를 관찰 대상인 인식의 객체가 아닌 도덕적 타인으로서 인식하여 타인에 대한 개방성, 다양성에 대한 선호, 상위설화에 대한 반대 등을 주장한다.

답 | ①

Theme 17 툴민(S. Toulmin)의 논변적 접근방법   C

① 함의: 이미 증명된 명제가 새로운 명제를 뒷받침할 수 있다는 가정 하에 주장의 정당성을 입증하고자 하는 접근방법
② 목적: 논거와 주장 간 연결고리의 강화
③ 논증의 요소: 주장, 자료, 보장, 뒷받침(→ 보강), 수식어, 제한조건(→ 반증)

- 논변적 접근방법의 진정한 가치는 각자 자신들의 주장에 대한 논리성을 점검하고 상호 타협과 합의를 도출하는 민주적 절차에 있다. 17. 국회직 8급

Theme 18 카오스(혼돈)이론   B

① 뉴턴의 기계론적 세계관에 대한 도전으로, 혼돈상태를 연구하여 폭넓고 장기적인 변동의 경로를 찾아보려는 접근방법이며, 비선형적이고 역동적인 상태에서 질서를 발견하려는 과학적 노력이다.
② 여기서 혼돈이란 결정론적 혼돈 혹은 질서 있는 무질서 상태를 의미하며, 혼돈을 피해야 할 대상이 아닌 발전의 초기 조건으로 간주한다.
③ 혼돈이론은 나비효과와 초기 민감성에 의한 불확실성이 공진화와 자기조직화 능력을 통해 질서를 찾아가는 상황을 가정하기에 자기조직화 능력의 강화를 위한 반관료제적 처방을 선호하며, 부정적 환류와 긍정적 환류의 이중적 인식을 통한 학습을 강조한다.

- 혼돈이론에 의하면 혼돈은 스스로 불규칙하게 변화할 뿐 아니라 미세한 초기조건의 차이가 점차 증폭되어 시간이 얼마간 지나면 완전히 다른 결과를 나타낸다. 21. 국회직 8급
- 혼돈이론은 행정조직의 자생적 학습능력과 자기조직화 능력을 전제로 한다. 10. 국가직 7급
- 혼돈이론에서 설명하는 혼돈 속에서 질서를 찾는 과정은 자기조직화(self-organizing)와 공진화(coevolution)이다. 21. 국회직 8급

바로 확인문제

1. 행정연구에서 혼돈이론(chaos theory)적 접근에 대한 설명으로 옳지 <u>않은</u> 것은?

10. 국가직 7급

① 복잡한 사회문제에 대한 통합적 접근을 시도한다.
② 행정조직은 개인과 집단 그리고 환경적 세력이 상호작용하는 복잡한 체제이다.
③ 행정조직은 혼돈상황을 적절히 회피하고 통제할 수 있는 능력이 요구된다.
④ 행정조직의 자생적 학습능력과 자기조직화 능력을 전제로 한다.

정답해설 혼돈이론에서 보는 혼돈이란 결정론적 혼돈 혹은 질서 있는 무질서 상태를 의미하며, 혼돈은 필요불가결한 것으로 발전의 초기 조건이다. 따라서 이를 회피하고 통제하기보다는 새로운 발전의 기회로 활용하는 것이 바람직하다.

오답해설 ① 혼돈이론은 다양한 질서의 존재 가능성을 전제로 사회현상을 거시적이고 장기적이며 포괄적으로 분석하고자 한다.
② 혼돈이론에 따르면 행정조직 역시 다양한 변수들이 복잡하게 얽힌 체제이므로 선험적으로 존재하는 유일 최선의 방법이 있다는 전통적 접근방법을 부정한다.
④ 혼돈이론은 자기조직화 능력과 이를 위한 반관료제 처방을 선호하며, 부정적 환류와 긍정적 환류의 이중적 인식을 통한 자생적 학습능력을 강조한다.

답 | ③

행정이 추구하는 가치

 기선 제압

Theme 01 행정이념의 대립관계

(1) 유형
① 능률성과 민주성, 능률성과 가외성
② 합법성과 대응성: 고객에 대한 신속한 대응과 법의 준수와의 상충가능성
③ 능률성(→ 양적)과 효과성(→ 질적): 원칙적으로 조화관계, 양과 질로 대비될 경우 상충

(2) 극복방안
① 일원론: 하나의 가치만을 중시하고 다른 가치는 무시하는 방법
② 서열법: 모든 가치의 중요성을 인정하나 각자의 질적 우열을 설정하는 방법
③ 가중치법: 각 이념 간 질적 우열은 부정하나 상대적 차이는 인정하는 방법

Theme 02 가치유형론

(1) 상대론
① 가치에 대한 선험적 기준이 존재하지 않으므로 행위의 결과를 기준으로 옳고 그름을 판단하는 입장(→ 목적론 또는 결과론)
② 쾌락주의: 욕망을 만족시키면 옳다고 판단하는 입장
③ 공리주의: 최대 다수의 최대 행복을 가져다주면 옳다고 판단하는 입장
④ 마르크스주의: 역사의 진보를 촉진시키면 옳다고 판단하는 입장

(2) 절대론
① 결과에 관계없이 옳고 그름을 판단하는 선험적이고 보편적 법칙이 있다는 입장(→ 칸트와 롤스의 견해)
② 행위의 결과보다는 동기에 중점(→ 동기론·의무론 또는 법칙론)

Theme 03 행정가치의 학자별 분류

(1) 호치킨슨(C. Hodgkinson)
① 옳은 것에 관한 가치: 바람직한 것에 관한 관념
② 좋은 것에 관한 가치: 원하는 것에 관한 관념

(2) 고트너(H. Gortner)

① 미시적 가치: 개인적·일차 집단적 가치
② 중범위적 가치: 조직·지역사회·유권자 집단·전문직업적 가치
③ 거시적 가치: 사회적·정치적·경제적 가치

(3) 카플란(A. Kaplan)

① 개인적 맥락: 개인의 선호와 욕구
② 표준적 맥락: 특정 집단의 선호와 욕구
③ 이상적 맥락: 개인 및 특정 집단의 가치를 초월한 가치

(4) 앤더슨(J. Anderson)

① 개인의 가치: 개인의 경제적 이해관계나 평판
② 조직의 가치: 조직의 생존과 영향력 유지
③ 정치적 가치: 정당 또는 고객 집단의 정치적 이해
④ 정책의 가치: 정책의 공익적·도덕적 평판
⑤ 이념의 가치: 민족주의·사회주의 등 이념

바로 확인문제

1. 다음 중 앤더슨(J. Anderson)(1984)이 정책결정자의 행동을 인도하는 가치 범주로 제시한 것을 모두 고른 것은?   11. 서울시 9급

① 정치적 가치, 사익의 가치, 집단의 가치
② 정치적 가치, 조직의 가치, 개인의 가치, 정책의 가치, 이념적 가치
③ 개인의 가치, 조직의 가치, 이념적 가치
④ 개인의 가치, 헌법적 가치, 정책의 가치, 조직의 가치
⑤ 개체의 가치, 지역적 가치, 국가적 가치, 초국적 가치, 이념적 가치

정답해설 앤더슨(J. Anderson)은 가치의 유형을 정치적 가치, 조직의 가치, 개인의 가치, 정책의 가치, 이념적 가치로 구분하였다.

답 | ②

Theme 04   블래스토스(G. Blastos)의 정당한 분배의 원칙

① 각자의 필요(need)에 의한 분배
② 각자의 가치(worth)에 의한 분배
③ 각자의 일(work)에 의한 분배
④ 각자의 능력과 업적(merit)에 의한 분배
⑤ 각자가 체결한 계약(agreement)에 의한 분배

• 블래스토스(G. Blastos)는 정당한 분배의 원칙으로 필요, 가치, 작업, 능력과 업적, 계약에 따른 분배 등 5가지를 제시하였다.   18. 경찰승진

Theme 05 소득분배의 형평성 지수

① **로렌츠곡선**: 계층별 소득분포에서 인구의 누적점유율과 소득의 누적점유율의 대응관계 (→ 대각선일 경우 소득분배는 완전한 균등상태)
② **지니계수**: 로렌츠곡선의 면적을 대각선 아래의 면적으로 나눈 값으로, 지역 간 비교가 어려운 로렌츠 곡선을 보완한 것(→ 0이면 완전균등 상태, 1이면 완전불균등 상태)

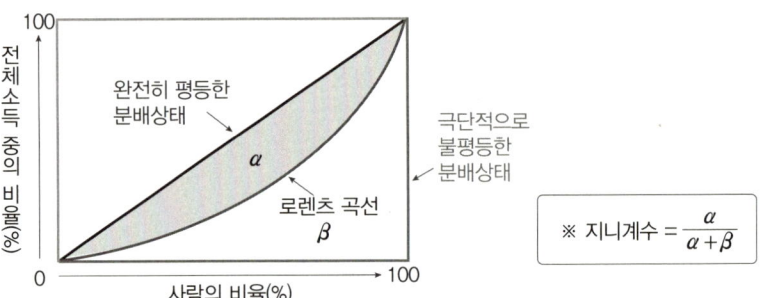

Theme 06 복지정책의 동향

전통적 복지	현대적 복지
① 개인주의나 자유주의 시각	① 후기산업사회나 스칸디나비아 국가
② 잔여적 복지	② 제도적 복지
③ 보충성 차원의 복지	③ 권리 차원의 보편적 복지
④ 빈민에 대한 특별한 프로그램	④ 보편적 욕구 차원의 프로그램
⑤ 개인의 치료(→ 특수한 서비스)	⑤ 사회의 개혁 → 보편적 서비스
⑥ 민간의 후원 및 자발성	⑥ 정부의 후원 및 공공성

Theme 07 정보공개제도

① **정보공개**: 국가, 지방자치단체 및 공공기관이 보유하고 있는 정보를 국민의 청구에 의하여 공개하는 것
② **미국**: 중앙정부에서 「정보공개법」이 제정된 후 지방정부로 파급
③ **우리나라와 일본**: 지방정부에서 먼저 제도화된 후 중앙정부로 파급
④ **최초 정보공개조례**: 청주시(1991)
⑤ 「공공기관의 정보공개에 관한 법률」(1996)

• 우리나라의 행정정보공개제도는 중앙행정기관의 법률보다 먼저 지방자치단체의 조례로 제도화되었다.
22. 경찰승진

• 우리나라 행정정보공개제도는 먼저 기초자치단체에서 조례로 제도화되었다.
07. 국가직 7급

• 당시 법률의 구체적 위임은 없었으나 청주시에서 우리나라 최초로 행정정보공개조례가 제정되었다.
22. 국가직 7급

> 바로 확인문제

1. 행정정보공개제도에 관한 설명 중 옳지 않은 것은? 07. 국가직 7급 변형

① 우리나라 행정정보공개제도는 먼저 기초자치단체에서 조례로 제도화되었다.
② 미국과 일본의 경우는 우리나라와 달리 중앙정부 차원에서 정보공개법이 제정된 후에 지방정부에 파급되었다.
③ 우리나라 「공공기관의 정보공개에 관한 법률」은 국민의 알권리를 보장하고 국정에 대한 국민의 참여와 국정운영의 투명성을 확보하기 위한 제도이다.
④ 우리나라는 「개인정보보호법」, 「공공기관의 정보공개에 관한 법률」, 「행정절차법」이 모두 제정되어 있다.

정답해설 미국은 중앙정부에서 먼저 정보공개법이 제정되었지만 우리나라와 일본은 지방자치단체에서 먼저 제도화된 후 중앙정부의 입법이 이루어졌다.

오답해설 ① 청주시에서 정보공개조례(1991)가 먼저 제정된 후 「공공기관의 정보공개에 관한 법률」(1996)이 제정되었다.
③ 「공공기관의 정보공개에 관한 법률」은 공공기관이 보유·관리하는 정보에 대한 국민의 공개 청구 및 공공기관의 공개 의무에 관하여 필요한 사항을 정함으로써 국민의 알권리를 보장하고 국정에 대한 국민의 참여와 국정 운영의 투명성을 확보함을 목적으로 한다.
※ 출제 당시, ④는 "우리나라는 「공공기관의 개인정보보호에 관한 법률」"이였으나 2011년 「개인정보보호법」으로 타법폐지되어 선택지 내용을 수정하였습니다.

답 | ②

Theme 08 행정PR(공공관계) C

(1) 개념

① 행정활동에 대한 공중의 동의와 협조를 구하는 적극적이고 계획적 활동을 뜻한다.
② 듣는 기능(공청)과 알리는 기능(공보)의 복합적인 통합작용이다.

(2) 발달배경

① 행정의 민주화, 인간화 요청
② 행정의 능률화 요청: 정책집행의 순응 확보
③ 정책의 공익성과 객관성 요구

(3) 특징

① 수평성: 행정PR의 주체와 객체 간의 대등한 위치
② 의무성: 국민의 알권리에 대응하는 정부의 의무
③ 교류성: 듣고(공청) 알리는(공보) 과정
④ 객관성: 사실에 입각한 행정PR, 정보왜곡의 금지
⑤ 교육성: 국민에 대한 계몽적 기능
⑥ 공익성: 개인적·정치적 목적으로 이용 금지

- 행정PR(public relations)은 행정민주화의 요청에 따라 그 필요성이 제기되고 있다. 23. 국가직 7급
- 정부가 잘못된 정보를 국민에게 투입하는 것은 행정PR(public relations)의 객관성에 반하는 것이다. 23. 국가직 7급
- 행정 PR(public relations)은 개발도상국가에서는 국민들에 대한 계몽적·교육적 성격을 갖는다. 23. 국가직 7급

(4) 행정PR과 선전

구분	행정PR	선전
목적	쌍방적 이익: 상호 협력	일방적 이익: 일방적 추종
방법	사실의 전달: 이성에 호소	과장·은폐·왜곡: 감정에 호소
성질	수평적 상호교류, 객관성·의무성	수직적 일방성
시야	장기적·계속적	단기적·일시적

(5) 행정PR의 문제점

① 일반적 문제점
  ㉠ 국민의 무기력화: 암시와 조작에 의한 무기력한 대중을 만드는 현상
  ㉡ 선전적 형태: 사실·실책의 은폐수단 및 여론의 조종 가능성
  ㉢ 국가기밀의 강조: 안보·국방·외교 정보에 대한 행정PR의 제한
  ㉣ 기술적 한계: 의견수렴 및 홍보 방법상의 제약

② 우리나라의 문제점
  ㉠ 행정PR에 대한 인식부족
  ㉡ 화재경보적 성격의 행정PR
  ㉢ 투입기능의 경시
  ㉣ DAD(Decide-Announce-Defense): 전격결정 – 발표 – 방어 형식의 행정PR
  ㉤ 정권유지 수단으로 악용
  ㉥ 정보의 은폐 경향
  ㉦ 행정PR에 대한 불신

> **바로 확인문제**

1. 행정PR(public relations)에 대한 설명으로 옳지 <u>않은</u> 것은? 23. 국가직 7급

① 행정민주화의 요청에 따라 그 필요성이 제기되고 있다.
② 정부가 잘못된 정보를 국민에게 투입하는 것은 행정PR의 객관성에 반하는 것이다.
③ 개발도상국가에서는 국민들에 대한 계몽적·교육적 성격을 갖는다.
④ 국민의 알권리에 대한 정부의 도덕적·법적 의무로 이해되기 때문에 일방적·명령적이어야 한다.

정답해설 행정PR은 듣고(공청) 알리는(공보) 쌍방적 과정이다.

오답해설 ① 행정PR은 행정의 민주화와 인간화의 요청, 정책집행의 순응 확보, 정책의 공익성과 객관성 요구 등으로 인해 등장하였다.
② 행정PR은 객관적 사실에 기반을 둔 활동이므로, 과장·은폐·왜곡 및 감정에 호소하는 선전과 구별된다.
③ 개발도상국의 경우 행정PR은 국민에 대한 계몽적 기능을 수행한다.

답 | ④

Theme 09 「공공기관의 정보공개에 관한 법률」의 주요 내용

① 공공기관이란 다음의 기관을 말한다.
  ㉠ **국가기관**: 국회, 법원, 헌법재판소, 중앙선거관리위원회, 중앙행정기관 및 그 소속기관, 「행정기관 소속 위원회의 설치·운영에 관한 법률」에 따른 위원회
  ㉡ 지방자치단체
  ㉢ 「공공기관의 운영에 관한 법률」 제2조에 따른 공공기관
  ㉣ 「지방공기업법」에 따른 지방공사 및 지방공단
② 국가안전보장에 관련되는 정보 및 보안 업무를 관장하는 기관에서 국가안전보장과 관련된 정보의 분석을 목적으로 수집하거나 작성한 정보에 대해서는 이 법을 적용하지 아니한다. 다만, 정보목록의 작성·비치 및 공개에 대해서는 그러하지 아니한다.
③ 모든 국민은 정보의 공개를 청구할 권리를 가진다.
④ 외국인의 정보공개 청구에 관하여는 대통령령으로 정한다.
⑤ 정기적 공개정보
  ㉠ 국민생활에 매우 큰 영향을 미치는 정책에 관한 정보
  ㉡ 국가의 시책으로 시행하는 공사 등 대규모 예산이 투입되는 사업에 관한 정보
  ㉢ 예산집행의 내용과 사업평가 결과 등 행정감시를 위하여 필요한 정보
⑥ 전자적 형태로 보유·관리하는 정보 중 공개대상으로 분류된 정보를 국민의 정보공개 청구가 없더라도 정보통신망을 활용한 정보공개시스템 등을 통하여 공개하여야 한다.
⑦ 정보의 공개를 청구하는 자는 해당 정보를 보유하거나 관리하고 있는 공공기관에 정보공개 청구서를 제출하거나 말로써 정보의 공개를 청구할 수 있다.
⑧ 공공기관은 정보공개의 청구를 받으면 그 청구를 받은 날부터 10일 이내에 공개 여부를 결정하여야 한다.
⑨ 공공기관은 부득이한 사유로 ⑧에 따른 기간 이내에 공개 여부를 결정할 수 없을 때에는 그 기간이 끝나는 날의 다음 날부터 기산하여 10일의 범위에서 공개 여부 결정기간을 연장할 수 있다.
⑩ 종결처리
  ㉠ 정보공개를 청구하여 정보공개 여부에 대한 결정의 통지를 받은 자가 정당한 사유 없이 해당 정보의 공개를 다시 청구하는 경우
  ㉡ 정보공개 청구가 민원으로 처리되었으나 다시 같은 청구를 하는 경우
⑪ 국가기관, 지방자치단체, 「공공기관의 운영에 관한 법률」에 따른 공기업 및 준정부기관, 「지방공기업법」에 따른 지방공사 및 지방공단은 정보공개 여부 등을 심의하기 위하여 정보공개심의회를 설치·운영한다.
⑫ 공공기관은 전자적 형태로 보유·관리하는 정보에 대하여 청구인이 전자적 형태로 공개하여 줄 것을 요청하는 경우에는 그 정보의 성질상 현저히 곤란한 경우를 제외하고는 청구인의 요청에 따라야 한다.
⑬ 공공기관은 전자적 형태로 보유·관리하지 아니하는 정보에 대하여 청구인이 전자적 형태로 공개하여 줄 것을 요청한 경우에는 정상적인 업무수행에 현저한 지장을 초래하거나 그 정보의 성질이 훼손될 우려가 없으면 그 정보를 전자적 형태로 변환하여 공개할 수 있다.

- 우리나라 정보공개제도는 모든 국민, 법인과 단체, 외국인도 일정한 조건 하에 정보공개청구권을 가진다.
  16. 소방간부
- 국민생활에 큰 영향을 미치는 정책 정보는 청구가 없더라도 공개해야 한다.
  12. 지방직 7급
- 중앙행정기관의 경우 전자적 형태의 정보 중 공개대상으로 분류된 정보는 공개청구가 없더라도 공개하여야 한다.
  14. 국가직 9급

⑭ 즉시 공개
    ㉠ 법령 등에 따라 공개를 목적으로 작성된 정보
    ㉡ 일반국민에게 알리기 위하여 작성된 각종 홍보자료
    ㉢ 공개하기로 결정된 정보로서 공개에 오랜 시간이 걸리지 아니하는 정보
⑮ 정보의 공개 및 우송 등에 드는 비용은 실비의 범위에서 청구인이 부담한다.
⑯ 정보공개에 관한 사항 등을 심의·조정하기 위하여 행정안전부장관 소속으로 정보공개위원회를 둔다.
⑰ 행정안전부장관은 이 법에 따른 정보공개제도의 정책 수립 및 제도 개선 사항 등에 관한 기획·총괄 업무를 관장한다.

바로 확인문제

1. 우리나라의 행정정보공개제도에 대한 설명으로 옳지 않은 것은?   14. 국가직 9급

① 국정에 대한 국민의 참여와 국정운영의 투명성 확보를 목적으로 한다.
② 중앙행정기관의 경우 전자적 형태의 정보 중 공개대상으로 분류된 정보는 공개청구가 없더라도 공개하여야 한다.
③ 정보의 공개 및 우송 등에 드는 비용은 실비 범위에서 청구인이 부담한다.
④ 정보공개 청구는 말로써도 할 수 있으나 외국인은 청구할 수 없다.

정답해설 정보공개를 청구하는 자는 정보공개 청구서를 제출하거나 말로써 정보의 공개를 청구할 수 있다. 모든 국민은 정보의 공개를 청구할 권리를 가지며, 외국인의 정보공개 청구에 관하여는 대통령령으로 정한다. 즉, 외국인도 정보공개를 청구할 수 있다.

오답해설 ① 「공공기관의 정보공개에 관한 법률」은 공공기관이 보유·관리하는 정보에 대한 국민의 공개청구 및 공공기관의 공개의무에 관하여 필요한 사항을 정함으로써 국민의 알권리를 보장하고 국정에 대한 국민의 참여와 국정 운영의 투명성을 확보함을 목적으로 한다.
② 공공기관 중 중앙행정기관 및 대통령령으로 정하는 기관은 전자적 형태로 보유·관리하는 정보 중 공개대상으로 분류된 정보를 국민의 정보공개 청구가 없더라도 정보통신망을 활용한 정보공개시스템 등을 통해 공개하여야 한다.
③ 정보의 공개 및 우송 등에 드는 비용은 실비의 범위에서 청구인이 부담한다. 다만, 공개를 청구하는 정보의 사용 목적이 공공복리의 유지·증진을 위하여 필요하다고 인정되는 경우에는 비용을 감면할 수 있다.

답 | ④

Theme 10   베버(M. Weber)의 합리성   C

① 이론적 합리성: 귀납법이나 연역법과 같은 일관성 있는 논리적 작용의 결과
② 실질적 합리성(substantial): 주관성이 내포된 포괄적 가치에 대한 행동의 일관성
③ 실제적 합리성(practical): 실생활에서의 개인적 이익의 실현과 관련된 합리성
④ 형식적 합리성: 법규에 부합하는 정도 혹은 수단의 합목적성, 산업화 이후 근대성과 연결된 합리성(→ 관료제를 가장 이상적인 수단으로 언급)

• 베버(M. Weber)는 관료제를 형식적 합리성의 극치로 설명하고 있다.
08. 서울시 9급

Theme 11 디징(P. Diesing)의 합리성 B

① **정치적 합리성**: 보다 나은 정책을 추진할 수 있는 정책결정구조의 합리성(→ 가장 중요)
② **경제적 합리성**: 여러 대안을 비교하여 편익이 가장 큰 대안을 선택하는 행위, 경쟁 상태에 있는 목표를 어떻게 비교하고 선택할 것인가와 관련된 합리성
③ **사회적 합리성**: 구성원 간 조화된 통합성이나 상호의존성의 확보와 관련된 합리성으로, 디징(P. Diesing)의 합리성 유형 중 목표·수단분석 등으로 설명되지 않는 가장 비합리적인 유형에 해당
④ **법적 합리성**: 확립된 규칙과 선례에 부합하는 행동, 보편성과 공식적 질서를 통해 예측가능성을 높이는 것과 관련된 합리성
⑤ **기술적 합리성**: 주어진 목표를 가장 잘 달성할 수 있는 최선의 수단을 찾는 합리성

- 디징(P. Diesing)은 정치적 합리성을 의사결정구조를 합리화하는 것으로 여겼다. 12. 국회직 8급
- 사회적 합리성이란 사회구성원 간의 조정과 조정된 통합성을 의미하며, 디징(P. Diesing)의 합리성 유형 중 목표·수단분석 등으로 설명되지 않는 가장 비합리적인 유형에 해당한다. 17. 경찰간부
- 디징(P. Diesing)의 법적 합리성이란 대안의 합법성을 나타내는 것으로서, 보편성과 공식적 질서를 통해 예측가능성을 높이는 합리성을 의미한다. 17. 경찰간부
- 기술적 합리성은 일정한 수단이 목표를 얼마만큼 잘 달성시키는가, 즉 목표와 수단 사이에 존재하는 인과관계의 적절성을 의미한다. 19. 지방직 7급

바로 확인문제

1. 합리성의 개념과 유형에 대한 설명으로 옳지 <u>않은</u> 것은? 19. 지방직 7급

① 사이몬(H. Simon)의 실질적(substantive) 합리성은 행위자가 합리적인 선택을 할 수 있는 모든 지식과 능력을 소유하고 있다고 가정한다.
② 디징(P. Diesing)은 합리성을 기술적 합리성, 경제적 합리성, 사회적 합리성, 법적 합리성, 진화론적 합리성으로 나누어 설명한다.
③ 기술적 합리성은 일정한 수단이 목표를 얼마만큼 잘 달성시키는가, 즉 목표와 수단 사이에 존재하는 인과관계의 적절성을 의미한다.
④ 사이몬(H. Simon)은 인간이 실질적 합리성을 사실상 포기하고, 만족할 만한 대안을 선택하려는 절차적 합리성을 추구한다고 주장한다.

정답해설 디징(P. Diesing)은 합리성을 정치적 합리성, 경제적 합리성, 사회적 합리성, 법적 합리성, 기술적 합리성으로 나누었다. 한편, 진화론적 합리성은 환경에 적응해가면서 바람직한 대안을 찾아가는 것과 관련된다.

오답해설 ① 사이몬(H. Simon)의 실질적(substantive) 합리성은 내용적 합리성을 의미한다. 내용적 합리성은 명확한 인과관계를 바탕으로 최선의 대안을 선택할 때 나타나는 합리성이다.
③ 기술적 합리성은 목표의 수단의 인과성을 의미한다. 즉, 최선의 수단을 선택하는 합리성을 기술적 합리성이라 한다.
④ 사이몬은 인간의 인지 능력에는 한계가 있으므로, 최적의 대안을 찾는 실질적 합리성을 추구하는 것은 불가능하다고 보았다. 대신, 인간은 자신의 경험과 정보에 기초하여 '만족스러운' 수준의 해결책을 찾는 합리적인 '과정(process)'에 의존하게 되는데, 이를 절차적 합리성이라고 하였다.

답 | ②

PART II

정책학

에듀윌 공무원 행정학

CHAPTER 01	정책과정의 주도자
CHAPTER 02	정책의제론
CHAPTER 03	정책결정론
CHAPTER 04	정책결정모형
CHAPTER 05	정책집행론
CHAPTER 06	정책평가론

CHAPTER 01 정책과정의 주도자

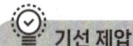 기선 제압

Theme 01 다원주의 이론　B

① **중복회원이론**: 구성원들은 여러 집단에 중복으로 소속되어 있어 특정 소속집단의 이익만을 극대화하기는 곤란하다는 이론이다.
② **잠재집단이론**: 결정자는 말없는 잠재집단의 이익을 고려하여야 하므로 활동적 소수의 특수 이익만을 추구하기는 곤란하다는 이론이다.
③ **이익집단자유주의**: 활동적 소수의 이익만이 정책에 반영되고, 조직화되지 못한 다수의 이익은 정책에 반영되지 못한다는 주장이다.
④ **공공이익집단론**: 특수 이익보다는 공익에 가까운 주장이 정책에 반영된다는 이론이다.

- 이익집단론은 정치체제가 잠재이익집단과 중복회원 때문에 특수 이익에 치우치지 않는다고 주장한다. 　16. 국가직 9급

Theme 02 신다원론　B

① 신다원론은 정부의 수동적 역할을 강조한 다원론과는 달리 전문화되고 능동적인 정부관을 제시하며, 자본주의에서 정부는 기업의 특권적 지위를 고려할 수밖에 없다고 주장한다.
② 이에 따라 민주주의 국가에서는 이익집단들 간의 견제와 균형이 중요한 요소임에도 불구하고 정부나 일반대중들이 기업집단의 이익에 민감하게 반응하므로 불평등 구조가 심화될 우려가 존재한다.
③ 다만, 특정 집단이 우월적 지위를 갖게 되는 것을 일반대중과 정부의 합리적 선택으로 본다는 점에서 엘리트 집단의 의도적 노력을 강조하는 엘리트론과는 구별된다.
④ 그리고 신다원론은 이러한 불평등을 방지하기 위해 구조적 개혁의 필요성을 강조하는데, 선거와 같은 외적 통제 수단보다는 정부기구의 분화와 같은 관료 간 내적 견제를 통해 견제와 균형을 확보하고자 한다.

- 신다원주의론은 자본주의 국가에서는 기업가 집단의 특권적 지위가 현실의 정책과정에서 나타난다고 본다. 　16. 국가직 9급

Theme 03 정책의제화의 제약에 관한 기타 이론　B

① **의사결정론**(H. Simon): 의사결정은 주의집중, 설계, 선택의 단계로 전개된다고 보며, 주의집중을 정책의제설정 단계로 간주한다. 그리고 인간의 주의집중력의 한계 때문에 소수의 문제만이 정책의제가 된다고 주장한다.
② **체제이론**: 체제의 부담을 줄이고 체제의 안정을 위해 체제의 문지기(→ 대통령 등 정책결정권자)가 선호하는 소수의 문제만이 정책의제가 된다는 주장이다.
③ 두 이론 모두 일부 문제만이 정책의제가 됨을 설명할 수는 있으나 왜 항상 특정 문제는 정책의제가 되지 못하는지를 설명하기 곤란하다는 비판을 받는다.

- 체제이론에 의하면 문지기(gate-keeper)가 선호하는 문제가 정책의제로 채택된다. 　14. 국가직 9급

> **바로 확인문제**

1. 정책의제설정과 관련된 이론과 설명이 바르게 연결된 것은? 14. 국가직 9급

> A. 사이먼(H. Simon)의 의사결정론   B. 체제이론
> C. 다원주의론   D. 무의사결정론

> ㄱ. 조직의 주의집중력은 한계가 있어 일부의 사회문제만이 정책의제로 선택된다.
> ㄴ. 문지기(gate-keeper)가 선호하는 문제가 정책의제로 채택된다.
> ㄷ. 이익집단들이나 일반 대중이 정책의제설정에 상당한 영향력을 행사한다.
> ㄹ. 대중에 대한 억압과 통제를 통해 엘리트들에게 유리한 이슈만이 정책의제로 설정된다.

	A	B	C	D
①	ㄱ	ㄴ	ㄷ	ㄹ
②	ㄱ	ㄷ	ㄴ	ㄹ
③	ㄹ	ㄴ	ㄷ	ㄱ
④	ㄹ	ㄷ	ㄴ	ㄱ

정답해설 A. 사이먼(H. Simon)은 의사결정을 주의집중, 설계, 선택의 단계 순으로 전개된다고 보았으며, 주의집중을 정책의제설정 단계로 간주하였다. 그리고 인간의 주의집중력의 한계 때문에 소수의 문제만이 정책의제가 된다고 주장하였다.
B. 체제이론은 체제의 부담을 줄이고 체제의 안정을 위하여 체제의 문지기(→ 대통령 등 정책결정권자)가 선호하는 소수의 문제만이 정책의제가 된다고 주장하였다.
C. 다원주의는 권력이 소수에게 집중되지 않고 널리 분산되어 있다고 주장한다. 즉, 각종 이익집단은 정책과정에의 동등한 접근성을 지니며, 정부는 중립적 입장에서 각 집단의 이익을 조정하는 심판자의 역할을 수행한다.
D. 무의사결정론은 엘리트의 가치나 이익에 대한 잠재적·현재적 도전이 억압되고 좌절되는 현상을 설명하는 이론이다. 즉, 엘리트들에게 유리한 이슈만이 정책의제로 설정된다.

답 | ①

Theme 04 조합주의(corporatism)   B

(1) 의의
① 국가가 중심이 되어 사회 각 분야의 독점적 이익을 조정하는 메커니즘으로, 강제적이고 비경쟁적이며 위계적인 조합에 대한 국가의 형성(→ 국가조합주의)이나 국가의 승인(→ 사회조합주의)을 강조한다.
② 조합주의는 정책결정에서 정부의 적극적 역할을 강조하고 이익집단과의 상호협력을 중시하는 이론으로, 다양한 이익집단의 자율적이고 경쟁적인 이익표출을 전제로 하는 다원주의와 대비된다.

- 조합주의는 국가의 독자성, 지도적·개입적 역할을 강조한다. 14. 국회직 8급
- 조합주의에 의하면 정부는 집단 간 이익의 중재에 머물지 않고 국가이익이나 사회의 공동선을 달성하기 위한 주도적인 역할을 담당한다. 10. 국회직 8급
- 조합주의에 의하면 이익집단은 단일적·위계적인 이익대표체계를 형성한다. 16. 국가직 7급

③ 조합주의는 국가엘리트와 사회의 분야별 엘리트들의 주도적 역할을 강조하며, 이익집단 역시 상호경쟁보다는 국가에 협조함으로써 특정 영역에서 자신의 요구를 정책과정에 투입하고자 한다.
④ 한편, 조합은 이익집단과는 달리 국가의 정책과정에 참여할 수 있는 공식적 권한을 보유한 공식적 참여자에 속한다.

(2) 유형

① **국가조합주의**: 국가의 강제력을 기반으로 형성된 조합으로, 사회분야의 이익들이 일방적이고 독점적으로 표출되고 대표되는 방식이며 전체주의국가 혹은 개발도상국가에서 발견되는 조합의 형태이다.
② **사회조합주의**: 노동과 자본의 자발적 참여와 합의를 기반으로 형성된 조합으로, 각 분야의 정상조직에 의해 대표·협의·조정되는 의회민주주의에서의 사회적 협약체제이다.

다원주의	조합주의
① 자율적, 경쟁적, 수평적	① 강제적, 비경쟁적, 위계적(→ 수직적)
② 중립적 중재자·심판자로서 국가	② 능동적 조정자·개입자로서 국가
③ 이익집단의 비공식적 참여	③ 제도권 아래의 공식적 참여

- 국가조합주의는 국가가 민간부문의 집단들에 대하여 강력한 주도권을 행사한다고 보는 모형이다.
  20. 지방직 7급

- 사회조합주의는 사회경제체제의 변화에 순응하려는 이익집단의 자발적 시도로부터 생성되었다.
  20. 지방직 7급

바로 확인문제

1. 〈보기〉와 같은 정책결정의 형태를 무엇이라 하는가? 10. 국회직 8급

| 보기 |

정책결정에서 정부의 보다 적극적인 역할을 인정하고 이익집단과의 상호협력을 중시하는 이론이다. 정부는 집단 간 이익의 중재에 머물지 않고 국가 이익이나 사회의 공동선을 달성하기 위한 주도적인 역할을 담당한다.

① 엘리트주의 ② 조합주의
③ 이슈네트워크 ④ 하위정부
⑤ 정책공동체

정답해설 국가 이익이나 사회의 공동선을 달성하기 위한 국가의 주도적인 역할을 강조하는 이론은 조합주의이다.
답 | ②

2. 조합주의(corporatism)에 대한 설명으로 옳지 <u>않은</u> 것은? 16. 국가직 7급

① 정부활동은 다양한 이익집단 간 이익의 소극적 중재자 역할에 한정된다.
② 이익집단은 단일적·위계적인 이익대표체계를 형성한다.
③ 정부는 사회적 공동선을 달성하기 위해 중요 이익집단과 우호적 협력관계를 유지한다.
④ 이익집단은 상호 경쟁보다는 국가에 협조함으로써 특정 영역에서 자신의 요구를 정책과정에 투입한다.

정답해설 정부활동을 다양한 이익집단 간 이익의 소극적 중재자 역할에 한정하는 것은 다원주의의 특징이다.

오답해설 ② 조합주의란 국가가 중심이 되어 사회 각 분야의 독점적 이익대표를 조정하는 메커니즘이다. 분야별로 단일의 독점적 이익대표체계를 형성하며, 각 분야 내에서는 위계적으로 서열화된다.
③ 조합주의는 다원주의와는 달리 국가를 사회 각 분야 이익집단과의 협력을 통해 사회목적을 달성하고자 하는 전문적이고 능동적인 주체로 본다.
④ 이익집단 역시 상호 경쟁보다는 각 이익집단의 독점적 이익을 보장받는 조건으로 국가에 협조하는 행위주체로 간주된다.

답 | ①

Theme 05 국가의 자율성 논쟁 C

① 다원주의: 정치권력이 사회 내 여러 집단에 분산되어 있는 국가
② 엘리트주의: 정치권력이 소수 엘리트들에게 집중되어 있는 국가
③ 마르크스주의: 국가를 자본가계급의 도구(집행부)로 보는 입장(→ 도구주의)
④ 네오마르크스주의자: 도구주의 국가관을 비판적으로 수용하면서 동시에 자본주의의 유지를 위한 수단으로서 국가의 상대적 자율성을 인정하는 입장
⑤ 관료제 국가론: 법과 합리성 및 정당성을 바탕으로 수립된 관료제를 중심으로 국가를 이해하는 베버주의 국가관으로, 합리성에 입각한 국가의 절대적 자율성을 강조하는 이론
⑥ 신베버주의: 국가를 스스로 결정하는 힘을 지닌 실체로 보는 관점

• 베버주의(Weberism)은 국가나 정부 관료제의 독자성(절대적 자율성)과 지도적·개입적 역할을 강조한다.
20. 경찰승진

• 신베버주의에 속하는 크래스너(S. Krasner)에 의하면 국가가 다른 나라와의 경제 관계에 관한 정책결정을 할 때 기업의 이익이 아니라 국가이익을 옹호하는 결정을 내렸다고 한다.
08. 국가직 9급

바로 확인문제

1. 베버(M. Weber)의 관료제 국가론에 관한 설명으로 적절하지 <u>않은</u> 것은?   07. 국가직 7급

① 국가의 상대적 자율성을 강조한다.
② 근대국가와 자본주의의 연계를 당연시한다.
③ 국가의 계급적 투쟁을 무시한다.
④ 법과 합리성을 정당성의 근거로 본다.

정답해설 베버(M. Weber)의 관료제 국가론은 법과 합리성 및 정당성을 바탕으로 수립된 관료제를 중심으로 국가를 이해하는 입장으로, 합리성에 입각한 국가의 절대적 자율성을 강조하는 이론이다.

답 | ①

Theme 06 솔리스버리(R. Salisbury)의 정책유형 C

① 배분정책: 분산적 요구패턴과 결정패턴이 나타나는 상황으로, 모든 사람에게 혜택이 돌아가는 정책이며, 기술적 재량이 요구된다.
② 재분배정책: 통합적 요구패턴과 결정패턴이 나타나는 상황으로, 부의 이전이나 사회이

익 또는 가치의 통합이 목적이며, 정치적 재량이 요구된다.
③ 규제정책: 분산적 요구패턴과 통합적 결정패턴이 나타나는 상황으로, 민간행동을 제약하고 불응자를 강제하기 위해 법률로 표현되며, 기획적 재량이 요구된다.
④ 자율규제정책: 통합적 요구패턴과 분산적 결정패턴이 나타나는 상황으로, 전문가 집단에게 규제기준의 설정과 집행을 위임하고, 규제대상자 스스로 자신을 규제하는 정책이며, 전문적 재량이 요구된다.

구분		요구패턴	
		통합	분산
결정패턴	통합	재분배정책(→ 정치적 재량)	규제정책(→ 기획적 재량)
	분산	자율규제정책(→ 전문적 재량)	배분정책(→ 기술적 재량)

Theme 07 정책결정요인론 B

(1) 논의의 함의
① 정책의 내용을 결정하고 좌우하는 원인이 환경으로부터의 투입(→ 사회·경제적 요인)인지 아니면 정치체제의 특성(→ 정치적 요인)인지를 밝히려는 이론이다.
② 정책을 독립변수로 본 정책유형론과는 달리 정책결정요인론은 정책을 환경의 종속변수로 파악하고 있다.
③ 정책결정요인론은 정책이 정치과정의 산물이라는 정치학자들의 견해를 비판한 것으로 비교정치학과 다원론에 충격을 주었으며, 정책환경이 정책의 주요한 내용을 규정한다는 것을 규명해 주었다는 점에서 정책연구에 큰 기여를 하였다.

• 정책결정요인론은 정책의 내용에 영향을 미치는 요인이 무엇인가를 밝히는 이론으로, 사회경제적 요인의 중요성을 과소평가했다는 비판을 받는다. 22. 국가직 7급

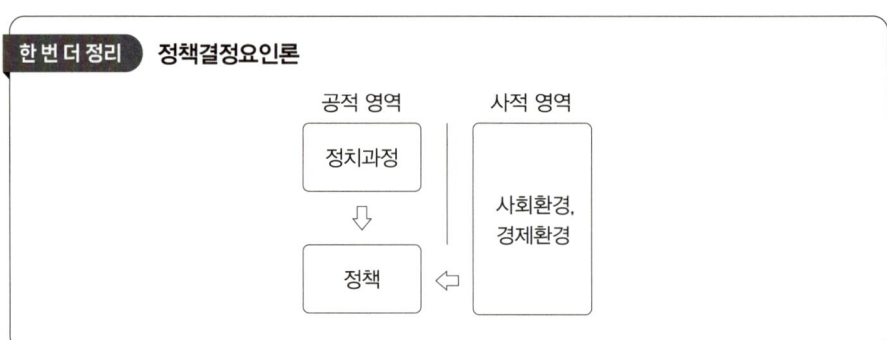

한 번 더 정리 정책결정요인론

(2) 전개과정
① 초기 정치학자 → 참여경쟁모형
  ㉠ 키(O. Key): 정당 간 경쟁이 작을수록 사회보장비 지출이 감소한다(1949).
  ㉡ 로카드(D. Lockard): 정당 간 경쟁이 클수록 사회보장비는 증대한다(1959).
  ㉢ 정책과정의 전개: 사회경제적 변수 → 정치적 변수 → 정책의 순

② 경제학자
  ㉠ 패브리칸트(S. Fabricant): 1인당 소득, 인구밀도, 도시화 등이 지출액 차이의 72%를 설명할 수 있다(1952).
  ㉡ 브라이저(H. Brazer): 인구밀도, 가구소득 및 타정부 기관으로부터의 보조 등이 시정부의 지출 측면에 강력한 영향을 미친다(1959).
③ 정치학자의 재연구
  ㉠ 도슨(R. Dawson)과 로빈슨(J. Robinson): 정치적 변수와 정책은 허위관계이다. 만약 사회·경제적 변수를 통제하면 정치체제와 정책 간의 관계는 사라진다. 이는 사회경제적 변수, 정치체제 그리고 정책 간의 순차적 관계의 부정 또는 정치체제의 매개변수 역할을 부정하는 것이다.
  ㉡ 너드(C. Cnudde)와 맥크론(D. McCrone): 정치적 변수와 정책은 혼란관계이다. 즉, 사회·경제적 변수뿐만 아니라 정치체제도 독자적으로 정책에 영향을 준다는 것이다 (→ 혼합모형 또는 절충모형).

구분	정치적 변수와 정책	사회·경제적 변수
도슨과 로빈슨	허위관계	허위변수
너드와 맥크론	혼란관계	혼란변수

④ 기타 학자
  ㉠ 다이(1966): 경제변수를 통제하면 정치적 변수는 정책산출에 거의 영향을 미치지 못함
  ㉡ 톰킨슨(1975): 인종구성이 복지비지출에 직접적 영향 + 정당 간 경쟁을 통해 간접적 영향
  ㉢ 루이스와 벡(1977): 경제적 변수는 정치변수와 정책에 각각 독립적으로 영향 + 정치변수도 정책에 독립적으로 영향
  ㉣ 호버퍼트(1974): 통합다단계모형(→ 역사적·지리적 조건, 사회·경제적 조건, 대중정치행태, 정부기구, 엘리트 행태 순)

(3) 문제점
① 계량화 문제
  ㉠ 정당 간 경쟁, 투표율, 선거구 할당의 공평성 외에도 행정부와 의회의 상대적 권한, 관료권의 확대 여부, 국가권력의 실질적 행사집단의 존재 등과 같은 다양한 정치적 변수가 존재함을 간과하였다.
  ㉡ 계량화가 곤란한 정치적 변수는 과소평가하였고 계량화가 쉬운 경제적 변수는 과대평가하였다.
  ㉢ 또한 규제정책처럼 정부의 재정지출과 크게 연관성을 지니지 않으면서도 사회에 큰 영향을 미치는 정책이 있음을 간과하였다.
  ㉣ 그리고 정책수준의 상이성에 따른 상관관계를 경시하였다. 즉, 총지출 규모는 경제적 요인이 중요하나, 부문별 지출은 정치적 요인이 중요할 수 있다.
② 인과관계의 불명확성
  ㉠ 정치체제나 정책이 (사회·경제) 환경에 영향을 미칠 수 있음을 간과하였다.

• 도슨(R. Dawson)과 로빈슨(J. Robinson)의 경제적 자원모형에 의하면 소득, 인구 등의 사회·경제적 요인이 정책내용을 결정한다.
14. 국가직 9급

• 도슨(R. Dawson)과 로빈슨(J. Robinson)의 경제적 자원모형에 의하면 정치체제는 환경변수와 정책내용 간의 매개변수가 아니다.
14. 국가직 9급

• 정책결정요인론은 정치체제가 정책에 미치는 영향을 과소평가한다는 비판을 받는다. 22. 군무원 9급

• 정책결정요인론은 정치체제의 매개·경로적 역할을 고려하지 않는다는 비판을 받는다. 22. 군무원 9급

ⓒ 경제요인이 어떤 경로를 거쳐서 정책에 영향을 미치는지에 대한 설명이 부족하고, 정치체제의 중개경로 역할을 경시하였다.

바로 확인문제

1. 정책결정요인론 중 도슨(R. Dawson)과 로빈슨(J. Robinson)이 주장한 '경제적 자원모형'의 내용으로 옳지 않은 것은? 14. 국가직 9급

① 소득, 인구 등의 사회·경제적 요인이 정책내용을 결정한다.
② 정치적 변수는 정책에 단독으로 영향을 미치지 못한다.
③ 정치체제는 환경변수와 정책내용 간의 매개변수가 아니다.
④ 사회경제적 변수, 정치체제, 정책은 순차적 관계에 있다.

정답해설 '경제적 자원모형'은 사회·경제적 변수와 정치체제 및 정책의 순차적 관계를 부정하는 것이다.

오답해설 ① 도슨(R. Dawson)과 로빈슨(J. Robinson)의 주장은 소득, 인구 등과 같은 사회·경제적 요인이 정책의 내용을 결정한다는 것이다.
② 이들에 의하면 정치적 변수와 정책은 허위관계인데 이는 정치적 변수가 정책에 단독으로 영향을 미치지 못한다는 것이다.
③ 이는 정치체제는 환경변수와 정책내용 간의 매개변수도 아니라는 주장이다.

답 | ④

2. 정책결정요인론에 대한 설명으로 옳은 것은? 22. 국가직 7급

① 정책의 내용에 영향을 미치는 요인이 무엇인가를 밝히는 이론으로, 사회경제적 요인의 중요성을 과소평가했다는 비판을 받고 있다.
② 도슨(R. Dawson)-로빈슨(J. Robinson) 모형은 사회경제적 변수가 정치체제와 정책 모두에 영향을 미친다는 모형으로, 사회경제적 변수로 인해 정치체제와 정책의 상관관계가 유발된다고 설명한다.
③ 키(O. Key)-로커트(D. Lockard) 모형은 사회경제적 변수가 정책에 직접적으로 영향을 미친다는 모형으로, 예를 들면 경제발전이 복지지출 수준에 직접 영향을 준다고 본다.
④ 루이스(W. Lewis)-벡(M. Beck) 모형은 사회경제적 변수가 정책에 영향을 주는 직접효과가 있고, 정치체제가 정책에 독립적 영향을 주지 않는다고 설명한다.

정답해설 도슨(R. Dawson)과 로빈슨(J. Robinson)에 의하면 정치적 변수와 정책은 허위관계이다. 만약 사회경제적 변수를 통제하면 정치체제와 정책 간의 관계는 사라진다. 이는 사회경제적 변수, 정치체제 그리고 정책 간의 순차적 관계의 부정 또는 정치체제의 매개변수 역할을 부정하는 것이다.

오답해설 ① 정책결정요인론은 계량화가 용이한 경제적 변수는 과대평가되고, 계량화가 곤란한 정치변수는 과소평가되었다는 비판을 받는다.
③ 키(O. Key)와 로카드(D. Lockard) 모형은 사회경제적 변수가 정치체제를 통해 복지지출의 수준으로 연결된다는 이론이다.
④ 루이스(W. Lewis)와 벡(M. Beck)은 사회경제적 변수뿐만 아니라 정치체제 역시 정책에 독립적으로 영향을 주는 요인으로 본다.

답 | ②

CHAPTER 02 정책의제론

Theme 01 정책의제설정의 과정

(1) 아이스톤(R. Eyestone)
① 문제인지: 개인이나 집단에게 사회문제로 인식되는 단계
② 사회이슈화: 해결책에 대하여 찬반논쟁이 제기되는 쟁점화 단계
③ 공중의제(public agenda): 일반대중이 정부가 해결해야 한다고 공감하고 요구하는 단계
④ 공식의제(official agenda): 정부가 공식적으로 검토하기로 결정하는 단계

(2) 존스(C. Jones)
① 문제의 인지 및 정의
② 결속과 조직화
③ 대표화
④ 의제채택

Theme 02 매이(P. May) 및 하울렛(M. Howlett)과 라메쉬(M. Ramesh)의 정책의제설정모형

① **외부주도형**: 사회적 이슈가 공중의제로 확장된 후 정부의제로 채택되는 모형이다.
② **굳히기형**(→ 공고화형): 대중의 지지가 높아 정부 내 결정권자가 주도하여 채택하는 모형이다.
③ **내부주도형**: 결정권자에게 접근할 수 있는 집단들이 주도하며, 정책의 확산이나 경쟁이 불필요할 경우 사용되는 모형이다.
④ **동원형**: 대중의 지지가 낮아 정부 내 결정자들이 채택된 이슈를 공중의제로 확산하는 과정을 거치는 모형이다.

구분		대중 지지도	
		높음	낮음
논쟁 주도자	국가	굳히기형(→ 공고화모형)	동원형
	사회	외부주도형	내부주도형(→ 내부접근형)

- 굳히기형은 대중의 지지가 높은 정책문제에 대하여 정부가 그 과정을 주도하여 해결을 시도하는 모형이다.
16. 경찰간부

- 공고화형은 이미 공중의 지지가 높기 때문에 정책이 결정된 후 집행이 용이하다.
22. 지방직 9급

바로 확인문제

1. 하울렛(M. Howlett)과 라메쉬(M. Ramesh)의 모형에 따라 정책의제설정 유형을 분류할 때, (가)~(라)에 대한 설명으로 옳지 <u>않은</u> 것은? _{22. 지방직 9급}

공중의 지지 의제설정 주도자	높음	낮음
사회 행위자(societal actors)	(가)	(나)
국가(state)	(다)	(라)

① (가) - 시민사회단체 등이 이슈를 제기하여 정책의제에 이른다.
② (나) - 특별히 의사결정자들에게 접근할 수 있는 영향력 있는 집단이 정책을 주도한다.
③ (다) - 이미 공중의 지지가 높기 때문에 정책이 결정된 후 집행이 용이하다.
④ (라) - 정책결정자가 이슈를 제기하면 자동적으로 정책의제화되기 때문에 성공적인 집행을 위한 공중의 지지는 필요 없다.

정답해설 (라)는 동원모형으로, 속하므로 성공적인 집행을 위한 공중의 지지 확보노력이 수반된다.

오답해설 ① (가)는 외부주도형으로, 시민단체나 언론 등에 의해 이슈가 확산된 후 정책의제로 들어온다.
② (나)는 내부접근형으로, 의사결정자에게 접근할 수 있는 친근자 집단에 의해 정책의제가 설정된다.
③ (다)는 공고화형으로, 국가가 주도하지만 대중의 지지가 높으므로 집행이 용이하다.

답 | ④

Theme 03 기타 의제설정모형

① 동형화 모형은 정책의 전이가 모방적 동형화, 규범적 동형화, 강압적 동형화를 통해 이루어진다고 보는 이론이다.
② 포자모형은 정책문제 자체의 성격이 갖는 중요성보다는 정책문제가 제기되어 정의되는 환경의 중요성에 주목하는 모형으로, 문제가 의제화될 수 있는 적합한 환경을 강조하는 이론이다.
③ 이슈관심주기 모형은 사회적 이슈에 일반대중이 관심을 갖는 시간에는 일정한 한계가 있다는 이론으로, 그 시간적 한계 내에 의제화가 되지 않는다면 의제로 채택될 가능성이 낮아진다고 설명한다.

• 동형화 모형은 정부 간 정책전이(policy transfer)가 모방, 규범, 강압을 통해 이루어진다고 본다.
_{20. 경찰간부}

> **바로 확인문제**

1. 정책의제설정모형에 대한 설명으로 가장 적절한 것은? 　　22. 경찰간부

① 동형화 모형은 강압·모방·규범 등을 통해 정부 간 정책전이가 일어나면서 정책의제설정에 영향을 끼친다고 주장한다.
② 체제의제는 정책담당자가 공식적으로 논의하기로 결정한 정책문제를 의미한다.
③ 외부주도형 정책의제설정은 주로 정부 내 최고 통치자나 고위정책결정자가 주도적으로 정부의제를 만드는 것을 의미한다.
④ 정부의 힘이 강하고 민간부문의 힘이 취약한 권위적인 계층주의 사회에서는 내부접근형 정책의제설정이 나타나기 쉽다.

정답해설 특정 정책이 강압적으로 요구되거나, 성공 사례로 모방되거나, 전문가 네트워크를 통해 중요하다고 인식되면, 해당 정책이슈나 해결책이 여러 정부의 정책의제 목록에 오르고 심각하게 고려될 가능성이 매우 높아진다.

오답해설 ② 정책담당자가 공식적으로 논의하기로 결정한 정책문제는 제도의제이다.
③ 정부 내 최고 통치자나 고위정책결정자가 주도적으로 정부의제를 만드는 것은 동원형이다.
④ 정부의 힘이 강하고 민간부문의 힘이 취약한 권위적인 계층주의 사회에서는 동원형 정책의제설정이 나타나기 쉽다.

답 | ①

Theme 04　정책의 오류　　B

① **제3종 오류**: 정책문제의 잘못된 인지로 인해 발생하는 근본적 오류(→ 메타오류)로, 가치중립적이고 수단지향적인 정책분석(→ 합리모형)의 한계를 나타내는 오류이다.
② **제1종 오류**: 효과 없는 대안을 채택한 오류(→ α오류) 즉, 옳은 귀무가설을 기각하고 틀린 대립가설을 채택하는 오류(→ 유의수준)이다.
③ **제2종 오류**: 효과 있는 대안을 기각한 오류(→ β오류) 즉, 틀린 귀무가설을 채택하고 옳은 대립가설을 기각하는 오류이다.
④ **유의수준**이란 가설검증에서 귀무가설이 실제로 참일 때 귀무가설에 대한 판단의 오류수준(→ 잘못 기각할 확률) 즉, 제1종 오류의 위험성을 부담할 최대 확률(α)을 말한다.
⑤ 반면, **검정력**이란 가설검정에서 귀무가설이 거짓일 때 이를 기각하여 올바른 결정을 할 수 있는 확률(1−β)을 말한다.

• 제1종 오류는 α로 표시하고, 제2종 오류는 β로 표시한다.　21. 국가직 7급

구분		영가설	
		참 = 효과 없음	거짓 = 효과 있음
의사결정	참	신뢰도(1−α)	제2종 오류(β)
	거짓	제1종 오류 = 유의수준(α)	검정력(1−β)

바로 확인문제

1. 통계적 가설검정의 오류에 대한 설명으로 옳지 않은 것은? 21. 국가직 7급

① 제1종 오류는 실제로는 모집단의 특성이 영가설과 같은 것인데 영가설을 기각하는 경우에 발생한다.
② 제2종 오류는 모집단의 특성이 영가설과 같지 않은데 영가설을 기각하지 않는 경우에 발생한다.
③ 제1종 오류는 α로 표시하고, 제2종 오류는 β로 표시한다.
④ 확률 1−α는 검정력을 나타내며, 확률 1−β는 신뢰수준을 나타낸다.

정답해설 제1종 오류를 범하지 않는 것(1−α)를 신뢰수준이라 하고, 제2종 오류를 범하지 않는 것(1−β)을 검정력이라 한다.

오답해설 ① 영가설이 옳음에도 불구하고 그것을 기각한 것은 제1종 오류를 범한 것이다.
② 영가설 혹은 귀무가설이란 효과가 없다는 가설을 의미한다. 효과가 없다는 가설이 잘못되었음에도 불구하여 이를 기각하지 않는 것은 제2종 오류를 범한 것이다.
③ 통계학에서 제1종 오류를 범할 확률을 유의수준이라 하며, 그리스 문자 알파(α)로 표기하고, 제2종 오류를 범할 확률은 베타(β)로 표기한다.

답 | ④

2. 통계적 결론의 타당성 확보에 있어서 발생할 수 있는 오류와 그에 대한 설명을 바르게 연결한 것은? 15. 국가직 9급

ㄱ. 정책이나 프로그램의 효과가 실제로 발생하였음에도 불구하고 통계적으로 효과가 나타나지 않은 것으로 결론을 내리는 경우
ㄴ. 정책의 대상이 되는 문제 자체에 대한 정의를 잘못 내리는 경우
ㄷ. 정책이나 프로그램의 효과가 실제로 발생하지 않았음에도 불구하고 통계적으로 효과가 나타난 것으로 결론을 내리는 경우

	제1종 오류	제2종 오류	제3종 오류
①	ㄱ	ㄴ	ㄷ
②	ㄱ	ㄷ	ㄴ
③	ㄴ	ㄱ	ㄷ
④	ㄷ	ㄱ	ㄴ

정답해설 ㄱ. 정책이나 프로그램의 효과가 실제로 발생하였음에도 불구하고 통계적으로 효과가 나타나지 않은 것으로 결론을 내리는 것은 제2종 오류이다.
ㄴ. 정책의 대상이 되는 문제 자체에 대한 정의를 잘못 내리는 것은 제3종 오류이다.
ㄷ. 정책이나 프로그램의 효과가 실제로 발생하지 않았음에도 불구하고 통계적으로 효과가 나타난 것으로 결론을 내리는 것은 제1종 오류이다.

답 | ④

Theme 05　정책문제구조화기법　B

(1) 개념
① 정책문제를 명확하게 정의하기 위한 기법으로, 제3종 오류를 방지하기 위한 질적 분석이며, 문제가 존재하는지, 무엇이 문제인지, 문제의 범위는 어디까지인지 등을 밝히는 것이다.
② 문제구조화는 상호 관련된 4가지 단계인 문제의 감지, 문제의 탐색, 문제의 정의, 문제의 구체화로 구성되어 있다.

(2) 방법
① 경계분석
　㉠ 문제의 위치와 문제가 존재했던 기간, 문제를 형성해온 역사적 사건들을 구체화하고, 표본추출과 이해관계자들의 주장 등을 통해 문제의 영역을 추정하는 기법이다.
　㉡ 포화표본추출: 다양한 의견들을 지닌 이해관계자들의 식별
　㉢ 문제표현도출: 문제의 개념·변수·목표·대안 등에 대한 다양한 표현의 도출
　㉣ 경계추정: 표본추출과 문제표현도출에서 얻은 자료를 누적도수분포도로 표현

② 분류분석
　㉠ 문제의 구성요소들을 식별하고 그 상황을 분류하기 위해 사용된 개념들을 정의하는 기법으로, 논리적 분할(→ 나누는 것)과 논리적 분류(→ 합치는 것)로 나뉜다.
　㉡ 기준
　　ⓐ 실질적 적실성: 분석가의 목적이나 문제 상황의 본질에 따라 분류할 것
　　ⓑ 총망라성: 경계 내의 모든 주제나 상황을 포괄적으로 포함할 것
　　ⓒ 상호배타성(→ 분절성): 각 주제나 상황은 단지 하나의 범주에만 속할 것
　　ⓓ 일관성: 각 범주와 하위범주는 하나의 분류원리에 입각할 것
　　ⓔ 계층적 독특성: 하나의 분류체계 내에서 단계(→ 수준)의 구분이 가능할 것

③ 계층분석(→ 인과분석)
　㉠ 문제의 원인을 정확히 밝혀내는 기법이다.
　㉡ 가능성(possibility) 있는 원인: 멀지만 문제의 발생에 기여하는 원인
　㉢ 개연성(probability) 있는 원인: 경험적으로 문제와 연결된 근접한 원인
　㉣ 행동가능한 원인: 정책결정자가 중·단기적으로 조작할 수 있는 원인

• 계층분석은 가능성 있는 원인의 식별 또는 문제 상황의 인과관계를 규명한다.　23. 국회직 9급

④ 유추분석
　㉠ 주어진 문제를 분석할 때 친숙한 것을 낯선 것으로 전환하거나 낯선 것을 친숙하게 전환해보는 방법으로, 2개 이상의 것을 결합하는 시네틱스 기법이 사용된다.
　㉡ 의인적·개인적 유추: 자신이 주어진 문제의 일부라 생각하고 스스로를 해결해야 할 대상이 되었다고 상상하면서 새로운 아이디어를 유추하는 방법
　㉢ 직접적 유추: 주어진 문제를 전혀 다른 사물이나 현상에 객관적으로 직접 비교하는 방법(→ 전화기를 사람의 귀와 비교하는 방법)
　㉣ 상징적 유추: 어떤 대상의 추상적 원리나 특성이 되는 상징을 유추하는 방법(→ 신데렐라라는 동화 속의 인물을 신데렐라 콤플렉스와 비교하는 방법)
　㉤ 환상적 유추: 현실적인 면보다 환상적인 면을 통해 아이디어를 유추하는 방법

• 유추분석은 유사한 관계를 인지하기 위한 기법이다.　10. 국회직 8급

⑤ 가정분석
  ㉠ 정책문제에 관한 서로 대립되는 가정들을 창조적으로 통합하는 가장 포괄적인 분석기법이다.
  ㉡ 관련자들이 문제형성에 관한 합의를 이룰 수 없는 경우 또는 문제의 구조화가 잘 되지 않은 문제를 다루는 경우 유용한 방법이다.
  ㉢ 직접적으로 가정을 표출하는 방식이 아니라 제안된 해결방안으로부터 역으로 가정을 추정하는 방식을 취한다.
  ㉣ 순서: 이해관계자의 식별, 가정의 표출, 가정의 도전, 가정의 집계, 가정의 종합

바로 확인문제

1. 정책분석에 있어서 문제구조화에 대한 설명으로 옳지 않은 것은? _{17. 지방직 9급}
① 던(W. Dune)은 정책문제화를 구조화가 잘 된 문제, 어느 정도 구조화된 문제, 구조화가 잘 안된 문제로 분류한다.
② 구조화가 잘 된 문제의 해결을 위하여 분석가는 전통적인 방법을 사용하기도 한다.
③ 문제구조화는 상호 관련된 4가지 단계인 문제의 감지, 문제의 정의, 문제의 추상화, 문제의 탐색으로 구성되어 있다.
④ 문제구조화의 방안으로는 경계분석, 분류분석, 가정분석 등이 있다.

정답해설 문제구조화의 단계는 문제의 감지, 문제의 탐색, 문제의 정의, 문제의 구체화 순으로 이루어진다.

오답해설 ①, ② 구조화가 잘 된 문제(정형화된 문제)의 원형은 완전하게 전산화된 의사결정의 문제이므로 모든 정책대안의 모든 결과는 미리 프로그램화된다. 반면, 구조화가 어느 정도 된 문제(준정형화된 문제)의 원형은 정책모의실험 또는 게임이론이 그 예이다. 그리고 구조화가 잘 안된 문제(비정형화된 문제)의 원형은 모든 대안에 우선하여 선호되는 유일한 정책대안을 선택하는 것이 불가능한 결정을 말한다.
④ 던(W. Dune)은 문제구조화의 방안으로 경계분석, 분류분석, 계층분석, 유추분석, 가정분석 등을 제시하였다.

답 | ③

2. 정책문제의 구조화 방법에 대한 설명으로 옳지 않은 것은? _{23. 국회직 9급}
① 분류분석은 문제의 구성요소를 분해하여 식별함으로써 개념을 명료화한다.
② 계층분석은 가능성 있는 원인의 식별 또는 문제 상황의 인과관계를 규명한다.
③ 유추분석은 과거 비슷하게 경험했던 문제와 비교하여 당면문제를 식별한다.
④ 가정분석은 문제와 관련된 가정들을 찾아내고, 동일한 가정들을 체계적으로 비교하여 명확한 가설들을 창의적으로 도출한다.
⑤ 경계분석은 문제의 위치와 존재기간, 문제를 형성해 온 역사적 사건들을 구체화하고 현재 문제와 다른 문제들의 관계를 파악하여 문제의 경계를 추정한다.

정답해설 가정분석은 정책문제에 관한 서로 상충되는 가정들을 창조적으로 통합하는 작업이다.

답 | ④

CHAPTER 03 정책결정론

Theme 01 정책결정의 유형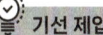

(1) 정형적·비정형적

정형적 결정	비정형적 결정
① 선례나 프로그램에 따르는 결정 ② 기계적·반복적으로 이루어지는 결정	① 선례나 프로그램이 없었던 결정 ② 고도의 판단력·통찰력·직관의 요구

(2) 전략적·전술적

전략적 결정	전술적 결정
① 근본적 문제에 관한 결정 ② 무엇(what)을 할 것인가?	① 전략적 결정의 실현을 위한 수단결정 ② 어떻게(how) 할 것인가?

(3) 가치·사실

가치결정	사실결정
① 목표나 방향 등 당위와 관련된 결정 ② 에치오니(A. Etzioni) → 통합적 결정	① 경험적으로 검증 가능한 결정 ② 에치오니(A. Etzioni) → 수단적 결정

한 번 더 정리 정책결정의 유형

> 기선 제압

Theme 02 정책도구론

(1) 개념

① 정책도구란 개인이나 집단들이 공공정책에 부응하는 결정을 내리거나 행동하도록 유도하기 위하여 정부가 사용하는 개입수단을 말한다.

② 전통적 삼분법에 근거하면 정책도구는 규제(→ 권위), 인센티브(→ 유인), 설득으로 분류할 수 있다. 권위(authority)에 기반을 둔 정책수단은 예측가능성이 높기 때문에 사회적 위기 상황에 적합한 수단이다.

③ 비덩(E. Vedung) 역시 정책도구를 규제적 도구(sticks), 유인적 도구(carrots), 정보적 도구(sermons → 설교)로 유형화하였다.

④ 후드(C. Hood)는 정책수단의 유형을 NATO 즉 연결적 수단인 정보(Nodality), 권위적 수단인 규제(Authority), 재정적 수단인 보조금(Treasure), 조직적 수단인 기관(Organization)을 제시하였다.

⑤ 후드(C. Hood)는 정책도구를 사회행위자의 행동을 변화시키고자 하는 목적과 사회행위자의 행동을 감시하고자 하는 목적으로 이원화하고 전자를 실질적 정책도구 그리고 후자를 과정적 정책도구로 세분하였다.

⑥ 후드(C. Hood)가 실질적 정책도구에 초점을 맞추었다면 하울렛(M. Howlett)은 절차적 정책도구에 초점을 맞추었다.

⑦ 하울렛(M. Howlett)은 절차적 정책도구를 정부의 네 가지 자원 그리고 사회적 네트워크를 촉진하는 부문과 네트워크를 제약하는 부문으로 나누었다.

⑧ 대표적인 절차적 도구에는 교육, 훈련, 제도신설, 정보의 선택적 제공, 공식적 평가, 청문회, 제도개혁 등이 있다.

⑨ 살라몬(L. Salamon)은 정책수단들이 지니는 주요 특징을 강제성, 직접성, 자동성, 가시성으로 정리하였다.

⑩ 강제성은 정책수단이 규제와 같이 강제적인 수단을 사용하는지 아니면 소송제기처럼 민간의 임의적 판단에 달려 있는지를 기준으로 한 것이다.

⑪ 직접성은 재화나 서비스 제공을 정부가 직접 하느냐 아니면 제3자를 통해 또는 민관이 공동으로 제공하느냐를 기준으로 한 것이다.

⑫ 자동성은 재화나 서비스를 제공하기 위해 새로운 기구나 방법을 도입하지 않고 기존의 수단을 그대로 사용할 수 있는지 여부이다.

⑬ 가시성은 정책수단을 적용할 때 정책과정 특히 예산과정이 가시적인지 여부이다.

⑭ 보조금이나 벌금은 재정적인 인센티브 또는 제재로서 가시성이 높지만, 조세지출은 수혜대상자와 효과가 명확하게 드러나지 않는다.

⑮ 정보제공은 강제성은 가장 낮지만 가장 직접적인 도구이다.

⑯ 준정부기관이나 민간기관에 위탁된 각종 기술검정이나 승인 등 규제집행의 위탁은 정부가 직접 규제하는 것이 아니므로 직접성은 낮지만, 해당 규제를 준수해야 하는 의무와 미준수 시 강제가 수반되므로 강제성은 높은 도구이다.

⑰ 피터스(B. Peters)는 수단 선택의 문제가 결코 정치적으로 중립적인 것이 아님을 강조하며, 수단 선택에 영향을 미치는 정치적 요인으로 이익, 이념, 개인, 제도, 국제환경 등을 제시하였다.

(2) 정책도구의 유형

① 직접적 수단과 간접적 수단

구분	정책수단	산출/활동	전달수단	전달체계
직접적 수단	정부소비	재화 또는 서비스	직접 제공	공공기관
	경제적 규제	공정가격	진입 또는 가격규제	규제위원회
	직접대출	현금	대출	공공기관
	공기업	재화 또는 서비스	직접제공/대출	준공공기관
간접적 수단	사회적 규제	금지	규칙	공공기관/피규제자
	계약	재화 또는 서비스	계약 및 현금지급	기업, 비영리기관
	보조금	재화 또는 서비스	현물이나 현금지급	지방정부 비영리기관
	대출보증	현금	대출	민간은행
	보험	보호	보험정책	공공기관
	조세지출	현금, 유인기제	조세	조세기관
	사용료, 과징금	재정적 제재	조세	조세기관
	손해책임법	사회적 보호	손해배상법	사법제도
	바우처	재화 또는 서비스	소비자 보조	공공기관/소비자

• 살라몬(L. Salamon)의 정책수단 유형 중 경제적 규제는 가격, 산출, 기업의 진입·퇴출 등 민간의 경제활동을 통제하는 직접적 수단이다.
22. 경찰간부

• 살라몬(L. Salamon)의 정책수단 유형 중 조세지출은 간접적 수단에 해당한다.
16. 국가직 7급

② 실질적 도구의 유형화

구분		정보형	권위형	재원형	조직형
목적	행위자 행동변화	자문, 훈련	규제, 사용료 자격증	보조금, 대출 조세지출	관료제 공기업
	행위자 행동감시	보고, 등록	인구조사 상담	여론조사 경찰보고	녹음 설문지

③ 절차적 도구의 유형화

구분	정보형	권위형	재원형	조직형
사회네트워크 촉진	교육 정보제공	라벨링 교섭이나 정치적 동의 자문그룹 신설	이익집단 신설 중재자 연구지원	제도적 개혁 위헌입법
사회네트워크 제한	선전 정보은폐	조직과 결사금지 접근금지	재정지원철회	행정지연

(3) 직접성의 정도에 따른 효과

직접성	정책수단	효과성	효율성	형평성	관리	지지도
낮음	손해책임법, 보조금, 바우처 대출보증, 정부출자기업	저	고	저	저	고
중간	조세지출, 계약, 사회적 규제, 벌금	저/중	중	저	저	고
높음	정부소비, 경제적 규제, 공기업 직접대출, 정보제공	고	중	고	고	저

(4) 강제성의 정도에 따른 효과

강제성	정책수단	효과성	효율성	형평성	관리	지지도
낮음	손해책임법, 정보제공, 조세지출	저	중	저	중	고
중간	바우처, 보험, 보조금, 공기업, 직접대출, 계약	중	고	중	중	중
높음	경제적 규제, 사회적 규제	고	고/저	고	저	고/저

• 살라몬(L. Salamon)의 정책도구 분류에서 경제적 규제는 강제성이 높다.
22. 지방직 9급

(5) 직접적 정책도구가 적절한 경우

① 합법적 강제력의 사용이 필요한 경우
② 보건의료나 재난통제, 안전관리 등 급박한 조치가 요구되는 경우
③ 형평성에 대한 고려가 특히 중요한 경우
④ 재화나 서비스 공급을 위한 시장이 부재하거나 작동하지 않는 경우
⑤ 정부기능의 유지에 필수적인 경우

바로 확인문제

1. 살라몬(L. Salamon)의 정책수단 유형 중 직접 수단에 해당하는 것은?   21. 국가직 7급

① 사회적 규제 ② 보조금
③ 조세지출   ④ 공기업

정답해설 정부소비, 경제적 규제, 공기업, 직접대출, 정보제공 등은 직접성이 높은 정책수단들이다.

오답해설 ①, ③ 사회적 규제, 계약, 조세지출, 벌금 등은 직접성이 중간인 정책수단들이다.
② 손해책임법, 보조금, 바우처, 대출보증, 정부출자기업 등은 직접성이 낮은 정책수단들이다.

답 | ④

Theme 03 미래예측의 방법

(1) 이론(→ 예견)

① 이론에 담겨 있는 인과관계의 가정에 기초하여 미래를 예측하는 연역적 방법이다.
② 예: 선형계획, 투입산출분석, 이론지도 작성(→ 구조모형), 상관분석, 회귀분석, 경로분석, 구간추정, PERT/CPM, 계량적 시나리오 작성 등
③ 상관분석은 두 변수 간의 관련성을 파악하는 기법이고, 회귀분석은 두 변수 간 원인과 결과를 파악하는 기법이며, 경로분석은 변인이 세 개 이상일 때 변인들 간의 인과관계를 밝혀 인과 모형을 찾아내는 통계적 기법이다.
④ 구간추정은 표본에서 계산한 통계량을 이용하여 모수가 속할 가능성이 높은 구간을 추정하는 기법이다.
⑤ PERT/CPM은 대규모 사업의 일정과 순서를 계획적으로 관리하는 공정관리기법으로, 각 단계별 사업의 소요기간 중 가장 긴 기간(→ 주 공정)을 최소화하기 위한 기법이다.

(2) 연장(→ 투사)

① 연장적 미래예측은 역사의 반복성을 가정하고 경향의 투사를 통해 미래를 예측하는 귀납적 방법으로 보외법(→ 외삽법) 또는 보간법(→ 내삽법)으로 불린다.
② 시간을 독립변수로 하여 미래를 예측하는 종단분석으로, 동일한 시점에서 여러 사례를 비교·분석하는 횡단분석과 대비된다.
③ 경향선의 도출이 핵심이며, 경향선을 도출하기 위한 방법으로 목측법, 이동평균법(→ 단순평균법), 지수평활법(→ 가중치법), 최소자승법 등이 사용된다.
④ 예: 시계열분석, 흑선기법, 선형경향추정, 비선형경향추정(→ 지수가중, 자료변환), 불연속 추정(→ 격변기법) 등
⑤ 보외법은 과거에서 현재까지 시계열 데이터 경향선의 연장을 통하여 미래를 예측하는 방법이고, 이동평균법은 주어진 시계열(→ 동종의 통계적 숫자를 시간적으로 비교한 것) 각 항의 평균치의 연결선을 통하여 미래를 예측하는 분석기법이다.
⑥ 지수평활법은 최근의 데이터 값에 가장 큰 가중치를 주고 시간이 지남에 따라 가중치가 감소되는 이동평균법의 하나로 데이터들이 시간의 지수함수에 따라 가중치를 가지므로 지수평활법이라고 한다.
⑦ 흑선기법 또는 검은줄 긋기 기법은 시계열적 변동의 굴곡을 직선으로 표시하는 방법을 말한다.

(3) 직관(→ 추측 또는 판단)

① 판단적 미래예측에서는 경험적 자료나 이론이 없을 때 전문가들의 주관적 견해에 의존하는 직관적이고 질적인 미래예측방법이다.
② 예: 브레인스토밍, 전통적 델파이기법, 정책델파이, 교차영향분석, (정치적) 실현가능성 평가, 명목집단기법, 지명반론자기법, 비계량적 시나리오 작성 등

• 추세연장(extrapolation) 예측기법은 과거부터 현재까지의 자료를 토대로 미래 사회의 상태를 예상하는 방법이다. 23. 국가직 7급

• 시계열분석, 최소자승 경향 추정, 자료전환법, 격변예측기법 등은 투사(Project)에 의한 정책대안 예측기법이다. 22. 국회직 8급

> **바로 확인문제**

1. 인과관계를 토대로 한 정책대안의 결과예측방법에 해당되지 않는 것은? 08. 서울시 9급

① 회귀모형
② 시계열자료 분석
③ 투입-산출 분석
④ 계획의 평가검토기법(PERT)
⑤ 경로분석

정답해설 시계열자료 분석은 투사에 의한 미래예측기법이다.

답 | ②

2. 다음 표는 던(W. Dunn)이 분류한 정책대안 예측유형과 그에 따른 기법이다. 분류가 옳지 않은 것만을 모두 고르면? 22. 국회직 8급

예측유형	기법
투사(Project)	ㄱ. 시계열분석 ㄴ. 최소자승 경향추정 ㄷ. 경로분석
예견(Predict)	ㄹ. 선형기획법 ㅁ. 자료전환법 ㅂ. 회귀분석
추정(Conjecture)	ㅅ. 격변예측기법 ㅇ. 정책델파이 ㅈ. 교차영향분석

① ㄱ, ㄹ, ㅁ
② ㄴ, ㄷ, ㅈ
③ ㄴ, ㄹ, ㅇ
④ ㄷ, ㅁ, ㅅ
⑤ ㄷ, ㅂ, ㅇ

정답해설 ㄱ, ㄴ, ㅁ, ㅅ. 시계열분석, 최소자승 경향추정, 자료전환법, 격변예측기법 등은 투사기법에 속한다.
ㄷ, ㄹ, ㅂ. 경로분석, 선형기획법, 회귀분석 등은 예견기법에 속한다.
ㅇ, ㅈ. 정책델파이와 교차영향분석은 추정 즉, 직관적 예측기법에 속한다.

답 | ④

Theme 04 불확실성과 의사결정 B

(1) 불확실성의 개념

① 불확실성이란 미래를 예측하고 인과관계를 설명하는 데 있어 지식이 부족한 상황을 말한다.
② 유형: 무지에서 발생하는 진불확실, 변동추세나 통계자료가 없을 때 발생하는 추계적 불확실성, 위험이 수반되는 상황, 이해관계나 전략이 상충되는 상황 등

(2) 불확실성의 대처방안

① 소극적 방안 → 불확실한 것을 주어진 것으로 보고 이에 대처하는 방법
  ㉠ 민감도 분석(→ 사후최적화 기법): 불완전한 정보를 가지고 있는 모형 내의 파라미터(→ 내생변수)의 변화에 따라 대안의 결과가 어떻게 반응하는지를 분석하는 기법이다.
  ㉡ 상황의존도 분석: 외생변수 또는 조건변수의 변화에 따라 결과가 변화되는 정도를 분석하는 기법이다.
  ㉢ 악조건 가중분석: 가장 선호하는 대안에 불리한 값을 대입하여 우선순위의 변화를 통해 종속변수의 불확실성을 해결하려는 기법이다.
  ㉣ 분기점 분석: 악조건 가중분석의 결과, 대안의 우선순위가 달라질 경우 동등한 결과를 가져오기 위해서 어떤 가정이 필요한지를 밝히려는 분석기법이다.
  ㉤ 가외성의 확보: 중복적 대비나 복수의 대안을 제시하는 방법이다.
  ㉥ 보수적 접근: 미래에 발생할 수 있는 최악의 상황(Maxmin)을 전제하고 정책대안의 결과를 예측하는 방법이다.
  ㉦ 이밖에도 공식화·표준화, 한정적 합리성, 문제 의식적 탐색(→ 휴리스틱 접근), 분권화 등이 있다.

② 적극적 방안 → 불확실한 것을 확실하게 해소하려는 방안
  ㉠ 환경과의 협상, 적응적 흡수 등을 통하여 불확실성을 유발하는 환경을 통제하거나, 시간의 지연을 통해 획득된 정보로 예측 가능성이 향상될 기회를 탐색하는 방법이다.
  ㉡ 정책실험 또는 과학적 이론이나 모형 등을 개발하여 미래를 예측하거나, 브레인스토밍, 델파이기법 등 전문가의 주관적 판단에 의존하는 방법도 적극적 방안으로 분류된다.

- 불확실성에 대한 소극적 대처방안은 불확실한 것을 주어진 것으로 보고 이에 대처하는 방안을 말한다. 20. 경찰간부

- 민감도분석은 정책대안의 결과들이 여러 가지 가능한 값에 따라 대안의 결과가 어떻게 달라지는지를 분석하는 기법이다. 16. 경찰승진

- 불확실성의 문제를 해소하기 위한 대처방안으로 주요 정책결정에 있어서 가외성(redundancy)을 감안할 수 있는 제도적 장치를 준비한다. 14. 지방직 7급

- 불확실성의 문제를 해소하기 위한 대처방안으로 작업과정에서 행정의 표준화를 통해 개인의 자의적 행위를 예방하여 확실성을 확보하고자 한다. 14. 지방직 7급

바로 확인문제

1. 행정에서 불확실성의 문제를 해소하기 위한 대처방안과 가장 거리가 먼 것은? 14. 지방직 7급

① 일반적으로 불확실성이 높다고 생각하는 경우에는 정보와 지식의 수집활동에 소극적으로 대응하기 쉽다.
② 작업과정에서 행정의 표준화를 통해 개인의 자의적 행위를 예방하여 확실성을 확보하고자 한다.
③ 주요 정책결정에 있어서 가외성(redundancy)을 감안할 수 있는 제도적 장치를 준비한다.
④ 행정조직은 통제할 수 없는 환경에 대하여 구조적으로 대응할 수 있는 방책을 마련한다.

정답해설 불확실성이 높아지면 일반적으로 정보와 지식의 수집에 적극적으로 대응하고자 한다.

오답해설 ② 일반적으로 행정의 표준화는 환경의 불확실성에 대한 대처능력을 떨어뜨리는 요인이다. 다만, 표준화를 통해 관계의 안정성과 예측가능성을 높여줄 수 있다는 점에서 자의적 행위에 의한 불확실성을 방지할 수 있는 하나의 수단이다.
③ 가외성(redundancy)은 여분의 장치를 두어 불확실성을 대비하는 소극적 대처방안이다.
④ 조직은 통제할 수 없는 환경을 조직 내로 흡수하는 적응적 흡수와 같은 구조적 방법의 개선으로 불확실성에 대비할 수 있다.

답 | ①

2. 미래에 대한 불확실성을 주어진 조건으로 보고 그 안에서 결과를 예측하는 방법으로, 미래에 발생할 수 있는 최악의 상황을 전제하고 정책대안의 결과를 예측하는 방법은?

10. 국가직 9급

① 중복적 또는 가외적 대비(redundancy)
② 민감도 분석(sensitivity analysis)
③ 보수적 결정(conservative decision)
④ 분기점 분석(break-even analysis)

정답해설 미래에 발생할 수 있는 최악의 상황을 전제하고 정책대안의 결과를 예측하는 방법을 보수적 결정이라 한다.

오답해설 ① 가외적(redundancy) 대비는 여분의 장치를 두어 미래의 불확실성을 대비하는 소극적 대처방안이다.
② 민감도 분석(사후최적화 기법)은 매개변수(파라미터, 내생변수)의 변화에 따른 대안의 결과 변화를 분석하는 기법이다.
④ 분기점 분석은 악조건 가중분석의 결과, 대안의 우선순위가 달라질 경우 동등한 결과를 가져오기 위해서 어떤 가정이 필요한지를 밝히는 기법이다. 한편, 악조건 가중분석이란 최선의 대안은 최악으로 가정하고, 다른 대안은 최선으로 가정하여 그 결과의 변화를 관찰하는 기법이다.

답 | ③

Theme 05 불확실성 하의 의사결정기준

(1) 기준의 유형

① 낙관적 기준: 편익의 최대치를 극대화[→ 최대극대화(Maximax)]하는 값을 선택하거나, 비용의 최소치를 극소화[→ 최소극소화(Minimin)]하는 값을 선택하는 방법이다.
② 비관적 기준: 편익의 최소치를 극대화[→ 최소극대화(Maximin)]하는 값을 선택하거나, 비용의 최대치를 극소화[→ 최대극소화(Minimax)]하는 값을 선택하는 방법이다.
③ 라플라스 기준: 발생할 확률은 동일하다고 가정하고 상황의 평균값을 도출하여 대안을 비교하는 방안이다.
④ 후르비츠 기준: 낙관적 계수와 비관적 계수 또는 각 대안의 확률을 구하고 그 확률을 대안에 곱한 후 그 값을 비교하는 방법(→ 가중치법)이다.
⑤ 새비지 기준[→ 미니맥스(Minimax) 후회기준]: 최대기회비용이 최소인 대안을 선택하는 방법으로, 상황을 잘못 판단함으로써 오는 비용의 최소화가 목적이다.

구분	편익(극대화)	비용(극소화)
최대치	최대극대화(Maximax)	최대극소화(Minimax)
최소치	최소극대화(Maximin)	최소극소화(Minimin)

(2) 사례분석 1

구분	비용(C)	편익(B)	평가기준
S1	10~15	30~40	Minimin 기준: 10
S2	12~14	35~45	Minimax 기준: 14
S3	15~18	42~48	Maximin 기준: 42
S4	11~20	40~50	Maximax 기준: 50

(3) 사례분석 2

구분	A1	A2	A3	평가기준
S1	1,200[0]	1,000[200]	600[600]	라플라스 기준 = A2
S2	300[400]	700[0]	600[100]	후르비츠 기준 = A3
S3	100[500]	200[400]	600[0]	새비지 기준 = A2

(S = 상황, A = 대안) (낙관계수 = 0.4) [ ]는 기회손실

바로 확인문제

1. 다음 〈청산표〉에서 평균기대값 기준(Laplace의 기준)에 의해 선택될 최적 대안은?

07. 국가직 9급

〈각 상황별 각 대안의 청산표〉

(단위: 억 원)

대안＼상황	S_1	S_2	S_3
A_1	50	20	−10
A_2	30	24	15
A_3	25	25	25

① A_1 대안
② A_2 대안
③ A_3 대안
④ 대안선택 불가능

> **정답해설** 라플라스 기준은 발생할 확률은 동일하다고 가정하고 상황의 평균값을 도출하여 대안을 비교하는 방안이다. 상황이 S_1, S_2, S_3이고 모든 상황은 동일하므로 각 대안의 상황별 값을 더한 후 3으로 나누면 라플라스 기준에 의한 기댓값을 구할 수 있다.
>
> 답 | ③

Theme 06 휴리스틱(↔ 알고리즘)

• 휴리스틱스(heuristics)는 엄밀한 계산이나 이론을 동원하지 않더라도 개괄적인 결론에 도달하게 하는 일반적인 발견기법들(직관적 판단, 상식, 시행착오를 통한 경험적 발견, 주먹구구식 판단, 발견적 학습 등)을 총칭하는 것이다. 22. 경찰승진

(1) 의의
① 휴리스틱이란 의사결정과정을 단순화한 지침이나 규약으로 문제를 해결함에 있어 그 노력을 줄이기 위해 사용되는 고찰이나 과정을 의미한다.
② 가장 이상적인 답을 구하는 것이 아니라 현실적으로 만족할 만한 수준의 답을 찾는 것이다.
③ 분석의 초기 단계에서는 모든 변수를 고려하지 않고 중요 변수만 분석하다가 점차 변수의 범위를 넓혀 가며, 문제 상황을 여러 부문으로 구분하고 이를 각각 분석해 가장 이상적인 방법을 구한 후 전체적 관점에서 종합하는 방식을 취한다.

(2) 휴리스틱의 오류
① **고착화와 조정으로 인한 오류**: 초기 출발점의 차이에서 오는 편차를 말한다.
② **허위상관으로 인한 오류**: 실제로는 상관성이 없음에도 불구하고 두 변수 간 상관성이 높을 것이라는 착각에서 발생하는 오류이다.
③ **상상의 용이성으로 인한 오류**: 적절한 예를 얼마나 쉽게 상상할 수 있는가에 의해서 나타나는 오류이다.
④ **탐색의 용이성으로 인한 오류**: 특정 속성을 만족시키는 집단의 예를 찾는 것이 얼마나 용이한가에 따라 발생하는 오류를 말한다.
⑤ **사례의 연상가능성으로 인한 오류**: 사건의 빈도를 판단할 때 그 사례가 친숙할수록, 현저할수록 그리고 최근의 것일수록 연상하기 쉬운데서 오는 오류를 말한다.

바로 확인문제

1. 다음에서 설명하는 의사결정 휴리스틱스(heuristics)의 오류는? 19. 국가직 7급

> 사람들에게 10명의 사람으로부터 무작위로 k명의 위원회를 구성하라고 하고, k가 2일 때와 8일 때 어느 경우에 구성되는 위원회의 '경우의 수'가 더 클 것인지를 판단하게 하였다. 이때 대부분의 사람들은 2일 경우가 더 많다고 답한다. 이는 2명의 위원회를 생각하는 것이 8명의 서로 다른 위원회를 생각하는 것보다 더 쉽기 때문이다. 하지만 실제로 2명일 때와 8명일 때의 조합 가능한 위원회의 수는 같다.

① 고착화(anchoring)와 조정(adjustment)으로 인한 오류
② 허위상관(illusory correlation)으로 인한 오류
③ 상상의 용이성(imaginability)으로 인한 오류
④ 사례의 연상가능성(retrievability of instances)으로 인한 오류

정답해설 상상의 용이성(imaginability)으로 인한 오류란 적절한 예를 얼마나 쉽게 상상할 수 있는가에 의해서 나타나는 오류이다. 2명으로 묶는 것이 8명으로 묶는 것보다 쉽게 상상할 수 있기에 2명으로 묶는 경우가 많을 것이라고 생각하는 것이 그 예이다. 그러나 2명으로 묶는 경우와 8명으로 묶는 경우의 수는 같다.

오답해설 ① 고착화(anchoring)와 조정(adjustment)으로 인한 오류란 초기 출발점의 차이에서 오는 편차를 말한다.
② 허위상관(illusory correlation)으로 인한 오류란 실제로는 상관성이 없음에도 불구하고 두 변수 간 상관성이 높을 것이라는 착각에서 발생하는 오류이다.
④ 사례의 연상가능성(retrievability of instances)으로 인한 오류란 사건의 빈도를 판단할 때 그 예가 친숙할수록, 현저할수록 그리고 최근의 것일수록 연상하기 쉬운데서 오는 오류를 말한다.

답 | ③

Theme 07 관리과학 기법 B

(1) 전략산출모형과 전략평가모형

구분	전략산출모형	전략평가모형
확정상황(→ 결정론)	선형계획법, 비선형계획법 목표계획법, 수송네트워크모형	투입산출모형 비용편익분석
불확정상황(→ 확률론)	동적계획법, 의사결정분석	게임이론, 대기행렬이론, 시뮬레이션

(2) 선형계획법
① 확실한 상황에서 이루어지는 의사결정으로, 주어진 제약조건 하에서 자원들의 최적 배분점을 찾는 심플렉스 기법이다.
② 제약조건과 목표함수가 모두 일차함수(→ 극대화 또는 극소화 함수)로 표현된다.

• 선형계획법은 의사결정에 제약이 있는 상황 하에서 최선의 대안을 찾는 기법이다.   12. 국회직 8급

(3) 목적계획법
① 목표들 간 우선순위의 설정을 통해 상충되는 목표들을 만족시키는 기법으로, 제한된 합리성에 기초한 사이몬(H. Simon)의 만족모형과 유사하다.
② 여러 개의 목표들의 우선순위를 설정하고 각각의 목표에 미달하는 편차를 최소화하는 것이 목적으로, 목표함수는 (편차)극소화 함수로 표현된다.

구분		선형계획법	목적계획법
목표	수	단일 목표	다수 목표
	중요도	동일한 중요도	상이한 중요도(→ 우선순위 부여)
목적		최적화	만족화
목적함수		의사결정함수로 표현 편익의 극대화, 비용의 극소화	편차함수로 표현 편차의 극소화

(4) PERT · CPM
① 대규모 사업의 일정과 순서를 계획적으로 관리하는 공정관리기법(→ 네트워크기법)이다.
② 각 단계별 사업의 소요기간 중 가장 긴 기간을 주 공정이라 하며, 주 공정을 최소화하는 것을 목적으로 하는 분석기법이다.

(5) 기타 분석기법

① **동적계획법**: 최적성의 원리(→ 부분적 최선의 답을 통해 전체적 최선의 답을 구할 수 있다는 가정)를 활용하여 동태적 상황에서 연관된 연속적 의사결정의 조합을 도출하는 기법이다.

② **민감도 분석**: 매개변수(→ 내생변수) 값의 변화에 따른 결과변수의 변화 정도를 분석하는 기법으로, 선형계획으로 도출된 결과의 재해석 기법이며 사후최적화분석이라고 한다.

③ **상관분석**: 두 변수 간에 어떤 선형적 관계를 가지는지를 분석하는 방법으로, 두 변수 간의 연관성 정도를 나타낼 뿐 인과관계를 설명하는 것은 아니다.

④ **회귀분석**: 독립변수(→ 원인)와 종속변수(→ 결과) 사이의 인과관계를 통해 미래를 예측하는 기법이다.

⑤ **의사결정나무**: 불확실한 상황에서 확률의 추정과, 새로운 정보의 투입에 의한 확률의 수정을 통해 합리적 의사결정을 하려는 분석기법으로, 다단계 의사결정 또는 축차적 결정이라 한다.

⑥ **모의실험**: 복잡한 현실과 유사한 가상적 모의 장치를 통한 분석기법으로, 위험이 개입된 상황의 분석에 적합하다.

⑦ **게임이론**: 상충된 상황에서 주체 간의 전략에 따른 이해득실을 수학적으로 분석하는 기법이다.

⑧ **대기행렬이론**: 고객의 도래시간이 불규칙한 상황에서 대기행렬의 길이와 대기시간을 통제하기 위해 적절한 시설규모, 서비스 절차 및 대기규칙을 발견하기 위한 이론으로, 줄서기 분석이라고도 한다.

⑨ **시계열분석**: 과거의 변동추이를 시간적으로 분석하여 미래를 전망하는 기법(→ 추세변동, 계절변동, 순환변동, 불규칙변동)으로, 시간을 독립변수로 하여 미래를 예측하는 종단분석이다.

⑩ **Q–방법론**: 사람들의 개인적 관점이나 의견과 같은 주관적 견해를 도출하는 기법으로, 모든 사람들에 대한 일반화보다는 표본에 포함된 사람들의 주관적 경험을 이해하고자 한다.

- 의사결정나무(decision tree)를 활용한 분석모형에서는 상황의 불확실성을 고려한다. 17. 국가직 7급(하)

- Q–방법론은 주관적 요인을 측정하기 위한 기법이다. 17. 서울시 7급

바로 확인문제

1. 선형계획법에 관한 설명으로 옳지 <u>않은</u> 것은?   12. 국회직 8급

① 의사결정에 제약이 있는 상황 하에서 최선의 대안을 찾는 기법이다.
② 최선의 결정은 목적함수로 표현된다.
③ 제약조건 하의 결과와 최적 상황의 결과와의 차이를 고려해야 한다.
④ 모형 작성자의 철학과 가치관에 따라 중요한 변수가 누락될 수 있다.
⑤ 선형계획법 모형에 필요한 자료를 구하기 어려운 경우가 많다.

정답해설 제약조건 하의 결과와 최적 상황의 결과와의 차이를 고려하는 것은 목적계획법이다.

답 | ③

2. 어떤 독립변수와 종속변수의 관계를 알아내기 위해 독립변수 한 단위 증가에 따른 종속변수의 변화량을 알아보고자 하는 경우 가장 적절한 분석기법은? 20. 경찰승진

① 회귀분석 ② 분산분석
③ 전통적 델파이기법 ④ 정책델파이기법

> **정답해설** 회귀분석은 독립변수와 종속변수 사이의 인과관계를 통해 미래를 예측하는 기법으로 독립변수 한 단위 증가에 따른 종속변수의 변화량을 알아보고자 하는 경우에 사용된다.
>
> 답 | ①

Theme 08 계층화분석(Analytical Hierarchy Process) B

① 문제를 몇 개의 계층 또는 네트워크 형태로 구조화한 후, 각 계층에 포함된 하위목표 또는 구성요소들을 둘 씩 짝지어 바로 상위계층의 목표 또는 평가기준에 비추어 평가하는 방법이다.
② 기본적으로 시스템 이론에 기초를 두고 있으며, 불확실성을 나타내는 데 확률 대신 우선순위를 사용하기에 광범위한 분야의 예측에서 활용되고 있다.
③ 우리나라의 경우 예비타당성조사에서 종합평가의 방법으로 활용되고 있다.

바로 확인문제

1. 계층화분석법(Analytical Hierarchy Process)에 대한 설명으로 옳지 않은 것은? 09. 지방직 7급

① 1970년대 사티(T. Saaty) 교수에 의해 개발되어 광범위한 분야의 예측에 활용되어 왔다.
② 불확실성을 나타내는 데 확률 대신 우선순위를 사용한다.
③ 두 대상의 상호 비교가 불가능한 경우에도 사용할 수 있다는 장점을 지니고 있다.
④ 기본적으로 시스템 이론에 기초를 두고 있다.

> **정답해설** 계층화분석은 구성요소들을 둘 씩 짝을 지어 바로 상위계층의 어느 한 목표 또는 평가기준에 비추어 평가하는 쌍대비교를 하므로 두 대상의 상호 비교가 불가능하다면 사용하기 곤란하다.
>
> **오답해설** ① 계층화분석은 정량적 요소와 정성적(질적) 요소를 모두 고려할 수 있고, 계량단위나 측정단위가 다른 경우에도 비교 가능하며, 표본의 크기에 구애받지 않고 소수의 전문가에 의해서도 우선순위를 설정할 수 있으므로 공공부문은 물론 민간부문의 다양한 영역에서 활용될 수 있다.
> ② 계층화분석은 불확실한 상황에서 선택을 함에 있어 확률의 원리가 아닌 우선순위의 설정을 강조한다. 인간은 능력의 한계를 지니므로 모든 상황을 확률적으로 계산할 수는 없다. 그러나 관찰한 사물의 관계를 인식하고 유사한 사물들을 짝지어 특정 기준에 비추어 상호 비교할 능력은 소유하고 있기 때문이다.
> ④ 계층화분석은 기본적으로 시스템 이론에 기초를 두고 있다. 이는 복잡한 현상을 그 구성요소로 나누고, 다시 더 작은 구성요소로 분해하는 계층구조를 형성하여 비교대상 간 상대적 우선순위를 설정할 수 있게 하기 위함이다.
>
> 답 | ③

- 계층화분석은 1970년대 사티(T. Saaty) 교수에 의해 개발되어 광범위한 분야의 예측에 활용되어 왔다. 09. 지방직 7급

- 계층화분석은 불확실성을 나타내는 데 확률 대신 우선순위를 사용한다. 09. 지방직 7급

- 계층화분석은 기본적으로 시스템 이론에 기초를 두고 있다. 09. 지방직 7급

- 계층화분석은 쌍대비교를 통해 각 요소들의 영향력에 대한 상대적인 강도와 효용성을 나타내는 방법이다. 22. 소방간부

정책결정모형

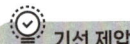

Theme 01 헨리(N. Henry)의 분류

① 점증주의 패러다임: 지식과 정보의 불완전성과 미래예측의 불확실성을 가정하는 모형으로, 엘리트주의모형, 집단모형, 체제모형, 제도모형, 신제도모형, 조직화된 무정부모형이 이에 속한다.
② 합리주의 패러다임: 지식과 정보의 완전성과 미래예측의 확실성을 가정하는 모형으로, 합리적 선택모형, 공공재 모형, 기술평가-예측모형이 이에 속한다.
③ 전략적 계획 패러다임: 정책결정을 전략적 계획의 틀에 맞추어 이해하는 모형으로, 시관의 장기성, 계량적 요인과 질적 요인의 동시 고려, 결정자들의 능동성을 특징으로 한다.

바로 확인문제

1. 헨리(N. Henry)의 정책결정모형 유형론에 대한 설명 중 옳은 것은?   15. 국회직 8급

① 점증주의 패러다임은 지식과 정보의 완전성과 미래예측의 확실성을 전제한다.
② 체제모형, 제도모형, 집단모형은 합리주의 패러다임의 범주에 포함되는 정책결정모형의 예이다.
③ 신제도모형은 정책유형과 조직 내외의 상황적 조건을 결부시켜 정부개입의 성격을 규명하려 한다.
④ 기술평가·예측모형은 전략적 계획 패러다임의 범주에 포함된다.
⑤ 합리주의 패러다임은 정책결정을 전략적 계획의 틀에 맞추어 이해한다.

정답해설 신제도주의는 조직 내외의 상황적 조건을 제도적 환경으로 보고 이러한 제도적 환경이 정책에 미치는 영향을 설명하려 한다.

오답해설 ① 지식과 정보의 완전성과 미래예측의 확실성을 전제하는 것은 합리주의 패러다임이다.
② 체제모형, 제도모형, 집단모형은 점증주의 패러다임에 속한다.
④ 기술평가·예측모형은 합리주의 패러다임에 속한다.
⑤ 정책결정을 전략적 계획의 틀에 맞추어 이해하는 것은 전략적 계획 패러다임의 특징이다.

답 | ③

Theme 02 합리성의 제약요인 　B

① 인적 요인: 가치관 및 태도의 차이, 전문지식의 부족, 인지능력의 한계, 변동에의 저항, 무사안일, 권위주의적 사고방식, 결정자의 편견 등과 같은 선입관 등
② 구조적 요인: 자료와 정보의 부족, 집권적이고 할거적인 조직구조, 참모기관의 약화와 전담기구의 부재, 선례와 표준운영절차의 강조, 집단사고 등
③ 환경적 요인: 사회문제와 목표의 다양성, 매몰비용의 문제, 투입기능의 취약, 피동적인 사회문화적 관습, 이익집단 등의 영향력 등

Theme 03 집단사고(group-think) 　B

(1) 의의
집단사고란 조직 내 사회적 압력으로 인하여 비판적인 사고가 억제되고 판단 능력이 저하되어 결국, 잘못된 의사결정에 도달되는 현상을 말한다.

(2) 원인
① 강한 집단 응집력
② 구조적 결함: 집단의 폐쇄성(→ 외부 의견으로부터 단절), 폐쇄적 리더십(→ 토의를 시작하기 전에 자신의 의견을 말하는 리더십), 대안평가 절차의 부재
③ 상황적 요인: 높은 스트레스(→ 외부로부터 위협, 해결해야 할 문제의 중요성, 시간의 긴급성), 인지적 종결의 욕구, 낮은 자존감

(3) 집단사고의 증상
① 불패신화에 대한 믿음, 도덕성에 대한 확신과 무결점에 대한 환상
② 폐쇄적 인식체계, 자기검열
③ 만장일치의 선호, 집단 동조성과 규범의 내재화, 반대의견에 대한 압력, 심리적 방어기제의 형성

(4) 집단사고의 결과 → 비합리적 의사결정
① 객관적인 정보탐색의 실패
② 합리적인 대안의 고려 실패
③ 편향된 정보처리와 다른 대안의 고려 실패

(5) 집단사고의 예방
① 회의를 시작하기 전에 자신의 입장을 밝히거나 선호를 표현하지 않을 것 → 개방적 지도자
② 리더는 다른 구성원들이 자유롭게 의사를 표시할 수 있도록 하며, 찬반 토론에서 중립을 지킬 것
③ 제안에 대해 반론과 의문을 제기하도록 권장하고 무조건적인 찬성을 지양할 것
④ 제시된 주장에 반대할 수 있는 반론 대변인(devil's advocate)을 설정할 것

- 집단사고는 조직 내 사회적 압력으로 비판적 사고가 억제되고 판단능력이 저하되어 결국, 잘못된 의사결정에 도달되는 현상이다.
  21. 경찰간부

- 집단적 의사결정에서 의사결정 단위를 2개 이상으로 나누는 것은 집단사고 예방 전략이다. 16. 국가직 9급

⑤ 여러 개의 하위 집단으로 구분하여 토론한 후 최종적으로 논의하도록 할 것
⑥ 가능한 한 다양한 대안을 검토하고, 부정적 결과의 가능성을 고려할 것
⑦ 결과가 성공적이지 못할 때를 대비한 대책을 마련할 것
⑧ 외부 전문가 등의 초빙을 통하여 집단의 폐쇄성에서 기인한 오류를 방지할 것
⑨ 도덕성 착각을 제거하기 위하여 대안과 상황에 대한 윤리적 측면도 논의할 것

바로 확인문제

1. 조직 내 사회적 압력으로 인하여 비판적인 사고가 억제되고 판단 능력이 저하되어 결국, 잘못된 의사결정에 도달되는 현상은 다음 중 어느 것인가? 　　21. 경찰간부

① 공유지의 비극　　② 집단사고
③ 님비(NIMBY)현상　　④ 포획현상

정답해설 조직 내 사회적 압력으로 인하여 비판적인 사고가 억제되고 판단 능력이 저하되어 결국, 잘못된 의사결정에 도달되는 현상은 집단사고이다.

답 | ②

2. 재니스(I. Janis)가 주장한 집단사고(group-think) 예방 전략에 대한 설명으로 옳지 않은 것은? 　　16. 국가직 9급

① 조직에서 결정하는 사안이나 정책에 대해서 외부 인사들이 재평가할 수 있는 체계를 구축해야 한다.
② 최고 의사결정자는 대안 탐색 단계마다 참여자 중 한 명에게 악역을 맡겨 다수의견에 반대되는 의견을 강제로 개진하게 한다.
③ 집단적 의사결정에서 의사결정 단위를 2개 이상으로 나눈다.
④ 최종 대안을 도출한 후에는 각 참여자들에게 반대의견을 제시할 수 있는 기회를 부여하지 않는다.

정답해설 집단사고란 집단적 의사결정에서 구성원들이 집단의 응집력과 획일성을 강조하고 반대의견을 억압하여 비합리적인 결정을 내리는 의사결정 양식으로, 이를 방지하기 위해서는 구성원들이 제안에 대해 반론과 의문을 제기하도록 권장하고 무조건적인 찬성을 지양해야 한다.

오답해설 ① 외부의 전문가를 초빙하여 집단 구성원들의 견해에 반론과 의문을 제기하도록 한다면 집단의 폐쇄성에서 기인한 잘못된 결정을 피할 수 있다.
② 회의에서 적어도 한 사람을 지명하여, 제시된 모든 주장에 반대 주장을 하는 반론 대변인(devil's advocate) 역할을 부여하는 것도 집단사고를 방지하는 방안이 될 수 있다.
③ 집단을 여러 개의 하위집단으로 구분하여 각각 토론하도록 하고, 그 후에 전체 회의를 통해 최종적으로 논의하도록 하는 것도 집단사고의 예방책으로 거론된다.

답 | ④

Theme 04 사이먼(H. Simon)과 마치(J. March)의 조직모형(1958)　C

① 최적화 대신 만족화의 추구
② 대안 및 그 결과의 순차적 탐색
③ 프로그램목록(repertory)의 개발과 활용
④ 불확실성의 흡수 → 한정된 범위의 상황과 결과만의 취급
⑤ 행동 프로그램의 느슨한 또는 반독립적인 연계
⑥ 프로그램화된 결정: 상례적 결정, 습관적 결정
⑦ 비프로그램화된 결정: 문제해결식 결정, 생산적 결정

Theme 05 킹던(J. Kingdon)의 정책의 창(policy windows) 모형　A

① 마치(J. March)와 올슨(J. Olsen)이 제시한 쓰레기통모형을 발전시킨 모형으로, 특히 의제설정 단계에 초점을 맞추고 있다.
② 정책결정에 필요한 세 가지 요소(→ 문제, 정치, 정책)가 만날 때 정책결정을 위한 기회가 열린다는 이론으로, 쓰레기통모형과 함께 흐름모형에 속한다.
③ 여기서 정책의 창이란 정책문제 및 대안을 관철시키기 위해서 열리는 기회로, 정책결정을 위한 세 가지 흐름이 만나는 동안 잠시 열리며, 한번 닫히면 다시 열릴 때까지 많은 시간이 걸린다.
④ 이 모형에서 의사결정을 위한 문제의 흐름, 정책의 흐름, 정치의 흐름의 세 가지 흐름은 상호 독립적 경로를 따라 진행된다.
⑤ 특히, 정치의 흐름(→ 가장 중요한 흐름)은 국가적 분위기 전환, 선거에 따른 행정부나 의회의 인적 교체, 이익집단들의 로비활동과 압력행사 등과 같은 요소들로 구성되고, 정책의 흐름은 문제를 검토하여 해결방안들을 제안하는 전문가들과 분석가들로 구성된다.

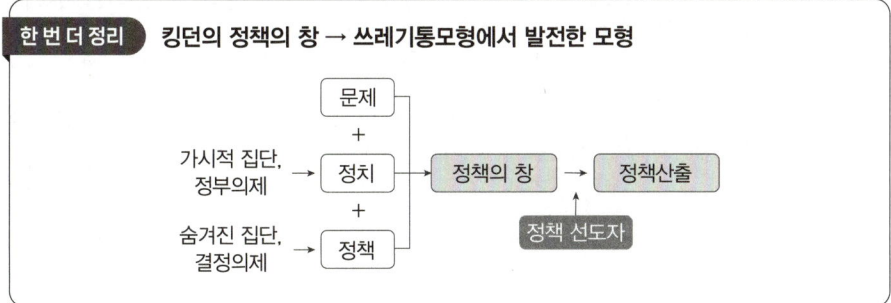

- 킹던(J. Kingdon)의 정책의 창 모형은 쓰레기통모형을 발전시킨 것이다.
  23. 지방직 9급

- 킹던(J. Kingdon)의 정책의 창 모형에서 정책과정의 세 흐름은 문제흐름, 정책흐름, 정치흐름이 있다.
  23. 지방직 9급

- 킹던(J. Kingdon)의 정책의 창 모형에 의하면 정책선도자(policy entrepreneur)는 '정책의 창'을 여는 데 주도적인 역할을 수행한다.
  22. 경찰승진

- 킹던(J. Kingdon)의 정책의 창 모형에 의하면 문제에 대한 대안이 존재하지 않을 경우 '정책의 창'이 닫힐 수 있다.
  18. 국가직 9급

바로 확인문제

1. 킹던(J. Kingdon)의 '정책의 창' 이론(Policy Window Theory)에서 서로 결합하여 새로운 정책의제로 형성되는 독립된 흐름이 아닌 것은? 13. 국가직 7급

① 정보의 흐름 (information stream) ② 정치의 흐름 (political stream)
③ 정책의 흐름 (policy stream) ④ 문제의 흐름 (problem stream)

정답해설 킹던(J. Kingdon) 모형은 정책결정에 필요한 세 가지 요소(문제, 정치, 정책)가 만날 때 정책결정을 위한 기회가 열린다는 이론으로, 쓰레기통모형과 함께 흐름모형에 속한다.

오답해설 ② 정치의 흐름(가장 중요한 흐름)은 국가적 분위기 전환, 선거에 따른 행정부나 의회의 인적 교체, 이익집단들의 로비활동과 압력행사 등과 같은 요소들로 구성된다.
③ 정책의 흐름은 문제를 검토하여 해결방안들을 제안하는 전문가들과 분석가들로 구성된다.
④ 문제의 흐름은 정책결정 과정이 시작되는 출발점으로, 3대 흐름 중 하나이다.

답 | ①

2. 킹던(J. Kingdon)의 정책의 창(정책흐름)모형에 대한 설명으로 옳지 않은 것은? 15. 국가직 7급

① 정책과정 중 정책의제설정 단계에 초점을 맞춘 모형이다.
② 정치의 흐름은 국가적 분위기 전환, 선거에 따른 행정부나 의회의 인적 교체, 이익집단들의 로비활동과 압력행사 등과 같은 요소들로 구성된다.
③ 문제의 흐름, 정책의 흐름, 정치의 흐름의 세 가지 흐름은 상호 의존적 경로를 따라 진행된다.
④ 정책의 흐름은 문제를 검토하여 해결방안들을 제안하는 전문가들과 분석가들로 구성되며, 여기서 여러 가능성들이 탐색되고 그 범위가 좁혀진다.

정답해설 문제의 흐름, 정책의 흐름, 정치의 흐름이라는 각각 독자적 흐름이 어떠한 계기로 만날 때 정책결정의 기회가 열린다는 것이 킹던(J. Kingdon)이 제시한 정책의 창이다. 즉, 상호 의존적 경로가 옳지 않다.

오답해설 ① 문제의 흐름이 정치의 흐름을 만나야 정책의제로의 채택이 가능하다는 주장이므로 주로 정책의제설정 단계에 초점을 맞추어 정책화 과정을 설명하고 있다.
② 이밖에도 정권교체, 의석수 변경, 여론 변동 등이 정치의 흐름이며, 대통령, 고위관료, 의회 지도자와 같은 가시적 집단이 정치적 흐름을 지배한다고 보았다.
④ 한편 학자나 연구원, 직업공무원, 의회의 참모와 같은 숨겨진 집단은 정책대안을 제시하고 결정의제에 영향을 준다. 즉, 정책의 흐름은 전문가들이 지배한다.

답 | ③

Theme 06 사이버네틱스모형 B

(1) 개념

① 합리모형과 극단적으로 대립되는 <u>적응적·관습적 의사결정</u>으로, 인간의 두뇌가 정보와 환류에 의해 환경에 적응하는 것을 조직의 의사결정에 적용한 모형이다.

• 사이버네틱스모형은 습관적 의사결정을 설명하는 데에 활용된다.
16. 서울시 7급

② 이는 정해진 고차원의 명확한 목표를 추구하는 것이 아니라 고도의 불확실성하에서 정보를 지속적으로 제어하고 환류하면서 적응적으로 결정하는 시스템이다.
③ 특히, 정책결정과정을 자동온도조절장치와 같이 사전에 프로그램화되어 있는 특정한 상태를 유지하기 위한 것으로 파악한다.
④ 사이버네틱스모형은 한정된 범위와 변수에만 관심을 집중함으로써 불확실성을 통제하려고 한다.

구분	분석적 패러다임	사이버네틱스 패러다임
합리성	완전한 합리성	제한된 합리성
결정기준	최선의 답 추구	그럴듯한 답 추구
이념	경제적 효율성	배분적 형평성
접근방식	알고리즘(→ 연역적 접근)	휴리스틱(→ 귀납적 접근)
대안분석	동시적·병렬적 분석	순차적 분석
학습방식	인과적 학습	인과적 학습 + 도구적 학습

> • 사이버네틱스모형은 주요 변수가 시스템에 의하여 일정한 상태로 유지되는 적응적 의사결정을 강조한다.
> 18. 국가직 9급
>
> • 사이버네틱스모형은 한정된 범위의 변수에만 관심을 집중함으로써 불확실성을 통제하려는 모형이다.
> 18. 국가직 9급

(2) 특징

① **가치분할**: 정책을 하위체계로 분할하여 파악한다.
② **비목적적 적응**: 중요한 변수를 바람직한 상태로 유지하기 위해 끊임없이 적응한다.
③ **불확실성의 통제**: 환류를 통한 시행착오적 적응을 할 뿐 합리모형처럼 불확실성 자체를 예측하거나 극복하려고 하지는 않는다.
④ **집단적 의사결정**: 개인적 의사결정과 집단적 의사결정의 상이성을 강조한다.
⑤ **SOP에 의한 의사결정**: 회사모형과 유사하며, 결과가 허용될 수준의 범위에 있는 한 기존의 프로그램화된 활동 속에서 의사결정이 이루어진다.

바로 확인문제

1. 사이버네틱스(cybernetics) 의사결정 모형에 대한 설명으로 옳지 않은 것은? 18. 국가직 9급

① 주요 변수가 시스템에 의하여 일정한 상태로 유지되는 적응적 의사결정을 강조한다.
② 문제를 해결하고 목표를 달성하기 위해 정보와 대안의 광범위한 탐색을 강조한다.
③ 자동온도조절장치와 같이 사전에 프로그램된 메커니즘에 따라 의사결정이 이루어진다.
④ 한정된 범위와 변수에만 관심을 집중함으로써 불확실성을 통제하려는 모형이다.

> **정답해설** 문제를 해결하고 목표를 달성하기 위해 정보와 대안의 광범위한 탐색을 강조하는 것은 합리모형이다.
>
> **오답해설** ① 사이버네틱스모형은 합리모형과 극단적으로 대립되는 적응적·관습적 의사결정으로, 인간의 두뇌가 정보와 환류에 의해 환경에 적응하는 것을 조직의 의사결정에 적용한 것이다.
> ③ 사이버네틱스모형은 자동온도조절장치처럼 사전에 설정된 의사결정 방식을 기반으로 정보를 환류하면서 적응하는 시스템이다.
> ④ 사이버네틱스모형은 합리모형과 달리 모든 변수를 통제할 수 없다고 보며, 한정된 범위의 변수에 초점을 두되 점차 그 범위를 넓혀가는 순차적 접근방법을 취한다.
>
> 답 | ②

Theme 07 상황적응적 의사결정모형

(1) 대프트(R. Daft) 모형

구분		선호 합의	
		유	무
기술적 지식 (인과관계) 합의	유	계산전략 (관리과학)	타협과 연합전략 (카네기모형)
	무	판단과 시행착오전략 (점증모형)	타협·판단·영감·모방전략 (카네기·점증·쓰레기통모형)

(2) 하이예스(M. Hayes) 모형

구분	목표 합의	목표 갈등
수단적 지식 합의	합리적 결정	타협적 결정
수단적 지식 갈등	사이버네틱스	점증주의

(3) 브레이브룩(D. Braybrooke)과 린드블롬(C. Lindblom) 모형

구분		변화 정도	
		광범위한 변화	점증적 변화
목표와 수단 이해 정도	높은 이해	혁명적 결정, 이상적 결정 전통적 합리모형	포괄적 합리모형 다소 행정적·기술적 의사결정
	낮은 이해	전쟁·혁명·위기와 같은 대변혁	점증주의 정책결정

- 하이예스(M. Hayes)에 의하면 목표와 수단적 지식 모두 합의된 상황에서는 비교적 기술적이고 행정적인 문제가 포함되어 큰 변화가 일어날 수 있다. 13. 지방직 7급

- 하이예스(M. Hayes)에 의하면 목표와 수단적 지식 모두 갈등적인 상황에서는 점증주의적 결정이 불가피하며, 점증적이지 않은 대안은 입법과정에서 제외될 수밖에 없다. 13. 지방직 7급

바로 확인문제

1. 하이예스(M. Hayes)는 정책결정 상황을 참여자들 간 목표 합의 여부, 수단적 지식 합의 여부에 따라 아래 표와 같이 구분한다. 다음 설명 중 옳지 <u>않은</u> 것은? 13. 지방직 7급

〈정책결정 상황의 분류〉

구분	목표 갈등	목표 합의
수단적 지식 갈등	Ⅰ	Ⅱ
수단적 지식 합의	Ⅲ	Ⅳ

① 상황 Ⅰ에서는 점증주의적 결정이 불가피하며, 점증적이지 않은 대안은 입법과정에서 제외될 수밖에 없다.
② 상황 Ⅱ에서는 사이버네틱스(cybernetics)모형에 따라 정책이 결정된다.
③ 상황 Ⅲ에서는 수단에 대한 합의로 인하여 합리적 의사결정이 이루어진다.
④ 상황 Ⅳ에서는 비교적 기술적이고 행정적인 문제가 포함되어 큰 변화가 일어날 수 있다.

정답해설 상황Ⅲ에서는 수단에 대해서는 합의하였지만 목표의 갈등이 존재하므로 타협적 결정이 이루어진다.

오답해설 ① 상황Ⅰ은 목표와 수단이 모두 갈등적 상황으로 점증주의 결정이 나타난다.
② 상황Ⅱ는 목표는 합의되었으나 수단을 놓고 갈등이 나타나므로 수단에 대한 시행착오적 결정 즉, 사이버네틱스 방식이 나타난다.
④ 상황Ⅳ는 목표와 수단이 모두 명확하므로 보다 기술적인 합리주의 결정이 나타나며, 급진적인 변화가 일어날 수 있다.

답 | ③

2. 브레이브룩(D. Braybrooke)과 린드블롬(C. Lindblom)이 제시한 다음 모형에서, 다소 행정적이고 기술적인 의사결정이 필요한 포괄적 합리모형에 해당하는 것은? 17. 국가직 7급(하)

의사결정에 의한 사회변화의 크기 정책목표와 수단에 대한 이해의 정도	광범위한 변화	점증적인 변화
높은 이해	㉠	㉡
낮은 이해	㉢	㉣

① ㉠
② ㉡
③ ㉢
④ ㉣

정답해설 다소 행정적이고 기술적인 의사결정이 필요한 포괄적 합리모형은 ㉡이다.

오답해설 ① ㉠의 상황에서는 혁명적 결정이나 이상적 결정과 같은 전통적 합리모형의 결정이 나타난다.
③ ㉢의 상황에서는 전쟁이나 혁명(정치적 변혁), 위기 등과 같은 대변혁이 나타난다.
④ ㉣의 상황에서는 점증적인 정치적 결정이 나타나며, 전통적인 점증주의 상황이 벌어진다.

답 | ②

Theme 08 딜레마 이론   B

(1) 의의
① 딜레마 상황이란 관련 참여자, 선택 기회, 문제 등의 모호성 여부와는 상관없이 대안들의 표면화된 가치를 비교할 수 없기 때문에 선택이 어려운 상황을 말한다.
② 즉, 동등한 가치를 지니고 있거나 하나의 가치를 포기함으로 인해 발생하는 기회비용이 너무 큰 두 개의 대안 중 하나를 선택해야만 하는 상황이다.
③ 딜레마 이론은 분절성(discreteness), 상충성(trade-off), 선택불가피성(unavoidability), 균등성(equality) 등을 딜레마의 논리적 구성요소로 제시한다.

(2) 유형
① 일치된 딜레마: 주어진 딜레마를 주관적으로도 딜레마로 설정하는 것
② 무시된 딜레마: 주어진 딜레마를 딜레마로 파악하지 않는 것
③ 의사 딜레마: 딜레마가 아닌 상황을 딜레마로 파악하는 것

- 딜레마 이론은 상황의 특성, 대안의 성격, 결과가치의 비교평가, 행위자의 특성 등 상황이 야기되는 현실적 조건하에서 대안의 선택방법을 규명하는 것을 통해 행정이론 발전에 기여하였다. 17. 국회직 8급

- 딜레마 상황은 분절성(discreteness), 상충성(trade-off), 선택불가피성(unavoidability), 균등성(equality) 등을 논리적 구성요건으로 한다. 15. 서울시 7급

- 정책딜레마는 정책대안들 가운데 반드시 하나를 선택해야 할 경우에 발생한다. 09. 국가직 7급

- 정책딜레마에 의하면 갈등 집단들의 내부 응집력이 강할 때 딜레마가 증폭된다. 09. 국가직 7급

- 딜레마를 예방하기 위한 궁극적 방법은 제도를 정비하는 것이다. 13. 서울시 7급

- 정책문제의 재규정은 딜레마 상황에 대한 적극적 대응방식이다. 19. 경찰간부

(3) 발생원인
① 반드시 하나의 대안을 선택해야 하는 압력이 강할 때
② 갈등적인 대안들이 구체적이고 명료하지만 상호 절충이 불가능할 때
③ 결정의 회피나 지연이 용이하지 않을 때
④ 갈등집단 간 권력균형이 이루어져 있고, 각 집단의 내부 응집력이 강할 때
⑤ 특정 대안의 선택으로 인해 수혜집단과 피해집단이 명확히 구분될 때
⑥ 정책문제에 대한 조직의 관할이 중첩될 때

(4) 예방과 관리
① 딜레마를 예방하기 위한 궁극적 방법 → 제도의 정비
② 이해관계자가 결정자에게 영향력을 행사할 수 없도록 하는 제도적 장치의 설계

(5) 대응책
① 소극적 대응: 무의사결정, 결정의 지연, 책임의 전가, 상황의 호도 등
② 적극적 대응: 딜레마 상황의 변화, 관심의 전환을 위한 새로운 딜레마의 조성, 정책문제의 재규정, 상충되는 대안들의 동시선택, 결정 후 번복 및 수정 등

바로 확인문제

1. 다음 중 딜레마 이론에서 논의되는 딜레마 상황이 갖는 논리적 구성요건을 모두 고른 것은? 15. 서울시 7급

㉠ 분절성(discreteness)	㉡ 안정성(stability)
㉢ 상충성(trade-off)	㉣ 적시성(timeliness)
㉤ 균등성(equality)	㉥ 선택불가피성(unavoidability)

① ㉠, ㉡, ㉣, ㉥
② ㉠, ㉢, ㉣, ㉤
③ ㉠, ㉢, ㉤, ㉥
④ ㉡, ㉣, ㉤, ㉥

정답해설 ㉠, ㉢, ㉤, ㉥ 딜레마 이론은 분절성(discreteness), 상충성(trade-off), 균등성(equality), 선택불가피성(unavoidability) 등을 딜레마의 논리적 구성요소로 제시한다.

답 | ③

2. 정책딜레마(policy dilemma)에 대한 설명으로 옳지 않은 것은? 09. 국가직 7급
① 상호갈등적인 정책대안들이 구체적이고 명료하지 못할 때 나타나는 경향이 있다.
② 정책대안들 가운데 반드시 하나를 선택해야 할 경우에 발생한다.
③ 갈등집단들의 내부 응집력이 강할 때 딜레마가 증폭된다.
④ 새로운 딜레마 상황을 조성하는 것도 정책딜레마에 대한 대응방안이다.

정답해설 정책딜레마는 상호갈등적인 대안들이 구체적이고 명료하지만 절충이 불가능할 때 나타나는 경향이 있다.

오답해설 ② 반드시 하나의 대안을 선택해야 하고, 결정의 회피나 지연이 용이하지 않을 때 딜레마는 증폭된다.
③ 갈등집단 간 권력균형이 이루어져 있고, 각 집단의 내부 응집력이 강할 때 딜레마는 증폭된다.
④ 새로운 딜레마 상황을 조성하는 것은 딜레마를 해결하기 위한 적극적 방안에 해당한다.

답 | ①

Theme 09 품의제

① 하급자가 기안하고 단계별로 상급자의 결재를 거쳐 최고결정자가 최종적으로 결재한 후 집행하는 공식적이고 집권적이면서도 하의상달적인 정책결정체제
② 정책결정과 정책집행의 유기적 연계, 상하계층 간 정보공유
③ 결재권자에 의한 대안의 사전심사와 실시단계(→ 집행단계)에서의 협력 확보
④ 문서 중심의 행정(→ 기록의 보존), 과다한 문서로 인한 형식주의(→ 번문욕례) 현상의 야기
⑤ 하급자에 대한 훈련기회의 제공, 하급자의 참여의식과 사기앙양의 수단
⑥ 기안자에 대한 개별적이고 직접적인 통제로 인한 밀실행정과 정실의 개입
⑦ 결정과정의 다단계로 인한 책임소재의 모호성, 결정과정의 장기화로 인한 낭비와 지체
⑧ 상층부의 업무과다와 업무의 전문성 저해
⑨ 종적 서열주의의 심화와 할거주의
⑩ 토론이나 회의와 같은 실무자 간 수평적 결정이나 횡적 협조의 약화
⑪ 하급자의 지식과 사고방식에 의존한 결정(→ 이른바 주사행정의 폐단)

Theme 10 집단적 의사결정

① 위원회와 같은 조직에서의 의사결정
② 무반응에 의한 결정: 토론 없이 아이디어의 제안이 이루어지다가 채택 받을 만한 의견이 나오면 선택하는 방법
③ 권한에 의한 결정: 토론은 하되, 권한 있는 사람이 최종결정을 내리는 방법
④ 소수에 의한 결정: 반대의 기회를 주지 않고 자기의 의견을 관철하거나, 소수가 빨리 합의하고 다른 사람들의 의견을 봉쇄하는 방법
⑤ 투표 등 다수결에 의한 결정: 다수가 동의하는 의견을 채택하는 방법
⑥ 합의에 의한 결정: 충분한 의견개진의 기회가 주어지고 구성원들이 집단결정에 자기 몫의 영향을 미칠 수 있는 방법

장점	단점
① 풍부한 정보의 동원	① 집단사고의 폐단
② 다양한 대안의 탐색	② 시간과 비용의 낭비
③ 이해의 수용과 자기반성의 촉진	③ 무책임한 행태와 결론의 극단화
④ 보다 큰 위험부담 능력	④ 소수의 독단 및 다수의 횡포

Theme 11 위기 상황에서의 의사결정

① 의사결정권의 집권화
② 비공식적 과정과 즉시적 결정
③ 상향적·하향적 의사소통의 증가
④ 정보의 내용보다는 정보의 출처에 관심
⑤ 정보의 통제
⑥ 상황의 재정의 곤란
⑦ 관료 정치의 성행
⑧ 집단사고

- 위기 상황에서는 위기관리 시 정보의 내용보다 정보의 출처에 우선순위를 둔다. 19. 경찰승진

- 위기 상황에서는 위기관리 시 조직의 판단능력이 저하되는 현상인 집단사고(group-think)의 우려가 있다. 19. 경찰승진

바로 확인문제

1. 위기 상황에서 의사결정의 일반적 특성에 대한 설명으로 가장 적절하지 않은 것은?

19. 경찰승진

① 위기관리 시 상향적·하향적 커뮤니케이션의 양이 감소한다.
② 위기관리 시 정보의 내용보다 정보의 출처에 우선순위를 둔다.
③ 위기관리 시 빠른 의사결정이 요구되어 상황 재정의의 시간적 여유가 없다.
④ 위기관리 시 조직의 판단능력이 저하되는 현상인 집단사고(group-think)의 우려가 있다.

정답해설 위기가 발생하면 상향적·하향적 커뮤니케이션의 양은 평소보다 증가한다.

답 | ①

CHAPTER 05 정책집행론

Theme 01 집행연구의 전개

(1) 제1세대
① 1970년대 초: 윌다브스키와 프레스만
② 정책집행의 실패사례를 분석하여 집행을 저해하는 요인을 규명하는 데 연구의 초점을 두었다.
③ 주요 학자: 사바티어와 매즈매니언의 모형, 반미터와 반호른의 집행연구, 바르다흐의 집행게임

(2) 제2세대
① 1970년대 후반: 사바티어, 매즈매니언, 버만, 엘모어 등
② 정책집행의 복잡한 현상을 분석하기 위한 분석틀의 개발에 중점을 두었다.
③ 집행에 영향을 주는 변수를 파악하고자 하였으나, 실증적 연구가 미흡하였다는 평가를 받는다.
④ 주요 학자: 버만의 적응적 집행, 엘모어의 후방향적 접근, 히언과 헐의 집행구조 연구

(3) 제3세대
① 1980년대 후반: 고긴 등
② 집행연구에 있어서 통계적 연구설계를 통한 검증과 같은 실증적 접근방법을 강조하였다.
③ 주요 학자: 사바티어의 정책지지연합모형, 엘모어의 통합모형, 매틀랜드의 통합모형, 윈터의 정책결정-정책집행 연계

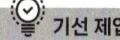 기선 제압

- 고긴(M. Goggin)은 통계적 연구설계의 바탕 위에서 이론의 검증을 시도하는 제3세대 집행연구를 주장하였다. 20. 국가직 7급

> **바로 확인문제**

1. 정책집행의 접근방법에 대한 설명으로 옳은 것은? 20. 국가직 7급

① 하향식 접근방법에서는 정책목표의 신축적 조정이 효과적인 정책집행을 가져온다고 하였다.
② 사바티어(P. Sabatier)와 매즈매니언(D. Mazmanian)은 상향식 접근방법의 대표적인 모형을 제시하였다.
③ 엘모어(R. Elmore)가 제안한 전방향적 연구(forward mapping)는 상향식 접근방법과 유사하다.
④ 고긴(M. Goggin)은 통계적 연구설계의 바탕 위에서 이론의 검증을 시도하는 제3세대 집행연구를 주장하였다.

정답해설 고긴(M. Goggin) 등이 주도한 정책집행의 제3세대 연구는 통계적 연구설계를 통한 검증과 같은 실증적 접근방법을 강조한다.

오답해설 ① 정책집행에 관한 하향식 접근방법은 명확하고 일관된 정책목표를 강조한다.
② 사바티어(P. Sabatier)와 매즈매니언(D. Mazmanian)은 하향식 접근방법의 대표적인 모형을 제시하였다.
③ 엘모어(R. Elmore)가 제안한 전방향적 연구(forward mapping)는 하향식 접근방법과 유사하다. 상향적 접근방법과 유사한 것은 후방향적 연구이다.

답 | ④

Theme 02 정책집행의 연구방법   B

하향적 정책집행연구	통합모형	상향적 정책집행연구
프레스만과 윌다브스키 반 미터와 반 혼 바르다흐 사바티어와 매즈매니언	엘모어 사바티어 고긴 윈터	립스키 엘모어 히언과 헐

Theme 03 립스키(M. Lipsky)의 일선관료제론　A

(1) 일선관료
① 일선관료란 경찰, 교사, 사회복지요원처럼 정책의 최종 과정에서 고객들과 직접 대면하면서 정책을 집행하는 관료로, 서면업무(→ 획일성)보다는 대면업무(→ 다양성)가 많아 인간적 차원에서 업무를 처리해야 할 상황이 많다.
② 결국 일선관료는 매우 복잡한 업무를 수행하고 업무수행에 있어 재량이 크므로, 실질적인 공공정책의 결정자로서 역할을 수행한다.
③ 또한 일선관료는 실무과정에서 경험적으로 얻은 전문지식을 바탕으로 중앙관료에게 영향을 미친다.
④ 결론적으로 립스키(M. Lipsky)의 이론은 일선관료를 효과적으로 통제할 수 없다면 정책은 성공하기 어렵다는 주장으로 연결된다.

(2) 작업환경
① 비자발적인 고객, 과중한 업무량, 인적·물적·시간적 자원의 만성적 부족
② 집행성과에 대한 모호한 기대와 이율배반적인 업무 목표로 인한 성과 파악의 곤란성(→ 권위에 대한 도전과 위협)

(3) 대처방안 → 고정관념을 통한 지름길의 형성
① 업무의 단순화·관례화·정형화(→ 고객의 요구와 필요에 민감하지 않는 경향)
② 고객의 유형화 또는 고객의 재정의
③ 할당배급 방식의 채택(→ 서비스 수요의 제한)
④ 시간 비용, 심리적 비용 등 대가의 요구(→ 요구의 사전봉쇄 전략)

> • 립스키(M. Lipsky)의 일선관료는 교사, 일선경찰관 등 일반국민과 직접 접촉하는 공무원들을 말한다.
> 24. 경찰간부
>
> • 립스키(M. Lipsky)는 일선관료들이 처한 업무환경의 특징으로 자원의 부족, 일선관료의 권위에 대한 도전, 모호하고 대립되는 기대 등을 제시하였다. 22. 국가직 9급
>
> • 립스키(M. Lipsky)의 일선관료제론에 의하면 일선관료는 집행에 필요한 자원이 부족할 경우 대체로 부분적이고 간헐적으로 정책을 집행한다. 18. 국가직 9급
>
> • 립스키(M. Lipsky)의 일선관료제론에 의하면 일선관료들이 육체적·신체적 위협에 대처 하기 위한 메커니즘으로 잠재적 공격자의 특징을 사전에 정의함으로써 집행현장의 의사결정을 단순화하는 방법이 있다. 21. 국회직 8급

바로 확인문제

1. 립스키(M. Lipsky)의 일선관료제에서 일선관료들이 처하는 업무환경의 특징으로 옳지 않은 것은?　22. 국가직 9급

① 자원의 부족
② 일선관료 권위에 대한 도전
③ 모호하고 대립되는 기대
④ 단순하고 정형화된 정책대상집단

> **정답해설** 립스키(M. Lipsky)에 의하면 일선관료들은 비자발적이며, 매우 복잡하고 다양한 요구를 지닌 정책대상집단을 상대한다.
>
> **오답해설** ①, ②, ③ 립스키(M. Lipsky)에 의하면 일선관료는 비자발적인 고객, 과중한 업무량, 인적·물적·시간적 자원의 만성적 부족, 집행성과에 대한 모호한 기대와 이율배반적인 업무 목표로 인한 성과 파악의 곤란성, 권위에 대한 도전과 위협이라는 업무환경의 특징을 지닌다.
>
> 답 | ④

2. 립스키(M. Lipsky)의 일선관료제(Street-Level Bureaucracy) 이론에 대한 설명으로 옳은 것은?

18. 국가직 9급

① 일선관료제는 고객에 대한 고정관념(stereotype)을 타파함으로써 복잡한 문제와 복잡한 상황에 대처한다.
② 일선관료가 업무를 수행하는 기관에 대한 고객들의 목표기대는 서로 일치하고 정확하다.
③ 일선관료는 집행에 필요한 자원이 부족할 경우 대체로 부분적이고 간헐적으로 정책을 집행한다.
④ 일선관료는 계층제의 하위에 위치하기 때문에, 직무의 자율성이 거의 없고 의사결정에 있어서 재량권의 범위가 좁다.

정답해설 립스키(M. Lipsky)에 의하면 일선관료는 자원의 부족에 대처하기 위하여 업무를 관례화·정형화시키거나 할당방식의 업무처리를 행한다.

오답해설 ① 립스키(M. Lipsky)에 의하면 일선관료는 정책고객을 고정관념에 따라 유형화하여 각각의 집단에 대해 대응책을 달리하는 방식을 취한다.
② 립스키(M. Lipsky)에 의하면 일선관료들이 일하는 부서 자체의 목표들은 모호하거나 이율배반적인 경우가 많다.
④ 일선관료는 정책의 최종 과정에서 고객과 접촉하는 관료로, 서면업무보다는 대면업무 즉, 인간적 차원의 다양한 업무를 처리하므로 상당한 재량을 가지고 매우 복잡한 업무를 수행한다.

답 | ③

Theme 04 버만(P. Berman)의 연구 → 적응적 집행 B

• 버만(P. Berman)은 집행현장을 강조하는 입장을 취하였다.
17. 서울시 9급

• 버만(P. Berman)은 집행현장에서 집행조직과 정책사업 사이의 상호적응의 중요성을 강조하였다.
15. 서울시 9급

(1) 의의
① 정책집행의 문제를 정책과 그것을 둘러싼 제도적 환경과의 상호작용 속에서 파악하는 입장(→ 적응적 집행)이다.
② 집행의 제도적 환경을 크게 거시적 집행구조와 미시적 집행구조로 이해하며, 미시적 집행 국면에서 발생하는 정책과 집행조직 간 상호적응을 성공적 정책집행의 핵심적 요인으로 본다.

정형적 집행	적응적 집행
① 안정적이고 구조적인 상황	① 유동적이고 동태적인 상황
② 목표의 명확성	② 목표의 수정필요성이 높음
③ 참여의 제한 및 충실한 집행	③ 집행자의 참여
④ 제한된 재량	④ 광범위한 재량
⑤ 평가기준: 집행의 충실성과 성과	⑤ 평가기준: 환경에의 적응성

(2) 거시적 집행구조
① 중앙정부가 집행현장의 조직들에 영향을 미쳐 정책이 의도한 결과를 가져올 수 있도록 설계하는 것으로, 중앙정부에서 지방의 집행조직에 이르기까지 관련된 모든 참여자와 활동을 포함한다.

② 거시적 집행구조는 다양한 참여자들이 느슨하게 연결된 연합체이며, 이러한 집행구조에서 각 조직단위들은 어느 정도의 자율성과 상호의존성을 가지고 집행과정에 참여한다.
③ 그리고 거시적 집행구조의 통로는 행정, 채택, 미시적 집행, 기술적 타당성으로 구성된다.
④ 거시적 집행의 과정
  ㉠ 행정: 정책결정을 구체적인 정부프로그램으로 전환하는 것을 의미한다.
  ㉡ 채택: 행정을 통해 구체화된 정부프로그램이 집행을 담당하는 지방정부의 사업으로 받아들여지는 것으로, 만약 받아들여지지 않는다면 불이행이 발생한다.
  ㉢ 미시적 집행: 지방정부가 채택한 사업을 실행사업으로 변환시키는 것을 말한다.
  ㉣ 기술적 타당성: 실행사업이 정책의 성과로 연결되기 위한 인과관계의 타당성을 의미한다.

- 버만(P. Berman)의 상황론적 집행모형에 따르면 거시적 집행구조는 실질적인 집행이 가능하고 의도한 효과가 발생되도록 프로그램을 어느 정도 구체화하는 것을 의미한다. 12. 국가직 7급

- 버만(P. Berman)의 적응적 집행에서 '채택'은 지방정부가 채택한 사업을 실행사업으로 변화시키는 것을 의미한다. 18. 지방직 9급

(3) 미시적 집행구조
① 미시적 집행구조는 서비스를 전달하거나 규제를 직접 담당하는 일선기관 또는 지방정부의 하위수준에서 발생하는 집행단계를 말한다.
② 관료와 서비스 수혜자 간의 끊임없는 상호작용, 성과측정의 어려움, 집행을 둘러싼 기술적·사회적·경제적 환경의 변화 등이 미시적 집행을 제약하는 요소들이다.
③ 결론적으로 효과적인 집행을 위해서는 정부프로그램이 실행사업으로 전환되는 것뿐만 아니라, 집행조직의 표준운영절차(SOP) 또한 정책의도에 맞게 변화시킬 수 있어야 한다.
④ 미시적 집행의 과정
  ㉠ 동원: 집행조직에서 사업을 채택하고 실행계획을 세우는 국면이다.
  ㉡ 전달자의 집행: 사업과 표준운영절차 사이의 적응과정으로, 부집행, 흡수, 기술적 학습, 상호 적응 등이 있다.
  ㉢ 제도화: 채택된 실행사업이 집행조직에서 정형화되지 못하면 지속적인 결과를 산출할 수 없으므로 제도화 과정을 통한 상호 변화가 나타나야 한다.

구분	프로그램(사업)	표준운영절차
부집행	불변	불변
흡수(동화)	변화	불변
기술적 학습	불변	변화
상호 적응	변화	변화

> 한 번 더 정리 **버만의 적응적 집행**

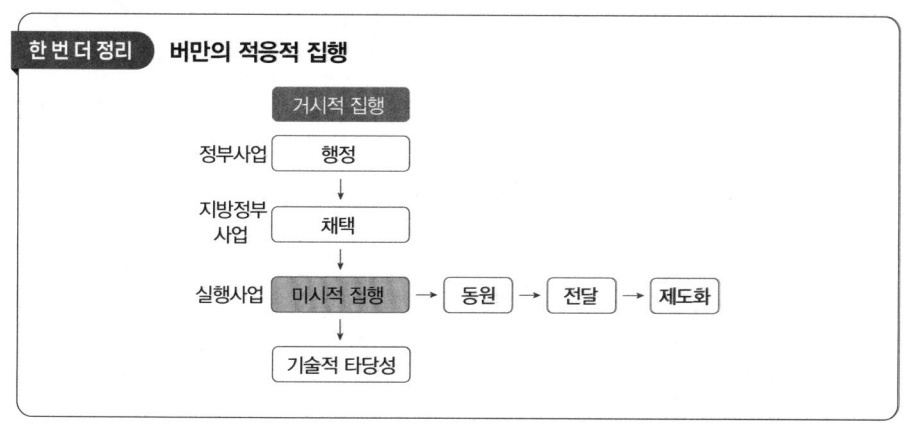

바로 확인문제

1. 버만(P. Berman)의 '적응적 집행'에 대한 설명으로 옳은 것은? 18. 지방직 9급

① '채택'은 지방정부가 채택한 사업을 실행사업으로 변화시키는 것을 의미한다.
② '행정'은 행정을 통해 구체화된 정부프로그램이 집행을 담당하는 지방정부의 사업으로 받아들여지는 것을 의미한다.
③ 거시적 집행구조는 동원, 전달자의 집행, 제도화의 세 단계로 구분된다.
④ 미시집행 국면에서 발생하는 정책과 집행조직 사이의 상호적응이 이루어질 때 성공적으로 집행된다.

정답해설 프로그램(사업)과 집행조직의 표준운영절차가 함께 변하는 것을 상호적응이라 한다.

오답해설 ① 지방정부가 채택한 사업을 실행사업으로 변화시키는 것은 미시적 집행이다.
② 행정을 통해 구체화된 정부프로그램이 집행을 담당하는 지방정부의 사업으로 받아들여지는 것은 채택이다.
③ 동원, 전달자의 집행, 제도화의 세 단계로 구분되는 것은 미시적 집행구조이다.

답 | ④

Theme 05 엘모어(R. Elmor)의 전방향 접근과 후방향 접근

전방향 접근 → 하향적 집행	후방향 접근 → 상향적 집행
① 중앙정부에서 시작	① 지방정부에서 시작
② 공식목표	② 다차원적 목표
③ 집행체제의 일사분란한 운영	③ 행위자들의 전략적 상호작용
④ 법률의 존재(→ 구조화된 상황)	④ 비교적 독립적인 다수의 행위자

Theme 06 매틀랜드(R. Matland)의 통합모형(1995)

① 관리적 집행: 프로그램화된 결정(SOP)(→ 하향적 접근)
② 정치적 집행: 매수, 담합, 날치기 통과 등(→ 정치적 현상, 대체로 하향적 접근)
③ 실험적 집행: 맥락적 조건에 의해 결정되는 정책결과(→ 학습으로서 정책, 대체로 상향적 접근)
④ 상징적 집행: 집행은 목표와 수단을 해석하는 과정(→ 상향적 접근)

- 매틀랜드(R. Matland)에 의하면 모호성은 낮고 갈등이 높은 상황에서 정책집행과정은 대립적 이해 관계를 가진 집행조직 외부의 행위자에 의해 영향을 많이 받는다. 15. 지방직 7급

- 매틀랜드(R. Matland)에 의하면 모호성은 낮고 갈등이 높은 상황에서 순응을 확보하기 위해서는 강압적 또는 보상적 수단이 중요해진다. 15. 지방직 7급

구분		갈등	
		낮음	높음
정책목표의 모호성	낮음	관리적 집행	정치적 집행
	높음	실험적 집행	상징적 집행

바로 확인문제

1. 정책집행에 대한 설명으로 옳은 것은? 24. 국가직 7급

① 하향식 접근방법은 후방접근법이라고 불리며, 정책집행 현장에서 집행조직과 정책사업 간 상호작용의 중요성을 강조한다.
② 상향식 접근방법은 정책결정의 결과물인 정책목표를 달성해 가는 과정을 정책집행으로 이해한다.
③ 매틀랜드(R. Matland)는 정책목표의 모호성과 갈등 개념을 활용하여 특정 집행상황을 네 가지로 구조화하였다.
④ 나카무라(R. Nakamura)와 스몰우드(F. Smallwood)에 따르면, 관료적 기업가형은 정책결정자들이 개괄적인 정책을 결정하고, 집행과정에서 정책의 집행자와 협상한다.

정답해설 매틀랜드는 (R. Matland)는 정책목표의 모호성과 갈등 개념을 활용하여 정책집행의 유형을 관리적 집행, 정치적 집행, 실험적 집행, 상징적 집행의 네 가지로 분류하였다.

오답해설
① 후방접근법이라고 불리며, 정책집행 현장에서 집행조직과 정책사업 간 상호작용의 중요성을 강조하는 것은 정책집행의 상향식 접근방법이다.
② 정책목표를 달성해 가는 과정을 정책집행으로 이해하는 것은 정책집행의 하향식 접근방법이다.
④ 관료적 기업가형은 집행자가 정책목표를 결정하고 자신이 결정한 목표를 결정자가 받아들이도록 설득 또는 강요하는 모형으로, 집행자는 자신이 정한 목표를 달성하기 위한 수단들을 결정자와 협상하여 확보한다.

답 | ③

Theme 07 메이(P. May)의 정책학습

① 학습이란 올바른 결론을 유도할 수 있는 지식의 축적과 응용과정으로, 정책학습은 **정책실패**를 통해 더 나은 정책을 결정할 수 있는 방법의 습득에 초점을 맞춘다.
② **수단적 학습 → 내생적 학습**
  ㉠ 정책개입이나 집행설계의 실행가능성에 초점을 두는 학습으로, 집행수단이나 기법에 치중한다.
  ㉡ 학습된 집행수단을 적용한 후 그 변화가 정책성과로 연결되었다면 성공적이다.
③ **사회적 학습 → 외생적 학습**
  ㉠ 정책 또는 사회적 구성에 관한 학습으로, 사업목표에 대한 태도와 정부활동의 **본질적 타당성**까지 검토한다.
  ㉡ 정책문제에 내재하는 인과이론을 더 잘 이해할 수 있었다면 성공적이다.
④ **정치적 학습**: 정책적 사고나 문제에 관한 주장을 정교하게 만들기 위한 전략에 관한 학습이다.

- 정책학습의 주체는 정책집행의 대상이 되는 개인이나 조직일 수도 있고 정책을 결정하거나 집행하는 개인, 조직 또는 정책창도연합체(advocacy coalition)일 수도 있다.
  17. 국가직 7급

- 버크랜드(Birkland)가 제안한 사회적 학습은 하울렛(Howlett)과 라메쉬(Ramesh)의 외생적 학습과 비슷한 의미로 이해할 수 있다.
  17. 국가직 7급

> 한 번 더 정리 **메이의 정책학습**

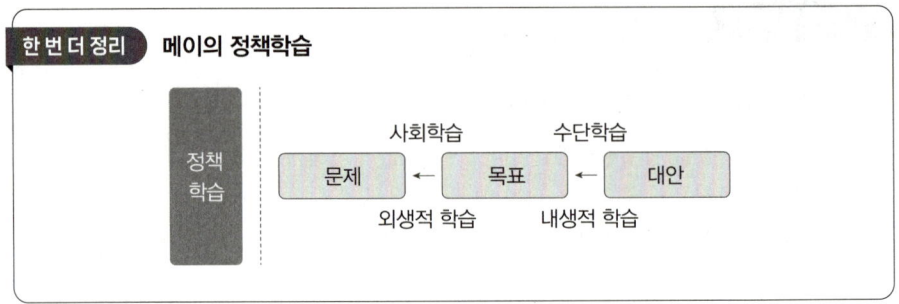

> 바로 확인문제

1. 정책학습(policy learning)에 대한 설명으로 옳지 <u>않은</u> 것은?   17. 국가직 7급

① 버크랜드(T. Birkland)가 제안한 사회적 학습은 하울렛과 라메쉬의 외생적 학습과 비슷한 의미로 이해할 수 있다.
② 하울렛(M. Howlett)과 라메쉬(M. Ramesh)의 내생적 학습은 정책문제의 정의 또는 정책목적 자체에 대한 의문제기를 포함한다.
③ 로즈(R. Rose)의 교훈얻기(도출) 학습은 다른 지역의 효과적인 프로그램을 조사·연구하여 창도자의 관할지역에 도입할 경우 어떠한 결과가 나올지 미리 평가하는 것이다.
④ 정책학습의 주체는 정책집행의 대상이 되는 개인이나 조직일 수도 있고 정책을 결정하거나 집행하는 개인, 조직 또는 정책창도연합체(advocacy coalition)일 수도 있다.

> **정답해설** 정책문제의 정의 또는 정책목적 자체에 대한 의문제기를 포함하는 학습은 외생적 학습이다. 내생적 학습은 주로 정책의 수단 또는 이러한 수단들의 배열(setting)에 대한 학습을 의미한다.
>
> **오답해설** ① 사회적 학습은 정책 또는 사회적 구성에 관한 학습으로, 사업목표에 대한 태도와 정부활동의 본질적 타당성까지도 검토하므로, 이는 외생적 학습과 비슷한 의미로 이해할 수 있다.
> ③ 교훈얻기는 다른 나라나 다른 지역의 정책 경험으로부터 교훈을 얻어 자국의 정책 문제 해결에 활용하는 학습을 말한다.
> ④ 정책학습은 정책결정자나 집행자인 정부 관료뿐만 아니라, 정책과정에 참여하는 다양한 행위자들에 의해 이루어진다.
>
> 답 | ②

Theme 08 엘모어(R. Elmor) 모형 → 정책집행의 성공요건(1985)   C

① **체제관리모형**: 합리적 행위자로서 조직, 집행의 성공조건으로 효율적인 관리통제체제
② **관료과정모형**: 조직의 속성으로 재량과 루틴, 집행의 성공조건으로 루틴과 새로운 정책의 통합
③ **조직발전모형**: 구성원의 참여 강조, 집행의 성공조건으로 결정자와 집행자 간 합의
④ **갈등협상모형**: 갈등의 장으로서 조직, 집행의 성공조건은 협상과정에 따라 달라진다는 모형

바로 확인문제

1. 정책집행모형에 관한 설명으로 옳지 않은 것은? 17. 경찰간부

① 버만(P. Berman)은 체제관리모형, 관료적 과정모형, 조직발전모형, 갈등협상모형 등 정책집행의 거시적 환경에 대한 4가지 연계모형을 제시하였다.
② 엘모어(R. Elmore)는 초기에 상향적 접근법을 주장하다가, 이후 통합모형을 제시하였다.
③ 사바티어(P. Sabatier)의 통합모형은 정책의 변동을 중시하는 정책학습 모형의 성격이 강하게 나타난다.
④ 프레스만(A. Pressman)과 윌다브스키(A. Wildavsky)의 공동행동의 복잡성 모형에서는 정부사업의 집행이 참여자와 의사결정점의 수가 늘어나면서 집행하기 어려운 복잡한 과정으로 변한다는 점을 설명하였다.

정답해설 체제관리모형, 관료적 과정모형, 조직발전모형, 갈등협상모형으로 정책집행의 유형을 분류한 학자는 엘모어(R. Elmore)이다.

답 | ①

Theme 09 래드웨이(L. Radway)와 매스(A. Maass) 모형 C

① **기술적 재량형**: 집행자가 기술적 전문성에 대한 재량만을 가진 모형
② **이해조정적 재량형**: 집행자가 결정과정에는 참여하지 못하지만 집행과정 중에 결정자와 견해차를 좁혀가면서 정책의 적응성을 높여나가는 모형
③ **사회기획적 재량형**: 집행자가 실질적인 결정자로서 집행목표를 수립하고 기획하는 모형

Theme 10 정책변동의 모형 B

(1) 사바티어(P. Sabatier)의 정책지지연합모형

① **분석단위**: 정책하위체제(→ 신념체계를 공유하는 다양한 연합)
② **시간**: 10년 이상의 장기
③ **특징**: 정책학습을 통한 점진적이고 장기적인 정책변화 → 정책중재자의 중요성

(2) 홀(P. Hall)의 정책패러다임 변동모형

① **패러다임**: 정책문제의 본질과 정책목표 및 대안을 구성하고 있는 사고의 틀
② **정책형성의 변수**: 정책환경, 정책목표, 정책수단(→ 기술)
③ **패러다임 변동**: 정책목표와 정책수단의 급격한 변화
④ **함의**: 정책지지연합모형과 달리 근본적인 정책변동의 강조

- 정책지지연합모형은 정책과정 참여자의 신념체계를 가장 강조하는 정책변동 모형이다. 16. 국가직 9급

- 홀(P. Hall)에 의해 제시된 정책패러다임변동모형은 정책목표, 정책수단, 정책환경의 세 가지 변수 중 정책목표와 정책수단에 급격한 변화가 발생하는 정책변동 모형이다. 16. 지방직 9급

- 이익집단 위상변동모형은 정책과정에서 이익집단의 위상변동이 정책 내용의 변동을 가능케 한다고 본다.
  21. 소방간부

- 무치아로니(G. Mucciaroni)의 이익집단 위상변동모형에서 이슈맥락은 환경적 요인과 같이 정책의 유지 혹은 변동에 영향을 미치는 정책요인을 말한다.
  20. 국가직 9급

- 킹던(J. Kingdon)의 정책흐름이론에 의하면 정책변동은 정책문제의 흐름, 정치의 흐름, 정책대안의 흐름이 결합하여 이루어진다.
  20. 국가직 9급

(3) 무치아로니(G. Mucciaroni)의 이익집단 위상변동모형

① 이익집단의 위상에 따른 정책의 변동을 설명하는 모형 → 점증모형과 쓰레기통모형의 비판
② 분석의 틀: 이슈맥락과 제도맥락(→ 선호나 행태) → 제도맥락의 중요성 강조

구분		제도맥락	
		유리	불리
이슈 맥락	유리	위상의 상승	위상의 저하
	불리	위상의 유지	위상의 쇠락

한 번 더 정리 이익집단 위상변동모형

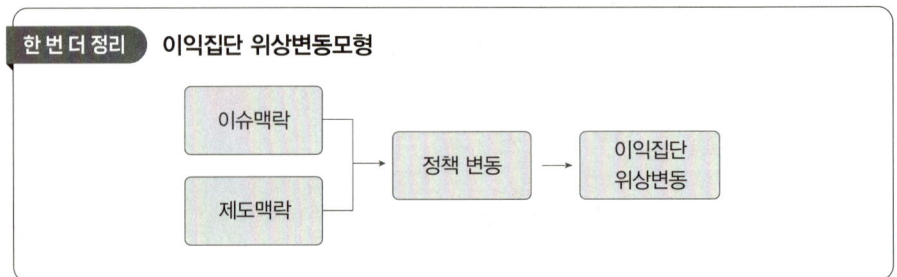

(4) 킹던(J. Kingdon)의 정책흐름모형

① 문제의 흐름: 어떤 문제가 정책결정자의 관심을 끌게 되는가에 초점(→ 사건이나 위기 등)
② 정치의 흐름: 여론의 변화, 정권의 교체, 이익집단의 압력 등
③ 정책의 흐름: 정책공동체의 존재와 분화, 정책선도자의 능동적 활동 등

바로 확인문제

1. 정책변동 모형 중에서 정책과정 참여자의 신념체계(belief system)를 가장 강조하는 모형은?
16. 국가직 9급

① 단절균형(punctuated equilibrium) 모형
② 정책패러다임변동(paradigm shift) 모형
③ 정책지지연합(advocacy coalition) 모형
④ 제도의 협착(lock-in) 모형

정답해설 정책과정 참여자의 신념체계(belief system)를 가장 강조하는 모형은 사바티어의 정책지지연합(advocacy coalition) 모형이다.

오답해설 ① 단절적 균형모형은 안정적으로 유지되던 제도가 외생적 사건에 의해 촉발된 결정적 전환점(critical juncture)을 계기로 기존의 경로에서 벗어나 급격하게 변할 수 있다는 이론이다.
② 정책패러다임이란 결정자들이 정책문제의 본질을 파악하고 목표와 수단을 구체화하는 데 사용되는 일정한 사고와 기준의 틀을 말하는데, 이러한 패러다임의 변화로 근본적인 정책변동이 발생한다는 것이 정책패러다임변동 모형이다.
④ 협착(lock-in)이란 고착효과 혹은 자물쇠 효과라 하며, 기존의 정책이나 제도보다 더 뛰어난 것이 나와도 이미 투자된 비용이나 기회비용, 혹은 복잡함이나 귀찮음으로 인해 기존의 정책이나 제도에 머무는 현상을 말한다.

답 | ③

2. 다음 특징을 가진 정책변동 모형은? 19. 지방직 9급

> • 분석단위로서 정책하위체제(policy sub-system)에 초점을 두고 정책변화를 이해한다.
> • 신념체계와 정책학습 등의 요인은 정책변동에 영향을 준다.
> • 정책변동 과정에서 정책중재자(policy mediator)가 중요한 역할을 한다.

① 정책흐름(Policy Stream) 모형
② 단절적 균형(Punctuated Equilibrium) 모형
③ 정책지지연합(Advocacy Coalition Framework) 모형
④ 정책패러다임변동(Paradigm Shift) 모형

정답해설 다음의 내용은 사바티어의 정책지지연합 모형에 관한 설명이다.

오답해설 ① 정책흐름 모형은 의사결정요소의 독자적 흐름이 어떤 사건을 계기로 만나 의사결정의 기회를 갖는다고 설명하는 이론이다.
② 단절적 균형 모형은 안정적으로 유지되던 제도가 외생적 사건에 의해 촉발된 결정적 전환점(critical juncture)을 계기로 기존의 경로에서 벗어나 급격하게 변할 수 있다는 이론이다.
④ 정책패러다임변동 모형은 정책목표, 정책수단, 정책환경의 세 가지 변수 중 정책목표와 정책수단에 급격한 변화가 발생할 때 정책의 패러다임이 바뀐다는 이론이다.

답 | ③

Theme 11 로저스(E. Rogers)의 혁신확산모형

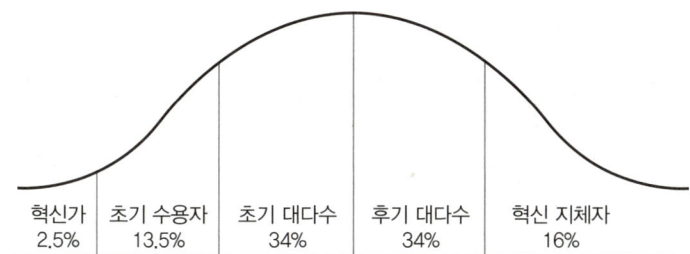

| 혁신가 2.5% | 초기 수용자 13.5% | 초기 대다수 34% | 후기 대다수 34% | 혁신 지체자 16% |

① 혁신의 확산은 선도자(2.5%), 초기수용자(13.5%), 초기 다수(34%), 후기 다수(34%), 지체자(16%) 순으로 전개된다.
② 초기수용자는 소속집단의 신망을 받는 이들로서 그 사회에서 여론의 선도자일 가능성이 높다.
③ 로저스의 혁신확산모형에 따르면, 혁신수용시간에 따라 수용자 수의 분포는 정규분포 형태를 띠고, 이들 수용자의 누적도수는 S자 형태를 이룬다.
④ 확산은 선진산업국가로부터 저개발지역으로 확산되는 계층적 확산(hierarchical diffusion)과 이웃지역으로부터의 모방을 통한 공간적 확산(spatial diffusion)으로 구분할 수 있다.

• 확산은 선진산업국가로부터 저개발지역으로 확산되는 '공간적 확산(spatial diffusion)'과 이웃지역으로부터의 모방을 통한 '계층적 확산(hierarchical diffusion)'으로 구분할 수 있다. 19. 국가직 7급

⑤ 혁신과 그 확산에 관한 연구는 미시수준에서 개인의 혁신적 행태와 중위수준에서 조직의 혁신에 관한 내용을 중심으로 이루어져 왔으며, 거시수준에서는 국가 간 또는 지방정부 간 비교연구를 통해 새로운 프로그램의 개발과 확산 여부를 규명하고자 했다.

Theme 12 성공적 집행을 위한 요건 → 사바티어(P. Sabatier)와 매즈매니언(D. Mazmanian)

(1) 문제의 성격
① 명확한 인과관계와 적절한 기술의 존재
② 대상집단의 행태 다양성의 정도
③ 대상집단의 규모
④ 대상집단에게 요구되는 행태 변화의 정도

(2) 구조화 능력
① 법규상 목표의 명확한 우선순위
② 집행기관의 명확한 행동지침과 집행기관의 계층적 통합성
③ 유능하고 헌신적인 집행관료 및 충분한 재원

(3) 환경적 요인
① 행정수반과 의회 등 지배기관의 후원과 관심
② 사회·경제·기술적 상황과 여건
③ 관련 집단의 지원 및 태도와 대중매체의 관심 및 일반대중의 지지

· 사바티어(P. Sabatier)는 정책대상자의 행태변화의 정도가 크면 정책집행의 성공은 어렵다고 본다.
12. 지방직 9급

Theme 13 정책대상집단의 사회적 구성 → 잉그람과 슈나이더

구분		사회적 이미지	
		긍정적	부정적
정치 권력	강함	수혜집단(Advantaged) 기업, 과학자, 노령층, 퇴역군인	주장집단(Contenders) 부유층, 거대 노조, 소수자, 문화엘리트
	약함	의존집단(Dependents) 아동, 어머니, 장애인	이탈집단(Deviants) 범죄자, 약물독자, 공산주의자, 갱(gangs)

· 슈나이더와 잉그람의 사회구성주의에서 의존집단(Dependents)은 권력은 상대적으로 적지만 이미지는 긍정적이다.
20. 군무원 7급

· 슈나이더와 잉그람의 사회구성주의에서 수혜집단(Advantaged)은 과학자, 퇴역한 군인, 중산층이 대표적이다.
20. 군무원 7급

> **바로 확인문제**

1. 슈나이더(A. Schneider)와 잉그람(H. Ingram)의 사회구성주의(Social construction)에서 정책대상 집단에 대한 설명으로 옳은 것을 모두 고르면?
20. 군무원 7급

> ㉠ 수혜집단(Advantaged) - 과학자, 퇴역한 군인, 중산층이 대표적이다.
> ㉡ 경쟁집단(Contender) - 권력은 상대적으로 많지만 이미지는 부정적이다.
> ㉢ 의존집단(Dependents) - 권력은 상대적으로 적지만 이미지는 긍정적이다.
> ㉣ 이탈집단(Deviants) - 강력한 제재가 허용되지만 제재에 대하여 강력히 저항한다.

① ㉠, ㉡ ② ㉡, ㉢
③ ㉠, ㉡, ㉢ ④ ㉡, ㉢

정답해설 ㉠ 수혜집단(Advantaged)은 긍정적 이미지와 많은 권력을 보유한 집단이다.
㉡ 경쟁집단(Contender)은 권력은 많지만 이미지가 부정적인 집단이다.
㉢ 의존집단(Dependents)은 이미지는 긍정적이지만 권력은 부족한 집단이다.
오답해설 ㉣ 이탈집단(Deviants)은 정치적 권력이 약하기 때문에 정부의 제재에 강력히 저항하기 어렵다.

답 | ③

Theme 14 정책갈등의 유형 C

① **협력적 갈등**: 대상집단의 의사가 충분히 반영되며, 협력적 상호작용을 통해 갈등이 관리되고 집행되는 상황으로, 외부환경 변화와 순응 동기의 변화를 모니터링할 수 있는 제도적 수단의 활용이 요구된다.
② **소극적 갈등**: 일탈의 적발 가능성이 낮다면 단기적 이익을 확보하려는 기회주의 행동이 야기되는 상황으로, 규범의 공식화, 참여기회의 확대, 제재수단 및 강제력의 확보 등이 요구된다.
③ **적극적 갈등**: 이익의 극대화와 손실의 최소화를 위한 기회주의 행동이 야기되어 감독비용이 상승하는 상황으로, 유인장치의 제도화, 객관적 산출기준의 마련, 절차의 적정성 확보, 유인의 다양화 등이 요구된다.
④ **혼란형 갈등**: 선호와 이해관계의 변화에 대한 예측이 어려워 혼란스러운 결정이 야기되는 상황으로, 사례별 조정장치의 마련, 사례별 대응 매뉴얼 등 표준화의 시도, 전문인력의 양성 등이 요구된다.

구분		유인	
		강함	약함
규범	강함(→ 제도화)	협력형 갈등	소극적 갈등
	약함	적극적 갈등	혼란형 갈등

CHAPTER 06 정책평가론

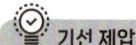
기선 제압

Theme 01 「정부업무평가기본법」의 주요 내용 A

① 평가대상
  ㉠ 중앙행정기관(대통령령이 정하는 대통령 소속기관 및 국무총리 소속기관·보좌기관 포함)
  ㉡ 지방자치단체
  ㉢ 중앙행정기관 또는 지방자치단체의 소속기관
  ㉣ 공공기관
② 국무총리는 정부업무평가위원회의 심의·의결을 거쳐 정부업무의 성과관리 및 정부업무평가에 관한 정책목표와 방향을 설정한 정부업무평가기본계획을 수립하여야 한다.
③ 국무총리는 정부업무평가기본계획을 포함하여야 하고 최소한 3년마다 그 계획의 타당성을 검토하여 수정·보완 등의 조치를 하여야 한다.
④ 정부업무평가의 실시와 평가기반의 구축을 체계적·효율적으로 추진하기 위하여 국무총리 소속하에 정부업무평가위원회를 둔다.
⑤ 정부업무평가위원회는 위원장 2인을 포함한 15인 이내의 위원으로 구성한다.
⑥ 정부업무평가위원회의 위원장은 국무총리와 대통령이 지명하는 자가 된다.
⑦ 부문별 평가총괄기관
  ㉠ 주요정책부문: 국무조정실
  ㉡ 재정사업부문: 기획재정부
  ㉢ 조직·정보화부문: 행정안전부
  ㉣ 인사부문: 인사혁신처
⑧ 중앙행정기관의 장은 그 소속기관의 정책 등을 포함하여 자체평가를 실시하여야 한다.
⑨ 중앙행정기관의 장은 자체평가조직 및 자체평가위원회를 구성·운영하여야 한다. 이 경우 평가의 공정성과 객관성을 확보하기 위하여 자체평가위원의 3분의 2 이상은 민간위원으로 하여야 한다.
⑩ 국무총리는 중앙행정기관의 자체평가결과를 확인·점검 후 평가의 객관성·신뢰성에 문제가 있어 다시 평가할 필요가 있다고 판단되는 때에는 위원회의 심의·의결을 거쳐 재평가를 실시할 수 있다.
⑪ 지방자치단체의 장은 그 소속기관의 정책 등을 포함하여 자체평가를 실시하여야 한다.
⑫ 지방자치단체의 장은 자체평가조직 및 자체평가위원회를 구성·운영하여야 한다. 이 경우 평가의 공정성과 객관성을 담보하기 위하여 자체평가위원의 3분의 2 이상은 민간위원으로 하여야 한다.
⑬ 국무총리는 2 이상의 중앙행정기관 관련 시책, 주요 현안시책, 혁신관리 및 대통령령이 정하는 대상부문에 대하여 특정평가를 실시하고, 그 결과를 공개하여야 한다.
⑭ 지방자치단체 또는 그 장이 위임받아 처리하는 국가사무, 국고보조사업 그 밖에 대통령

- 중앙행정기관뿐만 아니라 지방자치단체도 자체평가를 실시하여야 한다. 19. 국가직 7급

- 중앙행정기관의 장은 자체평가조직 및 자체평가위원회를 구성·운영하여야 하며, 평가의 공정성과 객관성을 확보하기 위하여 자체평가위원의 3분의 2 이상의 민간위원으로 하여야 한다. 23. 지방직 7급

령이 정하는 국가의 주요시책 등에 대하여 국정의 효율적인 수행을 위하여 평가가 필요한 경우에는 행정안전부장관이 관계 중앙행정기관의 장과 합동으로 평가(합동평가)를 실시할 수 있다.

⑮ 행정안전부장관은 지방자치단체에 대한 합동평가를 효율적으로 추진하기 위하여 행정안전부장관 소속하에 지방자치단체합동평가위원회를 설치·운영할 수 있다.

⑯ 지방자치단체합동평가위원회는 위원장 1인을 포함한 20인 이하의 위원으로 구성하되, 평가의 객관성 및 공정성을 확보하기 위하여 위원의 3분의 2 이상은 평가에 관한 전문적인 지식과 경험이 풍부한 민간전문가로 구성하여야 한다.

⑰ 지방자치단체합동평가위원회의 위원장은 민간위원 중에서 행정안전부장관이 지명한다.

⑱ 공공기관에 대한 평가(공공기관평가)는 공공기관의 특수성·전문성을 고려하고 평가의 객관성 및 공정성을 확보하기 위하여 공공기관 외부의 기관이 실시하여야 한다.

⑲ 국무총리·중앙행정기관의 장·지방자치단체의 장 및 공공기관평가를 실시하는 기관의 장은 평가결과를 전자통합평가체계 및 인터넷 홈페이지 등을 통하여 공개하여야 한다.

• 지방자치단체합동평가위원회는 행정안전부 소속의 위원회로 「정부업무평가기본법」에 설치근거를 둔다.
16. 서울시 9급

• 공공기관에 대한 평가는 공공기관 외부의 기관이 실시하여야 한다.
22. 경찰간부

바로 확인문제

1. 「정부업무평가기본법」상 우리나라 정부업무평가제도에 대한 설명으로 옳지 <u>않은</u> 것은?
22. 국가직 9급

① 특정평가는 국무총리가 중앙행정기관과 공공기관을 대상을 국정을 통합적으로 관리하기 위한 목적을 갖는다.
② 국무총리 소속하에 심의·의결기구로서 정부업무평가위원회를 둔다.
③ 지방자치단체의 자체평가에 있어서 행정안전부장관은 평가 관련 사항에 대하여 지방자치단체를 지원할 수 있다.
④ 자체평가는 중앙행정기관 또는 지방자치단체가 소관 정책 등을 스스로 평가하는 것을 말한다.

정답해설 특정평가는 중앙행정기관을 대상으로 이루어진다.

오답해설 ② 국무총리 소속의 정부업무평가위원회는 위원장 2명(국무총리와 민간위원 중에서 대통령이 지명하는 자)을 포함한 15명 이내의 위원(기획재정부장관, 행정안전부장관, 국무조정실장 등은 당연직 위원)으로 구성된다.
③ 지방자치단체의 평가에 관한 사항은 행정안전부가 지원할 수 있다.
④ 자체평가는 당해 기관이 수행하는 정책을 당해 기관이 스스로 평가하는 것을 말한다.

답 | ①

Theme 02 양적 평가와 질적 평가

양적 평가	질적 평가
① 경험적·실증적 탐구, 통계분석	① 현상적·해석적 탐구, 내용분석
② 실험적 방법	② 심층면담, 참여관찰
③ 측정의 신뢰도에 관심	③ 측정의 타당도에 관심
④ 객관적 → 의견보다 사실, 직관보다 논리	④ 주관적
⑤ 법칙의 발견	⑤ 이해의 증진 → 특수성의 강조
⑥ 연역법 → 가설의 설정과 검증	⑥ 귀납법 → 개방적 태도
⑦ 부분 중심 → 구성요소의 분석에 노력	⑦ 전체 중심 → 통합된 전체 이해 강조
⑧ 결과 중심 → 정태적 환경조건	⑧ 결과 + 과정 → 동태적 환경조건

• 양적 평가(계량평가)는 연역적 방법을 활용한다. 22. 국회직 9급

바로 확인문제

1. 정책을 평가하기 위한 양적 평가 방법에 대한 설명으로 가장 옳지 않은 것은? 22. 군무원 9급

① 계량적 기법을 응용하여 수치화된 지표를 통해 정책의 결과를 측정한다.
② 정량평가라고도 하며 실험적 방법과 비실험적 방법 등이 해당한다.
③ 정책대안과 정책산출 및 영향 간에 어떠한 인과관계가 있는지를 분석한다.
④ 대부분 데이터 수집을 심층면담 및 참여관찰 등의 방법에 의존한다.

정답해설 데이터 수집을 심층면담 및 참여관찰 등의 방법에 의존하는 것은 질적 평가 방법이다.

답 | ④

Theme 03 논리모형과 목표모형

(1) 논리모형(logic model)

① 논리모형은 프로그램의 요소들과 해결하려고 하는 문제들 사이의 논리적 인과관계를 투입 → 활동 → 산출 → 결과로 정리해 표현해주는 다이어그램을 말한다.
② 즉, 프로그램이 성과를 산출하기 위해 어떤 논리적 인과구조를 가지고 있는지를 보여주는 것으로, 정책평가의 타당성을 높이고자 하는 기법이다.

(2) 목표모형(target model)

① 달성하려는 장기목적이나 중·단기목표들을 달성했는지에 초점을 맞춘 평가모형이다.
② 즉, 결과가 당초 설정했던 프로그램의 목표와 일치하는지를 확인하고, 발생한 결과물이 프로그램의 실행으로 인해 발생한 것인지를 확인하는 것이다.

• 정책평가의 논리모형은 정책 프로그램이 특정 성과를 산출하기 위해 어떤 논리적 인과구조를 가지고 있는지를 명시적으로 보여준다. 17. 국가직 9급(하)

• 정책평가의 논리모형은 정책프로그램과 관련된 다양한 이해관계자의 이해도를 높일 수 있다. 24. 국가직 9급

바로 확인문제

1. 정책평가의 논리모형에 대한 설명으로 옳지 <u>않은</u> 것은? 24. 국가직 9급

① 정책프로그램의 요소들과 해결하려는 문제들 사이의 논리적 인과관계를 투입-활동-산출-결과로 도식화한다.
② 산출은 정책집행의 종료된 직후의 직접적인 결과물을 의미하며, 결과는 산출로 인해 나타나는 변화를 의미한다.
③ 과정평가이기 때문에 정책프로그램의 목표달성 여부를 보여주지는 못한다는 한계가 있다.
④ 정책프로그램과 관련된 다양한 이해관계자의 이해도를 높일 수 있다.

> **정답해설** 정책평가의 논리모형은 정책을 통한 목표의 달성 여부와 그 인과과정의 논리성을 동시에 보여준다.
>
> **오답해설** ①, ② 정책과정은 투입-산출-결과-영향의 순으로 설명될 수 있는데, 산출물이 정책을 통해 직접 나오는 1차 결과물이라면 결과는 이러한 산출을 통해 달성하고자 하는 목적을 의미한다.
> ④ 정책평가의 논리모형은 요소들 사이의 인과관계를 명확히 보여주므로 이해관계자의 정책과정 및 결과에 대한 이해를 높일 수 있다.
>
> 답 | ③

Theme 04 CIPP 평가모형 → 스터플빔(D. Stufflebeam) C

① C: 상황평가(context evaluation) → 계획 의사결정(planning decision)
② I: 투입평가(input evaluation) → 구조화 의사결정(structuring decision)
③ P: 과정평가(process evaluation) → 실행 의사결정(implementing decision)
④ P: 산출평가(product evaluation) → 순환 의사결정(recycling decision)

Theme 05 자연실험 C

① 인위적 실험이 아닌 자연현상이나 사회현상 속에서 만들어진 사건이나 변화를 통해 혼란변수를 통제하는 실험으로, 진실험보다는 준실험에 해당하며, 저렴한 비용과 실험에서 발생하는 윤리적 문제를 차단할 수 있다는 장점을 지닌다.
② 자연실험에서 실험 여건은 자연적인 충격(shock)뿐만 아니라 급격한 정책이나 제도변화에 의해서도 형성된다.
③ 효용: 누락변수의 편의문제 차단, 독립변수의 자기선택 편의의 통제, 독립변수와 종속변수의 상호영향력 통제

- 자연실험에서는 사회실험에 비해 비용 문제나 윤리적 문제 때문에 어려움을 겪을 가능성이 적다.
  18. 지방직 7급

- 자연실험에서 실험 여건은 자연적인 충격(shock)뿐만 아니라 급격한 정책이나 제도변화에 의해서도 형성된다.
  18. 지방직 7급

바로 확인문제

1. 정책평가방법 중 자연실험(natural experiment)에 대한 설명으로 옳지 않은 것은?

18. 지방직 7급

① 자연실험은 준실험(quasi-experiment)이 아닌 진실험(true experiment)에 가까운 실험설계 방식이다.
② 자연실험에서는 사회실험에 비해 비용 문제나 윤리적 문제 때문에 어려움을 겪을 가능성이 적다.
③ 자연실험에서 실험 여건은 자연적인 충격(shock)뿐만 아니라 급격한 정책이나 제도 변화에 의해서도 형성된다.
④ 독립변수와 종속변수가 서로 영향을 주고받는 동시적 관계에 있을 때 이를 통제하기 위한 수단으로 자연실험을 이용할 수 있다.

정답해설 자연실험이란 인위적 실험이 아닌 자연이나 사회현상 속에서 만들어진 사건이나 변화를 통해 혼란변수를 통제하는 실험으로, 진실험보다는 준실험에 해당한다.

오답해설 ② 자연실험은 인위적으로 만든 상황이 아니므로 비용이 저렴하고 실험에서 발생하는 윤리문제를 차단할 수 있다.
③ 자연실험은 외부로부터의 우연한 충격이나 혹은 정책변동에 따라 자연스럽게 실험집단과 비교집단이 구분된다.
④ 자연실험은 누락변수 편의문제의 차단, 독립변수 자기선택 편의의 통제, 독립변수와 종속변수의 상호영향력의 통제에 유용하다는 평가를 받는다. 누락변수의 문제란 분석모델에 포함되지 않은 중요한 변수가 존재할 때 발생하는 편의로, 교육 수준이 소득에 미치는 영향을 분석할 때, 개인의 노력, 부모의 사회경제적 지위 등 중요한 변수를 누락하는 것이 이에 해당한다. 독립변수의 자기선택의 문제는 연구대상이 스스로 어떤 집단에 속할지를 선택하는 경우 발생하는 편의로, 자발적으로 직업훈련 프로그램에 참여한 사람들과 참여하지 않은 사람들을 비교할 때, 참여자들이 비참여자들보다 더 적극적이고 동기가 부여되어 있을 가능성이 높은 것이 이에 해당한다. 독립변수와 종속변수의 상호영향력이란 독립변수와 종속변수가 서로 영향을 주고받는 관계에 있을 때 발생하는 문제로, 교육 수준이 높을수록 임금이 높아지는 경향이 있지만, 임금이 높을수록 더 많은 교육을 받을 유인이 생길 수 있으므로 양방향의 인과 관계가 존재할 수 있는 것이 이에 해당한다.

답 | ①

Theme 06 기획의 의의   C

(1) 의의

① 기획이란 목표달성을 위하여 장래의 활동에 관한 일련의 결정을 준비하는 계속적 과정을 말한다.
② 기획은 미래를 합리적으로 통제하기 위한 수단을 선택하는 과정이기도 하다.
③ 기획의 과정은 목표설정, 상황분석, 미래를 예측하는 기획의 전제의 설정, 대안의 탐색 및 평가, 최적안의 선택 순으로 진행된다.

(2) 발달요인
① 도시계획의 발달, 대공황과 경제계획의 발달, 소련의 경제개발 5개년 계획의 성공
② 제1·2차 세계대전과 전후복구 계획, 개발도상국의 경제개발계획
③ 거시경제학·통계학·컴퓨터 기술 등 미래예측기법의 발달

(3) 특징
① 합리적 성격, 미래지향성 및 목표지향성, 보다 나은 결정을 위한 계속적 준비과정
② 개인과 사회의 창의성을 억제하는 비민주적이며 통제적인 성격

(4) 기획과 민주주의
① 반대론
  ㉠ 하이에크(F. Hayek)의 「노예의 길」(1944)
  ㉡ 단조로운 사회의 초래, 독재와 자유의 위축, 시장경제의 저해, 의회제도의 파괴
② 찬성론
  ㉠ 파이너(H. Finer)의 「반동에의 길」(1945), 자유와 권리를 보장하는 기획의 가능성
  ㉡ 만하임(K. Manheim)의 「민주적 기획론」(1959), 방임사회에서 기획사회로의 이행
③ 한계
  ㉠ 목표의 다원성과 무형성으로 인한 목표 간 갈등과 목표의 계량화 곤란
  ㉡ 시간과 비용의 제약 그리고 인간능력의 한계에 따른 정확한 미래예측의 어려움
  ㉢ 정보와 자료의 부족
  ㉣ 장기기획보다는 단순집행업무를 중시하는 기획의 그레샴 법칙
  ㉤ 개인과 시장의 창의성 위축

> • 하이에크(F. Hayek)는 기획이 시장의 질서를 교란시키고 국민의 자유권을 침해하며 자유민주주의에 위배된다고 주장하였다. 12. 서울시 9급

바로 확인문제

1. 기획의 효용에 관한 설명으로 가장 적절하지 <u>않은</u> 것은?　21. 군무원 7급
① 목표달성이 핵심이 되는 전략적 요인에 관심을 집중시켜 목표를 더욱 명확히 한다.
② 기획은 한정된 자원을 최대한 효율적으로 이용하여 행정수요를 충족시킨다.
③ 여러 대안 중에서 최적 대안을 선택함으로써 경비를 절약할 수 있다.
④ 기획은 장래의 상태를 정확하게 예측하여 확실한 가정 하에서 계획을 작성할 수 있다.

정답해설 기획이란 목표달성을 위하여 장래의 활동에 관한 일련의 결정을 준비하는 계속적 과정으로, 장기 예측을 기반으로 하므로 환경의 불확실성을 고려하면서 작성된다.

답 | ④

Theme 07 기획의 정향 → 애코프(R. Ackoff)

(1) 무위주의
① 현재의 상태에 만족하는 분절적 점증주의 방식으로, 무간섭주의 또는 위기관리의 방식을 취하며, 사실의 수집을 강조하는 뉴스지향적인 성격을 지닌다.
② 민주적 절차와 과정을 중시하며, 각종 위원회를 가급적 많이 형성한다.
③ 현재의 상태를 유지하여야 하므로 무위의 뜻과는 달리 매우 활동적이다.

(2) 반동주의
① 현실에 만족하지도 않고 미래에도 희망을 두지 않는 복고주의 기획이다.
② 소박한 삶을 중시하며, 인공물이나 효율성보다는 사람의 가치를 강조한다.
③ 문제의 원인을 제거하는 데 초점을 두는 기계론적 세계관을 지니며, 권위주의적이고 온정적인 위계질서에 의존하려는 경향이 강하다.

(3) 선도주의
① 더 나은 미래를 지향하려는 미래우선주의로, 기술의 진보와 과학의 발전을 통한 문제의 해결가능성을 신뢰하는 입장이며, 부작위 오류보다 작위 오류를 선호한다.
② 선형계획, 비용효과분석, 계획예산 등과 같은 계량적 방법을 중시한다.

(4) 능동주의
① 과거나 현재는 물론 미래에 대해서도 집착하지 않으며, 학습을 통한 적응능력의 지속적 향상에 관심을 둔다.
② 문제 그 자체를 올바르게 형성하는 것을 중시하며, 기획을 통한 이상으로의 점진적인 접근가능성을 인정한다.

구분	기획의 종류	기획의 성격	관심 영역	초점
무위주의	조작적 기획	무간섭주의	수단	뉴스지향
반동주의	전술적 기획	권위적·온정적	단기 목표	역사지향
선도주의	전략적 기획	효율성 극대화	장기 목표	실험중시
능동주의	규범적 기획	상호작용주의	이상	학습중시

Theme 08 기획의 유형

(1) 적용 범위별
① **정책기획(→ 기본계획)**: 기본적인 목표 또는 방향을 형성하는 입법적 성격을 지닌 포괄적이고 규범적인 기획으로, 행정부가 수립하고 입법부가 의결하는 형식을 취한다.
② **전략기획**: 제약조건 하에서 성취 가능한 목표를 설정하는 것으로, 정책기획과 운영기획의 중간적 성격을 지니며, 목표의 당위성과 실현가능성의 조화를 추구하는 기획이다.

• 전략기획(strategic planning)은 불확실한 미래에 체계적이고 능동적으로 대응하기 위한 전략을 만드는 과정이다. 22. 군무원 9급

• 전략기획(strategic planning)은 환경에 대한 체계적인 분석과 조직진단을 통해 실현 가능한 설계에 초점을 맞춘다. 22. 군무원 9급

③ 운영기획(→ 전술기획 또는 시행계획): 구체적·계량적·단기적 성격을 지닌 기획(→ 주요업무계획 또는 시행계획)으로, 내부통제의 기준, 예산편성의 기준, 심사분석의 기준 등으로 작용한다.

구분	차원	관심	환경	목표
정책기획	정책	규범	정책형성	당위, 규범, 추상적 목표
전략기획	전략	전략	목표설정 및 실현성	실천적·구체적 목표
운영기획	관리	전술	관리	운영목표, 행동스케줄

(2) 연동기획(↔ 고정기획)

① 집행의 융통성을 유지하면서 계속적으로 수정·보완하는 점진주의 기획으로, 기획의 내용을 매년 수정·보완하면서 그 기간을 1년씩 연장하는 방식을 취한다.
② 장점: 장기기획과 단기기획의 통합, 이상과 현실의 조화, 기획과 예산의 결합을 가능하게 한다.
③ 단점: 국민에 대한 호소력이 약하여 공약으로의 효과가 낮아 정치인들이 선호하지 않으며, 매년 수정하므로 절차가 복잡하고 많은 비용이 소요된다.

바로 확인문제

1. 전략기획(strategic planning)에 대한 설명으로 가장 옳지 <u>않은</u> 것은? 22. 군무원 9급

① 불확실한 미래에 체계적이고 능동적으로 대응하기 위한 전략을 만드는 과정이다.
② 상대적으로 정치 및 경제 등이 불안정한 환경 속에서 유용성이 높다.
③ 정책결정에 비해 외부환경에 개방되지 않고 전문가의 역할이 강조되는 편이다.
④ 환경에 대한 체계적인 분석과 조직진단을 통해 실현 가능한 설계에 초점을 맞춘다.

정답해설 기획은 미래에 대한 예측가능성을 전제로 한다. 불안정한 환경보다는 안정적인 환경에서 미래의 예측 가능성이 높다. 전략적 기획이 불확실성을 고려한다는 것과 보다 확실한 상황에서 기획의 유용성이 높다는 것은 다른 개념이다.

답 | ②

Theme 09 허드슨(Hudson)의 기획의 유형 → SITAR   C

① 총괄기획: 합리적이고 종합적인 접근으로 개발도상국에서 많이 사용하는 방법이다.
② 점진기획: 계속적 조정과 적응을 추구하는 기획이다.
③ 교류기획: 기획으로 인해 영향을 받는 사람과의 대면접촉을 강조하는 기획으로 개인의 존엄성과 효능감을 중시한다.
④ 창도기획: 약자의 이익을 보호하고자 하는 기획으로, 법적 피해구제절차를 중시한다.
⑤ 급진기획: 단기성과를 가져오는 행동을 강조하는 기획으로, 자발적 실행주의에 기초한다.

PART III

조직이론

에듀윌 공무원 행정학

CHAPTER 01	조직이론의 기초
CHAPTER 02	조직구조론
CHAPTER 03	관료제와 탈관료제
CHAPTER 04	개인 수준의 조직행동
CHAPTER 05	집단 수준의 조직행동
CHAPTER 06	조직 수준의 조직행동
CHAPTER 07	조직개혁론
CHAPTER 08	정보체계론

CHAPTER 01 조직이론의 기초

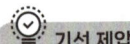 기선 제압

Theme 01 모건(G. Morgan)의 조직의 8가지 이미지   C

① 기계적 장치: 프레데릭 황제의 군대조직, 테일러의 과학적 관리론, 페욜의 일반관리 원칙, 베버의 관료제론
② 유기체: 호손실험에서 기인, 조직의 생존이나 환경과의 관계에 초점, 일반체제이론, 인간관계론, 상황적합성이론
③ 두뇌: 사이몬의 제한된 합리성, 위너의 사이버네틱스, 홀로그래픽적 원리, 학습조직
④ 문화: 구성원들의 마음속에서 사회적으로 구성되는 현실 → 도구가 아닌 문화로서 조직
⑤ 정치적 존재: 상호 대립적인 이익을 추구하는 다양한 세력의 경쟁과 갈등의 장
⑥ 심리적 감옥: 집단사고에 의한 합리적 의사결정의 저해와 관련된 개념
⑦ 흐름(→ 끊임없는 변화): 자기생산, 카오스이론, 복잡성이론, 변증법적 논리 등의 강조
⑧ 지배를 위한 도구: 지배계층이 피지배계층을 착취하고 조정하는 도구로서 조직

바로 확인문제

1. 모건(G. Morgan)이 제시한 조직의 8가지 이미지에 해당하지 <u>않는</u> 것은?   21. 지방직 7급

① 문화로서의 조직
② 적응적 사회구조로서의 조직
③ 심리적 감옥으로서의 조직
④ 흐름과 변화과정으로서의 조직

> **정답해설** 모건(G. Morgan)은 「조직의 이미지」에서 조직을 기계장치, 유기체, 두뇌, 문화, 정치체제, 심리적 감옥, 끊임없는 변환 과정, 지배도구라는 여덟 가지의 은유로 묘사하였다.
>
> 답 | ②

Theme 02 목표의 변동   A

(1) 목표의 전환(diversion)

① 목표를 달성하지 못했으나 조직이 소멸하지 않고 성격이 다른 새로운 목표가 과거의 목표를 대체하는 현상
② 사례: 개혁과정에서 자신들의 조직이 축소·변화되는 것을 막기 위하여 새로운 목표를 만들어 개혁에 저항하는 현상

(2) 목표의 대치(displacement)
① 종국적 가치가 수단적 가치로 대치하는 현상 → 관료제의 병리
② 원인: 무형적 목표, 사익추구 성향, 할거주의, 목표의 과다측정, 동조과잉 등

(3) 목표의 승계(succession)
① 목표를 달성하였거나 달성이 불가능할 때 새로운 목표를 재설정하는 것
② 동태적 보수주의(→ 동태적 항구성, 조직이 존속하는 요인)
③ 사례: 소아마비재단(→ 미국), 올림픽조직위원회(→ 국민체육시설관리공단) 등

(4) 기타

① 목표의 다원화: 목표의 수가 증가하는 현상, 기존의 목표에 질적으로 상이한 목표를 수평적으로 추가하는 것
② 목표의 확대·축소: 기존 목표의 범위 확장 또는 축소
③ 목표의 비중변화: 복수목표에 있어 목표 간 우선순위의 변화

> • 목표의 대치란 조직이 추구하고자 하는 원래의 목표가 다른 목표로 뒤바뀌어 조직의 목표가 왜곡되는 현상을 말한다. 12. 서울시 9급
>
> • 목표의 대치(displacement)란 조직의 목표 추구가 왜곡되는 현상으로, 조직이 정당하게 추구하는 종국적 목표가 다른 목표나 수단과 뒤바뀌는 것을 말한다. 18. 지방직 7급
>
> • 목표의 다원화(multiplication) 및 목표의 확대(expansion)는 기존목표에 새로운 목표가 추가되거나 기존목표의 범위가 넓어지는 것을 말한다. 18. 지방직 7급

바로 확인문제

1. 미헬스(R. Michels)의 '과두제의 철칙(iron law of oligarchy)' 현상에 가장 부합하는 조직목표 변동의 유형은? 17. 국가직 7급

① 목표대치(displacement)
② 목표확대(expansion)
③ 목표추가(multiplication)
④ 목표승계(succession)

정답해설 미헬스(R. Michels)의 '과두제의 철칙(iron law of oligarchy)' 현상은 목표대치와 관련된다. 목표대치란 종국적 가치(1차적 목표)가 수단적 가치(2차적 목표)로 뒤바뀌는 것을 말한다.

오답해설 ② 목표확대(expansion)란 기존의 목표가 추구해 오던 범위를 확장하는 것을 말한다.
③ 목표추가(multiplication)란 기존의 목표에 질적으로 상이한 새로운 목표를 수평적으로 추가하는 것을 말한다.
④ 목표승계(succession)란 목표를 달성하였거나 달성이 불가능할 때 새로운 목표를 재설정하는 것을 말한다.

답 | ①

2. 조직목표에 대한 설명으로 옳지 않은 것은? 18. 지방직 7급

① 목표의 다원화(multiplication) 및 목표의 확대(expansion)는 기존 목표에 새로운 목표가 추가되거나 기존 목표의 범위가 넓어지는 것을 말한다.
② 목표의 전환(diversion)은 애초에 설정된 목표를 달성할 수 없거나 목표가 완전히 달성된 경우 같은 유형의 다른 목표로 교체되는 것을 말한다.
③ 목표의 대치(displacement)란 조직의 목표 추구가 왜곡되는 현상으로, 조직이 정당하게 추구하는 종국적 목표가 다른 목표나 수단과 뒤바뀌는 것을 말한다.
④ 조직의 운영상 목표는 공식목표를 추진하는 과정에서 추구하는 목표로, 비공식적 목표이다.

정답해설 애초에 설정된 목표를 달성할 수 없거나 목표가 완전히 달성된 경우 같은 유형의 다른 목표로 교체되는 것은 목표의 승계이다.

오답해설 ① 목표의 다원화는 기존 목표에 새로운 목표가 추가되는 것이고, 목표의 확대는 기존 목표의 범위가 넓어지는 것이다.
③ 목표의 대치는 종국적 가치를 수단적 가치를 위한 도구로 활용하는 것이다.
④ 조직의 정관 등에 명문화된 목표가 공식적 목표이고, 조직의 운영에서 실제로 추구하고 있는 것이 운영목표로, 비공식적 목표이다.

답 | ②

Theme 03 목표의 모호성

- 사명이해 모호성(mission comprehension ambiguity)은 목표가 모호해 조직원이 어떤 조직의 사명을 이해하고 설명하고 의사소통하는 과정에서 자신의 업무가 무엇인지를 각자 다르게 이해하는 것을 의미한다. 16. 서울시 7급

- 지시적 모호성(directive ambiguity)은 어떤 조직의 사명이나 일반적 목표들을 그 사명을 달성하기 위한 구체적 행동지침으로 전환하는 데 발생하는 다양하고 경쟁적인 해석의 정도를 의미한다. 16. 서울시 7급

① **사명이해 모호성**: 자신의 업무가 무엇인지를 각자 다르게 이해하는 것을 의미한다.
② **우선순위 모호성**: 다수의 조직목표 중 우선순위를 선정하고 평가하는 데 발생하는 경쟁적 해석의 정도를 의미한다.
③ **지시적 모호성**: 사명을 달성하기 위한 구체적 행동지침에 대한 경쟁적 해석의 정도를 의미한다.
④ **평가적 모호성**: 사명을 얼마나 달성했는지를 평가하는 과정에서 발생하는 경쟁적 해석의 정도를 의미한다.

> **바로 확인문제**

1. 조직목표의 모호성에 대한 설명 중 가장 옳지 않은 것은? 16. 서울시 7급

① 사명이해 모호성(mission comprehension ambiguity)은 목표가 모호해 조직원이 어떤 조직의 사명을 이해하고 설명하고 의사소통하는 과정에서 자신의 업무가 무엇인지를 각자 다르게 이해하는 것을 의미한다.
② 지시적 모호성(directive ambiguity)은 어떤 조직의 사명이나 일반적 목표들을 그 사명을 달성하기 위한 구체적 행동지침으로 전환하는 데 발생하는 다양하고 경쟁적인 해석의 정도를 의미한다.
③ 평가적 모호성(evaluative ambiguity)은 다수의 조직목표 중 우선순위를 선정하고 평가하는 데 발생하는 경쟁적 해석의 정도를 의미한다.
④ 목표 모호성은 공공조직과 기업조직 모두에서 발견되지만 공공조직의 목표는 기업조직의 목표보다 일반적으로 더 추상적이다.

정답해설 다수의 조직목표 중 우선순위를 선정하고 평가하는 데 발생하는 경쟁적 해석의 정도를 의미하는 것은 우선순위의 모호성이다.

답 | ③

Theme 04   콕스(T. Cox. Jr) 문화론적 조직분류

① **획일적 조직**: 문화적 이질성은 배척되고 단일의 강력한 문화가 지배하는 조직이다.
② **다원적 조직**: 다른 문화를 포용하지만 문화적 이질성이 높은 조직으로, 집단 간 갈등의 수준이 상당히 높은 편이다.
③ **다문화적 조직**: 문화적 다양성의 긍정적 가치를 존중하는 조직으로, 집단 간 갈등은 상대적으로 낮은 편이다.

Theme 05   환경에 대한 조직의 적응 전략

(1) 셀즈닉(P. Selznick)

① **적응적 변화**: 환경의 변화에 따라 조직의 구조와 행태 및 가치관 그리고 기술 등을 맞춰가는 소극적 전략을 말한다.
② **적응적 흡수**: 외부의 유력인사를 조직의 지도층이나 의사결정기구로 영입하는 전략으로, 환경적 위험요소를 제거하거나 지지기반을 확대하는 적극적 전략이다.

• 적응적 흡수(co-optation)는 조직이 안정과 존속을 유지하고, 안정과 존속에 대한 위협을 회피하고, 조직의 발전을 도모하기 위하여 조직의 정책이나 리더십 및 의사결정기구에 환경의 새로운 요소를 흡수하여 적응하는 과정이다. 05. 국가직 9급

(2) 톰슨(J. Thompson)**과 맥윈**(W. McEwen)

① **경쟁**: 둘 이상의 조직이 자원이나 고객을 더 많이 확보하기 위해 노력하는 행위
② **협상**(→ 흥정): 둘 이상의 조직이 교섭을 벌이는 활동
③ **적응적 흡수**(→ 포섭·호선): 외부의 유력인사를 조직 내부로 영입하는 것
④ **연합**: 둘 이상의 조직이 공동의 목표를 추구하기 위해 결합하는 것

> **바로 확인문제**
>
> **1.** 조직이 안정과 존속을 유지하고, 안정과 존속에 대한 위협을 회피하고, 조직의 발전을 도모하기 위하여 조직의 정책이나 리더십 및 의사결정기구에 환경의 새로운 요소를 흡수하여 적응하는 과정은?
> 05. 국가직 9급
>
> ① 적응적 흡수(Co-optation)　② 연합(Coalition)
> ③ 기관형성(Institution building)　④ 경쟁(Competition)
>
> **정답해설** 조직의 안정을 위해 외부 환경의 새로운 요소를 받아들이는 것은 적응적 흡수(Co-optation)이다.
>
> **오답해설** ② 연합(Coalition)은 둘 이상의 조직이 공동의 목표를 추구하기 위해 결합하는 것을 말한다.
> ③ 기관형성(Institution building)은 국가발전을 주도하고 이끌어가기 위해 공식기관을 새롭게 설치하거나 공식조직을 개편하여 새로운 가치관, 역할, 기술, 규범 등을 확립하고 확산하는 전략을 말한다.
> ④ 경쟁(Competition)은 둘 이상의 조직이 자원이나 고객을 더 많이 확보하기 위해 노력하는 행위를 말한다.
>
> 답 | ①

Theme 06　스코트(W. Scott)의 전략

(1) 완충전략 → 소극적·대내적 전략

① **분류**: 환경적 요구가 투입되기 전에 중요성과 시급성을 판단하여 나눠놓는 전략
② **비축**: 예기치 못한 상황에 대비하기 위해 자원을 사전에 확보하는 전략
③ **형평화**(→ 평준화): 환경적 요구의 진폭을 고르게 하는 전략
④ **예측**: 환경적 요구의 진폭을 미리 예측하여 대비하는 전략
⑤ **배급**(→ 할당): 우선순위를 설정하여 산출물을 배당하는 전략
⑥ **성장**: 조직의 기술적 능력 등을 발전시켜 놓는 전략

(2) 연결전략 → 적극적·대외적 전략

① **권위주의**: 지배적 위치를 차지하여 자원이나 조직을 통제하는 전략
② **계약**: 자원의 안정적 공급을 통해 불확실성을 제거하는 전략
③ **경쟁**: 경쟁을 통해 자율적인 경영능력과 서비스의 질을 높이는 전략
④ **합병**: 여러 조직을 통합함으로써 환경에 공동으로 대처하는 전략
⑤ **적응적 흡수**: 외부환경의 유력인사를 조직에 흡수하는 전략

⑥ 로비: 유리한 결과를 얻기 위해 환경과 접촉하는 전략
⑦ 광고: 환경이 조직에 호의적 태도를 갖도록 유도하는 전략

Theme 07 「행정기관 소속 위원회의 설치·운영에 관한 법률」의 주요 내용

① 행정위원회의 설치요건
  ㉠ 업무의 내용이 전문적인 지식이나 경험이 있는 사람의 의견을 들어 결정할 필요가 있을 것
  ㉡ 업무의 성질상 특히 신중한 절차를 거쳐 처리할 필요가 있을 것
  ㉢ 기존 행정기관의 업무와 중복되지 아니하고 독자성이 있을 것
  ㉣ 업무가 계속성·상시성이 있을 것
② 위원회는 설치 목적을 효율적으로 달성하기 위하여 필요한 적정 인원의 비상임위원으로 구성한다. 다만, 행정위원회 등 대통령령으로 정하는 특별한 경우에는 목적 달성에 필요한 최소한의 상임위원을 둘 수 있다.
③ 공무원이 아닌 위원의 임기는 대통령령으로 정하는 특별한 경우를 제외하고는 3년을 넘지 아니하도록 하여야 한다.
④ 행정위원회를 설치할 경우 목적 달성을 위하여 필요한 최소한의 기한 내에서 존속기한을 정하여 법률에 명시하여야 한다. 이 경우 존속기한은 5년을 초과할 수 없다.

• 「행정기관 소속 위원회의 설치·운영에 관한 법률」상 위원회 소속 위원 중 공무원이 아닌 위원의 임기는 대통령령으로 정하는 특별한 경우를 제외하고는 3년을 넘지 아니하도록 하여야 한다. 19. 국회직 8급

바로 확인문제

1. 정부위원회에 대한 설명으로 옳은 것만을 모두 고르면? 22. 지방직 9급

> ㄱ. 책임성이 결여될 수 있다.
> ㄴ. 자문위원회는 업무가 계속성·상시성이 있어야 한다.
> ㄷ. 민주성을 제고하는 장점이 있다.
> ㄹ. 방송통신위원회, 공정거래위원회, 국민권익위원회, 금융위원회, 개인정보보호위원회, 원자력안전위원회는 중앙행정기관이다.

① ㄱ, ㄷ　　　　　② ㄴ, ㄷ
③ ㄴ, ㄹ　　　　　④ ㄱ, ㄷ, ㄹ

정답해설 ㄱ. 위원회 조직은 복수의 위원으로 구성되므로 독임제에 비해 책임소재가 모호해질 수 있다.
　　　　　ㄷ. 위원회 조직은 분야별 외부 전문가들을 위원으로 구성할 수 있으므로 행정의 민주성과 전문성을 높이는 장치이다.
　　　　　ㄹ. 위원회 조직들 중 중앙행정기관에는 방송통신위원회를 포함하여 총 6개의 위원회가 있다.

오답해설 ㄴ. 업무가 계속성·상시성이 있어야 하는 것은 행정위원회이다.

답 | ④

Theme 08 독립규제위원회

(1) 개념
① 독립규제위원회는 19C 말 자본주의 발달에 따라 야기된 문제를 해결하기 위하여 등장하였다.
② 행정부로부터 독립되어 있으면서, 준입법권과 준사법권 및 집행권을 보유한 권력통합기관으로, 업무의 전문성과 정치적 중립성을 강조하였다.
③ 그러나 행정의 무력화, 결정의 지체, 책임소재의 모호성 등의 문제를 야기하였기에 브라운로우위원회(1937)와 애쉬위원회(1971) 등은 폐지를 주장하였다.

(2) 발달배경
① 행정권의 비대화 방지와 규제사무 소관의 불명확성
② 정치적 독립성과 중립성의 확보 및 규제사무의 기술적 복잡성과 전문성의 증대
③ 지역적 대표성 또는 직능 대표성의 확립
④ 주간통상위원회(1887)의 성공적 운영

Theme 09 행정농도 → (유지관리조직 / 조직의 규모 × 100)

① 행정농도란 총인원 대비 유지관리인력(→ 두상조직)의 비율 또는 직접인력 대비 간접인력의 비율을 의미한다.
② [(관리자 수 / 생산자 수) × 100]: 조직의 경직성을 의미한다.
③ [(참모조직 / 계선조직) × 100]: 조직의 동태화·민주화를 의미한다.

조직구조론

Theme 01 부서편성의 기준   C

> 기선 제압

(1) 목적·기능별
① 목적·기능별 편성은 국방부나 교육부처럼 조직이 달성하고자 하는 목표나 기능에 따라 부서를 편성하는 방식으로, 가장 일반적인 부서편성의 기준이다.
② 정부활동에 대한 국민의 이해가 용이하며, 업무의 중복과 충돌을 방지하여 책임의 전가를 막을 수 있고, 업무수행과 문제해결의 신속성을 높일 수 있다.
③ 그러나 전문기술의 발전과 전문가의 활용이 어렵고, 할거주의 경향이 강하며, 집권화의 폐단을 초래할 수 있다.

(2) 과정·절차별
① 통계청, 조달청, 국세청, 법제처 등과 같이 동일한 과정·절차·기술을 기준으로 부서를 편성하는 방법으로, 행정의 복잡성·다양성·이질성 등이 높을 때 유용하다.
② 전문기술과 전문가의 활용이 용이하며, 전문 업무의 통합적 관리로 인한 예산의 절감(→ 규모의 경제)과 직업공무원의 확립(→ 경력발전경로)을 용이하게 할 수 있다.
③ 그러나 부처 간 조정이 곤란하고, 넓은 안목의 관리자를 양성하기 어려우며, 목적보다 수단을 중시하는 경향이 나타날 수 있다.

(3) 대상·고객별
① 고용노동부, 국가보훈부, 산림청, 국가유산청 등과 같이 동일 수혜자 또는 대상물을 기준으로 부서를 편성하는 방법이다.
② 국민의 대정부 접촉이 쉬워 수혜자에 대한 서비스의 질을 높일 수 있고, 업무의 조정이 용이하며, 행정의 절차를 간소화할 수 있다.
③ 그러나 행정업무의 중복으로 인한 혼란이 나타나며, 이익단체의 간섭을 초래하기 쉬워 자신이 속한 조직·지위·신분 등을 대변하는 마일의 법칙이 발생할 수 있다.

(4) 지역·장소별
① 지방세무서, 지방병무청 등과 같이 활동이 수행되는 장소에 따라 부서를 편성하는 방법이다.
② 지역실정에 맞는 행정이 가능하고 주민에 대한 대응성의 확보가 용이하며, 신속하고 종합적인 업무처리를 가능하게 한다.
③ 그러나 업무의 전국적 통일성의 확보가 곤란하며 업무처리에 있어 지역 세력의 압력이 작용할 가능성이 크다.

바로 확인문제

1. 귤릭(L. Gulick)의 조직설계의 고전적 원리에 대한 설명으로 옳지 않은 것은? `16. 국가직 7급`

① 전문화의 원리란 전문화가 되면 될수록 행정능률은 올라간다는 것을 의미한다.
② 명령통일의 원리는 명령을 내리고 보고를 받는 사람이 한 사람이어야 한다는 것을 의미한다.
③ 통솔범위의 원리는 부하들을 효과적으로 통솔하기 위해 부하의 수가 한정되어야 한다는 것을 의미한다.
④ 부서편성의 원리는 조직편성의 기준을 제시하며, 그 기준은 목적, 성과, 자원 및 환경의 네 가지이다.

정답해설 귤릭(L. Gulick)이 제시한 부서편성의 기준은 목적·기능, 과정·절차, 대상·고객, 지역·장소이다. 어떤 조직이든 이 네 가지 기준에 의해서 편성될 때 능률은 올라간다는 것이다.

오답해설 ① 전문화(분업)의 원리는 업무를 종류와 성질별로 구분하여 구성원에게 가급적 한 가지의 주된 업무를 분담시켜 조직의 능률을 향상시키려는 것이다.
② 명령통일의 원리는 조직의 각 구성원이 오직 한 사람의 직속상관으로부터만 명령을 받고 그에게만 보고해야 한다는 원칙이다.
③ 통솔범위의 원리는 한 사람의 상관이 효과적으로 직접 감독할 수 있는 부하의 수는 한계가 있다는 원칙이다.

답 | ④

2. 개별 직무와 직위를 부서로 묶어서 관리하는 조직구조설계에 대한 설명으로 가장 거리가 먼 것은? `10. 서울시 7급`

① 기능부서화: 유사기능 혹은 업무과정을 수행하는 구성원을 동일부서로 묶는 방식이다.
② 사업부서화: 구성원을 조직의 생산물에 따라 동일부서로 묶는 방식이다.
③ 지역부서화: 특정 지역 고객에게 봉사하기 위해 조직자원을 조직하는 방식이다.
④ 혼합부서화: 두 개의 부서화 대안을 동시에 적용하는 조직구조설계 방식이다.
⑤ 자원부서화: 지역적으로 부서화되어 고객에게 통합서비스를 제공하는 방식이다.

정답해설 지역적으로 부서화되어 고객에게 통합서비스를 제공하는 방식은 지역부서화이다.

답 | ⑤

Theme 02 조정기제의 방법(R. Daft)

(1) 수직적 연결기제

① **계층제**: 가장 기초적인 조정수단으로, 조직도표상의 선이며 의사소통의 통로로 작용한다.
② **규칙과 계획**: 반복적 문제와 의사결정에 대한 조정수단으로, 표준정보의 제공을 통해 직접적인 의사소통 없이 업무를 조정한다. 그리고 계획이 규칙보다 조직구성원들에게 좀 더 장기적인 표준정보를 제공한다.

③ **계층직위 추가**: 기존의 계층을 수직적으로 세분하는 것으로, 상관의 통솔범위를 좁게 하여 부하에 대한 좀 더 밀접한 의사소통과 통제를 가능하게 한다.
④ **수직정보시스템**: 정기보고서, 문서화된 정보 및 전산에 기초한 의사소통 제도로, 수직적 조정의 필요성과 조정비용이 가장 높은 단계이다.

(2) 수평적 연결기제

① **정보시스템**: 컴퓨터를 통한 부서 간의 정보공유로, 정보시스템을 통하여 조직 전체의 구성원들이 정규적으로 정보를 교환하는 방식이다.
② **직접 접촉**: 문제에 관련된 관리자와 당사자들이 직접 접촉하는 방식으로, 부서 내에 비공식적 권한을 가진 연락담당자를 두어 조정하는 것이다.
③ **임시작업단**: 현안 문제를 해결하기 위해 부서들의 대표로 구성된 임시위원회를 만드는 방식으로, 일시적 문제에 대해 부서 간 직접적인 조정수단이다. 대표자들은 자기 부서의 이해를 대표하고 임시작업단의 회의정보를 각 부서로 전달하는 역할을 담당한다.
④ **프로젝트 매니저**: 수평적 조정을 담당하는 공식적 권한을 지닌 정규 직위를 두는 방식으로, 부서 내에 위치하는 연락담당자와는 달리 부서들 밖에 위치하면서 여러 부서 간 조정을 책임지기에 인간관계에 관한 기술과 상호조정을 위한 전문지식 및 설득력 등이 요구된다.
⑤ **프로젝트 팀**: 영구적인 사업단으로 가장 강력한 수평연결 장치이다. 관련 부서들이 장기간 강력한 협동을 요하며, 대규모 사업, 중요한 혁신, 새로운 생산라인 등이 필요할 때 채택된다.

- 수평적 연결은 동일한 계층의 부처 간 조정과 의사소통을 목적으로 한다.
  18. 국가직 9급

- 수평적 연결방법으로는 다수 부서 간의 긴밀한 연결과 조정을 위한 태스크포스(task force)의 설치 등이 있다.
  18. 국가직 9급

> **바로 확인문제**

1. 조직구조의 설계에 있어서 조정의 원리에 대한 설명으로 옳지 않은 것은? 18. 국가직 9급

① 수직적 연결은 상위계층의 관리자가 하위계층의 관리자를 통제하고 하위계층 간 활동을 조정하는 것을 목적으로 한다.
② 수직적 연결방법으로는 임시적으로 조직 내의 인적·물적 자원을 결합하는 프로젝트 팀(project team)의 설치 등이 있다.
③ 수평적 연결은 동일한 계층의 부처 간 조정과 의사소통을 목적으로 한다.
④ 수평적 연결방법으로는 다수 부서 간의 간단한 연결과 조정을 위한 태스크포스(task force)의 설치 등이 있다.

정답해설 임시적으로 조직 내의 인적·물적 자원을 결합하는 프로젝트 팀(project team)의 설치는 수평적 연결방법이다.

오답해설 ① 수직적 연결은 상위계층과 하위계층의 의사소통으로, 계층제, 규칙과 계획, 계층직위 추가, 수직정보시스템 등이 사용된다.
③, ④ 수평적 연결은 동급의 부서 간 혹은 동일 계층의 개인 간 의사소통으로, 정보시스템, 연락 담당자, 임시작업단(task force), 팀 매니저, 영구사업 팀(프로젝트 팀) 등이 사용된다.

답 | ②

Theme 03 에머리(F. Emery)와 트리스트(E. Trist)의 단계적 변화모형

① **평온-무작위**(→ 환경변화의 무작위성): 완전경쟁시장, 아메바, 태아, 유목민의 상황으로 소규모 단순구조를 띠며, 환경과 관계없이 자신의 전략을 수행한다.
② **평온-집약적**(→ 환경변화의 예측가능성): 불완전경쟁시장, 유아, 농·광업, 1차 산업의 상황으로 대규모 집권적 조직이 나타나며, 장기적이고 전략적인 계획이 수립된다.
③ **교란-반응적**: 유사한 목적을 추구하는 많은 경쟁자가 있으나 소수 기업이 시장을 독점하는 과점 상황으로 조직구조의 분권화 경향이 나타나며, 경쟁에 대응하기 위한 전략이 수립된다.
④ **격동의 장**: 가장 동태적인 상황으로 환경에 대한 예측이 불가능하므로 예측의 노력이 큰 의미를 갖지 못한다. 생존을 위한 신제품 개발이 중요하며 외부관계의 지속적인 재평가가 나타난다.

- 평온-집합적 환경은 변화의 속도는 느리지만, 조직에게 유리한 요소와 위협적인 요소들이 무리를 지어 집합적으로 존재하는 환경이다. 05. 서울시 7급

- 교란-반응적 환경보다 격동의 장에서의 환경의 불확실성·복잡성이 더 높다. 24. 소방간부

바로 확인문제

1. 에머리(F. Emery)와 트리스트(E. Trist)는 조직환경의 복잡성과 변화율을 중심으로 환경유형을 분류하였다. 이에 관한 내용으로 가장 옳은 것은? 05. 서울시 7급

① 평온-집합적 환경은 변화의 속도는 느리지만, 조직에게 유리한 요소와 위협적인 요소들이 무리를 지어 집합적으로 존재하는 환경이다.
② 교란-반응적 환경에서는 조직은 환경에 크게 구애받지 않고 조직에 유리한 환경요소를 선택하여 조직의 계획을 수행해 나갈 수 있다.
③ 평온-무작위적 환경에서는 조직은 좀 더 장기적인 안목으로 전략을 수립하여 환경에 대응해 나가야 한다.
④ 격변적 환경은 비슷한 목표를 추구하는 경쟁조직들이 많이 존재하는 환경이다.
⑤ 평온-무작위적 환경에서는 환경의 구성요소들의 상호 관련성이 매우 높다.

정답해설 평온-집합적 환경은 변화의 속도는 여전히 비교적 느리고 안정적이지만, 조직에게 유리하거나 위협적인 요소들(자원, 시장 기회, 경쟁자 등)이 환경에 무작위적으로 흩어져 있지 않고 특정 영역이나 형태로 무리를 지어(집합적으로) 존재하는 환경이다.

오답해설 ② 환경에 크게 구애받지 않고 조직에 유리한 환경요소를 선택하여 조직의 계획을 수행하는 것은 평온-무작위적 환경이다.
③ 좀 더 장기적인 안목으로 전략을 수립하여 환경에 대응해 나가는 것은 평온-집약적 환경이다.
④ 비슷한 목표를 추구하는 경쟁조직들이 많이 존재한다는 것이 완전경쟁시장을 의미한다면 이는 평온-무작위적 환경이고, 과점시장을 의미한다면 교란-반응적 환경이다. 문제의 내용으로 보면 교란-반응적 환경을 의미하는 것으로 보인다.
⑤ 평온-무작위적 환경에서는 환경의 구성요소들의 상호 관련성이 매우 낮다.

답 | ①

Theme 04　전략

(1) 개념
① 전략이란 조직의 목표를 달성하기 위한 환경과의 상호작용 계획을 의미한다.
② 목표가 조직이 무엇을 추구할 것인가를 정한 것이라면, 전략은 어떻게 그 목표를 달성할 것인가를 규정한 것이다.

(2) 유형
① 저비용 전략: 안정성 위주의 내부지향적 전략으로, 효율적인 시설관리를 통한 비용의 절감과 생산비용의 통제 등을 통한 효율성의 극대화를 목적으로 한다.
② 차별화 전략: 모험을 취하는 외부지향적 전략으로, 시장에 독특한 혁신적 산출물을 개발하여 경쟁자와의 차별화를 추구한다.

(3) 전략과 조직구조
① 저비용 전략은 기계적 구조가, 차별화 전략은 유기적 구조가 적합하다.
② 이에 따라 대프트(R. Daft)의 기능조직은 대체로 저비용 전략을, 수평조직은 대체로 차별화 전략을 채택하고, 사업조직과 매트릭스조직은 기능조직과 수평조직의 중간에 위치한다.

바로 확인문제

1. 조직의 상황요인과 조직구조 간의 관계를 설명한 것으로 가장 적절하지 않은 것은?

18. 경찰승진

① 조직이 방어적 전략을 추구할수록 공식화와 분권화 정도가 모두 높은 조직구조가 적합하다.
② 비일상적 기술일수록 공식화는 낮아지고 분권화는 높아진다.
③ 조직규모가 감소하면 공식화와 분권화가 모두 낮아진다.
④ 규모가 증가할수록, 비일상적 기술일수록 조직의 복잡성은 높아지고, 집권성은 낮아진다.

정답해설　조직이 방어적 전략을 추구할수록 공식화와 집권화의 정도가 높은 조직구조가 적합하다.

답 | ①

Theme 05　마일(R. Miles)과 스노우(C. Snow)의 전략과 조직구조

① 방어형 전략: 안정적 환경을 배경으로 하며, 경쟁자가 자신의 영역에 들어오지 못하게 하는 전략이다. 기계적 구조로 복잡성·공식성·집권성이 높다.
② 탐색형 전략: 역동적 환경을 배경으로 하며, 공격적으로 새로운 시장을 찾는 전략이다. 유기적 구조로 낮은 공식화, 높은 분권화, 원활한 의사소통 등을 특징으로 한다.

③ **분석형 전략**: 방어형 전략과 탐색형 전략을 섞어서 사용하며, 안정과 변화를 동시에 추구하는 전략이다. 일부는 유연하게 하고, 일부는 공식화·표준화가 높도록 이중적으로 구조를 설계한다.
④ **반응형 전략**: 환경의 변화를 인지하지만 현재 상태를 유지하려는 경향이 강한 전략이다. 환경의 압력에 대한 조직의 반응이 부적절하고 일관성이 낮아 수동형·낙오형 전략이라 한다.

Theme 06 우드워드(J. Woodward)의 분류(1965) → 기술적 복잡성과 조직구조

(1) 의의
① 영국의 제조업체를 실증적으로 연구하여 기술의 복잡성과 조직구조의 상관관계를 규명하고자 하였다.
② 구조적 상황이론의 하나로 기술결정론에 속한다.
③ 기술적 복잡성과 조직구조의 상관성은 약하다. 다만, 기술적 복잡성이 증가할수록 행정농도의 비율은 높아진다.

(2) 기술의 유형
① 소량생산기술
  ㉠ 고객의 주문에 따라 소량으로 생산하는 기술로, 공정의 통제와 일정계획이 곤란하다.
  ㉡ 따라서 전문화된 생산절차보다는 숙련된 기능인의 경험이 중요하다.
  ㉢ 소규모 기계의 제작, 치과, 항공기 등이 그 예이며, 제품개발부서가 중요하다.
② 대량생산기술
  ㉠ 전문화된 생산방법과 공식화된 일정계획에 따라 표준화된 제품을 생산하는 기술이다.
  ㉡ 생산의 표준화가 높으므로 생산인력의 숙련도는 소량생산기술보다 낮다.
  ㉢ 자동차, 가전제품 등이 그 예이며, 생산부서가 중요하다.
③ 연속공정기술
  ㉠ 기술적 복잡도가 가장 크며, 연속된 공정을 거쳐 표준화가 매우 높은 제품을 생산한다.
  ㉡ 자동화와 프로그래밍의 정도가 매우 높으며 부피나 무게단위로 제품을 생산한다.
  ㉢ 정유회사, 화학처리 공정기술 등이 그 예이며, 마케팅부서가 중요하다.
  ㉣ 업무처리 과정의 불확실성에 대비하기 위하여 숙련된 기술 인력이 보다 많은 재량권을 보유한다.

구분	단위소량생산	대량생산	연속공정생산
기술적 복잡성	낮음	중간	높음
기계에 의한 통제	낮음	높음	매우 높음
결과의 예측정도	낮음	높음	매우 높음

- 우드워드(J. Woodward)의 기술유형에 따르면 단위소량생산기술의 경우 문서에 의한 의사소통이 낮게 나타나고, 작업자 간 구두에 의한 의사소통이 많이 이루어진다.
  24. 국가직 7급

- 우드워드(J. Woodward)는 대량생산기술에는 관료제와 같은 기계적 구조가 효과적이라고 주장했다.
  22. 군무원 9급

- 우드워드(J. Woodward)의 기술유형에 따르면 단위소량생산기술 조직은 대량생산기술 조직에 비해 유기적이고 느슨한 조직구조와 낮은 수직적 분화의 특징을 갖는다.
  24. 국가직 7급

(3) 기술과 조직구조

구분	단위소량생산	대량생산	연속공정생산
직접/간접 노동비율	9 / 1	4 / 1	1 / 1
감독자 관리 폭	23	48	15
숙련공의 수	많음	적음	많음
문서화된 의사소통	낮음(→ 유기구조)	높음(→ 기계구조)	낮음(→ 유기구조)

바로 확인문제

1. 우드워드(J. Woodward)의 기술유형과 조직의 구조적 특성에 대한 설명으로 옳지 <u>않은</u> 것은?
24. 국가직 7급

① 대량생산기술의 경우 공식적인 절차나 규칙에 따라 관리한다.
② 단위소량생산기술의 경우 문서에 의한 의사소통이 낮게 나타나고, 작업자 간 구두에 의한 의사소통이 많이 이루어진다.
③ 단위소량생산기술 조직은 대량생산기술 조직에 비해 느슨한 조직구조와 낮은 수직적 분화의 특징을 갖는다.
④ 단위소량생산기술에서 연속공정생산기술로 기술의 복잡성이 증가함에 따라 전체 구성원 중에서 관리자가 차지하는 비율이 감소한다.

정답해설 우드워드(J. Woodward)에 의하면 기술의 복잡성이 증가할수록 관리자의 비중이 커진다.

답 | ④

Theme 07 톰슨(J. Thompson)의 분류(1967) → 기술과 상호의존성 B

- 톰슨(V. Thompson)은 업무처리 과정에서 일어나는 조직 간 또는 개인 간 상호의존도를 기준으로 기술을 분류했다. 22. 군무원 9급

- 중개형 기술은 집합적 상호의존성을 지니며 규칙이나 표준화를 통한 조정이 이루어진다. 21. 지방직 7급

(1) 중개적 기술
① 독립적인 부서가 광범위하게 분산된 고객들을 서로 연결하는 기술이다.
② 부서 간 의존성과 갈등이 가장 낮은 유형으로, 개별적 부서의 노력의 합이 조직 전체의 성과를 구성하는 집합적 상호의존성이 나타난다.
③ 이에 따라 업무의 표준화를 통한 조정이 나타나며, 기계적 구조가 적합하다.
④ 은행, 우체국, 보험회사, 전화회사, 직업소개소 등이 그 예이다.

(2) 길게 연결된 기술
① 일방향적 의존관계에 있는 기술이 연결된 형태로, 순차적 상호의존성이 나타난다.
② 표준화된 상품을 대량으로 생산할 때 적합한 기술이며, 갈등 및 의사소통의 빈도가 중간이다.
③ 업무계획에 의해 일정이 조정되며, 기계적 구조가 적합하다.

④ 자동차 부품조립, 대량생산 조립라인 등이 그 예이다.

(3) 집약적 기술

① 여러 서비스를 동시에 제공하는 데 적합한 기술로, 교호적 상호의존성이 나타난다.
② 사례별로 상호작용이 달라지므로 집권화와 표준화는 곤란하고 많은 갈등이 수반되기에 유기적 구조가 적합하다.
③ 종합병원이나 종합건설회사 등이 그 예이다.

구분	중개적 기술	길게 연결된 기술	집약적 기술
상호의존성	집합적 상호의존성	순차적 상호의존성	교호적 상호의존성
접촉빈도	낮음	중간	높음
갈등	낮음	중간	높음
조정방법	표준화(→ 법규)	계획(→ 일정표)	상호적응
조정난이도	용이	중간	곤란
복잡성	낮음	중간	높음
공식성	높음	중간	낮음
추가방법	전담참모의 설치	위원회 설치	프로젝트팀, 태스크포스

> **바로 확인문제**

1. 톰슨(J. Thompson)의 기술의 분류에 따른 상호의존성과 조정형태를 바르게 연결한 것은?
21. 지방직 7급

① 집약형 기술: 연속적 상호의존성 – 정기적 회의, 수직적 의사전달
② 공학형 기술: 연속적 상호의존성 – 사전계획, 예정표
③ 연속형 기술: 교호적 상호의존성 – 상호조정, 수평적 의사전달
④ 중개형 기술: 집합적 상호의존성 – 규칙, 표준화

> **정답해설** 중개형 기술은 집합적 상호의존성과 연결되며, 규칙이나 표준화로 통제하기에 기계적 구조가 나타난다.
>
> **오답해설** ① 집약형 기술은 교호적 상호의존성과 연결되며, 수평적 의사전달이 활발하게 이루어진다.
> ② 공학형 기술은 톰슨의 기술분류에 포함되어 있지 않다.
> ③ 연속형 기술은 순차적 상호의존성과 연결되며, 사전계획, 예정표에 의해 통제된다. 상호조정과 수평적 의사전달은 집약형 기술과 관련된다.
>
> 답 | ④

Theme 08 페로우(C. Perrow)의 분류(1967) → 기술의 불확실성과 조직구조

(1) 기준

① 과제다양성: 업무의 전환과정에서 발생하는 기대하지 못한 새로운 사건의 빈도(→ 직무 복잡성)
② 분석가능성: 업무의 전환과정이 객관적으로 분석되어 구성원들이 표준적 절차에 따라 업무수행이 가능한 정도(→ 직무 난이도)

구분		과제 다양성	
		낮음	높음
분석 가능성	낮음	장인기술	비일상적 기술
	높음	일상적 기술	공학적 기술

- 페로우(C. Perrow)는 과업의 다양성과 문제의 분석가능성을 기준으로 조직의 기술을 유형화했다. 22. 군무원 9급

(2) 유형

① 일상적 기술: 예외의 발생 빈도가 낮고 문제의 분석이 용이한 기술이다. 일상적이고 반복적인 대량생산체제나 은행의 창구업무에서 사용된다.
② 공학적 기술: 예외의 발생 빈도와 문제의 분석이 모두 높은 기술로, 일상 수준의 기술에만 의존하기에는 직무가 복잡하므로 업무수행 절차와 매뉴얼이 활용된다.
③ 장인기술: 과업의 다양성과 문제의 분석이 모두 낮은 기술로, 연주, 조각 등 과업 자체는 단순하지만 업무내용의 분석이 어려워 오랜 경험과 훈련이 필요하다.
④ 비일상적 기술: 과제의 다양성이 높을 뿐만 아니라 업무의 분석도 어려운 기술이다. 광범위한 수평적 조정을 특성으로 하는 수평구조가 효과적이다.

- 일상적 기술은 과제다양성이 낮고 문제의 분석가능성이 높아 표준화 가능성이 크다. 09. 국가직 9급
- 공학적(engineering) 기술은 문제의 분석가능성이 높다. 20. 지방직 9급
- 장인기술은 발생하는 문제가 일상적이지 않아 분권화된 의사결정구조가 필요하다. 09. 국가직 9급

일상적 기술	공학적 기술	장인기술	비일상적 기술
기계적 구조	대체로 기계적	대체로 유기적	유기적 구조
높은 공식화	중간의 공식화	중간의 공식화	낮은 공식화
높은 집권화	중간의 집권화	중간의 집권화	낮은 집권화
적은 훈련 및 경험	공식 훈련	작업 경험	훈련 및 경험
넓은 통솔범위	중간의 통솔범위	중간의 통솔범위	적은 통솔범위
수직적, 문서	문서 및 구두	수평적, 구두	수평적, 회의

> **바로 확인문제**
>
> **1.** 기술과 조직구조의 관계에 대한 페로우(C. Perrow)의 설명으로 옳지 않은 것은? 20. 지방직 9급
> ① 정형화된(routine) 기술은 공식성 및 집권성이 높은 조직구조와 부합한다.
> ② 비정형화된(non-routine) 기술은 부하들에 대한 상사의 통솔범위를 넓힐 수밖에 없을 것이다.
> ③ 공학적(engineering) 기술은 문제의 분석 가능성이 높다.
> ④ 기예적(craft) 기술은 대체로 유기적 조직구조와 부합한다.
>
> **정답해설** 비정형화된 기술은 비일상적 기술을 의미하며, 업무가 복잡하므로 많은 부하를 통솔하기 어렵기에 통솔범위는 좁아진다.
>
> **오답해설** ① 정형화된 기술은 일상적 기술을 의미하며, 공식성과 집권성이 높은 기계적 구조를 지닌다.
> ③ 공학적 기술은 과제의 다양성이 높고 분석 가능성 또한 높으므로 업무수행 절차와 매뉴얼의 활용이 활성화된다.
> ④ 기예적 기술은 장인기술을 의미하며, 업무의 분석이 어려워 광범위한 경험과 오랜 훈련이 필요하고 대체로 유기적 구조와 부합한다.
>
> 답 | ②

Theme 09 조직기술과 정보기술(R. Daft) C

① **정보의 불확실성**: 정보의 부재를 뜻하며, 과제의 다양성이 높아 예외의 발생 빈도가 높다. 이러한 불확실성에 대처하기 위해서는 많은 정보가 필요하다.
② **정보의 모호성**: 문제가 객관적으로 분석되고 이해되지 않는 것으로, 추가적인 정보처리가 문제해결을 가져오지 못하며, 자료의 이해력을 가져다주는 풍성한 정보가 요구되기에 대면토론과 같은 하이터치가 좋은 의사소통 수단이다.

일상적 기술	공학적 기술	장인기술	비일상적 기술
소량의 계량적 정보	다량의 계량적 정보	소량의 풍성한 정보	다량의 풍성한 정보
보고서, 규정, 계획	하이테크	하이터치	하이테크, 하이터치
거래처리시스템	DB, MIS, DSS	관찰, 면접회의	면접회의, MIS, DSS

Theme 10 애드호크라시(adhocracy) A

① 구조적으로 복잡성, 공식화, 집권화의 정도가 낮으며, 고도의 창의성과 환경 적응성이 필요한 상황에서 유효한 임시조직으로, 특정 업무를 수행하기 위해 다양한 분야의 전문가가 일시적으로 구성된 후 업무가 끝나면 해체되는 경우가 많다.
② 전문적 지식과 기술을 가진 이질적 집단으로 조직되며, 관료제 조직에 비해 계층의 수가 적고, 다각화 전략, 변화 전략, 위험부담이 높은 전략을 선택할 때 적합한 조직구조이다.

- 애드호크라시는 구조적으로 복잡성, 공식화, 집권화의 정도가 낮은 수준이다. 16. 국가직 7급
- 애드호크라시는 전문인들로 구성되기 때문에 업무의 이질성이 높은 편이다. 18. 소방간부
- 애드호크라시 조직은 수평적 분화가 강한 반면 수직적 분화는 약하다. 23. 국회직 8급
- 애드호크라시는 조직목표 달성을 위해 조직 내 전문능력이 있는 구성원들을 연결하는 구조이다. 22. 지방직 7급
- 애드호크라시는 문제해결을 위한 한시적 조직으로, 목표가 달성되면 해체되는 경우가 많다. 18. 소방간부

③ 이러한 애드호크라시 조직형태로는 프로젝트팀, 매트릭스조직, 태스크포스, 네트워크 구조 등이 있다.
④ 애드호크라시는 환경이 복잡하고 동태적일수록 잘 기능할 수 있고, 구성원들의 행동조율이 공식적인 법규나 절차에 의해서 이루어지기 어려우며, 업무가 특수하고 비정형적이고, 기술이 비일상적이다.
⑤ 애드호크라시는 현장에서 문제 중심으로 일하기 때문에 실무자 계층의 규모는 늘고 행정지원 계층의 규모는 작아지므로 행정농도는 낮아진다.
⑥ 애드호크라시는 업무 처리과정에서 갈등과 비협조가 일어나고, 창의적 업무수행 과정에서 심적 스트레스를 많이 받으며, 명확한 업무의 배분을 전제로 하지 않기 때문에 권한과 책임을 둘러싼 갈등이 발생할 가능성이 높다.

• 애드호크라시는 업무처리 과정에서 갈등과 비협조가 일어나고, 창의적 업무수행 과정에서 심적 스트레스를 많이 받는다. 16. 국가직 7급

바로 확인문제

1. 애드호크라시(Adhocracy)에 대한 설명으로 옳지 <u>않은</u> 것은? 16. 국가직 7급

① 구조적으로 복잡성, 공식화, 집권화의 정도가 낮은 수준이다.
② 고도의 창의성과 환경 적응성이 필요한 상황에서 유효한 임시조직이다.
③ 다양한 전문가들로 구성된 집합으로 조직화와 표준화가 신속하게 이뤄진다.
④ 업무처리 과정에서 갈등과 비협조가 일어나고, 창의적 업무수행 과정에서 심적 스트레스를 많이 받는다.

정답해설 조직화와 표준화가 신속하게 이루어지는 것은 관료제의 특징이다.

오답해설 ① 애드호크라시(Adhocracy)는 낮은 공식화, 낮은 집권화, 낮은 복잡성, 높은 팀워크 등을 특징으로 하는 탈관료제적 조직구조를 말한다.
② 애드호크라시(Adhocracy)는 능률성이나 합리성을 강조한 관료제와는 달리 환경에 대한 신속한 대응성이나 구성원의 창의성을 강조하는 조직구조이다.
④ 애드호크라시(Adhocracy)는 이질적인 전문가들로 구성되므로 갈등과 비협조가 나타나기 쉽고, 모호한 업무를 추구하므로 구성원의 심적 스트레스가 높아질 수 있다.

답 | ③

Theme 11 고층구조의 장단점

장점	단점
① 부하에 대한 감시와 통제의 용이 ② 상급관리자의 업무부담 감소 ③ 직근 상하급자 간 의사전달의 촉진	① 관리자 수의 증대로 인한 낭비 ② 수직적 의사전달의 지연과 왜곡 ③ 세분화된 계층 간 역할 차이의 모호성 ④ 부하들의 자율성과 창의성 저하

Theme 12 민츠버그(H. Mintzberg)의 복수국면접근법(1979)

(1) 구성
① 전략정점: 조직의 사명과 전략을 형성하는 최고책임자
② 중간라인: 전략부문과 운영핵심을 연결시켜주는 중간관리자
③ 운영핵심: 제품이나 서비스를 생산하는 작업계층(→ 전문가 집단)
④ 기술구조: 산출과정과 산출물을 검사하고 업무과정을 표준화하는 곳(→ 과업 내 흐름의 통제)
⑤ 지원참모: 운영핵심을 간접적으로 지원하는 막료집단(→ 과업 외 흐름의 지원)

(2) 조직유형
① 단순구조
   ㉠ 전략정점과 운영핵심으로 구성되며, 전략정점의 힘이 강한 소규모 신설 조직이다.
   ㉡ 업무와 조직의 분화 수준과 공식화 수준은 낮지만 집권화 수준은 높다.
   ㉢ 유기적 구조로 융통성이 높으며, 목적의 모호성이 낮아 책임이 명확하다.
   ㉣ 단순하고 동태적인 환경에 적합하며, 직접 감독을 통해 조정한다.
② 기계관료제
   ㉠ 조직구조의 5가지 구성요소를 모두 지니고 있으며, 특히 기술구조의 힘이 강한 유형이다.
   ㉡ 종적·횡적 분화 수준이 높아 구성원은 좁게 전문화된 업무를 수행한다.
   ㉢ 공식화 수준이 높아 구조의 융통성은 낮으며, 계선과 참모의 구분이 뚜렷하다.
   ㉣ 수평적 분권화 수준은 높으나 수직적으로는 집권화되어 있다.
   ㉤ 기능별로 구성되어 있어 규모의 경제를 기할 수 있고 공식화 수준이 높아 예측가능성이 높다.
   ㉥ 과업이 표준화되어 있기에 다소 낮은 전문성을 지닌 중간관리자를 채용할 수 있어 비용을 절감할 수 있다.
   ㉦ 단순하고 안정적인 환경에 적합하며, 작업과정의 표준화를 중시한다.
③ 전문관료제
   ㉠ 운영핵심의 힘이 강한 유형으로, 계층의 수가 적은 편이다.
   ㉡ 업무의 수평적 분화가 높으며, 구성원은 고도의 훈련을 받은 전문가들로 구성된다.
   ㉢ 공식화 수준은 낮지만 다른 관료제적 특성은 강한 편이다.
   ㉣ 민주적 의사결정과정이 나타나며, 수평적·수직적 분권화 수준은 높은 편이다.
   ㉤ 기계적 관료제의 능률성으로 훈련된 기술을 요하는 전문화된 업무를 수행한다.
   ㉥ 그러나 전문화된 좁은 시야를 지닐 수 있어 할거주의 문제가 발생할 수 있다.
   ㉦ 또한 자신들만의 규칙에 집착할 경우 환경변화에 대한 적응력이 떨어질 수 있다.
   ㉧ 복잡하고 안정적 환경에 적합하며, 오랜 경험과 훈련에 의해 내면화된 작업기술의 표준화를 중시한다.
④ 사업부제
   ㉠ 중간관리자의 힘이 강한 유형으로, 할거적 구조 혹은 분할구조라 불린다.
   ㉡ 중앙본부와 각 사업부서 간의 역할분담이 뚜렷하다. 즉, 중앙본부는 장기적 목적에 관심을 둘 수 있으며, 각 사업부서는 스스로 책임 하에 자율적으로 영업활동을 수행한다.

ⓒ 또한 각 사업부서는 자치권을 가지고 있기에 전체 조직에 끼치는 영향은 미약하다.
ⓔ 산출물의 표준화를 중시하며 성과관리에 적합한 조직이다.

⑤ 임시체제
㉠ 느슨하고 신축적이며 자기 혁신적인 조직구조로, 지원참모의 힘이 강한 유형이다.
㉡ 동태적이고 복잡한 환경에 적합하며, 비일상적이고 복잡한 문제를 해결하는 데 적합하다.

구분	단순구조	기계관료제	전문관료제	사업부제	임시체제
권력	전략정점	기술구조	핵심운영	중간관리자	지원참모
조정기제	직접 감독	과정 표준화	기술 표준화	산출 표준화	상호조절
규모	소규모	대규모	가변적	대규모	가변적
기술	단순	비교적 단순	복잡	가변적	매우 복잡
환경	단순 동태적	단순 안정적	복잡 안정적	단순 안정적	복잡 동태적
전문화	낮음	높음(→ 일)	높음(→ 사람)	중간	높음(→ 사람)
공식화	낮음	높음	낮음	높음	낮음
집권화	집권	제한된 수평적 분권	수직적 분권 수평적 분권	제한된 수직적 분권	선택적 분권
통합필요	낮음	낮음	높음	낮음	높음
실행·계획	미달발	발달	발달 미흡	다소 발달	제약된 범위
교육·훈련	거의 없음	빈약	발달	중간	발달

- 임시체제(adhocracy)에서는 지원참모의 위치가 중요하지만 별도의 조직단위를 구성하지는 않는다.
  17. 국회직 9급

- 임시체제(adhocracy)의 사업단위는 기능 또는 시장에 따라 구성된다.
  21. 군무원 7급

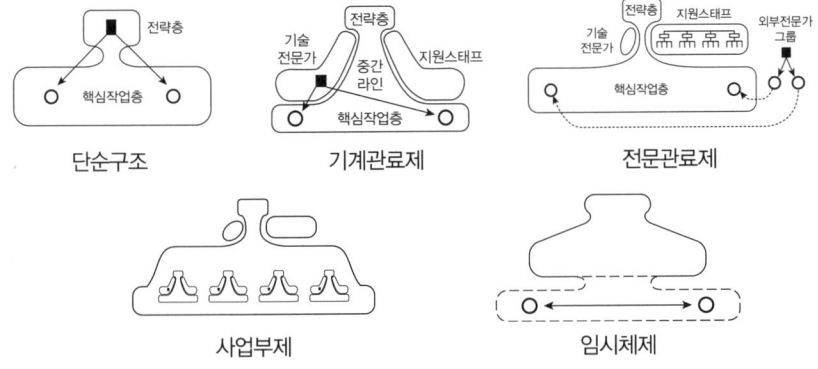

바로 확인문제

1. 민츠버그(H. Mintzberg)가 제시한 조직유형이 아닌 것은? 23. 지방직 9급

① 기계적 관료제
② 애드호크라시
③ 사업부제 구조
④ 홀라크라시

정답해설 민츠버그(H. Mintzberg)는 조직구조의 유형을 단순구조, 기계적 관료제, 전문적 관료제, 사업부제, 임시체제로 구분하였다. 홀라크라시는 민츠버그(H. Mintzberg)가 분류한 조직유형에 속하지 않는다. 홀라크라시(Holacracy)는 기존의 위계적인 조직 구조를 벗어나 자기 조직화에 기반한 새로운 조직 모델로 홀론(Holon)과 홀라키(Holarchy)라는 단어에서 유래되었는데, 홀론은 더 큰 전체의 부분인 전체를 의미하고 홀라키는 홀론들 간의 연결을 의미한다. 이러한 홀라크라시는 자기조직화, 역할 중심의 조직구조, 자율적인 단위인 서클 중심의 운영, 거버넌스, 분권화된 의사결정 등을 특징으로 한다.

답 | ④

2. 민츠버그(H. Mintzberg)의 조직성장 경로모형에 따르면, 조직 내에서 어떤 부문을 강조할 것인가에 따라 조직의 구조(유형)가 달라진다. 강조된 조직구성부문과 이에 상응하는 구조의 연결로 옳지 않은 것은? 18. 지방직 7급

① 지원참모(support staff) – 애드호크라시(adhocracy)
② 중간계선(middle line) – 사업부제 구조
③ 핵심운영(operation core) – 전문적 관료제 구조
④ 전략적 정점(strategic apex) – 기계적 관료제 구조

정답해설 기계적 관료제는 기술구조가 핵심적 역할을 수행하며, 과정 표준화를 강조한다. 전략적 정점이 핵심적 역할을 수행하는 것은 단순구조이다.

오답해설 ① 애드호크라시(adhocracy)는 참모가 핵심적 역할을 수행하며, 상호적응에 의한 조정이 이루어진다.
② 사업부제 구조는 중간계선이 핵심적 역할을 수행하며, 산출물의 표준화를 강조한다.
③ 전문적 관료제는 핵심운영이 핵심적 역할을 수행하며, 기술 표준화를 강조한다.

답 | ④

CHAPTER 03 관료제와 탈관료제

Theme 01 관료제와 민주주의   C

조화관계	갈등관계
① 공직임용의 기회균등	① 관료제국주의(→ 관료 영역의 확장)
② 법 앞의 평등	② 민중의 요구에 둔감한 무책임성
③ 의회의 약화된 입법기능의 보완	③ 의회의 권한 침탈
④ 민주적 목표의 능률적 수행	④ 권한의 독점과 과두제의 철칙

Theme 02 태스크포스와 프로젝트팀   B

① **태스크포스**(task force): 특수한 과업 완수를 목표로 서로 다른 부서에서 사람들을 선발하여 구성한 팀으로서, 본래 목적을 달성하면 해체되는 임시조직이다.

② **프로젝트팀**(project team): 전략적으로 중요하거나 창의성이 요구되는 프로젝트를 진행하기 위하여 여러 부서에서 적합한 사람들을 선발하여 구성한 조직이다.

바로 확인문제

1. 조직유형에 대한 설명으로 옳지 않은 것은?   23. 국회직 8급

① 동태적인 조직은 경직된 계층적 관계보다 자율성을 높일 수 있는 유기적인 관계를 강조한다.
② 프로젝트팀은 특별한 임무를 수행하기 위해 일시적으로 구성된 조직 형태이다.
③ 매트릭스조직은 기능구조와 생산구조를 조합한 것으로, 생산부서의 특정 기능을 담당하는 구성원은 생산부서의 상관과 기능부서의 상관으로부터 동시에 지시를 받는다.
④ 태스크포스는 관련 부서들을 종적으로 연결시켜 여러 부서가 관련된 현안 문제를 해결하는 데 효과적인 조직 유형이다.
⑤ 애드호크라시 조직은 수평적 분화가 강한 반면 수직적 분화는 약하다.

정답해설 태스크포스는 관련 부서들을 횡적으로 연결시켜 관련된 현안 문제를 해결하는 조직이다.

오답해설 ① 동태적 조직은 공식성, 집권성을 낮추고 구성원의 자율성을 높이는 유연하고 수평적인 관계를 중시한다.
② 프로젝트팀은 특별한 임무를 수행하기 위해 각 부서들의 대표들로 구성된 임시조직으로, 문제가 해결되면 해체된다.
③ 매트릭스조직은 두 명의 상사에게 동시에 보고하고 지시를 받게 되어 명령통일의 원리가 적용되지 않는다.

답 | ④

기선 제압

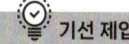

• 태스크포스는 특수한 과업 완수를 목표로 기존의 서로 다른 부서에서 사람들을 선발하여 구성한 팀으로 본래 목적이 달성되면 해체되는 임시조직이다.   21. 국회직 8급

• 프로젝트 팀은 태스크포스와 마찬가지로 한시적이고 횡적으로 연결된 조직유형이지만 태스크포스에 비해 참여자의 전문성과 팀에 대한 소속감이 강하다는 특성을 가지고 있다.   23. 군무원 9급

Theme 03 가상조직

- 가상조직은 영구적이라기보다는 잠정적이고 임시적 조직으로 볼 수 있다.
21. 군무원 9급

구분	관료제	가상조직
조직이념	모더니즘(→ 분화의 논리)	포스트모더니즘(→ 총체적 연계성)
조직구조	계층제(→ 물리적 경계)	전자네트워크(→ 물리적 경계의 타파)
경쟁력	규모의 경제	속도의 경제
조직성장	선형적 진화(→ 안정적 질서)	변혁적 기회(→ 역동적 질서)

Theme 04 린덴(R. Linden)의 이음매 없는 조직

구분	편린적(분산적) 조직	이음매 없는 조직
직무	좁은 직무범위(→ 낮은 자율성)	넓은 직무범위(→ 높은 자율성)
구조	기능구조	팀 구조
역할	명확한 역할	모호한 역할
기술	통제 지향	분권화 지향
산출	생산자 중심(→ 소품종 대량생산)	소비자 중심(→ 주문생산)
평가기준	투입	성과 및 고객만족

Theme 05 기타 탈관료제 모형

① **견인이론**: 자아실현인을 전제로 분화보다는 통합을, 억압보다는 행동의 자유를, 안정보다는 새로운 것을, 그리고 기능보다는 일의 흐름을 선호하며, 압력이론과 대비된다.
② **꽃송이 조직**: 다양한 기능을 갖춘 구성원들이 여러 프로젝트를 오가며 업무를 수행한다.
③ **자생조직**: 환경의 변화에서 생존할 수 있는 필수다양성을 갖춘 조직으로, 하위조직의 반복적 구조화, 학습과 자치능력, 하부단위들의 자율성 등을 강조한다.
④ **홀로그램 조직**: 조직의 각 부분이 조직의 전체를 반영하고 있는 입체조직이다. 모든 조직단위들이 전체라는 이미지를 갖고 서로 협동하면서도 각기 독자적으로 행동하는 조직이다.
⑤ **오케스트라 조직**: 구성원들의 자율적인 팀워크를 기반으로 하는 수평적인 조직으로, 조직의 중간단계와 중간관리자가 대폭적으로 감소된 형태이다.
⑥ **U-Turn 조직**: 위로부터는 비전과 전략이 아래로부터는 전략적 제안이 발생하는 조직이다. 중간에서 이를 유기적으로 연결하는 Middle-Up-Down 방식을 취한다.
⑦ **역피라드미형 조직**: 고객을 최상층에 놓는 고객주도형 조직이다.
⑧ **Link-Pin 조직**: 여러 부서 간 연결 역할을 맡은 조직이다.
⑨ **아메바 조직**: 핵심역량을 바탕으로 변화를 창조하는 카멜레온 성향의 조직이다.

⑩ 테이어(F. Thayer)의 계서제 없는 조직: 소집단의 연합체, 모호하고 유동적인 경계, 협동적 과정을 통한 문제해결, 승진 개념의 소멸, 보수 차등의 철폐 등을 특징으로 한다.
⑪ 후기기업가 조직: 거대한 코끼리가 생쥐처럼 유연하고 신속하게 활동할 수 있는 조직으로 신속한 행동, 창의적인 탐색, 더 많은 신축성, 고객과의 밀접한 관계 등의 특징을 지닌다.
⑫ 공동화조직: 조직은 기획·조정·통제·감독 등의 중요한 업무만을 수행하고 생산이나 유통 등은 제3자에게 위임 또는 위탁함으로써 조직의 기능을 축소한 조직구조이다.
⑬ 삼엽조직: 핵심적 소규모 전문적 근로자와 계약직 근로자 그리고 신축적인 비정규직 근로자들로 이루어진 조직이다.
⑭ 그림자 국가: 공급에 대한 결정은 정부가 담당하지만 그 생산은 외부의 힘을 활용하는 국가이다.
⑮ 대리정부: 정부기능을 민간에 위탁함에 따라 정부가 기획, 조정, 통제 등의 중요 업무만을 수행하는 결과를 초래하는 현상을 지칭한다.
⑯ 혼돈정부: 조직 내에 존재하는 혼돈을 발전의 초기 조건으로 보는 정부이다.

> 삼엽조직은 소규모 전문적 근로자, 계약직 근로자, 신축적 근로자로 구성된 조직이다. 10. 서울시 7급

바로 확인문제

1. 테이어(F. Thayer)가 주장하는 '계서제 없는 조직'의 특징으로 옳지 않은 것은? 11. 국가직 7급

① 소집단의 연합체 형성
② 책임과 권한에 따른 보수의 차등화
③ 집단 내 또는 집단 간 협동적 과정을 통한 의사결정
④ 모호하고 유동적인 집단과 조직의 경계

정답해설 테이어(F. Thayer)의 '계서제 없는 조직'은 소집단의 연합체, 모호하고 유동적인 경계, 협동적 과정을 통한 문제해결, 승진 개념의 소멸, 계층에 따른 보수 차등의 철폐 등을 특징으로 한다.

답 | ②

2. 지식정보사회를 반영하는 새로운 조직형태를 설명한 것 중 옳지 않은 것은? 08. 국가직 9급

① 후기기업가조직(post-entrepreneurial organization)은 신속한 행동, 창의적 탐색, 더 많은 신축성, 직원과 고객과의 밀접한 관계 등을 강조하는 조직형태이다.
② 삼엽조직(shamrock organization)은 소규모 전문직 근로자들, 계약직 근로자들, 신축적인 근로자들로 구성된 조직형태이다.
③ 혼돈조직(chaos organization)은 혼돈이론, 비선형동학, 복잡성이론 등을 적용한 조직형태이다.
④ 공동화조직(hollowing organization)은 조정, 기획 등의 기능을 제3자에게 위임 또는 위탁하여 업무를 축소한 조직형태이다.

정답해설 공동화조직은 기획·조정·통제·감독 등의 중요한 업무만을 수행하고 생산이나 유통 등은 제3자에게 위임 또는 위탁함으로써 조직의 기능을 축소한 조직 형태를 말한다.

답 | ④

개인 수준의 조직행동

 기선 제압

Theme 01 프레스더스(R. Presthus) 모형

(1) 상승형
① 조직의 규범에 순응하고 개인의 영달을 도모하는 유형이다.
② 권한과 지위에 대해 민감하게 반응하는 인간으로, 관료조직의 질서와 안정을 선호한다.

(2) 무관심형
① 심리적으로 소외되어 있어 권위, 지위 등 조직이 부과하는 자극에 냉담한 유형으로, 생활의 의미를 직업 외의 개인적 활동에서 발견한다.
② 조직생활에 무사안일하게 어울림으로써 직업적 안정성을 향유하며, 특별한 갈등 없이 조직생활에 순응하며 원만한 대인관계를 유지하고자 한다.

(3) 모호형(→ 애매형)
① 조직이 제공하는 자극을 거부하지도 받아들이지도 못하는 비극적인 존재로, 성공에 대한 욕구는 강하나 집단규범에 적응하지 못하여 갈등을 겪는 유형이다.
② 내성적인 성격을 지니고 있으며, 지식과 기술에 집착하며, 대인관계는 원만하지 못하다.
③ 독립심이 강하며 창의적·이상적이고, 합리적 기준은 존중하지만 전통적 권위는 배격하고자 한다.

구분	상승형	무관심형	애매형
보상	관심	무관심	관심
규칙	준수	준수	무관심

Theme 02 코튼(C. Cotton) 모형 → 권력균형이론

① **조직인형**: 자신의 가치를 높임으로써 조직이 자신을 교체할 수 없게 하는 유형이다. 상위 권력자에게 존대·아첨하며 친하게 지내는 유형으로, 상승형과 유사하다.
② **독립인형**: 조직에 대한 의존성 또는 영향력을 무시하거나 회피하는 유형으로, 애매형과 유사하다.
③ **외부흥미형**: 자신의 욕구를 조직의 밖이나 업무 외에서 충족시키는 유형으로, 무관심형과 유사하다.
④ **동료형**: 자신의 목표달성 노력에 상위 권력자의 개입을 거절하는 유형이다. 상하 간 관계가 수평적이고 동료적인 입장으로, 가장 이상적 유형이다.

Theme 03 다운스(A. Downs) 모형

① **출세형**(→ 등반형): 권력·위신·승진 등을 높게 평가하고 이를 획득하기 위해 노력하는 유형으로, 조직의 최고관리층에서 주로 나타난다.
② **보전형**: 권력과 위신 및 승진 등을 한정적으로만 추구하고, 가지고 있는 것의 보전에 노력하는 유형으로, 조직의 중간관리층에서 주로 나타난다.
③ **열성형**: 자신과 동일시되는 사업에는 온 신명을 바치지만 그 외의 사업에 대해서는 무관심한 관료모형이다.
④ **창도가형**: 포괄적 기능이나 조직 전체에 충성하는 유형으로, 가장 적극적으로 관료제국주의 성향을 보인다.
⑤ **경세가형**: 사회 전체를 위하여 충성을 바치며 공공의 복지에 관심을 갖는 유형이다. 전통적인 행정학에서 가장 이상적으로 여기는 공무원 상이다.

Theme 04 직무만족과 조직몰입

① **직무만족**: 직무에 대한 개인적 태도를 말한다. 특히, 응답자에게 직무와 관련하여 어떻게 행동하고 싶은가를 물어 직무만족을 측정하는 것을 행동경향법이라 한다.
② **직무관여**: 기본적 요구수준을 넘어서 자발적으로 직무를 수행하는 정도를 말한다.
③ **조직몰입**: 조직에 대한 개인의 태도로, 직무만족에 비하여 포괄적이고 장기적이다.
  ㉠ **타산적 몰입**: 보상과 비용의 함수관계에 의한 몰입이다.
  ㉡ **행위적 몰입**: 행태적 특성의 분명성, 대체 불가능성, 번복 불가능성 등에 의한 몰입이다.
  ㉢ **태도적 몰입**: 조직의 목표와 가치를 내재화하는 몰입이다.
  ㉣ **기타**: 규범적 몰입(도덕적·윤리적 의무감), 정의적 몰입(감정적 애착심)

> • 조직몰입은 조직 구성원이 소속 조직 및 소속 조직의 목표와 일체화되어 그 조직의 구성원으로 남기를 원하는 태도의 수준을 말한다. 23. 경찰간부
>
> • 타산적 조직몰입은 조직 구성원이 조직으로부터 보상과 비용의 이해타산에 따라 조직에 몰입하게 되는 태도이다. 23. 경찰간부
>
> • 태도적 조직몰입은 조직 구성원이 조직의 목적과 가치를 동일화하여 내재화할 때 발생된다. 23. 경찰간부

바로 확인문제

1. 조직몰입에 대한 설명으로 가장 옳지 않은 것은? 23. 경찰간부
  ① 조직몰입은 조직 구성원이 소속 조직의 목표와 일체화되어 그 조직의 구성원으로 남기를 원하는 태도의 수준을 말한다.
  ② 태도적 조직몰입은 조직 구성원이 조직의 목적과 가치를 동일화하여 내재화할 때 발생된다.
  ③ 행위적 조직몰입은 조직 구성원이 도덕적인 또는 윤리적인 이유로 조직에 남는 행동을 의무로 생각하는 태도이다.
  ④ 타산적 조직몰입은 조직 구성원이 조직으로부터 보상과 비용의 이해타산에 따라 조직에 몰입하게 되는 태도이다.

정답해설 조직 구성원이 도덕적인 또는 윤리적인 이유로 조직에 남는 행동을 의무로 생각하는 태도는 규범적 조직몰입이다. 행위적 조직몰입은 행태적 특성의 분명성, 대체 불가능성, 번복 불가능성 등에 의한 몰입이다.
답 | ③

Theme 05 학습이론 → 시행착오적 동기유발

(1) 의의
① 외적 자극 또는 내적 인지 등에 의해 학습된 행동이 유발되는 과정을 설명하는 이론이다.
② 학습의 요인으로는 동기화(motivation)와 행동의 반복을 들 수 있지만, 이러한 요인을 어떻게 구성할 것인가에는 여러 이론이 주장된다.

(2) 반응설 → 행동주의 학습이론
① 고전적 조건화: 파블로프의 조건반사이론으로, 자극이 있으면 반응한다는 이론이다.
② 조작적 조건화: 스키너의 연구로, 행동의 결과를 조건화함으로써 행태적 반응을 유발하는 과정을 설명한다.

(3) 인지설 → 인지학습이론
① 학습에 있어 강화도 반복도 중시하지 않고, 인지구조의 전환을 강조하는 학습이론이다.
② 컬러 등은 이를 통찰학습이라 하였고, 톨먼은 무강화의 상태에서도 학습이 진행되는 사실을 잠재학습(latent learning)이라 하였다.

(4) 사회학습이론
① 사람의 행동은 다른 사람의 행동이나 상황을 관찰하거나 모방한 결과로 이루어진다는 이론으로, 이를 반두라는 관찰학습이라 정의하였다.
② 사회학습이론에 의하면 행동을 결정하는 데 외적 자극뿐만 아니라 내면적 욕구, 만족, 기대 등도 함께 영향을 미친다.

- 적극적 강화란 자극에 따른 반응 행동에 관해 제공되는 보상이나 기타 바람직한 결과를 말한다. 23. 경찰간부
- 연속적 강화는 행동이 일어날 때마다 강화요인을 제공하는 것이다. 13. 국회직 8급
- 변동비율 강화는 불규칙적 빈도 또는 비율의 성과에 따라 강화요인을 제공하는 것이다. 20. 경찰간부

(5) 강화의 유형

바람직한 행동의 유도	적극적·긍정적 강화	원하는 결과의 제공	혜택의 부여
	소극적·부정적 강화	원하지 않는 결과의 제거	부담의 제거
바람직하지 않은 행동의 제거	소거(→ 중단)	원하는 결과의 제거	혜택의 박탈
	처벌(→ 제재)	원하지 않는 결과의 제공	부담의 부과

(6) 강화의 일정
① 연속적 강화: 성과(→ 바람직한 행동)가 나올 때마다 강화물을 제공하는 방법으로, 초기 단계의 학습에는 효과적이지만 강화의 효과가 빨리 소멸된다는 단점이 있다.
② 단속적 강화

간격 강화		비율 강화	
고정간격	변동간격	고정비율	변동비율
규칙적 시간 간격	불규칙적 시간 간격	일정한 횟수의 행동	불규칙적 횟수의 행동

> **바로 확인문제**

1. 팀의 주요 사업에 기여도가 약한 사람에게는 팀에 주어지는 성과 포인트를 배정하지 않음으로써, 성실한 참여를 유도하는 방식은 다음 중 어디에 해당하는가?   10. 서울시 9급

① 긍정적 강화 ② 소거
③ 처벌 ④ 부정적 강화
⑤ 타산적 몰입

정답해설 기여도가 약한 사람에게 원하는 것을 박탈하는 것(성과 포인트를 배정하지 않음)은 소거에 해당한다.

답 | ②

2. 다음 중 강화일정(schedules of reinforcement)에 대한 설명으로 가장 옳지 않은 것은?   13. 국회직 8급

① 연속적 강화는 행동이 일어날 때마다 강화요인을 제공하는 것이다.
② 고정간격 강화는 부하의 행동이 발생하는 빈도에 따라 일정한 간격으로 강화요인을 제공하는 것이다.
③ 변동간격 강화는 일정한 간격을 두지 않고 변동적인 간격으로 강화요인을 제공하는 것이다.
④ 고정비율 강화는 성과급제와 같이 행동의 일정비율에 의해 강화요인을 제공하는 것이다.
⑤ 변동비율 강화는 불규칙한 횟수의 행동이 나타났을 때 강화요인을 제공하는 것이다.

정답해설 부하의 행동이 발생하는 빈도에 따라 일정한 간격으로 강화요인을 제공하는 것은 고정비율 강화이다. 고정간격은 강화 시간이 일정하다는 의미이다.

답 | ②

Theme 06 Z이론

(1) 개념
① 전통적인 X이론과 Y이론의 이분법적 한계를 극복하고자 등장한 이론이다.
② 이는 현대인의 복잡한 심리를 묘사하기 위해 제시된 제3의 대안이다.

(2) 주요이론
① 룬드스테드(S. Lundstedt)와 라모스(G. Ramos)

구분	룬드스테드(S. Lundstedt)	라모스(G. Ramos)
X이론	독재형·권위형	작전인
Y이론	민주형	반응인
Z이론	자유방임형(→ 비조직적 관리)	괄호인(→ 자의식이 강한 비판적 성향)

② 롤리스(D. Lawless)의 상황적응적 관리
  ㉠ 롤리스는 X·Y이론의 절대성을 부인하고, 동기부여의 방법은 상황에 따라 달라져야 한다는 상황적 관리를 주장하였다.
  ㉡ 즉, 조직이 놓여 있는 구체적 상황에 따라 동기부여의 방법이 달라져야 한다는 이론이다.

③ 오우치(W. Ouchi)의 Z이론(1981) → 조직문화론
  ㉠ 미국식 관리를 A형, 일본식 관리를 J형, 미국에서의 일본식 관리를 Z형이라 하였고, J형이나 Z형이 A형보다 성과가 높다고 주장한 이론이다.
  ㉡ 1980년 조직문화론이 부각되면서 제기된 동기부여이론이다.

구분	J형	Z형	A형
평가	엄격한 평가 느린 승진(→ 연공서열의 중시)		신속한 평가 빠른 승진
통제	비공식적·암시적·묵시적 통제		공식적·가시적 통제
관심	총체적 관심(→ 온정주의)		조직 내 역할
의사결정	집단적 의사결정		개인적 의사결정
책임	집단책임	개인책임	개인책임
고용	종신고용	장기고용	단기고용(→ 실적주의)
경력경로	비전문화 순환보직	다기능적 경력경로	전문화된 경력경로

집단 수준의 조직행동

Theme 01 의사전달망   C

① **집중도**: 중심적인 인물로 정보나 권한이 집중되는 정도를 뜻한다.
② **개방도**: 의사전달에 활용될 수 있는 채널의 수를 뜻한다.

구분	고전망			현대망	
	연쇄형	Y형	바퀴형	원형	개방형
전달속도	중간		빠름	느림	빠름
리더존재	중간		높음	없음	
만족감	중간		낮음	높음	
집권성	중간	높음	가장 높음	낮음	가장 낮음
적응력	느림		가장 느림	빠름	
왜곡	가장 높음	중간		높음	가장 낮음
집중도	높음			낮음	
개방도	낮음			높음	

Theme 02 의사전달의 장애와 극복방안   B

(1) 의사전달의 장애

의사전달의 구조적 장애요인으로는 계층제, 전문화, 집권화 등이 있고, 과정적 장애요인으로는 왜곡, 누락, 정보의 과부하, 수용의 거부 등이 있다.

(2) 극복방안

① 의사전달의 왜곡과 누락에 대한 대처방안으로는 중복, 확증, 통과, 사후검사와 환류 등이 있다.
② 중복이란 하나의 메시지를 이질적인 채널을 통해 서로 다르게 자주 되풀이하는 방식을 말한다.
③ 확증이란 이전의 메시지에 대해 그 정확도를 보장하는 것으로, 메시지 내에 편파가 게재되었다고 보일 때 그에 맞서는 편파를 모색함으로써 그 차이를 해석하는 방법이다.

> 기선 제압

Theme 03 갈등의 유형

(1) 폰디(L. Pondy)

주체기준	구조변화
① 협상적 갈등(→ 이해당사자 간) ② 관료제적 갈등(→ 상·하 계층 간) ③ 체제적 갈등(→ 동일 수준 개인·집단 간)	① 마찰적 갈등(→ 현 구조의 유지) ② 전략적 갈등(→ 현 구조의 변화 초래)

(2) 밀러(N. Miller)와 도랄드(J. Dollard)

① 접근·접근 갈등: 바람직한 가치를 가진 두 대안 중 하나를 선택하는 경우
② 회피·회피 갈등: 바람직하지 못한 가치를 가진 두 대안 중 하나를 선택하는 경우
③ 접근·회피 갈등: 바람직한 가치와 그렇지 못한 가치 중 하나를 선택하는 경우

Theme 04 갈등의 원인과 해결책 → 사이몬(H. Simon)

(1) 개인적 갈등

구분	원인	해결책
비수락성	결과는 알지만 만족하지 못할 때	새로운 대안의 탐색, 목표의 수정
비비교성	결과는 알지만 최선인지는 모를 때	우선순위 선정기준의 명확화
불확실성	대안의 결과를 알 수 없을 때	결과에 대한 예측

- 마치(J. March)와 사이몬(H. Simon)은 개인적 갈등의 원인 및 형태를 비수락성, 비비교성, 불확실성으로 구분했다.   17. 국회직 8급

- 비비교성이란 의사결정자가 각 대안의 결과를 알고는 있으나 대안 간 비교 결과 어떤 것이 최선의 결과인지를 알 수 없어 발생하는 개인적 갈등의 원인이다.   17. 서울시 9급

(2) 의사결정 주체 간의 갈등

과학적	문제해결	① 기본목표는 합의, 가치의 갈등은 없고 사실의 갈등만이 존재하는 상황 ② 객관적·분석적·쇄신적 대안을 통한 갈등의 해결
과학적	설득	① 기본목표는 합의, 가치의 갈등은 없고 사실의 갈등만이 존재하는 상황 ② 공동의 목표에 입각하여 하위목표의 모순을 제거하는 방식
정치적	협상	① 기본목표에 대한 갈등, 가치의 갈등이 존재하는 상황 ② 이해당사자 간 직접적인 양보와 획득에 의한 문제해결 방식
정치적	정략	① 기본목표에 대한 갈등, 가치의 갈등이 존재하는 상황 ② 제3자의 도움에 의한 갈등의 해결 방식, 가장 갈등이 심한 상황

바로 확인문제

1. 다음 중 의사결정자가 각 대안의 결과를 알고는 있으나 대안 간 비교 결과 어떤 것이 최선의 결과인지를 알 수 없어 발생하는 개인적 갈등의 원인은?
_{17. 서울시 9급}

① 비수락성 ② 불확실성
③ 비비교성 ④ 창의성

정답해설 각 대안의 결과를 알고는 있으나 대안 간 비교 결과 어떤 것이 최선의 결과인지를 알 수 없어 발생하는 개인적 갈등의 원인은 비비교성이다.

답 | ③

Theme 05 협상의 종류

① **분배적 협상**: 한정된 자원을 나누어야 하는 협상, 제로섬 상황
② **통합적 협상**: 전체 자원의 증대를 가져올 수 있는 협상, 넌제로섬 상황

Theme 06 조해리의 창

① **의의**: 조(Joseph)와 해리(Hary)가 제시한 상호 이해의 촉진기법이다.
② **내용**: 자신만이 아는 비밀영역과 자신은 모르고 타인만이 아는 맹인영역을 축소하고, 공유된 영역의 확대를 통해 갈등을 해소하고자 하는 전략이다.

Theme 07 조직시민행동(↔ 직장 무례함)

① **의의**: 강제는 아니지만 지키면 좋은 행동기준, 재량에 의해 행해지는 동료나 조직에게 도움이 되는 친사회적 행동
② **특징**: 공식적 업무 외의 행동(→ 직무기술서에 명시되지 않음), 보상의 부여와 무관, 훈련받지 않은 행동
③ **원인**: 리더에 대한 신뢰, 절차의 공정성, 명확한 역할기대, 직무만족과 조직몰입, 원만하고 성실한 성격 등
④ **유형**
　㉠ 개인에 대한 조직시민행동
　　ⓐ 이타적 행동: 타인을 도와주려는 친사회적 행동
　　ⓑ 예의적 행동: 다른 사람의 권리 존중 또는 피해를 주지 않도록 미리 배려하는 행동
　㉡ 조직에 대한 조직시민행동
　　ⓐ 양심적 행동: 조직이 요구하는 것 이상의 봉사나 노력

- 조직시민행동이란 공식적인 보상시스템에 의하여 직접적으로 또는 명시적으로 인식되지 않는 직무역할 외 행동이다. _{16. 국가직 9급}

- 작업장의 청결을 유지하는 것은 조직시민행동 유형 중 양심적 행동에 속한다. _{16. 국가직 9급}

- 조직에 대한 조직시민행동(OCB-O)에는 신사적 행동(sportsmanship), 성실행동(conscientiousness), 시민의식행동(civic virtue) 등이 있다. _{20. 군무원 7급}

ⓑ 신사적 행동(→ 스포츠맨십): 악담이나 단점, 불평, 불만, 험담 및 과장 등이 없는 행동
ⓒ 공익적 행동: 업무에 대한 책임의식과 능동적 참여

바로 확인문제

1. 조직시민행동(organizational citizenship behavior)에 대한 설명으로 옳지 <u>않은</u> 것은?

16. 국가직 9급

① 공식적인 보상 시스템에 의하여 직접적으로 또는 명시적으로 인식되지 않는 직무역할 외 행동이다.
② 구성원들의 역할모호성 지각은 조직시민행동에 긍정적 영향을 미친다.
③ 구성원들의 절차공정성 지각은 조직시민행동에 긍정적 영향을 미친다.
④ 작업장의 청결을 유지하는 것은 조직시민행동 유형 중 양심적 행동에 속한다.

정답해설 자신의 역할이 무엇인지 모르는 상황에서는 이타적인 친사회적 행동이 나타나기 어렵다.

오답해설 ① 조직시민행동이란 강제는 아니지만 조직 구성원들이 지키면 좋은 행동기준, 공식적 업무와 무관하게 재량에 의해 행해지는 동료나 조직에게 도움이 되는 행동을 말한다. 이는 보상이 없음에도 동료를 돕거나 조직의 이익을 증대시키는 친사회적 행동이다.
③ 조직시민행동의 원인으로 리더에 대한 부하의 신뢰, 절차의 공정성, 구성원의 역할기대, 구성원의 직무만족, 구성원의 성격 등이 거론된다.
④ 양심적 행동이란 조직이 요구하는 것보다 더 많은 봉사나 노력을 하는 행동을 말한다.

답 | ②

2. 윌리엄스(L. Williams)와 앤더슨(S. Anderson)에 의해 주장되는 조직에 대한 조직시민행동(OCBO)으로 옳지 <u>않은</u> 것은?

20. 군무원 7급

① 신사적 행동(sportsmanship)　　② 성실행동(conscientiousness)
③ 시민의식행동(civic virtue)　　　④ 이타적 행동(altruism)

정답해설 조직에 대한 조직시민행동에는 성실(양심), 신사(스포츠맨십), 시민의식(공익) 등이 있다. 이타적 행동과 예의적 행동은 개인에 대한 조직시민행동이다.

답 | ④

Theme 08 　권위의 수용 → 상향설　　C

(1) 폴렛(M. Follet)의 조직권위론

① 조직을 움직이는 힘으로 개인적 의사보다는 <u>집단규범</u>을 강조하였으며, 경영의 본질을 집단의 행동을 조화시키는 것으로 보았다.
② 조직의 권위는 위로부터의 일방적 명령이 아니라 관리자와 부하 간의 <u>상호작용</u>이며, 지시나 명령보다는 동의나 합의가 효과적이다.

(2) 바나드(C. Barnard)의 무관심권

① 상관의 명령이 명백히 수용될 수 없는 경우
② 어느 쪽도 아닌 중립적인 경우
③ 상관의 명령이 아무런 문제제기 없이 수용될 수 있는 경우(→ 무관심권)

(3) 사이몬(H. Simon)의 수용권 → ② + ③

① 의사결정의 장단점을 검토하여 장점에 대한 확신을 가지고 따르는 경우
② 장단점에 대한 충분한 검토 없이 따르는 경우
③ 장단점에 대한 충분한 검토 후 잘못된 것을 알면서도 따르는 경우

Theme 09   유클(G. Yukl)의 다중연결망모형(1989)

① 조직의 효과성은 단기적으로는 리더가 매개변수의 부족한 면을 시정하는 정도에 의존한다.
② 그러나 장기적으로는 리더가 상황변수를 유리하게 만드는 정도에 의존한다.

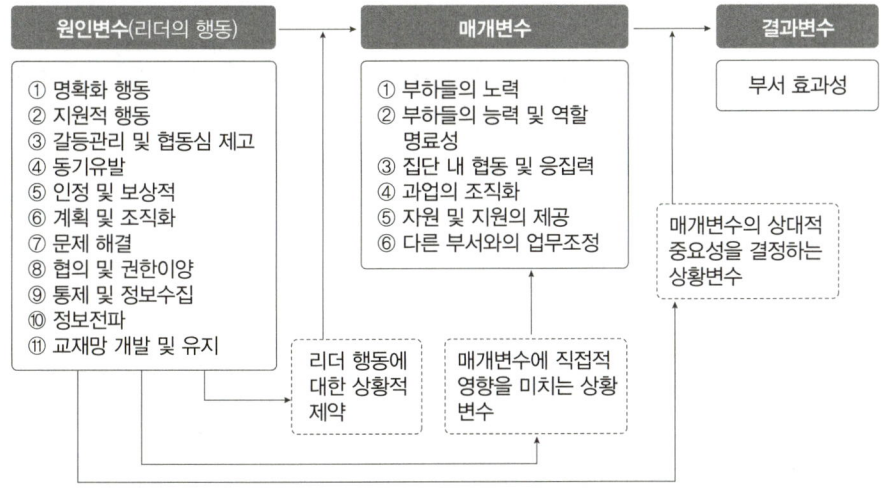

Theme 10   발전적 리더십 → 길리(J. Gilley)(2000)

① 변혁적 리더십보다는 좀 더 부하 중심적 리더십으로, 명확한 목표의 달성보다는 부하의 발전에 초점을 두는 리더십이론이다.
② 발전적 리더십의 원칙
　㉠ 내재지향: 개인적 책임, 신뢰
　㉡ 직원지향: 직원옹호, 직원의 자긍심 향상
　㉢ 업무성취지향: 파트너십, 직무수행의 개선, 효율적인 의사전달
　㉣ 조직지향: 조직의 일관성, 총체적 사고, 조직 종속

• 발전적 리더십은 변동추구적이라는 점에서 변혁적 리더십과 유사하지만, 리더의 봉사정신과 추종자 중심주의가 특별히 더 강조된다는 점에서 변혁적 리더십과 구별된다.

18. 경찰승진

바로 확인문제

1. 변혁적 리더십에 대한 설명으로 가장 적절한 것은? 18. 경찰승진

① 리더는 부하의 욕구와 직무수행에 필요한 자원을 정확히 파악하여 그에 대한 보상과 지원을 제공하고, 부하는 그에 상응하는 노력을 통하여 리더가 제시한 과업목표를 달성한다.
② 단순구조, 기계적 관료제보다는 사업부제나 임시체제에 필요한 리더십이다.
③ 발전적 리더십은 변동추구적이라는 점에서 변혁적 리더십과 유사하지만, 리더의 봉사정신과 추종자 중심주의가 특별히 더 강조된다는 점에서 변혁적 리더십과 구별된다.
④ 영감적 리더십은 부하로 하여금 형식적 관례와 사고를 다시 생각하게 함으로써 새로운 관념을 촉발시키는 것을 의미한다.

정답해설 발전적 리더십은 변혁적 리더십과 마찬가지로 긍정적인 조직 변화를 유도하는 측면에서 유사성을 가지지만, 리더의 근본적인 동기가 섬김에 있고 구성원 개개인의 성장과 복지에 대한 직접적이고 강력한 강조가 있다는 점에서 변혁적 리더십과 구별된다.

오답해설 ① 리더는 부하의 욕구와 직무수행에 필요한 자원을 정확히 파악하여 그에 대한 보상과 지원을 제공하고, 부하는 그에 상응하는 노력을 통하여 리더가 제시한 과업목표를 달성하는 것은 거래적 리더십이다.
② 변혁적 리더십은 단순구조나 임시체제와 부합된다. 기계적 관료제와 사업부제에서는 거래적 리더십이 적합하다.
④ 부하로 하여금 형식적 관례와 사고를 다시 생각하게 함으로써 새로운 관념을 촉발시키는 것을 의미하는 것은 변혁적 리더십의 구성요소 중 지적 자극에 해당한다.

답 | ③

Theme 11 기타 리더십 모형 B

① **서번트 리더십**
   ㉠ 리더를 부하에게 지시하는 관리자가 아닌 부하를 섬기는 자로 간주하는 이론
   ㉡ 부하들이 영향력을 행사할 수 있도록 결정권을 나누어 주는 리더십
   ㉢ 원칙(→ 그린리프): 존중, 봉사, 정의, 정직, 공동체 윤리 등
② **문화적 리더십**: 리더의 역할과 가치관에 따라 조직문화가 유지되고 변화한다는 이론
③ **셀프리더십**: 스스로 문제를 발견하고 해결해 나가는 리더십
④ **슈퍼리더십**: 셀프리더십을 자극하고 활성화하는 리더십
⑤ **상호연계적 리더십**: 공유된 비전, 지속적 학습의지를 강조하는 리더십 → 정보화 사회의 리더십
⑥ **진성리더십**: 명확한 자기인식, 확고한 가치와 원칙, 투명한 관계로 구성원들에게 긍정적인 영향을 미치는 리더십
⑦ **윤리적 리더십**: 아리스토텔레스 사상에 기반을 둔 리더십으로, 타인을 존중하고 섬기며 공정성과 정의에 관심을 둔 정직한 리더십

• 서번트 리더십은 자기 자신보다는 다른 사람에게 초점을 두고, 부하들의 창의성과 잠재력을 발휘할 수 있도록 봉사하는 리더십이다.
20. 국가직 7급

• 서번트(servant) 리더십의 요소로 그린리프(R. Greenleaf)는 존중, 봉사, 정의, 정직, 공동체 윤리를 강조했다.
22. 지방직 9급

• 진성(authentic) 리더십의 특성은 리더가 정직성, 가치의식, 도덕성을 바탕으로 팔로워들의 믿음을 이끌고, 팔로워들이 리더의 윤리성과 투명성을 믿으며 긍정적 감정을 느낀다는 것이다.
20. 국가직 7급

바로 확인문제

1. 서번트(servant) 리더십에 대한 설명으로 옳은 것만을 모두 고르면? 22. 지방직 9급

ㄱ. 구성원들이 공동의 목표를 이뤄 나갈 수 있도록 환경을 조성하고 도와준다.
ㄴ. 보상과 처벌을 핵심 관리수단으로 한다.
ㄷ. 그린리프(R. Greenleaf)는 존중, 봉사, 정의, 정직, 공동체 윤리를 강조했다.
ㄹ. 리더의 최우선적인 역할은 업무를 명확하게 지시하는 것이다.

① ㄱ, ㄷ
② ㄱ, ㄹ
③ ㄴ, ㄷ
④ ㄴ, ㄹ

정답해설 ㄱ. 서번트 리더십이란 타인을 위한 봉사에 초점을 두고 자신보다 구성원들의 이익을 우선시하는 리더십으로, 봉사자(servant)로서 직원, 고객 및 공동체를 우선으로 여기며 그들의 필요를 만족시키고자 헌신하는 리더십을 말한다.
ㄷ. 이밖에도 서번트 리더의 특징에는 경청, 공감, 치유, 설득, 지각, 선견지명, 개념화, 성장에 대한 헌신, 공동체 구축, 청지기 정신 등이 있다.

오답해설 ㄴ. 보상과 처벌을 핵심 관리수단으로 하는 것은 거래적 리더십이다.
ㄹ. 업무를 명확하게 지시하는 것은 거래적 리더십의 특징이다.

답 | ①

Theme 12 켈리(R. Kelley)의 팔로워십의 유형

바로 확인문제

1. 리더십과 팔로워십 이론에 대한 설명으로 옳은 것만을 모두 고르면? 23. 국가직 7급

> ㄱ. 켈리(R. Kelley)는 소외적 추종자(alienated followers), 순응적 추종자(sheep), 수동적 추종자(yes people), 효과적 추종자(effective followers) 등 네 가지 추종자 유형을 제시하였고, 그중 소외적 추종자가 가장 위험하다고 주장하였다.
> ㄴ. 블레이크(R. Blake)와 무톤(J. Mouton)은 생산에 대한 관심과 사람에 대한 관심이 모두 높은 단합형(team management) 리더십 유형을 최선의 관리방식으로 제안하였다.
> ㄷ. 상황적응적 리더십 모형의 주창자 중 하나인 피들러(F. Fiedler)는 리더-구성원 관계, 직무구조, 직위 권력 등 3가지 변수를 중요한 상황요소로 설정하였다.
> ㄹ. 오하이오 주립대 리더십 연구자들은 리더의 행동을 구조주도(initiating structure)와 배려로 설명하며 가장 훌륭한 리더 유형을 중간 수준의 구조주도와 배려를 갖춘 균형 잡힌 리더형태로 보았다.

① ㄱ, ㄴ
② ㄱ, ㄹ
③ ㄴ, ㄷ
④ ㄷ, ㄹ

정답해설 ㄴ. 블레이크(R. Blake)와 무톤(J. Mouton)은 단합형 리더십이 생산성과 구성원의 사기 및 만족도를 동시에 극대화할 수 있는 가장 효과적이고 최선의 관리 방식이라고 주장하였다.
ㄷ. 피들러(F. Fiedler)는 이 세 가지 상황 요인의 조합에 따라 상황의 유리함(좋음 – 중간 – 나쁨)이 결정되며, 이렇게 파악된 상황의 유리함 정도에 따라 효과적인 리더십 스타일(과업 지향적 리더 vs. 관계 지향적 리더)이 달라진다고 주장했다.

오답해설 ㄱ. 켈리(R. Kelley)는 소외적 추종자(alienated followers), 순응적 추종자(sheep), 수동적 추종자(yes people), 효과적 추종자(effective followers), 실용적 추종자(pragmatist followers) 등 다섯 가지 추종자 유형을 제시하였다.
ㄹ. 오하이오 주립대의 연구에서는 구조와 배려가 모두 높은 유형을 가장 효과적인 리더십의 유형으로 분류하였다.

답 | ③

CHAPTER 06 조직 수준의 조직행동

Theme 01 문화의 구성요소　C

① 샤인(E. Schein): 기본적 믿음, 가치관, 인공물
② 해치(M. Hatch): 기본적 믿음, 가치관, 인공물, 상징물
　㉠ 인식화: 기본적 믿음 ↔ 가치관
　㉡ 의미화: 기본적 믿음 ↔ 상징물
　㉢ 상징화: 상징물 ↔ 인공물
　㉣ 현시화: 인공물 ↔ 가치관

Theme 02 조직문화의 유형　B

(1) 홉스테드(G. Hofstede)의 문화유형론(1980)

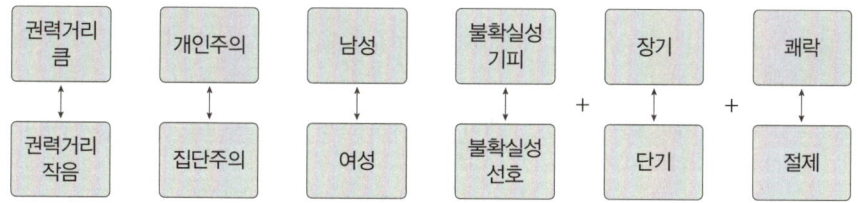

(2) 더글라스(M. Douglas)의 신문화이론(1982)

구분		집단성(응집성)	
		약	강
사회적 규제	약	개인주의	평등주의
	강	운명주의	위계주의

(3) 퀸(R. Quinn)과 로보그(J. Rohrbaugh)의 경쟁가치모형

구분		조직운영의 초점	
		외부 → 조직	내부 → 인간
선호도	통제	합리목표모형 → 과업문화, 합리문화	내부과정모형 → 위계문화
	유연성	개방체제모형 → 혁신문화, 발전문화	인간관계모형 → 관계문화, 집단문화

⏱ 기선 제압

• 불확실성 회피 정도가 강한 경우 공식적 규정을 많이 만들어 불확실한 요소를 최대한 통제하려 한다.
　21. 국가직 7급

• 더글라스(M. Douglas)에 의하면 집단성은 강하지만 규칙성이 약한 문화는 타인배려적·협동적 인간관에 입각하여 결과의 평등을 중시하는 유형이다.　19. 경찰승진

• 과업지향문화(합리문화)의 경우 조직의 업무구조는 통제를 강조하고 조직은 외부를 지향한다. 24. 경찰간부

• 관계지향문화(집단문화)는 인적자원의 중요성과 개발을 강조한다.
　24. 경찰간부

(4) 대프트(R. Daft)의 문화유형론

구분		전략의 초점	
		외부	내부
환경 요구	안정성	사명문화	관료문화
	유연성	적응문화	동류문화

바로 확인문제

1. 다음 중 홉스테드(G. Hofstede)가 비교한 문화의 비교차원과 가장 옳지 <u>않은</u> 것은?

22. 군무원 7급

① 불확실성의 회피
② 보편주의 대 특수주의
③ 개인주의 대 집단주의
④ 장기 대 단기

> **정답해설** 홉스테드(G. Hofstede)는 문화유형론(1980)에서 권력거리, 개인주의와 집단주의, 남성적 문화와 여성적 문화, 불확실성, 장기와 단기, 쾌락과 절제 등으로 유형화하였다.
>
> 답 | ②

2. 홉스테드(G. Hofstede)의 문화 차원에 대한 설명으로 옳지 <u>않은</u> 것은?

21. 국가직 7급

① 불확실성 회피 정도가 강한 경우 공식적 규정을 많이 만들어 불확실한 요소를 최대한 통제하려 한다.
② 집단주의가 강한 문화는 개인주의가 강한 문화보다 상대적으로 느슨한 개인 간 관계를 더 중요시한다.
③ 권력거리가 큰 경우 제도나 조직 내에 내재되어 있는 상당한 권력의 차이를 자연스럽게 인정한다.
④ 남성성이 강한 문화는 여성성이 강한 문화보다 상대적으로 남성과 여성의 역할에 대한 분명한 차이를 인정하려고 한다.

> **정답해설** 개인주의 성향이 강한 문화일수록 개인과 개인 간의 관계는 느슨해진다.
>
> **오답해설** ① 불확실성에 대한 회피의 정도가 강하다면 불확실성을 통제하기 위한 공식적 규정이 많을 것이다.
> ③ 권력거리가 크다면 조직이나 제도에 내재된 권력의 차이를 자연스럽게 수용할 것이다.
> ④ 남성성이 강할수록 포용보다는 경쟁을 강조하고 남성과 여성의 명확한 역할 구분을 강조한다.
>
> 답 | ②

조직개혁론

Theme 01 조직의 성장단계별 위기대응전략 → 그라이너(L. Greiner)(1972)

① **창조단계**: 소규모 신설 조직의 단계로, 리더십의 위기가 나타난다.
② **지시단계**: 리더십의 위기를 극복하기 위해 전문경영자에 의한 운영의 효율성에 초점을 두지만 지시의 강조로 인하여 자율성의 위기가 나타난다.
③ **위임단계**: 자율성의 위기를 극복하기 위해 권한의 위임에 초점을 두나 분권의 강조로 인하여 경영의 위기(→ 통제의 위기)가 나타난다.
④ **조정단계**: 분권적 경영의 위기를 극복하기 위해 효과적인 조정을 통한 통합에 초점을 두지만 지나친 조정과 통합의 강조는 형식주의(→ 문서주의) 위기를 가져온다.
⑤ **협력단계**: 문서주의 위기의 극복을 위해 부서 간 협력에 바탕을 둔 문제해결과 혁신에 초점을 두지만 지나친 협력과 혁신의 강조는 탈진의 위기로 연결된다.

> **한 번 더 정리** 조직의 성장단계별 위기대응전략

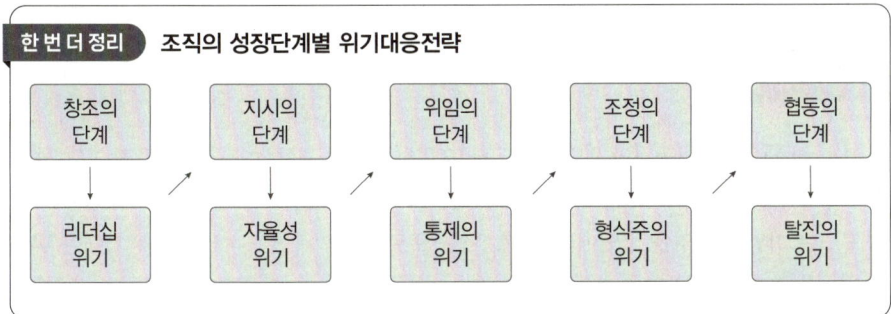

> **기선 제압**
>
> • 그라이너(L. Greiner)의 조직성장이론에서 제3단계는 부서의 권한위임을 통해 자율성의 위기를 극복하고, 조직의 성장을 추구한다.
>
> 10. 국회직 8급

> **바로 확인문제**

1. 그라이너(L. Greiner)는 조직의 성장 단계에 따라 위기가 발생하는 양상이 다르다고 보았다. 다음 중 통제의 위기를 초래하는 단계는? 16. 국회직 8급

① 제1단계 – 창조의 단계　　　② 제2단계 – 지시의 단계
③ 제3단계 – 위임의 단계　　　④ 제4단계 – 조정의 단계
⑤ 제5단계 – 협력의 단계

정답해설 통제의 위기를 초래하는 단계는 위임의 단계(3단계)이다. 위임의 단계에서는 자율성의 위기를 극복하기 위해 권한의 위임에 초점을 두나 분권의 강조로 인하여 경영의 위기(통제의 위기)가 나타난다.

오답해설 ① 창조의 단계는 소규모 신설 조직의 단계로 생산과 판매에 초점을 두며, 리더십의 위기가 나타난다.
② 지시의 단계는 리더십의 위기를 극복하기 위해 전문경영자에 의한 운영의 효율성에 초점을 두나 지시의 강조로 인하여 자율성의 위기가 나타난다.
④ 조정의 단계는 분권적 경영의 위기를 극복하기 위해 효과적인 조정을 통한 통합에 초점을 두지만 지나친 조정과 통합의 강조는 형식주의(문서주의) 위기를 가져온다.
⑤ 협력의 단계는 문서주의 위기의 극복을 위해 부서 간 협력에 바탕을 둔 문제해결과 혁신에 초점을 두지만 지나친 협력과 혁신의 강조는 탈진의 위기로 연결된다.

답 | ③

Theme 02　포드(H. Ford) 시스템 → 동시관리

① 포드 시스템은 작업공정의 세분화·전문화·표준화를 통한 생산성의 향상을 특징으로 한다.
② 4대 경영원리로 생산의 표준화, 부품의 규격화, 공장의 전문화, 유동조립법 등을 제시하였다.
③ 포드는 기업의 경영을 국민에 대한 봉사수단으로서 정의하였고, 이를 위해 '가격은 낮게 임금은 높게'라는 구호를 강조하였다.
④ 생산성의 향상을 위해 집단탁아와 집단교육 등을 도입하였는데 이를 백색사회주의라 한다.

Theme 03　리엔지니어링(BPR)

- 리엔지니어링(BPR)은 고객만족 가치를 창출하는 프로세스 개선에 초점을 둔다. 17. 지방직 7급

- 리엔지니어링(RE)은 프로세스의 변화뿐만 아니라 조직구조나 문화 등 다양한 측면에서 변화가 요구된다. 18. 경찰간부

① 업무의 과정과 절차를 정비하여 가장 합리적인 업무수행 과정을 찾고자 하는 개혁기법으로, 고객만족의 가치를 창출하는 프로세스의 개선에 초점을 둔다.
② 구조나 기능 중심의 리스트럭처링이나 기존의 절차는 그대로 두고 조직을 변화시키려는 총체적품질관리와는 구별되는 개혁기법으로, 조직의 성과를 개선하기 위하여 사업의 과정이나 절차를 근본적, 급진적, 극적으로 재설계하고자 한다.
③ 주요내용: 정보기술의 활용, 이음매 없는 조직, 고객이나 절차 중심의 설계, 정보수집창구의 단일화, 주된 절차의 지속적 흐름 등 절차의 병렬화 등

Theme 04 총체적품질관리(TQM)와 리엔지니어링(BPR)

구분	총체적품질관리	리엔지니어링
차이점	① 지속적이고 점진적인 개선 ② 절차와 과정 + 조직문화 ③ 외부 지향(→ 고객만족의 중시)	① 단기간의 급진적인 변화 ② 절차와 과정 ③ 내부 지향
유사점	프로세스(→ 절차와 과정) 중심의 관리 개선	

바로 확인문제

1. 행정개혁으로서의 리엔지니어링(BPR)에 대한 설명으로 옳은 것은? 17. 지방직 7급

① 조직의 점진적 변화가 필요할 때 사용되며, 조직문화는 개혁의 대상이 아니다.
② 조직 개선을 위한 논의는 구조, 기술, 형태 등과 같은 변수를 중심으로 이루어진다.
③ 공공부문과 민간부문의 리엔지니어링 환경은 차이가 없다.
④ 고객만족 가치를 창출하는 프로세스 개선에 초점을 둔다.

정답해설 리엔지니어링(BPR)은 업무의 과정과 절차를 정비하여 가장 합리적인 업무수행 과정을 찾고자 하는 개혁기법이다.

오답해설 ① 리엔지니어링(BPR)은 조직성과의 개선을 위하여 사업절차를 근본적, 급진적, 극적으로 재설계하고자 하는 것으로 조직문화도 개혁의 대상이다.
② 리엔지니어링은 구조나 기술 또는 형태보다는 과정 중심의 개혁기법이다.
③ 공공부문의 경우 법적 제약 등이 강하기 때문에 민간부문과 리엔지니어링 환경에 있어 차이가 있다.

답 | ④

2. 정보기술의 활용을 통해 업무처리의 절차를 근본적으로 개선하는 데 초점을 맞추고, ICT 기반 행정혁신을 촉진하는 것은? 23. 국가직 7급

① 혼합현실(mixed reality)
② 업무재설계(business process reengineering)
③ 정보자원관리(information resource management)
④ 제3의 플랫폼(the 3rd platform)

정답해설 정보기술의 활용을 통해 업무처리의 절차를 근본적으로 개선하는 데 초점을 맞추는 것은 업무재설계이다.

오답해설 ① 혼합현실(mixed reality)이란 현실 세계에 가상현실(VR)을 접목하여 현실의 물리적 객체와 가상의 객체가 상호 작용할 수 있는 것을 말한다.
③ 정보자원관리란 조직에 필요한 정보를 생산하는 데 사용되는 자원을 관리하는 것으로 정보자원에 대한 통합적 관리체제를 의미한다.
④ 제3의 플랫폼은 모바일, 클라우드, 빅 데이터, 소셜 컴퓨팅을 접목한 새로운 IT환경을 의미한다.

답 | ②

Theme 05 전략적 관리(SM)

(1) 의의
① 장기적인 관점에서 조직의 대내적 강점과 약점 그리고 대외적 환경의 위협과 기회를 분석하여 두 요소 간 적합성을 추구하는 관리철학이다.
② 일상적인 의사결정과 전략적 계획을 연결시키려는 관리기법으로, 목표지향성, 장기적 시야, 환경분석, 조직의 역량분석, 조직활동의 통합 등을 특징으로 한다.

(2) 주요전략(SWOT 전략)

구분		환경	
		기회	위협
역량	강점	공격적 전략(→ SO 전략)	다양화 전략(→ ST 전략)
	약점	방향전환 전략(→ WO 전략)	방어적 전략(→ WT 전략)

- SWOT분석은 조직 내적 특성과 외부환경의 조합에 따른 맞춤형 대응전략 수립에 도움이 된다.
  17. 국가직 7급

- SWOT분석은 조직 외부환경은 기회와 위협으로, 조직 내부 자원·역량은 강점과 약점으로 구분한다.
  17. 국가직 7급

- SWOT분석에서 다양화 전략은 조직의 강점을 활용하여 위협을 회피하거나 최소화하는 전략이라고 볼 수 있다.
  17. 국가직 7급

바로 확인문제

1. SWOT분석에 대한 설명으로 옳지 <u>않은</u> 것은?   17. 국가직 7급

① 조직 내적 특성과 외부환경의 조합에 따른 맞춤형 대응전략 수립에 도움이 된다.
② 조직 외부환경은 기회와 위협으로, 조직 내부 자원·역량은 강점과 약점으로 구분한다.
③ 다양화 전략은 조직의 강점을 활용하여 위협을 회피하거나 최소화하는 전략이라고 볼 수 있다.
④ 기존 프로그램의 축소 또는 폐지는 약점–기회를 고려한 방어적 전략이라고 볼 수 있다.

> **정답해설** 기존 프로그램의 축소 또는 폐지는 약점–위협을 고려한 방어적 전략이라고 볼 수 있다. 약점–기회와 관련된 전략은 방향전환 전략이다.
>
> **오답해설** ①, ② SWOT분석은 장기적인 관점에서 대내적 강점과 약점 그리고 환경의 위협과 기회를 분석하여 조직의 역량과 외부환경 간 적합성을 추구하는 관리철학이다.
> ③ 다양화 전략은 조직의 강점과 환경의 위협이 결합된 전략이다.
>
> 답 | ④

CHAPTER 08 정보체계론

Theme 01 의사결정지원시스템(DSS)과 전문가시스템(ES)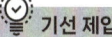

구분	의사결정지원시스템(DSS)	전문가시스템(ES)
목적	의사결정의 지원(→ 임시적)	전문가 역할(→ 반복적)
지향점	의사결정	전문지식의 이전 또는 조언
질의방향	인간에서 기계로	기계에서 인간으로
결정주체	인간 혹은 시스템	시스템

바로 확인문제

1. 인공지능의 응용분야로서 컴퓨터 시스템이 특정 분야의 문제해결을 자동적으로 지원하는 시스템은?

11. 지방직 9급

① 관리정보시스템(MIS) ② 의사결정지원시스템(DSS)
③ 전문가시스템(ES) ④ 거래처리시스템(TPS)

정답해설 전문가시스템(ES)이란 전문가의 지식과 경험을 컴퓨터에 기억시켜 컴퓨터를 통해 전문가의 능력을 빌릴 수 있도록 만든 시스템을 말한다.

오답해설 ① 관리정보 또는 경영정보시스템(MIS)이란 조직의 운영에서 의사결정의 유효성을 높이기 위하여, 관련 정보를 필요에 따라 즉각적으로, 그리고 대량으로 수집·전달·처리·저장·이용할 수 있도록 편성한 인간과 컴퓨터와의 결합 시스템을 말한다.
② 의사결정지원시스템(DSS)은 컴퓨터를 사용하여 정형화되지 않는 문제, 즉 주로 문제의 일부는 계량화할 수 있으나 일부는 주관적으로 다룰 수밖에 없는 문제에 관해 결정자가 효과적인 의사결정을 할 수 있도록 지원하는 시스템이다.
④ 거래처리시스템(TPS)은 조직에서 일상적이고 반복적으로 수행되는 거래를 손쉽게 기록하고 처리하는 정보시스템이다.

답 | ③

Theme 02 전자민주주의

(1) 전자거버넌스

① 전자정보화: 전자적 채널을 통한 정부기관의 다양한 정보를 공개하는 단계
② 전자자문: 시민과 선출직 공직자 간 청원과 정책토론 등 전자적 의사소통 단계

③ 전자결정: 정책결정과정에 있어 시민들의 의견이 반영되는 단계

(2) 온라인 시민참여

① 정보제공: 주요 정책에 대해 정보를 제공하는 단계, 정보공개법 등
② 협의: 온라인 토론과 같은 실시간 토론의 활성화, 행정절차법, 옴부즈만 제도, 민원관련 법 등
③ 정책결정: 시민토론과 평가, 정책추진 결과의 환류, 전자국민투표법, 국민의 입법제안 등

> • 온라인 시민참여 유형 중 협의형에는 옴부즈만 제도가 있다.
> 17. 서울시 9급

바로 확인문제

1. 다음 중 UN에서 본 전자거버넌스로서의 전자적 참여의 형태가 진화하는 단계로 옳은 것은?
10. 서울시 9급

① 전자정보화 – 전자자문 – 전자결정
② 전자문서화 – 전자결정 – 전자자문
③ 전자자문 – 전자문서화 – 전자결정
④ 전자정보화 – 전자결정 – 전자문서화
⑤ 전자자문 – 전자정보화 – 전자결정

정답해설 전자적 참여의 형태는 전자정보화 – 전자자문 – 전자결정의 순으로 진화한다.

답 | ①

2. 온라인 시민참여 유형과 관련제도가 바르게 연결된 것은?
17. 서울시 9급

① 정책결정형 – 「행정절차법」
② 협의형 – 국민의 입법제안
③ 협의형 – 옴부즈만 제도
④ 정책결정형 – 「정보공개법」

정답해설 옴부즈만 제도는 협의형 시민참여이다.
오답해설 ① 「행정절차법」은 협의형 시민참여이다.
② 국민의 입법제안은 정책결정형 시민참여이다.
④ 「정보공개법」은 정보제공형 시민참여이다.

답 | ③

Theme 03 지식관리자의 유형

정보관리자(CIO)	지식관리자(CKO)	학습관리자(CLO)
기술지향, 정보기술 데이터베이스	전략지향, 조직전략 지식의 발굴과 공유	인력지향, 학습조직 분임토의

Theme 04　빅데이터(Big Data)

① **개념**: 디지털 환경에서 생성되는 대규모의 데이터로, 생성 주기가 짧고, 형태도 수치뿐만 아니라 문자와 영상 등을 포함하는 정형적·반정형적·비정형적인 데이터
② **특징**: 방대한 양(volume), 다양한 형태(variety), 빠른 생성속도(velocity), 새로운 가치(value)
③ **등장배경**: 디지털 혁명과 소셜미디어의 등장에 따른 데이터의 급증, 이를 활용한 새로운 서비스 모델의 탐색
④ **한계**: 개인의 모든 행동패턴의 분석에 따른 사생활의 침해 가능성

- 빅데이터는 다양성(Variety), 속도(Velocity), 크기(Volume)를 주요 특징으로 하는데, 빅데이터를 활성화하기 위해서는 개인정보 보호장치가 제도적으로 선행될 필요가 있다. 19. 경찰승진

- 빅데이터는 각종 센서 장비의 발달로 데이터가 늘어나면서 나타났다. 21. 국가직 7급

- 빅데이터를 활성화하기 위해서는 개인정보 보호장치가 제도적으로 선행될 필요가 있다. 15. 국가직 7급

바로 확인문제

1. 정보화와 전자정부 등에 대한 설명으로 옳지 않은 것은?　16. 국가직 9급

① e-거버넌스는 모범적인 거버넌스를 실현하기 위하여 다양한 차원의 정부와 공공부문에서 정보통신기술의 잠재력을 활용하기 위한 과정과 구조의 실현을 추구한다.
② 웹 접근성이란 장애인 등 정보 소외계층이 웹사이트에 있는 정보에 접근할 수 있도록 편의를 제공하는 것을 말한다.
③ 빅데이터(big data)의 3대 특징은 크기, 정형성, 임시성이다.
④ 지역정보화 정책의 기본 목표는 지역경제의 활성화, 주민의 삶의 질 향상, 행정의 효율성 강화이다.

정답해설 빅데이터(big data)는 디지털 환경에서 생성되는 대규모의 데이터로, 생성 주기가 짧고, 형태도 수치뿐만 아니라 문자와 영상 등을 포함하는 비정형적인 데이터를 말한다. 이러한 빅데이터는 방대한 양(volume), 다양한 형태(variety), 빠른 생성속도(velocity), 새로운 가치(value) 등을 특징으로 한다.

답 | ③

2. 기존 데이터와 비교할 때 빅데이터의 주요 특징이 아닌 것은?　17. 지방직 9급

① 속도　　　　② 다양성
③ 크기　　　　④ 수동성

정답해설 빅데이터의 특징은 3V로 요약하는 것이 일반적이다. 즉 데이터의 양(Volume), 데이터 생성속도(Velocity), 형태의 다양성(Variety)을 의미한다. 최근에는 가치(Value)나 복잡성(Complexity)을 더하기도 한다.

답 | ④

Theme 05 「데이터기반행정 활성화에 관한 법률」의 주요 내용 　C

① 데이터란 정보처리능력을 갖춘 장치를 통하여 생성 또는 처리되어 기계에 의한 판독이 가능한 형태로 존재하는 정형 또는 비정형의 정보를 말한다.
② 데이터기반행정이란 공공기관이 생성하거나 다른 공공기관 및 법인·단체 등으로부터 취득하여 관리하고 있는 데이터를 수집·저장·가공·분석·표현하는 등의 방법으로 정책 수립 및 의사결정에 활용함으로써 객관적이고 과학적으로 수행하는 행정을 말한다.
③ 데이터기반행정 활성화 정책 추진에 관한 사항은 「공공데이터의 제공 및 이용 활성화에 관한 법률」에 따른 공공데이터전략위원회에서 심의·조정한다.
④ 행정안전부장관은 데이터기반행정을 체계적으로 추진하기 위하여 데이터기반행정 활성화를 위한 기본계획을 3년마다 수립하여야 한다.
⑤ 행정안전부장관은 공공기관이 데이터를 효율적으로 제공·연계 및 공동활용할 수 있도록 데이터통합관리 플랫폼을 구축·운영하여야 한다.

바로 확인문제

1. 데이터기반 행정에 대한 설명으로 가장 적절하지 않은 것은?　　22. 경찰간부

① 공공기관이 데이터를 수집·저장·가공·분석·표현하는 등의 방법으로 정책수립 및 의사결정에 활용하는 것을 말한다.
② 「데이터기반 행정 활성화에 관한 법률」이 정의하는 데이터는 기계에 의한 판독이 가능한 형태로 존재하는 정형 또는 비정형의 정보를 의미한다.
③ 미국의 증거기반 정책(evidence-based policy)과 유사한 개념이다.
④ 데이터기반 행정은 행정의 정치성과 민주성을 높이는 것을 최우선 목표로 한다.

> **정답해설** 데이터기반 행정은 데이터를 수집·저장·가공·분석·표현하는 등의 방법으로 정책 수립 및 의사결정에 활용함으로써 객관적이고 과학적으로 수행하는 행정으로, 행정의 효율성 및 정책의 품질제고와 관련된다.
>
> 답 | ④

Theme 06 하이퍼텍스트조직 　C

① 관료제의 장점과 프로젝트조직의 장점을 함께 묶은 조직구조로, 효율성과 창조성이라는 상반된 원리의 동시적 충족을 도모하는 조직이다.
② 즉, 관료제의 효율성과 안정성을 프로젝트조직의 역동성과 창조성에 결합하고자 하는 조직이다.
③ 프로젝트조직은 지식의 창조를 담당하고, 관료제는 지식의 활용을 담당하며, 지식기반 층은 지식의 축적과 교환 및 변환을 담당한다.
④ 하이퍼텍스트조직은 지식의 창조와 활용 및 축적을 심화시키는 조직구조로, 상의하달도 하의상달도 아닌 중간관리자가 주도하는 Middle-Up-Down 관리방식을 취한다.

Theme 07 전자정부의 원칙 → 「전자정부법」

① 대민서비스의 전자화 및 국민편익의 증진
② 행정업무의 혁신 및 생산성·효율성의 향상
③ 정보시스템의 안전성·신뢰성의 확보
④ 개인정보 및 사생활의 보호
⑤ 행정정보의 공개 및 공동이용의 확대
⑥ 중복투자의 방지 및 상호운용성 증진

바로 확인문제

1. 「전자정부법」에서 규정하는 전자정부의 원칙에 해당되지 않는 것은? 14. 지방직 7급
① 개인정보 및 사생활의 보호
② 행정정보의 공개 및 공동이용의 확대
③ 중복투자의 방지 및 상호운용성 증진
④ 행정기관 및 국가공무원의 통제 효율성 확대

정답해설 행정기관 및 국가공무원의 통제 효율성 확대는 「전자정부법」에 규정된 원칙이 아니다.

오답해설 ①, ②, ③ 「전자정부법」은 대민서비스의 전자화 및 국민편익의 증진, 행정업무의 혁신 및 이를 통한 생산성과 효율성의 향상, 정보시스템의 안전성과 신뢰성의 확보, 개인정보 및 사생활의 보호, 행정정보의 공개 및 공동이용의 확대, 중복투자의 방지 및 상호 운용성의 증진 등을 원칙으로 제시하고 있다.

답 | ④

Theme 08 「전자정부법」의 주요 내용

① 이 법은 행정업무의 전자적 처리를 위한 기본원칙, 절차 및 추진방법 등을 규정함으로써 전자정부를 효율적으로 구현하고, 행정의 생산성, 투명성 및 민주성을 높여 국민의 삶의 질을 향상시키는 것을 목적으로 한다.
② 전자문서란 컴퓨터 등 정보처리능력을 지닌 장치에 의하여 전자적인 형태로 작성되어 송수신되거나 저장되는 표준화된 정보를 말한다.
③ 전자화문서란 종이문서와 그 밖에 전자적 형태로 작성되지 아니한 문서를 정보시스템이 처리할 수 있는 형태로 변환한 문서를 말한다.
④ 정보통신망이란 전기통신설비를 활용하거나 전기통신설비와 컴퓨터 및 컴퓨터 이용기술을 활용하여 정보를 수집·가공·저장·검색·송신 또는 수신하는 정보통신체제를 말한다.
⑤ 정보자원이란 행정기관 등이 보유하고 있는 행정정보, 전자적 수단에 의하여 행정정보의 수집·가공·검색을 하기 쉽게 구축한 정보시스템, 정보시스템의 구축에 적용되는 정보기술, 정보화예산 및 정보화인력 등을 말한다.

- 정보기술아키텍처는 정부업무, 업무수행에 필요한 데이터, 업무를 지원하는 응용서비스 요소, 데이터와 응용시스템의 실행에 필요한 정보기술, 보안 등의 관계를 구조적으로 연계한 체계로서 정보자원관리의 핵심수단이다. 19. 국회직 8급

- 행정안전부장관은 전자정부의 구현·운영 및 발전을 위하여 5년마다 '전자정부기본계획'을 수립하여야 한다. 24. 소방간부

⑥ 정보기술아키텍처란 일정한 기준과 절차에 따라 업무, 응용, 데이터, 기술, 보안 등 조직 전체의 구성요소들을 통합적으로 분석한 뒤 이들 간의 관계를 구조적으로 정리한 체제 및 이를 바탕으로 정보화 등을 통하여 구성요소들을 최적화하기 위한 방법을 말한다.

⑦ 정보시스템이란 정보의 수집·가공·저장·검색·송신·수신 및 그 활용과 관련되는 기기와 소프트웨어의 조직화된 체계를 말한다.

⑧ 행정기관 등은 전자정부의 구현·운영 및 발전을 추진할 때 정보기술아키텍처를 기반으로 하여야 한다.

⑨ 행정기관 등은 상호 간에 행정정보의 공동이용을 통하여 전자적으로 확인할 수 있는 사항을 민원인에게 제출하도록 요구하여서는 아니 된다.

⑩ 중앙사무관장기관의 장(행정안전부장관)은 전자정부의 구현·운영 및 발전을 위하여 5년마다 행정기관 등의 기관별 계획을 종합하여 전자정부기본계획을 수립하여야 한다.

⑪ 행정기관 등의 장은 5년마다 해당 기관의 전자정부의 구현·운영 및 발전을 위한 기본계획(기관별 계획)을 수립하여 중앙사무관장기관의 장에게 제출하여야 한다.

⑫ 전자정부의 우수성과 편리함을 국민에게 알리고 국제적 위상을 제고하는 등 지속적으로 전자정부의 발전을 촉진하기 위하여 매년 6월 24일을 전자정부의 날로 한다.

⑬ 행정기관 등의 장은 해당 기관에서 제공하는 전자정부서비스에 대하여 관계 법령(지방자치단체의 조례 및 규칙을 포함)에서 문서·서면·서류 등의 종이문서로 신청, 신고 또는 제출 등을 하도록 규정하고 있는 경우에도 전자문서로 신청 등을 하게 할 수 있다.

⑭ 전자문서로 신청 등 또는 통지 등을 하는 경우 전자문서에 첨부되는 서류는 전자화문서로도 할 수 있다.

⑮ 행정안전부장관은 전자정부서비스 이용자에게 중앙행정기관과 그 소속 기관, 지방자치단체 및 공공기관이 보유한 본인의 건강검진일, 예방접종일, 운전면허갱신일 등 생활정보를 열람할 수 있는 전자정부서비스(생활정보 열람서비스)를 제공할 수 있다.

⑯ 행정안전부장관은 전자정부서비스 이용자가 동의한 경우에만 생활정보 열람서비스를 제공할 수 있다.

⑰ 행정기관 등의 장은 관계 법령에서 고지서·통지서 등의 종이문서로 통지 등을 하도록 규정하고 있는 경우에도 본인이 원하면 이를 전자문서로 통지 등을 할 수 있다.

⑱ 행정안전부장관은 행정정보의 원활한 공동이용을 위하여 행정안전부장관 소속으로 행정정보 공동이용센터를 두고 대통령령으로 정하는 바에 따라 공동이용에 필요한 시책을 추진하게 할 수 있다.

⑲ 행정정보를 공동으로 이용하는 기관은 정당한 사유가 없으면 공동이용센터를 통하여 행정정보를 공동이용하여야 한다.

⑳ 국가의 안전보장과 관련된 행정정보, 법령에 따라 비밀로 지정된 행정정보 또는 이에 준하는 행정정보는 공동이용 대상정보에서 제외할 수 있다.

㉑ 행정안전부장관은 정보기술아키텍처를 체계적으로 도입하고 확산시키기 위한 기본계획을 3년 단위로 수립하여야 한다.

㉒ 행정안전부장관은 정보기술아키텍처의 도입·운영을 촉진하기 위하여 행정기관 등이 공동으로 활용할 수 있는 정보기술아키텍처의 참조모형(정보기술아키텍처의 구성요소들을 표준화된 분류체계와 형식으로 정의함으로써 일관성·상호운용성 등을 확보하기 위한 모형)을 개발하여 보급할 수 있다.

> **바로 확인문제**

1. 우리나라의 전자정부에 대한 설명으로 옳지 <u>않은</u> 것은?
　　　　　　　　　　　　　　　　　　　　　　　　　23. 국가직 9급

① 정부는 '지능정보사회 종합계획'을 3년 단위로 수립하여야 한다.
② 과학기술정보통신부장관은 5년마다 행정기관 등의 기관별 계획을 종합하여 '전자정부기본계획'을 수립하여야 한다.
③ 「전자정부법」상 '전자화문서'는 종이문서와 그 밖에 전자적 형태로 작성되지 아니한 문서를 정보시스템이 처리할 수 있는 형태로 변환한 문서를 말한다.
④ 중앙행정기관의 장과 지방자치단체의 장은 해당기관의 지능정보사회 시책의 효율적 수립·시행과 대통령령이 정하는 업무를 총괄하는 '지능정보화책임관'을 임명하여야 한다.

정답해설 '전자정부기본계획'은 행정안전부장관이 5년 단위로 수립한다.

오답해설 ① '지능정보사회 종합계획'은 3년 단위로 과학기술정보통신부장관이 수립한다.
③ 처음부터 전자적으로 작성된 문서를 전자문서라 한다면, 종이문서 등을 전자적 형태로 변환시킨 것을 전자화문서라 한다.
④ '지능정보화책임관'은 중앙행정기관이나 지방자치단체에 필수적으로 두어야 하는 직위이다.

답 | ②

2. 현재 전자정부 관련 법령상 우리나라 전자정부서비스에 대한 설명으로 옳지 <u>않은</u> 것은?
　　　　　　　　　　　　　　　　　　　　　　　　　12. 국가직 7급

① 행정기관의 장은 해당 기관에서 처리할 민원사항에 대하여 관계 법령에서 종이문서로 신청하도록 규정하고 있는 경우 전자문서로 신청을 하게 할 수 없다.
② 민원사항과 관련하여 전자문서로 신청을 하는 경우 전자문서에 첨부되는 서류는 전자화 문서로 할 수 있다.
③ 행정기관의 민원인이 제출하여야 하는 구비서류가 행정기관이 전자문서로 발급할 수 있는 문서인 경우에는 직접 그 구비서류를 발급하는 기관으로부터 발급받아 업무를 처리해야 한다.
④ 행정기관의 장은 전자민원창구를 설치할 경우 특별한 사유가 없으면 소속기관마다 설치할 것이 아니라 하나의 창구로 설치해야 한다.

정답해설 행정기관 등의 장은 해당 기관에서 처리할 민원사항 등에 대하여 관계 법령에서 문서·서면·서류 등의 종이문서로 신청, 신고 또는 제출 등을 하도록 규정하고 있는 경우에도 전자문서로 신청 등을 하게 할 수 있다.

오답해설 ② 「전자정부법」에 따라, 전자문서로 민원을 신청하는 자는 첨부서류 역시 전자문서 또는 '전자화 문서'의 형태로 제출할 수 있다.
③ 행정기관 등의 장은 민원인이 첨부·제출하여야 하는 증명서류 등 구비서류가 행정기관 등이 전자문서로 발급할 수 있는 문서인 경우에는 직접 그 구비서류를 발급하는 기관으로부터 발급받아 업무를 처리하여야 한다.
④ 중앙행정기관의 장은 소관 사무에 대한 전자민원창구를 설치할 때 특별한 사유가 없으면 그 기관과 소속 기관의 전자민원창구를 통합하여 설치·운영해야 한다.

답 | ①

Theme 09 「지능정보화 기본법」의 주요 내용

① 국가와 지방자치단체는 이 법의 목적과 기본원칙을 고려하여 지능정보사회를 구현하기 위한 시책을 강구하여야 한다.
② 정부는 지능정보사회 정책의 효율적·체계적 추진을 위하여 지능정보사회 종합계획을 3년 단위로 수립하여야 한다.
③ 종합계획은 과학기술정보통신부장관이 관계 중앙행정기관의 장 및 지방자치단체의 장의 의견을 들어 수립하며, 정보통신 전략위원회의 심의를 거쳐 수립·확정한다.
④ 중앙행정기관의 장과 지방자치단체의 장은 해당 기관의 지능정보사회 시책의 효율적인 수립·시행과 지능정보화 사업의 조정 등 대통령령으로 정하는 업무를 총괄하는 책임관(지능정보화책임관)을 임명하여야 한다.
⑤ 중앙행정기관의 장과 지방자치단체의 장(특별시장·광역시장·특별자치시장·도지사·특별자치도지사)은 지능정보사회 시책 및 지능정보화 사업의 효율적 추진과 필요한 정보의 교류 및 관련 정책의 협의 등을 하기 위하여 과학기술정보통신부장관, 행정안전부장관과 지능정보화책임관으로 구성된 지능정보화책임관 협의회를 구성·운영한다.
⑥ 협의회의 의장은 과학기술정보통신부장관 및 행정안전부장관이 된다.

• 지능정보화책임관은 해당 기관의 지능정보사회 시책의 효율적인 수립·시행 업무와 지능정보화 사업의 조정 등 대통령령으로 정하는 업무를 총괄한다. 24. 소방간부

바로 확인문제

1. 지식정보사회에서의 조직변화에 관한 설명으로 가장 적절하지 않은 것은? 24. 경찰승진

① 우리나라는 「전자정부구현을 위한 행정업무 등의 전자화촉진에 관한 법률」을 2001년에 제정하여, 지식정보화시대의 국민 삶의 질 향상을 위한 행정업무의 전자화를 적극 추진하였다.
② 지식정보기술의 도입에 따른 역기능에 대응하기 위한 방안으로 학습조직 구조로의 전환이 제시되기도 한다.
③ 「지능정보화 기본법」에 따라 공공·민간·지역 등 분야별 지능정보화를 위해 행정안전부장관은 지능정보사회 종합계획을 5년 단위로 수립하여야 한다.
④ 지식정보기술의 도입을 통해 새로운 조직형태가 제시되기도 하는데, 그 예로 후기기업가조직과 공동조직(hollow organization)을 들 수 있다.

정답해설 과학기술정보통신부장관은 지능정보사회 정책의 효율적·체계적 추진을 위하여 지능정보사회 종합계획을 3년 단위로 수립하여야 한다.

답 | ③

Theme 10 「민원 처리에 관한 법률」의 주요 내용

① 일반민원
  ㉠ 법정민원: 법령·훈령·예규·고시·자치법규 등에서 정한 일정 요건에 따라 인가·허가·승인·특허·면허 등을 신청하거나 장부·대장 등에 등록·등재를 신청 또는 신고하거나 특정한 사실 또는 법률관계에 관한 확인 또는 증명을 신청하는 민원
  ㉡ 질의민원: 법령·제도·절차 등 행정업무에 관하여 행정기관의 설명이나 해석을 요구하는 민원
  ㉢ 건의민원: 행정제도 및 운영의 개선을 요구하는 민원
② 고충민원: 「부패방지 및 국민권익위원회의 설치와 운영에 관한 법률」에 따른 고충민원
③ 민원인이란 행정기관에 민원을 제기하는 개인·법인 또는 단체를 말한다. 다만, 행정기관(사경제의 주체로서 제기하는 경우는 제외), 행정기관과 사법상 계약관계에 있는 자, 성명·주소 등이 불명확한 자 등 대통령령으로 정하는 자는 제외한다.
④ 복합민원이란 하나의 민원 목적을 실현하기 위하여 관계법령 등에 따라 여러 관계 기관 또는 관계 부서의 인가·허가·승인·추천·협의 또는 확인 등을 거쳐 처리되는 법정민원을 말한다.
⑤ 다수인관련민원이란 5세대 이상의 공동이해와 관련되어 5명 이상이 연명으로 제출하는 민원을 말한다.
⑥ 민원의 신청은 문서(전자문서 포함)로 하여야 한다. 다만, 기타민원은 구술 또는 전화로 할 수 있다.
⑦ 행정기관의 장은 복합민원을 처리할 주무부서를 지정하고 그 부서로 하여금 관계 기관·부서 간의 협조를 통하여 민원을 한꺼번에 처리하게 할 수 있다.
⑧ 행정기관의 장은 복합민원을 처리할 때에 그 행정기관의 내부에서 할 수 있는 자료의 확인, 관계 기관·부서와의 협조 등에 따른 모든 절차를 담당 직원이 직접 진행하도록 하는 민원 1회 방문 처리제를 확립함으로써 불필요한 사유로 민원인이 행정기관을 다시 방문하지 아니하도록 하여야 한다.
⑨ 행정기관의 장은 민원 1회 방문 처리제의 원활한 운영을 위하여 민원 처리에 경험이 많은 소속 직원을 민원후견인으로 지정하여 민원인을 안내하거나 민원인과 상담하게 할 수 있다.
⑩ 여러 부처와 관련된 민원제도 개선사항을 심의·조정하기 위하여 국무총리 소속으로 민원제도개선조정회의를 둔다.

바로 확인문제

1. 현행 「민원 처리에 관한 법률」의 주요 내용으로 옳지 않은 것은? 09. 국가직 9급

① 사전심사청구제도
② 민원후견인제도
③ 민원 1회 방문 처리제도
④ 복합민원 부서별 분리처리제도

정답해설 행정기관의 장은 복합민원을 처리할 주무 부서를 지정하고 그 부서로 하여금 관계 기관 또는 부서 간 협조를 통해 민원사무를 한꺼번에 처리하게 할 수 있다.

오답해설 ① 사전심사청구제도는 민원인이 대규모 경제적 비용이 따르는 허가·신고 등의 민원을 정식으로 행정기관에 민원을 제출하기 전에 약식서류를 통해 대상 민원의 가능 여부를 서면으로 사전에 심사하는 제도이다.
② 민원후견인제도는 인·허가 등 복잡한 민원접수 시 각 지방자치단체가 계장급 이상 간부를 후견인으로 지정, 민원이 종결될 때까지 곁에서 도와주는 제도를 말한다. 후견인이 지정되는 민원은 다수기관이 관련된 복합적인 사안이거나 10일 이상이 걸리는 인·허가 등이다
③ 「민원 처리에 관한 법률」은 민원인이 불필요한 사유로 행정기관을 다시 방문하지 않도록 민원 1회 방문 처리제를 확립하고, 그 원활한 운영을 위해 민원후견인제도를 시행하도록 규정하고 있다.

답 | ④

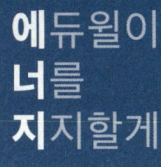

바람이 돕지 않는다면 노를 저어라.

– 윈스턴 처칠(Winston Churchill)

PART IV

인사행정론

에 듀 윌 공 무 원 행 정 학

CHAPTER 01	인사행정의 기초
CHAPTER 02	공직의 분류
CHAPTER 03	임용
CHAPTER 04	능력발전
CHAPTER 05	사기
CHAPTER 06	공무원의 행동규범

CHAPTER 01 인사행정의 기초

기선 제압

- 실적주의와 개방형 충원을 동시에 지향하면 직업공무원제가 성립되기 어렵다. 10. 서울시 7급

Theme 01 실적주의와 직업공무원제 B

① 실적주의와 직업공무원제는 능력 중심의 인사, 신분보장 등 공통점이 많으나 그 역사적 배경이나 이념은 동일하지 않다.
② 직업공무원제는 절대국가에서부터 발달하였으나 실적주의는 행정국가의 등장 이후 발달하였으며, 실적주의가 확립되더라도 개방형 임용을 폭넓게 채택하면 직업공무원제는 확립되기 어렵다.
③ 유럽에서는 일찍이 직업공무원제가 확립되었으나 미국에서는 1930년대 이후 본격적으로 도입되기 시작하였다.

실적주의	직업공무원제
① 개방형(→ 직위분류제) 또는 폐쇄형	① 폐쇄형(→ 계급제)
② 보다 완전한 기회균등 보장	② 연령과 학력 제한(→ 기회균등 제약)
③ 일반행정가 또는 전문행정가	③ 일반행정가

한 번 더 정리 실적주의와 직업공무원제

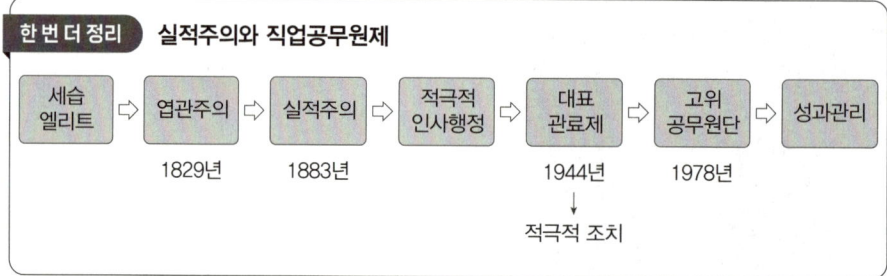

바로 확인문제

1. 다음 중 실적주의와 직업공무원제에 대한 설명으로 가장 적절하지 않은 것은? 24. 군무원 9급

① 실적주의를 개방형 충원과 동시에 시행하면 직업공무원제가 확립되기 어렵다.
② 직업공무원제는 실적주의의 확립요건 또는 구성요소 중 하나로 볼 수 있으며, 따라서 직업공무원제는 실적주의를 토대로 할 때 더욱 확고하게 뿌리내릴 수 있다.
③ 결원 충원방식 및 공직분류 제도에 있어서 실적주의는 개방형과 직위분류제에, 직업공무원제는 폐쇄형과 계급제에 가깝다고 할 수 있다.
④ 직업공무원제는 승진, 전보, 교육훈련 등을 통해 공무원 능력발전의 기회를 강조한다.

정답해설 직업공무원제가 실적주의의 구성요소인 것은 아니다. 직업공무원제도는 절대왕정 시대부터 발달한 것이고 실적주의는 민주주의가 정착된 이후 발달한 제도이다. 실적주의는 공개경쟁시험, 정치적 중립, 신분보장, 독립된 중앙인사기관 등을 구성요소로 한다.

답 | ②

Theme 02 실적주의의 발달과정

(1) 미국

① 1868년 젠크스 법안(→ 공무원 제도개혁 운동)
② 1871년 그랜트 위원회
③ 1880년 이튼 보고서(→ 영국의 공무원 제도의 연구)
④ 1881년 가필드 대통령의 암살
⑤ 1882년 공화당의 중간선거 패배
⑥ 1883년 펜들턴법(→ 공개경쟁시험 제도, 전체 공무원의 10% 정도)
⑦ 1920년 퇴직연금법의 제정
⑧ 1932년 실적주의 정착(→ 전체 공무원의 80% 정도)
⑨ 1939년 해치법(→ 공무원의 정치활동 금지의 강화)
⑩ 1978년 공무원제도개혁법(→ 인사관리처와 실적제보호위원회의 설치, 고위공무원단의 창설)
⑪ 특징: 직무(→ 직위분류제) 중심의 개방형 실적주의

(2) 영국

① 1853년 노스코트-트레벨리안 보고서(→ 실적주의 기반의 조성)
② 1870년 추밀원령: 실적주의 확립(→ 공개시험, 계급의 분류, 재무성의 인사권 강화 등)
③ 1968년 풀턴보고서: 인사부를 설치할 것, 계급 사이의 장벽을 제거할 것, 적극적 인사행정을 모색할 것 등
④ 특징: 사람(→ 계급제) 중심의 폐쇄형 실적주의, 직업공무원제와 연계

Theme 03 인사행정기관

(1) 외국

① 미국: 인사관리처(OPM), 실적제도보호위원회, 연방노사관계청, 특별검사실
  ㉠ 인사관리처: 대통령의 인사관리를 보좌하기 위한 기구로 대통령부 내에 설치된 단독제 기관
  ㉡ 실적제도보호위원회: 공무원제도개혁법(1978)에 의해 설치된 독립합의제 인사행정기관
  ㉢ 연방노사관계청: 행정부 내에 설치된 위원회 형태의 독립기관
  ㉣ 특별검사실(1989): 3명의 특별검사로 구성되어 독립적 조사와 소추권을 갖는 기관
② 영국: 공무원 장관(→ 총괄), 내각청 장관(→ 공무원 개혁), 인사위원회(→ 채용과 소청)

- 미국의 연방인사위원회가 독립형 합의제 중앙인사기관의 대표적인 예이다. 17. 서울시 9급

- 현재 미국의 인사관리처(OPM)가 비독립단독형 중앙인사기관에 속한다. 12. 국회직 8급

- 일본의 총무성은 중앙인사기관이 행정부의 한 부처로 속해 있는 비독립형 단독제 기관의 예이다. 17. 서울시 9급

- 2014년 국무총리 소속으로 인사혁신처가 신설되어 현재까지 비독립형 단독제 기관의 형태로 중앙인사기관이 운영되고 있다. 22. 군무원 9급

③ 일본: 인사원(→ 독립합의형), 총무성 인사국(→ 총리 소속)

(2) 우리나라

① 중앙
  ㉠ 인사혁신처: 국무총리 소속의 비독립단독형
  ㉡ 소청심사위원회: 인사혁신처 소속의 행정위원회(→ 준사법적 기능 담당)
  ㉢ 중앙징계위원회: 국무총리 소속의 의결기관, 위원장(→ 인사혁신처장)

② 지방
  ㉠ 인사위원회: 임용권자별로 설치, 정당의 당원이나 지방의회의원 등은 위원이 될 수 없음
  ㉡ 지방소청심사위원회: 시·도에 설치, 정당의 당원이나 지방의회의원 등은 위원이 될 수 없음

바로 확인문제

1. 중앙인사기관의 조직 형태에 대한 설명으로 가장 옳지 않은 것은? 22. 군무원 9급

① 1948년 대한민국 정부 수립 이후 비독립형 단독제 기관으로서 총무처를 두고 있었다.
② 1999년 비독립형 합의제 기관으로서 중앙인사위원회가 설치되어 행정자치부와 업무를 분담하였으며, 2004년부터는 중앙인사위원회로 통합되어 정부의 인사기능이 일원화되었다.
③ 2008년 중앙인사위원회의 폐지 이후 2013년까지 행정안전부를 거쳐 안전행정부로 인사관리기능이 독립형 단독제 기관으로 통합되어 운영되었다.
④ 2014년 국무총리 소속으로 인사혁신처가 신설되어 현재까지 비독립형 단독제 기관의 형태로 중앙인사기관이 운영되고 있다.

정답해설 과거 행정안전부는 비독립형 단독제 기관이다.

답 | ③

2. 「지방공무원법」상 인사위원회의 위원으로 임명되거나 위촉될 수 없는 사람은? 23. 국가직 9급

① 지방의회의원
② 법관·검사 또는 변호사 자격이 있는 사람
③ 공무원으로서 20년 이상 근속하고 퇴직한 사람
④ 초등학교·중학교·고등학교 교장 또는 교감으로 재직하는 사람

정답해설 공무원 임용에 결격사유가 있는 사람, 「정당법」에 따른 정당의 당원, 지방의회의원 등은 인사위원회의 위원이 될 수 없다.

오답해설 ②, ③, ④ 법관·검사 또는 변호사 자격이 있는 사람, 대학에서 조교수 이상으로 재직하거나 초등학교·중학교·고등학교 교장 또는 교감으로 재직하는 사람, 공무원으로서 20년 이상 근속하고 퇴직한 사람, 비영리민간단체에서 10년 이상 활동하고 있는 지역단위 조직의 장 등은 인사위원의 위원으로 위촉될 수 있다.

답 | ①

Theme 04 관리융통성모형

(1) 의의
① 운영의 자율성과 융통성을 높인 인사모형
② 인사행정과 일반관리와의 연계성을 강화하기 위한 노력
③ 최고책임자의 관리도구로서 중앙인사기관

(2) 구축방안
① 직위분류제와 계급제의 조화, 실적주의와 엽관주의의 조화
② 내부임용제도의 신축성 제고, 재택근무 등 다양한 제도의 도입
③ 교육훈련의 강화, 퇴직관리의 효율성 제고

Theme 05 유연근무제

시간선택제전환		① 주 40시간보다 짧은 시간 근무 → 15시간 이상 35시간 이하 ② 보수 및 연가는 근무시간에 비례하여 적용
탄력근무		주 40시간을 근무하되, 출퇴근시각, 근무시간, 근무일의 자율적 조정
	시차출퇴근	① 1일 8시간 근무체제를 유지하되, 출퇴근시간의 자율적 조정 ② 오전 7시부터 10시까지 30분 단위로 조정
	근무시간선택	① 1일 8시간에 구애받지는 않지만, 주 5일 근무는 준수 ② 1일 4~12시간 근무
	집약근무	① 1일 4시간에서 12시간 근무 ② 주 3.5일에서 4일 근무
	재량근무	① 출퇴근 의무 없이 프로젝트 수행으로 주 40시간 인정 ② 고도의 전문지식과 기술 또는 시간배분에 재량을 맡길 분야
원격근무		특정한 근무장소를 정하지 않고 정보통신망을 이용하여 근무하는 제도
	재택근무	사무실이 아닌 자택에서 근무
	스마트워크근무	자택 인근의 스마트워크센터 등 별도의 사무실에서 근무

- 유연근무제는 공무원의 근무방식과 형태를 개인·업무·기관 특성에 따라 선택할 수 있는 제도이다.
  19. 국가직 9급

- 탄력근무제는 전일제 근무시간을 지키되 근무시간, 근무일수를 자율 조정할 수 있는 제도이다.
  19. 국가직 9급

- 원격근무제는 재택근무형과 스마트워크 근무형으로 구분된다.
  18. 지방직 9급

- 심각한 보안위험이 예상되는 업무는 온라인 원격근무를 할 수 없다.
  18. 지방직 9급

바로 확인문제

1. 공무원의 근무방식과 형태에 대한 설명으로 옳지 않은 것은? 19. 국가직 9급

① 유연근무제는 공무원의 근무방식과 형태를 개인·업무·기관 특성에 따라 선택할 수 있는 제도이다.
② 시간선택제 근무는 통상적인 전일제 근무시간(주 40시간)보다 길거나 짧은 시간을 근무하는 제도이다.
③ 탄력근무제는 전일제 근무시간을 지키되 근무시간, 근무일수를 자율 조정할 수 있는 제도이다.
④ 원격근무제는 직장 이외의 장소에서 정보통신망을 이용하여 근무하는 제도이다.

정답해설 시간선택제 근무는 통상적인 전일제 근무시간(주 40시간)보다 짧은 시간을 근무하는 제도이다.

오답해설 ① 유연근무제는 개인의 여건에 따라 근로시간이나 형태 등을 조절할 수 있는 제도로, 시간선택제 전환근무, 탄력근무제(시차출퇴근형, 근무시간 선택형, 집약근무형, 재량근무형), 원격근무제(재택근무형, 스마트워크근무형) 등이 있다.
③ 탄력근무제는 전일제 근무시간을 지키되 근무시간, 근무일수를 자율 조정할 수 있는 제도로, 시차출퇴근형, 근무시간 선택형, 집약근무형, 재량근무형 등이 있다.
④ 원격근무제는 직장 이외의 장소에서 정보통신망을 이용하여 근무하는 제도로, 재택근무형과 스마트워크근무형이 있다.

답 | ②

Theme 06 우리나라 균형인사지수 → 인사혁신처장이 5년마다 균형인사기본계획 수립

· 우리나라는 균형인사제도를 통해 장애인·지방인재·저소득층 등에 대한 공직 진출을 지원하고 있다.
19. 지방직 9급

① 양성평등채용목표제: 시험별 합격예정인원의 30%(→ 검찰사무직은 20%)
② 여성관리자 채용목표제: 고위공무원과 과장(급) 직위에 1명 이상
③ 장애인채용목표제: 정원의 3.4% 이상
④ 이공계 전공자 우대: 신규채용 총 인원의 40%
⑤ 지역인재채용목표제: 시험단계별 합격예정인원의 20%(→ 7급 공무원 공개채용은 30%)
⑥ 지역인재추천채용제: 지역인재 7급 수습직원, 지역인재 9급 수습직원
⑦ 사회통합형 인재 인사관리(→ 저소득층 채용)
  ㉠ 9급 공개경쟁채용시험: 선발예정인원의 2% 이상
  ㉡ 9급 경력경쟁채용시험: 부처별 연간 신규채용인원의 1% 이상

Theme 07 다양성 관리

① 의의: 이질적인 구성원의 채용과 유지 및 역량개발을 위한 계획적인 노력
② 장점: 외부의 위험으로부터 조직의 탄력성 제고
③ 단점: 조직 내 이질적인 집단의 확산 → 조직의 응집성 저해와 소통의 위축
④ 멜팅팟(melting pot) 접근
 ㉠ 구성원 간의 이질성을 지배적인 주류에 의해 동화시키는 방법
 ㉡ 다양성으로 인한 응집성의 저하를 방지하기 위한 소극적 방법
⑤ 샐러드볼(salad bowl) 접근
 ㉠ 각기 다른 특성을 갖는 구성원들이 자신의 특성을 유지할 수 있도록 지원하는 방법
 ㉡ 다양성을 통한 조직의 탄력성을 극대화하기 위한 적극적 방법, 최근에 강조되는 방법
⑥ 다양성의 유형화와 관리전략 → 가시성과 변화가능성
 ㉠ 가시성: 구성원 간의 이질성이 얼마나 쉽게 확인될 수 있느냐에 따른 기준
 ㉡ 변화가능성: 구성원이 갖고 있는 이질성이 고정적인지 혹은 변화가능한지에 따른 기준

· 다양성 관리의 방안으로는 문화적 동화주의에 근거한 멜팅팟(melting pot) 접근과 문화적 다원주의에 근거한 샐러드볼(salad bowl) 접근이 있다. 23. 소방간부

· 다양성 관리의 대상이 되는 다양성은 가시성과 변화가능성을 기준으로 유형화할 수 있다. 23. 소방간부

구분		변화가능성	
		높음	낮음
가시성	높음	직업(사무직/생산직), 직위와 직급 숙련도(업무수행능력), 전문성, 언어	성별, 인종, 민족, 연령(세대) 장애(→ 육체적)
	낮음	교육수준(→ 학력), 노동지위(정규직/비정규직) 자녀유무, 가치관, 장애(→ 정신적)	고향, 출신학교(→ 전공), 가족배경, 성격, 종교 사회화 경험, 동기요인, 혼인 여부

바로 확인문제

1. 다양성 관리(diversity management)에 대한 설명으로 옳지 않은 것은? 21. 국가직 7급

① 오늘날 개인의 성격, 가치관의 차이와 같은 내면적 다양성의 중요성이 커지고 있다.
② 다양성 관리란 내적·외적 차이를 가진 다양한 조직 구성원을 공평하고 효율적으로 활용하기 위한 체계적인 인적자원관리과정이다.
③ 균형인사정책, 일과 삶 균형정책은 다양성 관리의 방안으로 볼 수 없다.
④ 대표관료제를 통한 조직 내 다양성 증대는 실적주의와 충돌할 가능성이 있다.

정답해설 균형인사정책은 사회의 다양성을 반영한 것이고, 일과 삶의 균형정책은 개인의 다양성을 반영한 것으로 다양성 관리의 방안에 해당한다.

오답해설 ① 다양성 관리(diversity management)란 구성원들의 다양한 내적·외적 특성을 인적자원관리의 핵심 주제로 삼는 관리기법을 말한다.
② 다양성 관리는 포스트모더니즘으로 표현되는 사회의 다양성을 조직관리에서 받아들인 것이다.
④ 대표관료제 역시 사회의 다양성을 공직에 반영한 제도이나, 실적주의와 충돌할 가능성이 있다.

답 | ③

공직의 분류

 기선 제압

Theme 01　정무직 공무원과 별정직 공무원　A

(1) 정무직 공무원

① 선출직 공무원: 대통령, 국회의원, 지방자치단체장, 지방의회의원
② 감사원: 감사원장, 감사위원, 감사원 사무총장(↔ 감사원 사무차장은 일반직)
③ 국회: 국회 사무총장, 국회 사무차장, 예산정책처장, 입법조사처장
④ 헌법재판소: 헌법재판소장, 헌법재판관, 사무처장, 사무차장
⑤ 중앙선거관리위원회: 상임위원, 사무총장, 사무차장
⑥ 행정부: 국무총리, 국무위원, 처의 처장, 차관, 청장, 국무조정실장 및 국무차장, 국가정보원장과 차장 및 기획조정실장, 대통령·국무총리 비서실장, 국가안보실장, 차관급 비서관(→ 수석 비서관)
⑦ 기타: 서울시 부시장, 제주특별자치도 행정시장(→ 예고된 자)
⑧ 주의: 대법원장, 대법관, 검찰청장, 경찰청장, 소방청장, 공직수사처장 및 차장 등은 특정직 공무원

(2) 별정직 공무원

① 국회 수석전문위원
② 지방의회 전문위원(→ 별정직 또는 일반직)
③ 광역자치단체 정무부단체장(→ 서울시 제외)

바로 확인문제

1. 정무직 공무원에 해당하지 않는 것은?　19. 국가직 7급

① 국가정보원 차장　　　② 국무조정실 국무차장
③ 헌법재판소 사무차장　④ 감사원 사무차장

> **정답해설** 감사원 사무총장은 정무직 공무원이지만 사무차장은 일반직 공무원이다.
>
> **오답해설** ① 국가정보원은 원장, 차장, 기획조정실장이 정무직 공무원이다.
> ② 국무조정실의 실장과 국무차장은 모두 정무직 공무원이다.
> ③ 헌법재판소는 재판소장, 재판관, 사무처장, 사무차장이 정무직 공무원이다.
>
> 답 | ④

Theme 02 시간선택제 공무원

① 통상적 근무시간(→ 주 40시간)을 근무하는 상근 공무원제와 대비되는 것으로, 가족친화적 인사정책이나 정부의 일자리 나누기 정책의 일환으로 도입되었다.
② **시간선택제 채용공무원**(2014): 주당 근무시간은 15시간 이상 35시간 이하의 범위에서 임용권자 또는 임용제청권자가 정하며, 통상적인 근무시간 동안 근무하는 공무원으로 임용하는 경우에는 어떠한 우선권도 인정하지 아니한다.
③ **시간선택제 전환공무원**(2005): 최소 3개월 이상 주 15시간 이상 35시간 이하의 범위에서 소속장관이나 임용권자가 지정한다.

• 시간선택제채용공무원은 주당 15시간 이상 35시간 이하의 범위에서 근무한다. 　24. 경찰간부

• 시간선택제채용공무원을 통상적인 근무시간 동안 근무하는 공무원으로 임용하는 경우 어떠한 우선권도 인정하지 않는다. 　17. 지방직 7급

바로 확인문제

1. 통상적인 근무시간보다 짧은 시간(주 15~35시간)을 근무하는 공무원으로서 일반 공무원처럼 시험을 통해 채용되고 정년이 보장되는 공무원으로 옳은 것은? 　20. 군무원 9급

① 시간선택제 전환공무원
② 시간선택제 임기제 공무원
③ 시간선택제 채용공무원
④ 한시임기제 공무원

> **정답해설** 통상적인 근무시간보다 짧은 시간(주 15~35시간)을 근무하는 공무원으로 처음부터 채용되는 공무원은 시간선택제 채용공무원이다. 시간선택제 전환공무원은 정규공무원이 특정한 사유가 발생한 경우 일정 기간 짧은 시간 근무하고 그 사유가 종료되면 다시 정규 시간을 근무하게 하는 제도이다.
>
> 답 | ③

2. 우리나라의 시간선택제 공무원 제도에 대한 설명으로 옳은 것은? 　17. 지방직 7급

① 시간선택제 채용공무원을 통상적인 근무시간 동안 근무하는 공무원으로 임용하는 경우 어떠한 우선권도 인정하지 않는다.
② 유연근무제도의 일환으로 도입되었으며, 기관 사정이나 정부의 일자리 나누기 정책 구현 등을 위해서는 활용되지 않는다.
③ 시간선택제 채용공무원의 주당 근무시간은 40시간으로 한다.
④ 2013년에 국가공무원, 2015년에 지방공무원을 대상으로 시간선택제 공무원 시험이 최초로 실시되었다.

> **정답해설** 시간선택제 채용공무원은 통상적인 근무시간 동안 근무하는 공무원으로 임용하려면 일반 수험생과 마찬가지로 다시 공직임용시험을 거쳐야 한다.
>
> **오답해설** ② 시간선택제 공무원제도는 유연근무제도의 일환으로 도입되었으며, 기관 사정이나 정부의 일자리 나누기 정책 등을 위해서 활용되기도 한다.
> ③ 시간선택제 채용공무원의 주당 근무시간은 15시간 이상 35시간 이하의 범위에서 임용권자 또는 임용제청권자가 정한다. 이 경우 근무시간을 정하는 방법 및 절차 등은 인사혁신처장이 정한다.
> ④ 시간선택제 채용공무원제도는 2013년에 신설된 제도로, 2014년부터 국가공무원 및 지방공무원을 대상으로 시험이 최초로 실시되었다.
>
> 답 | ①

Theme 03 임기제 공무원

① 전문지식이나 기술이 요구되거나 임용관리에 있어 특수성이 요구되는 업무를 담당하기 위하여 근무기간을 정하여 임용하는 공무원을 말한다.
② 일반임기제 공무원: 법령에 규정된 경력직 공무원의 정원에 해당하는 직위와 책임운영기관의 장의 직위에 임용되는 임기제 공무원
③ 전문임기제 공무원: 특정한 분야에 대한 전문지식이나 기술 등이 요구되는 업무를 수행하기 위하여 임용되는 임기제 공무원
④ 시간선택제임기제 공무원: 통상 근무시간보다 짧은 시간(→ 주 15시간 이상 35시간 이하)을 근무하는 공무원으로 임용되는 일반임기제 공무원 또는 전문임기제 공무원
⑤ 한시임기제 공무원: 휴직을 하거나 30일 이상의 병가·특별휴가를 받은 공무원의 업무를 대행하기 위하여 1년 6개월 이내의 기간 동안 임용되는 공무원으로 통상적인 근무시간보다 짧은 시간 근무하는 임기제 공무원

• 일반임기제공무원은 직제 등 법령에 규정된 경력직 공무원의 정원에 해당하는 직위에 임용된다.
24. 경찰간부

바로 확인문제

1. 우리나라 인사제도에 대한 설명으로 옳지 않은 것은? 20. 국가직 9급

① 인사혁신처는 비독립형 단독제 형태의 중앙인사기관이다.
② 전문경력관이란 직무 분야가 특수한 직위에 임용되는 일반직 공무원을 말한다.
③ 별정직 공무원의 근무상한연령은 65세이며, 일반임기제 공무원으로 채용할 수 있다.
④ 각 부처의 고위공무원을 범정부적 차원에서 효율적으로 관리하고자 고위공무원단 제도를 운영하고 있다.

정답해설 별정직 공무원의 근무상한 연령은 원칙적으로 60세이다. 한편, 일반임기제 공무원으로 채용할 수 있는 것은 경력직 공무원이다. 별정직은 특수경력직에 속한다.

오답해설 ① 인사혁신처는 국무총리 소속의 독임제 기관이다.
② 전문경력관은 해당 기관의 일반직 공무원 직위 중 순환보직이 곤란하거나 장기재직 등이 필요한 특수 분야에 지정된다.
④ 고위공무원단제도는 정부의 실·국장급 공무원(1~3급)을 중·하위직 공무원과 분리하여 범정부적 차원에서 성과와 능력을 기준으로 통합적으로 관리하는 인사시스템을 말한다.

답 | ③

Theme 04　인사청문회제도　　B

(1) 인사청문특별위원회

① 임명에 있어 국회의 동의를 요하는 대법원장, 헌법재판소장, 국무총리, 감사원장, 대법관 전원
② 국회에서 선출하는 헌법재판소 재판관(→ 3인) 및 중앙선거관리위원회 위원(→ 3인)
③ 효력: 대정부 구속

(2) 소관상임위원회

① 국무위원, 방송통신위원회 위원장, 국가정보원장, 공정거래위원회 위원장, 금융위원회 위원장, 국가인권위원회 위원장, 고위공직자범죄수사처장, 국세청장, 검찰총장, 경찰청장, 합동참모의장, 한국은행 총재, 특별감찰관, 한국방송공사 사장의 후보자
② 대통령이 임명하는 헌법재판소 재판관과 중앙선거관리위원회 위원
③ 대법원장이 지명하는 헌법재판소 재판관 또는 중앙선거관리위원회 위원의 후보자
④ 효력: 대정부 구속력은 없음

• 대법원장·헌법재판소장·국무총리·감사원장 및 대법관은 인사청문특별위원회에서 인사청문이 이루어진다.
20. 경찰간부

바로 확인문제

1. 현행 우리나라 인사청문제도에 관한 설명으로 가장 적절한 것은?　20. 경찰승진

① 인사청문회는 원칙적으로 국회윤리특별위원회에서 실시하고 예외적으로 인사청문특별위원회에서 실시한다.
② 국회 인사청문의 진행은 비공개가 원칙이며, 위원회의 의결로 공개할 수 있다.
③ 국가정보원장, 경찰청장, 검찰총장의 인사청문회는 인사청문특별위원회에서 실시한다.
④ 국회에서 선출하는 헌법재판소 재판관 및 중앙선거관리위원회 위원의 인사청문회는 인사청문특별위원회에서 실시한다.

정답해설 임명에 있어 국회의 동의를 요하는 대법원장, 헌법재판소장, 국무총리, 감사원장, 대법관 전원과 국회에서 선출하는 헌법재판소 재판관(→ 3인) 및 중앙선거관리위원회 위원(→ 3인)의 인사청문은 인사청문특별위원회에서 실시한다.

오답해설 ① 인사청문회는 인사청문특별위원회와 소관상임위원회에서 실시한다.
② 국회 인사청문의 진행은 공개가 원칙이며, 위원회의 의결로 비공개할 수 있다.
③ 국가정보원장, 경찰청장, 검찰총장의 인사청문회는 소관상임위원회에서 실시한다.

답 | ④

2. 우리나라 인사청문회의 대상이 되는 공직후보자로 옳지 않은 것은?　20. 소방간부

① 국가인권위원회 위원장
② 국세청장
③ 통계청장
④ 국가정보원장
⑤ 한국방송공사 사장

정답해설 통계청장은 인사청문회의 대상으로 규정되어 있지 않다.

답 | ③

Theme 05 「인사청문회법」의 주요 내용

① 인사청문특별위원회는 임명동의안 등이 국회에 제출된 때에 구성된 것으로 본다.
② 인사청문특별위원회는 임명동의안 등이 본회의에서 의결될 때 또는 인사청문경과가 본회의에 보고될 때까지 존속한다.
③ 국회는 임명동의안 등이 제출된 날부터 20일 이내에 그 심사 또는 인사청문을 마쳐야 한다.
④ 위원회는 임명동의안 등이 회부된 날부터 15일 이내에 인사청문회를 마치되, 인사청문회의 기간은 3일 이내로 한다.
⑤ 위원장은 위원회에서 심사 또는 인사청문을 마친 임명동의안 등에 대한 위원회의 심사경과 또는 인사청문경과를 본회의에 보고한다.
⑥ 국회의장은 공직후보자에 대한 인사청문경과가 본회의에 보고되면 지체 없이 인사청문경과보고서를 대통령·대통령당선인 또는 대법원장에게 송부하여야 한다.
⑦ 인사청문회는 공개한다. 다만, 위원회의 의결로 공개하지 아니할 수 있다.

바로 확인문제

1. 우리나라 고위공직자의 인사청문제도에 대한 설명으로 옳지 않은 것은? 09. 국가직 7급

① 국무위원 후보자는 국회의 인사청문 대상이다.
② 국회는 임명동의안이 제출된 날로부터 20일 이내에 인사청문을 마쳐야 한다.
③ 국회에 제출하는 임명동의안 첨부서류에는 최근 5년간의 소득세·재산세·종합토지세의 납부 및 체납 실적에 관한 사항이 포함되어 있다.
④ 인사청문특별위원회 위원장은 인사청문경과를 국회 본회의에 보고한 후, 대통령에게 인사청문경과보고서를 송부한다.

정답해설 인사청문경과보고서를 대통령 등에게 송부하는 것은 국회의장이다.

오답해설 ① 대통령이 국무위원을 임명하려면 미리 국회의 인사청문을 거쳐야 한다.
② 국회는 임명동의안 등이 제출된 날부터 20일 이내에 그 심사 또는 인사청문을 마쳐야 한다.
③ 임명동의안의 첨부서류에는 직업·학력·경력에 관한 사항, 병역신고사항, 재산신고사항, 최근 5년간의 소득세·재산세·종합토지세의 납부 및 체납 실적에 관한 사항, 범죄경력에 관한 사항 등이 포함된다.

답 | ④

Theme 06 전문경력관

- 전문경력관이란 직무 분야가 특수한 직위에 임용되는 일반직 공무원을 말한다. 20. 국가직 9급
- 전문경력관은 계급의 구분과 직군 및 직렬의 분류를 적용하지 않는다. 22. 국가직 7급

① 지정대상: 일반직 공무원 직위 중 순환보직이 곤란하거나 장기 재직 등이 필요한 특수 분야
② 지정절차: 소속 장관이 지정(→ 임의규정)
③ 직위구분: 계급이나 직렬·직군의 구분을 폐지하고 직무의 특성과 난이도 및 요구되는 숙련도를 기준으로 가군(→ 5급 이상), 나군, 다군으로 구분
④ 채용방법: 경력경쟁채용

⑤ **시보임용**: 가군을 신규채용할 때에는 1년간, 나군 및 다군은 각각 6개월간 시보로 임용
⑥ **전직**: 전문경력관과 일반직 공무원 간 상호 전직 가능

> • 임용권자는 일정한 경우에 전직시험을 거쳐 전문경력관을 다른 일반직 공무원으로 전직시킬 수 있다.
> 18. 국가직 9급

바로 확인문제

1. 전문경력관제도에 대한 설명으로 옳지 <u>않은</u> 것은?   18. 국가직 9급

① 소속 장관은 해당 기관의 일반직 공무원 직위 중 순환보직이 곤란하거나 장기 재직 등이 필요한 특수 업무 분야의 직위를 인사혁신처장과 협의하여 전문경력관직위로 지정할 수 있다.
② 일반직 공무원과 마찬가지로 계급 구분과 직군 및 직렬의 분류를 허용한다.
③ 전문경력관직위의 군은 직무의 특성·난이도 및 직무에 요구되는 숙련도 등에 따라 구분한다.
④ 임용권자는 일정한 경우에 전직 시험을 거쳐 전문경력관을 다른 일반직 공무원으로 전직시킬 수 있다.

> **정답해설** 전문경력관은 계급 구분과 직군 및 직렬의 분류를 적용하지 아니하는 특수 업무 분야에 종사하는 공무원을 말한다.
>
> 답 | ②

2. 전문경력관제도에 대한 설명으로 옳지 <u>않은</u> 것은?   22. 국가직 7급 변형

① 계급의 구분과 직군 및 직렬의 분류를 적용하지 않는다.
② 직무의 특성, 난이도 및 직무에 요구되는 숙련도 등에 따라 가군, 나군, 다군으로 구분한다.
③ 전직시험을 거쳐 다른 일반직 공무원을 전문경력관으로 전직시킬 수 있으나, 전문경력관을 다른 일반직 공무원으로 전직시킬 수는 없다.
④ 소속 장관은 해당 기관의 일반직 공무원 직위 중 순환보직이 곤란하거나 장기 재직 등이 필요한 특수 업무 분야의 직위를 전문경력관직위로 지정할 수 있다.

> **정답해설** 전문경력관 역시 전직시험을 통해 일반직 공무원으로 전직할 수 있다.
> **오답해설** ①, ② 전문경력관직위의 군은 직무의 특성·난이도 및 직무에 요구되는 숙련도 등에 따라 가군, 나군 및 다군으로 구분한다.
> ④ 전문경력관의 도입은 필수적인 것은 아니다. 소속 장관은 해당 기관의 일반직 공무원 직위 중 순환보직이 곤란하거나 장기 재직 등이 필요한 특수 업무 분야의 직위를 전문경력관직위로 지정할 수 있다.
> ※ 출제 당시, ④는 "~특수 업무 분야의 직위를 인사혁신처장과 협의하여 전문경력관직위로 지정할 수 있다."였으나 2022년 12월 「전문경력관 규정」이 개정되어 선택지 내용을 수정하였습니다.
>
> 답 | ③

Theme 07   직위분류제의 수립절차   B

(1) 직무조사
① 직무내용과 성과책임, 직무수행의 난이도, 직무수행요건 등 직무에 대한 객관적 정보를 수집하고 기록하는 과정으로, 이를 토대로 직무기술서(job description)가 작성된다.
② 방법: 질문지법, 면접법, 관찰법, 일지기록법 등

(2) 직무분석
① 직무분석은 직무의 종류와 성질에 따라 직류·직렬·직군을 형성하는 과정으로, 이에 따라 수평적 분업이 형성된다.
② 직무분석은 논리적 사고과정으로 공식적인 절차는 아니며, 공직분류의 합리성 확보에 기여한다.
③ 초점: 직렬의 수와 폭에 대한 결정 및 혼합직의 분류

(3) 직무평가
① 직무의 책임도와 곤란성에 따라 직급과 직무등급을 형성하는 과정으로, 이에 따라 수직적 계층이 형성된다.
② 직무평가는 직무의 상대적 가치를 결정하는 것으로, 직무급 확립의 중요한 기반이 된다.

(4) 직무명세서(job specification)
① 모집, 선발, 훈련, 근무성적평정 등 인사관리의 기준을 제시하는 문서로, 직급의 명칭, 직책의 개요, 최소자격요건, 채용방법, 보수액 등이 명시된다.
② 직무기술서(job description)가 직무의 내용에 관한 개략적 기술서라면 직무명세서는 직무의 내용보다는 직무수행에 필요한 인적 요건을 세밀하게 기술한 것이다.

바로 확인문제

1. 직무분석과 직무평가에 대한 설명으로 옳은 것은?   20. 국가직 7급
① 직무분석은 직무들의 상대적인 가치를 체계적으로 분류하여 등급화하는 것이다.
② 직무자료 수집방법에는 관찰, 면접, 설문지, 일지기록법 등이 활용된다.
③ 일반적으로 직무평가 이후에 직무분류를 위한 직무분석이 이루어진다.
④ 직무평가의 방법으로 서열법, 요소비교법 등 비계량적 방법과 점수법, 분류법 등 계량적 방법을 사용한다.

정답해설 직무자료를 수집하는 것을 직무조사라 하며, 직무조사의 방법에는 질문지법, 면접법, 관찰법, 일지기록법 등이 있다.

오답해설 ① 직무들의 상대적인 가치를 체계적으로 분류하여 등급화하는 것은 직무평가이다.
③ 직위분류제를 시행함에 있어 직무분석이 직무평가보다 선행되는 과정이다.
④ 서열법과 분류법이 비계량적 방법이고 점수법과 요소비교법이 계량적 방법이다.

답 | ②

Theme 08 직무평가방법

(1) 서열법
① 직무의 상대가치를 종합적으로 비교하여 서열을 결정하는 방법이다.
② 가장 간단하고 일찍부터 시작된 직무평가제도로, 자의성이 개입하기 쉽지만 단순하여 비용이 적게 든다.

(2) 분류법
① 직무 전체를 종합적으로 판단해 미리 정해 놓은 등급기준표와 비교해가면서 등급을 결정하는 방법이다.
② 서열법보다 한 단계 발전한 기법으로, 정부와 같은 대규모 조직에서 주로 사용된다.

(3) 점수법
① 직무를 구성요소로 나누고 각 요소별 가치를 직무평가기준표와 비교하여 계량적으로 총점을 구한 후 등급기준표에 따라 배치하는 방법으로, 분류법의 발전된 형태이다.
② 가장 많이 사용되는 직무평가 기법으로 우리나라 고위공무원의 분류에도 사용하고 있다.

(4) 요소비교법
① 가장 늦게 고안된 방법으로, 서열법의 발전된 형태이다.
② 점수법과 같이 직무를 요소별로 계량화하여 측정하나, 등급기준표에 따라 직무를 평가하는 것이 아니라 조직 내 기준직무(→ 대표직위)를 선정한 후 각 요소별로 평가할 직무와 기준직무를 비교하면서 점수를 부여한다.
③ 상대가치를 금전적·계량적으로 분석하며, 직위의 상대적 수준을 현행 보수액과 관련시켜 평가한다고 하여 금액가중치법이라 한다.

구분	직무와 등급표(→ 절대평가)	직무와 직무(→ 상대평가)
비계량적(→ 직무 전체)	분류법(→ 등급법)	서열법
계량적(→ 직무의 구성요소)	점수법	요소비교법

• 서열법은 점수법과 달리 직무를 구성요소별로 나누지 않고, 전체적·종합적으로 평가하는 방법이다.
17. 경찰간부

• 분류법은 미리 정한 등급기준표와 직무 전체를 비교하여 등급을 결정하는 비계량적 방법이다.
23. 국가직 9급

• 점수법은 직무를 구성하는 하위요소별 점수를 합산하여 평가하는 방법이다.
23. 국가직 9급

• 요소비교법은 대표직위(key position)를 선정하여 대표직위의 평가요소별 서열을 정하는 방법이다.
23. 경찰간부

바로 확인문제

1. 직무평가방법과 설명이 바르게 연결된 것은?   16. 국가직 9급

> A. 서열법(job ranking)   B. 분류법(classification)
> C. 점수법(point method)   D. 요소비교법(factor comparison)

> ㄱ. 직무 전체를 종합적으로 판단해 미리 정해 놓은 등급기준표와 비교해가면서 등급을 결정한다.
> ㄴ. 대표가 될 만한 직무들을 선정하여 기준 직무(key job)로 정해놓고 각 요소별로 평가할 직무와 기준 직무를 비교해가며 점수를 부여한다.
> ㄷ. 비계량적 방법을 통해 직무기술서의 정보를 검토한 후 직무 상호 간에 직무전체의 중요도를 종합적으로 비교한다.
> ㄹ. 직무평가표에 따라 직무의 세부 구성요소들을 구분한 후 요소별 가치를 점수화하여 측정하는데, 요소별 점수를 합산한 총점이 직무의 상대적 가치를 나타낸다.

	A	B	C	D
①	ㄱ	ㄴ	ㄷ	ㄹ
②	ㄱ	ㄷ	ㄹ	ㄴ
③	ㄷ	ㄴ	ㄱ	ㄹ
④	ㄷ	ㄱ	ㄹ	ㄴ

정답해설 ㄱ. 직무 전체를 종합적으로 판단하며 등급기준표가 존재하는 것은 분류법이다.
ㄴ. 대표직위가 존재하고 요소별로 평가하여 점수를 부여하는 것은 요소비교법이다.
ㄷ. 비계량적 방법이고 직무 전체의 중요도를 종합적으로 비교하는 것은 서열법이다.
ㄹ. 직무평가표가 존재하고 요소별로 점수화하는 것은 점수법이다.

답 | ④

Theme 09 개방형 직위와 공모직위   B

(1) 개방형 직위(2000)

① 개념
    ㉠ 전문성이 요구되거나 효율적 정책수립을 위하여 필요하다고 판단되어 공직 내부나 외부에서 적격자를 임용할 필요가 있는 직위를 말한다.
    ㉡ 현재 1급부터 3급까지의 공무원과 이에 상당하는 공무원으로 보할 수 있는 직위 중 임기제 공무원으로도 보할 수 있는 직위는 개방형 직위로 지정된 것으로 본다.
    ㉢ 지방자치단체의 경우 광역자치단체는 1~5급의 10%, 기초자치단체는 2~5급의 10%를 개방형 직위로 임용 가능하며, 개방형 직위를 지정함에 있어 인사혁신처와의 협의는 폐지되었다.

② 지정범위
　㉠ 소속 장관별로 고위공무원단 직위 총수의 100분의 20의 범위에서 개방형 직위를 지정하되, 중앙행정기관과 소속 기관 간 균형을 유지하도록 하여야 한다.
　㉡ 중앙행정기관의 과장급 직위 총수의 100분의 20의 범위에서 개방형 직위를 지정하되, 성과가 크다고 판단되는 기관, 공무원의 종류 또는 직무 분야 등을 고려하여야 한다.
　㉢ 소속 장관은 개방형 직위로 지정되는 직위와 지정범위에 관하여 인사혁신처장과 협의하여야 한다.
　㉣ 지정기준: 전문성, 중요성, 민주성, 혁신성(→ 변화 필요성), 조정 필요성 등
③ 임용
　㉠ 선발: 공직 내부와 외부를 대상으로 공개경쟁시험을 거쳐 적격자를 선발한다.
　㉡ 신분: 원칙적으로 임기제 공무원으로 임용하나 임용 당시 경력직 공무원은 전보·승진·전직의 방법에 의하여 경력직 공무원으로 임용될 수 있다.
　㉢ 개방형 직위에 임용되는 공무원의 임용기간은 다른 법령에 특별한 규정이 있는 경우를 제외하고는 5년의 범위에서 소속 장관이 정하되, 최소한 2년 이상으로 하여야 한다.
　㉣ 다만, 공무원이 아닌 사람이 개방형 직위에 임기제 공무원으로 임용된 경우에는 특별한 사정이 없는 한 임용기간은 최소한 3년 이상으로 하여야 한다.
　㉤ 그리고 소속 장관은 개방형 직위 중 특히 공직 외부의 경험과 전문성을 적극 활용할 필요가 있는 직위를 공직 외부에서만 적격자를 선발하는 경력개방형 직위로 지정할 수 있다.
④ 평가
　㉠ 공무원과 민간전문가 사이의 생산적 경쟁을 유도하여 공무원의 자기개발을 촉진하는 효과를 가져 오며, 특정한 직무에 필요한 우수 인력의 확보에 유리하다.
　㉡ 민간전문가가 공직 경험이 많은 공무원들을 지휘해야 할 경우 조직 장악에 어려울 수 있다.
　㉢ 단기적으로는 물론 장기적으로도 직업공무원제의 확립에 부정적인 영향을 미칠 수 있다.

(2) 공모직위
① 개념
　㉠ 해당 기관의 직위 중 효율적인 정책수립 또는 관리를 위하여 해당 기관 내부 또는 외부의 공무원 중에서 적격자를 임용할 필요가 있는 직위를 말한다.
　㉡ 소속 장관별로 경력직 공무원으로 임명할 수 있는 고위공무원단 직위 총수의 100분의 30의 범위에서 공모직위를 지정하되, 중앙행정기관과 소속 기관 간 균형을 유지하도록 하여야 한다.
　㉢ 소속 장관은 경력직 공무원으로 임명할 수 있는 과장급 직위 총수의 100분의 20의 범위에서 공모직위를 지정하되, 그 실시 성과가 크다고 판단되는 기관, 공무원의 종류 또는 직무 분야 등을 고려하여야 한다.
　㉣ 소속 장관은 과장급직위 등의 효율적인 업무 수행을 지원하기 위하여 4급 및 5급 경력직 공무원 또는 이에 상당하는 공무원으로 임명할 수 있는 직위(담당급 직위)를 공모직위로 지정하되, 그 실시 성과가 크다고 판단되는 기관, 공무원의 종류 또는 직무분야 등을 고려해야 한다.

• 개방형 직위로 지정된 직위에는 외부 적격자뿐만 아니라 내부 적격자도 임용할 수 있다. 16. 지방직 9급

• 개방형 직위는 임기제 공무원으로 임용함을 원칙으로 하되, 임기제가 아닌 경력직으로도 임용할 수 있다. 17. 경찰승진

• 경력개방형 직위제도는 공무원과 민간인이 경쟁하여 최적임자를 선발하는 개방형직위와 달리, 공직 외부에서만 적격자를 선발하는 직위를 말한다. 17. 경찰승진

ⓜ 소속 장관은 공모직위의 지정 범위에 관하여 인사혁신처장과 협의하여야 한다.
② 임용
  ㉠ 공모직위에 임용되는 공무원은 전보, 승진, 전직 또는 경력경쟁채용 등의 방법으로 임용하여야 하며, 국가공무원의 공모직위에 지방공무원도 응모할 수 있다.
  ㉡ 공모직위에 임용된 공무원은 임용된 날부터 2년 이내에 다른 직위에 임용될 수 없다.
  ㉢ 지방자치단체도 공모직위를 지정하여 운영할 수 있으며, 공모직위의 지정범위 및 지정비율 등은 해당 자치단체 인사위원회의 심의를 거쳐 임용권자가 정한다.

구분	개방형 직위	공모직위
대상	일반직 · 특정직 · 별정직 공무원	일반직 · 특정직(→ 경력직에 한림)
선발범위	공직 내외(→ 민간인 포함)	부처 내외(→ 공무원에 한함)
지정범위	고위공무원단 직위의 20% 이내 과장급 직위의 20% 이내	경력직 고위공무원단 직위의 30% 이내 경력직 과장급 직위의 20% 이내 4급 및 5급 경력직 공무원 또는 담당급 직위
임용기간	5년 범위 안, 최소 2·3년 이상	2년 이내 다른 직위로의 임용 불가

Theme 10 고위공무원단 적격심사

① 고위공무원단에 속하는 일반직 공무원은 다음의 어느 하나에 해당하면 고위공무원으로서 적격한지 여부에 대한 심사(적격심사)를 받아야 한다.
  ㉠ 근무성적평정에서 최하위 등급의 평정을 총 2년 이상 받은 때
  ㉡ 대통령령으로 정하는 정당한 사유 없이 직위를 부여받지 못한 기간이 총 1년에 이른 때
  ㉢ 다음의 경우에 모두 해당할 때
    ⓐ 근무성적평정에서 최하위 등급을 1년 이상 받은 사실이 있는 경우
    ⓑ 대통령령으로 정하는 정당한 사유 없이 6개월 이상 직위를 부여받지 못한 사실이 있는 경우
  ㉣ 조건부 적격자가 교육훈련을 이수하지 아니하거나 연구과제를 수행하지 아니한 때
② 적격심사는 사유에 해당하게 된 때부터 6개월 이내에 실시하여야 한다.
③ 적격심사는 근무성적, 능력 및 자질의 평정에 따르되, 고위공무원의 직무를 계속 수행하게 하는 것이 곤란하다고 판단되는 사람을 부적격자로 결정한다. 다만, 교육훈련 또는 연구과제 등을 통하여 근무성적 및 능력의 향상이 기대되는 사람은 조건부 적격자로 결정할 수 있다.

CHAPTER 03 임용

Theme 01 연공주의와 성과주의

구분	연공주의	성과주의
채용	정기 및 신입사원 채용 중심 일반적 선발기준	수시 및 경력사원 채용 강화 전문성과 창의성 중심의 선발기준
관리	직무기반	역량기반
평가	태도와 근속연수 중심의 평가	성과와 능력 중심의 평가
보상	직급과 연차 중심의 승진	직급 파괴, 성과·역량 중심 승진
퇴직	평생고용	조기퇴직, 전직 지원의 활성화

> **기선 제압**
>
> • 성과주의 인적자원관리는 태도와 근속연수보다 성과와 능력 중심의 평가를 강조한다. 16. 국가직 7급

바로 확인문제

1. 연공주의(seniority system)에 대한 설명으로 옳은 것만을 모두 고르면? 23. 국가직 9급

> ㄱ. 장기근속으로 조직에 대한 공헌도를 높인다.
> ㄴ. 개인의 성과에 따른 적절한 보상을 통해 사기를 높인다.
> ㄷ. 계층적 서열구조 확립으로 조직 내 안정감을 높인다.
> ㄹ. 조직 내 경쟁을 통해서 개인의 역량개발에 기여한다.

① ㄱ, ㄴ
② ㄱ, ㄷ
③ ㄴ, ㄹ
④ ㄷ, ㄹ

정답해설 ㄱ. 장기근속으로 조직에 대한 공헌도를 높이는 것은 연공주의 인사관리의 특징이다.
ㄷ. 계층적 서열구조 확립으로 조직 내 안정감을 높이는 것은 연공주의 인사관리의 특징이다.

오답해설 ㄴ. 개인의 성과에 따른 적절한 보상을 통해 사기를 높이는 것은 성과주의 인사관리의 특징이다.
ㄹ. 조직 내 경쟁을 통해서 개인의 역량개발에 기여하는 것은 성과주의 인사관리의 특징이다.

답 | ②

Theme 02 외국인과 복수국적자의 임용

① 국가기관의 장은 국가안보 및 보안·기밀에 관계되는 분야를 제외하고 대통령령 등으로 정하는 바에 따라 외국인을 공무원으로 임용할 수 있다.

② 임용권자 또는 임용제청권자는 외국인을 전문경력관, 임기제 공무원 또는 특수경력직 공무원으로 채용할 수 있다.
③ 국가기관의 장은 다음의 어느 하나에 해당하는 분야로서 대통령령 등으로 정하는 분야에는 복수국적자의 임용을 제한할 수 있다.
    ㉠ 국가의 존립과 「헌법」 기본질서의 유지를 위한 국가안보 분야
    ㉡ 내용이 누설되는 경우 국가의 이익을 해하게 되는 보안·기밀 분야
    ㉢ 외교, 국가 간 이해관계와 관련된 정책결정 및 집행 등 복수국적자의 임용이 부적합한 분야

Theme 03 휴직의 종류

(1) 강제휴직
① 신체·정신상의 장애로 장기 요양이 필요할 때
② 「병역법」에 따른 병역 복무를 마치기 위하여 징집 또는 소집된 때
③ 천재지변이나 전시·사변, 그 밖의 사유로 생사 또는 소재가 불명확하게 된 때
④ 그 밖에 법률의 규정에 따른 의무를 수행하기 위하여 직무를 이탈하게 된 때
⑤ 「공무원의 노동조합 설립 및 운영 등에 관한 법률」에 따라 노동조합 전임자로 종사하게 된 때

(2) 의원휴직
① 국제기구, 외국 기관, 국내외의 대학·연구기관, 다른 국가기관 또는 대통령령으로 정하는 민간기업, 그 밖의 기관에 임시로 채용될 때
② 국외 유학을 하게 된 때
③ 중앙인사관장기관의 장이 지정하는 연구기관이나 교육기관 등에서 연수하게 된 때
④ 8세 이하 또는 초등학교 2학년 이하의 자녀를 양육하기 위하여 필요하거나 여성공무원이 임신 또는 출산하게 된 때 → 특별한 사정이 없으면 휴직을 명하여야 함
⑤ 조부모, 부모(배우자의 부모 포함), 배우자, 자녀 또는 손자녀를 부양하거나 돌보기 위하여 필요한 경우
⑥ 외국에서 근무·유학 또는 연수하게 되는 배우자를 동반하게 된 때
⑦ 대통령령 등으로 정하는 기간(3년) 동안 재직한 공무원이 직무 관련 연구과제 수행 또는 자기개발을 위하여 학습·연구 등을 하게 된 때

(3) 휴직의 효력
① 휴직 중인 공무원은 신분은 보유하나 직무에 종사하지 못한다.
② 휴직 기간 중 그 사유가 없어지면 30일 이내에 임용권자 또는 임용제청권자에게 신고하여야 하며, 임용권자는 지체 없이 복직을 명하여야 한다.
③ 휴직 기간이 끝난 공무원이 30일 이내에 복귀 신고를 하면 당연히 복직된다.

> • 임용권자는 8세 이하 또는 초등학교 2학년 이하의 자녀를 양육하기 위하여 필요하거나 여성공무원이 임신 또는 출산하게 되어 휴직을 원하면 대통령령으로 정하는 특별한 사정이 없으면 휴직을 명하여야 한다.
> 15. 국가직 9급

능력발전

Theme 01 창의성 향상과 지식관리

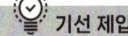
기선 제압

창의성 향상(→ 새로운 지식의 발견)	지식관리(→ 지식의 획득과 이전)
① 교호충실화기법(cross-fertilization) ② 형태학적 분석기법 ③ 악역활용방법 ④ 생각하는 탐험기법 ⑤ 반전(reversal)기법 ⑥ 비유(analogy)기법	① 현장관찰(on-site observation) ② 브레인스토밍, 델파이기법, 명목집단기법 ③ 프로토콜분석 ④ 그룹웨어, 인트라넷과 인터넷 ⑤ 순환보직(job rotation), 대담 ⑥ 역사학습과 경험담 듣기 ⑦ 실천공동체

Theme 02 전통적 교육훈련과 창조형 교육훈련

전통적 교육훈련	창조형 교육훈련
① 정형적 교육훈련(→ 폐쇄체제) ② 교수(teaching) 중심(→ 공급자 중심) ③ 강의식 교육, 커리큘럼 사고	① 비정형적 교육훈련(→ 폐쇄체제) ② 학습(learning) 중심(→ 수요자 중심) ③ 참여와 체험식 교육, 학습체제

Theme 03 역량기반교육훈련

① 역량이란 성과를 달성하기 위해 필요한 지식, 기술, 태도 등의 행동 특성을 의미하는데, 역량기반교육훈련은 특정 업무수행을 통해 달성하고자 하는 성과로부터 출발한다.
② 대표적인 방식으로는 멘토링, 학습조직, 액션러닝, 워크아웃 프로그램 등이 있다.
③ 멘토링은 개인 간의 신뢰와 존중을 바탕으로 조직 내 발전과 학습이라는 목표의 달성을 도모하는 훈련기법이다.
④ 워크아웃 프로그램은 조직의 수직적·수평적 장벽을 제거하고 자발적 참여를 통해 신속한 의사결정과 문제해결을 도모하는 교육훈련 방법이다.

바로 확인문제

1. 역량기반교육훈련제도의 하나로 조직의 수직적·수평적 장벽을 제거하고 전 구성원의 자발적 참여에 의한 행정혁신, 관리자의 신속한 의사결정과 문제해결을 도모하는 교육훈련 방식으로 가장 적절한 것은?

23. 군무원 7급

① 멘토링(mentoring)
② 학습조직
③ 액션러닝(action learning)
④ 워크아웃 프로그램(work-out program)

> **정답해설** 조직의 수직적·수평적 장벽을 제거하고 전 구성원의 자발적 참여에 의한 행정혁신, 관리자의 신속한 의사결정과 문제해결을 도모하는 교육훈련 방식은 워크아웃 프로그램이다.
>
> 답 ④

2. 역량기반교육훈련(CBC: Competency-Based Curriculum)에 대한 설명으로 옳은 것만을 모두 고른 것은?

17. 국가직 7급(하)

> ㉠ 맥클랜드(D. McClelland)는 우수성과자의 인사 관련 행태를 역량으로 규정하고 이를 중심으로 한 인사관리를 주장하였다.
> ㉡ 직무분석으로 도출된 직무명세서를 바탕으로 교육 과정을 설계하는 직무 지향적 교육훈련 방법이다.
> ㉢ 역량모델은 전체 구성원에게 적용되는 공통역량, 원활한 조직운영을 위한 직무역량, 전문적 직무수행을 위한 관리역량으로 구성된다.
> ㉣ 피교육자의 능력을 정확히 진단하여 부족한 부분(gap)을 보충하는 교육이 가능하다.

① ㉠, ㉡
② ㉠, ㉣
③ ㉡, ㉢
④ ㉢, ㉣

> **정답해설** ㉠ 역량이란 조직의 목표 달성과 연계하여 뛰어난 직무수행을 보이는 고성과자의 차별화된 행동특성과 태도를 말한다.
> ㉣ 역량기반교육훈련은 피교육자 개개인의 현재 능력을 정확하게 진단하고, 요구되는 능력과의 차이(부족한 부분)를 명확히 파악하여, 그 부족한 부분만을 집중적으로 보충하는 형태의 교육 설계 및 실행이 이루어진다.
>
> **오답해설** ㉡ 직무분석으로 도출된 직무명세서를 바탕으로 교육과정을 설계하는 직무지향적 교육훈련 방법은 전통적 교육훈련기법이다.
> ㉢ 원활한 조직운영을 위한 역량이 관리역량이고, 전문적 직무수행을 위한 역량이 직무역량이다.
>
> 답 ②

Theme 04 다면평가제

(1) 의의
① 개인을 평가할 때 직속 상사에 의한 일방향의 평가가 아닌 다수의 평가자에 의해 다양한 방향에서 이루어지는 평가이다.
② 다면평가는 여러 사람을 평정자로 활용하므로 소수 평정자의 주관과 편견, 그리고 이들 간의 개인적 편차를 줄여 평가의 공정성을 높일 수 있는 제도이다.
③ 다면평가에서는 해당 공무원의 상급 또는 상위 공무원, 동료, 하급 또는 하위 공무원 및 민원인 등이 평가자로 참여한다.

- 다면평가는 평가의 객관성과 공정성을 제고할 수 있으나 각 부처가 반드시 이를 실시해야 하는 것은 아니다. 17. 국가직 7급

(2) 장점
① 다면평가는 단독평가에 비하여 보다 공정하고 객관적인 평정이 가능하기에 평정결과에 대한 당사자들의 승복을 받아내기 용이하다.
② 다면평가는 팀워크가 강조되는 현대 사회의 새로운 조직유형(→ 탈관료제)에 부합하며, 공무원의 국민에 대한 충성심을 강화하고, 작업집단의 팀워크 발전에 기여할 수 있다.
③ 또한 다면평가는 조직구성원들로 하여금 자신의 장단점을 파악하여 자기역량강화의 기회를 높일 수 있고, 조직 내 원활한 인간관계를 증진시키려는 동기부여를 통해 업무의 효율성과 상호 간 이해의 폭을 높일 수 있다.

- 다면평가는 계층구조의 완화와 팀워크가 강조되는 새로운 조직유형에 적합한 평가제도라는 장점이 있다. 10. 국가직 7급

(3) 단점
① 그러나 계층과 서열을 강조하는 조직에 하급자가 상급자를 평가하는 다면평가를 도입할 경우 기존 문화와 새로운 제도와의 모순으로 인한 갈등 가능성이 높아질 것이다.
② 또한 다면평가는 평정의 취지나 방법을 잘 숙지하지 못한 상태에서 평가를 할 가능성이 높아지므로 담합하거나 모략성의 응답의 가능성이 높고, 능력보다는 인간관계의 친밀도로 평가가 이루어질 가능성이 크다.
③ 그리고 다면평가는 상사뿐만 아니라 동료와 부하 및 고객 등에 의해 평가를 받으므로 상급자가 하급자의 눈치를 보지 않고 소신껏 업무를 처리하는 데 있어 장애가 될 수 있다.

(4) 우리나라의 다면평가(『공무원 성과평가 등에 관한 지침』)
① 소속 장관은 소속 공무원에 대한 능력개발 및 인사관리 등을 위하여 해당 공무원의 상급 또는 상위 공무원, 동료, 하급 또는 하위 공무원 및 민원인 등에 의한 다면평가를 실시할 수 있다.
② 다면평가의 평가자 집단은 다면평가 대상 공무원의 실적·능력 등을 잘 아는 업무 관련자로 구성하되, 소속 공무원의 인적 구성을 고려하여 공정하게 대표되도록 구성하여야 한다.
③ 다면평가의 결과는 해당 공무원에게 공개할 수 있다.
④ 다면평가 결과는 역량개발, 교육훈련, 승진, 전보, 성과급 지급 등에 활용이 가능하다.

바로 확인문제

1. 다면평가제도에 대한 설명으로 옳지 않은 것은?   13. 지방직 9급

① 평가대상자의 동료와 부하를 제외하고 상급자가 다양한 측면에서 평가한다.
② 일면평가보다는 평가의 객관성과 신뢰성을 확보할 수 있다.
③ 평가결과의 환류를 통하여 평가대상자의 자기역량 강화에 활용할 수 있다.
④ 평가항목을 부처별, 직급별, 직종별, 특성에 따라 다양하게 설계하는 것이 바람직하다.

> **정답해설** 다면평가는 해당 공무원의 상급 또는 상위 공무원, 동료, 하급 또는 하위 공무원 및 민원인 등이 평가자로 참여한다.
>
> **오답해설** ② 이론적으로는 상급자가 단독으로 평가하는 것보다는 여러 사람이 평가하는 것이 평정의 오차를 줄여줄 수 있으므로, 평정의 객관성과 공정성을 높일 수 있다.
> ③ 다면평가의 결과는 해당 공무원에게 공개할 수 있으며, 이러한 환류를 통해 자기역량의 강화에 활용될 수 있다.
> ④ 우리나라 역시 소속 장관은 필요한 경우 성과평가 제도 운영의 적정성을 높이기 위하여 기관별 특성에 맞는 평가기법을 개발·운영할 수 있다.
>
> 답 | ①

2. 다면평가제도에 관한 설명으로 가장 적절하지 않은 것은?   23. 경찰승진

① 입체적이고 다면적인 평가결과를 도출하여 평가의 객관성과 공정성을 강화할 수 있다.
② 하급자가 상급자를 평가함에 따라 계층제를 통한 내부통제를 약화시킬 우려가 있다.
③ 우리나라에서는 이명박 정부 당시 다면평가제도가 처음 도입되었다.
④ 우리나라 제도상 평가자는 피평가자의 상사, 동료, 부하, 민원인 등으로 구성된다.

> **정답해설** 다면평가는 1998년 김대중 정부에서 도입하였다.
>
> **오답해설** ① 다면평가제도는 기존의 상급자 단독 평가 방식에서 벗어나, 동료, 하급자, 외부 고객 등 다양한 관계자로부터 피평가자에 대한 정보를 수집한다. 이를 통해 한 개인에 대한 입체적이고 종합적인 평가가 가능해져 평가의 객관성과 공정성을 높이는 데 기여할 수 있다.
> ② 다면평가제도의 단점 중 하나로, 하급자가 상급자를 평가하는 상향 평가가 공식화되면서 상급자가 하급자의 눈치를 보게 되어 강력한 리더십을 발휘하기 어려워지고, 전통적인 계층제적 지휘·감독 체계를 약화시킬 수 있다는 우려가 제기된다.
> ④ 다면평가를 실시하는 경우 평가자 집단은 다면평가 대상 공무원의 실적과 능력 등을 잘 아는 업무 유관자로 구성하며, 소속 공무원의 인적 구성을 대표하도록 구성하여야 한다.
>
> 답 | ③

Theme 05 우리나라 근무성적평정 　B

① 각 기관의 장은 정기 또는 수시로 소속 공무원의 근무성적을 객관적이고 엄정하게 평정하여 인사관리에 반영하여야 한다.
② 근무성적평정 결과 근무성적이 우수한 자에 대하여는 상여금을 지급하거나 특별승급시킬 수 있다.

구분	성과계약평가	근무성적평가
대상	4급 이상	5급 이하
평가시기	연 1회	연 2회 및 수시
평가항목	성과목표 달성도 등	근무실적 및 직무수행능력
평가등급	3등급 이상	3등급 이상
평가방법	절대평가(→ 고위공무원단은 상대평가) 이중평정(→ 평가자와 확인자)	상대평가(→ 강제배분법) 이중평정(→ 평가자와 확인자)
평가위원회	규정 없음	근무성적평가위원회

• 우리나라는 평정상의 오차나 편파적 평정을 시정하기 위하여 이중평정제를 실시한다.　10. 지방직 7급

바로 확인문제

1. 성과평가제도에 대한 설명으로 옳은 것은?　17. 국가직 7급

① 일반직 공무원의 근무성적평정은 크게 5급 이상을 대상으로 한 성과계약 등 평가와 6급 이하를 대상으로 한 근무성적평가로 구분된다.
② 성과계약 등 평가는 정기평가와 수시평가로 나눌 수 있으며, 정기평가는 6월 30일과 12월 31일 기준으로 연 2회 실시한다.
③ 다면평가는 평가의 객관성과 공정성을 제고할 수 있으나 각 부처가 반드시 이를 실시해야 하는 것은 아니다.
④ 역량평가제도는 5급 신규 임용자를 대상으로 업무수행에 필요한 충분한 역량을 보유하고 있는지를 평가한다.

정답해설 다면평가제도는 1999년 임의규정으로 도입된 후 2003년에 강행규정으로 전환되었다가 2008년 다시 임의규정으로 완화되었다. 소속 장관은 소속 공무원에 대한 능력개발 및 인사관리 등을 위하여 해당 공무원의 상급 또는 상위 공무원, 동료, 하급 또는 하위 공무원 및 민원인 등에 의한 다면평가를 실시할 수 있다.

오답해설 ① 일반직 공무원의 근무성적평정은 크게 4급 이상을 대상으로 한 '성과계약 등 평가'와 5급 이하를 대상으로 한 '근무성적평가'로 구분된다.
② 정기평가와 수시평가로 나뉘는 것은 근무성적평가이다. '성과계약 등 평가'는 12월 31일을 기준으로 연 1회 실시한다.
④ 역량평가제도는 고위공무원과 과장급 직위에 임용되는 공무원을 대상으로 실시한다. 2015년부터는 과장급 직위도 역량평가를 통과한 사람을 임용하도록 의무화하였다.

답 | ③

Theme 06 「공무원 성과평가 등에 관한 규정」

① 「국가공무원법」에 따른 근무성적평정은 성과계약 등 평가와 근무실적 및 능력에 대한 평가(근무성적평가)로 구분한다.
② 성과계약 등 평가는 12월 31일을 기준으로 실시한다.
③ 근무성적평가는 정기평가와 수시평가로 구분하여 실시하고, 경력평정은 정기평정과 수시평정으로 구분하여 실시한다.
④ 정기평가 또는 정기평정은 6월 30일과 12월 31일을 기준으로 실시한다.
⑤ 4급 이상 공무원(고위공무원단에 속하는 공무원 포함)과 연구관·지도관 및 전문직 공무원에 대한 근무성적평정은 성과계약 등 평가에 의한다. 다만, 소속 장관은 5급 이하 공무원 및 우정직 공무원 중 성과계약 등 평가가 적합하다고 인정하는 공무원에 대해서도 성과계약 등 평가를 실시할 수 있다.
⑥ 소속 장관은 평가 대상 기간의 해당 기관의 임무 등을 기초로 평가 대상 공무원과 평가자가 성과계약을 체결하도록 하여야 한다.
⑦ 5급 이하 공무원, 우정직 공무원, 연구직 및 지도직 공무원에 대한 근무성적평정은 근무성적평가에 의한다.
⑧ 근무성적평가의 평가자는 평가 대상 공무원의 업무수행 과정 및 성과를 관찰할 수 있는 상급 또는 상위 감독자 중에서 소속 장관이 지정하고, 확인자는 평가자의 상급 또는 상위 감독자 중에서 소속 장관이 지정한다.
⑨ 근무성적평가의 평가항목은 근무실적과 직무수행능력으로 하되, 소속 장관이 필요하다고 인정하는 경우에는 인사혁신처장이 정하는 범위에서 직무수행태도 또는 부서 단위의 운영 평가 결과를 평가항목에 추가할 수 있다.
⑩ 근무성적평가 결과를 고려하여 평가 대상 공무원에 대한 근무성적평가 점수를 정하고 근무성적평가 결과의 조정·이의신청 등에 관한 사항을 처리하기 위하여 승진후보자 명부 작성 단위 기관별로 근무성적평가위원회를 둔다.
⑪ 평가자는 근무성적평정이 공정하고 타당하게 실시될 수 있도록 하기 위하여 근무성적평정 대상 공무원과 성과면담을 실시하여야 한다.
⑫ 평가자는 근무성적평정에서 최하위등급을 받은 공무원과 향후 근무실적 및 직무수행능력 등의 향상을 위한 성과면담을 실시하여야 한다. 다만, 소속 장관이 필요하다고 인정하는 경우에는 성과면담 대상 공무원을 추가로 정할 수 있다.
⑬ 공무원은 근무성적평정이 완료되면 평정 대상 공무원에게 해당 근무성적평정 결과를 알려 주어야 한다.
⑭ 근무성적평정 대상 공무원은 평가자의 근무성적평정 결과에 이의가 있는 경우에는 확인자에게 이의를 신청할 수 있다.
⑮ 근무성적평가 대상 공무원으로서 이의신청 결과에 불복하는 공무원은 근무성적평가위원회에 근무성적평가 결과의 조정을 신청할 수 있다.
⑯ 소속 장관은 성과계약 등 평가 및 근무성적평가의 결과를 평가대상 공무원에 대한 승진임용·교육훈련·보직관리·특별승급 및 성과상여금 지급 등 각종 인사관리에 반영하여야 한다.

- 근무성적평가의 요소에는 직무수행실적과 개인의 능력 외에 태도도 포함할 수 있다. 19. 경찰간부

Theme 07 귀인이론 → 켈리(H. Kelley)

① 행동의 원인이 그 사람의 내적 요인인지 아니면 외적 요인인지를 밝히려는 이론
② 기준
　㉠ 일관성(consistency): 동일한 사람이 시간이 경과되어도 동일한 방식으로 행동하는 정도
　㉡ 합의성(consensus): 동일한 사람이 동일한 상황에 직면한 다른 사람들과 동일한 방식으로 행동하는 정도
　㉢ 특이성(distinctiveness): 동일한 사람이 상이한 상황에 따라 다른 행동을 보이는 정도

일관성		합의성		특이성	
높음	낮음	높음	낮음	높음	낮음
내재적	외재적	외재적	내재적	외재적	내재적

> 켈리(H. Kelly)의 귀인이론에 의하면 개인이 동일한 사건에서 다른 사람들과 동일하게 행동하는 정도가 높다면, 그 행동의 원인을 외적 요소에 귀인하려는 경향이 나타난다.
> 20. 군무원 7급

바로 확인문제

1. 켈리(H. Kelly)의 귀인이론에서 주장되는 귀인의 성향으로 가장 옳지 않은 것은? 22. 군무원 9급
① 판단대상 외 다른 사람들이 다른 상황에서 동일한 행동을 보이는 정도가 높다면, 그 행동의 원인을 내적 요소에 귀인하는 경향이 나타난다.
② 판단대상이 다른 상황에서는 달리 행동하는 정도가 높다면, 그 행동의 원인을 외적 요소에 귀인하는 경향이 나타난다.
③ 판단대상이 동일한 상황에서 과거와 동일한 행동을 보이는 정도가 높다면, 그 행동의 원인을 내적 요소에 귀인하는 경향이 나타난다.
④ 판단대상 외 다른 사람들도 동일한 상황에 대해 동일한 행동을 보이는 정도가 높다면, 그 행동의 원인을 외적 요소에 귀인하는 경향이 나타난다.

> **정답해설** 판단대상 외 다른 사람들이 동일한 상황에서 동일한 행동을 보이는 정도가 높다면, 그 행동의 원인은 외적 요소에 귀인한다는 것이 켈리(H. Kelly)의 합의성에 관한 내용이다. ①의 지문으로는 그 원인을 파악할 수 없다.
>
> 답 | ①

Theme 08 역량평가

- 역량평가제도는 피평가자의 과거 성과를 평가하는 것이 아니라 미래 행동에 대한 잠재력을 측정하는 것이다. 24. 경찰승진

- 역량평가제도는 고위공무원단제도의 도입에 따라 고위공무원으로서 요구되는 역량을 구비했는지를 사전에 검증하는 제도적 장치이다. 09. 지방직 9급

- 역량평가제도는 구조화된 모의 상황을 설정한 뒤 현실적 직무 상황에 근거한 행동을 관찰해 평가하는 방식이다. 16. 서울시 9급

① **역량**: 뛰어난 직무수행 능력을 보이는 고성과자의 차별화된 특성
② **종류**: 전체 구성원에게 적용되는 공통역량, 원활한 조직운영을 위한 관리역량, 전문적 직무수행을 위한 직무역량
③ **대상**: 모든 공무원, 고위공무원단 직위(2006)와 과장급 직위(2015)는 필수(→ 임용 전 실시)
④ **요소**
  ㉠ 고위공무원단 직위: 문제인식, 전략적 사고, 성과지향, 변화관리, 고객만족, 조정과 통합
  ㉡ 과장급 직위: 정책기획, 성과관리, 조직관리, 의사소통, 이해관계조정, 동기부여
⑤ **평가센터(Assessment Center) 기법**
  ㉠ 구조화된 모의상황: 현실적 직무 상황에 근거한 행동의 관찰과 평가
  ㉡ 다양한 실행과제: 복합적인 실행과제 활용으로 다양한 역량의 평가
  ㉢ 다수 평가자(6~9명): 개별 평가자의 오류 방지, 평가의 공정성 확보

바로 확인문제

1. 역량평가에 대한 설명으로 옳은 것만을 모두 고르면? 18. 지방직 9급

> ㄱ. 역량은 조직의 평균적인 성과자의 행동특성과 태도를 의미한다.
> ㄴ. 다수의 훈련된 평가자가 평가대상자가 수행하는 역할과 행동을 관찰하고 합의하여 평가결과를 도출한다.
> ㄷ. 고위공무원단 역량평가의 대상은 문제인식, 전략적 사고, 성과지향, 변화관리, 고객만족, 조정·통합의 6가지 역량으로 구성되어 있다.
> ㄹ. 고위공무원단 후보자가 되기 위해서는 역량평가를 거친 후 반드시 고위공무원단 후보자 교육과정을 이수해야 한다.

① ㄱ, ㄴ ② ㄱ, ㄹ
③ ㄴ, ㄷ ④ ㄷ, ㄹ

정답해설 ㄴ. 평가센터기법에 대한 설명이다. 평가센터기법은 구조화된 모의상황에서 평가대상자가 보이는 행동을 평가위원이 직접 관찰하여 평가하는 기법이다.
ㄷ. 고위공무원단의 역량요소는 문제인식, 전략적 사고, 성과지향, 변화관리, 고객만족, 조정·통합 등이고, 과장급 직위의 역량요소는 정책기획, 성과관리, 조직관리, 의사소통, 이해관계조정, 동기부여 등이다.

오답해설 ㄱ. 역량이란 조직의 목표 달성과 연계하여 뛰어난 직무수행을 보이는 고성과자의 차별화된 행동특성과 태도를 말한다.
ㄹ. 고위공무원단 후보자는 역량평가를 통과한 사람으로서, 3급 공무원, 4급 공무원 중 해당 계급에서 5년 이상 재직한 사람으로서 공무원 경력이 20년 이상인 사람 등이다. 한편, 지방공무원이나 민간인을 고위공무원단 직위에 신규 채용하는 경우 등은 역량평가를 실시하지 아니할 수 있다.

답 | ③

Theme 09 경력개발제도(CDP)

(1) 의의
① 구성원의 장기적인 경력목표 수립과 이를 달성하기 위한 경력계획을 통해 개인의 능력 발전과 조직의 효율성을 함께 도모하는 인사기법으로, 미국에서 직위분류제의 단조로움을 해소하고자 도입(1955)된 제도이다.
② 우리나라의 경우 중하위직 공무원의 잦은 보직변경을 방지하고 전문성을 제고하기 위하여 도입(2005)되었다.
③ **경력개발의 원칙**: 적재적소 배치, 승진경로 확립, 인재육성, 자기주도, 직무와 역량 중심, 개방성과 공정성 등
④ 전체 업무를 3개 이상의 전문분야와 1개의 공통분야로 구분하고 개인별로 1개의 전문분야를 지정한다.

(2) 모형
① ⊤형: 중·하위직급은 전문화, 상위직급은 순환(Rotation)(→ 일반관리자)
② ⊥형: 하위직급은 순환(Rotation), 상위직급은 전문화(→ 전문참모)
③ 工형: 상·하위직급은 순환(Rotation), 중간직급은 전문화(→ 직군별 관리자)
④ ↑형: 전문분야에만 종사하는 방식(→ 전문행정가)

> • 경력개발은 구성원 스스로가 적극적인 정보수집을 통해 경력목표와 경력개발계획을 작성하고 능동적으로 학습하는 것을 원칙으로 한다.
> 24. 경찰승진
>
> • 경력개발의 기본원칙으로 적재적소의 원칙, 인재양성의 원칙, 자기주도의 원칙 등이 해당된다.
> 14. 지방직 7급

바로 확인문제

1. 경력개발(career development)에 관한 설명으로 가장 적절하지 않은 것은? 24. 경찰승진
① 경력개발은 구성원의 적성, 지식, 경험, 능력과 조직의 목표달성에 필요한 직무가 잘 조화되도록 관리하여야 한다.
② 경력개발은 직무가 아닌 직급 중심의 경력계획을 세우고, 직급에서 요구되는 필요 역량의 개발에 중점을 두어야 한다.
③ 경력개발의 기회가 모든 구성원에게 공평하게 제공되어야 하고, 보직이동의 기회도 역량을 갖춘 구성원들 간 공정한 경쟁을 통해 제공되어야 한다.
④ 경력개발은 구성원 스스로가 적극적인 정보수집을 통해 경력목표와 경력개발계획을 작성하고 능동적으로 학습하는 것을 원칙으로 한다.

정답해설 경력개발은 직급이 아닌 직무와 역량 중심의 경력계획을 세우고, 직무에서 요구되는 필요 역량의 개발에 중점을 둔다.

답 | ②

Theme 10 우리나라의 승진제도

① 기준: 근무성적평정, 경력평정, 그 밖에 능력의 실증
② 승진임용의 방법
    ㉠ 1급 공무원: 바로 하급 공무원
    ㉡ 2급 및 3급 공무원: 같은 직군 내의 바로 하급 공무원
    ㉢ 4급 이하 공무원: 같은 직렬의 바로 하급 공무원
③ 승진소요최저연수: 4급 및 5급 3년 이상, 6급 2년 이상, 7급·8급 및 9급 1년 이상
④ 승진시험
    ㉠ 일반승진시험: 시험성적 점수 + 승진후보자명부에 따른 평정점수
    ㉡ 공개경쟁시험: 5급 공무원 승진에 한정 → 시험성적에 따라 합격자 결정
⑤ 승진임용의 제한 사유
    ㉠ 징계의결 중, 징계처분 중, 직위해제 중, 휴직 또는 시보임용 기간 중
    ㉡ 징계처분 후: 강등과 정직(→ 18개월), 감봉(→ 12개월), 견책(→ 6개월)
⑥ 승진후보자 명부의 평정점수
    ㉠ 근무성적평가 점수와 경력평정점수를 합산한 100점을 만점으로 한다. 다만, 가점 해당자에 대해서는 5점의 범위에서 그 가점을 추가로 합산한 점수를 승진후보자 명부의 총평정점으로 한다.
    ㉡ 임용권자는 근무성적평가 점수의 반영비율과 경력평정점의 반영비율을 합산한 비율이 100%가 되도록 하여 승진후보자 명부를 작성하되, 근무성적평가 점수의 반영비율은 95% 이상으로, 경력평정점의 반영비율은 5% 이하로 하여 작성한다.
⑦ 다자녀 양육 공무원에 대한 승진 우대: 소속 장관은 8급 이하 공무원을 승진임용하려는 경우 인사혁신처장이 정하는 바에 따라 다자녀를 양육하는 공무원을 우대하기 위하여 필요한 조치를 할 수 있다.

바로 확인문제

1. 우리나라 공무원의 승진제도에 대한 설명으로 옳지 않은 것은?   19. 국회직 8급

① 5급 이하 공무원의 승진후보자명부는 근무성적평정 60%, 경력평정 40%를 고려하여 작성된다.
② 일반직 공무원(우정직 공무원은 제외)이 승진하려면 7급은 1년 이상, 6급은 2년 이상 해당 계급에 재직하여야 한다.
③ 근속승진은 승진후보자명부 작성단위기간 직제상의 정원표에 일반직 6급·7급 또는 8급의 정원이 없는 경우에도 근속승진인원만큼 상위직급에 결원이 있는 것으로 보고 승진임용할 수 있다.
④ 공개경쟁승진은 5급으로 승진에 적용되며, 기관 구분 없이 승진자격을 갖춘 6급 공무원을 대상으로 하는 공개경쟁승진시험의 성적에 의하여 결정된다.
⑤ 특별승진은 민원봉사대상 수상자, 직무수행능력 우수자, 제안채택시행자, 명예퇴직자, 공무 사망자 등을 대상으로 일정 요건을 충족하는 경우 승진임용하거나, 승진심사 또는 승진시험에 응시할 수 있도록 하는 제도이다.

> **정답해설** 반영비율과 경력평정점의 반영비율을 합산한 비율이 100%가 되도록 하여 승진후보자 명부를 작성하되, 근무성적평가 점수의 반영비율은 95% 이상으로, 경력평정점의 반영비율은 5% 이하로 하여 작성한다.
>
> 답 │ ①

Theme 11 승진적체의 단기 해소책

① **대우공무원제도**: 임용권자 또는 임용제청권자는 소속 일반직 공무원 중 해당 계급에서 승진소요최저연수 이상 근무하고 승진임용의 제한 사유가 없으며 근무실적이 우수한 사람을 바로 위 직급의 대우공무원으로 선발할 수 있다.
② **필수실무요원제도**: 임용권자는 6급 공무원인 대우공무원 중 해당 직급에서 계속적으로 업무 수행하기를 희망하고 실무수행 능력이 우수하여 기관운영에 특히 필요하다고 인정하는 사람을 필수실무요원으로 지정할 수 있다.
③ **복수직급제도**: 공무원의 승진적체를 해소하기 위해 조직 계층상의 한 직위에 계급이 다른 사람을 배치할 수 있도록 한 인사제도로, 3급 또는 4급의 복수직급과 4급 또는 5급의 복수직급이 인정된다.
④ **통합정원**: 6급 이하 정원의 통합관리로, 직급별 정원에 관계없이 승진이 가능하다.
⑤ **근속승진**: 일정기간 복무한 하위공무원의 자동승진제도로, 9급은 5년 6개월 이상, 8급은 7년 이상, 7급은 11년 이상 근무하였을 경우 적용된다.

Theme 12 우수 공무원 등의 특별승진

① 청렴하고 투철한 봉사 정신으로 직무에 모든 힘을 다하여 공무 집행의 공정성을 유지하고 깨끗한 공직 사회를 구현하는 데에 다른 공무원의 귀감이 되는 자
② 직무수행 능력이 탁월하여 행정 발전에 큰 공헌을 한 자
③ 제안의 채택·시행으로 국가 예산을 절감하는 등 행정 운영 발전에 뚜렷한 실적이 있는 자
④ 재직 중 공적이 특히 뚜렷한 자가 명예퇴직할 때
⑤ 재직 중 공적이 특히 뚜렷한 자가 공무로 사망한 때

• 청렴하고 투철한 봉사 정신으로 직무에 모든 힘을 다하여 공무 집행의 공정성을 유지하고 깨끗한 공직 사회를 구현하는 데에 다른 공무원의 귀감이 되는 공무원은 특별승진임용하거나 일반 승진시험에 우선 응시하게 할 수 있다. 15. 국가직 9급

Theme 13 보직관리의 기준

직위의 직무요건	공무원의 인적요건
① 직위의 주요 업무활동	① 직렬 및 직류
② 직위의 성과책임	② 윤리의식 및 청렴도
③ 직무수행의 난이도	③ 보유 역량의 수준
④ 직무수행요건	④ 경력, 전공분야 및 훈련실적

CHAPTER 05 사기

 기선 제압

Theme 01 우리나라의 고충처리   B

① 공무원은 인사·조직·처우 등 각종 직무 조건과 그 밖에 신상 문제와 관련한 고충에 대하여 상담을 신청하거나 심사를 청구할 수 있으며, 누구나 기관 내 성폭력 범죄 또는 성희롱 발생사실을 알게 된 경우 이를 신고할 수 있다. 이 경우 상담 신청이나 심사 청구 또는 신고를 이유로 불이익한 처분이나 대우를 받지 아니한다.
② 고충처리는 고충상담, 고충심사 및 성폭력범죄·성희롱 신고 처리로 구분한다.
③ 공무원의 고충을 심사하기 위하여 중앙인사관장기관에 중앙고충심사위원회를, 임용권자 또는 임용제청권자 단위로 보통고충심사위원회를 두되, 중앙고충심사위원회의 기능은 소청심사위원회에서 관장한다.
④ 중앙고충심사위원회는 보통고충심사위원회의 심사를 거친 재심청구와 5급 이상 공무원 및 고위공무원단에 속하는 일반직 공무원의 고충을, 보통고충심사위원회는 소속 6급 이하의 공무원의 고충을 각각 심사한다.
⑤ 보통고충심사위원회는 6급 이하 공무원·연구사·지도사 또는 이에 상당하는 일반직 공무원의 신규채용에 관한 임용권자 단위로 설치한다.
⑥ 보통고충심사위원회는 위원장 1명을 포함하여 7명 이상 15명 이하의 공무원위원과 민간위원으로 구성한다. 이 경우 민간위원의 수는 위원장을 제외한 위원 수의 2분의 1 이상이어야 한다.
⑦ 고충심사위원회가 청구서를 접수한 때에는 30일 이내에 고충심사에 대한 결정을 해야 한다. 다만, 부득이하다고 인정되는 경우에는 고충심사위원회의 의결로 30일의 범위에서 그 기한을 연기할 수 있다.
⑧ 보통고충심사위원회의 결정은 위원 5명 이상의 출석과 출석위원 과반수의 합의에 따른다.
⑨ 중앙고충심사위원회의 결정은 위원 3분의 2 이상의 출석과 출석위원 과반수의 합의에 따른다.

> • 5급 이상 공무원 및 고위공무원단에 속하는 일반직 공무원의 고충을 다루는 중앙고충심사위원회의 기능은 소청심사위원회가 관장한다.
> 21. 지방직 7급

Theme 02 우리나라의 제안제도   C

① 행정안전부장관은 공무원 제안제도의 운영지도·확인·점검, 공무원 제안 제도의 개선 및 중앙우수제안에 관한 업무를 맡아 처리한다.
② 모든 공무원은 제안 내용의 소관 중앙행정기관의 장에게 공무원제안을 제출할 수 있고, 중앙행정기관의 장은 제출된 공무원 제안을 신속히 접수하여야 한다.
③ 중앙행정기관의 장은 접수한 공무원 제안의 채택 여부를 결정하기 위해서는 실시 가능성, 창의성, 효율성 및 효과성, 적용 범위, 계속성을 고려하여 심사하여야 한다.
④ 중앙행정기관의 장은 공무원제안을 접수한 날부터 30일 이내에 그 내용을 심사한 후 채

택제안으로 채택할지를 결정하고 그 사실을 제안자에게 알려야 한다.
⑤ 채택제안으로 결정되지 아니하였음을 통지받은 제안자는 통지받은 날부터 15일 이내에 재심사 요청 사유를 구체적으로 밝혀 해당 중앙행정기관의 장에게 재심사를 요청할 수 있다.
⑥ 공무원 제안이 채택되고 시행되어 국가예산을 절약하는 등 행정운영 발전에 뚜렷한 실적이 있을 경우 그 제안자에게 인사 관계 법령에서 정하는 바에 따라 특별승진 또는 특별승급의 인사상 특전을 부여할 수 있고, 상여금을 지급할 수 있다.
⑦ 중앙행정기관의 장은 채택제안에 대해서는 채택을 결정한 날부터 3년간 실시 여부의 확인 등 필요한 관리를 하여야 하며, 채택되지 아니한 공무원제안에 대해서는 채택하지 아니하는 것으로 결정한 날부터 2년간 보존·관리하여야 한다.

Theme 03 공직동기 → 지역공동체나 국가, 인류를 위해 봉사하려는 이타심   B

① 합리적 차원: 정책형성 과정에의 참여, 공공정책에 대한 동일시, 특정 이해관계에 대한 지지
② 규범적 차원: 공익봉사 욕구, 의무와 전체에 대한 충성, 사회적 형평성 추구
③ 감성적 차원: 사회적 중요성에 기인한 정책몰입, 선의의 애국심

- 공공봉사동기는 정책에 대한 호감, 공공에 대한 봉사, 동정심(compassion) 등의 개념으로 구성되어 있다. 21. 국가직 9급
- 합리적(rational) 동기는 공공부문 종사자가 정책과정에 참여하기를 원하는 것과 관련 있다. 20. 국회직 9급
- 규범적(normative) 동기의 예로 공익에 대한 봉사 및 사회적 형평의 추구가 있다. 20. 국회직 9급

바로 확인문제

1. 페리(J. Perry)의 공공서비스동기(public service motivation)에 대한 설명으로 옳지 않은 것은?   20. 국회직 9급
① 공공서비스동기는 공공기관이나 공공조직에서 특별히 나타나는 특성을 지닌다.
② 합리적(rational) 동기는 공공부문 종사자가 정책과정에 참여하기를 원하는 것과 관련 있다.
③ 규범적(normative) 동기의 예로 공익에 대한 봉사 및 사회적 형평의 추구가 있다.
④ 정서적(affective) 동기의 예로 특정 집단의 이익을 옹호하는 정책에 대한 헌신이 있다.
⑤ 공공서비스동기는 금전적 보상보다 지역 공동체나 국가에 대한 봉사에 무게를 둔다.

정답해설 특정 집단의 이익을 옹호하는 정책에 대한 헌신은 합리적 동기에 해당한다.

답 | ④

Theme 04 보수표   C

① 보수등급: 우리나라는 9등급이고 미국은 18등급으로, 계급제보다는 직위분류제가 보다 세분화되어 있다. 그리고 보수등급의 상향을 승진이라 한다.
② 보수폭: 같은 등급 내 최고 수준과 최저 수준의 차이를 말하며, 호봉의 상향을 승급이라 한다.

③ **등급 간 중첩**: 하위등급의 보수액이 상위등급의 보수액을 초과하는 현상으로, 하급자와 장기 근속자에게 혜택을 주기 위한 방법이다.

Theme 05　신축적 보수제도　　B

(1) 연봉제

① 능력과 실적 등을 고려한 계약에 의해 연간 임금을 결정하는 방법으로, 연봉을 12로 나눈 연봉월액에 따라 월 단위로 지급된다.
② 연봉제의 도입은 성과주의와 직위분류제는 강화시키지만 연공을 중시하는 직업공무원제와 계급제는 약화시킨다.
③ 또한 동기부여에 유리하고 성과 중심의 인사행정을 구현하기 용이하지만, 관료제 내부의 공동체의식이나 팀 정신을 약화시킬 수 있고, 단기목표에 집착하는 목표전환을 가져올 수 있다.
④ 기본연봉: 기준급(→ 개인의 경력과 누적성과 + 계급) + 직무급(→ 직무의 곤란성과 책임성)
⑤ 성과연봉: 전년도 업무실적의 평가결과

> • 연봉제는 실적주의 및 직위분류제를 강화시키지만 직업공무원제 및 계급제는 약화시키는 경향이 있다.
> 11. 지방직 7급

(2) 성과상여금

① 성과상여금은 전년도 실적을 바탕으로 예산의 범위 안에서 지급하는 성과급의 일종으로, 공직의 경쟁력과 행정서비스의 질을 높이기 위해 1998년 도입해 2001년부터 시행되었다.
② 성과상여금은 6급 이하 공무원에게 근무성적평정과 다면평가의 결과를 반영하여 지급한다.
③ 성과상여금의 지급방법은 소속 장관이 기관특성 등을 고려하여 개인별로 차등, 부서별로 차등, 개인별 차등과 부서별 차등의 병용, 부서별로 차등하여 지급한 후 부서 내에서 다시 개인별로 차등하여 지급하는 방법 등을 자율적으로 선택할 수 있도록 하고 있다.

바로 확인문제

1. 「공무원보수규정」상 고위공무원단 소속 공무원에 적용되는 직무성과급적 연봉제에 대한 설명으로 옳지 않은 것은?
17. 지방직 9급

① 고위공무원단에 속하는 모든 공무원에 대하여 적용한다.
② 기본연봉은 기준급과 직무급으로 구성된다.
③ 기준급은 개인의 경력 및 누적성과를 반영하여 책정된다.
④ 직무급은 직무의 곤란성 및 책임의 정도를 반영하여 직무등급에 따라 책정된다.

정답해설 고위공무원에 대해서는 직무성과급적 연봉제를 적용한다. 다만, 대통령 경호처 직원 중 고위공무원단에 속하는 별정직 공무원에 대해서는 호봉제를 적용한다.

답 | ①

2. 공무원 보수제도 중 연봉제에 대한 설명으로 옳지 않은 것은? 16. 지방직 7급

① 직무성과급적 연봉제는 고위공무원단 소속 공무원에게 적용된다.
② 고정급적 연봉제에서 연봉은 기본연봉과 성과연봉으로 구성된다.
③ 직무성과급적 연봉제에서 기본연봉은 기준급과 직무급으로 구성된다.
④ 성과급적 연봉제와 직무성과급적 연봉제의 성과연봉은 전년도의 업무실적에 따른 평가결과에 따라 차등 지급된다는 점에서 유사한 면이 있다.

> **정답해설** 고정급적 연봉제는 정무직 공무원(차관급 이상)에게 적용되며, 고정급이므로 기본연봉으로만 구성되고 성과연봉은 별도로 책정되지 않는다.
>
> **오답해설** ① 직무성과급적 연봉제는 고위공무원단에 속하는 공무원에게 적용되며, 기본연봉과 성과연봉으로 구성된다.
> ③ 직무성과급적 연봉제에서 기본연봉은 개인의 경력과 누적성과를 반영하여 책정되는 기준급과, 직무의 곤란성 및 책임의 정도를 반영하여 직무등급에 따라 책정되는 직무급으로 구성된다.
> ④ 성과급적 연봉제는 1급 내지 5급 공무원, 국립대학의 교원(국립대학의 장은 제외), 임기제 공무원(한시임기제 공무원은 제외) 등에 적용되며, 전년도의 업무실적에 따른 평가결과에 따라 차등 지급된다.
>
> 답 | ②

Theme 06 「공무원보수규정」의 주요 내용   B

① 인사혁신처장은 보수를 합리적으로 책정하기 위하여 민간의 임금, 표준생계비 및 물가의 변동 등에 대한 조사를 한다.
② 보수란 봉급과 그 밖의 각종 수당을 합산한 금액을 말한다.
③ 봉급이란 직무의 곤란성과 책임의 정도에 따라 직책별로 지급되는 기본급여 또는 직무의 곤란성과 책임의 정도 및 재직기간 등에 따라 계급별, 호봉별로 지급되는 기본급여를 말한다.
④ 수당이란 직무여건 및 생활여건 등에 따라 지급되는 부가급여를 말한다.
⑤ 승급이란 일정한 재직기간의 경과나 그 밖에 법령의 규정에 따라 현재의 호봉보다 높은 호봉을 부여하는 것을 말한다.
⑥ 기본연봉은 개인의 경력, 누적성과와 계급 또는 직무의 곤란성 및 책임의 정도를 반영하여 지급되는 기본급여의 연간 금액을 말한다.
⑦ 성과연봉은 전년도 업무실적의 평가 결과를 반영하여 지급되는 급여의 연간 금액을 말한다.
⑧ 연봉월액이란 연봉에서 매월 지급되는 금액으로서 연봉을 12로 나눈 금액을 말한다.
⑨ 강임된 사람에게는 강임된 봉급이 강임되기 전보다 많아지게 될 때까지는 강임되기 전의 봉급에 해당하는 금액을 지급한다.
⑩ 전직하는 사람의 봉급이 전직하기 전보다 적어지는 경우에는 전직하기 전보다 많아지게 될 때까지는 전직하기 전의 봉급에 해당하는 금액을 지급한다.
⑪ 공무원의 호봉 간 승급에 필요한 기간은 원칙적으로 1년으로 한다.
⑫ 공무원 중 최고호봉을 받고 근무성적이 양호한 사람에게는 승급기간을 초과할 때마다 정기승급일이 속하는 달부터 봉급에 근속가봉을 가산할 수 있다.

• 공무원의 호봉 간 승급에 필요한 기간은 원칙적으로 1년으로 한다.
07. 서울시 7급

⑬ 고위공무원에 대해서는 직무성과급적 연봉제를 적용한다. 다만, 대통령경호처 직원 중 고위공무원단에 속하는 별정직 공무원에 대해서는 호봉제를 적용한다.
⑭ 직무성과급적 연봉제를 적용하는 고위공무원의 기본연봉은 개인의 경력 및 누적성과를 반영하여 책정되는 기준급과 직무의 곤란성 및 책임의 정도를 반영하여 직무등급에 따라 책정되는 직무급으로 구성한다.

Theme 07   우리나라의 연금제도   B

(1) 의의

① 주관: 인사혁신처장
② 대상: 국가공무원법, 지방공무원법, 그 밖의 법률에 따른 공무원(→ 청원경찰 및 청원산림보호직원, 위원회 등의 상임위원과 전임직원 등)
③ 제외: 군인, 선거에 의하여 취임하는 공무원, 공무원 임용 전의 수습기간 및 견습직원 등
④ 단기급여: 공무상요양비, 재해부조금, 사망조위금
⑤ 장기급여: 퇴직급여, 장해급여, 유족급여, 퇴직수당
  ㉠ 퇴직연금 또는 퇴직연금일시금: 공무원이 10년 이상 재직하고 퇴직한 경우
  ㉡ 퇴직일시금: 공무원이 10년 미만 재직하고 퇴직한 경우
  ㉢ 퇴직연금공제일시금: 10년분만 연금 + 나머지는 일시금으로 수령
  ㉣ 퇴직수당: 공무원이 1년 이상 재직하고 퇴직하거나 사망한 경우(→ 전액 국가와 지방자치단체에서 부담)

(2) 급여의 제한

① 재직 중의 사유로 금고 이상의 형을 받은 경우
② 탄핵 또는 징계에 의하여 파면된 경우
③ 금품 및 향응수수, 공금의 횡령·유용으로 징계 해임된 경우

탄핵과 파면	(금전 관련) 해임
① 5년 미만 재직: 4분의 1 ② 5년 이상 재직: 2분의 1 ③ 퇴직수당: 2분의 1	① 5년 미만 재직: 8분의 1 ② 5년 이상 재직: 4분의 1 ③ 퇴직수당: 4분의 1

바로 확인문제

1. 우리나라 공무원 연금제도에 대한 설명으로 옳지 않은 것은?   09. 지방직 7급

① 공무원 연금제도는 공무원에 대한 사회보장제도의 일환이다.
② 우리나라에서는 1960년에 「공무원연금법」이 제정·공포되었다.
③ 보수후불설(거치보수설)에 따르면 퇴직연금은 공무원의 당연한 권리이다.
④ 「공무원연금법」의 적용 대상자에는 선거에 의해 취임하는 공무원을 포함한다.

정답해설 군인과 선거에 의하여 취임하는 공무원은 「공무원연금법」의 적용 대상에서 제외된다.

오답해설 ① 공무원 연금은 노령 등으로 퇴직·사망한 경우 본인 또는 유가족에게 지급하는 급부로, 공무원의 사회보장제도로서 공무원 후생복지의 핵심적인 장치이다.
② 「공무원연금법」은 공무원이 상당한 연한 성실히 근무하고 퇴직하였거나 공무로 인한 부상 또는 질병으로 퇴직 또는 사망한 때에 본인이나 유족에게 연금, 부조금 또는 일시금을 지급함을 목적으로 1960년 1월 1일 제정되고 시행되었다.
③ 보수후불설(거치보수설)은 공무원의 기여금에 의해 재원이 조성되므로 퇴직연금은 공무원의 당연한 권리이다.

답 | ④

Theme 08 「공무원연금법」의 주요 내용 B

① 공무원연금제도의 운영에 관한 사항은 인사혁신처장이 주관한다.
② 공무원이란 공무에 종사하는 다음의 어느 하나에 해당하는 사람을 말한다.
  ㉠ 「국가공무원법」, 「지방공무원법」, 그 밖의 법률에 따른 공무원. 다만, 군인과 선거에 의하여 취임하는 공무원은 제외한다.
  ㉡ 그 밖에 국가기관이나 지방자치단체에 근무하는 직원 중 대통령령으로 정하는 사람
    ⓐ 「청원경찰법」에 따라 국가 또는 지방자치단체에 근무하는 청원경찰
    ⓑ 「청원산림보호직원 배치에 관한 법률」에 따라 국가 또는 지방자치단체에 근무하는 청원산림보호직원
    ⓒ 국가 또는 지방자치단체의 위원회 등의 상임위원과 전임 직원으로서 매월 정액의 보수 또는 이에 준하는 급여를 받는 사람
③ 기여금이란 급여에 드는 비용으로 공무원이 부담하는 금액을 말한다.
④ 부담금이란 급여에 드는 비용으로 국가나 지방자치단체가 부담하는 금액을 말한다.
⑤ 공무원이 10년 이상 재직하고 퇴직한 경우에는 다음의 어느 하나에 해당하는 때부터 사망할 때까지 퇴직연금을 지급한다.
  ㉠ 65세가 되는 때
  ㉡ 법률 또는 국회규칙, 대법원규칙, 헌법재판소규칙, 중앙선거관리위원회규칙 및 대통령령에서 정년 또는 근무상한연령을 60세 미만으로 정한 경우에는 그 정년 또는 근무상한 연령이 되었을 때부터 5년이 경과한 때
  ㉢ 공무원임용관계법령 등에서 정한 계급정년이 되어 퇴직한 때부터 5년이 경과한 때
  ㉣ 직제와 정원의 개정과 폐지 또는 예산감소 등으로 인해 직위가 없어지거나 정원을 초과하는 인원이 생겨 퇴직한 때부터 5년이 경과한 때
⑥ 퇴직연금의 금액은 재직기간 1년당 평균기준소득월액의 1.7%로 한다. 다만, 재직기간은 36년을 초과할 수 없다.
⑦ 공무원이 10년 미만 재직하고 퇴직한 경우에는 퇴직일시금을 지급한다.
⑧ 퇴직유족연금은 공무원이거나 공무원이었던 사람이 받을 수 있는 퇴직연금액 또는 조기퇴직연금액의 60%로 한다.
⑨ 공무원이 1년 이상 재직하고 퇴직하거나 사망한 경우에는 퇴직수당을 지급한다.

• 군인과 선거에 의하여 취임하는 공무원은 「공무원연금법」상의 공무원에서 제외된다. 20. 지방직 7급

• 우리나라 「공무원연금법」에 의하면 공무원과 대통령으로 정하는 국가나 지방자치단체의 직원도 공무원연금의 대상이지만 군인과 선거에 의하여 취임한 공무원은 제외된다. 23. 해경간부

• 공무원연금에 있어 유족연금의 적용률은 60%이다. 23. 경찰간부

⑩ 퇴직급여, 퇴직유족급여 및 비공무상 장해급여에 드는 비용은 공무원과 국가 또는 지방자치단체가 부담한다. 이 경우 퇴직급여 및 퇴직유족급여에 드는 비용은 적어도 5년마다 다시 계산하여 재정적 균형이 유지되도록 하여야 한다.
⑪ 퇴직수당 지급에 드는 비용은 국가나 지방자치단체가 부담한다.
⑫ 기여금은 공무원으로 임명된 날이 속하는 달부터 퇴직한 날의 전날 또는 사망한 날이 속하는 달까지 월별로 내야 한다. 다만, 기여금 납부기간이 36년을 초과한 사람은 기여금을 내지 아니한다.
⑬ 기여금은 기준소득월액의 9%로 한다. 이 경우 기준소득월액은 공무원 전체의 기준소득월액 평균액의 160%를 초과할 수 없다.
⑭ 국가나 지방자치단체가 부담하는 부담금의 금액은 매 회계연도 대통령령으로 정하는 보수예산의 9%로 한다.

바로 확인문제

1. 2015년 공무원연금 개혁에 대한 설명으로 옳지 않은 것은? 22. 지방직 9급

① 퇴직연금 지급률을 1.7%로 단계적 인하
② 퇴직연금 수급 재직요건을 20년에서 10년으로 완화
③ 퇴직연금 기여율을 기준소득월액의 9%로 단계적 인상
④ 퇴직급여 산정기준은 퇴직 전 3년 평균보수월액으로 변경

정답해설 2009년 공무원연금법의 개정으로 연금 산정기준 보수를 퇴직 전 3년 평균보수에서 전체 재직기간 동안의 평균소득으로 개정하였다.

오답해설 ① 2015년 퇴직연금 지급률을 1.9%에서 단계적으로 1.7%까지 인하하였다.
② 2015년 퇴직연금 수급 재직요건을 20년에서 10년으로 조정하였다.
③ 2015년 공무원의 기여율과 정부의 부담률을 7%에서 9%로 단계적으로 인상하였다.

답 | ④

2. 현행 우리나라 공무원 연금제도에 대한 내용 중 옳은 것만으로 짝지어진 것은? 13. 국가직 9급

ㄱ. 법령에 특별한 사유가 없는 한 2012년 신규 임용 후 10년 이상 근무한 일반행정직 공무원의 퇴직연금 수혜 개시 연령은 65세이다.
ㄴ. 원칙적으로 퇴직연금 산정은 평균기준소득월액을 기초로 한다.
ㄷ. 기여금은 납부기간이 36년을 초과해도 납부하여야 한다.
ㄹ. 퇴직급여 산정에 있어서 소득의 평균기간은 퇴직 전 5년으로 한다.

① ㄱ, ㄴ
② ㄱ, ㄷ
③ ㄴ, ㄹ
④ ㄷ, ㄹ

> **정답해설** ㄱ. 개정 전에는 20년 이상 근무하여야 연금수급의 대상이 되었지만 현재는 10년 이상 근무하면 연금수급의 대상이 될 수 있다.
> ㄴ. 평균기준소득월액은 재직기간 중 매년 기준소득월액을 공무원보수인상률 등을 고려하여 대통령령으로 정하는 바에 따라 급여의 사유가 발생한 날의 현재가치로 환산한 후 합한 금액을 재직기간으로 나눈 금액으로, 퇴직연금, 조기퇴직연금 및 유족연금 산정의 기초가 된다.
>
> **오답해설** ㄷ. 기여금은 공무원으로 임명된 날이 속하는 달부터 퇴직한 날의 전날 또는 사망한 날이 속하는 달까지 월별로 내야 한다. 다만, 기여금 납부기간이 36년을 초과한 자는 기여금을 내지 아니한다.
> ㄹ. 퇴직급여 산정에 있어서 소득의 평균기간은 전체 재직기간으로 한다.
>
> 답 | ①

Theme 09 결격사유 → 「국가공무원법」 제33조

① 피성년후견인
② 파산선고를 받고 복권되지 아니한 자
③ 금고 이상의 실형을 선고받고 그 집행이 끝나거나 집행이 면제된 날부터 5년이 지나지 아니한 자
④ 금고 이상의 형의 집행유예를 선고받고 그 유예기간이 끝난 날부터 2년이 지나지 아니한 자
⑤ 금고 이상의 형의 선고유예를 받은 경우에 그 선고유예 기간 중에 있는 자
⑥ 법원의 판결 또는 다른 법률에 따라 자격이 상실되거나 정지된 자
⑦ 공무원으로 재직기간 중 직무와 관련하여 「형법」 제355조 및 제356조에 규정된 죄를 범한 자로서 300만 원 이상의 벌금형을 선고받고 형이 확정된 후 2년이 지나지 아니한 자
⑧ 징계로 파면처분을 받은 때부터 5년이 지나지 아니한 자
⑨ 징계로 해임처분을 받은 때부터 3년이 지나지 아니한 자

바로 확인문제

1. 2022년 10월 14일 기준, 「국가공무원법」상 공무원으로 임용될 수 없는 사람은? (단, 다른 상황은 고려하지 않음)   22. 국가직 7급

① 2021년 10월 13일에 성년후견이 종료된 甲
② 파산선고를 받고 2021년 10월 13일에 복권된 乙
③ 2019년 10월 13일에 공무원으로서 징계로 파면처분을 받은 丙
④ 2017년 금고형을 선고받고 그 집행유예기간이 2019년 10월 13일에 끝난 丁

> **정답해설** 징계로 파면처분을 받은 때부터 5년이 지나지 아니한 자는 임용결격사유에 해당한다. 2019년 10월 13일에 파면되었으므로 2024년 10월 14일 이후에 임용의 결격사유가 해제된다.
>
> **오답해설** ② 파산선고를 받고 복권되면 결격사유가 해제된다.
> ④ 금고 이상의 형의 집행유예를 선고받고 그 유예기간이 끝난 날부터 2년이 지나면 결격사유가 해제된다.
>
> 답 | ③

2. 「국가공무원법」상 공무원 임용 결격사유에 해당하지 <u>않는</u> 사람은? 24. 지방직 7급

① 공무원 재직 중 징계로 해임처분을 받은 때부터 3년이 지나지 아니한 자
② 파산선고를 받고 복권된 때부터 5년이 지나지 아니한 자
③ 금고 이상의 형의 집행유예를 선고받고 그 유예기간이 끝난 날부터 2년이 지나지 아니한 자
④ 공무원 재직 중 징계로 파면처분을 받은 때부터 5년이 지나지 아니한 자

> **정답해설** 파산선고를 받고 복권되면 그 때부터 공무원 임용이 가능하다. 즉, 5년이라는 기간은 필요하지 않다.
>
> 답 | ②

Theme 10 「공무원 징계령」의 주요 내용   B

• 「국가공무원법」에 의거한 징계의 종류에는 파면·해임·강등·정직·감봉·견책이 있다.   10. 국가직 9급

① 중징계란 파면, 해임, 강등 또는 정직을 말한다.
② 경징계란 감봉 또는 견책을 말한다.
③ 징계위원회는 중앙징계위원회와 보통징계위원회로 구분한다. 보통징계위원회는 6급 이하 공무원 등의 징계 등 사건을 심의·의결한다.
④ 중앙징계위원회는 국무총리 소속으로 둔다.
⑤ 보통징계위원회는 중앙행정기관에 둔다. 다만, 중앙행정기관의 장이 필요하다고 인정할 때에는 그 소속기관에도 설치할 수 있다.
⑥ 중앙징계위원회는 위원장 1명을 포함하여 17명 이상 33명 이하의 공무원위원과 민간위원으로 구성한다. 이 경우 민간위원의 수는 위원장을 제외한 위원 수의 2분의 1 이상이어야 한다.
⑦ 중앙징계위원회의 위원장은 인사혁신처장이 된다.
⑧ 중앙징계위원회의 회의는 위원장과 위원장이 회의마다 지정하는 8명의 위원으로 구성한다. 이 경우 민간위원이 5명 이상 포함되어야 하며, 동일한 자격요건에 해당하는 민간위원만 지정해서는 안 된다.
⑨ 보통징계위원회는 위원장 1명을 포함하여 9명 이상 15명 이하의 공무원위원과 민간위원으로 구성한다. 이 경우 민간위원의 수는 위원장을 제외한 위원 수의 2분의 1 이상이어야 한다.
⑩ 보통징계위원회의 회의는 위원장과 위원장이 회의마다 지정하는 6명의 위원으로 구성한다. 이 경우 민간위원이 4명 이상 포함되어야 하며, 동일한 자격요건에 해당하는 민간위원만 지정해서는 안 된다.
⑪ 위촉되는 위원의 임기는 3년으로 하며, 한 차례만 연임할 수 있다.
⑫ 5급 이상 공무원 등에 대해서는 소속 장관이, 6급 이하 공무원 등에 대해서는 해당 공무원의 소속 기관의 장 또는 소속 상급기관의 장이 관할 징계위원회에 징계의결 등을 요구하여야 한다.

⑬ 징계위원회는 징계의결 등 요구서를 접수한 날부터 30일(중앙징계위원회의 경우는 60일) 이내에 징계의결 등을 해야 한다. 다만, 부득이한 사유가 있을 때에는 해당 징계위원회의 의결로 30일(중앙징계위원회의 경우는 60일)의 범위에서 그 기한을 연기할 수 있다.

⑭ 징계위원회는 위원 5명 이상의 출석과 출석위원 과반수의 찬성으로 의결하되, 의견이 나뉘어 출석위원 과반수의 찬성을 얻지 못한 경우에는 출석위원 과반수가 될 때까지 징계 등 혐의자에게 가장 불리한 의견에 차례로 유리한 의견을 더하여 가장 유리한 의견을 합의된 의견으로 본다.

⑮ 징계위원회의 심의·의결의 공정성을 보장하기 위하여 다음의 사항은 공개하지 아니한다.
  ㉠ 징계위원회의 회의
  ㉡ 징계위원회의 회의에 참여할 또는 참여한 위원의 명단
  ㉢ 징계위원회의 회의에서 위원이 발언한 내용이 적힌 문서
  ㉣ 그 밖에 공개할 경우 징계위원회의 심의·의결의 공정성을 해칠 우려가 있다고 인정되는 사항

⑯ 임용권자 또는 임용제청권자는 공무원이 퇴직을 희망하는 경우에는 지체 없이 서면으로 감사원과 검찰·경찰 등 조사 및 수사기관의 장에게 해당 공무원이 징계사유가 있는지 여부에 대한 확인을 요청해야 한다.

> **바로 확인문제**

1. 징계위원회에서 징계위원 7명의 의견이 다음과 같다. 「공무원징계령」에 따를 때 결정된 징계의 종류는?

20. 국회직 8급

위원 A: 파면	위원 B: 감봉	위원 C: 강등	위원 D: 해임
위원 E: 정직	위원 F: 해임	위원 G: 파면	

① 파면
② 해임
③ 정직
④ 강등
⑤ 감봉

정답해설 징계위원회는 위원 5명 이상의 출석과 출석위원 과반수의 찬성으로 의결하되, 의견이 나뉘어 출석위원 과반수의 찬성을 얻지 못한 경우에는 출석위원 과반수가 될 때까지 징계 등 혐의자에게 가장 불리한 의견에 차례로 유리한 의견을 더하여 가장 유리한 의견을 합의된 의견으로 본다. 규정에 비추어보면 가장 불리한 의견은 파면(2명)인데 과반수가 되지 못하지만 여기에 해임(2명)이 더 해지면 과반수가 되므로 「공무원징계령」에 따를 경우 해임이 결정될 것이다.

답 | ②

Theme 11 우리나라 소청심사

① 행정기관 소속 공무원의 징계처분, 그 밖에 그 의사에 반하는 불리한 처분이나 부작위에 대한 소청을 심사·결정하게 하기 위하여 인사혁신처에 소청심사위원회를 둔다.
② 국회, 법원, 헌법재판소 및 선거관리위원회 소속 공무원의 소청에 관한 사항을 심사·결정하게 하기 위하여 국회사무처, 법원행정처, 헌법재판소사무처 및 중앙선거관리위원회사무처에 각각 해당 소청심사위원회를 둔다.
③ 국회사무처, 법원행정처, 헌법재판소사무처 및 중앙선거관리위원회사무처에 설치된 소청심사위원회는 위원장 1명을 포함한 위원 5명 이상 7명 이하의 비상임위원으로 구성한다.
④ 인사혁신처에 설치된 소청심사위원회는 위원장 1명을 포함한 5명 이상 7명 이하의 상임위원과 상임위원 수의 2분의 1 이상인 비상임위원으로 구성하되, 위원장은 정무직으로 보한다.
⑤ 「국가공무원법」상 결격사유에 해당하는 자, 「정당법」에 따른 정당의 당원, 「공직선거법」에 따라 실시하는 선거에 후보자로 등록한 자 등은 소청심사위원회의 위원이 될 수 없다.
⑥ 인사혁신처에 설치된 소청심사위원회는 다른 법률로 정하는 바에 따라 특정직 공무원의 소청을 심사·결정할 수 있다.
⑦ 「국가공무원법」에 의하면 본인의 의사에 반하는 불리한 처분을 받았을 때에는 그 처분이 있은 것을 안 날부터 각각 30일 이내에 소청심사위원회에 이에 대한 심사를 청구할 수 있다.
⑧ 본인의 의사에 반하여 파면 또는 해임이나 면직처분을 하면 그 처분을 한 날부터 40일 이내에는 후임자의 보충발령을 하지 못한다. 다만, 인력관리상 후임자의 보충이 불가피한 경우에는 인사혁신처장과의 협의를 거쳐 후임자의 보충발령을 할 수 있다.
⑨ 소청심사위원회는 소청심사청구를 접수한 날부터 60일 이내에 이에 대한 결정을 하여야 한다. 다만, 불가피하다고 인정되면 소청심사위원회의 의결로 30일을 연장할 수 있다.
⑩ 소청의 결정은 재적위원 3분의 2 이상의 출석과 출석위원 과반수의 합의에 따르되, 의견이 나뉘어 출석위원 과반수의 합의에 이르지 못하였을 때에는 과반수에 이를 때까지 소청인에게 가장 불리한 의견에 차례로 유리한 의견을 더하여 그중 가장 유리한 의견을 합의된 의견으로 본다.
⑪ 파면·해임·강등 또는 정직에 해당하는 징계처분을 취소 또는 변경하려는 경우와 효력 유무 또는 존재 여부에 대한 확인을 하려는 경우에는 재적위원 3분의 2 이상의 출석과 출석위원 3분의 2 이상의 합의가 있어야 한다.
⑫ 소청심사위원회의 결정은 처분 행정청을 기속한다.
⑬ 본인의 의사에 반한 불리한 처분이나 부작위에 관한 행정소송은 소청심사위원회의 심사·결정을 거치지 아니하면 제기할 수 없다.

- 「정당법」에 의한 정당의 당원은 소청심사위원회의 위원이 될 수 없다. 10. 국가직 9급

- 강임·휴직·직위해제·면직 처분을 받은 공무원은 처분사유 설명서를 받은 후 30일 이내에 소청심사를 청구할 수 있다. 19. 국회직 8급

국가 공무원	일반직		인사혁신처 소청심사위원회
	특정직	외무, 경찰, 소방, 국정원	
		검사	규정 없음
		교원	교육부 교원소청심사위원회
	군인 군인	장교	국방부 중앙군인사소청심사위원회
		부사관	각 군 본부 군인사소청심사위원회
		군무원	국방부 군무원인사소청심사위원회
지방 공무원	일반직		시·도 소청심사위원회
			교육소청심사위원회(지방 교육직렬)

바로 확인문제

1. 행정부 소속 소청심사위원회에 대한 설명으로 옳지 <u>않은</u> 것은?   19. 국회직 8급

① 심사의 결정을 위해서는 재적위원 3분의 1 이상의 출석이 필요하며, 심사의 결정은 출석위원의 과반수의 합의에 따른다.
② 강임·휴직·직위해제·면직 처분을 받은 공무원은 처분사유 설명서를 받은 후 30일 이내에 심사청구를 할 수 있다.
③ 소청심사위원회는 인사혁신처 소속이며 그 위원장은 정무직으로 보한다.
④ 원징계처분보다 무거운 징계를 부과하는 결정을 할 수 없다.
⑤ 위원장 1인을 포함한 5명 이상 7명 이하의 상임위원과 상임위원 수의 2분의 1 이상의 비상임위원으로 구성되어 있다.

정답해설 소청사건의 결정은 재적위원 3분의 2 이상의 출석과 출석위원 과반수의 합의에 의한다. 의견이 나뉠 경우 출석위원 과반수에 이를 때까지 소청인에게 가장 불리한 의견에 차례로 유리한 의견을 더하여 가장 유리한 의견으로 결정한다.

오답해설 ② 처분사유 설명서를 받은 공무원이 그 처분에 불복할 때에는 그 설명서를 받은 날부터, 그 외에 본인의 의사에 반한 불리한 처분을 받았을 때에는 그 처분이 있은 것을 안 날부터 각각 30일 이내에 소청심사위원회에 이에 대한 심사를 청구할 수 있다.
③ 행정부 소속 소청심사위원회의 위원장은 정무직으로 보한다.
④ 소청심사위원회는 원징계처분보다 무거운 징계 또는 징계부가금을 부과하는 결정을 하지 못한다.

답 | ①

Theme 12 「공무원의 노동조합 설립 및 운영 등에 관한 법률」의 주요 내용 B

① 이 법에서 공무원이란 「국가공무원법」 제2조 및 「지방공무원법」 제2조에서 규정하고 있는 공무원을 말한다. 다만, 사실상 노무에 종사하는 공무원과 「교원의 노동조합 설립 및 운영 등에 관한 법률」의 적용을 받는 교원인 공무원은 제외한다.
② 노동조합과 그 조합원은 정치활동을 하여서는 아니 된다.
③ 공무원이 노동조합을 설립하려는 경우에는 국회, 법원, 헌법재판소, 선거관리위원회, 행정부, 시·도·시·군·구(자치구) 및 교육청을 최소 단위로 한다.
④ 노동조합을 설립하려는 사람은 고용노동부장관에게 설립신고서를 제출하여야 한다.
⑤ 가입 범위
  ㉠ 일반직 공무원
  ㉡ 특정직 공무원 중 외무영사직렬·외교정보기술직렬 외무공무원, 소방공무원 및 교육공무원(다만, 교원은 제외)
  ㉢ 별정직 공무원
  ㉣ ㉠부터 ㉢까지의 어느 하나에 해당하는 공무원이었던 사람으로서 노동조합 규약으로 정하는 사람
⑥ 가입 불가
  ㉠ 업무의 주된 내용이 다른 공무원에 대하여 지휘·감독권을 행사하거나 다른 공무원의 업무를 총괄하는 업무에 종사하는 공무원
  ㉡ 업무의 주된 내용이 인사·보수 또는 노동관계의 조정·감독 등에 종사하는 공무원
  ㉢ 교정·수사 등 공공의 안녕과 국가안전보장에 관한 업무에 종사하는 공무원
⑦ 공무원은 임용권자의 동의를 받아 노동조합으로부터 급여를 지급받으면서 노동조합의 업무에만 종사할 수 있다.
⑧ 동의를 받아 노동조합의 업무에만 종사하는 사람(전임자)에 대하여는 그 기간 중 휴직명령을 하여야 한다.
⑨ 국가와 지방자치단체는 공무원이 전임자임을 이유로 승급이나 그 밖에 신분과 관련하여 불리한 처우를 하여서는 아니 된다.
⑩ 공무원은 단체협약으로 정하거나 정부교섭대표가 동의하는 경우 근무시간 면제 한도를 초과하지 아니하는 범위에서 보수의 손실 없이 노동조합의 유지·관리업무를 할 수 있다.
⑪ 근무시간 면제 시간 및 사용인원의 한도를 정하기 위하여 공무원근무시간면제심의위원회를 「경제사회노동위원회법」에 따른 경제사회노동위원회에 둔다.
⑫ 노동조합의 대표자는 그 노동조합에 관한 사항 또는 조합원의 보수·복지, 그 밖의 근무조건에 관하여 인사혁신처장(행정부 대표)과 교섭하고 단체협약을 체결할 권한을 가진다.
⑬ 법령 등에 따라 국가나 지방자치단체가 그 권한으로 행하는 정책결정에 관한 사항, 임용권의 행사 등 그 기관의 관리·운영에 관한 사항으로서 근무조건과 직접 관련되지 아니하는 사항은 교섭의 대상이 될 수 없다.
⑭ 체결된 단체협약의 내용 중 법령·조례 또는 예산에 의하여 규정되는 내용과 법령 또는 조례에 의하여 위임을 받아 규정되는 내용은 단체협약으로서의 효력을 가지지 아니한다.

⑮ 노동조합과 그 조합원은 파업, 태업 또는 그 밖에 업무의 정상적인 운영을 방해하는 어떠한 행위도 하여서는 아니 된다.
⑯ 단체교섭이 결렬된 경우에는 당사자 어느 한쪽 또는 양쪽은 중앙노동위원회에 조정을 신청할 수 있다.
⑰ 조정은 조정신청을 받은 날부터 30일 이내에 마쳐야 한다. 다만, 당사자들이 합의한 경우에는 30일 이내의 범위에서 조정기간을 연장할 수 있다.

바로 확인문제

1. 「공무원의 노동조합 설립 및 운영 등에 관한 법률」상 단체교섭의 대상은?   17. 국가직 7급

① 기관의 조직 및 정원에 관한 사항
② 조합원의 보수에 관한 사항
③ 예산·기금의 편성 및 집행에 관한 사항
④ 정책의 기획 등 정책결정에 관한 사항

정답해설 조합원의 보수에 관한 사항은 근로조건과 관련되므로 단체교섭의 대상이 된다.

오답해설 ①, ③, ④ 법령 등에 따라 국가나 지방자치단체가 그 권한으로 행하는 정책결정에 관한 사항, 임용권의 행사 등 그 기관의 관리·운영에 관한 사항으로서 근무조건과 직접 관련되지 아니하는 사항은 교섭의 대상이 될 수 없다.

답 | ②

2. 우리나라 공무원 노동조합에 대한 설명으로 옳지 <u>않은</u> 것은?   20. 국회직 8급

① 공무원 노동조합 활동을 전담하는 전임자는 인정되지 않는다.
② 공무원 노동조합은 고용노동부장관에게 설립신고를 하여야 한다.
③ 공무원 노동조합은 2개 이상의 단위에 걸치는 노동조합이나 그 연합단체도 허용하고 있다.
④ 단체교섭의 대상은 조합원의 보수·복지, 그 밖의 근무조건 등에 관한 사항이다.
⑤ 5급 이상의 일반직 공무원도 원칙적으로 공무원 노동조합에 가입할 수 있다.

정답해설 공무원은 임용권자의 동의를 받아 노동조합의 업무에만 종사할 수 있다. 즉, 노조전임자를 인정하고 있다.

오답해설 ② 공무원 노동조합을 설립하려는 사람은 고용노동부장관에게 설립신고서를 제출하여야 한다.
③ 「공무원노조법」에 규정되지 않는 사항은 「노동조합 및 노동관계조정법」이 적용되는데 「노동조합 및 노동관계조정법」에는 2개 이상의 단위에 걸치는 노동조합이나 그 연합단체도 규정되어 있으므로 공무원노조 역시 가능하다.
④ 노동조합의 대표자는 그 노동조합에 관한 사항 또는 조합원의 보수·복지, 그 밖의 근무조건에 관해 정부교섭대표와 각각 교섭하고 단체협약을 체결할 권한을 가진다. 반면, 법령 등에 따라 국가나 지방자치단체가 그 권한으로 행하는 정책결정에 관한 사항, 임용권의 행사 등 그 기관의 관리·운영에 관한 사항으로서 근무조건과 직접 관련되지 아니하는 사항은 교섭의 대상이 될 수 없다.
⑤ 「공무원노조법」의 개정으로 노동조합의 가입에 있어 급수의 제한은 삭제되었다.

답 | ①

Theme 13 「공무원직장협의회의 설립·운영에 관한 법률」의 주요 내용

① 국가기관, 지방자치단체 및 그 하부기관에 근무하는 공무원은 직장협의회를 설립할 수 있다.
② 협의회는 기관 단위로 설립하되, 하나의 기관에는 하나의 협의회만을 설립할 수 있다.
③ 협의회를 설립한 경우 그 대표자는 소속 기관의 장에게 설립 사실을 통보하여야 한다.
④ 직장협의회는 다음의 국가기관 또는 지방자치단체 내에 설립된 협의회를 대표하는 하나의 연합협의회를 설립할 수 있다.
  ㉠ 국회·법원·헌법재판소·선거관리위원회
  ㉡ 「정부조직법」 제2조에 따른 중앙행정기관과 감사원 및 그 밖에 대통령령으로 정하는 기관
  ㉢ 특별시·광역시·특별자치시·도·특별자치도 및 특별시·광역시·특별자치시·도·특별자치도의 교육청
⑤ 가입 범위
  ㉠ 일반직 공무원
  ㉡ 특정직 공무원 중 외무영사직렬·외교정보기술직렬 외무공무원, 경찰공무원, 소방공무원
  ㉢ 별정직 공무원
⑥ 다음의 어느 하나에 해당하는 공무원은 협의회에 가입할 수 없다.
  ㉠ 업무의 주된 내용이 지휘·감독권을 행사하거나 다른 공무원의 업무를 총괄하는 업무에 종사하는 공무원
  ㉡ 업무의 주된 내용이 인사, 예산, 경리, 물품출납, 비서, 기밀, 보안, 경비 및 그 밖에 이와 유사한 업무에 종사하는 공무원
⑦ 공무원은 자유로이 협의회에 가입하거나 협의회를 탈퇴할 수 있다.

바로 확인문제

1. 우리나라의 공무원단체에 대한 설명으로 옳지 <u>않은</u> 것은? 23. 국회직 9급

① 행정기관의 조직과 정원(定員)의 관리에 관한 업무를 담당하는 공무원은 노동조합에 가입할 수 없다.
② 공무원의 승진 및 전보에 관한 사항은 교섭대상이 될 수 없다.
③ 교원(教員)으로 임용되어 근무하였던 사람으로서 노동조합 규약으로 정하는 사람은 노동조합에 가입할 수 있다.
④ 국가와 지방자치단체는 공무원이 전임자임을 이유로 승급이나 그 밖에 신분과 관련하여 불리한 처우를 하여서는 아니 된다.
⑤ 경찰공무원과 소방공무원은 공무원직장협의회에 가입할 수 없다.

정답해설 경찰공무원과 소방공무원 모두 공무원직장협의회에 가입할 수 있다.

답 | ⑤

CHAPTER 06 공무원의 행동규범

Theme 01 　행정권 오용의 양태　　C

① 부패행위: 통행료 착복, 영수증 허위 작성, 공금횡령 등
② 비윤리적 행위: 친구 또는 특정 정파에 호의를 베풀거나 사익을 추구하는 행위
③ 법규무시, 법규만능 등 법규의 경시의 태도
④ 법규를 위반하지 않는 범위에서 특정 이익만을 옹호하는 입법의도의 편향적 해석
⑤ 불공정한 인사, 무능, 실책의 은폐, 무사안일 등

Theme 02 　「공무원 헌장」　　A

① 공익을 우선시하며, 투명하고 공정하게 맡은 바 책임을 다한다.
② 창의성과 전문성을 바탕으로 업무를 적극적으로 수행한다.
③ 사회의 다양성을 존중하고 국민과 함께 하는 민주행정을 구현한다.
④ 청렴을 생활화하고 규범과 건전한 상식에 따라 행동한다.

Theme 03 　「공직자윤리법」의 주요 내용　　B

① 이해충돌 방지 의무
　㉠ 국가 또는 지방자치단체는 공직자가 수행하는 직무가 공직자의 재산상 이해와 관련되어 공정한 직무수행이 어려운 상황이 일어나지 아니하도록 노력하여야 한다.
　㉡ 공직자는 자신이 수행하는 직무가 자신의 재산상 이해와 관련되어 공정한 직무수행이 어려운 상황이 일어나지 아니하도록 직무수행의 적정성을 확보하여 공익을 우선으로 성실하게 직무를 수행하여야 한다.
　㉢ 공직자는 공직을 이용하여 사적 이익을 추구하거나 개인이나 기관·단체에 부정한 특혜를 주어서는 아니 되며, 재직 중 취득한 정보를 부당하게 사적으로 이용하거나 타인으로 하여금 부당하게 사용하게 하여서는 아니 된다.
　㉣ 퇴직공직자는 재직 중인 공직자의 공정한 직무수행을 해치는 상황이 일어나지 아니하도록 노력하여야 한다.
② 등록의무자가 등록할 재산은 다음의 어느 하나에 해당하는 사람의 재산으로 한다.
　㉠ 본인
　㉡ 배우자(사실상의 혼인관계에 있는 사람 포함)
　㉢ 본인의 직계존속·직계비속. 다만, 혼인한 직계비속인 여성과 외증조부모, 외조부모, 외손자녀 및 외증손자녀는 제외한다.

기선 제압

- 부정행위란 공무원들이 고속도로 통행료를 착복하고 영수증을 허위 작성한다든가 또는 공공기금을 횡령하고 계약의 대가로 지불금의 일부를 가로채는 등의 행위를 말한다. 12. 국가직 7급

- '입법의도의 편향된 해석'이란 정부가 환경보호 의견을 무시한 채 관련 법규에서 개발업자나 목재 회사 측의 편을 들어 벌목을 허용하는 등의 행위를 말한다. 12. 국가직 7급

- 「공직자윤리법」상 등록할 재산에는 본인의 직계존속의 것도 포함된다. 20. 군무원 9급

- 「공직자윤리법」상 등록할 재산에 혼인한 직계비속인 여성의 것은 제외한다. 20. 군무원 9급

- 등록하여야 할 재산이 국채, 공채, 회사채인 경우는 액면가로 등록하여야 한다. _{23. 국가직 7급}

③ 공직자는 등록의무자가 된 날부터 2개월이 되는 날이 속하는 달의 말일까지 등록의무자가 된 날 현재의 재산을 등록기관에 등록하여야 한다.

④ 등록의무자는 매년 1월 1일부터 12월 31일까지의 재산 변동사항을 다음 해 2월 말일까지 등록기관에 신고하여야 한다.

⑤ 퇴직한 등록의무자는 퇴직일부터 2개월이 되는 날이 속하는 달의 말일까지 그 해 1월 1일(1월 1일 이후에 등록의무자가 된 경우에는 등록의무자가 된 날)부터 퇴직일까지의 재산 변동사항을 퇴직 당시의 등록기관에 신고하여야 한다.

⑥ 국회·대법원·헌법재판소·중앙선거관리위원회·정부·지방자치단체 및 특별시·광역시·특별자치시·도·특별자치도교육청에 각각 공직자윤리위원회를 둔다.

⑦ 등록의무자 중 공개대상자와 기획재정부 및 금융위원회 소속 공무원 중 대통령령으로 정하는 사람(공개대상자 등)은 본인 및 그 이해관계자 모두가 보유한 주식의 총 가액이 1천만 원 이상 5천만 원 이하의 범위에서 대통령령으로 정하는 금액(3천만 원)을 초과할 때에는 초과하게 된 날부터 2개월 이내에 다음의 어느 하나에 해당하는 행위를 직접 하거나 이해관계자로 하여금 하도록 하고 그 행위를 한 사실을 등록기관에 신고하여야 한다. 다만, 주식백지신탁 심사위원회로부터 직무관련성이 없다는 결정을 통지받은 경우에는 그러하지 아니하다.

　㉠ 해당 주식의 매각
　㉡ 다음의 요건을 갖춘 신탁 또는 투자신탁(주식백지신탁)에 관한 계약의 체결
　　　ⓐ 수탁기관은 신탁계약이 체결된 날부터 60일 이내에 처음 신탁된 주식을 처분할 것
　　　ⓑ 공개대상자 등 또는 그 이해관계자는 신탁재산의 관리·운용·처분에 관여하지 아니할 것
　　　ⓒ 공개대상자 등 또는 그 이해관계자는 신탁재산의 관리·운용·처분에 관한 정보의 제공을 요구하지 아니하며, 수탁기관은 정보를 제공하지 아니할 것

⑧ 공개대상자 등 및 그 이해관계인이 보유하고 있는 주식의 직무관련성을 심사·결정하기 위하여 인사혁신처에 주식백지신탁 심사위원회를 둔다.

⑨ **기관별 주식취득의 제한**: 국가기관의 장 및 지방자치단체의 장은 기업 등에 대한 정보를 획득하거나 영향력을 행사하는 등 공익과 사익의 이해충돌이 발생할 우려가 있는 업무를 수행한다고 인정되는 부서의 공무원이 관련 분야의 주식을 새로 취득하는 것을 제한할 수 있다.

⑩ **기관별 부동산취득의 제한**: 국가기관의 장, 지방자치단체의 장 및 공직유관단체의 장은 부동산에 대한 정보를 획득하거나 이와 관련된 업무를 수행한다고 인정되는 부서의 공직자 본인 및 그 이해관계자가 관련 업무 분야 및 관할의 부동산을 새로 취득하는 것을 제한할 수 있다.

⑪ **기관별 가상자산 보유의 제한**: 국가기관의 장 및 지방자치단체의 장은 가상자산에 대한 정보를 획득하거나 영향력을 행사하는 업무를 수행한다고 인정되는 부서 또는 직위의 공직자 본인 및 그 이해관계자가 가상자산을 보유하는 것을 제한할 수 있다.

⑫ 공무원(지방의회의원 포함) 또는 공직유관단체의 임직원은 외국으로부터 선물(현금은 제외)을 받거나 그 직무와 관련하여 외국인(외국단체 포함)에게 선물을 받으면 지체 없이 소속 기관·단체의 장에게 신고하고 그 선물을 인도하여야 한다. 이들의 가족이 외국으로부터 선물을 받거나 그 공무원이나 공직유관단체 임직원의 직무와 관련하여 외국인에게 선물을 받은 경우에도 또한 같다.

⑬ 신고하여야 할 선물은 그 선물 수령 당시 증정한 국가 또는 외국인이 속한 국가의 시가로 미국화폐 100달러 이상이거나 국내 시가로 10만 원 이상인 선물로 한다.
⑭ 신고된 선물은 신고 즉시 국가 또는 지방자치단체에 귀속된다.
⑮ 취업심사대상자는 퇴직일부터 3년간 취업심사대상기관에 취업할 수 없다. 다만, 관할 공직자윤리위원회로부터 취업심사대상자가 퇴직 전 5년 동안 소속하였던 부서 또는 기관의 업무와 취업심사대상기관 간에 밀접한 관련성이 없다는 확인을 받거나 취업승인을 받은 때에는 취업할 수 있다.
⑯ 모든 공무원 또는 공직유관단체 임직원은 다른 법률에 특별한 규정이 있는 경우를 제외하고는 재직 중에 직접 처리한 업무를 퇴직 후에 취급할 수 없다.
⑰ 기관업무기준 취업심사대상자는 다른 법률에 특별한 규정이 있는 경우를 제외하고는 퇴직 전 2년부터 퇴직할 때까지 근무한 기관이 취업한 취업심사대상기관에 대하여 처리하는 업무를 퇴직한 날부터 2년 동안 취급할 수 없다.
⑱ 퇴직 후 일정한 업무취급을 제한받는 기관업무기준 취업심사대상자는 퇴직 후 2년간 업무활동내역 등이 포함된 업무내역서를 매년 작성하여 소속 취업심사대상기관의 장의 확인을 거쳐 관할 공직자윤리위원회에 제출하여야 한다.
⑲ 퇴직한 모든 공무원과 공직유관단체의 임직원(퇴직공직자)은 본인 또는 제3자의 이익을 위하여 퇴직 전 소속 기관의 공무원과 임직원에게 법령을 위반하게 하거나 지위 또는 권한을 남용하게 하는 등 공정한 직무수행을 저해하는 부정한 청탁 또는 알선을 해서는 아니 된다.
⑳ 재직자는 퇴직공직자로부터 직무와 관련한 청탁 또는 알선을 받은 경우 이를 소속 기관의 장에게 신고하여야 한다.
㉑ 누구든지 퇴직공직자가 재직자에게 청탁 또는 알선을 한 사실을 알게 된 경우 해당 기관의 장에게 신고할 수 있다.
㉒ 재직 중인 취업심사대상자는 퇴직 전 5년 동안 처리한 업무와 관련한 취업심사대상기관을 상대로 하여 재직 중 본인의 취업을 위한 청탁행위를 하여서는 아니 된다.
㉓ 국가기관, 지방자치단체 또는 공직유관단체의 장은 취업심사대상자가 퇴직한 경우에는 그 퇴직 후 3년 동안 관련 취업심사대상기관에의 취업 여부를 직접 확인하거나 국세청, 국민건강보험공단, 국민연금공단 및 근로복지공단에 자료를 요청하거나 조회하는 등의 방법으로 확인하여야 하며, 매년 1회 이상 그 점검 결과를 관할 공직자윤리위원회에 보고하여야 한다.
㉔ 인사혁신처장은 이 법에 따른 재산등록 및 공개, 주식의 매각 또는 신탁, 선물신고, 퇴직공직자의 취업제한 및 행위제한 등에 관한 기획·총괄업무를 관장한다.
㉕ 공직자윤리위원회는 매년 정기국회 개회 전까지 또는 해당 지방의회 2차 정례회 개최 전까지 전년도의 재산등록, 주식의 매각 또는 신탁, 선물신고, 퇴직공직자의 취업제한에 관한 실태와 감독, 그 밖에 공직자윤리위원회의 활동에 관한 연차보고서를 제출하여야 한다.

- 「공직자윤리법」에 의하면 공무원은 그 직무와 관련하여 외국인으로부터 수령 당시 국내 시가 10만 원 이상의 선물을 받으면 지체 없이 신고하고 인도하여야 한다. 19. 지방직 7급

- 재직자는 퇴직공직자로부터 직무와 관련한 청탁 또는 알선을 받은 경우 이를 소속 기관의 장에게 신고하여야 한다. 21. 지방직 7급

바로 확인문제

1. 다음 ㉠과 ㉡에 들어갈 내용으로 옳은 것은? 　　　　　17. 국가직 9급

> 「공직자윤리법」에서는 퇴직공직자의 취업제한 및 행위제한 등을 규정하고 있는데, 취업심사대상자는 퇴직일부터 (㉠)간 퇴직 전 (㉡) 동안 소속하였던 부서 또는 기관의 업무와 밀접한 관련성이 있는 취업제한기관에 취업할 수 없다.

	㉠	㉡
①	3년	5년
②	5년	3년
③	2년	3년
④	2년	5년

정답해설 취업심사대상자는 퇴직일부터 3년간, 퇴직 전 5년 동안 소속하였던 부서 또는 기관의 업무와 밀접한 관련성이 있는 취업제한기관에 취업할 수 없다.

답 | ①

Theme 04　이해충돌의 유형과 회피　　C

- 이해충돌은 그 특성에 따라 실제적, 외견적, 잠재적 형태로 분류할 수 있다. 　　23. 국가직 9급
- 당장은 아니더라도 시간차를 두고 이해충돌이 부패행위로 발현될 수 있다. 　　21. 소방간부
- 회피를 통하여 공적 의무와 사적 이익의 충돌을 해소할 수 있다. 　　21. 소방간부

이해충돌의 유형	이해충돌의 회피
① 실질적 이해충돌(→ 과거 + 현재 충돌 중) ② 외견적 이해충돌(→ 현재 충돌 가능성) ③ 잠재적 이해충돌(→ 미래 충돌 관련성)	① 소극적 회피: 대리인의 회피 ② 적극적 회피: 주인의 회피

바로 확인문제

1. 공무원의 이해충돌(Conflict of Interest)에 관한 설명으로 옳지 <u>않은</u> 것은? 　21. 소방간부

① 공적으로 부여된 직무 수행상의 의무와 사인으로서 사적 이익 간의 충돌이다.
② 잠재적 이해충돌은 문제가 되지 않는다.
③ 회피를 통하여 공적 의무와 사적 이익의 충돌을 해소할 수 있다.
④ 당장은 아니더라도 시간차를 두고 이해충돌이 부패행위로 발현될 수 있다.
⑤ 공무원의 직무와 관련된 외부기관의 자문활동을 금지함으로써 이해충돌을 방지할 수 있다.

정답해설 잠재적 이해충돌은 미래에 충돌 가능성이 있는 것이므로 이해충돌의 관리대상에 속한다.

답 | ②

Theme 05 「공직자의 이해충돌 방지법」의 주요 내용　　B

① 공공기관이란 다음의 어느 하나에 해당하는 기관·단체를 말한다.
　㉠ 국회, 법원, 헌법재판소, 선거관리위원회, 감사원, 고위공직자범죄수사처, 국가인권위원회, 중앙행정기관과 그 소속 기관
　㉡ 「지방자치법」에 따른 지방자치단체의 집행기관 및 지방의회
　㉢ 「지방교육자치에 관한 법률」에 따른 교육행정기관
　㉣ 「공직자윤리법」에 따른 공직유관단체
　㉤ 「공공기관의 운영에 관한 법률」에 따른 공공기관
　㉥ 「초·중등교육법」, 「고등교육법」 또는 그 밖의 다른 법령에 따라 설치된 각급 국립·공립 학교
② 고위공직자란 다음의 어느 하나에 해당하는 공직자를 말한다.
　㉠ 지방의회의원 등 지방자치단체의 정무직 공무원
　㉡ 1급 공무원
　㉢ 고등법원 부장판사급 이상의 법관과 대검찰청 검사급 이상의 검사
　㉣ 중장 이상의 장성급 장교
　㉤ 치안감 이상의 경찰공무원 및 시·도경찰청장
　㉥ 소방정감 이상의 소방공무원
　㉦ 지방국세청장 및 3급 공무원 또는 고위공무원단에 속하는 공무원인 세관장
③ 이해충돌이란 공직자가 직무를 수행할 때에 자신의 사적 이해관계가 관련되어 공정하고 청렴한 직무수행이 저해되거나 저해될 우려가 있는 상황을 말한다.
④ 직무관련자란 다음의 어느 하나에 해당하는 개인·법인·단체 및 공직자를 말한다.
　㉠ 공직자의 직무수행과 관련하여 일정한 행위나 조치를 요구하는 개인이나 법인 또는 단체
　㉡ 공직자의 직무수행과 관련하여 이익 또는 불이익을 직접적으로 받는 개인이나 법인 또는 단체
　㉢ 공직자가 소속된 공공기관과 계약을 체결하거나 체결하려는 것이 명백한 개인이나 법인 또는 단체
　㉣ 공직자의 직무수행과 관련하여 이익 또는 불이익을 직접적으로 받는 다른 공직자
⑤ 사적이해관계자란 다음의 어느 하나에 해당하는 자를 말한다.
　㉠ 공직자 자신 또는 그 가족(「민법」 제779조에 따른 가족)
　㉡ 공직자 자신 또는 그 가족이 임원·대표자·관리자 또는 사외이사로 재직하고 있는 법인 또는 단체
　㉢ 공직자 자신이나 그 가족이 대리하거나 고문·자문 등을 제공하는 개인이나 법인 또는 단체
　㉣ 공직자로 채용·임용되기 전 2년 이내에 공직자 자신이 재직하였던 법인 또는 단체
　㉤ 공직자로 채용·임용되기 전 2년 이내에 공직자 자신이 대리하거나 고문·자문 등을 제공하였던 개인이나 법인 또는 단체
　㉥ 공직자 자신 또는 그 가족이 대통령령으로 정하는 일정 비율 이상의 주식·지분 또는 자본금 등을 소유하고 있는 법인 또는 단체

• 공직자 자신 또는 그 가족은 「공직자의 이해충돌방지법」상 사적이해관계자이다.　24. 국가직 9급

- 「공직자의 이해충돌 방지법」에 의하면 인·허가를 담당하는 공직자는 자신의 직무관련자가 사적이해관계자임을 안 경우 안 날부터 14일 이내에 소속기관장에게 그 사실을 서면으로 신고하고 회피를 신청하여야 한다. _{24. 경찰승진}

- 「공직자의 이해충돌 방지법」에 의하면 고위공직자는 그 직위에 임용되거나 임기를 개시하기 전 3년 이내에 민간부문에서 업무활동을 한 경우, 그 활동 내역을 그 직위에 임용되거나 임기를 개시한 날부터 30일 이내에 소속기관장에게 제출하여야 한다. _{24. 경찰승진}

⑥ 공직자는 직무관련자가 사적이해관계자임을 안 경우 안 날부터 14일 이내에 소속기관장에게 그 사실을 서면(전자문서 포함)으로 신고하고 회피를 신청하여야 한다.

⑦ 고위공직자는 그 직위에 임용되거나 임기를 개시하기 전 3년 이내에 민간 부문에서 업무활동을 한 경우, 그 활동 내역을 그 직위에 임용되거나 임기를 개시한 날부터 30일 이내에 소속기관장에게 제출하여야 한다.

⑧ 기타 제한: 직무 관련 외부활동의 제한, 가족 채용 제한, 수의계약 체결 제한, 공공기관 물품 등의 사적 사용·수익 금지 등

⑨ 공직자는 직무관련자인 소속 기관의 퇴직자(공직자가 아니게 된 날부터 2년이 지나지 아니한 사람만 해당)와 사적 접촉(골프, 여행, 사행성 오락을 같이 하는 행위)을 하는 경우 소속기관장에게 신고하여야 한다. 다만, 사회상규에 따라 허용되는 경우에는 그러하지 아니하다.

⑩ 국민권익위원회는 이 법에 따른 사항에 관한 업무를 관장한다.

⑪ 누구든지 이 법의 위반행위가 발생하였거나 발생하고 있다는 사실을 알게 된 경우에는 다음의 어느 하나에 해당하는 기관에 신고할 수 있다.

  ㉠ 이 법의 위반행위가 발생한 공공기관 또는 그 감독기관

  ㉡ 감사원 또는 수사기관

  ㉢ 국민권익위원회

⑫ 공공기관의 장은 소속 공직자 중에서 이해충돌방지담당관을 지정하여야 한다.

바로 확인문제

1. 공직자의 이해충돌에 대한 설명으로 옳지 않은 것은? _{23. 국가직 9급}

① 우리나라는 2021년 5월 「공직자의 이해충돌 방지법」을 제정하였다.

② 이해충돌은 그 특성에 따라 실제적, 외견적, 잠재적 형태로 분류할 수 있다.

③ 이해충돌 회피에 있어서는 '어느 누구도 자신이 연루된 사건의 재판관이 되어서는 안 된다'라는 원칙이 적용된다.

④ 「공직자의 이해충돌 방지법」의 위반행위는 감사원, 수사기관, 국민권익위원회 등에 신고할 수 있으나 위반행위가 발생한 기관은 제외된다.

정답해설 「공직자의 이해충돌 방지법」의 위반행위가 발생하였거나 발생하고 있다는 사실을 알게 된 경우에는 이를 위반행위가 발생한 공공기관 또는 그 감독기관, 감사원 또는 수사기관, 국민권익위원회 등에 신고할 수 있다.

오답해설 ① 우리나라는 공직자의 이해충돌 방지를 위해 2021년 5월에 「공직자의 이해충돌 방지법」이 제정된 후 2022년 5월부터 시행되고 있다.

② 실질적 이해충돌은 현재 발생하고 있고, 과거에도 발생한 이해충돌을 의미하고, 외견상 이해충돌은 공무원의 사익이 부적절하게 공적 의무의 수행에 영향을 미칠 가능성이 있는 상태로, 부정적 영향이 현재화된 것은 아닌 상태를 의미한다. 그리고 잠재적 이해충돌은 공무원이 미래에 공적 책임에 관련된 일에 연루되는 것을 의미한다.

③ '누구도 자신의 사건에서 재판관이 될 수 없다'라는 로마법상의 법언은 공정성의 핵심 원칙이며, 공직자가 자신의 사적 이해관계가 걸린 직무를 스스로 수행해서는 안 된다는 이해충돌 방지 제도의 근본적인 사상적 기초가 된다.

답 | ④

2. 「공직자의 이해충돌방지법」상 사적 이해관계자로 규정하고 있는 대상이 아닌 것은?

24. 국가직 9급

① 공직자 자신 또는 그 가족
② 공직자의 직무수행과 관련하여 이익 또는 불이익을 직접적으로 받는 다른 공직자
③ 공직자로 채용·임용되기 전 2년 이내에 공직자의 자신이 재직하였던 법인 또는 단체
④ 공직자 자신 또는 그 가족이 임원·대표자·관리자 또는 사외 이사로 재직하고 있는 법인 또는 단체

정답해설 공직자의 직무수행과 관련하여 이익 또는 불이익을 직접적으로 받는 다른 공직자는 직무관련자이다.

답 | ②

Theme 06 「공무원 행동강령」의 주요 내용

① 국가공무원(국회, 법원, 헌법재판소 및 선거관리위원회 소속의 국가공무원은 제외)과 지방공무원(지방의회의원은 제외)에게 적용한다.
② 공무원은 상급자가 자기 또는 타인의 부당한 이익을 위하여 공정한 직무수행을 현저하게 해치는 지시를 하였을 때에는 그 사유를 그 상급자에게 소명하고 지시에 따르지 아니하거나 공무원 행동강령에 관한 업무를 담당하는 공무원(행동강령책임관)과 상담할 수 있다.
③ 주요 의무
   ㉠ 특혜의 배제
   ㉡ 예산의 목적 외 사용 금지
   ㉢ 정치인 등의 부당한 요구에 대한 처리
   ㉣ 인사 청탁 등의 금지
   ㉤ 이권 개입 등의 금지
   ㉥ 직위의 사적 이용 금지
   ㉦ 알선·청탁 등의 금지
   ㉧ 직무 관련 정보를 이용한 거래 등의 제한
   ㉨ 외부강의 등의 사례금 수수 제한
   ㉩ 직무권한 등을 행사한 부당 행위의 금지
   ㉪ 경조사의 통지 제한
④ 공무원은 자신의 직무권한을 행사하거나 지위·직책 등에서 유래되는 사실상 영향력을 행사하여 직무관련자 또는 직무관련공무원으로부터 사적 노무를 제공받거나 요구 또는 약속해서는 아니 된다. 다만, 다른 법령 또는 사회상규에 따라 허용되는 경우에는 그러하지 아니하다.
⑤ 공무원은 직무 관련 여부 및 기부·후원·증여 등 그 명목에 관계없이 동일인으로부터 1회에 100만 원 또는 매 회계연도에 300만 원을 초과하는 금품 등을 받거나 요구 또는 약속해서는 아니 된다.

⑥ 공무원은 직무와 관련하여 대가성 여부를 불문하고 ⑤에서 정한 금액 이하의 금품 등을 받거나 요구 또는 약속해서는 아니 된다.
⑦ 감독·감사·조사·평가를 하는 기관에 소속된 공무원은 자신이 소속된 기관의 출장·행사·연수 등과 관련하여 감독·감사·조사·평가를 받는 기관에 부당한 요구를 해서는 안 된다.
⑧ 누구든지 공무원이 이 영을 위반한 사실을 알게 되었을 때에는 그 공무원이 소속된 기관의 장, 그 기관의 행동강령책임관 또는 국민권익위원회에 신고할 수 있다.
⑨ 중앙행정기관의 장 등은 이 영의 시행에 필요한 범위에서 해당 기관의 특성에 적합한 세부적인 기관별 공무원 행동강령을 제정하여야 한다.

바로 확인문제

1. 「공무원 행동강령」에 대한 설명으로 옳지 않은 것은? 24. 지방직 7급
① 대통령령으로 제정되었다.
② 법원, 헌법재판소, 선거관리위원회 소속 공무원에게도 적용된다.
③ 외부강의 등의 사례금 수수 제한 규정을 담고 있다.
④ 「부패방지 및 국민권익위원회의 설치와 운영에 관한 법률」 제8조에 따라 공무원이 준수하여야 할 행동기준을 규정하는 것을 목적으로 한다.

정답해설 「공무원 행동강령」은 국회, 법원, 헌법재판소 및 선거관리위원회 소속의 국가공무원에게는 적용되지 않는다.

답 | ②

Theme 07 「적극행정 운영규정」의 주요 내용 C

- 적극행정은 공무원이 불합리한 규제를 개선하는 등 공공의 이익을 위해 창의성과 전문성을 바탕으로 적극적으로 업무를 처리하는 행위를 말한다. 21. 경찰승진

① 적극행정이란 공무원이 불합리한 규제를 개선하는 등 공공의 이익을 위해 창의성과 전문성을 바탕으로 적극적으로 업무를 처리하는 행위를 말한다.
② 소극행정이란 공무원이 부작위 또는 직무태만 등 소극적 업무행태로 국민의 권익을 침해하거나 국가 재정상 손실을 발생하게 하는 행위를 말한다.
③ 인사혁신처장은 중앙행정기관의 적극행정 추진사항을 정기적으로 평가하고, 평가결과에 따라 우수기관 또는 우수공무원에 대해 표창을 수여하거나 포상금을 지급할 수 있다.
④ 중앙행정기관의 장은 소속 공무원을 대상으로 적극행정 관련 교육을 연 1회 이상 실시해야 한다.
⑤ 「국가공무원법」에 따라 적극행정 추진에 관한 사항을 심의하기 위하여 각 중앙행정기관에 적극행정위원회를 둔다.
⑥ 중앙행정기관의 장은 반기별로 위원회의 심의를 거쳐 적극행정 우수공무원으로 선발해야 한다.

⑦ 인사혁신처장은 매년 적극행정 우수사례 경진대회를 개최하고, 이를 통해 선정된 우수기관에 표창을 수여하거나 포상금을 지급할 수 있다.
⑧ 인사상 우대 조치
　㉠ 특별승진임용
　㉡ 대우공무원 선발을 위한 근무기간 단축
　㉢ 근속승진기간 단축
　㉣ 특별승급
　㉤ 「공무원 성과평가 등에 관한 규정」에 따른 가점 부여
⑨ 공무원이 적극행정을 추진한 결과에 대해 그의 행위에 고의 또는 중대한 과실이 없는 경우에는 징계 요구 또는 문책 요구 등 책임을 묻지 않는다.
⑩ 공무원이 사전컨설팅 의견대로 업무를 처리한 경우에는 면책 요건을 충족한 것으로 추정한다.
⑪ 공무원이 위원회가 제시한 의견대로 업무를 처리한 경우에는 면책 요건을 충족한 것으로 추정한다.
⑫ 공무원이 적극행정을 추진한 결과에 대해 그의 행위에 고의 또는 중대한 과실이 없는 경우에는 징계 관련 법령에 따라 징계의결 또는 징계부가금 부과의결을 하지 않는다.
⑬ 공무원이 사전컨설팅 의견대로 업무를 처리한 경우에는 징계 관계 법령에 따라 징계의결 등을 하지 않는다.
⑭ 공무원이 위원회가 제시한 의견대로 업무를 처리한 경우에는 징계의결 등을 하지 않는다.
⑮ 법령이 없거나 법령이 명확하지 않다는 사유로 다음의 어느 하나에 해당하는 통지를 받은 사람은 소관 중앙행정기관의 장에게 해당 업무를 적극적으로 처리해 줄 것을 신청(적극행정 국민신청)할 수 있다.
　㉠ 「민원 처리에 관한 법률」에 따라 민원의 내용을 거부하는 통지
　㉡ 「국민 제안 규정」에 따라 국민제안이 채택되지 않았다는 통지
⑯ 적극행정 국민신청의 방법·절차·처리기준, 처리결과 통보, 사후관리, 그 밖에 필요한 사항은 국민권익위원회가 정한다.
⑰ 누구든지 공무원의 소극행정을 소속 중앙행정기관의 장이나 소극행정 신고센터에 신고할 수 있다.
⑱ 국민권익위원회는 중앙행정기관 소속 공무원의 소극행정 예방 및 근절을 위해 소극행정 신고센터를 운영하고, 중앙행정기관의 장에게 신고사항에 대해 적절한 조치를 하도록 권고할 수 있다.

• 적극행정 우수공무원으로 선정될 경우 특별승진이나 특별승급 등의 인사상 우대 조치를 부여받을 수 있다.
24. 소방간부

• 공무원이 적극행정을 추진한 결과에 대해서는 그의 행위에 고의 또는 중대한 과실이 없는 경우에 징계면제를 받을 수 있다.
24. 해경간부

바로 확인문제

1. 우리나라의 적극행정에 대한 설명으로 가장 적절하지 않은 것은? 21. 경찰승진

① 적극행정은 공무원이 불합리한 규제를 개선하는 등 공공의 이익을 위해 창의성과 전문성을 바탕으로 적극적으로 업무를 처리하는 행위를 말한다.
② 적극행정은 행정적 재량권을 가진 관료들을 전제로 논의되는 개념이다.
③ 감사기관은 사전컨설팅을 통해 감사대상기관의 적극행정을 지원할 수 있다.
④ 공무원과 대상 업무 사이에 사적 이해관계가 있더라도 사전컨설팅에서 제시된 의견대로 적극행정을 추진할 경우 징계 등에 대한 면책을 받는다.

정답해설 공무원과 대상 업무 사이에 사적인 이해관계가 있거나 감사원이나 감사기구의 장이 사전컨설팅을 하는 데 필요한 정보를 충분히 제공하지 않은 경우에는 면책의 대상에서 제외된다.

답 | ④

Theme 08 「부패방지 및 국민권익위원회의 설치와 운영에 관한 법률」의 주요 내용

① 공공기관이란 다음의 어느 하나에 해당하는 기관·단체를 말한다.
  ㉠ 「정부조직법」에 따른 각급 행정기관과 「지방자치법」에 따른 지방자치단체의 집행기관 및 지방의회
  ㉡ 「지방교육자치에 관한 법률」에 따른 교육행정기관
  ㉢ 「국회법」에 따른 국회, 「법원조직법」에 따른 각급 법원, 「헌법재판소법」에 따른 헌법재판소, 「선거관리위원회법」에 따른 각급 선거관리위원회, 「감사원법」에 따른 감사원, 「고위공직자범죄수사처 설치 및 운영에 관한 법률」에 따른 고위공직자범죄수사처
  ㉣ 「공직자윤리법」에 따른 공직유관단체
  ㉤ 「초·중등교육법」, 「고등교육법」, 「유아교육법」, 그 밖의 다른 법령에 따라 설치된 각급 사립학교
② 공직자가 준수하여야 할 행동강령은 대통령령·국회규칙·대법원규칙·헌법재판소규칙·중앙선거관리위원회규칙 또는 공직유관단체의 내부규정으로 정한다.
③ 공직자가 공직자 행동강령을 위반한 때에는 징계처분을 할 수 있다.
④ 고충민원의 처리와 이에 관련된 불합리한 행정제도를 개선하고, 부패의 발생을 예방하며 부패행위를 효율적으로 규제하도록 하기 위하여 국무총리 소속으로 국민권익위원회를 둔다.
⑤ 국민권익위원회는 「정부조직법」에 따른 중앙행정기관으로서 그 권한에 속하는 사무를 독립적으로 수행한다.
⑥ 국민권익위원회는 위원장 1명을 포함한 15명의 위원(부위원장 3명과 상임위원 3명 포함)으로 구성한다. 이 경우 부위원장은 각각 고충민원, 부패방지 업무 및 중앙행정심판

위원회의 운영업무로 분장하여 위원장을 보좌한다. 다만, 중앙행정심판위원회의 구성에 관한 사항은 「행정심판법」에서 정하는 바에 따른다.
⑦ 위원장 및 부위원장은 국무총리의 제청으로 대통령이 임명하고, 상임위원은 위원장의 제청으로 대통령이 임명하며, 상임이 아닌 위원은 대통령이 임명 또는 위촉한다. 이 경우 상임이 아닌 위원 중 3명은 국회가, 3명은 대법원장이 각각 추천하는 자를 임명 또는 위촉한다.
⑧ 위원장과 부위원장은 각각 정무직으로 보하고, 상임위원은 고위공무원단에 속하는 일반직 공무원으로서 「국가공무원법」에 따른 임기제 공무원으로 보한다.
⑨ 위원장과 위원의 임기는 각각 3년으로 하되 1차에 한하여 연임할 수 있다.
⑩ 위원의 결격사유
  ㉠ 대한민국 국민이 아닌 자
  ㉡ 「국가공무원법」 제33조(결격사유)의 어느 하나에 해당하는 자
  ㉢ 정당의 당원
  ㉣ 「공직선거법」에 따라 실시하는 선거에 후보자로 등록한 자
⑪ 지방자치단체 및 그 소속 기관에 관한 고충민원의 처리와 행정제도의 개선 등을 위하여 각 지방자치단체에 시민고충처리위원회를 둘 수 있다.
⑫ 누구든지(국내에 거주하는 외국인 포함) 위원회 또는 시민고충처리위원회에 고충민원을 신청할 수 있다. 이 경우 하나의 권익위원회에 대하여 고충민원을 제기한 신청인은 다른 권익위원회에 대하여도 고충민원을 신청할 수 있다.
⑬ 권익위원회는 조사 중이거나 조사가 끝난 고충민원에 대한 공정한 해결을 위하여 필요한 조치를 당사자에게 제시하고 합의를 권고할 수 있다.
⑭ 권익위원회는 다수인이 관련되거나 사회적 파급효과가 크다고 인정되는 고충민원의 신속하고 공정한 해결을 위하여 필요하다고 인정하는 경우에는 당사자의 신청 또는 직권에 의하여 조정을 할 수 있다.
⑮ 권익위원회는 고충민원에 대한 조사결과 처분 등이 위법·부당하다고 인정할 만한 상당한 이유가 있는 경우에는 관계 행정기관 등의 장에게 적절한 시정을 권고할 수 있다.
⑯ 권익위원회는 고충민원에 대한 조사결과 신청인의 주장이 상당한 이유가 있다고 인정되는 사안에 대하여는 관계 행정기관 등의 장에게 의견을 표명할 수 있다.
⑰ 권익위원회는 고충민원을 조사·처리하는 과정에서 법령 그 밖의 제도나 정책 등의 개선이 필요하다고 인정되는 경우에는 관계 행정기관 등의 장에게 이에 대한 합리적인 개선을 권고하거나 의견을 표명할 수 있다.
⑱ 고충민원의 조사·처리과정에서 관계 행정기관 등의 직원이 고의 또는 중대한 과실로 위법·부당하게 업무를 처리한 사실을 발견한 경우 위원회는 감사원 또는 관계 행정기관 등의 감독기관에, 시민고충처리위원회는 해당 지방자치단체에 감사를 의뢰할 수 있다.
⑲ 누구든지 부패행위를 알게 된 때에는 이를 위원회에 신고할 수 있다.
⑳ 공직자는 그 직무를 행함에 있어 다른 공직자가 부패행위를 한 사실을 알게 되었거나 부패행위를 강요 또는 제의받은 경우에는 지체 없이 이를 수사기관·감사원 또는 위원회에 신고하여야 한다.
㉑ 신고를 하려는 자는 본인의 인적사항과 신고취지 및 이유를 기재한 기명의 문서로써 하여야 하며, 신고대상과 부패행위의 증거 등을 함께 제시하여야 한다.

• 국민권익위원회 위원장과 위원의 임기는 각각 3년으로 하되, 1차에 한하여 연임할 수 있다. 16. 지방직 7급

• 공직자가 공익을 현저히 침해하는 경우 국민 300명 이상의 연서로 감사원에 감사를 청구할 수 있다.

17. 국회직 8급

㉒ **비실명 대리신고**: 신고자는 자신의 인적사항을 밝히지 아니하고 변호사를 선임하여 신고를 대리하게 할 수 있다.

㉓ 18세 이상의 국민은 공공기관의 사무처리가 법령위반 또는 부패행위로 인하여 공익을 현저히 해하는 경우 대통령으로 정하는 일정한 수 이상(300명)의 국민의 연서로 **감사원**에 감사를 청구할 수 있다. 다만, 국회·법원·헌법재판소·선거관리위원회 또는 감사원의 사무에 대하여는 **국회의장·대법원장·헌법재판소장·중앙선거관리위원회 위원장** 또는 **감사원장**에게 감사를 청구하여야 한다.

㉔ 감사원 또는 당해 기관의 장은 감사를 실시하기로 결정한 날부터 **60일** 이내에 감사를 종결하여야 한다. 다만, 정당한 사유가 있는 경우에는 그 기간을 연장할 수 있다.

㉕ **비위면직자** 등은 다음의 어느 하나에 해당하는 사람을 말한다.
  ㉠ 공직자가 재직 중 직무와 관련된 부패행위로 당연퇴직, 파면 또는 해임된 자
  ㉡ 공직자였던 사람으로서 재직 중 직무와 관련된 부패행위로 벌금 300만 원 이상의 형의 선고를 받은 사람

㉖ 비위면직자 등은 **5년** 동안 다음의 취업제한기관에 취업할 수 없다.
  ㉠ 공공기관(국·공립학교 포함)
  ㉡ 대통령으로 정하는 부패행위 관련 기관
  ㉢ 퇴직 전 5년간 소속하였던 부서 또는 기관의 업무와 밀접한 관련이 있는 영리사기업체 등

바로 확인문제

1. 고충민원 처리 및 부패방지와 관련된 설명으로 옳지 않은 것은?

16. 지방직 7급

① 내부고발자를 보호하기 위한 제도가 시행되고 있다.
② 공공기관의 부패행위에 대해 국민권익위원회에 감사를 청구할 수 있는 국민감사청구제도가 시행되고 있다.
③ 국민권익위원회 위원장과 위원의 임기는 각각 3년으로 하되, 1차에 한하여 연임할 수 있다.
④ 지방자치단체는 고충민원을 처리하기 위해 시민고충처리위원회를 둘 수 있다.

정답해설 국민감사는 감사원에 청구한다. 18세 이상의 국민은 공공기관의 사무처리가 법령위반 또는 부패행위로 인하여 공익을 현저히 해하는 경우 대통령으로 정하는 일정한 수 이상의 국민의 연서로 감사원에 감사를 청구할 수 있다. 다만, 국회·법원·헌법재판소·선거관리위원회 또는 감사원의 사무에 대하여는 국회의장·대법원장·헌법재판소장·중앙선거관리위원회 위원장 또는 감사원장에게 감사를 청구하여야 한다.

오답해설 ①「부패방지 및 국민권익위원회의 설치와 운영에 관한 법률」은 내부고발자를 보호하기 위한 신분보장 등의 규정을 담고 있다.
③ 국민권익위원회의 직무상 독립을 위하여 위원장과 위원의 임기는 각각 3년으로 하되 1차에 한하여 연임할 수 있다는 신분보장 규정을 두고 있다.
④ 지방자치단체 및 그 소속기관에 관한 고충민원의 처리와 행정제도의 개선 등을 위하여 각 지방자치단체에 시민고충처리위원회를 둘 수 있다.

답 | ②

Theme 09 「부정청탁 및 금품 등 수수의 금지에 관한 법률」의 주요 내용

① 공공기관이란 다음의 어느 하나에 해당하는 기관·단체를 말한다.
  ㉠ 국회, 법원, 헌법재판소, 선거관리위원회, 감사원, 국가인권위원회, 고위공직자범죄수사처, 중앙행정기관과 그 소속 기관 및 지방자치단체
  ㉡ 「공직자윤리법」에 따른 공직유관단체
  ㉢ 「공공기관의 운영에 관한 법률」에 따른 기관
  ㉣ 「초·중등교육법」, 「고등교육법」, 「유아교육법」 및 그 밖의 다른 법령에 따라 설치된 각급 학교 및 「사립학교법」에 따른 학교법인
  ㉤ 「언론중재 및 피해구제 등에 관한 법률」에 따른 언론사
② 다음의 어느 하나에 해당하는 경우에는 이 법을 적용하지 아니한다.
  ㉠ 「청원법」, 「민원사무 처리에 관한 법률」, 「행정절차법」, 「국회법」 및 그 밖의 다른 법령·기준에서 정하는 절차·방법에 따라 권리침해의 구제·해결을 요구하거나 그와 관련된 법령·기준의 제정·개정·폐지를 제안·건의하는 등 특정한 행위를 요구하는 행위
  ㉡ 공개적으로 공직자 등에게 특정한 행위를 요구하는 행위
  ㉢ 선출직 공직자, 정당, 시민단체 등이 공익적인 목적으로 제3자의 고충민원을 전달하거나 법령·기준의 제정·개정·폐지 또는 정책·사업·제도 및 그 운영 등의 개선에 관하여 제안·건의하는 행위
  ㉣ 공공기관에 직무를 법정기한 안에 처리하여 줄 것을 신청·요구하거나 그 진행상황·조치결과 등에 대하여 확인·문의 등을 하는 행위
  ㉤ 직무 또는 법률관계에 관한 확인·증명 등을 신청·요구하는 행위
  ㉥ 질의 또는 상담형식을 통하여 직무에 관한 법령·제도·절차 등에 대하여 설명이나 해석을 요구하는 행위
  ㉦ 그 밖에 사회상규에 위배되지 아니하는 것으로 인정되는 행위
③ 공직자 등은 부정청탁을 받았을 때에는 부정청탁을 한 자에게 부정청탁임을 알리고 이를 거절하는 의사를 명확히 표시하여야 한다.
④ 공직자 등은 조치를 하였음에도 불구하고 동일한 부정청탁을 다시 받은 경우에는 이를 소속기관장에게 서면으로 신고하여야 한다.
⑤ 공직자 등은 신고를 감독기관·감사원·수사기관 또는 국민권익위원회에도 할 수 있다.
⑥ 공직자 등은 직무 관련 여부 및 기부·후원·증여 등 그 명목에 관계없이 동일인으로부터 1회에 100만 원 또는 매 회계연도에 300만 원을 초과하는 금품 등을 받거나 요구 또는 약속해서는 아니 된다.
⑦ 공직자 등은 직무와 관련하여 대가성 여부를 불문하고 ⑥에서 정한 금액 이하의 금품 등을 받거나 요구 또는 약속해서는 아니 된다.
⑧ 외부강의 등에 관한 사례금 또는 다음의 어느 하나에 해당하는 금품 등의 경우에는 수수를 금지하는 금품 등에 해당하지 아니한다.
  ㉠ 위로·격려·포상 등의 목적으로 하급 공직자 등에게 제공하는 금품 등

· 공개적으로 공직자 등에게 특정한 행위를 요구하는 행위는 「부정청탁 및 금품 등 수수의 금지에 관한 법률」상 부정청탁에 해당하지 않는다.
17. 국가직 9급

· 「부정청탁 및 금품 등 수수의 금지에 관한 법률」에 의하면 누구든지 직접 또는 제3자를 통하여 법에 규정된 직무를 수행하는 공직자 등에게 부정청탁을 해서는 아니 된다.
18. 서울시 7급

· 「부정청탁 및 금품 등 수수의 금지에 관한 법률」에 의하면 공직자는 직무관련 여부와 관계없이 동일인으로부터 1회에 100만 원 또는 매 회계연도에 300만 원을 초과하는 금품 등을 받을 수 없다.
17. 서울시 7급

ⓒ 원활한 직무수행 또는 사교·의례 또는 부조의 목적으로 제공되는 음식물·경조사비·선물 등
ⓒ 사적 거래(증여는 제외)로 인한 채무의 이행 등 정당한 권원에 의하여 제공되는 금품 등
ⓔ 공직자 등의 친족이 제공하는 금품 등
ⓜ **불특정** 다수인에게 배포하기 위한 기념품 또는 홍보용품 등이나 경연·추첨을 통하여 받는 보상 또는 상품 등
ⓗ 그 밖에 다른 법령·기준 또는 사회상규에 따라 허용되는 금품 등

⑨ 외부강의 등 사례금 상한액
　㉠ 정부기관 및 「공직자윤리법」에 따른 공직유관단체: 40만 원
　㉡ 「공공기관의 운영에 관한 법률」에 따른 기관과 각급 학교 및 「사립학교법」에 따른 학교법인: 100만 원

⑩ **국민권익위원회**는 이 법에 따른 사항에 관한 업무를 관장한다.

⑪ **누구든지** 이 법의 위반행위가 발생하였거나 발생하고 있다는 사실을 알게 된 경우에는 다음의 어느 하나에 해당하는 기관에 신고할 수 있다.
　㉠ 이 법의 위반행위가 발생한 공공기관 또는 그 감독기관
　㉡ 감사원 또는 수사기관
　㉢ 국민권익위원회

⑫ **비실명 대리신고**: 신고를 하려는 자는 자신의 인적사항을 밝히지 아니하고 변호사를 선임하여 신고를 대리하게 할 수 있다.

바로 확인문제

1. 「부정청탁 및 금품 등 수수의 금지에 관한 법률」상 금지하는 부정청탁에 해당하지 않는 것은?

17. 국가직 9급 변형

① 각급 학교의 입학·성적·수행평가 등의 업무에 관하여 법령을 위반하여 처리·조작하도록 하는 행위
② 공개적으로 공직자 등에게 특정한 행위를 요구하는 행위
③ 공공기관이 주관하는 각종 수상, 포상, 우수기관 선정 또는 우수자·장학생 선발에 관하여 법령을 위반하여 특정 개인·단체·법인이 선정 또는 탈락되도록 하는 행위
④ 모집·선발·채용·승진·전보 등 공직자 등의 인사에 관하여 법령을 위반하여 개입하거나 영향을 미치도록 하는 행위

정답해설 공개적으로 공직자 등에게 특정한 행위를 요구하는 행위는 부정청탁에 해당하지 않는다.

오답해설 ① 각급 학교의 입학·성적·수행평가·논문심사·학위수여 등의 업무에 관하여 법령을 위반하여 처리·조작하도록 하는 행위는 부정청탁에 해당한다.
③ 공공기관이 주관하는 각종 수상, 포상, 우수기관 선정 또는 우수자·장학생 선발에 관하여 법령을 위반하여 특정 개인·단체·법인이 선정 또는 탈락되도록 하는 행위는 부정청탁에 해당한다.
④ 모집·선발·채용·승진·전보 등 공직자 등의 인사에 관하여 법령을 위반하여 개입하거나 영향을 미치도록 하는 행위는 부정청탁에 해당한다.
※ 출제 당시, ③은 "~우수기관 선정 또는 우수자 선발에~", ④는 "채용·승진·전보 등 공직자 등의 인사에~"였으나 2021년 12월 「부정청탁 및 금품 등 수수의 금지에 관한 법률」이 개정되어 선택지 내용을 수정하였습니다.

답 | ②

2. 다음 중 현행 「부정청탁 및 금품 등 수수의 금지에 관한 법률」의 적용 대상인 공공기관의 범주에 포함되지 <u>않은</u> 것은? 17. 국회직 9급

① 「은행법」에 따른 은행
② 「공공기관의 운영에 관한 법률」에 따른 기관
③ 「공직자윤리법」에 따른 공직유관단체
④ 「언론중재 및 피해구제 등에 관한 법률」에 따른 언론사
⑤ 「사립학교법」에 따른 학교법인

> **정답해설** 「부정청탁 및 금품 등 수수의 금지에 관한 법률」은 국회, 법원, 헌법재판소, 선거관리위원회, 감사원, 국가인권위원회, 고위공직자범죄수사처, 중앙행정기관(대통령 소속기관과 국무총리 소속기관을 포함)과 그 소속기관 및 지방자치단체, 「공직자윤리법」에 따른 공직유관단체, 「공공기관의 운영에 관한 법률」에 따른 기관, 각급 학교(국·공립학교) 및 「사립학교법」에 따른 학교법인, 「언론중재 및 피해구제 등에 관한 법률」에 따른 언론사 등이 적용되지만 「은행법」에 따른 은행은 규정되어 있지 않다.
>
> 답 | ①

Theme 10 음식물·경조사비·선물 등의 가액 범위 C

① 음식물: 5만 원
② 경조사비: 축의금·조의금은 5만 원. 다만, 축의금·조의금을 대신하는 화환·조화는 10만 원
③ 선물: 다음의 금품 등을 제외한 일체의 물품, 상품권(물품상품권 및 용역상품권만 해당) 및 그 밖에 이에 준하는 것은 5만 원. 다만, 농수산물·농수산가공품 상품권은 15만 원 (명절 기간 중에는 30만 원)
  ㉠ 금전
  ㉡ 유가증권(상품권 제외)
  ㉢ ①의 음식물
  ㉣ ②의 경조사비

• 「부정청탁 및 금품 등 수수의 금지에 관한 법률」에 의하면 경조사비는 축의금, 조의금은 5만 원까지 가능하고 축의금과 조의금을 대신하는 화환이나 조화는 10만 원까지 가능하다. 18. 서울시 7급

바로 확인문제

1. 「부정청탁 및 금품수수의 금지에 관한 법률 시행령」의 내용 중 음식물·경조사비 등의 가액 범위로 옳지 <u>않은</u> 것은? (단, 합산의 경우는 배제한다) 18. 지방직 9급

① 음식물: 5만 원
② 축의금·조의금: 5만 원
③ 축의금·조의금을 대신하는 화환·조화: 10만 원
④ 유가증권(상품권 제외): 5만 원

> **정답해설** 유가증권(상품권 제외)은 선물의 범위에서 포함되지 않아 수수가 금지된다.
>
> 답 | ④

PART V

재무행정론

에듀윌 공무원 행정학

CHAPTER 01	재무행정의 기초
CHAPTER 02	예산결정이론
CHAPTER 03	예산의 과정
CHAPTER 04	예산개혁론

재무행정의 기초

기선 제압

- 국세 중 간접세에는 개별소비세, 인지세, 부가가치세, 주세 등이 있다.

  18. 국회직 8급

- 국세 중 직접세에는 종합부동산세, 소득세, 법인세 등이 있다.

  22. 경찰간부

Theme 01 국가재정의 현황

(1) 국세의 종류

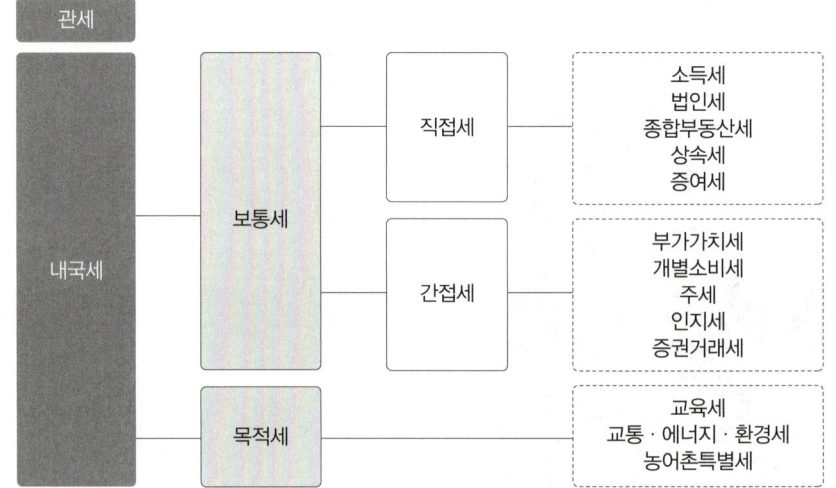

(2) 국세수입 비중

세목	2019	2020	2021	비고
소득세	83.6	93.1	89.8	
법인세	72.2	55.5	53.3	
부가가치세	70.8	64.9	66.7	총액의 25.3% 지방이양 → 지방소비세

(3) 분야별 지출순위

① 사회복지(32.6%)

② 일반·지방행정(15.4%)

③ 교육(14.2%)

④ 국방(9.5%)

> **바로 확인문제**

1. 국세에 해당하는 것으로만 묶은 것은? 18. 국가직 7급

| ㄱ. 취득세 | ㄴ. 자동차세 | ㄷ. 종합부동산세 |
| ㄹ. 인지세 | ㅁ. 등록면허세 | ㅂ. 주세 |

① ㄱ, ㄹ
② ㄴ, ㄷ
③ ㄷ, ㅁ
④ ㄹ, ㅂ

정답해설 ㄷ, ㄹ, ㅂ. 종합부동산세, 인지세, 주세가 국세이다.

오답해설 ㄱ, ㄴ, ㅁ. 취득세, 자동차세, 등록면허세는 지방세이다.

답 | ④

2. 2014년 국세 징수액 비중이 큰 세목을 순서대로 바르게 배열한 것은? 16. 국가직 9급

① 소득세 > 법인세 > 부가가치세
② 소득세 > 부가가치세 > 법인세
③ 부가가치세 > 법인세 > 소득세
④ 부가가치세 > 소득세 > 법인세

정답해설 당시에는 부가가치세, 소득세, 법인세 순으로 징수액 비중이 컸었다. 이는 우리나라의 경우 간접세의 비중이 높은 편이고, 법인세의 비중이 낮다는 것을 비판하면서 출제된 문제로 보인다. 반면 2024년 기준으로는 소득세, 법인세, 부가가치세 순이다.

답 | ④

Theme 02 의무지출과 재량지출 Ⓒ

(1) 의무지출
① 법률에 따라 지출의무가 발생하고, 지출근거와 요건 및 지출규모가 결정되는 법정지출
② 지방교부세, 지방교육재정교부금
③ 국제조약 또는 국제법규에 따라 발생되는 지출(→ 유엔 PKO 분담금, WHO 의무분담금 등)
④ 국채 및 차입금 등에 대한 이자지출

(2) 재량지출
① 정부가 정책적 의지나 재량에 따라 대상과 규모를 조정할 수 있는 지출
② 투자사업비나 경상적 경비 등 의무지출을 제외한 나머지 지출

• 의무지출의 예로 지방교부세, 유엔 평화유지활동(PKO) 예산분담금, 지방교육재정교부금, 국채에 대한 이자지출 등이 있다. 22. 국가직 7급

Theme 03 재무행정조직

(1) 조직의 유형
① 중앙예산기관
  ㉠ 세출예산을 배분하고 예산정책, 예산편성 및 예산배정 등을 담당하는 총괄기관
  ㉡ 행정수반 직속형: 미국의 관리예산처(OMB)
  ㉢ 재무부형: 영국의 재무성, 일본의 재무성, 우리나라의 기획재정부
  ㉣ 기획부처형: 개발도상국 모형(→ 기획과 예산의 연계성 강조)

② 수지총괄기관
  ㉠ 세입예산의 수입과 세출예산의 지출을 총괄하는 기관
  ㉡ 국고관리, 수입과 지출의 총괄, 조세정책과 조세제도 총괄, 국유재산과 국가채무, 정부회계 등

③ 중앙은행
  ㉠ 정부의 모든 국고금의 출납업무를 대행하는 기관
  ㉡ 우리나라 정부의 수입과 지출은 한국은행 본점의 정부예금계정에서 수행함

④ 기타
  ㉠ 행정안전부: 지방재정의 총괄기관
  ㉡ 감사원: 공공분야의 회계검사기관
  ㉢ 국회예산정책처: 국회의장 직속의 예산정책기관

(2) 조직구조
① 삼원체제
  ㉠ 중앙예산기관과 수지총괄기관이 분리되어 있어 중앙예산기관, 수지총괄기관, 중앙은행의 삼자체제로 운영되는 형태(→ 대통령제에서 주로 채택)
  ㉡ 장점: 효과적인 행정관리수단, 강력한 행정력, 부처 초월적 입장으로 인한 분파주의 방지 등
  ㉢ 단점: 세입과 세출 간 연계성 부족, 예산기관의 권력집중 등

② 이원체제
  ㉠ 중앙예산기관과 수지총괄기관이 통합된 형태(→ 의원내각제에서 주로 채택)
  ㉡ 장점: 세입과 세출의 연계성 강화, 삼원체제보다 민주적인 제도 등
  ㉢ 단점: 강력한 정책추진 곤란, 분파주의(→ 부처할거주의) 초래 등

③ 우리나라의 조직구조 → 이명박 정부 이후
  ㉠ 기획재정부(→ 중앙예산기관 + 수지총괄기관)와 한국은행(→ 중앙은행)의 이원체제
  ㉡ 기획재정부: 국가기획, 예산, 재정개혁 및 국고수지를 총괄하는 통합형 기구

- 재무행정조직은 중앙예산기관과 국고수지총괄기관의 분리 여부에 따라 삼원체제와 이원체제로 구분된다. 18. 경찰승진

- 미국은 관리예산처, 재무부, 연방준비은행 등이 분리된 삼원체제에 해당한다. 18. 경찰승진

- 재무행정조직의 이원체제는 세입·세출의 유기적 연계성을 높인다. 18. 경찰승진

- 국무총리 직속의 기획처 예산국이 우리나라에서 처음으로 중앙예산기관의 역할을 담당하였다. 22. 국가직 7급

한 번 더 정리 | 삼원체제와 이원체제

삼원체제
- 중앙예산기관 ⇒ 최고책임자, 중앙은행
- 수지총괄기관

이원체제
- 최고책임자, 중앙은행
- 예산기관 수지총괄

바로 확인문제

1. 우리나라 중앙예산기관의 변천에 대한 설명으로 옳지 않은 것은? 22. 국가직 7급

① 국무총리 직속 기획처 예산국이 우리나라에서 처음으로 중앙예산기관의 역할을 담당하였다.
② 1961년 설립된 경제기획원은 수입·지출의 총괄기능을 담당하였으며, 재무부는 중앙예산기관의 역할을 담당하였다.
③ 김영삼 정부는 1994년 정부조직개편을 통해 경제기획원과 재무부를 재정경제원으로 통합하여 세제, 예산, 국고기능을 일원화하였다.
④ 현재는 기획재정부 예산실이 중앙예산기관의 역할을 담당하고 있다.

> **정답해설** 1961년 설립된 경제기획원이 중앙예산기관의 역할을 담당하였고, 재무부가 수입·지출의 총괄기능 역할을 담당하였다.
>
> **오답해설** ① 1948년 정부 수립과 함께 국무총리 소속으로 설치된 기획처와 그 산하의 예산국이 최초의 중앙예산기관으로서 예산편성 기능을 수행하였다.
> ③ 김영삼 정부는 1994년 거대 부처였던 경제기획원(예산기능)과 재무부(세제, 국고 기능)를 통합하여 재정경제원으로 일원화하였다.
> ④ 현재 기획재정부 예산실이 중앙예산기관의 역할을 담당하고, 세제실이 수지총괄기능을 담당한다.
>
> 답 | ②

2. 재무행정조직에 대한 설명으로 가장 적절하지 않은 것은? 18. 경찰승진

① 중앙예산기관과 국고수지총괄기관의 분리 여부에 따라 삼원체제와 이원체제로 구분된다.
② 미국은 관리예산처, 재무부, 연방준비은행이 분리된 삼원체제에 해당한다.
③ 우리나라는 현재 중앙예산기관과 국고수지총괄기관이 기획재정부에 통합되어 있는 이원체제에 해당되며, 이는 세입·세출의 유기적 연계성을 높인다.
④ 효과적인 행정관리수단, 분파주의 등은 삼원체제의 장점이다.

> **정답해설** 분파주의 방지가 삼원체제의 장점이다.
>
> 답 | ④

Theme 04 기본소득과 기본서비스

(1) 기본소득(UBI)
① 의의
  ㉠ 모든 사람에게 자격 심사 없이 개인 단위로, 노동 요구 없이 무조건 전달되는 정기적인 현금
  ㉡ 공공부조, 사회보험, 사회서비스 모델에 이은 제4의 모델
② 속성
  ㉠ 개별성: 가구 단위가 아닌 개인 단위의 지급
  ㉡ 보편성: 자격 심사 없이 모든 사람에게 지급
  ㉢ 무조건성: 수급의 대가로 노동이나 구직 활동을 요구하지 않음
  ㉣ 정기성과 현금지급: 일회성이 아닌 정기적 지급
③ 목적: 만인의 실질적 자유의 확보 → 공유부(common wealth)에 대한 시민권리 차원
④ 기존 복지서비스와의 차이점: 본인의 부담 없이 현금으로 지급되며, 사회적 위험에 대한 고려 없이 모두에게 지급

(2) 보편적 기본서비스(UBS)
① 의의: 모든 국민에게 소득이나 지위에 관계없이 무료로 제공되는 사회보장 서비스
② 속성
  ㉠ 기본적: 국민의 욕구를 충족시키는 필수적이고 충분한(→ 최소한이 아닌)
  ㉡ 보편적: 지불 능력과 관계없이 모든 사람이 수혜자격을 보유
③ 등장배경: 기본소득의 문제점에 대한 비판에서 출발 + 기본소득의 선행 요건
④ 원칙: 공유된 욕구 + 공동의 책임
⑤ 목적: 형평성, 효율성, 연대, 지속 가능성의 극대화 추구
  ㉠ 경제적 번영 그 이상의 사회적 번영을 목표로 함
  ㉡ 기존의 의료와 교육서비스의 질과 접근성 향상 + 주거, 돌봄, 음식, 교통, 정보, 법률

Theme 05 세입예산과 세출예산

① 세입예산: 일정기간 동안 국가지출의 재원이 되는 모든 현금적 수입으로, 조세와 공채 및 재산매각 등을 포함한다. 한편, 우리나라의 경우 세입은 조세법에 의해 징수되므로 세입예산은 구속력 없는 참고자료에 불과하다.
② 세출예산: 일정기간 동안 국가가 그 목적을 수행하기 위해 행하는 일체의 지출을 의미하며, 목적, 금액, 시기에 있어 구속력이 발생한다.
③ 총계기준으로 표시되는 세입예산과 세출예산의 규모는 동일하므로 세입에 있어 국채발행, 세출에 있어 국채 및 차입금의 상환 등으로 흑자와 적자를 판단한다.
④ 그러나 순계기준으로 파악하는 통합재정에서는 보전재원의 크기를 보고 흑자와 적자의 규모를 파악할 수 있으므로 국가재정의 건전성을 판단하기 용이하다.

⑤ 한국과 일본 및 독일 등은 예산에 세입예산과 세출예산이 모두 포함되어 있지만 영국과 미국은 세출예산만으로 예산이 편성되며 세입은 세입법으로 대치된다.
⑥ 우리나라는 단일예산으로 편성되지만 미국의 예산은 소관별로 별개의 법률로 이루어져 있다.

Theme 06 정부재정의 비교   B

구분	일반회계	특별회계	기금
성격	소비성	주로 소비성	적립성 또는 회전성
재원	조세 → 무상급부	일반회계 + 기금	출연금 + 부담금 등
집행	합법성		합목적성
수입과 지출	연계 배제	연계	
계획변경	추가경정예산		주요 항목 지출금액 20% (→ 금융성기금은 30%) 초과 → 국회의결
결산	국회의 결산심의		

• 기금(금융성기금 제외)의 경우 주요 항목 지출금액의 20% 초과 변경운용 시 국회의 의결이 필요하다.
11. 서울시 9급

바로 확인문제

1. 정부지출에 대한 설명으로 옳지 않은 것은?   10. 지방직 7급

① 정부의 총지출 규모는 일반회계 > 기금 > 특별회계의 순으로 크다.
② 기금은 특별회계처럼 국회의 심의·의결로 확정되며, 집행부의 재량이 상대적으로 큰 편이다.
③ 「국가재정법」상 금융성기금의 주요항목 지출금액의 변경범위가 20%를 초과하면 국회의 의결이 필요하다.
④ 「국가재정법」상 기금관리 장치로 국정감사, 자산운용위원회, 기금운용심의회 등이 있다.

정답해설 금융성기금은 주요항목 지출금액의 변경범위가 10분의 3(30%)을 초과하면 국회의 의결이 필요하다.

오답해설 ① 정부의 총지출 규모는 2014년 기준 일반회계(247.2), 기금(96.6), 특별회계(62.4) 순으로 크다.
② 기금은 예산처럼 국회의 심의·의결로 확정되나, 예산의 일반적인 제약으로부터 벗어나 좀 더 탄력적으로 보유·운영되는 자금으로 목적 측면에서 특별회계와 유사하나 세입세출예산과는 별도로 운영되고, 자금을 잠식하지 않고 적립하거나 회전시킨다는 점에서 특별회계와 구분된다.
④ 전전 회계연도 말에 보유한 여유자금의 규모가 1조원을 초과하는 기금의 기금관리주체는 자산운용에 관한 중요한 사항을 심의하기 위하여 심의회에 자산운용위원회를 설치하여야 하며, 기금관리주체는 기금의 관리·운용에 관한 중요한 사항을 심의하기 위하여 기금별로 기금운용심의회를 설치하여야 한다. 또한 기금을 운용하는 기금관리주체는 국정감사 및 조사에 관한 법률의 규정에 따른 감사의 대상기관으로 한다.

답 | ③

Theme 07   통합재정(→ 통합예산)   B

(1) 의의

① 일반회계, 특별회계, 기금 등을 모두 포함하는 정부의 재정활동으로, 한 국가의 재정규모를 파악하기 용이한 예산의 유형이다.

② 통합재정은 국가재정을 총체적으로 파악하기 위한 개념으로, IMF의 권장에 따라 도입(1979)되었으며 법정예산인 일반회계와 특별회계 외에 기금 및 세입·세출 외의 자금을 포함해 좀 더 넓게 예산의 범위를 파악한다.

③ 통합재정은 세입과 세출을 순계개념으로 파악한다. 즉, 회계와 기금 간 내부거래와 국채발행, 차입금, 채무상환 등과 같은 수입과 지출의 차이를 보전하기 위한 거래는 별도의 보전거래 항목으로 작성하고 있다.

④ 통합재정은 포괄성, 대출순계의 구분, 보전재원의 명시 등을 특징으로 한다. 통합재정수지는 이러한 순계개념의 세입과 세출의 차를 의미하며, 이를 통하여 국가재정의 건전성 판단이 가능하다는 장점이 있다.

⑤ 또한 재정의 국민 경제적 효과를 분석할 수 있도록 세입과 세출을 경상거래와 자본거래로 구분하는 경제성질별 분류로 작성하고 있다.

(2) 구조

① 통합재정은 정부의 거래를 세입, 세출 및 순융자(→ 대출순계), 보전재원 등으로 구분한다.

② 세입은 정부의 수입 중 비상환성 수입만 기록된다. 유동성 목적의 상환성 수입인 국채발행 수입, 차입 등은 세입으로 분류되지 않고 보전재원 수입으로 분류된다.

③ 세입은 다시 경상수입과 자본수입으로 구분된다. 경상수입에는 조세수입과 세외수입이 포함되며, 자본수입에는 자본재 매각으로부터의 수입만 포함된다.

④ 세출 및 순융자에는 정부의 모든 비상환성 지출과 유동성 목적이 아닌 정책적 목적의 상환성 지출(→ 순융자 = 융자지출 − 융자회수)을 포함한다.

⑤ 그리고 세출 및 순융자는 경제성질별과 기능별로 나누어 작성하고 있다.

⑥ 통합재정수지는 당해 연도의 순수한 수입에서 순수한 지출을 차감한 수치이며, 이는 재정활동의 건전성을 보여주는 지표이다. 따라서 통합재정수지의 크기는 보전재원의 크기와 같으며 부호만 다를 뿐이다.

(3) 특징

① 제도단위의 시장성 여부에 따라 정부의 포괄 범위를 설정하고 있어 정부기능을 수행하는 비영리공공기관을 포함하고 있다.

② 제도단위: 자율적인 의사결정체계 및 독립적인 자금운용계정 보유 여부로 판단

③ 시장성 여부
    ㉠ 원가보상률이 50% 이하일 경우 일반정부, 50% 초과일 경우 공기업으로 분류
    ㉡ 원가보상률이 50%를 초과하더라도 정부판매비율이 80% 이상이면 일반정부로 분류

(4) 유용성

① 정부부문의 전체적 재정규모의 파악, 내부거래와 보전거래의 제외 → 순수한 재정활동 규모 파악

- 통합재정은 일반회계, 특별회계, 기금을 포함한다.   19. 지방직 9급

- 통합재정은 정부의 재정이 국민 경제에 미치는 효과를 파악하고자 하는 예산의 분류체계이다.   23. 국가직 9급

- 통합재정수지는 재정건전성 분석, 재정의 실물경제 효과분석, 재정운용의 통화부문에 대한 영향분석 등에 활용될 수 있다.   17. 국가직 9급

- 통합재정의 세입과 세출은 경상거래와 자본거래로 구분하여 작성한다.   23. 국가직 9급

- 중앙정부의 통합재정 규모는 일반회계, 특별회계, 기금, 세입세출 외 항목을 포함하지만 내부거래와 보전거래는 제외한다.   16. 국가직 7급

② 통상적 예산은 형식적으로 세입과 세출이 균형을 이루므로 재정의 건전성을 파악하기 곤란함
③ 통합재정은 적자의 보전 또는 흑자처분을 위한 거래를 보전재원으로 분류
④ 재정수지가 적자인 경우 보전재원은 '+'로 표시 → 적자를 차입금이나 국채로 보전했다는 의미
⑤ 정부수입과 지출을 경상거래와 자본거래 등으로 구분 → 재정활동의 경제적 효과 분석

바로 확인문제

1. 우리나라의 통합재정에 대한 설명으로 옳지 않은 것은? 　　23. 국가직 9급

① 세입과 세출은 경상거래와 자본거래로 구분하여 작성한다.
② 통합재정의 범위에는 일반정부와 공기업 등 공공부문 전체가 포함된다.
③ 정부의 재정이 국민 경제에 미치는 효과를 파악하고자 하는 예산의 분류체계이다.
④ 통합재정 산출 시 내부거래와 보전거래를 제외함으로써 세입·세출을 순계 개념으로 파악한다.

> **정답해설** 최근에는 제도단위에 기초한 새로운 재정통계 작성기준에 따라 공공비영리기관을 포함하여 통합재정을 작성하여 공표하고 있다. 즉, 영리공공기관은 제외된다.
> **오답해설** ①, ③, ④ 통합재정은 경제성질별 분류이며, 순계 개념으로 계산된다.
> 답 | ②

2. 통합재정에 대한 설명으로 옳은 것은? 　　19. 지방직 9급

① 일반회계, 특별회계, 기금을 포함한다.
② 통합재정의 기관 범위에 공공기관은 포함되지만, 지방자치단체는 포함되지 않는다.
③ 국민의 입장에서 느끼는 정부의 지출규모이며 내부거래를 포함한다.
④ 2005년부터 정부의 재정규모 통계로 사용하고 있으며 세입과 세출을 총계 개념으로 파악한다.

> **정답해설** 통합재정은 일반회계, 특별회계, 기금 등을 모두 포함하는 정부의 재정활동으로, 재정이 국민경제에 미치는 효과를 파악하고자 하는 예산제도이다.
> **오답해설** ② 지방자치단체의 재정 역시 2005년부터 통합재정에 포함되어 작성되고 있다.
> ③ 국민의 입장에서 느끼는 정부의 지출규모는 총지출을 의미하여 이는 2005년부터 작성하고 있다. 한편, 통합재정은 계정 간 내부거래는 제외한다.
> ④ 우리나라 통합재정은 IMF의 권고에 따라 1979년부터 작성하고 있으며, 내부거래와 보전거래를 제외한 순계 개념으로 작성된다.
> 답 | ①

Theme 08 재정통계편람의 변화

구분	1986 재정통계편람	2001 재정통계편람
주요 변화	① 분석단위: 회계단위에서 제도단위로 변화 ② 통계기록방식의 변경: 현금주의에서 발생주의로 변화	
포괄 범위	① 기능적 기초 위에서 정의 ② 재정정책과 무관한 거래는 제외 → 금융활동은 제외	① 제도단위를 기초로 정의 ② 다른 단위의 준재정 활동은 제외 ③ 일반정부의 모든 활동 포함 → 금융활동도 포함

Theme 09 일반정부 포괄범위

구분		1986년 GFS	2002년 GFS
중앙	회계	일반회계, 기타 특별회계, 기업특별회계	좌동
	기금	사업성 기금 58개	금융성기금과 외국환평형기금 추가
	비영리공공기관	제외	227개 기관 추가
지방	회계	① 일반회계, 기타 특별회계 ② 교육비특별회계, 공기업특별회계	좌동
	기금	지방재정법 대상 전체	좌동
	비영리공공기관	제외	96개 공사·공단 추가

Theme 10 통합재정과 총지출 규모

① 총지출 규모는 국민의 입장에서 느끼는 정부지출의 규모를 뜻하며, 예산과 기금 총계에서 회계·기금·계정 간 내부거래 및 보전거래를 제외하여 산출한다.
② 보전거래는 국채발행 또는 상환, 차입 또는 차입금 상환 등을 의미한다. 이는 실질적인 수입·지출의 확대보다는 재정수지를 보전해 주는 역할을 수행하므로 총지출 규모는 이러한 보전거래를 제외(→ 별도로 계산)하고 있다.
③ 통합재정은 순수 재정활동의 규모를 측정하기 순계개념으로 파악하지만 총지출 규모는 총계개념(→ 융자회수의 간과)으로 파악하므로 총지출 규모가 통합재정보다는 항상 크다.

• 총지출 규모는 경상지출+자본지출+융자지출의 방식으로 산출된다.
14. 국가직 9급

총지출	① 경상지출 + 자본지출 + 융자지출 ② 예산순계 + 기금 − 예산·기금 간 내부거래 − 보전지출
통합재정	① 경상지출 + 자본지출 + 순융자(→ 융자지출 − 융자회수) ② 총지출 − 융자회수

> **한 번 더 정리** 총지출 규모와 통합재정

```
┌─────────── 총지출 규모 ───────────┐  ┌─── 통합재정 ───┐
  경상지출  +  자본지출  +  융자지출      총지출 규모  -  융자회수
                              융자
                              회수
```

> **바로 확인문제**

1. 기획재정부에서 국가재정규모를 파악할 때 사용하는 중앙정부 총지출의 산출방식으로 옳은 것은?

14. 국가직 9급

① 일반회계+특별회계+기금
② 일반회계+특별회계+기금-내부거래
③ 경상지출+자본지출+융자지출
④ 경상지출+자본지출+융자지출-융자회수

> **정답해설** 총지출 규모는 국민의 입장에서 느끼는 정부지출의 규모를 뜻하며, 예산과 기금 총계에서 회계·기금·계정 간 내부거래 및 보전거래를 제외하여 산출한다. 통합재정은 순수 재정활동의 규모를 측정하기 순계 개념으로 파악하지만 총지출 규모는 총계 개념으로 파악하므로 통합재정보다는 항상 크다. 한편, 총지출 규모는 (경상지출 + 자본지출 + 융자지출) 또는 (예산순계 + 기금 - 예산·기금 간 내부거래 - 보전거래)로 산출된다.
>
> **오답해설** ①, ② (일반회계+특별회계+기금)의 합을 총계라 하며, (일반회계+특별회계+기금-내부거래)를 순계라 한다.
> ④ (경상지출 + 자본지출 + 융자지출 - 융자회수)를 통합재정이라 한다.
>
> 답 | ③

Theme 11 기타 용어정리 Ⓒ

① **예산총계**: 일반회계 + 특별회계
② **예산순계**: (일반회계 + 특별회계) - 회계 간 내부거래
③ **총계예산**: 필요경비를 공제하지 않은 예산(→ 예산총계주의)
④ **순계예산**: 필요경비(→ 징세비)를 공제한 예산(→ 완전성 원칙의 예외)

Theme 12 우리나라 예산의 분류

① **품목별 분류**: 인건비, 물건비, 이전지출, 자산지출, 상환지출, 전출금, 예비비 등
② **기능별 분류**: 일반행정, 공공질서·안전, 통일·외교, 국방, 교육, 문화·관광, 환경보호, 사회복지, 보건, 농림해양수산, 산업·중소기업, 수송·교통, 통신, 국토·지역개발, 과학기술, 예비비 등

구분		입법과목			행정과목	
세출예산	소관	장	관	항	세항	목
	조직별	기능별		사업별·활동별		품목별
세입예산	O	X		O	O	X	O
변경	이체	이용(→ 국회의결 필요)			전용(→ 국회의결 불요)	

Theme 13 자본예산

(1) 의의

① 자본예산제도는 세출을 경상적 지출과 자본적 지출로 구분하고, 세입도 경상적 지출에 충당하는 세입과 자본적 지출에 충당하는 세입으로 구분하는 복식예산제도이다.
② 경상적 지출은 경상적 수입으로 충당하여 원칙적으로 수지의 균형을 이루지만, 자본적 지출은 적자재정과 공채발행으로 충당하므로 단기적으로는 불균형이다.
③ 결국 예산이란 경기 순환기를 중심으로 균형을 이루면 된다는 논리로, 침체기에는 적자예산을 편성하고, 과열기에는 흑자예산을 편성하여 경기변동을 조절하고자 한다.
④ 한편, 경상적 지출은 재정지출 가운데 인건비, 물건비 등 매년 정기적으로 필요로 하는 재화, 서비스 구입에 사용되는 지출이고, 자본적 지출은 고정자산의 내용연수를 연장시키거나 자산의 가치를 증가시키는 지출이다.

(2) 등장배경

① 스웨덴에서 최초로 등장하였으며(1937), 연차별 균형을 포기하고 순환적 균형을 채택하였다.
② 미국은 조세저항을 회피하고 수익자 부담원칙을 도모하고자 주정부와 지방정부에서 주로 채택하였다.
③ 반면, 신생국은 주로 경제개발을 위한 재원의 확보수단으로 활용되었다.

(3) 특징

① 경기안정화 정책, 중장기 예산운용, 부채의 정당화, 적자재정의 편성 등의 특징을 지닌다.
② 자본적 지출의 경우 장기적 재정계획에 따라 일시적인 적자재정이 정당화될 수 있으며, 장기적 균형을 추구한다.

- 자본예산은 세입과 세출을 경상적인 것과 자본적인 것으로 구분한다.
  19. 국회직 9급

- 자본예산은 정부예산을 경상지출과 자본지출로 이원화한다는 점에서 복식예산(double budget)이라고 한다.
  22. 경찰승진

- 예산이란 경기 순환기를 중심으로 균형이 이루어지면 된다는 논리이다.
  20. 경찰간부

- 자본예산제도는 자본지출에 대한 전문적 분석과 심의를 돕는다.
  22. 경찰승진

③ 자본예산은 회계연도를 초월하여 집행하려는 의도를 가지고 있으며, 경제적 불황기에 적자예산을 편성하여 유효수요와 고용을 증대시킴으로써 불황을 극복할 수 있게 한다.
④ 한편, 적자재정과 공채발행으로 구성되는 자본적 지출은 자산을 형성하는 데 사용되므로 국가순자산의 증감은 불변인데, 이는 자본지출이 정부재정의 건전성 요구에 위배되지 않는다는 논리에 근거를 제공한다.
⑤ 자본지출은 사업별로 분류하는 것이 원칙이지만 기능별이나 조직별 또는 품목별로도 분류할 수 있다.

- 정부는 자본예산제도를 통해서 필요한 예산을 조달하여 유효수요를 증가시킴으로써 경기회복의 정책을 추진할 수 있다. 08. 서울시 9급

(4) 평가

장점	단점
① 국가재정의 기본구조에 대한 명확한 이해	① 계정구분의 어려움
② 자본지출에 대한 특별한 심사와 분석	② 자본재의 축적에만 치중할 우려
③ 일관성 있는 조세정책의 수립	③ 선심성 사업에 치중할 우려
④ 장기적 재정계획수립에 도움	④ 적자재정의 은폐수단
⑤ 경기회복 수단(→ 불경기 극복수단)	⑤ 인플레이션의 조장
⑥ 세대 간 부담공평(→ 수익자 부담원칙)	

- 자본예산은 미래 세대와 부채상환의 책임을 분담하여 세대 간 형평성을 높인다. 19. 국회직 9급

- 자본예산은 경제안정을 해치고 인플레이션을 조장할 가능성이 있다. 19. 국회직 9급

바로 확인문제

1. 자본예산제도(CBS)에 대한 설명으로 옳지 <u>않은</u> 것은?   19. 국회직 9급

① 세입과 세출을 경상적인 것과 자본적인 것으로 구분한다.
② 자본적 지출은 대부분 공채발행 등 차입으로 충당하는 단식예산제도의 일종이다.
③ 경제안정을 해치고 인플레이션을 조장할 가능성이 있다.
④ 미래 세대와 부채상환의 책임을 분담하여 세대 간 형평성을 높인다.
⑤ 부채의 증가는 예산관리의 경직화를 초래할 수 있다.

정답해설 자본예산은 자본적 지출과 경상적 지출을 구분하여 작성하는 복식예산의 일종이다.

답 | ②

Theme 14 조세지출예산제도

(1) 조세지출

① 조세지출이란 특정한 목적을 위하여 징수해야 할 세금을 거두지 않는 세제상 특혜로 인한 조세수입의 상실분을 말한다.
② 조세지출은 직접지출(→ 보조금)과 대비되는 간접지출로, 형식은 조세이지만 실질적으로 보조금과 같은 효과가 발생한다. 이에 따라 합법적 탈세(↔ 불법적 탈세), 숨겨진 보조금 등으로 불린다.
③ 조세지출은 특정한 사업을 육성하기 위한 유용한 정책수단이지만 특혜의 성질이 강하며, 매년 의회의 심의 없이 법률에 따라 집행되므로 예산지출에 비하여 경직성이 강하다.
④ 또한 조세감면의 대상을 판단함에 있어 정부의 자의성이 개입될 여지가 크다.

(2) 조세지출예산제도

① 조세지출의 내역을 예산구조에 밝히고 매년 국회의 심의·의결을 통해 그 타당성을 평가하여 조세지출의 지속성과 경직성을 완화하기 위해 도입된 제도이다.
② 1959년 서독에서 처음 발표되어 1967년 도입되었고, 미국은 1974년에 제도화되었다.
③ 우리나라는 조세지출예산서와 조세지출결산서를 작성(2011)하여 국회에 제출하여야 하지만 국회의 의결사항은 아니다.
④ 한편, 지방정부는 조세지출예산서가 아닌 조세지출보고서 형식으로 지방의회에 제출하고 있다.

(3) 평가

① 조세감면이 국가수입에서 차지하는 비율을 알 수 있게 하고, 조세지출의 내역을 국회에 보고하여 재정통제라는 재정민주주의를 구현할 수 있게 한다.
② 또한 조세지출예산제도는 조세지출을 재정지출과 연계하여 운용함으로써 재원배분의 효율성을 높일 수 있고, 조세제도와 행정의 개선에 기여할 수 있다.
③ 조세지출의 내역을 공개함으로써 재정운용의 투명성을 높일 수 있고, 무분별한 조세지출을 통제함으로써 과세의 수직적·수평적 형평성을 향상시킬 수 있다.
④ 각종 조세정책의 효과성을 파악하고 부당하고 비효율적인 조세지출을 감소시킬 수 있어 세수 인상을 위한 정책판단의 자료로 활용될 수 있다.
⑤ 다만, 조세지출은 보조금적 성격을 지니고 있으므로, 공개될 경우 외국과의 무역마찰의 소지가 있다.

- 조세지출은 세제지원을 통해 제공한 혜택을 예산지출로 인정하는 것이다. 20. 지방직 9급

- 조세지출에는 조세감면, 비과세, 소득공제, 세액공제, 우대세율 적용 또는 과세이연 등을 포함한다. 18. 경찰간부

- 예산지출이 직접적 예산집행이라면 조세지출은 세제상의 혜택을 통한 간접지출의 성격을 띤다. 20. 지방직 9급

- 조세지출예산제도는 조세지출의 내용과 규모를 주기적으로 공표해 관리하는 제도이다. 20. 군무원 9급

> 바로 확인문제

1. 조세지출에 대한 설명 중 옳은 것은?   06. 국가직 7급

① 조세지출은 세출예산상 보조금과 같은 경제적 효과를 발생시킨다.
② 조세지출예산제도는 1967년 미국에서 처음 도입되었다.
③ 조세지출은 세제상의 특혜를 통한 직접지출이라고 볼 수 있다.
④ 조세지출은 예산지출에 비해 지속성과 경직성이 덜한 편이다.

정답해설   조세지출은 형식은 조세감면이지만 실질적으로는 보조금과 같은 효과가 발생한다.

오답해설   ② 조세지출예산제도는 1967년 서독에서 처음 도입되었다.
③ 조세지출은 간접지출로, 숨겨진 보조금 혹은 합법적 탈세 등으로 불린다.
④ 조세지출은 매년 의회의 심의 없이 법률에 따라 집행되므로 예산지출에 비하여 경직성이 강하다.

답 | ①

2. 조세지출예산제도에 대한 설명으로 옳지 않은 것은?   20. 지방직 9급

① 세제지원을 통해 제공한 혜택을 예산지출로 인정하는 것이다.
② 예산지출이 직접적 예산집행이라면 조세지출은 세제상의 혜택을 통한 간접지출의 성격을 띤다.
③ 직접 보조금과 대비해 눈에 보이지 않는 숨겨진 보조금이라고 이해할 수 있다.
④ 세금 자체를 부과하지 않는 비과세는 조세지출의 방법으로 볼 수 없다.

정답해설   세금 그 자체를 부과하지 않는 비과세 역시 조세지출의 한 유형이다. 조세지출의 유형에는 조세감면, 비과세, 소득공제, 세액공제, 우대세율적용 또는 과세이연 등이 있다.

오답해설   ① 조세지출예산제도는 조세지출 역시 재정지출의 한 유형으로 보고 그 내역을 국회에 제출하게 하는 제도이다.
② 예산지출은 재정지출을 의미하며, 자금이 사용되므로 직접지출이라고 하며, 조세지출은 자금을 사용한 것은 아니므로 간접지출이라 한다.
③ 예산지출은 매년 국회의 승인을 받아야 하지만 조세지출은 법률에 의해 승인 없이 집행되므로 이를 숨겨진 보조금이라고 부른다.

답 | ④

Theme 15   남녀평등예산 → 성인지 예·결산제도   Ⓑ

① 세입과 세출예산이 남성과 여성에 미치는 효과를 평가하여 그 결과를 예산편성에 반영하는 제도이다.
② 이는 성 중립적(gender neutral) 관점의 타파 즉, 예산과정에의 성 주류화 관점의 적용을 의미하며, 재정운영의 새로운 규범으로 정착되고 있다.
③ 호주에서 처음 채택(1984)한 후 영국·독일 등 40여 개국에서 도입하였고, 우리나라는 「국가재정법」 제16조에 근거하여 도입하였으며, 예산뿐만 아니라 기금에도 도입되어 있다.

• 성인지 예산제도는 호주가 1984년에 처음 도입하였다.   23. 경찰승진

• 우리나라는 2010회계연도에 성인지 예산서가 처음으로 국회에 제출되었다.   21. 국가직 7급

④ 성인지예산서는 기획재정부장관이 여성가족부장관과 협의하여 제시한 작성기준 및 방식 등에 따라 각 중앙관서의 장이 작성한다.

> **바로 확인문제**

1. 성인지예산(gender budgeting)에 대한 설명으로 옳지 않은 것은? <small>12. 지방직 9급</small>

① 예산과정에 성 주류화(gender mainstreaming)의 적용을 의미한다.
② 성 중립적(gender neutral) 관점에서 출발한다.
③ 우리나라는 「국가재정법」에서 성인지예산서와 결산서의 작성을 의무화하였다.
④ 성인지적 관점의 예산운영은 새로운 재정운영의 규범이 되고 있다.

정답해설 예산이 어느 성(gender)에게나 똑같은 효과를 지닌다면 그 영향력을 분석할 필요가 없을 것이다. 즉, 성인지예산은 성 중립적(gender neutral) 관점의 타파를 의미한다.

오답해설 ① 성인지예산제도는 예산과정에의 성 주류화 관점의 적용을 의미한다. 성 주류화란 정부의 모든 정책을 '젠더(gender-성)'의 관점에서 살피며, 정책이 제대로 만들어져서 성과를 내고 있는지 검토하자는 것이다.
③ 「국가재정법」뿐만 아니라 「지방재정법」에서도 성인지예산서와 성인지결산서의 작성을 의무화하고 있다.
④ 이는 전통적으로는 강조되지 못했던 성 평등의 의식이 재정운영의 새로운 규범으로 정착되고 있는 것이다.

답 | ②

2. 우리나라의 성인지예산제도에 대한 설명으로 옳지 않은 것은? <small>18. 국가직 9급</small>

① 정부는 예산이 여성과 남성에게 미치는 효과를 평가하고, 그 결과를 정부의 예산편성에 반영하기 위하여 노력하여야 한다.
② 성인지예산서는 기획재정부장관이 각 중앙관서의 장과 협의하여 제시한 작성기준 및 방식 등에 따라 여성가족부장관이 작성한다.
③ 성인지예산서에는 성인지예산의 개요, 규모, 성평등 기대효과, 성과목표 및 성별 수혜분석 등의 내용이 포함되어야 한다.
④ 성인지결산서에는 집행실적, 성평등 효과분석 및 평가 등이 포함되어야 한다.

정답해설 「국가재정법 시행령」에 따르면 성인지예산서는 기획재정부장관이 여성가족부장관과 협의하여 제시한 작성기준 및 방식 등에 따라 각 중앙관서의 장이 작성한다.

오답해설 ① 「국가재정법」은 정부가 예산이 여성과 남성에게 미칠 영향을 미리 분석하고, 이를 예산 편성에 반영하도록 노력해야 함을 명시하고 있다.
③ 「국가재정법」에 따라 성인지예산서에는 성인지예산의 개요, 성평등 기대효과, 성과목표, 성별 수혜분석 등의 내용이 포함되어야 한다.
④ 「국가재정법」에 따라, 성인지 결산서는 성인지 예산의 집행 실적을 바탕으로 성평등 효과를 분석하고 평가한 내용을 포함해야 한다.

답 | ②

CHAPTER 02 예산결정이론

Theme 01 다중합리성모형 B

(1) 의의

① 서메이어(K. Thumaier)와 윌로우비(K. Willoughy)가 제시한 다중합리성모형은 정부예산의 과정론적 접근방법에 근거하여 미시적 수준의 예산결정을 설명하고자 하는 이론이다.
② 다중합리성모형은 예산과정과 정책과정 간 연계의 틀을 제시하기 위하여 킹던(J. Kingdon)의 정책결정모형과 루빈(I. Rubin)의 실시간 예산운영모형을 통합하고자 하였다.
③ 특히, 정부예산의 성공을 위해서 예산과정 각 단계에서의 예산활동과 행태를 구분하고자 하였다.
④ 정책결정과 예산결정의 상호영향력을 인정하며, 중앙예산기관의 예산분석가들이 복수의 합리성을 적용하여 거시적 예산결정과 미시적 예산결정의 연계 역할을 수행한다고 보았다.
⑤ 거시적 예산결정: 세입의 우선순위(→ 세원, 세율, 세입의 추계), 세출의 우선순위(→ 재량적 지출, 비재량적 지출) 등
⑥ 미시적 예산결정: 비재정적 단서(→ 사회적 목적, 정치적 합의, 법적 조건 등), 재정적 단서(→ 배분적 효율성, 기술적 효율성) 등

> **한 번 더 정리** 다중합리성모형
>
> 정책 과정 ↔ 예산 과정
> ↑
> 중앙예산기관 담당관

(2) 킹던(J. Kingdon)의 정책결정모형

① 킹던(J. Kingdon)의 정책결정모형은 과정모형과 쓰레기통모형을 발전시켜 정책의제설정의 과정을 설명하는 이론이다.
② 그는 문제의 흐름, 정책대안의 흐름, 정치의 흐름이 각각 독자적으로 흐르다가 합쳐질 때 정책의 창이 열려 현재의 점증적 변화와는 다른 큰 변동이 나타난다고 보았다.
③ 또한 정부의제와 결정의제를 구분하면서, 대통령, 고위관료, 의회 지도자와 같은 가시적 집단은 정치적 흐름을 지배하고 정부의제에 영향을 주며, 학자나 연구원, 직업공무원, 의회의 참모와 같은 숨겨진 집단은 정책대안을 제시하고 결정의제에 영향을 준다고 하였다.

기선 제압

- 다중합리성 모형은 미시적 수준의 예산상의 의사결정을 설명하고 탐구한다. 19. 서울시 7급

- 다중합리성 모형은 정부예산의 성공을 위해서는 예산과정 각 단계에서 예산활동 및 행태를 구분해야 함을 강조한다. 19. 지방직 7급

- 다중합리성 모형에 의하면 예산 혹은 정책과정의 각 단계에 영향을 미치는 합리성은 경제적 측면뿐 아니라 정치·사회·법적 측면에서 다양한 형태로 존재한다. 따라서 관료들은 예산주기의 다양한 시점에서 단계별로 적용하는 합리적 기준에 따라 서로 다른 형태의 의사결정을 한다. 21. 국회직 8급

(3) 루빈(I. Rubin)의 실시간 예산운영모형

① 성격은 다르지만 상호 연결되어 있는 세입, 세출, 균형, 집행, 과정의 다섯 가지 의사결정의 흐름이 통합되면서 이루어지는 의사결정을 설명하는 이론이다.
② 여기서 실시간(real time)이란 한 결정의 흐름에서 이루어지는 결정이 다른 결정의 흐름 및 환경으로부터 오는 정보와 결정에 계속적으로 적응하는 것을 말한다.
③ 킹던(J. Kingdon)이 각 흐름이 모여 정책이 결정되는 적시성을 중시하였다면 실시간 예산운영모형은 시간 그 자체에 주목하며, 시간을 실질적 제약조건으로 가정한다.
④ 세입: 누가 얼마만큼 부담할 것인가에 대한 질문(→ 설득의 정치)
⑤ 세출: 예산의 획득을 위한 경쟁과 예산배분에 관한 결정(→ 선택의 정치)
⑥ 예산균형: 예산균형에 관한 결정(→ 제약조건의 정치)
⑦ 집행: 기술적 성격이 강한 영역(→ 책임성의 정치)
⑧ 예산과정: 어떻게 그리고 누가 예산을 결정할 것인가에 관한 정치

• 루빈(I. Rubin)의 실시간 예산운영모형에서 다섯 가지의 의사결정 흐름은 느슨하게 연계된 상호의존성을 가지고 있다. 20. 국가직 7급

• 세입의 흐름에서 의사결정은 '누가, 얼마만큼 부담할 것인가'에 관한 의사결정으로 의사결정의 흐름 속에는 설득의 정치가 내재해 있다. 16. 지방직 7급

바로 확인문제

1. 다중합리성 예산모형(multiple rationalities model of budgeting)의 근간이 되는 두 모형에 대한 설명으로 옳지 않은 것은? 20. 국가직 7급

① 루빈(I. Rubin)의 실시간 예산운영(real-time budgeting) 모형은 세입, 세출, 균형, 집행, 과정 등과 관련한 의사결정 흐름개념을 활용하고 있다.
② 킹던(J. Kingdon)의 의제설정모형은 정책과정의 복잡하고 불확실한 역동성을 부각시킨다는 점에서 다중합리성모형의 중요한 모태라고 할 수 있다.
③ 루빈(I. Rubin)의 실시간 예산운영(real-time budgeting) 모형에서 다섯 가지의 의사결정 흐름은 느슨하게 연계된 상호 의존성을 가지고 있다.
④ 루빈(I. Rubin)의 실시간 예산운영(real-time budgeting) 모형에서 예산균형 흐름에서의 의사결정은 기술적 성격이 강하며, 책임성(accountability)의 정치적 특징을 갖는다.

정답해설 기술적 성격이 강하며, 책임성(accountability)의 정치적 특징을 갖는 것은 집행의 흐름이다. 예산균형의 흐름에서는 제약조건의 정치가 나타난다.

오답해설 ①, ③ 루빈(I. Rubin)의 실시간 예산운영모형은 성격은 다르지만 상호 연결되어 있는 세입, 세출, 균형, 집행, 과정의 다섯 가지 의사결정의 흐름이 통합되면서 이루어지는 의사결정을 설명하는 이론이다.
② 다중합리성모형은 예산과정과 정책과정 간 연계의 틀을 제시하기 위하여 킹던(J. Kingdon)의 정책결정모형과 루빈(I. Rubin)의 실시간 예산운영모형을 통합하고자 하였다.

답 | ④

Theme 02 기타 예산결정이론

① **예산극대화모형:** 공공선택론의 시각으로 관료들이 개인적 효용의 극대화를 위해 소속 부서의 예산을 증가시키는 현상을 설명하는 이론이다.
② **단절균형예산이론:** 역사적 단절이 나타날 때 기존과는 다른 큰 변화가 초래된다는 모형으로, 사후적 분석으로는 적절하지만, 단절균형이 발생할 수 있는 시점을 예측하는 것에는 한계를 지닌 이론이다.
③ **모호성 모형:** 밀러(G. Miller)가 비합리적 의사결정모형을 예산에 적용한 이론으로, 독립적 조직들이나 조직의 하위단위들이 서로 느슨하게 연결되어 독립성과 자율성을 누릴 수 있는 상황에 적합한 예산결정이론이다.

바로 확인문제

1. 다음 글의 (㉠)에 해당하는 것은? 19. 국회직 8급

> - (㉠)은 밀러(G. Miller)가 비합리적 의사결정모형을 예산에 적용하여 1991년에 개발한 예산이론(모형)이다.
> - (㉠)은 독립적인 조직들이나 조직의 하위단위들이 서로 느슨하게 연결되어 독립성과 자율성을 누릴 수 있는 조직의 예산결정에 적합한 예산이론(모형)이다.

① 모호성 모형 ② 단절적 균형이론 ③ 다중합리성모형
④ 쓰레기통 모형 ⑤ 무의사결정론

정답해설 ㉠에 해당하는 것은 모호성 모형이다. 모호성 모형은 의향의 모호성, 이해의 모호성, 역사의 모호성, 조직의 모호성 등을 전제로, 해결해야 할 문제, 그 문제에 대한 해결책, 결정에 참여해야 할 참여자, 결정의 기회 등 결정의 요소가 우연히 서로 잘 조화될 때 예산결정이 이루어진다고 설명한다. 모호성 모형은 느슨하게 연결된 조직, 은유와 해석의 강조, 제도와 절차의 영향 등을 특징으로 하며, 예산결정의 복잡성, 합리성의 한계, 의사소통의 중요성, 유연성의 필요성 등을 함의하고 있다.

답 | ①

> - 모호성 모형은 밀러(G. Miller)가 비합리적 의사결정모형을 예산에 적용하여 1991년에 개발한 예산이론(모형)이다. 19. 국회직 8급
> - 모호성 모형은 독립적인 조직들이나 조직의 하위단위들이 서로 느슨하게 연결되어 독립성과 자율성을 누릴 수 있는 조직의 예산결정에 적합한 예산이론(모형)이다. 19. 국회직 8급

Theme 03 자원의 희소성과 예산제도

(1) 완화된 희소성

① 완화된 희소성이란 충분한 자원을 가지고 있어 기존 사업과 기존 사업의 점증적 증가분 그리고 신규 사업 모두가 가능한 상태를 말한다.
② 완화된 희소성 상황에서는 예산의 계획기능이 중시되고 다년도 예산과 사업개발에 역점을 두는 계획예산(PPBS)이 강조되었다.

(2) 만성적 희소성

① 만성적 희소성이란 일상적인 예산부족으로 인해 기존 사업과 기존 사업의 점증적 증가분은 가능하지만 신규 사업의 추진은 어려운 상태를 말한다.
② 만성적 희소성 상황에서는 새로운 사업의 분석과 평가는 소홀해지고 지출통제보다는 관리개선에 역점을 두며, 영기준예산(ZBB)이 강조되었다.

> • 만성적 희소성(chronic scarcity) 하에서 예산은 주로 지출통제보다는 관리개선에 역점을 두게 된다.
> 09. 국회직 8급

(3) 급격한 희소성

① 급격한 희소성이란 기존 사업의 점증적 증가분도 추진할 수 없는 상태를 말한다.
② 이러한 상황에서는 기획활동은 중단되고, 단기적이고 임기응변적인 예산편성에 몰두하며, 비용의 절약을 위해 관리상의 효율을 강조하였다.

(4) 총체적 희소성

① 총체적 희소성이란 이미 추진해오던 기존 사업도 지속이 곤란한 상태를 말한다.
② 회피형 예산이 나타나거나 돈의 흐름에 따라 반복적으로 예산이 편성되며, 허위적 회계처리 때문에 예산통제와 관리가 무의미하다.

> • 총체적 희소성은 가용자원이 정부의 계속사업을 지속할 만큼 충분하지 못한 경우에 발생한다.
> 19. 경찰승진
>
> • 총체적 희소성에서는 회피형 예산을 편성한다.
> 19. 경찰승진

구분	추진 사업			특징
	신규사업	계속사업의 증가분	계속사업	
완화된 희소성	O	O	O	사업개발
만성적 희소성	O	O	X	관리개선
급격한 희소성	O	X	X	절약
총체적 희소성	X	X	X	허위·반복

바로 확인문제

1. 쉬크(A. Schick)의 자원의 희소성과 예산제도에 대한 설명으로 가장 적절하지 않은 것은?
19. 경찰승진

① 완화된 희소성에서는 사업개발에 역점을 둔다.
② 만성적 희소성에서는 예산은 주로 관리의 개선보다는 지출통제에 역점을 둔다.
③ 총체적 희소성에서는 회피형 예산을 편성한다.
④ 총체적 희소성은 가용자원이 정부의 계속사업을 지속할 만큼 충분하지 못한 경우에 발생한다.

정답해설 만성적 희소성에서는 지출통제보다는 주로 관리의 개선에 역점을 둔다.

답 | ②

Theme 04 예산운영의 새로운 규범(1998) C

(1) 총량적 재정규율
① 예산총액의 효과적인 통제를 의미하며, 재정의 건전성을 강조하는 재정규율이다.
② 이는 예산운영 전반에 대한 거시적 결정으로, 대통령과 중앙예산기관이 권한을 가진다.

(2) 배분적 효율성
① 재정부문 간 재원배분을 통한 재정지출의 총체적 효율성을 도모하는 것을 말한다.
② 배분적 효율성은 투자 우선순위의 조정을 통해 파레토 최적을 달성하는 것이 목적이다.

(3) 운영 효율성
① 개별적 지출 차원의 효율성으로, 기술적 효율성 또는 생산적 효율성이라 한다.
② 운영 효율성을 높이기 위해서는 투입에 대한 산출의 비율을 높여야 한다.

- 총량적 재정규율이란 예산총액에 대한 효과적인 통제를 의미하는 것으로, 거시적 예산결정을 토대로 자원배분을 이루려는 개념이다.
  17. 경찰간부

- 운영상 효율성을 높이기 위해서는 투입에 대한 산출의 비율을 높여야 한다.
  17. 경찰간부

바로 확인문제

1. 쉬크(A. Schick)의 예산규범에 관한 설명으로 가장 적절하지 않은 것은? 24. 경찰승진

① 쉬크(A. Schick)는 총량적 재정규율, 배분적 효율성, 운영적 효율성이라는 세 가지 규범을 제시하였다.
② 총량적 재정규율은 한 국가의 재정총액을 일정한 한도에서 효과적으로 통제해야 한다는 규범이다.
③ 배분적 효율성은 정부예산을 국가우선순위에 따라 각 정책분야 간에 전략적으로 배분하여 국가재정의 총체적 효율성을 달성해야 한다는 규범이다.
④ 운영적 효율성은 각 사업부문에 투입된 예산으로 공공서비스의 산출을 최대한으로 달성하는 것을 말하며, 이를 위해 정부는 불용액의 이월을 엄격히 통제하여야 한다.

정답해설 불용액의 엄격한 통제는 예산집행의 효율성을 떨어뜨릴 수 있다.

답 | ④

Theme 05 거시적 예산과 미시적 예산 B

① 거시적 예산: 행정수반과 중앙예산기관이 예산편성을 주도하여 하향적으로 내려가는 방식으로, 대체로 합리주의 예산과 결합된다.
② 미시적 예산: 각 부처의 예산요구에서 시작하여 상향적으로 올라가는 방식으로, 대체로 점증주의 예산과 결합된다.

구분	거시적 예산	미시적 예산
참여자	대통령, 참모, 중앙예산기관장	각 부처와 중앙예산기관의 사정관료
흐름	집권적, 하향적	분권적, 상향적
초점	예산총액의 결정	개별부처의 사업
재정개혁	계획예산 정치관리형예산, 신성과주의예산	품목별예산, 성과주의예산 목표관리예산, 영기준예산
재정규율	총량적 재정규율	배분적 효율성, 운영 효율성

Theme 06 예산문화론 → 윌다브스키(A. Wildavsky)   B

구분		경제력	
		높음	낮음
예측 가능성	높음	점증예산(→ 미국의 연방정부)	세입예산(→ 미국의 지방정부)
	낮음	보충예산(→ 대체적 점증주의)	반복예산(→ 후진국)

- 윌다브스키(A. Wildavsky)에 의하면 경제력과 예측이 모두 높은 경우 점증적 예산결정 행태가 나타나며 비교적 안정적이고 다원화된 사회에서 나타난다. 24. 경찰승진

- 윌다브스키(A. Wildavsky)에 의하면 경제력은 높지만 예측력이 낮은 경우 추가경정적 예산 결정행태가 나타나며 여러 차례 수정하는 방식으로 예산이 결정된다. 24. 경찰승진

- 윌다브스키(A. Wildavsky)의 예산행태 유형 중 세입예산(revenue budgeting)은 국가의 경제력은 낮지만 재정 예측력이 높은 경우에 나타나는 행태이다. 19. 국가직 7급

바로 확인문제

1. 윌다브스키(A. Wildavsky)의 예산행태 유형 중 국가의 경제력은 낮지만 재정 예측력이 높은 경우에 나타나는 행태는?   19. 국가직 7급

① 점증적 예산(incremental budgeting)
② 반복적 예산(repetitive budgeting)
③ 세입예산(revenue budgeting)
④ 보충적 예산(supplemental budgeting)

정답해설 국가의 경제력은 낮지만 재정 예측력이 높은 경우에 나타나는 행태는 세입예산이다.

오답해설 ① 점증적 예산은 국가의 경제력과 재정 예측력이 모두 높을 때 나타나는 유형이다.
② 반복적 예산은 국가의 경제력과 재정 예측력이 모두 낮을 때 나타나는 유형이다.
④ 보충적 예산은 경제력은 높지만 재정 예측력이 낮을 때 나타나는 유형이다.

답 | ③

CHAPTER 03 예산의 과정

Theme 01 주민참여예산제도

① 시민에 의한 예산참여는 예산감시에서 시작해 직접 예산을 편성하는 참여예산제도로 발전하였다.
② 주민참여예산제도는 예산편성에 주민이 참여하는 거버넌스적 시각이 반영된 것으로, 예산운영의 효율성과 지출가치의 극대화보다는 예산주권의 극대화나 시민요구의 반영을 중시하는 제도이다.
③ 주민참여예산제도는 관료 중심의 예산운영으로 인한 비효율성과 지방자치단체장의 선심성 예산운영으로 인한 비효율성을 동시에 극복하려는 사전적 통제방안에 해당한다.
④ 브라질에서 최초로 시작되었고, 우리나라는 기초자치단체에서 먼저 채택(2003)되었다. 그 후 「지방재정법」에 임의규정(2006)으로 도입된 후 의무규정(2011)으로 바뀌었고, 중앙정부에도 국민참여예산제도를 도입(2018)하여 시행하고 있다.
⑤ 이러한 주민참여예산제도는 결과보다는 과정의 이념을 지향하며, 재정운영의 투명성과 책임성을 제고할 수 있게 하는 제도적 장치이다.
⑥ 「지방재정법」 규정
  ㉠ 지방자치단체의 장은 대통령령으로 정하는 바에 따라 지방예산 편성 등 예산과정(지방의회의 의결사항은 제외)에 주민이 참여할 수 있는 제도를 마련하여 시행하여야 한다.
  ㉡ 지방예산 편성 등 예산과정의 주민 참여와 관련되는 사항을 심의하기 위하여 지방자치단체의 장 소속으로 주민참여예산위원회 등 주민참여예산기구를 둘 수 있다.
  ㉢ 지방자치단체의 장은 주민참여예산제도를 통하여 수렴한 주민의 의견서를 지방의회에 제출하는 예산안에 첨부하여야 한다.
  ㉣ 행정안전부장관은 지방자치단체의 재정적·지역적 여건 등을 고려하여 대통령령으로 정하는 바에 따라 지방자치단체별 주민참여예산제도의 운영에 대하여 평가를 실시할 수 있다.
  ㉤ 주민참여예산기구의 구성·운영과 그 밖에 필요한 사항은 해당 지방자치단체의 조례로 정한다.
⑦ 「국가재정법 시행령」 규정
  ㉠ 정부는 예산과정의 투명성과 국민참여를 제고하기 위하여 필요한 시책을 시행하여야 한다.
  ㉡ 정부는 예산과정에의 국민참여를 통하여 수렴된 의견을 검토하여야 하며, 그 결과를 예산편성 시 반영할 수 있다.
  ㉢ 정부는 의견수렴을 촉진하기 위하여 국민으로 구성된 참여단을 운영할 수 있다.

기선 제압

- 주민참여예산제도는 지방자치단체의 예산편성 과정에 지역주민들의 직접적인 참여를 보장하는 제도이다.
  20. 소방간부

- 주민참여예산제도는 재정민주주의를 강화하는 방안 중 하나이다.
  23. 국회직 8급

- 주민참여예산제도는 결과적 측면보다는 과정적 측면의 이념을 지향한다.
  24. 경찰간부

> 바로 확인문제

1. 참여예산제도에 대한 설명으로 옳지 않은 것은? 18. 국가직 7급

① 브라질의 포르투 알레그리(Porto Alegre)시는 참여예산제도를 도입한 대표적인 사례이다.
② 예산과정에의 시민참여는 중앙정부와 지방정부 모두 가능하지만, 참여예산제는 주로 지방정부를 대상으로 시행된다.
③ 참여예산제는 과정적 측면보다는 결과적 측면의 이념을 지향한다.
④ 예산과정의 단계별로 볼 때 예산편성 단계에서의 참여에 초점을 둔다.

정답해설 참여예산제도는 결과보다는 과정지향적인 예산제도이다. 예산편성과정에 참여 그 자체를 중시한 것이지 반드시 주민의 의견에 구속되는 것은 아니기 때문이다.

오답해설 ① 주민참여예산제도는 브라질의 포르투 알레그리시가 최초이며, 우리나라는 광주광역시 북구에서 처음 도입하였고, 전라북도에서 예산편성(2007)에 사용하였다. 그 후 「지방재정법」에 임의규정(2006)으로 도입된 이후 의무규정(2011)으로 바뀌었으며, 중앙정부의 경우 2018년부터 도입되어 시행되고 있다.
② 정책이나 예산과정에의 시민참여는 규모가 상대적으로 작은 지방정부 차원에서 도입되기 쉽다.
④ 참여예산제도는 주민들이 다음 연도에 필요한 사업을 제안하고 우선순위를 결정하여 예산안에 반영하는 예산편성 단계에서의 참여에 초점을 둔다.

답 | ③

2. 우리나라 주민참여예산제도에 대한 설명으로 옳지 않은 것은? 21. 국가직 7급

① 주민이 참여할 수 있는 예산의 범위는 「지방재정법」에 규정되어 있다.
② 지방자치단체의 장은 주민참여예산제도를 마련하여 시행해야 할 법적 의무가 있다.
③ 지방자치단체 중 최초로 주민참여예산조례를 제정한 곳은 광주광역시 북구이다.
④ 지방의회 예산심의권 침해 논란이 있다.

정답해설 「지방재정법」에는 주민이 참여할 수 있는 예산의 범위는 규정되어 있지 않다. 다만, 지방의회의 의결사항은 주민참여예산에서 제외된다.

오답해설 ② 지방자치단체의 장은 주민참여예산제도를 통해 수렴한 주민의 의견서를 예산안에 첨부하여 지방의회에 제출하여야 한다.
③ 우리나라는 광주광역시 북구에서 2003년 주민참여예산제도를 최초로 도입하였고, 2004년 조례를 제정해 제도화하였다.
④ 주민참여예산은 주민들에 의해 편성된 예산안이므로 지방의회는 이를 폐지하거나 삭감하기 어려운 정치적 압력에 놓이게 되므로 지방의회의 자유로운 예산심의권을 침해할 가능성이 존재한다.

답 | ①

Theme 02 예산과 거부권 B

① 이론적으로 예산이 법률의 형식으로 통과된다면 의회가 의결한 예산을 대통령이 거부할 수 있으나, 법률이 아닌 의결의 형식으로 통과된다면 거부권을 행사할 수 없다.

② 우리나라는 중앙정부의 경우 예산에 대한 일체의 거부권이 불가하다. 다만, 지방정부의 경우 예산의결에 대한 일부 재의요구권이 존재한다.
③ 미국의 경우에 항목별 거부권법이 제정(1996)되었으나 위헌판결(1998)로 무효화되어, 현재는 잠정예산 외에는 거부권이 불가하다.

> **바로 확인문제**
>
> **1.** 다음은 우리나라의 예산에 관한 설명이다. 옳지 않은 설명은?   14. 서울시 7급
> ① 예산은 정부만이 제안권을 갖고 있고 국회는 제안권을 갖고 있지 않다.
> ② 예산안을 심의할 때 국회는 정부가 제출한 예산안의 범위 내에서 삭감할 수 있으나, 정부의 동의 없이 지출예산 각 항의 금액을 증액할 수 없다.
> ③ 예산은 국가기관만을 구속한다.
> ④ 예산은 국회의 의결로 성립하지만 정부의 수입·지출의 권한과 의무는 별도의 법률로 규정된다.
> ⑤ 국회에서 의결된 예산에 대해서 대통령이 거부권을 행사할 수 있다.
>
> **정답해설** 국회에서 의결된 예산에 대해서 대통령은 거부권을 행사할 수 없다.
>
> 답 | ⑤

Theme 03 예비타당성조사(1999) B

(1) 의의

① 기획재정부장관은 총사업비가 500억 원 이상이고 국가의 재정지원 규모가 300억 원 이상인 신규 사업으로서 다음의 어느 하나에 해당하는 대규모사업에 대한 예산을 편성하기 위하여 미리 예비타당성조사를 실시하고, 그 결과를 요약하여 국회 소관 상임위원회와 예산결산특별위원회에 제출하여야 한다. 다만, ㉣의 사업은 중기사업계획서에 의한 재정지출이 500억 원 이상 수반되는 신규 사업으로 한다.
  ㉠ 건설공사가 포함된 사업
  ㉡ 「지능정보화 기본법」에 따른 지능정보화 사업
  ㉢ 「과학기술기본법」에 따른 국가연구개발사업
  ㉣ 그 밖에 사회복지, 보건, 교육, 노동, 문화 및 관광, 환경 보호, 농림해양수산, 산업·중소기업 분야의 사업

② 다음의 어느 하나에 해당하는 사업은 대통령령으로 정하는 절차에 따라 예비타당성조사 대상에서 제외한다.
  ㉠ 공공청사, 교정시설, 초·중등 교육시설의 신·증축 사업
  ㉡ 국가유산 복원사업
  ㉢ 국가안보와 관계되거나 보안이 필요한 국방 관련 사업

• 예비타당성조사는 대규모 신규 사업에 대한 예산편성 및 기금운용계획을 수립하기 위하여 기획재정부장관의 주관으로 실시하는 사전적인 타당성 검증·평가제도이다.
17. 국가직 9급

• 「국가재정법」은 공공청사 신축 및 증축, 재난복구지원 사업, 지역균형발전사업 등 다양한 사업에 대해 예비타당성조사를 면제할 수 있도록 규정하고 있다.   24. 국회직 8급

② 남북교류협력과 관계되거나 국가 간 협약·조약에 따라 추진하는 사업
⑩ 도로 유지보수, 노후 상수도 개량 등 기존 시설의 효용 증진을 위한 단순개량 및 유지보수사업
⑪ 재난복구 지원, 시설 안전성 확보, 보건·식품 안전 문제 등으로 시급한 추진이 필요한 사업
⑫ 재난예방을 위하여 시급한 추진이 필요한 사업으로서 국회 소관 상임위원회의 동의를 받은 사업
③ 예비타당성조사 대상사업은 기획재정부장관이 중앙관서의 장의 신청에 따라 또는 직권으로 선정할 수 있다.
④ 기획재정부장관은 국회가 그 의결로 요구하는 사업에 대하여는 예비타당성조사를 실시하여야 한다.
⑤ 예비타당성조사 결과는 경제성 분석, 정책성 분석, 지역균형발전 분석에 대한 평가결과를 종합적으로 고려하여 제시한다.
⑥ 경제성 분석은 비용-편익분석(Cost-Benefit Analysis)을 기본적인 방법론으로 채택하여 분석한다.
⑦ 비용-편익분석이 적합하지 않다고 판단되는 사업의 경우에는 비용-효과분석(Cost-Effectiveness Analysis)을 실시할 수 있다.
⑧ 정책성 분석은 해당 사업과 관련된 사업추진 여건, 정책효과, 사업 별도평가항목(선택) 등 평가항목들을 정량적 또는 정성적으로 분석한다.
⑨ 지역균형발전 분석은 지역 간 불균형 상태의 심화를 방지하고 지역 간 형평성 제고를 위해 지역낙후도 개선, 지역경제 파급효과 등 지역개발에 미치는 요인을 분석한다.
⑩ 사업 타당성에 대한 종합평가는 평가항목별 분석결과를 토대로 다기준분석의 일종인 계층화분석법(Analytic Hierarchy Process)을 활용하여 계량화된 수치로 도출한다. 일반적으로 AHP 점수가 0.5 이상인 경우 사업의 타당성이 있음을 의미한다.
⑪ AHP 수행 시 경제성, 정책성, 지역균형발전, 기술성 등에 대한 평가 가중치는 특별한 사유가 없는 한 사업유형별로 다음의 범위 내에서 적용한다.
  ㉠ 건설사업(비수도권 유형): 경제성 30~45%, 정책성 25~40%, 지역균형발전 30~40%
  ㉡ 건설사업(수도권 유형): 경제성 60~70%, 정책성 30~40%

(2) 예비타당성조사와 타당성조사

구분	예비타당성조사	타당성조사
주체	기획재정부	주무부처
초점	경제적·정책적 측면	기술적 측면
조사범위	국가재정의 전반적 관점	당해 사업 관점
특징	예산편성 전의 개략적인 조사	예산편성 후의 세부적인 조사

• 예비타당성조사는 경제적 타당성뿐만 아니라 정책적 타당성도 분석의 대상이 된다. 14. 국가직 7급

• 편익비용비율이 1보다 작아 경제성이 낮은 경우라도 정책성 분석이나 지역균형발전 분석 등을 통한 종합평가 결과에 의해 예비타당성조사를 통과할 수 있다. 24. 국회직 8급

바로 확인문제

1. 예비타당성조사에 대한 설명으로 옳은 것은? 19. 지방직 9급

① 기존에 유지된 타당성조사의 문제점을 보완하기 위해 2013년부터 도입하였다.
② 신규 사업 중 총사업비가 300억 원 이상인 사업은 예비타당성 조사대상에 포함된다.
③ 중앙행정기관의 장은 예비타당성조사를 실시하고 기획재정부장관과 그 결과를 협의해야 한다.
④ 조사대상 사업의 경제성, 정책적 필요성 등을 종합적으로 검토하여 그 타당성 여부를 판단한다.

> **정답해설** 예비타당성조사는 경제성, 정책성, 균형발전 등을 종합적으로 검토하여 그 타당성 여부를 판단하며, 종합평가는 평가항목별 분석결과를 토대로 다기준분석의 일종인 계층화분석법을 활용하여 계량화된 수치로 도출하되 일반적으로 AHP가 0.5 이상이면 사업시행이 바람직하다고 본다.
>
> **오답해설** ① 예비타당성조사제도는 1999년에 도입되었다.
> ② 기획재정부장관은 총사업비가 500억 원 이상이고 국가의 재정지원 규모가 300억 원 이상인 신규 사업에 대해 예비타당성조사를 실시한다.
> ③ 예비타당성조사는 기획재정부장관이 실시한다.
>
> 답 | ④

2. 다음은 「국가재정법」상 예비타당성조사에 대한 내용이다. (가)와 (나)에 들어갈 숫자로 옳은 것은? 22. 지방직 9급

> 기획재정부장관은 총사업비가 (가) 억 원 이상이고 국가의 재정지원 규모가 (나) 억 원 이상인 신규 사업으로서 건설공사가 포함된 사업 등에 대한 예산을 편성하기 위하여 미리 예비타당성조사를 실시하고, 그 결과를 요약하여 국회 소관 상임위원회와 예산결산특별위원회에 제출하여야 한다.

	(가)	(나)
①	300	100
②	300	200
③	500	250
④	500	300

> **정답해설** 예비타당성조사제도는 총사업비가 500억 원 이상이고 국가의 재정지원 규모가 300억 원 이상인 신규 사업을 대상으로 한다.
>
> 답 | ④

Theme 04 총사업비관리제도(1994) B

① 대상: 완성에 2년 이상이 소요되는 사업으로서 대통령령으로 정하는 대규모사업
  ㉠ 총사업비가 500억 원 이상이고 국가의 재정지원 규모가 300억 원 이상(사업추진 과정에서 총사업비 또는 국가의 재정지원 규모가 증액되어 해당 기준을 충족하는 경우 포함)인 사업
    ⓐ 건설공사가 포함된 사업. 다만, 건축사업은 제외
    ⓑ 「지능정보화 기본법」에 따른 정보화 사업
    ⓒ 사회복지, 보건, 교육, 노동, 문화 및 관광, 환경 보호, 농림해양수산, 산업·중소기업 분야의 사업
  ㉡ 건축사업 또는 연구개발사업으로서 총사업비가 200억 원 이상(사업추진 과정에서 총사업비 규모가 증액되어 총사업비가 200억 원 이상에 해당하는 경우 포함)인 사업
② 제외
  ㉠ 국고에서 정액으로 지원하는 사업으로서 사업추진 과정에서 국가의 재정지원 규모가 증가하지 아니하는 사업
  ㉡ 국고에서 융자로 지원하는 사업
  ㉢ 「사회기반시설에 대한 민간투자법」에 따른 민간투자사업
  ㉣ 도로 유지·보수, 노후 상수도 개량 등 기존 시설의 효용 증진을 위한 단순 개량 및 유지·보수 사업
  ㉤ 시설 또는 장비의 구축을 포함하지 아니하는 연구개발사업

· 총사업비관리제도란 완성에 2년 이상 소요되는 일정 규모 이상의 대규모 사업에 대하여 기획재정부장관과 사전에 협의하게 하는 것이다.
20. 국회직 8급

· 총사업비관리제도는 시작된 대형 사업에 대한 총사업비를 관리해 재정지출의 생산성 제고를 도모한다.
17. 국가직 9급

Theme 05 「국가재정법」상 재정건전화 규정 B

① 정부입법안의 Paygo 원칙 → 5회계연도 수입·지출의 증감액과 재원조달방안의 마련
② 국세감면율[→ 국세감면액 총액 / (국세수입총액 + 국세감면액 총액)]의 규제
③ 추가경정예산안 편성사유의 제한
④ 세계잉여금 처리용도의 제한
⑤ 국가채무관리계획의 수립(→ 매년 수립)
⑥ 보증채무부담의 통제

· 「국가재정법」은 재정운용의 건전성 강화를 위해 추가경정예산안 편성의 제한, 세계잉여금 일정 비율의 공적자금 등 상환의 의무화, 국가채무관리계획의 수립, 국가보증채무부담의 국회 사전 동의, 국세감면의 제한, 법률안 재정소요의 추계제도 등을 규정하고 있다.
18. 서울시 7급

Theme 06 국가채무의 관리　B

(1) 국가채무

① 기획재정부장관은 국가의 회계 또는 기금이 부담하는 금전채무에 대하여 매년 국가채무 관리계획을 수립하여야 한다.
② 금전채무는 다음의 어느 하나에 해당하는 채무를 말한다.
　㉠ 국가의 회계 또는 기금이 발행한 채권
　㉡ 국가의 회계 또는 기금의 차입금
　㉢ 국가의 회계 또는 기금의 국고채무부담행위
③ 다음의 어느 하나에 해당하는 채무는 국가채무에 포함하지 아니한다.
　㉠ 재정증권 또는 한국은행으로부터의 일시차입금
　㉡ 국가의 회계 또는 기금이 인수 또는 매입하여 보유하고 있는 채권
　㉢ 차입금 중 국가의 다른 회계 또는 기금으로부터의 차입금

- 국가의 회계 또는 기금의 국고채무 부담행위는 국가채무에 해당한다.
　18. 국가직 7급

- 정부의 대지급 이행이 확정된 채무의 경우 국공채 및 차입금이 아니더라도 국가채무에 포함시킨다.
　16. 서울시 9급

- 국가의 회계 또는 기금이 인수하여 보유하고 있는 채권과 차입금은 국가채무의 대상에서 제외시킨다.
　16. 서울시 9급

(2) 채무(→「국가재정법」)와 부채(→「국가회계법」)

구분		국가채무(D1)	일반정부 부채(D2)	공공부문 부채(D3)
산출근거		「국가재정법」	국제기준	국제기준
회계기준		현금주의	발생주의	발생주의
기관 범위	중앙정부	일반회계와 특별회계 정부관리기금	국가채무 공공기관관리기금 비영리공공기관	국가채무 공공기관관리기금 비영리공공기관
	지방·교육	일반회계와 특별회계 기금 및 교육비특별회계	지방·교육채무 비영리공공기관	지방·교육채무 비영리공공기관
	비금융공기업	제외	제외	포함
부채 항목	국채	포함	포함	포함
	차입금	포함	포함	포함
	국고채무부담행위	포함	제외	제외
	충당부채 (공무원·군인연금)	제외	제외(별도부기)	제외(별도부기)

> 바로 확인문제

1. 국가채무에 대한 설명으로 옳지 않은 것은? 19. 지방직 9급

① 기획재정부장관은 국가채무관리계획을 수립하여야 한다.
② 국채를 발행하고자 할 때에는 국회의 의결을 얻어야 한다.
③ 우리나라가 발행하는 국채의 종류에 국고채와 재정증권은 포함되지 않는다.
④ 우리나라의 GDP 대비 국가채무비율은 일본과 미국보다 낮은 상태이다.

정답해설 국채와 국가채무는 다른 개념이다. 우리나라가 발행하는 국채의 종류에는 국고채권, 재정증권, 외국환평형기금채권, 국민주택채권 등 4종류가 있다.

오답해설 ① 기획재정부장관은 국가의 회계 또는 기금이 부담하는 금전채무에 대하여 매년 국가채무관리계획을 수립하여야 한다.
② 국가의 세출은 국채·차입금 외의 세입을 그 재원으로 한다. 다만, 부득이한 경우에는 국회의 의결을 얻은 금액의 범위 안에서 국채 또는 차입금으로써 충당할 수 있다.
④ 우리나라는 GDP 대비 국가채무비율이 50%대로 이는 미국(100% 이상)이나 일본(200% 이상)보다 낮은 상태이다.

답 | ③

2. 국가채무에 대한 설명으로 옳지 않은 것은? 23. 국가직 7급

① 「국가재정법」에 따른 국가채무는 국가의 회계가 발행한 채권을 포함하며, 모든 기금이 발행한 채권은 제외된다.
② 우리나라 중앙정부가 발행하는 국채에는 국고채권, 국민주택채권, 외화표시 외국환평형기금채권 등이 있다.
③ 국가채무는 크게 금융성 채무와 적자성 채무로 구분한다.
④ 채권의 발행 주체가 중앙정부일 때는 국채, 지방자치단체일 때는 지방채라고 할 수 있다.

정답해설 「국가재정법」에 의하면 국가채무에는 국가의 회계 또는 기금이 발행한 채권, 국가의 회계 또는 기금의 차입금, 국가의 회계 또는 기금의 국고채무부담행위 등이 포함된다.

오답해설 ② 중앙정부가 발행하는 국채에는 국고채권, 국민주택채권, 외화표시 외국환평형기금채권, 재정증권 등 4종이 있다.
③ 적자성 채무는 대응 자산이 없어 국민의 세금으로 등으로 상환해야 하는 채무이고, 금융성 채무는 대응 자산이 존재하는 채무로 외국환평형기금채권이나 국민주택채권이 이에 속한다.

답 | ①

Theme 07 세계잉여금의 처리 B

① **예상되는 초과 조세수입**: 당해 연도 발행한 국채의 우선 상환 → 세입세출 외로 처리
② **세계잉여금**: 세입세출의 결산상 잉여금(→ 초과 세입과 세출불용액의 합계) → 사용에 있어 국회승인 불요

㉠ 지방교부세의 정산 및 지방교육재정교부금의 정산
㉡ 공적자금의 상환
㉢ 국채 또는 차입금의 원리금 및 확정된 국가배상금의 상환
㉣ 추가경정예산안의 편성
㉤ 다음 연도 세입으로 이입

- 세계잉여금은 지방교부세 및 지방교육재정교부금의 정산에 사용할 수 있다. 08. 국가직 7급
- 세계잉여금은 추가경정예산안의 편성에 사용할 수 있다. 08. 국가직 7급
- 세계잉여금으로 사용하거나 출연한 금액을 공제한 잔액은 다음 연도의 세입에 이입하여야 한다. 08. 국가직 7급

바로 확인문제

1. 우리나라 세계잉여금에 관한 설명으로 옳지 않은 것은? 08. 국가직 7급

① 지방교부세 및 지방교육재정교부금의 정산에 사용할 수 있다.
② 추가경정예산안의 편성에 사용할 수 있다.
③ 사용하거나 출연한 금액을 공제한 잔액은 다음 연도의 세입에 이입하여야 한다.
④ 사용 또는 출연은 국회의 사전 동의를 받아야 한다.

정답해설 세계잉여금이란 매 회계연도 세입세출의 결산상 잉여금 중 다른 법률에 따른 것과 이월액을 공제한 금액으로, 그 사용 또는 출연은 다른 법률의 규정에 불구하고 국가결산보고서에 대한 대통령의 승인을 얻은 때부터 이를 할 수 있다. 즉, 국회의 사전 동의를 요구하지 않는다.

오답해설 ① 세계잉여금은 「지방교부세법」에 따른 교부세의 정산 및 「지방교육재정교부금법」의 규정에 따른 교부금의 정산에 사용할 수 있다.
② 지방교부세 및 지방교육재정교부금의 정산, 공적자금상환기금의 출연, 국채 및 국가배상금의 상환 등에 사용하고 남은 세계잉여금은 추가경정예산안의 편성에 사용할 수 있다.
③ 규정에 따라 사용하거나 출연한 금액을 공제한 세계잉여금의 잔액은 다음 연도의 세입에 이입하여야 한다.

답 | ④

2. 세계잉여금에 대한 설명으로 옳은 것만을 모두 고르면? 20. 국가직 9급

ㄱ. 일반회계, 특별회계가 포함되고 기금은 제외된다.
ㄴ. 적자 국채발행 규모와 부(−)의 관계이며, 국가의 재정건전성을 파악하는 데 효과적이다.
ㄷ. 결산의 결과 발생한 세계잉여금은 전액 추가경정예산에 편성하여야 한다.

① ㄱ   ② ㄷ   ③ ㄱ, ㄴ   ④ ㄴ, ㄷ

정답해설 ㄱ. 세계잉여금은 세입세출의 결산상 잉여금이므로 세입세출이 아닌 기금은 제외된다.

오답해설 ㄴ. 세계잉여금은 총세입에서 총세출을 뺀 금액으로 계산되는데 총세입에는 국채발행수입도 포함되므로 세계잉여금이 남았다고 해서 꼭 재정이 건전한 것은 아니다. 다만 세계잉여금의 일부는 국채 또는 차입금의 원리금 상환에 사용될 수 있으므로 세계잉여금이 존재할 경우 국채발행규모와 부(−)의 관계가 존재할 수 있다.
ㄷ. 세계잉여금은 지방교부세 및 지방교육재정교부금의 정산, 공적자금상환기금의 출연, 국채 또는 차입금의 원리금 상환 및 확정된 국가배상금의 상환 등에 사용하고 남으면 추가경정예산안 편성에 사용할 수 있다.

답 | ①

Theme 08 재정준칙

① 의의: 재정수입, 재정지출, 재정수지, 국가채무 등 총량적 재정지표에 대한 법적 구속력을 부여하는 규율
② 유형 → 수지준칙과 채무준칙을 가장 많이 사용
　㉠ 수입준칙: 신규 입법을 제정할 때 재원의 조달방안을 입법화하도록 하는 준칙
　㉡ 지출준칙: 총지출 한도, 분야별 지출한도와 지출 증가율의 한도 등을 설정하는 준칙
　㉢ 수지준칙: 매 회계연도 또는 일정 기간 재정수지를 일정 수준으로 유지하도록 하는 준칙
　㉣ 채무준칙: GDP 대비 국가채무 비율을 일정 수준으로 유지하도록 하는 준칙
③ 한국형 재정준칙의 도입 방안 → 2020년 기획재정부 보도자료
　㉠ 준칙: 국가채무(→ GDP 대비 60%), 통합재정수지(→ GDP 대비 +3%)
　㉡ 보완: 위기 시 적용, 경기 둔화 시 통합재정 수지기준의 완화
　㉢ 적용: 2025회계연도부터 적용, 한도는 5년마다 재검토

- 재정준칙은 총량적인 재정지표에 대해 구체적인 목표수치를 포함한 국가의 재정운용 목표를 법제화한 재정운용정책을 의미한다.　22. 경찰승진

- 재정준칙의 유형에는 채무준칙, 재정수지준칙, 지출준칙, 수입준칙 등이 있다.　22. 경찰승진

- 국가채무준칙은 재정건전성을 확보하기 위해 국가채무 규모에 상한선을 설정한다.　22. 지방직 7급

바로 확인문제

1. 재정준칙(Fiscal Rule)에 대한 설명으로 가장 적절하지 않은 것은?　22. 경찰승진

① 재정준칙의 유형에는 채무준칙, 재정수지준칙, 지출준칙, 수입준칙 등이 있다.
② 재정에 대한 행정부의 재량권을 확대하고 재정규율을 확립하여 재정건전화를 도모할 수 있다.
③ 총량적인 재정지표에 대해 구체적인 목표수치를 포함한 국가의 재정운용 목표를 법제화한 재정운용정책을 의미한다.
④ 미국의 페이고(PAYGO: pay-as-you-go)제도는 의무지출의 증가를 내용으로 하는 신규 입법 시 이에 상응하는 세입 증가나 다른 의무지출 감소 등과 같은 재원조달방안을 동시에 입법하도록 의무화하는 것이다.

정답해설　재정준칙은 행정부의 재량권을 제약하기 위해 도입된 제도이다.

답 | ②

2. 재정준칙에 대한 설명으로 옳지 않은 것은?　22. 지방직 7급

① 국가채무준칙은 재정건전성을 확보하기 위해 국가채무 규모에 상한선을 설정한다.
② 재정수지준칙은 경기변동과 무관하게 설정되므로 경제안정화를 오히려 저해할 수 있다.
③ 재정지출준칙은 경제성장률이나 재정적자 규모의 예측에 의존하지 않는다.
④ 재정수입준칙은 조세지출을 우회적으로 활용함으로써 재정건전성이 훼손될 가능성이 있다.

정답해설 재정수입준칙은 세입 감소를 내용으로 하는 신규 입법 시 반드시 이에 대응되는 다른 의무지출의 감소나 세입의 증가 등 재원조달 방안이 동시에 입법화되도록 의무화하는 준칙이다. 조세지출이란 조세감면 등으로 인한 수입의 감소를 의미하며, 수입준칙이 마련될 경우 이러한 조세지출을 위해서는 반드시 다른 지출의 감소나 재원의 조달방안을 마련하여야 하므로 재정건전성의 악화를 막을 수 있다.

오답해설 ① 채무준칙은 GDP 대비 국가채무비율을 일정 수준에서 유지 혹은 단계적으로 감소하도록 하는 제약조건을 가하거나 국가채무의 한도를 정하는 준칙으로 재정건전성을 확보할 수 있다.
② 재정수지준칙은 매 회계연도마다 또는 일정 기간 재정수지를 균형이나 일정 수준으로 유지하도록 하는 준칙이기에 경기변동에 따른 정부의 적극적이고 능동적인 재정정책을 제약하여 경제안정화를 저해할 수도 있다는 비판이 있다.
③ 재정지출준칙은 총지출 한도, 분야별 명목·실질 지출한도, 명목·실질 지출 증가율 한도 등을 설정하는 준칙으로, 수입보다는 지출에 초점을 맞추고 있으므로 경제성장률이나 적자규모의 예측과는 무관하다.

답 | ④

Theme 09 수입대체경비 C

① 지출이 직접 수입을 수반하는 경우, 그 수입이 확보되는 범위 안에서 직접 지출할 수 있도록 규정된 경비이다.
② 목적이 정해져 있으므로 예산 통일성 원칙에 대한 예외이며, 미리 예산에 반영되지 않았다면 예산 완전성 원칙에 대한 예외이기도 하다.
③ 대법원의 등기부 등·초본 발행 경비, 외무부의 여권발급 경비 등이 그 예이다.

• 수입대체경비란 수입이 예산을 초과하거나 초과할 것이 예상되는 때에는 그 초과수입에 직접 관련되는 경비 및 이에 수반되는 경비에 초과지출할 수 있는 경비를 말한다.

17. 지방직 9급

바로 확인문제

1. 다음 〈보기〉에서 ⊙과 ⓒ에 해당하는 내용을 바르게 연결한 것은?   16. 국가직 9급

┤ 보기 ├
(⊙)은(는) 국가가 특별한 용역 또는 시설을 제공하고 그 제공을 받은 자로부터 비용을 징수하는 경우의 당해 경비로서 기획재정부장관이 정하는 경비를 의미하며, 「국가재정법」상 (ⓒ)의 예외로 규정되어 있다.

	⊙	ⓒ
①	수입대체경비	예산총계주의 원칙
②	전대차관	예산총계주의 원칙
③	전대차관	예산 공개의 원칙
④	수입대체경비	예산 공개의 원칙

정답해설 ⊙ 수입대체경비란 지출이 직접 수입을 수반하는 경우, 그 수입이 확보되는 범위 안에서 직접 지출할 수 있도록 규정된 경비를 말한다. 목적이 정해져 있으므로 예산 통일성 원칙에 대한 예외이며, 미리 예산에 반영되지 않았다면 예산 완전성 원칙에 대한 예외이기도 하다.
ⓒ 예산총계주의는 국가의 세입과 세출은 모두 예산에 편입(계상)되어야 한다는 포괄성의 원칙이다. 즉, 한 회계연도의 모든 수입과 지출은 예산에 반영되어 있어야 한다는 것으로 이를 예산 완전성의 원칙이라 한다.

답 | ①

Theme 10 수입금마련지출제도 → 「정부기업예산법」

① 특정한 사업을 합리적으로 운영하기 위해 예산초과수입이 발생하거나 예산초과수입이 예상되는 경우 이 수입에 직접적으로 관련되는 비용에 이를 사용할 수 있는 제도이다.
② 「정부기업예산법」 등에 규정되어 있으며, 예산의 통일성·완전성 원칙에 대한 예외이다.

Theme 11 총액계상사업

① 세부사업이 확정되지 않은 상태에서 총액규모만 예산에 반영하고 세부내역은 집행단계에서 각 중앙관서의 장이 자율적으로 결정하는 제도이다.
② 대상: 도로보수 사업, 도로안전 및 환경개선 사업, 항만시설 유지보수 사업, 수리시설 개보수 사업, 수리부속지원 사업, 국가유산 보수정비 사업
③ 범위: 매 회계연도 예산순계 기준 100분의 3

• 예산집행의 신축성을 확보하기 위해 예비비, 총액계상제도 등을 활용하고 있다. 19. 지방직 9급

Theme 12 예산집행의 절차

(1) 예산의 배정과 재배정
① 예산의 배정이란 중앙예산기관이 확정된 예산을 각 중앙관서가 집행할 수 있도록 권한을 부여하는 것을 말한다.
② 그리고 중앙관서의 장이 배정된 예산의 범위에서 산하기관에게 예산지출 권한을 위임하는 절차를 예산의 재배정이라 한다.

(2) 예산배정의 절차
① 예산배정요구서 작성: 예산이 성립된 후 각 중앙관서 장이 작성
② 예산배정계획서 작성: 예산배정요구서와 월별 자금계획에 따라 분기별로 기획재정부장관이 작성
③ 국무회의 심의와 대통령 승인
④ 감사원 통지

(3) 예산배정의 형태
① 정기배정: 분기별 배정계획에 따른 예산배정
② 긴급배정: 회계연도 개시 전의 예산배정
③ 조기배정: 상반기에 집중되는 예산배정
④ 당겨배정: 정기배정계획과 관계없이 앞당겨 예산을 배정하는 제도
⑤ 기타: 수시배정(→ 신축성), 배정유보와 감액배정(→ 통제) 등

> 바로 확인문제

1. 중앙정부의 예산집행에 관한 설명으로 옳은 것만을 〈보기〉에서 있는 대로 고른 것은?

23. 소방간부

| 보기 |
ㄱ. 예산의 배정에는 정기배정, 수시배정, 조기배정, 당겨배정, 감액배정 등이 있다.
ㄴ. 기획재정부장관은 예산배정요구서에 따라 반기별 예산배정계획을 작성하여 국회의 심의를 거친 후 대통령의 승인을 얻어야 한다.
ㄷ. 기획재정부장관은 필요한 때에는 대통령령으로 정하는 바에 따라 회계연도 개시 전에 예산을 배정할 수 있다.
ㄹ. 세출예산의 재배정이란 기획재정부장관이 각 중앙관서의 장에게 배정한 예산을 각 중앙관서의 장이 재무관별로 다시 배정하는 것을 말한다.

① ㄱ, ㄴ   ② ㄱ, ㄹ
③ ㄴ, ㄷ   ④ ㄱ, ㄷ, ㄹ
⑤ ㄴ, ㄷ, ㄹ

정답해설 ㄱ. 예산배정은 시기에 따라 정기배정, 수시배정, 조기배정 등으로 구분할 수 있다.
ㄷ. 회계연도 개시 전에 예산을 배정하는 것을 긴급배정이라 한다.
ㄹ. 재배정이란 중앙관서의 장이 기획재정부장관으로부터 배정받은 예산을 다시 소속 재무관에 필요한 사업별, 조직 단위별로 예산을 나누어 주는 것을 말한다.

오답해설 ㄴ. 예산배정계획은 분기별로 이루어진다.

답 | ④

Theme 13 긴급배정의 사유 C

① 외국에서 지급하는 경비
② 선박의 운영·수리 등에 소요되는 경비
③ 교통이나 통신이 불편한 지역에서 지급하는 경비
④ 각 관서에서 필요한 부식물의 매입경비
⑤ 범죄수사 등 특수 활동에 소요되는 경비
⑥ 여비
⑦ 경제정책상 조기집행을 필요로 하는 공공사업비
⑧ 재해복구사업에 소요되는 경비

> **바로 확인문제**
>
> **1.** 다음 중 회계연도 개시 전에 예산을 배정할 수 있는 경비에 해당하지 <u>않는</u> 것은?
>
> 16. 국회직 8급
>
> ① 수입대체경비
> ② 선박의 운영·수리 등에 소요되는 경비
> ③ 교통이나 통신이 불편한 지역에서 지급하는 경비
> ④ 범죄수사 등 특수활동에 소요되는 경비
> ⑤ 경제정책상 조기집행을 필요로 하는 공공사업비
>
> **정답해설** 회계연도 개시 전 예산의 배정을 긴급배정이라 한다. 수입대체경비는 수입의 특례이다.
>
> **오답해설** ②, ③, ④, ⑤ 긴급배정의 사유로는 외국에서 지급하는 경비, 선박의 운영·수리 등에 소요되는 경비, 교통이나 통신이 불편한 지역에서 지급하는 경비, 각 관서에서 필요한 부식물의 매입경비, 범죄수사 등 특수활동에 소요되는 경비, 여비, 경제정책상 조기집행을 필요로 하는 공공사업비, 재해복구사업에 소요되는 경비 등이 있다.
>
> 답 | ①

Theme 14　수입과 지출　C

(1) 국고금관리원칙

① 계획의 원칙: 계획에 따라 효율적으로 관리할 것
② 투명성의 원칙: 투명하게 관리할 것
③ 지출시기의 적절성: 지출은 적절한 때에 지출하여야 할 것
④ 안정적 투자: 여유자금의 운용은 안정성을 기본으로 할 것
⑤ 기록관리 원칙: 관련된 사항은 신속하고 정확하게 기록할 것

(2) 수입

① 관리기관
　㉠ 수입총괄기관: 기획재정부장관
　㉡ 수입관리기관: 각 중앙관서의 장
　㉢ 수입징수관: 중앙관서의 장(→ 원칙)과 수입의 징수에 관한 사무를 위임받은 공무원
　㉣ 수납기관: 출납공무원·한국은행·금고은행 등 납입고지한 수입을 수령하는 기관
　㉤ 수입징수관과 수입금 출납공무원의 직무는 원칙적으로 겸임할 수 없음
② 수입의 원칙
　㉠ 법령이 정하는 바에 따라 징수 및 수납하여야 하고, 그 수입은 국고에 납부하여야 한다.
　㉡ 수입의 회계연도 소속은 발생주의에 의한다.
③ 수입의 특례
　㉠ 수입대체경비: 수입이 확보되는 범위 안에서 직접 지출(→ 지출의 특례로도 봄)

- ⓒ 과(→ 지난)년도수입: 출납이 완결된 연도에 속하는 수입으로, 현(→ 당해)년도 수입으로 편입
- ⓒ 과오납금의 반환: 잘못 납입된 수입금의 반환
- ⓔ 수입금의 반환: 환급할 금액이 있는 경우
- ⓕ 선사용자금: 국고 납입 전에 미리 사용하고 지출금으로 대체 납입하는 제도

(3) 지출

① 관리기관
- ⓐ 지출총괄기관: 기획재정부장관
- ⓑ 지출관리기관: 각 중앙관서의 장
- ⓒ 재무관: 지출원인행위를 담당하는 공무원
- ⓓ 지출관: 지출을 명령하는 공무원(→ 지출행위)
- ⓔ 출납기관: 한국은행·출납공무원 등 지출관의 명령에 따라 현금을 지급하는 기관
- ⓕ 재무관·지출관·출납공무원의 직무는 원칙적으로 겸할 수 없음

② 지출의 원칙
- ⓐ 원칙적으로 지출관이 채권자의 계좌로 이체하지만, 예외적으로 현금으로 직접 지급할 수 있다.
- ⓑ 지출의 원칙: 채권자에게 지급할 것, 회계연도 개시 후에 할 것, 확정채무가 존재하고 이행기가 도래할 것

③ 지출의 특례
- ⓐ 관서운영경비: 채권자가 아닌 출납공무원에게 직접 지급할 수 있는 경비
- ⓑ 선금급과 개산급: 이행기가 도래하기 전에 미리 자금을 지급하는 것, 채무가 확정되지 않은 개산급은 후에 그 정산이 필요함
- ⓒ 과년도지출: 지난 연도 확정채무를 현(→ 당해)년도 세출에서 지출하는 것
- ⓓ 조체급 보전: 출납공무원의 소지 자금을 지급한 후, 나중에 교부받는 것
- ⓔ 회계연도 개시 전 자금 교부
- ⓕ 지출금 반납: 지출된 금액이 계산착오 등의 이유로 반납된 경우(→ 수입의 특례로도 봄)
- ⓖ 상계: 국가의 채무와 채권이 동일인에게 속하는 경우
- ⓗ 자금의 전도: 교통·통신이 불편한 지역의 출납원에게 현금으로 지급하는 것

> **한 번 더 정리** 　**지출의 관리기관**
>
>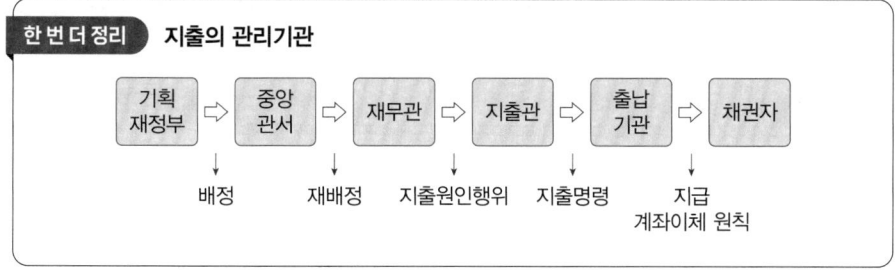

Theme 15　지출원인행위　　C

① 지출의 원인이 되는 계약 또는 기타의 행위를 행하는 것으로, 원칙적으로 중앙관서의 장이 배정된 예산 또는 기금운용계획의 금액 범위에서 행하여야 한다.
② 재무관: 중앙관서의 장으로부터 지출원인행위를 할 수 있게 위임받은 공무원이다.
③ 지출원인행위는 배정된 예산 또는 기금운용계획 금액의 범위 내에서 해야 하며, 지출원인행위가 있어야 소관 예산을 집행할 수 있다.
④ 연도에 걸친 지출원인행위는 원칙적으로 할 수 없으나 명시이월비와 계속비는 예외이다.

Theme 16　우리나라의 회계검사기관 → 감사원　　C

(1) 특성

① 헌법기관으로, 조직상으로는 대통령 소속이나 직무상으로는 독립되어 있다.
② 합의제기구로 「헌법」은 5인 이상 11인 이하로 규정하고 있으며, 「감사원법」으로는 7인이다.
③ 감사원장은 국회동의를 얻어 대통령이 임명하고, 감사위원은 감사원장의 제청으로 대통령이 임명한다. 임기는 각각 4년이며 1차에 한하여 중임할 수 있다.

(2) 기능 및 권한

① 결산의 확인 및 회계검사: 필요적 회계검사 대상 + 선택적 회계검사 대상(→ 감사원의 필요 + 국무총리의 요구)
② 직무감찰: 행정부 소속 공무원
③ 심사청구: 행정구제제도의 일종
④ 의견진술: 회계 관계 법령의 제정·개정·폐지 등에 관한 해석과 답변
⑤ 감사결과의 처리 및 보고: 변상판정, 징계와 시정 및 개선요구, 권고 및 고발 등

구분	회계검사	직무감찰
기원	의회의 재정통제권	국왕의 관리규찰권
지위	헌법기관(→ 독립성 강함)	비헌법기관(→ 독립성 약함)
대상기관	국가예산을 사용하는 모든 기관	행정부 소속 기관
감사초점	합법성	비위시정 + 행정운영개선

- 감사원은 회계검사의 결과에 따라 국가의 세입·세출의 결산을 확인한다. 11. 지방직 7급

- 국가의 회계 및 지방자치단체의 회계는 감사원의 필요적 검사사항에 해당한다. 11. 지방직 7급

Theme 17 기타 회계처리방식

① **수정발생주의**: 발생주의를 기본으로 하되 현금주의를 일부 도입하는 방식으로, 고정자산에 대해 감가상각을 하지 않거나, 수입은 현금주의로 지출은 발생주의로 처리한다.
② **수정현금주의**: 현금주의를 기본으로 하되 발생주의를 일부 도입하는 방식으로, 연도 중에는 현금으로 기록하였다가 연도 말에는 채무를 일시에 기록한다.
③ **채무부담주의**: 채무부담이 발생한 시점(→ 지출원인행위 시점)을 기준으로 기록·보고하는 회계방식으로, 물품구매나 공사 등의 계약에 유용하다.

Theme 18 재무회계와 예산회계

구분	재무회계	예산회계
의의	재정운영 및 재정상태의 보고 수익과 비용, 자산과 부채	예산의 집행실적 기록 분야–부문–사업–단위사업
회계방식	발생주의·복식부기	현금주의·단식부기 공기업회계는 발생주의·복식부기
결산보고서	재무제표	세입세출결산서
보고형식	회계단위 간 연계와 통합보고	회계단위별 분리보고
가치지향	주민의 삶의 질 개선 투명한 공개, 효율적 집행	행정내부 조직 중심 집행통제 및 법규준수
자기검증	대차평균원리에 의한 오류의 자동 검증	자기검증 기능 미흡

Theme 19 조달(구매)행정

(1) 의의
① 행정기능을 수행하는 데 필요한 재화를 구입·공급하는 행정을 말한다.
② 원칙: 조달의 경제성, 조달과정의 능률성, 조달과정의 투명성, 계약자 결정의 공정성, 조달행정의 책임성 등

(2) 집중구매
① 장점
  ㉠ 대량구매에 따른 규모의 경제로 인한 예산의 절약(→ 능률성 확보)
  ㉡ 구매업무의 전문성과 통일성 확보
  ㉢ 물품규격의 표준화로 인한 공급자의 편의 제고
  ㉣ 공통품목과 저장품목의 구매용이
  ㉤ 물품을 공급함에 있어 관리상의 신축성 확보 → 긴급수요나 예상 외 수요 대처

- 집중구매제도는 대량구매의 이점을 활용할 수 있다. 12. 지방직 7급
- 집중구매제도는 긴급수요나 예상 외의 수요에 신속히 대처할 수 있다. 12. 지방직 7급
- 집중구매제도는 재정적 통제체계를 향상시킬 수 있다. 12. 지방직 7급

② 단점
　㉠ 구매절차의 복잡성 증대
　㉡ 대량구매에 따른 대기업 편중과 정치적 영향력에 따른 부패가능성의 증대
　㉢ 복잡한 절차로 인한 적기·적재·적소 공급의 어려움
　㉣ 물품의 표준화로 인한 다양성의 상실

(3) 분산구매

① 장점
　㉠ 구매절차의 간소화와 적기·적재·적소의 신축적 공급
　㉡ 정부구매에 있어 중소기업의 참여
　㉢ (정치적) 부패가능성의 감소
　㉣ 수요기관의 개별성과 특수성 고려

② 단점
　㉠ 규모의 불경제, 구매업무의 전문성과 통일성 저해
　㉡ 물품규격의 다양성으로 인한 물품 공급자의 어려움
　㉢ 물품의 공급과 관리에 있어 관리상의 신축성 저해
　㉣ 종합적이고 체계적 구매정책의 수립 곤란

바로 확인문제

1. 집중구매제도의 장점에 대한 설명으로 옳지 않은 것은?　　12. 지방직 7급

① 재정적 통제체계를 향상시킬 수 있다.
② 긴급수요나 예상 외의 수요에 신속히 대처할 수 있다.
③ 대량구매의 이점을 활용할 수 있다.
④ 일괄구매를 통해 구입절차를 단순화할 수 있다.

정답해설 집중구매는 국가기관의 업무에 필요한 물자를 중앙구매기관이 일괄적으로 구입하여 각 수요기관에 공급하여 주는 제도이다. 구입절차의 단순화는 분산구매의 장점이다.

오답해설 ① 재정적 통제체계를 향상시키기 위해서는 한 곳에서 모든 물품을 구매하는 집중구매가 보다 효과적이다.
② 긴급수요나 예상 외의 수요에 신속하게 대처하기 위해서는 미리 대량으로 구매한 후 사용하는 집중구매가 바람직하다.
③ 대량구매의 이점 즉, 규모의 경제는 집중구매의 장점이다.

답 | ④

Theme 20 정부계약

① **일반경쟁**: 불특정 다수에게 공개입찰한 후 가장 유리한 적격자를 선정하는 방식
② **제한경쟁**: 참가자의 자격을 일정한 기준에 의하여 제한하는 방식
③ **지명경쟁방식**: 지명된 특정 다수인에게만 입찰 자격을 부여하는 방식
④ **수의계약**: 특정 상대를 임의로 선정하여 계약을 체결하는 방식
⑤ **다수공급자계약**: 다수의 공급자와 복수로 계약을 체결한 후, 수요기관이 공급할 업체를 직접 선택하도록 하는 방식
⑥ **일괄입찰제**: 한 업체에게 설계나 시공 등을 일괄적으로 맡기는 방식
⑦ **최저가 낙찰제**: 입찰에 있어 가장 낮은 가격을 써 낸 낙찰자를 선정하는 방식
⑧ **적격심사 낙찰제**: 입찰한 금액으로 시공할 수 있는지를 사전에 심사하는 제도

바로 확인문제

1. 업체를 직접 선택할 수 있는 방식으로서 최근 우리나라에서 도입하고 있는 제도는?

05. 서울시 7급

① 성과관리제도
② 나라장터(G2B)
③ 제한적 입찰제도
④ 일괄(Turn-Key) 입찰제도
⑤ 다수공급자계약제도

정답해설 업체를 수요자인 행정기관이 직접 선택할 수 있게 한 방식을 다수공급자계약이라 한다.

답 | ⑤

2. 다음 입찰방식들 중 민간 기업의 경쟁성과 공공의 품질 확보를 동시에 추구하고 있어서 정부에서 보편적으로 많이 채택하고 있는 계약자 선정방식은 무엇인가?

05. 국가직 7급

① 제한입찰
② 수의계약
③ 최저가낙찰제
④ 적격심사에 의한 최저가낙찰제

정답해설 적격심사에 의한 최저가낙찰제는 경쟁성과 공공의 품질 확보를 동시에 추구하고 있어서 정부에서 보편적으로 많이 채택하고 있는 계약자 선정방식이다.

오답해설 ① 제한경쟁 입찰은 참가자의 자격을 일정한 기준에 의하여 제한하는 방식이다.
② 수의계약은 특정 상대를 임의로 선정하여 계약을 체결하는 방식이다.
③ 최저가낙찰제도는 가장 저렴한 가격을 제시한 업체와 계약을 체결하는 방식이다.

답 | ④

CHAPTER 04 예산개혁론

> **기선 제압**
>
> - 목표관리예산은 분권 및 참여적 요소를 중시한 예산제도이다.
>   22. 소방간부
>
> - 목표관리예산은 조직 내적 관점에서의 목표에 따른 산출량에 초점을 둔다.
>   22. 소방간부

Theme 01 목표관리(MBO)와 계획예산(PPBS)

구분	목표관리(MBO)	계획예산(PPBS)
기간	단기(→ 1년)	장기(→ 5년 이상)
방향	분권적, 상향적(→ 계선 중심)	집권적, 하향적(→ 막료 중심)
환경	폐쇄적	개방적
기술	내적 관리기술	비용편익분석
환류	환류 중시	환류 미흡
책임	일선관리자	최고관리자

Theme 02 예산제도의 비교

구분	품목별예산	성과주의예산	계획예산	영기준예산
지향	통제(→ 합법성)	관리(→ 능률성)	계획(→ 효과성)	감축
중점	투입	투입 및 산출	투입, 산출, 효과	대안
필요지식	회계이론(→ 회계학)	관리이론(→ 경영학)	기획이론(→ 경제학)	관리와 계획
중요정보	지출대상	기관의 활동	기관의 목표	사업 및 목표
흐름	점증적·상향적	점증적·상향적	합리적·하향적	합리적·상향적

Theme 03 일몰법

> - 일몰제도는 특정 조직이나 사업에 대해 존속시킬 타당성이 없다고 판명되면 자동적으로 폐지하는 제도이다.
>   17. 지방직 7급

(1) 의의

① 특정한 사업·규제·조직 등이 일정기간 지나면 자동적으로 폐지되도록 하는 법률로, 1976년 콜로라도 주에서 처음으로 채택하였다.
② 이는 기관 및 사업의 수명을 설정하고 주기적 심사를 통해 그 존속과 폐기의 여부를 결정하도록 하는 것이다.
③ 일몰법은 축소를 통하여 전체 효과성의 제고를 달성하고자 하는 감축관리 수단으로 도입되었다.

(2) 영기준예산과의 비교

① 일몰법과 영기준예산은 둘 다 자원의 합리적 배분을 의도하며 감축관리의 실행에 활용된다.
② 두 제도 모두 사업의 능률성과 효과성을 검토하여 사업의 계속 여부를 결정하기 위한 재심사의 성격을 갖는다.

구분	영기준예산	일몰법
성격	행정과정(→ 예산편성)	입법과정(→ 예산심의와 행정감독)
대상	일선관리자의 관리도구	최고관리자와 입법부의 관리도구
안목	단기적	장기적·주기적(→ 3~7년)
흐름	상향적	하향적

- 일몰법과 영기준예산은 둘 다 감축관리의 실행에 활용된다. 10. 서울시 7급
- 일몰법은 정책과 관련된 입법적 과정이며, 영기준예산은 행정부 예산제도로 행정적 과정과 관련이 크다. 09. 서울시 7급
- 영기준예산은 매년 실시되므로 단기적인 성격을 띠지만, 일몰법은 검토의 주기가 3~7년이므로 장기적인 성격을 띤다. 06. 국가직 7급

바로 확인문제

1. 다음 특징에 해당하는 예산관리제도는? 17. 지방직 7급

- 사업 시행 후 기존 사업과 지출에 대해 입법기관이 재검토한다.
- 정부의 불필요한 행위나 활동을 폐지하고 효율적인 정부를 추구하려는 노력이다.
- 특정 조직이나 사업에 대해 존속시킬 타당성이 없다고 판명되면 자동적으로 폐지하는 제도이다.
- 매 회계연도마다 반복되는 예산과정에서 비교적 독립적으로 진행할 수 있다.

① 영기준예산제 ② 일몰제
③ 계획예산제 ④ 성과주의예산제

정답해설 특정 조직이나 사업에 대해 존속시킬 타당성이 없다고 판명되면 자동적으로 폐지하는 제도는 일몰법이다.

오답해설 ④ 성과주의예산제도는 정부의 기능과 사업 및 활동에 따라 예산을 편성하는 제도로, '무엇을 구매하는가?'보다는 '왜 구매하는가?'에 초점을 둔다.

답 | ②

2. 일몰법과 영기준예산에 대한 설명으로 부적절한 것은? 10. 서울시 7급

① 둘 다 감축관리의 실행에 활용된다.
② 일몰법은 대개 3~7년의 기간 후에 사업을 종료한다.
③ 영기준예산은 매년 심사하여 결정한다.
④ 둘 다 자원의 합리적 배분을 의도한다.
⑤ 영기준예산은 입법적 과정이다.

정답해설 영기준예산은 행정과정이고 일몰법이 입법과정이다.

답 | ⑤

Theme 04 정치관리형예산(BPM) C

(1) 의의
① 집권적으로 설정된 지출한도액의 범위 내에서 예산을 편성하는 제도로, 행정부 우위의 예산제도에 대한 불만으로 1981년 레이건 대통령이 도입하였다.
② 1980년대 만성적인 미국의 재정적자 문제를 해결하기 등장하였고, 예산총액의 설정에 있어 의회와의 정치적 교섭을 강조하였다.
③ 재정적자를 억제하기 위하여 전통적인 상향적 예산을 지양하였고, 하향적으로 정해진 지출한도의 범위 내에서 가장 효과적인 목표달성 방법을 찾도록 한 제도이다.

(2) 특징
① 대통령과 관리예산처가 예산과정에서 의회와의 교섭을 주도하는 거시적이고 하향적인 제도이다.
② 예산의 삭감을 강조하였고, 성과주의 목표기준을 활용함으로써 점증주의를 탈피하고자 하였다.
③ 회계연도에 얽매이지 않고 정해진 목표기준의 범위 내에서 자율적으로 운영되는 연속적이고 신축적인 예산주기를 강조한다.

구분	영기준예산(ZBB)	정치관리형예산(BPM)
흐름	상향적	하향적
책임	분권적	집권적
초점	정책 및 사업의 우선순위 평가	전체적 목표달성에 역점
공통점	경직성 경비 삭감을 통한 재정적자 축소와 작은 정부의 지향	

Theme 05 성과주의와 신성과주의 비교 B

구분	성과주의예산(PBS)	신성과주의예산(NPB)
성과정보	산출에 초점	결과에 초점
성과책임	정치적·도의적 책임	구체적·보상적 책임
관점	정부(→ 공무원) 관점	고객의 만족감
회계방식	불완전한 발생주의	발생주의
연계범위	예산기법에 국한	인사·조직·정책 등과 연계
예산초점	예산의 형식	예산에 담겨질 성과정보
예산단위	단위사업(→ 활동)	프로그램(→ 사업)

Theme 06 프로그램 예산제도

(1) 의의

① 예산계획·편성·배정·집행·결산·평가·환류의 전 과정을 프로그램(→ 사업) 중심으로 구조화하고 성과평가체제와 연계시켜 성과를 관리하는 예산기법이다.
② 이는 예산을 단위사업으로 운영함에 따른 효율성 저하(→ 칸막이 현상)를 막고, 프로그램 관리자에게 자율성을 부여하되 성과에 따른 책임성을 강조하는 제도이다.
③ 프로그램 예산제도는 중앙정부가 2007년에 도입하였고 지방정부는 2008년부터 공식적으로 도입하여 운영하고 있다.
④ 프로그램 예산제도는 사업단위의 다년도 중심의 예산제도로, 총액과 목표가 하향적으로 내려오는 방식을 취한다.
⑤ 프로그램 예산제도는 예산체계 내에 일반회계, 특별회계, 기금이 모두 표시됨으로써 총체적인 재정배분의 상태와 일반회계, 특별회계, 기금 간 중복의 여부 파악 및 중·장기 시각의 전략적 자원배분을 용이하게 한다.
⑥ 프로그램 예산제도는 자원배분의 투명성을 높일 수 있고, 일반국민이 예산사업을 쉽게 이해할 수 있게 하며, 투입 중심 예산운용의 한계를 극복하고자 하는 측면이 있다.
⑦ 한편, 프로그램(→ 사업)이란 동일한 정책을 수행하는 단위사업(→ 활동)의 묶음으로, 성과관리, 발생주의회계, 중기재정계획, 총액배분자율편성 등에 있어 구심점으로 작용한다.

· 우리나라 중앙정부는 2007년부터 프로그램 예산제도를 도입하였다. 24. 지방직 9급

· 프로그램 예산제도는 일반회계, 특별회계, 기금이 포괄적으로 표시되어 총체적 재정배분 파악이 가능하다. 24. 지방직 9급

(2) 기본구조

① 기능(function), 정책(policy), 사업(program), 단위사업(project), 세부사업(activity)
② 기능별 분류: 분야(16)와 부문(74)
③ 사업(→ 프로그램)별 분류: 프로그램, 단위사업, 세부사업
④ 품목별 분류: 편성비목(27), 통계비목(114)

· 프로그램 예산분류(과목) 체계는 분야-부문-프로그램-단위사업-세부사업 등으로 구성된다. 18. 지방직 7급

장	관	항	세항	세세항	목	세목
분야	부문	프로그램	단위사업	세부사업	편성비목	통계비목
기능별 분류		사업별 분류			품목별 분류	

(3) 역할

① 중기재정운용계획, 총액배분자율편성제도, 성과관리, 발생주의회계 등과 연계되어 편성된다.
② 제도적 허브로 자율 중심점, 책임 중심점, 성과 중심점, 정보 중심점으로 작용한다.
③ 또한 예산편성과 심의, 이용단위, 성과평가 및 결산의 보고단위이기도 하다.

Theme 07 품목별 예산과 프로그램 예산의 비교

품목별 예산					프로그램 예산				
구분	합계	사업 A	사업 B	사업 C	구분	합계	인건비	물건비	자재비
인건비					사업 A				
물건비					사업 B				
자재비					사업 C				

바로 확인문제

1. 프로그램 예산제도에 대한 설명으로 옳지 <u>않은</u> 것은? 　　　24. 지방직 9급

① 우리나라 중앙정부는 2007년부터 프로그램 예산제도를 도입하였다.
② 예산 전 과정을 프로그램 중심으로 구조화하고 성과평가체계와 연계시킨다.
③ 세부 업무와 단가를 통해 예산 금액을 산정하는 상향식(bottom up) 방식을 사용한다.
④ 일반회계, 특별회계, 기금이 포괄적으로 표시되어 총체적 재정배분 파악이 가능하다.

> **정답해설** 세부 업무와 단가를 통해 예산 금액을 산정하는 상향식(bottom up) 방식은 1950년대 성과주의예산과 관련된다. 프로그램 예산제도는 사업 중심으로 편성하되 그 흐름은 하향적이다.
>
> **오답해설** ① 중앙정부의 경우 2007년부터 도입하였고, 지방자치단체의 경우 2008년부터 도입하였다.
> ② 프로그램 예산제도는 예산계획·편성·배정·집행·결산·평가·환류의 전 과정을 프로그램(사업) 중심으로 구조화하고 성과평가체제와 연계시켜 성과를 관리하는 예산기법이다.
> ④ 프로그램 예산제도는 예산체계 내에 일반회계, 특별회계, 기금이 모두 표시됨으로써 총체적인 재정배분의 상태와 일반회계, 특별회계, 기금 간 중복의 여부 파악 및 중·장기 시각의 전략적 자원배분을 용이하게 한다.
>
> 답 | ③

2. 프로그램 예산제도에 대한 설명으로 옳지 <u>않은</u> 것은? 　　　16. 국가직 7급

① 동일한 정책목표를 가진 단위사업들을 하나의 프로그램으로 묶어 예산 및 성과관리의 기본 단위로 삼는다.
② 우리나라에서는 지방자치단체가 2004년부터, 중앙정부는 2008년부터 공식적으로 채택하였다.
③ 자원배분의 투명성을 높일 수 있고, 일반 국민이 예산 사업을 쉽게 이해할 수 있게 한다.
④ 우리나라가 도입한 배경에는 투입 중심 예산운용의 한계를 극복하고자 하는 측면이 있었다.

정답해설 프로그램 예산제도는 중앙정부가 2007년에 도입하였고 지방정부는 2008년부터 공식적으로 도입하였다.

오답해설 ① 프로그램(사업)이란 동일한 정책을 수행하는 단위사업(활동)의 묶음으로, 성과관리, 발생주의회계, 중기재정계획, 총액배분자율편성 등에 있어 구심점으로 작용한다.
③ 프로그램 예산제도는 사업의 전 생애주기를 관리함으로써 예산과정의 투명성과 효율성을 제고할 수 있다.
④ 프로그램 예산제도의 도입으로 그 동안 품목 중심의 투입 관리와 통제 중심의 재정운영에서 프로그램 중심의 성과, 자율, 책임 중심의 재정운영으로 바뀌게 되었다.

답 | ②

Theme 08 산출예산(↔ 투입예산) C

① 재화와 서비스의 산출과 효과에 초점을 두고 예산을 편성하는 제도로, 예산을 산출물에 대한 수입으로 보고, 산출물의 생산비용으로 산정된 구매계약서를 통해 예산을 편성한다.
② 산출예산은 산출물에 대한 정확한 평가를 바탕으로 이루어지므로 발생주의회계 등이 선행되어야 한다.
③ 뉴질랜드의 경우 장관은 5년 계약의 사무차관과 성과협약 및 구매계약서를 체결하고 그에 따라 예산을 배정하며, 성과평가를 통해 재계약 여부를 결정한다.

Theme 09 운영예산 C

① 총괄경상비제도로, 호주에서 1987년부터 채택하였다.
② 예산을 크게 사업경비와 운영경비로 구분한 후 경상경비에 해당하는 행정경비를 운영경비로 통합하여, 운영경비의 상한선 내에서 자율적으로 사용할 수 있게 하는 제도이다.
③ 동시에 효율성 배당제도를 적용하여, 의무적으로 예산을 절약하게 하고 절약된 금액을 신축적으로 활용할 수 있게 하고 있다.

Theme 10 재정의 패러다임 B

전통적 패러다임	새로운 패러다임
① 투입 중심 ② 유량(flow) 중심(→ 단기적 시각) ③ 아날로그 방식(→ 단편적) ④ 공급자 중심	① 성과 중심 ② 유량(flow) + 저량(stock)(→ 장기적 시각) ③ 디지털 방식(→ 복합적) ④ 납세자 중심

Theme 11 재정사업의 성과관리 　B

① 기획재정부장관은 재정사업의 성과관리를 효율적으로 실시하기 위하여 5년마다 재정사업 성과관리 기본계획을 수립하여야 한다.
② 각 중앙관서의 장 및 기금관리주체는 재정사업 성과목표관리를 위하여 매년 예산 및 기금에 관한 성과목표·성과지표가 포함된 성과계획서 및 성과보고서(「국가회계법」에 따른 성과보고서)를 작성하여야 한다.
③ 각 중앙관서의 장은 예산요구서를 제출할 때 다음 연도 예산의 성과계획서 및 전년도 예산의 성과보고서를 함께 제출하여야 한다.
④ 기획재정부장관은 각 중앙관서의 장과 기금관리주체에게 기획재정부장관이 정하는 바에 따라 주요 재정사업을 스스로 평가(→ 재정사업자율평가)하도록 요구할 수 있으며, 다음의 어느 하나에 해당하는 사업에 대해서는 심층평가를 실시할 수 있다.
　㉠ 재정사업자율평가 결과 추가적인 평가가 필요하다고 판단되는 사업
　㉡ 부처 간 유사·중복 사업이나 비효율적인 사업추진으로 예산낭비의 소지가 있는 사업
　㉢ 향후 지속적 재정지출 급증이 예상되어 객관적 검증을 통해 지출효율화가 필요한 사업
　㉣ 그 밖에 심층적인 분석·평가를 통해 사업추진 성과를 점검할 필요가 있는 사업

바로 확인문제

1. 우리나라의 재정사업 성과관리에 대한 설명으로 옳지 않은 것은? 　23. 국가직 9급
① 재정사업 성과관리의 내용은 성과목표관리와 성과평가로 구성된다.
② 재정사업 성과평가 결과는 지출구조 조정 등의 방법으로 재정운용에 반영될 수 있다.
③ 재정사업심층평가 결과 기획재정부장관이 필요하다고 판단하면 재정사업자율평가를 실시할 수 있다.
④ 재정사업자율평가는 미국 관리예산처(OMB)의 PART(Program Assessment Rating Tool)를 우리나라 실정에 맞게 도입한 제도이다.

> **정답해설** 재정사업사업자율평가 결과 기획재정부장관이 필요하다고 판단하면 재정사업심층평가를 실시할 수 있다.
>
> **오답해설** ① 우리나라의 재정사업 성과관리는 재정성과목표관리제도(2003), 재정사업자율평가제도(2005), 재정사업심층평가제도(2006)의 세 가지 형태로 운영되고 있다.
> ② 기획재정부장관은 재정사업의 성과평가 결과를 재정운용에 반영할 수 있고, 중앙관서의 장은 재정사업 성과관리의 결과를 조직·예산·인사 및 보수체계에 연계·반영할 수 있다.
> ④ 2005년에 도입된 재정사업자율평가제도는 미국의 PART 제도를 원용한 것으로, 매년 사업을 수행하는 부처가 소관 재정사업을 자율적으로 평가하고, 평가결과를 재정운용에 활용하는 제도이다.
>
> 답 | ③

2. 우리나라 재정사업 성과관리제도에 대한 설명으로 옳지 않은 것은? 16. 국가직 7급

① 재정사업성과관리제도는 재정성과목표관리제도, 재정사업자율평가제도, 재정사업 심층평가제도의 세 가지 형태로 운영되고 있다.
② 재정성과목표관리제도는 기관별 성과계획서 및 성과보고서를 통해 설정된 성과목표의 달성 여부를 모니터링한다.
③ 재정사업자율평가제도는 사업부처가 자체적으로 정한 평가지표에 근거하여 일반회계와 특별회계만을 대상으로 매년 실시한다.
④ 부처 간 유사·중복 사업 또는 비효율적인 사업 추진으로 예산낭비의 소지가 있는 사업에 대해서는 재정사업심층평가를 실시할 수 있다.

정답해설 재정사업자율평가제도는 원칙적으로 예산과 기금이 투입되는 모든 재정사업을 대상으로 한다. 우리나라는 2005년부터 미국의 PART 방식의 재정사업자율평가제도를 도입하여 재정사업의 성과를 점검하고, 그 결과를 활용하고 있다.

오답해설 ① 재정사업 성과관리제도는 모든 재정사업을 대상으로 성과목표와 지표를 설정·관리하는 '성과목표관리제도', 각 부처가 소관 사업을 스스로 평가하는 '재정사업 자율평가제도', 기획재정부가 특정 사업이나 분야를 심층적으로 분석하는 '재정사업 심층평가제도'의 3가지 축으로 운영되었다.
② 재정성과목표관리제도는 기관의 임무목표와 연계하여 프로그램목표와 이를 측정할 수 있는 성과지표를 설정하고, 성과지표의 목표치 달성 여부를 평가하여, 그 평가결과를 재정운용에 활용하는 제도이다.
④ 재정사업 심층평가는 개별 부처의 자율평가만으로는 한계가 있는 문제들을 다루기 위해 도입되었다.

답 | ③

Theme 12 디지털예산회계시스템 → d-Brain System   C

① 재정범위의 재설정(→ 통합예산)
② 프로그램 예산제도의 도입(→ 성과파악의 필요성)
③ 발생주의·복식부기 회계제도의 도입과 정착
④ IT 기술을 바탕으로 통합재정정보시스템 구축

- 우리나라는 2007년 디지털예산회계시스템(d-Brain System)이 구축되어 예산의 편성·집행·결산 등 정부의 재정활동 과정에서 생성된 정보를 종합관리하고 있다.

23. 해경간부

바로 확인문제

1. d-Brain System에 대한 설명으로 옳지 않은 것은? 17. 국가직 7급

① UN 공공행정상을 수상하는 등 국제적으로 호평을 받고 있다.
② d-Brain 구축이 완료됨에 따라 총액배분자율편성 예산제도의 도입이 가능해졌다.
③ 예산편성, 집행, 결산, 사업관리 등 재정업무 전반을 종합적으로 연계 처리하도록 하는 통합재정정보시스템이다.
④ 노무현 정부 당시 재정개혁의 일환으로 구축이 추진되었다.

정답해설 디지털예산회계시스템(d-Brain System)은 노무현 정부에서 2007년에 구축되었고 발생주의 복식부기와 관련된 시스템이다. 반면, 총액배분자율편성제도는 2004년에 도입된 제도로 중기재정계획과 관련이 깊다.

오답해설 ① 디지털예산회계시스템(d-Brain System)은 2013년 UN 공공행정상(UN Public Service Award) 대상에 선정되었다.
③ 디지털예산회계시스템(d-Brain System) 예산의 편성·집행·결산·성과관리 등 정부의 재정활동 과정에서 생성된 정보를 종합적으로 관리하는 통합재정정보시스템이다.
④ 디지털예산회계시스템(d-Brain System) 구축은 노무현 정부에서 추진된 '4대 재정개혁'(총액배분자율편성 예산제도 도입, 국가재정운용계획 수립, 성과관리제도 도입, 디지털예산회계시스템 구축) 중 하나였다.

답 | ②

Theme 13 예산성과금 B

(1) 의의

① 예산의 집행방법 또는 제도의 개선 등으로 인하여 수입이 증대되거나 지출이 절약된 때에 이에 기여한 자에게 지급하는 보상을 말한다.
② 성과금을 지급하고자 하는 때에는 반드시 예산성과금심사위원회의 심사를 거쳐야 하며, 절약된 예산은 다른 사업에 사용하는 것도 가능하다.

(2) 기여자 범위

① 지출절약 또는 수입증대가 발생한 중앙관서 소속 공무원 및 다른 중앙관서 소속 공무원
②「행정권한의 위임 및 위탁에 관한 규정」이나 그 밖의 다른 법령에 따라 중앙관서의 사무를 위임·위탁받아 수행하는 기관의 임직원
③「행정절차법」및「국민 제안 규정」에 따라 채택된 국민제안을 한 자
④ 중앙관서의 장에게 예산낭비에 대한 신고를 하거나 예산낭비 방지와 관련한 제안을 한 자
⑤ 조직 구성원이 집단적으로 노력하여 지출절약이나 수입증대를 한 경우에는 그 조직의 최소 단위 조직

• 각 중앙관서의 장은 예산의 집행방법 또는 제도의 개선 등으로 인하여 수입이 증대되거나 지출이 절약된 때에는 이에 기여한 자에게 성과금을 지급할 수 있다. 14. 서울시 9급

• 예산성과금을 지급하고자 하는 경우에는 예산성과금심사위원회의 심사를 거쳐야 한다. 22. 경찰승진

• 예산낭비를 신고하거나 예산낭비 방지방안을 제안한 일반국민도 성과금을 받을 수 있다. 14. 서울시 9급

바로 확인문제

1. 공무원 또는 민간인의 특별한 노력으로 수입이 증대되거나 지출이 절약될 때, 해당 공무원 또는 민간인에게 증대되거나 지출이 절약된 예산의 일부를 지급하는 제도를 무엇이라고 하는가?　　05. 국가직 9급

① 성과상여금제도　　② 제안제도
③ 성과주의예산제도　　④ 예산성과금제도

정답해설 공무원 또는 민간인의 특별한 노력으로 수입이 증대되거나 지출이 절약될 때 지급되는 것은 예산성과금이다.

오답해설 ① 성과상여금제도는 전년도 실적을 바탕으로 예산의 범위 안에서 지급하는 성과급의 일종으로, 6급 이하 공무원에게 근무성적평가와 다면평가의 결과를 반영하여 지급한다.
② 제안제도는 조직의 운영이나 업무에 대한 창의적인 의견을 공모하여 채택된 제안을 보상하는 제도이다.
③ 성과주의예산제도는 정부의 기능과 사업 및 활동에 따라 예산을 편성하는 제도로, 정부의 예산(투입)을 산출로 연결시키는 것이 목적이며, 절약과 능률성에 초점을 둔 관리지향적인 예산제도이다.

답 | ④

2. 예산집행에 관한 설명 중 옳지 <u>않은</u> 것은?　　06. 국가직 7급

① 입법부가 세운 재정한계를 엄수하면서 사업 진행의 신축성을 유지한다는 두 가지 목표를 추구하는 과정이다.
② 예산배정과 재배정은 지출영역과 시기를 통제하는 제도이다.
③ 정원통제는 지출통제의 일종이라고 볼 수 있다.
④ 지출이 절약된 경우 그 일부를 다른 사업에 사용할 수는 없으나 성과금으로 지급할 수 있다.

정답해설 지출이 절약된 경우 성과금으로도 지급될 수 있고 다른 사업에도 사용할 수 있다.

오답해설 ① 예산집행은 통제라는 민주성과 신축성이라는 전문성 및 능률성의 조화를 추구하는 과정이다.
② 예산이 배정되면 사용기간과 지출영역이 통제되므로, 예산의 배정과 재배정은 예산의 집행을 통제하는 장치이다.
③ 정원과 보수의 통제 역시 지출통제의 수단이다.

답 | ④

PART VI

행정환류론

에듀윌 공무원 행정학

기선 제압

Theme 01 우리나라의 정부개혁　B

(1) 김대중 정부와 노무현 정부

김대중 정부(1998.2~2003.2)	노무현 정부(2003.2~2008.2)
① 조례제정 등 청구, 주민감사청구 ② 책임운영기관 ③ 중앙인사위원회(→ 대통령 소속), 국가홍보처 ④ 개방형 직위 ⑤ 성과급(→ 연봉제) ⑥ 행정서비스헌장	① 주민투표(2004), 주민소송(2006), 주민소환(2007) ② 직무성과계약제, 고위공무원단 ③ 총액인건비제도 ④ 국가재정운용계획, 사전재원배분제도 ⑤ 프로그램예산 ⑥ 성과관리, 발생주의 복식부기(→ d-Brain)

- 김대중 정부는 대통령 소속의 중앙인사위원회를 설치해 대통령의 인사권 행사를 강화했다. 15. 국회직 8급

(2) 이명박 정부와 박근혜 정부

이명박 정부(2008.2~2013.2)	박근혜 정부(2013.2~2017.3)
① 복수차관제의 확대 ② 방송통신위원회(→ 대통령 소속) 신설 ③ 중앙인사위원회의 안전행정부로 흡수·통합 ④ 국민권익위원회(→ 국무총리 소속) 설치	① 미래창조과학부 신설 ② 식품의약품안전처 신설 ③ 국민안전처 신설 ④ 인사혁신처 신설

- 이명박 정부는 정보통신정책과 국가정보화를 전담하여 추진하던 정보통신부를 폐지하고 방송통신융합을 주도할 방송통신위원회를 설치했다. 15. 국회직 8급

(3) 문재인 정부의 행정개혁(2017.5 ~ 2022.5)

① 국민안전처의 폐지(→ 행정안전부로 사무 이관)
② 중소벤처기업부의 신설
③ 소방청(→ 행정안전부), 해양경찰청(→ 해양수산부)의 부활
④ 국가보훈처의 장관급 격상
⑤ 미래창조과학부의 명칭을 과학기술정보통신부로 변경
⑥ 물관리의 일원화(2018)(→ 수자원의 관할권을 환경부로 일원화)

바로 확인문제

1. 우리나라 정부조직 개편에 관한 설명으로 가장 적절하지 <u>않은</u> 것은? 24. 경찰승진

① 노무현 정부는 소방방재청을 신설하고, 국가보훈처를 장관급 기구로 격상하였다.
② 이명박 정부는 중앙인사위원회를 신설하고, 재정경제부와 기획예산처를 통합하여 기획재정부를 출범하였다.
③ 문재인 정부는 대통령 경호실을 대통령 경호처로 변경하고, 대통령 경호처의 처장 직급을 장관급에서 차관급으로 조정하였다.
④ 윤석열 정부는 국가보훈처를 국가보훈부로 개편하고 대통령 소속으로 디지털플랫폼정부위원회를 발족시켰다.

정답해설 중앙인사위원회는 김대중 정부에서 설치되었다.

답 | ②

Theme 02 외국의 행정개혁

(1) 지향점
① 최근의 행정개혁은 성과 중심으로의 전환, 권한위임과 융통성 부여, 중앙정부의 전략기능의 확대, 고객지향성 강화, 정책평가의 중요성 강조 등으로 요약될 수 있다.
② 이는 영국을 중심으로 발전된 소위 신우파의 사고에 기초한 개혁모형이라고 할 수 있다.
③ 영국은 복지국가의 위기 속에서 행태나 문화변수, 관리기법의 변화 등에 초점을 맞추는 능률성 진단, Next Step, 책임집행기관의 창설 등의 방법을 추진하였다.
④ 미국은 클린턴 정부시절 신공공관리론에 입각한 혁신을 단행하여 고객지향적 행정, red-tape 제거 등과 같은 기업가형 정부로의 변화를 추진하였다.

(2) 주요 개혁

영국	미국
① 능률성 정밀진단(1979), 재무관리개혁(1982)	① 태프트위원회(1910), 브라운로우위원회(1937)
② Next Steps(1988)(→ 책임운영기관)	② 해치법(1939), 후버위원회(1947)
③ 시민헌장(1991), 시장성 검증(1991)	③ 공무원제도개혁법(1978)(→ 고위공무원단)
④ 더 나은 정부(1996)	④ 국가성과평가팀(NPR)(1992)(→ 기업가 정부)
	⑤ GPRA(→ 클린턴), PART(→ 부시)

바로 확인문제

1. 1980년대 이후 미국, 영국, 일본 등 주요 국가의 정부개혁에 관한 설명으로 옳지 <u>않은</u> 것은?
21. 군무원 7급

① 미국에서는 이보다 앞서 1970년대 후반 조세에 대한 저항운동이 일어났다.
② 영국에서는 종전의 Executive Agency를 폐지하고 중앙행정기관의 통합성을 지향했다.
③ 일본에서는 정부개혁의 일환으로 독립행정법인을 창설했다.
④ 정책집행의 자율성을 제고하고 그 결과에 대한 평가를 강화했다.

정답해설 영국은 1988년 결정기능과 집행기능을 분리한 후 집행기능을 전담하는 책임운영기관을 도입하였다.
답 | ②

- 미국에서는 클린턴 정부가 공무원 중심인 국정성과평가팀(NPR)을 구성하고 1993년 고객주의, 분권화, 성과주의, 감축관리 등을 내용으로 하는 정부혁신백서인 Gore 보고서를 제출하였다. 23. 해경간부
- 영국에서는 품질의 표준화를 통한 고객서비스의 품질 향상을 목표로 한 시민헌장제도가 1996년 서비스 제일주의로 개편되었다. 23. 해경간부

PART

VII

지방행정론

에 듀 윌 공 무 원 행 정 학

CHAPTER 01	지방행정의 기초
CHAPTER 02	정부 간 관계
CHAPTER 03	지방자치
CHAPTER 04	지방재정

CHAPTER 01 지방행정의 기초

> 기선 제압

• 지방자치와 민주주의의 관련성을 긍정하는 브라이스(J. Bryce)에 따르면 지방자치는 민주주의의 학교이자 훈련장으로 기능한다.

24. 경찰승진

Theme 01 　지방자치와 민주주의　　　　C

(1) 관계 긍정설

① 지방자치의 발전을 민주주의 발전의 전제조건으로 보는 입장으로, 고유권설에 입각한 영미계 주민자치에 근거를 두고 있다.
② 팬터-브릭(Panter-Brick), 브라이스(J. Bryce), 토크빌(A. Tocquevill), 라스키(H. Laski) 등이 대표적인 학자이다.
③ 브라이스(J. Bryce): 지방자치는 국가권력의 제한원리이며, 민주주의의 학교 및 훈련장이다.
④ 토크빌(A. Tocquevill): 지방자치와 자유의 관계는 초등학교와 학문의 관계와 같다.

(2) 관계 부정설

① 지방분권의 발달과 민주주의는 유럽대륙의 역사적 우연에 불과하다고 보며, 전래권설에 입각한 대륙계 단체자치에 근거를 두고 있다.
② 랑그로드(G. Langrod), 켈젠(K. Kelsen), 벤손(G. Benson), 믈랭(L. Moulin) 등이 대표적인 학자이다.
③ 이론적 근거로 낮은 참여 수준, 소수의 전제 및 다수의 횡포, 지역이기주의 및 배타주의 학습 등을 제시하고 있다.
④ (역)사적 변모설: 중앙정부가 이미 민주화되었으므로 지방자치와 민주주의의 상관성은 소멸되었다고 보는 입장이다.

Theme 02 　우리나라의 지방분권의 추진현황　　　　B

① **지방자치의 부활:** 지방의회 선거(→ 1991년 노태우 정부), 단체장 선거(→ 1995년 김영삼 정부)
② **김대중 정부:** 지방이양추진위원회(1999)
③ **노무현 정부:** 정부혁신지방분권위원회(2004)
④ **이명박 정부:** 지방분권촉진위원회(2008)
⑤ **박근혜 정부:** 지방자치발전위원회(2013)
⑥ **문재인 정부:** 자치분권위원회(2018)
⑦ **윤석열 정부:** 지방시대위원회(2023)

Theme 03 「지방자치분권 및 지역균형발전에 관한 특별법」의 주요 내용   B

① 국가는 지방자치분권 및 지역균형발전 정책을 추진하면서 필요한 경우에는 지방자치단체의 실정에 맞게 시범적으로 실시할 수 있다.
② 지방시대위원회는 지방자치분권 및 지역균형발전을 효과적으로 추진하기 위하여 관계 중앙행정기관의 장과 협의하고 지방자치단체의 의견을 수렴한 후 5년을 단위로 하는 지방시대 종합계획을 수립한다.
③ 시·도지사는 해당 시·도의 지방자치분권 및 지역균형발전의 추진을 위하여 관계 중앙행정기관의 장과 협의하고 관할 시장·군수·구청장의 의견을 수렴하여 시·도 지방시대위원회의 심의·의결을 거쳐 5년을 단위로 하는 시·도 지방시대 계획을 수립한다.
④ 수도권이 아닌 지역의 시·도지사는 관할 행정구역의 일부를 기회발전특구로 지정받으려는 경우 산업통상자원부장관에게 기회발전특구의 지정을 신청하여야 한다. 다만, 수도권 내 인구감소지역 또는 「접경지역 지원 특별법」에 따른 접경지역으로서 지방시대위원회가 정하는 지역의 시·도지사는 기회발전특구의 지정을 신청할 수 있다.
⑤ 혁신도시는 수도권이 아닌 지역의 광역시, 도, 특별자치도별로 지정한다.
⑥ 국가는 「지방자치법」에 따른 사무배분의 기본원칙에 따라 그 권한 및 사무를 적극적으로 지방자치단체에 이양하여야 하며, 그 과정에서 국가사무 또는 시·도의 사무로서 시·도 또는 시·군·구의 장에게 위임된 사무는 원칙적으로 폐지하고 자치사무와 국가사무로 이분화하여야 한다.
⑦ 국가는 교육자치와 지방자치의 통합을 위하여 노력하여야 한다.
⑧ 국가는 지방행정과 치안행정의 연계성을 확보하고 지역특성에 적합한 치안서비스를 제공하기 위하여 자치경찰제를 실시하여야 한다.
⑨ 국가 및 지방자치단체는 주민참여를 활성화하기 위하여 주민투표제도·주민소환제도·주민소송제도·주민조례발안제도를 보완하는 등 주민직접참여제도를 강화하여야 한다.
⑩ 풀뿌리자치의 활성화와 민주적 참여의식 고양을 위하여 읍·면·동에 해당 행정구역의 주민으로 구성되는 주민자치회를 둘 수 있다.
⑪ 자치회가 설치되는 경우 관계 법령, 조례 또는 규칙으로 정하는 바에 따라 지방자치단체 사무의 일부를 자치회에 위임하거나 위탁할 수 있다.
⑫ 자치회의 위원은 조례로 정하는 바에 따라 지방자치단체의 장이 위촉한다.
⑬ 지방행정체제 개편의 기본방향
    ㉠ 지방자치 및 지방행정계층의 적정화
    ㉡ 주민생활 편익증진을 위한 자치구역의 조정
    ㉢ 지방자치단체의 규모와 자치역량에 부합하는 역할과 기능의 부여
    ㉣ 주거단위의 근린자치 활성화
⑭ 특례시의 부시장은 2명으로 한다. 이 경우 부시장 1명은 일반직, 별정직 또는 임기제 지방공무원으로 보할 수 있다.
⑮ 지방자치분권 및 지역균형발전을 추진하기 위하여 대통령 소속으로 지방시대위원회를 둔다.
⑯ 지방시대위원회의 위원장 및 부위원장은 위촉위원 중에서 대통령이 위촉한다.

> • 「지방자치분권 및 지역균형발전에 관한 특별법」에 의하면 국가는 「지방자치법」에 따른 사무배분의 기본원칙에 따라 그 권한 및 사무를 적극적으로 지방자치단체에 이양하여야 하며, 국가사무 또는 시·도의 사무로서 시·도 또는 시·군·구의 장에게 위임된 사무는 원칙적으로 폐지하고 자치사무와 국가사무로 이분화하여야 한다.   18. 지방직 7급

⑰ 시·도지사는 해당 지방자치단체와 관련된 지방자치분권 및 지역균형발전에 관한 사항을 심의하기 위하여 시·도 지방시대위원회를 설치·운영하여야 한다.
⑱ 시장·군수·구청장은 해당 지방자치단체와 관련된 지방자치분권 및 지역균형발전에 관한 사항의 협의·조정 등을 위하여 시·군·구 지방시대위원회를 설치·운영할 수 있다.
⑲ 지방시대 종합계획 및 지역균형발전시책 지원 관련 사업을 효율적으로 추진하기 위하여 지역균형발전특별회계를 설치한다.
⑳ 지역균형발전특별회계는 기획재정부장관이 관리·운용하고, 회계의 예산은 중앙행정기관의 조직별로 구분할 수 있다.
㉑ 지역균형발전특별회계는 지역자율계정, 지역지원계정, 제주특별자치도계정 및 세종특별자치시계정으로 구분한다.

바로 확인문제

1. 「지방자치분권 및 지역균형발전에 관한 특별법」상 지방자치분권에 대한 내용으로 옳은 것은?

18. 지방직 7급

① 정부업무평가위원회는 지방자치분권 및 지역균형발전을 효과적으로 추진하기 위하여 관계 중앙행정기관의 장과 협의하고 지방자치단체의 의견을 수렴한 후 5년을 단위로 하는 지방시대 종합계획을 수립한다.
② 성장촉진지역이란 남북의 분단 상황 또는 지리적·사회적 요인으로 불리한 환경에 놓이게 되어 일정 기간 동안 관계 중앙행정기관에 의한 행정지원 등 특수한 지원 조치가 필요한 지역을 말한다.
③ 국가는 사무배분의 기본원칙에 따라 그 권한 및 사무를 적극적으로 지방자치단체에 이양하여야 하며, 그 과정에서 국가사무 또는 시·도의 사무로서 시·도 또는 시·군·구의 장에게 위임된 사무는 원칙적으로 폐지하고 자치사무와 국가사무로 이분화하여야 한다.
④ 국가는 자치분권정책을 추진할 때 어떠한 경우에도 지방자치단체 간에 차등을 두어서는 아니 된다.

정답해설 「지방자치분권 및 지역균형발전에 관한 특별법」은 기관위임사무를 원칙적으로 폐지하도록 규정하고 있다.

오답해설 ① 지방시대 종합계획을 수립하는 기관은 지방시대위원회이다.
② 남북의 분단 상황 또는 지리적·사회적 요인으로 불리한 환경에 놓이게 되어 일정 기간 동안 관계 중앙행정기관에 의한 행정지원 등 특수한 지원 조치가 필요한 지역은 특수상황지역이다.
④ 국가는 지방자치분권 및 지역균형발전 정책을 추진하면서 필요한 경우에는 지방자치단체의 실정에 맞게 시범적으로 실시할 수 있다.

답 | ③

2. 주민자치위원회와 주민자치회에 대한 설명으로 가장 옳지 <u>않은</u> 것은?   22. 군무원 9급

① 주민자치위원회의 위원은 시·군·구청장이 위촉하고, 주민자치회의 위원은 읍·면·동장이 위촉한다.
② 주민자치회가 주민자치위원회보다 더 주민대표성이 강하다.
③ 주민자치위원회는 읍·면·동의 자문기구이고, 주민자치회는 주민자치의 협의·실행기구이다.
④ 지방자치단체와의 관계는 주민자치회가 주민자치위원회보다 더 대등한 협력적 관계이다.

정답해설 주민자치위원회의 위원은 읍·면·동장이 위촉하고, 주민자치회의 위원은 시·군·구청장이 위촉한다.

답 | ①

Theme 04 참여정부의 지방분권 추진원칙   C

① **선분권·후보완의 원칙**: 지방정부와 시민사회에 대한 신뢰를 바탕으로 지방분권으로 인하여 문제가 발생할 가능성이 있어도 먼저 분권조치를 취한 후, 문제점이 발생하면 지방정부와 시민사회가 스스로 보완하도록 하는 원칙이다.
② **보충성의 원칙**: 지역 주민의 삶에 가장 가까운 지방자치단체가 우선적으로 사무를 처리하고, 중앙정부는 지방자치단체가 스스로 처리하기 어려운 경우에만 보충적으로 개입해야 한다는 원칙이다.
③ **포괄성의 원칙**: 단위사무 중심의 단편적 사무이양을 지양하고 중·대단위 사무를 일괄 이양하여야 한다는 원칙이다.

Theme 05 우리나라의 광역행정   A

(1) 행정협의회

① 2개 이상의 지방자치단체에 관련된 사무의 일부를 공동으로 처리하기 위하여 관계 지방자치단체 간의 행정협의회를 구성할 수 있다.
② 이 경우 시·도가 구성원이면 행정안전부장관과 관계 중앙행정기관의 장에게, 시·군 또는 자치구가 구성원이면 시·도지사에게 이를 보고하여야 한다.
③ 지방자치단체는 협의회를 구성하려면 관계 지방자치단체 간의 협의에 따라 규약을 정하여 관계 지방의회에 각각 보고한 다음 고시하여야 한다.
④ 행정안전부장관이나 시·도지사는 공익상 필요하면 관계 지방자치단체에 대하여 협의회를 구성하도록 권고할 수 있다.
⑤ 협의회의 회장과 위원은 규약으로 정하는 바에 따라 관계 지방자치단체의 직원 중에서 선임한다.

- 지방자치단체는 2개 이상의 지방자치단체에 관련된 사무의 일부를 공동으로 처리하기 위하여 관계 지방자치단체 간의 행정협의회를 구성할 수 있다.   13. 국가직 7급

- 행정협의회에 의한 광역행정은 지방자치단체 간의 동등한 지위를 기초로 상호협조에 의하여 광역행정 사무를 처리하는 방식이다.   19. 국회직 8급

⑥ 협의회에서 합의가 이루어지지 아니한 사항에 대하여 관계 지방자치단체의 장이 조정을 요청하면 시·도 간의 협의사항에 대해서는 행정안전부장관이, 시·군 및 자치구 간의 협의사항에 대해서는 시·도지사가 조정할 수 있다.
⑦ 다만, 관계되는 시·군 및 자치구가 2개 이상의 시·도에 걸쳐 있는 경우에는 행정안전부장관이 조정할 수 있다.
⑧ 행정안전부장관이나 시·도지사가 조정을 하려면 관계 중앙행정기관의 장과의 협의를 거쳐 분쟁조정위원회의 의결에 따라 조정하지만 대집행 규정은 적용되지 않는다.
⑨ 협의회를 구성한 관계 지방자치단체는 협의회가 결정한 사항이 있으면 그 결정에 따라 사무를 처리하여야 한다.
⑩ 협의회가 관계 지방자치단체나 그 장의 명의로 한 사무의 처리는 관계 지방자치단체나 그 장이 한 것으로 본다.

(2) 지방자치단체조합

① 2개 이상의 지방자치단체가 하나 또는 둘 이상의 사무를 공동으로 처리할 필요가 있을 때에는 규약을 정하여 지방의회의 의결을 거쳐 시·도는 행정안전부장관의 승인, 시·군 및 자치구는 시·도지사의 승인을 받아 지방자치단체조합을 설립할 수 있다.
② 다만, 지방자치단체조합의 구성원인 시·군 및 자치구가 2개 이상의 시·도에 걸쳐 있는 지방자치단체조합은 행정안전부장관의 승인을 받아야 한다.
③ 지방자치단체조합은 법인으로 한다.
④ 시·도가 구성원인 지방자치단체조합은 행정안전부장관, 시·군 및 자치구가 구성원인 지방자치단체조합은 1차로 시·도지사, 2차로 행정안전부장관의 지도·감독을 받는다.
⑤ 다만, 지방자치단체조합의 구성원인 시·군 및 자치구가 2개 이상의 시·도에 걸쳐 있는 지방자치단체조합은 행정안전부장관의 지도·감독을 받는다.
⑥ 행정안전부장관은 공익상 필요하면 지방자치단체조합의 설립이나 해산 또는 규약 변경을 명할 수 있다.
⑦ 지방자치단체조합을 해산한 경우에 그 재산의 처분은 관계 지방자치단체의 협의에 따른다.

• 지방자치단체 조합의 구성원인 시·군 및 자치구가 2개 이상의 시·도에 걸치는 지방자치단체조합은 시·도지사의 지도·감독을 받는다.
19. 국회직 9급

구분	행정협의회	지방자치단체조합
법인격	없음	있음
설치요건	사후 보고	사전 승인
의결기구	없음	조합회의
사무처리	각 자치단체의 처리	독자적 처리

(3) 사무위탁

① 공법상 계약의 일종으로, 자치단체 또는 자치단체의 장이 소관사무의 일부를 다른 자치단체 및 그 장에게 위탁하여 처리할 수 있다.
② 자치단체나 그 장은 사무를 위탁하려면 관계 지방자치단체와의 협의에 따라 규약을 정하여 고시하여야 한다.
③ 사무위탁은 처리비용의 절감, 공동처리에 따른 규모의 경제 등의 장점이 있으나, 위탁처리비용의 산정문제 등으로 인해 광범위하게 이용되지 못하고 있다.

• 사무위탁은 사무처리 비용의 절감, 공동사무처리에 따른 규모의 경제 등의 장점이 있으나, 위탁처리 비용의 산정 문제 등으로 인해 광범위하게 이용되지 못하고 있다.
10. 국가직 9급

(4) 협의체와 연합체

① 자치단체의 장이나 지방의회의 의장은 상호 간의 교류와 협력을 증진하고, 공동문제를 협의하기 위하여 시·도지사, 시·도의회의 의장, 시장·군수·자치구의 구청장, 시·군·자치구의회의 의장 등의 전국적 협의체를 설립할 수 있다.
② ①의 각 전국적 협의체는 그들 모두가 참가하는 지방자치단체 연합체를 설립할 수 있다.
③ 협의체나 연합체를 설립하였을 때에는 그 협의체·연합체의 대표자는 지체 없이 행정안전부장관에게 신고하여야 한다.
④ 협의체나 연합체는 지방자치에 직접적인 영향을 미치는 법령 등에 관한 의견을 행정안전부장관에게 제출할 수 있으며, 행정안전부장관은 제출된 의견을 관계 중앙행정기관의 장에게 통보하여야 한다.
⑤ 협의체나 연합체는 지방자치와 관련된 법률의 제정·개정 또는 폐지가 필요하다고 인정하는 경우에는 국회에 서면으로 의견을 제출할 수 있다.

(5) 특별지방자치단체 → 자치단체연합

① 2개 이상의 지방자치단체가 공동으로 특정한 목적을 위하여 광역적으로 사무를 처리할 필요가 있을 때 설치할 수 있으며, 특별지방자치단체는 법인으로 한다.
② 특별지방자치단체를 구성하는 지방자치단체는 상호 협의에 따른 규약을 정하여 구성 지방자치단체의 지방의회 의결을 거쳐 행정안전부장관의 승인을 받아야 한다.
③ 행정안전부장관은 공익상 필요하다고 인정할 때에는 관계 지방자치단체에 대하여 특별지방자치단체의 설치, 해산 또는 규약 변경을 권고할 수 있다.
④ 특별지방자치단체의 구역은 구성 지방자치단체의 구역을 합한 것으로 한다. 다만, 특별지방자치단체의 사무가 구성 지방자치단체 구역의 일부에만 관계되는 등 특별한 사정이 있을 때에는 해당 지방자치단체 구역의 일부만을 구역으로 할 수 있다.
⑤ 특별지방자치단체의 의회는 규약으로 정하는 바에 따라 구성 지방자치단체의 의회의원으로 구성한다. 즉, 지방의회의원은 특별지방자치단체의 의회의원을 겸할 수 있다.
⑥ 특별지방자치단체의 장은 규약으로 정하는 바에 따라 특별지방자치단체의 의회에서 선출하며, 구성 지방자치단체의 장은 특별지방자치단체의 장을 겸할 수 있다.
⑦ 특별지방자치단체의 직원은 규약으로 정하는 바에 따라 특별지방자치단체 소속인 지방공무원과 구성 지방자치단체의 지방공무원 중에서 파견된 사람으로 구성한다.
⑧ 구성 지방자치단체는 특별지방자치단체의 경비에 대하여 특별회계를 설치하여 운영하여야 한다.
⑨ 특별지방자치단체에 가입하거나 특별지방자치단체에서 탈퇴하려는 지방자치단체의 장은 해당 지방의회 의결을 거쳐 특별지방자치단체의 장에게 가입 또는 탈퇴를 신청하여야 한다.
⑩ 구성 지방자치단체는 특별지방자치단체가 그 설치 목적을 달성하는 등 해산의 사유가 있을 때에는 해당 지방의회의 의결을 거쳐 행정안전부장관의 승인을 받아 특별지방자치단체를 해산하여야 한다.

- 특별지방자치단체를 구성하는 지방자치단체는 상호 협의에 따른 규약을 정하여 구성 지방자치단체의 지방의회 의결을 거쳐 행정안전부장관의 승인을 받아야 한다.
  24. 국회직 8급

- 특별지방자치단체의 사무가 구성 지방자치단체 구역의 일부에만 관계되는 등 특별한 사정이 있을 때에는 해당 지방자치단체 구역의 일부만을 구역으로 할 수 있다.
  24. 국회직 8급

- 특별지방자치단체의 의회는 규약으로 정하는 바에 따라 구성 지방자치단체의 의회의원으로 구성한다.
  22. 국가직 9급

- 특별지방자치단체의 장은 규약으로 정하는 바에 따라 특별지방자치단체의 의회에서 선출한다.
  24. 경찰간부

> 바로 확인문제

1. 「지방자치법」상 지방자치단체조합에 대한 설명으로 옳지 않은 것은? 20. 지방직 7급

① 2개 이상의 지방자치단체가 하나 또는 둘 이상의 사무를 공동으로 처리할 필요가 있을 때에 소정의 절차를 거쳐 설립할 수 있는 법인이다.
② 설립뿐 아니라 규약변경이나 해산의 경우에도 지방의회의 의결을 거쳐야 한다.
③ 해산한 경우에 그 재산의 처분은 행정안전부장관의 승인을 받아야 한다.
④ 구성원인 시·군 및 자치구가 2개 이상의 시·도에 걸치는 지방자치단체조합은 행정안전부장관의 지도·감독을 받는다.

정답해설 지방자치단체조합을 해산한 경우에 그 재산의 처분은 관계 지방자치단체의 협의에 따른다.

오답해설 ① 2개 이상의 지방자치단체가 하나 또는 둘 이상의 사무를 공동으로 처리할 필요가 있을 때에는 규약을 정하여 그 지방의회의 의결을 거쳐 시·도는 행정안전부장관의, 시·군 및 자치구는 시·도지사의 승인을 받아 지방자치단체조합을 설립할 수 있다. 다만, 지방자치단체조합의 구성원인 시·군 및 자치구가 2개 이상의 시·도에 걸치는 지방자치단체조합은 행정안전부장관의 승인을 받아야 한다.
② 지방자치단체조합의 규약을 변경하거나 지방자치단체조합을 해산하려는 경우에도 설립의 과정과 같은 절차를 거쳐야 한다.
④ 시·도가 구성원인 지방자치단체조합은 행정안전부장관의, 시·군 및 자치구가 구성원인 지방자치단체조합은 1차로 시·도지사의, 2차로 행정안전부장관의 지도·감독을 받는다. 다만, 지방자치단체조합의 구성원인 시·군 및 자치구가 2개 이상의 시·도에 걸치는 지방자치단체조합은 행정안전부장관의 지도·감독을 받는다.

답 | ③

2. 특별지방자치단체에 대한 설명으로 옳지 않은 것은? 22. 국가직 9급

① 2개 이상의 지방자치단체가 공동으로 특정한 목적을 위하여 광역적으로 사무를 처리할 필요가 있을 때에는 특별지방자치단체를 설치할 수 있다.
② 보통의 지방자치단체와 같이 법인격을 갖는다.
③ 특별지방자치단체의 의회는 규약으로 정하는 바에 따라 구성 지방자치단체의 의회 의원으로 구성한다.
④ 구성 지방자치단체의 장은 「지방자치법」상 겸임 제한 규정에 의해 특별지방자치단체의 장을 겸할 수 없다.

정답해설 구성 지방자치단체의 장은 「지방자치법」상 겸임 제한 규정에도 불구하고 특별지방자치단체의 장을 겸할 수 있다.

오답해설 ① 2개 이상의 지방자치단체가 공동으로 특정한 목적을 위하여 광역적으로 사무를 처리할 필요가 있을 때에는 특별지방자치단체를 설치할 수 있다. 이 경우 특별지방자치단체를 구성하는 지방자치단체는 상호 협의에 따른 규약을 정하여 구성 지방자치단체의 지방의회 의결을 거쳐 행정안전부장관의 승인을 받아야 한다.
② 「지방자치법」은 '특별지방자치단체는 법인으로 한다.'라고 규정하여, 일반 지방자치단체와 마찬가지로 독립된 법인격을 부여하고 있다.
③ 특별지방자치단체의 의회의 의원은 구성 지방자치단체의 의원으로 구성된다.

답 | ④

Theme 06 지방자치단체 상호 간의 분쟁조정

① 지방자치단체 상호 간 또는 지방자치단체의 장 상호 간에 사무를 처리할 때 의견이 달라 다툼이 생기면 다른 법률에 특별한 규정이 없으면 행정안전부장관이나 시·도지사가 당사자의 신청을 받아 조정할 수 있다.
② 다만, 그 분쟁이 공익을 현저히 해쳐 조속한 조정이 필요하다고 인정되면 당사자의 신청이 없어도 직권으로 조정할 수 있다.
③ 행정안전부장관이나 시·도지사가 분쟁을 조정하려는 경우에는 관계 중앙행정기관의 장과의 협의를 거쳐 중앙분쟁조정위원회나 지방분쟁조정위원회의 의결에 따라 조정을 결정하여야 한다.
④ 행정안전부장관이나 시·도지사는 조정을 결정하면 서면으로 지체 없이 관계 지방자치단체의 장에게 통보하여야 하며, 통보를 받은 지방자치단체의 장은 그 결정 사항을 이행하여야 한다.
⑤ 행정안전부장관이나 시·도지사는 조정 결정 사항이 성실히 이행되지 아니하면 그 지방자치단체에 대하여 직무이행명령 규정을 준용하여 이행하게 할 수 있다.
⑥ 분쟁조정위원회는 위원장을 포함한 위원 7명 이상의 출석으로 개의하고, 출석위원 3분의 2 이상의 찬성으로 의결한다.

• 중앙분쟁조정위원회는 행정안전부에 설치하며 시·도 간 또는 그 장 간의 분쟁을 심의·의결한다.
23. 지방직 7급

바로 확인문제

1. 「지방자치법」상 지방자치단체 상호 간 분쟁 발생 시 조정에 대한 설명으로 옳지 않은 것은?
23. 지방직 7급

① 지방자치단체 상호 간 사무를 처리할 때 의견이 달라 생긴 분쟁이 공익을 현저히 해쳐 조속한 조정이 필요하다고 인정되면 당사자의 신청이 없어도 행정안전부장관이나 시·도지사가 직권으로 조정할 수 있다.
② 행정안전부장관이나 시·도지사는 조정 결정 사항이 성실히 이행되지 아니할 경우 그 지방자치단체에 대하여 직무이행명령을 통해 이행하게 할 수 있다.
③ 지방분쟁조정위원회는 시·도에 설치하며 시·도와 시·군 및 자치구 간 또는 그 장 간의 분쟁을 심의·의결한다.
④ 중앙분쟁조정위원회는 행정안전부에 설치하며 시·도 간 또는 그 장 간의 분쟁을 심의·의결한다.

정답해설 시·도와 시·군 및 자치구 간 또는 그 장 간의 분쟁을 심의·의결하는 것은 중앙분쟁조정위원회이다.

오답해설 ① 지방자치단체 상호 간 분쟁의 조정은 신청이 원칙이지만 예외적으로 직권 조정도 가능하다.
② 「지방자치법」에 따르면, 조정 결정에 따라 사무를 처리해야 할 지방자치단체의 장이 이를 이행하지 않으면, 행정안전부장관이나 시·도지사는 기간을 정하여 서면으로 이행할 것을 명할 수 있다.
④ 「지방자치법」에 따르면, 중앙분쟁조정위원회는 행정안전부에 설치하며, 시·도 상호 간의 분쟁 등을 심의·의결한다.

답 | ③

Theme 07 우리나라의 중앙통제 　B

(1) 행정통제
① 위법·부당한 명령·처분의 시정명령권 및 취소·정지권 → 자치사무 + 단체위임사무
② 자치단체장에 대한 위임사무의 직무이행명령권 → 기관위임사무
③ 자치사무에 대한 감사권 → 행정안전부장관
④ 감사원의 회계검사(→ 필수적 검사)와 직무감찰
⑤ 지방의회 의결에 대한 재의요구지시권, 제소지시 및 직접 제소권

(2) 인사통제
① 행정기구와 정원은 대통령령이 정하는 기준에 따라 조례로 정한다.
② 5급 이상의 국가공무원과 고위공무원단에 속하는 공무원은 대통령이 임명하고, 6급 이하의 국가공무원은 소속 장관이 임명한다.

(3) 재정통제
① 지방자치단체 재정운용업무편람의 시달 및 보급 → 행정안전부장관
② 중기지방재정계획의 수립
③ 광역자치단체장의 예산 및 결산의 보고 → 행정안전부장관
④ 지방채의 통제: 대통령령이 정하는 한도액 범위 내에서 지방의회의 의결을 통해 발행
⑤ 지방재정진단제도: 시·도는 행정안전부장관, 시·군·구는 시·도지사의 진단
⑥ 국고보조금 사용에 대한 감독 → 중앙관서장의 취소 및 반환결정권

사전관리	사후관리
① 재정운용업무편람	① 지방재정분석 및 재정진단제도
② 중기지방재정계획	② 재정위기단체의 지정
③ 지방재정투융자심사	③ 지방교부세의 인센티브 및 감액
④ 국고보조사업 운영지침	④ 발생주의 복식부기
⑤ 지방채 발행의 한도액	⑤ 감사원 감사 및 국회 국정감사
⑥ 성과관리계획	⑥ 국고보조사업의 평가
⑦ 주민참여예산제도	⑦ 주민소송제도

(4) 시정명령 및 취소·정지권
① 지방자치단체의 사무에 관한 지방자치단체의 장의 명령이나 처분이 법령에 위반되거나 현저히 부당하여 공익을 해친다고 인정되면 시·도에 대해서는 주무부장관이, 시·군 및 자치구에 대해서는 시·도지사가 기간을 정하여 서면으로 시정할 것을 명하고, 그 기간에 이행하지 아니하면 이를 취소하거나 정지할 수 있다.
② 주무부장관은 지방자치단체 사무에 관한 시장·군수 및 자치구의 구청장의 명령이나 처분이 법령에 위반되거나 현저히 부당하여 공익을 해침에도 불구하고 시·도지사가 시정명령을 하지 아니하면 시·도지사에게 기간을 정하여 시정명령을 하도록 명할 수 있다.
③ 주무부장관은 시·도지사가 ②에 따른 기간에 시정명령을 하지 아니하면 ②에 따른 기간이 지난 날부터 7일 이내에 직접 시장·군수 및 자치구의 구청장에게 기간을 정하여 서

면으로 시정할 것을 명하고, 그 기간에 이행하지 아니하면 주무부장관이 시장·군수 및 자치구의 구청장의 명령이나 처분을 취소하거나 정지할 수 있다.
④ 주무부장관은 시·도지사가 시장·군수 및 자치구의 구청장에게 ①에 따라 시정명령을 하였으나 이를 이행하지 아니한 데 따른 취소·정지를 하지 아니하는 경우에는 시·도지사에게 기간을 정하여 시장·군수 및 자치구의 구청장의 명령이나 처분을 취소하거나 정지할 것을 명하고, 그 기간에 이행하지 아니하면 주무부장관이 이를 직접 취소하거나 정지할 수 있다.
⑤ 자치사무에 관한 명령이나 처분에 대한 주무부장관 또는 시·도지사의 시정명령, 취소 또는 정지는 법령을 위반한 것에 한정한다.
⑥ 지방자치단체의 장은 자치사무에 관한 명령이나 처분의 취소 또는 정지에 대하여 이의가 있으면 그 취소처분 또는 정지처분을 통보받은 날부터 15일 이내에 대법원에 소를 제기할 수 있다.

바로 확인문제

1. 「지방자치법」상 지방자치단체에 대한 국가의 지도·감독에 대한 설명으로 옳지 <u>않은</u> 것은?
14. 지방직 9급

① 중앙행정기관의 장이나 시·도지사는 지방자치단체의 사무에 관하여 조언 또는 권고하거나 지도할 수 있으며, 이를 위하여 필요하면 지방자치단체에 자료의 제출을 요구할 수 있다.
② 지방자치단체의 자치사무에 관한 그 장의 명령이나 처분이 법령에 위반되거나 현저히 부당하여 공익을 해친다고 인정되면 시·도에 대하여는 주무부장관이, 시·군 및 자치구에 대하여는 시·도지사가 기간을 정하여 서면으로 시정할 것을 명하고, 그 기간에 이행하지 아니하면 이를 취소하거나 정지할 수 있다.
③ 지방자치단체의 장이 법령의 규정에 따라 그 의무에 속하는 국가위임사무나 시·도위임사무의 관리와 집행을 명백히 게을리하고 있다고 인정되면 시·도에 대하여는 주무부장관이, 시·군 및 자치구에 대하여는 시·도지사가 기간을 정하여 서면으로 이행할 사항을 명령할 수 있다.
④ 행정안전부장관이나 시·도지사는 지방자치단체의 자치사무에 관하여 보고를 받거나 서류·장부 또는 회계를 감사할 수 있다.

정답해설 자치사무에 관한 명령이나 처분에 대하여는 법령을 위반하는 것에 한한다.

오답해설 ① 중앙행정기관의 장이나 시·도지사는 지방자치단체의 사무에 관하여 조언 또는 권고하거나 지도할 수 있으며, 이를 위하여 필요하면 지방자치단체에 자료의 제출을 요구할 수 있다.
③ 자치단체의 장이 법령의 규정에 따라 그 의무에 속하는 국가위임사무나 시·도위임사무의 관리와 집행을 명백히 게을리하고 있다고 인정되면 시·도에 대하여는 주무부장관이, 시·군 및 자치구에 대하여는 시·도지사가 기간을 정하여 서면으로 이행할 사항을 명령할 수 있다.
④ 「지방자치법」에 의하면 행정안전부장관이나 시·도지사는 지방자치단체의 자치사무에 관하여 보고를 받거나 서류·장부 또는 회계를 감사할 수 있다. 이 경우 감사는 법령 위반사항에 대해서만 한다.

답 | ②

2. 다음 중 우리나라의 지방정부에 대한 중앙통제로 옳지 않은 것은? <small>09. 서울시 7급</small>

① 감사원은 지방공무원에 대해 직무감찰을 실시할 수 있다.
② 중앙정부는 위법·부당한 명령·처분의 시정명령 및 취소·정지를 할 수 있고, 지방자치단체의 장이 이에 이의가 있을 때에는 행정법원에 소를 제기할 수 있다.
③ 지방자치단체는 법률이 정하는 바에 의하여 국가공무원을 둘 수 있다.
④ 중앙정부는 지방자치단체가 보조금을 다른 용도로 사용한 경우, 보조금을 반환하게 할 수 있다.
⑤ 지방자치단체 또는 그 장이 위임받아 처리하는 국가사무에 관하여는 주무부장관의 지도·감독을 받는다.

정답해설 지방자치단체의 장은 자치사무에 관한 명령이나 처분의 취소 또는 정지에 대하여 이의가 있으면 그 취소처분 또는 정지처분을 통보받은 날부터 15일 이내에 대법원에 소를 제기할 수 있다.

답 | ②

Theme 08 직무이행명령   B

① 지방자치단체의 장이 법령에 따라 그 의무에 속하는 국가위임사무나 시·도위임사무의 관리와 집행을 명백히 게을리하고 있다고 인정되면 시·도에 대해서는 주무부장관이, 시·군 및 자치구에 대해서는 시·도지사가 기간을 정하여 서면으로 이행할 사항을 명령할 수 있다.
② 주무부장관이나 시·도지사는 해당 지방자치단체의 장이 ①의 기간에 이행명령을 이행하지 아니하면 그 지방자치단체의 비용부담으로 대집행 또는 행정상·재정상 필요한 조치(대집행 등)를 할 수 있다. 이 경우 행정대집행에 관하여는 「행정대집행법」을 준용한다.
③ 주무부장관은 시장·군수 및 자치구의 구청장이 법령에 따라 그 의무에 속하는 국가위임사무의 관리와 집행을 명백히 게을리하고 있다고 인정됨에도 불구하고 시·도지사가 ①에 따른 이행명령을 하지 아니하는 경우 시·도지사에게 기간을 정하여 이행명령을 하도록 명할 수 있다.
④ 주무부장관은 시·도지사가 ③에 따른 기간에 이행명령을 하지 아니하면 ③에 따른 기간이 지난 날부터 7일 이내에 직접 시장·군수 및 자치구의 구청장에게 기간을 정하여 이행명령을 하고, 그 기간에 이행하지 아니하면 주무부장관이 직접 대집행 등을 할 수 있다.
⑤ 주무부장관은 시·도지사가 시장·군수 및 자치구의 구청장에게 ①에 따라 이행명령을 하였으나 이를 이행하지 아니한 데 따른 대집행 등을 하지 아니하는 경우에는 시·도지사에게 기간을 정하여 대집행 등을 하도록 명하고, 그 기간에 대집행 등을 하지 아니하면 주무부장관이 직접 대집행 등을 할 수 있다.
⑥ 지방자치단체의 장은 이행명령에 이의가 있으면 이행명령서를 접수한 날부터 15일 이내에 대법원에 소를 제기할 수 있다. 이 경우 지방자치단체의 장은 이행명령의 집행을 정지하게 하는 집행정지결정을 신청할 수 있다.

> 바로 확인문제

1. 지방자치단체장(서울시장)의 직무이행명령에 대한 설명 중 가장 옳지 <u>않은</u> 것은?

18. 서울시 7급(상)

① 서울시장이 국가위임사무의 관리와 집행을 명백히 게을리하고 있다고 인정되면 주무부장관이 기간을 정하여 서면으로 이행할 사항을 명령할 수 있다.
② 주무부장관은 서울시장이 국가위임사무에 대한 이행명령을 이행하지 아니하면 서울시의 비용부담으로 대집행하거나 행정상·재정상 필요한 조치를 할 수 있다.
③ 서울시장은 주무부장관의 이행명령에 이의가 있으면, 이행명령서를 접수한 날부터 20일 이내에 대법원에 소를 제기할 수 있다.
④ 위 ③의 경우 서울시장은 이행명령의 집행을 정지하게 하는 집행정지결정을 신청할 수 있다.

정답해설 지방자치단체의 장은 이행명령에 이의가 있으면 이행명령서를 접수한 날부터 15일 이내에 대법원에 소를 제기할 수 있다.

답 | ③

Theme 09 자치사무에 대한 감사 　B

① 행정안전부장관이나 시·도지사는 지방자치단체의 자치사무에 관하여 보고를 받거나 서류·장부 또는 회계를 감사할 수 있다. 이 경우 감사는 법령 위반사항에 대해서만 한다.
② 행정안전부장관 또는 시·도지사는 감사를 하기 전에 해당 사무의 처리가 법령에 위반되는지 등을 확인하여야 한다.

• 행정안전부장관이나 시·도지사는 지방자치단체의 자치사무에 관하여 보고를 받거나 서류·장부 또는 회계를 감사할 수 있다.　14. 지방직 9급

> **바로 확인문제**

1. 「지방자치법」상 지방자치단체에 대한 국가의 지도·감독의 내용으로 옳지 <u>않은</u> 것은?

13. 국가직 7급

① 중앙행정기관의 장과 지방자치단체의 장이 사무를 처리할 때 의견을 달리하는 경우 이를 협의·조정하기 위하여 국무총리 소속으로 행정협의조정위원회를 둔다.
② 지방자치단체나 그 장이 위임받아 처리하는 국가사무에 관하여 시·도에서는 주무부장관의, 시·군 및 자치구에서는 1차로 시·도지사의, 2차로 주무부장관의 지도·감독을 받는다.
③ 행정안전부장관이나 시·도지사는 지방자치단체의 자치사무가 공익을 현저히 해친다고 판단되면 지방자치단체의 서류·장부 또는 회계를 감사할 수 있다.
④ 지방의회의 의결이 공익을 현저히 해친다고 판단되면 시·도에 대하여는 주무부장관이, 시·군 및 자치구에 대하여는 시·도지사가 재의를 요구하게 할 수 있다.

정답해설 행정안전부장관이나 시·도지사는 지방자치단체의 자치사무에 관하여 보고를 받거나 서류·장부 또는 회계를 감사할 수 있다. 이 경우 감사는 법령 위반사항에 대하여만 실시한다. 즉, 공익을 현저히 해친다는 것으로 자치사무를 감사할 수 없다. 또한 행정안전부장관 또는 시·도지사는 감사를 실시하기 전에 해당 사무의 처리가 법령에 위반되는지 여부 등을 확인하여야 한다.

오답해설 ① 중앙과 지방 간의 분쟁은 국무총리 소속의 행정협의조정위원회에서 담당한다.
② 위임사무는 소관부서가 존재하므로 주무부장관의 지도와 감독을 받는다.
④ 지방의회의 의결이 법령에 위반되거나 공익을 현저히 해친다고 판단되면 시·도에 대하여는 주무부장관이, 시·군 및 자치구에 대하여는 시·도지사가 재의를 요구하게 할 수 있다. 즉, 상급기관의 재의요구지시권은 존재한다. 그러나 재의요구는 반드시 단체장이 행한다.

답 | ③

Theme 10 재정분석 및 재정진단제도 B

① 재정보고서: 예산, 결산, 통합부채, 우발부채 등에 관한 재정보고서 → 행정안전부장관에게 제출
② 재정분석 및 재정진단
  ㉠ 재정분석: 재정보고서의 내용을 행정안전부장관이 분석
  ㉡ 재정진단
    ⓐ 재정분석 결과 재정의 건전성과 효율성 등이 현저히 떨어지는 지방자치단체
    ⓑ 점검 결과 재정위험 수준이 대통령령으로 정하는 기준을 초과하는 지방자치단체
③ 재정위기단체와 재정주의단체의 지정 → 행정안전부장관이 지정
  ㉠ 재정위기단체: 재정위험 수준이 심각하다고 판단되는 지방자치단체
  ㉡ 재정주의단체: 재정위험 수준이 심각한 수준에 해당되지 아니하나 재정건전성 또는 효율성 등이 현저하게 떨어졌다고 판단되는 지방자치단체

④ 재정위기단체의 의무
  ㉠ **재정건전화계획**: 행정안전부장관의 승인 및 지방의회 의결, 매년 2회 이상 주민에게 공개
  ㉡ **지방채 발행의 제한**: 행정안전부장관의 승인과 지방의회의 의결
⑤ 긴급재정관리단체
  ㉠ 지정: 지방자치단체의 장과 지방의회의 의견 + 행정안전부장관이 지정
    ⓐ 재정위기단체가 재정건전화계획을 3년간 이행하였음에도 지정된 때보다 악화된 경우
    ⓑ 소속 공무원의 인건비를 30일 이상 지급하지 못한 경우
    ⓒ 상환일이 도래한 채무의 원금 또는 이자에 대한 상환을 60일 이상 이행하지 못한 경우
  ㉡ 신청: 지방자치단체의 장이 지방의회의 의견을 들은 후 행정안전부장관에게 신청
  ㉢ 긴급재정관리인: 행정안전부장관이 긴급재정관리인을 선임 파견

Theme 11 중앙지방협력회의의 설치 C

① 국가와 지방자치단체 간의 협력을 도모하고 지방자치 발전과 지역 간 균형발전에 관련되는 중요 정책을 심의하기 위하여 중앙지방협력회의를 둔다.
② 구성: 대통령, 국무총리, 기획재정부장관, 교육부장관, 행정안전부장관, 국무조정실장, 법제처장, 시·도지사, 전국적 협의체의 대표자 등
③ 의장: 대통령
④ 부의장: 국무총리와 시·도지사 협의체의 대표자

정부 간 관계

Theme 01 레짐의 유형

(1) 스토커(G. Stoker)**와 모스버거**(K. Mossberger)

① 도구적 레짐: 프로젝트의 실현 지향성, 가시적 성과, 정치적 파트너십 등이 특징이다. 단기적 목표에 의해 구성되는 실용적 레짐으로, 올림픽과 같은 이벤트를 유치하기 위해 구성된다.
② 유기적 레짐: 굳건한 사회결속과 높은 수준의 합의를 특징으로 하는 레짐이다. 현상유지와 정치교섭에 초점을 두며, 외부에 적대적인 소규모 도시들이 많다.
③ 상징적 레짐: 도시발전의 변화를 추구하는 레짐으로, 기존 이미지의 재조정과 같은 과도기 역할을 수행한다.

(2) 스톤(C. Stone)

① 현상유지레짐: 친밀성이 높은 소규모 지역사회에서 나타나는 레짐이다. 기존 정책 외에 새로운 정책을 추구하지 않는 유형으로, 구성원 간 갈등이 적으며 생존능력이 강하다.
② 개발레짐: 적극적인 도시개발을 추진하는 레짐으로, 구성원 간 갈등이 심하나 생존능력은 비교적 강하다. 기업집단의 참여로 자원의 확보가 용이하다는 점에서 가장 주도적 형태이다.
③ 진보레짐: 개발에 따른 폐해를 줄이기 위해 중산층 중심으로 환경보호, 쾌적한 주택환경 조성 등의 정책을 추진하는 레짐으로, 생존능력은 보통 수준이다.
④ 하층기회확장레짐: 저소득층의 보호와 이익확대를 위한 정책을 추진하는 레짐으로, 대중의 동원이 중요한 과제이며 생존능력이 가장 약하다.

• 인근 주민들의 정주환경을 개선하고 재해로부터 안전한 산림을 복원하는 것은 중산층 진보레짐과 관련된다. 17. 지방직 7급

바로 확인문제

1. 스톤(Stone)**이 제시한 레짐**(regime) **중 다음 내용과 가장 관련이 깊은 것은?** 17. 지방직 7급

> A시가 지역사회와 함께 추진한 ㅁㅁ산 제모습찾기 사업의 전체적인 구상은 시가지가 바라보이는 향교, 전통 숲 등의 공간에는 꽃 피는 나무와 늘 푸른 나무를 적절히 심어 변화감 있는 도시경관을 만들고, 재해위험이 있는 골짜기는 정비함으로써 인근 주민들의 정주환경을 개선하고 재해로부터 안전한 산림을 복원하는 것이다.

① 개발형 레짐 ② 관리형 레짐
③ 중산층 진보 레짐 ④ 저소득층 기회확장 레짐

정답해설 인근 주민들의 정주환경을 개선하고 재해로부터 안전한 산림으로 복원하는 것을 목적으로 하는 레짐은 중산층 진보레짐이다.

오답해설 ① 개발레짐은 쇠락의 방지 및 성장을 위해 적극적인 도시개발을 추진하는 레짐의 유형으로 구성원 간 갈등이 심하나 생존능력은 비교적 강하다. 기업 집단의 참여로 자원의 확보가 용이하다는 점에서 레짐의 주도적 형태로 간주된다.
② 스톤(Stone)은 관리형 레짐을 별도로 분류하지 않았다.
④ 저소득층 기회확장 레짐은 저소득층의 보호와 이익확대를 위한 정책을 추진하는 레짐의 유형으로, 대중의 동원이 중요한 과제이며 생존능력이 가장 약하다.

답 | ③

Theme 02 기타 정부 간 관계모형 B

(1) 엘콕(H. Elcock) 모형
① **대리자모형**(→ 종속): 지방은 중앙의 단순한 대리자에 불과하다는 입장이다.
② **동반자모형**(→ 독립): 지방은 중앙과는 다른 독자적 결정을 내릴 수 있다는 입장이다.
③ **지배인모형**(→ 절충): 동반자모형을 약간 수정한 것으로, 지방정부는 어느 정도의 자율성을 바탕으로 관할 지역을 관리한다고 보는 입장이다.

(2) 윌슨(Wilson)과 게임(Game) 모형
① **대리인모형**: 지방정부가 중앙정부에 종속된 것으로 보는 입장이다.
② **권력의존모형 또는 상호관계모형**: 엘콕의 동반자모형과 유사한 것으로, 중앙정부와 지방정부 간을 평등한 동반자적 관계로 보며, 상호 협상을 중시한다는 점에서 상호관계모형이라고도 한다.
③ **지배인모형 또는 상대적 자율성 모형**: 지방정부가 중앙정부의 통제 하에 놓여 있기는 하지만 특정 사무에 대해서는 자율성을 인정하는 모형으로, 상대적 자율성 모형이라고도 한다.

(3) 무라마츠 모형
① **수직적 통제모형**: 중앙이 지방을 권력적 수단을 통하여 일방적으로 통제하는 모형이다.
② **수평적 경쟁모형**: 정책적 실험을 통하여 중앙과 지방이 서로 경쟁하는 모형이다.
③ **상호의존모형**: 중앙의 정책실현에 있어 지방의 협력을 필요로 하는 상호협력 모형이다.

• 엘콕(H. Elcock)이 제시한 대리인모형은 지방정부의 자율성이 제약되는 상황을 특징으로 한다.
23. 국가직 7급

• 무라마쓰(村松岐夫)는 일본의 중앙·지방 관계의 변화에 주목하여 수직적 행정통제모형과 수평적 정치경쟁모형을 제시했다.
22. 군무원 9급

바로 확인문제

1. 정부 간 관계이론에 대한 설명으로 옳지 않은 것은? 20. 국회직 8급

① 라이트(D. Wright)의 이론 중 중첩권위형은 중앙정부와 지방정부가 상호 의존적인 관계를 맺고 있는 유형을 말하며 가장 이상적인 형태다.
② 던사이어(A. Dunsire)의 이론 중 하향식 모형은 지방정부가 중앙정부에 전적으로 의존하는 유형을 말한다.
③ 엘콕(H. Elcock)의 이론 중 동반자 모형은 지방정부가 중앙정부의 감독 및 지원 하에 국가정책을 집행하는 유형을 말한다.
④ 윌다브스키(A. Wildavsky)의 이론 중 갈등 – 합의 모형은 중앙정부와 지방정부의 관계가 인사와 재정상으로 완전하게 분리되어 서로 독립적·자치적으로 운영되는 유형을 말한다.
⑤ 무라마츠 미치오(村松岐夫)는 중앙정부와 지방정부 간의 관계를 수직적 통제모형과 수평적 경쟁모형으로 나눈다.

> **정답해설** 엘콕(H. Elcock)은 동반자모형, 대리자모형, 교환(절충)모형으로 나누는데, 지방정부가 중앙정부의 감독 및 지원 하에 국가정책을 집행하는 유형은 대리자모형이다.
>
> **오답해설** ② 던사이어(A. Dunsire)의 하향식 모형은 중앙정부의 지배, 지방정부의 종속성, 일방향적 흐름, 통제와 규제 중심의 관계를 특징으로 한다.
> ④ 윌다브스키(A. Wildavsky)의 갈등-합의모형은 라이트(D. Wright)의 분리권위형처럼 중앙과 지방의 대등한 관계를 강조하는 모형이다.
> ⑤ 무라마츠 미치오는 중앙정부와 지방정부 간의 관계를 수직적 행정통제모형과 수평적 정치경쟁모형으로 나눈다.
>
> 답 | ③

2. 정부 간 관계 모형에 대한 설명으로 가장 옳지 않은 것은? 22. 군무원 9급

① 라이트(D. Wright)는 미국의 연방, 주, 지방정부 간 관계에 주목하여 분리형, 중첩형, 포함형으로 구분했다.
② 그린피스(J. Griffith)는 영국의 중앙·지방 관계는 중세 귀족사회에서 지주와 그 지주의 명을 받아 토지와 소작권을 관리하는 마름(steward)의 관계에 가깝다고 하여 지주-마름모형을 제시했다.
③ 로즈(R. Rhodes)는 집권화된 영국의 수직적인 중앙·지방 관계 하에서도 상호 의존 현상이 나타남을 권력의존모형으로 설명했다.
④ 무라마쓰(村松岐夫)는 일본의 중앙·지방 관계의 변화에 주목하여 수직적 행정통제모형과 수평적 정치경쟁모형을 제시했다.

> **정답해설** 지주-마름모형은 챈들러(J. Chandler)가 제시한 모형이다.
>
> 답 | ②

Theme 03 지방정부의 독자성 논쟁

① **딜런의 법칙**: 지방정부는 주정부의 피조물로 명시적으로 위임된 사항만 처리할 수 있다는 이론으로, 자치권에 대한 전래권설의 입장이다.
② **쿨리의 법칙**: 딜런의 법칙과 대립되는 것으로, 지방정부의 주정부에 대한 독자성을 강조하며, 자치권에 대한 고유권설과 관련된다.

바로 확인문제

1. 딜런(Dillon)의 원칙에 대한 설명으로 옳은 것은?   24. 국가직 7급

① 지방정부의 절대적 권리를 인정하고, 주정부가 이를 폐지할 수 없다는 것을 강조한다.
② 지방정부는 연방헌법이 부여한 권한만을 행사할 수 있다.
③ 엽관주의로 인해 나타난 지방정부의 부패와 무능을 해결하려는 의도를 담고 있다.
④ 지역사회에서 만든 헌장 안을 주민투표 등을 통하여 결정하는 방식을 지지한다

정답해설 딜런의 법칙은 1868년 아이오아주 대법원장인 딜런에 의해 확립된 원칙으로, 이는 당시 부패가 심했던 지방정부에 대한 개혁의 의도를 담고 있다.

오답해설 ① 지방정부의 절대적 권리를 인정하고, 주정부가 이를 폐지할 수 없다는 것을 강조하는 것은 고유권설에 입각한 쿨리의 법칙이다.
② 딜런의 법칙은 주정부와 지방정부 간의 권한배분 논쟁이다. 딜런의 법칙에 의하면 지방정부는 주정부의 피조물로 명시적으로 위임된 사항만 처리할 수 있다.
④ 지역사회에서 만든 헌장 안을 주민투표 등을 통하여 결정하는 방식을 지지하는 것은 홈룰(자치헌장)제도로 이는 지방의 고유권을 강조한다는 점에서 딜런의 법칙과 상반된다.

답 | ③

Theme 04 미국의 도시헌장제도

① **특별헌장제도**: 주의회가 각각의 자치단체의 특성에 맞는 헌장을 개별적으로 제정하는 방식이다.
② **일반헌장제도**: 주의회가 모든 자치단체에 획일적으로 적용되는 단일의 헌장을 제정하는 방식이다.
③ **분류헌장제도**: 주의회가 여러 종류의 헌장을 제정한 후 각 자치단체에 맞는 헌장을 부여해 주는 방식이다.
④ **선택헌장제도**: 주의회가 여러 종류의 헌장을 제정하고 각 자치단체로 하여금 선택하게 하는 방식이다.
⑤ **자치헌장제도**: 자치단체가 자주적인 헌장을 스스로 제정하는 방식이다.

CHAPTER 03 지방자치

Theme 01 조례와 규칙의 제정 절차 등

① 조례안이 지방의회에서 의결되면 지방의회의 의장은 의결된 날부터 5일 이내에 그 지방자치단체의 장에게 이송하여야 한다.
② 지방자치단체의 장은 조례안을 이송 받으면 20일 이내에 공포하여야 한다.
③ 지방자치단체의 장은 이송 받은 조례안에 대하여 이의가 있으면 ②의 기간에 이유를 붙여 지방의회로 환부하고, 재의를 요구할 수 있다. 이 경우 지방자치단체의 장은 조례안의 일부에 대하여 또는 조례안을 수정하여 재의를 요구할 수 없다.
④ 지방의회는 재의 요구를 받으면 조례안을 재의에 부치고 재적의원 과반수의 출석과 출석의원 3분의 2 이상의 찬성으로 전과 같은 의결을 하면 그 조례안은 조례로서 확정된다.
⑤ 지방자치단체의 장이 ②의 기간에 공포하지 아니하거나 재의 요구를 하지 아니하더라도 그 조례안은 조례로서 확정된다.
⑥ 지방자치단체의 장은 확정된 조례를 지체 없이 공포하여야 한다. 이 경우 조례가 확정된 후 또는 확정된 조례가 지방자치단체의 장에게 이송된 후 5일 이내에 지방자치단체의 장이 공포하지 아니하면 지방의회의 의장이 공포한다.
⑦ 조례와 규칙은 특별한 규정이 없으면 공포한 날부터 20일이 지나면 효력을 발생한다.
⑧ 조례나 규칙을 제정하거나 개정하거나 폐지할 경우 조례는 지방의회에서 이송된 날부터 5일 이내에, 규칙은 공포 예정일 15일 전에 시·도지사는 행정안전부장관에게, 시장·군수 및 자치구의 구청장은 시·도지사에게 그 전문을 첨부하여 각각 보고하여야 한다.
⑨ 지방자치단체는 조례를 위반한 행위에 대하여 조례로써 1천만 원 이하의 과태료를 정할 수 있다.

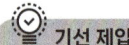 기선 제압

- 지방자치단체의 장은 이송 받은 조례안에 대하여 이의가 있으면 이송을 받은 때로부터 20일 이내에 이유를 붙여 지방의회로 환부하고, 재의를 요구할 수 있다. 24. 경찰승진

- 지방자치단체의 조례는 지방자치단체장이 공포해야 효력을 가진다. 13. 국회직 8급

바로 확인문제

1. 지방자치단체의 조례에 관한 설명으로 가장 옳은 것은? 17. 경찰간부
① 지방자치단체의 장은 법령의 범위 내에서 조례를 제정할 수 있다.
② 지방의회에서 의결된 조례안은 3일 이내에 지방자치단체의 장에게 이송되어야 한다.
③ 지방자치단체의 장은 재의결된 조례가 법령에 위반된다고 판단되면 7일 이내에 대법원에 제소할 수 있다.
④ 지방자치단체의 장은 재의결된 조례를 이송 받은 후 5일 이내 공포하지 않을 경우 의장이 공포한다.

정답해설 지방의회가 재의결을 통해 지방자치단체의 장의 재의요구를 부결시키고 조례안을 확정했을 때, 지방자치단체의 장이 공포를 지연함으로써 의회의 결정을 무력화하는 것을 방지하고 의회의 의사를 존중하기 위한 절차이다.

오답해설 ① 조례는 법령의 범위 내에서 지방의회가 제정할 수 있다.
② 지방의회에서 의결된 조례안은 5일 이내에 지방자치단체의 장에게 이송되어야 한다.
③ 지방자치단체의 장은 재의결된 조례가 법령에 위반된다고 판단되면 20일 이내에 대법원에 제소할 수 있다.

답 | ④

2. 지방자치단체의 조례에 관한 설명으로 옳은 것을 모두 고른 것은? 14. 지방직 9급

> ㄱ. 지방자치단체의 장은 법령 또는 조례의 범위에서 그 권한에 속하는 사무에 관하여 규칙을 제정할 수 있다.
> ㄴ. 지방의회에서 의결된 조례안은 10일 이내에 지방자치단체의 장에게 이송되어야 한다.
> ㄷ. 재의요구를 받은 조례안은 재적의원 과반수의 출석과 출석의원 과반수의 찬성으로 재의요구를 받기 전과 같이 의결되면, 조례로 확정된다.
> ㄹ. 지방자치단체의 장은 재의결된 조례가 법령에 위반된다고 판단되면 재의결된 날부터 20일 이내에 대법원에 제소할 수 있다.

① ㄱ, ㄴ
② ㄴ, ㄹ
③ ㄱ, ㄹ
④ ㄷ, ㄹ

정답해설 ㄱ. 개정 전에는 규칙의 제정에는 법령이나 조례의 위임이 필요하였지만 현재는 법령이나 조례의 범위에서 그 권한에 속하는 사무에 관하여 규칙을 제정할 수 있다.
ㄹ. 조례에 관해서 대법원에 제소할 수 있다는 직접적인 규정은 없다. 다만 의결에 관한 규정을 준용하여 조례의 경우에도 대법원에 소를 제기할 수 있다고 본다.

오답해설 ㄴ. 지방의회에서 의결된 조례안은 5일 이내에 지방자치단체의 장에게 이송되어야 한다.
ㄷ. 재의요구를 받은 조례안은 재적의원 과반수의 출석과 출석의원 3분의 2 이상의 찬성으로 재의요구를 받기 전과 같이 의결되면, 조례로 확정된다.

답 | ③

Theme 02 총액인건비와 기준인건비 　B

구분	중앙 → 총액인건비	지방 → 기준인건비
총 정원	총 정원의 제한 → 대통령령 정원의 5% 내 증원 가능	총 정원 제한 없음 기준인건비 내 자율(1~3% 추가자율)
계급별 정원	총리령이나 부령	자율 → 조례
기구설치	국 단위는 대통령령, 과 단위는 자율	

• 총액인건비제도는 정원관리에 대한 각 부처의 자율성 확대를 목표로 한다.
20. 국가직 7급

바로 확인문제

1. 총액인건비제도에 대한 설명으로 옳지 않은 것은? 20. 국가직 7급

① 정원관리에 대한 각 부처의 자율성 확대를 목표로 한다.
② 김대중 정부에서 중앙행정기관 및 지방자치단체에 처음 도입되었으며, 공공기관으로 확대되었다.
③ 보수관리에 대한 각 부처의 자율성이 확대되었다.
④ 시행기관은 성과 중심의 조직운영을 위하여 총액인건비제도를 활용할 수 있다.

정답해설 총액인건비제도가 도입된 것은 노무현 정부 때이다. 노무현 정부는 각 기관의 조직·인사·예산을 관리하고 있는 행정안전부(조직), 인사혁신처(인사), 기획재정부(예산)가 공동으로 주관하여 2005년 7월부터 몇 개 중앙부처를 대상으로 시범 실시하였으며, 2007년 1월부터 본격적으로 도입하였다. 지방정부 역시 2007년부터 총액인건비제도가 도입되었으며 2014년 기준인건비로 명칭을 변경하였다.

오답해설 ①, ③ 총액인건비제도는 인력과 예산운영의 효율성을 제고하고 조직의 성과를 향상하기 위하여 각 시행기관이 당해 연도에 편성된 총액인건비 예산의 범위 안에서 기구·정원, 보수, 예산의 운영에 관한 자율성을 가지되, 그 결과에 대해 책임을 지는 제도를 말한다.
④ 시행기관의 장은 총액인건비 범위 내에서 성과급 등 인센티브를 활용할 수 있으므로 총액인건비제도는 성과 중심의 조직운영을 위한 수단으로 활용될 수 있다.

답 | ②

2. 총액인건비제에 대한 설명으로 옳은 것만을 모두 고르면? 24. 지방직 7급

> ㄱ. 총액인건비제의 시행으로 보수관리에 대한 각 부처의 자율성이 확대되었다.
> ㄴ. 책임운영기관의 설치·운영에 관한 법령에 따른 책임운영기관은 총액인건비제 시행의 대상에 해당하지 않는다.
> ㄷ. 총액인건비제를 시행하는 기관은 의도적 절감노력으로 확보한 재원을 성과상여금 및 성과연봉 등에 활용할 수 있다.

① ㄱ
② ㄱ, ㄷ
③ ㄴ, ㄷ
④ ㄱ, ㄴ, ㄷ

정답해설 ㄱ. 총액인건비제는 중앙 정부 부처별로 인건비 총액의 한도를 설정하고, 해당 부처는 그 한도 내에서 인력(정원) 및 보수(급여, 수당 등)를 자율적으로 관리하고 운용할 수 있도록 하는 제도이다.
ㄷ. 총액인건비제도는 인건비 예산의 효율적 관리를 장려하고, 그 결과로 얻어진 절감 성과를 다시 조직 구성원의 성과 향상 동기부여와 연결시키려는 제도적 장치이다.

오답해설 ㄴ. 모든 책임운영기관이 반드시 총액인건비제를 적용해야 하는 것은 아니지만 각 책임운영기관의 특성과 업무 내용에 따라 총액인건비제 적용 여부가 결정될 수 있다. 「행정기관의 조직과 정원에 관한 통칙」에 따라 지정된 중앙행정기관 및 「책임운영기관의 설치·운영에 관한 법률 시행령」에 따라 지정된 책임운영기관의 경우 인건비 총액의 범위에서 보수 결정에 자율성을 부여하는 총액인건비제를 운영할 수 있다.

답 | ②

Theme 03 「국가경찰과 자치경찰의 조직 및 운영에 관한 법률」의 주요 내용

① 자치경찰의 사무
  ㉠ 지역 내 주민의 생활안전 활동에 관한 사무, 지역 내 교통에 관한 사무
  ㉡ 지역 내 다중운집 행사 관련 혼잡 교통 및 안전 관리
  ㉢ 다음의 어느 하나에 해당하는 수사사무
    ⓐ 학교폭력 등 소년범죄, 가정폭력, 아동학대 범죄, 교통사고 및 교통 관련 범죄, 가출인 및 실종아동 수색 및 범죄
    ⓑ 성적 목적을 위한 다중이용장소 침입행위에 관한 범죄, 경범죄 및 기초질서 관련 범죄

② 경찰위원회
  ㉠ 국가경찰위원회: 행정안전부 소속
  ㉡ 시·도자치경찰위원회: 시·도지사 소속 → 합의제 행정기관(→ 독립적 업무 수행)
  ㉢ 시·도자치경찰위원회 위원추천위원회 → 시·도지사 소속
  ㉣ 시·도자치경찰위원회 위원의 임명: 시·도지사
  ㉤ 시·도자치경찰위원회 위원의 임기: 3년으로 하며, 연임 불가

③ 시·도경찰청장
  ㉠ 임명: 경찰청장이 시·도자치경찰위원회와 협의 추천 + 행정안전부장관 제청 + 국무총리를 거쳐 대통령이 임용
  ㉡ 지휘·감독: 국가경찰사무(→ 경찰청장), 자치경찰사무(→ 시·도자치경찰위원회)

- 자치경찰제도는 지역 실정에 맞는 치안행정을 펼칠 수 있다.
  21. 지방직 9급

- 자치경찰 사무를 관장하기 위하여 광역자치단체에 시·도 자치경찰위원회를 둔다. 21. 지방직 9급

- 자치경찰사무는 합의제 행정기관인 시·도지사 소속 시·도 자치경찰위원회가 관장하며 업무는 독립적으로 수행한다. 24. 국가직 9급

- 자치경찰사무를 관장하기 위해 특별시장·광역시장·특별자치시장·도지사·특별자치도지사 소속으로 시·도자치경찰위원회를 둔다.
  22. 경찰승진

바로 확인문제

1. 우리나라의 경찰제도에 대한 설명으로 옳지 않은 것은?   23. 국회직 9급

① 시·도자치경찰위원회는 특별시장·광역시장·특별자치시장·도지사·특별자치도지사 소속으로 자치경찰사무를 관장한다.
② 2019년부터 자치경찰제가 시행되었다.
③ 시·도자치경찰위원회는 합의제 행정기관으로서 그 권한에 속하는 업무를 독립적으로 수행한다.
④ 국가경찰사무로 국민의 생명·신체 및 재산의 보호, 범죄의 예방·진압 및 수사 등이 있다.
⑤ 자치경찰사무로 지역 내 주민의 생활안전 활동에 관한 사무, 지역 내 다중운집 행사 관련 혼잡 교통 및 안전 관리 등이 있다.

정답해설 제주도의 자치경찰제는 2006년에 시작되었지만 일반적인 자치경찰제도는 2021년부터 시행되었다.

답 | ②

2. 우리나라 자치경찰에 대한 설명으로 가장 적절하지 않은 것은? 22. 경찰승진

① 자치경찰사무를 관장하기 위해 특별시장, 광역시장, 특별자치시장, 도지사, 특별자치도지사 소속으로 시·도자치경찰위원회를 둔다.
② 시·도자치경찰위원회는 위원장 1명을 포함한 7명의 위원으로 구성하되, 위원장과 1명의 위원은 상임으로 하고, 5명의 위원은 비상임으로 한다.
③ 시·도자치경찰위원회 위원장과 위원의 임기는 3년으로 하며, 연임할 수 있다.
④ 국민안전에 중대한 영향을 미치는 사안에 대하여 다수의 시·도에 동일하게 적용되는 치안정책을 시행할 필요가 있다고 인정할 만한 충분한 사유가 있는 경우 경찰청장은 자치경찰사무를 수행하는 경찰공무원을 직접 지휘·명령할 수 있다.

정답해설 시·도자치경찰위원회 위원장과 위원의 임기는 3년으로 하며, 연임할 수 없다.

답 | ③

Theme 04 제주도의 자치경찰

• 제주특별자치도에서는 국가경찰과 자치경찰이 함께 활동할 수 있다.
17. 국가직 7급

① 자치경찰사무를 처리하기 위하여 제주특별자치도자치경찰위원회 소속으로 자치경찰단을 둔다.
② 자치경찰단의 조직과 자치경찰공무원의 정원 등에 관한 사항은 도조례로 정한다.
③ 자치경찰단장은 도지사가 임명하며, 자치경찰위원회의 지휘·감독을 받는다.
④ 자치경찰단장은 자치경무관으로 임명한다. 다만, 도지사는 필요하다고 인정하면 개방형직위로 지정하여 운영할 수 있다.

Theme 05 자치구와 일반구

구분	자치구	일반구
지위	지방자치단체	지방행정기관
설치요건	특별시·광역시 관할구역 안에 설치	인구 50만 이상의 시에 설치
기관장	정무직 지방공무원	일반직 지방공무원

구분	뉴욕	파리	베를린	동경
지위	일반구	일반구	준지방정부	특별지방정부
구의회	없음(→ 구정협의회)	직선	직선	직선
단체장	직선	간선	선출(→ 집행이사회)	직선

Theme 06 우리나라의 계층구조

① 자치계층은 광역자치단체와 기초자치단체로 이루어진 2층제를 원칙으로 한다. 다만, 세종특별자치시와 제주특별자치도는 단층제로 운영된다.
② 행정계층은 2층제 또는 4층제로 운영되며, 읍은 2만 이상, 시는 5만 이상이라는 인구기준을 사용하고 있다.

구분	광역	기초
1949년	특별시, 도	시, 읍, 면
1961년	특별시, 도	시, 군
1963년	특별시, 직할시, 도	
1988년	특별시, 직할시, 도	시, 군, 자치구
1995년	특별시, 광역시, 도	
2006년	특별시, 광역시, 도, 특별자치도	
2012년	특별시, 광역시, 도, 제주특별자치도, 특별자치시	

• 제주특별자치도는 자치계층 측면에서 단층제로 운영되고 있다.
17. 국가직 9급

• 세종특별자치시와 제주특별자치도는 단층제로 운영되고 있다.
23. 경찰간부

Theme 07 우리나라의 관할 구역

(1) 지방자치단체의 명칭과 구역
① 지방자치단체의 명칭과 구역은 종전과 같이 하고, 명칭과 구역을 바꾸거나 지방자치단체를 폐지하거나 설치하거나 나누거나 합칠 때에는 법률로 정한다.
② 지방자치단체의 구역변경 중 관할 구역 경계변경과 지방자치단체의 한자 명칭의 변경은 대통령령으로 정한다.
③ 다음의 어느 하나에 해당할 때에는 관계 지방의회의 의견을 들어야 한다. 다만, 「주민투표법」 제8조에 따라 주민투표를 한 경우에는 그러하지 아니하다.
　㉠ 지방자치단체를 폐지하거나 설치하거나 나누거나 합칠 때
　㉡ 지방자치단체의 구역을 변경할 때(경계변경을 할 때는 제외)
　㉢ 지방자치단체의 명칭을 변경할 때(한자 명칭을 변경할 때를 포함)
④ 다음의 지역이 속할 지방자치단체는 행정안전부장관이 결정한다.
　㉠ 「공유수면 관리 및 매립에 관한 법률」에 따른 매립지
　㉡ 「공간정보의 구축 및 관리 등에 관한 법률」의 지적공부에 등록이 누락된 토지

(2) 자치구가 아닌 구와 읍·면·동 등의 명칭과 구역
① 자치구가 아닌 구와 읍·면·동의 명칭과 구역은 종전과 같이 하고, 이를 폐지하거나 설치하거나 나누거나 합칠 때에는 행정안전부장관의 승인을 받아 그 지방자치단체의 조례로 정한다. 다만, 명칭과 구역의 변경은 그 지방자치단체의 조례로 정하고, 그 결과를 시·도지사에게 보고하여야 한다.

② 리의 구역은 자연 촌락을 기준으로 하되, 그 명칭과 구역은 종전과 같이 하고, 명칭과 구역을 변경하거나 리를 폐지하거나 설치하거나 나누거나 합칠 때에는 그 자치단체의 조례로 정한다.

구분	폐치분합 및 명칭과 구역변경	경계변경 및 한자 명칭변경
광역	법률	대통령령
기초		

구분	폐치분합	명칭과 구역변경
행정시	조례(→ 행정안전부장관 보고)	
구(일반)·읍·면·동	조례(→ 행정안전부장관 승인)	조례(→ 시·도지사 보고)
리	조례	

(3) 사무소의 소재지

① 자치단체의 사무소의 소재지와 자치구가 아닌 구 및 읍·면·동의 사무소 소재지는 종전과 같이 하고, 이를 변경하거나 새로 설정하려면 자치단체의 조례로 정한다.
② ①의 조례는 그 지방의회의 재적의원 과반수의 찬성을 받아야 한다.

> **바로 확인문제**
>
> **1.** '○○광역시'의 명칭을 '△△광역시'로 바꾸려고 한다. 이를 위한 현행 법령의 절차로서 옳은 것은?
> 09. 국회직 8급
>
> ① ○○광역시 의회의 의결을 거쳐 조례로 정한다.
> ② ○○광역시 의회의 의견을 들어 법률로 정한다.
> ③ ○○광역시장의 신청에 의해 행정법원에서 재결한다.
> ④ ○○광역시 주민투표로 확정하여 대통령령으로 정한다.
> ⑤ 국무회의의 심의를 거쳐 대통령령으로 정한다.
>
> **정답해설** 지방자치단체의 한글 명칭 변경은 법률로 정한다.
>
> 답 | ②

Theme 08 시·읍의 설치기준 등　C

① 시는 그 대부분이 도시의 형태를 갖추고 인구 5만 이상이 되어야 한다.
② 읍은 그 대부분이 도시의 형태를 갖추고 인구 2만 이상이 되어야 한다.

Theme 09 지방선거

(1) 선거구제

① 소선거구: 한 선거구에서 1인의 당선자를 선출하는 제도
② 중선거구: 한 선거구에서 2~4인의 당선자를 선출하는 제도
③ 대선거구: 한 선거구에서 5인 이상의 당선자를 선출하는 제도

(2) 우리나라의 선거구제

① 기초의원: 한 선거구에서 2~4인 선출 → 중선거구제
② 광역의원: 한 선거구에서 1인 선출 → 소선거구제

(3) 우리나라 선거구제와 정당공천의 변화

구분			선거구제	정당공천	비례대표
지방의원	기초	1991	소선거구제	금지	X
		2006~	중선거구제	허용	O
	광역	1991	소선거구제	허용	X
		1995~	소선거구제	허용	O
단체장		1995~		허용	
교육감		2007~		금지	

(4) 우리나라 지방선거(「지방자치법」)

구분	제1공화국			제2공화국
	제정(1949)	2차 개정(1956)	4차 개정(1958)	5차 개정(1960)
특별시장·도지사	임명	임명	임명	주민직선
시·읍·면장	지방의회 간선	주민직선	임명	주민직선
지방의원	주민직선	주민직선	주민직선	주민직선
선거	1952년 1차 선거	1956년 2차 선거		1960년 3차 선거 (서울시장 최초)

- 이승만 정부에서 처음으로 시·읍·면 의회의원을 뽑는 지방선거가 실시되었다. 19. 국가직 9급

바로 확인문제

1. 우리나라 지방자치의 역사에 대한 설명으로 옳은 것은? <small>22. 국가직 7급</small>

① 제헌의회가 성립하면서 1949년 전국에서 도의회의원 선거가 실시되었다.
② 1991년 지방선거에서 지방의회의원을 선출하였으나, 지방자치단체장 선거는 실시되지 않았다.
③ 1995년부터 주민직선제에 의한 시·도교육감 선거가 실시되면서 실질적 의미의 교육자치가 시작되었다.
④ 1960년 지방선거에서는 서울특별시장·도지사 선거는 실시되었으나, 시·읍·면장 선거는 실시되지 않았다.

정답해설 지방의회의원과 지방자치단체장의 동시 선거는 1995년 실시되었다.

오답해설 ① 6·25 전쟁으로 인해 제1회 지방의회의 선거는 1952년에 실시되었다.
③ 시·도교육감 선거는 2007년부터 실시되었다.
④ 1960년 선거에서는 광역과 기초 그리고 단체장과 지방의원 모두 직선으로 선출되었다.

답 | ②

2. 다음은 「공직선거법」제150조(투표용지의 정당·후보자의 게재순위 등) 제1항의 규정을 발췌한 것이다. 다음 중 현재 이 규정이 적용되지 <u>않는</u> 공직선거는? <small>20. 국회직 9급</small>

> 투표용지에는 후보자의 기호·정당추천후보자의 소속정당명 및 성명을 표시하여야 한다. 다만, 무소속후보자는 후보자의 정당추천후보자의 소속정당명의 란에 "무소속"으로 표시한다.

① 대통령선거
② 국회의원선거
③ 특별시장·광역시장·도지사선거
④ 특별시·광역시·도교육감선거
⑤ 특별시·광역시·도의회의원선거

정답해설 교육감의 선거에는 정당의 추천이 허용되지 않으며, 후보자도 정당의 경력을 표시해서는 안 된다.

답 | ④

Theme 10 「공직선거법」의 주요 내용 <small>C</small>

① 18세 이상으로서 선거인명부작성기준일 현재 다음의 어느 하나에 해당하는 사람은 그 구역에서 선거하는 지방자치단체의 의회의원 및 장의 선거권이 있다.
  ㉠ 해당 지방자치단체의 관할 구역에 주민등록이 되어 있는 사람
  ㉡ 주민등록표에 3개월 이상 계속하여 올라 있고 해당 지방자치단체의 관할구역에 주민등록이 되어 있는 사람

ⓒ 영주의 체류자격 취득일 후 3년이 경과한 외국인으로서 해당 지방자치단체의 외국인 등록대장에 올라 있는 사람
② 선거일 현재 계속하여 60일 이상 해당 지방자치단체의 관할구역에 주민등록이 되어 있는 주민으로서 18세 이상의 국민은 그 지방의회의원 및 지방자치단체의 장의 피선거권이 있다.
③ 시·도별 지역구시·도의원의 총 정수는 그 관할구역 안의 자치구·시·군(하나의 자치구·시·군이 2 이상의 국회의원지역구로 된 경우에는 국회의원지역구)수의 2배수로 하되, 인구·행정구역·지세·교통, 그 밖의 조건을 고려하여 100분의 20의 범위에서 조정할 수 있다.
④ 산정된 의원정수가 19명 미만이 되는 광역시 및 도는 그 정수를 19명으로 한다.
⑤ 비례대표시·도의원정수는 산정된 지역구시·도의원정수의 100분의 10으로 한다. 이 경우 단수는 1로 본다. 다만, 산정된 비례대표시·도의원정수가 3인 미만인 때에는 3인으로 한다.
⑥ 자치구·시·군의회의 최소정수는 7인으로 한다.
⑦ 비례대표자치구·시·군의원정수는 자치구·시·군의원 정수의 100분의 10으로 한다. 이 경우 단수는 1로 본다.
⑧ 자치구·시·군의원지역선거구의 공정한 획정을 위하여 시·도에 자치구·시·군의원선거구획정위원회를 둔다.
⑨ 지방의회의원 및 정당의 당원은 자치구·시·군의원선거구획정위원회의 위원이 될 수 없다.
⑩ 정당은 선거에 있어 선거구별로 선거할 정수 범위 안에서 그 소속당원을 후보자로 추천할 수 있다. 다만, 비례대표자치구·시·군의원의 경우에는 그 정수 범위를 초과하여 추천할 수 있다.
⑪ 정당이 비례대표국회의원선거 및 비례대표지방의회의원선거에 후보자를 추천하는 때에는 그 후보자 중 100분의 50 이상을 여성으로 추천하되, 그 후보자명부의 순위의 매 홀수에는 여성을 추천하여야 한다.
⑫ 정당이 임기만료에 따른 지역구국회의원선거 및 지역구지방의회의원선거에 후보자를 추천하는 때에는 각각 전국지역구총수의 100분의 30 이상을 여성으로 추천하도록 노력하여야 한다.
⑬ 「지방교육자치에 관한 법률」
  ㉠ 교육감후보자가 되려는 사람은 해당 시·도지사의 피선거권이 있는 사람으로서 후보자등록신청개시일부터 과거 1년 동안 정당의 당원이 아닌 사람이어야 한다.
  ㉡ 정당은 교육감선거에 후보자를 추천할 수 없다.
  ㉢ 후보자는 특정 정당을 지지·반대하거나 특정 정당으로부터 지지·추천받고 있음을 표방(당원경력의 표시 포함)하여서는 아니 된다.

Theme 11 우리나라의 지방자치단체 기관

(1) 구성방법
① 원칙: 기관대립형
② 예외: 법률로 정하는 바에 따라 기관구성 형태를 달리 할 수 있음 → 주민투표의 실시

- 우리나라는 따로 법률로 정하는 바에 따라 주민투표를 거쳐 지방자치단체의 기관구성 형태를 달리할 수 있다. 23. 경찰간부

(2) 지위

지방의회	자치단체장
① 주민의 대표기관	① 자치단체의 대표기관
② 입법기관 및 의결기관	② 주민의 대표기관
③ 행정감시와 통제기관 및 헌법기관	③ 집행기관 및 국가하부기관

바로 확인문제

1. 우리나라 지방의회의 권한이 아닌 것은? 21. 국회직 9급
① 행정사무 감사 ② 주민투표 청구
③ 통할대표 ④ 의안발의
⑤ 지방의회 조직 및 운영

정답해설 통할대표권은 자치단체장의 권한이다.

답 | ③

2. 우리나라 지방의회의 권한(기능)으로 가장 적절하지 않은 것은? 20. 경찰승진
① 조례의 제정 및 개폐 ② 행정사무 감사권 및 조사권
③ 선결처분 ④ 예산의 의결 및 결산의 승인

정답해설 선결처분은 자치단체장의 권한이다.

답 | ③

Theme 12 지방의회

① 지방의회의원에게는 다음의 비용을 지급한다.
  ㉠ 의정 자료를 수집하고 연구하거나 이를 위한 보조 활동에 사용되는 비용을 보전하기 위하여 매월 지급하는 의정활동비
  ㉡ 지방의회의원의 직무활동에 대하여 지급하는 월정수당
  ㉢ 본회의 의결, 위원회 의결 또는 지방의회의 의장의 명에 따라 공무로 여행할 때 지급하는 여비

② 비용은 대통령령으로 정하는 기준을 고려하여 해당 지방자치단체의 의정비심의위원회에서 결정하는 금액 이내에서 지방자치단체의 조례로 정한다.
③ 지방의회의원의 의정활동을 지원하기 위하여 지방의회의원 정수의 2분의 1 범위에서 해당 지방자치단체의 조례로 정하는 바에 따라 지방의회에 정책지원 전문인력을 둘 수 있다.
④ 지방의회의 의결사항
  ㉠ 조례의 제정·개정 및 폐지
  ㉡ 예산의 심의·확정
  ㉢ 결산의 승인
  ㉣ 법령에 규정된 것을 제외한 사용료·수수료·분담금·지방세 또는 가입금의 부과와 징수
  ㉤ 기금의 설치·운용
  ㉥ 대통령령으로 정하는 중요 재산의 취득·처분
  ㉦ 대통령령으로 정하는 공공시설의 설치·처분
  ㉧ 법령과 조례에 규정된 것을 제외한 예산 외의 의무부담이나 권리의 포기
  ㉨ 청원의 수리와 처리
  ㉩ 외국 지방자치단체와의 교류·협력
⑤ 지방자치단체의 장은 다음의 어느 하나에 해당하는 직위 중 조례로 정하는 직위의 후보자에 대하여 지방의회에 인사청문을 요청할 수 있다.
  ㉠ 정무직 국가공무원으로 보하는 부시장·부지사
  ㉡ 「제주특별자치도 설치 및 국제자유도시 조성을 위한 특별법」 제11조에 따른 행정시장
  ㉢ 「지방공기업법」 제49조에 따른 지방공사의 사장과 같은 법 제76조에 따른 지방공단의 이사장
  ㉣ 「지방자치단체 출자·출연 기관의 운영에 관한 법률」에 따른 출자·출연 기관의 기관장
⑥ 본회의나 위원회는 그 의결로 안건의 심의와 직접 관련된 서류의 제출을 해당 지방자치단체의 장에게 요구할 수 있다.
⑦ 폐회 중에는 지방의회의 의장이 서류의 제출을 해당 지방자치단체의 장에게 요구할 수 있다.
⑧ 지방의회는 매년 1회 그 지방자치단체의 사무에 대하여 시·도에서는 14일의 범위에서, 시·군 및 자치구에서는 9일의 범위에서 감사를 실시하고, 지방자치단체의 사무 중 특정사안에 관하여 본회의 의결로 본회나 위원회에서 조사하게 할 수 있다.
⑨ 조사를 발의할 때에는 이유를 밝힌 서면으로 하여야 하며, 재적의원 3분의 1 이상의 찬성이 있어야 한다.
⑩ 지방의회는 매년 2회 정례회를 개최한다.
⑪ 지방의회의원 총선거 후 최초로 집회되는 임시회는 지방의회 사무처장·사무국장·사무과장이 지방의회의원 임기 개시일부터 25일 이내에 소집한다.
⑫ 지방의회의 의장은 지방자치단체의 장이나 조례로 정하는 수 이상의 지방의회의원이 요구하면 15일 이내에 임시회를 소집하여야 한다.
⑬ 지방의회는 지방의회의원 중에서 시·도의 경우 의장 1명과 부의장 2명을, 시·군 및 자치구의 경우 의장과 부의장 각 1명을 무기명투표로 선출하여야 한다.
⑭ 의장과 부의장의 임기는 2년으로 한다.

- 「지방자치법」상 지방의회 의장에 대한 불신임 의결권은 지방의회의 권한이다. 14. 국회직 8급

- 지방의회는 재적의원 3분의 1 이상의 출석으로 개의한다. 22. 국회직 9급

- 「지방자치법」에 특별히 규정된 경우 외에는 재적의원 과반수의 출석과 출석의원 과반수의 찬성으로 의결된다. 22. 국회직 9급

⑮ 지방의회의 의장이나 부의장이 법령을 위반하거나 정당한 사유 없이 직무를 수행하지 아니하면 지방의회는 불신임을 의결할 수 있다.

⑯ 불신임 의결은 재적의원 4분의 1 이상의 발의와 재적의원 과반수의 찬성으로 한다.

⑰ 불신임 의결이 있으면 지방의회의 의장이나 부의장은 그 직에서 해임된다.

⑱ 위원회에는 위원장과 위원의 자치입법활동을 지원하기 위하여 지방의회의원이 아닌 전문지식을 가진 위원(전문위원)을 둔다.

⑲ 지방의회는 재적의원 3분의 1 이상의 출석으로 개의한다.

⑳ 회의는 이 법에 특별히 규정된 경우 외에는 재적의원 과반수의 출석과 출석의원 과반수의 찬성으로 의결한다.

㉑ 지방의회의 의장은 의결에서 표결권을 가지며, 찬성과 반대가 같으면 부결된 것으로 본다.

㉒ 본회의에서 표결할 때에는 조례 또는 회의규칙으로 정하는 표결방식에 의한 기록표결로 가부를 결정한다. 다만, 다음의 어느 하나에 해당하는 경우에는 무기명투표로 표결한다.
  ㉠ 의장·부의장 선거
  ㉡ 임시의장 선출
  ㉢ 의장·부의장 불신임 의결
  ㉣ 자격상실 의결
  ㉤ 징계 의결
  ㉥ 재의 요구에 관한 의결
  ㉦ 그 밖에 지방의회에서 하는 각종 선거 및 인사에 관한 사항

㉓ 지방의회의 회의는 공개한다. 다만, 지방의회의원 3명 이상이 발의하고 출석의원 3분의 2 이상이 찬성한 경우 또는 지방의회의 의장이 사회의 안녕질서 유지를 위하여 필요하다고 인정하는 경우에는 공개하지 아니할 수 있다.

㉔ 지방의회에서 의결할 의안은 지방자치단체의 장이나 조례로 정하는 수 이상의 지방의회의원의 찬성으로 발의한다.

㉕ 위원회는 그 직무에 속하는 사항에 관하여 의안을 제출할 수 있다.

㉖ 지방자치단체의 장이 예산상 또는 기금상의 조치가 필요한 의안을 제출할 경우에는 그 의안의 시행에 필요할 것으로 예상되는 비용에 대한 추계서와 그에 따른 재원조달방안에 관한 자료를 의안에 첨부하여야 한다.

㉗ 지방의회에 청원을 하려는 자는 지방의회의원의 소개를 받아 청원서를 제출하여야 한다.

㉘ 재판에 간섭하거나 법령에 위배되는 내용의 청원은 수리하지 아니한다.

㉙ 지방의회는 그 의결로 소속 지방의회의원의 사직을 허가할 수 있다. 다만, 폐회 중에는 지방의회의 의장이 허가할 수 있다.

㉚ 지방의회의원은 다른 의원의 자격에 대하여 이의가 있으면 재적의원 4분의 1 이상의 찬성으로 지방의회의 의장에게 자격심사를 청구할 수 있다.

㉛ 자격상실 의결은 재적의원 3분의 2 이상의 찬성이 있어야 한다.

㉜ 징계의 종류는 다음과 같다.
  ㉠ 공개회의에서의 경고
  ㉡ 공개회의에서의 사과
  ㉢ 30일 이내의 출석정지
  ㉣ 제명

㉝ 제명 의결에는 재적의원 3분의 2 이상의 찬성이 있어야 한다.
㉞ 지방의회에 두는 사무직원의 수는 인건비 등 대통령령으로 정하는 기준에 따라 조례로 정한다.
㉟ 지방의회의 의장은 지방의회 사무직원을 지휘·감독하고 법령과 조례·의회규칙으로 정하는 바에 따라 그 임면·교육·훈련·복무·징계 등에 관한 사항을 처리한다.

바로 확인문제

1. 「지방자치법」상 지방의회에 대한 설명으로 옳지 않은 것은? 23. 국가직 7급

① 지방의회의원의 의정활동을 지원하기 위하여 정책지원 전문인력을 둘 수 있다.
② 지방의회의 의장은 지방의회의 사무직원을 지휘·감독한다.
③ 지방의회는 매년 4회 정례회를 개최한다.
④ 지방의회의원은 각급 선거관리위원회 위원을 겸직할 수 없다.

정답해설 지방의회는 매년 2회 정례회를 개최한다.

오답해설 ① 지방의회의원의 의정활동을 지원하기 위하여 지방의회의원 정수의 2분의 1 범위에서 해당 지방자치단체의 조례로 정하는 바에 따라 지방의회에 정책지원 전문인력을 둘 수 있다.
② 지방의회의 의장은 지방의회 사무직원을 지휘·감독하고 법령과 조례·의회규칙으로 정하는 바에 따라 그 임면·교육·훈련·복무·징계 등에 관한 사항을 처리한다.
④ 「지방자치법」은 지방의회의원이 겸직할 수 없는 직으로 '각급 선거관리위원회 위원'을 명시하고 있다.

답 | ③

2. 「지방자치법」에 대한 설명으로 옳지 않은 것은? 24. 국회직 8급

① 지방의회 의장의 지방의회 소속 사무직원 임용
② 지방의회 의원 정수의 3분의 2 범위에서 정책지원 전문인력 충원
③ 주민투표를 통해 지방의회와 집행기관의 구성 형태 변경 가능
④ 주민은 권리·의무와 직접 관련되는 규칙에 대한 제정·개정 및 폐지 의견을 지방자치단체장에게 제출 가능
⑤ 국가와 지방자치단체 간의 협력을 도모하고 지방자치 발전과 지역 간 균형발전에 관련되는 중요 정책을 심의하기 위한 중앙지방협력회의 도입

정답해설 「지방자치법」에 의하면 지방의회 의원 정수의 2분의 1 범위에서 정책지원 전문인력을 충원할 수 있다.

오답해설 ① 지방의회의 의장은 지방의회 사무직원을 지휘·감독하고 법령과 조례·의회규칙으로 정하는 바에 따라 그 임면·교육·훈련·복무·징계 등에 관한 사항을 처리한다.
③ 법률로 정하는 바에 따라 지방자치단체의 장의 선임방법을 포함한 지방자치단체의 기관구성 형태를 달리 할 수 있다.
④ 주민은 규칙(권리·의무와 직접 관련되는 사항으로 한정)의 제정, 개정 또는 폐지와 관련된 의견을 해당 지방자치단체의 장에게 제출할 수 있다.
⑤ 국가와 지방자치단체 간의 협력을 도모하고 지방자치 발전과 지역 간 균형발전에 관련되는 중요 정책을 심의하기 위하여 중앙지방협력회의를 둔다.

답 | ②

Theme 13   지방자치단체의 장

① 지방자치단체의 장의 직 인수위원회
　㉠ 인수위원회는 당선인으로 결정된 때부터 지방자치단체의 장의 임기 시작일 이후 20일의 범위에서 존속한다.
　㉡ 인수위원회는 위원장 1명 및 부위원장 1명을 포함하여 시·도는 20명 이내, 시·군 및 자치구는 15명 이내로 구성한다.
　㉢ 인수위원회의 위원장·부위원장 및 위원은 명예직으로 하고, 당선인이 임명하거나 위촉한다.
② 지방자치단체의 장의 임기는 4년으로 하며, 3기 내에서만 계속 재임할 수 있다.
③ 지방자치단체의 장은 그 직을 사임하려면 지방의회의 의장에게 미리 사임일을 적은 서면(사임통지서)으로 알려야 한다.
④ 지방자치단체의 장은 지방자치단체를 대표하고, 그 사무를 총괄한다.
⑤ 시·도와 시·군 및 자치구에서 시행하는 국가사무는 시·도지사와 시장·군수 및 자치구의 구청장에게 위임하여 수행하는 것을 원칙으로 한다. 다만, 법령에 다른 규정이 있는 경우에는 그러하지 아니하다.
⑥ 지방자치단체의 장은 조례나 규칙으로 정하는 바에 따라 그 권한에 속하는 사무의 일부를 보조기관, 소속 행정기관 또는 하부행정기관에 위임할 수 있다.
⑦ 지방자치단체의 장은 조례나 규칙으로 정하는 바에 따라 그 권한에 속하는 사무 중 조사·검사·검정·관리업무 등 주민의 권리·의무와 직접 관련되지 아니하는 사무를 법인·단체 또는 그 기관이나 개인에게 위탁할 수 있다.
⑧ 지방자치단체의 장이 위임받거나 위탁받은 사무의 일부를 다시 위임하거나 위탁하려면 미리 그 사무를 위임하거나 위탁한 기관의 장의 승인을 받아야 한다.
⑨ 지방자치단체의 장은 지방의회의 의결이 월권이거나 법령에 위반되거나 공익을 현저히 해친다고 인정되면 그 의결사항을 이송받은 날부터 20일 이내에 이유를 붙여 재의를 요구할 수 있다.
⑩ 요구에 대하여 재의한 결과 재적의원 과반수의 출석과 출석의원 3분의 2 이상의 찬성으로 전과 같은 의결을 하면 그 의결사항은 확정된다.
⑪ 지방자치단체의 장은 재의결된 사항이 법령에 위반된다고 인정되면 대법원에 소를 제기할 수 있다.
⑫ 지방자치단체의 장은 지방의회의 의결이 예산상 집행할 수 없는 경비를 포함하고 있다고 인정되면 그 의결사항을 이송받은 날부터 20일 이내에 이유를 붙여 재의를 요구할 수 있다.
⑬ 지방의회가 다음의 어느 하나에 해당하는 경비를 줄이는 의결을 할 때에도 ⑫와 같다.
　㉠ 법령에 따라 지방자치단체에서 의무적으로 부담하여야 할 경비
　㉡ 비상재해로 인한 시설의 응급 복구를 위하여 필요한 경비
⑭ 지방자치단체의 장은 지방의회가 지방의회의원이 구속되는 등의 사유로 의결정족수에 미달될 때와 지방의회의 의결사항 중 주민의 생명과 재산 보호를 위하여 긴급하게 필요한 사항으로서 지방의회를 소집할 시간적 여유가 없거나 지방의회에서 의결이 지체되어 의결되지 아니할 때에는 선결처분을 할 수 있다.

⑤ 선결처분은 지체 없이 지방의회에 보고하여 승인을 받아야 하며, 지방의회에서 승인을 받지 못하면 그 선결처분은 그때부터 효력을 상실한다.

바로 확인문제

1. 「지방자치법」상 지방자치단체장에게 부여된 권한 중 지방의회와 지방자치단체장이 대립, 갈등하는 경우의 비상적 해결수단에 속하지 <u>않는</u> 것은? 　　08. 지방직 9급

① 재의 요구
② 직무이행명령
③ 준예산 집행
④ 선결처분

정답해설 직무이행명령은 시·도에 대하여는 주무부장관이, 시·군 및 자치구에 대하여는 원칙적으로 시·도지사가 행하는 권한이다.

오답해설 ① 지방자치단체의 장은 이송 받은 조례안에 대하여 이의가 있으면 20일의 기간에 이유를 붙여 지방의회로 환부하고, 재의를 요구할 수 있다. 이 경우 지방자치단체의 장은 조례안의 일부에 대하여 또는 조례안을 수정하여 재의를 요구할 수 없다.
③ 지방의회에서 새로운 회계연도가 시작될 때까지 예산안이 의결되지 못하면 지방자치단체의 장은 지방의회에서 예산안이 의결될 때까지 일부 경비를 전년도 예산에 준하여 집행할 수 있다.
④ 지방자치단체의 장은 지방의회가 성립되지 아니한 때와 지방의회의 의결사항 중 주민의 생명과 재산보호를 위하여 긴급하게 필요한 사항으로서 지방의회를 소집할 시간적 여유가 없거나 지방의회에서 의결이 지체되어 의결되지 아니할 때에는 선결처분을 할 수 있다.

답 | ②

2. 우리나라 지방자치에 대한 설명으로 옳은 것은? 　　20. 국가직 9급

① 자치사법권은 인정되고 있다.
② 지방자치단체의 예산안 편성권은 지방자치단체장에 속한다.
③ 자치입법권은 지방의회만이 행사할 수 있는 전속적 권한이다.
④ 세종특별자치시와 제주특별자치도의 제주시는 기초자치단체로서 자치권을 가지고 있다.

정답해설 예산안의 편성권은 자치단체장의 권한이다. 반면 예산안의 심의·의결권은 지방의회의 권한이다.

오답해설 ① 우리나라의 경우 자치사법권은 인정되지 않는다. 이 밖에 독자적으로 세목을 설정할 수 있는 권한도 인정되지 않는다.
③ 자치입법에는 조례와 규칙이 있다. 조례는 지방의회에서 의결하지만 규칙은 자치단체장이 제정하므로 자치입법권이 지방의회만의 전속권한은 아니다.
④ 세종특별자치시는 광역자치단체이고 제주특별자치도의 제주시는 행정시로 이는 자치단체에 해당하지 않는다.

답 | ②

Theme 14 지방자치단체의 장의 권한대행 등   C

① 지방자치단체의 장이 다음의 어느 하나에 해당되면 부지사·부시장·부군수·부구청장이 그 권한을 대행한다.
  ㉠ 궐위된 경우
  ㉡ 공소 제기된 후 구금상태에 있는 경우
  ㉢ 「의료법」에 따른 의료기관에 60일 이상 계속하여 입원한 경우
② 지방자치단체의 장이 그 직을 가지고 그 지방자치단체의 장 선거에 입후보하면 예비후보자 또는 후보자로 등록한 날부터 선거일까지 부단체장이 그 지방자치단체의 장의 권한을 대행한다.
③ 지방자치단체의 장이 출장·휴가 등 일시적 사유로 직무를 수행할 수 없으면 부단체장이 그 직무를 대리한다.

Theme 15 지방자치단체의 행정기구와 공무원   C

• 행정기구의 설치와 지방공무원의 정원은 대통령령으로 정하는 기준에 따라 그 지방자치단체의 조례로 정한다. 23. 소방간부

① 지방자치단체는 그 사무를 분장하기 위하여 필요한 행정기구와 지방공무원을 둔다.
② 행정기구의 설치와 지방공무원의 정원은 인건비 등 대통령령으로 정하는 기준에 따라 그 지방자치단체의 조례로 정한다.
③ 지방자치단체에는 법률로 정하는 바에 따라 국가공무원을 둘 수 있다.
④ 국가공무원의 경우 5급 이상의 국가공무원이나 고위공무원단에 속하는 공무원은 해당 지방자치단체의 장의 제청으로 소속 장관을 거쳐 대통령이 임명하고, 6급 이하의 국가공무원은 그 지방자치단체의 장의 제청으로 소속 장관이 임명한다.

Theme 16 집행의 하부기관 등   B

(1) 부단체장
① 특별시(→ 3인 이내): 행정부시장 2인(→ 국가정무직), 정무부시장 1인(→ 지방정무직)
② 광역
  ㉠ 행정부시장·부지사 1인(→ 인구 800만 이상 2인) → 고위공무원단 소속 일반직 국가공무원
  ㉡ 정무부시장·부지사 1인 → 일반직·별정직 지방공무원
③ 기초: 1인(→ 인구 100만 이상 2인) → 일반직 지방공무원

(2) 소속 행정기관
① 직속기관: 자치경찰(→ 제주도에 한함), 소방, 교육훈련, 보건진료, 시험연구 및 중소기업지도
② 사업소: 특정 업무의 효율적 수행
③ 출장소: 외진 곳의 주민의 편의와 특정 지역의 개발 촉진
④ 합의제 행정기관: 소관 사무의 일부를 독립하여 수행 → 소청심사위원회, 시·도자치경찰위원회

(3) 하부행정기관

① 자치구가 아닌 구에 구청장, 읍에 읍장, 면에 면장, 동에 동장을 둔다.
② 자치구가 아닌 구의 구청장은 일반직 지방공무원으로 보하되, 시장이 임명한다.
③ 읍·면·동장은 일반직 지방공무원으로 보하되, 시장·군수 및 자치구의 구청장이 임명한다.

> **바로 확인문제**
>
> **1.** 다음 중 지방자치단체의 집행기관인 소속 행정기관에 속하지 않은 것은?   23. 군무원 7급
>
> ① 보조기관   ② 직속기관
> ③ 합의제 행정기관   ④ 자문기관
>
> **정답해설** 보조기관은 부단체장이나 국장, 과장 등을 말한다.
> **오답해설** ②, ③, ④ 지방자치단체의 소속 행정기관에는 직속기관, 사업소와 출장소, 합의제 행정기관, 자문기관 등이 있다.
>
> 답 | ①
>
> **2.** 현행 「지방자치법」상 지방자치단체의 장의 보조기관에 해당하는 것은?   11. 국가직 7급
>
> ① 부단체장   ② 사업소
> ③ 출장소   ④ 읍·면·동
>
> **정답해설** 법률상 지방자치단체의 장의 보조기관은 부단체장을 의미한다.
> **오답해설** ② 특정 업무를 효율적으로 수행하기 위하여 필요하면 대통령령으로 정하는 바에 따라 그 지방자치단체의 조례로 사업소를 설치할 수 있다.
> ③ 원격지 주민의 편의와 특정 지역의 개발 촉진을 위하여 필요하면 대통령령으로 정하는 바에 따라 그 지방자치단체의 조례로 출장소를 설치할 수 있다.
> ④ 자치구가 아닌 구에 구청장, 읍에 읍장, 면에 면장, 동에 동장 등을 두는데, 이들은 하부행정기관이라 한다.
>
> 답 | ①

Theme 17 우리나라의 사무배분   B

(1) 국가사무

① 외교, 국방, 사법, 국세 등 국가의 존립에 필요한 사무
② 물가정책, 금융정책, 수출입정책 등 전국적으로 통일적 처리를 요하는 사무
③ 농산물·임산물·축산물·수산물·양곡의 수급조절과 수출입 등 전국적 규모의 사무
④ 국가종합경제개발계획, 국가하천, 국유림, 국토종합개발계획, 지정항만, 고속국도·일반국도, 국립공원 등

⑤ 근로기준, 측량단위 등 전국적으로 기준을 통일·조정하여야 할 필요가 있는 사무
⑥ 우편, 철도 등 전국적 규모나 이와 비슷한 규모의 사무
⑦ 고도의 기술을 요하는 검사·시험·연구, 항공관리, 기상행정, 원자력개발 등

(2) 시·도 사무

① 행정처리 결과가 2개 이상의 시·군 및 자치구에 미치는 광역적 사무
② 시·도 단위로 동일한 기준에 따라 처리되어야 할 성질의 사무
③ 지역적 특성을 살리면서 시·도 단위로 통일성을 유지할 필요가 있는 사무
④ 국가와 시·군 및 자치구 사이의 연락·조정 등의 사무
⑤ 시·군 및 자치구가 독자적으로 처리하기에 부적당한 사무
⑥ 2개 이상의 시·군 및 자치구가 공동으로 설치하는 것이 적당하다고 인정되는 시설의 설치와 관리 사무

(3) 시·군 및 자치구

① 시·도가 처리하는 것으로 되어 있는 사무를 제외한 모든 사무는 원칙적으로 시·군 및 자치구에서 처리한다.
② 다만, 인구 50만 이상의 시에 대하여는 도가 처리하는 사무의 일부를 직접 처리하게 할 수 있다.
③ 시·도와 시·군 및 자치구는 사무를 처리할 때 서로 경합하지 아니하도록 하여야 하며, 사무가 서로 경합하면 시·군 및 자치구에서 먼저 처리한다.

바로 확인문제

1. 「지방자치법」상 지방자치단체 종류별 사무배분의 기준에 대한 설명으로 옳지 않은 것은?

22. 국가직 7급

① 인구 30만 이상의 시에 대해서는 도가 처리하는 사무의 일부를 직접 처리하게 할 수 있다.
② 시·군 및 자치구가 독자적으로 처리하기 어려운 사무는 시·도의 사무이다.
③ 지방자치단체의 구역, 조직, 행정관리 등은 시·도와 시·군 및 자치구에 공통된 사무이다.
④ 국가와 시·군 및 자치구 사이의 연락·조정 등의 사무는 시·도의 사무이다.

정답해설 인구 50만 이상의 시에 대해서는 도가 처리하는 사무의 일부를 직접 처리하게 할 수 있다.

오답해설 ② 보충성의 원칙에 따라 먼저 시·군이 사무를 처리하고 시·군이 처리하기 어려운 사무는 시·도가 처리한다.
③ 「지방자치법」에 의하면 '지방자치단체의 구역, 조직, 행정관리 등'은 시·도와 시·군 및 자치구 모두가 자신의 조직을 유지하기 위해 공통적으로 수행하는 사무에 해당한다.
④ 「지방자치법」은 '국가와 시·군·자치구 사이의 연락·조정 등의 사무'를 시·도의 사무로 명시하고 있다.

답 | ①

2. 지방자치단체의 사무배분에서 특례가 적용되는 경우로 옳지 않은 것은? 20. 군무원 9급

① 자치구
② 인구 30만 이상의 도시
③ 인구 50만 이상의 도시
④ 특별자치도

> **정답해설** 인구 30만 이상의 도시에 관한 특례는 없다.
>
> 답 | ②

Theme 18 「주민조례발안에 관한 법률」의 주요 내용 A

① 18세 이상의 주민으로서 다음의 어느 하나에 해당하는 사람(「공직선거법」에 따른 선거권이 없는 사람은 제외)은 해당 지방자치단체의 의회에 조례를 제정하거나 개정 또는 폐지할 것을 청구(주민조례청구)할 수 있다.
  ㉠ 해당 지방자치단체의 관할 구역에 주민등록이 되어 있는 사람
  ㉡ 영주할 수 있는 체류자격 취득일 후 3년이 지난 외국인으로서 해당 지방자치단체의 외국인등록대장에 올라 있는 사람
② 주민조례청구 제외 대상
  ㉠ 법령을 위반하는 사항
  ㉡ 지방세·사용료·수수료·부담금을 부과·징수 또는 감면하는 사항
  ㉢ 행정기구를 설치하거나 변경하는 사항
  ㉣ 공공시설의 설치를 반대하는 사항
③ 주민조례청구 요건
  ㉠ 특별시 및 인구 800만 이상의 광역시·도: 청구권자 총수의 200분의 1
  ㉡ 인구 800만 미만의 광역시·도, 특별자치시, 특별자치도 및 인구 100만 이상의 시: 청구권자 총수의 150분의 1
  ㉢ 인구 50만 이상 100만 미만의 시·군 및 자치구: 청구권자 총수의 100분의 1
  ㉣ 인구 10만 이상 50만 미만의 시·군 및 자치구: 청구권자 총수의 70분의 1
  ㉤ 인구 5만 이상 10만 미만의 시·군 및 자치구: 청구권자 총수의 50분의 1
  ㉥ 인구 5만 미만의 시·군 및 자치구: 청구권자 총수의 20분의 1
④ 지방의회는 주민청구조례안이 수리된 날부터 1년 이내에 주민청구조례안을 의결하여야 한다. 다만, 필요한 경우에는 본회의 의결로 1년 이내의 범위에서 한 차례만 그 기간을 연장할 수 있다.
⑤ 주민청구조례안은 주민청구조례안을 수리한 당시의 지방의회의원의 임기가 끝나더라도 다음 지방의회의원의 임기까지는 의결되지 못한 것 때문에 폐기되지 아니한다.

- 일정 조건을 충족한 주민은 해당 지방의회에 조례를 제정하거나 개정 또는 폐지할 것을 청구할 수 있다.
  24. 국가직 9급

- 지방세의 부과·징수에 관한 사항, 행정기구를 설치하거나 변경하는 것에 관한 사항, 공공시설의 설치를 반대하는 사항 등은 조례의 제정 및 개폐의 청구대상에서 제외된다.
  16. 국가직 7급

바로 확인문제

1. 주민에 의한 조례의 제정 및 개폐의 청구대상에 포함되지 <u>않는</u> 것만을 모두 고른 것은?

16. 국가직 7급

> ㄱ. 지방세의 부과·징수에 관한 사항
> ㄴ. 행정기구를 설치하거나 변경하는 것에 관한 사항
> ㄷ. 공공시설의 설치를 반대하는 사항

① ㄱ
② ㄱ, ㄷ
③ ㄴ, ㄷ
④ ㄱ, ㄴ, ㄷ

정답해설 ㄱ, ㄴ, ㄷ. 모두 조례의 제정 및 개폐의 청구대상에 포함되지 않는다.

답 | ④

Theme 19 규칙의 제정과 개정·폐지 의견 제출 →「지방자치법」 B

① 주민은 규칙(권리·의무와 직접 관련되는 사항으로 한정)의 제정, 개정 또는 폐지와 관련된 의견을 해당 지방자치단체의 장에게 제출할 수 있다.
② 법령이나 조례를 위반하거나 법령이나 조례에서 위임한 범위를 벗어나는 사항은 의견 제출 대상에서 제외한다.
③ 지방자치단체의 장은 제출된 의견에 대하여 의견이 제출된 날부터 30일 이내에 검토 결과를 그 의견을 제출한 주민에게 통보하여야 한다.
④ 의견 제출, 의견의 검토와 결과 통보의 방법 및 절차는 해당 지방자치단체의 조례로 정한다.

• 「지방자치법」에 의하면 주민은 권리·의무와 직접 관련되는 규칙에 대한 제정·개정 및 폐지 의견을 지방자치단체장에게 제출할 수 있다.
24. 국회직 8급

Theme 20 주민의 감사청구권 →「지방자치법」 A

① 지방자치단체의 18세 이상의 주민으로서 다음의 어느 하나에 해당하는 사람(「공직선거법」 제18조에 따른 선거권이 없는 사람은 제외)은 시·도는 300명, 제198조에 따른 인구 50만 이상 대도시는 200명, 그 밖의 시·군 및 자치구는 150명 이내에서 그 지방자치단체의 조례로 정하는 수 이상의 18세 이상의 주민이 연대 서명하여 그 지방자치단체와 그 장의 권한에 속하는 사무의 처리가 법령에 위반되거나 공익을 현저히 해친다고 인정되면 시·도의 경우에는 주무부장관에게, 시·군 및 자치구의 경우에는 시·도지사에게 감사를 청구할 수 있다.
  ㉠ 해당 지방자치단체의 관할 구역에 주민등록이 되어 있는 사람

• 예산이 부당하게 지출된 경우에 주민감사청구를 제기할 수 있다.
12. 서울시 9급

ⓒ 영주할 수 있는 체류자격 취득일 후 3년이 경과한 외국인으로서 해당 지방자치단체의 외국인등록대장에 올라 있는 사람
② 다음의 사항은 감사청구의 대상에서 제외한다.
　　㉠ 수사나 재판에 관여하게 되는 사항
　　㉡ 개인의 사생활을 침해할 우려가 있는 사항
　　㉢ 다른 기관에서 감사하였거나 감사 중인 사항. 다만, 다른 기관에서 감사한 사항이라도 새로운 사항이 발견되거나 중요 사항이 감사에서 누락된 경우와 주민소송의 대상이 되는 경우에는 그러하지 아니하다.
　　㉣ 동일한 사항에 대하여 소송이 진행 중이거나 그 판결이 확정된 사항
③ 청구는 사무처리가 있었던 날이나 끝난 날부터 3년이 지나면 제기할 수 없다.
④ 주무부장관이나 시·도지사는 감사 청구를 수리한 날부터 60일 이내에 감사 청구된 사항에 대하여 감사를 끝내야 하며, 감사 결과를 청구인의 대표자와 해당 지방자치단체의 장에게 서면으로 알리고, 공표하여야 한다. 다만, 그 기간에 감사를 끝내기가 어려운 정당한 사유가 있으면 그 기간을 연장할 수 있으며, 기간을 연장할 때에는 미리 청구인의 대표자와 해당 지방자치단체의 장에게 알리고, 공표하여야 한다.

> · 수사에 관여하게 되는 사항에 대한 주민감사청구는 법률상 허용되지 않는다. 19. 지방직 7급
>
> · 공익을 현저히 해한다고 인정되는 경우에도 수사 또는 재판에 관여하는 사항은 감사청구대상에 포함되지 않는다. 06. 국가직 9급

바로 확인문제

1. 우리나라 주민감사청구 제도에 대한 설명으로 옳지 <u>않은</u> 것은? 14. 지방직 7급

① 19세 이상의 주민은 50만 이상의 대도시의 경우에는 19세 이상 주민 500명을 넘지 않는 범위 내에서 해당 지방자치단체가 조례로 정하는 주민 수 이상의 연서로 청구할 수 있다.
② 사무처리가 있었던 날이나 끝난 날부터 3년이 지나면 제기할 수 없다.
③ 주무부장관이나 시·도지사는 감사청구를 수리한 날부터 60일 이내에 감사 청구된 사항에 대하여 감사를 끝내야 한다. 다만, 그 기간에 감사를 끝내기가 어려운 정당한 사유가 있으면 그 기간을 연장할 수 있다.
④ 주무부장관이나 시·도지사는 감사결과에 따라 기간을 정하여 해당 지방자치단체의 장에게 필요한 조치를 요구할 수 있다.

정답해설 시·도는 300명, 인구 50만 이상 대도시는 200명, 그 밖의 시·군 및 자치구는 150명을 넘지 아니하는 범위에서 그 지방자치단체의 조례로 정하는 18세 이상의 주민 수 이상의 연서로, 감사를 청구할 수 있다.

오답해설 ② 「지방자치법」의 개정으로 감사청구 제한기간이 2년에서 3년으로 바뀌었다.
③ 감사청구를 수리한 날부터 60일 이내에 감사 청구된 사항에 대하여 감사를 끝내야 한다. 다만, 정당한 사유가 있으면 그 기간을 연장할 수 있다.
④ 주무부장관이나 시·도지사는 감사결과에 따라 기간을 정하여 해당 지방자치단체의 장에게 필요한 조치를 요구할 수 있다. 이 경우 그 지방자치단체의 장은 이를 성실히 이행하여야 하고 그 조치결과를 지방의회와 주무부장관 또는 시·도지사에게 보고하여야 한다.

답 | ①

Theme 21 주민소송 → 「지방자치법」

① 공금의 지출에 관한 사항, 재산의 취득·관리·처분에 관한 사항, 해당 지방자치단체를 당사자로 하는 매매·임차·도급 계약이나 그 밖의 계약의 체결·이행에 관한 사항 또는 지방세·사용료·수수료·과태료 등 공금의 부과·징수를 게을리한 사항을 감사청구한 주민은 다음의 어느 하나에 해당하는 경우에 그 감사 청구한 사항과 관련이 있는 위법한 행위나 업무를 게을리한 사실에 대하여 해당 지방자치단체의 장을 상대방으로 하여 소송을 제기할 수 있다.
  ㉠ 주무부장관이나 시·도지사가 감사청구를 수리한 날부터 60일이 지나도 감사를 끝내지 아니한 경우
  ㉡ 감사 결과 또는 조치 요구에 불복하는 경우
  ㉢ 주무부장관이나 시·도지사의 조치 요구를 지방자치단체의 장이 이행하지 아니한 경우
  ㉣ 지방자치단체의 장의 이행 조치에 불복하는 경우
② 소송은 해당 지방자치단체의 사무소 소재지를 관할하는 행정법원(행정법원이 설치되지 아니한 지역에서는 행정법원의 권한에 속하는 사건을 관할하는 지방법원 본원)의 관할로 한다.
③ 소송을 제기한 주민은 승소(일부 승소 포함)한 경우 그 지방자치단체에 대하여 변호사 보수 등의 소송비용, 감사 청구절차의 진행 등을 위하여 사용된 여비, 그 밖에 실제로 든 비용을 보상할 것을 청구할 수 있다.
④ 소송에 관하여 이 법에 규정된 것 외에는 「행정소송법」에 따른다.

- 주민소송을 제기하기 위해서는 먼저 감사를 청구하여야 한다. 23. 국회직 9급
- 주민소송은 주민의 감사청구를 전심절차로 하며, 다수 주민의 연서를 필요로 하지는 않는다. 19. 경찰간부

Theme 22 「주민투표법」의 주요 내용

① 18세 이상의 주민 중 투표인명부 작성기준일 현재 다음의 어느 하나에 해당하는 사람에게는 주민투표권이 있다. 다만, 「공직선거법」 제18조에 따라 선거권이 없는 사람에게는 주민투표권이 없다.
  ㉠ 그 지방자치단체의 관할 구역에 주민등록이 되어 있는 사람
  ㉡ 출입국관리 관계 법령에 따라 대한민국에 계속 거주할 수 있는 자격을 갖춘 외국인으로서 지방자치단체의 조례로 정한 사람
② 주민에게 과도한 부담을 주거나 중대한 영향을 미치는 지방자치단체의 주요결정사항은 주민투표에 부칠 수 있다.
③ 다음의 어느 하나에 해당하는 사항은 주민투표에 부칠 수 없다.
  ㉠ 법령에 위반되거나 재판 중인 사항
  ㉡ 국가 또는 다른 지방자치단체의 권한 또는 사무에 속하는 사항
  ㉢ 예산편성·의결 및 집행, 회계·계약 및 재산관리
  ㉣ 지방세·사용료·수수료·분담금 등 각종 공과금의 부과 또는 감면에 관한 사항
  ㉤ 행정기구의 설치·변경에 관한 사항과 공무원의 인사·정원 등 신분과 보수에 관한 사항
  ㉥ 다른 법률에 의하여 주민대표가 직접 의사결정주체로서 참여할 수 있는 공공시설의

- 지방자치단체의 장은 주민에게 과도한 부담을 주거나 중대한 영향을 미치는 지방자치단체의 주요 결정 사항 등에 대하여 주민투표에 부칠 수 있다. 19. 국가직 9급
- 현재 지방공무원의 정원에 관한 주민투표는 법률상 허용되지 않는다. 19. 지방직 7급

설치에 관한 사항. 다만, 지방의회가 주민투표의 실시를 청구하는 경우에는 그러하지 아니하다.
- ⓐ 동일한 사항(그 사항과 취지가 동일한 경우를 포함)에 대하여 주민투표가 실시된 후 2년이 경과되지 아니한 사항

④ 중앙행정기관의 장은 지방자치단체를 폐지하거나 설치하거나 나누거나 합치는 경우 또는 지방자치단체의 구역을 변경하거나 주요시설을 설치하는 등 국가정책의 수립에 관하여 주민의 의견을 듣기 위하여 필요하다고 인정하는 때에는 주민투표의 실시구역을 정하여 관계 지방자치단체의 장에게 주민투표의 실시를 요구할 수 있다. 이 경우 중앙행정기관의 장은 미리 행정안전부장관과 협의하여야 한다.

⑤ 지방자치단체의 장은 다음의 어느 하나에 해당하는 경우에는 주민투표를 실시할 수 있다. 이 경우 ㉠ 또는 ㉡에 해당하는 경우에는 주민투표를 실시하여야 한다.
- ㉠ 주민이 주민투표의 실시를 청구하는 경우
- ㉡ 지방의회가 주민투표의 실시를 청구하는 경우
- ㉢ 지방자치단체의 장이 주민의 의견을 듣기 위하여 필요하다고 판단하는 경우

⑥ 18세 이상 주민 중 주민투표청구권자 총수의 20분의 1 이상 5분의 1 이하의 범위에서 지방자치단체의 조례로 정하는 수 이상의 서명으로 그 지방자치단체의 장에게 주민투표의 실시를 청구할 수 있다.

⑦ 지방의회는 재적의원 과반수의 출석과 출석의원 3분의 2 이상의 찬성으로 그 지방자치단체의 장에게 주민투표의 실시를 청구할 수 있다.

⑧ 지방자치단체의 장은 직권에 의하여 주민투표를 실시하고자 하는 때에는 그 지방의회 재적의원 과반수의 출석과 출석의원 과반수의 동의를 얻어야 한다.

⑨ 주민투표의 투표일은 주민투표발의일부터 23일 이후 첫 번째 수요일로 한다.

⑩ 주민투표는 특정한 사항에 대하여 찬성 또는 반대의 의사표시를 하거나 두 가지 사항 중 하나를 선택하는 형식으로 실시하여야 한다.

⑪ 주민투표에 부쳐진 사항에 관한 단순한 의견개진 및 의사표시는 투표운동으로 보지 아니한다.

⑫ 투표운동을 할 수 없는 자
- ㉠ 주민투표권이 없는 자
- ㉡ 공무원(그 지방의회의 의원은 제외)
- ㉢ 각급 선거관리위원회의 위원
- ㉣ 통·리·반의 장

⑬ 주민투표에 부쳐진 사항은 주민투표권자 총수의 4분의 1 이상의 투표와 유효투표수 과반수의 득표로 확정된다. 다만, 다음의 어느 하나에 해당하는 경우에는 찬성과 반대 양자를 모두 수용하지 아니하거나, 양자택일의 대상이 되는 사항 모두를 선택하지 아니하기로 확정된 것으로 본다.
- ㉠ 전체 투표수가 주민투표권자 총수의 4분의 1에 미달되는 경우
- ㉡ 주민투표에 부쳐진 사항에 관한 유효득표수가 동수인 경우

⑭ 지방자치단체의 장 및 지방의회는 주민투표결과 확정된 사항에 대하여 2년 이내에는 이를 변경하거나 새로운 결정을 할 수 없다. 다만, 찬성과 반대 양자를 모두 수용하지 아

니하거나 양자택일의 대상이 되는 사항 모두를 선택하지 아니하기로 확정된 때에는 그러하지 아니하다.

⑮ 주민투표의 효력에 관하여 이의가 있는 주민투표권자는 주민투표권자 총수의 100분의 1 이상의 서명으로 주민투표결과가 공표된 날부터 14일 이내에 관할선거관리위원회 위원장을 피소청인으로 하여 시·군·구의 경우에는 시·도선거관리위원회에, 시·도의 경우에는 중앙선거관리위원회에 소청할 수 있다.

⑯ 소청인은 소청에 대한 결정에 불복하려는 경우 관할선거관리위원회위원장을 피고로 하여 그 결정서를 받은 날부터 10일 이내에 시·도의 경우에는 대법원에, 시·군·구의 경우에는 관할 고등법원에 소를 제기할 수 있다.

⑰ 지방자치단체의 장은 주민투표의 전부 또는 일부무효의 판결이 확정된 때에는 그 날부터 20일 이내에 무효로 된 투표구의 재투표를 실시하여야 한다.

⑱ 지방자치단체의 장은 천재·지변 및 그 밖에 부득이한 사유로 인하여 투표를 실시할 수 없거나 실시하지 못한 때에는 관할선거관리위원회와 협의하여 투표를 연기하거나 다시 투표일을 지정하여야 한다.

• 지방자치단체장은 주민투표의 전부 또는 일부 무효의 판결이 확정된 때에는 그 날부터 20일 이내에 무효로 된 투표구의 재투표를 실시하여야 한다. 13. 국회직 8급

바로 확인문제

1. 「주민투표법」상 주민투표에 관한 규정으로 옳지 않은 것은? 21. 군무원 7급

① 18세 이상의 주민 중 투표인명부 작성기준일 현재 그 지방자치단체의 관할 구역에 주민등록이 되어 있는 사람은 주민투표권이 있다.
② 「공직선거법」상 선거권이 없는 사람도 주민투표권이 있다.
③ 주민투표권자의 연령은 투표일 현재를 기준으로 산정한다.
④ 출입국관리 관계 법령에 따라 대한민국에 계속 거주할 수 있는 자격을 갖춘 외국인으로서 지방자치단체의 조례로 정한 사람은 투표권이 있다.

[정답해설] 「공직선거법」 제18조에 따라 선거권이 없는 사람에게는 주민투표권이 없다.

답 | ②

Theme 23 「주민소환에 관한 법률」의 주요 내용

① 주민소환투표인명부 작성기준일 현재 다음의 어느 하나에 해당하는 자는 주민소환투표권이 있다.
　㉠ 19세 이상의 주민으로서 당해 지방자치단체 관할구역에 주민등록이 되어 있는 자
　㉡ 19세 이상의 외국인으로서 영주의 체류자격 취득일 후 3년이 경과한 자 중 당해 지방자치단체 관할구역의 외국인등록대장에 등재된 자
② 주민소환투표청구권자는 해당 지방자치단체의 장 및 지방의회의원(선출직 지방공직자)에 대하여 다음에 해당하는 주민의 서명으로 그 소환사유를 서면에 구체적으로 명시하

• 주민소환제도는 주민소환투표청구권자 중 일정 수 이상의 서명으로 지방자치단체의 장 혹은 지방의회의원(비례대표 제외) 등을 소환하도록 청구할 수 있는 제도이다. 16. 국회직 8급

여 관할선거관리위원회에 주민소환투표의 실시를 청구할 수 있다.
  ⊙ 시·도지사: 당해 지방자치단체의 주민소환투표청구권자 총수의 100분의 10 이상
  ⓒ 시장·군수·자치구 구청장: 당해 지방자치단체의 주민소환투표청구권자 총수의 100분의 15 이상
  ⓒ 지역선거구지방의원: 당해 지방의회의원의 선거구 안의 주민소환투표청구권자 총수의 100분의 20 이상
③ 주민소환투표의 청구제한기간
  ⊙ 선출직 지방공직자의 임기개시일부터 1년이 경과하지 아니한 때
  ⓒ 선출직 지방공직자의 임기만료일부터 1년 미만일 때
  ⓒ 해당 선출직 지방공직자에 대한 주민소환투표를 실시한 날부터 1년 이내인 때
④ 주민소환투표일은 공고일부터 20일 이상 30일 이하의 범위 안에서 관할선거관리위원회가 정한다. 다만, 주민소환투표대상자가 자진사퇴, 피선거권 상실 또는 사망 등으로 궐위된 때에는 주민소환투표를 실시하지 아니한다.
⑤ 주민소환투표는 찬성 또는 반대를 선택하는 형식으로 실시한다.
⑥ 다음의 어느 하나에 해당하는 행위는 주민소환투표운동으로 보지 아니한다.
  ⊙ 주민소환투표에 부쳐지거나 부쳐질 사항에 관한 단순한 의견개진 및 의사표시
  ⓒ 주민소환투표운동에 관한 준비행위
⑦ 주민소환투표대상자는 관할선거관리위원회가 주민소환투표안을 공고한 때부터 주민소환투표결과를 공표할 때까지 그 권한행사가 정지된다.
⑧ 지방자치단체의 장의 권한이 정지된 경우에는 부단체장이 그 권한을 대행한다.
⑨ 권한행사가 정지된 지방의회의원은 그 정지 기간 동안 의정활동보고를 할 수 없다. 다만, 인터넷에 의정활동보고서를 게재할 수는 있다.
⑩ 주민소환은 주민소환투표권자 총수의 3분의 1 이상의 투표와 유효투표 총수 과반수의 찬성으로 확정된다.
⑪ 전체 주민소환투표자의 수가 주민소환투표권자 총수의 3분의 1에 미달하는 때에는 개표를 하지 아니한다.
⑫ 주민소환이 확정된 때에는 주민소환투표대상자는 그 결과가 공표된 시점부터 그 직을 상실한다.
⑬ 그 직을 상실한 자는 그로 인하여 실시하는 이 법 또는 「공직선거법」에 의한 해당 보궐선거에 후보자로 등록할 수 없다.
⑭ 주민소환투표의 효력에 관하여 이의가 있는 해당 주민소환투표대상자 또는 주민소환투표권자(주민소환투표권자 총수의 100분의 1 이상의 서명)는 주민소환투표결과가 공표된 날부터 14일 이내에 관할선거관리위원회 위원장을 피소청인으로 하여 지역구시·도의원, 지역구자치구·시·군의원 또는 시장·군수·자치구의 구청장을 대상으로 한 주민소환투표에 있어서는 특별시·광역시·도선거관리위원회에, 시·도지사를 대상으로 한 주민소환투표에 있어서는 중앙선거관리위원회에 소청할 수 있다.
⑮ 소청에 대한 결정에 관하여 불복이 있는 소청인은 관할선거관리위원회 위원장을 피고로 하여 그 결정서를 받은 날부터 10일 이내에 지역구시·도의원, 지역구자치구·시·군의원 또는 시장·군수·자치구의 구청장을 대상으로 한 주민소환투표에 있어서는 그 선거

• 시·도지사의 주민소환청구 요건은 주민투표권자 총수의 100분의 10 이상이다. 18. 국회직 8급

• 지방자치단체장, 지방의회의원에 대한 주민소환제도는 임기 만료 1년 미만일 때는 청구할 수 없다. 21. 국회직 8급

• 주민소환제도는 주민소환투표권자 총수의 3분의 1 이상의 투표와 유효투표 총수 과반수의 찬성으로 확정된다. 16. 경찰승진

구를 관할하는 고등법원에, 시·도지사를 대상으로 한 주민소환투표에 있어서는 대법원에 소를 제기할 수 있다.

> **바로 확인문제**

1. 우리나라의 주민소환제도에 대한 설명으로 옳지 <u>않은</u> 것은? 21. 국가직 9급

① 가장 유력한 직접민주주의 제도이다.
② 비례대표 지방의회의원은 주민소환 대상이 아니다.
③ 심리적 통제 효과가 크다.
④ 군수를 소환하려고 할 경우에는 해당 군의 주민소환투표청구권자 총수의 100분의 10 이상의 서명을 받아 청구해야 한다.

>> **정답해설** 기초자치단체장에 대한 소환을 청구하기 위해서는 주민소환투표청구권자 총수의 100분의 15 이상의 서명을 받아야 한다.
>> **오답해설** ① 주민소환은 직접 공직에서 해임할 수 있다는 점에서 가장 강력한 직접민주주의 방식이다.
② 소환의 대상은 선출직 지방공무원이며, 비례대표 지방의회의원은 소환의 대상에서 제외된다.
③ 임기만료 전에 주민에 의해 해임될 가능성이 있으므로 선출직 공직자에 대한 심리적 압박의 효과가 클 것이다.

답 | ④

2. 다음 중 「지방자치법」 및 「주민소환에 관한 법률」상 주민소환제도에 대한 설명으로 옳지 <u>않은</u> 것은? 18. 국회직 8급

① 시·도지사의 소환청구 요건은 주민투표권자 총수의 100분의 10 이상이다.
② 비례대표의원은 주민소환의 대상이 아니다.
③ 주민소환투표권자의 연령은 주민소환투표일 현재를 기준으로 계산한다.
④ 주민소환투표권자의 4분의 1 이상이 투표에 참여해야 한다.
⑤ 주민소환이 확정된 때에는 주민소환투표대상자는 그 결과가 공표된 시점부터 그 직을 상실한다.

>> **정답해설** 주민소환은 주민소환투표권자 총수의 3분의 1 이상의 투표와 유효투표 총수 과반수의 찬성으로 확정된다.
>> **오답해설** ① 시·도지사의 소환청구 요건은 주민투표권자 총수의 100분의 10 이상이다. 반면, 기초단체장의 소환청구 요건은 주민투표권자 총수의 100분의 15 이상이다.
② 「주민소환에 관한 법률」에 의하면 주민소환투표권자의 연령은 주민소환투표일 현재를 기준으로 계산한다.
③ 19세 이상의 주민은 주민소환투표권을 가지는데 주민소환투표권자의 연령은 주민소환투표일 현재를 기준으로 계산한다.

답 | ④

지방재정

Theme 01　자주재원주의와 일반재원주의　B

① **자주재원주의**: 지방세와 세외수입 등 자주재원의 확충이 바람직하다는 입장이다.
② **일반재원주의**: 자치단체가 자율적으로 지출할 수 있는 일반재원을 선호하는 것으로, 세입의 분권보다는 세출의 분권을 강조하는 입장이다.
③ **자주보장주의**: 지방세를 통한 재원조달을 원칙으로 하되, 지역 간의 격차를 시정하기 위해 중앙정부가 전국적으로 필요한 최저 수준을 보장하여야 한다는 입장이다.

구분	자주재원주의	일반재원주의
중점	세입의 분권, 지방세 강조	세출의 분권, 지방교부세 강조
장점	징세노력, 예산절약	지역 간 재정격차의 완화
단점	지역 간 재정격차의 심화	재정착각, 도덕적 해이

Theme 02　과세방식　C

(1) 소비과세
① **장점**: 세원이 개인의 소비지출이기 때문에 소득과세보다 보편성이 높다.
② **단점**: 지역 간 이동이 심하여 정착성이 약하고, 경기변동에 민감하여 안정성이 미흡하다.
③ 지방소비세, 담배소비세, 레저세, 자동차세(→ 주행세) 등

(2) 소득과세
① **장점**: 부담의 공평성과 수입의 탄력성을 가지고 있어서 가장 이상적이다.
② **단점**: 지역 간 재정적 불균형이 심하며, 경기변동에 따른 세수의 변동이 심하여 안정성이 미흡하다.
③ 지방소득세 등

(3) 재산과세
① **재산보유 과세**: 재산세, 자동차세(→ 보유세) 등
② **재산거래 과세**: 취득세, 등록면허세 등

 기선 제압

Theme 03 세원배분방식

(1) 분리방식
① 국가와 지방자치단체 사이에 세원을 분리하여 배분하는 방식이다.
② 장점: 과세자주권의 보호, 책임의 명확화, 자치에 대한 관심의 고조 등
③ 단점: 좋은 세원의 국가 독점, 징세능력의 감소, 지방 간 격차 등

(2) 중복방식
① 국가와 지방자치단체가 동일한 세원에 대하여 중복하여 과세하는 방식이다.
② 장점: 충분한 세수의 확보, 징세능력의 확대, 조세정책 효과의 확대 등
③ 단점: 납세자의 부담 과중, 세무행정의 번잡성 등

(3) 공동방식
① 국가와 자치단체가 공동으로 과세하고 일정한 비율에 따라 세원을 나누는 방식으로, 우리의 경우 서울시와 관할 자치구가 재산세를 공동으로 과세하고 있다.
② 장점: 과세의 통일성, 세원배분의 적정화 등
③ 단점: 과세자립의 침해, 세무행정의 번잡성 등

Theme 04 특별시의 관할구역 재산세의 공동과세

① 특별시 관할구역에 있는 구의 경우에 재산세는 특별시세 및 구세인 재산세로 한다.
② 특별시세 및 구세인 재산세 중 특별시분 재산세와 구분 재산세는 각각 산출된 재산세액의 100분의 50을 그 세액으로 한다. 이 경우 특별시분 재산세는 보통세인 특별시세로 보고 구분 재산세는 보통세인 구세로 본다.
③ 특별시장은 특별시분 재산세 전액을 관할구역의 구에 교부하여야 한다.
④ 특별시분 재산세의 교부기준 및 교부방법 등 필요한 사항은 구의 지방세수 등을 고려하여 특별시의 조례로 정한다. 다만, 교부기준을 정하지 아니한 경우에는 구에 균등 배분하여야 한다.
⑤ 특별시로부터 교부받은 재산세는 해당 구의 재산세 세입으로 본다.

바로 확인문제

1. 서울시의 공동세 제도를 설명한 것 중 적절하지 못한 것은? 13. 서울시 7급

① 서울시 자치구 간 재정력의 형평화에 기여할 수 있다.
② 지방자치제의 본래의 의미를 훼손할 수 있다는 비판을 받기도 한다.
③ 25개 자치구의 취득세의 50%를 서울시가 형평화의 논리에 따라 배분하는 것이다.
④ 기초지방자치단체 간 갈등을 야기할 수 있다.

> **정답해설** 서울시의 공동세 제도는 25개 자치구의 재산세의 50%를 서울시가 형평화의 논리에 따라 배분하는 것이다.
>
> 답 | ③

Theme 05 지역상생발전기금

① 시·도는 지방자치단체 간 상생 발전을 지원하고, 기금의 여유자금을 효율적으로 관리·활용하기 위하여 지역상생발전기금을 설치한다.
② 발전기금을 설치하는 시·도는 발전기금의 관리·운용을 위하여 지방자치단체조합을 설립하여야 한다.
③ 발전기금의 재원
　㉠ 지방채 발행 수입 및 일시차입금
　㉡ 서울특별시·인천광역시·경기도의 출연금으로서 회계연도별 지방소비세 세입 등을 고려하여 대통령령으로 정하는 금액(지방소비세 35%)
　㉢ 지방자치단체의 출연금
　㉣ 지방자치단체를 회원으로 하는 공익법인의 출연금

바로 확인문제

1. 지방재정에 대한 설명으로 옳지 않은 것은? 23. 국가직 7급

① 부동산교부세는 일반재원이다.
② 내국세 및 교육세의 일부는 지방교육재정교부금의 재원이다.
③ 지역균형발전특별회계는 노무현 정부의 국가균형발전특별회계의 신설에서 비롯되었다.
④ 지역상생발전기금은 지방소비세 도입 과정에서의 광역지자체와 기초지자체 간 세수입 배분의 불균형을 해소하기 위한 것이다.

> **정답해설** 지역상생발전기금은 수도권과 비수도권 간 세수입의 불균형을 해소하기 위한 것이다.
>
> **오답해설** ① 지방교부세 중 보통교부세와 부동산교부세는 용도가 지정되어 있지 않아 지방자치단체가 자율적으로 사용할 수 있는 일반재원이고 특별교부세와 소방안전교부세는 용도가 정해져 있는 특정재원이다.
> ② 지방교육재정교부금의 재원은 해당 연도 내국세 총액의 1만분의 2,079와 교육세 세입의 일부 등으로 구성한다.
> ③ 지역균형발전특별회계는 2005년 노무현 정부에서 국가균형발전특별회계라는 이름으로 처음 설치되었고 이후 이명박 정부에서 광역지역발전 특별회계로, 이어 박근혜 정부에서 지역발전특별회계로 개칭된 후 현재까지 이어져 오고 있다.
>
> 답 | ④

Theme 06 우리나라의 지방채   B

- 지방자치단체조합도 따로 법률로 정하는 바에 따라 지방채를 발행할 수 있다.   21. 국가직 9급

- 지방자치단체는 재해예방 및 복구 사업에 경비를 조달하기 위해서 지방채를 발행할 수 있다. 21. 지방직 9급

① 자치단체의 장이나 자치단체조합은 따로 법률(→「지방재정법」)로 정하는 바에 따라 지방채를 발행할 수 있다.
② 발생사유
   ㉠ 공유재산의 조성 등 소관 재정투자사업과 그에 직접적으로 수반되는 경비의 충당
   ㉡ 재해예방 및 복구사업, 천재지변으로 발생한 예측할 수 없었던 세입결함의 보전
   ㉢ 지방채의 차환
③ 지방채를 발행하기 위해서는 단체장은 대통령령으로 정하는 지방채 발행 한도액의 범위에서 지방의회의 의결을 얻어야 한다.
④ 지방채의 발행 한도액 범위더라도 외채를 발행하는 때에는 지방의회의 의결을 거치기 전에 행정안전부장관의 승인을 받아야 한다.
⑤ 자치단체의 장은 대통령령으로 정하는 바에 따라 행정안전부장관과 협의한 경우에는 그 협의한 범위에서 지방의회의 의결을 얻어 한도액의 범위를 초과하여 지방채를 발행할 수 있다.
⑥ 다만, 재정책임성 강화를 위해 재정위험수준, 재정 상황 및 채무 규모 등을 고려하여 대통령령으로 정하는 범위를 초과하는 지방채를 발행하는 경우에는 행정안전부장관의 승인을 받은 후 지방의회의 의결을 받아야 한다.
⑦ 자치단체조합장은 지방채를 발행할 수 있다. 이 경우 행정안전부장관의 승인을 받은 범위에서 조합의 구성원인 각 지방자치단체 지방의회의 의결을 얻어야 한다.

바로 확인문제

1. 지방채에 대한 설명으로 옳지 않은 것은?   24. 지방직 7급

① 「지방재정법 시행령」상 지방채의 종류는 지방채증권과 차입금으로 구분된다.
② 「지방재정법」상 외채를 발행하려면 지방의회의 의결을 거친 이후 행정안전부장관의 승인을 받아야 한다.
③ 「지방재정법」상 지방채의 차환을 위해 자금조달이 필요할 때 발행할 수 있다.
④ 「지방재정법」상 지방채의 발행, 원금의 상환, 이자의 지급, 증권에 관한 사무절차 및 사무 취급기관은 대통령령으로 정한다.

정답해설 지방채 발행 한도액 범위더라도 외채를 발행하는 경우에는 지방의회의 의결을 거치기 전에 행정안전부장관의 승인을 받아야 한다.

오답해설 ① 지방채증권은 지방자치단체가 증권발행을 통해 조달하는 채무이고, 차입금은 중앙정부나 금융기관으로부터 융자금에 의해 조달하는 채무이다.
③ 지방채 차환이란 기존에 발행된 지방채의 만기가 도래하거나, 더 유리한 조건으로 자금을 조달하기 위해 새로운 지방채를 발행하여 기존 채무를 상환하는 것을 의미한다.
④ 「지방재정법」 제12조 제1항의 규정내용이다.

답 | ②

Theme 07 「보조금 관리에 관한 법률」의 주요 내용

① 중앙관서의 장은 보조사업을 수행하려는 자로부터 신청 받은 보조금의 명세 및 금액을 조정하여 기획재정부장관에게 보조금 예산을 요구하여야 한다.
② 기획재정부장관은 매년 지방자치단체에 대한 보조금 예산을 편성할 때에 필요하다고 인정되는 보조사업에 대하여는 해당 지방자치단체의 재정 사정을 고려하여 기준보조율에서 일정 비율을 더하거나 빼는 차등보조율을 적용할 수 있다. 이 경우 기준보조율에서 일정 비율을 빼는 차등보조율은 「지방교부세법」에 따른 보통교부세를 교부받지 아니하는 지방자치단체에 대하여만 적용할 수 있다.
③ 보조금 예산의 편성·집행·관리 등에 관한 주요사항을 심의하기 위하여 기획재정부장관 소속으로 보조금관리위원회를 둔다.

Theme 08 「부담금관리 기본법」의 주요 내용

① 부담금이란 중앙행정기관의 장, 지방자치단체의 장, 행정권한을 위탁받은 공공단체 또는 법인의 장 등 법률에 따라 금전적 부담의 부과권한을 부여받은 자가 분담금, 부과금, 기여금, 그 밖의 명칭에도 불구하고 재화 또는 용역의 제공과 관계없이 특정 공익사업과 관련하여 법률에서 정하는 바에 따라 부과하는 조세 외의 금전지급의무(특정한 의무이행을 담보하기 위한 예치금 또는 보증금의 성격을 가진 것은 제외)를 말한다.
② 부담금은 법률에 따르지 아니하고는 설치할 수 없다.
③ 부담금에 관한 주요정책과 그 운용방향 등을 심의하기 위하여 기획재정부장관 소속으로 부담금운용심의위원회를 둔다.

Theme 09 고향사랑 기부금

① 고향사랑 기부금이란 지방자치단체가 주민복리 증진 등의 용도로 사용하기 위한 재원을 마련하기 위하여 해당 지방자치단체의 주민이 아닌 사람으로부터 자발적으로 제공받거나 모금을 통하여 취득하는 금전을 말한다.
② 지방자치단체는 기부자에게 대통령령으로 정하는 한도를 초과하지 아니하는 범위에서 물품 또는 경제적 이익(답례품)을 제공할 수 있다.
③ 제공하는 답례품은 다음의 어느 하나에 해당하는 것으로 한다.
　㉠ 지역특산품 등 해당 지방자치단체의 관할구역에서 생산·제조된 물품
　㉡ 지방자치단체가 해당 지방자치단체의 관할구역에서만 통용될 수 있도록 발행한 상품권 등 유가증권
　㉢ 그 밖에 해당 지역의 경제 활성화 등에 기여할 수 있는 것으로서 조례로 정하는 것
④ 지방자치단체는 다음의 어느 하나에 해당하는 것을 답례품으로 제공하여서는 아니 된다.
　㉠ 현금
　㉡ 고가의 귀금속 및 보석류

바로 확인문제

1. 우리나라 고향사랑 기부금에 대한 설명으로 옳지 않은 것은? 23. 국회직 8급

① 지방자치단체는 해당 지방자치단체의 주민이 아닌 사람 또는 법인에 대해서만 고향사랑 기부금을 모금·접수할 수 있다.
② 지방자치단체는 고향사랑 기부금의 효율적인 관리·운용을 위하여 기금을 설치하여야 한다.
③ 고향사랑 기부금은 지방자치단체가 주민복리 증진 등의 용도로 사용하기 위한 재원을 마련하기 위한 것이다.
④ 지방자치단체는 현금, 고가의 귀금속 및 보석류를 답례품으로 제공하여서는 아니 된다.
⑤ 「고향사랑 기부금에 관한 법률」에 따른 고향사랑 기부금의 모금·접수 및 사용 등에 관하여는 「기부금품의 모집 및 사용에 관한 법률」을 적용하지 아니한다.

정답해설 고향사랑 기부금은 해당 지방자치단체의 주민이 아닌 사람에 대해서만 모금·접수할 수 있다.

답 | ①

Theme 10 「지방재정법」의 주요 내용

① 지방자치단체의 장은 행정안전부령으로 정하는 바에 따라 예산의 성과계획서 및 성과보고서를 작성하여야 한다.
② 특별회계는 「지방공기업법」에 따른 지방직영기업이나 그 밖의 특정사업을 운영할 때 또는 특정자금이나 특정세입·세출로서 일반세입·세출과 구분하여 회계처리할 필요가 있을 때에만 법률이나 조례로 설치할 수 있다. 다만, 목적세에 따른 세입·세출은 다른 법률에 특별한 규정이 있는 경우를 제외하고는 특별회계를 설치·운용하여야 한다.
③ 지방자치단체가 특별회계를 설치하려면 5년 이내의 범위에서 특별회계의 존속기한을 해당 조례에 명시하여야 한다. 다만, 법률에 따라 의무적으로 설치·운용되는 특별회계는 그러하지 아니하다.
④ 지방자치단체의 관할구역 자치사무에 필요한 경비는 그 지방자치단체가 전액을 부담한다.
⑤ 지방자치단체나 그 기관이 법령에 따라 처리하여야 할 사무로서 국가와 지방자치단체 간에 이해관계가 있는 경우에는 원활한 사무처리를 위하여 국가에서 부담하지 아니하면 아니 되는 경비는 국가가 그 전부 또는 일부를 부담한다.
⑥ 국가가 스스로 하여야 할 사무를 지방자치단체나 그 기관에 위임하여 수행하는 경우 그 경비는 국가가 전부를 그 지방자치단체에 교부하여야 한다.
⑦ 국가는 정책상 필요하다고 인정할 때 또는 지방자치단체의 재정 사정상 특히 필요하다고 인정할 때에는 예산의 범위에서 지방자치단체에 보조금을 교부할 수 있다.
⑧ 시·도는 정책상 필요하다고 인정할 때 또는 시·군 및 자치구의 재정 사정상 특히 필요하다고 인정할 때에는 예산의 범위에서 시·군 및 자치구에 보조금을 교부할 수 있다.

⑨ 행정안전부장관은 대통령령으로 정하는 해당 연도의 지방세 징수결산액과 지방세 비과세·감면액을 합한 금액에서 지방세 비과세·감면액이 차지하는 비율이 대통령령으로 정하는 비율 이하가 되도록 노력하여야 한다.
⑩ 지방자치단체가 현물로 출자하는 경우와 기금을 운용하는 경우 또는 그 밖에 대통령령으로 정하는 사유로 보관할 의무가 있는 현금이나 유가증권이 있는 경우에는 이를 세입·세출예산 외로 처리할 수 있다.
⑪ 지방자치단체의 장은 예산이 여성과 남성에게 미칠 영향을 미리 분석한 보고서(성인지 예산서)를 작성하여야 한다.
⑫ 행정안전부장관은 국가 및 지방재정의 운용 여건, 지방재정제도의 개요 등 지방자치단체의 재정운용에 필요한 정보로 구성된 회계연도별 지방자치단체 재정운용 업무편람을 작성하여 지방자치단체에 보급할 수 있다.
⑬ 지방자치단체는 예측할 수 없는 예산 외의 지출 또는 예산 초과 지출에 충당하기 위하여 일반회계와 교육비특별회계의 경우에는 각 예산 총액의 100분의 1 이내의 금액을 예비비로 예산에 계상하여야 하고, 그 밖의 특별회계의 경우에는 각 예산 총액의 100분의 1 이내의 금액을 예비비로 예산에 계상할 수 있다.
⑭ 재해·재난 관련 목적 예비비는 별도로 예산에 계상할 수 있다.
⑮ 지방자치단체의 장은 지방의회의 예산안 심의 결과 폐지되거나 감액된 지출항목에 대해서는 예비비를 사용할 수 없다.

Theme 11 어반빌리지와 뉴어바니즘

구분	어반빌리지(urban village)	뉴어바니즘(new urbanism)
개념	기존 도시의 재생, 주민참여 소규모 단위 개발	계획적인 도시개발, 다양한 기능의 혼합
초점	공동체, 지역성, 인간 중심	계획, 다양성, 효율성
장점	주민들의 삶의 질 향상 공동체 의식의 강화	도시기능의 효율화 다양한 주거 형태의 제공
단점	규모가 작아 대규모 개발에 적합하지 않음	과도한 계획으로 인한 유연성 부족

• 뉴어바니즘(new urbanism)은 근린주구가 중심이 되는 도시개발 패턴으로 혼합토지 이용체계를 원칙으로 한다. 22. 군무원 7급

에듀윌이
너를
지지할게

ENERGY

끝이 좋아야 시작이 빛난다.

— 마리아노 리베라(Mariano Rivera)

여러분의 작은 소리
에듀윌은 크게 듣겠습니다.

본 교재에 대한 여러분의 목소리를 들려주세요.
공부하시면서 어려웠던 점, 궁금한 점,
칭찬하고 싶은 점, 개선할 점, 어떤 것이라도 좋습니다.

에듀윌은 여러분께서 나누어 주신 의견을
통해 끊임없이 발전하고 있습니다.

에듀윌 도서몰 book.eduwill.net
- 부가학습자료 및 정오표: 에듀윌 도서몰 → 도서자료실
- 교재 문의: 에듀윌 도서몰 → 문의하기 → 교재(내용, 출간) / 주문 및 배송

2026 에듀윌 7·9급공무원 기본서 행정학

발 행 일	2025년 6월 26일 초판 | 2025년 9월 22일 2쇄
편 저 자	이준모
펴 낸 이	양형남
펴 낸 곳	(주)에듀윌
I S B N	979-11-360-3769-5
등록번호	제25100-2002-000052호
주 소	08378 서울특별시 구로구 디지털로34길 55 코오롱싸이언스밸리 2차 3층

* 이 책의 무단 인용·전재·복제를 금합니다.

www.eduwill.net
대표전화 1600-6700

업계 최초 대통령상 3관왕, 정부기관상 19관왕 달성!

2010 대통령상   2019 대통령상   2019 대통령상

대한민국 브랜드대상 국무총리상 / 국무총리상 / 문화체육관광부 장관상 / 농림축산식품부 장관상 / 과학기술정보통신부 장관상 / 여성가족부장관상

서울특별시장상 / 과학기술부장관상 / 정보통신부장관상 / 산업자원부장관상 / 고용노동부장관상 / 미래창조과학부장관상 / 법무부장관상

- **2004**
  서울특별시장상 우수벤처기업 대상
- **2006**
  부총리 겸 과학기술부장관 표창 국가 과학 기술 발전 유공
- **2007**
  정보통신부장관상 디지털콘텐츠 대상
  산업자원부장관 표창 대한민국 e비즈니스대상
- **2010**
  대통령 표창 대한민국 IT 이노베이션 대상
- **2013**
  고용노동부장관 표창 일자리 창출 공로
- **2014**
  미래창조과학부장관 표창 ICT Innovation 대상
- **2015**
  법무부장관 표창 사회공헌 유공
- **2017**
  여성가족부장관상 사회공헌 유공
  2016 합격자 수 최고 기록 KRI 한국기록원 공식 인증
- **2018**
  2017 합격자 수 최고 기록 KRI 한국기록원 공식 인증
- **2019**
  대통령 표창 범죄예방대상
  대통령 표창 일자리 창출 유공
  과학기술정보통신부장관상 대한민국 ICT 대상
- **2020**
  국무총리상 대한민국 브랜드대상
  2019 합격자 수 최고 기록 KRI 한국기록원 공식 인증
- **2021**
  고용노동부장관상 일·생활 균형 우수 기업 공모전 대상
  문화체육관광부장관 표창 근로자휴가지원사업 우수 참여 기업
  농림축산식품부장관상 대한민국 사회공헌 대상
  문화체육관광부장관 표창 여가친화기업 인증 우수 기업
- **2022**
  국무총리 표창 일자리 창출 유공
  농림축산식품부장관상 대한민국 ESG 대상